제2판

# 공학경제

김규태 지음



KM 경문사

# 머리말

PREFACE

공학경제는 기업에서 계획한 투자프로젝트들에 투자자본을 배분하는 방법론에 관한 의사결정 학문이다. 그러므로 공학경제는 기업과 공공기관에서 실행하는 투자프로젝트들의 실행 및 폐기처분에 관한 의사결정을 내리기 위해 필요한 원칙과 기법들을 기술하고 있다. 이러한 의사결정이 다양한 경제 이론들을 토대로 이루어지기 때문에 경제이론들과 투자자본 관리 기법들을 처음 접하는 공학도들을 위해 본 서의 각 장에는 이론과 기법들이 간단명료하게 기술되어 있고 그리고 많은 예제들이 기술되어 있다.

공학경제가 투자의사결정 학문임에도 불구하고 산업공학도들에게 "학부에서 공부한 공학경제에 대한 이미지가 무엇이냐?"라고 물어보면, 그들 대부분은 '공학경제=이자계산' 아니냐고 반문을 한다.

위와 같은 공학경제에 관한 왜곡된 현상을 유발시키는 이유들을 여러 측면에서 분석해 볼 수가 있으나 본 저자는 그 이유가 전통적인 공학경제 교재의 이론 및 기법들이 기술된 목차에 있다고 생각한다. 공학경제가 공학 학문으로 정립된 시기는 미국의 스탠포드 대학교 공과대학 교수였던 유진 그랜트(Eugene L. Grant)[1]가 공학경제 교재를 처음으로 출간한 1930년으로 거슬러 올라간다. 그랜트의 교재를 살펴보면, 그 교재의 목차가 이자에 대한 개념, 투자분석 기법에 대한 이론, 감가상각비 및 법인세, 그리고 현금흐름표 작성 등의 순서로 전개되어 있다.

이 학문의 초기 발전 단계에서 그랜트의 위와 같은 공학경제 내용 전개가 타당하다고 인정은 하지만, 이제는 '공학경제=이자계산'이라는 왜곡된 현상을 바로잡아 '공학경제=투자의사결정'이라는 등식을 갖게 하기 위해서라도 그랜트의 공학경제 내용 전개 순서를

1) Eugene L. Grant, W. Grant Ireson, and Richard S. Leavenworth, Principles of Engineering Economy, 8th Ed., John Wiley & Sons, New York, 1930, 1938, 1950, 1964, 1970, 1976, 1982, 1990.

재고해야 할 시점이라고 생각한다. 물론 공학경제에서 이자계산에 관한 개념을 먼저 이해하는 것이 중요하기는 하다. 그러나 공학경제의 주제가 이자계산이 아니고 현금흐름표를 토대로 한 투자프로젝트의 경제성 평가이기 때문에 현금흐름표를 중심으로 한 공학경제의 내용 전개가 바람직하다고 생각된다.

위와 같은 관점에서 본 서는 다음과 같은 순서로 기술되었다. 1장은 공학경제학의 정의, 공학경제의 역사적 배경, 이자의 역사, 공학경제의 전형적인 문제, 그리고 공학경제의 기본 원칙 등을 기술하고 있다. 2장은 현금흐름표를 시작으로 해서 공학경제에서 다루는 전통적인 대부분의 주제들을 간략하게 소개하고 있다. 이렇게 많은 주제들을 간략하게 2장에 소개한 이유는 두 가지가 있다. 첫째, 사회과학적 학문에 더 밀접한 공학경제를 수강하는 공학도 학생들이 가급적 빨리 이 학문에 친숙해지도록 하기 위함이다. 둘째, 공학경제 문제의 풀이 방법은 무수히 많이 존재하고 있기 때문에 많은 문제들을 풀어 보지 않으면 공학경제를 처음 접하는 대부분의 학생들이 문제 풀이 방법을 선택하는 데 있어서 많은 어려움을 겪게 되므로 이를 극복하도록 하기 위함이다. 셋째, 공학경제의 완성도는 현장 프로젝트를 학생들 스스로 수행함으로써 달성되기 때문에 이를 위해 학생들이 학기 초반에 공학경제에 관한 전반적인 흐름을 파악할 수 있게 하기 위함이다.

공학도들이 현금흐름표뿐만 아니라 다른 재무제표들에 관한 기초적인 지식을 습득하는 것은 기업 내에서 원활한 의사소통을 위한 필수항목이다. 이러한 목적과 더불어 투자의사결정의 토대가 되는 현금흐름표 작성에 관한 이해를 돕기 위해 3장은 현금흐름표를 비롯해서 다른 중요한 재무제표들을 설명하고 있다. 4장은 감가상각과 법인세를 설명하고 있다. 5장은 이러한 지식을 기반으로 작성되는 투자프로젝트 중심의 현금흐름표에 관하여 기술하고 있다.

6장과 7장은 일단 작성된 현금흐름표에 적용해서 투자프로젝트의 경제성을 평가할 수 있는 다양한 기법들을 구체적으로 설명하고 있다. 6장은 이자율 개념을 포함하고 있지 않은 투자회수기간법과 회계적 수익률법을 기술하고 있는 반면, 7장은 순 현재가치, 연등가가치, 내부수익률법 등과 같이 이자율 개념을 포하고 있는 다양한 현금흐름할인기법들을 설명하고 있다. 8장은 실질적으로 현장에서 투자프로젝트의 경제성을 평가할 때 중요한 사안으로 대두되는 투자의 불확실성 문제를 다루는 다양한 기법들을 기술하고 있다. 이 장은 샘 새비지(Sam Savage)의 '평균의 오류(flaw of averages)'라는 개념을 소개하고 있다. 이 개념은 단순히 평균을 토대로 한 투자의사결정으로부터 야기되는 왜곡성을 투자의사결정자들이 최소화하도록 도움을 주고 있다. 이장의 마지막 절은 다단계 의사결정체계로 구성된 복잡한 투자프로젝트의 경제성 평가를 위해 필요한 의사결정나무

(decision tree analysis: *DTA*) 기법을 소개하고 있다.

8장에서 기술하고 있는 기법들이 불확실성을 회피하거나 최소화하려는 목적으로 사용되는 것이라면 9장은 불확실성을 관리해서 투자프로젝트의 가치를 향상시키는 목적으로 사용되는 새로운 기법인 실물옵션가치이론(real options value theory: *ROV*)을 소개하고 있다. ROV기법은 최근에 여러 공학경제학자들이 큰 관심을 갖고 연구하는 주제로 전통적인 불확실성 해결 기법들과 비교해서 이론을 이해하고 현장에 적용하기가 다소 복잡하고 어렵기는 하지만 많은 장점들을 가지고 있다. 앞 장들에서 다룬 투자프로젝트들은 모두 사기업을 중심으로 한 것들이었으나, 10장에서는 이와 달리 공공기관들이 수행하는 투자프로젝트의 경제성 평가를 위한 기법들이 소개되어 있다.

11장은 화폐의 시간적 가치에 관한 기본적인 개념들을 기술하고 있다. 다년간에 걸쳐서 수행되는 투자프로젝트의 경제적 가치를 올바르게 평가하기 위해서는 각 연도별 현금흐름들의 가치를 하나의 통일된 화폐가치로 변환해야 한다. 이러한 목적을 달성하기 위해서는 이자에 관한 명확한 이해가 선행되어야 한다. 11장에서 다룬 이자계산기간은 연 단위였다. 그러나 12장은 연 단위 이자계산기간을 반년, 분기, 월, 주, 일 단위로 확대하였을 경우 적합한 이자율을 결정하는 방법, 인플레이션 측정 방법, 그리고 자본비용을 결정하는 방법 등을 설명하고 있다.

위와 같이 공학경제의 내용이 전개된 차례를 토대로 강의하는 경우 강의에 다소 어려움이 있을 수 있다고 짐작된다. 그러나 이러한 일시적인 어려움은 짧은 시간 내에서 쉽게 극복될 수 있을 것이라고 믿는다. 본 교재를 출간하여 달성하고자 하는 최종 목적은 공학경제가 단순히 이자계산을 공부하는 학문이 아니라 투자분석에 관한 의사결정을 공부하는 학문이라는 사실을 학생들이 확실하게 인식하게 하기 위함이다.

본 교재는 지난 21년 동안 강의하며 연구한 경험들을 바탕으로 출간하게 되었다. 본 2판을 수정 보완하면서 1판에 기술된 논리 전개에 상당히 많은 오류가 발견되어 그 동안 본 교재를 애용해 주신 교수님들과 학생들에게 진심으로 사과의 마음을 전한다. 물론 나름대로 열심히 한다고 했지만 2판에도 많은 부족한 점들이 발견될 것이라고 믿는다. 이 점에 관한 모든 책임은 본 저자의 몫이라고 생각하며 본 교재를 채택하여 강의하시는 교수님들과 학생 여러분들의 많은 유익한 의견이 있기를 바란다.

## 강의 방법

(1) 본 교재의 차례에 따를 경우: 2장에 공학경제에서 다루는 대부분의 주제들이 간략하게 소개되어 있으므로 2장의 내용을 수강생들이 충분히 숙지하도록 강의 시간을

배정하고, 그 후에는 본 교재의 목차 순서대로 강의를 진행한다. 강의 시간이 부족하다고 판단되면 3장(재무제표 작성법과 원가시스템), 9장(실물옵션가치이론), 그리고 10장(공공투자프로젝트의 경제성 평가)을 생략해도 수강생들이 공학경제의 기본적인 이론과 기법을 이해하는 데는 전혀 문제가 없을 것으로 판단된다.

(2) 기존의 차례를 따를 경우: 11장(이자율에 관한 개념 및 공식), 12장(기간별 이자, 인플레이션율 및 자본비용 계산)을 먼저 강의하고 3장~10장 순서로 강의하기를 추천한다.

## 감사의 말

2008년에 본 교재를 정신없이 집필한 후 벌써 8년이란 긴 세월을 보내고 2판을 준비하면서 본 교재를 사용하는 독자 여러분들께 감사하고 미안한 마음이 드는 것은 어쩔 수 없는가 봅니다. 25년이란 긴 세월 동안 끊임없이 학문적으로 그리고 인생의 훌륭한 조언자로서 어리석은 제자를 위해 항상 용기를 북돋아 주시는 오번대학교 산업시스템공학과의 박찬석 교수님께 이 글을 통해 감사의 마음을 전합니다. 그리고 경문사의 많은 관심과 도움으로 본 교재 2판을 출간하게 되어 경문사의 모든 직원에게 감사드립니다. 마지막으로 겨울방학 동안 함께해 주지 못해도 위로의 말로 옆에서 용기를 준 옆지기의 배려에 고맙다는 말을 전합니다.

흰 눈이 수북이 쌓인 무등산 자락 끝, 조선대학교 산업공학과
2016년 2월 2일
김규태

# 차 례

CONTENTS

## 제 1 장 공학경제란?



## 제 2 장 공학경제학의 일반적 개념

## 제 3 장 재무제표 작성법과 원가시스템



## 제 4 장 감가상각과 법인세



## 제 5 장 투자프로젝트 증분현금흐름표 작성



## 제 6 장 경제성 평가기법 I: 투자회수기간법과 회계적 수익률

## 제 7 장 경제성 평가기법 II: 순 현재가치법, 연 등가가치법, 내부수익률법



## 제 8 장 실물투자프로젝트의 경제성 평가와 위험분석



## 제 9 장 실물옵션가치 이론을 이용한 투자프로젝트 평가

## 제10장 공공 투자프로젝트의 경제성 평가



## 제11장 이자율에 관한 개념 및 공식



## 제12장 기간별 이자, 인플레이션률 및 자본비용 계산



## 부록

CHAPTER 01

# 공학경제란?

## 1.1 공학경제란 무엇인가?

'공학경제'라는 학명은 영어의 'Engineering Economics'를 단순히 직역한 것이고, 본래 이 학문의 내용을 잘 반영하고 있는 학명은 '경제성공학'이다. 현재 '경제성공학'이라는 학명이 국내에서 가장 많이 사용되고 있으며, '공학경제'라는 학명은 거의 사용되고 있지 않다. 그러나 불행하게도 공학인증원에서 '경제성공학'이라는 학명을 사용하지 않고 '공학경제'라는 학명을 사용하게 되어 공학인증원의 의향에 따라 본 서에서도 '공학경제'라는 학명을 사용하기로 한다.

그러면 '공학경제'라는 학문은 무엇을 대상으로 하는 학문인지를 먼저 알아보기로 하자. 예를 들어, 여러분이 자동차 문짝을 만드는 공정에서 근무한다고 가정해 보자. 이 공정에서 수행해야 할 작업 중 하나는 자동차 문짝을 만들기 위해 강철판을 설계도면에 따라 적절하게 절단하는 것이다. 그러면 이러한 절단작업을 수행하기 위한 여러 가지 방법들을 고려해볼 수 있을 것이다. 이렇게 하나의 작업 수행 목표를 달성하는 방법을 공학경제에서는 대안이라고 한다. 절단작업 대안으로서 우리는 먼저 쇠톱으로 직접 강철판을 절단하는 방법을 생각할 수 있을 것이고, 두 번째로 전기쇠톱을 사용하여 절단하는 방법을 생각할 수 있을 것이고, 세 번째로는 자동화 절단기를 사용하여 절단하는 방법을 생각할 수가 있다. 이 외에도 다른 여러 가지 방법들이 있을 수 있겠지만, 여기에서는 위 세 가지 방법만을 고려하였다. 가능한 한 많은 대안들을 고려하면 할수록 더 바람직한 대안을 최종적으로 결정할 수가 있다.

위와 같이 문제가 파악되고 이를 해결하기 위한 대안들을 선택하였으면, 그 다음에 해야 할 일은 각 대안들을 실질적으로 수행한다고 가정하고, 각 대안을 실행하기 위한 초기 투자비용과 운영비용, 그리고 각 대안들로부터 기대되는 이익을 추정하고, 그 후에 추정된 이익과 비용을 토대로 각 대안들의 경제적 가치를 계산하도록 한다.

그리고 평가된 경제적 가치를 토대로 최적 대안을 선정하여 실행하고, 마지막으로 실행 중인 투자프로젝트를 사후 검증한다. 이 사후검증단계에서는 실행 중인 투자프로젝트로부터 얻은 비용과 이득을 평가과정에서 사용된 비용과 이득과 비교·분석하여 이 투자프로젝트를 계속 실행할 것인지 아니면 포기할 것인지에 관하여 의사결정을 내리도록 한다.

이러한 일련의 과정을 토대로 '공학경제'를 간단하게 정의하면 기계나 장비 구입, 작업공정 개선, 새로운 공정 개발, 신제품개발 등과 같은 실물투자프로젝트(공학적 투자프로

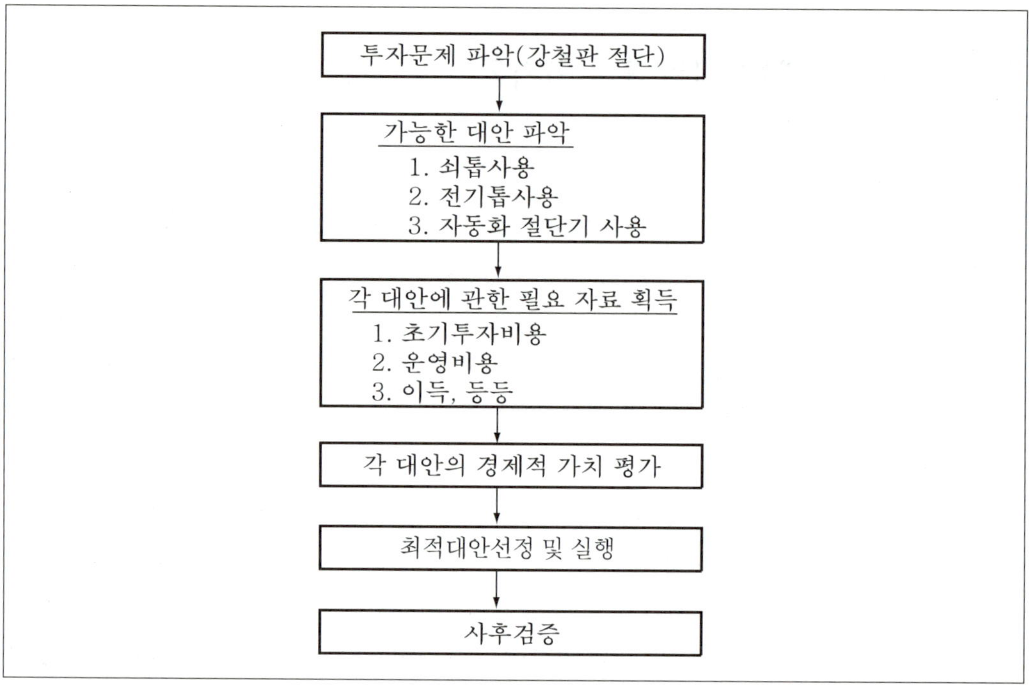


**그림 1.1** 투자의사결정체계

젝트)에 관한 투자의사결정학문이라고 할 수 있다. 그리고 투자의사결정에 이르는 과정을 공학경제에서는 투자의사결정과정(capital budgeting process)이라고 한다. 〈그림 1.1〉은 투자의사결정과정을 요약하여 보여주고 있다.

투자의사결정학문으로서 공학경제는 사업성분석에서 절대적인 위치를 차지하고 있다. 일반적으로 사업성분석은 (1) 시장분석, (2) 생산기술분석, 그리고 최종적으로 (3) 재무분석 등 세 가지 내용으로 구성되어 있다. 시장분석에서는 시장의 특성, 수요 및 공급분석, 제품에 대한 미래 수요, 제품의 시장점유율 추정 등을 하고, 생산기술 분석에서는 공정과 기술검토, 제품특성, 제조공정사항, 생산일정, 공장규모, 기계장비 선정, 공장입지, 비용, 소요노동력, 제품원가 추정 등을 하고, 마지막으로 재무분석에서는 필요자본의 규모, 자금조달 및 상환계획의 수립, 미래 재무제표작성 등을 한다. 또한 수익성평가에서는 계획사업의 현금흐름을 추정하고 이에 따라 경제성 평가분석을 실행하게 되는데, 이는 자금을 다루는 관계로 〈그림 1.2〉에서와 같이 이를 재무분석 범주에 포함시키기도 한다.[1)]

1) 유일근 저, 사업성분석과 경영전략 : 성공적 벤처창업 및 신규사업수행을 위한 지침서, 형설출판사, 2003.

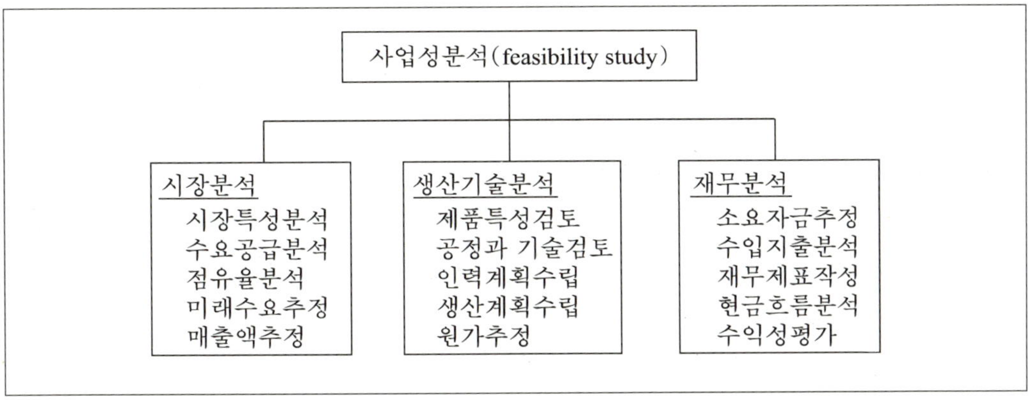


그림 1.2 사업성분석의 3대 분야

우리는 앞에서 '공학경제'를 실물투자프로젝트에 관한 투자의사결정체계 학문이라고 간략하게 정의하였다. 좀 더 구체적으로 '공학경제'에 관한 공식적인 정의를 살펴보면 다음과 같다. 공학경제란 **"공학의 한 학문분야로서 희소성 가치를 갖고 있는 투자자원을 신중하게 활용하여 기술적으로 요구되는 성과를 가장 효율적으로 만족시키는 투자대안들의 경제적 가치를 분석하는 학문이다"**. 즉, 공학경제는 투자자원 사용의 효율성을 극대화할 수 있는 이론이나 기법을 연구하는 학문이라고 할 수 있다. 2008년도 경제학 노벨상 수상자인 폴 크루그먼(Paul Krugmann) 등은 그들의 저서 '경제학입문[2)]'에서 경제학이란 '일련의 의사결정' 학문이라고 단순하면서도 간략하게 정의하고 있다. 경제학에 관하여 좀 더 구체적으로 살펴보면 다음과 같다.

경제학이란 '희소성 가치가 있는 자원을 활용하여 어떻게 인간에게 필요한 가치가 있는 제품이나 서비스를 창출할 것이며 또한 창출된 제품이나 서비스를 사회 구성원들에게 어떻게 배분할 것인가를 연구하는 학문'이라고 정의되어 있다. 소웰(Thomas Sowell)은 그의 저서 '기초경제학[3)]'에서 경제학은 단순히 패턴을 찾거나 이해하기 힘든 이상 현상을 파헤치는 데 그치지 않고, 근본적으로 사회 전체의 물질적 생활수준과 개인과 기관이 내린 특정한 의사결정이 어떻게 인간의 물질적 생활수준에 영향을 미치는가에 대해 연구하는 학문으로 규명하고 있다. 그러므로 크루그먼과 소웰의 경제학에 관한 광의의 범주에서 살펴보면 공학경제를 경제학의 한 분야로 이해할 수가 있지만, 위에서 살펴본 바와 같이 공학경제학은 일반적인 경제학과는 그 궤도를 달리하는 나름대로의 독자적인 특성

---

2) Paul Krugman, Robin Wells and Matha L. Olney, Essential of Economics, Worth Publications, U.S.A., 2007.

3) Thomas Sowell, Basic Economics, Basic Books, 3rd Edition, 2007.

을 지니고 있다.

실물투자의사결정학문으로 정의된 공학경제는 실물투자프로젝트에 투자가 이루어진다는 가정으로부터 시작된다. 투자란 현재 투자자가 그의 자원의 가치를 희생한 대가로 미래에 더 큰 수익을 기대하는 행위로 규명할 수 있다. 즉, 현재의 확실한 투자자원의 가치를 포기하고 미래에 불확실하지만 더 큰 이득을 달성하고자 하는 행위라고 할 수 있다. 그러므로 실물투자프로젝트에 내재되어 있는 **불확실성**의 존재가 실물투자프로젝트의 첫 번째 특성이라고 할 수 있다. 실물투자프로젝트는 일단 실행되고 나면 투자된 자원을 부분적으로 혹은 완전히 회복되지 않는 **비번복성**의 존재가 실물투자프로젝트의 두 번째 특성이라고 할 수 있다. 실물투자프로젝트의 세 번째 특성은 **투자시점의 자율성**이라고 할 수 있다[4]. 투자시점의 자율성이란 어느 기업이 반도체 공장을 신축하려는 실물투자프로젝트를 고려하고 있는데 세계시장에서 반도체 가격에 관한 불확실성이 매우 높다고 판단되면, 투자의사결정자는 반도체 가격의 불확실성이 만족할만한 수준에서 해결된 후에 이 실물투자프로젝트를 실행할 수 있음을 의미한다.

이 세 가지 투자특성들은 서로 상호교환 작용을 하고 있기 때문에 실물투자프로젝트의 경제적 가치를 합리적으로 평가하기 위해서는 이 세 가지 특성들의 상호 교환작용을 신중하면서도 공정하게 그리고 가능하면 객관적인 측면에서 접근하는 자세가 절대적으로 요구되고 있다. 이와 관련된 내용은 1.6절에 자세하게 설명되어 있다.

투자가 이루어지기 위해서는 투자자본이 필요하다. 이러한 투자자본은 자기자본과 타자본으로 구성되어 있다. 일반적으로 기업에서 자기자본은 주식을 발행하여 얻은 자본과 이익잉여금 등으로 구성되어 있고, 그리고 타 자본은 채권을 발행하여 얻은 자본과 금융기관을 통한 융자 등으로 구성되어 있다. 이러한 투자자본을 조달할 때에 투자분석가는 투자자본 조달을 위해 요구되는 투자자본 비용을 면밀하게 파악해야 한다. 타 자본을 조달할 경우에는 자본조달 계약 시에 이미 자본비용이 결정되기 때문에 타 자본의 자본비용을 파악하기는 쉽지만, 자기자본비용을 파악하는 것은 일반적으로 타 자본의 비용을 파악하는 경우보다 훨씬 더 복잡하고 어렵다고 할 수 있다.

자본비용을 파악함에 있어서 많은 사람들이 오해하는 사실은 자기자본비용은 존재하지 않고, 다만 타 자본비용만이 존재한다고 믿는 것이다. 그러나 일반적으로 타 자본비용보다 자기자본비용이 더 크다는 것이 학계의 일반적인 주장이다. 한 예로 많은 경우, 주식투자에 대한 투자자들의 기대수익률을 자기자본비용으로 대체하게 되는데, 쿠퍼[5](Ian

---

4) Avinash K. Dixit and Robert S. Pindyck, Investment under Uncertainty, Princeton University Press, Princeton, NJ, 1994.

Cooper)의 주장에 의하면 1926년~1996년 미국의 주식시장에서 발생한 주가를 토대로 계산된 산술평균 주가수익률이 9.0%라고 한다. 영국의 경우 1919년~1994년에 발생한 주식 시장의 산술평균 주가수익률은 10.3%라고 보고되고 있다.[6] 한국, 일본, 그리고 중국의 대략적인 주가수익률도 미국이나 영국의 주가수익률과 유사한 경향을 보이고 있다[7]. 반면에 2016년 1월 현재 국내의 만기가 3년인 회사채 수익률은 2.1%(2009년:7.29%)이며, 만기가 3년인 국고채의 수익률은 1.6%(2009년: 3.5%)이고, 영국의 리보[8]는 0.5%(2009년: 1.17%)이며 미국의 경우 만기가 3년인 국고채의 수익률은 1.16%(2009년: 1.87%)이다. 이로써 우리는 자기자본비용이 타 자본비용보다 훨씬 높다는 사실을 알 수가 있다.

이와 같이 투자 자본을 조달했으면 다음에는 실질적으로 투자행위가 실행되어야 한다. 그러나 위에서 기술하였듯이 실물투자프로젝트가 실행되기 전에 반드시 실물투자프로젝트의 경제적 가치가 평가되어야 하는데, 이때에는 '당기순이익'이 아닌 '현금흐름'을 토대로 실물투자프로젝트의 경제적 가치가 계산되어야 한다. 이러한 평가가 이루어진 후, 기업은 여러 대안들 중에서 최적의 투자대안 하나를 결정하여 실행하게 되는데, 이러한 의사결정에 대한 최종적인 가치판단은 금융시장(특히 주식시장)에서 투자자들에 의하여 이루어지게 된다. 〈그림 1.3〉은 위에 기술한 내용들을 요약하여 보여주고 있다.

'공학경제' 또는 '경제성공학'이라는 서명으로 지금까지 출판된 국내·외의 모든 교과서들은 〈그림 1.3〉에 나타난 바와 같이 상·하(top-down)방식으로 교과 내용들이 전개되어 왔다. 즉, 이 교과서들은 먼저 이자율에 관한 개념을 소개한 후 프로젝트를 평가하는 기법들에 관하여 기술하여왔다. 그 다음 감가상각법과 법인세에 관한 내용을 기술하고 이를 토대로 실물투자프로젝트의 현금흐름표가 작성되는 순서로 공학경제의 내용들이 기술되어 왔다. 전통적으로 공학경제 내용이 이와 같은 순서로 전개되어 왔다.

---

5) Ian Cooper, "Arithmetic versus Geometric Mean Estimators: Setting Discount Rates for Capital Budgeting," European Financial Management, Vol. 2, No. 2, 1996, pp. 157-167.

6) 산술평균에 의한 평균주가수익률과 기하평균에 의한 평균주가수익률은 다르다. 한 예로 미국의 경우 기하평균에 의한 평균주가수익률은 7.0%이고 영국의 경우에는 7.7%라고 Cooper는 보고하고 있다. 일반적으로 산술평균이 기하평균보다 항상 크다.

7) 한국, 일본, 중국의 주가수익률은 대략적인 기하평균으로 계산한 수익률이다.

8) 리보(London Interbank Bid Rate: LIBOR) : 원래는 영국의 은행 간에 적용된 이자율이었으나 현재는 EC국가의 은행들 사이의 단기 금융거래에 적용되는 이자율을 리보라 한다.

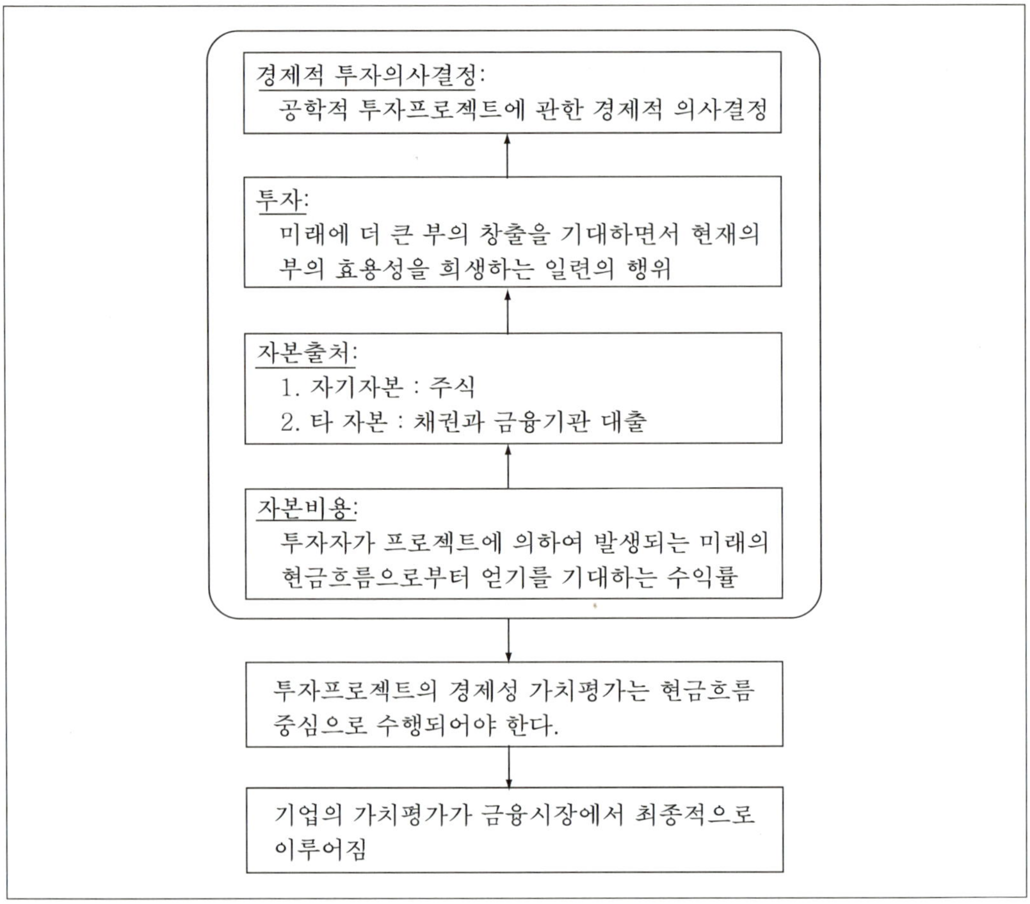


**그림 1.3** 공학경제의 이론적 전개 과정

지금까지 전통적인 교과서를 이용하여 공학경제를 오랫동안 강의해 본 결과, 공학경제 수강자들이 차후에 공학경제 과목에서 배운 것이 무엇이냐고 물어보면 대부분이 이자율을 계산하는 과목 정도로만 이해하고 있을 뿐임을 알게 되었다. 이러한 바람직하지 못한 상황을 해결하기 위해 본 서에서는 실질적으로 현장에서 공학경제의 이론을 효과적으로 적용할 수 있도록 새로운 방향으로 공학경제의 이론을 전개하고자 한다. 즉, 이 책에서는 전통적인 수직적 학습방법이 아닌 현금흐름표 중심의 전체론적이며 수평적 방법으로 공학경제이론을 새롭게 구성하여 시도하고자 한다.

## 1.2 공학경제의 역사적 배경

공학경제의 역사적 배경을 논하기 위해서는 먼저 이자에 관한 역사적 배경을 알아야 한다. 이자계산 방법에는 단순이자계산(simple interest)방법과 복합이자계산(compound interest)방법의 두 가지가 있다. 단순이자계산은 초기 원금에 대하여 이자율을 적용하여 기간당 이자를 계산하는 방법이고, 복합이자계산은 원금과 이자의 총합에 대하여 이자율을 적용하여 이자를 계산하는 방법이다. 단순이자계산은 단순히 초기 원금에 대하여 이자를 계산하기 때문에 이자계산 자체는 매우 쉬운 반면, 복합이자계산은 그 형태가 매우 복잡하여 이자계산이 매우 어렵다고 할 수 있다.

문헌에 의하면 복합이자계산방법의 역사는 상당히 오래되었다고 한다. 호머(Sidney Homer)와 실라(Richard Sylla)[9] 그리고 파커(Parker, R. H.)[10]에 의하면 복합이자계산에 관한 지식은 최소한 메소포타미아 문명시대인 수메르시대, 고대 바빌로니아시대 그리고 앗시리아시대(3000~600 B.C.)까지 거슬러 올라간다고 한다. 이 시대의 주 거래항목들은 주로 곡식과 은으로, 은은 지역경제활동에 사용되었고 곡식은 국가경제 활동에 사용되었다고 한다. 함무라비법전에 기록된 바에 의하면 이 당시의 곡식에 대한 연간 최고 이자율은 $33\frac{1}{3}\%$이었고, 은에 대한 연간 최고 이자율은 20%이었다고 한다. 이와 같은 곡식과 은을 타인에게 대출할 때에는 반드시 관리인의 입회하에 계약서가 작성되었고, 만약 연간 최고 이자율보다 차후에 더 많이 받은 사실이 밝혀지면 더 이상 원금을 상환할 필요가 없었다고 하니 현재의 대출관련법보다 더욱 합리적이었다고 할 수 있다.

복합이자계산법의 장구한 역사에도 불구하고 이 계산법이 유럽에 전해진 시기는 대략 13세기 초 중세시대로 알려져 있다. 1202년도에 피보나치(Fibonacci 혹은 Leonardo of Pisa)는 《산본서(*The Book of Calculation*)》라는 서적을 출판하여 유럽에 현재와 같은 아라비아 숫자를 전하면서 동시에 복합이자계산법을 소개하였다. 물론 중세시대에는 철저한 교회법에 의하여 고리대금업이 금지된 상태이었다. 이와 같은 사회현상으로 인하여 16세기 이전에는 복합이자계산을 위한 이자율표가 매우 극비리에 전해져 내려왔다. 그러

9) Sidney Homer and Richard Sylla, A History of Interest Rates, the 4th Edition, John Wiley & Sons, Inc., Hoboken, NJ, 2005.

10) R. H. Parker, "Discounted Cash Flow in Historical Perspective," Journal of Accounting Research, Vol. 6, No. 1, 1968, pp. 58-71.

나 이 시기에 복식부기를 창안한 파치올리(Pacioli Luca)가 1494년에 출간된 그의 저서 《산술, 기하, 비율 및 비례 총람(*Summa de Arithematica Geometria Proportioni et Proprotionalita*)》에서 복합이자표를 포함시키지는 않았지만 단순이자와 복합이자계산과 관련된 문제들을 제기하였고, 동시에 단순이자계산법과 복합이자계산법을 구성하는 방법론을 개략적으로 소개하였다.

이렇게 비밀스럽게 전해져 내려오던 이자계산표가 마침내 1558년 진(Jean Trenchant)에 의하여 프랑스 안트윕(Antwerp)과 리옹(Lyon)에서 최초로 발간되었다. 이 당시 이자표는 주로 현금유출과 유입이 확실한 대출문제에 적용되었다고 한다. 즉, 이 당시에도 현재와 유사한 투자프로젝트의 경제성 평가를 위한 방법 중 하나인 현재가치법이라는 평가기법이 존재하였다고 추측해 볼 수가 있다. 한 예로 13세기에 아라비아 숫자를 처음으로 유럽에 소개한 피보나치는 그의 저서에서 다음과 같은 네 가지 문제를 제기하고 있다. (1) 동업자들 사이에 공정하게 할당되어야 하는 이익 배분문제, (2) 일정 기간 후에 일정 금액을 출금한다는 가정하에 연속적으로 발생되는 투자수익을 계산하는 문제, (3) 미래가치 계산문제, 그리고 마지막으로 (4) 현재가치 계산문제.[11)]

여기에서는 피보나치가 제기한 위 네 가지 문제들 중 마지막 문제인 현재가치계산과 관련된 문제만을 살펴보기로 한다. 피보나치가 제시한 문제는 "두 투자자가 있는데 한 투자자는 분기별로 75비잔트(bezant)를 투자하고, 다른 투자자는 연별로 300비잔트를 투자한다고 한다. 이 경우 분기별 이자율 2%가 복리로 적용된다. 그러면 두 투자자의 투자금액에 대한 현재가치는 얼마인지를 계산하여라." 이다. 피보나치 자신은 이 문제를 해결하기 위한 명확한 가정을 제시하고 않았지만, 후에 괴츠만(Goetzmann)은 이 문제를 적절하게 해결하기 위해서는 현금흐름이 무한대로 발생하고 있다고 가정해야 한다고 주장을 하였다. 이 문제에 대한 해답은 이자율 계산을 소개하는 장에서 알아보기로 하자.

1887년에 드디어 웰링톤(A. M. Wellington)[12)]이 최초로 금융거래(특히 대출문제)에만 국한시켜 적용해 오던 이자율표와 현재가치계산법을 사용하여 실물투자프로젝트의 경제적 가치를 계산하였다. 웰링톤은 미국의 토목공학자로서 철도 건설 투자프로젝트의 경제적 가치를 계산하기 위해 현재가치법과 같은 현금흐름할인(discounted cash flow: *DCF*) 기법을 사용하였다고 한다. 웰링톤 이후에는 1914년 미국의 장비 및 건축 공학자인 페넬(W. O. Pennell), 1915년 디벤터(J. H. V. Deventer), 그리고 1920년 미국 애리조나 주

---

11) Mark Rubinstein, A History of the Theory of Investments, John Wiley & Sons, Inc. Hoboken, NJ, 2006.

12) A. M. Wellington, The Economic Theory of the Location of Railways, Wiley, NY, 1887.

립대학교(Arizona State University)의 기계공학과 교수인 골드만(O. B. Goldman) 등이 현금할인기법 등을 이용하여 실물투자프로젝트의 경제적 가치를 계산하였다고 한다.

그러나 미국의 스탠포드대학교(Stanford University) 공과대학 교수였던 피셔가 1915년에 《공학경제학(*Engineering Economy*)》을 출판하고, 그리고 그로부터 15년이 지난 후 1930년에 같은 대학교 교수인 그랜트(E. L. Grant)가 《공학경제》를 출판하면서부터 본격적으로 현금할인기법이 학계와 산업계에 전파되기 시작하였다. 공학경제학계에서는 이때를 공학경제학 이론이 정립된 시점으로 간주하고 그랜트를 공학경제학의 창시자로 여기고 있다.

이와 같이 공학경제학의 이론이 발전되어 왔으나 공학경제학의 제도적 체제는 1936년 미국에서 공학경제학협회(Engineering Economy Committee)가 발족되었고, 1956년에 그랜트 등의 학자들에 의하여 공학경제협회의 분과위원회가 탄생하였다. 그러나 미국 스티븐슨텍(Stevens Institute of Technology)에 재직 중인 레서(Art Lesser) 교수의 편집방침에 따라 공학경제학 관련 학술지 〈*The Engineering Economist*〉가 1955년 6월 최초로 발간되었다.[13)]

## 1.3 기업 내에서 공학도의 역할[14)]

젊은이들의 기술 개발로 초기에 초라하게 창업된 다음카카오톡, 안랩, 아래한글, 야후, 애플컴퓨터, 마이크로소프트 회사의 가치가 이제는 수천억 원에서 수십조 원에 이르고 있다. 기업 내에서 중요한 경영의 3대 분야가 재무, 생산, 그리고 영업부서이다. 이 중에서 위 회사들의 창업멤버들은 처음에 새로운 기술로 신제품을 개발·생산하는 생산부서에서 큰 역할을 담당한 사람들이었다.

공학도들 대부분은 기업의 생산부서에서 근무하고 그 곳에서 기업의 가치를 창출하는 기업 내에서 가장 중요한 역할을 담당하고 있다. 이 생산부서가 기업의 부가가치를 진정

---

13) G. Thuessen, "A Fifty-Year Editorial History of The Engineering Economics", The Engineering Economist, Vol. 50, 2005, pp. 17-23.

14) Park, Chan S., "Contemporary Engineering Economics" Prentice-Hall, 5th Edition, NY, 2011.

으로 창출하는 유일한 부서라고 해도 지나친 말은 아닐 것이다. 공학도들은 생산현장에서 생산비용을 절감하기 위해 끊임없이 새로운 공정개발, 장비나 기계의 대체, 신제품 개발, 제품 품질 및 원가 등 기업의 생존과 이익에 결정적으로 중요한 다양한 의사결정에 참여하고 있다. 공학도들이 이와 같이 다양한 의사결정문제들을 합리적으로 해결하기 위해서는 생산·제조분야의 지식뿐만 아니라 마케팅 및 재무분야 등의 지식도 갖추고 있어야 한다. 그러나 본 서에서는 공학도들이 실물투자프로젝트에 관해 합리적인 경제적 의사결정을 내릴 수 있도록 여러 종류의 투자분석기법 및 이론들에 우리들의 관점을 맞추고자 한다.

### 1.3.1 공학경제학적 의사결정

공학은 제품의 개념설계에서부터 시작해서 제품생산을 끝내고 배송하는 영역까지 제품생산과 관련된 모든 세세한 분야에서 필요한 학문분야이다. 사실 제품설계단계에서 이루어지는 공학적 의사결정은 제품원가와 품질의 85%에 영향을 미치고 있다. 공학도들은 제품설계 단계에서 일단 이루어진 공학적 의사결정이 차후에 번복되기가 거의 불가능하다는 사실을 명심하고 이 제품설계 단계에서 생산시스템 및 공정, 장비나 기계, 그리고 원자재 등과 같은 투자자산 등을 효과적으로 사용할 수 있는 방법론을 창의적으로 개발해야 한다. 이를 달리 표현하면, 공학도들은 기업이 제품을 경제적으로 설계하고 생산할 수 있도록 필요한 생산시스템이나 장비를 획득하는 투자계획을 신중하게 수립해야 한다는 것이다.

예를 들어, 장비와 같은 고정자산을 구입할 경우 공학도들은 이 장비의 구입비용과 이 장비를 사용하는 동안 발생될 것으로 기대되는 이익(현금흐름)을 추정해야 한다. 그리고 그들은 이러한 추정치를 토대로 장비투자지출에 관한 의사결정을 내려야 한다. 이러한 의사결정의 타당성은 오랜 시간이 지난 후에 입증되므로 공학도들의 부정확한 투자자산의 비용 및 이익 추정은 기업에 큰 손실을 입히게 된다. 만약 기업이 장비에 과도하게 지출하면 기업은 불필요한 비용 지출을 한 결과가 되고, 이와 반대로 기업이 장비에 인색할 정도로 지출을 하면 장비가 노후화되어 제품 경쟁력이 저하되어서 궁극적으로 경쟁업체에 제품 시장점유율을 잃을 수가 있을 것이다. 기업이 한번 잃은 시장점유율을 되찾기 위해서는 제품가격을 낮추든지 아니면 획기적으로 제품성능을 향상시켜야 하는데 이 두 가지 모두 막대한 비용지출을 요구하게 된다.

### 1.3.2 개인의 경제적 의사결정

우리들은 매월 일정한 수입 중에서 일상생활에 필요한 의식주 문제를 해결하기 위해서 일정한 금액을 지출하고 나머지 수입은 여행, 독서, 투자 등에 지출하고 있다. 감당해 낼 수 있는 위험 수준에서 우리들은 투자하기로 결정한 금액에 대해서 경제적 이익이 최대로 달성되기를 원하고 있다. 대안적 투자대안들로는 은행 저축 및 정기적금, 주식, 채권, 퇴직연금, 토지 및 건축물, 자영업 등 그 수가 거의 무한대로 이 세상에 존재하고 있다. 이와 같이 우리들은 공학도로서 기업의 자산을 효과적으로 이용해야 할 역할을 충실히 수행하듯이 공학도들 개개인은 또한 그들의 개인적 재무활동과 관련된 의사결정을 내리는 책임도 동시에 지고 있다.

이 세상에 무수히 존재하는 투자대안들 중에서 우리 개인이 어떻게 경제적으로 가장 바람직한 대안들을 선택할 수 있을까? 이 책에서 배우게 될 공학경제학적 의사결정 기법들을 이용하면 개인적 투자활동과 관련된 대안들에 관한 의사결정도 내릴 수가 있다. 물론 여기서도 우리들이 선택한 투자대안의 성과를 가능하면 정확하게 추정해야 하는 도전적 문제에 직면하게 된다. 만약 이러한 투자의 불확실성 문제를 합리적으로 해결하지 못하면 우리들 가정의 미래 재정상태는 암담하게 될 것이다.

투자의 불확실성을 합리적으로 다루기 위한 일반적인 투자전략으로는 투자자본을 여러 투자자산에 분산시켜서 투자위험을 관리하는 투자분산전략이라는 기법이 있다. 분산투자전략은 다양한 수준의 위험을 포함하고 있는 여러 투자자산들에 투자자본을 분산투자하여 투자위험을 최소화하는 것을 목표로 한다. 분산투자전략에 관한 설명은 이 책의 범위를 넘는 것이기 때문에 이에 관한 자세한 설명은 생략하기로 한다. 다만 12장과 13장에서 이자와 수익률에 관한 기본적인 개념을 소개하고 8장과 9장에서 투자위험에 관한 기초적인 지식을 설명하고 있기 때문에 개인의 투자활동 위험과 관련된 기초 지식은 이 책에서 충분히 제공하고 있다.

## 1.4 공학적 투자의사결정의 도전적 문제[15)]

공학도들이 내리는 기업 투자의사결정과 개인적 투자의사결정은 투자의 크기를 제외하면 거의 모든 특성이 동일하다. 예를 들어, 12년 전에 선반을 구입해서 아직도 이 선반을 사용하고 펌프 샤프트를 생산하고 있는 DS회사를 고려해 보자. 이 제품생산을 책임지고 있는 공학도로서 여러분은 앞으로 3~4년 동안은 이 제품의 현재 수요량이 유지될 것으로 예측하고 있다. 그러나 이 선반은 이미 오래전부터 노후화 징후를 보이기 시작해서 지난 2년 동안 자주 고장이 발생하더니 이제는 작동이 거의 멈춘 상태이다. 여러분은 이 시점에 작동이 멈춘 선반을 새로운 선반으로 대체할 것인지 아니면 고장을 수리해서 다시 사용할 것인지에 관해 중요한 의사결정을 내려야 한다. 만약 앞으로 1~2년 내에 현재 시장에서 구입할 수 있는 선반보다 훨씬 더 효율적인 새로운 선반 구입이 시장에 출시된다면, 지금 사용하고 있는 선반을 고장 난 부분을 수리해서 다시 사용할 수도 있을 것이다. 그러나 이 문제에서 주요 쟁점은 언제 노후화된 선반을 새로운 선반으로 대체할 것인가이다. 더욱이 만약 펌프 샤프트의 수요량이 3~4년 후 점차적으로 줄어든다면, 여러분은 새로운 선반 투자가 이루어진 후 감소하는 이익으로 이 투자자본을 상쇄할 수 있는지에 관한 경제적 분석을 반드시 실행해야 한다.

사실 대부분의 공학적 투자의사결정은 위에서 기술한 선반 대체의사결정 문제나 신제품 출시와 같은 비지니스적 의사결정보다 훨씬 더 복잡하면서도 중요하다. 이러한 종류의 공학적 투자의사결정 문제들은 장시간에 걸쳐서 막대한 자본을 요구하고 있기 때문에 우리들이 미래에 발생할 투자의 경제적 가치를 정확하게 추정하기는 거의 불가능하다. 예를 들어, 20년 후의 전기 수요량을 고려해서 전력망을 새롭게 구축하는 투자프로젝트가 있다고 가정해 보자. 이 투자프로젝트를 수행하는 대안을 고려해 보면, 첫 번째 20년 후의 전력 수요량을 고려해서 지금 당장 한 번에 전력망을 구축할 수도 있고, 두 번째 시기별로 요구되는 전기 수요량을 만족시키면서 순차적으로 전력망을 구축할 수도 있을 것이다. 어느 대안을 선택하든 이 투자프로젝트의 경제적 타당성이 입증되었다고 하자. 그러면 다음에 해결해야 할 또 다른 큰 도전적 문제는 이 투자프로젝트를 수행하기 위해 필요한 투자자본을 어떻게 조달할 것인가이다. 앞에서도 기술하였듯이 이와 같은 대규모

15) Park, Chan S., "Contemporary Engineering Economics" Prentice-Hall, 5th Edition, NY, 2011.

공학투자프로젝트에 관한 경제적 의사결정은 매우 어려운 작업이라고 할 수가 있다.

앞으로 우리들은 이 책에서 기업 투자의사결정문제는 물론이고 개인의 투자의사결정 문제를 포함한 다양한 형태의 투자의사결정문제들을 다룰 것이다. 그러나 이 책의 주요 관심사는 무엇보다도 기업과 공공기관에서 자주 접하게 되는 공학투자프로젝트의 경제성 평가라는 사실을 염두에 두기 바란다.

## 1.5 공학경제의 다양한 전략적 투자의사결정 문제[16)]

미국의 경우 대부분의 대기업들은 새로운 비즈니스 아이디어, 프로젝트, 혹은 벤처사업을 적극적으로 발굴하기 위해 기업 내에 특수 프로젝트 분석부서를 두고 있다. 새로운 프로젝트 아이디어가 파악되면, 이 프로젝트들은 대개 다음과 같이 5가지로 분류된다. (1) 장비/공정 선택, (2) 장비대체, (3) 신제품개발/기존제품 확장, (4) 비용절감, (5) 품질/서비스 향상. 새롭게 파악된 프로젝트들을 이와 같이 분류하면 기업 경영진들은 각 프로젝트와 관련된 기업 내 지원체제를 효율적으로 검토할 수가 있다. 예를 들어, 현재 공장설비로 신제품 생산이 가능한가, 기업이 새로운 투자프로젝트를 채택할만한 지식과 기술을 확보하고 있는가, 새로운 프로젝트를 수행하는 데 필요한 새로운 인력을 채용할 수가 있는가 등의 질문들에 대한 답을 기업 경영진들이 찾아가는 과정 속에서 수행 가능한 프로젝트들과 그렇지 않은 프로젝트들을 판별하게 된다. 대형 투자프로젝트일수록 투자지출의 타당성을 확보할 수 있는 더 자세하고 구체적인 경제성 분석이 요구된다. 예를 들어, 기존 제품의 생산량을 증가하거나 신제품을 생산하기 위한 목적으로 지출되는 자본투자는 모두 아주 상세한 경제적 타당성 분석을 요구하고 있다. 일반적으로 신제품 개발/생산 혹은 마케팅과 관련된 주요 의사결정들은 기업의 최고 경영진들에 의해서 이루지지만, 장비/기계의 수리 및 대체 문제와 관련된 의사결정은 생산현장에서 근무하는 공학도들에 의해서 이루지고 있다. 이러한 공학도들의 의사결정과 관련된 5가지 프로젝트들에 관하여 간략하게 기술하면 다음과 같다.

16) Park, Chan S., "Contemporary Engineering Economics" Prentice-Hall, 5th Edition, NY, 2011.

- 장비/공정선택: 장비/공정 선택과 관련된 투자의사결정 문제는 투자프로젝트의 목적을 달성하는 여러 개의 대안들 중에서 최적 대안 하나를 선택하는 것이다. 예를 들어, 특정 목적을 달성할 수 있는 여러 종류의 장비들 중에서 가장 적합한 장비가 어느 것인가에 관한 답을 찾는 것이 이 항목에 속한 투자의사결정문제들의 주요 쟁점이다. 그리고 이러한 의사결정 문제를 해결하기 위해 비용 절감액이 의사결정 기준으로 사용되고 있다. 즉, 이 기준에 의하면 비용을 가장 많이 절감시키는 대안이 최적의 대안으로 선정된다. 예를 들어, 자동차 몸체의 패널 공정작업의 성과는 이 부품 제조를 위해 사용되는 원자재 선택에 크게 영향을 받는다. 원자재 선택에는 프레스/조립, 생산/설계 스크랩, 다이/공구 수, 그리고 다양한 공정 사이클 시간 등과 같은 다양한 요소들이 영향을 미치고 있다. 이와 같은 공학적 요소들에 더하여 공학도들이 원자재를 결정할 때 반드시 기계, 장비, 공구, 그리고 원자재 등과 관련된 모든 비용들도 고려해야 한다.
- 설비대체: 노후화되거나 성능이 떨어진 설비를 대체하기 위해 요구되는 비용을 고려해서 설비대체와 관련된 투자의사결정문제는 해결되어야 한다. 예를 들어, 어느 회사가 10년 동안 타출강판 부품을 생산하기 위해서 10개의 프레스를 구입하려고 한다고 하자. 그러나 이 회사는 5년 후부터는 플라스틱 부품을 생산해야 할 것으로 믿고 있기 때문에 5년 후에는 10대의 프레스를 조기에 퇴출시키고 플라스틱 주조기계를 새롭게 구입해야 한다. 이러한 설비대체 의사결정 문제를 해결하기 위해서 공학도들은 직접 장비를 구입하는 옵션을 포함하여 다양한 설비 구입옵션들을 고려해서 최적의 대안을 결정해야 한다.
- 신제품/기존제품 확장: 신제품/기존제품 확장과 관련된 투자의사결정문제는 생산량을 증가시켜서 기업 매출액을 증가시키는 데 초점을 맞추고 있다. 신제품/기존제품 확장과 관련된 투자의사결정의 공통된 첫 번째 형태는 생산 및 유통 시설의 산출물을 증가시키는 자본투자에 관한 의사결정 문제를 해결하는 것이다. 이러한 투자의사결정 문제에서 투사의사결정자들은 공장 내에 새로운 시설을 직접 설치할 것인지 아니면 다른 대안을 채택해서 사용할 것인지에 관한 질문에 답을 해야 한다. 이와 같은 투자프로젝트로부터 기대되는 현금흐름은 새로운 생산/유통 시설에서 창출되는 상품이나 서비스로부터 얻게 되는 이익이다. 두 번째 형태는 신제품을 생산하거나 새로운 지역 시장으로 진출하기 위해 필요한 비용지출에 관한 의사결정 문제를 해결하는 것이다. 신제품/기존제품 확장 투자프로젝트는 오랜 시간 동안 대규모 자본지출을 요구하는 것이 일반적이다.

- 비용절감: 비용절감 프로젝트들은 기업의 운영비용을 절감하는 프로젝트들이다. 이러한 투자프로젝트의 전형적인 형태는 현재의 수작업을 대체할 자동화 장비를 구입할 것인지 아니면 미래에 더 많은 비용을 절감하기 위해 현재 비용을 지출할 것인지에 관한 의사결정 문제이다. 이와 같은 투자프로젝트의 현금유입은 운영비용을 줄여서 발생되는 비용절감액이다.
- 서비스/품질향상: 위의 4가지 형태의 투자프로젝트들은 대부분 제조현장에서 발생되는 투자프로젝트들이다. 그러나 이 책에서 다루게 될 경제적 의사결정 기법들은 위의 4가지 형태의 투자프로젝트들뿐 아니라 제품 서비스나 품질을 향상시키는 투자프로젝트에 관한 경제적 의사결정 문제들에도 적용될 수가 있다.

## 1.6 투자 평가자의 자세

투자프로젝트의 경제적 가치를 측정할 경우에 투자자의 자세는 매우 중요하다. 왜냐하면 만약 투자평가자가 투자프로젝트에 관하여 편향된 자세를 취하게 되면, 투자평가의 최종 결과는 보지 않고도 쉽게 예측할 수가 있기 때문이다. 그러므로 투자평가자는 반드시 투자프로젝트에 관하여 절대로 편향된 자세를 취하지 말고, 객관적이고 공정한 자세로 투자평가를 실행해야 한다. 투자평가자의 편향된 자세가 투자프로젝트의 경제적 가치평가에 얼마나 심각하게 영향을 미치고 있는지를 대운하 투자프로젝트의 경제적 가치를 평가한 예를 들어 알아보기로 하자. 다음의 자료는 중앙일보 2008년 1월 20일자에 기술된 대운하 투자프로젝트와 관련된 요약 내용이다.[17)]

한반도 대운하 투자프로젝트를 수행하는 목적은 (1) 물동량 증가에 대처, (2) 방치된 하천을 수로로 활용, (3) 내륙 경제 활성화, 그리고 마지막으로 (4) 일자리 창출로 요약된다. 대운하 공사의 총 노선은 경부운하 등 12개 노선에서 2,100km이고, 통일 대비 북한 5개 노선에서 1,000km로 확정되었다. 좀 더 구체적으로 대운하 공사 노선을 살펴보면 충청 운하의 경우 금강하구-대전-오송을 연결하는 140km이며 총 사업비는 1조 200억 원

17) 중앙일보 Cover Story "대운하 여론부담도 민간에 넘기기?", 2008년 1월 20일.

으로 추정되었고, 호남운하의 경우에는 광주-영암을 연결하는 총 공사 길이가 80km이며 총 사업비는 4조 8,000억 원으로 추정되었으며, 경부운하의 경우에는 서울-부산을 연결하는 총 공사 길이가 540km로 결정되었으며 총 사업비는 16조 원으로 추정되었다. 그리고 경부운하의 경우 부대시설로 12개의 화물터미널, 47개의 여객터미널 그리고 19개의 갑문으로 구성되어 있다. 경부운하의 가장 두드러진 공사상의 특징으로 한강-낙동강 연결 공사가 최대 난제로 부각되어 있다. 이 기사가 작성될 당시에 정부의 방침에 의하면 모든 운하공사를 100% 민자로 실행할 계획이며, 국내 굴지의 건설업체들인 현대건설, 대우건설, 삼성물산, GS건설 그리고 대림산업 등 5개 업체가 컨소시엄을 구성해 대운하의 경제성 평가에 착수했다고 한다.

〈표 1.1〉은 경부운하건설 투자프로젝트에 관한 경제성 평가의 최종 결과이다. 본 기사에 의하면, 이 자료의 출처는 한나라당과 생태지평연구소로 밝히고 있다. 〈표 1.1〉을 살펴보면, 찬성 측의 경제성 평가 값들과 반대 측의 경제성 평가 값들이 현저하게 차이가 나고 있음을 알 수가 있다. 그 차이가 엄청나게 커서 경제성 평가에 관한 문외한들도 납득이 가질 않을 정도라고 할 수 있다. 이 표의 결과를 놓고 보았을 때 양측의 투자평가자들이 위에서 기술한 바와 같이 건전한 투자평가 자세로 임하면서 이 운하의 경제성 평가를 실행하고, 그 최종 결과값에 따라 반대 측과 찬성 측으로 나눠진 것인지, 아니면 양측이 편향된 자세로 이 투자프로젝트의 경제적 평가를 실행한 것인지가 의문시된다.

그러나 이 자료제공처가 한나라당과 생태지평연구소라고 밝힌 사실을 토대로 위에 대

‖ 표 1.1 ‖ 숫자로 본 경부운하 투자프로젝트 쟁점

| 찬성 측 | 쟁점 | 반대 측 |
|---|---|---|
| 16조 원<br>(한강-낙동강 난공사 없는 경우) | 공사비 | 최대 50조 원<br>(부대비용 추가해야) |
| 8조 3,500억 원<br>(공사비 절반 이상 충당 가능) | 골재<br>판매 수입 | 3조 6,654억 원<br>(골재 채취, 운송비 포함해야) |
| 2.3<br>(100원 투자하면 230원 번다는 의미) | 편익/비용<br>비율 | 0.05<br>(투자원금도 회수하지 못한다는 의미) |
| 30만 명<br>(공사비 10억 원 당 20명 고용 창출) | 고용창출 | 380명<br>(건설 기간 중 임시직일 뿐) |
| 2,526만 톤<br>(2011년 도로 물동량의 20% 흡수) | 운하<br>수송량 | 560만 톤<br>(부산항 화물 평택, 광양항으로 분산) |
| 24시간<br>(철도보다 늦지만 비용 싸고 정시도착) | 화물<br>수송시간 | 72시간<br>(운하까지 이동, 하역시간 감안할 경우) |

그림 1.4 한반도 대운하 계획도

한 답을 추측해보면, 양측의 투자평가자들이 건전한 투자평가 자세로 임하였다고 믿기는 어렵다고 할 수 있다. 분명히 한나라당 측은 운하건설 투자프로젝트에 관해 긍정적인 자세를 취하였을 가능성이 매우 높고, 반대로 생태지평 연구소는 운하건설 투자프로젝트에 관해 부정적인 자세를 취하였을 가능성이 매우 짙다고 할 수 있다. 〈그림 1.4〉는 한반도 대운하 계획지도로서 통일 후의 북한지역까지를 포함하고 있다.

다시 〈표 1.1〉로 돌아가 보면, 찬성측은 한강-낙동강 연결 구간에서 난공사가 없는 경우 총 공사비가 16조 원이 발생할 것으로 추정하였고, 이와 달리 반대 측에서는 부대비용 추가가 없는 상태에서 총 공사비가 최대 50조 원이 발생될 것으로 추정하여 양측의 총 공사비 차이가 대략 3배 이상 나고 있다. 이 표의 두 번째 항목인 골재 판매수입은 찬성 측에서 8조 3,500억 원이 발생될 것으로 추정한 반면 반대 측에서는 골재채취와 운송비를 제외한 상태에서 판매수입을 3조 6,654억 원으로 추정하여 양측의 골재 판매수입의 차이가 대략 2.3배 정도 나타나고 있다. 본 평가분석에서 가장 핵심인 편익/비용 비율을 살펴보면, 찬성 측의 비율이 2.3으로 나와 있고, 반대 측의 비율은 0.05로 나와 양측의 편익/비용 비율의 차이는 무려 46배에 달하고 있다.

이 외에 고용창출에서 양측의 차이는 789배로 나타나고, 운하수송량의 차이는 4.5배로 나타났으며, 그리고 화물운송시간의 차이는 3배 정도로 나타나 있다. 동일한 투자프로젝트에 관한 경제성 평가의 차이가 이렇게 엄청나게 나타난다면 양측의 투자평가자들의 투자평가에 임하는 자세가 건전했다고 믿기는 대단히 어렵다고 할 수 있다.

2008년도 초까지 현 정부에서는 대운하 투자프로젝트에 관한 경제성평가 문제에 대한 토론이 상당히 이루어졌다. 그러면 왜 동일한 투자프로젝트에 관한 경제성 평가가 두 그룹 사이에 이처럼 큰 차이가 나고 있는 것인가에 관한 이유들을 추정해 보면 다음과 같다고 할 수 있다. 첫 번째, 두 그룹이 투자프로젝트를 평가하기 이전에 벌써 이 투자프로젝트에 관하여 편향된 자세로 투자평가를 수행했을 가능성이 매우 높다는 것이다. 이러한 경우 찬성 측에서는 비용에 대해서는 매우 보수적으로 접근하여 추정하게 되고, 편익은 매우 과대하게 추정하게 된다. 그러나 반대 측에서는 이와 반대의 측면에서 투자 평가에 대한 자료를 추정하게 된다. 두 번째, 일반적으로 투자평가를 공정하게 평가하기 위해서는 평가의 대상에 대한 구체적이면서도 세밀한 부분까지를 완전히 이해할 수 있어야 하는데, 양측 모두 이 점이 부족했던 것이 아니었나 짐작해 볼 수 있다. 이러한 대규모 투자프로젝트의 평가 작업을 위해서는 소규모 투자평가그룹 또는 평가자가 수행하는 평가 과업 수행으로부터는 바람직한 평가 결과를 기대하기가 절대 불가능하고, 이 투자프로젝트와 관련된 지질학자, 토목학자, 환경학자, 조선업 전문가, 그리고 투자평가자 등의 다양한 전문가들로 구성된 투자평가 태스크포스팀이 구성되어 전문가들 상호 간에 투자평가 정보가 자유롭게 교환될 경우에만 올바른 투자평가가 이루어질 수가 있다. 또한, 이 두 번째 이유는 첫 번째 이유인 편향된 자세에 따른 평가의 차이로 인한 추정치를 더욱 왜곡하고, 이로 말미암아 평가는 했으나 서로 이 결과에 대한 토론이 이루어질 수가 없게 된다. 위의 내용을 요약하면 투자프로젝트 평가자는 절대적으로 투자프로젝트에 대한 편견을 버리고 가능한 평가에 대한 공정한 태도로 평가과정을 수행하고, 그리고 평가대상에 대한 충분한 지식과 이해가 선행되어야 한다는 것이다. 또 다른 예로 다음의 〈표 1.2〉를 참고하기 바란다.

‖ 표 1.2 ‖ 한반도 대운하 프로젝트에 대한 입장

| | *TF*팀 보고서 | 박근혜 전 대표 측 | 이명박 전 시장 측 |
|---|---|---|---|
| 사업비 | • 18조 원<br>• 취수장 이전 등 추가 비용 필요해 재정투자 뒤따라야 | • 14조~20조 원<br>• 정부가 지출해야 돼 결국 건설업자만 이득 볼 것 | • 14조~17조 원<br>• 취수장 이전 등은 물이용 부담금으로 가능<br>• 민자 유치 필요 |
| 골재 판매 수익 | 5000억 원(수로 쪽 100m, 수심 4m 가정) | 골재 공급 늘어나면 가격 폭락할 것 | • 8조 원(수로 폭 300m, 수심 9m 가정)<br>• 바다모래 등 대체 효과 고려 안 해 |
| 한강~낙동강 수송시간 | • 46시간<br>• 유럽 운하 중 최고 속도는 시속 18km | • 60시간 이상<br>• 시속 10~12km | • 24시간<br>• 운하 540km 중 강이 500km이며 라인강에선 시속 30km 유지 |
| 비용편의 비율 (B/C) | • 0.16(100원 투자 시 16원 번다) | • 1 이하(최대 24원 밖에 못 버는 사업) | • 1 이상(230원까지 벌 수 있다.) |
| 물동량 | • 2011년 500만t<br>• 경부선 철도의 운송능력 좋아지면 더 줄어 | – | • 1700만t<br>• 2020년까지 물동량이 2~3배로 는다는 건 해양수산부 통계 |
| 운하 사업기간 | • 공시기간만 4년<br>• 민자 추진 시 사업자 선정부터 착공까지 최소 2년 이상 소요 | – | • 총 4년<br>• 국책사업화하고 특별법 추진하면 가능 |
| 선박운항 불가능 일수(연간) | • 35~45일<br>• 결빙 등으로 한강유람선 운항 불가 일수 40~50일 | – | • 15일<br>• 한강 안 얼어 운항 불가는 혹한 때문에 손님 없기 때문 |

## 1.7 공학경제의 기본원칙

본 서는 투자프로젝트의 합리적인 경제적 평가를 수행하기 위한 원칙과 방법을 찾는 데 중점을 두고 있다. 공학적 수리이론에 익숙한 공학도들이 인문 사회학적 개념에 수리적 이론을 접목한 공학경제 이론을 처음 접하게 되었을 때에는 대부분 당혹해하는 경향이 있다. 그러나 공학경제의 주제인 투자의사결정론 역시 그 이론과 원칙이 다른 공학 학문과 유사하다는 사실을 곧 깨닫게 될 것이다. 다음은 투자프로젝트의 경제적 가치를 평가할 때 반드시 지켜야 하는 기본 원칙들에 관하여 기술하고 있다. 이러한 기본 원칙들은 본 서에서 기술할 투자프로젝트의 평가개념 및 기법과 밀접한 관계가 있으므로 여러분은 이 기본 원리들을 반드시 이해하고 있어야 한다.

### [원칙 1] 현재 10,000원의 가치는 미래의 12,000원의 가치를 가질 수 있다.

공학경제의 기본적 개념 중 가장 중요한 개념은 화폐의 시간적 가치이다. 현재 소유하고 있는 10,000원의 화폐가치는 특정한 조건하에서 이자를 발생시키기 때문에 미래의 특정 시점에서 발생하는 12,000원의 화폐가치가 될 수 있다. 이러한 화폐의 시간적 가치는 모든 공학투자프로젝트의 경제적 평가 시에 매우 중요한 역할을 하는 기본적인 개념이 된다.

### [원칙 2] 대안들의 증분현금흐름만을 고려한다.

모든 투자프로젝트들은 여러 대안들을 갖고 있다. 대부분의 경우, 이러한 여러 대안들 중에서 최종적으로 한 대안이 선택되게 되면 나머지 대안들은 기각되어야 한다. 이렇게 여러 대안들 중에서 오직 한 대안만을 선정하게 되면 나머지 대안들을 기각하게 되어 비용이 발생하게 되는데 이러한 비용을 기회비용이라고 한다. 기회비용은 일반적으로 차선의 대안의 가치를 의미한다. 그리고 증분현금흐름만을 고려하는 이유는 각 대안들의 경제적 가치를 평가할 때는 대안들 상호 간에 존재하는 공통된 현금흐름 요소는 투자프로젝트의 최종 경제적 의사결정에 영향을 미치지 않고 비교 대상의 대안들 간에 존재하는 현금흐름의 차이만을 고려하는 것으로 충분하기 때문이다. 공학경제학에서는 위에서 기술한 대안들 사이의 관계를 상호배타적(mutually exclusive)이라고 한다.

### [원칙 3] 한계수익은 한계비용을 반드시 초과해야 한다.

투자프로젝트의 각 대안들은 다른 대안들과 비교하기 이전에 그 대안 자체의 경제적 타당성이 확보되어야 한다. 이렇게 대안의 경제적 타당성이 확보되기 위해서는 각 대안의 추가비용과 추가수익을 서로 비교하여 대안의 한계수익이 한계비용을 초과해야 한다. 한계수익은 경제활동이 한 단위 증가할 때마다 추가되는 수익으로 정의되고, 한계비용은 동일한 상황에서 추가되는 비용을 말한다. 경제활동의 결과로 창출되는 재화나 서비스는 다양한 종류의 희소성 가치가 있는 천연자원, 인력자원, 자본재 등을 필요로 하고 있어 투자자로 하여금 자원 선택을 요구한다. 이러한 선택의 옵션으로 인하여 투자자가 어느 한 제품이나 서비스를 선택하면 다른 것들을 반드시 포기하게 되어 있다.

[원칙 4] 투자의 위험과 수익은 항상 함께 간다.

투자의 위험과 수익을 동시에 고려하여 투자프로젝트를 평가하는 이러한 관계를 금융학에서는 위험-수익(risk-return)관계라고 한다. 즉, 투자자는 투자프로젝트의 위험이 크면 이에 상응하는 높은 수익을 기대하고, 그리고 위험이 낮으면 이에 상응하는 낮은 수익을 기대하며 투자하게 된다. 이러한 위험-수익 관계에 대한 일반적인 예로 흔히 채권 투자와 주식투자의 위험-수익관계를 들 수 있다. 1.1절에서 기술한 것처럼 2016년 1월 현재 만기가 3년인 국내 회사채 수익률은 2.1%이고 KOSPI의 지난 29년 동안의 평균주가수익률은 9%이다. 일반적으로 회사에서 발행한 채권의 위험도는 같은 회사에서 발행한 주식의 위험보다 작다. 이러한 채권과 주식의 위험성 관계로 인하여 채권수익률보다 주가수익률이 높게 나타나고 있다. 또한 국채수익률보다 회사채수익률이 일반적으로 높은데 그 이유는 회사채의 위험이 국채의 위험보다 높기 때문이다. 보통 국채는 무위험 투자자산으로 간주되고 있다. 2016년 1월 현재 우리 정부에서 발행한 만기가 3년인 국채의 수익률은 1.6%로 회사채 수익률 2.1보다 0.5%가 적다.

위에서 언급한 네 가지 기본원칙들은 본 서에서 설명할 공학경제의 분석기법의 이론적 근간을 이루고 있기 때문에 여러분들은 투자프로젝트의 경제적 의사결정에 있어서 이 원칙들의 함축된 의미를 철저하게 이해하도록 노력해야 한다. 그리고 앞으로 본 서에서 기술할 각 장의 주제는 다르지만, 각 주제들을 다루는 논리는 항상 네 가지 기본원칙들에 근거를 두고 있다는 사실을 명심해 두어야 한다.

CHAPTER 02

# 공학경제학의 일반적 개념

- 2.1 현금흐름표에 관한 간략한 소개
- 2.2 이자율
- 2.3 인플레이션과 디플레이션
- 2.4 감가상각과 법인세율
- 2.5 경제성 평가기법
- 2.6 투자프로젝트 평가와 불확실성
- 2.7 투자프로젝트와 관련된 자본비용

Engineering Economics

지금까지 출간된 대부분의 공학경제학 교과서들은 1장의 〈그림 1.2〉에 나타난 바와 같이 제일 처음의 강의 주제가 이자율에 관한 개념을 정립하는 것이다. 이러한 이자율 개념은 인플레이션 효과와 화학적 결합을 통해 좀 더 현실적인 이자율 개념으로 확장·적용된다. 이러한 이자율에 관한 기본적인 이해를 토대로 그 다음에 따라오는 주제는 투자프로젝트를 평가하는 기법들에 관한 내용이다.

이자율에 관한 기본적인 개념 그리고 투자프로젝트의 가치 평가기법들에 관한 논의가 끝나면 그 다음 주제로는 현금흐름표를 작성하기 위해 필요한 고정자산에 대한 감가상각법과 법인세에 관한 내용이 기술되고 있다. 그러나 현장에서 투자프로젝트의 경제적 가치를 평가하기 위해서 투자평가자가 제일 먼저 해야 할 중요한 과업 중 하나가 투자프로젝트의 현금흐름표를 작성하는 일이다. 투자프로젝트의 현금흐름표를 작성하지 않고 어느 누구도 투자프로젝트의 경제적 가치를 절대로 평가할 수가 없다. 그런데 지난 십 수년 동안 공학경제를 강의를 해 본 결과 이자율 → 평가기법 → 법인세/감가상각 → 현금흐름표 작성으로 이어지는 전통적인 수직적 강의방식으로는 현금흐름표 중심의 투자평가기법들에 관한 강의가 효과적으로 이루어지지 못한다는 결론에 이르게 되었다.

이러한 결론을 토대로 지금까지 대부분의 공학경제학 교과서들이 유지해 온 구조를 탈피하여 본 서에서는 새로운 구조방식으로 공학경제학의 이론과 개념들을 전개하고자 한다. 여기서 말하는 새로운 구조적 방식이란 수직적 정보흐름에 맞추어 공학경제학 이론을 전개하는 것이 아니라 수평적 정보의 공명을 구조로 공학경제학의 이론이 전개되는 방식을 일컫는다. 이를 달리 표현하면, 지금까지는 앞에서 언급하였듯이 이자율 개념, 평가기법, 감가상각 및 법인세 등에 관한 기초지식을 토대로 현금흐름표 작성에 관하여 이해하는 순차적 구조로 공학경제학 이론이 구성되어왔는데, 본 서에서 강조하는 수평적 정보의 공명구조하에서는 현금흐름표 작성에 관한 내용이 먼저 기술되고, 이러한 현금흐름표를 갖는 투자프로젝트의 경제적 가치를 평가하기 위해 앞에서 언급한 기초 지식들을 자유롭게 수시로 이용 및 응용할 수 있도록 본 서의 내용이 구성되어 있다. 그러므로 본 장에서는 현금흐름표에 관한 내용을 먼저 소개하고, 그 다음에 이자율 개념, 평가기법, 감가상각방법 및 법인세 등등에 관한 내용들을 간략하게 기술하고자 한다. 물론 2장 이후에 각 기초지식에 관한 구체적인 내용들이 기술될 것이다.

## 2.1 현금흐름표에 관한 간략한 소개

1장과 본 2장의 서론 부분에서 투자프로젝트의 경제성 평가에 있어서 현금흐름표의 중요성을 여러 번 강조하였다. 본 절에서는 현금흐름표의 작성과 의미에 대하여 간략하게 설명하기로 한다. 기업을 중심으로 한 현금흐름표(cash flow statement)는 기업의 이해관계자들의 의사결정에 유익한 정보를 제공해주는 여러 재무제표들 중 하나이다. 현금흐름표 외에 다른 중요한 재무제표로는 대차대조표(balance sheet), 손익계산서(income 혹은 profit/loss(PL) statement) 그리고 자기자본변화표(statement of changes in owner's equity) 등이 있다. 이들 각 재무제표에 관한 자세한 설명은 3장에서 하기로 한다.

위와 같이 기업을 중심으로 구성되는 현금흐름표가 있는 반면, 공학경제학에서 논하는 현금흐름표는 투자프로젝트가 중심이 된다. 어떤 형태의 현금흐름표를 막론하고 현금흐름표는 기업이나 투자프로젝트를 기준으로 하여 특정한 시점에 실질적으로 얼마만큼의 현금이 유출 혹은 유입되었는지를 보여주는 재무제표이다.

여러분의 이해를 돕기 위해 은행과의 간단한 금융거래를 예로 들기로 하자. 만약 여러분이 현재 1,000만 원을 가지고 있고, 이를 통일은행이라는 곳의 정기적금 계좌에 입금하고 일 년 후에 적금의 원금 1,000만 원과 세금공제 후 이자로 100만 원을 되돌려 받게 된다고 하자. 이 경우 여러분들이 현금흐름의 중심이 되고, 현금유출액(cash outflow)은 현재 1,000만 원이 되고, 일 년 후에 원금과 이자를 합하여 1,100만 원을 돌려받은 금액은 현금유입액(cash inflow)이 된다. 이러한 현금의 유출·입을 특정한 시점을 기준으로 표시하면 그것이 현금흐름표가 된다. 그리고 이러한 금융거래의 현금흐름표를 투자프로젝트에 확대·적용하면 그것이 바로 여러분이 투자프로젝트의 경제성 평가를 위해 필요로 하는 현금흐름표가 된다.

위 예에서 알아 본 금융거래의 현금흐름표와 투자프로젝트의 현금흐름표의 유일한 차이는 금융거래와 달리 투자프로젝트의 현금흐름표는 수익(현금유입) 및 비용항목(현금유출)이 좀 더 많다는 사실 외에 아무런 차이가 없다. 현장에서 자주 접하게 되는 〈표 2.1〉과 같은 좀 더 복잡한 현금흐름표를 완벽하게 이해하는 것이 매우 중요하다. 그러나 이러한 내용은 5장에서 자세하게 기술하기로 한다. 투자프로젝트의 경제적 평가를 위해 필요한 '현금흐름이 〈표 2.1〉과 같은 과정을 거쳐 도출되는구나' 하는 정도의 이해를 하는 것으로 충분하다. 만약 이 내용에 관해 더 자세하게 알고 싶으면 5장을 참고하기 바란다.

‖ 표 2.1 ‖ 엑셀을 이용한 투자프로젝트의 현금흐름표 작성 예

(단위: 천 원)

| A | B | C | D | E | F | G | H |
|---|---|---|---|---|---|---|---|
| | | MARR | 15% | 감가상각방법: 내용연수 8년 정률법 | | | 상환기간: 5년 |
| | | 세율 | 25% | 부채이자율: 10% | | 상환방법: 원리균등상환 | |
| 손익계산서 | | | | | | | |
| | | 0 | 1 | 2 | 3 | 4 | 5 |
| | 매출액 | | 100,000 | 100,000 | 100,000 | 100,000 | 100,000 |
| | 비용: | | | | | | |
| | 임금 | | 20,000 | 20,000 | 20,000 | 20,000 | 20,000 |
| | 원자재 | | 12,000 | 12,000 | 12,000 | 12,000 | 12,000 |
| | 제조간접비 | | 8,000 | 8,000 | 8,000 | 8,000 | 8,000 |
| | 감가상각비 | | 39,037 | 26,846 | 18,462 | 12,696 | 8,731 |
| | 부채이자 | | 6,250 | 5,226 | 4,100 | 2,861 | 1,499 |
| | 과세표준 | | 14,713 | 27,928 | 37,438 | 44,443 | 49,770 |
| | 법인세(25%) | | 3,678 | 6,982 | 9,360 | 11,111 | 12,443 |
| | 당기순이익 | | 11,035 | 20,946 | 28,079 | 33,332 | 37,328 |
| 현금흐름표 | | | | | | | |
| | 영업활동: | | | | | | |
| | 당기순이익 | | 11,035 | 20,946 | 28,079 | 33,332 | 37,328 |
| | 감가상각비 | | 39,037 | 26,846 | 18,462 | 12,696 | 8,731 |
| | 투자활동: | | | | | | |
| | 투자 | (125,000) | | | | | |
| | 잔존가치 | | | | | | 50,000 |
| | 자산처분세 | | | | | | (7,693) |
| | 운전자본 | (23,000) | | | | | 23,000 |
| | 자본조달활동: | | | | | | |
| | 융자액 | 62,500 | | | | | |
| | 원금상환 | | (10,237) | (11,261) | (12,626) | (13,626) | (14,988) |
| | 순현금흐름 | (85,500) | 39,835 | 36,531 | 33,915 | 32,402 | 96,378 |
| | *NPV*= | 65,503.74 | | | | | |
| | *AE*= | 19,541 | | | | | |
| | *IRR*= | 40% | | | | | |

엑셀을 이용하면 쉽게 〈표 2.1〉과 같은 현금흐름표를 작성할 수가 있다. 위 예에서 논한 투자프로젝트의 현금흐름표에 관한 개념을 염두에 두고 다음의 간단한 예를 이해하도록 하자.

**예제 2.1** 공작기계에 대한 투자프로젝트

우리나라의 어느 중소기업에서 공작기계 한 대를 구입하려고 한다고 하자. 그러면

이 기업은 그들이 구입하고자 하는 공작기계에 초기 투자자본이 얼마가 될 것인지를 파악하기 위해 여러 자료들을 이용해서 구입하려는 공작기계에 관한 시장조사를 할 것이다. 이러한 노력 끝에 공작기계에 대한 초기 투자자본의 평균값이 3억 원으로 추정되었다고 하자. 그 다음에 수행해야 할 일은 이 공작 기계를 구입할 경우 앞으로 발생될 연간 증분 수익과 비용(운영비용, 세금 등) 등을 추정하는 것이다. 이렇게 추정된 연간 증분 수익과 비용을 종합해서 최종적으로 나온 결과값이 각 연도별 순 현금흐름(net cash flow)이 된다(<표 2.1>의 아래에서 네 번째 줄을 참조). 이렇게 계산된 1차 년도부터 5차 년도까지의 연차별 순 현금흐름의 값이 9,000만 원으로 추정되었다고 가정하자. <표 2.2>는 "0"년도의 투자자본을 포함하여 연도별 현금흐름를 보여주고 있다.

**주의**

이 책에서 논하는 모든 예제와 문제에서 현금흐름의 발생 시점에 관해 특별한 언급이 없으면 기간별 현금흐름은 모두 **기간 말(이를 "기간 말 관례"라고 한다)**에 발생한다고 가정한다.

‖ 표 2.2 ‖ 현금흐름 모델

(단위: 천 원)

| 연도 | 현금흐름 |
|---|---|
| 0 | −300,000 |
| 1 | 90,000 |
| 2 | 90,000 |
| 3 | 90,000 |
| 4 | 90,000 |
| 5 | 90,000 |

**해설**

〈표 2.2〉에서 '0'년도로 표시된 시점은 공학경제에서 항상 **'현재시점'**을 의미하고 있다. 공작기계의 초기 투자자본으로 추정된 3억 원은 통상적으로 공작기계의 순수한 구입비용(부가세 포함), 운반비, 공장에 설치할 장소의 준비비 및 설치비 그리고 공작기계 구입 당시에 지불해야 하는 각종 세금 등을 포함하고 있음을 주지할 필요가 있다. 이 투자자본은 4장에서 논의할 연도별 **감가상각비**를 계산하는 기초자료가 되기도 한다.

이제 투자평가자가 수행해야 할 일은 〈표 2.2〉에 있는 현금흐름을 토대로 이 공작기계에 대한 투자프로젝트의 경제적 가치를 평가하는 것이다. 이 장의 다음 절에서 간략하게 논하겠지만 투자프로젝트의 경제적 가치를 평가하는 기본적인 기법은 (1) 순 현재가치법(net present value: $NPV$), (2) 연 등가가치법(annual equivalent worth: $AE$), (3) 순 미래가치법(net future value: $NFV$), 그리고 (4) 내부 수익률법(internal rate of return: $IRR$)의 네 종류가 있다.

이 네 가지 중 어느 평가기법을 사용하든지 투자프로젝트의 최종적인 결과는 항상 같게 나타난다. 그러므로 어느 평가기법을 사용할 것인지는 투자 분석가가 고민할 필요는 없고, 다만 투자프로젝트에서 요구하는 평가특성이 무엇인지만을 고려하여 평가기법을 선택하면 된다.

우리는 아직 이자율 개념이나 평가기법에 관하여 설명을 하지 않았으나, 엑셀에 내장된 재무계산 도구를 사용하면 다음과 같이 쉽게 공작기계 투자프로젝트의 경제적 가치를 계산할 수가 있다. 본 예제에서 단순히 할인율은 10% 그리고 평가기법은 순 현재가치법($NPV$)을 선택하였다고 가정하고 엑셀의 재무기능을 사용하면 그 결과는 〈그림 2.1〉에서 보듯이 $NPV$=41,170,000원이다. $NPV$값 4,117만 원에 대한 구체적인 이해는 7장으로 미루고, 본 장에서는 $NPV$값이 '0'보다 큰 값인 경우에는 현재 고려 중인 투자프로젝트를 실행하는 것이 경제적인 측면에서 바람직한 것으로 받아 드리기로 한다.

공작 투자프로젝트의 $NPV$값이 4,117만 원이기 때문에 이 중소기업은 공작기계에 관한 투자프로젝트를 실행하는 것이 경제적 측면에서 바람직하다는 결론에 도달하게 된다.

예제 2.1에 기술된 공작기계 투자프로젝트의 각 연도별 현금흐름을 〈그림 2.2〉와 같이 표시하면 투자프로젝트의 현금흐름을 이해하는 데 많은 도움이 된다. 이렇게 현금흐름이

| C | D | |
|---|---|---|
| 할인율= | 10% | |
| | | |
| 연도 | 현금흐름 | |
| 0 | (300,000) | |
| 1 | 90,000 | |
| 2 | 90,000 | |
| 3 | 90,000 | |
| 4 | 90,000 | |
| 5 | 90,000 | |
| NPV= | 41,170.809 | $=\mathrm{NPV}(D_1, D_5 : D_9)+D_4$ |

그림 2.1 예제 2.1에 관한 엑셀 적용결과(단위: 천 원)

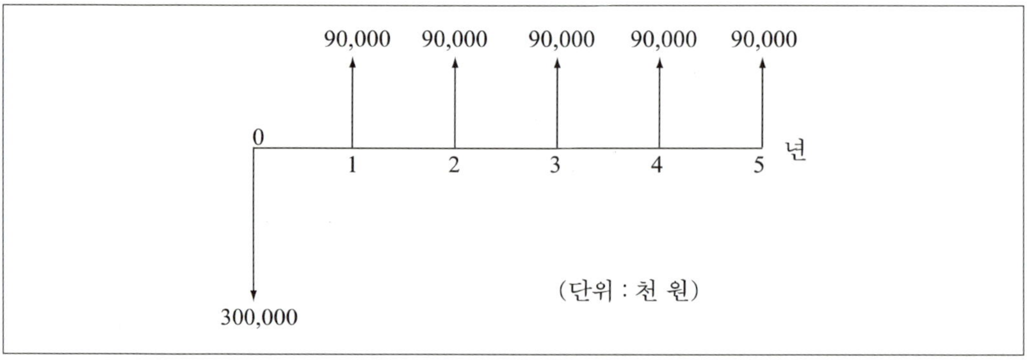


**그림 2.2** 예제 2.1에 관한 현금흐름도표

표시된 그림을 '**현금흐름도표**(cash flow diagram)'라고 한다. 앞에서 기술하였듯이 연도별 현금흐름은 각 연도 말에 발생한다고 가정하고, 현금유입은 위쪽으로 향하는 화살표로 크기를 나타내고, 그리고 현금유출은 아래쪽으로 향하는 화살표로 크기를 나타낸다.

## 2.2 이자율

1장에서 우리는 자기자본과 타 자본 모두 자본비용이 발생함에 대하여 알아보았다. 그리고 또한 화폐는 시간이 경과함에 따라 가치가 변한다는 사실도 알게 되었다. 이러한 지식을 토대로 이자율을 간략하게 정의하면 '자본 사용에 대한 대가, 즉 비용'이라고 할 수 있다.

### 단순이자계산방법

이자계산방식에는 1장 공학경제의 역사적 배경에서 간단하게 살펴보았듯이 단순이자계산방법과 복합이자계산방법이 있다. 단순이자계산방법은 이자를 계산할 때, 단순히 초기 원금에 대해서만 이자를 계산하는 것을 말한다. 예를 들어, 현재 '$P$'원을 가지고 있는 투자자가 일 년에 '$i\%$'의 이자율이 적용되는 통일은행에 '$N$'년 동안 저축하였다고 가정하자. 그러면, 1차 년도 이자는 $I=P*i$이 되어, 1년 후 이 투자자의 저축계좌에는 초기 원금 '$P$'원과 이자 '$I$'원을 합한 총 누적금액 $F=(P+I)=(P+Pi)=P(1+i)$이 된다. 2차 년도도 1차 년도의 경우와 마찬가지로 이자는 $I=P*i$이 되어, 2년이 경과한 후 이 투자자의 저축계좌에는 1차 년도의 총 누적금액인 $F=(P+I)=P(1+i)$과 2차 년도에 발생한 이자 $I=Pi$를 합한 금액 $F=(P+I)+I=(P+Pi)+Pi=P(1+2i)$이 누적되어 있게 된다. 계속해서 '$N$'차 년도의 총 누적금액을 계산하면 식 (1)과 같다. 여기서 우리는 지금까지 $F$를 미래의 누적금액이라고 하였지만 앞으로 이를 미래가치(future value)라고 부르기로 한다.

$$F=P\,(1+Ni) \qquad \cdots (1)$$

**예제 2.2** 단순이자계산식

현재 2억 원의 여유자금을 가지고 있는 투자자가 통일은행의 정기적금계좌에 여유자금 모두를 저축하였다고 가정하자. 그리고 통일은행에서 이 정기적금계좌에 연 이자율 6%를 적용하고 있으며, 만기는 3년이라고 한다. 이 경우 이 투자자의 3년 후의 잔고가 얼마인지를 단순이자방법을 이용하여 계산하여라.

**주의**

$$P=2\text{억 원},\ i=10\%,\ N=3\text{년}$$

**풀이**

이 예제의 질문에 대한 답을 구하기 위해서는 단순이자계산식 (1)을 직접 이용하면 된다. 즉,

$$F=P(1+Ni)=200{,}000(1+3\times 0.1)=260{,}000\ (\text{천 원})$$

### 복합이자계산방법

복합이자계산방법은 특정 시점까지 누적된 총 금액에 대해 이자가 계산되는 방식을 말한다. 정확한 표현은 아니지만 일반인들이 흔히 이야기하는 이자에 이자가 계산된다고 하는 이자계산방법이 복합이자계산방법이라고 이해하면 될 것이다. 단순이자계산방법에서 사용한 용어를 사용하면, 1차 년도의 이자 $I=P*i$가 되어, 1차 년 말에 누적된 총액은 1차 년도 초의 원금과 그리고 이자를 합한 $F=P+P*i=P(1+i)$이 된다. 2차 년

도에 발생하는 이자는 1차 년도 말의 누적된 총액 $F=P(1+i)$에 대해 발생하는 이자가 된다. 그러므로 2차 년도 말의 이자는 $I=\{P*(1+i)\}*i$가 되어, 누적된 총액은 1차 년도 말의 누적금액과 2차 년도 말에 발생한 이자를 더한 금액 $F=P*(1+i)+\{P*(1+i)\}*i=P*(1+i)*(1+i)=P(1+i)^2$이 된다. 이를 '$N$'차 년도로 확장하여 '$N$'차 년도의 누적 총액을 수식으로 표시하면 식 (2)와 같다.[1)]

$$F=P\ (1+i)^N \qquad \cdots (2)$$

식 (2)를 이용하여 현재의 화폐가치를 미래가치로 계산할 수 있지만, 요즘은 재무계산기, 컴퓨터프로그램, 엑셀 등의 도구를 이용하여 매우 식 (2)의 값을 구할 수가 있다(부록 3 참조하기 바람). 이렇게 편리한 도구가 없었던 시절에는 각 이자율과 기간에 대한 이자계산이 어려웠기 때문에 부록에 있는 것처럼 이자계수표(interest factor)를 이용하여 이자를 계산하였다. 지금도 이러한 이자계수표는 특히 공학경제 교육에서 매우 유용하게 사용되고 있다.

이자계수표를 이용하기 위해서 공학경제에서는 계수기호법(factor notation)이라는 전문용어를 사용하여 식 (2)와 같이 표시된 이자계산 수식을 다음과 같이 표현하고 있다. 예를 들어 현재 100만 원을 연 이자율이 10%인 예금계좌에 10년 동안 저축하였다고 하자. 그러면 10차 년도 말의 총 누적 저축금액을 계산하기 위해서는 식 (2)를 사용할 수도 있고, 또는 〈표 2.3〉에 있는 것과 같은 이자계수표를 이용할 수가 있다. 이와 같이 이자계수표를 이용하기 위해서는 식 (2)를 계수기호법으로 표시하는 것이 편리하다. 이자계산에 관한 특별한 언급이 없으면 공학경제에서는 투자분석을 위해 사용하는 모든 이자가 복합이자계산방법으로 계산된다고 가정하고 있다. 위 예를 식 (2)와 계수기호법으로 표시하면 다음과 같다.

$$\begin{aligned} F &= P(1+i)^N = P(F/P,\ i,\ N) \\ &= 1{,}000(1+0.1)^{10} = 1{,}000(F/P, 10\%, 10) = 1{,}000(2.5937) \\ &= 2{,}593.7425(\text{천 원}) \end{aligned}$$

이 예제의 계수기호법으로 표시된 $(F/P, 10\%, 10)$ 값을 구하기 위해서는 먼저 부록에 있는 복리계수표에서 이자율 10%을 보여주고 있는 페이지로 가서 $(F/P,\ i,\ N)$과 '$N$' 값이 10을 찾아서 이 두 값이 서로 교차하는 값을 찾으면 그 값이 $(F/P,\ 10\%,\ 10)$이

1) 식 (2)를 이용하여 계산된 화폐가치를 '미래가치'라고 한다. 일설에 의하면 아인슈타인 박사가 이 수식을 접하고 인간이 고안해 낸 수식 중에서 가장 훌륭한 것이라고 말했다고 한다.

된다. 〈표 2.3〉에서 두 직선이 서로 교차하는 값(2.5937)이 바로 우리가 찾는 값이 된다. 이렇게 찾은 2.5937을 현재 화폐가치 100만 원에 곱하여 10년 후 총 누적 예금액 259.37만 원을 구하게 된다. 이 값은 식 (2)를 이용하여 구한 값과 같다. 계수기호법이 의미하는 바는 현재 화폐가치($P$), 이자율($i$) 그리고 이자계산횟수($N$)가 주어진 상황에서 화폐의 미래가치($F$)를 찾는 것이다.

**▌예제 2.3** 복합이자계산식

예제 2.2의 내용에 복합이자계산식을 이용하여 3차 년도 말의 적금계좌의 총 누적 금액을 구하여라.

**조건**

$P=2$억 원, $i=10\%$, $N=3$년

**풀이**

위와 같이 주어진 조건들을 식 (2)에 직접 대입하면 3차 년도 말의 총 누적 금액을 구할 수가 있다.

$$F=P(1+i)^N=200{,}000(1+0.1)^3=266{,}200(\text{천 원})$$

이를 계수기호법으로 표시하면

$$\begin{aligned}F&=P(F/P,\ i,\ N)=200{,}000(F/P,\ 10\%,\ 3)\\&=200{,}000(1.331)=266{,}200(\text{천 원})\end{aligned}$$

$(F/P,\ 10\%,\ 3)$ 값을 찾기 위해서는 〈표 2.3〉에서 보는 것처럼 부록 복리계수표에서 $i=10\%$ 쪽을 찾아가서 $(F/P,\ i,\ N)$과 $N=3$이 교차하는 값 1.331(점선과 원이 교차하는 값)을 찾으면 된다.

‖ **표 2.3** ‖ 이자율 10%인 경우의 이자계수표

| 복리계수표(10.0%) | | | | | | | | | |
|---|---|---|---|---|---|---|---|---|---|
| | 일시불 | | 동일자금열 | | | | 등차자금열 | | |
| | 복리할증 계수 | 현재가치 계수 | 복리할증 계수 | 감채기금 계수 | 현재가치 계수 | 자본회수 계수 | 동일자금 계수 | 현재가치 계수 | |
| N | (F/P,i,N) | (P/F,i,N) | (F/A,i,N) | (A/F,i,N) | (P/A,i,N) | (A/P,i,N) | (A/G,i,N) | (P/G,i,N) | N |
| 1 | 1.1000 | 0.9091 | 1.0000 | 1.0000 | 0.9091 | 1.1000 | 0.0000 | 0.0000 | 1 |
| 2 | 1.2100 | 0.8264 | 2.1000 | 0.4762 | 1.7355 | 0.5762 | 0.4762 | 0.8264 | 2 |
| 3 | 1.3310 | 0.7513 | 3.3100 | 0.3021 | 2.4869 | 0.4021 | 0.9366 | 2.3291 | 3 |
| 4 | 1.4641 | 0.6830 | 4.6410 | 0.2155 | 3.1699 | 0.3155 | 1.3812 | 4.3781 | 4 |
| 5 | 1.6105 | 0.6209 | 6.1051 | 0.1638 | 3.7908 | 0.2638 | 1.8101 | 6.8618 | 5 |
| 6 | 1.7716 | 0.5645 | 7.7156 | 0.1296 | 4.3553 | 0.2296 | 2.2236 | 9.6842 | 6 |
| 7 | 1.9487 | 0.5132 | 9.4872 | 0.1054 | 4.8684 | 0.2054 | 2.6216 | 12.7631 | 7 |
| 8 | 2.1436 | 0.4665 | 11.4359 | 0.0874 | 5.3349 | 0.1874 | 3.0045 | 16.0287 | 8 |
| 9 | 2.3579 | 0.4241 | 13.5795 | 0.0736 | 5.7590 | 0.1736 | 3.3724 | 19.4215 | 9 |
| 10 | 2.5937 | 0.3855 | 15.9374 | 0.0627 | 6.1446 | 0.1627 | 3.7255 | 22.8913 | 10 |
| 11 | 2.8531 | 0.3505 | 18.5312 | 0.0540 | 6.4951 | 0.1540 | 4.0641 | 26.3963 | 11 |
| 12 | 3.1384 | 0.3186 | 21.3843 | 0.0468 | 6.8137 | 0.1468 | 4.3884 | 29.9012 | 12 |
| 13 | 3.4523 | 0.2897 | 24.5227 | 0.0408 | 7.1034 | 0.1408 | 4.6988 | 33.3772 | 13 |
| 14 | 3.7975 | 0.2633 | 27.9750 | 0.0357 | 7.3667 | 0.1357 | 4.9955 | 36.8005 | 14 |
| 15 | 4.1772 | 0.2394 | 31.7725 | 0.0315 | 7.6061 | 0.1315 | 5.2789 | 40.1520 | 15 |
| 16 | 4.5950 | 0.2176 | 35.9497 | 0.0278 | 7.8237 | 0.1278 | 5.5493 | 43.4164 | 16 |
| 17 | 5.0545 | 0.1978 | 40.5447 | 0.0247 | 8.0216 | 0.1247 | 5.8071 | 46.5819 | 17 |
| 18 | 5.5599 | 0.1799 | 45.5992 | 0.0219 | 8.2014 | 0.1219 | 6.0526 | 49.6395 | 18 |
| 19 | 6.1159 | 0.1635 | 51.1591 | 0.0195 | 8.3649 | 0.1195 | 6.2861 | 52.5827 | 19 |
| 20 | 6.7275 | 0.1486 | 57.2750 | 0.0175 | 8.5136 | 0.1175 | 6.5081 | 55.4069 | 20 |
| 21 | 7.4002 | 0.1351 | 64.0025 | 0.0156 | 8.6487 | 0.1156 | 6.7189 | 58.1095 | 21 |
| 22 | 8.1403 | 0.1228 | 71.4027 | 0.0140 | 8.7715 | 0.1140 | 6.9189 | 60.6893 | 22 |
| 23 | 8.9543 | 0.1117 | 79.5430 | 0.0126 | 8.8832 | 0.1126 | 7.1085 | 63.1462 | 23 |
| 24 | 9.8497 | 0.1015 | 88.4973 | 0.0113 | 8.9847 | 0.1113 | 7.2881 | 65.4813 | 24 |
| 25 | 10.8347 | 0.0923 | 98.3471 | 0.0102 | 9.0770 | 0.1102 | 7.4580 | 67.6964 | 25 |
| 26 | 11.9182 | 0.0839 | 109.1818 | 0.0092 | 9.1609 | 0.1092 | 7.6186 | 69.7940 | 26 |
| 27 | 13.1100 | 0.0763 | 121.0999 | 0.0083 | 9.2372 | 0.1083 | 7.7704 | 71.7773 | 27 |
| 28 | 14.4210 | 0.0693 | 134.2099 | 0.0075 | 9.3066 | 0.1075 | 7.9137 | 73.6495 | 28 |
| 29 | 15.8631 | 0.0630 | 148.6309 | 0.0067 | 9.3696 | 0.1067 | 8.0489 | 75.4146 | 29 |
| 30 | 17.4494 | 0.0573 | 164.4940 | 0.0061 | 9.4269 | 0.1061 | 8.1762 | 77.0766 | 30 |
| 31 | 19.1943 | 0.0521 | 181.9434 | 0.0055 | 9.4790 | 0.1055 | 8.2962 | 78.6395 | 31 |
| 32 | 21.1138 | 0.0474 | 201.1378 | 0.0050 | 9.5264 | 0.1050 | 8.4091 | 80.1078 | 32 |
| 33 | 23.2252 | 0.0431 | 222.2515 | 0.0045 | 9.5694 | 0.1045 | 8.5152 | 81.4856 | 33 |
| 34 | 25.5477 | 0.0391 | 245.4767 | 0.0041 | 9.6086 | 0.1041 | 8.6149 | 82.7773 | 34 |
| 35 | 28.1024 | 0.0356 | 271.0244 | 0.0037 | 9.6442 | 0.1037 | 8.7086 | 83.9872 | 35 |
| 40 | 45.2593 | 0.0221 | 442.5926 | 0.0023 | 9.7791 | 0.1023 | 9.0962 | 88.9525 | 40 |
| 45 | 72.8905 | 0.0137 | 718.9048 | 0.0014 | 9.8628 | 0.1014 | 9.3740 | 92.4544 | 45 |
| 50 | 117.3909 | 0.0085 | 1163.9085 | 0.0009 | 9.9148 | 0.1009 | 9.5704 | 94.8889 | 50 |
| 55 | 189.0591 | 0.0053 | 1880.5914 | 0.0005 | 9.9471 | 0.1005 | 9.7075 | 96.5619 | 55 |
| 60 | 304.4816 | 0.0033 | 3034.8164 | 0.0003 | 9.9672 | 0.1003 | 9.8023 | 97.7010 | 60 |
| 65 | 490.3707 | 0.0020 | 4893.7073 | 0.0002 | 9.9796 | 0.1002 | 9.8672 | 98.4705 | 65 |
| 70 | 789.7470 | 0.0013 | 7887.4696 | 0.0001 | 9.9873 | 0.1001 | 9.9113 | 98.9870 | 70 |
| 75 | 1271.8954 | 0.0008 | 12708.9537 | 0.0001 | 9.9921 | 0.1001 | 9.9410 | 99.3317 | 75 |
| 80 | 2048.4002 | 0.0005 | 20474.0021 | 0.0000 | 9.9951 | 0.1000 | 9.9609 | 99.5606 | 80 |
| 85 | 3298.9690 | 0.0003 | 32979.6903 | 0.0000 | 9.9970 | 0.1000 | 9.9742 | 99.7120 | 85 |
| 90 | 5313.0226 | 0.0002 | 53120.2261 | 0.0000 | 9.9981 | 0.1000 | 9.9831 | 99.8118 | 90 |
| 95 | 8556.6760 | 0.0001 | 85556.7605 | 0.0000 | 9.9988 | 0.1000 | 9.9889 | 99.8773 | 95 |
| 100 | 13780.6123 | 0.0001 | 137796.1234 | 0.0000 | 9.9993 | 0.1000 | 9.9927 | 99.9202 | 100 |

**해설**

예제 2.2에서 단순이자계산식을 이용한 경우 3차 년도 말의 총 누적 금액은 2억 6,000만 원이었고, 본 예제에서 복합이자계산식을 이용하여 구한 3차 년도 말의 총 누적금액은 2억 6,620만 원이다. 이 두 총 누적금액의 차이가 대략 620만 원으로, 복합이자계산식으로 이자를 계산하는 것이 단순이자계산식으로 이자를 계산하는 경우보다 이자가 더 많이 발생하고 있음을 알 수가 있다.

**▌예제 2.4** **단순이자계산식과 복합이자계산식의 극명한 사례**

(1) 맨해튼 섬 매입 건

맨해튼 섬은 미국의 뉴욕시를 이루고 있는 여러 구역 중 하나로 섬 주변으로 허드슨 강이 흐르고 있는 세계적으로 유명한 도시구역이라고 할 수 있다. 맨해튼 섬의 면적은 87km$^2$이다. 이는 여의도 면적 2.9487km$^2$의 30배 정도 크기이다. 이렇게 큰 땅을 1626년에 백인들이 아메리칸 인디언들로부터 $24에 구입하였다고 한다.

만약 인디언들이 그 당시에 받은 $24를 연 이자율 8%(일반적으로 인용되는 연 평균 이자율)가 적용되는 정기적금 계좌에 1626년도 초에 예금하고, 2015년 12월 31일에 그 계좌에 누적된 금액이 얼마인지를 알아보았다고 하자. 첫 번째 이 적금에 대한 이자가 단순이자방식으로 계산된 경우, 그리고 두 번째 복합이자계산식으로 이자가 계산된 경우의 값을 구하여라.[2)]

**조건**

$P = \$24,\ i = 8\%,\ N = 390$년

**풀이**

2015년 12월 31일 단순이자계산식에 의한 총 누적금액

$$F = P(1 + Ni) = 24(1 + 390(0.08)) = \$772.8$$

2015년 12월 31일 복합이자계산식에 의한 총 누적금액

$$F = 24(1 + 0.08)^{390} = \$260\text{조}$$

**해설**

단순이자계산식과 복합이자계산식에 의한 이 예제의 결과값을 비교해보면 그 차이가 실로 엄청나다는 사실을 알 수가 있다. $772.8 대비 $260조의 비교를 통해 우리는 복합이자계산식에 의한 이자계산에 대한 두려움을 느끼지 않을 수가 없다. 일반적으로 시간이 길어질수록 그리고 이자율이 클수록 이 두 이자계산방식에 의한 이자액의 차이는 우리들의 상상을 초월할 정도로 커진다.

---

2) 박찬석, 김규태, 최성호, 경제성공학, 영지문화사, 2008년, 2장 강의안.

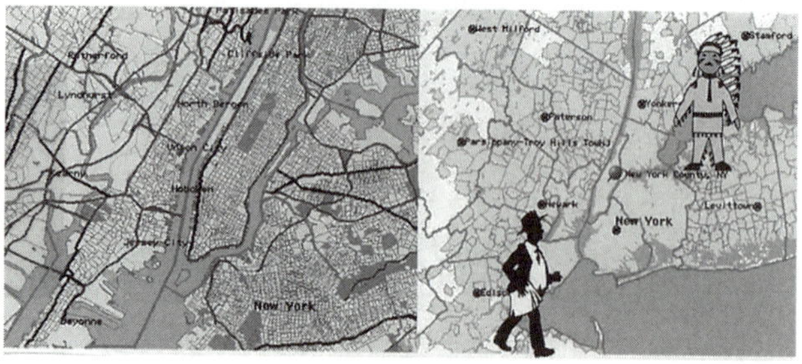

그림 2.3 1626년도에 인디언과 백인의 맨해튼 섬 거래

(2) 로스차일드 가문의 재산[3]

로스차일드(Rothschild) 가문은 18세기 말에 독일의 프랑크푸르트에 살았던 유태계 독일인인 로스차일드 1세의 아들 5형제들이 19세기 초·중엽에 엄청난 부를 축적하여 지금의 세계적인 금융가문으로 그 위세를 떨치고 있다. 이들 5형제들은 19세기 초에 각각 독일, 오스트리아, 프랑스, 이탈리아 북부 그리고 영국 등으로 이주하여 그 나라의 금융가에서 대단히 큰 영향력을 행사하는 인물들로 활동하였다. 문헌에 의하면 영국에서 활동하던 로스차일드 가문의 맹주인 나산(Nathan)만의 1840년대 재산 총액이 그 당시 달러로 $6억이었다고 한다.

미국에서 발간되는 금융잡지사인 포브스(Forbes)지에서 매년 발표하는 세계 제일의 부자리스트에 오르내리는 인물로 세계적 금융투자가인 워렌 버핏(Warren Buffett)과 마이크로소프사 창업자인 빌 게이츠(Bill Gates) 등이 있다. 2015년 3월 현재 빌 게이츠가 세계 최고의 부자로 그의 총 재산은 $7920억으로 그리고 워렌 버핏은 세 번째 부자로 그의 총 재산은 $727억으로 밝혀졌다. 《화폐전쟁》의 저자인 쑹훙빙에 의하면 세계의 제일의 부자는 이들이 아니라 로스차일드 가문으로 이들이 겉으로 나타나지 않은 진정한 세계 제일의 부자들이라고 기술하고 있다.

만약 나산이 1840년대 초 그의 재산 총액 $6억을 지난 176년 동안 연 평균 수익률 8%로 증가시켜 왔다면 그의 현재 재산의 총액은 얼마나 될까?

**조건**

$P = \$6$억, $i = 8\%$, $N = 176$년

3) Frederic Morto, The Rothschilds (Kodansha globe series), Kodansha Globe, 1998.
쑹훙빙 저, 차혜정 옮김, 화폐전쟁, 랜덤하우스, 2008.

**풀이**

나산의 재산이 복리로 매년 증가하였다고 가정하면, 그의 후손들의 현재 재산은 식 (2)를 사용하여 구한 값이 될 것이다.

$$F = 6(1+0.08)^{176} = \$457\text{조}$$

이렇게 막대한 나산의 재산은 빌 게이츠의 5,770배이며, 또한 워렌 버핏의 6,286배이다.[4] 참고로 20세기 초기 미국의 금융재벌 모건(J. P. Morgan), 20세기 후반과 21세기 전반기의 세계적 헷지 펀더(hedge funder), 소로스(G. Soros) 등은 로스차일드 가문과 매우 밀접한 관계를 유지하였으며 여전히 그 관계를 유지하고 있다고 한다.

### 동일 자금열 이자계산

만약 매년 동일한 금액 $A$만큼씩 $N$년 동안 저축을 한다면 $N$년 말에 누적된 총 저축금액은 얼마나 될까? 우리들의 일상생활에서 이러한 형태의 현금흐름은 자주 발생하고 있다. 예를 들어, 10년 후에 2억 원에 상당한 아파트를 구입하기 위해서 10년 동안 매년 1,590만 원씩을 저축한다면 10년 후에 2억 원의 아파트 구입 자본을 마련할 수가 있는 것일까? 이와 같은 질문에 대한 답을 구하기 위해서는 동일 자금열에 관한 이자를 계산할 줄 알아야 한다. 물론 이 이자계산방법은 복합이자계산방법들 중 하나이다.

$N$년 동안 연 이자율 $i$로 매년 동일한 금액 $A$만큼씩 저축한다면 $N$년 후 총 누적 저축금액 $F$는 다음과 같다. 아래 표의 미래가치를 모두 더하면 식 (3)과 같고, 식 (3)에 $(1+i)$를 곱하면 식 (4)와 같다(더 자세한 설명은 11.5.4를 참조).

| 년 | 동일 저축금액 | 미래가치 |
|---|---|---|
| 0 | 0 | 0 |
| 1 | $A$ | $A(1+i)N\text{-}1$ |
| 2 | $A$ | $A(1+i)N\text{-}2$ |
| 3 | $A$ | $A(1+i)N\text{-}3$ |
| | … | |
| $N-1$ | $A$ | $A(1+i)$ |
| $N$ | $A$ | $A$ |

4) 이와 같은 주장은 단순한 숫자상의 문제가 아니라 역사적 사실이 입증하고 있다고 한다(앞의 주석 4번 문헌 참조).

$$F = A(1+i)^{N-1} + A(1+i)^{N-2} + \cdots A(1+i) + A \quad \cdots (3)$$

$$(1+i)F = A(1+i)^{N} + A(1+i)^{N-1} + \cdots A(1+i)^2 + A(1+i) \quad \cdots (4)$$

식 (4)에서 식 (3)을 빼면 식 (5)가 된다.

$$F(i) = A(1+i)^N - A = A[(1+i)^N - 1]$$

$$F = A\left[\frac{(1+i)^N - 1}{i}\right] \quad \cdots (5)$$

식 (5)에 식 (2)를 대입하면 식 (6)을 얻을 수가 있다. 식 (6)은 일반적으로 현재 $P$만큼 대출을 받고 $N$년 동안 연 이자율 $i$로 상환할 경우 대출 원금 $P$의 일부분과 연간 이자를 합해서 연간 동일 상환금액 $A$를 결정할 경우에 유익하게 이용될 수가 있다.

$$P = A\left[\frac{(1+i)^N - 1}{i(1+i)^N}\right] = A\left[\frac{1-(1+i)^{-N}}{i}\right]$$

$$= A\left[\frac{1}{i} - \frac{(1+i)^{-N}}{i}\right] \quad \cdots (6)$$

식 (6)에서 $N$을 무한대로 하면 그 결과는 식 (7)과 같다.

$$P = \lim_{N \to \infty} A\left[\frac{1-(1+i)^{-N}}{i}\right] = \frac{A}{i} \quad \cdots (7)$$

즉, 식 (7)은 매년 $A$만큼씩 무한대로 저축을 할 경우 총 누적저축금액의 현재가치를 알고자 할 때 사용된다. 식 (7)에서 흥미로운 점은 $N \to \infty$일 경우 복리로 시작한 이자 계산이 단리로 변환되었다는 사실이다.

### ▌예제 2.5 적금 이자계산

만약 연 이자율 5.5%인 정기적금에 매월 20만 원씩 36개월 동안 예금을 하면 3년 후의 총 이자액은 얼마나 될까?

**조건**

월 적립금 = 20 만 원, 기간 = 36 개월, 연 이자율 = 4%

**풀이**

이를 구하기 위해 먼저 식 (5)를 이용해야 한다. 그러나 납입 금액이 월 단위로 발생하고 일반적으로 이런 경유 월 복리로 이자가 계산되기 때문에 연 이자율 3%를 월 이자율로 바뀌어야 한다. 36개월 후의 총 누적 예금 잔액을 구한다. 만약 납입금액이 매월 말에 발생한다면, 식 (5)를 사용해서 3년 말 누적 금액을 계산하면 다음과 같다.

$$F = A\left[\frac{(1+i)^N - 1}{i}\right] = 200\left[\frac{(1+0.0025)^{36}-1}{0.0025}\right] = 7{,}524(\text{천원})$$

36개월 동안 발생된 누적 총 이자는 $F$=7,524,000원에서 총 납입 금액 7,200,000원(200,000원/월×36개월)을 빼면 324,000원임을 알 수가 있다.

만약 납입금액이 매월 초에 발생한다면 월 납입 금액의 현금흐름도표는 〈그림 2.4〉와 같다. 이 그림에서 보듯이 36번의 월 납입금액이 위의 경우와 동일하게 발생하지만 마지막 월 납입금액은 35개월에서 멈추게 된다. 그러난 우리가 원하는 $F$ 값은 36개월째 값을 구해야 하기 때문에 〈그림 2.5〉에서 $F_{35}$ 값을 구하고 이 값을 1개월 더 저축하는 것으로 간주해서 $F$값을 구해야 한다. 이 과정을 식 (5)로 표현하려면 다음과 같이 약간 수정할 필요가 있다.

$$\begin{aligned} F &= A\left[\frac{(1+i)^N - 1}{i}\right](1+i) \\ &= (200)\left[\frac{(1+0.0025)^{36}-1}{0.0025}\right](1+0.0025) = 7{,}543(\text{천원}) \end{aligned}$$

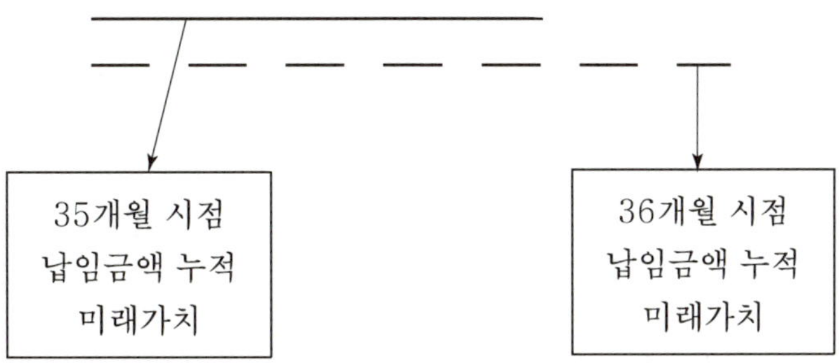


36개월 동안 발생한 누적 총 이자는 $F$=754.3만 원에서 720만 원을 빼면 343,000원임을 알 수가 있다. 이 경우의 이자금액이 월말에 납입금액이 발생하는 경우보다 190,000원이 더 많이 발생하고 있다.

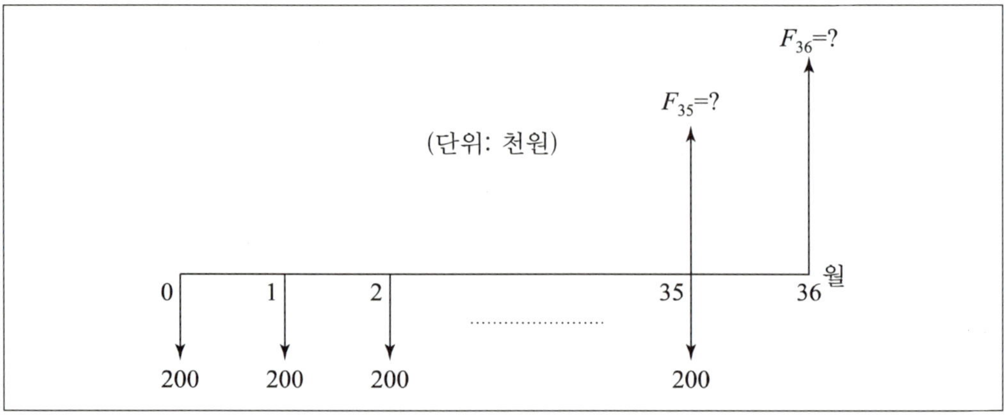


그림 2.4 월초 납입금액의 현금흐름도표

**토의**

국내 은행에서 정기적금 납입금은 월초에 발생하고, 예금 이자는 단순이자 방식으로 계산된다. 이런 경우 총 이자액은 다음과 같이 계산된다.

$$\text{총 누적 이자금액} = A \times \frac{(N)(N+1)}{2} \times \frac{i}{12}$$

$$= (200{,}000)\ \frac{(36)\quad(36+1)}{2} \times \frac{3\%}{12} = 333{,}000(\text{원})$$

$$\text{총 누적 예금 잔액} = \text{총 납입액} + \text{총 누적 이자금액}$$

$$= (\text{첫 납입액} * \text{총 납입 월수}) + \text{총 누적 이자금액}$$

$$= (200{,}000 \times 36) + 333{,}000 = 7{,}533(\text{천 원})$$

이 예제에서 복리이자(납입금액 월초 발생의 경우)와 단순이자 계산식의 이자 차액은 총 10,000원이다. 참고로 국내 금융기관에서 대출을 받게 되면 거의 모든 경우 월 복리로 이자가 계산되고 있다.

**예제 2.6** 자동차 월 할부금액 계산

다음과 같은 자동차 할부옵션을 고려해 보기로 하자. 소나타를 구입할 경우 다음의 표에서 보듯이 현대캐피탈이나 일반 카드사의 신용카드로 할부금액을 납부할 수가 있다.[5] 여기서 월 할부금액은 대출금 2,160만 원의 일부와 월 이자금액을 합해 동일한

5) 2014년 7월 26일 오마이뉴스 참조.

금액을 매달 36개월 동안 상환하는 금액이다. 〈표 2.4〉에 있는 각 할부옵션을 고려해서 월 할부금액을 계산하고, 이 값을 〈표 2.4〉의 월 할부금액과 비교 검토해 보아라.

**조건**

〈표 2.4〉, 대출원금 $P=2{,}160$만 원, 상환기간 $N=36$개월

**풀이**

$$\text{현대캐피탈 할부옵션의 월 할부금액 } A=?$$
$$\text{현대캐피탈 할부옵션: } i=6.5\%$$

월 할부금을 계산하기 위해서는 $i=6.5\%$를 월 이자율 $I=0.54167\%(6.5\%/12)$로 변환해야 한다. 위에 주어지 조건들과 월 이자율을 이용해서 현대캐피탈 할부옵션의 월 할부금액은 식 (6)을 응용해서 계산할 수가 있다.

‖ 표 2.4 ‖ 자동차 할부옵션

$$P = A\left[\frac{1-(1+i)^{-N}}{i}\right]$$

$$A = P\left[\frac{i}{1-(1+i)^{-N}}\right] = 2,160\left[\frac{0.0054167}{1-(1+0.0054167)^{-36}}\right] = 662,018\text{원}$$

36개월 동안 상환한 총 누적금액은

$$(662,018\text{원/월})(36\text{개월}) = 2,383\text{만원}$$

그리고 36개월 동안 상환한 총 누적 이자는

$$2,383 - 2,160 = 223\text{만원}$$

〈표 2.4〉에 있는 현대캐피탈 할부옵션의 총비용과 이자와 위에서 구한 총 누적금액과 총 누적 이자를 비교해 보면 서로 같음을 알 수가 있다.

일반 카드 할부옵션 $i = 5.5\%$

월 이자율 $i = 5.5\%/12 = 0.45833\%/\text{월}$

식 (6)을 응용하면 일반카드 할부옵션의 월 할부금액은 다음과 같다.

$$A = P\left[\frac{i}{1-(1+i)^{-N}}\right] = 2,160\left[\frac{0.0045833}{1-(1+0.0045833)^{-36}}\right] = 652,231\text{원}$$

36개월 동안 상환한 총 누적금액은

$$(652,231\text{원/월})(36\text{개월}) = 23,480,316(\text{원})$$

36개월 동안 상환한 총 누적 이자는

$$23,480,316 - 21,600,000 = 1,880,316(\text{원})$$

〈표 2.4〉에 있는 일반 카드할부옵션의 연 이자율 5.5%인 경우의 총비용과 이자와 위에서 구한 총 누적 금액과 총 누적 이자를 비교해 보면 서로 같음을 알 수가 있다.

**주의**

본 서에서 계산한 금융관련 모든 값들은 금융기관에서 계산한 값들과 반드시 같아야 한다. 만약 계산상의 오차 허용 범위를 벗어나는 경우에는 반드시 금융기관에 그 차이가 발생한 이유를 알아보아야 한다.

**예제 2.7** 공작기계 투자프로젝트의 미래가치 계산

예제 2.1의 공작기계 투자프로젝트에 관한 각 연도별 현금흐름을 복리이자계산식을 이용하여 5차 년도 말의 화폐가치로 변환하기로 하자. 이 공작기계 투자프로젝트에 적용되는 연 단위 할인율(최소 요구수익률)은 12%이다.

**조건**

각 연도별 현금흐름, $i=12\%$, $N=5$년

**풀이**

〈표 2.5〉는 이 예제의 풀이를 보여주고 있다. 5차 년도 말의 화폐가치로 각 연도별 현금흐름을 변환하기 위해 각 연도의 현금흐름에 미래가치 계수(식 (2)를 이용함)를 곱하였다. 5차 년도 말의 화폐가치로 변환된 '0'차 년도(현재를 의미함)부터 5차 년도 말까지의 화폐가치를 모두 더하면 4,305.4만 원이 된다. 이는 공작기계 투자프로젝트로부터 매년 발생하는 현금유입의 총 미래가치가 초기 투자자본 3억 원의 미래가치보다 4,305.4만 원 더 크다는 의미이므로 이 공작기계 투자프로젝트는 실행할만한 경제적 가치가 있다고 할 수 있다.

‖ **표 2.5** ‖ 공작기계 투자프로젝트의 각 연도별 미래가치 계산

(단위: 천 원)

| 연도 | 현금흐름 | 미래가치 계수 | 미래가치 |
|---|---|---|---|
| 0 | −300,000 | $(1+0.12)^5=1.762$ | −528,703 |
| 1 | 90,000 | $(1+0.12)^4=1.574$ | 141,617 |
| 2 | 90,000 | $(1+0.12)^3=1.405$ | 126,444 |
| 3 | 90,000 | $(1+0.12)^2=1.254$ | 112,896 |
| 4 | 90,000 | $(1+0.12)^1=1.120$ | 100,800 |
| 5 | 90,000 | $(1+0.12)^0=1.000$ | 90,000 |
| 미래가치 총액 | | | 43,054 |

이자에 관한 옛 로마시대의 이야기로 이자율에 관한 간략한 소개를 끝내기로 하자. 로마시대 유명한 부루트스는 한 도시에 40%의 이자로 돈을 빌려 주었는데 이자가 제대로 들어오지 않자 그는 돈을 풀어 사병들을 고용해 그 도시를 포위했다고 한다. 이를 영국의 진보 또는 좌경적 20세기의 유명한 철학자 버트런드 러셀은 자본가의 약탈이 자꾸 심해

져 압박감을 느낄 때 이 일화를 한 번 생각해보라고 권하고 있다.[6)]

## 2.3 인플레이션과 디플레이션

투자프로젝트의 현실적 경제적 가치를 구하기 위해서는 투자프로젝트에 적용되는 할인율과 현금흐름에 인플레이션(inflation)이나 디플레이션(deflation) 효과를 반드시 반영해야 한다. 인플레이션은 물가가 상승하는 경제상황을 말하며, 디플레이션은 인플레이션과 반대로 물가가 하락하는 경제상황을 말한다. 그러므로 인플레이션율($f$)이나 디플레이션율($d$)은 전년도 물가지수와 현재의 물가지수를 이용하여 구할 수가 있다. 물가지수를 구하기 위해서는 기준연도가 정해져야 한다. 국내에서 물가지수를 구하기 위한 기준연도는 매 5년마다 바뀌고 있다. 예를 들면 2015년도의 물가지수의 기준연도는 2011년이다. 연간 인플레이션율을 구하기 위한 예로, 멋진 스포츠 운동화 한 켤레의 2015년도 가격이 10만 원이었는데 2016년도 가격이 11만 원이라면 이 운동화의 인플레이션율은 10%$\left(\frac{11-10}{10}=0.1\right)$가 된다.

인플레이션과 디플레이션 효과를 물가의 상승 및 하락으로 규명하고 있지만 근본적 측면에서 인플레이션과 디플레이션을 규명하면 특정 국가의 화폐가치의 하락(인플레이션)과 상승(디플레이션)으로 기술할 수도 있다. 이러한 경제상황을 할인율이나 현금흐름에 적용해야 하는 이유는 특정한 시점의 경제상황이 반드시 그 시점의 화폐가치에 직접적으로 큰 영향을 미치기 때문이다.[7)]

인플레이션이나 디플레이션 효과를 반영한 이자율을 시장이자율(market interest rate: $i$)이라 하고, 시장이자율에서 인플레이션이나 디플레이션 효과가 제거된 이자율을 무인플레이션 이자율(inflation-free interest rate: $i'$)이라고 한다. 이자율을 시장이자율과 무인플레이션 이자율로 구분하듯이, 투자프로젝트에 관한 수익률도 명목수익률(nominal return: $r$)과 실질수익률(real return: $r'$)로 구분한다. 투자프로젝트의 수익률을 이와 같이

6) Bertland Russell 저, 송은경 옮김, 게으름에 대한 찬양(In Praise of Idleness), 사회평론, 1997.
7) 디플레이션 경제상황의 발생빈도수는 매우 제한적이기 때문에 대부분의 경우 인플레이션 경제상황을 가정하고 관련 개념들을 전개해가는 것이 일반적인 경향이다.

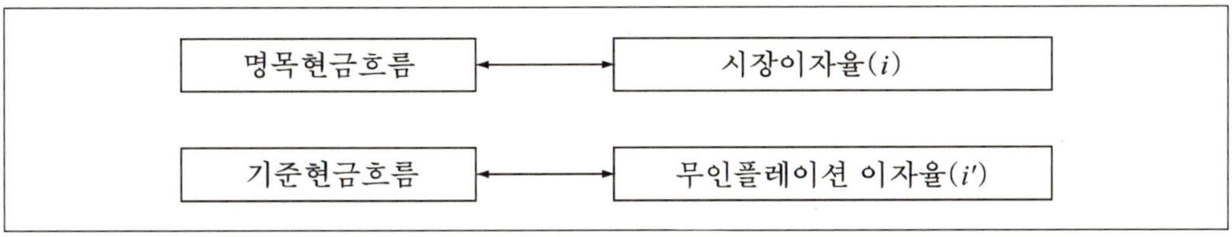


그림 2.5 현금흐름특성과 적용 이자율과의 관계성

두 수익률로 명확히 구분하는 이유는 두 수익률이 투자프로젝트의 경제성 평가에서 의미하는 바가 서로 다르기 때문이다. 여기에서 $i' = r'$이고 $r = i$와 같다.

이자율 또는 수익률을 두 종류로 구분하였듯이 투자프로젝트의 현금흐름도 명확하게 인플레이션이나 디플레이션 효과가 반영된 투자프로젝트의 현금흐름인 **명목현금흐름**(nominal cash flow)과 이러한 효과가 반영되지 않은 현금흐름인 **기준현금흐름**(real cash flow)으로 구분해야 한다. 현금흐름에 대한 구분이 이렇게 명확하게 이루어지지 않는다면, 투자프로젝트의 합리적 투자의사결정이 이루어질 수 없게 된다. 만약 투자프로젝트의 현금흐름이 명목현금흐름으로 주어지면 시장이자율을 사용하여 투자분석을 수행해야 하고, 기준현금흐름으로 주어지면 무인플레이션 이자율을 이용하여 투자분석을 수행해야 한다. 〈그림 2.5〉는 이와 같은 관계식을 보여주고 있다.

세 가지 비율($i$, $i'$, $f$) 사이의 관계성은 세 가지 방법으로 설명될 수가 있다. 첫 번째, 단순히 피셔공식(Fisher Equation)[8)]을 직접 이용하는 경우이고, 두 번째, 현재가치 개념을 도입하는 경우이다. 그리고 세 번째, 간단하게 시장이자율은 무인플레이션율에 인플레이션율을 합한 값으로 정의하는 것이다. 마지막 세 번째 방법은 경영학분야에서 흔히 사용되고 있다. 본 절에서는 간단하게 적용할 수 있는 피셔공식을 이용하여 세 가지 비율들의 관계식을 살펴보고, 또한 다음 예제의 토의부분에서 세 번째 방법에 관하여 논하기로 한다. 두 번째 방법인 현재가치 개념을 이용한 방법에 대해서는 이자율 개념을 소개하는 장에서 알아보기로 한다(12.2.6을 참조). 피셔공식은 시장이자율, 무인플레이션 이자율 그리고 인플레이션율의 관계를 식 (8)과 같이 간략하게 보여주고 있다.

$$(1+i) = (1+i')(1+f) \qquad \cdots (8)$$
$$i = i' + f + i'f$$

8) Aswath Damodaran Investment Valuation : Tools and Techniques for Determining the Value of Any Asset, 2$^{nd}$ Edition, Wiley Finance, NY, 2002.

**| 예제 2.8** **명목수익률과 실질수익률**

현재 1억 원을 현금으로 소유하고 있는 사람이 이 현금을 통일은행에 저축하고 1년 후에 이자로 800만 원을 받게 된다고 하자. 이 경우의 연간 인플레이션율이 5.5%라고 하며, 이 저축금의 명목수익률과 실질수익률을 구하여라.

**조건**

$P = 1$억 원, $I = 800$만 원, $f = 5.5\%$

**풀이**

연초에 1억 원을 저축하고 1년 동안 발생한 이자가 800만 원이기 때문에 명목수익률 $r = \dfrac{8,000}{100,000} = 0.08$이 되고, 인플레이션율 5.5%을 고려할 경우 식 (8)을 이용하면 실

질수익률은 다음과 같이 2.37%가 된다.

$$0.08 = i' + 0.055 + 0.055i'$$

$$i' = r' = \frac{0.08 - 0.055}{(1 + 0.055)} = 2.37\%$$

**해설**

인플레이션으로 인하여 명목수익률이 인플레이션율인 5.5%만큼 감소되는 것이 아니고 실질적으로 그보다 큰 5.63%가 감소되었음을 알 수가 있다. 아래 토의에 기술되어 있듯이 경영학분야에서 흔히 사용하는 관계식 $i = i' + f$을 사용하면 단기적인 측면에서는 두 관계식으로 인한 최종 값의 차이가 무시될 수 있을 정도로 작을 수는 있다. 그러나 복합이자계산방식과 함께하면 시간이 지남에 따라 두 관계식의 차이 $i'f$가 경제성 평가의 결과값을 기하급수적으로 증가시키게 된다.

**토의**

2016년 1월 현재 만기가 3년인 회사채 수익률이 2.1%이고, 만기가 3년인 국채의 수익률은 1.6%이다. 만약 일반 인플레이션율 $f = 3\%$이라고 가정하면, 회사채의 실질수익률은 $-0.9\%$가 되고, 국고채의 경우는 $-1.4$가 되어 두 경우 모두 손실을 발생시키고 있다.[9] 이 예제를 토대로 실질수익률($r'$)을 명목수익률($r$)과 인플레이션율($f$)으로 표시하면 식 (9)와 같다.

---

9) 통계청 홈페이지 주소: http://www.kosis.kr/

$$r' = r - f$$

또는

$$r = r' + f \quad \cdots (9)$$

이를 시장이자율, 무인플레이션율, 그리고 인플레이션율로 표시하면 식 (10)과 같다.

$$i = i' + f \quad \cdots (10)$$

그러나 위에서 기술하였듯이 식 (9)와 (10)은 세 가지 비율의 관계성을 완벽하게 표현하지 못하고 있다.

### 예제 2.9 기준현금흐름과 명목현금흐름을 토대로 한 투자프로젝트의 경제성 평가

예제 2.1의 공작기계 투자프로젝트의 현금흐름을 이 예제에서 다시 고려해보기로 하자. 그리고 이 현금흐름이 기준현금흐름이라 가정하고 연간 인플레이션율은 5%라고 하자. (1) 각 연도별 기준현금흐름을 명목현금흐름으로 변환하고, (2) 기준현금흐름을 기준으로 이 투자프로젝트의 순 미래가치를 구하여라. 단, 이 투자프로젝트의 경제성 평가를 위해 사용할 할인율(시장이자율)은 10%이다.

**조건**

현금흐름표, 2015년도 국내 인플레이션율$(f) = 5.0\%$, 시장이자율$(i) = 10\%$

**풀이**

(1) 각 연도별 기준현금흐름을 명목현금흐름으로 변환

인플레이션율은 복합이자율과 같이 복리효과가 있다. 그러므로 〈표 2.6〉에서와 같이 인플레이션 계수($F'$)는 현금흐름의 미래가치를 계산하는 식 (2)를 응용하여 구할 수가 있다.

$$F' = (1 + f)^n,\ n = 0,\ 1,\ 2,\ 3,\ \cdots,\ N$$

|| **표 2.6** || 기준현금흐름을 명목현금흐름으로 계산

(단위: 천 원)

| 연도 | 기준현금흐름 | 인플레이션 계수 | 명목현금흐름 |
|---|---|---|---|
| 0 | −300,000 | $(1+0.05)^0=1.00000$ | −300,000 |
| 1 | 90,000 | $(1+0.05)^1=1.05000$ | 94,500 |
| 2 | 90,000 | $(1+0.05)^2=1.10250$ | 99,225 |
| 3 | 90,000 | $(1+0.05)^3=1.15763$ | 104,186 |
| 4 | 90,000 | $(1+0.05)^4=1.21551$ | 109,396 |
| 5 | 90,000 | $(1+0.05)^5=1.27628$ | 114,865 |

(2) 기준현금흐름을 기준으로 이 투자프로젝트의 순 미래가치 계산

〈표 2.6〉은 기준현금흐름에 인플레이션율 5%을 적용하여 각 연도별 기준현금흐름을 명목현금흐름으로 변환한 값을 보여주고 있다. 명목현금흐름에 대해 적용할 시장이자율은 이미 주어져 있기 때문에 이 값을 구할 필요는 없다. 그러나 기준현금흐름에 적용될 무인플레이션 이자율은 식 (8)을 이용하여 구해야 한다. 그러면 무인플레이션 이자율($i'$)은 4.762%가 된다.

$$i = i' + f + i'f$$

$$0.1 = i' + 0.05 + 0.05i'$$

$$i' = \frac{0.1 - 0.054}{(1 + 0.054)} = 4.762\%$$

연도별 기준현금흐름의 미래가치를 계산하기 위해서는 식 (2)를 아래와 같이 변형시켜야 한다. 그러면 〈표 2.7〉의 할증계수는 아래의 식에서 $P=1$로 놓고 $Fn$값을 구한 결과와 같다.

$$F_n = P(1+i)^{N-n}$$

이제 기준현금흐름에 무인플레이션 이자율 $i' = 4.762\%$을 적용하여 〈표 2.7〉에서와 같이 공작기계 투자프로젝트의 미래가치를 구하면 1억 1,638만 원이 나왔다.

‖ 표 2.7 ‖ 기준현금흐름을 사용한 투자프로젝트의 경제적 가치 계산

(단위: 천 원)

| 연도 | 기준현금흐름 | 할증계수($i' = 4.364\%$) | 미래가치 |
|---|---|---|---|
| 0 | −300,000 | $(1+0.04762)^5=1.26188$ | −378,564 |
| 1 | 90,000 | $(1+0.04762)^4=1.20452$ | 108,407 |
| 2 | 90,000 | $(1+0.04762)^3=1.14977$ | 103,479 |
| 3 | 90,000 | $(1+0.04762)^2=1.09750$ | 98,776 |
| 4 | 90,000 | $(1+0.04762)^1=1.04762$ | 94,286 |
| 5 | 90,000 | $(1+0.04762)^0=1.000$ | 90,000 |
| 합계 | | | 116,384 |

먼저 시장이자율 10%를 명목현금흐름에 적용하여 공작기계 투자프로젝트의 경제적 가치를 계산해보도록 하자. 〈표 2.8〉은 명목현금흐름에 시장이자율 10%를 적용하였을 경우 공작기계 투자프로젝트의 미래가치가 1억 4,853.8만 원으로 나왔다.

‖ 표 2.8 ‖ 명목현금흐름을 사용한 투자프로젝트의 경제적 가치 계산

(단위: 천 원)

| 연도 | 명목현금흐름 | 할증계수($i = 10\%$) | 미래가치 |
|---|---|---|---|
| 0 | −300,000 | $(1+0.1)^5=1.61051$ | −483,153 |
| 1 | 94,500 | $(1+0.1)^4=1.46410$ | 138,357 |
| 2 | 99,225 | $(1+0.1)^3=1.33100$ | 132,068 |
| 3 | 104,186 | $(1+0.1)^2=1.21000$ | 126,065 |
| 4 | 109,396 | $(1+0.1)^1=1.10000$ | 120,336 |
| 5 | 114,865 | $(1+0.1)^0=1.000$ | 114,865 |
| 합계 | | | 148,538 |

이와 같이 할증된 각 연도별 현금흐름을 모두 합한 값을 공학경제에서는 투자프로젝트의 순 미래가치(net future value: $NFV$)라고 한다. 각 연도별 할증계수는 식 (2)를 사용하여 구할 수가 있다.

**해설**

명목현금흐름으로 공작기계 투자프로젝트의 미래가치를 계산한 결과, 그 값이 1억 4,853.8만 원이었고, 기준현금흐름으로 계산한 값은 1억 1,638.4만 원으로 나와 기준현금흐름보다 명목현금흐름 중심으로 투자프로젝트의 경제적 가치를 계산하는 것이 경제

적으로 더 바람직하다고 오해할 수가 있다.

그러나 명목 현금흐름으로 계산된 공작기계 투자프로젝트의 경제적 가치는 인플레이션 효과를 포함하고 있다. 반대로 기준현금흐름을 토대로 계산된 투자프로젝트의 경제적 가치는 인플레이션 효과가 제거된 값이다. 그러므로 두 값을 비교하기 위해서는 두 값을 하나의 공통된 기준으로 치환할 필요가 있다.

본 해설에서는 명목현금흐름으로부터 발생된 공작기계 투자프로젝트의 경제적 가치인 1억 4853.8만 원에 인플레이션율 5%를 적용하여 기준현금흐름으로부터 발생된 경제적 가치인 1억 1,638.4만 원과 비교해보도록 한다. 인플레이션율이 5%이기 때문에 그 값에서 이 효과를 제거하기 위해서는 다음과 같은 방법을 사용하게 된다. 다음 식에서 보듯이 명목현금흐름으로부터 발생된 투자프로젝트의 미래가치가 1억 1,638.4만 원으로 이 값이 비교대상인 기준현금흐름으로부터 발생된 미래가치와 동일함을 알 수가 있다.

$$\frac{\text{명목현금흐름의 미래 가치}}{(1+f)^N} = \frac{148,538}{(1+0.05)^5} = 116,383.4(\text{천원})$$

위 내용을 요약하면 현금흐름의 특성이 명목 화폐가치로 계산된 값인지 아니면 기준화폐가치로 계산된 값인지를 정확하게 파악하고 각각의 현금흐름 특성에 적합한 이자율(할인율)을 사용하면 최종적인 투자프로젝트의 경제적 가치는 항상 동일하게 나타나게 된다.

# 2.4 감가상각과 법인세율

## 2.4.1 감가상각

감가상각비(depreciation cost)란 특정한 고정자산의 가치가 일정기간에 감소한 부분을 말한다. 예를 들어, 컴퓨터 제조회사에서 컴퓨터 운송트럭을 2015년 6,000만 원을 투자하여 구입하였는데, 만약 이 운송트럭이 일 년이 지난 2016년에 4,000만 원이 되었다면 이 운송트럭의 지난 일 년간 가치 감소분은 2,000만 원이 된다. 이러한 감소분 2,000만 원을 지난 1년 동안 컴퓨터를 운송하면서 발생한 이 트럭의 감가상각비라고 한다. 이와 같이 제품이나 서비스를 창출하여 고객에게 판매하기 위해서는 여러 종류의 장비 및 기계, 컴퓨터 시스템, 운송차량, 공장건물 등의 다양한 항목의 고정자산이 사용되어야 한다. 이러한 고정자산들은 그 가치가 일순간에 전무한 상태로 변환하지 않고 시간이 경과함에 따라 점차적으로 그 가치가 감소해가는 특성을 가지고 있다. 그러므로 일정 기간 동안의 생산활동으로 인하여 발생한 고정자산의 가치감소부분(감가상각비)은 비용으로 처리되어야 하고, 이 감가상각비는 제품이나 서비스의 원가[10)]에 반영되어야 한다. 이렇게 고정자산의 감가상각비를 원가에 반영하는 것은 재무회계의 대응원칙(matching principle)에 따른 비용처리이다.

감가상각비는 투자프로젝트의 경제성 평가에서 중요한 역할을 하고 있다. 이 감가상각비는 고정자산 구입 초기에 현금유출이 발생되고, 차후 년도에는 실질적으로 현금유출이 발생하지 않는 비 현금흐름이다. 그러나 기업에서 비록 매년 계산되는 감가상각비가 당해 연도에 발생되지 않는 현금흐름일지라도 감가상각세법에 따라서 고정자산 가치의 일정부분을 그 연도의 비용으로 처리하고 있다. 기업으로 하여금 이러한 비 현금흐름인 감가상각비를 비용으로 처리하도록 하면 기업의 당해 연도의 과세표준(법인세가 계산되는 기준이익)이 적어지게 되고, 그 결과 기업이 지불해야 하는 당해 연도의 법인세가 줄어들게 된다. 이렇게 법인세의 절감효과를 가져오게 하는 것이 감가상각비의 주된 목적이다.

감가상각비를 계산하는 방법으로는 크게 4가지가 있다. 바로 (i) 정액법(straight-line depreciation method: $SL$), (ii) 정률법(declining-balance method: $DB$), (iii) 연수합계법(sum of years' digits method), (iv) 생산량비례법(units of production method)이다. 본 절에서는 이들 4가지 감가상각방법 중에서 상대적으로 이해하기 쉬운 정액법에 관하여 간략하게 알아보기로 한다. 정액법이란 고정자산의 감가상각비가 일정기간 동안 매년 동일한 금액만큼씩만 발생한다는 아주 간단한 감가상각방법이다.

$$D = \frac{I - S}{N} \qquad \cdots (11)$$

단, $I$: 고정자산의 취득가액

$N$: 고정자산의 내용연수

$S$: 고정자산 내용연수 말의 고정자산의 처분가치(잔존가치)

10) 회계학에서는 원가(cost)와 비용(expense)을 명확하게 구분하여 사용하지만 경제학에서는 이와 같이 구분하지 않으므로 본 서에서 원가와 비용을 동일한 의미로 사용하기로 한다.

정액법에 의한 고정자산의 감가상각비가 어떻게 계산되는지를 다음 예제를 통하여 알아보기로 하자.

**예제 2.10** 정액법에 의한 고정자산의 감가상각비 계산

예제 2.1의 내용을 다시 생각해보기로 하자. 공작기계의 취득가액은 3억 원이었고, 내용수명은 사업수명과 동일한 5년이라고 가정하자. 그리고 내용수명이 지난 후 처분가격 5,000만 원을 받고 이 공작기계를 처분한다고 하자. 정액법으로 이 공작기계의 연도별 감가상각비를 계산하여라.

**조건**

공작기계 취득가액$(I)=3$억 원, 내용연수$(N)=5$년, 처분가격$(S)=5{,}000$만 원, 감가상각법=정액법

**풀이**

위와 같은 조건하에서 각 연도별 공작기계의 감가상각비를 식 (11)을 사용하여 계산하면 5,000만 원이 되고, 그 결과는 〈표 2.9〉에 나타난 것과 같다.

$$D=\frac{I-S}{N}=\frac{300{,}000-50{,}000}{5}=50{,}000\ (\text{천 원})$$

1차 년도에 감가상각비가 5,000만 원이 발생하였으므로 1차 년도 말의 공작기계의 가치는 3억 원에서 2억 5,000만 원으로 감소된다. 이와 같이 계산된 고정자산의 가치를 당해 연도의 장부가격(book value)이라고 한다.

**풀이**

〈표 2.9〉에서 우리는 공작기계의 5차 년도 말의 장부가격이 5,000만 원임을 알 수가 있다. 정액법에서 고정자산의 내용연수 말의 장부가격은 항상 처분가격 반드시 동일한 값이 되어야 한다. 이 관계성이 성립되지 않게 되면 계산상의 오류가 있는 것이기 때문에 다시 계산 과정을 검토해야 한다. 고정자산의 내용연수 말의 처분가격은 실질적인 고정자산의 중고가격과 반드시 같지는 않다. 즉, 공작기계의 내용연수 말의 처분가격이 5,000만 원이라고 하였지만 고정자산 중고시장에서는 공작기계의 실질 처분가격이 5,000만 원보다 더 적을 수도 있고 또는 클 수가 있을 것이다.

‖ 표 2.9 ‖ 정액법에 의한 공작기계의 감가상각비 계산

(단위: 천 원)

| 연도 | 감가상각비 | 장부가격 |
|---|---|---|
| 0 | | 300,000 |
| 1 | 50,000 | 250,000 |
| 2 | 50,000 | 200,000 |
| 3 | 50,000 | 150,000 |
| 4 | 50,000 | 100,000 |
| 5 | 50,000 | 50,000 |

## 2.4.2 법인세

본 절에서는 법인세 계산 절차에 관하여 알아보기로 한다. 법인세율은 기업의 과세표준에 적용되며, 이는 총 매출액에서 비용을 공제한 금액이다. 비용공제액으로는 매출원가, 봉급과 임금, 임대료, 이자, 광고료, 감가상각비, 감모액과 다양한 지방세 등이 있다. 과세표준에 대한 현행 일반 법인세율은 2억 원 이하에 대해서는 법인세율 10%가 적용되고, 2억 원 이상 200억 원 이하에 대해서는 법인세율 20%가 적용되며, 200억 원 이상에 대해서는 법인세율 22%가 적용되고 있다. 〈표 2.10〉은 과세표준 구간별 적용 법인세율을 보여주고 있다.

‖ 표 2.10 ‖ 현행 법인세율

| 과세표준 구간 | 법인세율 |
|---|---|
| 2억 원 이하 | 10% |
| 2억 원 이상 200억 원 이하 | 20%(2,000만 원 누진 공제) |
| 200억 원 이상 | 22%(4,200만 원 누진 공제) |

* 과세표준: 이는 총 수입에서 총 비용을 공제한 후의 이익이고, 법인세 계산의 기본 자료가 된다.

기업이 항상 이익만 얻을 수는 없고 경우에 따라서는 손실(결손금)을 보게 된다. 결손금을 처리하는 방법으로 이월공제 방법과 소급공제 방법이 있다. 이월공제 방법이란 당기 결손금을 차후 사업연도로 이월하여 차후 사업연도의 소득에서 공제해주는 방법이며, 소급공제 방법이란 전기 사업연도로 소급하여 전기 사업연도의 소득에서 공제하여 기납부한 법인세를 환급해주는 방법이다.

법인세 문제에서 한 가지 분명해야 할 사항은 현재 고려 중인 투자프로젝트가 국가나

지방정부에서 시행하는 것인지, 아니면 사기업체에서 시행하는 것인지를 판단하는 것이다. 왜냐하면 공공 투자프로젝트는 세금이 적용되지 않는 반면, 사기업 위주의 투자프로젝트는 법인세가 반드시 고려되어야 하기 때문이다.

그러나 공공 투자프로젝트일지라도 2009년도 현 정부의 계획대로 이 투자프로젝트를 사기업체가 시행할 것이라면 반드시 세금문제를 합리적으로 해결해야 할 필요가 있다. 본 서에서는 사기업체가 주최가 되어 투자프로젝트를 시행한다고 가정하고 있기 때문에 이 절에서는 사기업 주체의 투자프로젝트를 대상으로 법인세 계산에 관한 간략한 내용을 살펴보기로 한다. 투자프로젝트의 사업주체가 중앙정부이거나 지방정부인 경우 투자프로젝트의 경제성 평가를 위한 기법 및 방법에 관해서는 자세하게 알고 싶다면 10장을 참고하기 바란다. 〈표 2.10〉에 있는 현행 법인세율을 적용하여 어떻게 법인세가 계산되는지를 간략하게 알아보기로 하자.

### ▍예제 2.11 법인세 계산

어느 기업의 2015년도 과세표준이 3억 5,000만 원으로 계산되었다면 이 기업의 법인세가 얼마인지를 구하여라.

**조건**

과세표준=3억 5,000만 원, 〈표 2.10〉의 법인세율

**풀이**

먼저 과세표준 3억 5,000만 원 중에서 첫 2억 원에 대해서는 법인세율 10%가 적용되고, 나머지 1억 5,000만 원에 대해서는 20%의 법인세율이 적용되어야 하므로, 이 기업이 2015년도에 지불해야 하는 총 법인세는 〈표 2.11〉에 나타난 바와 같이 5,000만 원이 된다.

‖ 표 2.11 ‖ 법인세 계산

(단위: 천 원)

| 과세표준 | 세율 | 법인세 |
|---|---|---|
| 200,000 | 10% | 20,000 |
| 150,000 | 20% | 30,000 |
| 합계 | | 50,000 |

## 2.5 경제성 평가기법

본 절에서는 투자프로젝트의 경제적 가치를 계산하는 경제성 평가기법(economic evaluation appraisal method)들에 관하여 간략하게 알아보기로 한다. 일반적으로 평가기법은 두 가지 그룹으로 분류된다. 첫 번째 그룹은 이자율을 고려하지 않고 수행되는 평가기법들로 이 그룹의 대표적인 평가기법으로는 투자회수기간법(payback period: $PBP$)이 있다. 그러나 몇몇 공학경제학 교과서에서는 경영학분야에서 많이 사용되는 회계적수익률(accounting rate of return: $ARR$)에 관해서도 간략하게 기술하고 있다.

두 번째 평가기법그룹은 투자평가 시 이자율을 고려하는 투자기법들로 이 그룹의 대표적인 평가기법들로는 (1) 순 현재가치법(net present value: $NPV$), (2) 순 미래가치법(net future value: $NFV$), (3) 연 등가가치법(annual equivalent worth: $AE$), 그리고 (4) 내부수익률법(internal rate of return: $IRR$) 등이 있다. 두 번째 평가그룹을 흔히 현금할인기법(discount cash flow: $DCF$)이라고 한다.

우리는 1장에서 공학경제의 역사적 배경을 논하면서 현금할인평가기법에 관한 간략한 내용을 알아보았다. 본 절에서는 첫 번째 평가그룹에 관해 먼저 알아보고, 다음 절에서 현금할인기법들에 관하여 간략하게 알아보기로 한다.

### 2.5.1 투자회수기간법

투자회수기간법(payback period: $PBP$)이란 초기에 투자된 투자자본 전부를 투자프로젝트로부터 창출되는 수익(현금흐름)으로 회수하는 데 걸리는 시간을 구하는 방법이다. 즉, 기간별 현금흐름을 더해 가면서 그 합이 초기 투자금액과 같아지는 시점을 찾으면 그 시점이 투자회수기간이 된다. 이를 수식으로 표현하면 다음의 식 (12)와 같다.

$$CF_0 = \sum_{t=1}^{n} CF_t \qquad \cdots (12)$$

단, $t$: 현금흐름이 발생한 시점

$CF_0$: 0년도에 발생한 초기 투자자본

$CF_t$: $t$년도에 발생한 현금흐름

식 (12)를 관찰해보면 이자율을 전혀 고려하고 있지 않음을 알 수가 있다. 이와 같이 이자율을 고려하지 않은 투자회수기간법을 6.2.4절에서 설명할 할인 투자회수기간법(discounted payback period)[11]과 대비해서 전통적인 투자회수기간법이라고 한다. 전통적인 투자회수기간법은 화학제품을 생산하는 미국의 세계적인 다국적 기업인 듀퐁(Du Pont)회사에서 1920년대에 개발한 투자분석기법이다. 다음의 수리적 예제를 통하여 전통적인 투자회수기간이 어떻게 결정되는지를 알아보기로 하자.

### 예제 2.12 공작기계 투자프로젝트의 투자회수기간 결정

또 다시 예제 2.1의 공작기계에 관한 투자프로젝트를 고려해보기로 하자. 이 투자프로젝트의 현금흐름을 이용하여 이 투자프로젝트의 전통적인 투자회수기간을 구하여라.

**조건**

공작기계의 현금흐름 〈표 2.12〉 참조

‖ 표 2.12 ‖ 공작기계 투자프로젝트의 현금흐름

(단위: 천 원)

| 연도 | 현금흐름 |
|---|---|
| 0 | −300,000 |
| 1 | 90,000 |
| 2 | 90,000 |
| 3 | 90,000 |
| 4 | 90,000 |
| 5 | 90,000 |

**풀이**

이 예제에서 공작기계를 구입하기 위해 3억 원이 투자되었으며 5년 동안 매년 9,000만 원의 현금흐름이 발생되었다. 그러므로 이 투자프로젝트의 전통적인 투자회수기간은 $3\frac{1}{3}$년이 된다.

$$\begin{aligned}300{,}000(\text{초기투자자본}) &= 90{,}000(\text{1차 년도 현금흐름}) + 90{,}000(\text{2차 년도 현금흐름})\\ &\quad + 90{,}000(\text{3차 년도 현금흐름}) + 30{,}000(\text{4차 년도 } \tfrac{1}{3}\text{ 현금흐름})\end{aligned}$$

11) 할인 투자회수기간법은 나중에 개발된 투자평가기법으로 전통적인 투자회수기간법에 이자율 개념을 적용한 투자회수기간법이다.

**해설**

위 풀이에서 공작기계 투자프로젝트의 전통적인 투자회수기간이 3.333년으로 나왔다. 만약 이 투자프로젝트의 요구 투자회수기간이 4년이라면(대개 기업의 최고 의사결정그룹에서 선행적으로 결정함), 이 공작기계 투자프로젝트는 실행할만하다고 할 수 있다. 그러나 만약 요구 투자회수기간이 3년이면, 이 투자프로젝트는 기각되어야 할 것이다. 일반적으로 투자프로젝트와 관련된 제품의 사용수명이 길면 투자회수 기간이 길어지고, 사용 수명이 짧으면 투자회수 기간도 짧게 결정된다. 그러므로 자동차부품 관련 투자프로젝트의 투자회수기간은 반도체 또는 컴퓨터 부품 관련 투자프로젝트의 투자회수기간보다 길다.

문헌에 의하면 도요타자동차 회사의 경우 투자회수기간을 대략 4년 ~4.5년으로 결정하고 있다고 한다. 이와 달리 반도체에 관한 투자프로젝트의 투자회수기간은 대략 2년 이하라고 가정해도 큰 착오는 없을 것이다.

### 2.5.2 회계적 수익률법

회계적 수익률(accounting rate of return: $ARR$)기법도 위에서 논한 투자회수기간법과 같이 평가기법에 이자율을 고려하지 않고 투자프로젝트의 경제적 가치를 계산하는 대표적 기법이라고 할 수 있다. 이 기법은 흔히 경영학 분야인 재무학에서 자주 사용되는 반면 공학경제학에서는 사용되지 않는다. 그럼에도 불구하고 현장에서 종종 사용되고 있으므로 이 기법에 관하여 간략하게 알아보기로 한다(〈표 6.1〉 참고).

위에서 논한 투자회수기간법과 회계적 수익률법이 이자율을 고려하지 않는다는 점에서는 서로 유사하지만, 두 기법의 큰 차이점은 분석 토대에 있다. 즉, 투자회수기간법의 분석 토대는 현금흐름이지만, 그러나 회계적 수익률법의 분석 토대는 회계적 수익(즉, 당기순이익)이다.

그러면 회계적 수익률법이 무엇인지를 설명하기로 하자. 일반적으로 회계적 수익률은 식 (13)과 같이 평균 세후 수익(감가상각비와 법인세공제)을 초기 투자자본으로 나누어 얻는다.

$$ARR = \frac{\text{평균 세후 수익}}{\text{초기 투자자본}} \quad \cdots (13)$$

예제 2.13을 통하여 회계적 수익률이 어떻게 결정되는지를 알아보기로 하자.

### ▌예제 2.13 회계적 수익률 구하기

본 예제는 코플랜드(T. E. Copeland)와 웨스턴(J. F. Weston)의 재무이론과 기업 정책[12]에 기술된 예제이다. 〈표 2.13〉은 어느 기업에서 현재 고려 중인 투자프로젝트에 관한 4가지 종류의 대안($A$, $B$, $C$, $D$)과 각 대안들의 회계적 수익을 보여주고 있다. 이 표의 자료를 이용하여 각 대안들의 회계적 수익률을 구하여라.

**조건**

각 대안에 대한 회계적 수익

‖ 표 2.13 ‖ 각 대안에 대한 회계적 수익

(단위: 천 원)

| 연도 | 각 대안들의 회계적 수익 | | | |
|---|---|---|---|---|
| | $A$ | $B$ | $C$ | $D$ |
| 0 | −1,000 | −1,000 | −1,000 | −1,000 |
| 1 | 100 | 0 | 100 | 200 |
| 2 | 900 | 0 | 200 | 300 |
| 3 | 100 | 300 | 300 | 500 |
| 4 | −100 | 700 | 400 | 500 |
| 5 | −400 | 1,300 | 1,250 | 600 |

**풀이**

먼저 대안 '$A$'의 회계적 수익률을 구해보기로 한다. 이를 위해 대안 '$A$'의 세후 평균 회계적 수익을 계산하면 다음과 같다.

$$\frac{-1,000+100+900+100-100-400}{5}=-80$$

그러므로 대안 '$A$'의 회계적 수익률은 다음과 같다.

$$ARR_A=\frac{\text{평균 세후 수익}}{\text{초기투자자본}}=\frac{-80}{1,000}=-8\%$$

12) T. E. Copeland and J. F. Weston, Financial Theory and Corporate Policy, 3rd Edition, Addison-Wesley Publishing Company, NY, 1992.

두 번째 대안 '$B$'에 관한 회계적 수익률도 위에서 구한 방법대로 하면 된다.

$$ARR_B = \frac{\dfrac{-1{,}000+0+0+300+700+1{,}300}{5}}{1{,}000} = 26\%$$

〈표 2.14〉는 이와 같은 식으로 각 대안들의 회계적 수익률을 구한 값들을 보여주고 있다. 이 표에서 보는 바와 같이 대안 '$B$'의 회계적 수익률이 가장 높으므로 이 대안을 최적의 대안으로 선정하도록 한다.

‖ **표 2.14** ‖ 각 대안의 회계적 수익률

| 대안 | 회계적 수익률 |
|---|---|
| A | −8% |
| B | 26% |
| C | 25% |
| D | 22% |

**토의**

회계적 수익률법은 회계적 수익이 발생하는 시점을 완전히 무시하고 있다. 예를 들어, 대안 '$B$'의 원래 회계적 수익(−1,000, 0, 0, 300, 700, 1,300)과 이와 반대시점으로 회계적 수익이 발생하는 다음의 회계적 수익(1,300, 700, 0, 0, −1,000)을 사용해서 회계적 수익률을 구하면 모두 26%의 회계적 수익률을 제공해 주고 있다. 그러나 이자율을 고려하지 않는 전통적인 투자회수기간법도 회계적 수익률법과 같이 현금흐름의 발생시점을 무시한다면, 평가자들마다 다른 투자회수기간이 계산될 것이다. 그러므로 현금흐름의 발생시점이 투자회수기간법에서는 중요한 역할을 하고 있다고 할 수가 있다.

다음 절들에서는 현금할인기법들($NPV$, $NFV$, $AE$, $IRR$)에 관하여 살펴보기로 하자. 공학경제학에서 가장 많이 사용되는 순 현재가치법에 관하여 먼저 논하기로 하자.

### 2.5.3 순 현재가치법

순 현재가치는 투자프로젝트의 모든 현금흐름을 현재 시점인 '0'의 화폐가치로 변환한 후 이 값들을 모두 더하여 얻어지는 값이다. 만약 이렇게 계산된 순 현재가치가 '0'보다 크면 투자프로젝트의 경제적 타당성이 있는 것이고, 이와 반대로 순 현재가치가 '0'보다 작으면 이 투자프로젝트의 경제적 타당성은 없는 것이다.

각 시점에서 발생한 현금흐름에 대해 할인율을 적용해서 현재 시점 '0'의 화폐가치로 변환하기 위해서는 식 (2')를 응용하도록 한다.

$$F = P(1+i)^N \qquad \cdots (2')$$

식 (2')는 현재의 화폐가치를 미래의 시점인 '$N$'시점의 화폐가치로 변환할 때 사용되므로 이를 할증과정(compounding process)이라고 한다. 현금흐름의 미래가치를 현재 시점의 화폐가치(현재가치)로 변환하기 위해서는 식 (2')를 식 (14)와 재정리해야 한다. 이를 할인과정(discounting process)이라고 한다.

$$P = F(1+i)^{-N} \qquad \cdots (14)$$

예를 들어, 특정 시점 5년 후에 발생하는 현금흐름 5,000만 원을 연 이자율 6%를 고려하여 현재 시점인 '0'시점의 화폐가치로 변환하기 위해서 식 (14)를 이용하면, 그 값은 다음과 같이 5년 후의 5,000만 원이 현재가치 3,736만 원으로 줄어들게 된다.

$$P = F(1+i)^{-N} = 50,000\,(1+0.06)^{-5} = 37,363 \text{ (천 원)}$$

이를 공학경제에서는 5차 년도의 현금흐름을 현재가치로 변환하였다고 한다. 순 현재가치법을 이용해서 투자프로젝트의 경제적 가치를 계산하기 위해서는 할인율이 미리 결정되어야 한다. 이렇게 결정된 할인율을 최소요구수익률(minimum attractive rate of return: $MARR$)이라고 한다.

**I 예제 2.14** 공작기계의 순 현재가치 계산 및 투자의사결정

본 예제에서도 예제 2.1의 공작기계 투자프로젝트를 고려해보기로 한다. 〈표 2.15〉는 예제 2.1의 공작기계 투자프로젝트의 현금흐름을 보여주고 있다. 그리고 이 프로젝트를 수행할 회사의 최소요구수익률($MARR$)은 15%로 결정되었다고 가정한다. 이와 같이 주어진 재무정보들을 이용하여 공작기계 투자프로젝트의 순 현재가치를 계산하여라.

‖ 표 2.15 ‖ 공작기계 투자프로젝트의 현금흐름

(단위: 천 원)

| 연도 | 현금흐름 |
|---|---|
| 0 | −300,000 |
| 1 | 90,000 |
| 2 | 90,000 |
| 3 | 90,000 |
| 4 | 90,000 |
| 5 | 90,000 |

**조건**

공작기계 투자프로젝트의 현금흐름, $MARR = 15\%$

‖ 표 2.16 ‖ 공작기계 투자프로젝트의 순 현재가치

(단위: 천 원)

| 연도 | 현금흐름 | 할인계수 | 현재가치 |
|---|---|---|---|
| 0 | −300,000 | $(1+0.15)^{0}=1.000$ | −300,000 |
| 1 | 90,000 | $(1+0.15)^{-1}=0.870$ | 78,261 |
| 2 | 90,000 | $(1+0.15)^{-2}=0.756$ | 68,053 |
| 3 | 90,000 | $(1+0.15)^{-3}=0.658$ | 59,176 |
| 4 | 90,000 | $(1+0.15)^{-4}=0.572$ | 51,458 |
| 5 | 90,000 | $(1+0.15)^{-5}=0.497$ | 44,746 |
| $NPV$ | | | 1,694 |

**풀이**

〈표 2.15〉를 보면 공작기계 투자프로젝트를 위한 현금유출은 현재 시점 '0'시점에서 한 번만 3억 원이 발생하였음을 알 수 있다. 그러므로 총 현금 유출의 현재가치는 3억 원으로 결정된다. 그러나 현금유입은 시점 '1'에서부터 시점 '5'까지 발생하고 있다. 순 현재가치법을 이용하여 본 투자프로젝트의 경제성 평가를 합리적으로 수행하기 위해서는 다양한 시점에서 발생하고 있는 현금유입들의 화폐가치를 현재 시점 '0'의 화폐가치로 식 (14)를 사용하여 변환해야 한다. 〈표 2.16〉은 이렇게 변환된 각 연도별 현금흐름을 현재가치로 변환한 값을 보여주고 있다. 이 공작기계 투자프로젝트의 순 현재 가치($NPV$)가 양수인 169.4만 원으로 나왔기 때문에 이 투자프로젝트의 경제적 타당성이 확보되었다고 할 수 있다.

**해설**

〈표 2.15〉를 보면 각 시점의 현금흐름에 $MARR = 15\%$을 적용하여 구한 현재가치들이 시간이 경과함에 따라 작아지고 있는 현상을 알 수가 있다.

### 예제 2.15 공작기계의 순 미래가치와 투자의사결정

예제 2.14의 내용에 대하여 순 미래가치($NFV$) 및 연 등가가치($AE$)를 계산하도록 한다.

**조건**

공작기계 투자프로젝트의 현금흐름, $MARR = 15\%$

**풀이**

〈표 2.17〉은 공작기계 투자프로젝트의 순 미래가치를 보여주고 있다. 이 경우에도 각 연도별 현금흐름에 할증계수를 곱하여 이 투자프로젝트의 순 미래가치를 계산한다. 마지막 열에 있는 모든 미래가치들을 모두 합하면 340.7만 원이 된다.

‖ 표 2.17 ‖ 공작기계 투자프로젝트의 순 현재가치

(단위: 천 원)

| 연도 | 현금흐름 | 할증계수 | 미래가치 |
|---|---|---|---|
| 0 | −300,000 | $(1+0.15)^5=2.011$ | −603,407 |
| 1 | 90,000 | $(1+0.15)^4=1.749$ | 157,410 |
| 2 | 90,000 | $(1+0.15)^3=1.521$ | 136,879 |
| 3 | 90,000 | $(1+0.15)^2=1.323$ | 119,025 |
| 4 | 90,000 | $(1+0.15)^1=1.150$ | 103,500 |
| 5 | 90,000 | $(1+0.15)^0=1.000$ | 90,000 |
| $NFV$ | | | 3,407 |

연 등가기법이란 순 현재가치나 순 미래가치로 계산된 투자프로젝트의 화폐가치를 연도별 동일한 화폐가치로 변환된 화폐가치를 말한다. 순 현재가치나 순 미래가치 중 어느 것을 사용해서 연 등가가치를 계산하여도 그 결과는 같다. 두 가지 화폐가치를 토대로 본 투자프로젝트의 연 등가가치를 계산하면 다음과 같다.

(1) 순 미래가치를 토대로 연 등가가치를 계산한 경우

위에서 구한 순 미래가치를 계수기호법에 대입해서 연 등가가치를 계산하면 다음과 같다.

$$A = F(A/F,\ i,\ N) = 3{,}407(A/P,\ 15\%,\ 5) = 3{,}407(0.1483) = 505.3 \ (\text{천 원})$$

(2) 순 현재가치를 토대로 연 등가가치를 계산한 경우

예제 2.14에서 구한 순 현재가치를 이용해서 연 등가가치를 계산하면 다음과 같다. 아래에서는 식 (6)을 이용해서 연 등가가치를 계산하였다.

$$P = A\left[\frac{1-(1+i)^{-N}}{i}\right]$$

$$A = P\left[\frac{i}{1-(1+i)^{-N}}\right] = 1{,}694\left[\frac{0.15}{1-(1+0.15)^{-5}}\right] = 505.3 \ (\text{천 원})$$

두 경우 모두 동일한 연 등가가치를 제공하고 있음을 알 수가 있고, 또한 이 값들이 '0'보다 크므로 이 투자프로젝트는 수행할만하다고 결정할 수 있다.

**토의**

〈표 2.17〉의 마지막 행에 공작기계 투자프로젝트의 순 미래가치($NFV$)가 340.7만 원으로 나왔다. 이 값이 '0'보다 크므로 순 미래가치법으로도 순 현재가치법에 의한 결과와 마찬가지로 이 공작기계 투자프로젝트를 실행하는 것이 기업에 경제적으로 바람직하다는 결론에 도달하게 된다. 두 투자평가기법이 동일한 결론에 도달하는 과정을 증명하기 위해 '5'차 년도 말의 화폐가치인 $NFV$의 340.7만 원에 $MARR = 15\%$을 적용하여 현재 시점 '0'의 화폐가치로 변환한 후, 두 값을 비교하도록 해 보자. 즉, 식 (13)을 이용하여 이 값을 구하면 $P = F(1+i)^{-N} = 3{,}407(1+0.15)^{-5} = 1{,}694$(천 원). 이 값이 $NPV = 169.4$(만 원)과 같음을 알 수가 있고, 이로써 두 기법의 최종적인 결론이 동일해야 한다는 결론에 동의할 수가 있다.

## 2.5.4 내부수익률법

내부수익률법(internal rate of return: $IRR$)은 투자프로젝트를 수행하기 위해 투자된 자본 중 아직 회수되지 않은 투자자본에 대해 발생하는 이자율로 정의된다. 그런데 내부

수익률을 초기 투자자본에 대한 이자율로 오해하고 있는 사람들이 많다. 내부수익률은 모든 현금유출의 현재가치와 현금유입의 현재가치를 같게 만들어 주는 이자율이다. 즉, 내부수익률은 $NPV$를 '0'이 되게 하는 이자율이다. 이를 식으로 표현하면 다음의 식 (15)와 같다.

$$NPV(i^*) = \sum_{t=0}^{N} CF_t \times (1+i^*)^{-t} = 0 \qquad \cdots (15)$$

사실 내부수익률에 관한 정의와 이를 결정하는 과정은 위에서 기술한 내용보다 복잡하고 어렵다. 이에 관한 내용은 7장의 내부수익률기법에 관한 절에서 자세하게 설명하고 있다.

식 (15)는 다차함수이기 때문에 이 식을 만족시키는 $i^*$는 최대로 $N$개까지 존재할 수가 있다. 만약 $i^* \geq -100\%$보다 큰 실근이 여러 개가 존재하면 어느 $i^*$값이 진정한 투자프로젝트의 $IRR$인지 알 수가 없기 때문에 이런 경우 좀 복잡하기는 하지만 본 서의 부록 1에 기술된 과정을 거쳐 투자프로젝트의 내부수익률을 결정해야 한다.

내부수익률법에 의한 최종 투자의사결정은 내부수익률을 주어진 $MARR$값과 비교하여 이루어진다. 즉, 만약 내부수익률이 $MARR$값보다 크면, 그 투자프로젝트는 실행을 하고, 그렇지 않으며 기각해야 한다. 내부수익률법은 앞에서 이미 다룬 $NPV$기법 또는 $NFV$기법과 달리 올바르게 그 내용을 이해하는 것이 어렵다고 할 수 있다. 이와 관련된 좀 더 자세한 설명은 7장에서 다루기로 하겠다. 내부수익률에 관한 이해를 돕기 위해 다음과 같은 예제를 살펴보기로 하자.

### 예제 2.16 내부수익률 계산 및 투자의사결정

계속해서 〈표 2.15〉에 있는 공작기계 투자프로젝트의 현금흐름을 이용하여 공작기계 투자프로젝트의 내부수익률을 구해보도록 하자. 단, $MARR = 15\%$이다.

**조건**

공작기계 투자프로젝트의 현금흐름, $MARR = 15\%$

**풀이**

식 (15)를 이용하여 내부수익률을 구하는 수식을 세워 보도록 하자.

$$NPV(i^*) = -300,000 + \frac{90,000}{(1+i^*)} + \frac{90,000}{(1+i^*)^2} + \frac{90,000}{(1+i^*)^3} + \frac{90,000}{(1+i^*)^4} + \frac{90,000}{(1+i^*)^5}$$

$= 0$

이 수식이 5차 함수이므로 근이 최대한 5개까지 존재할 수가 있다. 일단 이 수식이 몇 개의 근을 가지고 있는지를 〈그림 2.6〉을 통하여 알아보기로 하자. 이 그림은 Mathematica 7.0으로 얻은 것이다. 〈그림 2.6〉을 관찰해 보면 이자율이 커짐에 따라 공작기계 투자프로젝트의 $NPV$가 작아지면서 대략 이자율이 15.3%보다 크면 $NPV$가 '0'보다 작은 값을 가지게 됨을 알 수가 있다. 그리고 $NPV(i^*) = 0$을 만족시키는 $i^*$는 오직 한 개만 존재하고 있다. 이와 같이 $i^*$가 한 개만 존재하게 되면 그 $i^*$가 바로 투자프로젝트의 $IRR$이 된다. 아래와 같은 Mathematica의 'Solve'와 'Plot' 기능을 이용하면 정확한 $i^*$값과 〈그림 2.6〉을 얻을 수가 있다.

$$\ln[1] := Solve\left[-300000+\frac{90000}{(1+i^*)}+\frac{90000}{(1+i^*)^2}+\frac{90000}{(1+i^*)^3}+\frac{90000}{(1+i^*)^4}+\frac{90000}{(1+i^*)^5}\equiv 0, i^*\right]$$

$$out[2] = \{i^* \to 0.152382\},\ \{i^* \to -1.57441-0.382948i\},\ \{i^* \to -1.57441+0.382948i\},\ \{i^* \to -0.851781-0.724057i\},\ \{i^* \to -0.851781+0.724057i\}$$

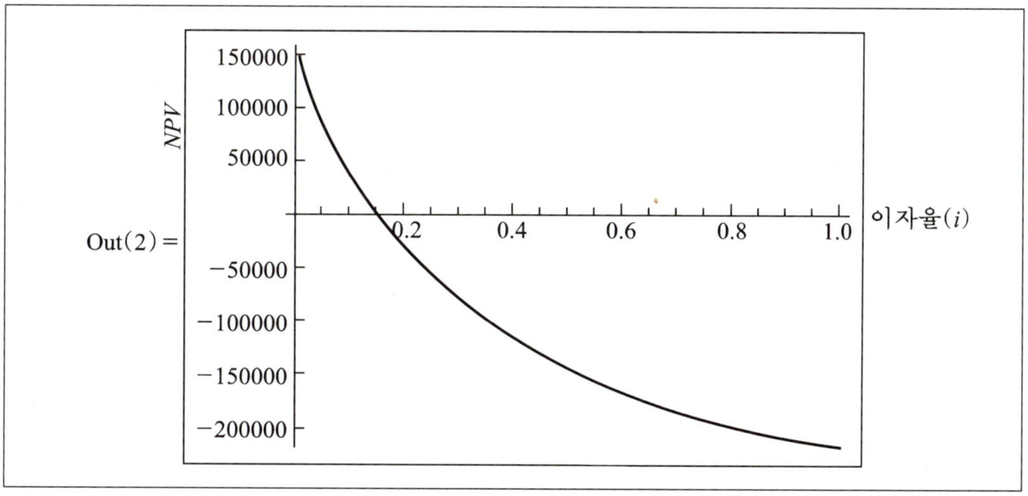


그림 2.6 Mathematica 7.0을 이용한 $IRR$ 결정

| | A | B | C | D |
|---|---|---|---|---|
| 1 | | | | |
| 2 | 연도 | 현금흐름 | | |
| 3 | 0 | (300,000) | | |
| 4 | 1 | 90,000 | | |
| 5 | 2 | 90,000 | | |
| 6 | 3 | 90,000 | | |
| 7 | 4 | 90,000 | | |
| 8 | 5 | 90,000 | | |
| 9 | *IRR* | 15.24% | "=IRR(B3:B8,10%)" | |

그림 2.7 엑셀을 이용한 *IRR*값 구하기

$$\ln[2] = \text{Plot}\left[-300000 + \frac{90000}{(1+i^*)} + \frac{90000}{(1+i^*)^2} + \frac{90000}{(1+i^*)^3} + \frac{90000}{(1+i^*)^4} + \frac{90000}{(1+i^*)^5},\ \{i,\ 0,\ 1\}\right]$$

다음에는 엑셀에 내장된 재무 계산기능을 이용하여 *IRR*값을 구하는 방법에 대하여 알아보기로 하자. 〈그림 2.7〉은 이러한 방법으로 공작기계 투자프로젝트의 *IRR*값을 구하는 내용을 보여주고 있다. 〈그림 2.7〉에서 '( )' 안에 있는 '0'년도의 현금흐름은 음수를 나타내고 있다. 그리고 *IRR*기능사용에서 (*B*3: *B*8)는 투자프로젝트의 현금흐름에 관한 정보를 보여주는 것이고, 10%라는 이자율은 *IRR*값을 구하기 위해 임의로 적어 놓은 *IRR* 추정 값이다. 이 값을 생략하여도 구하고자 하는 *IRR*값을 구할 수는 있다. 〈그림 2.7〉에서 알 수 있듯이 이 투자프로젝트들의 *IRR*값이 15.24%으로 나왔다. 이 외에도 요즘은 재무계산기(financial calculator)나 컴퓨터프로그램 등을 이용하여 *IRR*값을 구하기가 매우 용이해졌다. 마지막으로 컴퓨터프로그램을 이용하여 *IRR*값을 구하는 예를 알아보기로 하자.

〈그림 2.8〉은 컴퓨터프로그램을 이용하여 공작기계 투자프로젝트의 *IRR*값을 구하는 것을 보여주고 있다.[13] 이렇게 공학경제학 문제를 효과적으로 해결할 수 있도록 하는 특수한 목적으로 개발된 컴퓨터프로그램을 이용하면 한 번만 관련 데이터를 입력하면 투자프로젝트의 경제적 평가를 다양한 측면에서 분석할 수 있는 장점이 있다. 예를 들어 〈그

13) www.eng.auburn.edu/users/parkcha/Auburn 대학교 Industrial & system engineering 학교의 Park, chan S의 홈페이지

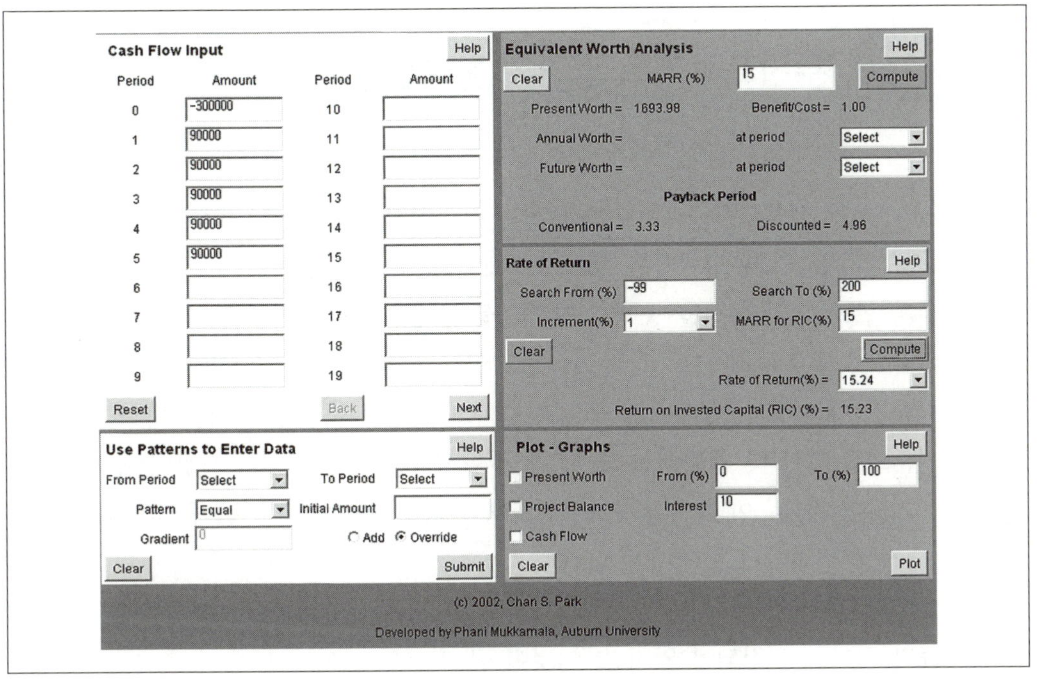

그림 2.8 컴퓨터프로그램을 이용한 $IRR$값 구하기

림 2.8⟩이 보여 주듯이 공작기계 투자프로젝트의 순 현재가치는 그림의 오른쪽 위의 좌측에 1,693.98만 원임을 찾을 수가 있고, 또한 같은 칸의 맨 아래쪽 왼쪽에는 이 투자프로젝트의 전통적인 투자회수기간 이 3.33년이라는 값도 찾을 수가 있다. 이 외에도 아직은 설명이 되지 않았지만 할인투자회수기간, 연 등가가치 등과 투자분석가가 원하는 모든 정보 및 그래픽들도 이 컴퓨터프로그램을 통해 얻을 수가 있다.[14)]

14) 이 컴퓨터프로그램은 미국의 Auburn대학교 산업시스템공학(Department of Industrial and System Engineering)의 공학경제학 교수인 박찬석 교수의 홈페이지에 있는 것을 사용하였다. Professor Park, Chan S.의 홈페이지 주소: http://www.eng.auburn. edu/users/parkcha/⟨그림 2.7⟩의 기능을 직접 이용하려면 다음의 사이트로 가면 된다. http://www.eng.auburn.edu/~park/cfa.html.

## 2.6 투자프로젝트 평가와 불확실성

1장에서 우리는 실물투자프로젝트의 특성을 불확실성, 비번복성 그리고 투자시점의 자율성으로 규명하였다. 본 절에서는 투자프로젝트 평가 시에 반드시 고려해야 하는 이러한 실물투자프로젝트의 특성들 중에서 불확실성 문제를 간략하게 다루려고 한다. 투자프로젝트의 불확실성이 존재하는 이유는 투자로 인하여 발생되는 수익 및 비용항목들이 미래에 발생하기 때문이다. 심지어 현재 투자한다고 가정한 초기투자자본조차도 투자분석 시점을 기준으로 하여 몇 개월에서 몇 년 후에 발생하는 것이 현실적 상황이다. 투자프로젝트 평가자(분석가)는 이렇게 투자프로젝트에 내재된 불확실성을 옳게 파악하고 이를 투자분석과정에 적절하게 반영해야 한다.

예를 들어, 1장에 기술된 대운하 투자프로젝트를 평가하기 위해 사용한 수익과 비용에 관한 자료가 하나로 고정되어 있지만, 이것이 곧 확실한 값이라고 할 수는 없다. 이렇게 하나의 숫자로 나타난 값일지라도 그 값을 구하기 위해 다양한 종류의 참고문헌이나 기타 자료들을 이용하여 평균값을 구하여, 그 값을 현재 고려 중인 투자프로젝트의 기대수익 및 비용으로 처리한 것이다. 수익이나 비용에 대한 기댓값을 토대로 도출된 투자프로젝트의 경제적 가치(예, $NPV$, $NFV$, $AE$, $IRR$)들 또한 기댓값이 되어 실질적으로는 이러한 값들 모두는 본질적으로 불확실성을 지니고 있다고 할 수 있다.

그러므로 투자프로젝트를 평가할 때는 반드시 투자프로젝트에 내재된 불확실성을 고려하여 투자프로젝트의 경제성 평가를 수행하되, 동시에 그 불확실성을 최대한 감소시켜 투자프로젝트의 평가가치의 만족할만한 수준의 확실성을 확보해야 한다. 또는 상황에 따라서 투자프로젝트에 내재된 불확실성을 최대로 활용하여 투자프로젝트의 경제적 가치를 극대화하도록 노력할 필요가 있다.

앞에서 논한 평가기법들로 실물투자프로젝트의 경제적 가치를 평가할 때에는 전통적으로 투자프로젝트에 내재된 투자의 불확실성을 최소화하려 했지만, 최근에 많은 연구자들로부터 관심을 받고 있는 새로운 투자평가기법인 실물옵션가치론(real options pricing theory)[15]을 사용하면 투자프로젝트에 내재된 불확실성을 최대로 활용하여 투자프로젝트의 경제적 가치를 극대화할 수가 있다. 〈그림 2.9〉는 두 평가기법그룹이 불확실성을 다

15) Real Options Pricing Theory(실물옵션가치이론)에 관한 내용은 9장의 평가기법을 다루는 장에서 간략하게 소개하기로 한다.

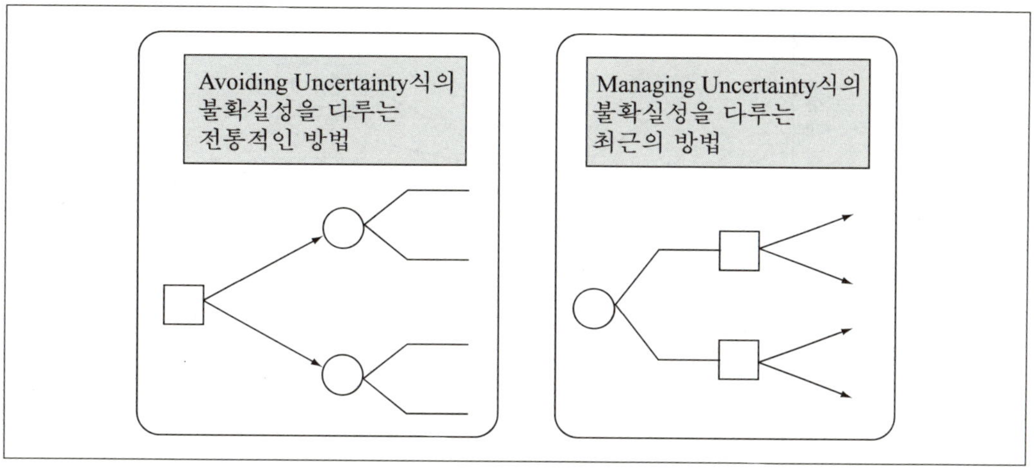


그림 2.9 불확실성을 다루는 전통적인 방법과 최근의 방법

루는 내용을 그림으로 요약해서 보여주고 있다.

〈그림 2.9〉의 왼쪽 그림은 전통적으로 투자프로젝트에 내재된 불확실성을 다루는 방법으로 이 방법에 의하면 투자프로젝트 의사결정자는 먼저 의사결정을 내리고 그 다음부터는 불확실한 임의의 사건에 그의 운명을 맡길 수밖에 없다. 그렇기 때문에 이 방법의 투자분석 사고방식은 투자프로젝트에 내재된 불확실성을 초기에 가능하면 어떻게 줄일 것인지에 관해 상당한 노력과 비용을 투자해야 한다. 이러한 방법은 공학경제학에서 What-if 방법이라 부르고 있다.

반대로 〈그림 2.9〉의 오른쪽 그림은 최근에 많은 투자분석 연구자들이 큰 관심을 갖고 연구하는 불확실성 처리 방법이다. 이 그림에 의하면 투자의사결정자는 전통적인 What-if 방법을 따르지 않고 투자프로젝트에 내재된 불확실성을 적극적으로 활용하는 방법을 따르고 있다. 즉, 이러한 의사결정방법에서 투자의사결정자는 의사결정을 최종적으로 내리기 이전에 일정 시간 동안 불확실성의 행태를 관찰한 후 어떠한 임의의 사건이 발생했는지를 파악하고, 발생된 임의의 특성에 따라 이에 적합한 투자의사결정을 내리게 된다. 공학경제학에서는 이와 같은 투자의사결정 방법을 Wait-See 방법이라고 부르고 있다.

공학경제학에서 투자프로젝트에 관련된 불확실성을 다루는 전통적인 방법으로는

(1) 민감도 분석(sensitivity analysis)
(2) 시나리오 분석(scenario analysis)
(3) 손익분기점 분석(break-even point analysis)

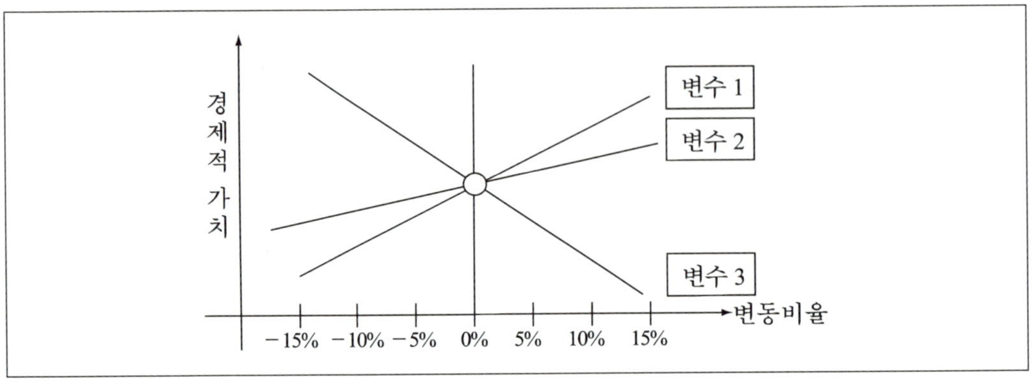


그림 2.10 민감도 분석 결과를 그래픽화

(4) 의사결정나무분석(decision tree analysis)

(5) 확률론적 분석(probabilistic analysis)

등이 있다. 본 절에서는 위에 열거한 5가지 방법들 중에서 민감도 분석에 관한 내용만을 간략하게 살펴보기로 할 것이다.

공학경제학에서 민감도분석이란 초기에 주어진 수익과 비용에 대한 자료들을 사용하여 기본 평가모델을 만들어 투자프로젝트의 경제적 가치($NPV$, $NFV$, $AE$, $IRR$ 등)가 얼마인지를 확인한다. 그 다음에 투자프로젝트의 경제적 가치에 영향을 미치는 요소들(제품 판매 가격, 제품 판매량, 매출액, 운영비, 세금 등) 중에서 하나의 변수만을 정하고, 이 변수의 값을 일정한 비율로 증감시키면서 각각의 경우에 투자프로젝트의 경제적 가치가 어떻게 변하고 있는지를 살펴본다. 일단 하나의 변수에 대한 민감도 분석이 끝나면 다음 변수에 대한 민감도 분석을 위에 기술한대로 실행하도록 한다. 그리고 각 변수가 투자프로젝트의 경제적 가치에 어떻게 영향을 미치고 있는지를 파악하기 위해서 일반적으로 '$X$'축을 변수의 변화율로 정하고 '$Y$'축을 투자프로젝트의 경제적 가치를 나타내도록 정하여 그래프를 〈그림 2.10〉과 같이 그린다.

이 민감도 분석 그래프에서 변수 3의 기울기의 절댓값이 가장 크기 때문에 변수 3이 투자프로젝트의 경제적 가치에 가장 크게 영향을 미치고, 그 다음은 변수 1의 기울기가 변수 2의 기울기보다 크므로, 변수 3, 1, 2 순서로 투자프로젝트의 경제적 가치에 영향을 미치고 있음을 알 수가 있다. Wait-See 방식 혹은 실물옵션이라는 새로운 불확실성 처리 방법에 관한 상세한 내용은 9장에서 기술하기로 한다.

## 2.7 투자프로젝트의 자본비용

투자프로젝트의 경제성 평가에 있어서 투자자본비용이 중요한 역할을 한다는 사실에 관하여 1장에서 우리는 이미 살펴본 바 있다. 경영학 학문의 개척자인 피터 드러커(Perter Drucker)는 투자자본비용이 타 경쟁사에 비하여 2~3배 크다면 아무리 훌륭한 경영철학 및 방법론, 또는 생산경영기법을 도입하여 자원의 효율성을 극대화한다고 하더라도 결코 경쟁사를 이길 수는 없다고 주장하고 있다. 예를 들어, 1980년부터 1990년 초까지 미국의 금리는 10%~15%였는 데 반해, 일본의 경우는 5% 내외였다고 한다. 이러한 금리 구조하에서는 미국의 경쟁사가 일본의 경쟁사를 도저히 이길 수가 없다고 한다.[16] 이러한 차이는 내국인 경쟁사 사이에서는 발생하기가 거의 불가능하지만, 요즘 같이 세계시장을 대상으로 경쟁을 하는 국가 간 경쟁사들의 경우에는 피터 드러커의 이와 같은 주장이 맞는다고 할 수 있다.

본 절에서는 투자프로젝트의 건전성은 프로젝트와 관련된 적절한 자본비용을 결정하는 것이라는 개념하에 예제 2.1에 기술된 공작기계 투자프로젝트를 다시 한 번 고려해보기로 하자(〈표 2.18〉 참조).

‖ 표 2.18 ‖ 공작기계 투자프로젝트의 현금흐름

(단위: 천 원)

| 연도 | 현금흐름 |
|---|---|
| 0 | −300,000 |
| 1 | 90,000 |
| 2 | 90,000 |
| 3 | 90,000 |
| 4 | 90,000 |
| 5 | 90,000 |

〈표 2.18〉에 있는 현금흐름에 다양한 자본비용(할인율, 이자율)을 적용하면 〈그림 2.11〉과 같이 이자율이 증가함에 따라 투자프로젝트의 경제적 가치(순 현재가치($NPV$))

16) Peter F. Drucker, "Japan's Great Postwar Weapon," in Managing for the Future: The 1990s and Beyond, Truman Books/Plume, NY, 1993.

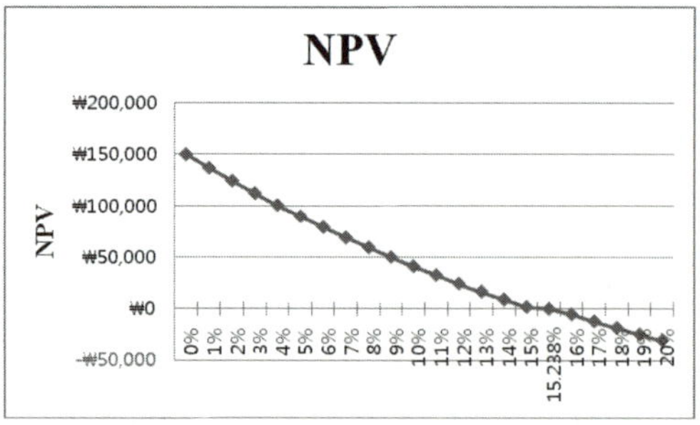


**그림 2.11** 이자율 변화에 따른 공작기계 투자프로젝트의 *NPV*

가 기하급수적으로 감소하고 있음을 알 수가 있다. 이 투자프로젝트의 내부수익률(*IRR*)은 15.238%이다. 앞에서 논한 내부수익률의 정의를 이용하면 내부수익률 15.238%는 공작기계 투자프로젝트의 순 현재가치를 '0'으로 만드는 이자율이다. 그러므로 만약 이 투자프로젝트에 적합한 이자율이 10%임에도 불구하고 20%로 결정된다면, 이 투자프로젝트의 *NPV*값이 음수가 되어 이 투자프로젝트는 기각이 된다. 이와 같이 자본비용은 투자프로젝트의 건전성에 결정적인 영향을 미치고 있다.

이미 알고 있는 바와 같이 투자를 실행하기 위한 투자자본은 일반적으로 타자본과 자기자본으로 구성된다. 그러므로 투자자본비용은 타자본에 대한 이자비용과 자기자본에 대한 이자비용을 반영해야 한다. 타자본에 대한 자본비용은 세금혜택이 있으므로 세후 타 자본비용을 사용해야 하지만 자기자본비용에 관해서는 세제혜택이 없기 때문에 결정된 값을 그대로 사용하면 된다. 이와 같이 타자본비용과 자기자본비용이 결정되면, 총 투자자본에서 타 자본비용과 자기자본비용이 차지하는 비율을 각각 세후 타 자본비용과 자기자본비용에 곱하여 더해서 자본비용을 구하게 된다. 이를 가중평균자본비용(weighted-average cost of capital: *WACC*)이라고 한다. 타자본비용은 타자본을 조달하여 사용하기 이전에 결정되기 때문에 따로 타자본비용을 구할 필요는 없다. 그러나 자기자본의 경우는 타자본비용과 달리 그 값을 결정하기가 쉽지가 않다. 주로 타자본은 채권과 기간융자를 통하여 조달하고, 자기자본은 주식발행과 잉여보유금(retained earnings)으로 조달하게 된다. 주식발행에 대한 자본비용과 보유잉여금에 대한 자본비용은 근본적으로 동일하지만, 단지 주식발행의 경우에는 주식 발행비용(floating cost)이 더 발생할 뿐이다. 이와 같은 정보들을 토대로 설정되는 가중평균자본비용을 수식으로 표현하면 식 (16)과 같다.

$$WACC = \frac{D}{T}(r_d)(1-t_m) + \frac{E}{T}(r_e) \qquad \cdots (16)$$

단, $T$ : 총 자본, $D$ : 총 타 자본, $E$ : 총 자기자본,
$t_m$ : 한계세율, $r_d$ : 타 자본비용, $r_e$ : 자기자본비용

주의: 투자프로젝트의 경제성 평가 시에 식 (16)을 이용하기 위한 전제조건으로 특정 투자프로젝트에 조달된 투자자본이 식 (16)에 있는 바와 같이 타자본과 자기자본으로 조달된 경우이어야 하고, 그리고 이 투자프로젝트의 현금흐름표에서 타자본에 대한 자본비용과 원금상환이 이루어지지 않는 경우이어야 한다. 만약 현금흐름표에서 명확하게 타자본비용이 공제되고 원금상환이 이루어졌으면, 이 경우에는 $WACC$을 사용하는 대신에 자기자본비용($r_e$)만 사용해서 투자프로젝트의 경제성 평가를 실행해야 한다.

**예제 2.17** 예제 2.1의 공작기계 투자프로젝트를 다시 한 번 고려해보기로 하자

만약 초기 투자자본 3억 원 중에서 1억 원은 통일은행에서 연 이자율(자본 비용) 6%로 융자를 받고, 그리고 2억 원은 보유잉여금으로 조달하였다고 하자. 그런데 보유잉여금으로 조달한 자기자본비용(수익률)이 12%이고, 이 기업의 한계세율이 22%이라면 위에 기술된 회계자료를 이용하여 이 투자프로젝트에 적용할 가중평균자본비용($WACC$)을 구하여라.

**조건**

총 투자자본($T$) = 3억 원, 타 자본($D$) = 1억 원, 자기자본($E$) = 2억 원,
한계세율($t_m$) = 22%, 타 자본비용($r_d$) = 6%, 자기자본비용($r_e$) = 12%

**풀이**

위 조건에 주어진 회계적 자료를 식 (10)에 대입하여 가중평균자본비용을 구하면 다음과 같이 9.5%가 됨을 알 수가 있다.

$$WACC = \frac{D}{T}(r_d)(1-t_m) + \frac{E}{T}(r_e) = \frac{1}{3}(0.06)(1-0.22) + \frac{2}{3}(0.12) = 9.56\%$$

다음 장부터는 본 장에서 간략하게 소개된 이론 및 기법들에 관해서 더 자세하고 구체적으로 다루기로 하겠다.

# 연습문제

2.1 현금흐름표는 투자프로젝트의 경제성 분석을 위한 가장 중요한 기초 자료이다. 일반적으로 현금흐름표는 아래의 표에서 보듯이 손익계산서와 현금흐름표로 구성되어 있다. 그 이유(두 표의 상관관계)가 무엇인지를 간략하게 기술하여라.

| A | B | C | D | E | F | G | H |
|---|---|---|---|---|---|---|---|
| | | MARR | 15% | 감가상각방법: 내용연수 8년 정률법 | | | 상환기간: 5년 |
| | | 세율 | 25% | 부채이자율: 10% | | 상환방법: 원리균등상환 | |
| 손익계산서 | | | | | | | |
| | | 0 | 1 | 2 | 3 | 4 | 5 |
| | 매출액 | | 100,000 | 100,000 | 100,000 | 100,000 | 100,000 |
| | 비용: | | | | | | |
| | 임금 | | 20,000 | 20,000 | 20,000 | 20,000 | 20,000 |
| | 원자재 | | 12,000 | 12,000 | 12,000 | 12,000 | 12,000 |
| | 제조간접비 | | 8,000 | 8,000 | 8,000 | 8,000 | 8,000 |
| | 감가상각비 | | 39,037 | 26,846 | 18,462 | 12,696 | 8,731 |
| | 부채이자 | | 6,250 | 5,226 | 4,100 | 2,861 | 1,499 |
| | 과세표준 | | 14,713 | 27,928 | 37,438 | 44,443 | 49,770 |
| | 법인세(25%) | | 3,678 | 6,982 | 9,360 | 11,111 | 12,443 |
| | 당기순이익 | | 11,035 | 20,946 | 28,079 | 33,332 | 37,328 |
| 현금흐름표 | | | | | | | |
| | 영업활동: | | | | | | |
| | 당기순이익 | | 11,035 | 20,946 | 28,079 | 33,332 | 37,328 |
| | 감가상각비 | | 39,037 | 26,846 | 18,462 | 12,696 | 8,731 |
| | 투자활동: | | | | | | |
| | 투자 | (125,000) | | | | | |
| | 잔존가치 | | | | | | 50,000 |
| | 자산처분세 | | | | | | (7,693) |
| | 운전자본 | (23,000) | | | | | 23,000 |
| | 자본조달활동: | | | | | | |
| | 융자액 | 62,500 | | | | | |
| | 원금상환 | | (10,237) | (11,261) | (12,626) | (13,626) | (14,988) |
| | 순현금흐름 | (85,500) | 39,835 | 36,531 | 33,915 | 32,402 | 96,378 |
| | *NPV=* | 65,503.74 | | | | | |
| | *AE=* | 19,541 | | | | | |
| | *IRR=* | 40% | | | | | |

**2.2** 어느 투자자가 연 10%의 단리를 지급하는 저축계좌와 연 8%의 복리를 지급하는 저축계좌에 현재 5,000만 원의 여유자금을 각각 저축하였다고 가정하자. 앞으로 5년 후 각각의 저축계좌에 누적된 총 금액을 계산하고 그 차이를 비교분석해 보아라.

**2.3** 경남은행의 행복드림여행적금은 연 이자율이 3.45%이고, 광주은행의 플러스다모아적금은 연 이자율이 3.00%이다. 여러분이 두 은행에 각각 24개월 동안 매달 초에 100만 원씩 적금을 납입한다면 24개월 후에 받을 수 있는 세전 그리고 세후 총 적금액이 얼마인지를 계산하고, 두 은행의 총 적금액 차이를 비교하여라. 두 은행의 연 이자율은 월 복리로 적용되고, 이자에 부과되는 세율은 15.4%이다.

**2.4** 대학 등록금을 마련하기 위하여 앞으로 4년 후에 갚기로 약속하고 은행에서 450만 원의 학자금 대출을 받았다고 하자. 이 학자금 대출에 연간 7%의 복리가 적용된다고 된다면 4년 후 상환해야 할 금액이 얼마인지 계산하여라.

**2.5** 르노삼성 QM3 RE 2015년형 신차 가격이 2,495만 원이다. 신차를 구입하려면 채권 구입액을 포함해서 각 종 세금 및 부대비용이 차량 가격의 19% 정도이다. 그러므로 QM3 RE 2015년형 신차를 구입하기 위해서는 초기에 총 2,970만 원이 필요하다. 월 할부로 차를 구입하는 경우 일반적으로 총 구입가격의 15%(선수율이라고 함) 이상을 자동차 구입 시에 지불해야 한다. 만약 여러분이 QM3 RE 2015년형 신차를 구입하기 위해서 470만 원을 선수금으로 지불하고 2,500만 원을 연 이자율 6.5%로 원리금을 합해서 매월 동일한 금액으로 36개월 동안 상환하는 조건으로 이 차를 구입하였다면 월 상환액이 얼마인지를 결정하여라.

**2.6** 위 문제 2.5에서 여러분이 신차를 구입한 후 6개월 후에 개인적인 사정으로 이 차를 팔아야 한다고 가정하자. 그러면 6개월 후 여러분이 상환해야 하는 총 대출원금 잔액이 얼마나 남아있는지를 결정하여라.

**2.7** 현재 2억 원을 현금으로 소유하고 있는 사람이 이 현금을 한마음은행에 저축하면, 1년 후 1,200만 원의 이자를 받게 된다고 하자. 이때 연간 인플레이션율이

3.5%라고 하면, 이 저축계좌의 명목수익률과 실질수익률을 계산하여라.

**2.8** SS전자에서 2015년 최신형 휴대폰을 출시하였다고 하자. 현재 이 휴대폰의 가격이 90만 원이라고 하면, 기준년도로 환산된 휴대폰의 가치를 계산하여라. 단, 기준년도=2011년, 연간 인플레이션율 =3.5%이다.

**2.9** 어느 회사에서 공학시스템의 노후로 인하여 오작동이 빈번하게 발생함에 따라 새로운 공학시스템을 구입하기로 결정하였다. 이 공학시스템의 구입비용은 8,500만 원이고, "0"년도를 기준년도로 계산된 연도별 현금흐름은 다음과 같다. 단, 시장이자율은 9%이고, 인플레이션율은 4.2%이다.

(단위: 천 원)

| 연도 | 기준현금흐름 |
|---|---|
| 0 | −85,000 |
| 1 | 120,000 |
| 2 | 130,000 |
| 3 | 140,000 |

(1) 기준현금흐름으로 표현된 현금흐름을 명목현금흐름으로 변환하여라.
(2) 명목현금흐름을 기준으로 이 프로젝트의 순 현재가치를 계산하여라.

**2.10** 아래와 같은 자산을 고려하여 보자. 정액법을 사용하여 이 자산의 감가상각비를 계산하여라.

(단위: 천 원)

| | |
|---|---|
| 취득가액: $I$ | 90,000 |
| 사용수명: $N$ | 5년 |
| 잔존가액: $S$ | 10,000 |

**2.11** 어떤 사람이 새로운 자동차를 구입하려고 한다. 현재 이 새로운 자동차의 가격은 6,500만 원이고 앞으로 7년 후 처분할 계획을 가지고 있다. 7년 후 이 자동차의 가격이 1,000만 원이 될 것이라고 추정된다고 할 때, 정액법을 사용해서 각 연도별 감가상각비와 장부가격을 계산하여라. 단, 이 자동차의 내용수명은 5년이다.

**2.12** 어느 기업의 과세표준이 350억 원이라면, 이 기업의 법인세가 얼마인지를 계산하여라.

**2.13** 어느 공업회사에서 새로운 공장설비를 구축하기로 결정하였다. 새로운 공장설비를 구축하기 위한 초기투자비용이 1억 5,000만 원이고, 이 새로운 공장설비로 인해 매년 3,000만 원의 비용절감 효과가 앞으로 10년 동안 있을 것으로 예상된다고 한다. 이 투자프로젝트의 전통적인 투자회수기간을 결정하여라.

**2.14** 다음과 같이 투자대안의 현금흐름이 주어졌을 때, 각 대안의 전통적 투자회수기간을 구하여라.

(단위: 천 원)

| 연도 | 대안별 현금흐름 | | |
|---|---|---|---|
| | *A* | *B* | *C* |
| 0 | −1,000 | −5,000 | −4,000 |
| 1 | 300 | 1,500 | 1,000 |
| 2 | 300 | 2,000 | 500 |
| 3 | 300 | 2,000 | 500 |
| 4 | 300 | 2,000 | 2,000 |
| 5 | 300 | | 1,500 |
| 6 | 300 | | |
| 7 | 300 | | |

**2.15** 연 6%의 이자를 지급하는 저축계좌가 있다. 어떤 사람이 앞으로 10년 후에 1억 원을 받기 위해서는 현재 이 저축계좌에 얼마를 저축해야 하는지 계산하여라.

**2.16** 어느 산업회사에서 생산성 향상을 위하여 새로운 기계의 구입을 고려하고 있다고 하자. 이 기계를 구입하기 위한 초기투자비용은 2억 4,000만 원이고, 이 기계를 사용함에 따라 앞으로 10년 동안 매년 6,000만 원의 추가수익이 발생된다고 한다. 이 기계의 내용연수는 6년이고, 회사의 최소요구수익률($MARR$)이 12%라고 할 때, 이 기계 투자프로젝트의 순 현재가치($NPV$)를 계산하여라.

**2.17** 어느 회사에서 수명이 3년인 투자프로젝트의 각 대안에 대한 현금흐름을 다음과 같이 예측하였다. 각 대안의 순 현재가치($NPV$)를 구하고, 어느 대안을 선택할 것인지 결정하여라. 단, 이 회사의 $MARR$은 15%이다.

(단위: 천 원)

| 연도 | 대안별 현금흐름도 | | |
|---|---|---|---|
| | $A$ | $B$ | $C$ |
| 0 | −2,500 | −1,000 | −4,000 |
| 1 | 1,200 | 0 | 1,000 |
| 2 | 1,000 | 0 | 500 |
| 3 | 2,000 | 2,000 | 3,000 |

**2.18** 위 문제의 순 미래가치($NFV$)를 계산하고, 그 결과를 2.17문제의 결과와 비교해 보아라.

**2.19** 어느 중소기업에서 신제품개발을 위해 총 3억 원을 투자하기로 결정하였다. 이 신제품이 시장에 출시되면, 앞으로 5년 동안 매년 8,000만 원의 매출이 달성될 것으로 예측된다. $MARR$이 12%라고 할 때, 이 신제품의 순 미래가치를 계산하여라.

**2.20** 현재 1,000만 원을 현금으로 소유하고 있는 어떤 사람이 이 현금을 한마음은행의 저축계좌에 적립할 경우, 1년 후 200만 원의 이자를 받게 된다. 이때, 이 저축계좌의 내부수익률($IRR$)을 계산하여라.

**2.21** 다음과 같은 현금흐름을 가진 투자프로젝트에 대한 $IRR$을 계산하여라.

(단위: 천 원)

| 연도 | 순 현금흐름 |
|---|---|
| 0 | −3,000 |
| 1 | 1,500 |
| 2 | 1,300 |

**2.22** 불확실성이 내재되어 있는 투자프로젝트에 관한 두 가지 의사결정인 what-if 방법과 wait-see 방법의 정의와 장단점을 간략하게 기술하여라.

**2.23** 총 투자자본 3억 원 중 1억 원은 은행에서 연 이자율 4%로 융자받고 나머지는 자기자본으로 충당하였다고 하자. 이 중소기업의 한계세율이 22%이고 자기자본비용이 12%이라면, 이 신제품 개발 투자프로젝트에 적용할 가중 평균자본비용($WACC$)이 얼마인지 결정하여라.

**2.24** 어느 서비스회사에서 고객들에게 더 나은 서비스를 제공하기 위하여 새로운 시스템을 도입하고자 한다. 이 시스템의 초기 투자자본은 총 2억 원이며, 이 중에서 5,000만 원은 은행에서 연 이자율 7%로 융자를 받았고, 나머지 1억 5,000만 원은 보유잉여금으로 조달하였다고 하자. 보유잉여금으로 조달한 자기자본비용(수익률)이 10%이고, 이 기업의 한계세율이 25%일 때, 투자프로젝트에 적용할 가중 평균 자본비용($WACC$)을 계산하여라.

CHAPTER 03

# 재무제표 작성법과 원가시스템

Engineering Economics

1장과 2장에서 투자프로젝트의 경제성 평가에 있어서 현금흐름표의 중요성을 여러 번 강조하였다. 본 3장에서 현금흐름표의 작성방법과 그 의미에 대하여 자세하게 그리고 심도 있게 설명하고자 한다. 현금흐름표는 현금흐름표 작성대상의 주체에 따라 그 형식에 약간의 차이가 있다. 예를 들어, 기업이 중심이 될 경우에는 초기 그리고 말기의 대차대조표를 토대로 현금흐름표가 작성되고, 투자프로젝트가 중심이 될 경우에는 손익계산서를 토대로 현금흐름표가 작성된다. 그러나 어느 경우이든지 작성 대상주체를 중심으로 현금 유출·입 관계를 보여준다는 측면에서 기본적인 개념은 전혀 차이가 없다.

2장에서 언급하였듯이 현금흐름표(cash flow statement)는 기업의 이해관계자들의 의사결정에 유익한 정보를 제공해주는 여러 재무제표 중 하나이다. 현금흐름표 외에 중요한 다른 재무제표들에 관하여 본 장에서 먼저 알아보기로 한다. 기업 경영자와 이해관계 당사자들의 효율적인 의사결정에 도움을 주는 재무정보를 제공해주는 대표적인 재무제표들로는 현금흐름표를 포함하여 대차대조표(balance sheet), 손익계산서(income 혹은 profit/loss(*PL*) statement), 그리고 자기자본변화표(statement of changes in owner's equity) 등이 있다. 먼저 대차대조표에 관하여 알아보기로 한다.

## 3.1 대차대조표

대차대조표(balance sheet: *B/S*)는 기업의 특정한 시점에서 그 기업의 재무상태를 보여주는 건축물의 기둥과 같다. 즉, 대차대조표의 왼쪽에 기록되는 차변(debit: *Dr*)의 계정과목[1])들은 특정 시점에서 기업이 소유한 모든 것들을 보여주고 있다. 이렇게 기업이 소유한 모든 것들을 그 기업의 자산(asset)이라고 한다. 기업의 현금금액, 외상으로 매출한 외상매출액(매출채권), 증권에 투자한 유가증권, 재고자산, 기계 및 장비의 현 가치, 건물, 컴퓨터 및 IT관련 장비 등의 유형자산과, 그리고 특허권, 상표권, 저작권 등의 무형자산

1) 계정(account): 기업의 재무제표를 작성하기 위해 사용되는 회계시스템에서 가장 기초적인 기록단위이다. 계정과목은 각 계정의 내용을 식별할 수 있는 명칭으로 계정의 고유명사라고 할 수 있다.
K. D. Larson and P. B. Miller, Financial Accounting, 6th Edition, IRWIN, Chicago, Michigan, 1995.
김기평 외 5인, 재무회계원리, 3판, 박영사, 2007.

이 기업의 자산계정과목들로 대차대조표의 차변에 기록된다. 다른 한편, 대차대조표의 오른쪽에 기록되는 대변(credit: *Cr*)의 계정과목들은 기업으로 하여금 자산을 구입할 수 있도록 투자자본 출처 및 그 내용을 보여주고 있다. 투자를 위해서는 투자자본이 필요한데 이러한 필요 투자자본은 타자본(liabilities)과 자기자본(owner's equity)으로 구성된다고 1장에서 언급하였다. 타자본 계정과목들로는 기업이 발행하는 채권(bond)이 있고, 기업이 금융기관으로부터 자본을 대출받는 기간부채(term-loan) 등이 있다. 그리고 자기자본의 계정과목들로는 초기 투자자본, 잉여보유금(retained earnings), 주식(stock)발행으로 모집한 자본 등으로 구성되어 있다.

위와 같이 대차대조표가 차변과 대변으로 구성되어 있는 사실은 15세기 이탈리아 수도승인 파치올리가 개발한 복식부기(double-entry accounting)[2)]에 근거하고 있다. 그러므로 독립적인 계정과목에 관한 기록도 이와 같이 차변 항과 대변 항으로 구분하여 기업 내에서 발생한 경제적 사건(event)이나 재무거래(financial transaction)를 기록하고 있다. 대차대조표에 기록된 차변과 대변의 계정과목들을 살펴봄으로써 특정 시점에서의 그 기업의 자산 그리고 부채와 자기자본에 관한 재무정보를 파악할 수가 있다. 복식부기 혹은 T-계정에 관한 이해를 돕기 위해 다음과 같은 재무거래를 고려해 보기로 하자. 만약 어느 기업에서 *CAD*/*CAM*시스템을 구입하기 위해 2015년 2월 5일에 현금으로 3억 원을 지불하였다면 이 재무거래는 〈그림 3.1〉과 같이 T-계정으로 기록된다.

〈그림 3.1〉에 기록된 내용을 분석해보면 이 그림의 왼편에 있는 현금계정의 대변에는 지출된 현금금액이 기록된다. 즉, 이는 현재 보유하고 있는 현금 중 3억 원이 감소되었음

(단위:천 원)

| 현금계정 | |
|---|---|
| 차변 | 대변 |
| ⋮ | ₩300,000 |

| *CAD*/*CAM* 계정 | |
|---|---|
| 차변 | 대변 |
| ₩300,000 | |

그림 3.1 *CAD*/*CAM* 구입을 위한 재무거래를 T-계정으로 기록한 예

2) • 복식부기는 일명 T-계정(T-accounting)이라고도 함.
• 16세기경에는 전 유럽으로 전해지면서 영국의 산업혁명과 미국의 주식회사의 발달로 더욱 발전하게 되었다.
• 우리나라는 이보다 앞서 12세기경 고려시대 개성상인에 의하여 창안된 "사개송 도치부법"(송도부기)의 고유의 회계가 있었으나 계승·발전이 되지 못하고, 지금 우리가 사용하는 회계는 20세기 초 외국에서 도입된 것이다.

을 의미한다. 이와 반대로 오른편에 있는 $CAD/CAM$ 계정의 차변에는 $CAD/CAM$ 구입가격인 3억 원이 기록된다. 이는 $CAD/CAM$ 의 가치가 증가하였음을 의미하는 것이다. 현금이나 $CAD/CAM$ 모두 기업의 자산으로 대차대조표의 차변에 기록되는 동일한 특성을 가지고 있는 계정과목임에도 불구하고 현금계정은 지출액을 대변에 기록하였고, $CAD/CAM$ 계정은 증가액을 차변에 기록하였다. 즉, 대차대조표에서 이 두 계정과목들은 동일한 자산계정과목이지만 자산 계정과목의 가치가 증가한 경우에는 증가된 가치를 T-계정의 차변에 기록하는 것이고, 그 반대로 감소하는 경우에는 감소된 가치를 T-계정의 대변에 기록하였다. 이로부터 다음과 같은 일반적인 T-계정 기록 형태를 〈그림 3.2〉와 같이 정리할 수가 있다.

대차대조표를 완성하기 위해서는 〈그림 3.2〉의 길잡이에 따라 모든 재무거래를 각 계정과목별로 기록한 후 특정한 시점에 각 계정과목의 차변의 총액과 대변의 총액의 차이를 구하여 이 차이를 각 계정과목별로 대차대조표의 차변과 대변에 기록하면 된다. 이 시점에서 대차대조표상에서 반드시 점검해야 할 사항은 대차대조표의 차변과 대변의 총합이 서로 동일한지를 파악하는 일이다. 만약 두 총액이 서로 일치하지 않으면, 대차대조표 자체 또는 그 이전의 어느 단계에서 무엇이 잘못된 것인지를 파악하는 절차가 필요하다. 대차대조표에서 차변과 대변의 총액이 같아야 하는 법칙을 일반적으로 회계등식이라고 하고 회계등식은 식 (1)과 같이 표시된다. 식 (1)은 보기에 매우 간단해 보이지만 각각의 계정과목을 기록하고 해석하는 데 중요한 역할을 한다. 3.5절에서 간단한 거래내역을 이용하여 4가지 재무제표들 상호 간의 관계성, 그리고 계정과목을 기록하는 방법에 관하여 알아보기로 하자. 〈표 3.1〉은 국내의 대표적인 전자업체의 2014년도 대차대조표이다.

$$\text{자산} = \text{부채} + \text{자기자본} \quad \cdots (1)$$

(단위:천 원)

| 자산관련 계정과목 | | 부채 및 자기자본관련 계정과목 | |
|---|---|---|---|
| 차변 | 대변 | 차변 | 대변 |
| 자산 계정과목의 가치가 증가되는 경우 | 자산 계정과목의 가치가 감소되는 경우 | 부채 및 자기자본 계정과목의 가치가 감소되는 경우 | 부채 및 자기자본 계정과목의 가치가 증가되는 경우 |

**그림 3.2** 재무거래를 T-계정으로 기록하는 길잡이

‖ 표 3.1 ‖ SS전자 대차대조표

(단위: 백만 원)

| 대차대조표<br>제46분기: 2014년 12월 31일 현재 | | | |
|---|---|---|---|
| 자산 | | | |
| Ⅰ. 유동자산 | ₩115,146,026 | | |
| 1. 현금및현금성자산 | 16,840,766 | 10. 기타유동부채 | 326,259 |
| 2. 단기금융상품 | 41,689,776 | Ⅱ. 비유동부채 | 10,320,857 |
| 3. 단기매도가능금융자산 | 3,286,798 | 1. 사채 | 1,355,882 |
| 4. 매출채권 | 24,694,610 | 2. 장기차입금 | 101,671 |
| 5. 미수금 | 3,539,875 | 3. 장기미지급금 | 2,562,271 |
| 6. 선급금 | 1,989,470 | 4. 순확적급여부채 | 201,342 |
| 7. 선급비용 | 3,346,593 | 5. 이연법인세부채 | 4,097,811 |
| 8. 재고자산 | 17,317,504 | 6. 장기충당부채 | 499,290 |
| 9. 기타유동자산 | 1,795,143 | 7. 기타비유동부채 | 1,502,590 |
| 10. 매가예정분류자산 | 645,491 | 부채총계 | 62,334,770 |
| Ⅱ. 비유동자산 | $117,259,857 | 자본 | |
| 1. 장기매도가능금융자산 | 12,667,509 | 지배기업 소유주지분 | 162,181,725 |
| 2. 관계기업 및 공동기업 투자 | 5,232,461 | I. 자본금 | 897,514 |
| 3. 유형자산 | 80,872,950 | 1. 우선주자본금 | 119,467 |
| 4. 무형자산 | 4,785,473 | 2. 보통주자본금 | 778,047 |
| 5. 장기선급비용 | 4,857,126 | Ⅱ. 주식발행초과금 | 4,403,893 |
| 6. 이연법인세자산 | 4,526,595 | III. 이익잉여금 | 169,529,604 |
| 7. 기타비유동자산 | 2,334,818 | IV. 기타자본항목 | (12,729,387) |
| 자산총계 | 230,422,958 | V. 매각예정분류기타자본항목 | 80,101 |
| 부채 | | 비지배지분 | 5,906,463 |
| Ⅰ. 유동부채 | 49,214,383 | 자본총계 | 168,088,188 |
| 1. 매입채무 | 7,914,704 | 부채와 자본총계 | 230,422,958 |
| 2. 단기차입금 | 8,029,299 | | |
| 3. 미지급금 | 10,318,407 | | |
| 4. 선수금 | 1,427,230 | | |
| 5. 예수금 | 1,161,635 | | |
| 6. 미지급비용 | 12,876,777 | | |
| 7. 미지급법인세 | 2,161,109 | | |
| 8. 유동성장기부채 | 1,778,667 | | |
| 9. 충당부채 | 5,991,510 | | |

## 3.2 손익계산서

손익계산서(income 혹은 profit/loss statement)는 기업이 일정한 기간에 영업활동을 한 결과(이익/손실)를 보여주는 재무제표이다. 대차대조표가 결산일 현재의 기업의 최종적인 재무상태를 보여주는 보고서라면 손익계산서는 영업활동의 구체적인 내용들을 보여주는 재무제표이다. 손익계산서의 이와 같은 내용 때문에 흔히 손익계산서를 영업성적표 또는 경영성과표라고도 한다. 손익계산서의 최종 결과값을 당기순이익(net income: *NI* )이라고 하는데, 이 값은 또한 기말 대차대조표상의 기말자본과 기초 대차대조표상의 기초자본을 비교해서도 구할 수가 있다. 두 가지 방법으로 계산된 결과가 동일한 이유는 손익계산서

‖ 표 3.2 ‖ SS전자 손익계산서

(단위: 백만 원)

| 손익계산서<br>제 46분기: 2014년 1월 1일부터 2014년 3월 31일까지 | | |
|---|---|---|
| Ⅰ. 매출액 | | 53,675,326 |
| Ⅱ. 매출원가 | | 32,049,515 |
| Ⅲ. 매출총이익 | | 21,625,811 |
| 판매비와 관리비 | 13,137,012 | |
| Ⅳ. 영업이익 | | 8,488,799 |
| 기타수익 | 1,911,596 | |
| 기타비용 | 949,971 | |
| 지분법이익 | 30,136 | |
| 금융수익 | 1,450,291 | |
| 금융비용 | 1,281,881 | |
| Ⅴ. 법인세비용차감전순이익 | | 9,648,970 |
| 법인세비용 | 2,074,529 | |
| Ⅵ. 분기순이익 | | 7,574,441 |
| 지배기업 소유주지분 | 7,484,680 | |
| 비지배지분 | 89,761 | |
| Ⅶ. 주당이익 | | |
| 기본주당이익(단위: 천 원) | | 46,640 |
| 희석주당이익(단위: 천 원) | | 49,635 |

를 통해 얻은 당기순이익이 대차대조표의 보유잉여금에 포함되어 기말자본을 구성하고 있기 때문이다.

손익계산서 작성에서 중요한 사항은 수익(매출액)항목들과 비용항목들을 명확하게 파악하는 것이다. 먼저 수익(매출액)이란 무엇인지를 알아보기로 한다. 매출액이란 고객에게 제공한 상품이나 서비스의 교환물로 수령한 자산유입을 말하며, 예금이나 투자로 인한 수익도 포함하고 있다. 비용이란 영업활동을 위해 소모된 자산의 유출을 말하며, 매출원가가 가장 대표적인 비용항목이다. 다른 비용항목으로는 감가상각비, 마케팅, 판매 및 일반관리비, 대출금 이자, 그리고 세금 등이 있다. 그러나 주식투자자들에게 지급되는 배당금은 비용인 것처럼 여겨지지만 이는 비용항목이 아니다. 〈표 3.2〉는 국내 전자업체의 2014년 1분기 손익계산서이다.

## 3.3 현금흐름표

투자프로젝트의 경제적 평가를 위해 사용되는 지표는 손익계산서의 결과값인 당기순이익이 아니고 현금의 직접적인 유출·입을 보여주는 순 현금흐름(net cash flow: *NCF*)이다. 간혹 이익을 내는 기업들이 파산하는 경우를 매스컴을 통하여 접하게 되는데, 이렇게 파산하는 대부분의 기업들이 가지고 있는 문제는 아마도 일시적 원활하지 않은 현금흐름과 밀접한 관계가 있을 가능성이 크다. 여기에서 말하는 이익이란 다름 아닌 당기순이익이다. 아무리 당기순이익이 크다고 해도 현금부족현상으로 이미 기업에서 발행한 어음이 은행에 돌아왔을 때 이를 청산하지 못하게 되면 이 기업은 파산을 맞게 된다.

기업의 여러 이해관계자(경영자, 금융기관, 국세청, 일반 투자자 등)들이 의사결정을 위해서 기업의 재무제표가 제공하는 정보는 가장 중요한 정보들 중 하나라고 할 수 있다. 그러므로 재무제표는 공정성과 객관성이 확실하게 유지되어야 한다. 재무제표의 공정성과 객관성이 명확하게 유지될 수 있도록 여러 관련 법률들과 함께 회계의 원칙(9가지[3])

3) (1) 회계대상원칙(Business Entity Principle), (2) 객관성원칙(Objective Principle), (3) 원가원칙(Cost Principle), (4) 기업의 영속성(Going-Concern Principle), (5) 매출실현원칙(Revenue Recognition Principle), (6) 보수주의원칙(Conservation Principle), (7) 대응원칙(Matching Principle), (8) 거래 발생

이 마련되어 있다. 이러한 원칙을 여기에서 모두 다루는 것은 이 교재의 범주를 벗어나는 것이기 때문에 한 예로 거래발생주의원칙(accrual-basis principle)에 관해서만 설명하도록 한다.

거래발생주의원칙이란 매출액과 비용은 현금 유출·입과 상관없이 각 사건이 발생한 시점에 반드시 기록되어야 한다는 것이다. 예를 들어, 기업이 고객에게 제품이나 서비스를 제공하였는데 당장 현금이나 이에 상응하는 대가를 받지 못해도 이를 외상매출금계정에 기록하고 이를 매출액으로 처리한다. 거래발생주의원칙은 수익과 비용을 인식할 때 현금의 직접적인 유출·입을 기준으로 인식하는 것이 아니라, 특정 실체의 재화나 용역의 변동이 발생된 기간에 인식해서 보고하는 것을 말한다. 이는 수익과 비용의 인식과정에 반드시 재화나 용역의 변동에 대한 결과가 현금의 유출·입을 필요조건으로 하지 않는다는 것이다.

이렇게 현금의 유출·입과 상관없이 거래의 발생 요인이 확실하면, 이 항목들을 수익이나 비용으로 처리하기 때문에 이러한 방식으로 작성되는 손익계산서의 당기순이익이나 대차대차표상의 모든 계정과목의 수치들이 현금흐름과는 많은 차이를 보이게 된다. 손익계산서는 거래발생주의원칙에 의해 매출액과 비용의 거래 발생과 관련된 현재 수입 또는 이미 지출된 현금, 그리고 앞으로 회사로 유입되거나 지출될 현금까지도 포함하여 작성된다. 그러므로 손익계산서는 수익과 비용을 현금의 유출·입 이외에 거래발생 사실을 기초로 조작된 계산서로 간주되고 있다. 거래발생주의원칙에 반대되는 개념으로 모든 거래의 완성도를 현금의 유출·입으로 파악하는 현금주의원칙(cash flow-basis principle)이 있다.

앞 단락에서 살펴보았지만 아쉽게도 현재의 모든 회계정보와 재무제표(현금흐름표를 포함해서)들은 거래발생주의원칙을 토대로 작성되고 있다. 현금흐름표도 포함시킨 이유는 현금흐름의 회계정보도 발생주의 회계자료(대차대조표, 손익계산서, 보유잉여금처분계산서(statement of retained earnings) 등의 결과를 현금주의로 전환하여 획득하기 때문이다. 근본적으로 발생주의 회계자료는 과거의 자료이다. 그러므로 이러한 과거자료를 기초로 측정한 현금흐름 정보도 역시 과거정보라고 할 수 있다. 이와 같은 일련의 과정을 통하여 기업에서는 과거의 현금흐름을 확인·평가하며, 동시에 현금흐름표 작성 일의 순 현

---

원칙(Accrual-Basis Principle), (9) 중요성원칙(Materiality Principle).

- 미국에서 이러한 원칙들을 세워 규제를 하는 GAAP(Generally Accepted Accounting Principles)라는 시스템이 있다.
- 참고문헌: 각주 1참조에 있는 문헌과 H. E. Riggs, Financial and Cost Analysis: For Engineering and Technology Management, 1st Edition, John Wiley & Sons, INC, NY, 1994.

금흐름을 파악하고 있다. 그리고 차후에 이 현금흐름 정보를 이용하여 기업의 미래 현금흐름을 예측하게 된다. 과거자료에 의해 미래를 예측하는 것은 현금흐름 정보 이외의 회계정보와 같이 예외적인 경우를 제외하고는 과거거래들이 미래에도 계속해서 발생될 것이라는 가정하에 성립되는 것이다.

현금흐름표는 회계상의 당기순이익(발생주의 당기순이익)이 실제 순 현금흐름과 차이가 발생할 경우, 그 이유를 설명해 주는 역할을 한다. 어떤 원천에서 현금유입이 발생되었고, 그리고 어느 용도를 위해 현금유출이 발생되었는지를 보여주는 것이 현금흐름표의 목표이므로 현금흐름의 내용을 분석함으로써 회계상의 이익과 차이를 만들어 내는 원인을 파악할 수 있다.

모든 현금흐름표는 다음과 같이 세 가지 형태의 현금흐름들로 구성된다. 첫 번째 종류의 현금흐름은 영업활동으로부터 발생된 현금흐름으로 손익계산서의 당기순이익에 당해연도 발생한 고정자산의 감가상각비 등이 있고, 두 번째 종류의 현금흐름은 투자활동으로부터 발생된 현금흐름으로 고장자산 초기 투자자본, 사업연도 말에 처분한 고정자산의 잔존가치 그리고 운전자본 등이 있다. 그리고 마지막 세 번째 종류의 현금흐름은 재무활동으로부터 발생된 현금흐름으로 대출원금과 대출상환 등이 있다. 〈표 3.3〉은 국내 전자업체의 2015년도 1분기 현금흐름표이다.

‖ 표 3.3 ‖ SS전자 현금흐름표

(단위: 백만 원)

| 현금흐름표<br>제 46기: 2014년 1월1일부터 2014년 3월31일까지 | | |
|---|---|---|
| Ⅰ. 영업활동으로 인한 현금흐름 | | 12,212,896 |
| 1. 영업에서 창출된 현금흐름 | 12,456,237 | |
| 가. 분기순이익 | 7,574,441 | |
| 나. 조정 | 5,617,215 | |
| 다. 영업활동으로부터 인한 자산부채 변동 | (735,419) | |
| 2. 이자수취 | 352,757 | |
| 3. 이자지급 | (98,367) | |
| 4. 배당금 수입 | 1,295,241 | |
| 5. 법인세 납부액 | (1,792,972) | |
| Ⅱ. 투자활동 현금흐름 | | (11,657,103) |
| 1. 단기금융상품의 순감소(증가) | (4,558,705) | |
| 2. 단기매도가능금융자산의 처분 | 658,203 | |
| 3. 단기매도가능금융자산의 취득 | (787,840) | |
| 4. 장기매도가능금융자산의 처분 | 140,539 | |
| 5. 장기매도가능금융자산의 취득 | (2,456,883) | |
| 6. 관계기업 및 공동기업 투자의 처분 | 2,013,457 | |
| 7. 관계기업 및 공동기업 투자의 취득 | (184,700) | |
| 8. 유형자산의 처분 | 86,009 | |
| 9. 유형자산의 취득 | (5,939,788) | |
| 10. 무형자산의 처분 | 1,242 | |
| 11. 무형자산의 취득 | (267,146) | |
| 12. 사업결합으로 인한 현금유출액 | – | |
| 13. 기타 투자활동으로 인한 현금유출입액 | (361,491) | |
| Ⅲ. 재무활동 현금흐름 | | 1,258,699 |
| 1. 단기차입금의 순차입 | 827,941 | |
| 2. 자기주식의 취득 | – | |
| 3. 주식선택권의 행사로 인한 자기주식의 처분 | 13,727 | |
| 4. 사채 및 장기차입금의 차입 | 1,714,342 | |
| 5. 사채 및 장기차입금의 상환 | (1,294,299) | |
| 6. 배당금의 지급 | (2,236) | |
| 7. 비지배지분의 증감 | (776) | |
| Ⅳ. 외화환산으로 인한 현금의 변동 | | 51,012 |
| Ⅴ. 현금 및 현금성자산의 증가(Ⅰ+Ⅱ+Ⅲ+Ⅳ) | | 1,865,504 |
| Ⅵ. 기초의 현금 및 현금성자산 | | 16,284,780 |
| Ⅶ. 분기말의 현금 및 현금성자산 | | 18,150,284 |

## 3.4 자기자본변화표

일반적으로 대부분의 기업들은 보유잉여표(statement of retained earnings)를 따로 작성하지 않는 대신에 자기자본변화표(statement of changes in stockholder's equity)라는 재무제표를 작성한다. 이 재무제표는 각 자본계정과목의 기초와 기말의 잔고를 보여주고, 또한 회계기간 동안 발생한 모든 자본변화를 보여주고 있다. 자기자본변화표의 주요 구성요소로는 (1) 초기자기자본(initial capital), (2) 당기순이익(net income), (3) 소유주에 의한 새로운 투자내역 그리고 (4) 순 손실이나 배당금(dividend) 지급내역 등이 있다.

## 3.5 주요 재무제표 상호 간의 관계 및 작성법

본 절에서는 앞에서 논한 대차대조표, 손익계산서, 현금흐름표 그리고 자기자본변화표들의 작성순서와 기업 내에서 발생하는 각종 거래 내역을 T-계정(복식부기)으로 어떻게 기록하는지를 간략한 예를 통하여 살펴보기로 한다.

위의 네 가지 재무제표들 중에서 가장 먼저 작성되어야 할 것은 손익계산서이고, 그 다음에는 손익계산서의 당기순이익 등을 고려한 자기자본변화표가 작성되어야 한다. 자기자본변화표에는 당기 회계연도에 발생한 자본의 변동사항을 보여주고 있기 때문에 이를 토대로 대차대조표가 작성된다. 마지막으로 기초 대차대조표(전년도 말에 작성한 대차대조표를 말함)와 기말 대차대조표(당해 연도 말에 작성된 대차대조표를 말함)를 토대로 당해 연도의 현금흐름표가 작성된다. 〈그림 3.3〉은 4가지 재무제표들의 작성순서와 관계성을 보여주고 있다.

다음에는 예제를 통하여 각종 거래내역을 어떻게 "T-계정"에 기록하는지를 알아보기로 하자. 이 예제를 이해하기 위해서는 〈그림 3.2〉를 참조하기 바란다.

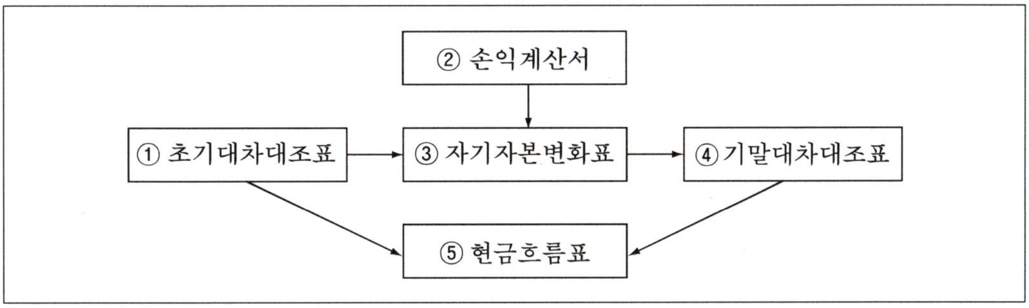


그림 3.3 재무제표 상호 간의 관계성 및 작성 순서

**예제 3.1** T-계정 기록 방법과 재무제표 작성법

본 예제에서는 거래내역을 어떻게 T-계정을 이용하여 기록하며 그리고 이를 토대로 대차대조표, 손익계산서 그리고 자기자본변화표 등을 어떻게 작성되는지를 알아보기로 한다.

[거래 1]

2015년도 12월 1일에 김하늘이 한국대 부근에 학생들을 위해 복사가게를 개설하였다. 이 사업을 위해 김하늘은 현금으로 3,000만 원을 투자하여 이 금액을 통일은행에 '한국복사'라는 사업명으로 개설된 예금계좌에 저축하였다.

- 분석: 이 거래로 인하여 한국복사는 현금자산과 자기자본이 3,000만 원이 되었다.
- T-계정 기록: 현금은 자산 계정과목이고 현금자산이 3,000만 원이 증가하였으므로 이를 현금 계정과목의 차변에 기록해야 한다. 자기자본은 자기자본 계정과목이다. 이 계정과목의 가치가 3,000만 원 증가하였으므로 이를 자기자본 계정과목의 대변에 기록해야 한다.

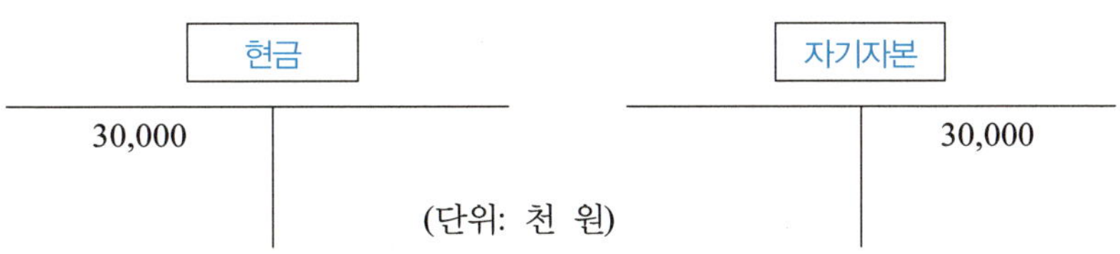


[거래 2와 3]

한국복사는 먼저 복사를 위해 복사재료들을 구입하기 위해 250만 원을 현금으로 지불하였고, 복사기 구입을 위해 현금으로 2,000만 원을 지출하였다.

- 분석: 이 두 거래는 현금자산을 다른 자산형태인 재료와 장비로 단순히 변화시킨

것뿐이다.

• T-계정 기록: 재료는 자산 계정과목이고 250만 원만큼 증가하였으므로 이를 재료 계정과목의 차변에 기록하고, 그리고 복사기도 자산 계정과목으로 2,000만 원이 증가하였으므로 이를 복사기 계정과목의 차변에 기록해야 한다. 그리고 두 자산을 현금으로 각각 250만 원과 2,000만 원을 지출하였으므로 현금 자산계정과목의 대변에 기록해야 한다.

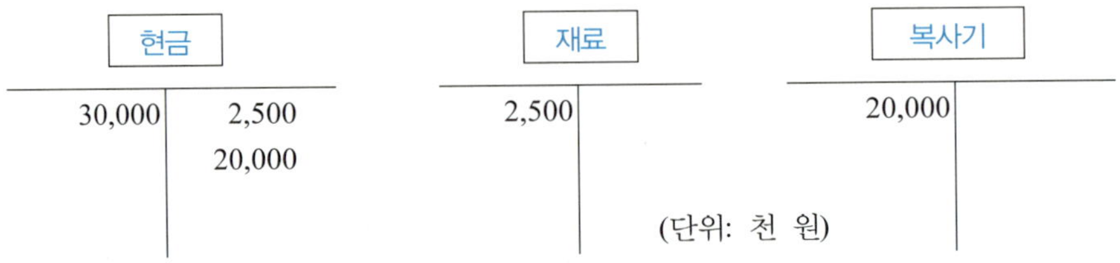


[거래 4]

김하늘은 더 많은 복사재료와 장비가 필요하다고 판단하여 110만 원을 지출하여 재료를 구입하였으며, 600만 원을 투자하여 장비를 구매하였다. 그러나 이 지출은 현재 현금이 거의 사용된 상황이라 모두 외상으로 매입하였다.

• 분석: 이 거래는 외상으로 자산을 구입하였으므로 새로운 부채항목이 개설되어야 한다.

• T-계정기록: 재료와 장비는 자산 계정과목이다. 재료가치가 110만 원이 증가하였으므로 이를 재료 계정과목의 차변에 기록하고, 그리고 장비가치가 600만 원 증가하였으므로 이를 장비 계정과목의 차변에 기록해야 한다. 그러나 외상매입액은 부채이므로 외상매입액 710만 원은 외상매입 계정과목의 대변에 기록하도록 한다.

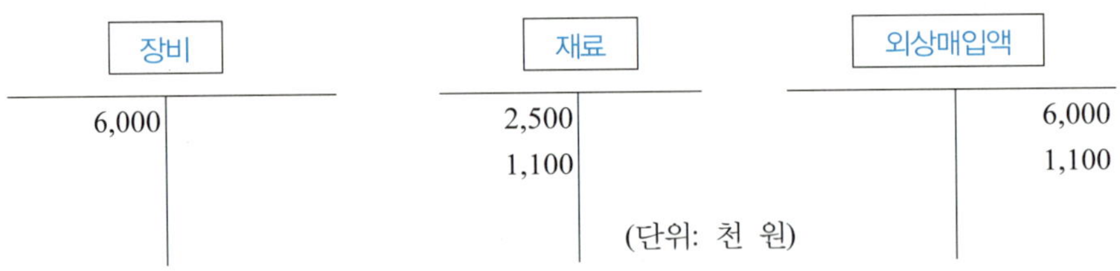


[거래 5]

한국복사는 12월 10일에 고객에게 복사서비스를 제공하고 즉시 현금으로 200만 원(순이익으로 간주함)을 받았다.

• 분석: 복사서비스를 제공하고 현금으로 받은 200만 원은 순이익으로 이 예제에서

는 기록 내용을 간단히 하기 위해 이를 자기자본의 증가로 간주한다.

- T-계정 기록: 자산 계정과목인 현금이 200만 원 증가하였으므로 이를 현금 계정과목의 차변에 기록하고, 그리고 자기자본이 200만 원 증가하였으므로 이를 자기자본 계정과목의 대변에 기록하도록 한다.

| 현금 (차변) | 현금 (대변) |
|---:|---:|
| 30,000 | 2,500 |
| 2,000 | 20,000 |

| 자기자본 (차변) | 자기자본 (대변) |
|---:|---:|
| | 30,000 |
| | 2,000 |

(단위: 천 원)

[거래 6과 7]

한국복사는 12월 10일에 이 달의 건물임대료를 현금으로 100만 원을 지불하였다. 그리고 12월 12일에 종업원에게 70만 원의 급료를 지불하였다.

- 분석: 건물임대료와 종업원 급료 지불은 자기자본을 삭감하는 비용으로 단순히 처리하도록 한다.
- T-계정 기록: 건물임대료 100만 원과 종업원 급료 70만 원은 현금을 감소시키기 때문에 이를 현금 계정과목의 대변에 기록하고, 이 비용들은 자기자본을 감소시키므로 자기자본 계정과목의 차변에 기록한다.

| 현금 (차변) | 현금 (대변) |
|---:|---:|
| 30,000 | 2,500 |
| 2,000 | 20,000 |
| | 1,000 |
| | 700 |

| 자기자본 (차변) | 자기자본 (대변) |
|---:|---:|
| 1,000 | 30,000 |
| 700 | 2,000 |

(단위: 천 원)

[거래 8과 9]

한국복사는 고객에게 외상으로 170만 원에 상당한 복사서비스를 제공하고 그로부터 10일 후에 170만 원을 받았다.

- 분석: 복사서비스로 발생한 매출액 170만 원은 외상으로 해주었기 때문에 외상매출액이란 새로운 계정과목이 설정되어야 한다.
- T-계정 기록: 외상매출액은 자산 계정과목이므로 복사서비스요금 170만 원은 이 계정의 차변에 기록하고, 10일 후에 현금으로 170만 원을 받았기 때문에 외상매출

액 계정의 대변에 170만 원을 기록하고, 현금계정과목의 차변에 170만 원을 기록하도록 한다.

| 현금 | |
|---:|---:|
| 30,000 | 2,500 |
| 2,000 | 20,000 |
| 1,700 | 1,000 |
| | 700 |

(단위: 천 원)

| 외상매출액 | |
|---:|---:|
| 1,700 | |
| | 1,700 |

[거래 10]

한국복사는 12월 24일에 그 전의 외상매입금 710만 원 중 90만 원을 현금으로 갚았다.

- T-계정 기록: 외상매입금 710만 원 중 90만 원을 현금으로 갚았으므로 외상매입금 계정과목의 차변에 90만 원을 기록하고, 현금 계정과목이 90만 원 감소되었으므로 이 계정과목의 대변에 90만 원을 기록한다.

| 현금 | |
|---:|---:|
| 30,000 | 2,500 |
| 2,000 | 20,000 |
| 1,700 | 1,000 |
| | 700 |
| | 900 |

(단위: 천 원)

| 외상매입액 | |
|---:|---:|
| | 6,000 |
| | 1,100 |
| 900 | |

[거래 11]

한국복사는 김하늘에게 40만 원을 배당금으로 지불하였다.

- 분석: 배당금은 비용 계정과목은 아니고 자기자본을 감소시키는 계정과목이다.
- T-계정 기록: 배당금은 자기자본을 감소시키기 때문에 자기자본 계정과목의 차변에 기록하고, 현금도 감소시키고 있기 때문에 현금 계정과목의 대변에 기록해야 한다.

| 현금 | |
|---:|---:|
| 30,000 | 2,500 |
| 2,000 | 20,000 |
| 1,700 | 1,000 |
| | 700 |
| | 900 |
| | 400 |

단위: 천원

| 자기자본 | |
|---:|---:|
| 1,000 | 30,000 |
| 700 | 2,000 |
| 400 | |

위 11가지 거래들을 토대로 〈표 3.4〉와 같은 거래내역 요약서를 작성하면 대차대조표, 손익계산서, 현금흐름표, 자기자본변화표를 작성하기가 편리하다. 재무제표작성 순서는

‖ **표 3.4** ‖ 거래내역

(단위: 천 원)

| | 자산 | | | | 부채 및 자기자본 | |
|---|---|---|---|---|---|---|
| 거래내역 | 현금 | 외상매출금 | 재료 | 장비 | 투자자본 | 외상매입금 |
| 1 | 30,000 | | | | 30,000 | |
| 2 | (2,500) | | 2,500 | | | |
| 3 | (20,000) | | | 20,000 | | |
| 잔액 | 7,500 | | 2,500 | 20,000 | 30,000 | |
| 4 | | | 1,100 | 6,000 | | 7,100 |
| 잔액 | 7,500 | | 3,600 | 6,000 | 30,000 | 7,100 |
| 5 | 2,000 | | | | 2,000 | |
| 잔액 | 9,500 | | 3,600 | 26,000 | 32,000 | 7,100 |
| 6 | (1,000) | | | | (1,000) | |
| 잔액 | 8,500 | | 3,600 | 26,000 | 31,000 | 7,100 |
| 7 | (700) | | | | (700) | |
| 잔액 | 7,800 | | 3,600 | 26,000 | 30,300 | 7,100 |
| 8 | | 1,700 | | | 1,700 | |
| 잔액 | 7,800 | 1,700 | 3,600 | 26,000 | 32,000 | 7,100 |
| 9 | 1,700 | (1,700) | | | | |
| 잔액 | 9,500 | 0 | 3,600 | 26,000 | 32,000 | 7,100 |
| 10 | (900) | | | | | (900) |
| 잔액 | 8,600 | 0 | 3,600 | 26,000 | 32,000 | 6,200 |
| 11 | (400) | | | | (400) | |
| 잔액 | 8,200 | 0 | 3,600 | 26,000 | 31,600 | 6,200 |

Note: (  ) 안의 숫자는 음의 값을 말함

위 〈그림 3.3〉에서 제시한 순서대로 먼저 손익계산서를 작성하고, 손익계산서의 최종 결과값인 당기순이익을 자기자본변화표에 기록하고, 자기자본변화표의 최종값인 자기자본의 총액을 대차대조표의 자본총액에 기록하도록 한다. 그리고 마지막으로 기초 대차대조표와 기말 대차대조표를 이용하여 현금흐름표를 작성한다. 단, 본 예제에서는 기초 대차대조표가 없으므로 현금흐름표는 기말 대차대조표만을 근거로 작성하도록 한다.

‖ 표 3.5 ‖ 2015년도 복사업체의 손익계산서

(단위: 천 원)

| 한국복사 | | |
|---|---|---|
| 손익계산서 | | |
| 2015년도 12월 1일부터 2015년도 12월 31일까지 | | |
| 매출액: | | |
| 복사서비스 | | 3,700 |
| 영업비용: | | |
| 임대료 | 1,000 | |
| 급료 | 700 | |
| 총영업비용 | | 1,700 |
| 당기순이익 | | 2,000 |

‖ 표 3.6 ‖ 2015년도 복사업체의 자기자본변화표

(단위: 천 원)

| 자기자본 변화표 | | |
|---|---|---|
| 자기자본: | | |
| 김하늘 투자자본 | 30,000 | |
| 당기순이익 | 2,000 | |
| 총액 | | 32,000 |
| 배당금 | | 400 |
| 순자기자본 | | 31,600 |

‖ 표 3.7 ‖ 2015년 12월 31일 현재 복사업체 대차대조표

(단위: 천 원)

| 대차대조표 | | | |
|---|---|---|---|
| 자산항목 | | 부채 및 자기자본 | |
| 현금 | 8,200 | 외상매입금 | 6,200 |
| 재료비 | 3,600 | 자기자본 | 31,600 |
| 장비 | 26,000 | | |
| 총자산 | 37,800 | 총부채 및 자기자본 | 37,800 |

|| 표 3.8 || 2015년 복사업체의 현금흐름표

(단위: 천 원)

| 현금흐름표 | | |
|---|---|---|
| 영업활동으로부터의 현금흐름: | | |
| 복사서비스로부터의 현금 | 3,700 | |
| 임대료 지불 현금 | (1,000) | |
| 급료 지불 현금 | (700) | |
| 재료 구입 지불 현금 | (2,500) | |
| 영업활동으로부터의 순 현금 증가분 | | (500) |
| 투자활동으로부터의 현금흐름: | | |
| 복사기 구입 | (20,000) | |
| 투자활동으로부터의 순 현금 증가분 | | (20,000) |
| 재무활동으로부터의 현금흐름: | | |
| 초기 투자자본 | 30,000 | |
| 배당금 | (400) | |
| 부채상환금 | (900) | |
| 재무활동으로부터의 순 현금 증가분 | | 28,700 |
| 현금의 순 증가분 | | 8,200 |
| 2015년 기초 현금 | | −0− |
| 2015년 기말 현금 | | 8,200 |

Note: 기말 현금총액은 항상 당해 연도 말의 대차대조표 상의 현금계정과목의 총액과 동일해야 한다.

엔지니어로서 대차대조표, 손익계산서, 자기자본변화표, 현금흐름표 등에 관한 폭넓은 이해는 현장에서 경영 의사결정자들과의 의사소통을 원활하게 할 뿐 아니라, 엔지니어들의 직무성과지표를 향상시켜주게 된다. 이러한 재무제표들에 관한 이해를 근거로 하여 3.6절에서는 재무비율분석에 관하여 알아보기로 하자.

## 3.6 재무비율분석

회계시스템의 목적은 회사의 이해관계자들이 올바른 의사결정을 할 수 있도록 그들에게 유익한 정보를 제공해 주는 것이다. 회계정보는 이미 발생한 회사의 거래에 관한 정보를 제공하므로 재무제표들은 근본적으로 과거 지향적이라고 할 수 있다. 그러나 회계정보를 이용하여 의사결정을 내리는 회사의 이해관계자들은 미래에 더 많은 관심을 갖는다. 그럼에도 불구하고 과거지향적인 재무제표들을 토대로 실시된 재무비율 분석을 통해 회사의 이해관계자들은 그들의 여러 관심사들에 관한 유익한 정보를 얻고 있다. 이 절에서는 이러한 재무비율분석에 관해 설명하고자 한다.

일반적으로 재무비율분석은 다음과 같이 다섯 그룹으로 나뉘게 된다.

(1) 부채관리분석(debt management analysis)
(2) 유동성분석(liquidity analysis)
(3) 자산관리분석(asset management analysis)
(4) 수익성분석(profitability analysis)
(5) 시장가치분석(market value analysis)

다음에 〈표 3.9〉와 〈표 3.10〉을 참조해서 다양한 종류의 재무비율들을 계산해 보기로 하자.

‖ 표 3.9 ‖ 재무비율 분석을 위한 대차대조표

(단위: 억 원)

| 대차대조표<br>2015년 12월 31일 현재 | | |
|---|---|---|
| | 2015/12/31 | 2014/12/31 |
| 자산 | | |
| 현금 및 현금동등자산 | 830 | 720 |
| 매출채권 | 13,120 | 12,040 |
| 재고 | 12,700 | 15,140 |
| 기타 유동자산 | 850 | 670 |
| 유동자산 | 27,500 | 28,570 |
| PPE | 22,300 | 22,640 |
| 기타고정자산 | 2,130 | 2,330 |
| 자산총계 | 51,930 | 53,540 |
| | | |
| 부채 | | |
| 매입채권 | 10,220 | 11,290 |
| 단기부채 | 1,000 | 1,500 |
| 장기부채 상환액 | 520 | 510 |
| 단기부채 | 11,740 | 13,300 |
| 장기부채 | 10,370 | 11,580 |
| 기타장기부채 | 5,250 | 4,910 |
| 부채총계 | 27,360 | 29,790 |
| 자본 | | |
| 보통주식, 액면가 1,000원 74,000,000주 | 740 | 740 |
| 추가 자본투자 | 11,100 | 11,100 |
| 이익잉여금 | 12,730 | 11,910 |
| 자본총계 | 24,570 | 23,750 |
| 부채 및 자본 총계 | 51,930 | 53,540 |
| 2012년 참고사항 | | |
| 감가상각비 2,390<br>보통주 발생 수 74<br>주당수익(EPS): 원 3,351<br>주당배당금: 원 2,240 | | |

‖ 표 3.10 ‖ 재무비율 분석을 위한 손익계산서

(단위: 억 원)

| 항목 | 금액 |
|---|---:|
| 매출액 | 86,890 |
| 매출원가 | 67,560 |
| 매출총이익 | 19,330 |
| 판매 및 일반관리비 | 10,610 |
| 감가상각비 | 2,390 |
| 기타수익 | 190 |
| 이자/세금 지불전수익(EBIT) | 6,520 |
| 이자비용 | 1,910 |
| 법인세 | 2,130 |
| 당기순이익 | 2,480 |

## 3.6.1 부채관리분석

부채관리분석은 회사의 부채사용 내역과 부채상환능력을 보여주고 있다. 이 분석에 속하는 대표적인 비율들로는 (1) 부채비율(debt ratio)과 (2) 이자보상비율(times interest earned ratio)이 있다.

### (1) 부채비율(debt to equity ratio)

부채비율은 총 자본에 대한 총 부채로 표시되는 지표로 회사의 자기자본 대비 차입한 부채 비율을 보여주고 있다.

$$\text{부채비율} = \frac{\text{총부채}}{\text{총자본}} = \frac{27,360}{24,570} = 1.11$$

이 비율은 일반적으로 %로 표시되지는 않는다. 적정 부채비율은 산업에 따라서 다르기는 하지만 많은 기업들이 1보다 큰 부채비율을 갖고 있다. 이와 같은 현상이 발생되는 이유들 중 하나는 회사가 지불한 부채 이자에 대해서는 세금혜택을 주고 있기 때문이다. 그리고 현실적으로 부채비율이 낮은 회사는 부채를 이용해서 합병하려는 회사의 목표물에 노출될 위험이 높다. 부채비율은 은행에서 대출에 관한 의사결정을 내리는 데 중요한 참고자료로 사용되고 있다. 물론 이 때 은행은 부채비율 이외에 이익성, 현금흐름 등의 다른 중요한 회사의 경영성과지표들도 참고하기도 한다.

### (2) 이자보상비율(times interest earned ratio)

이자보상비율은 이자와 세금을 지불하기 이전의 이익(earnings before interest and income tax: *EBIT*)을 연간 지불이자금액으로 나누어 구한다. 즉, 이 비율은 이자와 세금을 이자보상비율은 회사의 장기부채 상환능력을 보여주는 지표이다. 지불하기 이전의 이익이 일 년 동안에 지불해야 하는 이자액의 몇 배인지를 보여주고 있다.

$$\text{이자보상비율} = \frac{EBIT}{\text{이자지불액}} = \frac{6,520}{1,910} = 3.41$$

이 비율이 1에 가까울수록 회사의 대출이자 상환에 문제가 발생할 확률이 높다고 할 수 있다. 그러나 이자보상비율이 3.41인 이 회사의 경우 대출이자를 상환하는 데 거의 문제가 없을 것으로 추측된다. 높은 이자보상비율은 회사가 이자를 상환할 능력이 높다는 의미뿐 아니라 동시에 더 많은 대출을 받을 수 있다는 사실을 의미한다. 만약 부채비율과 이자보상비율이 높은 회사의 경영진들은 대출 상환능력을 높이려고 노력을 할 것이다. 그러나 이러한 회사들 중에서 반드시 이 두 비율을 바람직한 방향으로 개선하려고 노력하기보다 운용리스(operating lease)를 사용해서 경영의 어려움을 극복하기도 한다. 예를 들어, 항공사의 경우 여객기를 매입하지를 않고 리스회사로부터 여객기를 리스해서 리스비용을 지불하면 이 지불금액은 손익계산서에서 비용으로 기록된다. 그러므로 리스한 여객기는 자산도 부채도 아닌 것으로 남게 되어 부채비율이나 이자보상비율에 영향을 전혀 미치지 않는다.

## 3.6.2 유동성분석

유동성분석은 회사의 단기부채 상환능력을 보여주는 재무비율분석이다. 단기부채(일 년 내에 상환해야 하는 부채) 총액보다 많은 유동자산(대차대조표상에서 현금+증권+외상매출액+재고자산: 일 년 내에 현금화할 수 있는 자산)의 가치를 운전자본(working capital)이라고 한다. 이러한 운전자본이 크면 클수록 회사의 단기부채상환능력이 더 크다고 한다. 유동성분석의 대표적인 비율들로는 (1) 유동비율과 (2) 당좌비율이 있다.

### (1) 유동비율

유동비율(current ratio)은 유동자산을 단기부채로 나누어 구한다.

$$\text{유동비율} = \frac{\text{유동자산}}{\text{단기부채}}$$

이 회사의 유동자산 총액은 2조 7,500억 원이고 단기부채 총액은 1조 1,740억 원이다.

$$\text{유동비율} = \frac{27,500}{11,740} = 2.34\text{배}$$

유동비율은 1년 내에 상환할 수 있는 단기부채 상환능력을 보여주고 있다. 이 비율이 1에 가까울수록 단기부채 상환능력이 떨어진다고 해석할 수가 있으나 좀 더 자세한 해석은 회사가 속한 산업이나 판매하는 제품들을 고려해서 이루어져 한다. 예를 들어, 일반적으로 많은 재고를 갖고 가는 의류회사의 유동비율 1.8과 재고는 거의 없으면서 현금으로 사업을 하는 외식업체의 유동비율 1.1을 비교해 어느 회사가 단기부채 상환능력이 더 높다고 판단하기는 쉽지가 않다.

만약 유동비율이 1보다 낮다면, 이 회사의 경영진들은 다음 해에 더 많은 현금을 창출할 방법을 계획하든지 아니면 투자자들이 더 많이 투자를 하도록 획기적인 경영전략을 수립해야 할 것이다. 이와 반대로 유동비율이 지나치게 높다는 의미는 이 회사가 투자를 하지 않고 그리고 투자자들에게 배당금을 지급하지도 않았다는 반증이다. 예를 들어, 2012년 애플사에 누적된 보유 현금총액이 1,000억 달러이었다고 한다. 그런데 그 해 3월 애플사는 수년 만에 투자자들에게 처음으로 배당금을 지급하기 시작하였다고 한다. 구글도 은행에 엄청난 현금을 보유하고 있는 것으로 알려져 있다. 이 예제를 기술하고 있는 이 시점 삼성전자의 현금보유액은 59조원 정도이고 현대자동차의 현금보유액은 23조원으로 보도되어 있다.4)

### (2) 당좌비율

당좌비율(acid-test ratio)은 유동비율을 구하는 방식과 동일하지만 다만 유동자산에서 재고자산을 제외한 유동자산만을 고려하여 단기부채 상환능력을 알아보는 비율이다. 이를 달리표현하면, 당좌비율은 재고자산을 판매하거나 제품으로 변환할 때까지 기다리지 않은 상태에서 1년 내에 회사가 부채를 상환할 수 있는 능력을 보여주는 지표이다.

$$\text{당좌비율} = \frac{\text{유동자산} - \text{재고자산}}{\text{단기부채}}$$

---

4) 대기업 과도한 현금 보유… 한국 경제의 또 다른 족쇄, 입력: 2014.07.17. 03:00, http://news.chosun.com/site/data/html_dir/2014/07/17/2014071700397.html

이 회사의 유동자산 총액은 2조 7500억 원이고 재고자산은 1조 2,700억 원이다. 그리고 단기부채 총액은 1조 1,740억 원이다.

$$\text{당좌비율} = \frac{27,500 - 12,700}{11,740} = 1.26$$

위에서 구한 유동비율 2.34와 당좌비율 1.26을 비교해 보면, 단기부채 상환능력이 46% 정도 떨어졌음을 알 수가 있다. 유동자산 계정과목들 중에서 재고자산을 제외한 다른 계정자산들은 현금으로 전환이 비교적 용이하다. 대부분의 매출채권도 평균 3개월 이내에 현금으로 회수되고 있기 때문에 이도 현금과 동등하다고 할 수가 있다. 그러므로 단기부채 상환능력을 살펴보고자 할 때에는 유동비율보다 당좌비율이 더 바람직하다.

### 3.6.3 자산관리분석

자산관리분석은 회사의 자산관리 능력을 보여 주는 재무비율이다. 이 그룹에 속하는 대표적인 재무비율들로는 (1) 재고자산회전율, (2) 외상매출회전율, (3) 총자산회전율, 그리고 (4) 매입채무회전율 등이 있다.

#### (1) 재고자산회전율

회사의 재고흐름의 속도는 회사 경영에서 매우 중요한 역할을 하고 있다. 만약 재고를 확실한 현금으로 인식한다면, 회사에서는 재고를 가능한 한 신속하게 방출해서 현금으로 회수하는 것이 최선일 것이다. 이러한 재고흐름의 속도를 측정하는 재무비율을 재고자산회전율(inventory turnover)이라고 한다. 재고자산회전율은 재고자산이 일 년에 몇 번이나 당좌자산(현금 또는 외상매출금)으로 전환되는가를 보여주는 비율이다. 즉, 이 비율은 회사가 재고를 얼마나 효율적으로 사용했는지를 보여주는 경영성과지표라고 할 수 있다. 재고자산회전율은 매출원가를 평균재고량으로 나누어 얻는다.

$$\text{재고자산회전율} = \frac{\text{매출원가}}{\text{평균재고량}}$$

이 회사의 매출원가는 6조 7,560억 원이고 기초재고량(2014년 12월 31일)은 1조 5,140억 원이고 기말재고량(2015년12월31일)은 1조 2,700억 원이다.

$$\text{재고자산회전율} = \frac{67,560}{(12,700 + 15,140)/2} = 4.85\text{배}$$

재고자산회전율이 4.85배라는 의미는 1년에 재고가 4.85배 회전된다는 것이다. 재고회전율이 크면 클수록 매출액이 커져서 회사의 현금상황이 더욱 더 좋아지게 된다. 2011년 월마트의 재고회전율은 7.6배이었고 타켓유통사의 재고회전율은 4.9배이었다. 소매유통사의 재고회전율은 그 회사의 생존에 직접적으로 영향을 미치고 있다고 한다. 여러분이 회사에서 재고와 관련된 업무를 맡고 있다면 재고회전율을 향상시키도록 적극적으로 노력해야 할 것이다. 그 이유는 재고회전율에 따라서 회사의 현금상황이 달라지고 현금상황에 따라서 회사의 생존 문제가 달라지기 때문이다. 참고로 최근 홈플러스와 이마트의 재고회전율은 각각 14.8배와 12.5배라고 알려져 있다.

### (2) 매출채권회전율

매출채권회전율(account receivable turnover)은 회사가 매출채권(외상매출금)을 일 년에 몇 번이나 회수하는지를 측정하는 재무비율이다. 매출채권회전율은 연간 매출액을 매출채권으로 나누어 얻는다. 일반적으로 매출채권은 연말 매출채권을 사용하고 있다. 그러나 매출채권이 분기마다 크게 차이가 나면 평균 매출채권을 사용할 수도 있다.

$$\text{매출채권회전율} = \frac{\text{연간매출액}}{\text{매출채권}}$$

$$\text{매출채권회전율} = \frac{86,890}{13,120} = 6.63$$

이 회사의 매출채권은 일 년에 6.63번 회수된다. 이를 기간으로 표시하면 55.1일이다. 매출회수기간 55일이란 이 회사의 고객들은 제품을 납품받고 평균적으로 55.1일 후에 대금을 지불한다는 의미이다. 만약 이 회수기간이 길다고 판단되면 이 회사의 경영진들은 다음과 같은 질문들에 의문을 갖고 한가씩 검토해서 해결 방법을 찾아 매출채권회수 기간이 짧아지도록 노력해야 한다. 제품/서비스 불량으로 고객들이 불만족해서인가? 판매직원들이 느슨하게 고객들과 협상을 해서인가? 매출채권 회수 직원들이 사기가 저하되어서인가? 모든 직원들이 오래된 구식의 재무관리소프트웨어를 사용해서 업무에 지장을 받고 있어서인가?

물론 매출채권회전율도 산업, 지역, 경제, 그리고 계절마다 차이가 날 수가 있다. 그럼에도 불구하고 만약 이 회사가 매출채권회전율을 7.5회나 8회로 높인다면 이 회사의 현금상황은 전보다 더 향상될 것이다. 이렇게 매출채권을 효율적으로 관리를 하면 매출액이나 비용을 더 발생시키지 않고도 이 회사는 그들의 재무상황을 훨씬 더 호전시킬 수가 있다. 그리고 매출채권회수율은 운전자본 관리와 직접적으로 연관이 있음을 주지할 필요가 있다.

### (3) 총 자산회전율

총 자산회전율(total asset turnover)은 회사가 매출액을 창출하기 위해 자산을 얼마나 효율적으로 사용했는지를 보여주는 재무비율이다. 즉, 총자산회전율은 기업이 일정 판매액을 달성하기 위해서 보유하고 있는 총 자산을 일 년 동안 몇 번 회전시켰는지를 보여주는 경영성과지표이다. 이는 회사의 총 자산에 대한 판매액의 비율로 표시된다.

$$\text{총자산회전율} = \frac{\text{판매액}}{\text{총자산}}$$

$$\text{총자산회전율} = \frac{86,890}{51,930} = 1.673\text{배}$$

총자산회전율 1.673배는 이 회사가 매출액 8조6,890억 원을 달성하기 위해서 총 자산을 1.673번 사용했다는 의미를 포함하고 있는 것이다. 총 자산회전율은 총 자산을 일정하게 유지시켜 놓고 판매액을 증가시켜서 높일 수가 있는 반면, 재고자산과 매출채권을 줄이면서 총 자산회전율을 높일 수도 있다. 총 자산회전율의 경향을 살펴보면, 기업 경영자들이 기업을 어떻게 경영하고 있는지를 알 수가 있다.

### (4) 매입채무회전율

매입채무회전율(account payable turnover)은 회사가 매입채무(외상매입금)를 일 년에 몇 번을 상환하는지를 측정하는 재무비율이다. 매입채무회전율은 연간 매출원가를 기말 매입채무로 나누어 얻는다.

$$\text{매입채무회전율} = \frac{\text{연간매출원가}}{\text{기말매입채무}}$$

$$\text{매입채무회전율} = \frac{67,560}{10,220} = 6,62\text{배}$$

이 회사는 납품업체들에게 1년에 6.62번만 지불하고 있다. 즉, 이는 납품업체들이 이 회사로부터 외상매출금을 회수하기 위해 55일 동안을 기다려야 한다는 의미이다. 매입채무회전율이 작으면 작을수록 이 회사의 현금흐름 상태는 양호해지는 반면, 납품업체의 현금흐름 상태는 악화되어 납품업체의 경영자가 이 회사의 경영자들보다 낮은 매입채무회전율에 더 많은 관심을 가지게 될 것이다. 그러나 이 회사의 매입채무회전율이 일정 수준 이하로 떨어지면 납품업체는 이 회사에 납품하기를 거절할 가능성이 높아져서 이 회사의 경영자들은 정상적으로 기업경영을 할 수가 없게 될지도 모른다.

### 3.6.4 수익성분석

수익성분석은 회사의 유동성, 자산관리, 부채 등이 당기순이익에 미치는 결합된 효과를 보여주는 재무비율이다. 이 분석의 대표적인 재무비율들로는 (1) 판매수익률, (2) 총자산수익률, 그리고 (3) 자기자본수익률 등이 있다.

#### (1) 판매수익률

판매수익률(return on sales: $ROS$)은 순이익률이라고 한다. 판매수익률은 납품업자, 대출자, 정부 등등에 지불할 모든 비용을 지불하고 난 후 단위 판매액 당 회사가 얼마의 수익을 달성했는지를 보여주는 성과지표이다. 이 수익률은 당기순이익을 판매액으로 나누어 구한다. 이는 판매액 단위 화폐당 이익을 나타내 주는 지표이다.

$$\text{판매수익률} = \frac{\text{보통주 투자자들에 대한 당기순이익}}{\text{판매액}}$$

이 회사의 당기순이익은 2,480억 원이고, 판매액은 8조 6,890억 원이다.

$$\text{판매수익율} = \frac{2,480}{86,890} = 2.854\%$$

판매수익률은 경영활동의 최종적인 수익률로서 산업별로 변동성이 높다. 예를 들어, 일반적으로 소매유통업체의 판매수익률은 낮은 반면 제조업체의 판매수익률은 높은 편이다. 판매수익률을 비교하기 위한 벤치마킹 대상은 회사 자체의 전년도 판매수익률과 경쟁업체의 판매수익률이 될 수 있다.

#### (2) 총 자산수익률

총 자산수익률(return on asset: $ROA$)은 회사가 사업에 투자한 단위 화폐당 얼마만큼의 이익을 창출하였는지를 보여주는 대표적인 수익성 재무비율이다. 이 비율은 앞에서 기술한 비율들보다 이해하기가 약간 더 어려운 측면을 갖고 있다. 모든 사업은 현금, 시설, 기계, 장비, 차량, 재고 등등의 다양한 자산들을 사용하고 있다. 제조회사는 공장과 장비에 상당한 수준의 현금 투자를 필요로 하고 있는 반면, 서비스회사는 값비싼 컴퓨터와 통신시스템들에 투자를 하고 있다. 그리고 소매유통회사들은 재고 유지에 상당한 수준의 자본을 투자하고 있다. 이러한 모든 자산들은 대차대조표에 기록되어 있다. 그러므로 총 자산 총계는 회사가 이익을 창출하기 위해 자본을 어떻게 활용했는지를 보여주고 있다. 총자산수익률은 회사의 규모에 상관없이 회사들의 경영성과를 비교하기 위해 광범위하게 사용되고 있다.

$$총자산수익률 = \frac{당기순이익}{총\ 자산}$$

이 회사의 당기 순이익은 2,480억 원이고, 총 자산은 5조 1,930억 원이다.

$$총자산수익률 = \frac{2,480}{51,930} = 4.8\%$$

총 자산수익률은 판매수익률과 비교해서 독특한 특성을 가지고 있다. 예를 들어, 어느 회사든지 높은 판매수익률을 원하지만, 실상은 그렇게 만족할만한 판매수익률을 달성하기는 현실적으로 어렵다. 그러나 총 자산수익률은 이와 다르다. 예를 들어, 회사가 미래를 위해 장비나 기계 등에 새로운 투자를 하지 않는 경우 그 회사의 총 자산수익률이 동일 산업군의 평균 총 자산수익률보다 현실적으로 달성할 수 없는 정도로 높게 나타날 수가 있다. 그리고 총 자산수익률이 높게 나타나는 또 다른 경우는 회사의 경영진들이 자산총액을 줄이는 다양한 회계 속임수로 대차대조로 조작해서 총 자산수익률을 크게 만들어 내는 것이다. 이러한 대표적인 사례는 2001년 파산한 에너지 거래 회사인 엔론에서 찾아볼 수가 있다. 엔론의 CFO이었던 앤드류와 몇몇 경영진들이 엔론사의 자산들을 협력업체들에게 매각하고, 협력업체의 이익 일부를 엔론사의 손익계산서의 이익으로 기록하여 엔론사의 총자산수익률이 부당하게 크게 조작하였다. 그러나 이러한 이익을 창출시키기 위해 사용되었어야 할 자산들은 엔론사의 대차대조표 어디에서도 기록되어 있지 않았다고 한다.

총 자산수익률은 다음과 같이 판매수익률과 총자산회전율의 곱으로도 표시가 된다.

$$총자산수익률 = \frac{당기순이익}{판매액} \times \frac{판매액}{총자산}$$

위에서 구한 판매수익률 2.854%와 총자산회전율 1.67을 위 식에 대입하면 위에서 구한 총자산수익률 4.8%를 얻게 된다.

$$총자산수익률 = (0.02854) \times (1.67) = 4.8\%$$

### (3) 자기자본수익률

자기자본수익률(return on equity: $ROE$)은 당기순이익과 보통주 투자자와의 관계를 보여주는 비율이다. 즉, 자기자본수익률은 보통주에 투자된 단위 화폐당 당기순이익은 얼마나 되는가에 대한 답을 주는 재무비율이라고 할 수 있다. 이 비율은 당기순이익에서 우선주에 할당되는 배당금을 제외하고 나머지 금액을 당해 연도의 평균 보통주가 총액으로 나누어 구한다. 우선주 배당금이 지불되지 않는 경우에는 당기 순이익을 자기자본수익률의 분자로 사용하면 된다. 이 수익률은 회사가 투자위험에 상응하는 수익률을 창출할 수 있는 능력을 판단해 볼 수 있는 유익한 지표이다.

$$\text{자기자본수익률} = \frac{\text{보통주 투자자에 대한 순소득}}{\text{평균 자기자본}}$$

이 회사의 당기 순이익은 2,480억 원이고 자기자본은 2조 4,570억 원이다.

$$\text{자기자본수익률} = \frac{2,480}{24,570} = 10.1\%$$

이 회사의 자기자본수익률 10.1%가 적정한지에 관한 판단은 이 값 하나로 이루질 수 없다. 이러한 판단은 이 회사 자체의 전년도 자기자본수익률과 동종 경쟁업체들의 자기자본수익률과 비교한 후에 이루지는 것이 합리적이고 일반적이다. 그러나 이러한 비교판단이라고 해도 여전히 해석의 어려움은 존재한다. 예를 들어, 자기자본수익률은 회사에서 단순히 차입금을 증가시키면 상대적으로 자기자본 비중이 작아지게 되어 단순한 차입금 증가로 커지는 특성을 지니고 있다. 만약 이러한 요인을 고려하지 않고 자기자본수익률을 판단하면 기업정책 수립과 투자의사결정에서 큰 실수가 범해지게 된다. 그러므로 자기자본수익률에 관한 적정성을 판단하기 위해서는 앞에서 기술한 부채비율 등도 함께 살펴보는 것이 바람직하다.

마지막으로 자기자본수익률은 투자자가 회사로부터 받게 되는 현금액과는 전혀 상관이 없다. 이러한 현금 할당액(배당금)은 회사의 배당금 의사결정과 주식 매도 시의 주가 차익에 의해서 결정되기 때문이다. 자기자본수익률을 부채비율과 관련시켜 다시 표시하면 다음과 같다. 아래 식 가장 오른쪽의 항에서 분자 총 자산과 분모 자기자본의 차이는 총 부채이다. 이 비율이 크면 클수록 부채액이 커져서 회사의 부채비율이 높게 나타나게 된다.

$$\text{자기자본수익률} = \frac{\text{당기순이익}}{\text{매출액}} \times \frac{\text{매출액}}{\text{총자산}} \times \frac{\text{총자산}}{\text{자기자본}}$$

위에서 구한 판매수익률, 총자산회전율, 총자산 5조 1,930억 원, 그리고 자기자본 2조 4,570억 원을 위 식에 대입하면 위에서 구한 자기자본수익률과 동일한 값을 얻을 수가 있다.

$$\text{자기자본수익률} = (0.02854) \times (1.673) \times \frac{51,930}{24,570} = 10.1\%$$

### 3.6.5 시장가치분석

시장가치분석은 회사의 주가 대 주당이, 그리고 주당 장부가와의 관계를 보여주는 재무비율이다. 이 분석에 속하는 재무비율들로는 (1) 주가수익률과 (2) 주당장부가가 있다.

#### (1) 주가수익률

주가수익률(price-earning ratio: $PER$)은 투자자들이 당기순이익 한 단위당 기꺼이 지불하고자 하는 투자금액을 보여주는 비율이다. 그리고 이 비율은 주가를 주당이익(earning per share: $EPS$)으로 나누어 구한다.

$$\text{주가수익률} = \frac{\text{주가}}{\text{주당수익}}$$

만약 이 회사의 주가가 55,000원이라고 가정하면 주당수익이 3,351원이기 때문에 이 회사의 주가수익률은 16.4배이다.

$$\text{주가수익률} = \frac{55,000}{3,351} = 16.4\text{배}$$

주가수익률 16.4배는 투자자들이 이 회사의 보통주식의 주가 1원에 대해 16.4원의 가치가 있다고 판단한다는 의미이다. 그러므로 주가수익률을 알고 주가를 알면 이 회사의 주식 발행 수를 대략적으로 추정할 수가 있다. 일반적으로 증권회사의 웹사이트에서는 각 상장회사에 관한 다양한 재무제표, 경영성과지표, 그리고 금융투자 관련 지표들을 제공해 주고 있다. 과거의 기록에 의하면 주식시장에 상장된 회사들의 평균 주가수익률은 대략 16~18배 사이라고 한다.

#### (2) 주당장부가격

주당장부가격(book value per share: $EPS$)은 회사의 모든 자산이 대차대조표상의 금액으로 처분되고 그리고 모든 부채가 상환된 후 보통주 한 주에 할당되는 금액이다.

$$\text{주당장부가격} = \frac{\text{총자기자본} - \text{총우선주가치}}{\text{총발행주식수}}$$

이 회사의 총 자산에서 모든 부채를 상환한 금액은 순 자기자본 2조 4,570억 원이고 보통주 총 발생 수는 7,400만 주이다. 그러므로 주당장부가격은 33,203원이다.

$$\text{주당장부가격} = \frac{24,570}{74,000,000} = 33,203\text{원}$$

일반적으로 실질 시장주가와 주당장부가격은 상당히 큰 차이를 보인다. 전설적인 투자자인 오마하의 현인 워렌 버핏은 시장주가와 주당장부가격이 거의 같거나 아니면 시장주가가 주당장부가격보다 낮은 회사의 주식에 투자하기를 선호한다고 한다.

지금까지 재무비율분석에 대하여 간단히 논하였다. 재무비율분석이 유용하기는 하지만 분석자는 끊임없이 변하는 시장상황을 인식하고 이에 맞도록 계속 정보를 수정해야 한다. 또한 특정한 재무비율분석 값의 타당성을 일반화하기는 어렵다는 사실이다. 예를 들어, 높은 유동비율은 높은 유동상태를 의미하기는 하지만 과도하게 많은 현금을 은행에 예금한 상태는 바람직한 자본운영이라고 할 수가 없다.

## 3.7 운전자본

순 운전자본(net working capital)은 현금, 재고, 외상매출(매출채권) 등의 유동자산에서 매입채무(외상매입), 미지급임금, 장기부채 이자 등 단기(유동)부채를 차감한 잔액으로 일상적인 영업활동에 필요한 자금을 말한다. 순 운전자본은 단기부채를 지급하기 위해 단기자산의 여력이 얼마나 되는가를 판단하는 지표로 활용된다.

$$\text{순 운전자본} = \text{유동자산} - \text{유동부채} \qquad \cdots (2)$$

$$\text{순 운전자본} = 27,500 - 11,740 = 15,760$$

위 공식을 이해하기 위해 XYZ라는 소규모 제조회사를 고려해 보자. 모든 생산사이클은 현금으로부터 시작된다. 그러면 현금이 운전자본의 첫 번째 계정과목이 된다. 이제 생

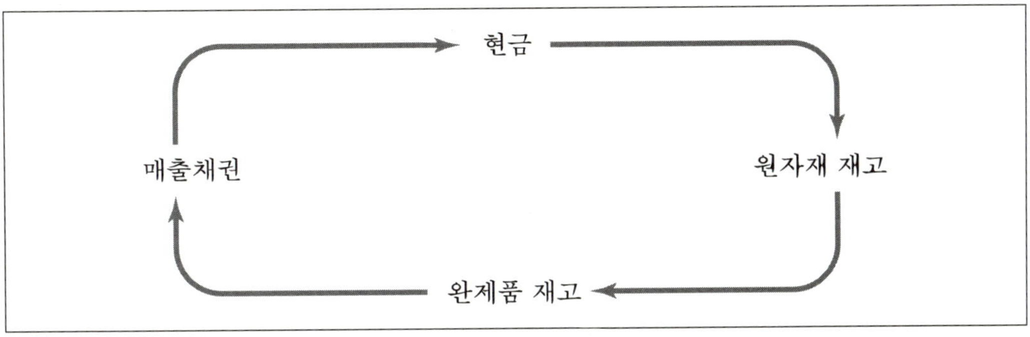


그림 3.4 운전자본과 생산사이클

산활동들을 위해 먼저 XYZ회사는 현금으로 원자재를 구입하여 전자본의 두 번째 계정과목인 재고 중 하나인 원자재재고가 창출하게 될 것이다. 구입된 원자재는 제품생산에 사용되어서 재공품 재고가 창출될 것이고 궁극적으로는 완제품재고가 창출된다. 이러한 재고들은 모두가 재고 계정과목에 속하게 된다. 마지막으로, 완제품이 고객에게 판매되면 매출채권(외상매출)이 창출된다. 〈그림 3.4〉는 생산사이클과 운전자본 계정과목들과의 관계성을 보여 주고 있다.

서비스 회사의 운전자본도 이와 유사한 형태를 갖지만 제조회사의 경우보다 훨씬 더 단순하다. 예를 들어, 회사의 직원들을 교육시키는 것이 주 업무인 소규모 비즈니스 서비스회사를 고려해 보기로 하자. 이 회사의 업무사이클은 교육자료들을 개발하는 것을 시작으로 해서 교육을 끝내고 교육비를 수령하는 것으로 마감된다. 이 경우 교육프로젝트 실행과 교육비 수령을 효율적으로 실행할수록 이 회사의 수익성과 현금흐름 상태는 더욱 더 양호해질 것이다. 사실, 서비스회사가 이익을 내는 가장 바람직한 방법은 서비스를 고객에게 신속하면서 유익하게 제공해 준 후 서비스 제공에 대한 비용을 가능한 한 빨리 회수하는 것이다.

제조회사의 생산사이클이나 서비스회사의 업무사이클에서 운전자본 계정과목들은 일반적으로 변한다. 그러나 새로운 투자자본이나 금융기관으로부터의 대출로 현금이 이 사이클에 투입되지 않으면 운전자본 전체 금액의 변화는 발생되지가 않는다. 물론, 회사에서 외상으로 유동자산을 매입하면 현금 중 일부가 사용되지는 않지만 대신 유동부채의 매입채권 계정과목이 증가하게 된다. 그러면 이 회사의 운전자본을 정확하게 산출하기 위해서는 증가된 매입채권 금액만큼을 유동자산의 총액에서 차감시켜야 한다.

회사에서 운전자본을 측정하기 위해서 일반적으로 매출채권, 재고, 그리고 매입채무 계정과목들을 살펴본다. 이와 같은 운전자본을 협의의 운전자본이라고 한다. 이 세 계정과목들의 증감에 따라서 운전자본의 증감현상이 초래된다.

첫째, 매출채권은 고객의 구매활동을 금전적으로 지원하기 위해 필요한 현금이므로 매출채권이 증가하면 운전자본이 증가하게 된다.

둘째, 재고는 고객에게 제품을 생산해서 판매할 목적으로 원자재, 재공품, 그리고 완제품 재고를 유지하기 위해 필요한 현금이므로 재고가 증가하면 운전자본이 증가하게 된다.

셋째, 매입채무는 타 기업에 상환해야 하는 부채이므로 매입채무가 증가하면 운전자본이 감소하게 된다.

위에서 기술한 세 가지 계정과목들은 매출채권회전율, 재고회전율, 그리고 매입채무회전율을 결정하는 중요한 요소로 작용하고 있다. 그러므로 운전자본을 효과적으로 관리하기 위해서는 세 가지 재무비율을 현명하게 이용할 필요가 있다. 매출채권회전율이 증가되면 외상매출금액을 회수하는 기간이 짧아져서 운전자본 요구액이 감소하게 된다. 이와 마찬가지로 재고회전율이 증가되면 재고가 공장시스템 내에 머무르는 시간이 짧아져서 운전자본 요구액이 감소하게 된다. 마지막으로 매입채무회전율이 감소되면 외상금액을 지불하는 기간이 길어져서 운전자본 요구액이 또한 감소하게 된다. 각 회사에 적합한 운전자본의 크기를 결정할 수 있는 일반화된 이론이나 방법론은 존재하지 않는다. 그러나 위에 기술한 매출채권, 재고, 그리고 매입채무 계정과목들은 비재무 관리자들에 의해서 직접적으로 영향을 받는 중요한 운전자본 계정과목들이라는 사실을 명심할 필요가 있다.

이와 같인 매출채권, 재고, 그리고 매입채무 계정과목으로 운전자본을 분석해 보면 다음과 같다. 먼저 위에서 결정한 매출채권회전율, 재고회전율, 그리고 매입채무회전율을 이용해서 운전자본 요구액을 그림으로 표시하면 〈그림 3.5〉와 같다. 이 그림에서 알 수

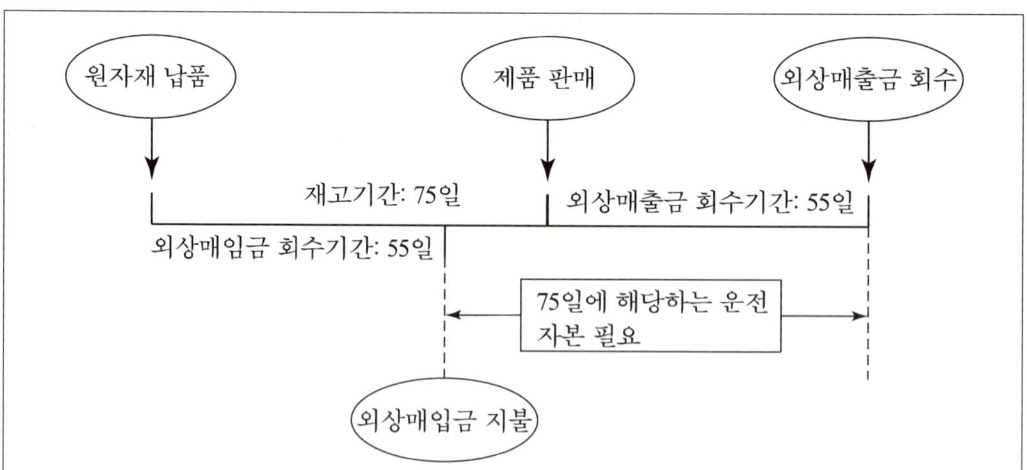


그림 3.5 협의의 운전자본 요구액

있듯이 이 회사는 납품을 받고 55일 후에 외상매입금을 지불해야 하고, 납품받은 물품은 회사 재고시스템에 75일 동안 머무른 후에 판매되고, 그리고 55일 후에 상품대금을 회수하고 있다. 그러면 이 회사는 외상매입금을 지불한 후 외상매출금을 회수하기까지 75일 동안 회사를 경영할 운전자본이 필요하다. 이러한 운전자본은 매출원가 100억 원 당 20억5,479만 원이다.

$$100 \times \frac{75}{365} = 20.5479\text{억}$$

다음 절에서는 원가시스템과 원가 종류들에 관하여 알아보기로 한다.

## 3.8 원가의 종류

다양하게 존재하는 원가들을 분류하는 이유는 경영관리 목적에 적합한 원가정보를 유추함에 있다. 예를 들어, 엔지니어들은 외부보고서 작성, 예산수립 및 여러 종류의 경영 의사결정을 내리기 위해 원가정보가 필요할 수가 있다. 또한 원가를 분류하는 이유로는 각기 다른 원가자료의 사용목적으로 인하여 원가의 정의나 종류를 달리 표현할 수가 있기 때문이다. 예를 들어, 재무보고서를 준비하기 위해서는 과거의 원가정보가 필요하고, 반면에 경영 의사결정을 위해서는 현재 및 추정된 미래의 원가정보가 필요하다. 다음 절에서 먼저 원가시스템의 역사적 배경에 관하여 간략하게 알아보기로 한다.

### 3.8.1 원가시스템의 역사

본 절에서는 먼저 간략하게 원가시스템의 역사적 발전단계를 기술하고, 직접비 중심의 원가시스템과 1980년대 중·후반부터 하버드대학교 경영대학의 카플란(Kaplan) 교수와 쿠퍼(Cooper) 교수가 주장한 활동기준원가시스템(activity-based costing: *ABC*)의 개념에 관해서 기술하고, 마지막으로 다양한 원가의 종류들에 관하여 알아보기로 한다. 현재와 같은 원가시스템의 역사는 파치올리가 복식부기법을 제안한 15세기부터 시작하고 있다. 그러므로 본 절에서는 원가시스템의 역사를 이 시기부터 현재까지의 원가시스템의 발전단계를 19세기(원가시스템도래), 1880년~1910년(테일러의 과학적 관리), 1910년~1920년(Du Pont), 1920년~1930년(GM), 그리고 관리회계에서 원가회계로 이어지는 5단계로 나누어 알아보기로 한다.

우리는 이미 본 장의 소개부분과 1장의 투자기법의 역사적 배경을 논하는 절에서 파치올리가 1494년에 복식부기법을 제안하였다고 하였다. 이러한 복식부기법의 도입으로 원가시스템이 도약적으로 발전하게 되었는데 초기에는 단순히 상품거래를 기록하는 것으로 시작한 후, 19세기에 들어와 산업혁명의 결과로 제품 생산방식이 복잡하고 다양화됨에 따라 적법한 원가시스템의 개발이 요구되었다. 이 시기의 주된 산업들로는 섬유, 철도, 철강, 석유, 유통업체 등이 있고, 이 산업들의 특징으로는 단순공정에 의한 제품이나 서비스를 창출하는 것이었다. 그러므로 이 시기의 원가시스템의 목적은 내부공정의 성과측정과 평가 그리고 직접생산원가를 계산하는 것이었다.

1880년부터 1910년으로 구분되는 원가시스템의 발전단계는 그 기초를 테일러(Frederic Winslow Taylor)의 과학적 관리기법(scientific management)에 두고 있었다. 작업자의 직무를 표준화는 것을 주제로 한 테일러의 과학적 관리기법은 제품이나 서비스의 원가측정을 좀 더 과학적으로 할 수 있는 토대를 마련해 주었고, 후에는 표준원가시스템의 개발에 크게 기여하였다. 이 시기의 주된 산업들로는 재봉틀, 펌프, 타이프라이터, 공작기계 등으로 제품의 생산공정이 전 시기의 제품생산공정에 비해 더욱 복잡화되는 경향을 가지고 있다. 그러므로 이 시기에는 작업자의 효율성에 관한 정확하고 정밀한 정보수집이 매우 어렵게 되었다. 그러나 테일러의 과학적 관리기법에 의하여 원자재와 노동력에 관한 표준설정이 가능해졌다(예, 자재계획서와 시간·동작 연구). 이와 같은 표준설정으로 제품의 표준원가 설정이 가능해지고 제품의 재고가치 측정이 용이해져서 예전보다 더 합리적인 기업경영이 가능해졌다. 이때 엔지니어와 관리자에 의해 작업 생산성과 제품의 이익성을 연결해주는 원가시스템이 개발되어 원거리에 위치한 공장의 효율적 경영관리시스템이 작동하게 되었다.

미국의 세계적 화학공업분야의 다국적 기업인 듀퐁회사는 듀퐁시대라고 일컫는 1910년부터 1920년까지는 제조, 구매, 수송, 유통활동을 위해 설립된 독립적인 회사들이 서로 통합하는 시기이었다(예: Du Pont, GE, American Tobacco, U.S. Steel). 이 시기에 요구되는 원가시스템의 주요 주제로는 (1) 본사에서 공동목표를 달성하기 위하여 각 활동부서들을 지시하고 감독하고 조정할 수 있어야 했고, (2) 합리적인 예산수립을 위한 방법론 개발이 요구되었고, (3) 투자프로젝트의 투자수익성을 측정할 수 있는 기법 개발에 대한 요구가 있었고, 그리고 (4) 각 활동부서들의 성과를 회사전체의 성과와 비교할 수 있는 성과측정시스템이 필요하게 되었다. 듀퐁회사가 이 시기의 원가시스템이 요구하고 있는 방법론 개발을 주로 담당하였고, 현재 사용되고 있는 직접비 중심의 전통적인 원가시스템을 완성하였다. 이러한 원가시스템 개발에서 중요한 역할을 한 인물로는 브라운(Brown)이라는 당시 전기공학도 출신이었다.

1920년부터 1930년까지로 구분되는 원가시스템 발전단계에서는 주로 GM회사가 주된 역할을 하였으며, 이 시기 산업의 특징으로는 제조, 금융, 경영분야에서의 경제적 이득을 극대화하기 위해 독립적인 회사들을 통합하는 것으로 규명되고 있다(예, Durant에 의한 GM(Cadillac, Oakland(Pontiac), Buick, Oldsmobile). 그리고 GM의 전설적인 경영자인 슬로안(Alfred P. Sloan, Jr.)과 같은 전문경영인에 의한 기업경영시대가 도래했다고 할 수 있다. 슬로안은 1923년부터 1946년까지 GM의 사장과 회장으로 재직하면서 현대 기업 경영의 상당한 수의 주요한 개념들을 GM회사 경영에 실질적으로 적용하면서 기업경영을 전문영역분야로 발전시켰다. 슬로안의 주요 경영개념들을 살펴보면, 첫째 기업 경영은 절대적으로 전문적 경영지식을 요하는 분야이고, 두 번째로는 변호사나 의사들에게 의뢰인과 환자가 있듯이 전문경영관리자의 고객은 기업(enterprise)이라고 규명하였다. 세 번째로는 절대로 전문경영인은 개인적인 의견이나 그들의 선호도가 아닌 객관적인 사실을 토대로 기업 의사결정을 내려야 한다는 것이다. 이 예들 외에 슬로안의 여러 종류의 새로운 경영철학 및 기법들에 관한 내용들이 있지만 마지막으로 슬로안은 기업경영자는 직무와 관련하여 절대로 사내·외에 친구들을 두지 말아야 하며, 그들의 직무 또한 그들에게 주어진 직무에 열정을 쏟되 절대로 주위 사람들에 대한 선호도 또는 그들을 변화시키려고 노력해서는 안 된다고 주장하고 있다.[5)]

이 시기에 요구된 원가시스템의 주요 주제로는 첫 번째, 기업주의 이익에 가장 부합되도록 전문경영인은 장기적인 측면에서 평균 설비이용률을 80%에서 평균 세후 투자수익률 20% 이상을 확보하는 것이었고, 두 번째, 단기 공정원가와 제품수요에 의해 야기되는 불확실성을 최소화하기 위해 제품의 표준가격을 제품 출시 직전에 공표하여 일 년 동안 동일한 가격을 적용해야 하는 내용들이었다.

1930년 이후의 원가시스템은 단순한 원가 관리회계에서 원가회계로 변하는 시기라고 할 수 있다. 이 시기의 산업특성으로는 포드자동차 회사의 창업주인 포드에 의하여 도입된 대량생산시스템 의한 규모의 경제(economies of scale)에서 GM에서 실행한 제품의

---

5) Alfred P. Sloan, Jr.: My Years with General Motors, edited by J. McDonald and C. Stevens, with a New Introduction by P. F. Drucker, Currency Doubleday, 1990.

다양화와 같은 질의 경제(economies of scope)로의 이전이라고 할 수 있다. 이 시기의 원가시스템의 주요 주제로는 첫 번째, 제품 종류의 다양화와 정보수집 기술의 열악함으로 인해 정확한 제품 원가정보 추정이 어려웠고, 두 번째, 투자에 필요한 투자자본을 외부로부터 유치하기 위해 객관적이고 종합적인 재무정보의 제공이 필요하게 되었다는 점이다.

그러므로 원가관리 목적을 위해 각 제품이 소모하는 기업의 자원을 추적하기보다는 외부 이해관계자(투자자, 금융기관)들을 위한 재무보고 목적으로 원가회계가 이루어진 것이었다. 이때부터 원가회계가 본격적으로 제품재고가치 측정에 역점을 두게 되었고, 회계학에서는 주로 재무회계를 가르치게 되어 경영학도들이 주로 공인회계사와 많은 기업들에서 최고경영자의 위치까지 올라가게 되었다. 그러므로 이 시기에는 원가정보가 아닌 재무정보를 토대로 기업의 중요한 의사결정이 이루어져 할 수 있다. 마지막으로 이러한 오랜 시간을 걸쳐 발전되어 온 원가시스템의 개발에 가장 큰 역할을 하고 영향을 미친 인물들의 거의 대부분이 공학도들이라는 사실이다.[6)]

다음 3.8.2절에서는 지난 1980년 중·후반부터 직접비 중심의 원가시스템을 대체하기 시작한 새로운 원가시스템인 활동기준원가시스템(activity-based costing systems: ABC Systems)의 필요성에 관해서 알아보기로 하자.

## 3.8.2 전통적인 원가시스템과 활동기준원가시스템

본 절에서는 직접비 중심으로 원가가 측정되는 전통적인 원가시스템과 활동중심으로 원가가 측정되는 활동기준원가시스템에 관하여 살펴보기로 하자. 위에서 살펴본 바와 같이 원가시스템의 개발은 제품이나 서비스를 창출하는 제조환경과 매우 밀접한 관계를 가지고 있다. 예를 들어, 직접비 중심으로 원가[7)]가 측정되는 전통적인 원가시스템이 개발된 시기인 1920년대는 제품을 생산하는 대부분의 제조시스템이 생산 작업자들의 직접노동에 의하여 이루어졌다. 이 시기에 생산된 제품의 원가(재료비는 제외) 중에서 직접노동

6) H. P. Johnson and R. S. Kaplan, Relevance Lost: The Rise and Fall of Management Accounting Harvard Business Press, Boston, MA, 1987.

7) 본 절과 다음 절에서는 원가(cost)와 비용(expense)을 구별하여 사용하기로 한다.
- 원가(cost): 제품이나 서비스를 창출하기 위하여 기업이 소모한 자원의 가치를 화폐가치로 환산한 것(예, 기업주의 보수, 기부 받은 재화나 용역)
- 비용(expense): 일정 기간 내에 기업의 운영에 관하여 발생하는 금액이며, 동시에 기업 소유주의 자본가치를 감소시키는 요소(금융비용, 임시손실)

  Note : 제품원가는 원가인 동시에 비용임

원가가 차지하는 비율이 대략적으로 80~85%이였다고 한다.

그러므로 이 시기에 직접노동원가를 중심으로 제품의 원가가 계산되어야 한다는 사실에는 아무런 문제가 없었다. 그러나 최근에는 대부분의 제품생산이 생산근로자들의 직접노동이 아닌 자본재에 의하여 이루어지고 있다. 예를 들어, 맥주를 생산하는 공장에는 맥주를 생산하는 전 공정이 완전 자동화되어 있기 때문에 생산현장에서 생산근로자를 거의 찾아볼 수가 없다. 이와 같이 제품 생산현장의 시설들이 자동화되어감에 따라 제품의 제조원가(제품원가=제조원가=재고원가) 중에서 직접노동원가가 차지하는 비율이 상당히 감소되어(대략 총 원가 중에서 10%내외. 국내 자동차의 총 원가 중에서 노동원가가가 차지하는 비율은 17% 정도) 직접원가를 중심으로 제품원가를 계산하는 것이 부적합하게 되었다. 현재 총 제품원가 중에서 간접제조원가가 차지하는 비율은 최소한 60% 정도로 보고되어 있다. 그러므로 제조환경의 급격한 변화로 이에 적합한 새로운 제품원가시스템이 1980년 초·중반부터 요구되기 시작하였다. 이러한 요구에 따라 카플란(R. S. Kaplan)과 쿠퍼(R. Cooper)가 제조현장에서 수행되는 활동들을 기준으로 제품의 원가를 계산하는 활동기준원가시스템을 1980년대 후반에 제안하였다. 제조환경이 변하면 그에 합당한 새로운 원가시스템이 요구되듯이 생산현장의 생산근로자들의 성과를 측정하는 새로운 성과측정시스템(performance measuring system)도 요구되었다.

직접원가를 중심으로 제품원가를 계산하는 전통적인 원가시스템과 활동기준시스템의 가장 두드러진 차이점은 다음과 같다. 첫 번째, 전통적인 원가시스템은 제품원가를 유발시키는 주된 요인이 제품이라고 가정하고 있는 반면에, 활동기준시스템은 제품생산을 위해 수행되는 활동들이 일차적인 제품원가 유발요인이라고 가정하고 있다. 두 번째, 전통적인 원가시스템의 주목적은 정확한 제품원가계산이 아니고 재고가치를 측정하는 것인 반면, 활동기준원가시스템의 주목적은 정확한 제품원가계산이다. 이와 같은 이유들로 인하여 기업 내에서 두 가지 이상의 회계시스템을 운영하는 것이 바람직하다고 카플란과 쿠퍼는 주장하고 있다. 이 외에도 여러 측면에서 전통적인 원가시스템과 활동기준원가시스템의 차이를 논할 수 있지만 그 내용들에 대한 설명은 본 서에서는 생략하기로 한다.

그러나 새로운 원가시스템이 요구되는 내용과 그 효과를 〈그림 3.6〉을 참고로 하여 간략하게 순차적으로 살펴보기로 하자. 〈그림 3.6〉에서 보는 바와 같이 전에는 제품 시장에서 제품가격이 유일한 시장경쟁요소로 작용했었지만, 현재는 제품가격보다 제품의 품질, 다양성, 납기준수율, 제조시스템의 유연성 등이 더 중요한 시장경쟁요소들로 작용하고 있다. 이러한 제품경쟁력 요소의 변화로 제품시장에서 새로운 제조시스템을 요구하게 되었다. 이러한 제조시스템의 변화는 앞에서 설명하였듯이 새로운 원가시스템을 요구하

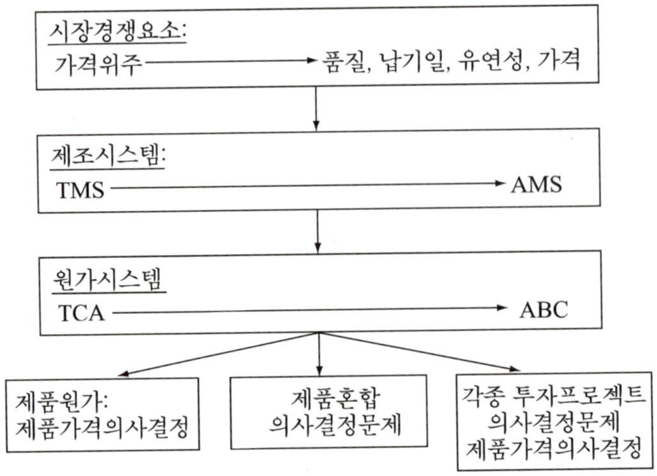


• Note: TMS(traditional manufacturing system): 전통적인 제조시스템

AMS(advanced manufacturing systems): 자동화제조시스템

TCA(traditional cost accounting): 전통적인 원가시스템

그림 3.6 새로운 원가시스템의 출현 배경 및 영향도

게 되었지만. 원가시스템을 대체하면 제품가격, 제품혼합(product mix), 기업의 중요한 투자의사결정 등이 크게 영향을 받게 된다. 다음 절에서는 원가종류들에 대해 알아보기로 하자.

### 3.8.3 원가의 종류

원가는 크게 회계적 원가와 경제적 원가로 구분된다. 회계적 원가는 재무제표 작성을 위해 필요한 원가로 실질적으로 발생된 원가이기 때문에 회계시스템에 기록이 가능하다. 그러나 경제적 원가는 원가를 절감하고 이익성을 향상시키기 위해 기업의 자원을 재조정하기 위한 의사결정과 관련된 원가로 실질적으로 발생되지 않은 원가이기 때문에 회계시스템에 기록이 불가능하다.

다음에 기술한 원가종류들은 회계적 원가로서 전통적인 원가시스템하에서 분류된 원가 종류들이다. 원가종류는 원가계산의 목적과 대상에 따라 그 방법이 각각 달라질 수 있다. 그러므로 원가종류는 원가계산의 목적에 따라 서로 다른 내용을 지니게 되며, 구체적으로 원가가 어떻게 분류되느냐 하는 문제는 원가의 사용목적이나 관점에 따라 달라질 수 있다. 원가의 사용목적에 따라 원가는 다음과 같이 분류된다.

(1) 소비형태에 따른 분류: 재료원가, 노무원가, 제조원가, 제조간접원가 등
(2) 재무제표 작성을 위한 분류: 직접원가, 간접원가
(3) 기능상의 분류: 제조원가, 판매원가, 일반관리원가
(4) 원가행태에 따른 분류: 변동원가, 고정원가
(5) 계산시점에 따른 분류: 실제원가, 예정원가
(6) 측정단위에 따른 분류: 제품원가, 기간원가
(7) 관리가능성에 따른 분류: 관리가능원가, 관리불가능원가

위에 나열한 여러 형태의 원가종류들에 관한 자세한 설명은 다음의 참고도서를 참조하기 바란다.[8] 본 절에서는 소비형태에 따른 분류, 재무제표 작성을 위한 분류 그리고 원가행태에 따른 분류들에 관해서 알아보기로 한다.

### 소비형태에 따른 분류

원자재 구매, 완제품 생산, 마케팅 등과 같은 기본적인 활동들은 거의 모든 사업분야에서 공통적으로 수행되고 있다. 그러므로 본 절에서는 제조회사에 초점을 맞추어 원가를 고려해보기로 한다. 위에서 나열한 원가분류들 중에서 이와 같은 목적과 부합하는 원가분류는 소비형태에 따른 원가분류와 추적가능성에 따른 원가분류를 종합한 원가들이다.

- 제조원가: 제조회사 내에서 발생하는 대표적인 제조원가 종류는 직접재료원가, 직접노동원가 그리고 제조간접원가 등이 있다.
  ① 직접재료원가: 직접재료원가는 제품 생산을 위해 사용된 재료원가로서 생산된 제품에 대해 쉽게 추적이 가능한 원가이다. 예로서 가구에 사용된 목재, 교량 건설을 위해 사용된 철근 등을 들 수가 있다.
  ② 직접노동원가: 직접재료원가와 같이 직접노동원가도 제품생산을 위해 직접 사용된 노동원가이다. 예를 들어, 금속제작 분야에서 작업하는 용접공의 노임, 주택건설 현장에서 작업하는 목수나 벽돌공의 노임 등이 직접노동원가가 된다.
  ③ 제조간접원가: 제조원가를 구성하는 세 요소 중 마지막 세 번째 요소인 제조간접원가는 직접노동원가와 직접재료원가를 제외한 모든 제조원가를 말한다. 특히, 간접재료원가, 간접노동원가, 생산장비의 유지·보수원가, 조명 및 난방원가, 감가상

8) 유일근 저, 원가측정과 분석: Engineer와 Manager를 위한 실무적 지침서, 시그마프레스, 2판, 2005년.

각원가 등이 제조간접원가의 중요한 원가 구성 요소가 된다.

- 비제조원가: 비제조원가는 제조활동을 보조해주는 원가로 두 가지 원가종류가 있다. 첫 번째 원가종류로는 운영비로서 물류창고 임대료 및 자동차 렌트비 등이 있다. 두 번째 원가종류로는 마케팅비(판매비)와 일반관리비 등과 같은 영업비가 있다. 제조활동을 효과적으로 관리하기 위해 판매 및 일반관리비도 다음과 같이 분류해야 한다.
  ① 간접비: 판매 및 관리활동과 관련된 난방 및 조명, 재산세, 감가상각비
  ② 마케팅: 광고, 배송, 판촉활동, 판매커미션, 판매직원 월급
  ③ 관리기능: 경영자 보수, 일반회계, 회사 외부와의 관계 및 비서활동, 관리비는 회사의 일반관리와 관련된 경영, 조직 및 서무비용

### 재무제표 작성을 위한 분류

재무제표들을 작성하기 위해 원가를 기간원가와 제품원가로 분류한다. 이러한 원가 분류는 위에 나열한 원가분류들 중에서 측정단위에 따른 원가분류에 속하는 원가들을 말한다. 기간원가와 제품원가의 차이를 이해하기 위해서는 일반 회계 원칙들 중 대응원칙(matching principle)[9]에 관한 이해가 필요하다. 대응원칙이란 매출을 창출하기 위해 발생한 원가들은 매출이 실현된 시기와 같은 때의 비용지출로 간주한다는 원칙이다. 이 대응원칙은 기간원가와 제품원가를 구별하는 중요한 기준이 된다.

- 기간원가: 기간원가는 비용이 발생한 시기에 부과되는 원가들이다. 이러한 기간원가의 정의 때문에 기업은 원가가 발생한 동일한 기간에 혜택을 받게 된다. 대표적인 예로서 일반관리비, 판매비, 보험 및 소득세 등이 있다. 그러므로 광고, 관리자 임금, 판촉커미션 그리고 비제조원가들은 모두 기간원가가 된다. 이와 같은 원가들은 제품생산이나 운송과는 직접 상관이 없고 손익계산서에 발생한 기간의 비용으로 즉시 처리된다.
- 제품원가: 어떤 원가는 원가가 발생한 기간에 부과되기보다는 생산된 제품에 직접 대응시키는 것이 바람직할 수 있다. 이러한 원가를 제품원가(product cost)라 하며 제품원가는 제품을 제조하거나 구입할 때 발생하는 원가로 구성되어 있다. 제품원가는 앞에서 기술하였듯이 직접원자재원가, 직접노동원가 그리고 제조간접원가 등 세

9) 대응원칙(matching principle): 비용발생의 결과인 매출액이 발생하게 되면 매출액이 발생한 동일한 회계기간에 이에 상응하는 비용이 반드시 손익계산서에 기록되어야 한다.

가지 원가요소들로 구성되어 있다. 제품원가는 제품이 판매되기 이전까지는 완제품 재고가치로 대차대조표의 자산 계정과목이지만 판매된 후에는 손익계산서의 매출원가(원가로 표현하기는 했지만 엄격히 말하면 이는 비용항목이다)로 기록된다.

### ❙ 원가행태에 따른 분류

투자프로젝트의 현금흐름분석을 위해서 제조활동의 변화에 따른 특정한 원가의 행태를 예측할 필요가 있다. 예를 들어, 내년에 제품 생산량이 5% 증가할 것으로 예측된다면 경영자는 제품생산량에 관한 최종적인 의사결정을 내리기 전에 5% 증가된 제품 생산량이 회사 전체의 임금에 미치는 영향을 파악해야 할 것이다. 이렇게 원가행태를 파악해야 영업활동의 변화에 대한 원가요소의 반응상태를 기술할 수 있다.

단, 원가행태를 파악할 때는 단위 원가가 아닌 총 원가 단위로 각 원가요소의 행태가 파악된다는 사실을 주지할 필요가 있다.

- 고정원가: 고정원가는 회사의 기본적인 작업능력을 제공해 주는 원가로 생산능력원가라고도 한다. 원가항목이 고정원가로 분류되기 위해서는 원가가 일정하게 유지될 수 있는 생산량 범위가 존재해야 한다. 즉, 고정원가는 생산량이 변한다 할지라도 주어진 생산능력 범위 내에서는 변하지 않는 원가이다. 예를 들어, 자동차의 경우 연간 보험료, 재산세, 그리고 면허세는 연간 자동차 운행거리와 상관없이 발생하기 때문에 고정원가이다. 건물임대료, 감가상각비, 영업 및 생산관리자의 봉급 등도 전형적인 고정원가의 예라고 할 수 있다.
- 변동원가: 고정원가와 달리 변동원가는 생산량 변화에 따라 원가가 변하는 원가이다. 예를 들어, 승용차를 생산하기 위해서는 승용차 한대만 4개의 타이어가 필요하다. 만약 자동차를 10대 생산한다면 필요한 타이어는 40개가 된다. 이 경우 타이어 하나 당 12만 5천원이라면 한 대당 타이어 총원가는 50만 원이 되므로 10대를 생산하게 되면 500만 원의 변동원가가 발생하게 된다. 이와 같이 승용차 생산량이 증가하면 타이어의 총 원가가 변하는 것과 같이 생산량의 변화에 따라서 총 원가가 변하면 이를 변동원가라고 한다. 생산근로자의 월급(경우에 따라서 고정원가로 취급하기도 함), 전기세, 수도세 등등이 전형적인 변동원가에 속한다.

위에서 논한 고정원가와 변동원가라는 특성으로 인하여 생산량의 변화에 따른 손익분기점 분석(break-even point analysis)이라는 경영기법에 대한 이해를 할 수가 있다. 손익분기점분석은 고정원가와 변동원가의 총액과 매출액을 같게 만들어 주는 제품 생산량을 구하기 위해 사용되는 경영분석기법이다. 즉, 만약 기업이 이렇게 구한 손익분기점만큼만 제품을 생산하면 기업은 “0”원의 이익을 얻게 된다. 이를 수식으로 표현하면 식 (2)와 같다.

$$\begin{aligned} \text{총 매출액} &= \text{총 비용} = \text{고정원가} + \text{변동원가 총액} \\ &= PX = F + VX \end{aligned}$$

단, $P$: 제품 판매가격, $X$: 제품 생산량, $F$: 총 고정원가, $V$: 단위당 변동원가

위 식을 생산량 ‘$X$’에 관하여 정리하면 다음과 같다.

$$X = \frac{F}{(P - V)} \qquad \cdots (2)$$

식 (2)의 분모인 $(P - V)$를 기여이익(contribution margin)이라고 한다. 손익분기점분석법을 사용하기 위해서는 생산된 제품이 생산되는 즉시 판매되어야 한다는 가정과 모든 원가함수가 생산량에 따라 선형적으로 변한다는 가정이 필요하다.

**❙ 예제 3.2** 손익분기점 분석

특정한 제품 $A$를 생산하고 있는 기업에서 다음과 같은 재무정보를 제공하고 있다고 가정하자. 고정원가는 2억 원이고, 생산량 한 단위 당 발생하는 변동원가는 50만 원이고, 그리고 이 제품의 시장 판매가격은 200만 원이다. 이와 같은 회계자료를 이용하여 제품 $A$의 손익분기점 생산량을 구하여라.

**조건**

고정원가$(F)$ = 2억 원, 단위당 변동원가$(V)$ = 50만 원, 판매가격$(P)$ = 200만 원

**풀이**

식 (2)에 주어진 조건 값들을 대입하면 이 제품의 손익분기점을 구할 수가 있다.

$$X = \frac{F}{(P - V)} = \frac{200{,}000}{(2{,}000 - 500)} = 133 \text{ (개)}$$

즉, 이 기업이 제품 $A$를 대략 133개를 생산하게 되면 손실도 이익도 보지 않게 된다.

**토의**

이 제품의 정확한 손익분기점은 133.333개이다. 이를 정수인 133개로 간주하고 다음

과 같이 이 기업의 손실 혹은 이익을 점검해볼 수가 있다.

〈표 3.11〉에서 최종 이익이 −50만 원으로 나온 이유는 손익분기점 생산량이 정확하게 133.33개인 것을 반올림하여 사용했기 때문이다.

‖ 표 3.11 ‖ 제품 $A$에 대한 손익분기점분석

(단위: 천 원)

| | |
|---|---|
| 총 매출액(2,000*133) | 266,000 |
| 총 변동원가(500*133) | 66,000 |
| 총 기여이익 | 199,500 |
| 고정원가 | 200,000 |
| 이익 | −500★ |

★ 계산상 오차로 '0'의 값으로 간주함.

마지막으로 경제적 원가들에 관하여 알아보기로 하자. 경제적 원가는 미래의 의사결정에 영향을 주는 원가이다. 그러므로 기업에서 의사결정을 내릴 때에는 다음과 같은 세 가지 경제적 원가들을 반드시 고려해야 한다. 바로 (i) 기회원가, (ii) 한계원가, 그리고 (iii) 매몰원가이다.

① 기회원가(opportunity cost): 여러 대안 중 하나의 대안을 선택함으로써 다른 대안을 선택하지 못하여 발생하는 원가(차선의 대안원가)이다.
② 한계원가(marginal cost): 제품 하나를 더 생산하는 데 발생하는 원가이다.
③ 매몰원가(sunk cost): 과거에 발생한 원가로서 미래의 어떠한 의사결정에 영향을 전혀 미치지 않는 원가이다.

이와 같이 경제적 원가가 발생하는 이유는 자원의 한계에 의해 자원의 희소성가치(value of resource scarcity)가 존재하기 때문이다.

# 연습문제

**3.1** 계정(account)이란 무엇인지를 구체적으로 기술하여라.

**3.2** 대차대조표, 손익계산서, 자기자본변화표, 그리고 현금흐름표에 관하여 구체적으로 기술하여라.

**3.3** 대차대조표, 손익계산서, 자기자본변화표, 그리고 현금흐름표의 상관관계를 기술하고 그 이유를 밝혀라.

**3.4** 회계공식에서 차변과 대변의 특성을 규정하여라.

**3.5** 대차대조표의 차변과 대변의 계정과목들을 기록하는 기준이 무엇인지를 밝혀라.

**3.6** 아래의 거래를 'T'계정 형식으로 표시하여라.

(1) 보험료로 240만 원을 현금으로 지불하였다.
(2) 재료비로 12만 원을 현금으로 지불하였다.
(3) 12월 공공요금으로 23만 원을 현금으로 지불하였다.
(4) 350만 원에 상당한 복사서비스를 고객에게 제공하고 서비스료로 350만 원 중 즉시 200만 원을 현금으로 받고 나머지는 외상으로 처리하였다.

**3.7** 다음 각 계정의 잔액들을 고려해서 자본금 계정의 잔액을 결정하고 회계등식을 표시해 보아라.

(단위: 백만 원)

| 계정 | 금액 |
|---|---|
| 외상매입금 | 440 |
| 당좌예금 | 880 |
| 자본금 | ? |
| 이익잉여금 | 1,000 |

| 계정 | 금액 |
|---|---|
| 건물 | 1,300 |
| 지급어음 | 625 |
| 현금 | 730 |
| 차량운반구 | 1,400 |

| 계정 | 금액 |
|---|---|
| 단기차입금 | 120 |
| 미지급금 | 115 |
| 상품 | 320 |
| 비품 | 670 |

**3.8** 다음 원장의 기록들을 참고해서 거래 내용을 대략적으로 추정해 보아라.

(단위: 억 원)

**현 금**

| | | | | | |
|---|---|---|---|---|---|
| 1/5 | 자본금 | 5,000 | 4/6 | 외상매입금 | 150 |
| 4/4 | 비 품 | 40 | 7/2 | 보 험 료 | 200 |
| | | | 8/8 | 미 지 급 금 | 2,000 |

**상 품**

| | | | | | |
|---|---|---|---|---|---|
| 3/7 | 외상매입금 | 150 | | | |

**건 물**

| | | | | | |
|---|---|---|---|---|---|
| 3/4 | 미지급금 | 2,450 | | | |

**자본금**

| | | | | | |
|---|---|---|---|---|---|
| | | | 1/5 | 현 금 | 5,000 |

**비 품**

| | | | | | |
|---|---|---|---|---|---|
| 2/9 | 미지급금 | 100 | 4/4 | 현 금 | 40 |

**미지급금**

| | | | | | |
|---|---|---|---|---|---|
| 8/8 | 현 금 | 2,000 | 2/9 | 비 품 | 100 |
| | | | 3/4 | 건 물 | 2,450 |

**외상매입금**

| | | | | | |
|---|---|---|---|---|---|
| 4/6 | 현 금 | 150 | 3/7 | 상 품 | 150 |

**보험료**

| | | | | | |
|---|---|---|---|---|---|
| 7/2 | 현 금 | 200 | | | |

**3.9** 다음 거래를 'T'계정 형식으로 표시하고, 이를 토대로 대차대조표, 손익계산서, 자기자본변화표 그리고 현금흐름표를 작성하여라.

• 거래 1: 2015년도 12월 1일에 준태는 한국대학교 부근에 컴퓨터 수리점을 하나

개설하였다. 이 사업을 위해 준태는 현금으로 6,000만 원을 투자하고, 이 현금을 경인은행에 JT컴퓨터 수리점이라는 사업명으로 개설된 예금계좌에 저축하였다.

- 거래 2와 3: JT컴퓨터 수리점은 먼저 컴퓨터 수리를 위해 2,500만 원을 현금으로 지출하여 컴퓨터 수리 장비를 구입하였으며, 500만 원의 현금을 지불하고 컴퓨터 수리를 위한 필요한 자재들을 매입하였다.
- 거래 4: 준태는 일단 컴퓨터 수리점을 운영하기 위해 수리점을 개업한 후 수요조사를 좀 더 철저하게 실시한 후 지금보다 더 많은 컴퓨터 수리를 위한 자재와 장비가 필요하다고 판단하였다. 이와 같은 요구사항을 만족시키기 위해 준태는 1,500만 원을 투자하여 장비를 더 구입하였으며, 300만 원을 지출하여 더 많은 자재를 매입하였다. 그러나 이 지출은 모두 외상으로 매입하였다.
- 거래 5: JT컴퓨터 수리점은 12월 8일에 고객에게 컴퓨터 수리 서비스를 제공하였고 즉시 현금으로 100만 원(net income)을 받았다.
- 거래 6과 7: JT컴퓨터 수리점은 12월 10일에 12월 건물임대료로 현금으로 150만 원을 지불하였다. 그리고 12월 12일에 종업원에게 150만 원의 급료를 지불하였다.
- 거래 8과 9: JT컴퓨터 수리점은 고객에게 외상으로 250만 원에 상당한 컴퓨터 수리 서비스를 제공하고, 그로부터 5일 후에 250만 원 모두를 현금으로 받았다.
- 거래 10: JT컴퓨터 수리점은 12월 20일에 그 전에 외상으로 매입한 장비 및 자재에 대한 외상매입금 1,800만 원 중 1,000만 원을 현금으로 갚았다.
- 거래 11: JT컴퓨터 수리점은 12월 30일에 준태에게 200만 원을 배당금으로 지불하였다.

**3.10** 거래발생원칙과 현금주의원칙에 관하여 간략하게 기술하고, 두 원칙의 차이점을 기술하여라.

**3.11** 만약 어느 회사의 *ROS*는 5%, 총자산회전율은 2.1배, 그리고 자가자본 대비 부채율이 1.0이라면 이 회사의 *ROE*는 얼마인가? 그리고 이 회사의 총 자산수익률은 얼마인가?

3.12 어느 회사의 유동비율은 1.6, 고정부채는 전혀 없고, 자기자본 대비 부채 비율이 1.0, 그리고 자기자본액이 51억 원이면, 이 회사의 고정자산의 가치는 얼마인가?

3.13 다음의 재무제표들은 세계적인 컴퓨터 판매업체인 Dell회사의 것들이다. 대차대조표는 2015년 1월 30일을 기준으로 작성되었고, 손익계산서를 작성하기 위한 영업기간은 2014년도 2월 1일부터 2015년도 1월 30일까지이다. 다음의 대차대조표와 손익계산서를 토대로 다음의 질문에 답하고, 그 의미를 해석하여라. 2015년 1월 30일 Dell회사의 주가는 $9.5이고 보통주 총 발행 수는 17억 5,800만 주이다.

(1) 부채비율
(2) 이자보상비율
(3) 유동비율
(4) 당좌비율
(5) 매출채권회전율
(6) 총자산회전율
(7) 판매수익률
(8) 총자산수익률
(9) 자기자본수익률
(10) 주가수익률
(11) 주당장부가
(12) 매입채무회전율

‖ 표 1 ‖ Dell회사의 2015년도 대차대조표

(단위: 백만 달러)

| | 2015년 1월 30일 | 2014년 2월 1일 |
|---|---|---|
| 자산 | | |
| 유동자산 | | |
| 현금 | $ 8,352 | $ 7,764 |
| 단기금융상품 | 740 | 208 |
| 외상매출금 | 4,731 | 5,961 |
| 매출채권금융[10)] | 1,712 | 1,732 |
| 재고 | 867 | 1,180 |
| 기타 | 3,749 | 3,035 |
| 총 유동자산 | 20,151 | 19,880 |
| 공장, 기계 및 장비 | 2,277 | 2,668 |
| 장기투자 | 454 | 1,560 |
| 장기매출채권금융 | 500 | 407 |
| 무형자산 | 2,461 | 2,428 |
| 기타장기자산 | 657 | 618 |
| 총 자산 | 26,500 | 27,561 |

10) 매출채권금융(financing receivable): 매출채권을 담보로 자금을 빌리거나 또는 매출채권을 매각하여 자금을 조달하는 것을 말한다.

‖ 표 2 ‖ Dell회사의 손익계산서

(단위: 백만달러)

| 부채 및 자기자본 | | |
|---|---|---|
| 유동부채 | | |
| 단기부채 | $ 113 | $ 225 |
| 외상매입금 | 8,309 | 11,492 |
| 미지급비용 | 3,788 | 4,323 |
| 단기선수수익 | 2,649 | 2,486 |
| 총 단기부채 | 14,859 | 18,526 |
| 장기부채 | 1,898 | 362 |
| 장기선수수익 | 3,000 | 2,774 |
| 기타장기부채 | 2,472 | 2,070 |
| 총 부채 | 22,229 | 23,732 |
| 상환보통주 | | 94 |
| 투자자자기자본 | 4,271 | 3,735 |
| 총 부채 및 자기자본 | 26,500 | 27,561 |

| | 2015년 1월 30일 | 2014년 2월 1일 |
|---|---|---|
| 매출액 | $ 61,101 | $ 61,133 |
| 매출원가 | 50,144 | 49,462 |
| 매출총이익 | 10,957 | 11,671 |
| 판매 및 일반관리비 | 7,102 | 7,538 |
| R&D비용 : | | |
| R&D&E | 663 | 610 |
| 진행 중 R&D | 2 | 83 |
| 총 R&D비용 | 665 | 693 |
| 총 운영비 | 7,767 | 8,231 |
| 영업이익 | 3,190 | 3,440 |
| 투자 및 기타 수익 | 134 | 387 |
| 세전이익 | 3,324 | 3,827 |
| 법인세 | 846 | 880 |
| 당기순이익 | 2,478 | 2,947 |
| 보통주 주당 수익: | | |
| 기본 | 1.25 | 1.33 |
| 수정 | 1.25 | 1.31 |
| 가중평균발행주식수 | | |
| (단위: 백만주) | 1,980 | 2,223 |
| 기본 | 1,986 | 2,247 |
| 수정 | | |

**3.14** 문제 13에 있는 재무제표들을 토대로 Dell회사의 2015년 1월 30일 당일의 현금 흐름표를 작성하여라.

**3.15** Dell회사의 2015년도 운전자본을 결정하고 그리고 매출채권, 재고, 그리고 매입채무 계정과목을 토대로 Dell회사의 일일 운전자본을 구하여라.

**3.16** 아래 표를 참조하여 다음 각 질문에 답하여라.

(단위: 억 원)

‖ **표 3** ‖ 어느 회사의 대차대조표와 손익계산서

| | 2015년 12월 31일 |
|---|---|
| 대차대조표 | |
| 자산 | |
| 유동자산 | |
| 현금 | 164.0 |
| 외상매출금 | 255.9 369.3 |
| 재고 | 161.1 |
| 기타유동자산 | 950.3 |
| 총 유동자산 | 485.8 |
| 고정자산 | 1,436.1 |
| 총 자산 | |
| 부채 및 자기자본 | |
| 매입채권(외상매입금) | 213.7 |
| 단기부채(@8%) | 150.0 |
| 기타단기부채 | 216.9 |
| 총단기부채 | 580.6 |
| 장기부채(@10%) | 200.0 |
| 자본금(보통주) | 120.0 |
| 잉여이익 | 535.5 |
| 총 부채 및 자기자본 | 1,436.1 |
| 손익계산서 | |
| 매출액 | 1,637.0 |
| 매출원가 | 966.1 |
| 매출총이익 | 670.9 |
| 영업비 | 382.2 |
| 영업이익 | 288.7 |
| 이자 | 38.1 |
| 세전 이익 | 250.6 |
| 법인세 | 97.7 |
| 당기순이익 | 152.9 |

(1) 만약 이 회사의 2014년 12월 31일 잉여이익이 449.3억 원이었다면 이 회사가 2015년 이 회사 주식소유자들에게 지불한 배당금을 추정해 보아라.

(2) 이 회사가 2015년에 부채의 일부를 상환하였는지 아니면 추가적으로 부채를 더 차입하였는지를 판단해 보아라.

(3) 만약 2015년 말이 되기 바로 전에 이 회사가 단기부채 중 100억 원을 상환하였다면, 이러한 부채 상환이 (i) 유동비율, (ii) 당좌비율에 미치는 영향을 파악하여라.

(4) 만약 이 회사의 주당수익률 PER이 18이라면, 이 회사의 장부가격 대비 시장가격의 비율을 구하여라.

(5) 만약 이 회사가 2015년 1월 초에 추가적으로 100억 원에 상당한 보통주를 팔아서 얻은 매도금으로 장기부채를 상환하였다면, 2015년 12월 31일에 아래의 재무비율에 미치는 영향을 어떤지를 파악하여라.

(i) ROS

(ii) ROE

(iii) 장기부채 대 총 자본(총 자본은 장기부채와 투자자본의 합으로 표시됨)

**3.17** 원가의 종류를 구분하는 기준에 관하여 간략하게 기술하여라.

**3.18** 원가시스템의 역사적 배경에 관하여 간략하게 기술하여라.

**3.19** 전통적인 원가시스템과 활동기준원가시스템이 무엇인지를 기술하고, 두 원가시스템의 차이점에 관하여 간략하게 기술하여라.

**3.20** 전통적인 원가시스템에 대한 대안으로 새롭게 사용되고 있는 활동원가시스템이 필요한 이유를 밝혀라.

**3.21** 제품원가(제조원가 또는 재고원가)가 원가와 비용으로 구분되는 기준이 무엇인지를 밝혀라.

**3.22** 한국전자에서는 컴퓨터에 사용되는 칩을 생산하기 위해 고정원가로 연간 4억 원을 지출하고 있다. 한 개의 칩을 생산하기 위한 변동원가는 1,000원이고 이 칩의

판매가격은 1,800원이라고 한다.

(1) 칩 생산을 위해 투자된 비용을 완전히 회수하기 위한 손익분기점 생산량이 얼마인지를 결정하고, 간단한 손익계산서를 작성하여라.

(2) 이 칩 생산에 있어서 연간 이익이 8,000만 원이 되게 하는 생산량이 얼마인지를 결정하여라.

(3) 이 회사의 법인세가 20%라고 가정하고, 연간 이익이 8,000만 원이 되기 위해서는 몇 개의 칩을 생산해 판매하여야 하는지를 결정하여라.

(4) 만약 칩의 변동원가가 1,000원에서 700원으로 절감되었다면 이 경우의 손익분기점 생산량을 결정하고 (1)의 경우와 비교 분석하여라.

**3.23** 제품/서비스를 창출하기 위해 사용된 모든 비용들은 기회원가이다. 그 이유를 밝혀라.

**3.24** 어느 신혼부부가 $66.116\,\mathrm{m}^2$(1평$=3.3058\,\mathrm{m}^2$)인 아파트를 2억 5,000만 원에 매입하기로 공인중개사와 계약을 맺었다. 계약금으로 매매 가격의 10%인 2,500만 원을 지불하였다. 이 계약금은 계약이 약속대로 실행되지 않는 경우에도 다시 되돌려 받을 수 없는 돈이다. 계약을 맺은 후 신혼부부는 동일한 아파트 단지 내에 있는 동일한 넓이의 아파트가 2억 2,000만 원에 매물로 나와 있음을 알게 되었다. 이와 같은 상황에서 신혼부부가 선택할 수 있는 가장 바람직한 경제적 의사결정은 무엇인지를 구체적으로 기술하여라.

**3.25** 다음의 표는 어느 기업에서 생산하는 제품에 관한 원가 정보이다. 다음의 표에서 빈칸인 한계원가($MC(5)$)를 채워 넣고, 그 경향을 파악하여라.

| 생산량 | $FC$(1) | $VC$(2) | $TC$(3) | $MC$(4) | $AFC$(5) | $AVC$(6) | $ATC$(7) |
|---|---|---|---|---|---|---|---|
| 0 | 50 | 0 | 50 | – | – | – | – |
| 1 | 50 | 50 | 100 | ? | 50 | 50 | 100 |
| 2 | 50 | 78 | 128 | ? | 25 | 39 | 64 |
| 3 | 50 | 98 | 148 | ? | 16.7 | 32.7 | 49.3 |
| 4 | 50 | 112 | 162 | ? | 12.5 | 28 | 40.5 |
| 5 | 50 | 130 | 180 | ? | 10 | 26 | 36 |
| 6 | 50 | 150 | 200 | ? | 8.3 | 25 | 33.3 |
| 7 | 50 | 175 | 225 | ? | 7.1 | 25 | 32.1 |
| 8 | 50 | 204 | 254 | ? | 6.3 | 25.5 | 31.8 |
| 9 | 50 | 242 | 292 | ? | 5.6 | 26.9 | 32.4 |
| 10 | 50 | 300 | 350 | ? | 5 | 30 | 35 |
| 11 | 50 | 385 | 435 | ? | 4.5 | 35 | 39.5 |

$FC$: fixed cost, $VC$: variable cost, $TC$: total cost, $MC$: marginal cost
$AFC$: average fixed cost, $AVC$: average variable cost, $ATC$: average total cost

CHAPTER 04

# 감가상각과 법인세

회사 경영자들은 항상 마음속에 다음과 같은 질문을 던지곤 한다. "우리 회사는 얼마의 수익을 창출하고 있는가?"와 "회사가 소유한 자산을 투자하여 얼마만큼의 수익률을 달성하고 있는가?"이다. 이와 같은 질문에 대한 해답을 찾기 위해 대부분의 경영자들은 다양한 재무제표들이 제공하는 회계정보에 의지한다. 이러한 회계정보의 창출은 회사 내의 회계사들에 의하여 이루어지는데, 그들은 일정기간 동안 수행된 영업활동에 관한 재무정보를 제공하기 위하여 손익계산서를 작성한다. 3장에서 여러 재무제표들을 논할 때, 손익계산서는 어떻게 작성되는지를 살펴보았다. 본 장에서는 손익계산서 작성 시 중요한 비용요소인 감가상각비와 법인세 계산에 관해서 알아보기로 하자.

## 4.1 영업, 투자, 재무비용

우리는 이미 2장에서 감가상각비와 법인세가 무엇인지 그리고 어떻게 계산하는지에 관하여 간략하게 알아보았다. 본 장에서는 감가상각비와 법인세에 관하여 좀 더 구체적으로 살펴보기로 하겠다. 일반적으로 기업의 당기순이익을 측정하기 위해서는 두 가지 중요한 회계원칙(거래발생주의원칙과 비용분류원칙)들이 무엇인지 알아야 한다. 첫 번째 회계원칙은 거래발생주의원칙(accrual-basis principle)이다. 이 원칙의 정의에 대한 내용은 3장에 자세하게 기술되어 있다. 거래발생주의원칙에 의하면 제품이나 서비스가 고객에게 전달되면 매출액이 실현되었다고 가정하고 있다. 이러한 정의를 매출실현의 원칙(revenue recognition principle)이라고도 한다. 고객에게 제품이나 서비스가 전달되는 과정이 완성되면 이 매출액 실현을 위해서 발생한 비용에 관한 정보를 파악해야 한다. 이러한 매출 대 비용이 상응하는 회계원칙을 대응원칙(matching principle)이라고 한다. 이러한 거래 발생주의원칙에 대비하여 현금흐름중심원칙(cash basis principle)이 있다. 이 원칙에 의하면 제품이나 서비스가 고객에게 전달되었다고 하더라도 거래대금이 미지불 상태이면 거래가 완성되었다고 가정하지 않는다.

두 번째로 중요한 원칙은 비용들을 영업(operating), 투자(investing) 그리고 재무(financing)비용으로 분류하는 것이다. 영업비용은 당기 회계연도의 이익 창출을 위해 발생한 비용들을 말한다. 대표적인 영업비용으로는 당기 회계연도에 판매된 제품이나 서비스를 창출하기 위해 발생한 노무비용 및 재료비용 등이 있다. 투자비용이란 다년간 이익이 창출될 것으로 기대하며 기업이 지출한 비용들이다. 이 비용의 예로서 토지구입, 건물구입, 기계 및 장비구입 등이 있다. 마지막으로 재무비용이란 기업의 비즈니스를 위해 조달된 타 자본 때문에 발생한 비용을 말한다. 이 재무비용 항목으로는 대출원금과 상환금이 예라고 할 수 있다. 대출금의 이자 지불금은 재무비용이 아닌 영업비용으로 간주된다.

## 4.2 감가상각비의 특성

위에 논한 비용들 중에서 매출 창출과 직접적으로 연관이 있는 비용들도 있지만 그렇지 않은 비용들도 있다. 후자의 경우에 속하는 비용으로는 기간비용(period expenses)이 있다. 앞부분에서 논한 영업비용의 정의에 의하면 영업비용은 반드시 매출 창출을 위해 당기 회계연도에 발생한 비용들이어야 한다. 그러나 영업비용들 중에는 이러한 기준을 만족시키지 못하는 비용들이 있는데, 대표적으로 이 같은 종류에 속하는 비용들로는 고정자산의 감가상각비와 자산의 감모액(depletion) 등이 있다. 고정자산의 투자자본에 대하여 여러 기간 동안에 걸쳐 매년 일정 부분을 비용으로 처리하는 것이 합리적이기는 하지만, 과거에 발생된 현금을 고정자산의 취득가액으로 간주하고 이를 기준으로 계산되는 감가상각비는 실질적인 경제적 비용이 아니다. 즉, 감가상각비는 근본적으로 당기 회계연도에 발생되지 않는 비현금흐름이다. 그렇기 때문에 먼저 감가상각비를 비용으로 처리하고 당기순이익을 계산한 뒤, 실질적인 현금흐름을 계산하기 위해서는 매출액에서 비용으로 처리된 감가상각비를 다시 당기순이익에 더해서 비용항목으로 처리된 감가상각비의 효과를 상쇄시켜야 한다.

2장에서 간략하게 감가상각비에 대해 논하였지만, 본 절에서는 먼저 감가상각비를 사용목적에 따라 두 가지 종류로 나누어 생각해 보기로 한다. 손익계산서에는 이러한 두 가지 종류의 감가상각비가 존재하고 있다. 첫 번째 감가상각 종류는 매출을 발생시킨 제품의 원가인 매출원가(cost of goods sold: *CGS*)에 포함된 감가상각비가 있다. 이 경우의 감가상각비는 감가상각세법에 전혀 영향을 받지 않고 제품이나 서비스 창출을 위해 실질적으로 발생된 고정자산의 하락된 가치를 반영하고 있다. 그러나 두 번째 감가상각비 종류는 손익계산서의 비용항목으로서 분명하게 독립적으로 기록되는 비용으로, 이 경우의 감가상각비 계산은 감가상각세법에 의해 제약을 받는다. 본 장에서 논하게 될 감가상각비는 위에서 논한 두 번째 종류의 감가상각비로, 이를 회계적 감가상각비(accounting depreciation cost)이라고 한다.

회계적 감가상각비를 계산하기 위해서는 다음과 같은 내용들이 먼저 파악되어야 한다. (1) 현재 고려 중인 자산이 감가상각 대상인가? (2) 자산의 취득가액(depreciable cost: a cost basis)은 얼마인가? (3) 자산의 감가상각 내용연수(depreciable life)는 얼마인가? (4) 자산의 내용연수 말의 잔존가액(salvage value)은 얼마인가? (5) 어떤 감가상각법(depreciation method)을 사용해야 하는가? 본 절에서는 이러한 사항들에 관해서 먼저 논의해 보도록 하겠다.

### 4.2.1 감가상각 대상 자산

감가상각 자산, 즉 회사의 소득에 대해 감가상각비를 산정해야 하는 자산이 무엇으로 구성되어 있는지를 아는 것은 중요하다. 현행 조세법을 적용하기 위해 감가상각 대상 자산들은 아래의 속성들을 만족해야 한다.

(1) 영업 목적을 위해 사용되어야 한다.
(2) 자산의 사용기간은 1년 이상이면서 한정적이어야 한다.
(3) 마모, 쇠퇴, 고갈, 진부화 또는 자연적인 원인으로 시간이 경과함에 따라 가치가 감소되어야 한다.

위의 세 가지 조건을 만족시키는 일반적 감가상각 자산으로는 건물, 장비, 자동차, 무형자산 등이 있다. 재고자산은 판매를 위한 목적으로 존재하는 것이기 때문에 감가상각 대상의 자산이 될 수 없다. 또한 토지와 같이 자산의 사용기간이 무한정인 자산도 감가상각 자산이 될 수가 없다.

본 장에서는 기업과 관련된 고정자산의 감가상각에 대하여 주로 다루겠지만, 개인도 앞에서 언급한 조건을 만족하는 자산에 대해서 감가상각을 할 수가 있다.

### 4.2.2 취득가액

자산의 취득가액이란 자산의 내용연수 동안 지출로 간주되는 자산의 총 비용으로서 이를 토대로 연간 감가상각비가 계산된다. 일반적으로 취득가액은 자산의 실제 구입비와 부대비용의 총액으로 한다. 부대비용이란 운반비, 구입수수료, 하역비, 설치비, 시운전비, 등록세, 취득세, 관세 등과 같이 자산 취득에 소요된 직접경비와 법인세법의 규정에 의한 건설자금이자 및 자본적 지출이 포함된다. 자산의 취득가액은 감가상각비 산출에 사용될 뿐만 아니라, 자산을 매각하거나 구매할 때의 이득이나 손실을 계산할 때도 사용된다.

**예제 4.1** 취득가액

화성산업은 부가세를 포함해서 자동천공기를 6,250만 원에 구입하였다. 화성산업은 부대비용으로 구입 기계의 수송비로 72.5만 원, 공장에 새 기계를 설치하기 위한 인건비로 215만 원, 그리고 기계를 설치하기 위해 부지 구입비로 350만 원을 지출하였다. 자동천공기 감가상각을 위한 취득가액을 결정하여라.

**조건**

구입가격($I$) = 6,250만 원, 운반비 = 72.5만 원,
설치인건비 = 215만 원, 부지구입비 = 350만 원

**풀이**

자동천공기의 감가상각비를 계산하기 위한 취득가액은 다음과 같다.

(단위: 천 원)

| | |
|---|---:|
| 새로운 천공기 가격 | 62,500 |
| 운반비 | 725 |
| 설치노임 | 2,150 |
| 부지 준비비 | 3,500 |
| 기계의 감가상각 취득가액 | 68,875 |

**해설**

자동천공기 구입 시 발생한 부대비용을 자동천공기의 감가상각 취득가액으로 취급하는 이유는 무엇인가? 자동천공기의 부대비용을 구입한 연도의 기간비용으로 처리하지 않는 이유는 무엇인가? 이 두 질문들에 관한 답은 다음과 같다. 매출이 발생하면 이에

상응하는 비용이 반드시 수반되어야 한다는 매출-비용 대응이 회계의 기본원칙이다. 그러므로 자동천공기 구입 시 발생된 모든 비용을 자동천공기 총 취득가액으로 간주하여 이를 자동천공기에 의하여 미래에 창출될 매출액에 대한 비용으로 할당해야 하기 때문이다.

### 4.2.3 내용연수와 잔존가액

제품 생산활동을 위해 고정자산을 얼마 동안 사용할 수 있는가? 고정자산의 감가상각 내용연수를 결정하기 위한 회계원리와 세법은 무엇인가? 이러한 질문들에 대한 궁금증이 풀려야 고정자산의 내용연수를 결정할 수가 있다. 내용연수(depreciable cost)란 기업 활동에 사용되는 고정자산의 가치를 일정기간 분할하여 비용으로 처리하기 위해 세법에서 정한 고정자산의 법적 사용기간을 말한다.

올바른 감가상각을 위하여 자산의 사용연수에 기초한 내용연수를 결정하는 문제는 오랫동안 회계분야에서 큰 관심사항이 되어 왔다. 그러나 자산의 사용연수를 구하는 것은 어려운 문제이다. 이러한 어려움으로 인하여 고정자산의 내용연수에 관한 분쟁이 납세자와 국세청간에 자주 발생하곤 한다. 이 문제를 완화하기 위하여 국세청은 과거의 자료를 근거로 자산 유형별로 구체화된 내용연수의 범위를 규정하고 있다.

국내 법인세법에 의한 고정자산의 내용연수는 기준내용연수에 대해 일정한 범위로 주어져 있다. 우리나라에서는 시험연구용 자산과 무형고정자산은 세법에서 정한 단일 내용연수를 적용하고, 나머지 유형고정자산은 법인세법 시행규칙에 규정된 기준 내용연수의 상하 25% 범위 내에서 기업 실정에 맞도록 탄력적으로 선택하여 관할세무서장에게 신고하여 적용하는데, 이를 신고내용연수라고 한다. 만일 법인이 적용할 내용연수를 신고하지 아니하거나 승인을 얻지 아니한 경우에는 기준내용연수에 의하여 감가상각비를 계산해야 한다. 자산에 대한 감가상각 내용연수 및 범위가 〈표 4.1〉에 있다.

잔존가액(salvage value)이란 내용연수 말에 추정된 자산의 가치로서 궁극적으로 판매, 교환, 또는 폐기를 통해 회수되는 금액이다. 감가상각이란 그 자산을 처분할 때까지의 감가상각액을 당해 자산의 사용기간에 따라 적정하게 배분하는 절차로 취득가액에서 잔존가액을 공제한 금액이 감가상각대상금액이 된다. 그러므로 자산의 잔존가액은 자산에 대한 감가상각 계획이 수립될 때 추정되어야 하고, 만일 추정금액이 정확하지 않다고 밝혀지면 추후에 조정되어야 한다.

감가상각 대상 자산의 잔존가액 추정은 회계실무상 매우 중요하면서도 어려운 업무 이다. 우리나라에서는 세무행정의 편의를 도모하고 감가상각 계산의 자의성을 방지하기 위하여 현행 법인세법은 유·무형고정자산의 잔존가액이 없는 것을 원칙으로 하고 있다. 다만, 정률법에 의하여 유형고정자산의 감가상각비를 계산하는 경우에는 취득가액의 5%에 상당하는 금액을 잔존가액으로 정하고 있다. 그 이유는 단순히 상각률 계산의 편의를 위한 목적일 뿐이다. 그러므로 고정자산의 장부가격이 최초로 취득가액의 5% 이하가 되는 사업연도(주로 내용연수의 마지막 해)의 최종 감가상각비는 원래 계산된 당해 연도의 감가상각비에 잔존가액 5%를 합한 금액이 된다.

‖ **표 4.1** ‖ 국내세법에 의한 기준내용연수 및 내용연수범위(2001.12.31 개정)

| 구분 | 자산 또는 업종 구분 | 기준내용연수 | 내용연수범위 |
|---|---|---|---|
| 건축물 등 | 차량운반구, 공구, 기구 및 비품 | 5년 | 4~6년 |
| | 선박, 항공기<br>(운수업외의 업종에서 사용 하는 것에 한함) | 12년 | 9~15년 |
| | 연와조, 블록조, 콘크리트조 등의 건축물 | 20년 | 15~25년 |
| | 철골, 철근콘크리트조 등의 건축물 | 40년 | 30~50년 |
| 업종별 자산<br>(건축물 등을 제외한 나머지 유형고정자산) | 농업, 건설업, 도·소매업, 정보처리 및 기타 컴퓨터 운용관련업, 금융보험업 등 | 5년 | 4~6년 |
| | 의복제조업, 숙박·음식점업, 여행알선·운수 관련 서비스업 등 | 8년 | 6~10년 |
| | 음식료품, 섬유제품, 가죽·가방·신발 제조업, 자동차 및 트레일러 제조업 등 | 10년 | 8~12년 |
| | 담배제조업, 수상·항공운수업 등 | 12년 | 9~15년 |
| | 전기, 가스 및 수도사업 20년 | 15~20년 | |
| 시험연구용 자산 | 광학기기, 시험기기, 측정기기, 공구, 기타 시험연구용 설비 | 3년 | |
| | 건물부속설비, 구축물 및 기계장치 | 5년 | |

### 4.2.4 감가상각방법

회계적 감가상각에서 기업은 감가상각 계산을 할 경우는 그 목적이 무엇인지를 분명히 인식해야 하고 있어야 한다. 만약 대차대조표나 손익계산서와 같은 재무제표 작성을 위한 목적이라면 장부 감가상각으로 감가상각비를 계산하는 것이 기업에 유리하다. 그렇지만 만약 단순히 세금계산을 위한 목적이라면 조세감가상각으로 감가상각비를 계산하는 것이 기업에 유리하다. 기업에서 감가상각의 계산 목적에 따라 다른 감가상각방법을 사용하는 구체적인 이유는 다음과 같다.

(1) 장부감가상각(book depreciation)방법은 회사가 매출-비용대응원칙에 입각하여 실질적으로 계산한 감가상각을 재무제표에 반영하여 주주나 외부 이해관계자들이 자산의 감가상각에 관해 객관적으로 이해할 수 있게 한다. 장부감가상각 방법을 사용하면 조세감가상각방법과 비교해서 일반적으로 고정자산의 가치가 내용연수 초반에 더 크게 유지된다. 결과적으로 기업 투자자들로부터 자산가치에 관해 우호적인 평가를 받게 된다.

(2) 조세감가상각(tax depreciation)방법은 매출-비용원칙에 의한 실제 감가상각보다 자산의 감가상각을 내용연수 초기에 신속하게 처리하여 기업이 이 시기에 많은 세금혜택을 보도록 하고 있다. 그럼으로써 조세감가상각은 회사의 법인세 지출을 지연시키는 결과를 초래시킨다. 그러나 장부감가상각법이나 조세감가상각법 중 어느 방법을 사용하든지 자산의 내용연수 동안 발생되는 총 감가상각비는 동일하기 때문에 이 기간 동안 회사가 지불해야 하는 세금의 총액은 두 경우 같다. 장부감가상각법과 비교하여 조세감가상각법은 일반적으로 초기에 더 많은 자산의 감가상각이 이루어지게 되어 투자프로젝트 투자계획의 초반기에 적은 세금을 지불하게 하고 후반기에 많은 세금을 지불하게 하는 차이가 있다. 이러한 조세감가상각법의 특징 때문에 기업이 조세감가상각법을 사용하면 내용연수 초기에 많은 현금을 확보하여 투자프로젝트의 수익성이 향상된다.

일반적으로 앞에 기술한 두 가지 목적에 따라 장부감가상각법과 조세감가상각법 중 한 가지 방법을 선택하여 고정자산의 감가상각비를 계산하게 된다. 그러나 국내의 경우는 특별히 조세감가상각법이 장부감가상각법과 크게 차별화되어 있지 않아서 장부감가상각법인 정액법, 정률법, 생산량비례법 중 한 가지를 선택하고 관련 감가상각 세법을 고려해서적절하게 사용하면 된다. 반면 미국에서는 일반적으로 세금계산 목적으로 *MACRS* (modified accelerated cost recovery systems: *MACRS*)라는 조세 감가상각법이 사용되고, 재무제표 보고서 작성을 위해서는 장부감가상각법이 사용되고 있다. 국내의 경우 〈표 4.2〉를 참조하여 각 자산종류에 합당한 감가상각 방법을 선택하여 적용하면 된다.

감 가 상 각 종 류

**장부감가상각**

- 주주나 투자자들에게 순소득을 보고함
- 가격의사결정을 목적으로 함

**조세감가상각**

- 국세청에 보고하는 소득세 계산을 목적으로 함
- 경제성공학에서 투자프로젝트의 조세계산을 목적으로 함

**그림 4.1** 감가상각의 종류와 기본 사용 목적

‖ **표 4.2** ‖ 감가상각방법의 적용

| 자 산 종 류 | 신고시 | 무신고시 |
|---|---|---|
| 1. 건축물과 무형고정자산<br>(광업권 제외) | 정액법 | 정액법 |
| 2. 건축물 외의 유형고정자산<br>(광업용 유형고정자산 제외) | 정률법 또는 정액법 | 정률법 |
| 3. 광업권<br>(해저광물 개발법에 의한 채취권 포함) | 정액법 또는 생산비례법 | 생산량비례법 |
| 4. 광업용 유형고정자산 | 정률법·정액법 또는<br>생산량비례법 | 생산량비례법 |

감가상각방법의 신고는 세법이 정하는 감가상각방법 신고서에 의하여 다음 각 호에 규정하는 날이 속하는 사업연도의 법인세 과세표준의 신고기한까지 납세지 관할세무서의 담당자에게 신고하여야 한다.

기업이 신고한 감가상각방법(감가상각방법을 신고하지 아니한 경우에는 무신고시의 감가상각방법)은 그 후의 사업연도에 있어서도 계속하여 그 감가상각방법을 적용하여야 한다. 각 기업은 세법이 규정한 특별한 경우에는 감가상각방법을 변경할 수 있으나, 이때에는 반드시 관할세무서에 신고해야 한다. 감가상각방법을 변경신고 없이 변경한 경우에는 변경 전의 방법에 의하여 감가상각해야 한다. 그리고 우리나라 감가상각법에 따르면 신규 고정자산의 사용 기간이 6개월 미만이면 당해 감가상각비의 1/2만 인정되고, 6개월 이상이면 당해 연도 감가상각비 전액이 인정된다.

## 4.3 장부감가상각방법

취득가액이 1,000만 원이고 내용연수가 5년인 기계의 내용연수 말의 잔존가액이 '0'원인 기계를 고려해 보기로 하자. 이제 해결해야 할 문제는 구입한 기계의 순수한 취득가액 1,000만 원을 앞으로 5년 동안 어떻게 각 연도별 감가상각비로 할당해야 하는지 결정하는 일이다. 각 연도별 감가상각비를 계산하기 위한 대표적 장부감가상각법(book depreciation method)으로는 (1) 정액법(straight-line: *SL*), (2) 정률법(declining-balance: *DB*), (3) 연수합계법(sun of years' digits: SOYD), 그리고 (4) 생산량비례법(units-of-production)이 있다. 경제성 분석에서는 감가상각이 소득세를 계산하는 데 어떤 영향을 미치는가가 주 관심사이지만, 다음과 같은 이유들 때문에 장부감가상각법에 관한 이해가 필요하다.

첫 번째, 대부분의 제품 가격의사결정이 장부감가상각법을 근거로 하여 이루어지고 있고, 두 번째, 조세감가상각법은 장부감가상각법과 동일한 원칙을 기초로 만들어지며, 세 번째, 회사가 주주와 이해관계자에게 재무보고를 할 때 장부감가상각법을 사용하고 있다.

### 4.3.1 정액법

이미 우리는 감가상각방법을 기술한 2.4절에서 정액법(straight-line method)에 대한 정의와 계산방법에 관해서 알아보았었다. 정액법은 매년 고정자산의 가치가 일정량씩 감소한다고 가정하고 자산의 내용연수 동안 매년 일정한 비용을 공제하는 감가상각방법이다. 즉, 자산의 감가상각 내용연수가 $N$년이면 이 고정자산의 연간 감가상각률은 $1/N$로 일정하다. 앞에서 기술하였듯이 우리나라의 현행 세법에 의하면 정액법을 사용하여 감가상각을 할 경우에는 자산의 잔존가액이 없는 것으로 한다. 식 (1)은 정액법을 사용해서 연도별 감가상각비를 계산하는 식이다.

$$\alpha = \frac{1}{N}$$

$$D_t = \alpha(I - S), \ t = 1, 2, 3, \cdots, N \qquad \cdots (1)$$

단, $\alpha$: 감가상각률 $N$: 내용연수 $D_t$: 연도별 감가상각비 $I$: 취득가액
$S$: 잔존가액

연도별 감가상각비가 결정되면 장부가격은 식 (2)를 사용해서 결정하면 된다.

$$B_t = (B_{t-1} - D_t) \text{ 또는 } (I - \sum_{t=1}^{n} D_t),\ n = 1,\ 2,\ 3,\ \cdots,\ N \qquad \cdots (2)$$

단, $B_t$: 장부가격

예제 4.2는 정액법에 의한 고정자산의 감가상각비 계산을 보여주고 있다.

**| 예제 4.2** 정액법

다음과 같은 자동차에 관한 회계자료를 고려해보기로 하자.

- 자산의 취득가액, $I = 1{,}000$만 원
- 내용연수, $N = 5$년
- 잔존가액, $S = 0$

정액법을 사용하여 연간 감가상각액과 장부가격을 계산하여라.

**조건**

취득가액$(I) = 1{,}000$만 원, 내용연수$(N) = 5$년, 잔존가액$(S) = 0$원

**풀이**

$$D_n,\ B_n,\ t = 1,\ 2,\ 3,\ 4,\ 5$$

감각상각률은

$$\alpha = \frac{1}{5}$$

이므로 연간 감가상각액은 다음과 같다.

$$D_t = \alpha(I - S) = (0.2)(10{,}000 - 0) = 2{,}000 \text{ (천 원)}$$

〈그림 4.2〉는 이 기계의 연도별 감가상각비와 장부가격을 보여주고 있다.

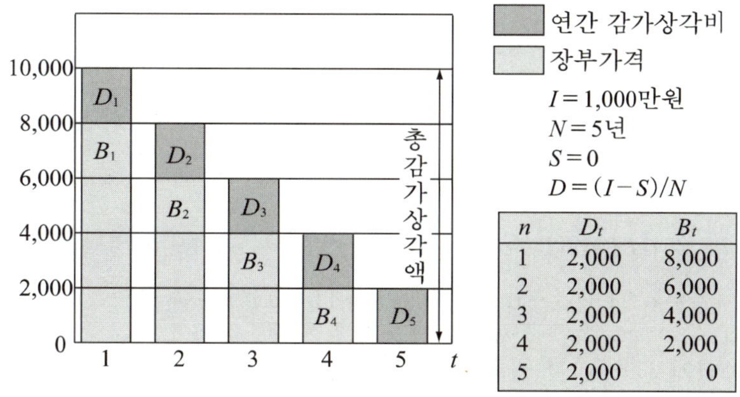


| $n$ | $D_t$ | $B_t$ |
|---|---|---|
| 1 | 2,000 | 8,000 |
| 2 | 2,000 | 6,000 |
| 3 | 2,000 | 4,000 |
| 4 | 2,000 | 2,000 |
| 5 | 2,000 | 0 |

**그림 4.2** 공정액감가상각법(단위: 천 원)

## 4.3.2 정률법

정률법에 속하는 대표적 감가상각법으로는 체감감가상각법(declining-balance method)이 있다. 본 서에서 정률법이라 함은 체감감가상각법을 지칭한다. 정률법의 개념은 고정자산에 의하여 제공되는 서비스는 시간이 경과함에 따라 감소된다는 사실에 근거하고 있다. 즉, 정률법에 의하면 자산의 서비스량은 내용연수 1차 년도에 가장 많이 발생하고 마지막 년도에 가장 적게 발생된다. 자산의 감가상각이 이와 같은 형태로 발생되는 이유는 자산의 기계적 효율성은 시간에 따라 감소되고 장비유지비는 시간에 따라 증가하고, 그리고 앞으로 더 좋은 기능을 가진 제품이 출현하게 되어 현재 사용 중인 자산의 가치가 감소되기 때문이다. 우리나라의 현행 세법에 의하면 정률법에 의하여 자산을 감가상각할 경우에는 계산상의 편리를 위해 취득가액의 5%를 잔존가액으로 인정하고 있다. 그러나 이 잔존가액은 내용연수 말의 감가상각비에 더해져야 한다.

정률법을 사용하여 자산의 감가상각비를 계산하기 위해서는 먼저 감가상각률 $\alpha$를 결정해야 한다. 그리고 이 값을 전년도 자산의 장부가격에 곱하여 각 연도별 감가상각비를 계산한다. 우리나라 세법에 적합한 $\alpha$를 결정하기 위해서는 다음과 같은 절차를 밟아야 한다.

$$D_1 = \alpha I$$

$$D_2 = \alpha(I - D_1) = \alpha I(1-\alpha)$$

$$D_3 = \alpha(I - D_1 - D_2) = \alpha I(1-\alpha)^2$$

$$\vdots$$

$$D_N = \alpha I(1-\alpha)^{N-1} \qquad \cdots (3)$$

식 (3)을 고려해서 $N$년도 말의 누적 감가상각비($TD$)를 계산하면 식 (4)와 같다.

$$\begin{aligned} TD &= D_1 + D_2 + D_3 + \cdots + D_N \\ &= \alpha I + \alpha I(1-\alpha) + \alpha I(1-\alpha)^2 + \cdots + \alpha I(1-\alpha)^{N-1} \\ &= \alpha I[1 + (1-\alpha) + (1-\alpha)^2 + (1-\alpha)^3 + \cdots + (1-\alpha)^{N-1}] \end{aligned} \qquad \cdots (4)$$

식 (4)의 양변에 $(1-\alpha)$를 곱하면

$$TD(1-\alpha) = \alpha I[(1-\alpha) + (1-\alpha)^2 + (1-\alpha)^3 + \cdots + (1-\alpha)^N] \qquad \cdots (5)$$

식 (5)에서 식 (4)를 빼고 $\alpha$로 나누면

$$TD = I[1-(1-\alpha)^N]$$

그러면 $N$년도 말의 자산의 장부가격은 식 (6)과 같다.

$$B_N = I - TD = [I(1-\alpha)^N] \qquad \cdots (6)$$

식 (6)을 감가상각률 $\alpha$에 관하여 정리하면 식 (7)과 같다.

$$\alpha = 1 - \left(\frac{B_N}{I}\right)^{1/N} \qquad \cdots (7)$$

국내의 감가상각 세법에 따라 정률법을 사용하여 자산의 감가상각비를 계산하기 위해서는 식 (7)에서 $N$년도 말의 자산의 장부가격을 (0.05I)와 같게 해야 한다. 그러면 이 경우 $\alpha$값은 식 (8)과 같다.

$$\alpha = 1 - (0.05)^{1/N} \qquad \cdots (8)$$

마지막으로 감가상각률 $\alpha$를 이용하여 각 연도별 자산의 감가상각비를 계산하는 식은 식 (9)와 같이 표시된다.

$$D_N = \alpha(I - TD_{t-1}) \qquad \cdots (9)$$

위에서 살펴보았듯이 우리나라의 경우 감가상각률을 결정하기 위해 취득가액에 대한 잔존가액의 비율이 중요한 요소로 작용하지만 미국과 같은 선진제국에서는 정액법에서

사용하는 감가상각률에 대한 배율을 사용하여 정률법의 감가상각률을 결정한다. 일반적으로 많이 인용되는 정률법 감가상각배율은 정액법 감가상각률 대비 150%와 200%가 있다. 특히 200% 배율을 사용할 경우의 정률법을 이중체감정률법(double-declining balance method: *DDB*)이라고 한다.

### ▍예제 4.3 정률법

다음과 같은 회계자료를 갖는 고정자산을 고려해보기로 하자.

$$\text{자산의 취득가액, } I = 1{,}000\text{만 원}$$
$$\text{내용연수, } N = 5\text{년}$$

정률법을 사용하여 연간 감가상각액과 장부가격을 계산하여라.

**조건**

$$I = 1{,}000\text{만 원, } N = 5\text{년}$$

**풀이**

$$D_n,\ B_n,\ t = 1,\ 2,\ 3,\ 4,\ 5$$

정률법을 사용해서 고정자산의 감가상각비를 계산하기 위해서는 식 (8)을 사용해서 감가상각률을 먼저 결정해야 한다.

$$\alpha = 1 - (0.05)^{1/5} = 0.4507$$

감가상각률이 결정되면 이를 전년도 장부가격에 곱해서 당해 연도 감가상각비를 계산하면 된다. 〈표 4.3〉은 연도별 감가상각비와 장부가격을 보여주고 있다.

‖ 표 4.3 ‖ 연도별 감가상각비와 장부가격

| | 감가상각비 | 장부가격 |
|---|---|---|
| 0 | | 1,000(1,000) |
| 1 | 450.70(200) | 549.30(800) |
| 2 | 247.57(200) | 301.73(600) |
| 3 | 136.00(200) | 165.73(400) |
| 4 | 74.70(200) | 91.73(200) |
| 5 | 50+41.73(200) | 0(0) |

( ) 안의 숫자는 예제 4.2의 정액법에 의한 감가상각비와 장부가격이다.

**해설**

〈표 4.3〉에 있는 정률법과 정액법에 의한 감가상각비를 비교하면 정률법에 의한 1차 년도와 2차 년도의 감가상각비가 정액법에 의한 감가강각비보다 크고, 그 이후부터는 작다. 즉, 감가상각 초반에 정률법이 정액법보다 더 많은 감가상각비를 계상하게 하고 있다. 그러나 5년 동안 감가상각된 총액은 모두 동일하게 1,000만 원이다. 감가상각비가 비용항목으로 법인세를 절세시키는 효과가 있다는 사실을 투자분석에 반영하면 정률법이 정액법보다 투자프로젝트의 순 현재가치를 더 크게 만든다.

### 4.3.3 연수합계법

연수합계법은 정률법보다 감가상각률을 정하기가 쉽고 감가상각의 체감효과가 정률법보다는 적지만 정액법보다는 크다. 연수합계법의 감가상각률은 자산의 내용연수의 합으로 남은 내용연수를 나누어 결정하므로, 이 상각률은 연도별로 다르다. 연수합계법에 의한 연도별 감가상각비는 정률법이 아닌 정액법과 같이 감가상각률을 감가상각 대상 금액에 곱해서 계산한다. 식 (10)과 (11)은 연수합계법에 의한 연도별 감가상각률과 감가상각비를 계산하는 식이다.

$$\alpha_t = \frac{N-(t-1)}{SOY} \qquad \cdots (10)$$

$$D_t = \alpha_t (I-S) \qquad \cdots (11)$$

**예제 4.4** 연수합계법

다음과 같은 회계자료를 갖는 고정자산을 고려해보기로 하자.

자산의 취득가액, $I = 1{,}000$만 원

내용연수, $N = 5$년

연수합계법을 사용하여 연간 감가상각액과 장부가격을 계산하여라.

**조건**

$I = 1{,}000$만원, $N = 5$년, $S = 0$

**풀이**

연도별 감가상각비와 장부가격

$$D_n,\ B_n,\ t=1,\ 2,\ 3,\ 4,\ 5$$

연수합계법을 사용해서 고정자산의 감가상각비를 계산하기 위해서는 식 (10)을 사용해서 감가상각률을 먼저 결정해야 한다.

$$\alpha_1=\frac{5-(1-1)}{1+2+3+4+5}=\frac{5}{15},\alpha_2=\frac{4}{15},\alpha_3=\frac{3}{15},\ \alpha_4=\frac{2}{15},\ \alpha_5=\frac{1}{15}$$

각 연도별 감가상각률을 식 (11)에 대입해서 연도별 감가상각비와 장부가격을 계산하면 〈표 4.4〉와 같은 결과를 얻게 된다.

‖ 표 4.4 ‖ 연도별 감가상각비와 장부가격

| | 감가상각률 | 감가상각비 | 장부가격 |
|---|---|---|---|
| 0 | | | 1,000(1,000) |
| 1 | 5/15 | 333.33 < 450.70 > (200) | 666.67 < 549.30 > (800) |
| 2 | 4/15 | 266.67 < 247.57 > (200) | 400.00 < 301.73 > (600) |
| 3 | 3/15 | 200.00 < 136.00 > (200) | 200.00 < 165.73 > (400) |
| 4 | 2/15 | 133.33 < 74.70 > (200) | 66.67 < 91.73 > (200) |
| 5 | 1/15 | 66.67 < 41.73 > (200) | 0 < 0 > (0) |

〈 〉와 ( ) 안의 숫자는 정률법과 정액법에 의한 감가상각비와 장부가격이다.

**토의**

〈표 4.4〉를 관찰해 보면 연수합계법에 의한 모든 결과는 정액법과 정률법 결과의 중간에 위치하고 있음을 알 수가 있다.

## 4.3.4 생산량비례법

정액법은 자산이 매년 똑같이 사용된다는 가정하에서만 그 사용의 합법성이 인정된다. 만약 천공기가 첫 번째 해에는 1,670시간 사용되고, 두 번째 해에는 780시간 사용되는 경우, 혹은 천공기의 생산량 일부가 다른 새로운 기계센터에서 사용되는 경우, 천공기의 감가상각비는 어떻게 계산해야 하는가? 이 질문에 대한 답을 하기 위해서는 고정자산이 제공하여 주는 서비스량으로 고정자산의 가치를 파악하는 감가상각방법에 관하여 알아볼 필요가 있다. 이러한 감가상각방법을 생산량비례법이라고 하며, 이 방법은 정액법이나 정률법과 같이 고정자산이 제공하는 서비스의 양이 시간에 따라 감소된다고 가정하지 않고 자산의 연도별 감가상각비는 매 연도에 소모된 자산의 총 서비스량에 의하여 결정되어야 한다고 가정하고 있다. 자산에 의하여 제공된 서비스의 사용단가는 자산의 총 취득가액을 자산의 총 서비스량으로 나눈 값이 된다. 생산량비례법에 의한 자산의 감가상각비는 아래와 같이 구한다.

$$D_t = \frac{C_t}{C}(I - S)\ t = 1.2, 3, \ldots, N \quad \cdots (12)$$

단, $C_t$: 연가 서비스 소모량

$C$: 총 서비스량

일반적으로 서비스량은 기계시간으로 표현된다. 생산량비례법은 자산의 감가상각비가 연간 소모된 서비스량에 따라 결정되므로 이 감가상각법을 사용하면 기계사용에 대한 자세한 내역을 알 수 있다는 이점이 있다. 그러나 이 방법의 단점은 각 기계의 사용량에 대한 자료수집과 회계방식이 복잡하다는 것이다. 생산량비례법은 장비가 마모되기 전에 자원이 고갈되는 경우인 천연자원 채굴장비의 감가상각을 계산하기에는 적합하지만, 산업설비의 감가상각계산을 위해서는 적합하지가 않다.

### 예제 4.5 생산량비례법

석탄운반차의 예상 순 구입비는 5,500만 원이고, 250,000km를 사용할 수 있을 것으로 기대되며, 그 이후에는 잔존가액은 없다. 올해 이 석탄운반차를 30,000km 사용하였다면 올해 석탄운반차의 감가상각비가 얼마인지를 계산하여라.

**조건**

$I = 5,500$만 원, 총서비스량$= 250,000$km,

금년도 사용한 총 서비스량$= 30,000$km

**풀이**

금년도 감가상각비

올해에 석탄운반차를 30,000km 사용하였으므로 금년도 석탄운반차의 감가상각비는 다음과 같다.

$$D_I = \frac{30,000}{250,000}(55,000) = \frac{3}{25}(55,000) = 6,600 \ (천\ 원)$$

## 4.4 법인세

본 절에서는 법인세 계산 절차에 관하여 알아보기로 한다. 법인세율은 기업의 과세표준에 적용되며, 이는 총 매출액에서 비용을 공제한 금액이다. 비용공제액으로는 매출원가, 봉급과 임금, 임대료, 이자, 광고료, 감가상각비, 감모액과 다양한 지방세 등이 있다. 과세표준에 대한 현행 일반 법인세율은 2억 원 이하에 대해서는 법인세율 10%, 2억 원 이상 200억 원 이하에 대해서는 법인세율 20%, 그리고 200억 원 이상에 대해서는 법인세율 22%가 적용되고 있다(〈표 4.5〉 참조).

기업이 항상 이익만 얻을 수는 없고 경우에 따라서는 손실(결손금)을 보게 된다. 결손금을 처리하는 방법으로 **이월공제 방법**과 **소급공제 방법**이 있다. 이월공제 방법이란 당기 결손금을 차후 사업연도로 이월하여 차후 사업연도의 소득에서 공제해주는 방법이며, 소급공제 방법이란 전기 사업연도로 소급하여 전기 사업연도의 소득에서 공제하여 기 납부한 법인세를 환급해주는 방법이다. 〈표 4.6〉은 1991년 이후 국내 법인세율의 변천사를 보여주고 있다.

‖ 표 4.5 ‖ 현행 법인세율

| 과세소득 구간 | 법인세율 |
|---|---|
| 2억 원 이하 | 10% |
| 2억 원 이상 200억 원 이하 | 20%(2,000만 원 누진 공제) |
| 200억 원 이상 | 22%(4,200만 원 누진 공제) |

‖ 표 4.6 ‖ 법인세율 변천사

| 적용년도 | 과세구간 | 법인세율 |
|---|---|---|
| 2012~ | 2억 원 이하 | 10% |
| | 2억 원 ~ 200억 원 | 20% |
| | 200억 원 초과 | 22% |
| 2010~2011년 | 2억 원 이하 | 10% |
| | 2억 원 초과 | 22% |
| 2009 | 2억 원 이하 | 11% |
| | 2억 원 초과 | 22% |
| 2008 | 2억 원 이하 | 11% |
| | 2억 원 초과 | 25% |
| 2005~2007 | 1억 원 이하 | 13% |
| | 1억 원 초과 | 25% |
| 2002~2004 | 1억 원 이하 | 15% |
| | 1억 원 초과 | 27% |
| 1996~2001 | 1억 원 이하 | 16% |
| | 1억 원 초과 | 28% |
| 1995 | 1억 원 이하 | 18% |
| | 1억 원 초과 | 30% |
| 1994 | 1억 원 이하 | 18% |
| | 1억 원 초과 | 32% |
| 1991~1993 | 1억 원 이하 | 20% |
| | 1억 원 초과 | 34% |

우리나라 법인세법에 따르면 1996년 이전에는 결손금의 이월공제(5년간)만 허용하였으나, 1996년 신설 법인세법에서 결손기업의 세제지원 측면에서 결손이 발생한 중소기업에 한하여 직전 사업연도 1년간에 대하여 소급 공제할 수 있도록 하였다.

이 외에도 우리나라 법인세법은 소득공제, 비과세소득 등 다양한 종류의 특수조항을 포함하고 있기 때문에 그 내용이 매우 복잡하게 구성되어 있다. 그럼에도 불구하고 투자프로젝트의 경제성 분석은 세금계산과 밀접한 관계가 있기 때문에 관련 세금의 종류와 세율 등을 정확하게 이해할 필요가 있다.

### 4.4.1 영업소득에 관한 법인세

법인세율은 과세표준이 증가할수록 점차적으로 세율이 높아지는 누진세이다. 그러나 〈표 4.5〉에서 보듯이 우리나라의 경우 과세표준 2억 원, 20억 원, 그리고 200억 원을 기준으로 법인세율이 세 단계로 나누어져 있어 실질적으로 누진과세로 세금이 부과된다고 할 수는 없다. 다음에 한계세율과 실질세율이 무엇인지에 관하여 알아보기로 하자.

(1) 한계세율: 한계세율(marginal tax rate)이란 소득의 마지막 금액에 적용되는 세율이다. 과세표준 2억 원까지는 10%의 세율이 적용되어 과세표준이 2억 원이라면 한계세율은 10%가 된다. 과세표준이 2억 원에서 200억 원까지는 한계세율이 20%이고, 200억 원을 초과하면 한계세율은 22%이다.

(2) 실질(평균)세율: 실질세율(effective tax rate)은 〈표 4.5〉에 있는 자료를 이용하여 계산된다. 실질세율은 식 (13)을 사용해서 구할 수가 있다.

$$ATR = \frac{T}{TI} \quad \cdots (13)$$

단, $ATR$: 실질세율 $T$: 법인세 $TI$: 과세표준

예를 들어, 어느 회사의 2015년도 과세표준이 12억 8천만 원이면 이 회사의 법인세는 다음과 같다.

$$20{,}000 + 0.20(1{,}280{,}000 - 200{,}000) = 236{,}000 \text{ (천 원)}$$

이 세금을 과세표준으로 나누어 구한 세율 18.44%가 실질세율이다.

$$236{,}000/1{,}280{,}000 = 18.44\%$$

이를 달리 표현하면 회계기간 동안 창출된 과세표준 1,000원당 184.4원의 세금이 지출되었다고 할 수 있다.

**예제 4.6** 법인세 계산

개인용 컴퓨터와 관련된 부품을 판매하는 우편 주문 컴퓨터 판매회사가 있다. 이 회사는 제품 재고창고와 진열공간을 임대하여 연간 임대료로 2,000만 원을 지불하고 있으며, 재고검사와 포장장비를 구입하기 위해 2억 9천만 원을 투자하였다. 이 장비의 당

해 연도 감가상각비는 5,800만 원이고 올해의 총 매출액은 12억 5천만 원이라고 한다. 임대비용 이외의 모든 운영비는 다음과 같이 8억 4,000만 원이다.

(단위: 천 원)

| | |
|---|---:|
| 매출원가 | 600,000 |
| 인건비 | 150,000 |
| 기타지출액과 경비 | 90,000 |
| 총액 | 840,000 |

이 회사의 과세표준과 당해 연도의 법인세를 계산하여라.

**조건**

소득, 원가정보, 감가상각

**풀이**

과세표준, 법인세

먼저 과세표준을 계산하면 다음과 같다.

(단위: 천 원)

| | |
|---|---:|
| 총매출액 | 1,250,000 |
| 운영비용 | 840,000 |
| 임대비용 | 20,000 |
| 감가상각액 | 58,000 |
| 과세표준 | 332,000 |

〈표 4.5〉의 세율을 이용하여 이 회사의 법인세를 계산하면 다음과 같다.

$$\text{법인세} = 20,000 + 0.20(332,000 - 200,000) = 46,400 \ (\text{천 원})$$

또한 〈표 4.5〉의 누진공제를 이용해서 법인세를 구해도 4,640만 원이 된다.

$$\text{법인세} = (0.2)(332,000) - 20,000 = 46,400(\text{천 원})$$

이 회사의 현재 한계세율은 20%이며 실질(평균)세율은 14%이다.

$$46,400/332,000 = 14.00\%$$

투자프로젝트의 경제성 평가 시에는 세금 문제를 명확히 해결해야 한다. 감가상각비는 기업의 법인세, 당기순이익, 그리고 현금흐름과 같은 기업의 재정상태지표에 영향을 미치므로 기업이나 엔지니어링 투자프로젝트의 가치를 극대화하기 위한 방법으로서 감가상각비를 최대한 효과적으로 활용해야 할 필요가 있다.

## 4.5 감가상각 대상 고장자산의 처분세

감가상각대상인 고정자산을 처분하면 감가상각 대상 자산의 판매(또는 교환)에 따른 이득이나 손실이 발생한다. 이득 또는 손실을 계산하기 위해 처분 시점의 감가상각 대상 자산의 장부가격을 결정할 필요가 있다. 장부가격은 취득가액에서 누적 감가상각비를 차감하여 결정한다. 그리고 처분 이득/손실은 처분가격에서 장부가격을 차감하여 이 값에 한계세율을 적용하여 처분세를 계산한다. 식 (14)와 (15)는 각각 장부가격과 처분세를 계산하는 식들이다.

$$\text{장부가격} = \text{취득가액} - \text{누적감가상각비}$$

$$\text{이익/손실} = \text{처분가격} - \text{장부가격} \quad \cdots (14)$$

$$\text{처분세} = (\text{이익/손실}) \times (\text{한계세율}) \quad \cdots (15)$$

**예제 4.7** 고정자산의 처분세

취득가액이 10억 원이고 내용연수가 8년이며 2015년 5월 25일에 설치된 고정자산을 정률법에 의해 감가상각한다고 가정해 보자. 만약 이 고정자산을 2020년 12월 31일에 매각한다면 다음의 경우에 발생되는 처분세가 각각 얼마인지를 결정하여라. 단, 한계세율은 22%라고 한다.

(1) 1억 5,000만 원
(2) 9,500만 원

**조건**

- 내용연수=8년, 취득가액=10억 원, 구입시점=2015년 7월,
- 매각시점=2020년 12월 31일.

**풀이**

이득 또는 손실, 각 경우의 세금 영향과 순수익

먼저 정률법을 적용하기 위해 감가상각률을 계산한다.

$$\alpha = 1 - (0.05)^{1/8} = 0.31234$$

위에서 구한 감가상각률을 사용해서 고정자산의 각 연도별 감가상각비와 장부가격을 계산하면 다음 표에서 보는 것과 같다.

| 년도 | 감가상각비(억 원) | 장부가격(억 원) |
|---|---|---|
| 2015 | 3.123 | 6.877 |
| 2016 | 2.148 | 4.729 |
| 2017 | 1.477 | 3.252 |
| 2018 | 1.016 | 2.236 |
| 2019 | 0.698 | 1.538 |
| 2020 | 0.480 | 1.057 |

2015년부터 2020년도까지 누적된 총 감가상각비와 장부가격은 아래와 같다.

$$총감가상각비 = 3.123 + 2.148 + 1.477 + 1.016 + 0.698 + 0.480 = 8.943억$$
$$장부가격 = 10 - 8.943 = 1.057억$$

(1) 처분가격이 1억 5,000만 원인 경우

이득=처분가격−장부가격=1.500−1.057=0.442억 원

처분세=(0.22)(0.442)=0.09724억 원

고정자산 매각 순수익=처분가격−처분세=1.500−0.09724=1.40276억 원

(2) 처분가격이 9,500만 원인 경우

손실=처분가격−장부가격=0.950−1.057=−0.107억 원

처분세=(0.22)(−0.107)=−0.02354억 원

고정자산 매각 순수익=처분가격−처분세=0.950−(−0.02354)=0.97354억 원

해설

(2)에서 손실에 따른 세금 감면으로 사실상 고정자산 매각으로 발생된 순수익은 원래 처분가격 9,500만 원보다 235만 4,000원이 증가하였다.

## 4.6 경제성 분석을 위한 소득세율

앞에서 살펴보았듯이, 기업체의 실질(평균)소득세율은 과세표준에 따라 0에서부터 22%에 이르기까지 다양하다. 현재 운영소득의 20%를 세금으로 내고 있는 어떤 기업이 수익성 투자를 하려고 한다고 가정하면, 투자안의 예상소득에 대한 세금을 산정하기 위해서 어떤 세율이 사용되어야 하나?

앞으로 설명하겠지만, 세율은 투자에 따른 과세표준의 증분 정도에 따라 정해진다. 다시 말하면, 투자프로젝트의 분석을 위해 사용되는 세율은 경제적 분석 후 결정된 증가된 과세표준에 적용되는 비율이다.

예를 들어, 올해 과세표준이 1억 5,000만 원으로 예상되는 ABC 회사를 고려해 보자. ABC 회사의 경영진은 그 해에 착수한 프로젝트에 대한 증분 소득세의 영향을 평가하려고 한다. 이러한 투자프로젝트 수행 전과 후의 수입·지출과 과세대상소득을 계산하면 다음과 같다.

(단위: 천 원)

| | 수행 이전 | 수행 이후 | 증 분 |
|---|---|---|---|
| 총수입 | 400,000 | 580,000 | 180,000 |
| 봉급 | 180,000 | 230,000 | 50,000 |
| 급료 | 70,000 | 100,000 | 30,000 |
| 과세대상소득 | 150,000 | 250,000 | 100,000 |

소득세는 누진세이기 때문에 투자프로젝트에 대한 과세효과는 회사의 전반적인 과세의무로부터 분리될 수 없다. 이 투자프로젝트를 수행하지 않았을 때의 ABC 회사의 과세

표준은 1억 5,000만 원이다. 새로운 투자프로젝트를 수행할 경우 이 과세표준이 2억 5,000만 원으로 증가할 것으로 예측되고 있다. 〈표 4.5〉의 세율을 이용하여 새로운 투자프로젝트의 수행 전과 후의 법인 소득세를 계산하면 다음과 같다.

$$법인세(프로젝트\ 수행\ 전) = (0.1)(150{,}000) = 15{,}000\ (천\ 원)$$
$$법인세(프로젝트\ 수행\ 후) = (0.1)(200{,}000) + (0.20)(250{,}000 - 200{,}000) = 30{,}000\ (천\ 원)$$

따라서 추가적으로 증가된 법인세는 3,000만−1,500만=1,500만 원이다. 증분 과세표준 1억 원에 대한 법인세가 1,500만 원 증가하였으므로 이 경우 증분 실질(평균)법인세율은 15%이다. 이 증분 법인세율 15%는 ABC 회사가 현재 고려 중인 이 투자프로젝트를 평가할 때에 사용해야 하는 법인세율이다. 새로운 투자프로젝트의 수행 전·후의 평균세율을 계산하면 다음과 같다.

(단위: 천 원)

| | 수행 이전 | 수행 이후 | 증 분 |
|---|---|---|---|
| 과세표준 | 150,000 | 250,000 | 100,000 |
| 법인세 | 15,000 | 30,000 | 15,000 |
| 평균 세율 | 10% | 12% | |
| 증분 세율 | | | 15% |

증분 평균세율 15%를 좀 더 구체적으로 분석하면 다음과 같다. 추가적으로 증가된 과세표준 1억 원 중에서 첫 5,000만 원에는 10%의 법인세율이 적용되어야 하고, 그리고 나머지 5,000만 원에는 20%의 법인세율이 적용되어야 한다. 그러므로 실질세율은 아래와 같이 증가된 과세표준의 가중치의 합으로 표시가 된다.

$$(0.1)\frac{50{,}000}{100{,}000} + (0.2)\frac{5{,}000}{100{,}000} = 0.15$$

가장 높은 법인세율 등급을 적용받는 기업에게는 22%의 한계세율이나 실질세율이 적용된다. 이러한 기업의 경우에는 추가 프로젝트에 대한 세율도 자연히 22%가 된다. 그러나 낮은 과세등급에 속하는 기업과 손실과 이득을 거듭하는 기업들의 한계세율과 실질세율은 변한다. 이러한 기업들에 있어서 새로운 투자프로젝트를 수행하기 이전에 이에 적용할 예상 증분 실질세율을 추정하기는 매우 어렵다. 이러한 경우 유일한 해결책은 새로운 투자프로젝트로 인하여 법인세가 얼마만큼 변하는가를 조사하는 시나리오 분석을 실행해서 기업에 가장 유리한 법인세율을 결정하는 것이다. 전형적인 시나리오의 사례가 예제 4.6에 제시되어 있다.

**예제 4.8** 소규모 기업의 시나리오 분석

XYZ회사는 앞으로 2년 동안 과세표준이 185억 원이 될 것으로 추정하고 있고, ABC회사에 2년 동안 특정부품을 납품하기로 계약을 맺었다. XYZ회사는 이 사업에 필요한 새로운 장비 구입을 위해 30억 원을 투자하려고 한다. 이 장비는 2년간 계약이 완료된 후에도 XYZ회사에서 계속 사용할 계획이므로 이 자산에 대한 잔존가치, 양도소득, 그리고 양도손실은 없을 것이고, 그리고 내용연수가 5년이고 정률법에 의해 감가상각이 된다. XYZ회사의 매출액은 새로운 사업으로 인해서 앞으로 2년 동안 35억 원이 증가될 것으로 기대되나, 4억 원의 연간 운영비가 추가적으로 발생될 것으로 추정되고 있다. 위 내용을 고려해서 새로운 투자프로젝트의 1차 년도와 2차 년도에 적용될 증분 실질세율을 결정하여라.

**조건**

기본 과세대상 소득=연간 185억 원, 증분 소득, 지출과 감가상각비

**풀이**

새로운 프로젝트에 대한 1차 년도 및 2차 년도의 증분세율

두 가지 방식으로 이 문제를 풀 수가 있다. 먼저, 앞으로 2년간에 걸친 새로운 사업에서 발생되는 추가적인 과세표준을 먼저 계산한다. 그리고 법인세를 계산한다. 이를 계산하기 위해 적용되는 한계세율을 결정할 필요가 있으나, 누진적인 법인세율 때문에 이 프로젝트를 XYZ회사의 다른 사업과 분리해서 생각할 수는 없다.

(단위: 천 원)

| 연도 | 1차 년 | 2차 년 |
|---|---|---|
| 수입 | 3,500,000 | 3,500,000 |
| 지출 | 400,000 | 400,000 |
| 감가상각비 | 1,350,000 | 744,000 |
| 과세표준 | 1,750,000 | 2,356,000 |

앞에서 논의한 증분세율의 개념을 사용하여 좀 더 효율적으로 이 문제를 풀 수 있다. 새로운 사업으로 XYZ회사의 법인세율 등급이 20%에서 22%로 증가하기 때문에, 증분 과세표준 중에서 20%로 과세되는 부분과 22%로 과세되는 부분이 어느 정도인가를 알

아야 한다. 이 투자프로젝트 수행계획이 없었다면, 이 회사의 과세표준은 185억 원이고 한계세율은 20%이다. 과세표준 200억 원을 기준으로 법인세율이 20%에서 22%로 변하기 때문에 첫 해의 증가된 과세표준 17억 5,000만 원 중에서 초기 15억 원까지는 20%의 법인세율이 적용되고, 나머지 2억 5,000만 원은 22%의 법인세율이 적용된다. 2차 년도의 증가된 과세표준 23억 5,600만 원도 이와 같이 분류해서 실질세율을 구할 수가 있다. 그러면 2년 동안 새로운 투자프로젝트에 적용된 실질세율은 다음과 같다.

$$0.20(15/17.5) + 0.22(2.5/17.5) = 0.20286$$
$$0.20(15/23.56) + 0.22(8.56/23.56) = 0.20727$$

연도별 증분세율은 조금씩 변한다는 것에 주의하라. 만약 새로운 투자프로젝트를 실행하기 이전의 과세표준이 크게 변하면 실질세율은 더 크게 변하게 된다.

두 번째 방법은 사업 이전의 법인세를 계산하고, 사업 실행 후의 법인세를 계산해서 그 차액을 사업으로 인해 발생된 증분 과세표준으로 나누어 새로운 사업에 적용할 실질세율을 구하는 것이다. 새로운 사업 이전의 법인세는 36.8억 원이다.

$$\text{법인세}_{\text{전}} = (0.1)(2) + (0.2)(185 - 2) = 36.8\text{억}$$

새로운 사업으로 인해 발생된 증분 과세표준을 이전의 과세표준에 더해서 1차 년도의 법인세를 결정하면 41.6832억 원이 된다.

$$\begin{aligned}\text{법인세}_{\text{후1}} &= (0.1)(2) + (0.2)(200 - 2) + (0.22)[(185 + 17.5) - 200] \\ &= 40.35\end{aligned}$$

새로운 사업으로 인하여 XYZ회사는 3.55억(40.35−36.8=3.55) 원의 법인세를 더 납부하게 되었다. 그러므로 1차 년도의 새로운 사업에 적용할 한계세율은 20.286% (3.55/ 17.5=0.20286)이다.

2차 년도의 법인세를 1차 년도의 경우와 같이 구하면 41.6832억 원이 된다.

$$\begin{aligned}\text{법인세}_{\text{후2}} &= (0.1)(2) + (0.2)(200 - 2) + (0.22)[(185 + 23.56) - 200] \\ &= 41.6832\text{억}\end{aligned}$$

그러면 XYZ회사는 4.8832억 원의 법인세를 더 납부하게 되고, 2차 년도의 새로운 사업에 적용할 한계세율은 20.727%으로 결정된다. 두 경우 모두 동일한 실질세율을 제공해 주지만 계산의 편리상 첫 번째 방법이 더 바람직하다고 할 수 있다.

# 연습문제

4.1 감가상각비의 특성에 관하여 간략하게 기술하여라.

4.2 고정자산 중 가장 큰 투자금액을 요구하고 있는 공장부지가 감가상각 대상이 되지 못하는 이유를 밝혀라.

4.3 고정자산의 내용연수와 잔존가액은 감가상각비를 계산하는 데 매우 중요한 역할을 한다. 내용연수와 잔존가액이 무엇인지를 구체적으로 기술하여라.

4.4 장부감가상각법과 조세감가상각법이 무엇인지를 간략하게 기술하고, 대차대조표와 손익계산서를 고려하여 두 방법의 차별성을 밝혀라.

4.5 SS중공업회사에서 2013년 1월 1일에 4억 원을 투자하여 자동화 절삭 장비를 설치하였다. 이 장비의 현재 장부가격은 1억 5,000만 원이고 잔존가액은 2억 5,000만 원으로 추정된다. 앞으로 5년 동안 이 장비를 더 사용할 수는 있으나 5년 후 이 장비의 잔존가액은 없는 것으로 추정되고 있다. 만약 SS중공업회사에서 이 장비를 5년을 더 사용한 후 처분한다면 이 기간 동안 발생한 이 장비의 경제적 손실은 얼마일까?

4.6 SS전자회사는 반도체 공장을 건축하기 위해 105억 원을 투자하여 토지와 기존의 건물을 매입하였다. 105억 원 중 100억 원은 토지 구입을 위해 사용하였고 나머지 5억 원은 기존의 건물을 제거하기 위해 지출하였다. 만약 SS전자회사에서 이 토지에 반도체 공장을 짓기 위해 2,000억 원을 투자하기로 하였다면 이 경우 감가상각비를 계산하기 위한 취득가액이 얼마인지를 결정하여라.

4.7 화성섬유회사는 면사를 생산하기 위해 4대의 직물기를 매입하려고 한다. 한 대의 직물기 가격은 5,000만 원이다. 이 회사는 4대의 직물기의 운반비로 1,000만 원,

설치장소 준비비로 800만 원 그리고 기타비용으로 600만 원을 지출하기로 하였다. 4대의 직물기를 셋업하고 시험작동을 위해 시간당 수당으로 3만 원씩 지급을 해야 하는 4명의 직공들이 1주일에 40시간씩 2주 동안 작업을 하였다. 그리고 직물기 한 대를 설치하기 위한 특수 전선 등 기타 비용이 100만 원씩 발생될 것으로 추정되고 있다. 이 자료들을 토대로 직물기 4대를 감가상각하기 위한 취득가액이 얼마인지를 결정하여라.

4.8 한국디자인회사에서 현재 컴퓨터 네트워크를 설치하기 위해 1억 6,400만 원을 투자하려고 한다. 이 네트워크의 내용연수는 8년이고, 그리고 8년 후의 잔존가치는 3,280만 원이 될 것으로 추정되었다.

(1) 국내 정액법과 정률법을 적용하여 이 네트워크 시스템의 연간 감가상각비를 계산하여라.

(2) 질문 (1)에서 구한 연간 감가상각비를 연도별로 그래프에 그려보고, 각각의 방법에 관한 특성을 규명하여라.

(3) 이 네트워크 시스템을 5년만 사용하고 7,500만 원을 받고 처분하였다고 가정하자. 이 회사의 한계법인세율이 22%이라면 이 시스템을 처분한 후 이 회사가 얻게 되는 세후 현금흐름이 얼마가 되는지를 계산하여라.

4.9 요즘 고유가로 인하여 많은 사람들이 자전거를 구입하고 있다. 이러한 자전거 수요를 만족시키기 위해 삼만리 자전거 제조회사는 20억 원을 투자하여 자동화 조립라인을 설치하려고 한다. 자동화 조립라인의 내용연수는 10년이고, 10년 후의 잔존가치는 1억 6,000만 원이 될 것으로 추정되고 있다. 다음 표에 있는 자료를 토대로 자동화 조립라인의 연간 감가상각비를 생산량비례법을 사용해서 계산하여라.

| 연도 | 생산량 |
|---|---|
| 1 | 4,750대 |
| 2 | 9,500대 |
| 3 | 14,250대 |
| 4 | 14,250대 |
| 5 | 19,000대 |
| 6 | 19,000대 |
| 7 | 9,500대 |
| 8 | 6,500대 |
| 9 | 5,500대 |
| 10 | 4,500대 |

**4.10** 오성화학회사에서 2,750만 원을 투자하여 새로운 펌프를 구입하려고 한다. 이 펌프의 내용연수는 6년이고, 6년 후의 잔존가치는 전혀 없다고 한다.

(1) 정액법과 정률법을 사용해서 앞으로 구입할 펌프의 연도별 감가상각비와 장부가격을 결정하여라.

(2) $MARR=8\%$ 이라고 가정하고 각 감가상각 방법으로 계산한 연도별 감가상각비의 현재가치를 구하여라.

**4.11** 홍익출판사의 1차 년도 총 매출액이 15억 원이었다고 한다. 그리고 1차 년도 사업 결과는 아래의 표에 있는 것과 같다.

| 항목 | (단위: 천 원) |
|---|---:|
| 인건비 | 660,000 |
| 재료비 | 222,000 |
| 감가상각비 | 39,000 |
| 예금이자소득 | 7,500 |
| 체권이자소득 | 5,400 |
| 이자지불액 | 14,640 |
| 임대료 | 54,000 |
| 투자자배당금 | 48,000 |
| 고정자산 처분가액 | 27,600 |
| 장부가액 | 24,000 |

(1) 홍익출판사의 고정자산 처분으로 인한 차익은 얼마인가?

(2) 홍익출판사의 과세표준은 얼마인가?

(3) 홍익출판사의 한계 및 실질(평균)법인세율은 얼마인가?

(4) 홍익출판사의 세후 순 현금흐름은 얼마인가?

**4.12** 대한항공 부품제조회사의 2015년도의 총 매출액은 50억 원이었다. 다음은 2015년도 이 회사 사업과 관련된 자세한 회계정보이다. 그리고 다음 표에 있는 고정자산의 2015년도 말의 장부가격은 2억 7,500만 원이다.

| 항목 | (단위: 천 원) |
|---|---:|
| 제조원가 | 1,875,000 |
| (감가상각비 1억 8,750만 원 포함) | |
| 운영비 | 500,000 |
| (이자지불액 제외) | |
| 단기부채 | 208,333 |
| 이자지불액 | 166,667 |
| 투자자배당금 | 333,333 |
| 고정자산처분액 | 250,000 |

(1) 이 회사의 2015년도 법인세를 계산하여라.

(2) 이 화사의 2015년도 영업이익과 당기 순이익을 결정하여라.

**4.13** 킹코사는 2015년도 총 매출액이 80억 원이었다. 아래 표는 2015년도 킹코사의 1차 년도 사업과 관련된 회계자료이다.

| 항목 | (단위: 천 원) |
|---|---:|
| 인건비 | 3,52,000 |
| 재료비 | 1,184,000 |
| 감가상각비 | 208,000 |
| 이자소득 | 40,000 |
| 이자지불액 | 78,080 |
| 임대료 | 288,000 |
| 고정자산 처분액 | 147,200 |
| 고장자산 장부가액 | 128,000 |

(1) 2015년도 킹코사의 과세표준을 구하여라.

(2) 고정자산처분손익을 결정하여라.

(3) 2009년도 킹코회사의 법인세와 고정자산처분으로 인한 소득세를 구하여라.

**4.14** XYZ회사는 2013년 3월 25일에 100억 원을 투자하여 공장자동화시스템을 설치하였다. 이 시스템의 내용연수가 10년이라고 한다. 만약 이 회사가 2020년 12월 31일에 공장자동화시스템을 12억 5,000만 원에 처분하려 한다고 가정하자. 이 시스템을 정액법과 정률법으로 감가상각하는 경우 공장자동화시스템의 처분세를 각각 결정하여라. 단, XYZ회사의 한계세율은 22%이다.

4.15 HD자동차회사의 2016년, 2017년, 2018년도의 과세표준이 43조 2,470억 원이 될 것으로 추정된다. 그런데 이 회사에서는 300억 원을 투자해서 2016년에 새로운 생산시스템을 설치하려고 한다(2016년 1월 1일에 시스템이 설치되고 곧바로 운영된다고 가정하기로 하자). 이 시스템의 내용연수는 10년이고 정률법에 의해서 감가상각하려고 한다. 그리고 이 시스템 설치로 인하여 매년 125억 원의 매출액이 추가적으로 더 발생되고, 30억 원의 간접제조비와 10억 원의 직접노무비가 더 발생될 것으로 추정되고 있다. 이와 같은 재무정보를 이용해서 이 생산시스템 투자프로젝트의 2016년, 2017년, 2018년도에 적용할 증분 실질세율을 결정하여라.

CHAPTER 05

# 투자프로젝트 증분현금흐름표 작성

Engineering Economics

요즘 기업에서는 가치중심경영(value-oriented management)이란 새로운 경영철학이 많은 관심을 받고 있다. 가치중심경영을 간단하게 정의하면 기업경영의 최우선 순위를 매출액 증대나 시장점유율 확대 등과 같이 단순히 적정이익 확대에 두지 않고 가치 창출에 두어 현금흐름을 최대화하는 경영기법이다. 여기서 가치란 기업이 제품생산과 판매과정에서 창출하는 부가가치의 현재가치를 의미한다.

가치중심경영의 요구사항은 생산 프로세스 과정에서 자본비용을 상회하는 부가가치가 창출되어야 한다. 가치창출 극대화를 위한 실천방안으로는 (1) 기업이 생산판매과정에서 부가가치를 증진하는 장기적이고 효율적인 자원배분 방안을 모색하고, (2) 소요자원을 최소 자본비용으로 조달해야 한다. 가치중심경영도 3장에서 논한 현금흐름표의 내용과 같이 현금흐름의 유출·입을 추정해야 하고, 더불어 자본비용을 결정해야 한다. 이러한 이유로 기업의 가치중심경영을 자본의 생산성을 향상시키는 것을 목표로 하는 현금흐름 중심경영이라고 할 수가 있다.

〈그림 5.1〉[1]에 있는 그래프는 약간 오래된 내용이긴 하지만, 아직도 국내 기업들에게 많은 시사점들을 포함하고 있다고 할 수 있다. 〈그림 5.1〉에서 보는 바와 같이 일본의 자동차 산업의 자본생산성만이 미국의 자동차 산업의 자본생산성과 같고, 그 이외 나머지 산업의 자본생산성에서 일본은 미국의 절반 정도밖에 안 되고 있음을 알 수가 있다.

이러한 기업가치의 창출을 위해서 기업은 미래에 수익이 기대되면 현재 자금을 지출하여 장비와 같은 고정자산에 투자하게 된다. 이러한 투자에 의한 미래 수익은 자산의 효과적 사용에 의하여 창출되는 현금흐름 형태로 나타나게 되는데, 투자로부터 직접 얻어지

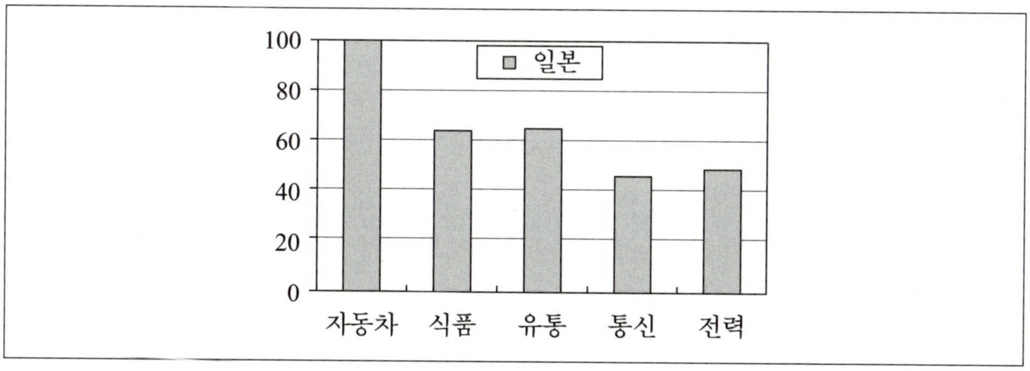


그림 5.1 산업별 미국의 자본생산성 대비 일본의 자본생산성

1) Axel Börsh-Supan, Bob Slow, Ben Firedman, Zvi Griliches and Ted Hall Capital Productivity, McKinsey Global Institute, Washington D. C. June 1996.

는 이와 같은 현금흐름이 투자프로젝트의 경제성을 평가할 때는 반드시 고려해야 한다. 증분현금흐름으로 불리는 이러한 현금흐름은 투자의 직접적인 결과로 발생한 총 현금흐름의 변동부분이 된다. 본 절에서 논할 투자프로젝트 중심의 증분현금흐름표 작성은 2장에서 논한 기업을 중심으로 작성하는 현금흐름표의 작성 내용과 같이 (1) 영업활동으로부터 발생하는 현금흐름(cash flows from operating activities), (2) 투자활동으로부터 발생하는 현금흐름(cash flows from investing activities), 그리고 (3) 재무활동으로부터 발생하는 현금흐름(cash flows from financing activities)의 세 가지 활동으로부터의 현금흐름들로 구성된다.

3.3절에서 언급했듯이 영업활동으로부터 발생하는 현금흐름은 손익계산서의 당기순이익에 비현금흐름인 감가상각비를 추가해서 결정된다. 감가상각비는 과세표준과 세금을 계산하기 위한 운영비나 임대료와 같은 비용항목이기는 하지만 당해 연도에 발생된 실질적 현금흐름은 아니다. 따라서 당기순이익을 사용하여 세후 현금흐름을 결정하려면 비현금흐름인 감가상각비를 당기순이익에 다시 더해 세금계산을 위해 사용된 감가상각비의 효과를 상쇄시켜야 한다.

투자활동으로부터 발생하는 현금흐름은 일반적으로 다음과 같이 세 가지 형태의 현금흐름이 고려되고 있다. 바로 (1) 초기투자액, (2) 고정자산의 잔존가액, 그리고 (3) 운전자본(working capital) 투자액 및 회수금액이다. 초기 투자자본과 운전자본의 투자는 특별한 언급이 없으면 '0'년도에 발생하는 것으로 간주한다. 그러나 투자활동은 '0'년도 시점에서만 발생하는 것이 아니고 투자프로젝트가 어느 정도 궤도에 오를 때까지 몇 개월 동안 혹은 몇 년 이상씩 지속적으로 발생할 수가 있다. 여기서 운전자본 투자액은 제품생산을 위해 사용될 원자재와 같은 비감가상각 자산에 대한 투자이다. '0'년도에 투자된 운전 자본은 1차 년도 말에 동일한 금액이 회수되고, 2차 년도의 영업활동을 위해 2차 년도 초에 동일한 금액이 재투자되고 이 금액이 다시 2차 년도 말에 회수된다. 즉, 운전자본은 투자분석 기간 동안 투자프로젝트의 사업수명 매 기간 초에 투자되고 당해 연도 말에 동일한 금액이 회수되게 된다.[2)]

재무활동으로부터 발생하는 현금흐름은 (1) 부채원금(차입액)과 (2) 원금상환액으로 구성된다. 그러나 융자금액에 대한 이자상환부분은 재무활동 현금흐름에 속하지 않고 비용항목으로 간주되어 손익계산서의 구성요소로 처리한다.

위에서 기술한 영업활동, 투자활동 그리고 재무활동으로부터 발생한 모든 현금흐름들

2) 인플레이션을 고려하지 않을 경우에 적용되는 운전자본의 투자 및 회수방법임. 인플레이션 경제하에서는 다음 연도의 운전자본 투자액은 전년도에 비해 발생할 인플레이션만큼 증가됨.

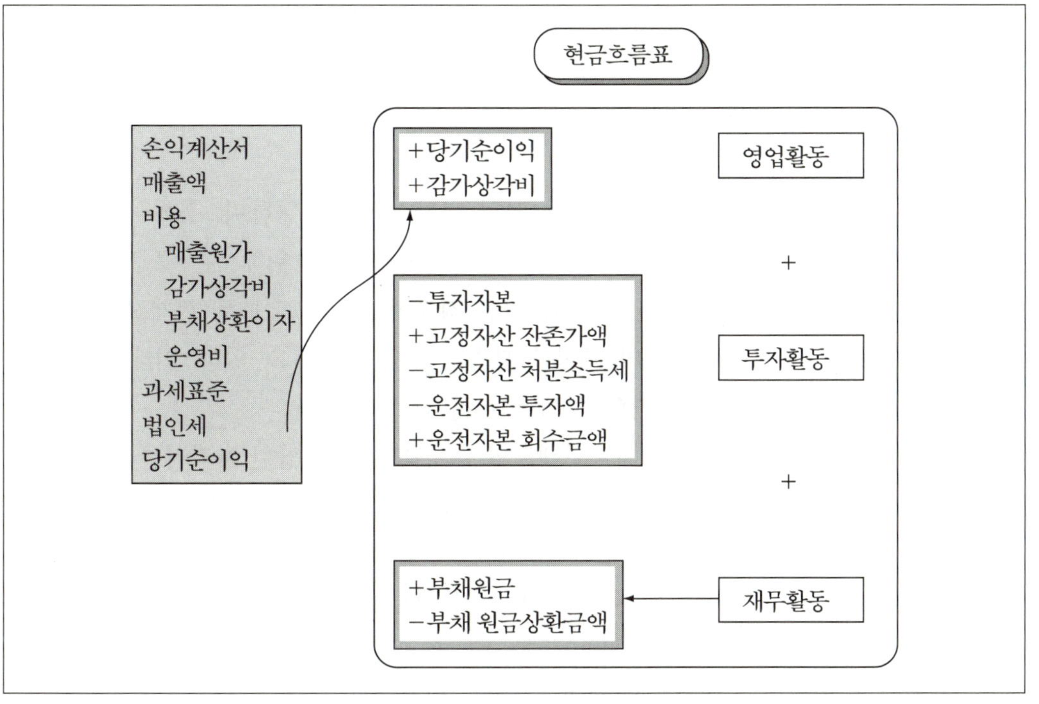


**그림 5.2** 순 현금흐름표 형태

을 단순히 모두 합하면 그 값이 당해 연도의 순 현금흐름이 된다. 〈그림 5.2〉는 현금흐름 요소들을 영업활동, 투자활동 그리고 재무활동 등으로 구분하여 보여주기 때문에 현금흐름표 작성할 때 체크리스트로 사용하면 편리하다. 이 그림에서 보는 바와 같이 영업활동으로부터 발생하는 현금흐름에 관한 정보가 우선시되기 때문에 이러한 방법으로 작성되는 현금흐름표를 손익계산서 중심 현금흐름표 작성법이라고 한다.

## 5.1 투자프로젝트 평가 시 현금흐름을 사용해야 하는 이유

본 절에서는 4가지 측면, 즉 (i) 수리적 개념 측면, (ii) 회계적 개념 측면, (iii) 대응원칙 개념 측면, 그리고 (iv) 이익 개념의 차이 측면에서 투자프로젝트의 경제성 평가 시에 현금흐름을 사용해야 하는 당위성에 관하여 논하고자 한다.

### 5.1.1 수리적 개념으로 알아보는 경우

본 절에서 논할 회계적 이익은 손익계산서의 당기순이익을 말하며, 경제적 이익은 현금흐름을 의미한다. 앞 장에서 투자프로젝트의 경제성 평가를 위해서는 프로젝트로부터 발생하는 현금흐름을 사용해야 한다고 여러 번 강조하였다. 그러므로 회계적 수익(당기순이익)과 경제적 수익(현금흐름)의 차이를 분명히 이해할 필요가 있다. 아래와 같은 수리적 개념을 통해서 두 이익 개념의 차이를 논하기로 해 보자.

경제학적 측면에서 수익이란 투자프로젝트의 수행을 위해 조달한 투자자본의 자본비용(cost of capital)보다 크게 달성된 수익률(rate of return: *ROR*)을 뜻한다. 경제적 이익을 추정하기 위해서는 투자프로젝트로부터 발생하는 현금흐름의 크기와 발생시점을 정확하게 추정하는 것이고, 또한 투자된 자원에 대한 적절한 기회비용(이자율 또는 할인율이라고도 함)을 결정하는 것이다. 일반적으로 광의로 투자프로젝트의 현금흐름의 형태는 주식투자자들에게 배분되는 배당금의 형태와 동일하다고 간주한다. 그러므로 투자의사결정자가 투자프로젝트에 관한 투자의사결정을 내릴 때에는 주식투자자들에게 할당되는 할인된 현금흐름(배당금)을 사용해야 한다. 즉, 이는 투자프로젝트의 경제적 평가는 현금흐름 중심으로 이루어져야 한다는 것이다. 여기에서 주지해야 할 사항은 배당금이라는 개념을 광의로 해석해야 한다는 것이다.

본 절에서 우리는 매우 간단한 수리적 모델을 이용하여 현금흐름과 당기순이익에 대한 개념들에 관해 이해하기로 하자. 이러한 설명을 위해 세금은 없고, 그리고 투자프로젝트의 투자자본은 100% 자기자본으로 구성되었다고 가정한다.[3] 자본출처는 매출액(Revenue: *Rev*)과 신주(주가는 $S$원이고 $m$개의 신주발행)를 발행하여 조달하도록 한다. 자본사용처는 임금, 월급, 재료비, 그리고 서비스 등이 있을 수 있고, 이러한 비용항목을 나타내는 변수를 '$W$&S'라고 하자. 투자자본은 '$I$'로 그리고 배당금은 '$Div$ (dividends)'로 표시하기로 한다. 그러면 '$t$'로 표시되는 각 시점의 자본출처와 자본사용처에 대한 수식은 식 (1)과 같다.

$$Rev_t + m_t S_t = Div_t + (W\&\ \ S)_t + I_t \qquad \cdots (1)$$

3) 세금과 부채가 있다고 가정한 경우의 투자의사결정 결과와 본문에서와 같이 세금과 부채가 없다고 가정하고 내린 투자의사결정 결과는 동일하다. 다만 이 두 가지를 고려하면 수식만 복잡해질 뿐이다.

식 (1)을 좀 더 간단하게 만들기 위해 신주발행이 없다고 가정하면 식 (1)에서 '$m_t S_t$'는 '0'이 되어 식 (2)와 같이 '$t$'시점의 배당금으로 표현된다.

$$Div_t = Rev_t - (W \ \& S)_t - I_t \qquad \cdots (2)$$

식 (2)를 현금흐름 측에서 정의한 경제적 이익이라고 한다. 배당금은 매출액에서 새로운 투자액과 제품 생산 및 판매를 위해 발생한 여러 비용들을 공제된 후 남은 이익으로 투자자들에게 귀속되는 현금흐름이다. 식 (2)와 배당금을 토대로 구한 주식가치 개념4)을 이용하면 식 (3)과 같이 주식투자자의 수익을 표시할 수 있다.

$$S_0 = \sum_{t=0}^{\infty} \frac{Rev_t - (W\&S)_t - I_t}{(1+k_s)^t} \qquad \cdots (3)$$

식 (3)의 현금흐름에서 투자자본($I$)을 고려하는 것과 달리 회계적 이익개념에서는 이와 같은 투자자본을 전혀 고려하고 있지 않다. 회계적 이익개념에서는 초기 투자자본으로 인하여 구입된 고정자산에 대하여 연차적으로 감가상각비(depreciation: $Dep_t$)를 초기 투자자본에서 공제한 후의 장부가치를 고려하고 있다. 이 개념을 적용하여 '$t$'시점의 당기순이익($NI_t$)을 수식으로 표시하면 식 (4)와 같다.

$$NI_t = Rev_t - (W\&S)_t - Dep_t \qquad \cdots (4)$$

$\Delta A_t$을 특정한 시점 '$t$'에서 발생한 고정자산의 장부가치의 변화량(순 투자자본)을 나타내는 변수라고 하자. 그러면 변화량, $\Delta A_t$는 '$t$' 시점에서 발생한 총 신규 투자자본에서 그 기간 동안 발생한 감가상각비를 공제한 후의 값이 되고, 식 (5)와 같이 표시된다.

$$\Delta A_t = I_t - Dep_t \qquad \cdots (5)$$

우리는 이미 당기순이익($NI_t$)이 무엇인지 알아보았고, 이 이익이 현금흐름, 즉 경제적 이익($Div_t$)과 어떻게 차이가 나는지도 알아보았다. 그러면 식 (3)을 변형시켜서 이에 식 (4)와 (5)를 대입하면 식 (6)과 같이 정리된다.

---

4) 배당금을 토대로 한 기업의 가치계산 : $S_0 = \sum_{t=0}^{\infty} \frac{Div_t}{(1+k_s)^t}$

단, $S_0$ : 주식가치, $k_S$ : 보통주 수익률

$$S_0 = \sum_{t=0}^{\infty} \frac{Rev_t - (W\&S)_t - Dep_t - (I_t - Dep_t)}{(1+k_s)^t}$$

$$= \sum_{t=0}^{\infty} \frac{NI_t - \Delta A_t}{(1+k_s)^t} \qquad \cdots (6)$$

즉, 식 (6)을 해석하면 주식의 가치(기업의 가치, 투자프로젝트의 가치)는 당기순이익에서 당해 연도에 발생한 순 투자자본을 공제한 값을 주식 투자에 대한 요구수익률 $k_s$로 할인해서 구한 값들의 총합(현재가치)이라고 할 수 있다. 또한 식 (6)의 분자에 속한 $(NI_t - \Delta A_t) = NI_t - I_t + Dep_t$를 관찰해 보면 위에서 논한 세 가지 현금흐름의 구성활동들 중에서 영업활동$(NI_t - Dep_t)$과 투자활동$(I_t)$으로부터 발생하는 제반 현금흐름들을 포함하고 있음을 알 수가 있다.

회계학적 이익과 경제학적 이익의 가장 두드러진 차이점은 회계학적 이익개념에서는 현금흐름이 발생한 시점에 현금흐름을 고려하고 있지 않고, 반대로 경제학적 이익개념에서는 이러한 현금흐름을 합리적으로 고려하고 있다는 것이다. 그리고 투자가 발생되면 경제학적 이익은 회계적 이익과 달리 투자 평가 시에 투자와 관련된 모든 현금지출 항목들을 고려하고 있다.

투자분석가가 당기순이익 또는 주당순이익(earnings per share: *EPS*)을 토대로 투자프로젝트를 평가하게 되면 왜곡된 투자의사결정을 내리게 된다. 이 장의 앞부분에서 기술한 가치중심경영에서 알 수 있듯이 기업의 최종 목표는 이익 창출인데, 이러한 이익이 단순히 당기순이익 또는 주당수익을 극대화하는 것이 아니라 주식투자자들의 투자가치를 극대화하는 것이다. 즉, 이는 기업은 현금흐름을 토대로 한 기업의 현재가치를 극대화하여 주식 투자자들의 부를 극대화하도록 노력해야 한다는 사실을 의미한다.

‖ **표 5.1** ‖ 당기순이익과 재고시스템

(단위: 천 원)

| | *LIFO* | *FIFO* | 재고재료비 |
|---|---|---|---|
| 매출액 | 100 | 100 | 1차 반입 재료비: 25 ← *FIFO* |
| 매출원가 | 90 | 25 | 2차 반입 재료비: 40 |
| 매출이익 | 10 | 75 | 3차 반입 재료비: 60 |
| 법인세(40%) | 4 | 30 | 4차 반입 재료비: 90 ← *LIFO* |
| 당기순이익 | 6 | 45 | |
| 주당이익(100주) | 0.06 | 0.45 | |

다음은 *LIFO*와 *FIFO*[5])의 두 재고시스템을 예로 하여 당기순이익의 인위성 및 작위성을 이해하고 당기순이익을 토대로 투자프로젝트를 평가하면 그 결과 얼마나 심각하게 왜곡되는지를 알아보기로 하자. 인플레이션 경제상황에서 만약 기업이 *FIFO*시스템을 이용하여 제품의 원가를 계산하면 *LIFO*를 사용하는 경우보다 더 큰 당기순이익을 달성할 수가 있다. 왜냐하면 인플레이션 경제상황에서는 나중에 입고된 재고재료비는 일반적으로 그 전에 입고된 동일한 재료비보다 비싸기 때문이다. 이를 달리 표현하면, 나중에 비싸게 구입한 재료를 사용하여 제품을 생산한다고 해도 *FIFO*시스템을 적용하여 재고관리를 하게 되면 그 제품의 재료비는 실질적으로 구입한 가격보다 낮은 가격으로 계산이 된다.

제품을 생산하는 생산현장의 관리자들은 *FIFO*시스템의 이러한 특징 때문에 *FIFO*으로 제품원가를 계산하고 싶은 강한 유혹을 받을 수 있다. 하지만 *FIFO*시스템을 사용하게 되면 매출원가가 적어지게 되고, 실질적인 현금유출인 세금을 더 많이 내게 되어 궁극적으로 기업의 현금흐름의 크기가 상당히 적어지게 된다. 재고재료비에 관한 〈표 5.1〉에 있는 예제를 통하여 위에 기술한 내용을 좀 더 자세하게 관찰해 보도록 하자. 이 예제에서는 제품 하나만을 생산하여 판매한다고 가정한다.

〈표 5.1〉에서 *LIFO*시스템 하에서 재료비가 9만 원인 반면 *FIFO*시스템하에서는 재료비가 2만 5천원이다. 이러한 재고시스템의 차이로 인하여 전자의 경우 매출원가가 9만원으로 후자의 경우는 매출원가가 2만 5천원이 되어 두 경우의 매출원가 차이가 6만 5천원으로 나타나게 된다. 이는 두 시스템의 매출이익의 차이를 6만 5천원으로 발생시키고, 그리고 법인세의 차이도 2만 6천원을 발생시키고 있다. 이를 간단히 살펴보면, 동일한 매출액에도 불구하고 두 시스템 중에서 어느 재고시스템(기업의 선호도에 따라 인위적으로 결정할 수 있음)을 사용하느냐에 따라 실질적인 현금유출인 법인세의 차이가 크게 발생되고 있다.

주당이익(*EPS*)은 아직까지도 주식투자지표로써 매우 중요한 투자정보체이다. *FIFO*의 경우 주당이익이 450원인 데 반해 *LIFO*의 경우에는 이 값이 60원밖에 안 되고 있다. 만약 주식 투자자가 *FIFO*에 의한 주당이익 정보를 이용하여 투자의사결정을 내린다면 *LIFO*에 의한 주당이익 정보를 이용하여 투자의사결정을 내릴 때보다 이 주식에 투자할 가능성이 훨씬 높다. 동일한 회사의 주식투자에 대한 의사결정이 어느 재고관리시

5) *LIFO*와 *FIFO*는 재고관리시스템으로 *LIFO*(last in first out)는 제일 나중에 반입된 재고재료를 먼저 사용한다는 것이고, *FIFO*(first in fist out)는 먼저 반입된 재고재료를 먼저 사용한다는 재고시스템을 말한다.

스템을 사용하느냐 따라 달라진다면 이는 분명 최종적인 투자의사결정이 왜곡되었다고 단정할 수밖에 없을 것이다.

최근에 주당이익정보보다는 주당현금흐름에 관한 정보를 이용하여 주식 투자의사결정을 내리는 경향이 점점 더 증가하고 있다. 현금흐름은 앞에서 여러 번 지적하였듯이 기업의 생존, 즉 파산문제와 직결되는 매우 중요한 재무지표이다. 그러므로 주당현금흐름의 정보를 이용하여 투자의사결정을 내리는 경향은 매우 바람직하다고 할 수 있다. 이 예제에서 *FIFO*에 의한 주당현금흐름은 700원 $\left(\frac{100-30}{100}\right)=0.7$(천 원)인 데 반하여 *LIFO*에서는 이 값이 960원 $\left(\frac{100-4}{100}\right)=0.96$(천 원)으로 이 경우의 주당현금흐름이 *FIFO*의 경우보다 무려 260원 더 많다. 이 예제를 통해 우리는 주당이익을 극대화하는 것을 목표로 하는 기업과 주당현금흐름을 극대화하는 것을 목표로 하는 기업의 차이를 분명하게 알 수가 있다. 마지막으로 *LIFO*시스템이 *FIFO*시스템보다 낮은 세금을 발생시키기 때문에 *LIFO*시스템이 *FIFO*시스템보다 더 큰 현금흐름을 창출시킨다. 그러므로 일반 주식투자자들은 할인된 현금흐름에 더욱 관심을 가지고 투자의사결정을 내리기 때문에 이들은 *LIFO*시스템을 사용하는 기업의 더 가치를 부여하고 있다.

### 5.1.2 회계적 개념으로 알아보는 경우

손익계산서에 비용항목으로 기록되는 감가상각비는 당해 연도에 발생된 실질적 현금흐름이 아니다. 이를 공학경제에서는 비현금흐름(non-cash flow)이라고 한다. 감가상각비를 계산하여 손익계산서의 비용항목으로 기록하는 이유는 크게 두 가지 측면에서 논할 수가 있다. 첫 번째, 구입한 자산이 고정자산이 되기 위해서는 고정자산의 수명이 일 년 이상이어야 한다. 그렇기 때문에 구입한 후 고정자산의 가치가 경제적인 측면에서 또는 회계학적 측면에서 일 년 이내에 소멸되지 않는다고 가정한다. 이러한 가정으로 인하여 고정자산의 가치 변화를 일 년 단위로 측정하여 이를 대응원칙(matching principle)에 따라 손익계산서의 비용항목으로 처리하고 있다. 두 번째, 첫 번째 이유와 관련된 내용으로 감가상각비가 손익계산서상에서 비용으로 처리되면서 과세표준을 적게 만들어 결국에는 법인세를 감소시키고 있다.

위에서 논한 바와 같이 감가상각비는 과세표준과 법인세에 직접적인 영향을 미치기는 하지만 실질적인 현금흐름이 아니기 때문에 감가상각비를 고려한 상태에서 계산된 손익계산서의 당기순이익은 실제 현금흐름과 다르다. 따라서 투자프로젝트의 경제성 평가를 위해서는 당기순이익과 현금흐름의 차이를 반드시 구분할 필요가 있다. 다음의 예제를 통하여 위에서 논한 내용을 이해하도록 하자.

**I 예제 5.1** 당기순이익과 현금흐름의 차이

국내의 SS전자회사에서 8,000만 원을 투자해서 새로운 *SMT*(surface mounting technology)를 구입하려고 한다. 이 장비의 내용수명은 8년이고 정액법에 의하여 감가상각비가 계상된다. 이 장비의 8년 후의 잔존가치는 없는 것으로 간주한다. 이 장비의 감가상각비를 포함한 다른 회계자료는 〈표 5.2〉에 있는 것과 같다. 이와 같은 회계자료들을 이용하여 이 투자프로젝트의 당기순이익과 현금흐름을 구하여라.

**조건**

*SMT* 초기 투자액$(I)=8,000$만 원, 내용연수$(N)=8$년, 잔존가치$(S)=0$원

감가상각법$(D)=$정액법, 〈표 5.2〉 참조

‖ 표 5.2 ‖ SMT 관련 회계자료

(단위: 천 원)

| 항목 | 금액 |
|---|---|
| 총수입 | 140,000 |
| 매출원가 | 60,000 |
| 감가상각비 | 10,000 |
| 운영비 | 12,000 |

**풀이**

먼저 감가상각비를 계산하는 방법 중 하나인 정액법을 이용하여 *SMT*장비의 연간 감가상각비를 계산하면 다음과 같이 1,000만 원이 된다.

$$D=\frac{I-S}{N}=\frac{80,000-0}{8}=10,000\ (\text{천 원})$$

계산된 연간 감가상각비와 〈표 5.2〉에 주어진 회계자료를 토대로 당기순이익과 현금흐름을 구하기 위한 손익계산서를 작성하면 〈표 5.3〉과 같다. 〈표 5.3〉의 손익계산서에 있는 바와 같이 SS전자회사의 당기순이익은 4,350만 원이고 현금흐름은 5,350만 원이다.

‖ **표 5.3** ‖ 당기순이익과 현금흐름의 차이

(단위: 천 원)

| 항목 | 금액 | |
|---|---|---|
| | 손익계산서 | 현금흐름표 |
| 총매출액 | 140,000 | 140,000 |
| 비용: | | |
| 매출원가 | 60,000 | −60,000 |
| 감가상각비 | 10,000 | |
| 운영비 | 12,000 | −12,000 |
| 과세표준 | 58,000 | |
| 세금(25%) | 14,500 | 14,500 |
| 당기순이익 | 43,500 | |
| 순 현금흐름 | | 53,500 |

**해설**

위 문제에서 우리는 SS전자회사의 *SMT*투자프로젝트와 관련된 현금흐름 5,350만 원을 구하였다. 이 현금흐름 금액은 손익계산서의 당기순이익에 *SMT*장비의 감가상각비 1,000만 원을 더한 값과 동일함을 알 수 있다.

## 5.1.3 대응원칙을 토대로 현금흐름과 당기순이익의 차이를 알아보는 경우

현금흐름표를 이용하여 투자평가를 실시해야 하는 이유를 다음과 같이 논할 수도 있다. 회계학에서는 회사의 이익성을 측정하는 대표적인 지표로 당기순이익을 사용하고 있다. 그러나 투자프로젝트의 경제적 평가를 수행하기 위해서는 당기순이익을 사용하는 대신 현금흐름을 사용해야 한다. 손익계산서를 논하는 3.2절에서 살펴본 당기순이익은 매출-비용 대응개념을 토대로 계산된 회계적 측정치이다. 제품 매출이 발생하면 매출-비용 대응개념에 의하여 제품원가는 비용으로 전환되기는 하지만, 여기서는 현금흐름의 실질적인 발생시점이 무시되고 있다.

그러나 당기순이익과 현금흐름이 발생하는 시점은 실질적으로 상당한 차이가 있다. 화폐의 시간적 가치를 고려한 경우, 현재 보유하고 있는 현금은 더 많은 현금을 창출하도록 투자를 할 수 있기 때문에 현재 현금을 받는 것이 나중에 받는 것보다 경제적으로 더 바람직하다(그러나 당기순이익은 장부상의 소득이므로 현금과 같이 실질적으로 투자를 할 수 없다). 예를 들면, 다음과 같이 2년에 걸쳐 계획된 당기순이익과 현금흐름을 갖는 두 회사를 생각해보기로 하자.

‖ **표 5.4** ‖ 당기순이익과 현금흐름의 차이

(단위: 천 원)

| | | *A*회사 | *B*회사 |
|---|---|---|---|
| 1차년 | 당기순이익 | 1,000,000 | 1,000,000 |
| | 현금흐름 | 1,000,000 | 0 |
| 2차년 | 당기순이익 | 1,000,000 | 1,000,000 |
| | 현금흐름 | 1,000,000 | 2,000,000 |

〈표 5.4〉에서 알 수 있듯이 2년 동안 발생한 두 회사의 당기순이익과 순 현금흐름의 총액은 같다.[6] 그러나 *A*회사는 매년 10억 원의 현금흐름이 발생하였지만, *B*회사는 1차 년도에는 현금흐름이 전혀 발생하지 않았고, 다만 2차 년도 말에 20억 원의 현금흐름이 발생하였다. 이때, *A*회사는 1차 년도 말에 받은 10억 원을 수익률 10%를 얻을 수 있는 투자대안에 투자한다고 가정하자. 그러면 2차 년도 말에 *A*회사의 총 현금흐름은 21억 원이 될 것이고, *B*회사의 현금흐름은 20억 원이다. 〈그림 5.3〉은 현금흐름과 당기순이익의 정의를 간단하게 정리한 내용이다.

당기순이익: 당기순이익은 매출−비용 대응개념에 입각한 회사 이익성을 측정하는 회계학적 수단이다. 원가는 매출액이 발생하면 비용지출이 된다. 그러나 현금유입과 유출의 실질적 발생시점은 무시되고 있다.

현금흐름: 주어진 화폐의 시간가치를 고려하면 현금은 더 많은 현금이 창출되도록 투자될 수 있기 때문에 현재 현금을 받는 것이 후에 받는 것보다 훨씬 더 경제적이다. 따라서 현금흐름이 투자프로젝트 평가에 사용되어야 하는 적합한 자료이다.

**그림 5.3** 당기순이익과 현금흐름의 차이점

6) 일반적으로 회사가 존속하는 동안 당기순이익과 현금흐름의 총액은 같다.

### 5.1.4 회계적 이익과 경제적 이익 비교

투자프로젝트의 경제성 평가에서 중요한 기본적인 작업들 중 하나는 제품의 총 원가 혹은 생산원가를 구하는 것이다. 회계사들은 일반적으로 제품 생산을 위해 사용된 자원의 명백한 원가만을 측정하고 있다. 그러나 경제적인 측면에서는 제품 생산을 위해 발생된 비용들(expense[7])이 총 생산원가(cost of production)를 반영하고 있지 못하다. 본 절에서는 비용과 원가의 개념을 분명하게 구분하여 사용하고 있다. 일반적으로 'cost'를 회계학에서는 '원가'로 규정하고 있는 반면 경제학 분야에서는 '비용'으로 규명하고 있다. 회계학에서 '비용'은 'cost'가 아닌 'expense'로 규명하고 있다.

경제적 측면에서 총 비용과 더불어 경제적 이익이라는 개념하에서는 명백한 생산원가뿐만 아니라 불명확한 생산원가까지를 포함하고 있다. 즉, 생산과정에서 사용된 모든 희소성 자원의 가치를 고려한 것이 경제적 이익이라고 할 수 있다. 예를 들어, 현재 기업이 소유하고 있는 자원을 제품이나 서비스 창출을 위해 사용하지 않고 다른 투자대안에 사용할 경우 기업이 얻게 되는 이익이 불명확한 생산원가이다. 경제적 이익은 이러한 불명확한 생산원가(이 경우는 기회원가라고 함)를 고려하고 있는 반면, 회계적 이익은 이러한 생산원가를 고려하고 있지 않다.

기회원가의 한 예로서 운호는 현재 대기업의 비서로 근무하면서 연봉 4,500만 원을 받고 있다. 그리고 운호는 현재 작은 건물 하나를 소유하고 있는데 이 건물을 임대하여 연간 900만 원의 수입을 올리고 있으며, 그리고 3,450만 원에 상당한 예금증서(certificate of deposit: *CD*)로 매년 10%(345만 원)의 이자를 받고 있다.

이제 운호는 대기업의 비서직을 사직하고 피자점을 개업하려고 한다. 피자점을 개업하기 위해 현재 임대한 건물을 사용할 것이고, 3,450만 원에 상당한 *CD*를 처분하여 1차 년도의 피자점 운영을 위해 사용하려고 한다. 그리고 이자율 10%로 3,000만 원을 은행으로부터 융자받으려고 한다. 1차 년도의 사업 자금으로 융자받은 3,000만 원은 직원 월급, 장비구입비 및 임대료, 피자 재료 등으로 사용하려고 한다. 그러나 이러한 피자점 개업은 상당한 도산의 위험을 내포하고 있고, 운호는 피자점 개업을 위해 현재의 모든 수입을 포기하려고 한다. 이를 좀 더 현실적으로 표현하자면 운호는 현재 도박게임을 하고 있다고 할 수 있다.

피자점을 개업하고 1년 후의 총 매출액이 1억 2,750만 원이라고 가정할 경우 운호의

---

7) 비용(expense): 일반적인 기업 경영을 위해 발생한 자원 화폐적 가치.

순 이익은 얼마나 될까? 이 질문에 답은 피자점 운영을 위해 발생한 총 원가의 종류들에 달려 있다. 먼저 운호의 회계적 이익을 구하면 다음과 같다.

$$
\begin{aligned}
\text{회계적 이익} &= \text{총 매출액} - \text{총 원가(명백한 원가만을 고려함)} \\
&= 127{,}500 - 67{,}500 \\
&= 60{,}000 \ \text{(천 원)}
\end{aligned}
$$

• 주의: 총 원가 6,750만 원은 은행 융자금 3,000만 원, 예금증서 처분액 3,450만 원, 그리고 융자 이자상환액 300만 원을 합한 금액이다.

그러나 운호는 다음과 같은 보이지 않는 비용들을 파악해서 피자점 운영을 위한 총 원가에 반영시켜야 한다.

(1) 자기 자신의 노동은 무료가 아니다. 이와 관련해서 운호가 대기업의 비서로 근무하면서 받았던 연봉 4,500만 원은 운호가 피자점을 운영하면서 포기한 기회원가로 이 원가는 운호가 피자점을 운영하면서 회복해야 하는 최소한의 노동원가이다.

(2) 피자점을 개업하기 위해 사용한 건물 사용료는 무료가 아니다. 즉, 비서로 근무하면서 이 건물을 임대하여 받았었던 연 수입 900만 원은 운호가 피자점을 운영하면서 포기한 기회원가이다.

(3) 운호가 처분한 *CD*의 자본비용은 무료가 아니다. 즉, 3,450만 원에 상당한 *CD*에 대한 연 10%의 단순이자 345만 원은 피자점을 운영하면서 포기한 기회원가가 된다.

운호는 이제 본인이 제공하는 노동력, 건물, 그리고 금융자산 등 투자자산이 결코 무료가 아님을 이해하게 되었다. 이와 같은 투자자산은 운호가 피자점을 개업하고 운영하기 위해 투자한 다른 투자자산들과 같이 희소성의 가치를 가지고 있는 것이다. 위에서 기술한 것처럼 운호는 피자점을 개업/운영하기 위해 4,500만 원에 상당한 임금을 포기하였고, 매년 900만 원의 수입을 창출하는 건물 임대료를 포기하였으며, 그리고 연 345만 원의 이자 수입을 포기하였다. 이러한 원가들을 모두 합하면 운호가 피자점 개업/운영을 위해 총 5,745만 원에 상당한 보이지 않는 기회원가를 포기한 것이다. 기회원가들은 실질적으로 발생한 명백한 화폐가치가 아니기 때문에 회사의 원장에 기록되지 않는다. 그럼에도 불구하고 기회원가들은 다른 투자자산들과 같이 희소한 투자자산으로 그 가치가 충분하여 총 원가에 반영되어야 하고 투자프로젝트의 경제성 평가 시에 반드시 고려되어야 한다.

위와 같은 기회원가들을 고려하여 운호의 경제적 이익을 계산하면 다음과 같다.

경제적 이익=총 매출액−총 원가(명백한 원가와 기회원가 모두를 고려함)
=127,500−(67,500+57,450)
=2,550 (천 원)

경제적 이익 255만 원은 운호가 피자점을 개업하고 운영하기 위해 소모한 모든 희소성 자원의 시장가치를 공제한 후 남은 순수한 이익이라고 할 수가 있다. 이 경제적 이익은 운호가 기업가적 이익 추구 및 위험 추구에 대한 보상액이다. 위에서 살펴보았듯이 회계적 이익은 기회원가를 생산원가에 적절하게 반영하지 못하고 있다. 일반적으로 기업가들은 그들의 투자자산으로 미래에 어떤 사업을 할 것인가를 결정할 때에 회계적 정보와 더불어 기회원가와 같은 보이지 않는 원가들을 고려하여 투자의사결정을 내린다.

그리고 피자점 사업이 불확실하기 때문에 운호는 경우에 따라서는 경제적 손실을 입을 수도 있다. 예를 들어 운호의 연간 총 매출액이 7,500만 원이라고 가정하게 되면 운호의 경제적 이익은 다음과 같다.

경제적 이익=75,000−124,950=−49,950 (천 원)

• 주의: 이 경우 운호의 회계적 이익은 750만 원이다.

운호가 회계적인 측면에서 750만 원의 이익을 얻기는 하였지만 기업가로서는 4,995만 원의 큰 손실을 입고 있는 것이다. 이러한 경우 운호는 피자점 개업의 투자대안을 좀 더 심각하게 숙고해서 초기의 투자계획을 수정할 필요가 있다. 이러한 투자의사결정을 경제학자들은 경제적 의사결정이라고 부른다.

## 5.2 투자프로젝트 평가와 기회비용8)

어느 기업이 신제품 생산공장을 건설하려는 전략적 투자프로젝트(strategic investment project)를 고려하고 있다. 이러한 투자프로젝트는 초기에 막대한 투자자본을 장기간 동안 요구하기 때문에 투자프로젝트 평가자는 신중하게 투자 평가를 수행해야 한다. 이와 더불어 기업이 신제품 개발 및 공장건설에 투자하는 모든 투자자산을 다른 투자프로젝트에 투자해서 수익을 실현할 수 있기 때문에 신중한 투자프로젝트의 경제성 평가가 요구된다. 앞절에서 언급하였듯이 이러한 대안적 투자를 포기함으로 발생하는 비용을 기회비용이라고 한다.

본 절에서는 이와 같은 기회비용에 관한 개념을 이용하여 특정한 투자프로젝트를 수행하기 위해 사용된 자산의 기회비용에 관하여 알아보기로 한다. 예를 들어, 현재 유휴설비는 중고 설비판매시장에 판매해서 일정한 수익을 얻을 수가 있는데, 이 유휴설비를 판매하지 않고 특정한 투자프로젝트의 수행을 위해 사용했다면, 이 설비의 기회비용은 포기된 판매 수익이 된다.

좀 더 구체적인 예로서 현재 건물을 임대해서 제품을 생산하고 있는데 연간 임대료가 1억 5,000만 원이라고 하자. 그런데 이 건물의 일부분은 사용되지 않고 있기 때문에 이 유휴공간을 연간 5,000만 원을 받고 임대를 할 수가 있다. 하지만 이 회사에서는 이 유휴공간을 이용하여 개발된 신제품을 생산하는 공간으로 사용하려고 한다. 이 경우 신제품 생산을 위한 투자프로젝트의 경제성 평가에서는 포기한 연간 임대료 5,000만 원을 투자프로젝트 수명 동안 매년 비용(현금유출)으로 고려해야 한다. 또한 현재 처분하여 수익을 얻을 수 있는 장비를 새로운 투자프로젝트를 수행하기 위해 사용할 것이라면 이 장비의 판매 수익도 투자프로젝트의 현금유출로 간주해서 평가에 반영해야 한다.

위에서 논한 유휴공간과 설비의 기회비용은 각 자산의 현재 처분가치임을 주지할 필요

---

8) • Thomas E. Copeland and J. Fred Weston, Financial Theory and Corporate Policy, 3rd Edition, Addison-Wesely Publishing Co., NY, 1992.
• Aswath Damondoran, The Dark Side of Valuation: Valuing Old Tech, New Tech, and New Economy Companies, Fin. NCI. L TIMES, Prentice-Hall, NY, 2001.
• Tim Koller, Marc Goedhart, and David Wessels, Valuataion: Measuring and Managing The Value of Companies, 4th Edition, John Wiley & Sons, INC, Hoboken, NJ, 2005.
• Asswath Damodran, Investment Valuation: Tools and Techniques for Determining the Value of Any Asset, 2nd Edition, John Wiley & Sons, INC, Hoboken, NJ, 2002.

가 있다. 예를 들어, 고정자산의 취득가액은 과거에 발생된 매몰비용이고, 그리고 감가상각 후의 장부가격은 취득가액을 토대로 계산된 값이면서 실질적 현금흐름이 아니기 때문에 투자프로젝트의 경제성 평가에서 전혀 고려 대상이 되지 않는다. 그러므로 새로운 투자프로젝트의 경제성평가에서 고려해야 하는 현금유출은 고정자산의 현재 시장가치와 기회비용뿐이다.

**| 예제 5.2**

어느 기업이 신제품 개발을 위해 미리 5,000만 원을 투자하여 시장조사 및 사업성분석을 실행하였다. 신제품 생산을 위한 새 장비를 구입하려면 2억 1,000만 원의 투자가 필요하다. 이 프로젝트의 사업 수명을 4년으로 가정하고 사업수명 후, 이 장비를 처분하면 세 후 4,000만 원을 받을 수 있을 것으로 추정된다. 신제품의 판매가격이 4만 원이고 연간 판매량이 10,000개로 예측되었다. 이 외의 회계자료는 다음 〈표 5.5〉에 정리되어 있다. 단, 이 프로젝트의 최소 요구수익률($MARR$)은 12%라고 한다. 주어진 회계자료들 중에서 투자프로젝트의 경제성 평가에 반영되어야 할 항목들을 결정하고, 이 투자프로젝트의 순 현재가치($NPV$)와 내부수익률($IRR$)을 구하여라.

‖ **표 5.5** ‖ 기타 회계자료

(단위: 천 원)

| 자료 항목 | 금액 |
|---|---|
| 직접노동비(5 * 2시간) | 10 |
| 직접재료비(4/kg * 3kg) | 12★ |
| 변동 간접비 | 3 |
| 총 변동비용/단위 | 25 |
| 판매가격 | 40 |
| 기여이익/단위 | 15 |
| 감가상각비를 포함한 고정간접비 | 10★★ |
| 이익/단위 | 5 |

Note: ★ 현재 앞으로 2년 동안 사용할 수 있는 직접재료를 4,000원/kg으로 구입하였다. 그런데 현재 동일한 재료를 구입하려면 6,000원/kg이 필요하다.

★★ 고정간접비는 현재 동일한 고정간접비 비율로 공장 내에서 생산되고 있는 모든 제품에 부과되고 있다. 이 고정비 부담비용 중에서 전과 유일하게 다른 것은 새로운 생산현장 감독관에게 지불되는 연봉으로 1,000만 원에서 1,500만 원으로 증가하였다.

**풀 이**

위의 내용을 토대로 신제품 생산 투자프로젝트의 경제성 분석과 관련이 있는 현금흐름을 파악하면 〈표 5.6〉에 나타난 바와 같다. 직접재료비와 고정간접비 항목을 제외하고 모든 항목들의 값은 자료에 주어진 대로 경제성 평가에 사용하면 된다. 그러나 직접재료비에 관한 합리적인 비용은 구입 당시의 구입가를 적용하는 것이 아니고 현재 재료비의 구입단가를 적용해야 한다. 또한 고정간접비도 전에 사용된 고정비 비율에 의하여 부과된 비용을 사용하는 것이 아니라 현재 신제품을 도입함으로써 새롭게 결정한 고정간접비 비율에 의하여 결정된 비용 1,500만 원을 사용해야 한다.

‖ **표 5.6** ‖ 투자평가와 관련된 현금흐름

(단위: 천 원)

| | | | |
|---|---|---|---|
| 총 매출액 | (10,000개 * 40) | | 400,000 |
| 비용: | | | |
| 직접노동비 | (10,000개 * 10) | 100,000 | |
| 직접재료비 | (30,000kg * 6) | 180,000 | |
| 변동비 | (10,000개 * 3) | 30,000 | |
| 고정비 | | 15,000 | |
| 총 비용 | | | 325,000 |
| 연간 순 현금흐름 | | | 75,000 |

위의 연간 순 현금흐름을 바탕으로 신제품 생산투자프로젝트의 경제성 평가($NPV$, $IRR$)를 하면 〈표 5.7〉과 같다.

‖ **표 5.7** ‖ 신제품 생산투자프로젝트의 경제성 분석

(단위: 천 원)

| 연도 | 현금흐름 | 할인계수 | 현재가치 |
|---|---|---|---|
| 0 | −210,000 | $(1+0.12)^{0}=1$ | −210,000 |
| 1 | 75,000 | $(1+0.12)^{-1}=0.893$ | 66,964 |
| 2 | 75,000 | $(1+0.12)^{-2}=0.797$ | 59,790 |
| 3 | 75,000 | $(1+0.12)^{-3}=0.712$ | 53,384 |
| 4 | 115,000 | $(1+0.12)^{-4}=0.636$ | 73,085 |
| $NPV=$ | | | 43,222 |
| $IRR=$ | | | 20.808% |

Note : 4차 년도의 현금흐름 1억 1,500만 원은 생산활동에 의한 연간 순 현금흐름 7,500만 원에 사업 수명기간 4차 년도 말에 처분한 장비의 세후 순 현금유입 4,000만 원을 합한 것이다.

〈표 5.7〉에서 보듯이 신제품 생산 투자프로젝트의 순 현재가치($NPV$)는 4,322만 원이므로 이 프로젝트는 경제적인 측면에서 실행하는 것이 바람직하다. 내부 수익률($IRR$)은 $NPV=0$을 만족시키는 이자율이기 때문에 신제품 생산투자프로젝트의 $IRR$값은 20.808%로 이 값보다 작은 최소요구수익률=12%에서 이 투자프로젝트의 $NPV$값은 분명히 '0'보다 크다. 그렇기 때문에 $IRR$기준으로도 이 투자프로젝트의 경제성이 확보되었다고 할 수 있다.

**주의**

위 투자프로젝트의 순 현재가치($NPV$)를 구하기 위해 계수기호법(factor notation)을 이용해보기로 하자. 다음의 식이 계수기호법으로 $NPV$값을 구하는 것이 되겠다.

$$\begin{aligned} NPV(12\%) &= -210{,}000(P/F,\ 12\%,\ 0) + 75{,}000(P/F,\ 12\%,\ 1) \\ &\quad + 75{,}000(P/F,\ 12\%,\ 2) + 75{,}000(P/F,\ 12\%,\ 3) \\ &\quad + 115{,}000(P/F,\ 12\%,\ 4) \\ &= 43{,}225 \text{ (천 원)} \end{aligned}$$

위 식에서 각 할인이자계수를 찾기 위해서는 부록 중에서 이자율 12%인 곳으로 가서 계수기호표시($P/F$, 12%, $N$)를 찾고 그 열에서 $N$=1, 2, 3, 4년도와 교차하는 값을 찾아 각 계수기호에 대입하면 된다. 즉, 〈표 5.8〉에서 원 안에 있는 이자계수 값들을 찾아서 이 값들을 차례로 계수기호식으로 표시된 곳에 대입하면 된다.

‖ 표 5.8 ‖ 이자율 12%에서의 ($P/F$, 12%, $N$=1, 2, 3, 4)에 해당하는 이자계수의 값

| Interest Table: 12.00% | | | | | | | | | |
|---|---|---|---|---|---|---|---|---|---|
| | Single Payment | | | Equal Payment Series | | | Gradient Series | | |
| | Compound Amount Factor | Present Worth Factor | Compound Amount Factor | Sinking Fund Factor | Present Worth Factor | Capital Recovery Factor | Gradient Uniform Series | Gradient Present Worth | |
| $N$ | $(F/P, i, N)$ | $(P/F, i, N)$ | $(F/A, i, N)$ | $(A/F, i, N)$ | $(P/A, i, N)$ | $(A/P, i, N)$ | $(A/G, i, N)$ | $(P/G, i, N)$ | $N$ |
| 1 | 1.1200 | 0.8929 | 1.0000 | 1.0000 | 0.8929 | 1.1200 | 0.0000 | 0.0000 | 1 |
| 2 | 1.2544 | 0.7972 | 2.1200 | 0.4717 | 1.6901 | 0.5917 | 0.4717 | 0.7972 | 2 |
| 3 | 1.4049 | 0.7118 | 3.3744 | 0.2963 | 2.4018 | 0.4163 | 0.9246 | 2.2208 | 3 |
| 4 | 1.5735 | 0.6355 | 4.7793 | 0.2092 | 3.0393 | 0.3292 | 1.3589 | 4.1273 | 4 |
| 5 | 1.7623 | 0.5674 | 6.3528 | 0.1574 | 3.6049 | 0.2774 | 1.7746 | 6.3970 | 5 |
| 6 | 1.9738 | 0.5066 | 8.1152 | 0.1232 | 4.1114 | 0.2432 | 2.1720 | 8.9302 | 6 |
| 7 | 2.2107 | 0.4523 | 10.0890 | 0.0991 | 4.5638 | 0.2191 | 2.5515 | 11.6443 | 7 |
| 8 | 2.4760 | 0.4039 | 12.2997 | 0.0813 | 4.9676 | 0.2013 | 2.9131 | 14.4714 | 8 |
| 9 | 2.7731 | 0.3606 | 14.7757 | 0.0677 | 5.3282 | 0.1877 | 3.2574 | 17.3563 | 9 |
| 10 | 3.1058 | 0.3220 | 17.5487 | 0.0570 | 5.6502 | 0.1770 | 3.5847 | 20.2541 | 10 |
| 11 | 3.4785 | 0.2875 | 20.6546 | 0.0484 | 5.9377 | 0.1684 | 3.8953 | 23.1288 | 11 |
| 12 | 3.8960 | 0.2567 | 24.1331 | 0.0414 | 6.1944 | 0.1614 | 4.1897 | 25.9523 | 12 |
| 13 | 4.3635 | 0.2292 | 28.0291 | 0.0357 | 6.4235 | 0.1557 | 4.4683 | 28.7024 | 13 |
| 14 | 4.8871 | 0.2046 | 32.3926 | 0.0309 | 6.6282 | 0.1509 | 4.7317 | 31.3624 | 14 |
| 15 | 5.4736 | 0.1827 | 37.2797 | 0.0268 | 6.8109 | 0.1468 | 4.9803 | 33.9202 | 15 |
| 16 | 6.1304 | 0.1631 | 42.7533 | 0.0234 | 6.9740 | 0.1434 | 5.2147 | 36.3670 | 16 |
| 17 | 6.8660 | 0.1456 | 48.8837 | 0.0205 | 7.1196 | 0.1405 | 5.4353 | 38.6973 | 17 |
| 18 | 7.6900 | 0.1300 | 55.7497 | 0.0179 | 7.2497 | 0.1379 | 5.6427 | 40.9080 | 18 |
| 19 | 8.6128 | 0.1161 | 63.4397 | 0.0158 | 7.3658 | 0.1358 | 5.8375 | 42.9979 | 19 |
| 20 | 9.6463 | 0.1037 | 72.0524 | 0.0139 | 7.4694 | 0.1339 | 6.0202 | 44.9676 | 20 |
| 21 | 10.8038 | 0.0926 | 81.6987 | 0.0122 | 7.5620 | 0.1322 | 6.1913 | 46.8188 | 21 |
| 22 | 12.1003 | 0.0826 | 92.5026 | 0.0108 | 7.6446 | 0.1308 | 6.3514 | 48.5543 | 22 |
| 23 | 13.5523 | 0.0728 | 104.6029 | 0.0096 | 7.7184 | 0.1296 | 6.5010 | 50.1776 | 23 |
| 24 | 15.1786 | 0.0659 | 118.1552 | 0.0085 | 7.7843 | 0.1285 | 6.6406 | 51.6929 | 24 |
| 25 | 17.0001 | 0.0588 | 133.3339 | 0.0075 | 7.8431 | 0.1275 | 6.7708 | 53.1046 | 25 |
| 26 | 19.0401 | 0.0525 | 150.3339 | 0.0067 | 7.8957 | 0.1267 | 6.8921 | 54.4177 | 26 |
| 27 | 21.3249 | 0.0649 | 169.3740 | 0.0059 | 7.9426 | 0.1259 | 7.0049 | 55.6369 | 27 |
| 28 | 23.8839 | 0.0419 | 190.6989 | 0.0052 | 7.9844 | 0.1252 | 7.1098 | 56.7674 | 28 |
| 29 | 26.7499 | 0.0374 | 214.5828 | 0.0047 | 8.0218 | 0.1247 | 7.2071 | 57.8141 | 29 |
| 30 | 29.9599 | 0.0334 | 241.3327 | 0.0041 | 8.0552 | 0.1241 | 7.2974 | 58.7821 | 30 |

## 5.3 투자프로젝트 평가 시 증분현금흐름표 작성

투자프로젝트의 경제성 평가는 여러 방법(회계시스템을 비롯하여 재무, 디자인, 생산, 영업 및 판매네트워크 등 여러 관련 부서, 공표된 여러 참고문헌, 경영컨설팅회사, 시스템 시뮬레이션기법 등)을 이용해서 얻은 관련 자료들로부터 시작된다. 이렇게 여러 방법을 통하여 얻은 관련 자료들을 분석해서 이를 토대로 투자프로젝트의 경제성 평가를 위

한 증분현금흐름표가 작성된다.

증분현금흐름표 작성 지침은 본 장의 소개부분에 기술된 과정을 거쳐서 완성된다. 즉, 손익계산서를 작성해서 이로부터 영업활동으로부터 발생하는 현금흐름(당기순이익+감가상각비), 그리고 투자활동으로부터 발생하는 현금흐름과 재무활동으로부터 발생하는 현금흐름 등을 현금흐름표에 기록하면 된다.

그리고 2장에서 논한 평가기법들을 사용하여 최종적으로 투자프로젝트의 경제성 평가를 실행한다. 이러한 평가를 통해 투자분석가는 궁극적으로 투자프로젝트의 경제적 가치를 얻게 되지만, 이와 더불어 투자평가자는 투자평가 과정을 거치면서 투자프로젝트의 특성에 관해서 더 깊고 구체적으로 이해를 할 수가 있게 된다. 사례를 통하여 본 절에서 위에 논한 내용들을 구체화해 보도록 하자.

### 5.3.1 인플레이션 효과를 고려하지 않은 경우

현실적으로 투자프로젝트의 경제적 가치를 구하기 위해 현금흐름표를 작성할 때는 반드시 인플레이션 효과를 현금흐름표 자료들에 적용해야 한다. 이와 같은 인플레이션 효과를 적용하는 예는 다음 절에서 논하기로 하고, 본 절에서는 인플레이션 효과를 고려하지 않은 경제적 상황을 고려해서 투자프로젝트의 현금흐름표를 작성하는 방법에 관하여 알아보기로 하자.

**예제 5.3** 자동화 제조시스템 프로젝트[9)]

작은 공구제조회사에서 컴퓨터를 이용한 자동화 제조시스템 투자프로젝트를 실행하는 것을 고려 중이다. 이 회사에서는 자동화 제조시스템을 설치하기 위해 1억 2,500만 원인 새로운 머시닝센터를 구입하려고 한다. 그러면 연간 매출액은 1억 원, 노임 2,000만 원, 재료비는 1,200만 원, 간접비는 800만 원(전력 등 공공요금)이 발생될 것으로 추정되며, 연간 운전자본으로 5년 동안 매년 2,300만 원의 투자가 요구되고 연초에 투자된 운전자본은 연말에 모두 회수된다고 한다. 그리고 초기 투자자본 중 50%는 통일은행에서 대출하고, 5년 동안 매년 이자율 10%로 이자와 원금상환액을 합하여 매년 동일한 금액으로 상환하기로 약정을 맺었다. 자동화머시닝센터는 내용연수가 8년이고, 정액법에 의하여 감가상각이 되며, 5년 후의 추정 처분가치는 5,000만 원으로 추정되었다.

9) 박찬석, 김규태, 최성호, 경제성공학, 영지문화사, 2008.

그러나 내용연수를 다한 8년 후의 머시닝센터의 잔존가치는 없다고 한다. 이 회사의 한계세율을 25%라고 가정하고 당기순이익에 근거하여 이 투자프로젝트의 연도별 세후 순 현금흐름을 구하고, 그리고 최소요구수익률 15%를 이용하여 이 투자프로젝트의 순 현재가치($NPV$), 연 등가($AE$), 그리고 내부수익률($IRR$)을 결정하여라.

**풀이**

자동화 제조시스템 프로젝트

**조건**

현금흐름 자료

현금흐름표를 작성하기 위해서는 다음과 같은 몇 가지 계산이 필요하다. 아래에 기술된 내용들은 〈표 5.10〉의 주요 요소들을 설명하고 있다.

- 감가상각비

1. 이 시스템의 내용연수는 8년이고 정액법에 의하여 감가상각이 된다.

$$D = \frac{125,000}{8} = 15,625 \text{ (천 원)}$$

2. 이 장비는 5차 년도 말에 5,000만 원을 받고 처분된다. 이 경우 장비를 처분하여 이익이 발생했으면 한계세율을 적용하여 처분세를 계산해야 한다. 장비 처분으로 이익이 발생했는지 아니면 손실이 발생했는지를 알기 위해서는 먼저 5년 동안 발생한 장비의 총 감가상각비을 계산해서 이 값을 초기 투자자본 1억 2,500만 원에서 공제하여 장비의 장부가치(book value)를 구한다. 그리고 잔존가액에서 장부가치를 뺀 후, 이 값이 '0'보다 크면 처분세를 내야 하고, 그렇지 않으면 세금을 돌려받게 된다.

$$\begin{aligned} \text{누적된 총 감가상각비} &= \sum_{t=1}^{n} (\text{연간 감가상각비})_t \\ &= 5 \times (15,625/\text{년 감가상각비}) \\ &= 78,125 \text{ (천 원)} \end{aligned}$$

$$\begin{aligned} \text{장부가치} &= \text{초기투자자본} - \text{누적된 총 감가상각비} \\ &= 125,000 - 78,125 = 46,875 \text{ (천 원)} \end{aligned}$$

$$\begin{aligned} \text{처분이익} &= \text{잔존가액} - \text{장부가치} \\ &= 50,000 - 46,875 = 3,125 \text{ (천 원)} \end{aligned}$$

$$처분세 = 한계세율 * 처분이익/손실$$
$$= (0.25)(3,125) = 781.25 \ (천\ 원)$$

5년 동안 발생된 이 장비의 총 감가상각비가 7,812만 5천원이고, 이 값을 초기투자자본 1억 2,500만 원에서 공제하면 장비의 장부가치가 4,687만 5천원이 된다. 그리고 처분이익/손실을 계산하기 위해 장비의 잔존가액 5,000만 원에서 장비의 장부가치 4,687만 5천원을 공제하면 처분이익 312만 5천원이 발생하게 된다. 이 처분이익에 한계세율 25%를 적용하면 78만1,250원의 세금이 결정된다.

3. 융자금 원금 및 이자상환액

우리는 앞 장에서 융자금 상환방법에 관하여 전혀 논하지 않았다. 그러나 2장에서 기술한 이자율에 관한 기초적인 개념을 응용하면 융자원금 및 이자상환액을 쉽게 결정할 수가 있다. 많은 경우 금융기관으로부터 융자를 받게 되면 다음의 세 가지 종류 중 한 가지 방법을 선택해서 융자금을 상환한다.

[경우 1] 융자받은 원금에 대해서 기간 이자만을 상환해 가다가 마지막 상환하는 기간에 당 기간에 지불해야 하는 이자와 원금을 상환하는 방법

[예 1] 통일은행에서 1억 원을 연 이자율 10%로 5년 동안 이자만 상환해가다가 마지막 5차 년도 말에 원금을 상환하도록 한다.

**풀이**

5년 동안 매년 1억 원에 대한 이자상환금액 1,000만 원을 상환하고, 마지막 5차 년도 말에 원금 1억 원과 이자 1,000만 원을 상환하면 된다.

(단위: 천 원)

| 연도 | 연초원금잔액 | 이자상환액 | 원금상환액 | 총상환액 | 연말원금잔액 |
|---|---|---|---|---|---|
| 0 | | | | | 100,000 |
| 1 | 100,000 | 10,000 | 0 | 10,000 | 100,000 |
| 2 | 100,000 | 10,000 | 0 | 10,000 | 100,000 |
| 3 | 100,000 | 10,000 | 0 | 10,000 | 100,000 |
| 4 | 100,000 | 10,000 | 0 | 10,000 | 100,000 |
| 5 | 100,000 | 10,000 | 100,000 | 110,000 | 0 |

[경우 2] 융자금 원금을 5년 동안 매년 동일한 금액으로 상환하고 원금 잔액에 대하여 이자를 상환해가는 방법

[예 2] 통일은행에서 1억 2,500만 원을 연 이자율 10%로 5년 동안 원금을 매년 동일한 금액으로 상환해가고 원금잔액에 대하여 이자를 상환해가도록 한다.

**풀이**

(단위: 천 원)

| 연도 | 연초원금잔액 | 원금상환액 | 이자상환액 | 총 상환액 | 연말원금잔액 |
|---|---|---|---|---|---|
| 0 | | | | | 125,000 |
| 1 | 125,000 | 25,000.00 | 12,500 | 37,500 | 100,000 |
| 2 | 100,000 | 25,000.00 | 10,000 | 35,000 | 75,000 |
| 3 | 75,000 | 25,000.00 | 7,500 | 32,500 | 50,000 |
| 4 | 50,000 | 25,000.00 | 5,000 | 30,000 | 25,000 |
| 5 | 25,000 | 25,000.00 | 2,500 | 27,500 | 0 |

이 예제에서 매년 상환해야 할 동일한 원금상환액은 2,500만 원(125,000/5)이다. 1차 년도의 이자상환액은 원래의 융자원금 1억 2,500만 원에 이자율 10%를 적용하면 1,250만 원이 된다. 그러면 1차 년도 말의 융자원금잔액은 1억(1억 2,500만 원에서 1차 년도에 상환한 원금 2,500만 원을 빼면 1억 원) 원이 된다. 2차 년도의 이자상환액은 현재의 원금잔액 1억 원에 이자율 10%를 적용하면 1,000만 원이 된다. 원금상환액은 동일한 금액 2,500만 원이므로 2차 년도 말의 융자금잔액은 7,500만 원(연초 원금잔액 1억 원에서 2차 년도에 지불한 원금상환액 2,500만 원을 빼면 7,500만 원)이 된다. 이와 같은 방법으로 5차 년도 말까지 상환액을 계산하면 위 표에서 보듯이 5차 년도 말의 융자원금 잔액은 "0"이 된다.

[경우 3] 융자금 원금상환액과 이자상환액을 합해서 매년 동일한 금액으로 상환하는 방법

[예 2] 통일은행에서 6,250만 원을 연 이자율 10%로 5년 동안 매년 원금과 이자상환액을 합해서 동일한 금액으로 융자금을 상환해가도록 한다(2.2절 혹은 11.5.6절 참조).

**풀이**

이 예제의 답을 얻기 위해서는 먼저 연 이자율 10%를 융자금 6,250만 원에 적용하여 원금과 이자를 포함하고 있는 연간 동일 상환금액(annual equivalent: *AE*)을 계산해야 한다.

$$AE(10\%) = 62{,}500(A/P,\ 10\%,\ 5) = 16{,}487\ (\text{천 원})$$

(단위: 천 원)

| 연도 | 연초원금잔액 | 이자상환액 | 원금상환액 | 총 상환액 | 연말원금잔액 |
|---|---|---|---|---|---|
| 0 | | | | | 62,500.00 |
| 1 | 62,500.00 | 6,250.00 | 10,237.34 | 16,487.34 | 52,262.66 |
| 2 | 52,262,66 | 5,226.27 | 11,261.08 | 16,487.34 | 41,001.58 |
| 3 | 41,001.58 | 4,100.16 | 12,387.18 | 16,487.34 | 28,614.40 |
| 4 | 28,614.40 | 2,861.44 | 13,625.90 | 16,487.34 | 14,988.49 |
| 5 | 14,988.49 | 1,498.85 | 14,988.49 | 16,487.34 | 0.00 |

복리계수표(10.0%)

| | 일시불 | | 동일 자금열 | | | | 동차자금열 | | |
|---|---|---|---|---|---|---|---|---|---|
| | 복리활증 계수 | 현재가치 계수 | 복리활증 계수 | 감채기금 계수 | 현재가치 계수 | 자복회수 계수 | 동일자금 계수 | 현재가치 계수 | |
| *N* | (*F*/*P*, *i*, *N*) | (*P*/*F*, *i*, *N*) | (*F*/*A*, *i*, *N*) | (*A*/*F*, *i*, *N*) | (*P*/*A*, *i*, *N*) | (*A*/*P*, *i*, *N*) | (*A*/*G*, *i*, *N*) | (*P*/*G*, *i*, *N*) | *N* |
| 1 | 1.1000 | 0.9091 | 1.0000 | 1.0000 | 0.9091 | 1.1000 | 0.0000 | 0.0000 | 1 |
| 2 | 1.2100 | 0.8264 | 2.1000 | 0.4762 | 1.7355 | 0.5762 | 0.4762 | 0.8264 | 2 |
| 3 | 1.3310 | 0.7513 | 3.3100 | 0.3021 | 2.4869 | 0.4021 | 0.9366 | 2.3291 | 3 |
| 4 | 1.4641 | 0.6830 | 4.6410 | 0.2155 | 3.1699 | 0.3155 | 1.3812 | 4.3781 | 4 |
| 5 | 1.6105 | 0.6209 | 6.1051 | 0.1638 | 3.7908 | 0.2638 | 1.8101 | 6.8618 | 5 |
| 6 | 1.7716 | 0.5645 | 7.7156 | 0.1296 | 4.3553 | 0.2296 | 2.2236 | 9.6842 | 6 |
| 7 | 1.9487 | 0.5132 | 9.4872 | 0.1054 | 4.8684 | 0.2054 | 2.6216 | 12.7631 | 7 |
| 8 | 2.1436 | 0.4665 | 11.4359 | 0.0874 | 5.3349 | 0.1874 | 3.0045 | 16.0287 | 8 |
| 9 | 2.2579 | 0.4241 | 13.5795 | 0.0736 | 5.7590 | 0.1736 | 3.3724 | 19.4215 | 9 |
| 10 | 2.5937 | 0.3855 | 15.9374 | 0.0627 | 6.1446 | 0.1627 | 3.7255 | 22.8913 | 10 |
| 11 | 2.8531 | 0.3503 | 18.5312 | 0.0540 | 6.4951 | 0.1540 | 4.0641 | 26.3963 | 11 |
| 12 | 3.1384 | 0.3186 | 21.3843 | 0.0468 | 6.8137 | 0.1468 | 4.3884 | 29.9012 | 12 |
| 13 | 3.4523 | 0.2897 | 24.5227 | 0.0408 | 7.1034 | 0.1408 | 4.6988 | 33.3772 | 13 |
| 14 | 3.7975 | 0.2633 | 27.9750 | 0.0357 | 7.3667 | 0.1357 | 4.9955 | 36.8005 | 14 |
| 15 | 4.1772 | 0.1394 | 31.7725 | 0.0315 | 7.6061 | 0.1315 | 5.2789 | 40.1520 | 15 |
| 16 | 4.5950 | 0.2176 | 35.9497 | 0.0278 | 7.8237 | 0.1278 | 5.5493 | 43.4164 | 16 |
| 17 | 5.0545 | 0.1978 | 40.5447 | 0.0247 | 8.0216 | 0.1247 | 5.8071 | 46.5819 | 17 |
| 18 | 5.5599 | 0.1799 | 45.5992 | 0.0219 | 8.2014 | 0.1219 | 6.0526 | 49.6395 | 18 |
| 19 | 6.1159 | 0.1635 | 51.1591 | 0.0195 | 8.3649 | 0.1195 | 6.2861 | 52.5827 | 19 |
| 20 | 6.7275 | 0.1486 | 57.2750 | 0.0175 | 8.5136 | 0.1175 | 6.5081 | 55.4069 | 20 |
| 21 | 7.4002 | 0.1351 | 64.0025 | 0.0156 | 8.6487 | 0.1156 | 6.7189 | 58.1095 | 21 |
| 22 | 8.1403 | 0.1228 | 71.4027 | 0.0140 | 8.7715 | 0.1140 | 6.9189 | 60.6893 | 22 |
| 23 | 8.9543 | 0.1117 | 79.5430 | 0.0126 | 8.8832 | 0.1126 | 7.1085 | 63.1462 | 23 |
| 24 | 9.8497 | 0.1015 | 88.4973 | 0.0113 | 8.9847 | 0.1113 | 7.2881 | 65.4813 | 24 |
| 25 | 10.8347 | 0.0923 | 98.3471 | 0.0102 | 9.0770 | 0.1102 | 7.4580 | 67.6964 | 25 |
| 26 | 11.9182 | 0.0839 | 109.1818 | 0.0092 | 9.1609 | 0.1092 | 7.6186 | 69.7940 | 26 |
| 27 | 13.1100 | 0.0763 | 121.0999 | 0.0083 | 9.2372 | 0.1083 | 7.7704 | 71.7773 | 27 |
| 28 | 14.4210 | 0.0693 | 134.2099 | 0.0075 | 9.3066 | 0.1075 | 7.9137 | 73.6495 | 28 |
| 29 | 15.8631 | 0.0630 | 148.6309 | 0.0067 | 9.3696 | 0.1067 | 8.0489 | 75.4146 | 29 |
| 30 | 17.4494 | 0.0573 | 164.4940 | 0.0061 | 9.4269 | 0.1061 | 8.1762 | 77.0766 | 30 |
| 31 | 19.1943 | 0.0521 | 181.9434 | 0.0055 | 9.4790 | 0.1055 | 8.2962 | 78.6395 | 31 |
| 32 | 21.1138 | 0.0474 | 201.1378 | 0.0050 | 9.5264 | 0.1050 | 8.4091 | 80.1078 | 32 |
| 33 | 23.2252 | 0.0431 | 222.2515 | 0.0045 | 9.5694 | 0.1045 | 8.5152 | 81.4856 | 33 |
| 34 | 25.5477 | 0.0391 | 245.4767 | 0.0041 | 9.6086 | 0.1041 | 8.6149 | 82.7773 | 34 |
| 35 | 28.1024 | 0.0356 | 271.0244 | 0.0017 | 9.6442 | 0.1037 | 8.7086 | 83.9872 | 35 |
| 40 | 45.2593 | 0.0221 | 442.5926 | 0.0023 | 9.7791 | 0.1023 | 9.0962 | 88.9535 | 40 |
| 45 | 72.8905 | 0.0137 | 718.9048 | 0.0014 | 9.8628 | 0.1014 | 9.3740 | 92.4544 | 45 |
| 50 | 117.3809 | 0.0085 | 1163.9085 | 0.0009 | 9.9148 | 0.1009 | 9.5704 | 94.8889 | 50 |
| 55 | 089.0591 | 0.0053 | 1880.5914 | 0.0005 | 9.9471 | 0.1005 | 9.7075 | 96.5619 | 55 |
| 60 | 304.4816 | 0.0033 | 3034.8164 | 0.0003 | 9.9672 | 0.1003 | 9.8023 | 97.7010 | 60 |
| 65 | 490.3707 | 0.0029 | 4893.7073 | 0.0002 | 9.9796 | 0.1002 | 9.8672 | 98.4705 | 65 |
| 70 | 789.7470 | 0.0013 | 7887.4696 | 0.0001 | 9.9873 | 0.1001 | 9.9113 | 98.9870 | 70 |
| 75 | 127.7470 | 0.0008 | 12708.9537 | 0.0001 | 9.9921 | 0.1001 | 9.9410 | 99.3317 | 75 |
| 80 | 1271.8954 | 0.0005 | 20474.0021 | 0.0000 | 9.9951 | 0.1000 | 9.9608 | 99.5606 | 80 |
| 85 | 3298.9690 | 0.0003 | 32979.6903 | 0.0000 | 9.9970 | 0.1000. | 9.9741 | 99.7120 | 85 |
| 90 | 5313.0226 | 0.0002 | 53120.2261 | 0.0000 | 9.9981 | 0.1000 | 9.9831 | 99.8118 | 90 |
| 95 | 8556.6760 | 0.0001 | 85556.7605 | 0.0000 | 9.9988 | 0.1000 | 9.9889 | 99.8773 | 95 |
| 100 | 13780.6123 | 0.0001 | 137796.1234 | 0.0000 | 9.9993 | 0.1000 | 9.9927 | 99.9202 | 100 |

이자와 원금상환액을 합한 동일한 상환액을 알기 위하여 우리는 계수기호법을 사용하였다. 다시 계수기호법을 어떻게 사용하는지를 알아보기 위해 앞쪽에 있는 이자계수표를 참조하도록 하자. 이 표에서 원 안에 있는 값 0.2638을 위 식의 이자계수 $(A/P,\ 10\%,\ 5)$에 대입하면 $AE(10\%)=1{,}648$만 7천원을 얻게 된다. 이제 $AE(10\%)=1{,}648$만 7천원을 원금과 이자상환액으로 분리해 보도록 하자. 그러면 1차 년도에 발생한 이자상환액은 초기 원금 6,250만 원에 10%의 이자율 적용하여 625만 원이 된다. 그리고 1차 년도에 상환되는 원금상환액은 $AE(10\%)=1{,}648$만 원에서 1차 년도에 상환한 이자금액 625만 원을 공제하고 남은 금액 1,023만 7,340원이 된다. 마지막으로 1차 년도 말의 원금잔액은 연초 원금잔액 6,250만 원에서 1차 년도에 상환된 원금상환액 1,023만 7,340원을 뺀 값인 5,226만 2,630원이다. 2차 년도부터 5차 년도 말까지 동일한 방법으로 상환액을 계산하여 지불해가면 5차 년도 말의 융자금 원금잔액은 "0"이 된다.

본 예제에서는 세 번째 방법으로 융자금 6,250만 원을 연 이자율 10%로 5년 동안 상환해간다고 했으니 위에서 구한 이자상환액은 손익계산서에 기록하고 그리고 원금상환액은 현금흐름표의 재무활동으로부터 발생하는 현금흐름에 기록하면 된다.

#### 4. 운전자본

운전자본은 기업의 영업을 위해 반드시 필요한 투자자본이다. 공학경제학에서는 운전자본 투자는 연초에 발생하고 투자된 운전자본은 연말에 100% 회수 가능하다고 가정하고 있다. 다음 표를 보고 운전자본의 투자와 회수에 관하여 이해하도록 하자. 본 예제의 경우 인플레이션이 발생하지 않는다고 가정하고 있기 때문에 다음 표와 같은 운전자본의 투자와 회수의 형태가 유지되고 있다.

다음의 표에서 '0'년도 운전자본 투자금액 2,300만 원은 1차 년도 영업을 위한 것이고, 동일한 금액 2,300만 원이 연말에 회수되고, 이 금액이 다시 2차 년도의 영업을 위해 투자되었다가 다시 연말에 회수가 된다. 이런 식으로 운전자본의 투자와 회수가 발생하다가, 5차 년도 말에는 투자된 운전자본 2,300만 원이 회수되고 이 투자프로젝트가 종료되기 때문에 재차 이 금액이 투자가 될 근거가 없어진다. 본 예제에 주어진 매출액 및 비용항목들과 함께 감가상각비, 장비처분세, 운전자본 등에 관한 정보들을 이용하여 〈표 5.10〉과 같은 현금흐름표를 작성할 수가 있다.

‖ 표 5.9 ‖ 운전자본 투자와 회수

(단위: 천 원)

| 연도 | 0 | 1 | 2 | 3 | 4 | 5 |
|---|---|---|---|---|---|---|
| 운전자본회수 | | 23,000 | 23,000 | 23,000 | 23,000 | 23,000 |
| 운전자본투자 | −23,000 | −23,000 | −23,000 | −23,000 | −23,000 | |
| 순 운전자본투자 | −23,000 | 0 | 0 | 0 | 0 | 23,000 |

‖ 표 5.10 ‖ 무인플레이션하에서 머시닝센터 투자프로젝트의 현금흐름표

| | | | | | | | |
|---|---|---|---|---|---|---|---|
| | 입력자료 | MARR | 15% | 감가상각방법: 내용연수 8년 정액법 | | | 상환기간: 5년 |
| | | 세율 | 25% | 부채이자율: 10% | | 상환방법: 원리균등상환 | |
| 손익계산서 | | 0 | 1 | 2 | 3 | 4 | 5 |
| | 매출액 | | 100,000 | 100,000 | 100,000 | 100,000 | 100,000 |
| | 비용: | | | | | | |
| | 임금 | | 20,000 | 20,000 | 20,000 | 20,000 | 20,000 |
| | 원자재 | | 12,000 | 12,000 | 12,000 | 12,000 | 12,000 |
| | 제조간접비 | | 8,000 | 8,000 | 8,000 | 8,000 | 8,000 |
| | 감가상각비 | | 15,625 | 15,625 | 15,625 | 15,625 | 15,625 |
| | 부채이자 | | 6,250 | 5,226 | 4,100 | 2,861 | 1,499 |
| | 과세표준 | | 38,125 | 39,149 | 40,275 | 41,514 | 42,876 |
| | 법인세(25%) | | 9,531 | 9,787 | 10,069 | 10,379 | 10,719 |
| | 당기순이익 | | 28,594 | 29,362 | 30,206 | 31,135 | 32,157 |
| 현금흐름표 | | | | | | | |
| | 영업활동: | | | | | | |
| | 당기순이익 | | 28,594 | 29,362 | 30,206 | 31,135 | 32,157 |
| | 감가상각비 | | 15,625 | 15,625 | 15,625 | 15,625 | 15,625 |
| | 투자활동: | | | | | | |
| | 투자 | (125,000) | | | | | |
| | 잔존가치 | | | | | | 50,000 |
| | 자산처분세 | | | | | | (781) |
| | 운전자본 | (23,000) | | | | | 23,000 |
| | 재무활동: | | | | | | |
| | 융자액 | 62,500 | | | | | |
| | 원금상환 | | (10,237) | (11,261) | (12,387) | (13,626) | (14,988) |
| | 순현금흐름 | (85,500) | 33,982 | 33,726 | 33,444 | 33,134 | 105,013 |
| | | | | | | | |
| | NPV(15%)= | 62,695.73 | | | | | |
| | AW(15%)= | 18,703 | | | | | |
| | IRR= | 38% | | | | | |

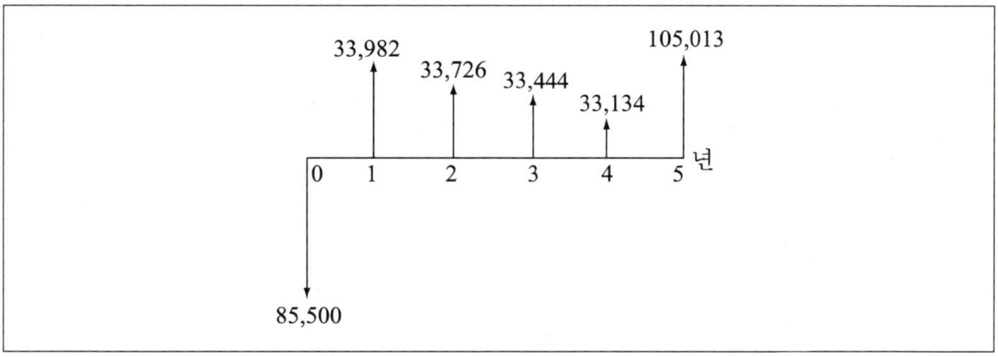


그림 5.4 자동화 머시닝센터 프로젝트의 현금흐름(단위: 천 원)

〈표 5.10〉에 나타난 각 연도별 순 현금흐름을 현금흐름도표(cash flow diagram)로 표시하면 〈그림 5.4〉와 같다.

우선 엑셀에서 제공하는 재무계산기능을 사용하여 이 투자프로젝트의 $NPV$, $AE$, $IRR$값을 구하면 각각, $NPV(15\%)=$6,269만 5천원, $AE(15\%)=$1,870만 3천원, 그리고 $IRR=38\%$이다. $NPV(15\%)>0$, $AE(15\%)>0$, 그리고 $IRR=38\%>MARR=15\%$이기 때문에 이 프로젝트는 실행하는 것이 경제적으로 바람직하다고 할 수 있다.

계수기호법을 사용하여 순 현재가치를 계산하기 위한 식을 만들면 다음과 같다.

$$
\begin{aligned}
NPV(15\%) &= -85,500(P/F,\ 15\%,\ 0)+33,982(P/F,\ 15\%,\ 1) \\
&\quad +33,726(P/F,\ 15\%,\ 2)+33,444(P/F,\ 15\%,\ 3) \\
&\quad +33,134(P/F,\ 15\%,\ 4)+105,013(P/F,\ 15\%,\ 5) \\
&= 62,695.7\ (\text{천 원})
\end{aligned}
$$

그리고 $AE(15\%)$값을 구하려면 다음과 같이 두 단계를 거치게 된다. 먼저 투자프로젝트의 순 현재가치를 계산하고, 그 다음에 순 현재가치를 연 등가가치로 변환한다. 위 현금흐름표에서 구한 $NPV(15\%)$, $AE(15\%)$ 그리고 $IRR=38\%$는 엑셀에 내장된 각각의 기능을 사용하여 얻었다. 다음에는 계수기호법을 이용하여 위의 내용을 알아보기로 하자. 우리는 이미 계수기호법을 이용하여 $NPV(15\%)$값을 구하였으니, 이를 $AE(15\%)$로 변환하기만 하면 된다.

$$
AE(15\%)=62,695.7(A/P,\ 15\%,\ 5)=18,703\ (\text{천 원})
$$

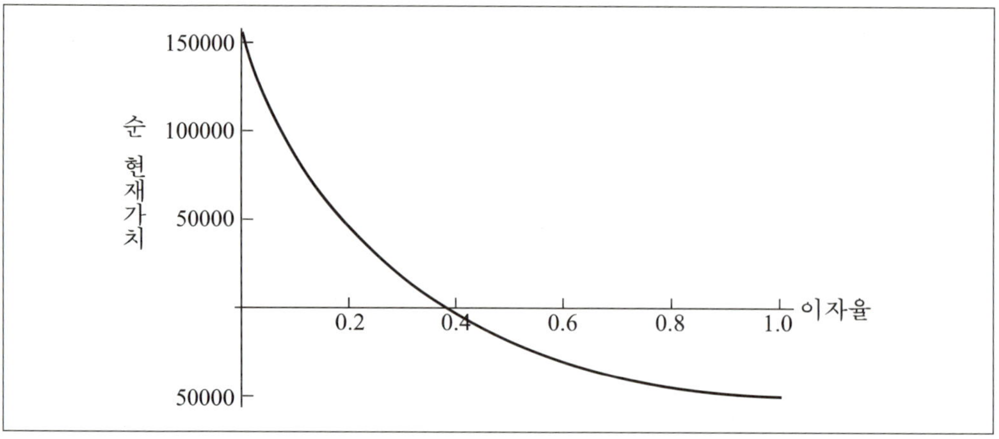


**그림 5.5** 이자율 변화에 따른 자동화 제조시스템 투자프로젝트의 $NPV$

이 투자프로젝트의 내부수익률($IRR$)을 구하기 위해서는 다음과 같은 수식을 만들어야 한다. 2장에서 간략하게 살펴본 바와 같이 수리적인 의미에서 정의하면 내부수익률이란 $NPV(i^*)=0$이 되게 하는 이자율이다. 내부수익률을 구하기 이전에 아래 식을 만족시키는 근이 몇 개인지를 알아보기 위해 먼저 Mathematica의 Plot 기능을 이용하여 〈그림 5.5〉를 그려보도록 하자. Mathematica에서 Solve기능을 사용하면 본 예제의 내부수익률 값도 직접 구할 수가 있다. 그러나 Solve기능이 제공해주는 결과를 해석하기가 어려운 경우도 있기 때문에 $IRR$값을 구하기 위해선 먼저 Mathematica을 이용하여 그래프를 그리고 몇 개의 실근이 존재하는지를 확인한 후, 오직 한 개의 실수만이 존재한다고 판명되면 엑셀이 제공하는 $IRR$기능을 이용하면 $IRR$값을 좀 더 편하게 구할 수가 있다.

$$\ln[1] := Solve\left[-85500+\frac{33982}{(1+i^*)}+\frac{33726}{(1+i^*)^2}+\frac{33444}{(1+i^*)^3} + \frac{33134}{(1+i^*)^4}+\frac{105013}{(1+i^*)^5} \equiv 0, i^*\right]$$

$$out[2] = \{i^* \to 0.378151\},\ \{i^* \to -1.78634 \pm 0.569884i\},\ \{i^* \to -0.704013 \pm 0.925947i\}$$

$$\ln[2] = \mathrm{Plot}\left[-85500+\frac{933982}{(1+i^*)}+\frac{33726}{(1+i^*)^2}+\frac{33444}{(1+i^*)^3} + \frac{33134}{(1+i^*)^4}+\frac{105013}{(1+i^*)^5},\ \{i,\ 0,\ 1\}\right]$$

〈그림 5.5〉에서 우리는 이 프로젝트의 $NPV$값을 '0'으로 만드는 이자율이 유일하게 하나만 존재하고 있음을 알게 되었다. 이를 수식으로 나타내면 다음과 같다. 이 식의 해를 구하는 방법은 여러 가지 방법들이 있지만 그 중에서 시행착오법(trial-error)을 사용하려 한다.

$$
\begin{aligned}
NPV(i^*) &= \sum_{t=0}^{N} \frac{CF_t}{(1+i^*)^t} \\
&= -85,500 + \frac{33,982}{(1+i^*)^1} + \frac{33,726}{(1+i^*)^2} + \frac{33,444}{(1+i^*)^3} \\
&\quad + \frac{33,134}{(1+i^*)^4} + \frac{105,013}{(1+i^*)^5} \\
&= 0
\end{aligned}
$$

시행착오법을 이용하여 위 식의 해를 구하기 위해, 먼저 $i^*$의 추정치를 $MARR$값의 주위에 있는 그러나 $MARR$값보다 약간 큰 값을 사용해보도록 한다.[10]

(1) $i^* = 18\%$

$$
\begin{aligned}
NPV(18\%) &= -85,500 + \frac{33,982}{(1+0.18)} + \frac{33,726}{(1+0.18)^2} \\
&\quad + \frac{33,444}{(1+0.18)^3} + \frac{33,134}{(1+0.18)^4} + \frac{105,013}{(1+0.18)^5} \\
&= 50,867 \text{ (천 원)}
\end{aligned}
$$

$i^* = 18\%$에서 $NPV(18\%) =$ 5,086만 7천원이 '0'보다 매우 크므로 이 값을 작게 만들기 위해서는 다음 $i^*$값은 무조건 18%보다 훨씬 커야 한다.

(2) $i^* = 40\%$

$$
\begin{aligned}
NPV(40\%) &= -85,500 + \frac{33,982}{(1+0.40)} + \frac{33,726}{(1+0.40)^2} \\
&\quad + \frac{33,444}{(1+0.40)^3} + \frac{33,134}{(1+0.40)^4} + \frac{105,013}{(1+0.40)^5} \\
&= -3,681 \text{ (천 원)}
\end{aligned}
$$

---

10) $MARR$값보다 약간 큰 값을 사용하는 이유는 현재 고려 중인 투자프로젝트가 채택될 것이라는 가정으로부터 출발하기 때문이다.

$i^* = 40\%$에서 $NPV(40\%) = -368$만 1천원이므로 $NPV$값을 '0'으로 만드는 이자율은 18%와 40% 사이에 존재하되 $NPV(40\%)$의 절대값이 $NPV(18\%)$의 절대값보다 '0'에 가깝기 때문에 다음 번 $i^*$값은 이자율 40% 주위의 이자율일 것이라고 추정할 수가 있다.

(3) $i^* = 38\%$

$$NPV(38\%) = -85{,}500 + \frac{33{,}982}{(1+0.38)} + \frac{33{,}726}{(1+0.38)^2} + \frac{33{,}444}{(1+0.38)^3} + \frac{33{,}134}{(1+0.38)^4} + \frac{105{,}013}{(1+0.38)^5}$$

$$= -322.1 \text{ (천 원)}$$

$i^* = 38\%$에서 $NPV(38\%) = -32$만 2천원으로 나왔다. 이제 약간의 오차를 허용한다면 이 투자프로젝트의 내부수익률을 38% 정도로 결정하여도 충분하다. 다만 더 정밀한 $i^*$값을 원한다면 보간법(extrapolation)을 이용하여 그 값을 구할 수가 있다.

**참고**

만약 엑셀에 내장된 재무기능을 사용하려면 본 서의 부록 3을 참고하면 된다. 5차년도 말의 순 현금흐름이 갑자기 증가한 이유는 장비를 처분하여 얻은 처분가격 때문이다. 손익계산서를 작성할 때는 모든 금액에 (+, −)부호를 붙이지 않고, 현금흐름표를 작성할 때만 이 부호를 금액표시에 붙이면 계산상의 혼란을 피할 수가 있다. 단, 현금유입을 의미하는 (+) 부호는 생략하고, 현금유출을 의미하는 (−)부호는 ( )로 대신한다.

## 5.3.2 인플레이션 효과를 고려할 경우

우리는 앞 절에서 투자프로젝트의 경제성 평가를 할 때 인플레이션 효과를 고려하지 않고 투자프로젝트의 경제적 가치를 구해보았다. 본 절에서는 투자프로젝트의 경제적 가치평가 시에 인플레이션 효과를 고려해보기로 한다. 일반적으로 인플레이션 효과는 앞 절에서 살펴본 현금흐름표의 구성요소 대부분에 영향을 미치고 있다. 그러므로 본 절에서는 일반 인플레이션 효과를 매출액, 매출원가, 운영비, 운전자본, 그리고 고정 자산의 처분가격에 적용할 경우의 현금흐름표 작성에 관하여 알아보기로 한다.

**예제 5.4**

본 예제는 예제 5.2의 내용을 토대로 하고, 다만 일반 인플레이션율 5%가 매출액, 임금, 원자재, 제조간접비, 머시닝센터의 처분가격, 그리고 운전자본에 영향을 미친다고 가정한다. 이를 토대로 자동화 제조시스템 투자프로젝트의 현금흐름표를 작성하고, 이 투자프로젝트의 $NPV$, $AE$, 그리고 $IRR$을 구하여라.

**조건**

현금흐름표 자료, 일반 인플레이션율$(f) = 5\%$

**풀이**

자동화 제조시스템 투자프로젝트의 경제성 분석

일반 인플레이션율을 위에 기술한 각종 항목에 적용하여 이 투자프로젝트의 경제성 평가를 수행하도록 한다. 감가상각비는 일반적으로 인플레이션 효과를 받지 않는다. 그러므로 감가상각비 계산을 따로 할 필요는 없다. 다만 5차 년도 말의 머시닝센터의 처분가격이 인플레이션 효과가 적용되기 때문에 처분세를 다시 계산해야 한다. 주어진 인플레이션율은 항상 연초에 발생하는 것으로 간주하고 해당 수익/비용 항목에 적용한다. 예를 들어, 기본 매출액이 1억 원으로 추정되었다면 매출액 1억 원에 인플레이션율 5%를 적용하여 1차 년도부터 5차 년도의 매출액을 다음과 같이 계산한다.

$$\text{1차 년도의 매출액} = 100{,}000(1+0.05) = 105{,}000 \text{ (천 원)}$$
$$\text{2차 년도의 매출액} = 105{,}000(1+0.05) = 100{,}000(1+0.05)^2 = 110{,}250 \text{ (천 원)}$$
$$\vdots$$
$$\text{5차 년도의 매출액} = 121{,}551(1+0.05) = 100{,}000(1+0.05)^5 = 127{,}628 \text{ (천 원)}$$

인플레이션율을 매출액에 적용하여 구한 값들을 살펴보면 현재가치를 미래가치로 변환시키는 과정과 동일함을 알 수가 있다. 즉, 인플레이션율도 이자율과 같이 복리효과를 지니고 있다. 그러므로 인플레이션율을 적용하여 매출액을 계산하려면 부록에 있는 이자계수표를 이용하면 쉽게 원하는 값을 구할 수가 있다. 다른 비용항목에 인플레이션율을 적용하는 방법도 이와 동일하다.

본 예제에서 다음에 구해야 하는 것은 머시닝센터를 5년 후에 처분할 경우, 추정된 처분가격 5,000만 원에 인플레이션율을 적용하여 5차 년도 말의 처분가격을 계산하고, 이를 토대로 처분세를 결정해야 한다. 고정자산의 감가상각비는 전혀 인플레이션의 영향을 받지 않으므로 5차 년도까지 누적된 총 감가상각비와 머시닝센터의 5차 년도 장부가격이 예제 5.2에서 구한 값과 동일하다. 누적감가 상각비는 7,812만 5천원이고, 장부가격은 4,687만 5천원이다. 이제 이렇게 구한 값들을 이용하여 처분이익/손실을 계산하려면, 우선 인플레이션율 5%를 추정된 처분가격 5,000만 원에 적용하여 원하는 값을 구해야 한다. 다음 식에서 보는 바와 같이 머시닝센터를 처분하여 발생한 세금은 423만 5천원이다.

$$
\begin{aligned}
\text{인플레이션율이 적용된 처분가격} &= 50,000(1+0.05)^5 \\
&= 50,000(F/P,\ 5\%,\ 5) = 63,814 \ \text{(천 원)}
\end{aligned}
$$

$$\text{처분이익/손실} = 63,814 - 46,875 = 16,939$$

$$\text{처분세} = (0.25)(16,939) = 4,235 \ \text{(천 원)}$$

다음에는 운전자본에 인플레이션율 5%를 적용한 경우 운전자본의 투자 및 회수형태에 관하여 알아보기로 하자.

‖ **표 5.11** ‖ 운전자본 투자와 회수

(단위: 천 원)

| 연도 | 0 | 1 | 2 | 3 | 4 | 5 |
|---|---|---|---|---|---|---|
| 운전자본회수 | | 23,000 | 24,150 | 25,358 | 26,626 | 27,957 |
| 운전자본투자 | −23,000 | −24,150 | −25,358 | −26,626 | −27,957 | |
| 순 운전자본투자 | −23,000 | −1,150 | −1,208 | −1,268 | −1,331 | |

앞에서 구한 정보와 주어진 회계자료들을 이용하여 다음과 같은 인플레이션 경제상황하에서의 현금흐름표를 작성해야 한다. 이렇게 작성된 각 연도별 현금흐름은 인플레이션 효과를 포함하고 있는 명목현금흐름이기 때문에 2장의 인플레이션 효과를 논한 절에서처럼 시장이자율($i$), 무인플레이션 이자율($i'$) 그리고 인플레이션율($f$) 등 세 변수의 관계식을 이용하여 시장이자율을 결정해야 한다. 무인플레이션 이자율($i'$)은 15%이고, 인플레이션율은 5%이다. 두 변수의 값을 사용하여 시장이자율을 구하면 다음과 같이 20.75%가 된다. 본 예제의 순 현재가치를 구하기 위해서는 이 시장이자율을 사용해야 한다.

$$
\begin{aligned}
i &= i' + f + i' * f \\
&= 0.15 + 0.05 + (0.15)(0.05) \\
&= 0.2075
\end{aligned}
$$

그러나 $AE$값을 구하기 위해서는 시장이자율 20.75%을 사용하는 것이 아니고 무인플레이션 이자율 15%를 사용해야 한다. 왜냐하면 이미 시장이자율 20.75%를 사용하여 구한 $NPV(20.75\%)$는 이러한 계산과정에서 인플레이션 효과가 제거된 기준화폐가치로 계산된 값이기 때문이다. 무인플레이션 경제상황에서의 이 투자프로젝트의 $NPV$값은 6,269만 5,730원이고, 인플레이션의 경제상황에서의 $NPV$값은 6,256만 3천원으로 두 $NPV$값의 차이는 13만 2,930원이 된다. 즉, 무인플레이션 경제상황에서의 투자프로젝트의 $NPV$값이 인플레이션 경제상황에서의 $NPV$값보다 13만 2,930원만큼 더 크게 나왔다. 마찬가지로 무인플레이션 경제상황에서의 $AE$값이 인플레이션 경제상황에서의 $AE$값보다 4만 원 더 크다. 이러한 결과에 영향을 미치는 요소들로 감가상각비, 융자상환액, 한계세율 등과 같은 여러 비용항목들을 고려해 볼 수가 있다.

여기에서 우리는 $IRR$값에 관한 이해를 정확하게 할 필요가 있다. 무인플레이션 경제상황에서의 $IRR=37.815\%$이고 인플레이션 경제상황에서의 $IRR=44.6005\%$로 나왔다. 그러므로 우리는 $IRR$값으로 두 경우를 비교하면 인플레이션 경제상황에서 이 투자프로젝트의 경제적 가치가 무인플레이션 경제상황에서보다 더 바람직하다고 결론을 내릴 수 있다. 그러나 이러한 의사결정을 잘못된 의사결정이다. 그 이유는 인플레이션 경제상황에서 도출된 $IRR$값은 명목현금흐름을 토대로 계산된 값으로 인플레이션 효과를 고려하여 이 값을 조정될 필요가 있기 때문이다. 이 값을 구하기 위해서도 시장이자율, 무인플레이션율, 그리고 인플레이션율들 간의 관계식을 응용하면 된다. 즉,

$$i = i' + f + i' * f$$

$$i' = \frac{i-f}{(1+f)} = \frac{0.446005-0.05}{(1+0.05)} = 0.3771$$

이제 우리는 위 식에서 구한 $IRR=37.71\%$와 무인플레이션 경제상황에서 얻은 $IRR=37.815\%$를 비교할 수가 있게 되었다. 앞에서 논한 $NPV$ 그리고 $AE$값으로 투자의사결정을 내린 결과와 마찬가지로 $IRR$로 투자의사결정을 내린 결과도 앞의 두 경우아 동일함을 알 수가 있다.

---

본 장에서는 손익계산서를 기본으로 하여 어떻게 투자프로젝트의 현금흐름표를 작성하는지를 알아보았다. 이러한 현금흐름표는 영업활동으로부터 발생하는 현금흐름, 투자활동으로부터 발생하는 현금흐름, 그리고 재무활동으로부터 발생하는 현금흐름 등으로 구

성되어 있음을 배웠다. 그리고 무인플레이션 경제상황에서 어떻게 경제적 평가를 수행하는지에 관한 내용과 인플레이션 경제상황에서 어떻게 경제적 평가를 수행하는지에 관한 내용들에 관해서도 구체적인 지식을 습득하였다. 다음 6장과 7장에서는 다양한 투자프로젝트의 평가기법들에 관해서 구체적으로 알아보도록 하자.

‖ 표 5.12 ‖ 인플레이션하에서의 머시닝센터 투자프로젝트의 증분현금흐름표

| 입력자료 | MARR | 15% | 감가상각방법: 내용연수 8년 정액법 | | 상환기간: 5년 |
|---|---|---|---|---|---|
| 인플레이션율=5% | 세율 | 25% | 부채이자율: 10% | 상환방법: 원리균등상환 | |

| | | | 0 | 1 | 2 | 3 | 4 | 5 |
|---|---|---|---|---|---|---|---|---|
| 손익계산서 | | | 0 | 1 | 2 | 3 | 4 | 5 |
| | 매출액 | 5% | | 105,000 | 110,250 | 115,763 | 121,551 | 127,628 |
| | 비용 : | | | | | | | |
| | 임금 | 5% | | 21,000 | 22,050 | 23,153 | 24,310 | 25,526 |
| | 원자재 | 5% | | 12,600 | 13,230 | 13,892 | 14,586 | 15,315 |
| | 제조간접비 | 5% | | 8,400 | 8,820 | 9,261 | 9,724 | 10,210 |
| | 감가상각비 | | | 15,625 | 15,625 | 15,625 | 15,625 | 15,625 |
| | 부채이자 | | | 6,250 | 5,226 | 4,100 | 2,861 | 1,499 |
| | 과세표준 | | | 41,125 | 45,299 | 49,732 | 54,445 | 59,453 |
| | 법인세(25%) | | | 10,281 | 11,325 | 12,433 | 13,611 | 14,863 |
| | 당기순이익 | | | 30,844 | 33,974 | 37,299 | 40,834 | 44,590 |
| 현금흐름표 | | | | | | | | |
| | 영업활동 : | | | | | | | |
| | 당기순이익 | | | 30,844 | 33,974 | 37,299 | 40,834 | 44,590 |
| | 감가상각비 | | | 15,625 | 15,625 | 15,625 | 15,625 | 15,625 |
| | 투자활동: | | | | | | | |
| | 투자 | | (125,000) | | | | | |
| | 잔존가치 | 5% | | | | | | 63,814 |
| | 자산처분세 | | | | | | | (4,235) |
| | 운전자본 | | (23,000) | (1,150) | (1,208) | (1,268) | (1,331) | 27,957 |
| | 재무활동 : | | | | | | | |
| | 융자액 | | 62,500 | | | | | |
| | 원금상환 | | | (10,237) | (11,261) | (12,387) | (13,626) | (14,988) |
| | 순현금흐름 | | (85,500) | 35,082 | 37,130 | 39,269 | 41,502 | 132,763 |

| | |
|---|---|
| NPV(20.75%)= | 62,562.80 |
| AW(15%)= | 18,663 |
| IRR= | 44.6005% |

# 연습문제

5.1 왜 가치중심경영을 현금흐름중심경영이라고 하는지, 그 이유를 밝혀라.

5.2 본 문제는 연습문제 3.13에 있는 Dell컴퓨터회사의 2015년 1월 31일을 기준으로 작성된 재무제표들을 토대로 구성되었다. 2014년 2월 1일부터 2015년 1월 30일까지 발생한 매출액은 611억 100만 달러, W&S비용은 586억 2,300만 달러, 투자자본은 1억 달러이다. Dell회사의 이와 같은 재무정보가 영속적이라고 가정한다.

(1) Dell회사의 주식 투자 수익률이 14%라고 가정하고 2015년 1월 31일을 기준으로 Dell회사의 주식가치를 결정하여라.

(2) 감가상각비가 7억 6,900만 달러라면 Dell회사의 2015년 1월 31일을 기준으로 하는 당기순이익은 얼마인가?

(3) 본 문제에 기술된 내용 그리고 질문 (1)과 (2)에 기술된 내용들을 모두 포함하여 2015년 1월 31일을 기준으로 하는 Dell회사의 주식가치를 결정하여라.

5.3 투자프로젝트 중심의 현금흐름표를 구성하고 있는 활동들을 파악하고, 각 활동들과 관련된 현금흐름 종류들을 나열하여라.

5.4 일반적으로 현금흐름은 당기순이익에 감가상각비를 더하여 구한다고 한다. 왜 현금흐름을 구할 때 당기순이익에 감가상각비를 더해야 하는지, 그 이유를 구체적으로 기술하여라.

5.5 재무활동 중 융자금 상환액을 원금상환액과 이자상환액으로 분리하는 목적을 기술하여라.

5.6 본 문제는 예제 5.2의 내용을 약간 수정한 것이다. 예제 5.2의 풀이 내용을 참고로 다음의 질문에 답하여라.

어느 기업이 신제품 개발을 위해 미리 1억 원을 투자하여 시장조사 및 사업 타당성분석을 실행하였다. 신제품 생산을 위한 새 장비를 구입하려면 3억 5,000만 원의 투자가 필요하다. 이 프로젝트의 사업 수명을 6년으로 가정하고 사업 수명 후 이 장비를 처분하면 세후 1억 원을 받을 수 있을 것으로 추정된다. 신제품의 판매가격이 6만 원이고 연간 판매량이 30,000개로 예측되었다. 이외의 회계자료는 아래 표에 정리되어 있다. 단, 이 프로젝트의 최소요구수익률($MARR$)은 8%라고 한다.

(단위: 천 원)

| 자료 항목 | 금액 |
|---|---|
| 직접노동비(5 * 2시간) | 10 |
| 직접재료비(4/kg * 3kg) | 12* |
| 변동 간접비 | 3 |
| 총 변동비용/단위 | 25 |
| 판매가격 | 60 |
| 기여이익/단위 | 35 |
| 감가상각비를 포함한 고정간접비 | 10** |
| 이익/단위 | 25 |

Note: * 현재 앞으로 2년 동안 사용할 수 있는 직접재료는 4,000원/kg으로 구입하였다. 그런데 현재 동일한 재료를 구입하려면 6,000원/kg이 필요하다.

** 고정간접비는 현재 동일한 고정간접비 비율로 공장 내에서 생산되고 있는 모든 제품에 부과되고 있다. 은 새로운 생산현장 감독관에 지불되는 연봉으로 고정간접비가 1,000만 원에서 1,500만 원으로 증가하였다.

(1) 주어진 회계자료들 중에서 투자프로젝트의 경제성 평가에 반영되어야 할 항목들을 결정하고, 이 투자프로젝트의 경제적 가치를 구하여라.

(2) 순 현재가치법($NPV$)을 사용하여 본 투자프로젝트에 관한 의사결정을 내려라.

**5.7** 다음 식 $S_0 = \sum_{t=0}^{\infty} \frac{NI_t - \Delta A_t}{(1+k_s)^t}$의 분자 항목인 $(NI_t - \Delta A_t)$이 의미하는 바를 구체적으로 기술하여라.

**5.8** 반도체 생산을 하는 SS회사에서 $LIFO$와 $FIFO$ 재고시스템 중에서 한 시스템을 결정하려고 한다. 어느 재고시스템을 사용하든지 매출액은 350억 원으로 동일할 것으로 추정되고 있다. 매출원가는 다음의 재고재료비에 의하여 결정된다. 즉, 1

차 반입 재료비는 62억 5,000만 원, 2차 재고재료비는 100억 원, 3차 재고재료비는 150억 원 그리고 마지막 재고재료비는 225억 원이라고 한다. 이와 같은 재고시스템을 고려하고 있는 현재 그리고 미래의 전반적인 경제상황은 인플레이션 경제가 지속될 것으로 예측되고 있다. 현재 KOSPI시장에 거래되고 있는 SS회사의 총 발생 주식 수는 30만 주이고, 법인세는 20%이다.

(1) *LIFO*와 *LIFO* 재고시스템하에서 SS회사의 손익계산서를 작성한 후, 당기순이익과 현금흐름을 구하여라.

(2) 두 재고시스템 경우에 해당하는 주당수익과 주당현금흐름을 구하고, 어느 경우가 더 유익한 투자정보를 제공하고 있는지를 결정하여라.

(3) 만약 현재의 경제상황이 인플레이션이 아닌 디플레이션 상황이라고 가정할 경우에 (1)과 (2)의 질문에 답하여라. 단, 디플레이션 경제상황이라면 1차 반입 재고 재료비는 225억 원, 2차 반입 재고 재료비는 150억 원, 3차 반입 재고 재료는 100억 원, 그리고 4차 반입 재고 재료비는 62억 5,000만 원이다.

(4) 당기순이익을 보통 장부상 이익 혹은 인위적 이익이라고 한다. 왜 당기순이익을 이와 같이 별칭하고 있는지 그 이유를 밝혀라.

**5.9** 진아는 자기 집 지하실을 개조해서 세무사 사무실을 운영을 하고 있다.

(1) 진아가 지하실을 개조하여 세무사 사무실로 사용하기 전까지 이 지하실은 쓸모가 없는 장소였다. 이와 같이 쓸모가 없는 지하실을 개조하여 세무사 사무실로 진아가 사용하고 있기 때문에 진아는 사무실 임대료를 지불하지 않아도 된다. 그래서 진아는 다른 세무사들보다 더 많은 이익을 얻고 있다고 주장하고 있다. 이러한 경우 진아는 임대료 지출이 전혀 없다고 주장할 수가 있는지에 관하여 논하여라.

(2) 진아는 최근에 대형 세무회사로부터 연간 6,750만 원의 연봉을 준다는 제안을 받았으나 거절하였다. 그러나 진아는 현재 그가 직접 운영하는 세무사 업무로 연간 5,250만 원의 수익을 올리고 있다. 이러한 경우 진아가 그의 세무사 업무로부터 이익을 얻고 있다는 주장에 동의할 수가 있는가?

(3) 진아는 다른 세무회사에 근무하는 경우보다 그가 직접 세무사 업무를 하기를 원하고 있다. 그러므로 진아는 본인이 직접 세무업무를 하면서 얻게 되는 수익이 대형 회사에서 일하면서 받게 되는 연봉보다 최소한 3,750만 원의 손해가 발생해도 만족하고 있다고 한다. 이와 같은 정보를 고려해서 위의 질문

(2)에 관하여 답하여라.

(4) 진아는 최근에 저축액 1,500만 원을 인출하여 새로운 컴퓨터를 구입하기 위해 투자하였다. 진아는 이러한 투자효과를 세무사 업무 비용으로 어떻게 처리해야 하는가?

(5) 진아가 저축한 금액을 컴퓨터 구입에 사용하지 않았다면 진아는 저축액 1,500만 원에 대하여 매년 12%의 이자 수익을 얻을 수가 있었다. 만약 진아가 저축 금액 1,500만 원이 없었다면 진아는 1,500만 원을 은행으로부터 연 이자율 18%로 융자를 받아 새로운 컴퓨터를 구입하였을 것이다. 진아가 저축 금액 1,500만 원을 인출하여 컴퓨터를 구입하였기 때문에 진아가 컴퓨터를 구입함으로써 발생한 기회원가가 적다고 할 수 있는가? 만약 진아가 저축 금액 1,500만 원에 대한 이자 12%를 포기하지 않고 18%의 이자를 지불하며 은행으로부터 1,500만 원을 융자를 받아 새로운 컴퓨터를 구입하였다고 가정하였을 경우 두 이자율 차이 6%의 비용은 무엇으로 규명할 수가 있는가? 마지막으로 진아가 저축 금액 1,500만 원으로 새로운 컴퓨터를 구입한 것이 융자를 받아 컴퓨터를 구입한 경우보다 비용이 덜 발생하였다고 주장할 수가 있는가?

5.10 가전제품을 생산하고 있는 SS전자회사에서 지금 세탁기와 건조기를 생산하는 공정의 생산근로자들 일부를 로봇으로 대체하려고 한다. 이 회사는 생산량이 적기 때문에 지금 공정 일부를 로봇으로 대체하려고 하지만 대부분의 다른 경쟁업체들은 이미 이와 같은 투자를 해오고 있었다.

이 투자프로젝트를 수행하기 위해서 SS회사는 13억 5,000만 원의 투자자본이 필요하다. 노동집약적 공정을 로봇으로 대체함으로써 자본집약적 공정으로 제조시스템을 변화시키게 되지만 SS회사가 예측한대로 임금을 절약할 수는 없을 것이다. 왜냐하면 단순작업 공정을 수행했던 생산근로자들의 일부를 대체한 로봇을 작동시킬 수 있는 고급인력이 필요하기 때문이다. 이러한 결과로 인하여 제조시스템 운영 및 보수비용의 연간 절감액이 7,500만 원에 불과할 것으로 예측되고 있다.

이 로봇으로 대체된 제조시스템의 경제적 사용수명이 10년으로 추정되며 10차년도 말에 로봇의 잔존가치는 없는 것으로 추정되고 있다. 현재 이 회사의 연간 총 매출액은 6억 원이고, 투자프로젝트의 경제적 가치를 계산하기 위한 *MARR*은 10%이라고 한다. 이와 같은 재무정보를 이용하여 로봇 투자프로젝트의 순 현재가치 및 *IRR*값을 구하고, 이 투자프로젝트의 채택 여부를 결정하여라.

**5.11** 공작기계를 생산하는 한반도 중공업에서 1억 원에 상당하는 장비를 구입하여 10년 동안 사용하려고 한다. 이 장비는 내용연수가 6년이고 정액법에 의하여 감가상각하려고 한다. 6년 후 이 장비의 잔존가치는 없으며, 이 장비의 투자로 인하여 한반도 중공업의 연간 매출 증가액은 3억 원, 연간 인건비 증가액은 1억 원 그리고 연간 재료비 증가액은 5,000만 원이 발생할 것으로 추정되고 있다. 한반도 중공업의 법인세는 22%이라고 한다.

(1) 이 투자프로젝트의 경제적 분석기간 동안 발생하는 세후 현금흐름을 구하여라.

(2) 이 투자프로젝트의 경제성 평가를 하기 위해 사용될 *MARR*은 8%로 결정되었다. 이 투자프로젝트의 순 현재가치, 연 등가가치 그리고 내부수익률(*IRR*)을 계산하고 이 투자프로젝트에 관해 경제적 의사결정을 내려라.

(3) 위 질문 (2)에서 이 투자프로젝트의 경제적 가치를 계산하기 위해 *MARR*은 8%를 사용하였다. 그러나 이와 같은 *MARR*은 미래에 매우 불확실한 행태를 보이고 있기 때문에 질문 (2)에서 내린 경제적 의사결정 또한 매우 불확실한 의사결정이라고 할 수 있다. 그러므로 0%에서 40%까지의 *MARR*을 사용하여 이 투자프로젝트의 순 현재가치를 구하고 이를 그래프로 표시한 후, 그래프의 내용을 경제적인 측면에서 그 의미를 논하여라.

(4) 이 투자프로젝트를 수행하기 위해 구입한 장비의 내용연수가 6년이 아니고 8년으로 추정되었고, 이에 따라 새롭게 구입된 장비가 감가상각된다고 한다. 그리고 8년 후 이 장비의 잔존가치는 전혀 없는 것으로 추정되었다. 이와 같이 변한 내용을 고려하여 이 투자프로젝트의 세후 현금흐름을 구하고, *MARR*=8%에서 이 투자프로젝트의 순 현재가치를 구한 후 질문 (2)의 경우와 비교 분석하여라.

**5.12** 연습문제 5.11에서 감가상각법을 정액법에서 정률법으로 변경한 경우를 고려하여 이 투자프로젝트의 순 현재가치를 계산하고 연습문제 5.11의 질문 (2)의 결과와 비교 분석하여라. 단, *MARR*=8%이다.

**5.13** 문제 5.11에서 초기 투자자본 1억 원 중 4,000만 원을 통일은행으로부터 연 이자율 6%로 융자받아 조달하였다고 가정하자. 그리고 4,000만 원에 대한 융자 상환

방법으로 상환기간은 6년으로 계약하였다고 한다. 단, $MARR = 8\%$ 이다.

(1) 만약 융자금액 상환을 이자와 원금을 합하여 매년 동일한 금액으로 상환한다고 가정하고 이 투자프로젝트의 순 현재가치를 구하여라.

(2) 만약 융자금액 상환을 6년 동안 매년 이자만을 상환하고 사업 년도 말에 당해 연도 이자와 원금을 모두 상환한다고 가정하고, 이 투자프로젝트의 순 현재가치를 구하여라.

(3) 만약 원금을 6년에 걸쳐 매년 동일한 금액으로 상환하고 상환되지 않은 원금에 대한이자를 매년 상환한다고 가정하고 이 투자프로젝트의 순 현재가치를 구하여라.

(4) 질문 (1), (2), (3)에서 구한 이 투자프로젝트의 순 현재가치를 비교 분석하여라.

**5.14** 아래와 같은 투자프로젝트 관련 자료들을 고려하여 아래의 질문에 답하여라(2.2절 참조). 단, 아래 표에 주어진 현금흐름은 세후 현금흐름이다.

| 연도 | 명목 화폐가치인 현금흐름(단위: 만 원) | 일반 인플레이션율(단위: %) |
|---|---|---|
| 0 | −157,500 | − |
| 1 | 72,800 | 4.5% |
| 2 | 72,800 | 5.2% |
| 3 | 72,800 | 6.4% |
| 4 | 82,00 | 8.5% |
| 5 | 82,00 | 8.5% |

(1) 이 투자프로젝트와 관련된 연 평균 일반 인플레이션율을 구하여라.

(2) 이 투자프로젝트의 연도별 기준화폐가치를 구하여라.

(3) 만약 이 투자프로젝트와 관련된 무인플레이션 이자율이 3%라고 가정하고, 이 투자프로젝트의 순 현재가치를 구하여라.

(4) 위 표에 있는 명목 화폐가치로 추정된 현금흐름을 기준으로 이 투자프로젝트의 순 현재가치와 내부수익률($IRR$)을 구하여라.

**5.15** 연습문제 5.11을 다시 고려해보기로 하자. 만약 연습문제 5.11에서 매출액, 인건비 그리고 재료비에 연간 일반인플레이션율 5%가 적용된다고 하자. 이와 같은 인플레이션율을 적용하여 이 투자프로젝트의 순 현재가치와 내부수익률을 구한 후 연습문제 5.11의 결과와 비교 분석하여라.

5.16 지윤이가 경기도 화성 시에 새롭게 주유소를 개업하려고 한다. 이와 같이 주유소를 개업하는 투자프로젝트의 경제적 의사결정을 내리기 위해서는 다양한 종류의 자료 및 정보가 필요할 것이다. 어떤 종류의 자료 및 정보들이 필요한지를 나열하고 그 이유를 간략하게 밝혀라.

CHAPTER 06

# 경제성 평가기법 I: 투자회수기간법과 회계적 수익률[1)]



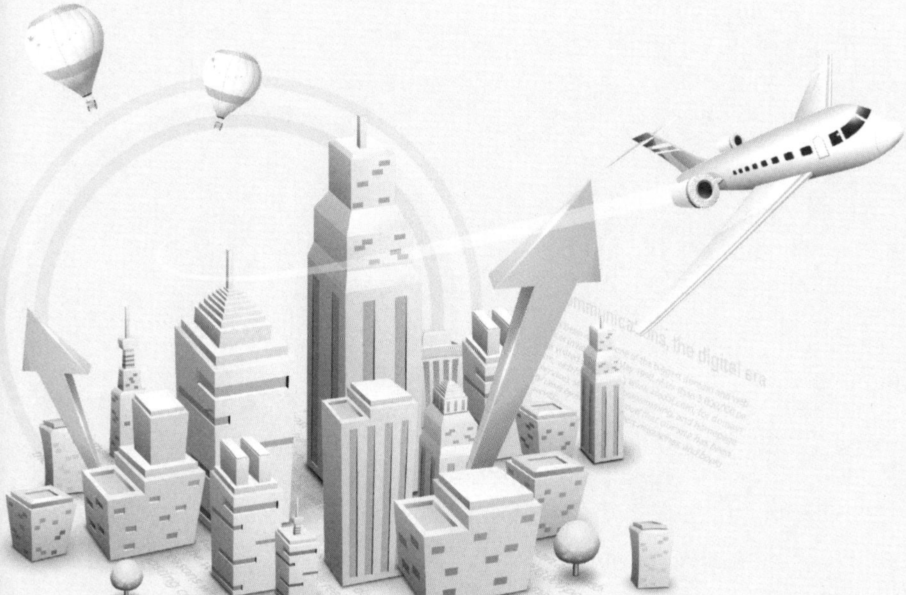

Engineering Economics

투자프로젝트의 경제성 평가는 기업이 수립한 목표를 달성하기 위한 전략을 수행하는 것으로 이해할 수 있다. 그러므로 경제성 평가의 궁극적 목표는 투자프로젝트를 수행함으로써 기업의 투자자들의 부를 향상시키는 전략을 평가하는 일이다. 기업에서 수행하는 투자프로젝트의 종류로는 기계나 장비를 구입하기 위한 전략, 제품생산을 위해 새로이 공장을 짓는 전략, 신제품을 개발하기 위한 전략, 또는 회사의 홍보를 위한 전략 등이 있다. 1장에서 투자의 종류와 정의에 관하여 살펴본 대로 투자란 금융 혹은 실물투자프로젝트는 현재 현금유출을 발생시키고 미래에 더 많은 현금유입을 창출하는 전략으로 인식되는 모든 투자행위를 일컫는다.

6장과 7장에서는 2장에서 간략하게 알아본 (1) 투자회수기간법(payback period: *PBP*), (2) 회계적 수익률법(accounting rate of return: *ARR*), (3) 순 현재가치법(net present value: *NPV*)[2], (4) 연 등가가치법(annual equivalent worth(value): *AE*), (5) 내부수익률법(internal rate of return: *IRR*) 등에 관하여 좀 더 심도있게 다루기로 한다. 이렇게 다양한 종류의 경제성 평가기법들은 각각 나름대로의 독특한 평가 특성들을 지니고 있지만, 이 기법들의 한 가지 공통점은 투자프로젝트에 투자된 투자비용보다 더 큰 수익을 창출하는지 아니면 손실을 발생하는지에 관한 정보를 제공해 준다. 이를 토대로 투자의사결정자는 현재 고려 중인 투자프로젝트의 채택여부에 관하여 최종적인 의사결정을 내려야 한다.

위에 기술된 5가지 투자평가기법들은 두 가지 기준에 의해 분류된다. 첫 번째 기준은 이자율 개념을 포함하고 있는지 여부이다.

### 1. 이자율 개념을 포함하고 있지 않은 투자평가기법

(1) 전통적인 투자회수기간법($TPBP$)

(2) 회계적 수익률법($ARR$)

### 2. 이자율 개념을 포함하고 있는 투자평가기법

(1) 순 현재가치법($NPV$)

---

1) 박찬석, 김규태, 최성호, 경제성공학, 영지문화사, 2008.
Aswath Damodraran, Investment Valuation: Tools and Techniques for Determining the Value of Any Assets 2nd Edition, Wiley Finance, NY, 2002.
Ted G. Eshenbach, Engineering Economy: Applying Theory To Practice: 2nd Edition, Oxford University Press, NY, Oxford, 2003.

2) 순 미래가치법(net future value: *NFV*)은 순 현재가치법에 대한 설명과 함께 하도록 한다.

(2) 연 등가가치법($AE$)

(3) 내부수익률법($IRR$)

두 번째 기준은 투자평가기법의 최종 값의 특성에 따라 투자평가기법들이 분류된다.

1. 투자평가기법의 최종 결과값이 절대값(화폐가치)으로 나타나는 경우

(1) 전통적 & 할인(discounted) 투자회수기법($PBP$)

(2) 순 현재가치법($NPV$)

(3) 연 등가가치법($AE$)

2. 투자평가기법의 최종 결과값이 상대적 값(%)으로 나타나는 경우

(1) 회계적 수익률법($ARR$)

(2) 내부수익률법($IRR$)

본 장에서는 2장에서 다루었던 전통적인 투자회수기간법과 회계적 수익률법, 2장에서 다루지 않았던 할인 투자회수기간법(discounted payback period: $DPBP$)에 관한 내용에 대해 알아보기로 한다. 각각의 투자평가기법에 관하여 알아보기 전에 먼저 Forbes[3] 500대 기업에서 사용하고 있는 투자평가기법들의 선호도에 관한 내용을 살펴보기로 하자.

## 6.1 투자평가기법들의 이용률

본 절에서는 기업이 현장에서 투자프로젝트의 경제성 평가를 수행하기 위해서 사용하는 투자 평가기법들에 관하여 간략하게 논하기로 한다. 이 절의 내용은 그레이엄과 하비[4]가 1998년 Forbes에 기록된 500대 기업의 CEO(chief executive officer)들을 대상으

3) Forbes 잡지는 BusinessWeek, Money, Fortune지와 함께 미국에서 발행되는 권위 있는 경제금융잡지이다.

4) John R. Graham and Campbell R. Harvey, "The Theory and Practice of Corporate Finance:

로 1999년 2월에 실시한 설문조사 결과를 토대로 기술되었다. Forbes 500대 기업들의 CEO들 중에서 392명이 답한 설문조사결과를 여러 측면에서 분석을 했지만, 본 절에서는 이 내용들 중에서 평가기법들의 사용률에 관한 내용만을 살펴보기로 한다.

설문지의 주요 내용은 각 기업들이 투자프로젝트의 경제성을 평가할 때, 위에 기술된 평가기법들을 얼마나 빈번하게 사용하고 있는지에 관한 것이다. 본 질문은 각 기업의 CEO들에게 투자평가기법의 사용빈도률에 대하여 '0(절대 사용 안 함)'에서부터 '4(항상 사용함)'까지 값 중에서 가장 적합한 값을 선택하도록 구성되었다. 〈표 6.1〉은 그레이엄과 하비의 설문조사 결과 분석 중에서 본 절의 내용과 관련된 일부분만을 발췌한 것이다.

**‖ 표 6.1 ‖** Forbes 500대 기업의 투자평가기법 사용률에 관한 통계

| 기법 | %* | 기업규모 | | | PER | | 부채율 | | 배당금 | | 업종 | | 소유경영 | |
|---|---|---|---|---|---|---|---|---|---|---|---|---|---|---|
| | | 평균 | 소 | 대 | *G* | *NG* | *H* | *L* | *Y* | *N* | *M* | *NM* | *L* | *H* |
| *IRR* | 75.61 | 3.09 | 2.87 | 3.41 | 3.36 | 3.36 | 2.85 | 3.36 | 3.43 | 2.68 | 3.19 | 2.94 | 3.34 | 2.85 |
| *NPV* | 74.93 | 3.08 | 2.83 | 3.42 | 3.30 | 3.27 | 2.84 | 3.39 | 3.35 | 2.76 | 3.23 | 2.82 | 3.35 | 2.77 |
| *PB* | 56.74 | 2.53 | 2.72 | 2.25 | 2.55 | 2.41 | 2.58 | 2.46 | 2.46 | 2.63 | 2.68 | 2.33 | 2.39 | 2.70 |
| *MARR* | 56.94 | 2.48 | 2.13 | 2.95 | 2.78 | 2.87 | 2.27 | 2.63 | 2.84 | 2.06 | 2.60 | 2.29 | 2.70 | 2.12 |
| *SA* | 51.54 | 2.31 | 1.58 | 2.56 | 2.35 | 2.41 | 2.10 | 2.56 | 2.42 | 2.17 | 2.35 | 2.24 | 2.37 | 2.18 |
| *DPB* | 29.45 | 1.56 | 1.47 | 1.55 | 1.52 | 1.67 | 1.49 | 1.64 | 1.54 | 1.62 | 1.61 | 1.50 | 1.49 | 1.76 |
| *ROA* | 26.59 | 1.47 | 1.34 | 1.57 | 1.31 | 1.55 | 1.50 | 1.41 | 1.37 | 1.52 | 1.49 | 1.45 | 1.40 | 1.52 |
| *ARR* | 20.29 | 1.34 | 0.95 | 1.25 | 1.43 | 1.19 | 1.34 | 1.32 | 1.40 | 1.27 | 1.36 | 1.34 | 1.30 | 1.44 |
| *SA*** | 13.66 | 0.95 | 0.85 | 1.22 | 0.84 | 0.86 | 0.78 | 1.10 | 1.04 | 0.82 | 0.95 | 0.92 | 0.95 | 0.86 |
| *APV* | 10.78 | 0.85 | 0.83 | 0.72 | 0.97 | 0.69 | 0.87 | | 0.80 | 0.91 | 0.78 | 0.92 | 0.79 | 0.99 |
| *PI* | 11.87 | 0.83 | | 0.75 | 0.73 | 0.81 | 0.74 | | 0.81 | 0.83 | 0.90 | 0.76 | 0.81 | 0.98 |

* : 항상 및 대개 사용
*G: growth, NG: no-growth, H: hight, L: low, Y: yes, N: no,*
*M : a manufacturing industry, NM: a non-manufacturing industry,*
*PER: price-earning ratio, IRR: internal rate of return, NPV: net present value,*
*PB: payback period, MARR: minimum attractive rate of return,*
*SA: sensitivity analysis, DPB: discounted payback period,*
*ROA: real options approach, ARR: accounting rate of return,*
*SA**: simulation analysis, APV: adjusted present value, PI: profitability index*

---

Evidence from the Field," Journal of Financial Economics, Vol. 60, 2001, pp. 187-243.
발표된 투자평가기법에 관하여 현재까지 발표된 논문들 중에서 가장 광범위하고 깊이가 있는 투자평가기법들에 관한 설문조사라고 판단되어 이 장에 삽입하였음.

이들의 설문지조사 결과에 의하면 Forbes 500대 기업의 CEO들이 투자프로젝트의 경제성 평가를 위하여 가장 선호하는 평가기법으로 *IRR*기법과 *NPV*기법을 선택하였다고 보고되어 있다. 〈표 6.1〉에 나타난 바와 같이 각 기업의 CEO들은 *IRR*기법을 가장 많이 사용하고(75.9%) 그 다음으로 *NPV*기법을 가장 많이 사용하고(74.9%) 있음을 알 수가 있다. 이 보고서에 의하면 규모가 상대적으로 큰 기업에서는 그보다 규모가 작은 기업보다 *NPV*(전자 대 후자들의 평가점수: 3.42 대 2.83)기법을 훨씬 더 자주 사용하고 있다고 한다. 또 〈표 6.1〉에 나타난 다른 흥미로운 결과로는 부채율이 높은 기업이 그렇지 않은 기업들보다 투자프로젝트의 경제성 평가를 위하여 *NPV*와 *IRR*기법을 훨씬 더 자주 사용하고 있는 것으로 나타나 있다. 그리고 부채율이 높은 기업은 그렇지 않은 기업들보다 투자프로젝트의 경제성 평가 시에 더 자주 민감도 분석(sensitivity analysis) 및 시뮬레이션기법(simulation analysis)을 수행하고 있다고 그레이엄과 하비는 보고하고 있다. 투자평가기법들에 관한 이와 같은 흥미로운 결과 분석들 외에 다양한 측면에서 분석된 또 다른 흥미로운 내용들을 〈표 6.1〉에서 파악할 수가 있을 것이다.

## 6.2 투자회수기간법

본 절에서는 2장의 투자평가기법에서 제일 먼저 다루었던 이자율을 고려하지 않는 전통적 투자회수기간법(traditional payback period: *TPBP*)에 관해 설명한 다음에 이자율을 고려하고 있는 할인 투자회수기간법(discounted payback period: *DPBP*)에 관하여 설명하기로 한다.

### 6.2.1 전통적인 투자회수기간법

이자율을 고려하지 않는 전통적인 투자회수기간법은 2장에서 논한 바와 같이 초기에 투자된 투자자본을 투자프로젝트가 창출하는 현금흐름으로 회수하는 데 걸리는 시간을 말한다. 이를 달리 표현하면 누적 현금흐름이 음수에서 양수로 전환되는 시점이 전통적인 투자회수기간이 된다. 이 투자기법의 가장 큰 장점은 투자분석의 용이함에 있다.

〈표 6.2〉는 이자율을 고려하지 않는 전통적인 투자회수기간을 구하는 내용을 보여주고 있다. 이 투자프로젝트의 누적 현금흐름이 3차 년에서 4차 년으로 넘어 가면서 음수에서 양수로 전환하기 때문에 이 투자프로젝트의 투자회수기간은 3차 년과 4차 년 사이에 존재하고 있다.

이 투자프로젝트의 정확한 전통적인 투자회수기간은 3차 년도 누적 현금흐름 −30,000이 4차 년도 현금흐름 90,000에서 회수되기 때문에 3.33년 $\left(\dfrac{30,000}{90,000}\right)$이 된다. 만약 기업에서 결정한 투자회수기간이 4년이라고 한다면, 이 투자프로젝트는 투자회수기간이 3.33년이므로 채택되어야 한다. 위 내용을 수리적으로 표현하면 식 (1)과 같다.

$$\sum_{t=1}^{n} CF_t = CF_0 \text{ 또는 } \sum_{t=0}^{n} CF_t = 0 \qquad \cdots (1)$$

‖ 표 6.2 ‖ 투자프로젝트의 투자회수기간

(단위: 천 원)

| 연도 | 현금흐름 | 누적현금흐름 | |
|---|---|---|---|
| 0 | −300,000 | −300,000 | |
| 1 | 90,000 | −210,000 | 투자회수기간은 |
| 2 | 90,000 | −120,000 | 3차 년과 |
| 3 | 90,000 | −30,000 | 4차 년 |
| 4 | 90,000 | 60,000 | 사이에 존재 |
| 5 | 90,000 | 150,000 | |

2장의 인플레이션 효과를 논한 절에서 현금흐름을 두 가지 종류로 나누었다. 인플레이션 효과가 적용된 현금흐름을 명목현금흐름, 그렇지 않은 현금흐름을 기준현금흐름이라고 하였다. 일반적으로 기준현금흐름에 비해 명목현금흐름이 크기 때문에 명목 현금흐름의 투자회수기간이 기준현금흐름의 투자회수기간보다 짧다.

예를 들어, 인플레이션율 $(f) = 10\%$을 고려하여 이 투자프로젝트의 투자회수기간을 구해 보기로 하자. 〈표 6.3〉에 있는 것처럼 기준현금흐름을 기준으로 구한 투자회수기간이 3.33년인 반면 명목현금흐름을 기준으로 구한 투자회수기간은 2.77년 $\left(\dfrac{9,210}{11,979}\right)$이다. 두 투자회수기간의 차이는 0.56년이다.

‖ **표 6.3** ‖ 기준현금흐름과 명목현금흐름을 기준으로 구한 투자회수기간

(단위: 천 원)

| 연도 | 기준현금흐름을 기준으로 한 투자회수기간 | | 명목현금흐름을 기준으로 한 투자회수기간 | |
|---|---|---|---|---|
| | 기준현금흐름 | 누적현금흐름 | 명목현금흐름 | 누적현금흐름 |
| 0 | −300,000 | −300,000 | −300,000 | −300,000 |
| 1 | 90,000 | −210,000 | 99,000 | −201,000 |
| 2 | 90,000 | −12,000 | 108,900 | −92,100 |
| 3 | 90,000 | −3,000 | 119,790 | 27,690 |
| 4 | 90,000 | 6,000 | 131,769 | 159,459 |
| 5 | 90,000 | 15,000 | 144,946 | 304,405 |

현금흐름의 형태에 따라 기준현금흐름과 명목현금흐름으로 나누어 투자회수기간을 결정하였듯이 일반적으로 투자회수기간을 구하기 위해 사용하는 현금흐름을 세전 현금흐름과 세후 현금흐름으로 나누어 투자회수기간을 결정하기도 한다. 이 경우 세전 현금흐름을 기준으로 구한 투자회수기간이 세후 현금흐름을 기준으로 구한 투자회수기간보다 짧다. 그리고 투자회수기간에 영향을 미치는 요소로 투자프로젝트를 수행하기 위해 요구되는 운전자본(working capital: *WC*)을 고려해볼 수 있다. 운전자본은 매년도 초기에 투자되었다가 말기에 완전히 회수되기 때문에 투자회수기간을 결정하기 위해 작성한 투자프로젝트의 현금흐름표에서는 운전자본을 고려하지 말아야 한다.

투자회수기간법은 사용하기는 용이하지만, 투자회수기간을 결정하기 위해 사용할 현금흐름을 작성할 때에는 신중해야 한다. 이와 같은 어려움과 더불어 투자회수기간법은 투자프로젝트의 투자회수기간 내에 존재하는 현금흐름의 수익성을 고려하고 않는다. 즉, 투자회수기간 내에 존재하는 현금흐름의 내부수익률은 항상 '0'임에도 불구하고, 단순히 인위적으로 기업에서 결정한 투자회수기간을 만족한다는 이유만으로 투자프로젝트를 채택한다는 것이다. 그리고 투자회수기간법은 투자회수기간 후에 발생하는 현금흐름의 수익성도 고려하지 않고 있다. 마지막으로 전통적인 투자회수기간법은 이자율 개념을 고려하지 않는다.

투자회수기법의 사용상의 용이성 때문에 많은 회사들이 이 기법을 사용해서 투자프로젝트의 경제성 평가를 수행하고 있다. 예를 들어, 그레이엄과 하비의 설문조사 결과에서 알 수 있듯이 Forbes 500대 기업들의 CEO들이 투자프로젝트의 경제성 평가기법은 *IRR* 기법, *NPV*기법, 그리고 *TPBP* (전통적인 투자회수기간)기법순으로 사용하고 있다. 그리고 Drury[5)] 등도 영국의 제조기업들을 대상으로 실시한 투자평가기법의 사용률에 관한

조사에서 전체 설문 응답자들 중에서 63%가 이자율을 고려하지 않는 투자회수기간법과 같은 투자평가기법들을 사용하고 있다고 한다. 예제 6.1을 통하여 위에서 논한 내용들을 이해해 보도록 하자.

**| 예제 6.1 전통적인 투자회수기간 결정**

현재 SS전자회사에서 투자프로젝트 $A$와 $B$를 고려하고 있다. 투자프로젝트 $A$는 초기 투자자본으로 1억 2,000만 원을 필요로 하고, $B$는 1억 5,000만 원을 필요로 한다. 두 투자프로젝트를 실행하면, 투자프로젝트 $A$는 매년 6,000만 원의 순 현금흐름을 3년 동안 발생시키고, $B$는 매년 5,000만 원의 순 현금흐름을 7년 동안 발생시킨다고 한다. 위 자료를 고려해서 투자프로젝트 $A$와 $B$의 투자회수기간을 결정하고, 이 투자회수기간을 토대로 어느 투자프로젝트가 경제적 측면에서 더욱 바람직한지를 결정하여라.

**조건**

투자프로젝트 $A$와 $B$의 초기 투자자본=1억 2,000만 원과 1억 5,000만 원,
투자프로젝트 $A$와 $B$의 연간 순 현금흐름=6,000만 원과 5,000만 원,
투자프로젝트 $A$와 $B$의 사업수명=3년과 7년, 투자평가기법=투자회수기간법

‖ 표 6.4 ‖ 투자회수기법의 적용 예 및 의사결정

(단위: 천 원)

| 연도 | 투자프로젝트 $A$ | | 투자프로젝트 $B$ | |
|---|---|---|---|---|
| | 현금흐름 | 누적현금흐름 | 현금흐름 | 누적현금흐름 |
| 0 | −120,000 | −120,000 | −150,000 | −150,000 |
| 1 | 60,000 | −60,000 | 50,000 | −100,000 |
| 2 | 60,000 | 0 | 50,000 | −50,000 |
| 3 | 60,000 | 60,000 | 50,000 | 0 |
| 4 | | | 50,000 | 50,000 |
| 5 | | | 50,000 | 100,000 |
| 6 | | | 50,000 | 150,000 |
| 7 | | | 50,000 | 200,000 |
| $IRR$ | 23.4% | | 27% | |
| 투자회수기간 | 2년 | | | 3년 |

5) C. Drury, S. Braund, P. Osbone, and M. Talyes, “A Survey of Manufacturing Accounting Practices in UK Manufacturing Companies”, ACCA, 1993.

**풀이**

〈표 6.4〉는 두 투자프로젝트 $A$와 $B$의 투자회수기간을 결정한 결과를 보여주고 있다. 이 표에서 보는 바와 같이 투자프로젝트 $A$의 투자회수기간은 2년이고, 투자프로젝트 $B$의 투자회수기간은 3년이다. 투자프로젝트 $A$의 투자회수기간 2년인 $B$의 투자회수기간 3년보다 1년 짧기 때문에 투자프로젝트 $A$가 $B$보다 더 바람직하다고 할 수 있다. 그러나 투자프로젝트의 이익성을 고려하여 내부수익률법을 함께 적용하여 의사결정을 내리면 투자프로젝트 $B$의 $IRR = 27\%$가 투자프로젝트 $A$의 $IRR = 23.4\%$보다 크기 때문에 $IRR$기준으로 투자프로젝트를 선택한다면 아마도[6] 투자프로젝트 $A$가 아닌 $B$가 선택될 수도 있다.

## 6.2.2 전통적인 투자회수기간법에서 고려해야 할 중요한 두 가지 사항

이자율 개념을 고려하지 않은 전통적인 투자회수기간법을 사용할 때 가장 먼저 고려해야 할 사항은 전통적인 투자회수기법의 정의에 이자율 개념을 도입한 할인 투자회수기간법을 고려해 보는 것이다. 주어진 현금흐름에 할인율(이자율)을 적용하게 되면 현금흐름의 크기는 작아지게 된다. 그러므로 할인 투자회수기간법에 의한 투자프로젝트의 투자회수기간은 전통적인 투자회수기간법에 의한 투자회수기간보다 길어지게 된다. 할인 투자회수기간을 구하는 수식은 식 (2)와 같다. 식 (2)을 이용하여 할인 투자회수기간을 구하려면 전통적인 투자회수기간을 결정하는 것처럼 할인된 현금흐름의 총합의 값이 '0'이 되게 하는 시점을 찾으면 된다. 이를 달리 표현하면, 투자프로젝트의 순 현재가치를 '0'으로 만들어 주는 시점이 할인 투자회수기간이다. 할인 투자회수기간법도 전통적인 투자회수기간법과 마찬가지로 투자분석에 이자율을 고려하고 있다는 사실만 제외하면 그 외의 장점 및 단점은 전통적인 투자회수기간법의 장점 및 단점과 동일하다.

$$\text{할인 투자회수기간} = \sum_{t=0}^{n} \frac{CF_t}{(1+i)^t} = 0 \qquad \cdots (2)$$

6) 상호 배타적 관계를 갖는 두 개 이상의 투자프로젝트의 대안이 존재할 경우 $IRR$기법을 이용하여 가장 바람직한 대안을 선정하는 내용에 관한 설명은 $IRR$기법을 설명하는 절에서 자세하게 다루기로 한다.

* 상호배타적(mutually exclusive)관계: 두 개 이상의 대안들이 존재하고 이 대안들 중에서 한 대안이 선정되게 되면 나머지 모든 대안들을 기각하는 관계가 있을 경우, 이를 대안들 간에 상호배타적 관계가 있다고 한다.

다음의 예제를 통하여 위에서 논한 내용들을 살펴보기로 하자.

### ▎예제 6.2 자동화 머시닝센터 투자프로젝트의 할인 투자회수기간 결정

본 예제에서는 예제 5.3에 기술한 자동화 제조시스템 투자프로젝트의 순 현금흐름을 다시 고려해 보기로 한다. 〈표 6.5〉는 자동화 제조시스템 투자프로젝트의 현금흐름에서 운전자본이 생략된 순 현금흐름을 보여주고 있다. 운전자본을 생략한 이유는 앞 절에서 언급한 바와 같이 운전자본은 연초에 투자되고 연말에 투자된 운전자본이 다시 회수되기 때문이다. 〈그림 6.1〉은 이 투자프로젝트의 순 현금흐름를 현금흐름도표를 사용해서 그림으로 나타낸 것이다. (예제 5.3 참조)

#### 조건

자동화 제조시스템 투자프로젝트의 순 현금흐름 (〈표 6.5〉 참조), 이자율(할인율) = 15%

#### 풀이

투자프로젝트의 할인 투자회수기간을 결정하기 위해서는 주어진 할인율 15%를 사용해서 연도별 순 현금흐름의 현재가치를 구해야 한다. 〈표 6.6〉에 나타난 바와 같이 자동화 제조시스템 투자프로젝트의 전통적인 투자회수기간은 1.85년인 반면 할인 투자회수기간은 2.34년으로 할인 투자회수기간이 전통적인 투자회수기간보다 0.49년 더 길어졌다. 만약 부주의로 인하여 자동화 제조시스템 투자프로젝트의 현금흐름에 운전자본을 고려하게 되면 전통적인 투자회수기간은 2.53년으로 길어지게 되고, 할인 투자회수기간은 3.45년으로 길어지게 된다. 만약, 회사가 정한 투자프로젝트에 관한 투자회수기간이 3년이라고 가정한다면 할인 투자회수기간법에 의한 할인 투자회수기간 3.45년은 회사의 의사결정기준을 만족시키지 못하게 된다.

‖ **표 6.5** ‖ 운전자본이 생략된 자동화 제조시스템 투자프로젝트의 순 현금흐름

(단위: 천 원)

| 입력자료 | *MARR* | 15% | 감가상각방법: 내용연수 8년 정액법 | | 상환기간: 5년 | |
|---|---|---|---|---|---|---|
| | 세율 | 25% | 부채이자율: 10% | | 상환방법: 원리균등상환 | |
| 손익계산서 | | 0 | 1 | 2 | 3 | 4 | 5 |
| | 매출액 | | 100,000 | 100,000 | 100,000 | 100,000 | 100,000 |
| | 비용 : | | | | | | |
| | 임금 | | 20,000 | 20,000 | 20,000 | 20,000 | 20,000 |
| | 원자재 | | 12,000 | 12,000 | 12,000 | 12,000 | 12,000 |
| | 제조간접비 | | 8,000 | 8,000 | 8,000 | 8,000 | 8,000 |
| | 감가상각비 | | 15,625 | 15,625 | 15,625 | 15,625 | 15,625 |
| | 부채이자 | | 6,250 | 5,226 | 4,100 | 2,861 | 1,499 |
| | 과세표준 | | 38,125 | 39,149 | 40,275 | 41,514 | 42,876 |
| | 법인세(25%) | | 9,531 | 9,787 | 10,069 | 10,379 | 10,719 |
| | 당기순이익 | | 28,594 | 29,362 | 30,206 | 31,135 | 32,157 |
| 현금흐름표 | | | | | | | |
| | 영업활동 : | | | | | | |
| | 당기순이익 | | 28,594 | 29,362 | 30,206 | 31,135 | 32,157 |
| | 감가상각비 | | 15,625 | 15,625 | 15,625 | 15,625 | 15,625 |
| | 투자활동: | | | | | | |
| | 투자 | (125,000) | | | | | |
| | 잔존가치 | | | | | | 50,000 |
| | 자산처분세 | | | | | | (781) |
| | 재무활동 : | | | | | | |
| | 융자액 | 62,500 | | | | | |
| | 원금상환 | | (10,237) | (11,261) | (12,387) | (13,626) | (14,988) |
| | 순현금흐름 | (62,500) | 33,982 | 33,726 | 33,444 | 33,134 | 82,013 |
| | *NPV*(15%)= | 74,260.67 | | | | | |
| | *AW*(15%)= | 22,153 | | | | | |
| | *IRR* = | 52.2872% | | | | | |

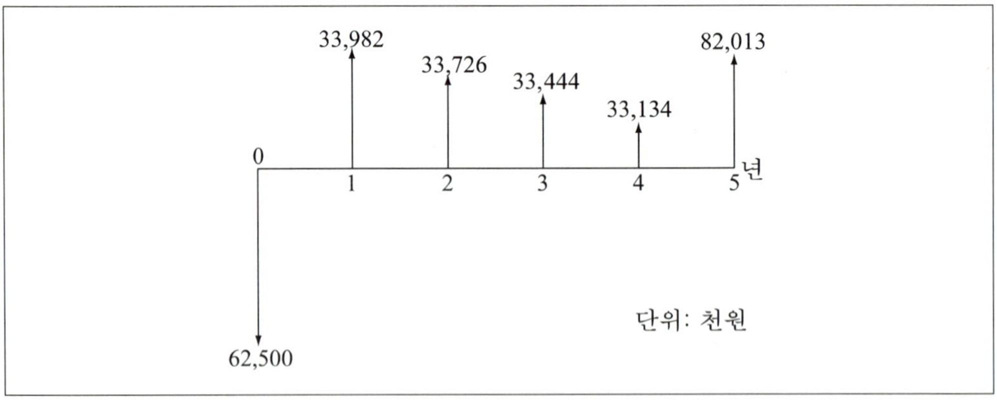


**그림 6.1** 자동화 제조시스템 투자프로젝트의 현금흐름도

‖ 표 6.6 ‖ 자동화 제조시스템 투자프로젝트의 전통 & 할인 투자회수기간

(단위: 천 원)

| 연도 | 0 | 1 | 2 | 3 | 4 | 5 |
|---|---|---|---|---|---|---|
| 순 현금흐름 | −62,500 | 33,982 | 33,726 | 33,444 | 33,134 | 82,013 |
| 누적 현금흐름* | −62,500 | −28,518 | +5,208 | 38,652 | 71,786 | 153,799 |
| 할인계수 | (P/F,15%,0) =1 | (P/F,15%,1) =0.8696 | (P/F,15%,2) =0.7561 | (P/F,15%,3) =0.6575 | (P/F,15%,4) =0.5718 | (P/F,15%,5) =0.4972 |
| 할인 현금흐름 | −62,500 | 29,550 | 25,500 | 21,989 | 18,946 | 40,777** |
| 누적할인 현금흐름*** | −62,500 | −32,950 | −7,450 | 14,539 | 33,485 | 74,262 |

* : 이자율이 고려되지 않은 상태의 누적 현금흐름
** : 할인 현금흐름=순 현금흐름 * 할인계수
*** : 할인된 현금흐름의 누적 현금흐름

**토의**

전통적인 투자회수기간 내의 현금흐름들을 이용하여 자동화 제조시스템 투자프로젝트의 내부수익률을 구하면 '0'이라는 사실을 앞에서 기술하였다. 그러면 할인 투자회수기간법으로 투자회수기간을 구하고 이 기간 내에 있는 현금흐름을 토대로 내부수익률을 구하면 현금흐름을 할인하기 위해 사용한 할인율이 이 투자프로젝트의 내부수익률이다.

## 6.2.3 투자회수기간과 수익률의 관계

전통적인 투자회수기간법에서 고려해 볼 수 있는 두 번째 사항은 만약 투자프로젝트의 사업수명기간이 무한대이면서 매년 동일한 현금흐름이 발생한다고 가정한다면, 아래의 식 (6)에 의하여 투자회수기간을 내부수익률으로 변환할 수가 있다. 식 (6)을 도출하기 위해 먼저 〈그림 6.2〉와 같이 $N$년 동안 동일한 현금흐름이 발생하는 경우를 살펴보기로 하자.

〈그림 6.2〉에서와 같이 $N$년 동안 매년 현금흐름이 동일($A$)하게 발생하고 이자율이 $i$%이라면, 이를 현재가치($P$)로 나타내면 식 (3)과 같다. 2.2절과 11.5.4절은 식 (3)에 관한 자세한 내용을 기술하고 있다.

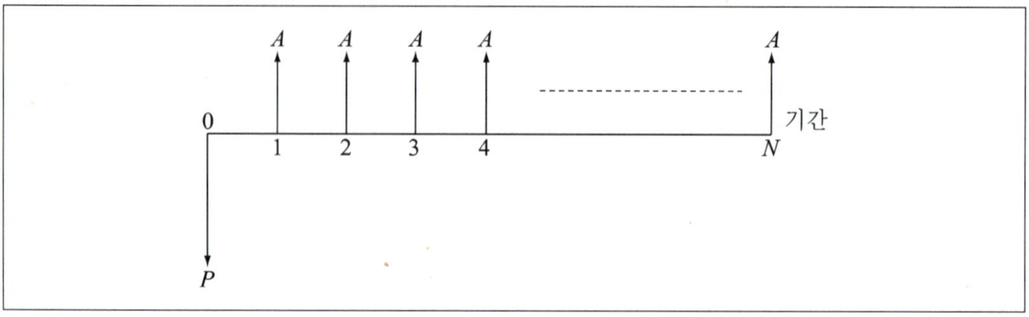


그림 6.2 동일한 현금흐름이 발생할 경우 현재가치

$$P = A\left[\frac{(1+i)^N - 1}{i(1+i)^N}\right] = A\left[\frac{1-(1+i)^{-N}}{i}\right] \quad \cdots (3)$$

단, $P$: 현재가치 $A$ : 동일한 현금흐름

$N$: 투자프로젝트 사업수명 $i$ : 이자율

식 (3)에서 투자프로젝트의 사업수명 '$N$'이 무한대이면, 식 (3)은 식 (4)와 같다.

$$\begin{aligned} P &= \lim_{N\to\infty} A\left[\frac{(1+i)^N - 1}{i(1+i)^N}\right] \\ &= \lim_{N\to\infty} A\left[\frac{1-1/(1+i)^N}{i}\right] = \frac{A}{i} \end{aligned} \quad \cdots (4)$$

식 (4)와 같은 관계성을 특별히 공학경제학에서는 자본화 등가가치(capitalized equivalent cost: $CE$)라고 한다. 투자회수기간과 내부수익률과의 관계를 파악하기 위해서는 먼저 투자회수기간과 식 (4)의 관계를 파악해야 한다. 이 투자시나리오에서 순 현금흐름이 동일한 금액 $A$로 끊임없이 발생하기 때문에 초기 투자자본($P$)과 동일 현금흐름($A$)의 관계성은 식 (5)와 같이 표현된다.

$$P = tA \quad \cdots (5)$$

식 (5)에서 $t$는 초기투자자본과 동일현금흐름을 동일하게 만들어 주는 시점이다. 식 (4)와 (5)를 이용하면 최종적으로 투자회수기간과 내부수익률의 관계식은 식 (6)과 같다.

$$P = tA \Leftrightarrow P = \frac{A}{i} \Rightarrow i = \frac{A}{P} \quad \cdots (6)$$

$$i = \frac{A}{tA} = \frac{1}{t}$$

이제 식 (6)에서 $t$를 투자회수기간으로 해석할 수가 있다. 그리고 이 식을 관찰해 보면 투자회수기간과 내부수익률은 역의 관계를 갖고 있음을 알 수 있다. 〈표 6.7〉은 다양한 투자회수기간에 대비한 내부수익률을 보여주고 있다. 일반적으로 투자회수기간이 길어지게 되면 위에서 논한 투자회수기간과 내부수익률의 관계성은 파괴될 가능성이 매우 높다. 이러한 두 평가기법 사이의 관계식이 가장 정확하게 맞는 사례는 투자프로젝트의 사업수명이 15년 정도이면서 투자회수기간이 3~4년인 경우이다.

‖ 표 6.7 ‖ 투자회수기간과 내부수익률 관계

| 투자회수기간 | 대략적 내부수익률 |
|---|---|
| 3년 | 33% |
| 4년 | 25% |
| 5년 | 20% |
| 6년 | 17% |
| 7년 | 14% |

## 6.2.4 투자회수기간법의 사용이 적합한 경우

많은 기업에서 순 현재가치법($NPV$)과 내부수익률법($IRR$)을 활발하게 사용되기 이전에 이들이 주로 투자회수기간법을 사용해서 투자프로젝트의 경제성 평가를 하였다. 그리고 〈표 6.1〉에서 나타난 바와 같이 아직까지도 많은 기업(특히 중소기업)들이 이 투자회수기간법을 내부수익률과 순 현재가치법 다음으로 사용하고 있음을 알 수가 있다.

전통적인 투자회수기간법은 투자분석 기간이 연 단위인 경우보다 월 단위일 경우 사용하기에 더 적합하다. 만약 투자회수기간이 4~6개월이면서 2년 이상 이익이 발생한다면 이 투자프로젝트는 실행하는 것이 경제적으로 바람직하다고 할 수 있다. 이러한 예는 초기 투자자본이 오랫동안 한 투자프로젝트에 묶여 있으면 경제적으로 불리한 사업 초기 투자프로젝트의 경제성 평가 시에 흔히 발생하게 된다.

경우에 따라서 전통적인 투자회수기간법은 순 현재가치법이나 내부수익률법에 의한 결과가 바람직할 때 사용되기도 한다. 이런 경우에 사용되는 전통적인 투자회수기간법은 투자의사결정자의 근시안적이며 부정적인 목표 달성을 위해 기여하게 된다. 예를 들어, 투자의사결정자가 개인적으로 선호하는 투자프로젝트가 신속하게 목표 수익률을 달성되고 있는지를 측정하기 위해 전통적인 투자회수기간법을 사용하고 있다고 가정하자. 그러면 이 투자의사결정자는 그가 다른 직장으로 이직하기 전에 이와 같은 수익률들이 달성되어, 다른 직장으로 이직할 때 그가 원하는 조건으로 이직할 수가 있게 된다.

많은 공학경제학자들은 투자회수기간만법을 사용하여 투자프로젝트의 경제성 평가를 수행하기를 바라지 않지만, 그들은 여러 투자분석기법들 중 한 투자분석기법에 의한 결과가 바람직하게 나타나면 대부분의 경우 다른 투자분석기법에 의한 결과도 매우 바람직하게 나타나고 있다는 사실에 주목하고 있다. 짧은 투자회수기간을 갖고 있는 대부분의 투자프로젝트들은 동시에 상당히 큰 현재가치와 내부수익률을 갖고 있다는 사실을 우리는 앞에서 이미 알아보았다. 다음 예제를 통하여 위에서 기술한 내용을 살펴보기로 하자.

### 예제 6.3 전통적인 투자회수기간법 사용에 관한 적절한 사례

한국대학교는 강의실에 냉온방기를 설치하려고 한다. 냉온방기 한 대를 설치하기 위해 5월에 337만 5,000원이 우선 투자되고, 6월에 추가 비용으로 112만 5,000원이 더 투자되어야 할 것으로 예측된다. 이 냉온방기는 7월부터 사용하기 시작해서 하기계절인 6~8월에는 45만 원의 전력비용이 절감되고, 가을 9~10월과 봄 4~5월에는 22만 5,000원의 전력비용이 절감될 것으로 예측되고 있다. 그리고 동기계절인 11~3월까지는 33만 7,500원의 전력비용이 절감될 것이다. 이 냉온방기의 투자회수기간을 구하여라. 단, 초기 투자자본은 5월과 6월 초에 발생하고, 비용 절감금액은 월말에 발생한다고 가정한다.

#### 조건

냉온방기 설치비용: 5월 초=337만 5,000원, 6월 초=112만 5,000원,
전력비용 절감액 : 6~8월=45만 원, 4~5월, 9~10월=22만 5,000원,
11~3월=33만 7,500원

#### 풀이

〈표 6.8〉을 보면 이 투자프로젝트의 전통적인 투자회수기간은 15.25개월임을 알 수가 있다. 즉, 2014년 5월부터 시작된 이 투자프로젝트는 2015년 8월에 초기 투자자금 450만 원을 완전히 회수하고 있다.

‖ 표 6.8 ‖ 전통적 투자회수기간

(단위: 천 원)

| 월 | 2009년 | | 2010년 | |
|---|---|---|---|---|
| | 현금흐름 | 누적 현금흐름 | 현금흐름 | 누적 현금흐름 |
| 5 | −3,375 | −3,375 | 225 | −1,012.5 |
| 6 | −1,125 | −4,500 | 450 | −562.5 |
| 7 | 450 | −4,050 | 450 | −112.5 |
| 8 | 450 | −3,600 | 450 | 337.5 |
| 9 | 225 | −3,375 | | |
| 10 | 225 | −3,150 | | |
| 11 | 337.5 | −2,812.5 | | |
| 12 | 337.5 | −2,475 | | |
| 1 | 337.5 | −2,137.5 | | |
| 2 | 337.5 | −1,800 | | |
| 3 | 337.5 | −1,462.5 | | |
| 4 | 225 | −1,237 | | |

할인 투자회수기간법은 앞에서 기술하였듯이 전통적인 투자회수기간법에 이자율 개념을 반영하고 있을 뿐 모든 다른 특성은 전통적인 투자회수기간법과 동일하다. 다만, 할인 투자회수기간법에 의한 투자회수기간은 전통적인 투자회수기간법에 의한 투자회수 기간보다 더 길다. 그리고 〈그림 6.3〉에서 보듯이 할인 투자회수기간법을 사용하면 투자프로젝트의 위험성을 좀 더 현실적으로 측정할 수가 있다. 예를 들어 할인 투자회수기간 이전의 누적 현금흐름은 음수로서, 이는 초기 투자자본이 아직 모두 회수되지 않았음을 보여주고 있다. 다음 예제를 통하여 위 내용을 이해하도록 하자.

**예제 6.4** 할인 투자회수기간과 위험성

연 이자율을 12%로 가정하고 예제 6.3을 본 예제에서 다시 고려해보기로 하자. 할인 투자회수기간을 결정하고 누적 현금흐름을 그림으로 그려보아라.

**조건**

예제 6.3, 이자율=12%

### 풀이

(가) 할인 투자회수기간 구하기

아래의 표는 이자율 12%인 경우의 월별 누적 할인 현금흐름과 할인 투자회수기간이 16.47개월임을 보여주고 있다.

‖ 표 6.9 ‖ 할인 투자회수기간과 위험도 측정

(단위: 천 원)

| 월 | 2009년 | | 2010년 | |
|---|---|---|---|---|
| | 현금흐름 | 누적현금흐름 | 현금흐름 | 누적현금흐름 |
| 5 | −3,375 | −3,408.8 | 225 | −1,426.2 |
| 6 | −1,125 | −4,579.1 | 450 | −990.5 |
| 7 | 450 | −4,174.9 | 450 | −550.4 |
| 8 | 450 | −3,766.6 | 450 | −106.0 |
| 9 | 225 | −3,579.3 | 225 | 118.1 |
| 10 | 225 | −3,390.1 | 225 | 344.3 |
| 11 | 337.5 | −3,086.5 | 337.5 | 685.2 |
| 12 | 337.5 | −2,780.0 | | |
| 1 | 337.5 | −2,470.2 | | |
| 2 | 337.5 | −2,157.4 | | |
| 3 | 337.5 | −1,841.4 | | |
| 4 | 225 | −1,634.8 | | |

### 해설

위 표에서 누적현금흐름은 다음과 같은 식을 사용해서 구하였다. 이와 같은 식을 일반적으로 프로젝트 잔액(project balance: $PB$)을 구하는 식이라고 한다. 프로젝트 잔액이란 프로젝트 내에 잠겨 있는 자본이다. 아래의 식에서 보듯이 프로젝트 잔액은 매 기간마다 이자율 $i$만큼씩 수익을 발생시키고 있다. 아래의 식을 사용해서 누적현금흐름을 구하게 되면 그 가치가 현재가치가 아닌 미래가치로 표시된다. 어느 가치이든 할인 투자회수기간을 항상 같다. 이 식과 관련된 좀 더 자세한 설명은 다음 7장에 기술되어 있다.

$$PB_t = PB_{t-1}(1+i) + CF_t$$

단, $PB_t$: $t$년도 투자프로젝트 잔액

단, $CF_t$: $t$년도 현금흐름

(나) 누적현금흐름에 관한 그래프

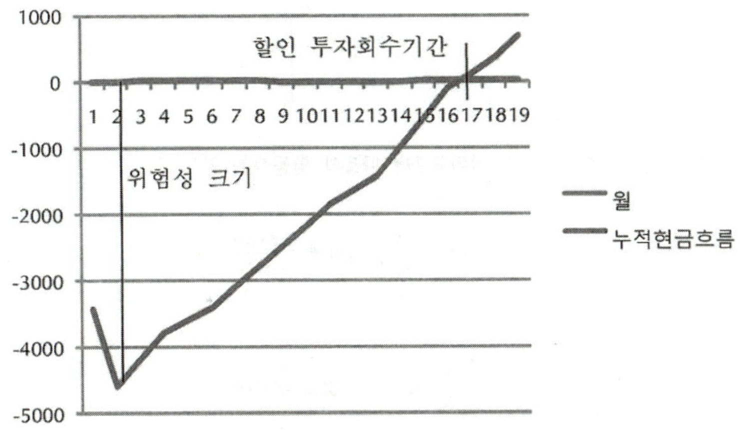


그림 6.3 할인 투자회수기간과 위험성 측정

위 그림에서 보듯이 이 투자프로젝트의 누적현금흐름이 투자기간 초에는 감소하다가 일정 기간이 지나면서 상승하기 시작하고 있다. 즉, 누적현금흐름이 투자가 시작된 후 2개월째까지 감소하는 경향을 보이다가 이 시점 이후부터 상승하기 시작하고 있다. 그러므로 2개월째가 현금흐름의 위험성이 가장 크다고 할 수 있다. 그 이후부터는 누적현금흐름이 상승하여 16~17개월 사이에서 이 투자프로젝트의 초기 투자자본이 완전히 회복되었음을 알 수가 있다. 할인 투자회수기간 16.47개월 후부터 이 투자프로젝트는 초기 투자자본을 완전히 회복하여 순 수익을 창출하고 있다.

### 6.2.5 동일현금흐름을 갖는 투자프로젝트의 할인 투자회수기간 계산 방법

예제 6.4의 풀이 방법으로 할인 투자회수기간을 구하기 위해서는 매 연도별 누적현금흐름을 계산해야 한다. 이러한 계산의 복잡성을 극복하기 위해 다음과 같은 방법으로 할인 투자회수기간을 좀 더 용이하게 구할 수가 있다. 단, 다음과 같은 두 가지 조건을 만족하는 경우만 다음의 방법을 사용하여 구한 할인 투자회수기간이 유효하다.

(1) 투자프로젝트의 현금흐름이 동일 현금흐름($A$)이어야 한다.

(2) 0년도의 현금흐름이 음수이어야 한다.

위의 두 가지 조건을 만족하면 투자프로젝트의 할인 투자회수기간은 다음과 같이 3단계 과정을 거쳐 결정된다.

단계 1:

식 (6)을 이용하여 할인 투자회수기간을 결정하기 위해 초기 값을 결정한다.

$$N_{EA} = (P/A,\ i,\ N_{DPP}) = \frac{|CF_0|}{A} \qquad \cdots (6)$$

단계 2:

할인 투자회수기간은 항상 $N_{EA}$값보다 같거나 크기 때문에 다음의 식 (7)을 사용하여 $N_{EA}$값보다 큰 기간에 대한 $N'_{EA}$을 계산하고, 만약 $N_{EA}$을 포함하고 있는 $N'_{EA}$값들을 구하면 더 이상 $N'_{EA}$을 구하지 말고 단계 3으로 이동한다.

$$N'_{EA} = \frac{(P/A,\ i,\ N)}{A} \quad \text{단, } N > N_{EA} \qquad \cdots (7)$$

단계 3:

단계 2에서 $N_{EA}$ 값을 포함하는 두 $N'_{EA}$ 값을 구하고, $N_{EA}$ 값보다 작은 $N'_{EA}$ 값을 $N'_{EAL}$ 으로 그리고 $N'_{EAL}$ 에 상응하는 $N$값을 $N_L$으로 놓는다. 그리고 $N_{EA}$ 값보다 큰 $N'_{EA}$ 값을 $N'_{EAU}$ 으로 그리고 $N'_{EAU}$에 상응하는 $N$값을 $N_U$으로 놓는다. 그러면 투자프로젝트의 할인 투자회수기간은 다음과 같이 결정한다.

$$N_{DPP} = N_L + \frac{(N_U - N_L)(N_{EA} - N_{EAL})}{(N_{EAU} - N_{EAL})} \qquad \cdots (8)$$

**I 예제 6.5** 할인 투자회수기간 계산하기

〈표 6.10〉에 있는 세 투자프로젝트들의 할인 투자회수기간을 위에 기술한 방법을 사용하여 구하여라. 단, 연 이자율은 10%이다.

‖ 표 6.10 ‖ 할인 투자회수기간을 결정하기 위한 자료

(단위: 천 원)

| | 프로젝트 $A$ | 프로젝트 $B$ | 프로젝트 $C$ |
|---|---|---|---|
| 초기 투자자본 | −10,000 | −10,000 | −10,000 |
| 연 등가 비용 절감액 | 3,000 | 2,000 | 2,000 |
| 사용연수(년) | 4년 | 10년 | 5년 |
| 잔존가액 | 0 | 0 | 5,000 |

**조건**

〈표 6.10〉, 이자율= 10%

**풀이**

프로젝트 $A$의 할인 투자회수기간 결정

- 단계 1: 할인 투자회수기간을 결정하기 위해 초기 값을 결정한다.

$$N_{EA} = (P/A,\ i,\ N_{DPP}) = \frac{|CF_0|}{A} = \frac{10,000}{3,000} = 3.33\ (\text{년})$$

- 단계 2: $N_{EA}$을 포함하고 있는 $N'_{EA}$값들을 구한다.

  i) $N=4$일 경우

$$N'_{EA} = \frac{(P/A,\ i,\ N)}{A} = \frac{3,000(P/A,\ 10\%,\ 4)}{3,000} = \frac{9,509.6}{3,000} = 3.17$$

  ii) $N=5$일 경우

$$N'_{EA} = \frac{(P/A,\ i,\ N)}{A} = \frac{3,000(P/A,\ 10\%,\ 5)}{3,000} = \frac{11,372.4}{3,000} = 3.79$$

  $N'_{EAL} = 3.17 \leq N_{EA} = 3.33 \leq N'_{EAU} = 3.79$이기 때문에 단계 3으로 이동하여 $N_{DPP}$을 구한다.

- 단계 3: $N'_{EAL} = 3.17$, $N'_{EAU} = 3.79$, $N_L = 4$ 그리고 $N_U = 5$가 된다. 그러므로 $N_{DPP}$을 구한다.

$$N_{DPP} = N_L + \frac{(N_U - N_L)(N_{EA} - N_{EAL})}{(N_{EAU} - N_{EAL})}$$

$$= 4 + \frac{(5-4)(3.33-3.17)}{(3.79-3.33)} = 4.35$$

$N_{DPP} = 4.35$은 투자프로젝트 $A$의 사업수명 4년보다 크므로 이 프로젝트의 할인 투자회수기간은 존재하지 않는다.

프로젝트 $B$의 할인 투자회수기간 결정

- 단계 1: 할인 투자회수기간을 결정하기 위해 초기 값을 결정한다.

$$N_{EA} = (P/A,\ i,\ N_{DPP}) = \frac{|CF_0|}{A} = \frac{10,000}{2,000} = 5(\text{년})$$

- 단계 2: $N_{EA}$을 포함하고 있는 $N'_{EA}$값들을 구한다.

  i) $N=6$일 경우

$$N'_{EA} = \frac{(P/A,\ i,\ N)}{A} = \frac{2,000(P/A,\ 10\%,\ 6)}{2,000} = \frac{8,710.5}{2,000} = 4.36$$

  ii) $N=7$일 경우

$$N'_{EA} = \frac{(P/A,\ i,\ N)}{A} = \frac{2,000(P/A,\ 10\%,\ 7)}{2,000} = \frac{9,736.8}{2,000} = 4.87$$

  iii) $N=8$일 경우

$$N'_{EA} = \frac{(P/A,\ i,\ N)}{A} = \frac{2,000(P/A,\ 10\%,\ 8)}{2,000} = \frac{10,669.85}{2,000} = 5.33$$

  $N'_{EAL} = 4.87 \le N_{EA} = 5 \le N'_{EAU} = 5.33$이기 때문에 단계 3으로 이동하여 $N_{DPP}$을 구한다.

- 단계 3: $N'_{EAL} = 4.87$, $N'_{EAU} = 5.33$, $N_L = 7$ 그리고 $N_U = 8$가 된다. 그러므로 $N_{DPP}$을 구한다.

$$N_{DPP} = N_L + \frac{(N_U - N_L)(N_{EA} - N_{EAL})}{(N_{EAU} - N_{EAL})}$$

$$= 7 + \frac{(8-7)(5-4.87)}{(5.33-4.87)} = 7.28$$

$N_{DPP} = 7.28$은 투자프로젝트 $B$의 사업수명 8년보다 작으므로 이 프로젝트의 할인 투자회수기간은 7.28년이 된다.

투자프로젝트 $C$는 5차 년도 말에 장비의 잔존가액이 500만 원이기 때문에 위에 기술한 방법을 사용하기 위한 조건인 동일한 현금흐름을 만족시키지 못하기 때문에 이 방법으로 투자프로젝트 $C$의 할인 투자회수기간을 구할 수가 없다. 그러나 앞 절에 기술된 방법으로 구한 이 투자프로젝트의 할인 투자회수기간은 4.77년이 된다.

## 6.3 회계적 수익률

그레이엄과 하비[7]가 설문 조사한 결과를 보여주고 있는 〈표 6.1〉을 살펴보면, Forbes 500대 기업에서 투자프로젝트의 경제성 평가를 수행하는 평가방법으로 사용하는 여러 평가기법들 중에서 회계적 수익률의 사용률이 가장 낮은 평가기법임을 알 수가 있다. 회계적 수익률($ARR$)은 $NPV$기법과 $IRR$기법이 많이 사용되지 않았던 1960년대 중·후반 이전까지 투자평가기법으로 많이 사용된 기법이다.

회계적 수익률법이 위에서 논한 투자프로젝트의 투자회수기간법과 다른 점은 투자회수기간법의 분석 토대가 현금흐름인 반면 회계적 수익률법의 경우에는 회계적 수익(즉, 당기 순이익)이다. 2장에서 논한 정의에 의하면 회계적 수익률법이란 세후 평균 수익(감가상각비와 법인세 공제)을 초기 투자자본으로 나누어 얻게 된다. 또 다른 한편 회계적 수익률은 세후 평균수익을 초기 투자자본 대신 평균 투자자본으로 나누어 구하기도 한다. 식 (9)는 세후 평균수익을 평균 투자자본으로 나누어 회계적 수익률을 구하는 수식이다.

$$ARR = \frac{\text{세 후 평균 수익}}{\text{평균 투자자본}} \qquad \cdots (9)$$

우리는 이미 5.2절에서 회계적 수익을 토대로 한 투자프로젝트의 투자평가가 합리적이

7) John R. Graham and Campbell R. Harvey, "The Theory and Practice of corporate Finance : Evidence from the Field," Journal of Financial Economics, Vol. 60, 2001, pp. 187-243.

지 못한 이유에 관하여 살펴보았다.

**예제 6.6** 평균 투자자본으로 회계적 수익률을 구하기[8)]

$A$라는 회사에서 새로 지은 쇼핑몰에 점포를 개설하려고 한다. 이 점포를 개설하기 위해 5억 원의 초기 투자자본이 필요하고, 이 점포의 사업수명은 5년으로 추정되었다. 5년 후 이 점포는 완전히 폐점된다고 한다. 이 점포 투자프로젝트와 관련된 회계자료는 〈표 6.11〉에 나타나 있다. 이 투자프로젝트의 회계적 수익률을 구하여라.

**조건**

초기 투자자본=5억 원, 사업수명=5년, 5년 후 점포 잔존가치=0원, 〈표 6.11〉

**풀이**

식 (9)를 사용하여 회계적 수익률을 구하기 위해서는 다음과 같이 세 단계 과정을 밟아야 한다.

• 단계 1: 세후 평균 수익 구하기

세후 평균 수익은 아래와 같이 연도별 당기순이익을 합해 사업기간으로 나누어 구하면 5,000만 원이 된다.

‖ 표 6.11 ‖ 연간 매출액 및 비용 추정치

(단위: 천 원)

| 연도 | 1 | 2 | 3 | 4 | 5 |
|---|---|---|---|---|---|
| 매출액 | 433,333 | 450,000 | 266,667 | 200,000 | 133,333 |
| 비용 | 200,000 | 150,000 | 100,000 | 100,000 | 100,000 |
| 세전 현금흐름 | 233,333 | 300,000 | 166,667 | 100,000 | 33,333 |
| 감가상각비 | 100,000 | 100,000 | 100,000 | 100,000 | 100,000 |
| 세전 수익 | 133,333 | 200,000 | 66,667 | 0 | −66,667 |
| 법인세(25%) | 33,333 | 50,000 | 16,667 | 0 | −16,667 |
| 당기순이익 | 100,000 | 150,000 | 50,000 | 0 | −50,000 |

$$\text{세후 평균 수익} = \frac{100,000+150,000+50,000+0-50,000}{5} = 50,000 \text{ (천 원)}$$

8) S. Ross, R. W. Westerfield, J. Jaffy, Corporate Finance, 5th Edition, Irwin & McGraw-Hall, NY, 1999.

• 단계 2: 평균 투자자본 계산하기

0년도에 투자된 초기 투자자본 5억 원은 감가상각비로 인하여 매년 1억 원씩 감소하여 5차 년도 말에 점포의 잔존가치는 0이 된다. 이와 같이 초기 투자자본이 매년 감가상각비만큼씩 감소되는 경우 어떻게 평균 투자자본을 결정해야 하는지를 알아보기로 한다. 평균 투자자본을 계산할 때 주의해야 할 사항은 초기 투자가 0년도에 발생하기 때문에 분모의 사업수명을 '5'년이 아닌 '6'년으로 결정해야 한다. 그리고 연도별 투자금액은 연도별 점포의 장부가격을 사용한다. 점포에 대한 연간 평균 투자금액은 아래와 같이 2억 5,000만 원임을 알 수가 있다.

$$\text{평균 투자자본} = \frac{500,000 + 400,000 + 300,000 + 200,000 + 100,000 + 0}{6}$$

$$= 250,000 \ (\text{천 원})$$

• 단계 3: 회계적 수익률 구하기

식 (9)를 사용하여 마지막으로 회계적 수익률을 결정한다. 계산 결과 점포 투자프로젝트의 회계적 수익률이 20%임을 알 수가 있다.

$$\text{회계적 수익률} = \frac{50,000}{250,000} = 20\%$$

**토의**

회계적 수익률은 *NPV*기법이 현금흐름을 토대로 투자평가를 하는 데 비해 당기순이익을 토대로 투자평가가 이루어지는 단점을 지니고 있다. 두 번째 단점은 2장에서 기술한대로 당기순이익의 발생 시점을 전혀 고려하고 있지 않다는 것이다. 예를 들어, 1차 년도의 당기순이익 1억 원이 5차 년도 말에 발생한다고 가정하고 회계적 수익률을 계산해도 원래의 당기순이익을 토대로 계산한 회계적 수익률과 동일하게 나타난다. 세 번째 단점은 투자회수기간법에서 인위적으로 결정한 투자회수기간을 사용하여 투자의사결정을 내리는 것과 같이 회계적 수익률을 토대로 내리는 의사결정도 인위성을 배제할 수가 없다. 회계적 수익률의 장점으로는 투자회수기간법의 장점과 같이 사용상의 편리성이 높고 *NPV*기법, *AE*기법, *IRR*기법 등을 사용하여 투자프로젝트의 경제성 평가를 좀 더 깊이 있게 다루기 이전에 대안(screening the alternatives)들을 선별할하기 위해 사용될 수가 있다. 다음 장에서는 현금흐름할인기법들에 관하여 알아보기로 한다.

# 연습문제

6.1 전통적인 투자회수기간법이 무엇인지 간략하게 기술하고, 이 기법의 장점 및 단점을 논하여라.

6.2 아래의 표에 있는 바와 같이 현금흐름을 창출하는 투자프로젝트의 투자회수기간을 구하여라.

(단위: 천 원)

| 연도 | 현금흐름 |
|---|---|
| 0 | −5,000,000 |
| 1 | 500,000 |
| 2 | 800,000 |
| 3 | 1,000,000 |
| 4 | 1,200,000 |
| 5 | 1,400,000 |
| 6 | 1,600,000 |
| 7 | 1,800,000 |
| 8 | 2,000,000 |

(1) 위 표에 있는 현금흐름을 토대로 이 투자프로젝트의 전통적인 투자회수기간을 구하여라.

(2) $MARR = 10\%$ 라고 가정하고, 위 표에 있는 현금흐름을 토대로 이 투자프로젝트의 할인 투자회수기간을 구하여라.

(3) 질문 (1)과 (2)의 투자회수기간을 토대로 투자회수기간 내에 존재하는 현금흐름을 기준으로 한 투자프로젝트의 수익률을 구하여라.

6.3 아래의 표에 있는 두 투자프로젝트의 현금흐름을 토대로 다음의 질문에 답하여라.

| 연도 | 현금흐름(단위: 천 원) | |
|---|---|---|
| | 프로젝트 $A$ | 프로젝트 $B$ |
| 0 | −600,000 | −1,200,000 |
| 1 | 160,000 | 250,000 |
| 2 | 160,000 | 250,000 |
| 3 | 16,000 | 250,000 |
| 4 | 16,000 | 250,000 |
| 5 | 16,000 | 250,000 |
| 6 | 16,000 | 250,000 |
| 7 | 16,000 | 250,000 |
| 8 | 16,000 | 250,000 |
| 9 | 16,000 | 250,000 |
| 10 | 16,000 | 250,000 |
| 11 | 16,000 | 250,000 |
| 12 | 16,000 | 250,000 |
| 13 | 16,000 | 250,000 |
| 14 | 16,000 | 250,000 |
| 15 | 16,000 | 250,000 |

(1) 투자프로젝트 $A$와 $B$의 전통적인 투자회수기간과 할인 투자회수기간을 구하여라(단, $MARR = 12\%$). 그리고 두 투자회수기간법에 의한 결과를 비교 분석하여라.

(2) 두 투자프로젝트의 대략적인 내부수익률을 결정하여라.

(3) 회사에서 결정한 최대 투자회수기간을 5년이라고 가정하고 위 두 투자프로젝트의 투자회수기간을 토대로 어느 투자프로젝트가 위험에 더 노출되었는지를 간략하게 논하여라.

**6.4** 다음 표는 투자프로젝트의 현금흐름이 명목화폐가치로 측정된 내용을 보여주고 있다. 이 표에 있는 자료를 토대로 다음의 질문에 답하여라.

(단위: 천 원)

| 연도 | 현금흐름 |
|---|---|
| 0 | −500,000 |
| 1 | 100,000 |
| 2 | 200,000 |
| 3 | 300,000 |
| 4 | 300,000 |
| 5 | 200,000 |

(1) 명목화폐가치로 측정된 위 표의 현금흐름을 기준으로 이 투자프로젝트의 전통적인 투자회수기간과 할인 투자회수기간을 구하여라. (단, $MARR = 15\%$)

(2) 위 현금흐름에 적용된 연간 인플레이션율을 5%라고 가정하고 위 현금흐름을 기준화폐가치로 전환한 후 이 투자프로젝트의 전통적인 투자회수기간과 할인 투자회수기간을 구하여라. (단, $MARR = 15\%$)

(3) 위 질문 (1)과 (2)의 답을 비교 분석하여라.

6.5 아래의 표에 있는 자료를 이용하여 각 투자프로젝트의 전통적 및 할인 투자회수기간, 순 현재가치, 그리고 내부수익률을 구한 후 그 결과를 비교 분석하여라(단, $MARR = 10\%$).

(단위 : 천 원)

| 항목 | 프로젝트 $A$ | 프로젝트 $B$ | 프로젝트 $C$ |
|---|---|---|---|
| 초기 투자액 | 22,500 | 22,500 | 22,500 |
| 연간 비용 절감금액 | 6,750 | 4,500 | 4,500 |
| 수명기간 | 6년 | 15년 | 8년 |
| 잔존가액 | 0 | 0 | 11,250 |

6.6 세면 비누를 생산하기 위해 왜경회사는 압축기를 9,750만 원을 투자하여 구입하였다. 이 압축기를 사용하여 왜경회사는 매달 12,000개의 세면 비누를 생산하고 있으며, 세면 비누 한 개당 판매가격은 1,440원이고, 생산비용은 630원이 발생하고 있다. 이 투자프로젝트의 할인 투자회수기간을 구하여라. 단, 연 이자율은 12%이다.

6.7 다음의 표에 주어진 자료를 토대로 각 투자프로젝트의 할인 투자회수기간을 결정하여라. 단, 연 이자율은 12%이다.

(단위: 천 원)

| | 프로젝트 $A$ | 프로젝트 $B$ | 프로젝트 $C$ |
|---|---|---|---|
| 초기 투자자본 | 45,000 | 45,000(1차 년도 초)<br>30,000(1차 년도 말) | 45,000 |
| O&M 비용 | 19,500 | 13,500 | 15,000 |
| 매출액 | 30,000 | 30,000 | 10,500(1차 년도)<br>(7,500씩 매년 증가) |
| 사업수명 | 5년 | 10년 | 15년 |
| 잔존가액 | 0 | 30,000 | 0 |

6.8 투자회수기간법과 회계적 수익률의 차이점에 관해서 간략하게 기술하여라.

6.9 SS전자회사에서 다음과 같은 재무정보를 갖고 기계를 구입하려고 한다. 이 장비를 구입하면 SS전자회사는 연간 675만 원의 순이익을 얻을 것으로 기대하고 있다. 이와 같은 자료들을 토대로 이 투자프로젝트의 회계적 수익률을 구하여라.

(단위: 천 원)

| 연도 | 0 | 1 | 2 | 3 | 4 |
|---|---|---|---|---|---|
| 총 투자자본 | 24,000 | 24,000 | 24,000 | 24,000 | 24,000 |
| 누적 감가상각비 | 0 | 6,000 | 12,000 | 18,000 | 24,000 |
| 순 투자자본 | 24,000 | 18,000 | 12,000 | 6,000 | 0 |

6.10 C회사에서 홈 쇼핑몰(Home-Shopping Mall)을 새로 개설하려고 한다. 이를 위해 C회사는 10억 원의 초기 투자자본을 지출하려고 한다. 이 홈 쇼핑몰의 사업 수명은 5년으로 추정되고, 5년 후 이 홈 쇼핑몰은 완전히 폐점된다고 한다. 홈 쇼핑몰 투자프로젝트와 관련된 회계자료는 다음 표에 나타나 있다. 다음 표에 주어진 자료를 토대로 C회사의 새 홈 쇼핑몰의 회계적 수익률과 투자회수기간을 구하여라. C회사의 한계세율은 20%라고 한다.

(단위: 천 원)

| 연도 | 1 | 2 | 3 | 4 | 5 |
|---|---|---|---|---|---|
| 매출액 | 867,000 | 900,000 | 533,000 | 400,000 | 266,000 |
| 비용 | 400,000 | 300,000 | 200,000 | 200,000 | 200,000 |
| 세 전 현금흐름 | 467,000 | 600,000 | 333,000 | 200,000 | 66,000 |
| 감가상각비 | 200,000 | 200,000 | 200,000 | 200,000 | 200,000 |

CHAPTER 07

# 경제성 평가기법 II: 순 현재가치법, 연 등가가치법, 내부수익률법[1]

- 7.1 순 현재가치법
- 7.2 연 등가가치법
- 7.3 내부수익률법
- 7.4 다양한 경제성 평가기법을 이용한 예
- 7.5 여러 대안들이 상호배타적 관계를 갖고 있을 경우 대안들의 우선순위 결정방법

6장에서 우리는 경제성 평가기법 중 투자회수기간법($PBP$)과 회계적 수익률법($ARR$)에 관하여 알아보았다. 이 두 기법들은 1장에서 논한 공학경제학의 중요한 4가지 원칙 중 첫 번째 원칙인 화폐의 시간적 가치(이자율)를 고려하지 않은 경제성 평가기법들이다. 그러나 본 장에서 다룰 $NPV$, $AE$, $IRR$기법 등은 화폐의 시간적 가치를 고려한 투자분석기법이다. 이러한 경제성 평가기법들을 현금흐름할인기법(discounted cash flow: $DCF$)이라고 부르고 있다. 본 장에서는 $NPV$기법과 $NFV$(순 미래가치법)를 먼저 설명하고, 그 다음에 $AE$기법과 $IRR$기법에 관하여 설명하려고 한다.

## 7.1 순 현재가치법

$NPV$기법은 $NFV$, $AE$, $IRR$ 등과 함께 현금흐름할인기법(discounted cash flow technique: $DCF$)이라고 일컫는다. $NPV$기법을 이용한 투자평가는 역사적으로 상당히 오래되었음을 1장의 공학경제학의 역사적 배경에서 기술한 바 있다. 이 시기의 $NPV$기법 이용 대상은 주로 대부문제와 관련된 것들이었다. 실물투자프로젝트의 경제성 평가 측면에서 19세기 웰링톤이 미국 내 철도건설 투자프로젝트의 경제성 평가를 수행하기 위하여 $NPV$기법을 사용한 것이 시초라고 알려져 있다. 또한 그레이엄과 하비의 설문조사 결과표 〈표 6.1〉에서 본 바와 같이 $NPV$기법은 $IRR$기법과 함께 Forbes 500대 기업의 CEO와 CFO들이 가장 많이 사용하고 있는 투자평가기법으로 파악되었다. 위와 같은 이유 때문에 투자프로젝트의 경제성 평가를 위하여 가장 많이 사용되는 $NPV$기법에 관한 정확한 이해가 필요하다. 본 절에서는 $NPV$기법에 관하여 자세하게 알아보도록 한다.

순 현재가치기법이란 투자프로젝트를 수행하기 위하여 투자된 모든 투자자본(추정치: 기댓값)의 현금흐름의 현재가치를 사업연도 동안 발생할 것으로 추정된 모든 현금유입(기대현금흐름)의 현재가치에서 뺀 값을 말한다. 이를 수식으로 표현하면 다음의 식 (1)

1) 박찬석, 김규태, 최성호, 경제성공학, 영지문화사, 2008.
Aswath Damodraran, Investment Valuation: Tools and Techniques for Determining the Value of Any Assets, 2nd Edition, Wiley Finance, NY, 2002.
Ted G. Eshenbach, Engineering Economy: Applying Theory To Practice : 2nd Edition, Oxford University Press, NY, Oxford, 2003.

과 같다.

$$NPV(MARR) = \sum_{t=0}^{N} \frac{CF_t}{(1+MARR)^t}$$
$$= CF_0(P/F,\ MARR,\ 0) + CF_1(P/F,\ MARR,\ 1)$$
$$+ CF_2(P/F,\ MARR,\ 2) + \cdots + CF_N(P/F,\ MARR,\ N) \quad \cdots (1)$$

단, $CF_t$ : $t$년도의 현금흐름

$MARR$ : 투자프로젝트에 대한 최소요구수익률

$NPV$기법을 사용하여 투자프로젝트의 채택/기각에 관한 법칙은 다음과 같다.

$NPV(MARR) > 0$투자프로젝트 채택

$NPV(MARR) = 0$무차별

$NPV(MARR) < 0$투자프로젝트 기각

일단 현재 고려 중인 투자프로젝트의 현금흐름표를 작성하고 나면, 이 투자프로젝트의 $NPV$를 계산하는 과정은 일반적으로 다음과 같이 5단계로 구성된다.

- 단계 1: 회사가 투자를 통해 기대하는 투자 수익률을 결정한다. 투자 수익률의 개념은 "회사가 언제라도 이와 같은 이자율로 수익을 발생하는 투자풀(investment pool)에 자금을 투자할 수 있다."는 의미이다. 그러므로 이 수익률을 요구수익률(required rate of return), 혹은 최소요구수익률(minimum attractive rate of return; $MARR$)이라고 부른다. 일반적으로 $MARR$의 선택은 최고 경영층에 의해 결정되고, 투자프로젝트 기간 동안 변할 수 있지만, $NPV$를 구할 때는 일정하다고 가정한다.
- 단계 2: 프로젝트의 수명을 추정한다.
- 단계 3: 순 현금흐름(순 현금흐름=현금유입−현금유출)을 구한다.
- 단계 4: $MARR$을 적용하여 기간별 순 현금흐름의 현재가치를 계산하고, 이들의 합을 구한다. 이 합계가 $NPV$이다.
- 단계 5: $NPV(MARR)$ 값을 기준으로 $NPV$ 의사결정법칙에 따라 현재 고려 중인 투자프로젝트의 채택/기각에 관한 최종 의사결정을 내린다.

## ❙ 예제 7.1 $NPV$값을 토대로 소규모 수력발전소 건설 투자프로젝트의 채택/기각에 관한 의사결정

MM이라는 부동산 회사가 지난 30년 동안 부동산개발 투자프로젝트를 수행하여 왔다. 이 회사는 2,832,760$m^2$에 상당하는 산림을 농림지로 개발하여 처분하고 벌목한 목재를 처분하여 얻은 8억 원의 수익으로 소규모의 수력발전소를 건설하려는 투자프로젝트를 고려하고 있는 중이다.

단순한 설계로 구성된 소규모 수력발전소를 건설하는 데 10년 정도의 기간이 걸릴 것으로 추정된다. 이를 위해 강을 따라 길이가 305m이고 깊이가 6.7m인 작은 수로를 건설하여 오수거물이 강으로 흘러 들어가기 이전에 이를 일시적으로 저장할 수 있는 적당한 크기의 쓰레기장을 만들어야 한다. 그리고 1,350톤의 물을 저장할 수 있을 뿐만 아니라 초당 수력이 2.3m/초인 1.83$m^2$ 넓이의 파이프라인을 설치하여 필요한 수량을 수력발전소로 보내야 한다.

이와 같이 파이프라인을 설치하게 되면 수력발전소의 터빈을 작동하기 위해 필요한 수량 14.85톤을 공급할 수 있게 된다. MM부동산회사는 수력발전소에서 생산된 연간 600만 $KW$의 전력 전량을 한전에 판매하기로 계약을 맺었다고 가정하자.

MM회사는 이 투자프로젝트로부터 법인세와 운영비를 제하고 연간 순 소득 1억 2,000만 원을 얻을 수 있을 것으로 추정하고 있다. 정상적으로 유지 보수를 하게 되면 건설할 소규모 수력발전소의 수명은 최소한 50년이 지속될 것이라고 MM회사는 믿고 있다. 할인율을 고려하지 않은 화폐가치로 10년 동안 투자되는 총 투자자본의 총액이 8억 원이면 이 투자가 경제적으로 바람직한 투자인지를 판단하여라. 단, MM 회사의 $MARR$은 8%로 주어졌다.

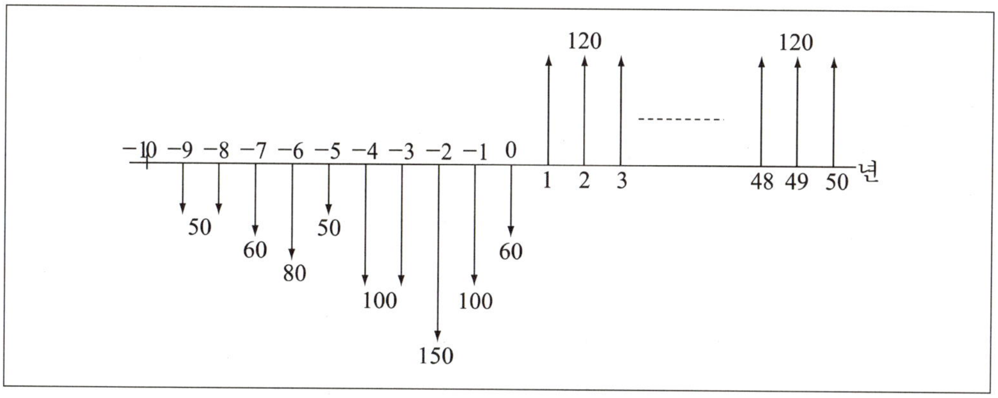


그림 7.1 소규모 수력발전소 건설 투자프로젝트의 순 현금흐름(단위: 백만 원)

**조건**

현금흐름도 〈그림 7.1〉, $MARR = 8\%$

**풀이**

본 예제의 풀이 과정은 위에서 논한 5단계의 순서를 밟게 될 것이다.

- 단계 1 : $MARR = 8\%$는 이미 결정된 사항이다.
- 단계 2 : 프로젝트의 수명은 건설 기간 10년을 포함하여 총 60년이다.
- 단계 3 : 수력발전소 투자프로젝트의 순 현금흐름(순 현금흐름 = 현금유입 − 현금유출)이 〈그림 7.1〉에 나타난 것과 같다.
- 단계 4 : $MARR = 8\%$을 적용하여 〈그림 7.1〉에 있는 연도별 순 현금흐름을 토대로 다음과 같이 수력발전소 투자프로젝트의 순 현재가치를 구하도록 한다. 본 예제에서 투자프로젝트의 수명기간은 두 구간으로 나누어졌음을 주의할 필요가 있다. 첫 번째 구간은 수력발전소를 건설하는 데 소요되는 10년의 건설단계, 그리고 두 번째 구간은 발전소 건설이 완공된 후 50년 동안의 상업화 단계이다. 그러므로 본 예제에서 현재시점은 시점 0이 아니고 투자프로젝트의 경제성 평가를 실시하는 시점인 −10년이 된다. 그러므로 다음과 같이 수력발전소 투자프로젝트의 현재가치를 구해야 한다.

(1) 발전소 건설기간(−10년에서부터 완공일 0년까지) 동안 발생한 투자자본의 총 현재가치를 먼저 구한다(이자율 개념에 관한 11장의 동일현금흐름 절 참조).

$$\begin{aligned}&\text{투자자본(현금유출)의 총 현재가치}\\&= 50(P/A,\ 8\%,\ 2) + 60(P/F,\ 8\%,\ 3) + 80(P/F,\ 8\%,\ 4)\\&\quad + 50(P/F,\ 8\%,\ 5) + 100(P/A,\ 8\%,\ 2)(P/F,\ 8\%,\ 5)\\&\quad + 150(P/F,\ 8\%,\ 8) + 100(P/F,\ 8\%,\ 9) + 60(P/F,\ 8\%,\ 10)\\&= 509.85\ (\text{백만 원})\end{aligned}$$

(2) 현금유입의 현재가치를 계산한다(이자율 개념에 관한 10장의 동일현금흐름 절 참조).

$$\begin{aligned}\text{현금유입의 총 현재가치} &= 120(P/A,\ 8\%,\ 50)(P/F,\ 8\%,\ 10)\\&= 680(\text{백만 원})\end{aligned}$$

- 단계 5: $NPV(8\%)$는 단계 4에서 구한 현금유출의 총 현재가치를 현금유입의 총 현재가치에서 빼면 그 값이 1억 7,000만 원이 된다. $NPV(8\%)=$1억 7,000만 원이 0보다 크므로 $NPV$기법의 의사결정법칙에 따라 수력발전소 투자프로젝트는 채택되어야 한다.

투자프로젝트의 경제성 평가에 영향을 미치는 요소들이 많지만, 본 절에서는 이자율 값이 변함에 따라 발전소 투자프로젝트의 $NPV$값이 어떻게 변하는지에 관하여 알아보기로 하자(여기에서 $NPV$값을 구하는 현재 시점은 −10차 년도 초가 된다). 〈그림 7.2〉는 발전소 투자프로젝트의 $MARR$값에 대한 $NPV$값의 민감도 분석도를 보여주고 있다.

〈그림 7.2〉에서 보는 바와 같이 $NPV$값을 0으로 만드는 이자율이 9.783%임을 알 수가 있다. 즉, 이 투자프로젝트의 내부수익률($IRR$)은 9.783%가 된다. 이 투자프로젝트의 $MARR$값이 8%이고 $IRR$값이 9.783%이기 때문에 이 투자프로젝트는 채택되어야 한다. 그 이유로는 이자율이 낮으면 낮을수록 투자프로젝트의 $NPV$값은 더 증가하기 때문이다. 즉, 이자율 9.783%에서 이 투자프로젝트의 $NPV$값이 0값이 되기 때문에 이 $IRR$값보다 작은 $MARR=8\%$을 투자현금흐름에 적용하여 $NPV$값을 계산하면 그 값이 0보다 크게 된다.

**토의**

일반적으로 순 미래가치기법($NFV$)은 본 예제와 같이 투자기간이 긴 토목공사 그리고 건축물 등과 관련된 투자프로젝트의 경제성 평가를 위해 사용된다. 본 예제의 현금흐름을 미래가치 측면에서 고찰해서 수력발전소 투자프로젝트의 투자의사결정에 관하여 알아보기로 하자. 이 경우 수력발전소 투자프로젝트의 미래가치를 계산하는 시점은 상업화 초기 단계인 0시점이다. 그러나 상업화 단계 측면에서 고찰해보면 시점 0은 현재시점이 된다.

이 투자프로젝트의 순 미래가치를 계산하기 위해서는 먼저 투자기간 10년 동안 발생할 것으로 추정된 모든 투자에 따른 현금유출들을 미래 시점 '0'의 화폐가치(미래가치)로 변환해야 한다. 다음에는 상업화 단계 50년 동안 발생할 것으로 추정도니 현금유입들을 현재 시점 0의 화폐가치(현재가치)로 변환해야 한다.

(1) 현금유출의 미래가치 계산(다음의 식과 같이 두 가지 방법으로 미래가치를 계산할 수 있다)

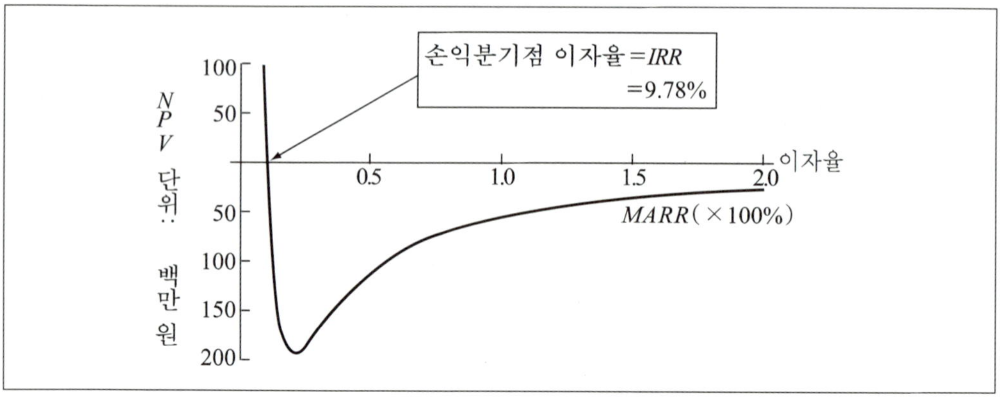


그림 7.2 이자율의 변화에 대한 투자프로젝트의 $NPV$의 민감도 분석

현금유출의 총 미래가치

$$= 60(F/P, 8\%, 0) + 100(F/P, 8\%, 1) + 150(F/P, 8\%, 2) + 100(F/P, 8\%, 3) + 100(F/P, 8\%, 4) + 50(F/P, 8\%, 5) + 80(F/P, 8\%, 6) + 60(F/P, 8\%, 7) + 50(F/P, 8\%, 8) + 50(F/P, 8\%, 9)$$

혹은

$$= 60(F/P, 8\%, 0) + 100(F/P, 8\%, 1) + 150(F/P, 8\%, 2) + 100(F/A, 8\%, 2)(F/P, 8\%, 3) + 50(F/P, 8\%, 5) + 80(F/P, 8\%, 6) + 60(F/P, 8\%, 7) + 50(F/A, 8\%, 2)(F/P, 8\%, 8)$$

$= 1,100.7$(백만 원)

(2) 현금유입의 현재가치 계산(이자율 개념에 관한 10장의 동일현금흐름 절 참조)

현금유입의 총 현재가치$= 120(P/A, 8\%, 50)$

$= 1,468$(백만 원)

시점 0을 기준으로 한 현금유출의 총 미래가치는 11억 원이고 현금유입의 총 현재가치는 14억 6,800만 원이므로 순 미래가치는 3억 6,800만 원이 된다. $NPV$에 의한 발전소 투자프로젝트의 최종 의사결정이 채택이 되었듯이 $NFV$에 의한 본 투자프로젝트의 최종 의사결정도 채택이 된다. 순 미래가치 3억 6,800만 원에 $MARR = 8\%$을 적

용하여 시점 $-10$의 화폐가치로 변환하면 1억 7,000만 원이 되어야 한다.

### 7.1.1 프로젝트 잔액 개념을 토대로 살펴 본 순 현재가치의 경제적 의미

프로젝트 잔액(project balance: $PB$)개념이란 말 그대로 프로젝트 내에 남아 있는 현금흐름을 말한다. $PB$개념은 단순히 $NPV$의 경제적 의미를 파악하기 위해서만 사용되는 개념이 아니라 $IRR$기법에서도 매우 중요한 역할을 한다. 또한 $PB$개념은 $DPBP$ (discounted payback period)를 결정하기 위해서도 사용되고 있음을 6장에서 살펴보았다. 실질적으로는 $DPBP$를 결정하기 위하여 현재가치법을 사용하기도 하지만, 각 연도별 현금흐름 모두를 미래가치로 계산하여 $DPBP$를 구할 수도 있다. 이렇게 모든 현금흐름을 미래가치로 변환하여 $DPBP$를 구하는 과정을 $PB$개념의 적용 예라고 할 수 있다.

$PB$개념을 이해하기 위해서는 먼저 투자풀 개념(investment pool concept)을 이해해야 한다. 투자풀 개념이란 회사가 보유한 잉여현금 또는 현금에 상당하는 자산을 투자할 경우에는 항상 최소한의 요구수익률($MARR$)로 투자된다는 것이다. 즉, 이는 모든 투자자본은 최소한 $MARR$값 이상의 수익률을 발생시켜야 한다는 의미이다. 이러한 개념을 염두에 두고 프로젝트 잔액 계산식을 다시 한 번 더 설명하면 다음과 같다. 먼저 전년도 $PB$에 주어진 이자율을 곱한 후, 그 값에서 당해 연도의 현금흐름을 더해주면 그 값이 당해 연도의 $PB$값이 된다. $PB$개념을 수식으로 표시하면 식 (2)와 같다.

$$PB_0 = PB_0$$
$$PB_t = PB_{t-1}(1+MARR) + CF_t,\ t = 1,\ 2,\ 3,\ \cdots,\ N \quad \cdots (2)$$

다음의 예제를 통하여 $PB$개념을 이용한 순 현재가치에 대한 경제적 의미를 살펴보기로 하자.

**예제 7.2** $PB$개념을 이용한 $NPV$의 경제적 의미[2)]

예제 6.2의 자동화 제조시스템의 투자프로젝트의 현금흐름을 이용하여 이 프로젝트의 연도별 $PB$를 계산하고, 경제적 의미가 무엇인지를 논하여라. 단, $MARR$은 15%로 주어졌다. 〈표 7.1〉은 자동화 제조시스템 투자프로젝트의 순 현금흐름을 보여주고 있다.

2) Park, Chan S., Contemporary Engineering Economics, 4th Edition, Prentice-Hall, Upper Saddle River, NJ, 2008.

**조건**

자동화 제조시스템 투자프로젝트의 현금흐름 〈표 7.1〉, $MARR = 15\%$

‖ 표 7.1 ‖ 자동화 제조시스템 투자프로젝트의 현금흐름

(단위: 천 원)

| 연도 | 0 | 1 | 2 | 3 | 4 | 5 |
|---|---|---|---|---|---|---|
| 순 현금흐름 | −62,500 | 33,982 | 33,726 | 33,444 | 33,134 | 82,013 |

**풀이**

$PB$개념을 이용한 $NPV$값의 경제적 의미 파악

식 (2)를 직접 이용하여 다음과 같이 연도별 $PB$값을 구한다.

$$PB_0 = -62,500 \text{ (천 원)}$$

$$PB_1 = -62,500(1+0.15)+33,982$$
$$= -37,893 \text{ (천 원)}$$

$$PB_2 = -37,893(1+0.15)+33,726$$
$$= -9,851 \text{ (천 원)}$$

$$PB_3 = -9,851(1+0.15)+33,444$$
$$= 22,115 \text{ (천 원)}$$

$$PB_4 = 22,115(1+0.15)+33,134$$
$$= 58,566 \text{ (천 원)}$$

$$PB_5 = 58,566(1+0.15)+82,013$$
$$= 149,364 \text{ (천 원)}$$

자동화 제조시스템 투자프로젝트의 $PB_5$ =1억 4,936만 원은 초기 투자자본금 6,250만 원을 전부 회수하고 $MARR = 15\%$의 수익률을 달성하고도 잉여현금유입이 1억 4,936만 원이라는 의미이다.

이를 달리 표현하면, 만약에 SS전자회사에서 자동화 제조시스템 투자프로젝트를 수행하기 위하여 통일은행으로부터 6,250만 원을 연 이자율 15%로 5년 동안 상환하는 조건으로 융자를 받았다고 가정하자. 이 경우 $PB_5$ =1억 4,936만 원의 경제적 의미는 자동화 제조시스템 투자프로젝트를 수행하기 위하여 융자를 받은 원금 6,250만 원과 연 이자율 15%로 발생된 이자를 모두 상환하고 SS회사가 이 투자로부터 5차 년도 말의 미래가치로 1억 4,936만 원의 이득을 얻었음을 뜻한다. 즉, $PB_5$ =1억 4,936만 원

은 자동화 투자프로젝트의 순 미래가치($NFV$)를 뜻한다. 그러므로 $PB_5$ =1억 4,936만 원에 $MARR$ = 15%를 적용하여 현재가치로 변환하면, 이 값은 자동화 머시닝센터 투자프로젝트의 순 현재가치($NPV$)가 된다. 즉,

$$\begin{aligned} NPV(15) &= \frac{PB_5}{(1+MARR)^5} = \frac{149,364}{(1+0.15)^5} \\ &= 149,364(P/F,\ 15\%,\ 5) \\ &= 74,260\ (\text{천 원}) \end{aligned}$$

**토의**

위에서 구한 자동화 제조시스템 투자프로젝트의 연도별 프로젝트 잔액을 이용하면 쉽게 할인 투자회수기간도 구할 수가 있다. 〈표 7.2〉는 자동화 제조시스템 투자프로젝트의 연도별 $PB$값을 보여주고 있다.

‖ 표 7.2 ‖ 자동화 머시닝센터 투자프로젝트의 $PB$값

(단위: 천 원)

| 연도 | 0 | 1 | 2 | 3 | 4 | 5 |
|---|---|---|---|---|---|---|
| $PB_n$ | −62,500 | −37,893 | −9,851 | 22,115 | 58,566 | 149,364 |

〈표 7.2〉에서 보는 바와 같이 자동화 제조시스템 투자프로젝트의 $MARR$ = 15%로 할증된 누적 현금흐름의 값이 2차 년도의 음수에서 3차 년도의 양수로 변하고 있기 때문에 이 투자프로젝트의 $DPBP$를 다음과 같이 쉽게 구할 수가 있다. 즉,

$$DPBP = 2 + \frac{9,851}{33,444} = 2.3\ (\text{년})$$

위 계산식의 분모는 3차 년도의 순 현금흐름이다.

## 7.1.2 자본화 등가가치

자본화 등가가치(capitalized equivalent: $CE$)는 매년도 현금흐름의 크기가 동일하고, 미래에 무한대로 발생하는 투자프로젝트의 현재가치를 말한다. $CE$에 관한 개념은 6.2.3절의 식 (4)와 같은 수리적 모델을 통하여 투자회수기간법과 내부수익률법과의 관계성을 논할 때 그 의미에 관하여 알아보았다. 다음의 식 (3)은 6.2.3절의 식 (4)의 최종 결과만

을 보여주고 있다.

$$CE(i) = P = \frac{A}{i} \quad \cdots (3)$$

이러한 자본화 등가가치는 교량건설, 상하수도 시스템, 농수로 건설, 수력발전소 댐 등과 같은 공공투자프로젝트의 경제적 가치를 결정할 경우에 자주 사용된다. 다음 예제를 통하여 자본화 등가가치가 어떻게 사용되는지를 알아보기로 하자.

**❙ 예제 7.3 자본화 등가가치**

한 공과대학에서 50억 원의 새로운 공학용 연구시설의 설치를 완료하고, 이 시설의 연간 유지보수비용으로 매년 소요될 2억 원의 자금을 마련하기 위하여 동창회를 중심으로 기금마련 운동을 시작하려고 한다. 또한, 매년 2억 원 이상 소요되는 예상할 수 없는 추가비용은 수업료를 인상하여 충당하고자 한다. 이 대학교에서 연 8%의 투자신탁을 운영할 수 있다고 가정하면, 얼마의 기금을 조성해서 신탁해야 연간 유지보수비용 2억 원을 항구적으로 충당할 수 있을까?

**조건**

$A = 2$억 원, $i =$연 8%, $N = \infty$

**풀이**

자본화 비용은 식 (3)을 이용해서 다음과 같이 계산된다.

$$CE(8\%) = 2/0.08 = 25 \text{ (억 원)}$$

**해설**

위 금액이 조성된다면 이 대학이 이 시설의 유지보수비용을 항구적으로 충당하기에 충분하다는 사실을 알 수 있다. 가령 이 대학이 25억 원을 은행에 연 8%의 이자율로 예치한다고 가정하면, 1차 년도 말에 이 저축액에 대한 이자가 8%×(25억 원)=2억 원이 발생하여, 이를 인출하여 비용으로 사용하면, 다시 25억 원이 은행잔고에 남게 된다. 2차 년도 말에도 25억 원의 8%×(25억 원) = 2억 원이 발생한다. 이와 같이 2억 원씩 매년 항구적으로 인출하여도 조성된 기금은 계속해서 25억 원이 유지되어 매년 필요한 유지보수비용 2억 원이 마련된다.

## 7.2 연 등가가치법

그레이엄과 하비의 설문조사 결과표 〈표 6.1〉에서 보는 바와 같이 기업의 경영관리자들은 연 등가가치법($AE$)을 전혀 사용하고 있지 않다. 일반적으로 $AE$기법은 공학도들이 현장에서 생산하는 제품이나 서비스의 단위당 수익/비용 등에 관한 정보를 얻기 위하여 자주 사용되는 기법이다.

$AE$ 기준은 동일 금액을 토대로 투자가치를 측정하는 투자평가기준이다. 일시불의 금액을 매년 동일액의 자금열로 바꿀 수 있으므로 원래 자금열의 순 현재가치($NPV$)를 구하여 이 값에 $MARR$를 적용하면 $AE$값을 얻을 수 있다.

$$AE(i) = NPV(i)(A/P,\ i,\ N) \qquad \cdots (4)$$

단일 수익 프로젝트의 채택-기각 결정규칙은 다음과 같다.

만약 $AE(i) > 0$이면, 투자대안 채택
만약 $AE(i) = 0$이면, 무차별
만약 $AE(i) < 0$이면, 투자대안 기각

이자율 범위가 $-100\% \le i \le \infty$이면 식 (4)에서 이자계수($A/P,\ i,\ N$)가 양수이어서 $NPV(i)$가 양수이면 $AE(i)$도 양수가 된다. 다시 말해, $AE(i)$의 값이 양수인 대안을 채택하는 것은 $NPV(i)$의 값이 양수인 대안을 채택하는 것과 같고, $AE(i)$의 값이 음수인 대안을 채택하는 것은 $NPV(i)$의 값이 음수인 대안을 채택하는 것과 같아서 $AE(i)$와 $NPV(i)$ 기법은 우리들에게 모두 동일한 결과를 제공해 준다. 예제 7.4를 통해서 $AE(i)$ 기법을 사용해서 투자프로젝트의 의사결정을 내리는 과정에 관해 알아보기로 하자.

### 예제 7.4 현재가치를 연 등가가치로 변환

싱가포르 항공은 현재 보유하고 있는 보잉 747기종에 전자메일과 인터넷을 제공할 수 있는 장비를 설치하려고 한다. 이 장비를 이용하면 승객들은 항공기가 어느 위치에 있더라도 전자메일의 송수신과 인터넷서비스가 가능해진다. 그래서 항공사들이 전자메일이 통신의 기본 수단이 되어감에 따라 항공사는 이 서비스 제공에 대한 승객들의 요구를 계속 받고 있었지만, 이들은 기술개발 속도가 매우 빨라 수명이 짧은 이러한 시스템에 투자하기를 꺼렸기 때문에 이 시스템을 장착한 신형 항공기 구입을 늦춰 왔다. 그러나 싱가포르 항공사는 더 이상 고객의 요구를 외면하기 어렵다고 판단하고 2002년에 자사의 보잉 747기종 가운데 10대에 전화모뎀을 통한 전자메일 서비스를 제공하기로 결정했다.

또한 보잉사가 2003년에 광대역 전자메일 및 인터넷 서비스를 개시함에 따라 싱가포르 항공사 역시 자사의 서비스를 업그레이드할 예정이다. 만일 이 프로젝트가 경제적으로 성공을 거둔다면 싱가포르 항공사는 나머지 56개의 보잉 747기종 전체로 서비스를 확대할 계획이다. 첫 해에는 서비스 요금을 무료로 할 계획이지만, 홍보기간이 지나면 전자메일 당 $10 정도의 요금을 부과할 예정이다. 싱가포르 항공사는 10개의 항공기에 설치할 이 서비스로부터의 현금흐름을 〈표 7.3〉과 같이 추정하고 있다.

먼저, 싱가포르 항공사의 $MARR$이 15%일 때 이 투자프로젝트가 경제적으로 타당성이 있는지를 검토해 보도록 하자. 이를 위해 이 시스템이 설치된 후에 발생되는 연간 혜택(또는 손실)에 대하여 알아야 한다.

**탐색**

현금흐름이 특별한 유형을 갖지 않는다면 다음의 2단계를 통하여 $AE$를 계산하는 것이 편리하다.

(1) 원래의 현금흐름에서 $NPV$(또는 $NFV$)를 구한다.
(2) 얻어진 $NPV$(또는 $NFV$)를 $AE$로 바꾼다(〈그림 7.3〉 참조). 물론, 다른 방법으로도 $AE$를 구할 수 있지만 그러면 더 복잡한 계산 절차가 필요하다.

**조건**

〈표 7.3〉의 현금흐름, $i = 15\%$

‖ 표 7.3 ‖ 싱가포르 항공사의 연도별 순 현금흐름

(단위: 백만 $)

| 연도 | 순 현금흐름 |
|---|---|
| 0 | −15 |
| 1 | −3.5 |
| 2 | 5.0 |
| 3 | 9.0 |
| 4 | 12.0 |
| 5 | 10.0 |
| 6 | 8.0 |

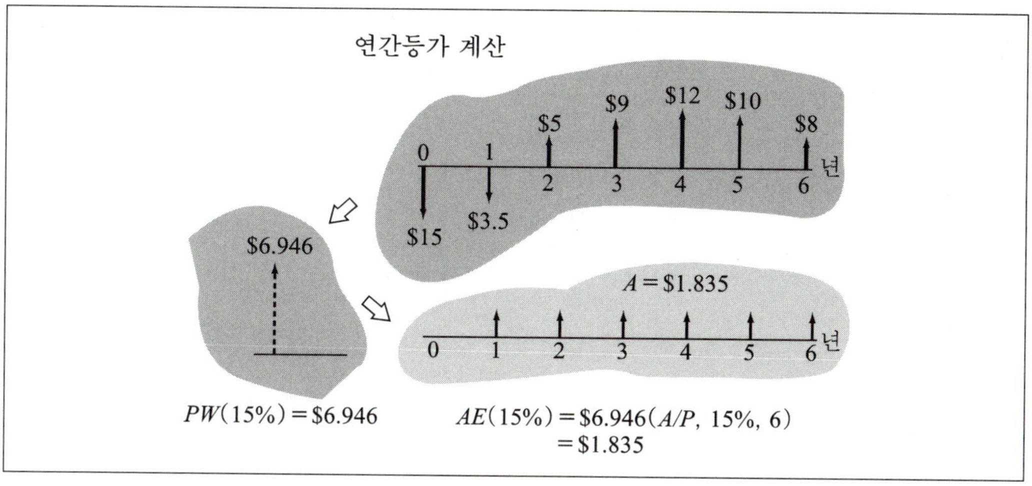


그림 7.3 연 등가가치 계산 (단위: 백만)

**풀이**

싱가포르 항공사의 연 등가가치 구하기

〈표 7.3〉에 있는 각 연도별 순 현금흐름에 이자율 $i = 15\%$을 적용하여 $NPV$를 계산 한다. 싱가포르 항공사의 $NPV(15\%)$가 아래와 같이 694만 6,000달러로 나왔다.

$$\begin{aligned} NPV(15\%) &= -\$15 - \$3.5(P/F,\ 15\%,\ 1) + \$5(P/F,\ 15\%,\ 2) \\ &\quad + \cdots + \$10(P/F,\ 15\%,\ 5) + \$8(P/F,\ 15\%,\ 6) \\ &= \$6.946(\text{백만}) \end{aligned}$$

$NPV(15\%) > 0$이므로, 이 프로젝트는 $NPV$ 기준에 의해 채택된다. 이제 위에서 구한 $NPV$를 프로젝트 수명에 걸쳐 동일하게 분배하여 $AE$를 구해 보도록 하자. 즉, $AE(15\%) =$ \$6,946$(A/P,\ 15\%,\ 6) =$ 183만 5,000달러가 된다. $AE(15\%) > 0$이므로 이 투자프로젝트는 채택할 만한 가치가 있다고 할 수 있다. 양수의 $AE$는 사업기간 내 모든 기간에 걸쳐서 연간 순이익 183만 5,000달러가 발생하고 있음을 의미한다.

## 7.2.1 연 등가가치법의 장점

예제 7.4는 복합적인 현금흐름을 하나의 현재가치로 변환하고, 이를 다시 동일한 연간 현금흐름으로 바꾸는 과정을 보여주었다. 그러나 이 예제에서 $NPV$분석만으로도 대안의 경제성을 충분히 평가할 수 있는데, 굳이 왜 $NPV$를 $AE$로 바꾸려고 하는지 그 이유에 대해 잘 이해가 되지 않았을 것이다. 그 이유는 현실에서 $NPV$분석보다 $AE$분석이 더 선호되는 상황들이 많이 발생하기 때문이다. 기업이 매년 공시하는 재무제표, 연차보고서, 연간 예산편성 등이 그 좋은 예라고 할 수 있다.

이러한 보고서들의 분석과 작성을 위하여 투자프로젝트의 모든 사업기간에 걸친 비용이나 수익보다도 연간등가로 계산된 비용과 수익과 관련된 자료들이 필요하다. $AE$분석이 선호되는 상황들을 정리하면 다음과 같다.

(1) 보고서 양식과의 일관성 : 재무를 담당하는 경영자들은 기업 내·외부에 공시되는 많은 보고서들을 작성할 때, 연간 비용과 수익에 대한 정보를 주로 사용한다. 공학분야 관리자들도 기업의 다른 구성원들이나 주주들과 의사소통의 일관성을 위해 연간 단위의 사업분석을 할 필요가 있다.

(2) 단위비용과 이익의 필요성 : 대안들의 비교를 용이하게 하기 위하여 대안들을 단위비용(혹은 이익)으로 구분해야 할 경우가 있다.

(3) 동일하지 않은 수명의 프로젝트 비교 : 투자프로젝트의 사업수명이 다른 대안들을 비교하는 것은 추가적인 가정과 복잡한 분석이 필요하다. 대안이 영구적으로 지속되거나 동일한 대안으로 계속 대체될 수 있는 상황에서 $AE$분석을 사용하면 이러한 복잡한 과정을 피할 수가 있다.

### 7.2.2 자본비용과 운영비용

비용만 고려하는 투자프로젝트에 연간등가($AE$) 분석을 적용하면, 이를 연간등가비용(annual equivalent cost) 분석이라고 한다. 이때 투자프로젝트의 수익으로 운영비용(operating costs)과 자본비용(capital costs)이라는 두 종류의 비용들을 모두 회수해야 한다. 운영비용과 자본비용은 다음과 같이 정의된다.

(1) 운영비용은 제품이나 서비스를 창출하기 위해 발생하는 비용을 말한다. 노임이나 원자재와 같은 품목을 포함한다.

(2) 자본비용(혹은 소유비용)은 제품이나 서비스를 창출하기 위해 고정자산을 구입하는 데 소요되는 비용이다.

일반적으로 자본비용은 고정자산 수명기간에 반복적으로 발생하지 않고 초기에 한 번만 발생하지만, 운영비용은 자산을 소유하는 동안 반복적으로 발생한다. 운영비용은 고정자산의 수명기간에 매년 반복적으로 발생하므로, 연간등가비용 분석을 시행할 때 이 비용을 특별히 계산할 필요는 없다. 그러나 자본비용은 한 번만 발생하는 비용이기 때문에 연간 등가비용분석에서 고정자산 수명 전체에 걸친 연간 등가비용으로 계산해야 한다.

자본비용의 연간등가를 특별히 자본회수비용(capital recovery cost: $CR(i)$)이라 한다. 고정자산은 일반적으로 구입할 때의 초기비용($I$)과 폐기할 때의 잔존가치($S$)라는 현금흐름이 관계하고 있다. 이 두 요소를 고려하여 자본회수비용을 구하면 다음과 같다.

$$CR(i) = I(A/P,\ i,\ N) - S(A/F,\ i,\ N) \qquad \cdots (5)$$

그리고 〈표 11.3〉에 있는 계수들 간의 수학적 관계를 이용하면 $(A/F,\ i,\ N)$는 다음과 같이 표현된다.

$$(A/F,\ i,\ N) = (A/P,\ i,\ N) - i \qquad \cdots (6)$$

이를 이용하여 식 (5)를 다시 정리하면 다음과 같다.

$$\begin{aligned} CR(i) &= I(A/P,\ i,\ N) - S[(A/P,\ i,\ N) - i] \\ &= (I - S)(A/P,\ i,\ N) + iS \end{aligned} \qquad \cdots (7)$$

식 (7)을 융자를 받는 경우와 비교해서 설명하면 다음과 같다. 기계를 구매하기 위하여 금융기관으로부터 $I$만큼을 빌리고, $N$년 말에 $I$ 중에서 $S$만큼을 상환한다. 그러면 식 (7)의 첫째 항 $(I-S)(A/P,\ i,\ N)$은 잔액 $(I-S)$를 이자율 $i$로 $N$년 동안 상환해야 하는 연간 동일액이고, 그리고 둘째 항 $iS$는 $S$에 관한 연간 단순이자 금액이다. 그러므로

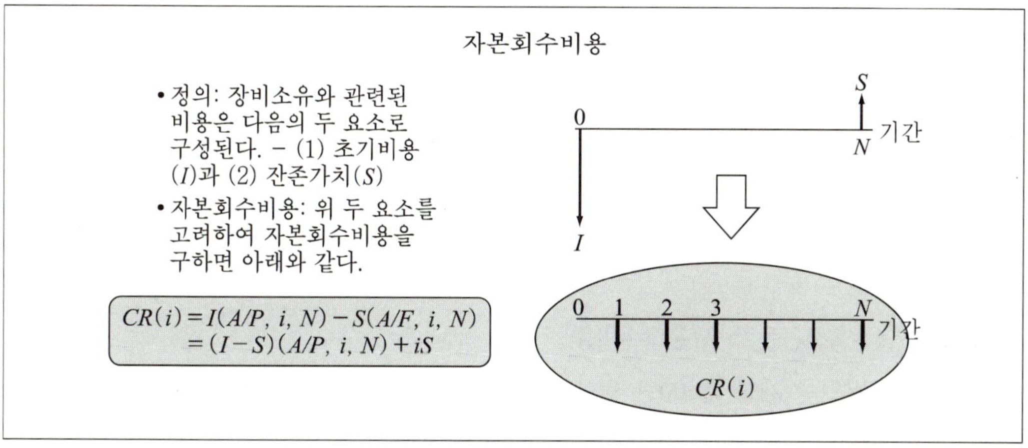


**그림 7.4** 자본회수비용 계산

$CR(i)$는 은행에 매년 상환해야 하는 금액을 의미한다. 자동차 임대계약을 할 때 잔존가치 $S$를 보증금으로 해서 위와 같은 방법을 많이 사용하고 있다.

예를 들어, 2016년 GM대우의 쉐보레 임팔라 2.5LTZ의 판매가격이 3,850만 원이다. 일반적으로 3년 후 누적 자동차 감가상각율은 평균 40% 정도이고 5년이면 55% 정도가 된다. 만약 이 차를 3년 후에 2,319만 원을 받고 판다면, 이 경우 연 이자율을 6%로 $CR(i)$를 계산하면 다음과 같다.

$$CR(6\%) = (38,500 - 23,100)(A/P,\ 6\%,\ 3) + 23,100(0.06) = 7,147 \text{ (천 원)}$$

이 값은 임팔라를 3년 동안 운영하게 되면 매년 370만5,000원씩 3년 동안 자본비용이 발생한다는 의미이다.

생산현장에서 실질적으로 발생하는 비용으로 자본회수비용을 기술하면 (1) 감가상각비, (2) 투자자본에 대한 이자가 포함되어 있다. 이 두 가지 종류의 비용을 고려하여 위 예제에 관한 $CR(i)$값을 계산해보도록 하자. 다음 표를 구성하기 전에 먼저 각 연도별 감가상각비를 정액법을 사용하여 계산하면 다음과 같다.

$$D = \frac{38,500 - 23,100}{3} = 5,133 \text{ (천 원)}$$

연도별 감가상각비가 513만 3,000원이에 연 등가 이자지불액 2,014만 원(〈표 7.4〉참조)을 합한 연간 총 비용은 7,147만 원이 된다. 이 값이 $CR(i)$을 구하는 식 (7)을 이용하여 얻은 값과 동일함을 알 수가 있다.

‖ 표 7.4 ‖ 이자 지불액의 연등가

| 연도 | 연초 투자자본 | 연초 투자자본에 대한 이자 @6% | 이자금액에 대한 현재가치 @6% |
|---|---|---|---|
| 1 | 38,500 | 2,310 | 2,179 |
| 2 | 33,367 | 2,002 | 1,782 |
| 3 | 28,234 | 1,694 | 1,422 |

총 현재가치=5,383 (천 원)
이자액의 연 등가가치=5,383(A/P, 6%,3)=2,014 (천 원)

**예제 7.5** 연간등가-자본회수비용

수명이 5년인 기계를 2,000만 원에 구입하려 한다. 5차 년 말에 이 자산을 처분하면 세금을 공제한 후 400만 원을 받을 수 있다. 이 기계로 세후 연간 440만 원의 소득을 올릴 수 있다면, 이자율이 10%일 때 이 기계를 구입하는 것이 타당하겠는가? 단, 기계와 관련된 모든 수입과 비용은 제시된 수치 속에 포함되어 있다.

**조건**

$I = 20{,}000$ 천 원, $S = 4{,}000$ 천 원, $A = 4{,}400$ 천 원, $N = 5$년, $i =$ 연 10%

**풀이**

$AE$와 기계구입 여부에 대한 의사결정

다음 두 가지 방법으로 자본비용을 계산해 보도록 하자.

- 방법 1: 먼저 모든 현금흐름에 대한 $NPV$를 구하고, 이것을 $AE$로 바꾼다.

$$NPV(10\%) = \text{초기 취득가액} + \text{세후 연간소득} + \text{잔존가액}$$
$$= -20{,}000 + 4{,}400(P/A,\ 10\%,\ 5) + 4{,}000(P/F, 10\%, 5)$$
$$= -836.88 \text{ (천 원)}$$
$$AE(10\%) = -836.88(A/P,\ 10\%,\ 5) = -220.76 \text{ (천 원)}$$

음수 값을 갖는 연 등가가치는 기계로부터 발생된 수입이 투자비를 회수하기에 충분하지 않다는 것을 의미하므로 이 기계의 구입을 포기하는 것이 바람직하다. 만일 이 프로젝트를 수행한다면 기계 수명기간 동안 연간 22만 760원의 손실이 발생하게 된다.

- 방법 2: 먼저 현금흐름에서 자산 취득 및 처분과 관련된 현금흐름을 분리한다. 연간 수익 440만 원의 현금흐름이 연간등가 현금흐름($AE(i)_2$)으로 주어졌기 때문에, 자산 취득과 처분에 대한 현금흐름만 연 등가가치의 현금흐름($AE(i)_1$)으로 변환하면 된다. 식 (7)을 이용하면,

$$CR(i) = (I - S)(A/P,\ i,\ N) + iS$$
$$AE(i)_1 = -CR(i)$$
$$= -[(20{,}000 - 4{,}000)(A/P,\ 10\%,\ 5) + (0.10)4{,}000]$$
$$= -4{,}620.76 \text{ (천 원)}$$
$$AE(i)_2 = 4{,}400 \text{ (천 원)}$$
$$AE(10\%) = AE(i)_1 + AE(i)_2 = -4{,}620.76 + 4{,}400 = -220.76 \text{ (천 원)}$$

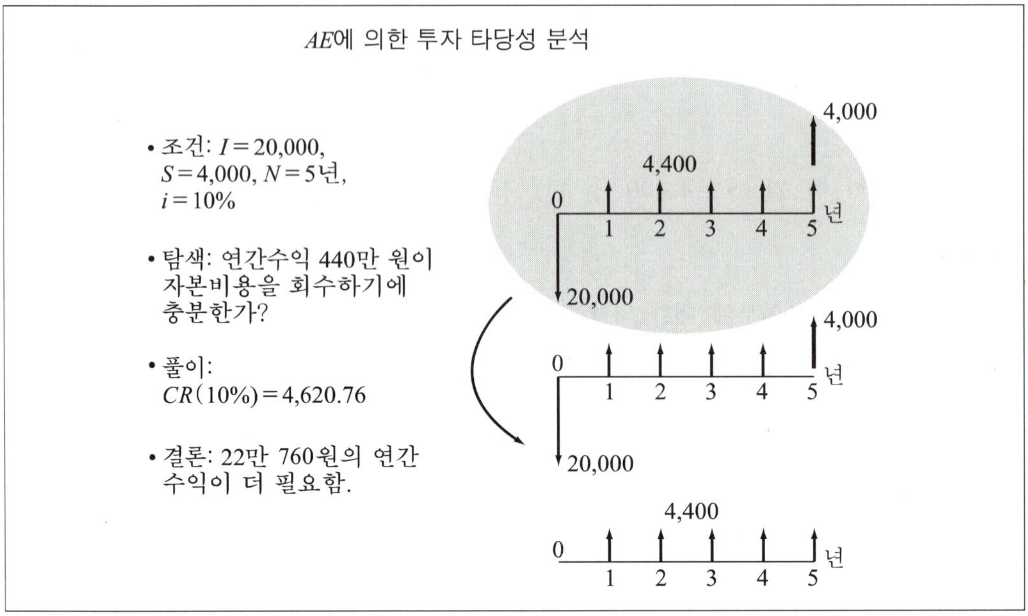


그림 7.5 $AE$에 의한 투자타당성 분석(단위: 천 원)

**해설**

방법 2가 방법 1보다 계산 양을 줄여주기 때문에 이 방법을 사용해서 자본회수비용을 계산하는 것이 더 편리하다. 위 결과를 다음과 같이 해석할 수도 있다. 자산비용을 감당하기 위하여 연간수입이 최소한 462.076만 원은 되어야 한다. 그러나 연간수입이 440만 원 밖에 되지 않기 때문에 연간 22.076만 원의 손실이 발생하게 된다. 따라서 이 프로젝트는 채택하지 않는 것이 바람직하다.

## 7.2.3 연 등가가치법의 활용

일반적으로 대부분의 경제성 분석의 문제는 앞 절에 소개된 현재가치 분석으로 해결될 수 있다. 그러나 연간등가 분석을 이용하면 더 효율적으로 해결할 수 있는 경우가 있다. 본 절에서는 연간등가 분석기법이 필요한 다음과 같은 여러 사례들 중에서 기계 시간당 단위이익을 소개하기로 하겠다.

### 단위이익/단위비용의 계산

자산 운영과 관련해서 단위이익(혹은 비용)을 알아야 하는 상황은 다음과 같다.

(1) 자산 수명기간 동안 매년 생산하게 될 제품이나 서비스의 산출단위를 결정할 때
(2) 자산 수명기간 동안 생산된 제품 혹은 서비스와 관련된 현금흐름을 결정할 때
(3) 주어진 이자율로 투자프로젝트의 현금흐름으로 순 현재가치와 연간등가를 계산할 때
(4) 연간등가를 당해 연도에서 생산한 제품이나 서비스 산출량으로 나눌 경우 매년 산출량이 다르면 연간 생산단위를 동일하게 할 필요가 있을 때

### 예제 7.6 기계시간당 단위이익 – 연간 가동시간이 일정한 경우

금속절단기 같은 투자문제를 생각해보자. 이 투자프로젝트로 인한 기계사용시간 절감액 $NPV$가 355.3만 원이고, 그리고 이 기계는 3년에 걸쳐 연간 2,000시간 가동될 것으로 추정되고 있다. 이자율이 15%이면 기계시간당 등가 절감금액은 얼마인가?

**조건**

$NPV = 3,553$ (천 원), $N = 3$년, $i =$ 연 15%, 연 기계사용 시간 = 2,000시간

**풀이**

기계 사용시간당 등가 절감액

먼저 기계 가동으로 생기는 연간등가 절감액을 구한다. 이미 $NPV$는 주어졌으므로

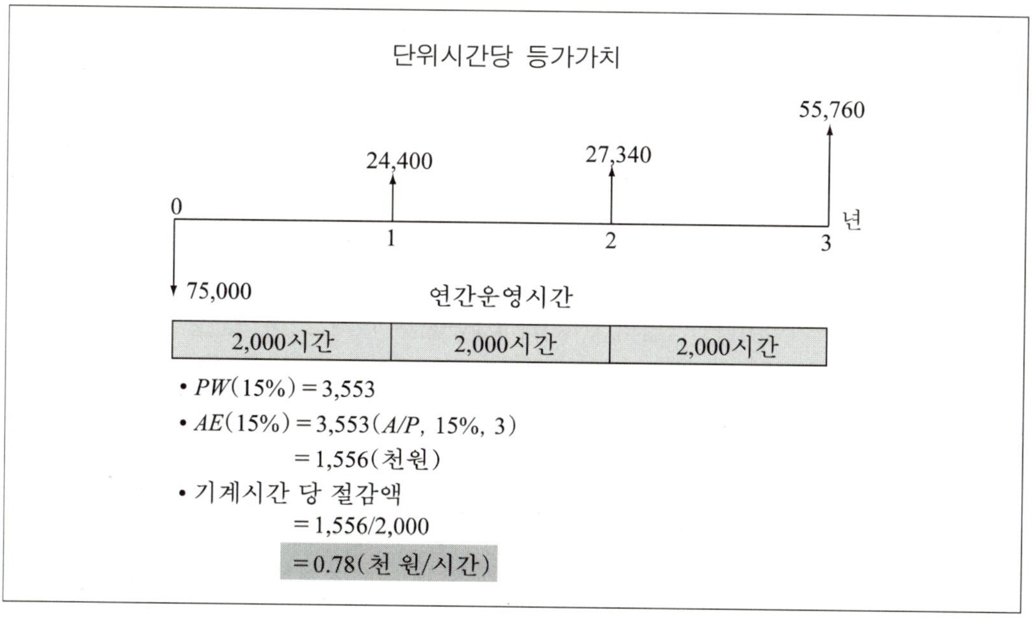


그림 7.6 기계시간당 등가절감액 계산(단위: 천 원)

$AE$는 다음과 같이 구할 수 있다.

$$AE(15\%) = 3,553\ (A/P,\ 15\%,\ 3) = 1,556\ (\text{천 원})$$

연간 가동시간이 2,000시간이므로 기계시간당 등가 절감액은 다음과 같다.

$$\begin{aligned}\text{기계시간당 절감액} &= 1,556/2,000 \\ &= 0.78\ (\text{천 원})/\text{시간}\end{aligned}$$

**해설**

$NPV$(355만 3,000원)를 3년의 총 가동시간(6,000시간)으로 나누어 기계시간당 절감액(0.59천 원/시간)을 구하는 것은 옳지 않다. 이 값(0.59천 원/시간)은 기계의 가동시간당 현재가치 절감금액을 나타낼 수는 있지만, 절감금액이 발생하는 시간을 고려하지 못하고 있다. 이자계산기간이 1년이라면 연간등가를 계획된 시간으로 나누어야 하고 이자계산기간이 1년 이하라면 등가도 그 복리기간에 맞추어 구해야 한다.

## 7.3 내부수익률법

6장에서 논한 Forbes 500대 기업의 CEO와 CFO를 대상으로 한 투자평가기법에 관한 그레이엄과 하비의 설문조사 결과표 〈표 6.1〉에 나타난 것과 같이 내부수익률법($IRR$)은 순 현재가치법($NPV$)과 더불어 기업에서 투자프로젝트의 경제성 평가할 때 가장 많이 선호되는 투자평가기법이다. 기업의 CEO와 CFO들은 현재 고려 중인 투자프로젝트의 투자자본에 대한 기대수익률을 알고 싶어 하고, 또한 그들이 미리 결정한 $MARR$값에 비해 기대 투자 수익률이 얼마나 큰지를 알고 싶어 한다. 투자평가에 대한 문외한들도 이자율 개념을 쉽게 이해하고 있듯이 기업의 CEO들도 이자율처럼 '%'로 표시된 투자프로젝트의 경제성 평가가치를 이해하기 쉽다고 생각하고 있다.

$IRR$기법은 기업에서 경제성 평가기법으로 가장 많이 사용되고 있으며, 특히 투자자본에 대한 제약성이 있을 경우 투자프로젝트 선정을 수행할 때에 법들보다 더 큰 장점을

지니고 있다. 이에 대한 가장 주요한 이유로는 수익률이란 개념이 일반적으로 투자된 자본 한 단위에 대한 수익을 측정하고 있기 때문이다.

그러나 투자평가기법으로 $IRR$기법이 가장 많이 사용되고 있음에도 불구하고 많은 기업의 CEO나 CFO들은 투자프로젝트의 $IRR$를 초기 투자자본에 대한 수익률로 오해하고 있다. $IRR$개념에 대한 경제적 정의는 투자된 초기자본 중에서 회수되지 않은 자본에 대한 이자율이면서 투자사업이 종료되는 $N$차 년도 말의 프로젝트 잔액($PB_N$)을 0으로 만드는 이자율이다. $IRR$기법에 대한 수리적 정의는 식 (8)과 같이 투자프로젝트의 $NPV$ 값을 0으로 만드는 이자율이 된다.

$$\begin{aligned} NPV(i^*) &= \sum_{t=0}^{N} \frac{CF_t}{(1+i^*)^t} \\ &= -CF_0 + \frac{CF_1}{(1+i^*)} + \frac{CF_2}{(1+i^*)^2} + \frac{CF_3}{(1+i^*)^3} \\ &\quad + \cdots + \frac{CF_{N-1}}{(1+i^*)^{N-1}} + \frac{CF_N}{(1+i^*)^N} \\ &= 0 \end{aligned} \qquad \cdots (8)$$

지금과 같이 컴퓨팅 시스템이 발달되지 않았던 시기에는 식 (8)을 만족시키는 실근이 '$-100\%$'과 '$100\%$' 사이에 몇 개가 존재하는지에 관한 많은 연구가 진행되었다. 예를 들어, 투자프로젝트의 사업수명 기간 내에 현금흐름 값의 부호가 몇 번 변하는지를 기준으로 투자프로젝트를 단순투자와 비단순투자로 분류하는 데카르트법칙(Descartes' Rule), 또는 누적 현금흐름의 부호가 몇 번 변하는지를 기준으로 투자프로젝트를 단순투자와 비단순투자로 분류하는 노스트롬법칙(Norstrom Rule) 그리고 매우 정교한 스텀법칙(Sturm's Rule) 등이 있다. 위의 세 가지 방법들 중에서 데카르트법칙에 관하여 알아보기로 하자.

데카르트법칙에 의하면 투자프로젝트를 단순투자프로젝트(simple investment project)와 비단순투자프로젝트(non-simple investment project)로 분류하게 된다. 이 그룹의 프로젝트란 다음과 같이 정의된다.

### (1) 단순투자프로젝트

단순투자프로젝트란 투자프로젝트의 현금흐름 부호가 한 번만 발생하는 투자프로젝트이다. 이러한 단순투자프로젝트는 식 (8)의 실근 $i^*$가 최대로 한 개만 존재하고 있다. 그러나 현실적으로 이러한 투자프로젝트는 $i^*$가 유일하게 하나만 존재하여 $i^*$ 그 자체가 바로 이 투자프로젝트의 내부수익률($IRR$)이 된다.

### (2) 비단순투자프로젝트

비단순투자프로젝트란 투자프로젝트의 현금흐름 부호가 두 번 이상 발생하는 투자프로젝트이다. 비단순투자프로젝트는 식 (8)의 실근 $i^*$가 최대로 현금흐름 부호가 변한 수만큼 존재하고 있다. 이러한 경우 $IRR$을 결정하기 위해서는 부록 1에 기술된 절차를 밟아 투자프로젝트의 내부수익률을 결정해야 한다. 그러나 부록 1에 기술된 과정을 밟아 투자프로젝트의 내부수익률을 결정하는 것은 일반적으로 매우 어렵기 때문에 많은 경우 내부수익률법을 포기하고 순 현재가치법을 사용하곤 한다.

### I 예제 7.7 단순 혹은 비단순투자프로젝트

다음과 같은 현금흐름을 갖고 있는 투자프로젝트들을 단순 혹은 비단순투자프로젝트로 구분하여라.

(단위: 천 원)

| 연도 | 프로젝트 $A$ | 프로젝트 $B$ | 프로젝트 $C$ |
|---|---|---|---|
| 0 | −225 | −270 | −450 |
| 1 | 135 | 158 | 270 |
| 2 | 2,025 | 158 | 90 |
| 3 |  | 90 | 90 |
| 4 |  | 90 | −45 |
| 5 |  |  | 90 |
| 6 |  |  | 67 |

**조건**

현금흐름

**풀이**

각 투자프로젝트의 현금흐름 부호 변화를 살펴보면 다음과 같다.

| 연도 | 0 | 1 | 2 | 3 | 4 | 5 | 6 | 부호변화 수 |
|---|---|---|---|---|---|---|---|---|
| $A$ | − | + | + |  |  |  |  | 1 |
| $B$ | − | + | + | + | + |  |  | 1 |
| $C$ | − | + | + | + | − | + | + | 3 |

투자프로젝트 $A$와 $B$는 현금흐름 부호가 한 번만 변하였기 때문에 이 투자프로젝트들은 단순투자프로젝트가 되고, 실근 $i^*$수는 최대로 한 개가 존재한다. 그러므로 이 투자프로젝트들의 $i^*$는 바로 내부수익률이 된다.

그러나 투자프로젝트 $C$는 현금흐름 부호가 세 번 변하였기 때문에 이 투자프로젝트는 비단순투자프로젝트가 되고, 실근 $i^*$수는 최대로 세 개까지 존재할 수가 있다. 만약 이 투자프로젝트의 $i^*$가 한 개만 존재하는 경우에는 우리가 구한 $i^*$가 투자프로젝트 $C$의 내부수익률이 되지만, 이와 같은 비단순투자프로젝트의 $i^*$수가 2~3개 이상 존재하는 경우에는 투자프로젝트 $C$의 $i^*$는 절대로 내부수익률이 될 수 없으므로 이 투자프로젝트의 내부수익률을 결정하기 위해서는 부록 1에 기술된 절차를 밟아야 한다.

이제는 굳이 데카르트법칙에 의지할 필요가 없이, Mathematica와 같은 소프트웨어를 사용하면 다차함수의 실근이 몇 개이며 그 값들은 얼마인지를 쉽게 찾아낼 수가 있다. 그러므로 위에 열거한 법칙들에 관한 설명은 더 이상 본 서에서는 생략하기로 한다. 아래의 문헌들은 위 내용에 관하여 자세하게 설명하고 있다.3)

마지막으로 $IRR$기법을 더욱 심도 있게 이해하기 위해서는 재투자개념(reinvestment concept)에 대한 이해가 선행되어야 한다. $IRR$기법에서 의미하는 재투자개념이란 투자프로젝트로부터 회수되는 현금유입은 항상 $IRR$의 수익률을 발생시키는 투자프로젝트에 또 다시 투자되어야 한다는 가정이다. 이러한 재투자개념은 사실 $NPV$기법에서도 가정하고 있다. 즉, 그 가정이란 매 기간 말에 회수되는 투자프로젝트의 현금흐름은 $MARR$과 같은 수익률을 창출하는 투자대안에 다시 투자된다는 것이다. 재투자개념에 관한 이해는 프로젝트 잔액 개념을 통해 더욱 명확해질 수 있다. 예제 7.8을 통해 $IRR$개념을 이해해 보도록 하자.

---

3) 박찬석, 김규태, 최성호, 경제성공학, 영지문화사, 2009.
박찬석, 최성호, 공학경제, 영지문화사, 2009.
Park, Chan S. Fundamentals of Engineering Economics, 2nd Edition, PrenticeHall, Upper Saddle River, NJ, 2008.
T. G. Eschenbach, Engineering Economy : Applying Theory To Practice, 2nd Edition, Oxford University Press, London, NY, 2003.
J. C. Hartman, Engineering Economy and the Decision-Making Process, 2st Edition, Prentice-Hall, Upper Saddle River, 2007.

**예제 7.8** IRR개념에 관한 이해

어느 투자프로젝트의 순 현금흐름이 6년 동안 1,850만 원으로 동일하고, 이러한 현금유입을 얻기 위하여 SS회사는 이 투자프로젝트에 4,995만 원을 투자하였다고 가정하자. 이 투자프로젝트의 $IRR$값을 구하고 이 투자프로젝트의 채택여부를 결정하여라. 단, $MARR = 15\%$이다.

**조건**

초기 투자자본=4,995만 원, 연간 현금유입액=1,850만 원, 사업수명=6년

**풀이**

투자프로젝트의 내부수익률

이러한 투자프로젝트의 $IRR$값을 구하기 위해서는 먼저 식 (8)과 같은 수식을 수립해야 한다.

$$\begin{aligned} NPV(i^*) &= -49,950 + \frac{18,500}{(1+i^*)} + \frac{18,500}{(1+i^*)^2} + \frac{18,500}{(1+i^*)^3} \\ &\quad + \frac{18,500}{(1+i^*)^4} + \frac{18,500}{(1+i^*)^5} + \frac{18,500}{(1+i^*)^6} \\ &= 0 \end{aligned}$$

위 식은 6차 함수이기 때문에 이 방정식의 최대 실근은 6개까지 존재할 수 있다. 공학경제에서 위 식의 유효한 실근은 −100% 이상의 값을 의미한다. 만약에 위 식을 만족시키는 실근이 2개 이상 존재한다고 가정하면, 우리들은 과연 어느 값이 투자프로젝트의 실질적인 $IRR$이겠느냐? 하는 의문에 봉착하게 된다. 만약 2개 이상의 $i^*$가 존재하면 이 값들 중 어느 것도 투자프로젝트의 $IRR$이 되지 못한다.

Mathematica를 이용하여 위 식의 실근이 몇 개 존재하는지를 알아보기로 하자. 〈그림 7.7〉을 보면 위 식이 6차 방정식임에도 불구하고 이 식을 만족시키는 $i^*$가 오직 하나만 존재하고 있음을 알 수가 있다. 그러므로 이 $i^*$을 우리는 이 투자프로젝트의 내부수익률($IRR$)로 결정하면 된다. 아래 식은 〈그림 7.7〉을 얻기 위한 Mathmatica의 Plot 명령어이다.

```
Plot[-49950 + 18500/(1+i)^1 + 18500/(1+i)^2
    + 18500/(1+i)^3 + 18500/(1+i)^4 + 18500/(1+i)^5
    + 18500/(1+i)^6, {i, -1, 1}, PlotRange→{-50000, 300000}]
```

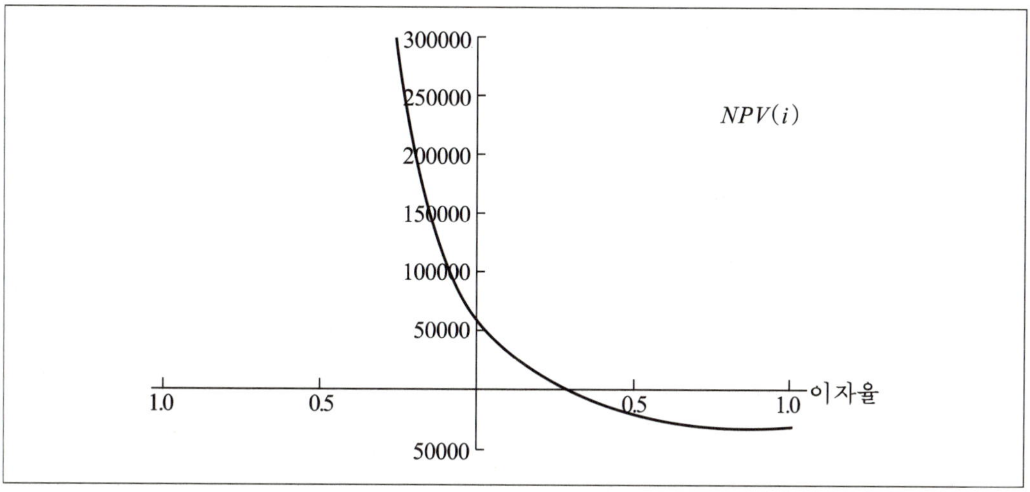


그림 7.7 Mathmatica을 이용한 실근 $i^*$개수 파악하기

$$\text{FindRoot}\left[-49950+\frac{18500}{(1+i)^1}+\frac{18500}{(1+i)^2}+\frac{18500}{(1+i)^3}+\frac{18500}{(1+i)^4}+\frac{18500}{(1+i)^5}+\frac{18500}{(1+i)^6}=0,\ \{i,\ 0\}\right]$$

$$\{i \rightarrow 0.289999\}$$

위 수식은 본 투자프로젝트의 *IRR*값을 찾기 위한 Mathematica의 FindRoot 명령어이다. 이 식으로부터 우리는 본 예제의 투자프로젝트의 *IRR*값 29%을 얻게 되었다. $MARR=15\% < IRR=29\%$이기 때문에 이 투자프로젝트를 채택하도록 한다.

### 토의

*NPV*기법을 설명할 때 우리는 이미 *PB*개념이 무엇인지 알아보았다. 그렇기 때문에 여기에서는 직접 *PB*개념을 이용하여 $IRR=29\%$을 검증하기로 한다. $PB_t$값은 다음과 같은 식을 이용하여 구한다고 하였다.

$$PB_t = PB_{t-1}(1+IRR)+CF_t$$

'0'차 년도의 $PB$: $PB_0 = CF_0 = -49,950$ (천 원)

'1'차 년도의 $PB$: $PB_1 = -49,950(1+0.29)+18,500 = -45,936$ (천 원)

'2'차 년도의 $PB$: $PB_2 = -45,936(1+0.29)+18,500 = -40,757$ (천 원)

'3'차 년도의 $PB$: $PB_3 = -40,757(1+0.29)+18,500 = -34,076$ (천 원)

‘4’차 년도의 $PB$: $PB_4 = -34,076(1+0.29)+18,500 = -25,458$ (천 원)

‘5’차 년도의 $PB$: $PB_5 = -25,458(1+0.29)+18,500 = -14,341$ (천 원)

‘6’차 년도의 $PB$: $PB_6 = -14,341(1+0.29)+18,500 = 0$

앞에서 구한 $IRR = 29\%$을 투자프로젝트의 현금흐름에 적용하여 각 연도별 프로젝트 잔액을 구한 결과 사업연도 마지막 연도인 ‘6’차 년도의 $PB$값이 ‘0’이 됨을 알게 되었다. 그러므로 이 투자프로젝트의 $IRR = 29\%$는 맞는다고 결론을 내릴 수가 있다.

## 7.3.1 $i^*$가 하나만 존재하는 경우의 의사결정 규칙

$i^*$값을 하나만 갖고 있는 단순투자의 경우를 생각해보기로 하자. 투자프로젝트의 현금유출과 현금유입의 현재가치를 일치시키는 특정 이자율이 관심의 대상이 되는 이유는 무엇인가? 〈그림 7.7〉을 다시 검토함으로써 이 문제에 대한 답을 찾아보도록 하자. 이 그림에서 우리는 $NPV$함수의 두 가지 중요한 특성을 발견할 수가 있다. 첫째, $i < i^* = 29\%$ 구간에서 $NPV$가 양수인 사실을 알 수 있는데, 이 이자율 구간에서 투자프로젝트는 채택된다. 두 번째, $i > i^* = 29\%$ 구간에서는 $NPV$가 음수가 되어 이 이자율 구간에서 투자프로젝트는 기각된다. 그러므로 단순투자인 경우 $i^*$를 투자프로젝트의 채택여부에 관한 의사결정기준으로 사용할 수 있으며, 위에서 살펴보았듯이 그 결과는 $NPV$기법을 사용하여 얻은 결과와 한다.

〈그림 7.7〉에서와 같이 $NPV(i^*) = 0$를 만족시키는 $i^*$가 유일하게 하나만 존재할 경우에 이 $i^*$가 투자프로젝트의 $IRR$값이 된다고 하였다. 이 방법을 옳게 적용하기 위해서 단순히 $i^*$값을 아는 것만으로 투자프로젝트의 채택여부를 결정하기에 충분하다고 할 수 없다. 일반적으로 기업들은 투자프로젝트의 순 현재가치가 0보다 큰 수익을 얻기 원하기 때문에, 기업의 최고 경영자나 투자의사결정자들은 최소 요구수익률($MARR$)을 설정하여 이를 투자프로젝트의 채택여부에 관한 의사결정기준으로 삼는다. 만일 투자프로젝트의 $IRR$이 이렇게 설정된 $MARR$보다 크면 투자프로젝트는 0보다 큰 수익을 올리는 것이고, 그렇지 않으면 0과 같거나 작은 수익을 올리는 것이다. 따라서 단순투자에 대한 의사결정규칙은 다음과 같다.

만약 $IRR > MARR$이면, 채택

$$\text{만약 } IRR = MARR\text{이면, 무차별}$$

$$\text{만약 } IRR < MARR\text{이면, 기각}$$

예제 7.8에서 우리는 $IRR = 29\%$을 얻었다. 만약 예제 7.8에서 논한 투자프로젝트에 적용되는 $MARR = 30\%$이라면, $IRR = 29\% > MARR = 30\%$가 되어, $IRR$기법의 의사결정법칙에 따라 이 투자프로젝트는 기각되어야 한다.

### ❙ 예제 7.9 투자프로젝트의 $IRR$값 결정하기

〈그림 7.8〉에 있는 현금흐름도표를 고려해보자. 그리고 각각의 현금흐름도표에 관한 $i^*$값을 구하고 각 경우의 $IRR$값을 결정해보기로 하자.

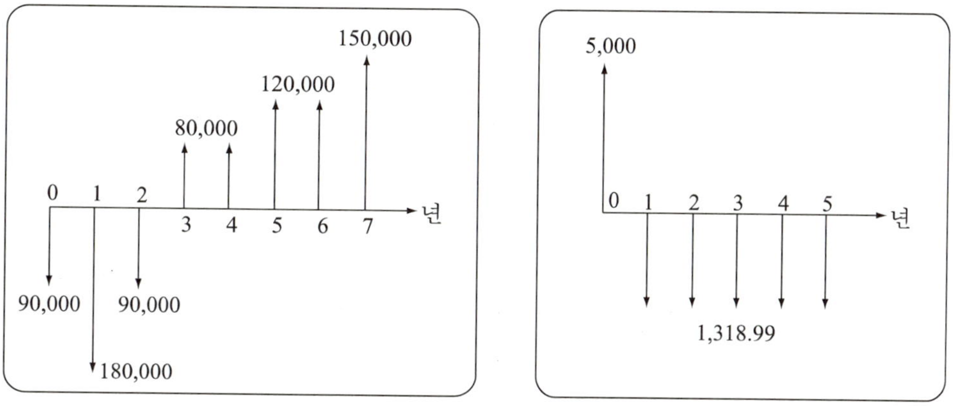


(가) 투자 프로젝트 (나) 융자 프로젝트

그림 7.8 투자프로젝트와 융자프로젝트의 현금흐름도표 (단위: 천 원)

#### 조건

〈그림 7.8〉의 현금흐름도표

#### 풀이

$IRR$값 결정하기

(1) 〈그림 7.8〉의 (가)의 $IRR$ 결정하기

Mathematica의 'FindRoot' 명령어와 Plot 명령어를 사용하여 이 투자프로젝트의 $i^* = 10.5\%$ 하나만 존재하고 있음을 알 수가 있다(〈그림 7.9〉 참조). 〈그림 7.8〉의 (가)와 같이 먼저 투자(현금유출)가 이루어지고 차후에 현금유입이 발생하는 투자프로젝트를 (나)의 경우와 비교해서 순 투자(pure investment)라고 한다.

```
FindRoot[- 90000 - 180000/(1+i) - 90000/(1+i)^2 + 80000/(1+i)^3
  + 80000/(1+i)^4 + 120000/(1+i)^5 + 120000/(1+i)^6 + 150000/(1+i)^7
= 0, {i, 0.05}]
{i* → 0.10473633423827057}
Plot[- 90000 - 180000/(1+i) - 90000/(1+i)^2 + 80000/(1+i)^3 + 80000/
(1+i)^4 + 120000/(1+i)^5 + 120000/(1+i)^6 + 150000/(1+i)^7, {i, -1, 1},
 PlotRang →{-200000, 500000}]
```

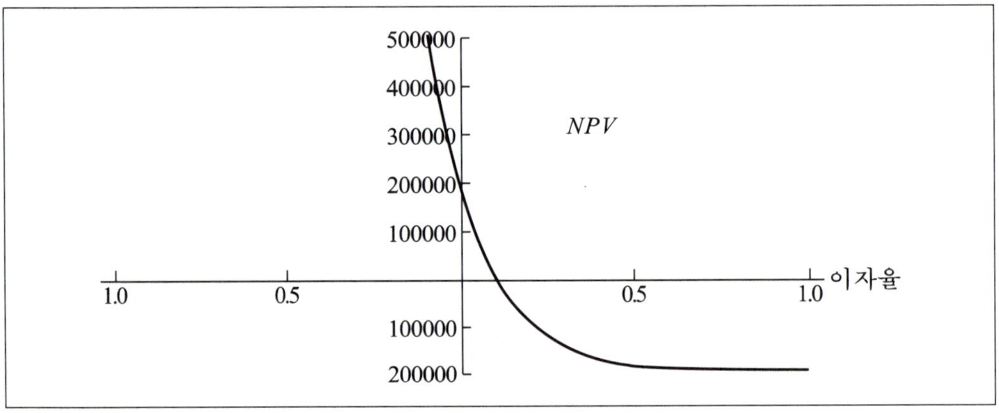


그림 7.9 Mathematica을 이용한 실근 (가)의 $i^*$개수 파악하기

(2) 〈그림 7.8〉의 (나)의 *IRR* 결정하기

Mathematica의 'FindRoot' 명령어와 Plot 명령어를 사용하여 이 투자프로젝트의 $i^* = 10\%$ 하나만 존재하고 있음을 알 수가 있다(〈그림 7.10〉 참조). 〈그림 7.8〉의 (나)와 같이 먼저 현금유입이 이루어지고 차후에 현금유출이 발생하는 프로젝트를 (가)의 경우와 비교해서 융자투자(borrowing investment)라고 한다.

(나)의 현금흐름도표를 보면 먼저 500만 원을 받고, 나중에 5년 동안 매년 일정한 금액 131만 8,990원씩의 현금유출현상이 발생하고 있다. 'FindRoot' 명령어를 사용하여 얻은 이 융자프로젝트의 *IRR*값은 10%이다. 이 *IRR*값은 융자프로젝트에서는 융자 받을 때 적용된 융자 이자율과 같은 값이다.

*IRR*을 기준으로 융자프로젝트에 관한 의사결정법칙은 위에서 논한 의사결정 법칙과 반대의 개념으로 적용해야 한다. 그 이유는 순 투자의 현금흐름현상과 융자 프로젝트의 현금흐름 현상이 완전히 반대로 발생하고 있기 때문이다. 그러므로 본 예제의

$IRR = 10\%$ 을 기준으로 이 융자 프로젝트에 관해 투자의사결정을 내릴 때는 $MARR >$ $IRR$ 보다 크면 융자프로젝트를 채택하고 그렇지 않으면 기각해야 한다. 즉, 통일은행으로부터 500만 원을 연 이자율 10%로 융자받아서 투자프로젝트에 투자할 경우 이 투자프로젝트의 투자수익률이 최소한 10% 이상($IRR < MARR$)이 되어야 이 투자프로젝트가 채택될 수가 있다.

〈그림 7.8〉의 (나)와 같은 현금흐름도표는 금융기관으로부터 일정 금액을 융자받고 일정한 기간 동안 원금과 이자를 합한 동일금액을 상환할 때 흔히 볼 수 있는 현금흐름도표이다. 그리고 이 그림에서 있는 일정 상환금액 131만 8,990원은 다음과 같이 구할 수가 있다.

$$AE(10\%) = 5{,}000(A/P,\ 10\%,\ 5) = 1{,}318.99 \text{ (천 원)}$$

```
FindRoot[5000 − 1318.99/(1 + i) − 1318.99/(1 + i)^2 − 1318.99/(1 + i)^3
− 1318.99/(1 + i)^4 − 1318.99/(1 + i)^5 = 0, {i, 0.05}]
{i → 0.100001}
Plot[5000 − 1318.99/(1 + i) − 1318.99/(1 + i)^2 − 1318.99/(1 + i)^3
− 1318.99/(1 + i)^4 − 1318.99/(1 + i)^5, {i, −1, 1},
PlotRang → {−5000,5000}]
```

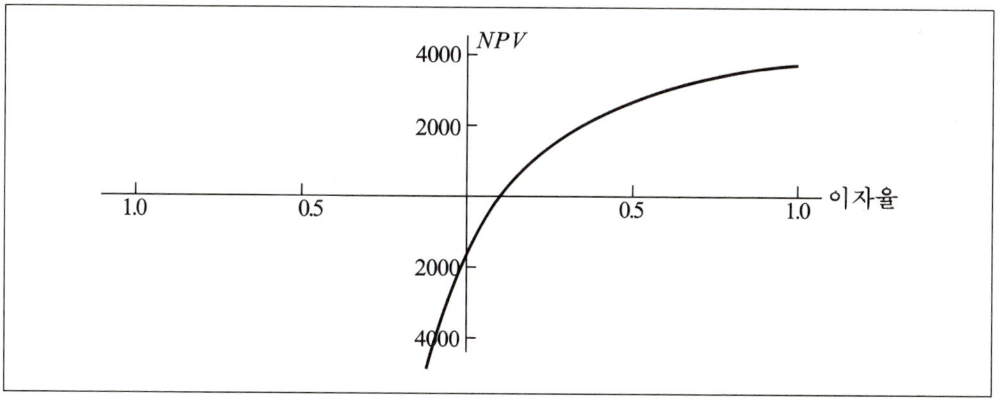


그림 7.10 Mathematica을 이용한 (나)의 실근 $i^*$개수 파악하기

## 7.3.2 $i^*$가 두 개 이상 존재하는 경우의 의사결정 규칙

본 절에서는 식 (8)을 만족시키는 $i^*$가 두 개 이상 존재하는 투자프로젝트에 관하여 알아보기로 한다. 일반적으로 $i^*$가 두 개 이상 존재하는 경우에는, 두 개의 $i^*$중 어느 것도 투자프로젝트에 적합한 *IRR*이 되지 못한다. 이와 같은 상황에서 *IRR*을 결정하기 위해서는 Teichroew[4] 등이 제안한 방법으로 *IRR*과 유사한 특성을 지닌 *RIC*(return on invested capital)를 구하여 이 값을 *IRR*값으로 대체해야 한다.

로리와 새비지[5]가 이미 1955년도에 식 (8)을 만족시키는 $i^*$가 두 개 이상 존재하거나 아니면 하나도 존재하지 않을 가능성이 있다고 주장하였다. 전자의 경우를 일반적으로 다중(중복근을 포함해서)의 $i^*$가 존재한다고 하고, 후자의 경우는 *IRR*이 결정되지 않았다고 한다.

본 절에서는 위에서 논한 경우 중 다중의 $i^*$가 존재하는 경우에 대한 이해를 로리와 새비지가 사용한 펌프문제(pump problem)를 통하여 알아보기로 한다. 이 문제는 유전에서 사용하고 있는 기존의 펌프를 더 큰 용량을 가지고 있는 새로운 펌프로 교체하는 것이다. 새로운 펌프의 초기 투자자본은 160만 원으로 추정되고 있다. 이와 같이 광물을 채굴하는 투자프로젝트에서는 기존의 장비를 새로운 장비로 대체하게 되면 반드시 기존 장비의 처리비용이 발생하기 때문에 마지막 사업연도의 순 현금흐름을 결정하는 과정에서 이 비용이 현금흐름에 반드시 반영되어야 한다.

이와 같은 예로서 2008년도에 충청도의 한 석면채굴 현장이 사업이 종료된 후 오랫동안 원상 복귀되지 않아서 주변의 많은 주민들이 현재 폐암으로 큰 고통을 받고 있다고 한다. 광물 채굴현장은 국내의 법에서도 사업연도 말에는 채굴현장을 복귀시키도록 명령하고 있다. 그러나 이러한 처리비용이 상당히 크기 때문에 간혹 충청도의 석면채굴 현장과 같은 문제가 발생하곤 한다. 일반적으로 마지막 사업연도의 막대한 처리비용으로 사업연도 말의 순 현금흐름은 순 현금유입 대신 순 현금유출이 되는 경우가 빈번하게 발생한다.

---

4) D. Teichroew, A. A. Robichek, and M. Montalbrano, "Mathematical Analysis of Rates of Return under Certainty," Management Science, 11(3), 1965, pp. 395-403.
D. Teichroew, A. A. Robichek, and M. Montalbrano "An Analysis of Criteria for Investment and Financing Decision under Certainty," Management Science, 12(3), 1965, pp. 151-179.

5) J. Lorie and L. J. Savage, "Three Problems in Capital Rationing," Journal of Business, 28(4), 1955, pp. 229-239.
L. E. Bussey, The Economic Analysis of Industrial Projects, Prentice-Hall, INC., Englewood Cliffs, NJ, 1978.

‖ **표 7.5** ‖ 펌프 투자프로젝트

(단위: 천 원)

| 연도 | 기존펌프의 현금흐름 | 새 펌프의 현금흐름 | 증분현금흐름 |
|---|---|---|---|
| 0 | 0 | −1,600 | −1,600 |
| 1 | 10,000 | 20,000 | 10,000 |
| 2 | 10,000 | 0 | −10,000 |
| IRR | ∞ | 1,150% | |

Note: 현재 고려 중인 투자프로젝트의 대안이 두 개 이상 있을 경우에는 위 예제에서와 같이 반드시 가상의 대안인 증분현금흐름을 결정하고 이를 토대로 투자의사 결정을 내려야 한다. 그 이유에 대해서는 먼저 1장에서 기술한 공학경제의 원칙 중 2번째 원칙(공통요소를 제외한 증분현금흐름을 사용해야 함)을 적용해야 하기 때문이다. 두 번째 이유는 두 프로젝트 대안의 초기 투자자본의 크기가 다르기 때문이다. 이에 대한 구체적인 설명은 여기에서는 생략하기로 한다.

다시 로리와 새비지로 문제로 돌아가서, 다중의 $i^*$가 존재하는 경우에 관한 내용을 〈표 7.5〉에 있는 펌프 투자프로젝트의 현금흐름을 사용하여 이해하도록 하자.

위 예제에서 증분현금흐름은 새 펌프 투자프로젝트 대안의 현금흐름에서 기존 펌프 투자프로젝트의 현금흐름을 뺀 값으로 구성된다. 그러므로 만약 증분현금흐름을 사용하여 $IRR$값이 $MARR$값보다 크면 새 펌프 투자프로젝트의 대안을 선정해야 한다. 아래와 같은 의사결정법칙이 유효하기 위해서는 선행적으로 만족되어야 하는 조건이 있다. 즉, 각각의 대안이 하나만 존재한다고 가정하고 $IRR$값을 구한 후 위에서 논한 $IRR$ 의사결정법칙에 따라 의사결정을 내린 후 대안이 채택되어야 한다. 이렇게 채택된 대안들로만 새로운 대안그룹을 만들어 7.3.3절에서 설명한 방법을 적용하여 다음과 같은 증분현금흐름과 관련된 의사결정법칙을 적용해서 최종적인 투자의사결정을 내려야 한다.

만약 $IRR_{A2\text{-}A1} > MARR \;\; A_2$ 선정

만약 $IRR_{A2\text{-}A1} = MARR \;\; A_2 = A_1$(즉, 무차별)

만약 $IRR_{A2\text{-}A1} < MARR \;\; A_1$ 선정

먼저 Mathematica를 이용하여 펌프 투자프로젝트의 증분현금흐름(−1,600; 10,000; −10,000)이 몇 개의 $i^*$를 갖고 있는지를 알아보기로 하자. 다음과 같이 ‘FindRoot’ 명령어를 사용하면 ‘Solve’ 명령어를 사용하여 해를 구하는 것보다 해석하기 쉬운 값을 얻을 수가 있다.

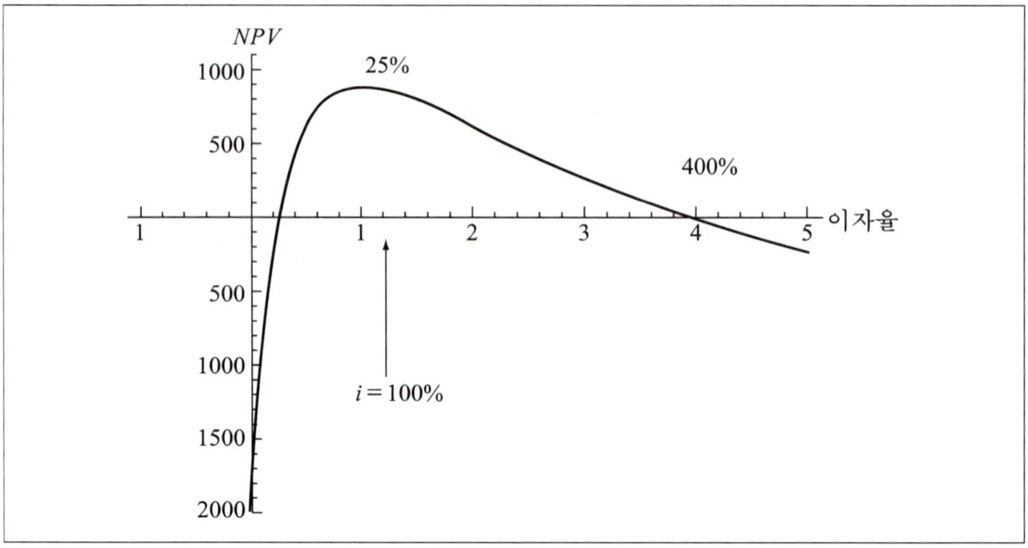


그림 7.11 Mathematica를 이용한 실근 $i^*$개수 파악하기

$$\text{Solve}[-1600+10000/(1+i)-10000/(1+i)^2==0,\ i]$$
$$\{\{i\to 1/4\},\ \{i\to 4\}\}$$
$$\text{Plot}[-1600+10000/(1+i)-10000/(1+i)^2,\ \{i,\ -1,\ 5\},$$
$$\text{PlotRang}\to\{-2000,1100\}]$$
$$\{\{i\to 1/4\},\ \{i\to 4\}\}$$

위 〈그림 7.11〉을 보면 펌프 투자프로젝트의 $i^*$가 두 개임을 알 수가 있고, 이 값들은 'Solve' 명령어를 사용하여 얻은 값들인 25%와 400%와 일치하고 있음을 알 수가 있다. 그러나 우리가 알고 있듯이 이와 같이 두 개의 $i^*$가 존재할 경우에는 어느 값도 펌프 투자프로젝트의 진정한 *IRR*값이 되지 못한다. 투자프로젝트의 $i^*$가 두 개 이상 존재할 경우에는 투자 평가자가 선택할 수 있는 대안은 두 가지가 있다.

첫 번째 방법은 확실하게 *NPV*기법을 사용하여 투자프로젝트에 관한 최종적인 의사결정을 내리는 것이고, 그리고 두 번째 방법은 공학경제학에서 가장 많이 사용하는 방법으로 Teichroew, A. A. Robichek, M. Montalbrano 등이 제안한 방법을 사용하는 것이다(부록 1 참조). 펌프 투자프로젝트의 $i^*$값이 두 개이기 때문에 우리는 여기서 *NPV*기법으로 이 프로젝트의 채택/기각에 관한 의사결정을 내리도록 한다. 단, 펌프 투자프로젝트에 적용될 $MARR=15\%$라고 가정한다. 다음 식에 의하여 펌프 투자프로젝트의 증분현금흐름에 관한 $NPV(15\%)$값을 구하면 $-46$만 6천원이 나와 이 펌프 투자프로젝트는 기각되어야 한다. 즉, 이 결과는 새로운 펌프 투자프로젝트를 기각하고 현재 사용 중인 펌프를 계속 사용해야 한다는 것이다.

$$
\begin{aligned}
NPV(15) &= -1,600 + 10,000(P/F,\ 15\%,\ 1) - 10,000(P/F,\ 15\%,\ 2) \\
&= -466 \text{ (천 원)}
\end{aligned}
$$

로리와 새비지의 펌프 투자프로젝트는 위에서 논한 내용 외에 더 흥미로운 사실을 지니고 있다. 예를 들어 펌프 투자프로젝트의 증분현금흐름을 갖는 대안을 독립적인 대안이라고 가정하자.6) 그리고 초기 투자자본 160만 원을 200만 원으로 상향 조정하고, 1~2차 년도의 현금유입액은 변하지 않는다는 가정하에 펌프 투자프로젝트의 $i^*$값을 구하면 다음과 같다. 〈표 7.6〉은 펌프 투자프로젝트의 초기 투자자본을 1,000원에서부터 250만 1,000원까지 변화시키면서 $i^*$값이 어떻게 변하고 있는지를 보여주고 있다.

‖ 표 7.6 ‖ 펌프 투자프로젝트의 초기 투자자본을 변화에 따른 $i^*$값의 변화

(단위: 천 원)

| 초기투자자본 | $i^*$ 최소값 | $i^*$ 최대값 |
|---|---|---|
| 1 | 0 | 0 |
| 100 | 1% | 9,800% |
| 500 | 5% | 1,794% |
| 1,000 | 13% | 787% |
| 1,300 | 18% | 551% |
| 1,600 | 25% | 400% |
| 2,000 | 38% | 262% |
| 2,500 | 100% | 233% |
| 2,501 | 허수 | 허수 |

〈표 7.6〉의 자료를 살펴보면 초기 투자자본을 1,000원에서 시작하여 250만 1,000원까지 변화시킨 결과 두 개의 $i^*$값 중 첫 번째 값은 지속적으로 증가하는 반면 두 번째 값은 감소하고 있다. 이러한 추세로 인하여 초기 투자자본을 250만 원으로 증가시키게 되면 펌프 투자프로젝트의 $i^*$값은 '100%'의 중근 값을 갖게 된다. 그리고 $i=100\%$일 때 펌프

6) D. Teichroew, A. A. Robichek, and M. Montalbrano "An Analysis of Criteria for Investment and Financing Decision under Certainty," Management Science, 12(3), 1965, pp. 151-179.
D. Johnstone, "What Does an IRR(or Two) Mean?," Journal of Economic Education, Winter 2008, pp. 78-87.

투자프로젝트의 $NPV$값이 90만 원으로 가장 크다. 이를 좀 더 관찰해 보면 $25\% < i < 100\%$ 구간에서 프로젝트의 $NPV$값은 점증적으로 증가하고, $100\% < i < 400\%$ 구간에서 $NPV$값은 감소하고 있다. 첫 번째 구간인 $25\% < i < 100\%$ 구간에서 이자율을 증가시키면 $NPV$값이 증가하는 현상은 이자율이 증가하면 프로젝트의 $NPV$값은 감소하게 된다는 일반적 원칙에 어긋나고 있음을 알 수가 있다. $MARR$값의 $25\% < MARR < 400\%$ 내에서 이 투자프로젝트의 $NPV$값이 0보다 크기 때문에 이 투자프로젝트는 채택될 수가 있다.

그리고 초기 투자자본이 250만 1,000원 이상의 값에서는 두 근 모두가 허수 값이 된다. 반면에 초기 투자자본이 250만 원 이하에서는 항상 두 개의 실근(중근을 포함하여)이 존재하고 있음을 알 수가 있다. 초기 투자자본을 160만 원보다 작은 값을 선택하게 되면 첫 번째 $i^*$값은 지속적으로 감소하고, 두 번째 $i^*$값은 증가하고 있음을 알 수가 있다. 그리고 오직 1,000원을 투자하게 되는 경우에는 $i^*$값이 '0'이 됨을 알 수가 있다.

〈그림 7.12〉는 펌프 투자프로젝트의 초기 투자자본을 변화시킴에 따른 투자프로젝트 $NPV$의 극대 값을 보여주고 있다. 이 그림에서 초기 투자자본이 작아질수록 $NPV$의 극댓값이 점점 증가하고 있음을 알 수가 있다. 이러한 결과는 〈표 7.6〉의 $i^*$값의 경향과 완

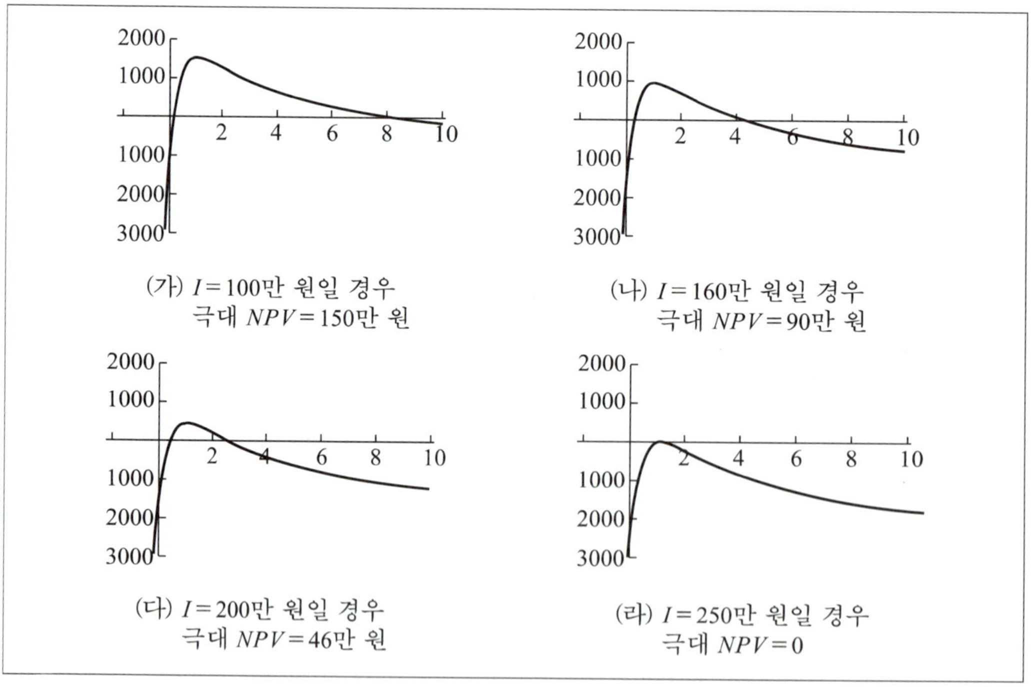


(가) $I$=100만 원일 경우 극대 $NPV$=150만 원

(나) $I$=160만 원일 경우 극대 $NPV$=90만 원

(다) $I$=200만 원일 경우 극대 $NPV$=46만 원

(라) $I$=250만 원일 경우 극대 $NPV$=0

그림 7.12 초기 투자자본($I$)가 변함에 따른 $NPV$의 극대

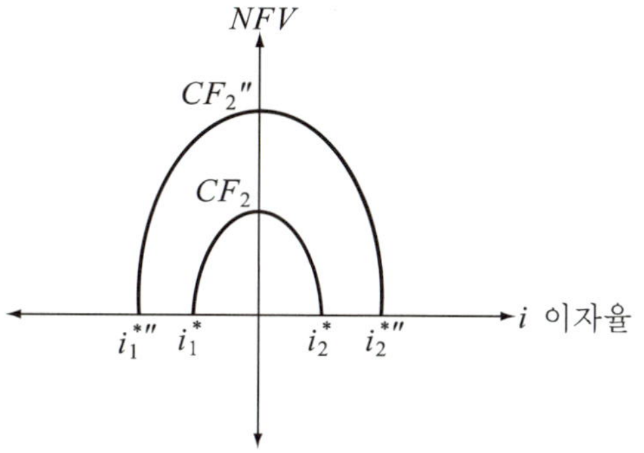


그림 7.13 2차 함수로 표시된 $NFV(i^*)=0$

전히 반대가 되는 경향이다. 즉, 초기 투자자본이 증가하면 〈표 7.6〉은 $i^*$값이 증가한다. 위에서 논한 내용들을 토대로 투자프로젝트의 사업수명을 2년으로 가정하고, 위 내용과 관련된 일반적인 특성들을 다음과 같이 간략하게 요약해 보도록 하자.[7)]

〈그림 7.13〉은 사업수명이 2년인 경우에 다음과 같은 식, $NFV(i^*)=CF_0(1+i^*)^2+CF_1(1+i^*)+CF_2$을 만족하는 두 개의 실근($i_1^*$와 $i_2^*$)이 존재하는 경우 투자프로젝트의 $NFV$값을 보여주고 있다. 단, 이 식에서 $CF_0$는 항상 0보다 작은 음수 값을 갖는다고 가정한다. $IRR$을 구하는 식을 $NPV(i^*)$로 규정하는 것이나 $NFV(i^*)$로 규정하는 것은 내용적으로 동일하다.

위 식에서 $CF_0$와 $CF_1$을 고정시키고, $CF_2$만을 $CF_2''$으로 증가시키면, $i_2^*$가 $i_2^{*''}$로 커지게 된다. $CF_2$는 투자프로젝트의 가치에 긍정적으로 영향을 미치는 소득이기 때문에 이 값을 증가시키면 $i^*$값이 $i_2^*$에서 $i_2^{*''}$로 증가해야 한다. 이 식에서 현금흐름인 $CF_0$, $CF_1$, 그리고 $CF_2$ 중에서 임의로 두 개의 현금흐름은 원래대로 유지시키고, 다른 하나의 현금흐름을 증가시켰을 때, 위의 2차 함수인 $NFV(i^*)$의 실근 값 ($i^*$)이 증가하게 되면 이 값은 투자프로젝트와 관련성이 있다고 할 수 있다.

그러나 이와 같은 논리로 $CF_0$, $CF_1$, 그리고 $CF_2$ 중에서 임의로 두 개의 현금흐름을 고정시키고 하나의 현금흐름만을 증가시키는 경우 $i_1^*$값은 증가되는 것이 아니고 감소하기 때문에 이 변수는 투자프로젝트와 전혀 관련성이 없다고 할 수 있다.

---

7) R. F. Cannaday, P. F. Colwell, and H. Paley, "Relevant and Irrelevant Internal Rate of Return," The Engineering Economist,, 32(1), 1986, pp. 17-38.

### ▌예제 7.10 두 개 이상의 $i^*$가 존재하는 경우의 투자분석

SS회사가 현재 물류창고를 지으려고 한다. 물류창고의 사용목적은 전자장비를 보관하는 것이다. 〈표 7.7〉은 각 대안에 관한 순 현금흐름을 보여주고 있다. 주어진 현금흐름을 토대로 물류창고 투자프로젝트의 $IRR$을 결정하여라. 단, $MARR = 15\%$이다.

‖ 표 7.7 ‖ 물류창고 투자프로젝트에 관한 순 현금흐름

(단위: 천 원)

| 연도 | 0 | 1 | 2 | 3 | 4 | 5 | 6 |
|---|---|---|---|---|---|---|---|
| $NCF$ | −100,000 | 80,000 | 15,000 | 15,000 | 15,000 | 15,000 | −15,000 |

Note: $NCF$=순 현금흐름(net cash flow)

**조건**

〈표 7.7〉 순 현금흐름, $MARR = 15\%$

**풀이**

두 개 이상의 $i^*$가 존재하는 경우의 투자분석

Mathematica의 ‘Solve’와 ‘Plot’ 명령어를 사용하여 먼저 이 투자프로젝트의 $i^*$가 몇 개 존재하는지 그리고 그 값은 얼마인지를 알아보도록 하자. 〈그림 7.14〉을 보면 $NPV(i^*) = 0$을 만족시키는 실수 이자율이 두 개가 존재하고 있음을 알 수가 있다. 그러므로 이 중 어느 것도 물류창고 투자프로젝트의 진정한 $IRR$이 될 수가 없다. ‘Solve’ 명령어를 사용하여 얻은 두 개의 $i^*$값들 중 하나는 −50%이고 다른 하나는 15.24%이다. 두 개의 $i^*$가 존재하기 때문에 물류창고 투자프로젝트에 대한 최종 의사결정은 $NPV(12\%)$값을 기준으로 내리도록 한다. 그러나 부록 1에 기술된 방법으로 이 투자프로젝트의 $IRR$을 결정할 수는 있다. $NPV(12\%)$ =450만 7,900원이기 때문에 이 물류창고 투자프로젝트를 채택하도록 한다.

```
Solve[−100000+80000/(1+i)+15000/(1+i)^2+15000/(1+i)^3
+15000/(1+i)^4+15000/(1+i)^5−15000/(1+i)^6  0, i]
{{i→−0.5}, {i→0.15238237116630654}
Plot[−100000+80000/(1+i)+15000/(1+i)^2+15000/(1+i)^3
+15000/(1+i)^4+15000/(1+i)^5−15000/(1+i)^6, {i, −1, 1},
PlotRang→{−100000,150000}]
```

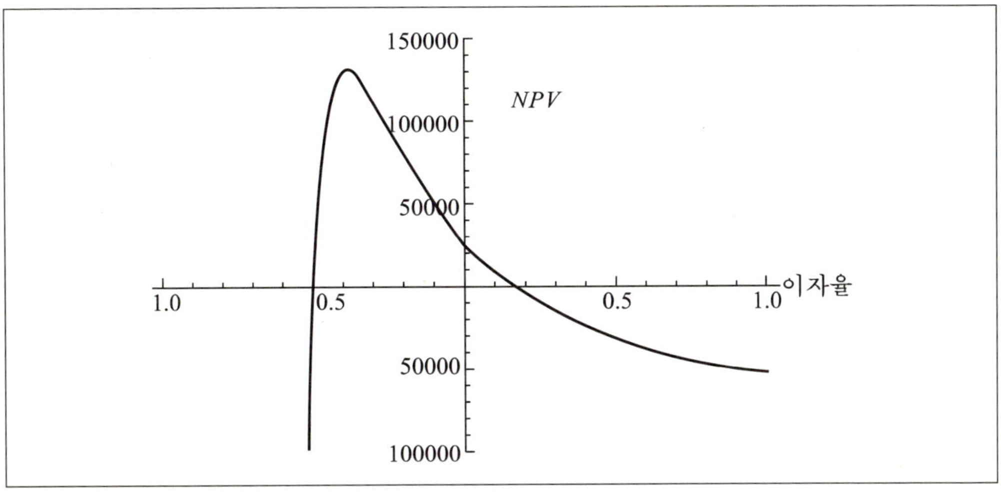


그림 7.14 Mathematica를 이용한 실근 $i^*$개수 파악하기

### 7.3.3 *IRR*과 증분분석

*IRR*기법의 결과값은 *NPV*기법이나 *AE*기법의 결과값처럼 화폐단위로 주어지는 절대 가치가 아닌 비율(%)로 주어지는 상대 가치이기 때문에 *IRR*기법으로 상호배타적인 대안들의 우선순위를 결정할 때는 반드시 증분분석(incremental analysis)을 실시해야 한다. 증분분석이란 두 대안의 현금흐름들의 차이로 구성된 가상적인 대안에 관한 경제성 분석을 말한다. 우리는 이러한 증분분석 방법을 이미 7.3.2절에서 경험한 바 있다.

대안들 상호 간에 상호배타적 관계가 아니고 독립적인 경우라면 특정한 투자대안의 *MARR*값이 *IRR*값보다 적으면 그 투자대안들에 관해 증분분석을 실시할 필요 없이 직접 채택하면 된다. 그리고 만약 두 대안들의 사업수명이 다를 경우에는 앞 절의 *AE*기법에서 배운 방법론을 적용하여 투자대안들의 우선순위를 결정하면 계산상 편리하고, 또한 투자대안들의 우선순위를 정확하고 쉽게 결정할 수가 있다. 본 절에서는 대안들이 상호배타적 관계를 가지고 있고 비교 대상의 대안들의 사업수명이 동일하다는 가정하에 *IRR*기법의 증분분석이 필요한 이유와 증분분석을 실시하는 방법론에 관해서 알아보기로 한다. 〈표 7.8〉에 있는 사례를 통하여 *IRR*기법을 사용하여 두 개의 투자대안들이 상호배타적 관계일 경우 왜 반드시 증분분석을 실시해야 하는지 그 이유를 설명하면 다음과 같다.

*NPV*나 *AE*기법의 경우에는 상호배타적인 여러 투자프로젝트들 중에서 가장 큰 절대

화폐가치를 갖는 투자프로젝트가 채택된다. 그러나 $IRR$기법에서는 가장 큰 $IRR$값을 갖는 투자프로젝트가 우선적으로 채택되지 않을 수도 있기 때문에 $NPV$나 $AE$기법에 적용된 위와 같은 논리가 $IRR$기법에 적용될 수 없다. 이 문제점을 이해하기 위해 사업수명이 1년인 투자프로젝트를 고려해보기로 하자. 투자프로젝트 $A_1$은 수익이 200만 원이고 투자액은 100만 원이며, 투자프로젝트 $A_2$는 수익이 700만 원이고 투자액이 500만 원이다. $MARR = 10\%$에서 각 투자프로젝트의 $IRR$과 $NPV$는 〈표 7.8〉에 있는 바와 같다. 두 투자프로젝트에 충분한 투자자본이 조달된다는 가정하에 $IRR$값이 더 큰 투자프로젝트 $A_1$를 단순히 채택하는 것이 올바른 의사결정인가?

$NPV$기법에 의하면 $A_2$가 $A_1$보다 더 바람직하다. 반면에 $IRR$기법에 의하면 $A_1$이 $A_2$보다 경제적으로 더 바람직하다. 이러한 투자프로젝트들의 순위의 불일치가 발생하는 이유는 $NPV$, $NFV$, $AE$는 투자프로젝트 가치를 절대적인 화폐가치로 측정하는 반면에, $IRR$은 상대적 비율로 측정되기 때문이다. 그러므로 앞의 세 가지 투자분석기법에 적용되는 방법을 그대로 $IRR$기법에 적용할 수가 없다.

$IRR$기법은 투자의 크기를 무시하고 있다는 단점을 지니고 있다. 그러므로 이러한 관점에서 이 문제를 관찰하여 보면 투자프로젝트 $A_1$를 선택하는 것이 올바른 의사결정은 아니다. 대신에 수익률은 더 낮지만 $NPV$가 더 큰 투자프로젝트 $A_2$를 채택해야 한다. $NPV$나 $AE$기법에서는 투자프로젝트의 $NPV$나 $AE$값의 단순한 크기의 비교로 상호배타적 투자프로젝트의 비교가 가능하지만, 그러나 $IRR$기법은 투자규모가 작아 절대적 수익이 적은 투자프로젝트의 $IRR$값을 더 크게 만들어서 이 투자프로젝트의 우선순위를 더 높게 평가하게 한다.

이러한 $IRR$기법의 문제점을 해결하기 위해 증분분석이라는 방법이 필요하다.

‖ **표 7.8** ‖ 증분분석이 필요한 이유에 관한 사례

(단위: 천 원)

$IRR$에 근거한 상호배타적 대체안들의 비교

• 관심사 : $IRR$의 크기에 따라 상호배타적 대체안들의 경제적 등위를 결정할 수 있을까?

| 연도 | $A_1$ | | $A_2$ |
|---|---|---|---|
| 0 | −1,000 | | −5,000 |
| 1 | 2,000 | | 7,000 |
| $IRR$ | 100% | > | 40% |
| $PW(10\%)$ | 818 | < | 1,364 |

〈표 7.8〉의 예에서 투자프로젝트 $A_1$와 $A_2$비교해 볼 때 투자프로젝트 $A_2$의 증분투자액은 400만 원이며 증분수익은 500만 원이다. 이러한 투자내용을 비교하기 위해 먼저 각 투자프로젝트의 경제적 효과를 비교할 수 있는 공통분모를 결정해야 한다. 여기에서는 아래 사항들을 고려하여 투자자본 500만 원에 대한 각 투자프로젝트의 경제적 효과를 살펴보기로 한다.

만약 투자프로젝트 $A_1$에 투자하기로 결정하면, 총 500만 원의 투자자본 중에서 100만 원만 투자프로젝트 $A_1$에 투자하고, 나머지 400만 원은 10%의 이자를 발생시키는 금융상품에 투자하게 된다. 1년 후 100만 원의 투자로부터 200만 원의 수익을 얻게 되고, 금융상품에 투자한 400만 원으로부터는 발생된 이자를 포함하여 총 440만 원을 얻게 된다. 그러므로 궁극적으로 1년 후 500만 원의 투자로부터 총 640만 원의 수익을 얻게 된다. 이러한 자산 변화의 현재가치는 $PV(10\%) = -500 + 640(P/F,\ 10\%,\ 1) = 81.8$만 원이 된다.

만약 $A_2$에 투자하기로 결정하면, 총 투자자본 500만 원을 전부 이 투자프로젝트에 투자하여 700만 원의 수익을 얻게 된다. 그러면 1년 후 이 투자프로젝트의 자산이 500만 원에서 700만 원으로 증가하게 된다. 이러한 자산 변화의 현재가치는 $PV(10\%) = -500 + 700(P/F,\ 10\%,\ 1) = 136.4$만 원이 된다.

다시 말해서, 더 많은 투자비용이 필요한 투자프로젝트를 선택하면, 증가된 투자비용의 경제적 타당성이 반드시 $MARR$로 입증되어야 한다.

$MARR$값이 10%란 다른 모든 투자로부터 항상 최소한 10%의 수익을 얻어야 한다는 의미를 포함하고 있다(즉, 증분투자액 400만 원이 1년 후 440만 원이 됨). 그러나 400만 원의 증분투자를 요구하는 두 번째 투자프로젝트는 증분수익으로 500만 원을 창출하고 있으므로, 이 경우 투자프로젝트의 수익률이 25%에 이른다. 그러므로 증분투자는 경제적으로 타당한 것이 된다. 〈그림 7.15〉는 이러한 증분분석을 시행하는 과정을 요약하여 보여주고 있다.

초기 투자자본이 큰 투자프로젝트의 현금흐름에서 초기 투자자본이 작은 투자프로젝트의 현금흐름을 차감한 현금흐름을 증분현금흐름이라 한다. 증분투자프로젝트에 관한 의사결정은 7.3.2절에서 기술한 내용을 다음과 같이 반복해서 옮겼다.

$IRR_{B\text{-}A} > MARR$이면, 투자프로젝트 $B$를 선택

$IRR_{B\text{-}A} = MARR$이면, 무차별

$IRR_{B\text{-}A} < MARR$이면, 투자프로젝트 $A$를 선택

단, $B - A$의 0년도 현금흐름은 음수이어야 한다.

증분투자

| 연도 | 투자프로젝트 $A_1$ | 투자프로젝트 $A_2$ | 증분투자($A_2 - A_1$) |
|---|---|---|---|
| 0 | −1,000 | −5,000 | −4,000 |
| 1 | 2,000 | 7,000 | 5,000 |
| *IRR* | 100% | 40% | 25% |
| *PW*(10%) | 818 | 1,364 | 546 |

- *MARR* 값이 10%라고 가정하면, 다른 투자로부터 10%의 수익이 항상 보장되어야 한다는 것이다. 즉, 400만 원의 투자가 1차 년말에 440만 원이 된다.
- $A_2$에 증분투자액 400만 원을 투자하면 이로부터 1년 후에 500만 원을 벌게 된다. 이 경우 투자수익률이 25%가 되어 이 투자프로젝트의 경제적 타당성이 입증되었다고 할 수 있다.

**그림 7.15** 증분분석의 예

만약 무투자 대안도 허용된다면, 적은 투자자본을 갖고 있는 투자프로젝트의 경제적 수익성이 먼저 확보되게 된다. 즉, 이러한 투자프로젝트의 *IRR*값은 *MARR*값보다 항상 더 크다. 이를 상호배타적 투자프로젝트의 증분분석 측면에서 다시 고찰해 보면, 증분분석을 시도하기 이전에 모든 투자프로젝트의 *IRR*값을 먼저 구하고, 그런 후에 *MARR*값과 비교해야 한다. 그리고 만약 이 경우 어떤 투자프로젝트의 *IRR*값이 *MARR*값보다 작다면 이 투자프로젝트는 증분분석과정에서 배제시켜야 한다. 예제 7.11은 증분투자프로젝트에 관한 의사결정문제를 다루고 있다.

### 예제 7.11 *IRR*기법과 증분분석에 관한 예

대학생인 김칠수는 방과 후 시간을 이용하여 소규모 페인팅 사업을 시작하고자 한다. 그는 사업을 좀 더 효율적으로 수행하기 위해 중고 페인팅 장비를 구입하기로 하였다. 첫 번째 투자프로젝트 대안은 혼자서 주거용 페인팅만을 하는 것이고($B_1$), 두 번째 투자프로젝트 대안은 작업보조자를 고용하고 더 많은 장비를 구입하여 사업영역을 주거용은 물론 상업용 페인팅까지 확대하는 것이다($B_2$). 이 학생이 대학을 졸업하게 되는 3년 후에는 이 사업을 그만둘 계획이다. 두 투자프로젝트에 관한 현금흐름은 다음과 같다.

(단위: 천 원)

| 연도 | $B_1$ | $B_2$ | $B_2-B_1$ |
|---|---|---|---|
| 0 | −3,000 | −12,000 | −9,000 |
| 1 | 1,350 | 4,200 | 2,850 |
| 2 | 1,800 | 6,225 | 4,425 |
| 3 | 1,500 | 6,330 | 4,830 |
| $IRR$ | 25% | 17.43% | 15% |
| $NPV$ | 841.85 | 1,718.63 | 876.78 |

어느 투자프로젝트가 $MARR = 10\%$ 에서 경제적으로 더 바람직한지를 결정하여라.

**조건**

두 투자프로젝트의 증분현금흐름, $MARR = 10\%$

**풀이**

(가) 가장 바람직한 투자프로젝트를 선정하기 위해 $B_2 - B_1$의 증분현금흐름을 구성하고, 그 다음 이 증분현금흐름에 관한 $IRR$을 계산한다.

$$\begin{aligned} NPV(i^*) &= -9,000 + 2,850(P/F,\ i^*,\ 1) \\ &\quad + 4,425(P/F,\ i^*,\ 2) + 4,830(P/F,\ i^*,\ 3) \\ &= 0 \end{aligned}$$

〈그림 7.16〉에서 $i^*_{B_2-B_1} = 15\%$ 임을 알 수가 있다. 증분투자의 현금흐름을 살펴보면, 이 투자는 단순투자[8]이다. 따라서 $IRR_{B_2-B_1} = i^*_{B_2-B_1}$이 된다.

(나) $IRR_{B_2-B_1} > MARR$이므로 $B_2$를 선택하게 되는데, 이는 $NPV$분석의 결과와 일치하고 있다. $MARR > 25\%$ 구간에서는 어느 투자프로젝트도 채택될 수가 없다.

〈그림 7.16〉에서 두 대안이 교차하는 점 $I^*_{B_2-B_1} = 15\%$ 을 특별히 피셔의 교차점(Fisherian intersection point)이라고 한다.

8) 단순투자(simple investment)란 특정한 투자프로젝트의 현금흐름의 부호가 사업수명 기간 동안 유일하게 한 번만 변하는 투자프로젝트를 말한다.
비단순투자(non-simple investment)란 단순투자와 달리 투자프로젝트의 현금흐름의 부호가 사업 수명 기간 동안 두 번 이상 변하는 투자프로젝트를 말한다.

예제 – 증분 수익률

| 연도 | $B_1$ | $B_2$ | $B_2-B_1$ |
|---|---|---|---|
| 0 | −3,000 | −12,000 | −9,000 |
| 1 | 1,350 | 4,200 | 2,850 |
| 2 | 1,800 | 6,114 | 4,425 |
| 3 | 1,500 | 6,330 | 4,830 |
| *IRR* | 25% | 17.43% | 15% |

*MARR* = 10%에서 어느 프로젝트가 더 바람직한가?
$IRR_{B_2-B_1} = 15\% > MARR = 10\%$이고, $IRR = 15\%$이기 때문에 프로젝트 $B_2$가 채택된다.

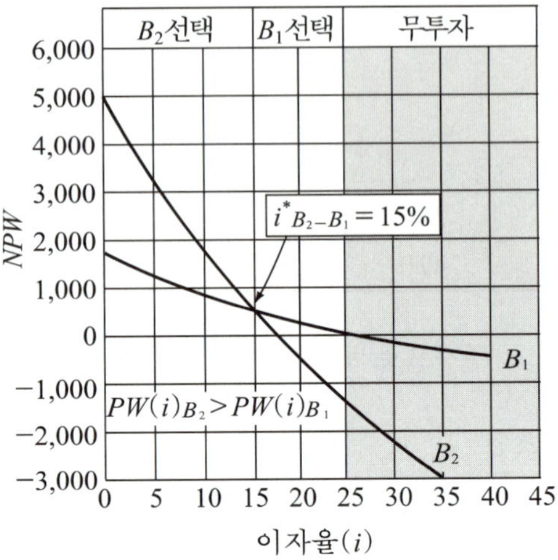


그림 7.16 투자프로젝트 $B_1$과 $B_2$의 현재가치 그래프(단위: 천 원)

**해설**

증분프로젝트 $B_1 - B_2$ 대신에 $B_2 - B_1$을 선택한 이유는 무엇인가? *IRR*를 계산하기 위해서는 첫 번째 현금흐름이 음수가 되어야 한다. 이러한 목적을 달성하기 위해서는 투자프로젝트의 초기비용이 큰 것에서 적은 것을 차감해야 한다. 이런 순서를 무시하게 되면 순수 대부형 현금흐름을 갖는 증분프로젝트가 발생하게 되고, 경우에 따라서는 내부수익률이 존재하지 않는 증분프로젝트를 접하게 될 수도 있다.

## 7.4 다양한 경제성 평가기법을 이용한 예

본 절에서는 6장과 7장에서 지금까지 배운 투자회수기간법(*PBP*), 할인 투자회수기간법(*DPBP*), 회계적 수익률법(*ARR*), 순 현재가치법(*NPV*), 연 등가가치법(*AE*), 그리고 마지막으로 내부수익률법(*IRR*) 등을 간단한 예제에 적용하여 각 기법들에 의한 투자프로젝트들의 우선순위를 결정하는 과정에 관하여 알아보기로 한다.

**예제 7.12** 다양한 평가기법을 이용한 투자프로젝트의 경제성 평가

〈표 7.9〉는 세 개의 투자프로젝트 대안들에 관한 순 현금흐름 및 각 평가기법을 사용한 결과값들을 보여주고 있다. 단, $MARR = 8\%$이다.

**조건**

각 대안들에 대한 순 현금흐름 〈표 7.9〉의 상단 부분, $MARR = 8\%$

**풀이**

〈표 7.9〉의 하단부분

‖ 표 7.9 ‖ 다양한 경제성 평가기법의 비교

(단위: 천 원)

| 연도 | 대안 $A$의 순현금흐름 | 대안 $B$의 순현금흐름 | 대안 $C$의 순현금흐름 |
|---|---|---|---|
| 0 | −200,000 | −200,000 | −200,000 |
| 1 | 20,000 | 80,000 | 60,000 |
| 2 | 40,000 | 60,000 | 60,000 |
| 3 | 60,000 | 60,000 | 60,000 |
| 4 | 60,000 | 40,000 | 60,000 |
| 5 | 60,000 | | 40,000 |
| 6 | 68,000 | | 20,000 |
| 총 이익 | 108,000 | 40,000 | 100,000 |
| $PBP$<br>우선순위: $B$, $C$, $A$ | 4.3년 | 3년 | 3.3년 |
| $DPBP$<br>우선순위: $B$, $C$, $A$ | 6년 이상 | 3.9년 | 4.05년 |
| $ARR$* | 9% | 5% | 8.3% |
| $NPV(8\%)$ | 28,230 | 2,546 | 38,554 |
| $IRR$ | 12% | 8.5% | 15% |

Note : $ARR$을 구하기 위하여 위에 주어진 순 현금흐름을 당기순이익이라고 가정하도록 한다.

대안 $A$: $ARR_A = \dfrac{\text{평균 수익}}{\text{초기 투자자본}} = \dfrac{108{,}000/6}{200{,}000} = 9\%$

대안 $B$: $ARR_B = \dfrac{40{,}000/4}{200{,}000} = 5\%$

대안 $C$: $ARR_C = \dfrac{100{,}000/6}{200{,}000} = 8.3\%$

**토의**

이 예제에서 *PBP*와 *DPBP*를 제외한 나머지 평가기법의 결과값을 기준으로 세 대안들의 우선순위를 결정하기 위해서는 다음과 같은 3가지 조건이 만족되어야 한다. 첫 번째 조건은 여러 대안들이 상호배타적인 관계를 갖고 있어야 한다는 가정이다. 두 번째 조건은 모든 대안들의 사업수명이 같아야 한다. 만약 대안들의 사업수명이 다를 경우에는 두 대안의 서로 다른 사업수명들의 최소공배수를 대안 비교를 위하여 공통 사업수명으로 결정해야 한다. 그런 후 *ARR*, *IRR*, 그리고 *NPV*기법들을 공통 사업수명의 현금흐름에 적용하여 나온 결과값들을 비교하여 각 대안들의 우선순위를 결정하도록 한다. 세 번째 조건은 〈표 7.9〉에 있는 평가기법들 중 *PBP*, *DPBP*, 그리고 *NPV*값들은 절댓값이기 때문에 〈표 7.9〉에 있는 정보를 이용하여 쉽게 각 대안들의 우선순위를 결정할 수 있다. 그러나 *ARR*이나 *IRR*기법을 사용하여 얻은 〈표 7.9〉의 결과값들은 절댓값이 아닌 상대적 비율값이기 때문에 로리와 새비지의 펌프 투자프로젝트에서 수행한 평가방법처럼 두 개 이상의 대안들이 상호배타적 관계에 있다면 두 개의 대안들을 쌍대비교를 할 수 있도록 증분분석(incremental analysis: 제3의 대안)이 가능해야 한다.

## 7.5 여러 대안들이 상호배타적 관계를 갖고 있을 경우 대안들의 우선순위 결정방법

우리는 이미 2장과 7장 앞부분에서 *DCF*기법이 다른 투자평가기법(*PBP*, *DPBP*, *ARR*)들과 비교하여 매우 두드러진 수월성을 지니고 있음을 배웠다. *PBP*, *DPBP* 그리고 *ARR*기법들과 비교하여 *DCF*기법의 수월성의 첫 번째 요소는 *DCF*기법들은 투자프로젝트의 사업수명 전기간 걸쳐 발생하고 있는 현금흐름을 투자평가 과정에 모두 합리적으로 반영하고 있다는 점이고, 두 번째 요소는 모든 *DCF*기법은 그들의 평가과정에 화폐의 시간적 가치를 분명히 고려한다는 점이다.

기업에서 특정한 투자프로젝트의 경제성 평가를 위하여 여러 종류의 대안들을 고려하고 그중에서 하나의 대안을 선정하거나 희소성(scarcity) 가치를 지닌 자본을 합리적으로 투자하려면, 투자평가자는 투자프로젝트의 현금흐름에 내재된 불확실성과 복잡성을 고려할 수 있는 평가기법을 토대로 최종적인 투자의사결정을 내릴 필요가 있다. 이와 같은 *DCF*기법의 수월성으로 인하여 만약 *PBP*나 *ARR*기법을 이용하여 투자프로젝트의 투자평가를 수행할 경우에는 투자프로젝트의 사업수명 전기간에 걸쳐 발생하는 투자프로젝트의 가치를 반영하는 투자평가기법과 병행하는 것이 바람직하다.

7.4절에서 투자프로젝트의 대안들이 두 개 이상 존재할 경우, 주어진 대안들을 비교 평가하기 위해서는 세 가지 조건이 반드시 만족되어야 한다고 하였다. (1) 대안들 간의 관계성(독립성 혹은 상호 배타성), (2) 공통 평가기간 그리고 (3) 증분분석(incremental analysis : 비율분석 특성을 지닌 *IRR*기법 등).

### 7.5.1 *NPV, AE, IRR* 기법만을 대안들의 우선순위 결정하는 기법으로 결정한 이유

본 절에서는 지금까지 설명한 투자평가기법들 중에서 세 가지 기법들만(*NPV, AE, IRR*) 고려하여 투자프로젝트의 우선순위를 결정하는 방법론에 관하여 설명하도록 한다. *NPV, AE* 그리고 *IRR*기법만을 선택한 이유는 다음과 같은 특성 때문이다.

#### (1) *NPV*

〈표 6.1〉 그레이엄과 하비[9]의 투자평가기법들에 관한 설문조사 결과에서 밝혀졌듯이 *NPV*기법은 *IRR*기법과 함께 Forbes에 기록된 500대 기업의 CEO와 CFO들에 의해 가장 많이 사용되는 투자평가기법이다. 그리고 *NPV*는 *NFV, AE*기법들과 함께 그들의 최종 결과값이 절대적인 화폐가치로 표시되고 있다. 만약 최종 결과값이 절댓값으로 평가되는 경우에는 앞에서 논한 세 번째 조건인 증분분석을 실시할 필요가 없다.

#### (2) *AE*

7장 앞 부분에서 *AE*기법이 *NPV, NFV, IRR*기법 등과 비교하면서 *AE*기법의 세 가지 상대적 장점으로 (1) 연 단위 회계기간과 동일한 기간으로 구성, (2) 단위당 수익/비

9) John R. Graham and Campbell R. Harvey, "The Theory and Practice of Corporate Finance : Evidence from the Field," Journal of Financial Economics, Vol. 60, 2001, pp. 187-243.

용분석, (3) 서로 다른 수명을 갖는 투자대안 평가의 계산상 간편함을 꼽았다. 이 세 가지 $AE$의 장점들 중에서 본 절에서는 $AE$기법의 세 번째 장점을 이용한 투자대안들의 우선순위를 결정하는 방법론을 설명하기로 한다. 그레이엄과 하비[10]의 투자평가기법들에 관한 설문조사 결과에 의하면 Forbes에 기록된 500대 기업의 CEO와 CFO들은 $AE$기법을 투자평가기법으로 전혀 사용하고 있지 않다. 그 이유에 대한 추측으로는 $NPV$기법으로 투자평가를 하게 되면 굳이 $NPV$기법의 결과와 동일한 결과를 내는 $AE$기법을 재차 사용할 이유가 전혀 없기 때문일 것이다. 다만 $AE$기법은 엔지니어들이 생산현장에서 제품/서비스 단위당 이익/비용을 계산하기 위하여 사용할 수 있는 유익하면서도 유일한 평가기법이다.

### (3) *IRR*

$IRR$기법은 $NPV$기법과 비교하여 여러 대안들의 우선순위를 결정하는 과정이 다소 복잡하고 이해하기 어려운 점이 있음에도 불구하고 $NPV$기법과 함께 기업에서 가장 많이 사용되는 투자평가기법이다. 이에 대한 가장 큰 이유는 $IRR$기법의 최종 결과값이 이자율의 표시와 같이 비율(%)로 표시되어 기업 CEO들이 그 의미를 쉽게 이해할 수 있기 때문이다. $IRR$기법과 같이 최종 결과값이 비율로 표시되는 투자평가기법을 이용하여 상호배타적인 관계에 있는 대안들을 평가하여 우선순위를 결정하기 위해서는 반드시 증분분석을 실시하여야 한다. 이러한 증분분석을 실시해야 하는 가장 이유는 앞에서 설명하였듯이 각 대안의 초기투자자본의 크기(investment size matter)가 다를 경우에 화폐가치의 절댓값으로 표시되는 $NPV$기법의 최종 결과(대안들의 최종 우선순위)와 $IRR$기법에 의한 최종 결과(대안들의 최종 우선순위)가 다르기 때문이다. 그러므로 투자평가자는 두 기법에 의해 발생하는 상이한 최종 결과를 일치할 필요가 있다.

공학경제에서는 위에 기술한 $NPV$, $AE$, $IRR$ 기법들만을 주로 사용하여 투자프로젝트의 대안들의 우선순위를 결정하고 있지만 경영학의 재무론(financing theory) 교과서들은 투자프로젝트의 이익성 지표(profitability index: $PI$)[11]를 사용하여 투자프로젝트 대

---

10) John R. Graham and Campbell R. Harvey, "The Theory and Practice of Corporate Finance: Evidence from the Field," Journal of Financial Economics, Vol. 60, 2001, pp. 187-243.

11) Profitability Index($\Pi$)=현금유입액의 총 $NPV$/투자자본, 예: $NPV(10\%)=34,110$(천 원), 초기투자자본 $=30,000$(천 원), $P=34,110/30,000=1.137$,
결론: 만약에 다른 투자프로젝트의 $\Pi$값이 1.137보다 작다면 그 투자프로젝트는 기각하고, $\Pi=1.137$보다 큰 투자프로젝트가 있다면 이 투자프로젝트를 기각한다.

안들의 우선순위를 결정하기도 한다. 현실적으로 기업은 무제한의 투자자본을 소유하고 있지 못하다. 그렇기 때문에 투자예산의 제약성으로 인하여 고려 중인 모든 투자프로젝트를 수행할 수 없기 때문에 과학적이고 합리적인 방법으로 제약된 투자예산을 현명하게 각 투자프로젝트에 할당할 필요가 있다. 이러한 목적으로 재무론에서는 $PI$기법을 많이 사용하고 있고, 공학경제에서는 $IRR$기법을 많이 사용하고 있다.

### 7.5.2 *NPV, AE, IRR*기법을 이용한 투자프로젝트 대안들의 우선순위 결정

대부분의 실물투자프로젝트들은 일반적으로 하나 이상의 실행 가능한 대안에 의하여 추진된다. 현재 고려 중인 투자프로젝트의 대안들은 서로 다른 초기 투자자본을 요구하며, 투자로 인하여 발생되는 수익이나 비용도 대안들 간에 서로 다르게 나타날 뿐 아니라, 각 대안들의 사업수명 또한 다른 것이 일반적인 경향이다. 이와 같이 투자프로젝트의 서로 다른 특성들 때문에 어느 투자프로젝트의 대안들을 선택하여 실행할 것인지를 결정할 수 있는 평가방법과 의사결정방법을 투자평가 단계에서 반드시 고려해야 하고, 궁극적으로는 선택된 투자프로젝트의 대안들에 제약된 투자예산을 어떻게 효율적이면서도 합리적으로 할당할 것인가에 관한 문제도 해결해야 한다.

투자프로젝트의 대안선정 과정에 적용되어야 하는 두 가지 원칙이 있다. 첫 번째 원칙은 대안선정 과정에 근본적인 투자 목적이 필히 반영되어야 한다. 예를 들어, 투자자의 부를 증가시키기 위하여 결정된 $MARR$ 이상의 수익률을 달성하는 것을 투자목적으로 가정할 경우, 이 목적이 투자평가단계에서 명확히 고려되어야 한다. 두 번째 원칙은 1장에서 논한 공학경제의 4가지 원칙 중 두 번째 원칙인 대안들의 증분현금흐름(incremental cash flow)을 고려하여 대안 선정을 해야 한다. 이를 달리 표현하면, 현재 고려 중인 대안보다 더 많은 투자자본을 필요로 하는 대안이 만족스러운 결과를 창출하지 못한다면 최소한의 투자자본을 필요로 하면서 만족스러운 결과를 창출하는 대안을 선정해야 한다.

앞에서 논한 원칙들을 적용할 경우에는 최소한의 투자자본을 필요로 하는 투자대안을 선정하고 이 대안을 다양한 경제성 평가를 위한 기준 대안(base alternative)으로 간주해야 한다. 기준 대안이 근본적으로 요구하는 투자자본 이상으로 추가적인 투자자본이 투자되게 되면 이러한 추가적인 투자자본의 결과는 대개 제품/서비스 생산능력을 증가시키면서 품질도 향상시키며, 매출액을 증가시키는 동시에 운영비용을 절감시키고, 투자프로젝트의 사업수명을 연장시킨다. 그러므로 추가적 투자자본을 투자하기 이전에 투자가치가 형편없는 투자대안에 투자할 투자자본을 다른 투자기회에 투자할 수 있는지를 판단할 수 있어야 한다. 만약 이러한 판단을 명확히 내릴 수 없다면 최소한의 투자 이상을 신중하게 삼가해야 하고, 경우에 따라서는 전혀 투자를 실행하지 않아야 할 것이다. 위에서 논한 내용들을 간략하게 요약하면 투자를 실행하게 되면 $MARR$보다 큰 수익률을 달성하든지 아니면 최소한 $MARR$만큼의 수익률을 달성해야 하며, 이러한 결과들은 궁극적으로 회사의 투자자들의 부를 창출할 수가 있어야 한다.

위와 같은 내용을 기초로 하여 다음 예제 7.12를 통하여 대안들의 우선순위를 결정하는 방법을 구체적으로 이해하도록 하자.

**I 예제 7.13** 다수의 투자평가기법을 이용한 대안들의 우선순위 결정

〈표 7.10〉에 있는 네 개의 투자프로젝트의 대안들을 고려해 보기로 하자. 그리고 지금까지 배워온 투자평가기법들을 적용하여 4개의 투자프로젝트 대안들의 우선순위를 결정하도록 하자. 단, $MARR = 10\%$ 라고 가정한다.

‖ 표 7.10 ‖ 투자프로젝트 대안의 순 현금흐름

(단위: 천 원)

| 연도 | 대안 $A$ | 대안 $B$ | 대안 $C$ | 대안 $D$ |
|---|---|---|---|---|
| 0 | −100,000 | −100,000 | −100,000 | −100,000 |
| 1 | −100,000 | 140,000 | 50,000 | 470,000 |
| 2 | 200,000 | −10,000 | −50,000 | −720,000 |
| 3 | 200,000 | | 200,000 | 360,000 |

**조건**

〈표 7.10〉의 순 현금흐름, $MARR = 10\%$

**풀이**

본 풀이의 순서는 $NPV$기법, $AE$기법, 마지막으로 $IRR$기법을 이용하여 투자프로젝트의 대안들 간의 우선순위를 결정하도록 한다.

(1) $NPV$기법

앞에서 언급했듯이 $NPV$기법은 투자프로젝트의 경제적 가치를 절대적 화폐가치(absolute monetary value)로 측정하기 때문에, 비교 대상인 투자프로젝트 대안들의 사업수명이 동일하다면 각 대안들의 $NPV(MARR)$값을 기준으로 대안들의 우선순위를

결정할 수가 있다.

$NPV$기법을 사용하여 〈표 7.10〉에 있는 대안들의 우선순위를 결정하기 위해서는 7.4절에서 논한 세 가지 조건 중에서 첫 번째 조건(대안들 간의 관계성, 즉 독립성 혹은 상호배타성)과 두 번째 조건(공통 평가기간)을 만족시키는 대안들을 선택하여 대안들의 우선순위를 결정하도록 한다. 즉, 〈표 7.10〉에서 위의 조건을 만족시키는 대안들은 $A$, $C$ 그리고 $D$가 된다. 그러나 대안 $B$를 고려하여 모든 대안들의 우선순위를 $NPV$기법을 사용해서 결정할 수는 있다.

대안 $B$를 본 풀이에서 고려할 경우의 문제는 대안들의 사업수명이 다르기 때문에 공통평가기간을 대안 $A$, $C$, $D$의 사업수명 3년과 대안 $B$의 사업수명 2년의 최소공배수인 6년으로 결정해야 한다. 그러므로 모든 대안들의 사업수명을 6년으로 하여 투자프로젝트의 대안들의 경제적 가치를 계산해야 하기 때문에 평가과정과 계산이 매우 복잡하게 된다.

공통평가기간이 6년이면 대안 $B$, $C$, $D$는 두 번의 동일한 투자가 이루어진다고 가정해야 하고, 대안 $B$는 세 번 동일한 투자가 이루어진다고 가정해야 한다. 만약 두 대안의 사업수명이 하나는 11년이고 다른 하나의 사업수명이 13년이라면 공통평가기간은 143년이 되어 매우 지루하고 복잡할 뿐만 아니라 계산상 실수를 할 수도 있기 때문에 이러한 경우는 $NPV$기법보다 $AE$기법을 사용하여 대안들의 우선순위를 결정하는 것이 매우 편리하다. 그 결과는 $NPV$기법을 이용한 경우의 결과와 동일하게 나타난다.

① 대안들 간의 관계가 독립적일 경우(대안 $A$, $C$, $D$)

먼저 〈표 7.10〉에 있는 투자프로젝트의 대안들 간에 독립성이 유지되고, 투자예산을 무한대로 조달할 수 있다고 가정하면, 각 대안의 $NPV(MARR)$이 '0'보다 큰 모든 대안들을 실행할 수가 있다.

$MARR = 10\%$을 각 대안 $A$, $C$, $D$의 순 현금흐름에 적용하여 각 대안의 $NPV(10\%)$을 계산하여 이 값들을 기준으로 대안 $A$, $C$, $D$의 우선순위를 결정하도록 한다. 〈표 7.11〉의 맨 마지막 행에 대안 $A$, $C$, $D$의 $NPV(10\%)$의 값들이 기록되어있다. 최근에는 엑셀, Mathematica, 재무용 계산기 등을 이용하면 $NPV$값을 매우 용이하게 구할 수가 있다.

〈표 7.11〉에 있는 각 대안($A$, $C$, $D$)의 $NPV(10\%)$을 기준으로 대안들의 우선순위를 결정하면 다음과 같다.

$$NPV_A(10\%)=1억\ 2{,}464만\ 원$$

$$NPV_C(10\%)=5{,}440만\ 원$$

$$NPV_D(10\%)=270만\ 5{,}000원$$

- 결론: 투자예산은 무한대로 조달할 수 있다고 가정하였고 대안 $A$, $C$, $D$의 $NPV(10\%)$값이 모두 '0'보다 크므로 대안 $A$, $C$, $D$ 모두를 수행하는 것이 경제적으로 바람직하다.

② 대안들 간의 관계가 상호배타적[12)]일 (대안 $A$, $C$, $D$)

대안들 간의 관계가 상호배타적이라는 의미는 대안들의 우선순위를 결정하는 것이 아니라 여러 대안들 중에서 가장 경제적으로 바람직한 한 가지 대안만을 선정하는 것을 의미한다.

$$NPV_A(10\%)=1억\ 2{,}464만\ 원$$

$$NPV_C(10\%)=5{,}440만\ 원$$

$$NPV_D(10\%)=270만\ 5{,}000원$$

- 결론: 위의 대안들의 우선순위에 따라 대안 $A$만을 채택하고 나머지 대안 $C$와 $D$는 기각한다.

‖ 표 7.11 ‖ $NPV$기법을 이용한 대안들의 우선순위 결정하기

(단위: 천 원)

| 연도 | 대안 $A$ | 대안 $B$ | 대안 $C$ | 대안 $D$ |
|---|---|---|---|---|
| 0 | −100,000 | −100,000 | −100,000 | −100,000 |
| 1 | −100,000 | 140,000 | 50,000 | 470,000 |
| 2 | 200,000 | −10,000 | −50,000 | −720,000 |
| 3 | 200,000 | | 200,000 | 360,000 |
| $NPV(10\%)$ | 124,643 | 19,008 | 54,395 | 2,705 |

12) 6장에서 상호배타적(mutually exclusive)에 관한 정의를 살펴보았다. 다시 여기에서 반복하면 상호 배타적 관계란 여러 대안들 중 하나의 대안이 선정되면 나머지 모든 대안들은 기각되는 것을 의미한다.

(2) $AE$기법

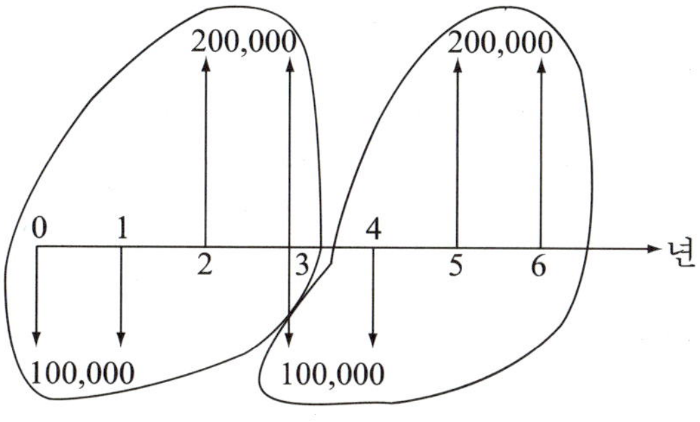


(가) 대안 $A$의 6년간 현금흐름도표

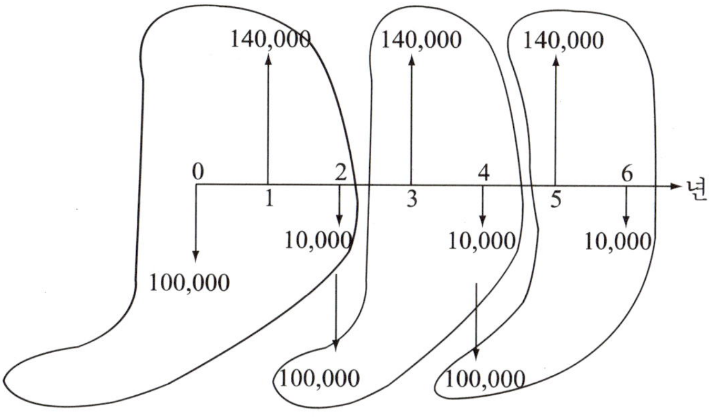


(나) 대안 $B$의 6년간 현금흐름도표

그림 7.17 서로 다른 사업수명을 갖는 대안 $A$와 $B$의 공통 평가기간 6년에 해당하는 현금흐름도표 (단위: 천 원)

위에서 논한 $NPV$기법에 관한 설명에서 투자대안들의 사업수명이 다를 경우에 대안들의 우선순위를 결정하고자 할 때, $AE$기법은 다른 평가기법들에 비해 매우 뛰어난 장점을 가지고 있다.

$AE$기법을 사용하여 대안들의 우선순위를 결정하기 전에 먼저 대안 $A$, $B$, $C$, $D$의 공통 평가기간 6년 동안 걸친 각 대안의 반복적인 투자에 관한 현금흐름도표를 〈그림 7.17〉에 있는 것처럼 구성해보도록 하자.

〈그림 7.17〉의 (가)는 사업수명이 3년인 대안 $A$의 공통 평가기간 6년에 걸친 현금흐름도표이다. 이 그림에서 보는 바와 같이 첫 번째 사이클의 현금흐름이 두 번째 사이클에서도 반복되고 있음을 알 수가 있다. 〈그림 7.17〉의 (나)는 사업수명이 2년인 대안

$B$가 공통 평가기간 6년에 걸친 현금흐름도표이다.

‖ 표 7.12 ‖ $AE$기법을 이용한 대안들의 우선순위 결정하기

(단위: 천 원)

| 연도 | 대안 $A$ | 대안 $B$ | 대안 $C$ | 대안 $D$ |
|---|---|---|---|---|
| 0 | −100,000 | −100,000 | −100,000 | −100,000 |
| 1 | −100,000 | 140,000 | 50,000 | 470,000 |
| 2 | 200,000 | −10,000 | −50,000 | −720,000 |
| 3 | 200,000 | | 200,000 | 360,000 |
| $AE$(10%) | 50,121 | 10,952 | 21,873 | 1,088 |

이 그림에서와 같이 대안 $B$의 첫 번째 사이클은 2번 더 반복하여 발생하고 있다. 만약 $NPV$기법이나 혹은 $IRR$기법을 사용하여 사업수명이 다른 두 대안들의 경제적 평가를 수행하려면 이러한 현금흐름도표를 토대로 평가가 이루어져야 한다. 그러나 $AE$기법을 사용하게 되면 6년에 걸친 각 대안의 현금흐름을 고려할 필요 없이 단지 첫 번째 사이클의 $AE$값만을 고려하여 대안들의 우선순위를 쉽게 결정할 수가 있다.

다음은 각 대안의 $AE$값을 구하는 두 가지 방법에 관하여 기술하려고 한다. 첫 번째 방법은 공통 평가기간인 6년을 기준으로 각 대안의 $AE$값을 구하는 것이고, 두 번째 방법은 단지 각 대안의 첫 번째 사이클만을 고려하여 각 대안의 $AE$값을 구하는 것이다. 물론 두 경우 각 대안의 $AE$값은 동일하게 나온다.

또한 $AE$기법을 이용한 경우, 각 대안들의 우선순위는 $NPV$에 의한 우선순위와 동일하다. 공간의 제약상 대안 $C$와 $D$의 6년에 걸친 현금흐름도표 그림은 생략하기로 한다. 두 대안의 현금흐름도표는 사업수명이 3년이기 때문에 대안 $A$의 6년에 걸친 현금흐름도표와 유사하다. 대안들 간의 관계성을 고려하여 대안들의 우선순위를 결정하기 전에 먼저 공통 평가기간 6년에 걸친 각 대안의 현금흐름을 고려하여 각 대안의 $AE$값을 구해 보도록 하고, 다음에는 각 대안의 첫 번째 사이클에 속한 현금흐름만을 고려하여 각 대안의 $AE$값을 구해보도록 하자.

① 공통기간 6년에 걸친 각 대안의 현금흐름을 토대로 각 대안의 $AE$값 구하기.

이와 같은 목적을 달성하기 위해서는 〈표 7.13〉에서 보는 바와 같이 새로운 현금흐름을 결정해야 한다. 앞 장에 기술된 바와 같이 $AE$값은 일반적으로 두 단계를 거쳐 계산이 된다. 첫 번째 단계는 대안의 $NPV$값을 구하는 것이고, 두 번째 단계는 $NPV$값을 토대로 $AE$값을 계산하는 것이다.

‖ 표 7.13 ‖ 공통 평가기간 6년에 걸친 각 대안들의 현금흐름

(단위: 천 원)

| 연도 | 대안 $A$ | 대안 $B$ | 대안 $C$ | 대안 $D$ |
|---|---|---|---|---|
| 0 | −100,000 | −100,000 | −100,000 | −100,000 |
| 1 | −100,000 | 140,000 | 50,000 | 470,000 |
| 2 | 200,000 | −110,000 | −50,000 | −720,000 |
| 3 | 100,000 | 140,000 | 100,000 | 260,000 |
| 4 | −100,000 | −110,000 | 50,000 | 470,000 |
| 5 | 200,000 | 140,000 | −50,000 | −720,000 |
| 6 | 200,000 | −10,000 | 200,000 | 360,000 |
| $AE$(10%) | 50,121 | 10,952 | 21,873 | 1,088 |

ⓐ 대안 $A$의 $AE$값 구하기

$$
\begin{aligned}
NPV_A(10\%) =& -100,000-100,000(P/F,\ 10\%,\ 1) \\
& +200,000(P/F,\ 10\%,\ 2)+100,000(P/F,\ 10\%,\ 3) \\
& -100,000(P/F,\ 10\%,\ 4)+200,000(P/F,\ 10\%,\ 5) \\
& +200,000(P/F,\ 10\%,\ 6) \\
=& \ 218,289\ (\text{천 원})
\end{aligned}
$$

$NPV(10\%)$을 구하는 다른 방법은 $NPV$기법을 사용하기 위해 구한 〈표 7.10〉에 있는 $NPV_A(10\%)$값을 직접 이용하는 것이다.

$$
\begin{aligned}
NPV_A(10\%) &= 124,643+124,643(P/F,\ 10\%,\ 3) \\
&= 124,643\{1+(P/F,\ 10\%,\ 3)\} \\
&= 218,289\ (\text{천 원}) \\
AE_A(10\%) &= NPV_A(10\%)(A/P,\ 10\%,\ 6) \\
&= 218,289(A/P,\ 10\%,\ 6) \\
&= 50,121\ (\text{천 원})
\end{aligned}
$$

ⓑ 대안 $B$의 $AE$값 구하기

〈표 7.11〉에 있는 $NPV_B(10\%)=19,008$ (천 원)을 직접 사용하여 $AE_B(10\%)$을 구하기로 한다.

$$
NPV_B(10\%)=19,008+19,008(P/F,\ 10\%,\ 2)+19.008(P/F,\ 10\%,\ 4)
$$

$$= 19{,}008\{1+(P/F,\ 10\%,\ 2)+(P/F,\ 10\%,\ 4)\}$$
$$= 47{,}700\ (천\ 원)$$
$$AE_B(10\%) = 47{,}700(A/P,\ 10\%,\ 6) = 10{,}952\ (천\ 원)$$

ⓒ 대안 $C$의 $AE$값 구하기

〈표 7.11〉에 있는 $NPV_C(10\%) = 54{,}395$(천 원)을 직접 사용하여 $AE_C(10\%)$을 구하기로 한다.

$$NPV_C(10\%) = 54{,}395 + 54{,}395(P/F,\ 10\%,\ 3)$$
$$= 54{,}395\{1+(P/F,\ 10\%,\ 3)\}$$
$$= 95{,}263\ (천\ 원)$$
$$AE_C(10\%) = 95{,}263(A/P,\ 10\%,\ 6)$$
$$= 21{,}873\ (천\ 원)$$

ⓓ 대안 $D$의 $AE$값 구하기

〈표 7.11〉에 있는 $NPV_D(10\%) = 2{,}705$(천 원)을 직접 사용하여 $AE_D(10\%)$을 구하기로 한다.

$$NPV_D(10\%) = 2{,}705 + 2{,}705(P/F,\ 10\%,\ 3)$$
$$= 2{,}705\{1+(P/F,\ 10\%,\ 3)\}$$
$$= 4{,}737\ (천\ 원)$$
$$AE_C(10\%) = 4{,}737(A/P,\ 10\%,\ 6)$$
$$= 1{,}088\ (천\ 원)$$

② 각 대안의 첫 번째 사이클에 속한 현금흐름을 토대로 각 대안의 $AE$값 구하기

ⓐ 대안 $A$의 $AE$값 구하기

$$NPV_A(10\%) = -100{,}000 - 100{,}000(P/F,\ 10\%,\ 1)$$
$$+200{,}000(P/F,\ 10\%,\ 2) + 200{,}000(P/F,\ 10\%,\ 3)$$
$$= 124{,}643\ (천\ 원)$$
$$AE_A(10\%) = 124{,}643(A/P,\ 10\%,\ 3) = 50{,}121\ (천\ 원)$$

ⓑ 대안 $B$의 $AE$값 구하기

〈표 7.11〉에 있는 대안 $B$의 $NPV_B(10\%)$를 직접 사용하여 $AE_B(10\%)$을 구하기

로 한다.

$$AE_B(10\%) = 19{,}008(A/P,\ 10\%,\ 2) = 10{,}952\ (\text{천 원})$$

ⓒ 대안 $C$의 $AE$값 구하기

〈표 7.11〉에 있는 대안 $C$의 $NPV_C(10\%)$를 직접 사용하여 $AE_C(10\%)$를 구하기로 한다.

$$AE_C(10\%) = 54{,}395(A/P,\ 10\%,\ 3) = 21{,}873\ (\text{천 원})$$

ⓓ 대안 $D$의 $AE$값 구하기

〈표 7.11〉에 있는 대안 $D$의 $NPV_D(10\%)$를 직접 사용하여 $AE_D(10\%)$를 구하기로 한다.

$$AE_D(10\%) = 2{,}705(A/P,\ 10\%,\ 3) = 1{,}088\ (\text{천 원})$$

공통기간 6년을 기준으로 하여 각 대안의 $AE$값을 구한 결과와 단지 각 대안의 첫 번째 사이클에 속한 현금흐름만을 고려해서 구한 $AE$값은 항상 동일함을 알게 되었다. 다음에는 각 대안들의 우선순위를 $AE$기준에 의거하여 결정해보도록 하자.

ⓐ 대안들 간의 관계가 독립적일 경우

$NPV$기법으로 각 대안들의 우선순위를 결정한 방법과 $AE$기법으로 우선순위를 결정한 결과는 항상 같아야 한다. 이에 대한 이유는 앞 절 $AE$기법에 관한 내용을 고찰할 때 설명하였다. 그러므로 여기에서는 단지 $AE$기법으로 직접 각 대안들의 우선순위를 정하도록 한다. $AE$기법에 의한 대안 $A$, $B$, $C$, $D$의 우선순위는 다음과 같다. 〈표 7.14〉는 대안 $A, B, C, D$의 $NPV$값과 $AE$값 그리고 대안들의 우선순위를 보여주고 있다.

〈표 7.14〉에서 보는 바와 같이 $NPV$기법과 $AE$기법은 동일한 대안들의 우선순위를 보여주고 있다. 앞에서 언급하였듯이 만약 비교 대상인 대안들의 사업수명이 다를 경우에는 $AE$기법을 사용하는 것이 가장 바람직하다.

‖ 표 7.14 ‖ *NPV*기법과 *AE*기법에 의한 대안들의 우선순위 결정

(단위: 천 원)

| 평가기법 | 투자프로젝트 대안 | | | |
|---|---|---|---|---|
| | *A* | *B* | *C* | *D* |
| *NPV*(10%)* | 218,289 | 47,700 | 95,263 | 4,737 |
| 우선순위 | (1) | (3) | (2) | (4) |
| | | | | |
| *AE*(10%) | 50,121 | 10,952 | 21,873 | 1,088 |
| 우선순위 | (1) | (3) | (2) | (4) |

Note: *NPV*(10%)*는 공통평가기간인 6년을 기준으로 하여 구한 값임.

ⓑ 대안들 간의 관계가 상호배타적일 경우

〈표 7.14〉에 있는 각 대안들의 우선순위에 관한 정보를 토대로 대안 $A$, $B$, $C$, $D$ 중에서 $AE$(10%)값이 가장 큰 대안 $A$를 선정해서 이 투자대안을 실행하는 것이 경제적인 측면에서 가장 바람직하다.

(3) *IRR*기법

*IRR*기법으로 상호배타적인 관계를 갖는 투자프로젝트의 대안들의 우선순위를 결정하기 위해서는 먼저 〈표 7.10〉에 주어진 현금흐름을 사용해서 각 투자프로젝트의 대안들에 관한 채택/기각 여부를 결정해야 한다. 그렇기 때문에 각 투자프로젝트의 대안에 관한 *IRR*를 계산해야 한다.

대안 $A$는 단순투자프로젝트이기 때문에 아래의 식의 해를 구하면 그 값이 이 대안의 $IRR = 41.42\%$가 된다.

$$\text{대안 } A: -100{,}000 - \frac{100{,}000}{(1+i^*)} + \frac{200{,}000}{(1+i^*)^2} + \frac{200{,}000}{(1+i^*)^3} = 0$$

그러나 대안 $B$, $C$, $D$는 비단순투자프로젝트이기 때문에 아래의 식의 실근 수는 최대 각 대안의 현금흐름의 사인 변화 수만큼 존재할 수가 있다. 이런 경우 각 대안이 확실하게 하나의 실근을 갖고 있다고 판단되면 그 값이 각 대안의 *IRR*이 되지만, 현실적으로 이런 확신을 갖기 위해서는 본 서의 부록 1을 참고로 해서 각 대안에 관해 순수/혼합투자프로젝트 테스트를 실행해야 한다.

$$\text{대안 } B: -100{,}000 + \frac{140{,}000}{(1+i^*)} - \frac{10{,}000}{(1+i^*)^2}$$

$$대안\ C: -100{,}000+\frac{50{,}000}{(1+i^*)}-\frac{50{,}000}{(1+i^*)^2}+\frac{200{,}000}{(1+i^*)^3}=0$$

$$대안\ D: -100{,}000+\frac{470{,}000}{(1+i^*)}-\frac{720{,}000}{(1+i^*)^2}+\frac{360{,}000}{(1+i^*)^3}=0$$

순수/혼합투자프로젝트 테스트

먼저 각 대안의 $i^*$를 구하면 $i_B^*=32.45\%$, $i_C^*=29.95\%$, $i_D^*=20.00\%$이다. 이 값들을 이용해서 대안들의 순수/혼합투자프로젝트 테스트를 실행하면 그 결과는 다음과 같다. 먼저 $i^*=32.45\%$ 대안 $B$의 순수/혼합투자프로젝트 테스트를 실행해 보도록 하자.

$$대안\ B:\ PB_0(32.45\%)=-100{,}000$$

$$PB_1(32.45\%)=-100{,}000(1+0.3245)+140{,}000=7{,}550>0$$

$PB_1(32.45\%)>0$이기 때문에 이 대안은 혼합투자프로젝트이다. 그러므로 대안 $B$의 $RIC$를 결정해야 한다. 시행착오법을 사용해서 $RIC$를 결정하면 그 과정은 다음과 같다.

시도 1: $RIC=25\%$

$$PB_0(MARR=10\%, RIC=25\%)=-100{,}000$$

$$PB_1(MARR=10\%, RIC=25\%)=-100{,}000(1+0.25)+140{,}000=15{,}000$$

$$PB_2(MARR=10\%, RIC=25\%)=15{,}000(1+0.1)-10{,}000=6{,}500$$

시도 2: $RIC=35\%$

$$PB_0(MARR=10\%, RIC=35\%)=-100{,}000$$

$$PB_1(MARR=10\%, RIC=35\%)=-100{,}000(1+0.35)+140{,}000=5{,}000$$

$$PB_2(MARR=10\%, RIC=35\%)=5{,}000(1+0.1)-10{,}000=-4{,}500$$

시도 3: $RIC=31.1\%$

$$PB_0(MARR=10\%, RIC=31.1\%)=-100{,}000$$

$$PB_1(MARR=10\%, RIC=31.1\%)=-100{,}000(1+0.311)+140{,}000=8{,}900$$

$$PB_2(MARR=10\%, RIC=31.1\%)=8{,}900(1+0.1)-10{,}000=-210$$

대안 $B$의 $RIC$는 대략 31.1%이다. 대안 $C$의 순수/혼합투자프로젝트 테스트를 실행하면 그 결과는 다음과 같다.

대안 $C$: $PB_0(29.95\%) = -100,000$

$$PB_1(29.95\%) = -100,000(1+0.2995)+50,000 = -79,950$$

$$PB_2(29.95\%) = -79,950(1+0.2995)-50,000 = -153,895$$

$$PB_3(29.95\%) = -153,895(1+0.2995)+200,000 = 13.415 > 0$$

대안 $C$의 모든 $PB$값이 0보다 작거나 같기 때문에 이 대안은 순수투자프로젝트이다. 그러므로 $i^* = 29.95\%$가 이 대안의 $IRR$이 된다. 대안 $D$의 순수/혼합투자프로젝트 테스트를 실행하면 그 결과는 다음과 같다.

대안 $D$: $PB_0(20\%) = -100,000$

$$PB_1(20\%) = -100,000(1+0.2)+470,000 = 350,000 > 0$$

$PB_1(20\%) > 0$이기 때문에 이 대안은 혼합투자프로젝트이다. 그러므로 대안 $D$의 $RIC$를 결정해야 한다. 대안 $B$의 $RIC$를 결정한 과정을 동일하게 적용하여 대안 $D$의 $RIC$를 결정하면 다음과 같다. 시행착오 중간 과정은 생략하였다.

시도 1: $RIC = 11\%$

$$PB_0(MARR = 10\%, RIC = 11\%) = -100,000$$

$$PB_1(MARR = 10\%, RIC = 11\%) = -100,000(1+0.11)+470,000$$

$$= 359,000$$

$$PB_2(MARR = 10\%, RIC = 11\%) = 359,000(1+0.1)-720,000 = -325,000$$

$$PB_3(MARR = 10\%, RIC = 11\%) = -325,000(1+0.1)+360,000 = 2,390$$

$PB_3(MARR=10\%, RIC=11\%)$의 값 2,390이 0보다 크기는 하지만 이를 0으로 간주하면 대안 $D$의 $RIC$를 11%로 결정할 수가 있다. 보간법이나 Mathematica 등의 소프트웨어를 사용하면 좀 더 정확한 $RIC$값을 구할 수가 있다.

대안 $A$, $B$, $C$, $D$의 $IRR$값이 모두 $MARR=10\%$보다 크므로 모든 대안들은 채택되어야 한다. 이제 $IRR$기법을 사용해서 대안 $A$, $B$, $C$, $D$의 우선순위를 결정하기 위해서는 두 개의 대안들을 한 쌍으로 하여 증분분석을 실행해야 한다. 만약 두 대안들의 분석기간이 다르면 두 대안의 분석기간의 최소공배수를 분석기간을 정하고 증분분석을 실시해야 한다. 계산상의 편리를 위해 먼저 대안 $C$와 $D$의 증분분석을 실시해 보도록 하자. 〈표 7.15〉는 두 대안의 증분분석을 위한 현금흐름을 보여주고 있다.

‖ 표 7.15 ‖ 증분현금흐름($C-D$)

| 연도 | 대안 $C$ | 대안 $D$ | 증분현금흐름 ($C-D$) |
|---|---|---|---|
| 0 | −100,000 | −100,000 | 0 |
| 1 | 50,000 | 470,000 | −420,000 |
| 2 | −50,000 | −720,000 | 670,000 |
| 3 | 200,000 | 360,000 | −160,000 |

〈표 7.15〉의 증분현금흐름($C-D$)은 비단순투자프로젝트이고 $i^*$=30.28%이다. $i^*$=30.28%로 대안 ($C-D$)의 순수/혼합투자프로젝트 테스트를 실행하면 그 결과는 다음과 같다.

대안 ($C-D$): $PB_0(i^* = 30.28\%) = 0$

$$PB_1(i^* = 30.28\%) = -420,000$$

$$PB_2(i^* = 30.28\%) = -420,000(1+0.3028) + 670,000 = 122,000 > 0$$

$PB_2(i^*=30.28\%) > 0$ 때문에 이 대안은 혼합투자프로젝트로 판명되었다. 그러므로 시행착오법으로 $RIC$를 구하면 다음과 같다. 단, 중간 과정은 생략하기로 한다.

시도 1: $RIC = 25\%$

$$PB_0(MARR = 10\%, RIC = 25\%) = 0$$

$$PB_1(MARR = 10\%, RIC = 25\%) = -420,000 = -420,000$$

$$PB_2(MARR = 10\%, RIC = 25\%) = -420,000(1+0.25) + 670,000 = 145,000$$

$$PB_3(MARR = 10\%, RIC = 25\%) = 145,000(1+0.1) - 160,000 = -5,000$$

대안 ($C-D$)의 $RIC$=25%가 $MARR$=10%보다 크므로, 대안 $C$가 대안 $D$보다 경제적으로 더 바람직한 대안으로 선정되었다. 〈표 7.11〉에서 두 대안의 $NPV$를 비교해 보면 대안 $C$의 $NPV$가 대안 $D$의 $NPV$보다 크므로 대안 $C$가 대안 $D$보다 더 바람직하다. 이 결과와 위에서 기술한 $IRR$의 결과가 동일함을 알 수가 있다.

이제 대안 $C$와 대안 $A$를 비교하기 위해 두 대안의 증분현금흐름을 구성해 보도록 하자. 〈표 7.16〉은 이와 관련된 증분현금흐름 ($A-C$)를 보여주고 있다.

‖ 표 7.16 ‖ 증분현금흐름($A-C$)

| 연도 | 대안 $A$ | 대안 $C$ | 증분현금흐름 $A-C$ |
|---|---|---|---|
| 0 | −100,000 | −100,000 | 0 |
| 1 | −100,000 | 50,000 | −150,000 |
| 2 | 200,000 | −50,000 | 250,000 |
| 3 | 200,000 | 200,000 | 0 |

증분현금흐름 ($A-C$)의 $i^*$는 66.67%이다. 이 증분현금흐름 대안은 단순투자프로젝트이기 때문에 $i^*$=66.67%가 이 대안의 $IRR$이 된다. 그리고 $IRR$=66.67%가 $MARR$=10%보다 크기 때문에 대안 $A$가 대안 $C$보다 바람직하다.

이제 대안 $A$와 대안 $B$를 비교해서 우선순위를 결정하도록 한다. 그러나 이 경우 두 대안들의 분석기간이 서로 다르므로 두 분석기간의 최소공배수를 공통 분석기간으로 설정해서 〈표 7.17〉과 같이 현금흐름을 보강해서 증분현금흐름($A-B$)을 구성해야 한다.

‖ 표 7.17 ‖ 증분현금흐름($A-B$)

| 연도 | 대안 $A$ | 대안 $C$ | 증분현금흐름 $A-C$ |
|---|---|---|---|
| 0 | −100,000 | −100,000 | 0 |
| 1 | −100,000 | 140,000 | −240,000 |
| 2 | 200,000 | −110,000 | 310,000 |
| 3 | 100,000 | 140,000 | −40,000 |
| 4 | −100,000 | −110,000 | 10,000 |
| 5 | 200,000 | 140,000 | 60,000 |
| 6 | 200,000 | −10,000 | 210,000 |

증분현금흐름 ($A-B$)은 $i^*$=46.61%를 갖고 그리고 비단순투자프로젝트이다. 그러므로 $i^*$=46.61%로 대안 ($A-B$)에 관한 순수/혼합투자프로젝트 테스트를 실행해서 $i^*$=46.61%가 이 대안의 $IRR$인지 아니면 $RIC$를 결정해야 하는지를 판단해야 한다. 그 결과는 다음과 같다.

증분현금흐름 대안 $(A-B)$:

$$PB_0(i^* = 46.61\%) = 0$$

$$PB_1(i^* = 46.61\%) = -240,000$$

$$PB_2(i^* = 46.61\%) = -240,000(1+0.4661)+310,000 = -41,864$$

$$PB_3(i^* = 46.61\%) = -41864(1+0.4661)-40,000 = -101,376$$

$$PB_4(i^* = 46.61\%) = -101,376(1+0.4661)+10,000 = -138,628$$

$$PB_5(i^* = 46.61\%) = -136,394(1+0.4661)+60,000 = -143,243$$

$$PB_6(i^* = 46.61\%) = -143,243(1+0.4661)+210,000 = -51$$

증분현금흐름 대안$(A-B)$이 비단순투자프로젝트이기는 하지만 이 대안의 모든 $PB$ $(i^*=46.61\%)$가 0보다 작거나 같아서 이 대안은 순수투자프로젝트로 판명이 되었다. 그러므로 $i^*=46.61\%$가 이 대안의 *IRR*이 되고, 이 값이 *MARR*=10%보다 크므로 대안 $A$가 대안 $B$보다 더 바람직한 대안으로 결정되었다. 최종적으로 대안 $A$가 네 개의 대안들 중에서 가장 바람직한 대안으로 결정되었다.

이제 $B$, $C$, $D$ 대안들 중에서 가장 바람직한 대안들의 우선순위를 결정해 보기로 하자. 그러면 $(B, C)$대안과 $(B, D)$대안의 증분현금흐름을 구성해야 할 것이다. 먼저 증분현금흐름 $(C-B)$를 구성하면 그 결과 〈표 7.18〉과 같다.

‖ 표 7.18 ‖ 증분현금흐름 $C-B$

| 연도 | 대안 $B$ | 대안 $C$ | 증분현금흐름 $C-B$ |
|---|---|---|---|
| 0 | −100,000 | −100,000 | 0 |
| 1 | 140,000 | 50,000 | −90,000 |
| 2 | −110,000 | −50,000 | 60,000 |
| 3 | 140,000 | 100,000 | −40,000 |
| 4 | −110,000 | 50,000 | 160,000 |
| 5 | 140,000 | −50,000 | −190,000 |
| 6 | −10,000 | 200,000 | 210,000 |

증분현금흐름 $(C-B)$는 $i^*=27.5385\%$이 되어, 이 대안이 비단순투자프로젝트이기 때문에 $i^*=27.5385\%$으로 순수/혼합투자프로젝트 테스트를 다음과 같이 실행해야 한다.

$$PB_0(i^* = 27.5385\%) = 0$$

$$PB_1(i^* = 27.5385\%) = -90,000$$

$$PB_2(i^* = 27.5385\%) = -90,000(1+0.275385)+60,000 = -54,784$$

$$PB_3(i^* = 27.5385\%) = -54,784(1+0.275385)-40,000 = -109,871$$

$$PB_4(i^* = 27.5385\%) = -109,871(1+0.275385)+160,000 = 19,871 > 0$$

$PB_4(i^*=27.5385\%) > 0$ 때문에 이 대안은 혼합투자프로젝트로 판명되어 시행착오법으로 이 대안의 *RIC*를 구하면 다음과 같다.

$$PB_0(MARR = 10\%, RIC = 27\%) = 0$$

$$PB_1(MARR = 10\%, RIC = 27\%) = -90,000$$

$$PB_2(MARR = 10\%, RIC = 27\%) = -90,000(1+0.27)+60,000 = -54,300$$

$$PB_3(MARR = 10\%, RIC = 27\%) = -54,300(1+0.27)-40,000 = -108,961$$

$$PB_4(MARR = 10\%, RIC = 27\%) = -108,961(1+0.27)+160,000 = 21,619$$

$$PB_5(MARR = 10\%, RIC = 27\%) = 21,619(1+0.1)-190,000 = -166,218$$

$$PB_6(MARR = 10\%, RIC = 27\%) = -166,218(1+0.27)+210,000 = -1,097$$

증분현금흐름 ($C-B$)의 대략적인 *RIC*는 27%이다. 이 값이 *MARR*=10%보다 크므로 대안 *C*가 대안 *B*보다 더 바람직하다. 이제 대안 *B*와 대안 *D*를 비교해서 우선순위를 결정해 보도록 하자. 〈표 7.19〉는 두 대안의 증분현금흐름을 보여주고 있다.

‖ 표 7.19 ‖ 증분현금흐름 $B-D$

| 연도 | 대안 $B$ | 대안 $D$ | 증분현금흐름 $B-D$ |
|---|---|---|---|
| 0 | −100,000 | −100,000 | 0 |
| 1 | 140,000 | 470,000 | −270,000 |
| 2 | −110,000 | −720,000 | 610,000 |
| 3 | 140,000 | 260,000 | −120,000 |
| 4 | −110,000 | 470,000 | −580,000 |
| 5 | 140,000 | −720,000 | 860,000 |
| 6 | −10,000 | 360,000 | −370,000 |

대안 ($B-D$)는 비단순투자프로젝트이기 때문에 $i^*=75.28\%$를 구해서 순수/혼합투자프로젝트 테스트를 실행하면 그 결과는 다음과 같다.

$$PB_0(i^* = 75.28\%) = 0$$

$$PB_1(i^* = 75.28\%) = -270,000$$

$$PB_2(i^* = 75.28\%) = -270,000(1+0.7528)+610,000 = 136,744 > 0$$

$PB_2(i^*=75.28\%) > 0$ 때문에 이 대안은 혼합투자프로젝트로 판명되어 시행착오법으로 이 대안의 *RIC*를 구하면 다음과 같다.

$$PB_0(MARR = 10\%, RIC = 30.5\%) = 0$$

$$PB_1(MARR = 10\%, RIC = 30.5\%) = -270,000$$

$$PB_2(MARR = 10\%, RIC = 30.5\%) = -270,000(1+0.305)+610,000 = 257,650$$

$$PB_3(MARR = 10\%, RIC = 30.5\%) = 257,650(1+0.1)-120,000 = 163,415$$

$$PB_4(MARR = 10\%, RIC = 30.5\%) = 163,415(1+0.1)-580,000 = -400,243$$

$$PB_5(MARR = 10\%, RIC = 30.5\%) = -400,243(1+0.305)+860,000 = 337,682$$

$$PB_6(MARR = 10\%, RIC = 30.5\%) = 337.682(1+0.1)-370,000 = 1,451$$

증분현금흐름 $(B-D)$의 대략적인 *RIC*는 30.5%이다. 이 값이 *MARR*=10%보다 크므로 대안 *B*가 대안 *D*보다 더 바람직하다.

위에서 기술한 분석 내용을 토대로 대안 *A*, *B*, *C*, *D*의 우선순위를 결정하면 $A > C > B > D$가 된다. 이러한 우선순위를 〈표 7.14〉의 *NPV* 혹은 *AE*의 우선순위 결과와 비교하면 동일함을 알 수가 있다. 어느 투자분석기법을 사용하든지 올바르게 기법을 사용하면 투자프로젝트들의 우선순위는 이 예제에서와 같이 항상 동일하게 나타난다. 그러나 이 예제에서 알 수 있듯이 *IRR*기법을 사용해서 배타적 투자프로젝트의 우선순위를 결정하는 과정은 어렵고 또한 그 계산 과정이 복잡하여 특별한 상황이 아니면 *NPV*기법이나 *AE*기법을 사용하기를 추천한다.

앞의 6장과 7장에서 우리는 투자프로젝트의 경제성 평가를 위한 다양한 종류의 투자평가기법들의 특성들과 적용방법 등에 관하여 알아보았다. 이러한 투자프로젝트들을 수행하는 주체가 일반 사기업이라는 가정하에 투자평가방법에 관하여 논하였으나, 다음 10장에서는 투자프로젝트의 수행 주체가 정부(중앙정부 혹은 지방자치단체)일 경우에 가장 많이 사용되고 있는 편익/비용비율(benefit/cost ratio: *B*/*C*)에 관하여 알아보기로 한다.

# 연습문제

7.1 순 현재가치기법, 연 등가기법, 혹은 내부수익률기법에 관한 특성을 간략하게 기술하여라.

7.2 순 현재가치기법을 이용하여 투자프로젝트의 경제성 평가를 실행하기 위해 필요한 자료 또는 정보를 나열하여라.

7.3 다른 투자평가기법들에 비해 연 등가가치기법의 장점이 무엇인지를 논하여라.

7.4 다음의 표에 있는 현금흐름을 갖는 투자프로젝트의 순 현재가치를 구하여라. 단, $MARR = 9\%$ 이다.

(단위: 천 원)

| 연도 | 현금흐름 |
|---|---|
| 0 | −225,000 |
| 1 | −450,000 |
| 2 | −675,000 |
| 3 | −900,000 |
| 4 | −1,125,000 |
| 5~8 | 2,025,000 |

(1) $1{,}508{,}000 \le NPV(9\%) \le 1{,}575{,}000$
(2) $1{,}733{,}000 \le NPV(9\%) \le 1{,}800{,}000$
(3) $1{,}935{,}000 \le NPV(9\%) \le 2{,}002{,}000$
(4) $2{,}025{,}000 \le NPV(9\%) \le 2{,}093{,}000$

7.5 회사에서 수명이 25년 남은 건물을 구입하려고 한다. 세입자가 최근에 장기 임대계약을 체결하여 첫 5년간은 매년 1억 5,000만 원씩 임대료 수입이 기대된다. 이후는 매 5년마다 임대료를 10%씩 인상하게 되어 있다(6년째로부터 10년까지는 년 1억 6,500만 원, 11년째부터 15년까지는 1억 8,150만 원, 16년째부터 20년까

지는 1억 9,965만 원, 21년째부터 25년까지는 2억 1,962만 원). 수입에 따른 세금을 포함한 제보수 등 관리비용으로 첫 해에는 4,500만 원이 지출되고 이후에는 매년 300만 원씩 비용이 추가된다고 한다. 25년도 말에 건물을 철거한 후 대지를 매각하게 되면 철거비용, 세금 등 제비용을 제외하고 5,000만 원을 받을 수 있다고 한다. 만약 이 건물에 투자할 자금을 다른 어떤 곳에 투자하여도 최소 12%의 수입을 얻을 수 있다고 한다면, 이 건물과 대지를 위해 투자할 수 있는 최대 금액은 얼마가 될 것인가?

**7.6** 유선TV 방송회사들과 관련 설비공급업체 사이에 보다 많은 채널을 테이블 망에 함축시키는 새로운 기술을 설치할 준비를 하고 있으며, 이로써 방송, 전화, 가전제품 산업군에 창조적인 프로그램혁명을 불러일으킬 것이다.

디지털 압축기술은 컴퓨터 기술을 이용하여 3~10개 프로그램을 하나의 통로(통신선)로 압축한다. 디지털 압축기술을 충분히 활용하면 한 케이블에, 현재 사용되고 있는 유선TV시스템에서 사용하고 있는 대략 35개 프로그램의 압축에 비해, 100개 이상의 프로그램을 압축할 수 있다. 이러한 새로운 압축기술에 광케이블시스템과 결합하게 되면 300개 정도까지를 하나의 케이블에 압축할 수도 있게 될 것이다.

한 통신회사에서 이 기술을 도입하여 회원판매를 확장하고 위성 사용시간을 절약하려고 한다. 이 시설의 설치에 2년이 소요되고, 8년의 기대수명을 갖고 있으며, 다음과 같은 절감과 지출이 발생한다고 한다.

디지탈 압축기술

(단위: 천 원)

| 내역 | 대안 $A$ |
|---|---|
| 투자 | |
| 1) 현 재 | 500,000 |
| 2) 1년차 | 3,200,000 |
| 3) 2년차 | 4,000,000 |
| 매년 위성사용료 절감 | 2,000,000 |
| 새로운 회원판매로 인한 추가 수입(년간) | 4,000,000 |
| 매년 추가 비용 | 1,500.000 |
| 매년 추가 수입에 따른 세금 | 1,300.000 |
| 경제수명 8년 후 순잔존가치 | 1,200.000 |

투자프로젝트는 2년간의 투자기간 후 8년간의 수명을 갖고 있다(총 10년 수명의 프로젝트)는 것을 주목하라. 이는 첫 번째 연간 절감이 3년차에 발생하고 마지막 절감은 10년차에 발생한다는 것을 의미한다. *MARR*이 15%일 때에 프로젝트의 경제적가치를 현재가치법을 이용하여 평가하라.

**7.7** 다음과 같은 현금흐름을 갖고 있는 투자프로젝트를 고려해보기로 하자.

(단위: 천 원)

| 연도 | 프로젝트 $A$ |
|---|---|
| 0 | −15,000 |
| 1 | 900 |
| 2 | 1,200 |
| 3 | 2,250 |

(1) 이 투자프로젝트의 순 현재가치를 구하여라. 단 $MARR = 10\%$ 이다.

(2) $0 \le MARR \le 50\%$ 에서 이 투자프로젝트의 순 현재가치를 구하고 이를 그래프로 그려라.

**7.8** 다음과 같은 재무적 조건을 갖고 있는 물류창고를 고려해보기로 하자.

- 초기 투자자본: 2억 2,500만 원
- 사업수명: 35년
- 순 잔존가액: 5,625만 원
- 연 순익: 3,825만 원
- 연간 운영비용: 900만 원
- 연간 세금: 450만 원

물류창고 투자프로젝트에 관한 다음의 기술된 내용 중 알맞은 표현은 어느 것인가?

(1) $MARR = 9\%$ 에서 이 투자프로젝트는 경제적으로 타당하다.

(2) $MARR = 6\%$ 에서 이 투자프로젝트의 순 현재가치는 1억 4,114만 원이다.

(3) $MARR \le 10.77\%$ 에서 이 투자프로젝트는 경제적으로 타당하다.

(4) 위 모든 기술된 내용들은 옳다.

**7.9** 다음과 같은 재무정보를 갖고 있는 투자프로젝트를 고려해보기로 하자.

(단위: 천 원)

| 연도 | 현금흐름 | $MARR$ |
|---|---|---|
| 0 | −3,000 | 10 |
| 1 | 3,600 | 12 |
| 2 | 5,100 | 14 |
| 3 | 3,750 | 15 |
| 4 | 3,750 | 17 |
| 5 | 4,500 | 20 |

(1) 이 투자프로젝트의 순 현재가치를 구하고 이를 기준으로 이 투자프로젝트의 채택여부를 결정하여라.

(2) 이 투자프로젝트의 연 평균 $MARR$를 구하고 이를 토대로 순 현재가치를 구하고 또한 프로젝트의 채택여부를 결정하여라.

(3) 질문 (1)과 (2)의 결과를 비교·분석하여라.

**7.10** 다음과 같은 현금흐름을 창출하는 세 투자프로젝트를 고려해보기로 하자.

(단위: 천 원)

| 연도 | 프로젝트 $A$ | 프로젝트 $B$ | 프로젝트 $C$ |
|---|---|---|---|
| 1 | 1,500 | 7,500 | 4,500 |
| 2 | 3,000 | 6,000 | 4,500 |
| 3 | 4,500 | 4,500 | 4,500 |
| 4 | 6,000 | 3,000 | 4,500 |
| 5 | 7,500 | 1,500 | 4,500 |

(1) 투자분석기법을 사용하지 않고 어느 투자프로젝트가 가장 바람직한 투자프로젝트인지를 결정하고 그 이유를 밝혀라.

(2) $MARR = 8\%$에서 어느 투자프로젝트가 가장 경제적으로 바람직한지를 결정하고 그 이유를 밝혀라.

(3) $MARR = 15\%$에서 어느 투자프로젝트가 가장 경제적으로 바람직한지를 순 현재가치기법을 기준으로 하여 결정하여라.

**7.11** 제품시장의 제품 경쟁력 요소가 변하여 $SS$회사는 이에 효과적으로 대응하기 위해 범용기계로 구성된 제조시스템과 특수기계로 구성된 제조시스템 중 하나를 선정하여 설치할 계획을 수립하였다. 범용제조시스템은 한 대에 2,250만 원인 2대

의 범용기계를 필요로 하고 있다. 범용기계 한 대당 1시간에 10개의 부품을 생산하고, 범용기계 운전자의 시간당 노임은 15,000원이다. 특수용 제조시스템은 6,750만 원인 한 대의 특수용 기계를 필요로 하고 있으며, 이 기계는 1시간당 20개의 부품을 생산하고 있다. 그리고 특수용 기계 운전자의 시간당 노임은 12,000원이다. 범용제조시스템과 특수용 제조시스템의 사용수명은 10년이고, 10년 후의 두 제조시스템의 잔존가액은 전혀 없다. 각 제조시스템의 경제적 평가를 실행하기 위해 다른 자료들은 아래의 표에 있는 바와 같다.

| | 범용제조시스템 | 특수용제조시스템 |
|---|---|---|
| 시간당 전력비용 | 750원 | 975원 |
| 연간 고정유지비용 | 112만 5,000원 | 135만 원 |
| 시간당 변동유지비용 | 375원 | 225원 |
| 연간 보험료 및 공간비용 | 630만 원 | 825만 원 |

(1) 만약 연간 기대 부품 생산량이 20,000개이고, 세전 최소수익률이 20%라고 하자. 이러한 조건하에서 두 제조시스템 중 어느 시스템이 경제적으로 더 바람직한지를 순 현재가치기법을 기준으로 결정하여라.

(2) 두 제조시스템의 경제적 가치를 무차별하게 하는 연간 기대 부품 생산량을 결정하여라.

**7.12** 0년도에 3억 7,500만 원의 투자가 발생할 것이고, 2차 투자로 6차 년도 말에 3억 원 투자가 발생할 것으로 예측되고 있다. 이 투자프로젝트의 사업수명은 10년이며, 1차 년도 말에 7,500만 원의 순 현금흐름이 발생하고 그 후부터는 매년 300만 원씩 증가할 것으로 추정되고 있다. $MARR = 10\%$ 라고 가정하고 이 투자프로젝트의 연도별 프로젝트 잔액을 구하고 순 미래가치를 결정하여라.

**7.13** 다음과 같은 현금흐름과 프로젝트 잔액을 가지고 있는 투자프로젝트를 고려해보기로 하자.

(단위: 천 원)

| 연도 | 현금흐름 | 프로젝트 잔액 |
|---|---|---|
| 0 | −3,000 | −3,000 |
| 1 | (  ) | −1,350 |
| 2 | 735 | −750 |
| 3 | (  ) | 0 |
| 4 | (  ) | −150 |
| 5 | 300 | (  ) |

(1) 위 표에 있는 (  ) 안을 채워 넣어라.

(2) 투자프로젝트 잔액을 계산하기 위해 사용된 이자율을 결정하고 이 투자프로젝트의 순 현재가치를 구하여라.

**7.14** 사업수명이 4년이고 현금흐름과 프로젝트 잔액이 다음과 같은 투자프로젝트를 고려해보기로 하자.

(단위: 천 원)

| 연도 | 현금흐름 | 프로젝트 잔액 |
|---|---|---|
| 0 | −1,500 | −1,500 |
| 1 | (  ) | −1,650 |
| 2 | (  ) | −1,200 |
| 3 | 690 | −750 |
| 4 | (  ) | 0 |

(1) 위 표에 있는 (  ) 안의 현금흐름을 결정하여라.

(2) 이 투자프로젝트 잔액을 구하기 위해 사용된 이자율을 결정하여라.

**7.15** 한반도공과대학은 생명공학연구소에 한 명의 석좌교수를 초빙하기 위해 기부금을 모금하려고 한다. 석좌교수의 연봉은 2억 2,500만 원이고 기부금은 연 이자율 5%인 은행계좌에 저축하려고 한다. 석좌교수의 연봉을 만족시키기 위한 기부금은 얼마이어야 하는지를 자본화 등가가치를 이용하여 구하여라. 단, 석좌교수제도는 영원히 존재할 것이고 연봉은 2억 2,500만 원으로 항상 동일하다고 한다.

**7.16** 한반도공과대학은 현재 침체된 공과대학에 우수한 학생들을 유치하기 위해 자체적으로 장학재단을 설립하려고 한다. 목표로 하는 장학금액을 성공적으로 모금하

게 되면 한반도공과대학은 그 모금액을 은행에 예금하고 연간 이자를 학생들에게 장학금으로 수여하려고 한다. 한반도공과대학에서 예상하는 연간 장학금액은 1억 5천만 원이다. 만약 은행의 연간 이자율이 6%라면 한반도공과대학은 연간 장학금을 마련하기 위해서 장학 모금액이 얼마이어야 하는지를 자본화 등가가치를 이용하여 구하여라.

**7.17** 앞으로 10년 동안 매년 60만 원씩 현금유입이 발생하고, 10년 후부터는 현금유입은 135만 원으로 영원히 발생할 것으로 예측되고 있다. 이러한 현금흐름을 갖고 있는 투자프로젝트의 자본화 등가가치를 구하여라.

**7.18** 아래와 같은 현금흐름을 갖고 있는 투자프로젝트의 자본화 등가가치는 얼마인가?

(단위: 천 원)

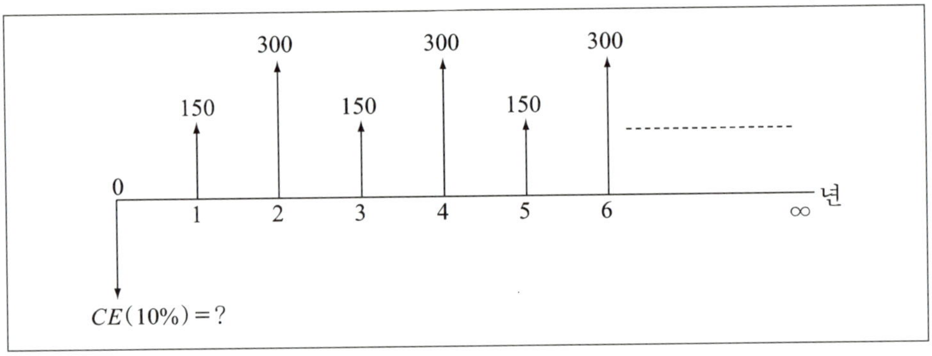


**7.19** 다음과 같은 현금흐름을 갖고 있는 투자프로젝트의 연 등가가치를 계산하여라. ($MARR = 12\%$)

(단위: 천 원)

| 연도 | 투자액 | 수익 |
|---|---|---|
| 0 | −22,500 | |
| 1 | | 4,500 |
| 2 | | 4,500 |
| 3 | | 6,750 |
| 4 | | 6,750 |
| 5 | | 2,250 |
| 6 | 4,500 | 1,125 |

**7.20** 아래와 같은 현금흐름을 갖고 있는 투자프로젝트의 연 등가가치를 구하여라. ($MARR=8\%$)

(단위: 천 원)

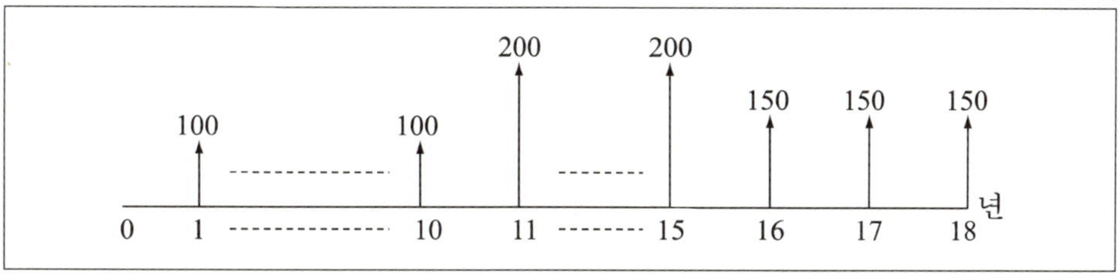


**7.21** 범안출판사가 국내의 어느 도서관과 제본 계약을 맺고 있다. 범안출판사가 매년 1,000권을 제본해서 이 도서관에 제공하면서 1권당 연 25,000원을 받고 있다. 그래서 이 도서관에서는 종합도서관 지하실에서 자체적으로 제본할 것을 고려 중이다. 자체 제본을 하기 위해 필요한 제본기와 인쇄기는 1억 원이다. 이 설비의 사용수명은 8년이고 잔존가치는 1,200만 원으로 추정된다. 연간 운영유지비는 1,000만 원이고, 이자율 12%를 고려해서 자체 제본하는 책 1권당 비용을 구하여라.

**7.22** SS회사에서 현재 1억 2,000만 원을 투자하여 열 교환기를 구입하려고 한다. 열 교환기의 사용수명은 8년이고 매년 3,000만 원씩 비용을 절감할 것으로 예측되고 있다. $MARR=8\%$로 가정하고, 열 교환기 투자프로젝트의 연 등가가치를 구하고, 만약 매년 열 교환기 사용시간이 1,500시간이라면 시간 당 비용절감액이 얼마인지도 구하여라.

**7.23** 문제 7.20에서 열 교환기 사용시간이 1차 년도에는 1,000시간이고, 그 후 매년 400시간씩 증가한다고 가정할 경우의 열 교환기 시간당 비용 절감액을 구하여라.

**7.24** 화성산업회사는 4,000만 원짜리 특수기계를 구입할 수 있다. 인수금은 400만 원이고 잔금은 이자율 7%로 5년간 매년말 균등액으로 갚는다. 이 대안으로 3,600만 원 전액을 지불할 수도 있다. 이 회사의 $MARR$이 10%라면 연간등가방법으로 어느 대안이 유리한지 결정하여라.

**7.25** SS회사에서 1,500만 원을 투자하여 간단한 기계를 구입하려고 한다. 이 기계의 사용수명은 5년이고, 5년 후 이 기계의 잔존가액은 300만 원이 될 것으로 예측되고 있다. 이 기계는 정액법에 의하여 감가상각이 되고 이 투자프로젝트의 경제성 평가를 위한 $MARR = 10\%$ 이라고 한다. 이자비용과 감가상각비용을 토대로 이 기계의 $CR(i)$을 구하여라.

**7.26** 문제 7.22를 고려하여 이 투자프로젝트의 초기 취득가액과 잔존가액을 토대로 $CR(i)$를 구하여라.

**7.27** 아래와 같은 재무정보를 갖고 있는 두 투자프로젝트 대안을 고려해보기로 하자. 두 대안 중 어느 대안이 경제적으로 더욱 바람직한지를 연 등가가치기법을 기준으로 결정하여라.

(단위: 천 원)

| 항목 | 대안 $A$ | 대안 $B$ |
|---|---|---|
| 취득가액 | 22,500 | 33,750 |
| 사용수명 | 5년 | 10년 |
| 잔존가액 | 4,500 | 0 |
| 연 현금유입 | 11,250 | 15,750 |
| 연 현금유출 | 4,950 | 9,000 |
| $MARR$ | 8% | |
| 투자분석기간 | 10년 | |

**7.28** 큰 회사의 공학부서가 만 원으로 혼잡하다. 여러 공학기사들이 한 사무실을 같이 쓰고 있다. 혼잡함으로 인한 산만함이 공학기사들의 생산성을 상당히 감소시킬 것이 분명하다. 그래서 소수의 기사들이 한 사무실을 쓰고 몇몇 기사들은 개인 사무실을 쓸 수 있도록 새로운 시설을 갖추려고 한다. 현재 5명의 기사들이 한 사무실을 사용하는 데, 3명이 한 사무실을 이용하도록 한다면 다음 자료를 근거로 할 때 1인당 비용이 최소한 얼마나 더 들겠는가? 공학기사들이 새 사무실에 재배치되더라도 최소한 현재의 생산성은 유지되는 것으로 가정한다.

- 사무실 크기: $5 \times 6\text{m}^2$
- 공학기사 연봉: 6,000만 원/인
- $m^2$당 건축비: 65,000원

- 건물예상수명: 25년
- 건물 잔존가치: 초기비용의 10%
- 세금, 보험, 유지의 연간비용: 초기비용의 6%
- 경비, 난방, 조명 등의 연간비용: 3,000원/$m^2$
- 이자율: 12%

**7.29** 회사 업무로 직원이 자기 승용차를 사용했을 때 회사는 km당 350원을 직원에게 지불하고 있다. 다음 자료에 있는 자동차를 가진 직원이 있다. 자동차 구입비는 1,700만 원, 예상수명은 3년이고 순잔존가치는 500만 원이다. 세금과 보험료로 1년에 150만 원이 들고, 운영유지비는 km당 125원이다. 이자율이 10%이고 예상되는 연간 운행거리가 12,000km이라면 km 당 등가비용은 얼마인가?(소득세는 무시하시오.)

**7.30** 다음 표는 20석짜리 기업간부용 제트기와 관련된 비용자료이다.

(단위: 천 원)

| 항목 | 비용 |
|---|---|
| 초기비용 | 12,000,000 |
| 사용수명 | 15년 |
| 잔존가치 | 2,000,000 |
| 연간 승무원비용 | 225,000 |
| km 당 연료비 | 0.42 |
| 이착륙장 비용 | 250 |
| 연간 유지비 | 237,500 |
| 연간 보험료 | 166,000 |
| 승객 기내식비용 | 75 |

회사 업무를 위해 편도 거리가 5,000km인 사울과 싱가포르를 1주일에 3회 왕복한다. 일등석 왕복 요금이 400만 원이라면 이 제트기의 사용이 타당성을 가지려면 한 번 여행에 평균 승객이 얼마이면 되겠는가? 이 회사의 *MARR*은 15%이며 세금은 무시한다.

**7.31** 내부수익률법을 수행하기 위해서 일반적으로 재투자개념을 가정으로 하고 있다. 재투자개념이란 무엇이며 재투자개념의 비현실적인 특성이 무엇인지를 밝혀라.

**7.32** *SS*회사에서 새로운 밀링머신을 구입하려고 한다. 이 밀링머신의 경제적 평가를 수행하기 위해 아래와 같은 자료들을 수집하였다. 이 자료를 토대로 하여 이 투자프로젝트의 내부수익률을 구하여라.

(단위: 천 원)

| 항목 | 금액 |
|---|---|
| 취득가액 | 34,875 |
| 연간 운영비 | 16,425 |
| 연간 비용절감액 | 26,100 |
| 사용연수 | 5년 |

**7.33** 다음과 같은 현금흐름을 갖고 있는 투자프로젝트를 고려해보기로 하자.

(단위: 천 원)

| 연도 | 현금흐름 |
|---|---|
| 0 | −10,000 |
| 1 | 1,000 |
| 2 | 3,000 |
| 3 | 4,000 |
| 4 | 5,000 |
| 5 | 6,000 |

(1) Mathematica 혹은 그 이외의 소프트웨어를 사용하여 몇 개의 $i^*$가 존재하고 있는지를 파악하여라.

(2) 이 투자프로젝트의 내부수익률을 결정하여라.

(3) 질문 (2)에서 구한 내부수익률을 이용하여 이 투자프로젝트의 연도별 프로젝트 잔액을 계산하여라.

(4) 이 투자프로젝트의 $MARR$값이 알려지지 않은 상황에서 이 투자프로젝트의 채택여부를 결정하여라.

**7.34** 다음과 같은 4개의 투자프로젝트 대안들을 고려해보기로 하자.

(단위: 천 원)

| 연도 | 현금흐름 | | | |
|---|---|---|---|---|
| | 프로젝트 $A$ | 프로젝트 $B$ | 프로젝트 $C$ | 프로젝트 $D$ |
| 0 | −40,500 | −45,000 | 77,800 | −127,125 |
| 1 | 22,500 | 72,000 | −40,500 | −5,625 |
| 2 | 45,000 | 72,000 | −40,500 | −14,532 |
| 3 | 67,500 | −49,500 | −40,500 | −176,276 |

(1) Mathematica 혹은 그 외의 소프트웨어를 이용하여 각 투자프로젝트의 $i^*$값을 구하고, $i^*$값이 오직 하나만 존재하는 투자프로젝트와 2개 이상 존재하는 투자프로젝트를 그룹핑하여라.

(2) 질문 (1)에서 결정한 그룹들의 특징에 관하여 간략하게 논하여라.

(3) 네 투자프로젝트 중 어느 투자프로젝트가 $i^*$가 없는지를 판별하여라.

(4) 각 투자프로젝트의 $i^*$를 구하고 내부수익률을 결정하여라.

(5) 투자프로젝트 $A$의 내부수익률을 이용하여 프로젝트 잔액을 구하고, 그 경제적 의미를 기술하여라.

(6) 투자프로젝트 $C$의 특성에 관하여 간략하게 논하여라. 그리고 이러한 현금흐름을 갖는 일반적인 예를 들어라.

**7.35** 여러분이 정부에서 발행한 채권에 투자하려고 한다. 이 채권의 표면이자율[13)]은 8%이고 앞으로 20년 동안 매 반년마다 표면이자는 지불될 것이다. 이 정부채권의 액면가[14)]는 100만 원이고 현재 채권거래가격은 82만 원이라고 한다. 이 채권의 만기수익률[15)]을 구하여라.

**7.36** 도심 외곽에 위치한 공터의 매입 가격이 7,875만 원이다. 연간 재산세는 부지 감정가격 6,300만 원에 3.5%이다. 공터의 감정가격은 앞으로 4년 동안 처음 감정가격으로 변함이 없고 세율 또한 변하지 않는다고 가정하자. 그러나 공터의 실질

13) 표면이자율이란 채권을 발행 시에 액면가에 대해 지불되는 이자율을 말한다. 본 예제의 경우 액면가가 100만 원이므로 매 반년마다 4만 원씩 20년 동안 지불되게 된다.

14) 채권의 액면가는 채권의 만기일에 지불되는 금액이다. 즉, 본 예제의 액면가가 100만 원이 만기일 20년도 말에 지불된다.

15) 채권의 내부수익률을 특별히 만기수익률(yield-to-maturity : $YTM$)이라고 한다.

적인 가격은 매년 20%씩 증가하고, 4차 년도 말에 이 공터를 처분한다고 하자. 이러한 상황에서 공터에 대한 투자프로젝트의 내부수익률이 얼마인지를 결정하여라.

**7.37** 아래와 같은 현금흐름과 순 현금흐름에 관한 그래프를 고려해보기로 하자.

(단위: 천 원)

| 연도 | 순 현금흐름 | |
|---|---|---|
| | 프로젝트 $A$ | 프로젝트 $B$ |
| 0 | −300 | −300 |
| 1 | 120 | 90 |
| 2 | 240 | $Y$ |
| 3 | $X$ | 240 |

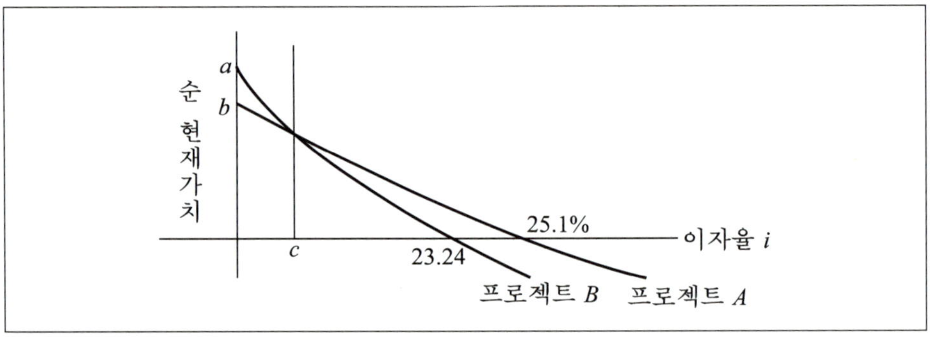


(1) $a$, $b$, $c$값을 구하여라.

(2) 내부수익률 25.1%와 $MARR = 15\%$의 각 경우의 프로젝트 $A$의 투자프로젝트 잔액을 구하여라.

(3) $MARR = 20\%$에서 두 투자프로젝트 중 어느 것이 더 경제적으로 바람직한지를 결정하고 그 이유를 밝혀라.

(4) 두 투자프로젝트의 내부수익률이 $c$일 경우 $X$와 $Y$값이 얼마인지를 결정하여라.

**7.38** 다음과 같은 현금흐름을 갖는 다섯 개의 투자프로젝트를 고려해보기로 하자.

(단위: 천 원)

| 연도 | 현금흐름 | | | | |
|---|---|---|---|---|---|
| | *A* | *B* | *C* | *D* | *E* |
| 0 | −3,375 | −11,250 | −7,875 | −6,750 | −12,375 |
| 1 | 1,125 | 4,500 | 0 | 1,125 | 2,250 |
| 2 | 2,025 | −6,750 | 0 | 4,500 | 6,750 |
| 3 | 2,250 | 11,250 | 6,750 | 6,750 | 4,500 |
| 4 | 4,500 | 11,250 | 15,750 | 9,000 | |
| 5 | −1,125 | 7,875 | 29,250 | 2,812 | |

(1) $MARR = 10\%$ 에서 모든 투자프로젝트의 순 현재가치, 순 미래가치, 연 등가가치를 구하고 그리고 각 투자프로젝트의 내부수익률을 결정하여라.

(2) 순 현재가치, 순 미래가치, 연 등가가치, 내부수익률을 토대로 각 투자프로젝트의 채택여부를 결정하여라.

(3) 투자프로젝트 *A, B, C, D, E*가 서로 상호배타적인 관계를 형성하고 있다고 가정하고 순현재가치, 연 등가가치, 그리고 내부수익률 기법을 사용해서 가장 바람직한 투자프로젝트를 결정하여라.

**7.39** 한 플라스틱 제조회사는 이 회사의 가열분해 설비에서 나오는 프로필렌을 상업용 폴리프로필렌 플라스틱으로 변환시키는 폴리프로필렌 생산시설을 보유하여 가동하고 있다. 탄화수소 가열분해 시설에서 프로필렌의 생산 능력이 충분하지 않아 폴리프로필렌 생산시설을 완전히 가동하지 못하고 있다. 화학기사들은 폴리프로필렌 생산 시설에 프로필렌을 추가로 더 공급할 수 있는 방법을 검토하고 있다. 제1안은 근처의 외부 공급업체까지 수송관을 건설하는 것이다. 제2안은 외부 공급업체에서 프로필렌을 트럭으로 수송하는 것이다. 이 기사들은 이 사업들에 관련된 다음과 같은 자료들을 수집하였다.

- 수송비를 제외한 외부로부터 공급받는 프로필렌의 가격은 215원/kg
- 수송관 건설비는 km당 2억 원
- 수송관 길이는 240km
- 탱크트럭에 의한 수송비는 50/kg
- 자본비용을 제외한 수송관 운영비는 5/kg
- 프로필렌의 추가수요는 연간 1억 8천만 kg

- 사업의 예상수명은 20년
- 수송관의 잔존가치는 초기투자비의 8%

이 회사의 *MARR*이 18%라면, 각 대안에 대해 파운드당 프로필렌 비용을 계산하시오. 어느 대안이 가장 경제적인가?

**7.40** 자동차 냉난방장치 제조회사인 B&E 냉각기술회사에서는 지구를 보호하는 오존층을 파괴하는 것으로 여겨지는 CFC 등의 냉각용 화학약품을 사용하는 전통적인 냉각기술의 사용중지에 대한 불확실하지만 멀지 않은 시한에 직면해 있다. B&E사는 대체 냉각방법의 개발을 계속해왔다. 엔지니어들은 실현 가능한 해결책으로 흡수 냉각장치라고 알려진 냉각기술을 추천하고 있는데, 이 기술은 냉각제로 물을 사용하고 전기충전 시에 온도를 낮추기 위해 반도체를 사용한다. B&E사는 다음과 같은 두 가지 옵션을 고려하고 있다.

- 옵션 1: 흡수 냉각장치에 적합하게 공장을 바로 개조해서 냉각기술에서 시장 선두주자가 되는 방안. 대량생산에 대한 검증이 이루어져 있지 않기 때문에, 새로운 시스템에 대한 학습이 일어날 동안 신규 시설을 운용하기 위한 비용이 많이 소요될 수 있다.
- 옵션 2: 3년 후의 최종 중지시한까지 공장개조를 연기하는 방안. 냉각기술과 기술적인 노하우의 개선에 의해 개조비가 적게 소요될 것이다. 그러나 심한 판매 경쟁이 있어서 수입은 옵션 1보다 더 적을 것이다.

두 옵션에 대한 재무 자료는 다음과 같다.

| | 옵션 1 | 옵션 2 |
|---|---|---|
| 투자시기 | 지금 | 지금으로부터 3년 후 |
| 초기비용 | 60억 원 | 50억 원 |
| 시스템 수명 | 8년 | 8년 |
| 잔존 가치 | 10억 원 | 20억 원 |
| 연간 수입 | 15억 원 | 11억 원 |
| 연간 운영 유지비 | 60억 원 | 70억 원 |

(1) 두 옵션을 비교하는 데 필요한 가정은 무엇인가?

(2) B&E사의 *MARR*=15%라면 *IRR* 기준하에서 더 좋은 대안은 어느 것인가?

CHAPTER 08

# 실물투자프로젝트의 경제성 평가와 위험분석

Engineering Economics

국부론의 저자인 아담 스미스는 경제활동의 동기를 대부분의 사람들이 그들에게 우연히 찾아온 행운으로 인해 축적된 그들의 부에 대하여 지나칠 정도로 그들의 능력에 관한 과신과 잘못된 신념으로 형성된 강한 자만심이라고 정의하고 있다. 그는 또한 인간들이 기꺼이 위험을 감수하려는 잘못된 성향이 경제발전을 촉진하고 있다고 인정하고 있음에도 불구하고, 인간들의 이러한 잘못된 성향이 도를 넘어 광란의 세상으로 치닫게 된다면 인간 사회는 매우 큰 고통을 받게 될 것을 염려하였다. 그래서 스미스는 자유시장에 의해 발생하되 이점들과 도덕적 감성 사이에 존재해야 하는 균형성을 유지하기 위해 매우 신중함을 보여주고 있었다. 현대로 넘어와서 저명한 경제학자인 케인즈도 한 국가의 경제발전을 위해 축적된 투자자본이 카지노게임과 같은 활동의 부산물이 되면, 경제활동과 관련된 일련의 활동들이 올바르게 수행되지 않을 가능성이 높다는 사실에 전적으로 동의하였었다.

그러나 우연히 찾아온 행운에 의한 경제발전에 대해 인간들이 어느 정도의 자만심과 신념을 잃고 있었다면, 이로 인하여 세상은 매우 무미건조하였을 것이다. 이에 대해 케인즈는 만약 인간 본성이 그들에게 찾아온 행운의 기회를 활용할 유혹에 빠지지 않는 것이었다면 단순히 투자프로젝트의 경제성 평가에 의존하는 것만으로는 지금까지 인간들이 수행해 온 많은 투자활동이 거의 불가능하였을 것이라는 사실을 전적으로 인정하였었다. 어느 누구도 투자프로젝트가 실패할 것이라고 기대하고 투자프로젝트와 관련된 위험을 절대로 감수하려고 하지는 않는다. 자유시장경제와 달리 구 소비에트 연방국에서는 정부의 법령과 계획경제로부터 발생하는 위험을 강제적으로 관리하려고 시도하였을 때 이러한 시도가 궁극적으로 구 소비에트연방국 경제 및 사회적 발전의 큰 장애요소로 작용하게 되었다. 이와 같은 개념들을 염두에 두고 다음 절에서는 위험에 관한 유래와 불확실성과의 차이점들에 관하여 논하기로 한다.[1)]

1) P. L. Bernstein, Against The God: The Remarkable Story of Risk, John Wiley & Sons, INC, NY, 1998.
J.Mun 저, 이레테크 소프트웨어 사업부 옮김, 시뮬레이션을 이용한 미래형 리스크 분석: 스프레트 모델링과 크리스탈 볼(Applied Risk Analysis: Moving Beyond Uncertainty in Business), 이레테크, 2005.

## 8.1 리스크의 유래

현대적인 의미에서 리스크의 개념은 1202년도에 출간된 피보나치가 《산본서(*The Book of Calculation*)》라는 책을 통하여 아랍에서 유럽으로 아라비아숫자를 도입한 이래로 정립되었다고 한다. 리스크(risk)의 어원은 이태리어 'risicare'으로부터 유래되었고, 원래 리스크의 뜻은 "감히 무엇을 하다: *to dare*"라는 뜻이다. 이와 같은 측면에서 리스크란 인간이 결코 조절 가능하지 않은 운명적인 것이 아니고 선택이라고 이해해야 한다. 즉, 우리 인간들이 얼마나 자유스럽게 대안 선택을 하느냐에 따라 우리들이 취하는 활동들이 리스크 관리의 모든 것이라고 할 수 있다. 이러한 리스크 관리가 인간들의 경제활동에 있어서 어떤 의미를 가지고 있는지에 관한 정의를 내릴 수 있도록 도와주고 있다고 할 수 있다.

리스크에 관한 역사적 유래에 관하여 논하기 위해서는 먼저 확률게임인 도박게임을 언급하지 않을 수 없다. 확률게임은 역사의 기록이 시작된 이래로 인간에게 매우 오래된 오락거리였다. 빌라도의 로마 군인들은 예수가 십자가에서 심한 고통을 당하고 있는 동안에도 옷을 차지하기 위하여 추첨을 했다는 기록이 있다. 또한 문헌에 의하면 그리스 신화에 나오는 제우스(Zeus), 포세이돈(Poseidon), 하데스(Hades)는 주사위 던지기를 하여, 제우스는 하늘의 지배자, 포세이돈은 바다의 지배자, 그리고 마지막으로 하데스는 지하세계의 지배자가 되기로 약속하였다고 한다. 예전에는 기회를 자연적으로 발생하는 현상으로 간주하였고 대양의 변덕스런 파도를 헤쳐 가는 배처럼 인간은 이러한 기회의 지배하에 있었다. 그러나 마침내 피보나치의 아라비아 숫자의 도입 이래 그리고 르네상스시대를 맞이하면서 유럽에서 확률에 관한 연구가 활발하게 시작되었다.

이 시기 대부분의 확률연구 대상은 도박게임이었으며, 파스칼과 페르마가 이룩한 혁신적인 확률이론의 대상 또한 도박게임이었다고 한다. 이러한 확률게임에서 효과적으로 승리하기 위해서는 게임에 내재된 리스크를 파악해서 이를 계량화하고, 그리고 이를 회피 혹은 관리하고, 마지막으로 어떻게 게임에 내재된 리스크를 활용해서 개인의 부를 증가시킬 수 있는지에 관한 방법론을 개발하는 것이다. 리스크 분야는 그 종류도 매우 다양할 뿐 아니라, 그 내용의 폭 또한 매우 넓고 깊기 때문에 본 장에서는 투자프로젝트와 관련된 기업의 재무적 리스크만을 다루기로 한다.

## 8.2 리스크와 불확실성의 차이

일반적으로 리스크와 불확실성을 구별해서 사용하지는 않는다. 즉, 일상생활에서는 리스크의 의미와 불확실성의 의미를 동일하게 사용하고 있다. 그러나 의사결정문제와 관련해서는 리스크가 무엇인지 그리고 불확실성이 무엇인지를 명확하게 이해해야 하고, 이 두 개념의 상호 관련성도 이해할 필요가 있다.

리스크와 불확실성을 동물에 비유하자면 리스크와 불확실성이 서로 겉모습은 상당히 다르게 보이지만 동종이라고 볼 수 있다. 그리고 리스크와 불확실성의 경계가 모호해지는 사례도 현실적으로는 상당히 존재하고 있다. 이 시점에서 리스크와 불확실성을 분명하게 구별할 필요가 있다. 예를 들어, 어느 한 사람이 그의 친한 친구와 용감무쌍하게도 스카이다이빙을 하기로 약속하고 비행기에 탑승했다고 가정해 보자. 그런데 이들이 비행기 탑승을 급히 해서 낙하산을 공항에 놓고 왔다는 사실을 기내에서 늦게 알고는 기내에서 우연히 오래된 낙하산 하나를 발견하였다.

이 시점에서 보면 이 두 사람은 동일한 불확실성에 노출되어 있는 것이다. 즉, 오래된 낙하산이 제대로 펴질 것인지, 혹은 잘못 착지하여 목숨을 잃게 될지에 대한 불확실성이 이 두 사람에게 동일하게 있는 것이다. 리스크 추구형인 친구는 낡은 낙하산으로 낙하할 것을 결심했다. 그러면 이제 낙하산을 타려고 결심한 이 친구는 리스크에 노출되었다고 하고 반면 그렇지 않은 사람은 전혀 리스크에 노출되어 있지 않다고 한다.2) 그러나 이 두 사람은 낡은 낙하산이 펴지지 않을 수도 있다는 점에 대해서 동일한 정도의 불확실성을 가지고 있는 것이다. 우리의 목숨과는 전혀 상관이 없는데도 불구하고, 사실 우리는 그 날 증권거래소의 매매 결과에 대해서도 이와 같은 수준의 불확실성을 가지고 있는 것이다. 스카이다이빙 불확실성은 친구가 낡은 낙하산을 메고 스카이다이빙을 시작한 후 낙하산이 성공적으로 펴진 후에야 비로소 해소되는 것이다. 그러나 낙하산이 성공적으로 펴지면 그때에서야 스카이다이빙 불확실성은 해결되지만 친구가 지상에 안전하게 착지하게 될지에 대한 리스크는 여전히 미해결 문제로 남는다.

위 내용을 요약하면, 리스크는 불확실성의 결과로 사람이 기꺼이 감내해야 할 그 무엇이라고 할 수 있다. 이러한 견해에서 불확실성은 존재하지만 리스크는 존재하지 않을 수

2) 비행기의 추락 가능성을 고려해 볼 때 낙하하지 않은 것을 크게 후회할 수도 있다.

도 있다고 추론해 볼 수가 있다. 미국 내 기업의 CEO들의 유일한 고민거리가 중국의 위안화에 대한 환율 시장의 변동성이라면 이와 관련된 불확실성을 해결하는 한 가지 방법은 위안화를 매도하고 기업의 포트폴리오를 미국 채권을 자산으로 구성된 포트폴리오로 전환하는 것이다. 이러한 불확실성은 기업의 순익에 전혀 영향을 주지 않는 불확실성이기는 하지만 리스크는 아니다.

본 장에서는 불확실성의 분석을 통하여 리스크에 대한 관리방법을 설명하고자 한다. 여기에서 불확실성이란 특정 투자프로젝트의 가치에 영향을 미치는, 존재하는 것만으로도 리스크를 발생시키는 불확실성을 의미한다. 또한 불확실성 분석을 수행하는 투자평가자가 그 결과를 적절하게 이용할 수 있는 능력이 있다고 가정한다. 그리고 이 가정은 리스크 파악, 조정, 리스크를 고려한 투자프로젝트 선정 등 리스크 분석의 목적과 상관없이 유효하다. 그렇지 않다면 시뮬레이션을 수백만 번 수행하고 그 결과를 활용하는 것이 무의미할 것이다.

또한 예로서 서울 도심 어딘가에 앉아 있는 투자분석가는 중국 위안화 시장을 시뮬레이션하는 것만으로는 외환시장에서의 위안화에 대한 리스크나 위안화에 대한 기업의 리스크에 대한 노출을 감축시킬 수 없다. 불확실성에 관한 시뮬레이션 분석의 결과를 활용하여 장외 파생금융상품 시장에서 기업이 보유하고 있는 위안화의 변동성이나 이러한 위안화의 변동성으로 인해 기업이 손해를 보게 될 리스크를 헤지하거나 완화시키는 방법을 찾아야만 그때에서야 투자 애널리스트가 리스크를 분석하고 관리했다고 할 수 있다. 리스크와 불확실성에 대한 요약된 정의를 기술하면 다음과 같다.

- 리스크(risk): 리스크란 임의의 시스템의 결과에 대한 확실한 정보가 알려져 있지 않지만 확률정보가 알려져 있는 상황이며, 기대화폐가치(expected monetary value) 혹은 기대효용치(expected utility)를 토대로 후속적인 분석이 실행된다. 리스크는 시스템의 결과에 직접 영향을 주는 불확실한 변수들과 관련이 되어있다. 그러므로 리스크는 특정한 사람이나 조직에 대하여 고유한 것으로 모든 사람이나 조직에 동일하게 작용되는 것은 아니다.
- 불확실성(uncertainty): 불확실성은 임의의 사건의 결과에 대해 아무런 확률정보가 알려져 있지 않은 상황이며, 이와 같은 상황을 분석하기 위해서는 기대화폐가치법나 기대효용치가 아닌 다른 분석기법들을 사용해야 한다. 이러한 기법들에 관한 자세한 설명은 루카와 라피아[3]의 책에 자세하게 기술되어 있다. 또한 불확실성이란 지속적으

3) I. H. Luca and H. Raiffa, Games and Decisions: Introduction and Critical Survey, Wiely, NY, 1957.

로 변화하는 여러 변수들과 관련되어 있다. 그러므로 불확실성은 모든 사람이나 조직에 공통적으로 적용되는 내재적 요소이다. 즉, 내일 비가 올지 아닐지는 모든 사람들에게 적용되는 불확실성의 문제이지만 비에 젖느냐 아니냐하는 문제는 어느 사람이나 조직이 취하는 의사결정이나 행동과 관련된 리스크 문제이다.

불확실성을 유발시키는 근원들을 살펴보면 아래와 같다.

(1) 어느 기업에서 경쟁기업이 계획한 제품가격을 알려고 한다면, 이 경우 불확실성은 부족한 지식 혹은 정보 때문에 발생한다.
(2) 어느 기업이 그들이 생산하는 제품에 대한 시장 수요량을 알려고 한다면, 이 경우 불확실성은 복잡한 프로세스에 기인하게 된다. 왜냐하면 특정한 제품에 대한 시장 수요량은 다양한 종류의 경제적 요소들, 패션, 소비자들의 선호도, 그리고 경쟁회사들의 경영전략들 등에 의하여 직접적으로 영향을 받기 때문이다.
(3) 만약 나노미터로 특정한 자재의 길이를 측정한다면, 이 경우 불확실성은 인간의 측정능력과 공정 수행 중에 발생하는 관리능력의 한계에 기인하게 된다.
(4) 대부분의 모델들은 그 목표들을 달성해가는 중에 항상 내재적으로 임의성을 포함하고 있다. 예를 들면, 전자부품의 고장률로부터 시작하여 고분자의 행태 등이 있다.

이와 같은 이유들로 인해 발생하는 불확실성은 부에 직접적으로 영향을 미치는 미래의 사건 발생에 대해 전혀 확신을 할 수 없는 경우에 존재하는 반면, 리스크는 부에 직접적으로 영향을 미치고 있기 때문에 우리가 중요하게 고려해야 하는 불확실성이라고 할 수 있다. 그러므로 불확실성은 리스크가 존재하기 위한 필요조건은 될 수 있지만 충분조건은 되지 못한다. 즉 모든 리스크 상황은 불확실하지만 리스크가 존재하지 않는 불확실성은 존재할 수가 있다.

또 다른 예로서 리스크는 확률게임에서 우리가 원하지 않는 임의의 결과를 받아들일 발생 가능성이라고 할 수 있다. 예를 들면, 자동차를 과속 운전함으로써 발생할 수 있는 리스크는 과속위반티켓을 받거나 혹은 자동차 사고가 발생하는 것이다. Merriam Webster's College Dictionary에서는 리스크라는 동사를 "to expose to hazard or danger"로 기술하고 있다. 그러므로 리스크라고 인식된 모든 상황들은 부정적인 의미를 내포하고 있다고

---

C. S. Park and G. P. Sharp-Bette. Advanced Engineering Economics, John Wiley & Sons, INC., NY, 1990.

Z. Bodie and R. C. Merton, Finance, Prentice-Hall, Upper Saddle River, NJ, 2000.

할 수 있다.

금융학에 있어서 리스크란 좀 더 그 의미가 광범위하고 또한 그 의미가 다르게 사용되고 있다. 여기에서 리스크란 투자프로젝트의 수익률이 투자자가 기대하는 수익률과 다르게 발생할 가능성이라고 할 수 있다. 그러므로 금융에서 리스크는 기대 수익률보다 작거나 큰 실제 수익률들을 동시에 포함하게 된다. 실제 수익률이 기대수익률 보다 작게 발생하면 이를 하향식 리스크라고 하고, 그 반대로 크면 상향식 리스크라고 하며, 투자프로젝트의 리스크를 측정할 때는 상·하향식 리스크 모두를 포함해야 한다. 사실 리스크에 관한 정의는 아래에 있는 위기(危機)라는 한자가 그 의미를 가장 잘 나타낸다고 할 수 있다.

| 危機 |
|---|

첫 번째 위(危)자는 위협(危協)을 표시하고, 두 번째 기(機)자는 기회와 위협의 혼합체인 리스크를 생성하는 기회를 표시하고 있다. 이 위기라는 한자는 투자자들과 사업가들이 기회와 함께하는 보상과 위협의 결과로 발생되는 리스크 사이의 상쇄효과를 명확하게 이해해야 한다는 사실을 극명하게 보여주고 있다.

다음 절에서는 리스크가 투자프로젝트의 경제성 평가에서 왜 중요한 위치를 차지하고 있는지에 관하여 알아보기로 하자.

## 8.3 투자의사결정 시 리스크가 중요한 이유

투자의사결정 과정에 리스크는 중요한 요소가 된다. 리스크를 투자의사결정 과정에 적절하게 반영하지 않는다면 최종적인 투자의사결정이 왜곡될 가능성이 매우 크다. 예를 들어, 수익률만을 평가하여 투자프로젝트를 선정했다고 가정하자. 이 경우 수익률이 낮은 투자프로젝트보다 수익률이 높은 투자프로젝트가 채택될 가능성이 높다. 그렇지만 일반적으로 수익률이 높은 투자프로젝트는 대부분의 경우 더 큰 리스크를 포함하고 있다.[4] 그러므로 단순히 순수익에만 의존하는 대신, 투자프로젝트를 통하여 얻을 수 있는 수익과 함께 리스크도 감안하여 투자프로젝트를 평가해야 한다. 〈표 8.1〉과 〈표 8.2〉는 투자프로젝트의 경제성 평가 시에 리스크를 고려하지 않을 경우 발생할 수 있는 투자의사결정 오류를 보여주고 있다.

‖ 표 8.1 ‖ 리스크가 투자의사결정 과정에서 중요한 이유

(단위: 천 원)

| | 투자프로젝트 | 비용 | 수익 | 리스크 |
|---|---|---|---|---|
| | *X* | 50,000 | 50,000 | 25,000 |
| | *Y* | 250,000 | 200,000 | 200,000 |
| | *Z* | 100,000 | 100,000 | 10,000 |
| 투자프로젝트의 특성 | 투자프로젝트 *X* | 비용과 예산에 제약이 있는 관리자 | | |
| | 투자프로젝트 *Y* | 수익을 중시하고 자원에 제약이 없는 관리자 | | |
| | 투자프로젝트 *Z* | 리스크를 회피하는 관리자 | | |

〈표 8.1〉은 *X*, *Y*, *Z* 투자프로젝트들 상호 간에 서로 배타적인 관계가 있는 경우를 고려하고 있다. 그리고 이 표는 각 투자프로젝트와 관련된 수익(투자프로젝트 실행 후 비용이 차감된 후의 수익), 비용 및 리스크 수준(모든 것의 현재가치)을 보여주고 있다.

투자예산 제약을 받고 있는 투자평가자라면 그는 투자프로젝트 비용이 낮을수록 바람직하다고 생각하여 투자프로젝트 *X*[5]를 채택할 것이다. 수익을 중시하는 투자평가자는 예산에는 구애받지 않는다는 가정하에 수익이 가장 큰 투자프로젝트 *Y*를 채택할 것이다. 투자프로젝트 *Z*는 리스크가 가장 적으면서 약간의 수익을 발생시키고 있기 때문에 위험을 회피하는 투자평가자는 이 투자프로젝트를 채택할 것이다. 이 예제에서 보듯이 서로 다른 3명의 투자평가자들아 3개의 상이한 투자프로젝트들에 관해서 3가지 서로 다른 투자의사결정을 내렸다. 이 경우 어떤 투자평가자가 가장 현명한 투자의사결정을 내렸다고 할 수 있으며 그 이유는 무엇일까?

〈표 8.2〉에서는 투자프로젝트 *Z*를 선택해야 한다고 그 이류를 설명하고 있다. 여기서는 3개의 투자프로젝트가 상호 독립적이고 배타적[6]이며, 각 범주별로 무한한 투자프로젝

4) 리스크가 높은 경우 수익률도 높아진다는 개념은 새로운 개념이 아니라, 체계적 위험(systematic risk) 기준으로 특정 투자프로젝트의 필요 수익률을 추정하기 위해 사용되는 투자자산가치결정이론(capital asset pricing model: ∩*M*) 개발의 핵심적인 개념이기도 하다. ∩*M*에 의하면 리스크가 높을수록 기대 수익률도 커진다(단, 모든 다른 조건이 동일하다고 가정하는 경우).

5) 여기에서 투자프로젝트 '*X*'를 선택한 이유는 이 투자프로젝트를 실행하기 위해 발생한 비용이 '0'보다 큰 *NPV*를 유발하기 때문이다. 그러므로 비용이 가장 낮은 투자프로젝트 '*X*'가 선택되게 된다.

‖ **표 8.2** ‖ 리스크를 고려하여 투자의사결정을 내릴 경우

(단위: 천 원)

<table>
<tr><td colspan="2">비용효과 $X(2)$, $Y(1)$, $Z(10)$를 볼 때, 투자프로젝트 '$Z$'를 선택해야 한다.<br>10억 원의 투자예산으로 다음과 같은 결과를 얻을 수 있다.</td></tr>
<tr><td>투자프로젝트<br>리스크와<br>수익성의 관계</td><td>• 투자프로젝트 $X$: $X$ 20건을 수행하면, 리스크 5억 원에 수익 10억 원 발생<br>• 투자프로젝트 $Y$: $Y$ 4건을 수행하면, 리스크 8억 원에 수익 8억 원 발생<br>• 투자프로젝트 $Z$: $Z$ 10건을 수행하면, 리스크 1억 원에 수익 10억 원 발생</td></tr>
<tr><td>투자프로젝트의<br>수익 한단위 당<br>리스크 크기</td><td>• 투자프로젝트 $X$: 수익 1,000원 당 리스크 500원 발생<br>• 투자프로젝트 $Y$: 수익 1,000원 당 리스크 1,000원 발생<br>• 투자프로젝트 $Z$: 수익 1,000원 당 리스크 100원 발생</td></tr>
<tr><td colspan="2">결론: 리스크는 투자평가에서 매우 중요한 의사결정 변수이다. 리스크를 투자평가 과정에서 고려하지 않으면 왜곡된 투자의사결정을 내릴 가능성이 매우 높다.</td></tr>
</table>

트를 채택할 수는 있으나, 투자예산은 10억 원으로 제한되어 있다고 가정한다. 주어진 10억 원의 투자예산으로 투자프로젝트 $X$를 20건 실행할 수 있고, 그러면 이 경우 수익은 10억 원이 되고 리스크 5억 원이 발생하게 된다. 그리고 투자프로젝트 $Y$는 4건을 실행하여 8억 원의 수익과 리스크를 각각 발생시키고 있다. 그러나 〈표 8.2〉에서 알 수 있듯이 투자프로젝트 $Z$를 채택하는 것이 최선의 투자의사결정이 된다. 왜냐하면, 수익 10억 원에 대해 발생되는 리스크 수준이 가장 낮은 1억 원이기 때문이다.

이를 달리 표현하면, 투자프로젝트 $Z$를 선택하면 수익 1,000원당 리스크가 100원씩만 발생한다. 이러한 분석을 역으로 해석하면 투자프로젝트 $Z$는 리스크 1,000원당 수익 10,000원을 발생시키고 있다는 의미이다. 〈표 8.2〉의 예는 비용효과(bang for the buck) 또는 최소의 리스크로 최선의 투자가치를 창출한다는 개념을 보여주는 것이다. 이러한 분석 결과를 극명하게 보여주는 예는 투자프로젝트 $X$와 $Z$의 수익이 10억 원으로 동일할 경우이다. 투자의사결정 측면에서 이를 논하자면, 투자프로젝트에 내재된 리스크를 분석하지 않는 투자평가자가 투자프로젝트 $X$와 $Z$의 수익 10억 원을 기준으로 투자의사결정을 내릴 경우 이 투자평가자는 두 투자프로젝트에 대하여 무차별한 선택을 취해야 한다.[7] 그러나 리스크 분석을 수행하게 되면 지금보다 더 경제적으로 바람직한 의사결정

6) 독립성(independence)이란 투자프로젝트를 상호 간에 상관관계가 전혀 존재하지 않는다는 것으로, 이런 경우에는 리스크 분산효과가 없다고 가정한다. 상호배타성이란 투자평가자가 서로 다른 투자프로젝트를 조합할 수 없다(예: 투자프로젝트 '$X$' 2건과 투자프로젝트 '$Y$' 3건을 조합하지 못함)는 것을 의미한다.

7) 이러한 투자의사결정은 다른 조건(경영진의 성향 또는 위험에 대한 선호도, 다른 투자프로젝트에 내재된 기타의 전략적 가치 등)이 모두 동일하다는 가정하에 재무 분석 결과만을 기준으로 이루어진 것이다.

을 내릴 수가 있다. 예를 들어, 투자프로젝트를 실행했을 때 10억 원의 수익을 낼 수 있는 확률이 투자프로젝트 $X$는 10%, 투자프로젝트 $Y$는 15%, 그리고 투자프로젝트 $Z$는 55%라고 가정해보자. 이 경우 투자프로젝트 $Z$를 채택해서 실행하는 것이 최선의 투자가 된다.

## 8.4 투자프로젝트의 리스크와 현금흐름표

새로운 제품을 시장에 도입하려는 투자프로젝트와 같이 대규모 투자프로젝트에 관한 의사결정을 합리적으로 내리기 위해서는 투자프로젝트와 관련된 여러 사안들을 고려하여 미래에 발생할 결과들을 추정해야 한다. 투자프로젝트의 경제성 평가를 위해 추정해야 할 요소들로는 제품 시장의 크기, 예상되는 시장점유율, 시장의 성장가능성, 제품생산 비용 및 판매가격, 제품의 수명, 설비의 비용 및 수명, 실질세율 등이 있다. 현실적으로 이러한 요소들 대부분은 불확실성을 포함하고 있다. 불확실성을 포함하고 있는 요소들을 처리하기 위해 가장 널리 사용되는 방법은 각각의 불확실한 요인들에 대해서 하나의 최적 예측치를 구한 후, 투자프로젝트의 $NPV$나 $IRR$ 등과 같은 수익성을 나타내는 지표들을 계산하는 것이다. 그러나 이러한 접근방법은 다음과 같은 두 가지 단점을 가지고 있다.

(1) 최적 예측치가 실질적으로 발생하는 결과값과 같다고 보장을 할 수가 없다.
(2) 투자프로젝트의 리스크를 측정할 수 있는 환경이 조성되어 있지 않다. 예를 들어, 회사가 투자프로젝트로부터 손실을 볼 확률이나 큰 수익을 얻을 확률에 관하여 경영자들이 관심을 갖게 되면 이에 대한 답을 할 수 있는 방법이 없다.

현금흐름을 정확하게 예측하기가 대단히 어렵기 때문에 투자프로젝트 평가자들은 현금흐름 요소값이 일정한 범위 내에 존재한다고 가정하고 있다. 즉, 각 현금흐름 요소값의 범위를 알면, 투자프로젝트의 $NPV$의 범위(확률분포)가 결정될 수가 있다. 그러므로 이와 같은 가정하에서 투자프로젝트 평가자는 각 현금흐름 요소들의 발생 가능한 확률과 신뢰도를 측정하여 투자프로젝트의 전반적인 경제적 가치에 대한 확실성 수준을 추정해 내야 한다.

리스크와 관련된 정량적 수치들은 확률 또는 발생 가능성을 나타내는 값들로 측정된다. 예를 들어, 확률은 '0.0'과 '1.0' 구간의 소수점으로 측정되어 발생이 확실한 사건이나 결과는 확률값 '1.0'을 갖는다. 어떤 사건의 확률값이 '0'에 가까워지게 되면 그 사건이 발생할 가능성은 점점 줄어드는 것이다. 투자프로젝트의 결과에 이와 같은 확률값을 할당하는 것을 리스크분석(risk analysis)이라고 한다.

## 8.5 투자프로젝트의 리스크분석 방법

2.5절에서 우리는 투자프로젝트에 내재된 위험을 분석하는 전통적인 방법들에 관한 정의 및 실행방법으로 (1) 민감도 분석(sensitivity analysis), (2) 시나리오 분석(scenario analysis), (3) 손익분기점 분석(break-even analysis)에 관하여 논하였다. 그러므로 이 절에서는 예제를 통하여 이 세 가지 분석들에 관하여 이해하도록 하자.

### 8.5.1 민감도 분석

민감도 분석은 What-if분석이라고도 한다. 민감도 분석을 실행할 때에는 다른 모든 변수 값들을 기본값으로 고정시켜 놓고 오직 한 변수의 값만을 사전에 정해진 크기만큼 변화시킨 후, 그 결과($NPV$기법을 사용하여 투자프로젝트의 가치를 측정했다면 $NPV$값)가 얼마만큼 변했는지를 확인한다. 그리고 투자프로젝트의 평가값(대부분의 경우 $NPV$)을 그래프에 그려서 각 변수와 평가값 사이에 존재하는 기울기를 구해서 그 변수가 평가값에 미치는 정도에 따라 변수들의 우선순위를 결정한다.

**예제 8.1** 민감도 분석[8)]

금속부품을 가공하는 소규모 제조업체인 SS회사는 MM회사에서 필요로 하는 패널을 납품하기 위하여 입찰에 응할 것인지를 고려하고 있다. MM회사는 자체의 제조설비로 패널을 생산하고 있지만, 현재 최대 생산 용량에 거의 도달한 상황이므로 이 회사는 외부의 협력업체를 찾고 있는 중이다. SS회사가 MM회사에 납품을 하기 위해서는 현재의 생산공정에 새로운 설치대를 설계해야 하고 괴철로를 한 대 더 구입해야 한다.

(1) 새로운 괴철로를 구입하기 위해서는 1억 2,500만 원이 소요되는데 이 금액은 패널 생산을 위한 모든 공구비용을 포함하고 있다.

(2) 만일 SS회사가 협력업체가 되면, 연간 2,000개의 패널을 MM회사에 한 개당 5만 원의 가격에 공급하게 된다. 직접노동비 및 직접 재료비 등과 같은 변동비용의 총액은 한 개당 15,000원이 될 것으로 추정하고 있다. 또한 감가상각비를 제외한 고정비용은 매년 1,000만 원이 발생될 것으로 추정하고 있다.

(3) 이 투자프로젝트는 5년의 생산수명을 가질 것으로 예측되며, MM회사로부터의 주문량은 5년 동안 매년 2,000개가 될 것으로 예측되고 있다(계약 생산의 성격 때문에, 연간 수요 및 공급가격은 계약이 체결된 후 프로젝트 기간 동안 변하지 않는다).

(4) 초기투자자본 1억 2,500만 원은 향후 8년간 정액법에 의해 감가상각되며, 법인세율은 25%가 유지될 것으로 예측된다. 5년 후에 괴철로의 시장 가격은 초기투자비의 32%선이 될 것으로 추정된다.

(5) 이러한 정보에 근거해서, SS회사의 기술 및 마케팅 담당자들은 〈표 8.3〉에 나타난 현금흐름의 예측자료를 준비하였다. $MARR = 15\%$를 사용하여 이 투자프로젝트의 $NPV$를 계산한 결과 5,968만 원이 나왔으므로 경제적인 측면에서 이 투자프로젝트를 수행할 가치가 있다고 할 수 있다.

SS회사 경영자의 의문사항: SS회사의 경영진들은 이 투자프로젝트의 경제성 분석에 포함되지 않은 여러 불확실한 요소들 때문에 이 투자프로젝트에 대한 최종의사결정을 내리지 못하고 있다.

(1) SS회사가 이 투자프로젝트에 참여하기로 결정하면, 입찰과정의 일부분으로서 MM회사에 시제품을 제공하기 위해 괴철로에 투자를 해야 한다. 만일 MM회사

8) 박찬석, 김규태, 최성호, 경제성공학 10장, 영지문화사, 2008.

가 SS회사의 시제품에 만족하지 못한다면, SS회사의 괴철로에 대한 투자는 모두 손실로 처리될 것이다.

(2) MM회사가 SS회사의 시제품에 만족하지만 응찰가격이 높게 책정되었다고 판단하면, SS회사는 최소한 다른 경쟁 회사들이 제시한 응찰 가격까지 내려야 하는 부담을 안게 된다. 그리고 MM회사가 작업시간을 연장하여 추가적으로 필요한 부품을 자체적으로 생산하는 경우, SS회사는 원래의 주문량 2,000개보다 적은 주문량을 생산할 수도 있다는 가능성도 고려해야 한다. 또한 변동비 및 고정비에 관한 추정치도 확실하지 않은 상태이다.

이러한 불확실성들 때문에 SS회사의 경영진들은 이 투자프로젝트에 관하여 다양한 리스크분석을 수행하여 최종 의사결정을 내리기를 원하고 있다. 각자가 *SS*회사의 경영진이라고 가정하고, 이 투자프로젝트의 불확실성을 해결할 수 있는 방법에 관하여 설명하고, 민감도 분석을 수행하고 민감도 그래프를 그려보아라.

‖ 표 8.3 ‖ 최빈치에 근거한 MM회사의 패널 투자프로젝트의 세후 현금흐름

(단위: 천 원)

| 3 | **손익계산서** | | | | | | |
|---|---|---|---|---|---|---|---|
| 4 | | 0 | 1 | 2 | 3 | 4 | 5 |
| 5 | 매출액 | | | | | | |
| | 단가 | | 50 | 50 | 50 | 50 | 50 |
| | 판매량 | | 2,000 | 2,000 | 2,000 | 2,000 | 2,000 |
| | 매출총액 | | 100,000 | 100,000 | 100,000 | 100,000 | 100,000 |
| 6 | 비용: | | | | | | |
| 7 | 변동비/개 | | 15 | 15 | 15 | 15 | 15 |
| 8 | 총변동비 | | 30,000 | 30,000 | 30,000 | 30,000 | 30,000 |
| 9 | 고정비 | | 10,000 | 10,000 | 10,000 | 10,000 | 10,000 |
| 10 | 감가상각비 | | 15,625 | 15,625 | 15,625 | 15,625 | 15,625 |
| 11 | 과세표준 | | 44,375 | 44,375 | 44,375 | 44,375 | 44,375 |
| 12 | 법인세(25%) | | 11,094 | 11,094 | 11,094 | 11,094 | 11,094 |
| 13 | 당기순이익 | | 33,281 | 33,281 | 33,281 | 33,281 | 33,281 |
| 14 | | | | | | | |
| 15 | **현금흐름표** | | | | | | |
| 16 | | | | | | | |
| 17 | 영업활동: | | | | | | |
| 18 | 당기순이익 | | 33,281 | 33,281 | 33,281 | 33,281 | 33,281 |
| 19 | 감가상각비 | | 15,625 | 15,625 | 15,625 | 15,625 | 15,625 |
| 20 | 투자활동: | | | | | | |
| 21 | 투자 | (125,000) | | | | | |
| 22 | 잔존가치 | | | | | | 40,000 |
| 23 | 자산처분세 | | | | | | 1,719 |
| 24 | 순현금흐름 | (125,000) | 48,906 | 48,906 | 48,906 | 48,906 | 90,625 |

## 토의

〈표 8.3〉은 SS회사가 이 투자프로젝트를 수행할 경우 이 프로젝트와 관련된 현금흐름의 기댓값들을 보여주고 있다. 그러나 이러한 기대값들이 실현될 것이라는 보장은 없다. 특히 SS회사는 매출액에 대한 예측치의 신뢰도가 가장 떨어진다고 생각하고 있다. 만일 경쟁력 있는 다른 업체들이 입찰에 참여하게 되면, SS회사의 경영진들은 그들이 응찰가격을 높일 수는 없으므로 예상 매출액의 상당부분을 잃을 것이라고 판단하고 있다. 그러므로 SS회사는 프로젝트에 참여하기 이전에, 이 프로젝트가 성공할지 혹은 실패할지를 결정할 수 있는 주요 변수들을 파악할 필요가 있다. SS회사의 마케팅부서는 다음과 같이 매출액을 추정하고 있다.

$$\begin{aligned}\text{연간 매출액} &= (\text{제품수요}) \times (\text{제품단가}) \\ &= (2{,}000)(50) = 100{,}000(\text{천 원})\end{aligned}$$

앞에서 기술하였듯이 SS회사의 기술부서는 노무비 및 재료비 등과 같은 변동비 총액을 한 개당 15,000원으로 추정하고 있다. 연간 판매량을 2,000개로 추정할 경우 총 변동비는 3,000만 원이 발생하게 된다. 먼저 판매량, 판매단가, 개당 변동비, 고정비 및 잔존가치를 정의한 후, 이러한 주요 입력 변수들을 대상으로 민감도 분석을 수행해 보도록 하자.

민감도 분석은 입력변수들을 일정 비율로 변경시켜서, 입력변수들이 이 투자프로젝트의 $NPV$에 어떠한 영향을 미치는지를 파악하는 방식으로 진행된다. 입력변수의 영향이 크면, 그 입력변수에 대하여 투자프로젝트의 순 현재가치가 민감하게 반응한다고 할 수 있다. 이러한 분석의 목적은 투자프로젝트의 순 현재가치에 대하여 민감한 변수를 파악하기 위해서이다.

‖ 표 8.4 ‖ 주요 입력변수들에 대한 민감도 분석

(단위: 천 원)

| | −20% | −15% | −10% | −5% | 0% | 5% | 10% | 15% | 20% |
|---|---|---|---|---|---|---|---|---|---|
| 단가 | 9,401 | 21,971 | 34,542 | 47,112 | 59,683 | 72,254 | 84,824 | 97,395 | 109,965 |
| 수요량 | 24,485 | 33,285 | 42,084 | 50,884 | 59,683 | 68,482 | 77,282 | 86,081 | 94,881 |
| 변동비 | 74,768 | 70,997 | 67,225 | 63,454 | 59,683 | 55,912 | 52,141 | 48,370 | 44,598 |
| 고정비 | 64,771 | 63,454 | 62,197 | 60,940 | 59,683 | 58,426 | 57,169 | 55,912 | 54,655 |

## 풀이

민감도 분석: 각 입력변수들에 대해 최적 추정치(기대치)를 반영한 '기본사례'의 경우

를 먼저 고려하여 민감도 분석을 시작한다. 〈표 8.4〉를 작성하기 위하여 다른 모든 변수들을 고정시키고, 현재 관심의 대상인 입력 변수를 기본사례의 값을 기준으로 −20%에서 +20%까지의 범위 내에서의 5%씩 변화시키면서 투자프로젝트의 새로운 순 현재가치를 구한다. 이제 연속적으로 'what-if'식의 질문들을 해보자. 만일 판매량이 기본사례의 경우보다 20% 감소한다면 투자프로젝트의 *NPV*는 어떻게 변할까? 만일 변동비가 증가한다면, 투자프로젝트의 *NPV*는 어떻게 변할까? 만일 판매단가가 5만 원에서 4만 5,000원으로 감소한다면, 투자프로젝트의 *NPV*가치는 어떻게 변할까? 〈표 8.4〉는 이와 같이 입력 변수들의 값을 변경했을 때 발생한 투자프로젝트의 *NPV*가치를 요약한 것이다.

민감도 그래프: 〈그림 8.1〉은 투자프로젝트의 *NPV*에 영향을 미치는 주요 입력 변수들에 대한 민감도 그래프이다. 기본사례의 경우 투자프로젝트의 *NPV*는 민감도 그래프 상에서 네 직선이 서로 교차하는 점의 *Y*축 값 5,968만 원에 해당하는 좌표로 나타난다. 먼저 제품의 판매가격을 기준치의 0.95배로 줄이는 경우를 고려하여 보자. 이 경우 판매가격을 제외한 모든 다른 입력변수들의 값은 기준치로 고정시키고, 다만 판매가격을 기준치의 0.95배로 변화시켜서 투자프로젝트의 *NPV*를 계산한다. 이와 같이 모든 입력변수들의 기준치에 대한 상대적 비율로 그 값들을 감소시키거나 증가시키면서 투자프로젝트를 계산하여 민감도 그래프를 그려본다.

〈그림 8.1〉을 살펴보면 이 투자프로젝트의 순 현재가치는 (1) 제품수요와 판매단가의 변화에 대해서 매우 민감하게 반응하고, (2) 변동비의 변화에 대해서도 상당히 민감하게 반응하지만, (3) 고정비의 변화에 대해서는 비교적 민감하게 반응하지 않고 있다는 사실을 알 수가 있다.

〈그림 8.1〉과 같은 도식적 표현은 다른 변수들이 해당 투자프로젝트의 *NPV*에 미치는 상대적인 민감도를 나타내는 유용한 수단이 될 수 있다. 그러나 민감도 분석은 입력변수들 상호 간의 복합적 연관성을 설명하지 못하며, 또한 기본사례와 다른 경우가 발생할 가능성도 설명하지 못하고 있다. 투자프로젝트의 *NPV*가 입력변수들의 개별적 변화에 대해서는 민감하지 않을 수도 있지만, 두 개 이상의 입력 변수들이 동시에 변할 때에는 민감한 결과가 나올 수도 있다는 사실을 주지해야 한다. 예제 8.5에서 크리스탈 볼을 사용해서 본 예제의 패널 투자프로젝트의 각 변수의 민감도 분석을 참조하면 좀 더 구체화되어 있는 수치화 정보를 알 수가 있다.

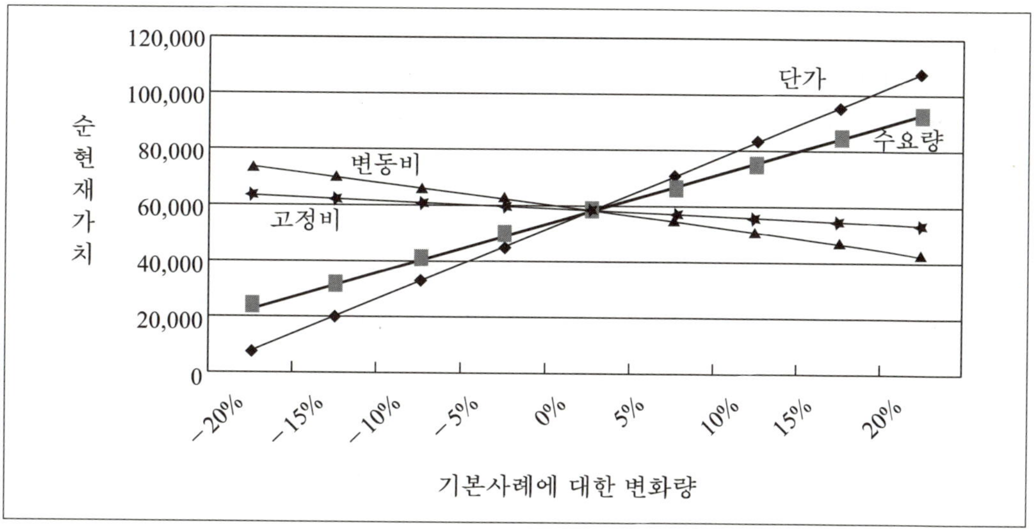


그림 8.1 민감도 그래프−*SS*회사의 패널 투자프로젝트(단위: 천 원)

### 8.5.2 시나리오 분석

특정 입력변수와 투자프로젝트의 $NPV$의 관계를 정확하게 파악하기가 어려운 경우가 흔히 있을 수 있고, 또한 입력변수 간의 상관관계가 존재하게 되면 투자프로젝트 리스크 분석이 매우 복잡해지기도 한다. 예를 들어, 운영비를 고정시킨 채 판매량을 변화시키면 분석이 용이하기는 하지만, 현실적으로는 판매량이 변화되면 운영비도 변하는 경우가 대부분이다. 그리고 두 개 이상의 입력변수가 동시에 변하는 경우의 투자프로젝트 리스크 분석은 더욱 복잡해진다.

시나리오 분석(scenario analysis)은 여러 입력변수들의 발생 가능한 입력변수 값이 동시에 변할 경우 투자프로젝트의 $NPV$의 민감도를 분석하는 방법이다. 예를 들어, 투자프로젝트 의사결정자가 현재 관심이 있는 투자프로젝트에 관하여 '최악의 시나리오(낮은 판매량, 낮은 판매단가, 높은 변동비, 높은 고정비, 기타 등)'와 '최선의 시나리오' 두 가지 극단적인 시나리오를 설정하였다고 가정해보자. 그러면 이 의사결정자는 두 시나리오에 관하여 투자프로젝트의 $NPV$를 계산하여 기본사례의 $NPV$와 비교 분석하여 투자프로젝트 리스크에 관한 유익한 정보를 얻게 될 것이다. 예제 8.2는 SS회사의 패널 투자프로젝트에 대한 시나리오 분석이다.

## ❙ 예제 8.2 시나리오 분석[9)]

예제 8.1에서 다루었던 SS회사의 패널 투자프로젝트를 다시 고려해보자. 이 회사의 경영진들은 판매량에 대한 추정치를 제외하고는 투자프로젝트의 다른 현금흐름입력변수들의 추정치에 대해서는 매우 확신하고 있다고 한다. 더구나 이들은 연간 판매량이 1,600개 이하로 떨어지거나 2,400개 이상으로 올라갈 가능성은 매우 희박하다고 믿고 있다. 따라서 연간판매량 1,600개를 연간 판매량의 하한치로 하여 최악의 시나리오의 한 입력요소로 하고, 연간 판매량 2,400개를 연간 판매량의 상한치로 하여 최선의 시나리오의 한 입력요소로 한다(가장 가능성 있는 연간 판매량이 2,000개라는 사실을 기억하자). 향후 5년간의 연간 판매량이 일정하다고 가정하고, 최악의 시나리오와 최선의 시나리오에 관한 이 투자프로젝트의 경제성분석을 실행하여라.

### 토의

시나리오 분석을 수행하기 위하여 마케팅 및 기술부서 담당자들에게 주요 입력변수들에 대한 낙관적(최선의 경우) 및 비관적(최악의 경우) 추정치들을 제시해 달라고 부탁한다. 그리고 최악의 시나리오의 입력변수 값들을 사용하여 투자프로젝트의 $NPV$를 계산하고, 최선의 시나리오의 입력변수 값들을 사용하여 투자프로젝트의 $NPV$를 계산하도록 한다.

### 풀이

각 시나리오의 분석결과가 아래 표에 요약되어 있다. 이 표의 정보에 의하면 기준사례 경우 투자프로젝트의 $NPV$가 0보다 크며, 최악의 시나리오의 경우 투자프로젝트의 $NPV$는 0보다 작고, 최선의 시나리오의 경우 투자프로젝트의 $NPV$는 '0'보다 매우 크게 나왔다.

(단위: 천 원)

| 변수 | 최악의 시나리오 | 최빈 시나리오 | 최선의 시나리오 |
|---|---|---|---|
| 수요량 | 1,600 | 2,000 | 2,400 |
| 단가 | 48 | 50 | 53 |
| 변동비/개 | 17 | 15 | 12 |
| 고정비 | 12,000 | 10,000 | 8,000 |
| 잔존가치 | 25,000 | 40,000 | 50,000 |
| $PW$(15%) | −2,227 | 59,683 | 139,841 |

9) 박찬석, 김규태, 최성호, 경제성공 10장, 영지문화사, 2008.

## 8.5.3 손익분기점 분석

투자프로젝트의 민감도 분석은 판매수입의 감소 또는 비용의 증가가 그 투자프로젝트의 *NPV*에 얼마나 큰 영향을 미치는가를 알고자 할 때 사용된다. 그러나 또한 회사의 경영진들은 때때로 투자프로젝트의 매출액과 비용을 같게 해주는 판매량을 알고자 한다. 이러한 분석을 손익분기점 분석(break-even point analysis)이라고 한다. 엑셀의 '목표값 찾기(Goal Seek)' 기능을 사용하여 투자프로젝트의 *NPV*를 토대로 손익분기점 분석을 수행하는 과정을 살펴보기로 하자. 이러한 손익분기점 계산방식은 내부수익률 계산에서 투자프로젝트의 *NPV*를 '0'으로 만드는 이자율을 찾는 방식과 동일하다.

**Ⅰ 예제 8.3** 엑셀을 이용한 손익분기점 분석[10)]

예제 8.1의 민감도 분석을 통하여, SS회사의 경영진들은 투자프로젝트의 *NPV*가 연간 판매량의 변화에 민감하다는 사실을 알게 되었다. 이 투자프로젝트의 손익분기점 연간 판매량을 구하여라.

**풀이**

〈표 8.5〉에 있는 세후 현금흐름은 〈표 8.3〉에 있는 것과 동일하다. 〈표 8.5〉는 단순히 엑셀에 현금흐름 요소들을 옮겨 적은 것으로 이것들이 입력변수가 된다. 본 예제에서는 엑셀에 내장되어 있는 'Goal Seek' 기능을 사용하여 *NPV*를 0으로 하는 연간 판매량을 구하고자 한다. 'Goal Seek' 기능을 사용하여 손익분기점 판매량을 구하기 위해서는 먼저 판매량($B$6)을 변화시켜 순 현재가치(셀 $F$5)가 0이 되게 하는 판매량을 찾는다. 'Goal Seek'에 있는 OK버튼을 누르면 〈표 8.5〉와 같은 결과가 나오게 된다. 이를 반복하여 수행하면 궁극적으로 손익분기점 판매량 1,345.09개를 찾을 수 있다.

---

10) 박찬석, 김규태, 최성호, 경제성공학 10장, 영지문화사, 2008.

‖ **표 8.5** ‖ 엑셀의 'Goal Seek(목표값 찾기)' 기능을 사용한 손익분기점 분석

(단위: 천 원)

| | A | B | C | D | E | F | G |
|---|---|---|---|---|---|---|---|
| 1 | 예제 10.3 손익분기점 분석 | | | | | | |
| 2 | | | | | | | |
| 3 | | | | 출력분석: | | | |
| 4 | 입력자료(기본) | | | | | | |
| 5 | 단가(원) | 50 | | 출력(PW) | | 0 | |
| 6 | 수요량 | 1,321.74 | | | | | |
| 7 | 변동비(원/개) | 15 | | | | | |
| 8 | 고정비(원) | 10,000 | | | | | |
| 9 | 잔존가치 | 40,000 | | | | | |
| 10 | 세율 | 0.25 | | | | | |
| 11 | MARR(%) | 0.15 | | | | | |
| 12 | | | | | | | |
| 13 | | | | | | | |
| 14 | | 0 | 1 | 2 | 3 | 4 | 5 |
| 15 | 손익계산서 | | | | | | |
| 16 | 매출액 | | | | | | |
| 17 | 단가 | | 50 | 50 | 50 | 50 | 50 |
| 18 | 수요량 | | 1,322 | 1,322 | 1,322 | 1,322 | 1,322 |
| 19 | 총매출액 | | 65,087 | 65,087 | 65,087 | 65,087 | 65,087 |
| 20 | 비용 | | | | | | |
| 21 | 변동비/개 | | 15 | 15 | 15 | 15 | 15 |
| 22 | 총변동비 | | 19,826 | 19,826 | 19,826 | 19,826 | 19,826 |
| 23 | 고정비 | | 10,000 | 10,000 | 10,000 | 10,000 | 10,000 |
| 24 | 감가상각비 | | 15,625 | 15,625 | 15,625 | 15,625 | 15,625 |
| 25 | | | | | | | |
| 26 | 과제표준 | | 20,636 | 20,636 | 20,636 | 20,636 | 20,636 |
| 27 | 법인세(28%) | | 5,159 | 5,159 | 5,159 | 5,159 | 5,159 |
| 28 | | | | | | | |
| 29 | 당기순이익 | | 15,477 | 15,477 | 15,477 | 15,477 | 15,477 |
| 30 | | | | | | | |
| 31 | 현금흐름표 | | | | | | |
| 32 | 영업활동: | | | | | | |
| 33 | 당기순이익 | | 15,477 | 15,477 | 15,477 | 15,477 | 15,477 |
| 34 | 감가상각비 | | 15,625 | 15,625 | 15,625 | 15,625 | 15,625 |
| 35 | 투자활동 | | | | | | |
| 36 | 투자 | (125,000) | | | | | |
| 37 | 잔존가치 | | | | | | 40,000 |
| 38 | 소득세 | | | | | | 1,719 |
| 39 | | | | | | | |
| 40 | 순현금흐름 | (125,000) | 31,102 | 31,102 | 31,102 | 31,102 | 31,102 |
| 41 | 셀 F6(FW): = NPV(B11, C40:C40) + B40 | | | | | | |
| 42 | 셀 G38(소득세): = −0.28*(G37 − ( − B36 − SUM(C24:G24))) | | | | | | |

셀값 변화

셀 고정

**Goal Seek** ? ×

Set cell: SF$5

To value: 0

By changing cell: SBS6

OK Cancel

# 8.6 시뮬레이션 분석을 이용한 투자프로젝트의 위험측정

본 절에서는 다양한 시뮬레이션 기법 중에서 몬테카를로(Monte Carlo) 시뮬레이션 기법을 이용하여 투자프로젝트의 리스크를 측정하는 방법에 관하여 논하기로 한다. 몬테카를로 시뮬레이션의 투자프로젝트 리스크분석은 어려운 문제를 간단하고 쉽게 해결하는 강력한 리스크분석 방법 중 하나이다. 이 시뮬레이션 기법은 투자프로젝트의 결과값의 표본을 수천 번 혹은 수백만 번 생성하여 가공의 미래를 창조한 후 이들 표본 데이터의 일반적 특성을 분석하는 것이다. 일단 시뮬레이션 모델을 정확하게 구축하기만 하면 몬테카를로 시뮬레이션 기법을 사용해서도 고도의 응용 수학을 이용한 방법을 사용하는 것과 매우 유사한 답을 얻을 수가 있다.

몬테카를로 시뮬레이션 기법을 다시 구체적으로 정의하면 예측, 추정, 리스크분석에 유용하게 사용할 수 있는 난수생성기라고 할 수 있다. 시뮬레이션이란 불확실한 변수에 대해 투자평가자가 사전에 정의해 둔 확률분포에서 반복적으로 값을 추출하고, 이렇게 추출된 값을 모델에 적용하여 여러 시나리오에 대한 계산 작업을 수행하는 과정이다. 이들 시나리오를 통하여 모델과 연관된 결과값이 생성되므로, 각 시나리오별로 예측값이 산출된다. 예측값이란 모델의 중요한 결과값으로 투자평가자가 정의한 사건(일반적으로 공식 및 함수)이다. 이러한 예측값에 관한 예를 들자면 총합, 순이익, 총 비용, 또는 투자프로젝트의 $NPV$, $NFV$, $AE$, $IRR$ 등이 있다.

시뮬레이션이 중요한 이유는 '평균의 함정(The Fallacy of Average)[11]'이라 일컫는 〈그림 8.3〉과 〈그림 8.4〉의 사례를 통하여 알 수가 있다. 이 예는 상세한 분석보다 더 큰 가치가 있는 것으로, 시뮬레이션을 사용하지 않는 경우 투자평가자가 어떻게 왜곡된 투자의사 결정에 도달하는지를 잘 보여주고 있다. 한 예로 쉽게 부패하는 제품을 판매하는 상점의 주인이 최적 재고 수준을 결정하고자 한다고 가정해 보자. 최근에 계약을 맺은 경영 컨설턴트회사의 한 컨설턴트가 지난 5년간의 월별 매출 수준에 관한 자료를 토대로 월 평균 매출이 5개라고 추정했다. 그러면 이를 토대로 컨설턴트는 월별 최적 재고 수준이 5개라고 결정할 것이다. 이러한 결정으로 인하여 컨설턴트는 이제 '평균의 함정'에 빠졌다고 할 수 있다. 왜냐하면 과거 수요의 분포가 한쪽으로 심하게 치우쳐 있으면 비용

11) S. Savage, "The Flaw of Averages," The San Jose Mercury News, Oct. 8, 2000.

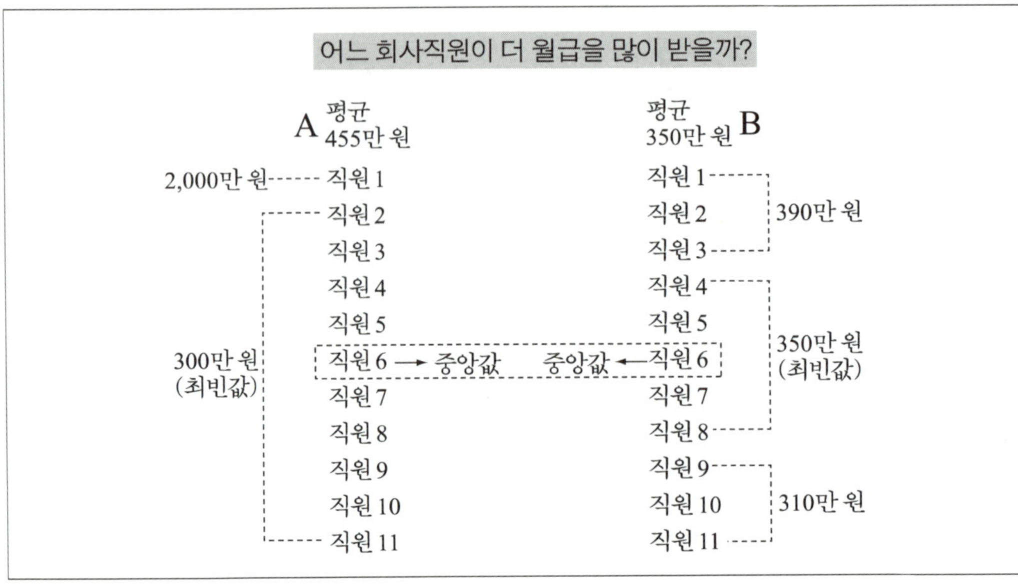


그림 8.2 어느 회사직원이 더 많은 월급을 받을까?12)

구조가 비대칭적으로 발생하기 때문이다(이와 관련된 좀 더 깊은 이해를 위해 예제 8.4를 참조하기 바람).

평균의 함정에 대한 이해를 돕기 위하여 또 다른 예를 들어보기로 하자. 〈그림 8.2〉에서 *A*회사직원과 *B*회사직원 중 어느 회사 직원이 더 많은 월급을 받는지를 고려해보기로 하자. *A*회사 직원들의 평균 월급은 455만 원이고 그리고 *B*회사의 직원들의 평균 월급은 350만 원이라고 한다. 그러면 우리는 당연히 *A*회사 직원들이 월급을 더 많이 받는

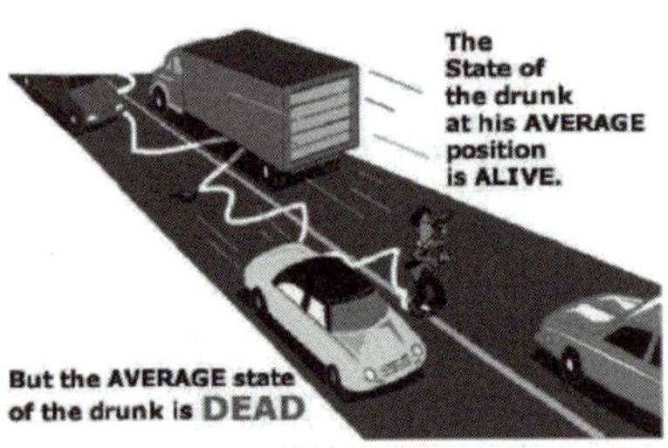


그림 8.3 술주정뱅이의 생사13)

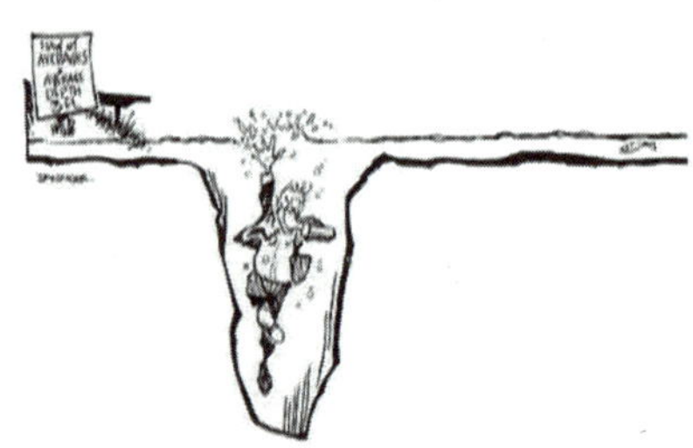

그림 8.4 통계학자의 강 건너기 운명14)

12) http://nso.korea.kr/gonews/branch.do?act=detailView&type=news&sectionId=ch_sec_1&categoryId=&dataId=155318732

13) Sam Savage, "Probability Management: Who Will Wear the Chief Probability Officer Hat in Your Organization?", ORMS Today, Informs, Feb, 2006.

14) Sam Savage, "The Flaw of Average", The San Jose Mercury News, Oct. 8, 2000.

다고 생각하기 쉽다. 하지만 *A*회사의 개별 직원 모두가 *B*회사 개별 직원들보다 월급을 더 많이 받고 있다고 말할 수 있을까? 평균 월급은 *B*회사가 적지만 개인으로 들어가 보면 *A*회사의 신입직원은 *B*회사의 직원보다 월급이 적을 수도 있다.

만약 *A*회사는 직원이 총 11명인데 이 중 1명만이 월 2천만 원을 받고 나머지 10명은 월 300만 원을 받는다고 하자. 반면 *B*회사의 경우 310만 원을 받는 사람이 3명, 350만 원을 받는 사람이 5명, 390만 원을 받는 사람이 3명이라면, 평균 월급은 *A*회사가 *B*회사보다 크지만 실제로 A회사의 경우 1명을 제외하고 나머지 10명은 *B*회사 직원들보다 월급이 적다.

위 예처럼 평균은 극단에 속한 한 개의 수치 때문에 투자의사결정을 왜곡되게 만들 가능성이 매우 높다. *A*회사의 경우 2천만 원을 받는 직원 1명으로 인해 455만 원이라는 평균 월급이 직원들 월급의 대푯값으로서 적절하지 못하다.

또한 실질적인 사례로 스포탈코리아(2016. 1. 21) 보도에 따르면 신인선수와 외국인 선수를 제외한 1, 2군 전체 프로야구선수들의 2016년도 평균 연봉이 1억 638만 원이라고 한다. 그리고 각 구단에서 외국인 선수를 제외한 1군 엔트리 상위 26명의 평균 연봉은 전체 평균 연봉보다 7,794만 원이 더 많은 1억 8,432만 원으로 이들의 연봉 총액이 구단 전체 연봉의 85%를 차지하고 있다고 한다. 연봉 상위 26명을 제외한 나머지 선수들의 평균 연봉은 3,128만 원으로 두 그룹 간 연봉 차이가 무려 1억 5,304만 원이나 나고 있다. 이러한 자세한 연봉 통계 자료를 참고하지 않고 프로야구선수들의 전체 평균 연봉 1억 638만 원만을 참고하면 반 이상의 프로야구선수가 낮은 연봉을 받고 있다는 사실을 알 수가 없다. 이처럼 극단치가 있을 경우에는 평균보다는 중앙값(11명 중 가운데인 6번째 있는 사람의 월급)을 사용하거나 최빈값(가장 많은 사람이 받은 월급)을 대푯값으로 사용하는 것이 바람직하다. 중앙값이나 최빈값을 사용하면 *A*회사는 300만 원, *B*회사는 350만 원이라는 대푯값을 얻게 된다. 이 예제들을 통하여 단순히 평균에 의존하다 보면 얼마나 왜곡된 투자의사결정에 도달할 수 있는지를 잘 알 수가 있다.

다음 예제 8.4를 통하여 또 다른 형태의 평균값을 토대로 결정한 의사결정의 왜곡성을 살펴보기로 하자.

### ❙ 예제 8.4 평균 재고량에 의한 왜곡된 의사결정

SS회사에서 *A*라는 특정 상품을 생산·판매하고 있다. *A*제품 한 개를 판매하면 2,000원의 이익이 발생한다. 만약 *A*제품 재고가 발생하여 다음 날로 판매가 연기되면 재고 한 개당 1,000원의 손실이 발생한다고 한다. *A*제품의 일일 재고량은 5개로 고정되어 있고, 일일 판매량은 균등확률분포를 따르며 최소값이 0이고 최대값이 10으로 일일 평균 판매량 5개가 결정되었다. 만약 매일 아침마다 새로이 부족한 재고를 채운다고 가정할 경우 일일 기대이익을 구하여라.

**조건**

단위 당 이익: 2,000원, 단위 당 하루 이월 재고 비용: 1,000원

일일 재고량: 5개, 일일 평균재고량: 5개

**풀이**

전통적인 평균값을 토대로 계산한 일일 기대이익

기대이익=(일일 평균 판매량)×(단위당 이익−단위당 이월 재고비용)

$$=(5\text{개/일})\times(2{,}000-1{,}000)=5{,}000\ (\text{원})$$

이와 같이 전통적인 일일 평균 판매량을 이용하여 계산한 기대이익이 과연 올바른 값인지를 알아보기 위해 다음 두 번째 방법에 의한 기대이익과 비교해보기로 하자. 본 풀이에서 얻은 결과값인 일일 기대이익을 계산하기 위해 우리는 암묵적으로 일일 재고량이 0이라고 가정했다는 사실을 주지할 필요가 있다.

그러나 아래의 표는 실질적으로 분산된 일일 판매량을 토대로 일별 기대이익을 계산한 값을 보여주고 있다. 결론적으로 말하면, 이 풀이에서 구한 일일 기대이익 5,910원이 올바르다는 사실임을 알 수가 있다.

(단위: 천 원)

| 발생 확률 | 일일 판매량 | 총 이월 재고비용 | 총 이익 | 총 기대이익 |
|---|---|---|---|---|
| 모든 경우 동일함 | 0 | 5,000 | 0 | −5,000 |
| | 1 | 4,000 | 2,000 | −2,000 |
| | 2 | 3,000 | 4,000 | 1,000 |
| | 3 | 2,000 | 6,000 | 4,000 |
| | 4 | 1,000 | 8,000 | 7,000 |
| | 5 | 0 | 10,000 | 10,000 |
| | 6 | 0 | 10,000 | 10,000 |
| | 7 | 0 | 10,000 | 10,000 |
| | 8 | 0 | 10,000 | 10,000 |
| | 9 | 0 | 10,000 | 10,000 |
| | 10 | 0 | 10,000 | 10,000 |
| 평균 | 5 | | | 5,910원 |

### 토의

예제에서와 같이 어느 함수의 평균값을 계산하기 위해서는 함수의 독립변수의 평균값을 사용하면 함수의 평균값이 왜곡되기 때문에 이런 경우 올바른 함수의 평균값을 구하기 위해서는 모든 함수 값들을 계산하고 이를 토대로 함수의 평균값을 구해야 한다.

---

## 예제 8.5 크리스탈 볼의 몬테카를로 시뮬레이션 기법을 이용한 투자프로젝트의 위험성 측정

예제 8.1의 SS회사의 패널에 관한 투자프로젝트의 현금흐름표를 다시 여기에서 고려해보기로 하자. 크리스탈 볼의 몬테카를로 시뮬레이션기법을 이용하여 패널에 관한 $NPV$와 수익률의 확률분포도 및 통계를 구하여라. 그리고 〈표 8.3〉 패널 투자프로젝트의 현금흐름표 및 몬테카를로 시뮬레이션 명령어 $NPV$와 $ROR$에 관한 민감도 분석을 수행하고 두 확률변수에 적합한 확률분포도를 결정하여라. 단, $MARR = 15\%$이다.

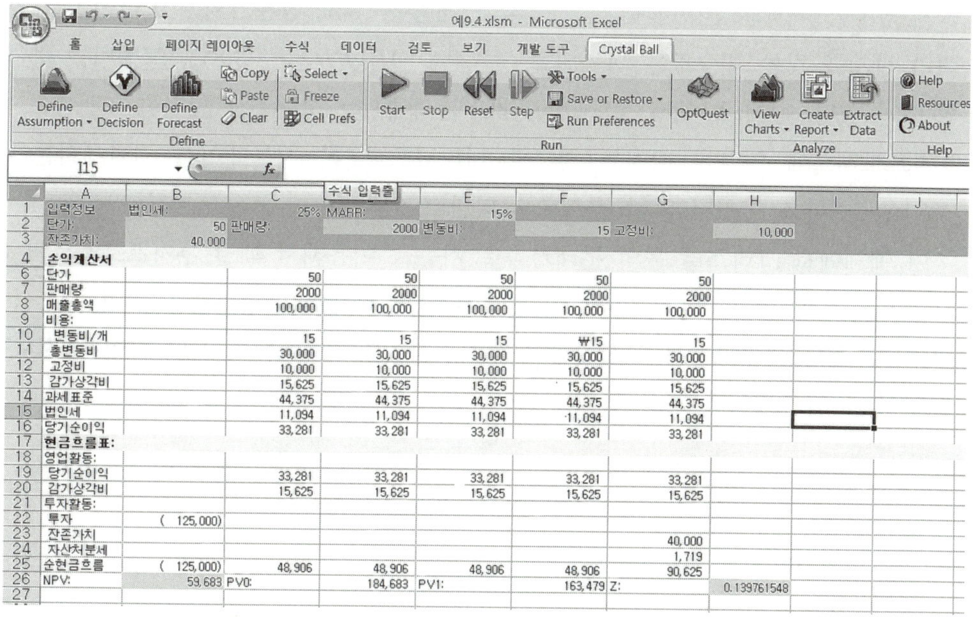


| | A | B | C | D | E | F | G | H |
|---|---|---|---|---|---|---|---|---|
| 1 | 입력정보 | 법인세: | 25% | MARR: | 15% | | | |
| 2 | 단가: | 50 | 판매량: | 2000 | 변동비: | 15 | 고정비: | 10,000 |
| 3 | 잔존가치: | 40,000 | | | | | | |
| 4 | **손익계산서** | | | | | | | |
| 6 | 단가 | | 50 | 50 | 50 | 50 | 50 | |
| 7 | 판매량 | | 2000 | 2000 | 2000 | 2000 | 2000 | |
| 8 | 매출총액 | | 100,000 | 100,000 | 100,000 | 100,000 | 100,000 | |
| 9 | 비용: | | | | | | | |
| 10 | 변동비/개 | | 15 | 15 | 15 | ₩15 | 15 | |
| 11 | 총변동비 | | 30,000 | 30,000 | 30,000 | 30,000 | 30,000 | |
| 12 | 고정비 | | 10,000 | 10,000 | 10,000 | 10,000 | 10,000 | |
| 13 | 감가상각비 | | 15,625 | 15,625 | 15,625 | 15,625 | 15,625 | |
| 14 | 과세표준 | | 44,375 | 44,375 | 44,375 | 44,375 | 44,375 | |
| 15 | 법인세 | | 11,094 | 11,094 | 11,094 | 11,094 | 11,094 | |
| 16 | 당기순이익 | | 33,281 | 33,281 | 33,281 | 33,281 | 33,281 | |
| 17 | **현금흐름표:** | | | | | | | |
| 18 | 영업활동: | | | | | | | |
| 19 | 당기순이익 | | 33,281 | 33,281 | 33,281 | 33,281 | 33,281 | |
| 20 | 감가상각비 | | 15,625 | 15,625 | 15,625 | 15,625 | 15,625 | |
| 21 | 투자활동: | | | | | | | |
| 22 | 투자 | ( 125,000) | | | | | | |
| 23 | 잔존가치 | | | | | | 40,000 | |
| 24 | 자산처분세 | | | | | | 1,719 | |
| 25 | 순현금흐름 | ( 125,000) | 48,906 | 48,906 | 48,906 | 48,906 | 90,625 | |
| 26 | NPV: | 59,683 | PV0: | 184,683 | PV1: | 163,479 | Z: | 0.139761548 |
| 27 | | | | | | | | |

### 조건

〈표 8.3〉, 〈표 8.4〉, $MARR = 15\%$

#### 풀이

본 예제에서 패널 투자프로젝트에 관한 몬테카를로 시뮬레이션은 크리스탈 볼 11.1 프로페셔널 버전[15)]을 이용하여 수행하였으며, 시뮬레이션 반복회수는 100만 번이다. 크리스탈 볼의 몬테카를로 시뮬레이션을 100만 번 실행하여 각각의 시뮬레이션 결과값들을 토대로 구성된 〈그림 8.5〉, 〈그림 8.6〉, 그리고 〈그림 8.7〉로부터 우리들은 유익한 투자분석 정보를 얻을 수가 있다.

〈그림 8.5〉는 몬테카를로 시뮬레이션에 의한 $NPV$ 확률 분포도 및 통계를 보여주고 있다. 예제 8.1에서 패널 투자프로젝트 $NPV(15\%)=5{,}968$만 3,000원이었는데, 〈그림 8.5〉에서 패널 투자프로젝트의 평균 $NPV=5{,}911$만 6,000원으로 예제 8.1의 $NPV$와 거의 비슷하게 나타나고 있다. 패널 투자프로젝트의 중앙값은 5,706만 2,000원이며, 최빈값은 존재하지 않고 있다. 그리고 투자프로젝트 $NPV$의 최소 및 최대값은 각각 −7,705만 8,000원과 2억 7,594만 원이고, 표준편차는 4,746만 원이다. 이 투자프로젝트의 $NPV>0$인 확률은 89%로 나왔다.

〈그림 8.6〉에서 패널 투자프로젝트의 $NPV$에 관한 민감도 분석에서 $NPV$에 가장 크게 영향을 미치는 변수는 단가로 78%, 판매량은 14%, 잔존가치는 0.3%이다. 그리고 역의 관계를 갖는 변수로는 변동비로 −4.4%, $MARR$은 −3.8%, 고정비는 0%임을 알 수가 있다. 예제 8.1에서 실행한 민감도 분석에서는 고정비도 일정한 역관계로 패널 투자프로젝트에 영향을 미치는 것으로 나타났으나 본 시뮬레이션 결과에서는 전혀 $NPV$에 영향을 미치지 않는 것으로 나타나고 있다.

이 예제에서 크리스탈 볼의 몬테카를로 기능을 이용해서 패널 투자프로젝트의 리스크를 다양하게 분석한 결과 투자의사결정에 중요한 새로운 정보들을 얻었듯이 실무에서 이와 같은 리스크분석을 실시하면 투자의사결정에 유익하면서도 다양한 정보들을 얻을 수가 있다.

15) Oracle, Crystal Ball 11.1 Professional Version.

‖ 표 8.6 ‖ 크리스탈 볼에서 몬테카를로 시뮬레이션을 하기 위한 입력자료

| Crystal Ball Report-Assumptions | | |
|---|---|---|
| Simulation started on 2/27/2009 at 18:10:35 | | |
| Simulation stopped on 2/27/2009 at 18:11:11 | | |
| Run preferences: | | |
| Number of trials run | 1,000,000 | |
| Extreme speed | | |
| Monte Carlo | | |
| Seed | 999 | |
| Precision control on | | |
| Confidence level | 99.00% | |
| Run statistics: | | |
| Total running time(sec) | 35.67 | |
| Trials/second(average) | 28,033 | |
| Random numbers per sec | 168,196 | |
| Crystal Ball data: | | |
| Assumptions | 6 | |
| Correlations | 0 | |
| Correlated groups | 0 | |
| Decision variables | 0 | |
| Forecasts | 2 | |
| | Assumptions | |
| Worksheet: [예8.4.xlsm]Sheet1 | | |
| Assumption: MARR: | | |
| Triangular distribution with parameters: | | |
| Minimum | 10% | 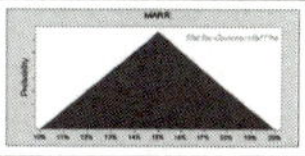 |
| Likeliest | 15% | |
| Maximum | 20% | |
| Assumption: 고정비: | | |
| Triangular distribution with parameters: | | |
| Minimum | 9,000 | 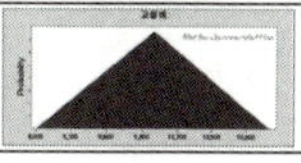 |
| Likeliest | 10,000 | |
| Assumption: 단가: | | |
| Triangular distribution with parameters: | | |
| Minimum | 30.00 | 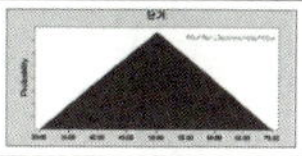 |
| Likeliest | 50.00 | |
| Maximum | 70.00 | |
| Assumption: 변동비: | | |
| Triangular distribution with parameters: | | |
| Minimum | 10.00 | 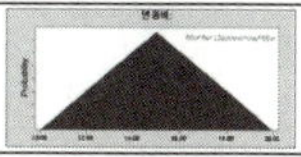 |
| Likeliest | 15.00 | |
| Assumption: 잔존가치: | | |
| Uniform distribution with parameters: | | |
| Minimum | 25,000 | 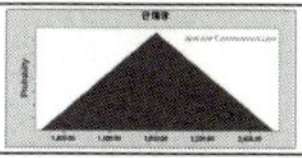 |
| Maximum | 50,000 | |
| Assumption: 판매량: | | |
| Triangular distribution with parameters: | | |
| Minimum | 1,500.00 |  |
| Likeliest | 2,000.00 | |
| Maximum | 2,500.00 | |
| End of Assumptions | | |

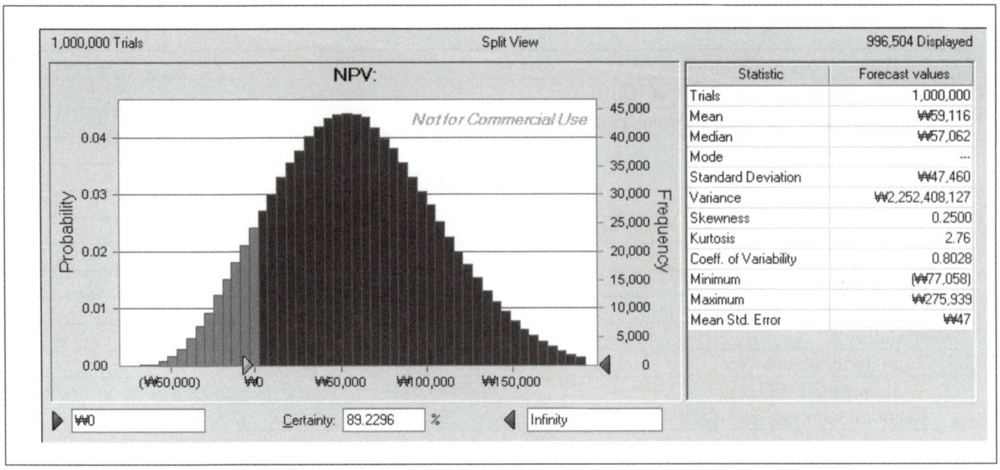


**그림 8.5** 몬테카를로 시뮬레이션에 의한 $NPV$ 확률 분포도 및 통계

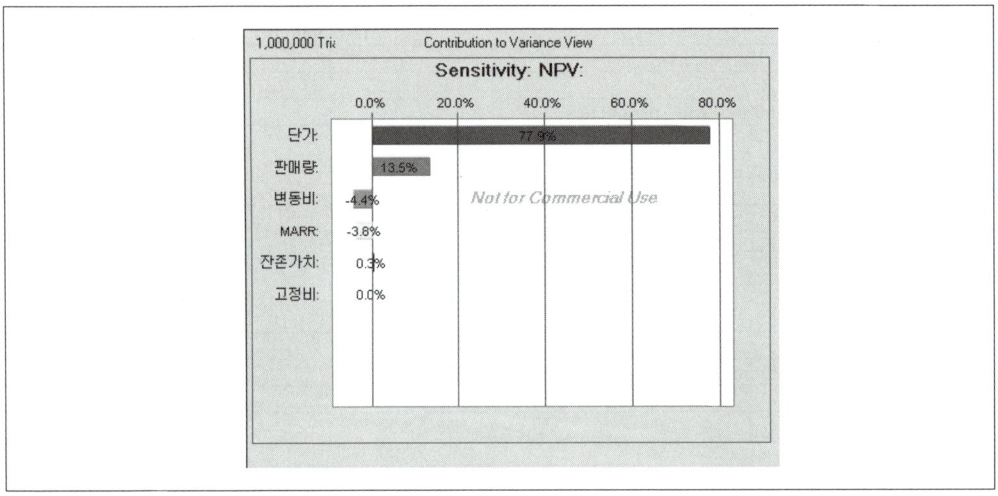


**그림 8.6** 몬테카를로 시뮬레이션에 의한 $NPV$에 관한 민감도 분석

〈그림 8.7〉에서 우리는 패널 투자프로젝트의 $ROR$값에 관한 다양한 정보를 파악할 수가 있다. 이 투자프로젝트의 평균 $ROR$은 10%, 중앙값은 13%이며, 최빈값은 존재하지 않고 있다. 이 투자프로젝트의 $ROR$의 표준편차는 27%이며, 최소 $ROR$은 −120%이고, 최대 $ROR$은 88%임을 알 수가 있다. $ROR$에 관한 민감도 분석은 실시하지 않았다. 그 이유는 $NPV$에 관한 민감도와 동일하게 나타나기 때문이다.

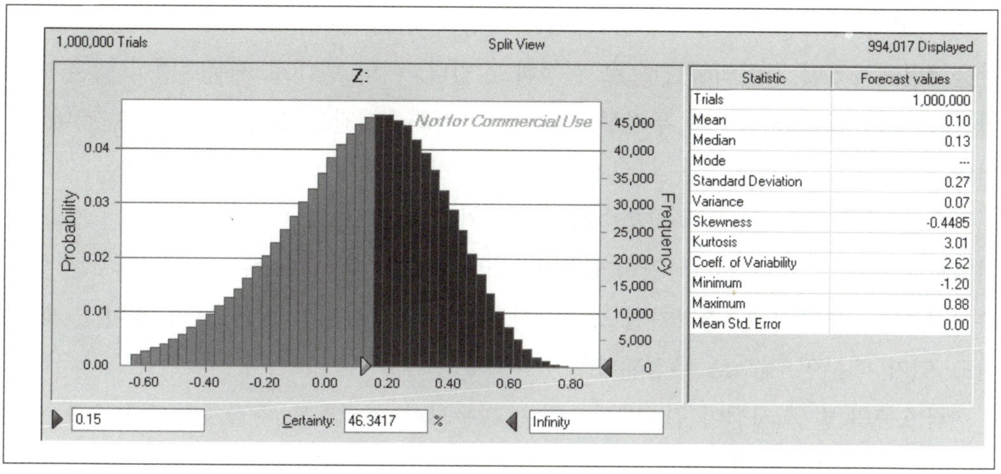


| Statistic | Forecast values |
|---|---|
| Trials | 1,000,000 |
| Mean | 0.10 |
| Median | 0.13 |
| Mode | --- |
| Standard Deviation | 0.27 |
| Variance | 0.07 |
| Skewness | -0.4485 |
| Kurtosis | 3.01 |
| Coeff. of Variability | 2.62 |
| Minimum | -1.20 |
| Maximum | 0.88 |
| Mean Std. Error | 0.00 |

그림 8.7 몬테카를로 시뮬레이션에 의한 $ROR$에 관한 확률 분포도 및 통계

# 8.7 투자회수기간

우리는 이미 2장과 6장에서 $PBP$와 $DPBP$기법은 초기 투자자본을 100% 회수하는 데 걸리는 시간으로 정의하였다. 그리고 이 기법은 $NPV$ 혹은 $IRR$기법 등으로 깊이 있는 투자분석을 실행하기 이전에 다수의 투자프로젝트의 대안들을 선별하는 기법으로만 사용되고 있다 하였다.

$PBP$는 또한 기업에서 현재 고려 중인 투자프로젝트에 대하여 최대로 허용 가능한 투자회수기간을 정함으로써 투자프로젝트의 초기 투자회수와 관련된 리스크를 줄이는 위험성 분석기법으로 사용되기도 한다. 드루어리(Drury)[16] 등이 실시한 투자분석기법에 관한 설문조사에 의하면 제조업체의 응답자들 중 70% 이상이 그들이 수행하려는 투자프로젝트의 투자회수기간을 2년 내지 3년으로 결정한다고 한다. 그리고 동일한 설문조사에서 드루어리는 응답자들 중 64% 이상이 투자프로젝트에 따른 다른 투자회수기간을 사용하

16) C. Drury, S. Osborne, and M, Tayles, "A Survey of Management Accounting Practices in UK Manufacturing Companies" ACCA, 1993.

고 있다고 한다. 도요타 자동차회사에서는 자동차 관련 투자프로젝트의 경우 투자회수기간을 4년에서 5년 사이의 기간으로 설정하고 있다. 이와 반대로 제품수명이 짧은 반도체와 같은 첨단기술과 관련된 투자프로젝트의 투자회수기간은 2년인 것이 일반적이다. 그러나 이렇게 투자회수기간을 다르게 설정하는 것 자체가 리스크 절감을 하는 것이라고 전적으로 말할 수는 없다. 투자회수기간을 투자프로젝트별로 다르게 설정하는 경향이 대기업보다는 중소기업에서 더 강하게 나타나고 있는데, 그 이유로는 대기업에서는 투자회수기간보다 *DCF* 같은 평가기법으로 투자프로젝트의 경제성 평가를 더 깊이 있게 수행하고 있기 때문인 것으로 추정된다.

현금흐름의 발생 시점이 긴 경우는 짧은 경우보다 현금흐름 추정치의 정확도가 떨어지는 것이 일반적이다. 만약 이와 같은 상황에서 *DPBP*를 사용해서 투자의사결정을 내리면, 발생시점이 긴 현금흐름에 큰 값의 할인계수가 적용되어 이 현금흐름의 현재가치가 작아지게 된다. 그 결과로 인하여 투자프로젝트의 리스크가 자연적으로 감소된다고 할 수 있다. *DPBP*기법은 *NPV*기법과 달리 투자프로젝트 사업수명의 전 기간에 걸쳐 발생하고 있는 모든 현금흐름들을 고려하고 있지 않다는 단점을 가지고 있다.

## 8.8 *MARR*의 변화

투자프로젝트는 그 자체에 내재된 위험성이 각각 다르다. 그러므로 이와 같은 경우에 투자프로젝트의 위험성을 다루는 방법으로 *MARR*값을 투자프로젝트의 위험성에 따라 달리 결정해서 투자프로젝트의 경제적 가치를 계산하고 있다. 즉, 투자프로젝트의 위험성이 높으면 큰 *MARR*값을 사용하고, 그렇지 않으면 작은 *MARR*값을 사용하고 있다. 회사들은 그들 회사의 주식투자자들의 기대 투자수익률을 고려하여 투자프로젝트에 관한 투자의사결정을 내릴 때 투자프로젝트의 수익성과 위험성이 사이에 균형성이 유지되도록 해야 한다.

보편적으로 주식투자자들은 그들이 투자하는 주식에 내재된 위험성이 높다고 인식하면 그에 상응하는 높은 수익률을 요구하고, 반대로 위험성이 낮다고 인식하면 그에 상응하는 낮은 수익률을 요구한다. 예를 들어, 정부에서 발행하는 채권에 투자를 하게 되면 사

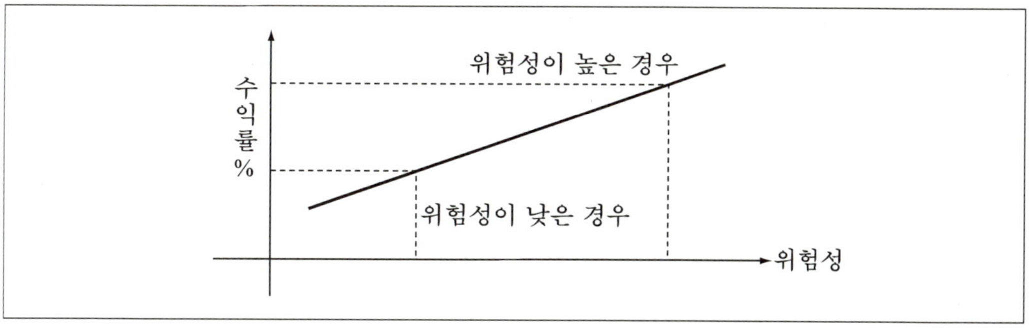


그림 8.8 투자프로젝트의 수익률과 위험성의 관계

기업에서 발행한 채권과 비교해서 상대적으로 낮은 투자수익률이 요구된다. 그 이유는 정부에서 발행하는 채권에 내재된 위험성이 사기업에서 발행한 채권에 내재된 위험성보다 적다고 투자자들이 인식하고 있기 때문이다. 〈그림 8.8〉은 주식투자에 있어서 리스크와 수익률의 관계를 보여주고 있다.

## 8.9 리스크 보상

투자프로젝트에 내재된 리스크가 클수록 그에 상응하는 $MARR$값이 커진다는 사실을 위 절에서 논하였다. 이와 같이 투자프로젝트에 내재된 리스크가 커서 그에 상응하는 $MARR$값이 커진다는 의미는 정부에서 발행한 장기채권의 무위험 수익률[17]에 일정한 크기의 할인율을 추가한다는 것이다. 이렇게 추가된 할인율을 일반적으로 리스크보상이라고 한다. 2015년 1월 22일 현재 만기가 10년과 5년인 국채의 수익률은 각각 1.77%와

17) 여기에서 무위험 수익률이란 정부에서 발행한 장기채권의 현재의 수익률을 말한다. 즉, 장기채권의 현재 시장가격으로 채권투자로부터 연간 받는 이자를 나눈 값이 무위험 수익률이 된다. 이렇게 계산된 무위험 수익률은 채권의 표면금리(coupon rate)나 만기수익률(yield-to-maturity: *YTM*)과는 다르다. 예로서 만약 채권의 액면가가 100만 원이고 표면금리가 10%인 정부에서 발행한 장기채권이 현재 채권시장에서 80만 원에 거래되고 있다면, 이 장기채권의 무위험 수익률은 10/80=12.5%가 된다.
J. Downes and J. E. Goodman, Dictionary of Finance and Investment Terms, 5th Edition, Baron's NY, 1998.

2.04%이다. 참고로 만기가 3년인 국채의 수익률은 1.63%이며 만기가 3년인 무보증회사채($AA$-)[18]의 수익률은 2.08%이다. 이 두 채권의 수익률 차이인 0.458%가 리스크 보상율(risk premium)이다.

투자프로젝트에 적용되는 리스크 보상은 투자프로젝트 리스크의 종류와 투자프로젝트에 내재되어 있는 리스크를 주관적으로 측정한 결과에 따라 다를 수가 있다. 리스크 보상을 기준으로 투자의사결정을 내리면, 기업이 그들이 앞으로 수행하려는 개별적 투자프로젝트의 경제성 평가결과를 주식투자자들이 알게 해서 주식투자자들의 투자의사결정에 도움을 줄 수가 있다. 여기에서 논하고 있는 리스크 보상기법을 달리 표현하면 리스크보정할인율법(risk-adjusted rate of return: $RAAR$)이라고도 한다.

만약 회사에서 $RAAR$기법을 사용하여 투자프로젝트의 경제성 가치를 평가하면 다른 투자평가기법과 달리 투자프로젝트의 $NPV$값에 따라 명확한 투자의사결정을 내릴 수 있는 장점이 있다. $RAAR$기법의 단점은 현재 고려 중인 투자프로젝트의 리스크 종류를 객관적으로 판단하는 것과 특정한 리스크 종류로 분류된 투자프로젝트에 상응하는 적절한 리스크 보상의 크기를 결정하는 어려움이다. 파이크와 울프(Pike & Wolfe)[19]가 대기업들을 상대로 실시한 투자평가에 관한 설문조사 결과에 의하면 설문조사 응답자들 중에서 61%가 그들이 수행하는 투자프로젝트의 리스크에 대한 보상을 평균 수익률 12%의 두 배를 사용하고 있다고 한다. 〈표 8.7〉은 여러 종류의 리스크로 분류된 투자프로젝트에 적용되는 리스크 보상들을 보여주고 있다.

‖ 표 8.7 ‖ 투자프로젝트의 리스크와 $RAAR$

| 위험종류 | 투자프로젝트종류 | 무위험수익률(%) | 위험보상(%) | 목표 $RAAR$(%) |
|---|---|---|---|---|
| 무위험 | 임차 혹은 구입 | 5.06 | – | 5.06 |
| 저위험 | 기존의 기술을 이용한 원가 절감 | 5.06 | 3 | 8.06 |
| 평균 위험 | 기존의 기술을 이용한 신시장 개척 | 5.06 | 10 | 15.06 |
| 고위험 | 개발된 신기술을 이용한 신제품 및 시장 개척 | 5.06 | 15 | 20.06 |

18) 사기업이 발행한 채권의 신용도가 각 기업의 채권 상환능력으로 결정되면 이를 A, B 등의 등급으로 구분한다.

19) R. H. Pike and M. B. Wolfe, "Capital Budgeting for the 1990s, 1988, CIMA.

## 8.10 투자자산가격결정방법

8.9절에서 논한 투자프로젝트의 주관적 리스크는 사실 본 절에서 논할 투자자산가격결정방법(capital asset pricing model: CAPM)에 의해 객관적인 값으로 대체될 수가 있다. *CAPM* 기법은 1960년대 초에 샤프, 린트너, 모이슨(Sharpe, Lintner, & Mossin)이 독립적으로 수행한 연구결과이고[20], 특정 주식 '$i$'와 시장수익률과의 관계성을 이용하여 투자자산의 수익률을 결정하는 이론이다.

그레이엄과 하비가 투자의 자기자본비용을 계산하는 여러 방법들에 관하여 설문조사한 결과에 의하면 *CAPM*기법이 다른 기법들(다중 *CAPM*, 과거의 산술적 평균 수익률, 배당할인 모델, 투자자의 기대치 등)에 비해 가장 많이 사용되고 있다고 한다. 설문조사 응답자들 중 73.5%가 *CAPM*를 사용하여 자기자본비용을 구하고, 그 다음으로 주식의 과거 수익률과 다중 *CAPM*이라고 보고되어 있다. 그레이엄과 하비의 이러한 조사결과는 1982년에 기트먼과 머큐리(Gitman & Mercurio)[21]가 Fortune 1,000대 기업들 중에서 177개 기업들을 선정해서 설문 조사한 결과 응답자들 중 29.9%만이 *CAPM*을 사용하여 자기자본비용을 계산하고, 31.2%가 변형된 배당할인모델을 사용한다는 결과와 큰 차이를 보이고 있다. 그러나 또한 1998년에 브루너(Bruner)[22] 등이 설문조사한 결과에 의하면 27개의 가장 큰 기업들 중 85%가 자기자본비용을 구하기 위해서 *CAPM*를 사용하고 있다고 보고되어 있다. 위 설문조사 결과들을 참고해 보면 시간이 지날수록 기업들이 자기자본비용을 결정하기 위해 *CAPM*을 더 많이 사용하고 있음이 확실해지고 있다.

투자프로젝트의 리스크는 비체계적 위험(non-systematic risk)과 체계적 위험(systematic risk)으로 구분된다. 비체계적 위험은 회사의 경영진의 능력, 재무상태, 제품의 종류 및

---

20) W. F. Sharpe, "Capital Asset Prices: A Theory of Market Equilibrium under Condition " Journal of Finance, 19(3), 1964, pp. 425-442.
J. Lintner, "The Valuation of Risk Assets and the Selection of Risky Investment in Stock Portfolios and Capital Budgets," Review of Economics and Statistics, 47(1), 1965, pp. 213-37.
"Security Prices, Risk, and Maximal Gains from Diversification," Journal of Finance, 20(4), 1965, 587-615.
J. Mossin, "Equilibrium in a Capital Asset Market," Econometrica, 34(4), 1965, pp. 768-783.

21) L. J. Gitman and V. Mercurio, "Cost of Capital Techniques Used By Major U. S. Firms: Survey and Analysis of Fortune's 1000," Financial Management, 14, 1982, 21-29.

22) R. F. Bruner, K. M., R. Harris, and R. C. Higgins, "Best Practices in Estimating the Cost of Capital: Survey and Synthesis," Financial Practice and Education, 8, 1998, pp. 13-28.

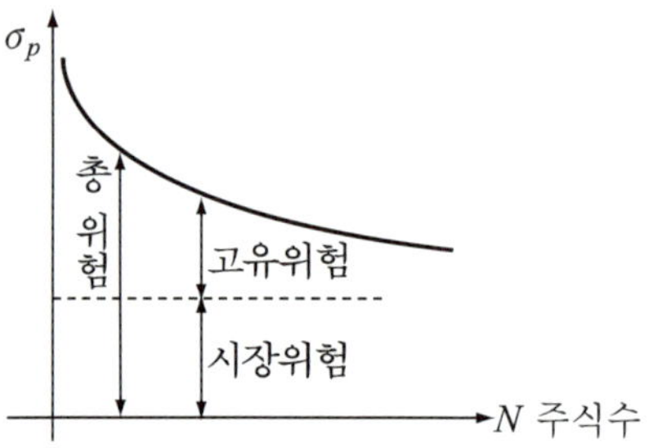


그림 8.9 투자포트폴리오의 위험성과 투자 종목 수와의 관계성

품질 등의 회사의 내부적 변수와 관련된 리스크로서 고유위험(unique risk)이라고도 한다. 이러한 고유위험은 투자자산의 종목 수를 많이 포함하도록 투자포트폴리오(investment portfolio)[23)]를 구성하면 완전히(혹은 상당히 많이) 소멸된다. 이와 같은 투자전략을 분산투자전략이라고 한다.

일단 투자프로젝트의 고유위험이 완전히 소멸된 후에 남는 위험성을 흔히 체계적 위험 또는 시장위험(market risk)이라고 부른다. 이 위험은 거시경제지표와 관련된 위험으로서 분산투자전략(diversification)에 의하여 절대로 위험성이 감소되거나 소멸되지 않는다. 거시경제지표란 대표적으로 인플레이션, 이자율, 개인 국민소득 등을 일컫는다. 시장위험은 절대로 감소되거나 소멸되는 위험이 아니기 때문에 여러 다양한 파생금융상품[24)]들을 이용하여 시장위험을 효율적으로 관리할 필요가 있다. 〈그림 8.9〉는 투자포트폴리오의 위험성과 투자 종목 수와의 관계성을 보여주고 있다.

시장위험은 특정한 주식 수익률과 시장수익률의 관계성은 식 (1)과 같다.

$$\beta_{iM} = \frac{\sigma_{iM}}{\sigma_M^2} \qquad \cdots (1)$$

단, $\sigma_{iM}$ =주식 $i$의 수익률과 시장수익률의 공분산,

23) 투자포트폴리오(investment portfolio)는 1950년대 초에 노벨 경제학상 수상자인 H. Markowitz에 의해 처음으로 소개되었고, 두 개 이상의 투자종목과 각기 다른 투자자본 할당비율 등을 이용하여 다양한 투자그룹을 구성하는 것을 투자포트폴리오라고 한다. 이와 같은 방법으로 투자프로젝트의 위험성을 관리하는 기법을 분산(diversification)정책이라고도 부른다. 투자프로젝트의 위험성을 관리하는 두 가지 다른 기법으로는 보험(insuring: 옵션거래)과 헤징(hedging: 선물거래) 등이 있다.

24) 파생금융상품(derivative instruments(asset): 옵션(option), 선물(future contract), 선도(forward contract), 스왑(swaps) 등)은 그 자체로는 가치가 존재하지 않고 다만 파생금융상품을 생성시킨 모상품(예: 주식, 채권, 또는 일반 상품 등)의 가치를 토대로 계산된다. 파생금융상품의 근본적인 목적은 투자자산에 내재된 위험을 효율적으로 관리하도록 창안된 금융상품이다.

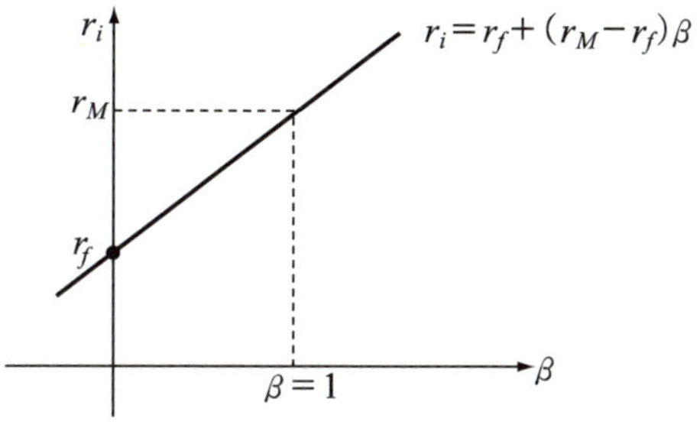


그림 8.10 투자수익률과 '$\beta$'와 관계

$$\sigma_M^2 = \text{시장수익률의 분산}$$

만약 특정 주식 $i$의 투자수익률의 위험성과 시장수익률의 위험성이 같다면 $\beta_i$는 '1'로 표시되고, 그리고 이 주식의 위험성이 시장수익률 위험의 반이라면 $\beta_i$는 '0.5'로 표시된. 이와 같은 관계성을 고려하여 특정 주식 $i$의 투자수익률을 $CAPM$ 식으로 표현하면 식 (2)와 같다.

$$r_i = r_f + (r_M - r_f)\beta_{iM} \qquad \cdots (2)$$

단, $r_i$ =주식 '$i$'의 투자수익률,

$r_f$ =무위험수익률

$r_M$ =시장 수익률

〈그림 8.10〉은 전형적인 투자자산가격결정모델을 구성하고 있는 $\beta$와 투자수익률과의 관계를 그림으로 보여주고 있다.

### 예제 8.6 $CAPM$을 토대로 뮤추얼 펀드 수익률 분석

특정 기간의 $CAPM$이 아래 식과 같다고 가정하자.

$$r_i = 0.06 + 0.19\beta$$

뮤추얼 펀드 $A$의 실질 수익률은 10%이며, $B$의 실질 수익률은 15%이다. 그리고 뮤추얼 펀드 $A$의 $\beta_A = 0.8$이고 $B$의 $\beta_B = 1.2$이다. $CAPM$의 식 (2)를 이용하여 두 뮤추얼 펀드의 실질 수익률에 관하여 간략하게 논하여라.

**조건**

$CAPM$ 식, 두 뮤추얼 펀드 실질 수익률, $\beta_A = 0.8$, $\beta_B = 1.2$

**풀이**

뮤추얼 펀드 $A$의 투자수익률

$$r_A = 0.06 + (0.19)(0.8) = 21.2\%$$

뮤추얼 펀드 $B$의 투자수익률

$$r_B = 0.06 + (0.19)(1.2) = 28.8\%$$

뮤추얼 펀드 $A$의 실질 수익률이 10%인데 반하여 $CAPM$에 의한 기대 수익률은 21.2%이다. 그러므로 펀드 $A$는 기대 수익률보다 11.2%만큼 적게 달성하였다고 할 수 있다. 뮤추얼 펀드 $B$는 $A$의 경우보다 더 큰 차이를 보이고 있다. $CAPM$에 의한 기대수익률 분석 결과, 두 펀드의 실질 수익률이 기대 수익률의 50%에 지나지 않음을 알 수가 있다.

**예제 8.7** $CAPM$을 토대로 실물투자프로젝트의 경제성 평가

SS회사가 발행한 주식 수익률에 관한 자료가 다음가 같다고 가정하자.

$$\beta_{SS} = 1.5,\ r_M = 10\%,\ r_f = 6\%$$

(1) SS회사 주식의 요구수익률을 구하여라.

(2) 만약 SS회사가 제품 $X$를 생산하기 위해 새로운 공장을 건설할 예정이라고 가정하자. 그리고 필요한 투자자본 전부를 자기자본으로 조달한다는 가정하고 이 투자프로젝트의 경제성 평가를 위해 사용해야 할 할인율이 얼마인지를 결정하여라.

**조건**

관련 자료

**풀이**

(1) SS회사 주식의 요구수익률을 구하여라.

$$r_{ss} = 0.06 + (0.1 - 0.06)(1.5) = 12\%$$

(2) SS회사의 투자프로젝트 경제성 평가를 위해 사용해야 할 할인율을 결정하여라.

질문 (1)에서 $r_{ss} = 12\%$를 구하였다. 그리고 공장 건설을 위한 모든 투자자본을 자기자본으로 조달한다고 했으므로 이 투자프로젝트의 경제성 평가를 위해서는 $MARR = 12\%$를 사용해야 한다. 이러한 수익률을 $MARR$로 결정함으로써 SS회사의 주식에 투자하는 투자자들의 기대 수익률을 만족시킬 수가 있게 된다.

## 8.11 확률론[25)]

원칙적으로 투자위험은 프로젝트로부터 초래되는 발생 가능한 결과의 범위와 관계가 있다. 이 결과의 범위가 크면 클수록 프로젝트 위험은 커지게 된다. 〈그림 8.11〉은 이러한 직관적인 개념을 설명하고 있다. 이 그림은 정규분포 형태를 갖는 두 프로젝트와 관련된 발생 가능한 수익률을 보여주고 있는데, 투자프로젝트 $A$의 기대수익률은 대략 10% 정도로 추정되고, 투자프로젝트 $B$의 기대수익률은 대략 20% 정도로 추정되고 있다.

기대수익을 발생 가능한 수익에 대한 확률적 가중평균값으로 정의한다면, 이 기대수익은 임의결과에 대한 중앙값이 된다. 간단한 예로서, 6%, 9%, 18%의 세 가지 다른 수익률 이 각각 0.40, 0.30, 0.30의 확률로 발생한다면, 이러한 수익률을 가지고 있는 투자프로젝트의 기대수익률은 다음과 같다.

$$\text{기대수익률}(\mu) = 0.40 \times 6\% + 0.30 \times 9\% + 0.30 \times 18\% = 10.5\%$$

기본적으로 투자프로젝트 리스크란 투자프로젝트의 기대수익률에 대한 발생 가능한 수익률의 분포의 크기라고 할 수 있다. 그러므로 프로젝트 $A$와 같이 기대수익률을 중심으로 발생 가능한 수익률이 집중적으로 모여 있게 되면, 이 투자프로젝트의 리스크는 낮다

25) 박찬석, 김규태, 최성호, 경제성공학 10장, 영지문화사, 2008.

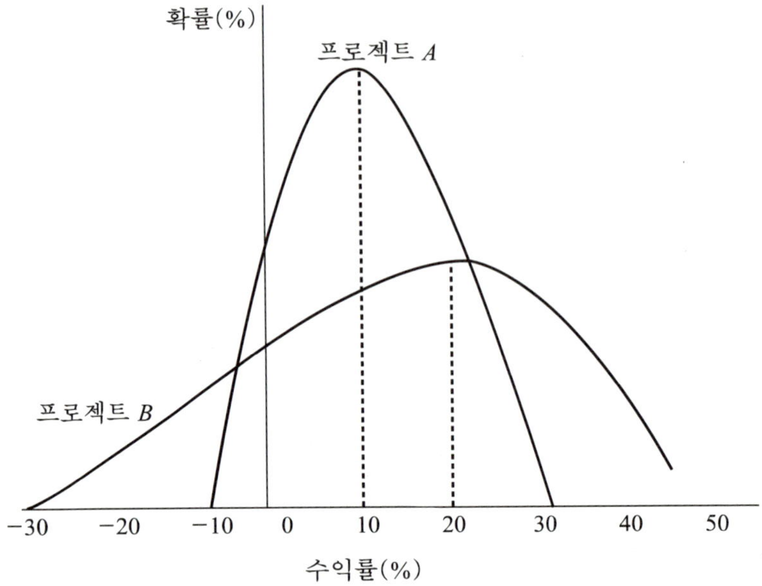


그림 8.11 프로젝트 위험: 프로젝트 $A$는 프로젝트 $B$보다 작은 기대수익률과 위험을 갖고 있다.

고 할 수 있다. 반면 투자프로젝트 $B$는 기대수익률을 중심으로 발생 가능한 수익률이 널리 분포되어 있기 때문에 이 투자프로젝트의 리스크는 투자프로젝트 $A$에 비하여 상대적으로 높은 것이다. 이러한 분포크기를 측정하는 방법으로는 기대 수익률과 발생 가능한 수익률과의 편차에 대한 확률 가중 평균값을 사용하고 있다. 이와 같은 평균값을 수익률의 표준편차(standard deviation)라 한다.

수익률에 관한 표준편차의 계산을 설명하기 위하여 위 예제의 발생 가능한 수익률에 관한 기대수익률과 각 수익률과의 편차를 구하면 6%~10.5%, 9%~10.5%, 18%~10.5%와 같다. 이 편차들은 양의 값과 음의 값으로 구성되어 있으므로 이 편차를 직접 합하게 되면, 편차들 상호 간에 서로 상쇄작용이 발생하여 이 편차들의 총합은 0이 된다. 따라서 각 편차들을 제곱하여 확률 가중평균을 계산하고(이를 분산(variance)이라고 함: $\sigma^2$), 다시 양의 제곱근을 구하면 이 값이 수익률의 표준편차($\sigma$)가 된다.

| 사건 | 편차 | 가중편차 |
|---|---|---|
| 1 | $(6\%-10.5\%)^2$ | $0.40\times(6\%-10.5\%)^2$ |
| 2 | $(9\%-10.5\%)^2$ | $0.30\times(9\%-10.5\%)^2$ |
| 3 | $(18\%-10.5\%)^2$ | $0.30\times(18\%-10.5\%)^2$ |
| | | $(\sigma^2)=25.65$ |

$$\text{표준편차}(\sigma)=(25.65)^{1/2}=5.065\%$$

위 내용을 요약하면 프로젝트 리스크란 발생 가능한 결과에 대한 분포(dispersion) 혹은 불확실성이라 할 수 있다. 이러한 분포를 측정할 수 있는 여러 통계적 기법들 중 분산($\sigma^2$)을 계산해서 사용하는 기법이 가장 대표적이다. 수익률의 표준편차가 작아지면 투자 리스크가 작아지므로 동일한 기대수익률을 갖고 있는 투자프로젝트들을 비교할 경우 위험 회피형 투자자들은 수익률의 표준편차가 작은 투자프로젝트를 선호하게 된다.

위험과 위험회피에 대한 일반적 정의가 확립되면 특정 프로젝트에 내재된 리스크의 크기를 측정할 수가 있다. 만약 투자프로젝트 기간 내에 발생하는 연간 투자프로젝트의 기대현금흐름과 현금흐름의 표준편차(변동성[26])가 결정되면, 투자프로젝트 기간 동안 발생하는 총 위험은 식 (3)과 (4)처럼 표시된다. 식 (3)은 투자프로젝트 $NPV(r)$의 기대치를 계산하는 식이고, 그리고 식 (4)는 투자프로젝트 $NPV(r)$의 분산을 계산하는 식이다.

$$E[VPV(r)]=\sum_{t=0}^{N}\frac{E(CF_t)}{(1+r)^t} \qquad \cdots (3)$$

$$V(NPV(r)]=\sum_{t=0}^{N}\frac{V(CF_t)}{(1+r)^{2t}} \qquad \cdots (4)$$

단, $r$:무위험 할인율

$CF_t$ :기간 '$t$'의 현금흐름

$E(CF_t)$:기간 '$t$'의 기대현금흐름

$V(CF_t)$:기간 '$t$'의 현금흐름 분산

$E[NPV(r)]$:투자프로젝트의 기대 $NPV$

$V[(NPV(r))]$:투자프로젝트의 $NPV$ 분산

식 (3)과 (4)에 사용한 할인율은 무위험 할인율이다. 식 (4)를 사용하여 투자프로젝트의 분산을 계산하기 위해서는 투자프로젝트 현금흐름이 서로 독립적이어야 한다는 가정

26) 금융학에서는 표준편차(standard deviation)를 변동성(volatility)이라고 함.

이 필요하다. 투자프로젝트 현금흐름이 서로 독립적이라는 의미는 특정한 기간의 현금흐름 발생이 다른 기간의 현금흐름을 예측하는 데 전혀 영향을 미치지 않는다는 것이다. 다시 한 번 통계학의 이론을 인용하자면 투자프로젝트의 현금흐름 상호 간에는 통계적으로 상호 독립성이 유지되어야 한다. 만약 이러한 통계적 독립성이 현금흐름 상호 간에 유지되지 않는다면 현금흐름 상호 간의 종속성을 고려하여 프로젝트의 분산을 계산해야 한다.

### 예제 8.8 프로젝트의 평균과 분산의 계산

다음과 같은 현금흐름을 매년 창출할 것으로 기대되는 투자프로젝트를 고려해 보자. 각 현금흐름은 서로 독립적이고 무위험 이자율은 6%이라고 한다. 이 투자프로젝트의 순 현재가치의 기대값과 분산을 구하여라.

(단위: 천 원)

| 기간 | 기대현금흐름 | 추정 표준편차 |
|---|---|---|
| 0 | −2,000 | 100 |
| 1 | 1,000 | 200 |
| 2 | 2,000 | 500 |

**조건**

기간별로 추정된 프로젝트 현금흐름(평균과 분산), 무위험 이자율

**풀이**

$$E[PV(r)],\ \ V[PV(r)]$$

식 (3)과 (4)를 사용하여, 투자프로젝트 $NPV(r)$의 기대값과 분산을 계산하면 다음과 같다.

$$E[NPV(6\%)] = -2,000 + \frac{1,000}{(1+0.06)} + \frac{2,000}{(1+0.06)^2} = 723\ \text{(천 원)}$$

$$V[NPV(6\%)] = 100^2 + \frac{200^2}{(1+0.6)^2} + \frac{500^2}{(1+0.06)^4} = 243,623$$

따라서 이 프로젝트의 표준편차는 49.36만 원이다.

**해설**

투자의사결정을 위해 이 정보를 어떻게 사용할 수 있는가? 대부분의 확률분포는 평균값을 기준으로 ±3 표준편차 값으로 표시한다. 그러므로 〈그림 8.12〉에서와 같이 이

투자프로젝트의 $NPV$(6%)는 99.865% 확률로 −75.9만 원과 220.5만 원 사이에 존재한다. 만약 투자프로젝트의 $NPV$의 하한선이라고 할 수 있고, 그렇지 않은 투자프로젝트에 대해서는 투자의사결정자가 투자프로젝트의 기댓값과 표준편차를 고려하여 투자의사결정을 내려야 한다.

(기댓값−3*표준편차)이 0보다 크면 이 투자프로젝트는 매우 안전한 투자대안이다.

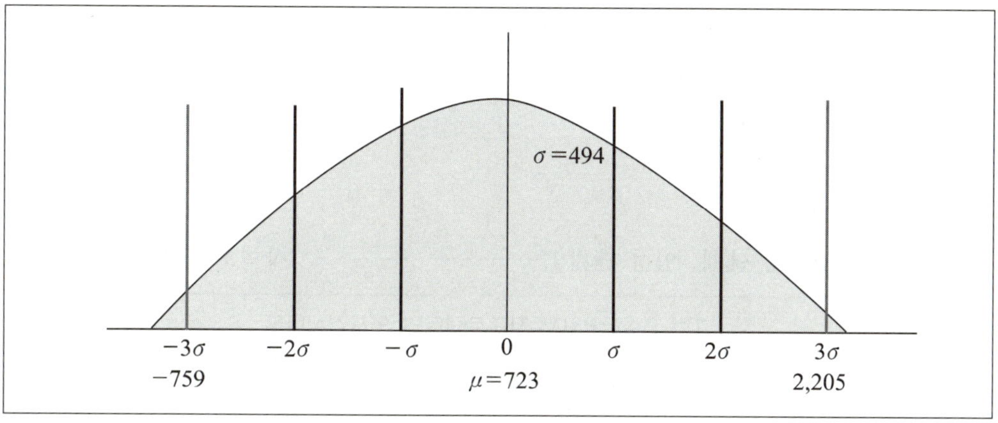


그림 8.12 투자프로젝트의 $NPV$(6%)의 분포(단위: 천 원)

# 8.12 의사결정나무분석법

우리들은 지금까지 투자시점이 단일한 경우에 투자의사결정을 내리는 기법에 관해서 알아보았다. 이렇게 일단 투자의사결정이 내려지면 더 이상은 후속 투자의사결정은 내릴 수가 없었다. 그러나 이 장에서는 투자시점이 하나 이상일 경우 투자의사결정을 내리는 기법에 관해서 알아보려고 한다.

## 8.12.1 의사결정나무의 구조 및 구성요소

의사결정나무는 투자시점이 여러 개 존재하는 복잡한 투자 내용을 이해하기 쉽도록 단

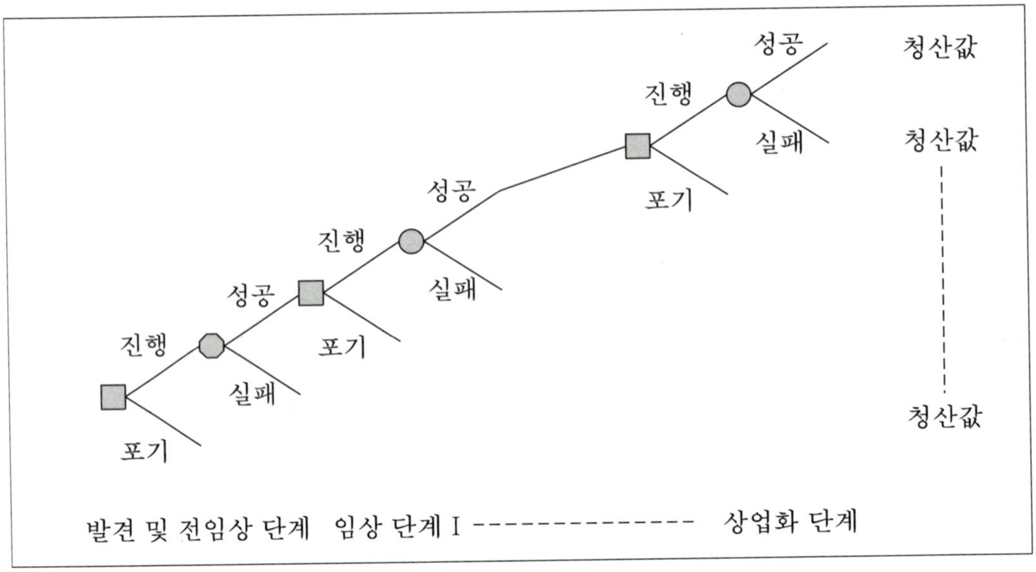


그림 8.13 R&D투자프로젝트의 의사결정나무

순화해서 보여주는 장점을 지니고 있다. 예를 들어, 6단계로 구성되어 있는 신약 R&D투자프로젝트를 고려해 보기로 하자. 이 투자프로젝트의 각 단계별 내용을 최소화해서 표시해도 그 내용이 아래와 같이 복잡한 형태를 띠고 있다. 그러나 〈그림 8.13〉을 보면 이 R&D 투자프로젝트가 어떤 의사결정 내용으로 구성되어 있는지를 쉽게 이해할 수가 있다. 다음은 각 의사결정 단계별 내용을 간소화해서 기술한 것이다.

### (1) 발견 및 전임상 연구

발견 및 전임상 연구단계는 질병 유발 분자의 메커니즘을 이해하고 화학적 그리고 생물학적 분자를 선별하는 단계로서 약품 안전성과 생물학적 활동을 파악하기 위해 실험을 하고 동물을 대상으로 임상 연구조사를 실시한다. 이 연구조사의 결과를 토대로 이 단계에서 신 약품 기술에 관한 특허를 신청한다. 신 약품 기술 개발 자체가 매우 불확실하기 때문에 이 단계에 소요되는 기간을 추정하기는 극히 어렵다.

### (2) 임상 단계 I

1단계를 성공적으로 통과하면 개발 약품을 인간에게 임상실험할 수 있는 허가를 받도록 보고서를 작성하고, 보고서 검토위원회는 윤리적인 측면에서 이 보고서를 신중하게 검토하고 승인해주도록 한다. 임상단계 I 실험 승인이 나면 개발 약품을 20~80명의 건강한 지원자들에게 실험을 한다. 이 실험의 주목적은 개발 약품을 인간에게 적용하였을 경우 발생되는 개발 약품의 안전성, 내성, 항독성, 그리고 약물 물질대사를 평가하는 것이다. 이 단계의 실험을 완성하기 위해서는 대략 1~2년 정도가 필요하다.

### (3) 임상단계 II

이 단계에서는 개발 약품을 환자에게 약물을 직접 투여해서 개발 약품의 효과를 알아보는 첫 단계이다. 이 단계의 주목적은 개발 약품의 생물학적 효과성을 증명하고, 부작용을 조절하고, 그리고 복용정보를 얻는 것이다. 이 단계에서는 일반적으로 1~2년에 걸쳐 100~300명 정도의 환자를 대상으로 실험을 한다.

### (4) 임상단계 III

수천 명의 환자들을 대상으로 실험을 하는 이 단계는 신약개발 단계들 중에서 가장 중요하고 그리고 가장 많은 비용을 발생시키고 있다. 그리고 이 단계는 개발 약품의 주 효능과 안정성을 파악하는 단계로서 치료효과에 관해 더 자세하고 구체적인 실증적 증거자료들을 제공해 주고, 약물 부작용, 독극물성, 그리고 일반적 안전성에 관한 지식을 확대시켜 준다. 이 단계에서 경쟁 약품과 약 효능 등을 비교 분석한다. 실험 대상 환자 수는 1,000~3,000명 정도이고, 실험 기간은 2~4년 정도 걸린다.

### (5) 법령 및 규제 검토

임상단계가 성공적으로 마무리되면 약품 상품화 승인을 받도록 그 결과들을 자세하게 서류로 작성해서 관련 정부기관에 제출한다. 바이오약품업계에서는 이렇게 제출된 서류를 제품허가응시서(Product License Application: PLA)라고 하고, 기존의 의약품업계에서는 이를 신약품응시서(New Drug Application: NDA)라고 한다.

한국에서는 식품의약품안전청(식약청), 미국에서는 FDA(Food and Drug Administration), 그리고 유럽에서는 EMEA(European Medical Evaluation Agency)가 이 이러한 업무를 담당하고 있다. 미국 FDA에서 승인받은 신약품은 자동적으로 일본 식약청의 승인을 받게 된다. 식약청으로부터 신 약품에 관한 승인을 받으면 임상단계 *IV*를 밟을 수도 있고 아닐 수도 있다. 이 단계에서는 약물 상호작용성, 유전적 요소, 나이에 따른 복용 한계성, 장기적인 복용 안정성 등에 관한 답을 준비해야 한다. 이 단계는 대략 1년 정도의 시간이 소요된다.

### (6) 상업화

식약청으로부터 신 약품에 관한 승인이 떨어지면 곧 바로 약품 생산단계로 들어간다. 일반적으로 신 약품 생산준비는 임상단계 III에서부터 시작되고 있다. 각 단계별 성공 확률을 구체적으로 기술하면 다음과 같다. 미국의 경우 개발된 신 약품 기술 4,000개 중에서 1개만이 FDA의 승인을 받고 있다고 한다. 임상단계 I에 진입한 신 약품 5개 중에서 1개만이 시장에 출시되고 70%만이 임상단계 II를 밟는다. 그리고 임상단계 II에서 임상단계 III으로의 통과율은 47%이고 임상단계 III에서 FDA으로부터 상품화 승인을 받는 확률은 82%이다. 마지막으로 식약청 승인율은 90%이다. 신약개발에서 상품화 단계까지 걸리는 시간은 10~12년이라는 긴 시간이 소요되고, 이 기간 동안 엄청난 금액의 투자자금이 요구되고 있다.

이 R&D투자프로젝트는 먼저 발견 및 전임상 단계에서 신 약품 기술개발을 진행한다는 의사결정이 이루어지고, 이 기술이 성공적으로 개발되어야 임상단계 I로 진입할 수가 있다. 그리고 임상단계 I을 진행한다는 의사결정이 이루어지고 이 단계의 실험결과가 성공적으로 도출되어야 그 다음 단계를 거칠 수가 있다. 이와 같은 의사결정 과정이 상품화 단계까지 이루어져야 이 R&D투자프로젝트는 완성하게 된다. 이 예제에서 보듯이 의사결정이 순차적으로 이루어지는 투자프로젝트에서는 후속 단계의 의사결정이 선행 단계의 의사결정에 전적으로 의존하게 되어있다. 이러한 종류의 의사결정문제들은 앞 장들에서 알아본 의사결정문제들과 다르게 의사결정 과정이 매우 복잡하고, 기술 발견 및 전임상 단계와 초기 단계의 투자분석을 수행하기 위해서는 모든 후속 단계들을 고려해서 초기 단계의 투자분석을 실시해야 한다. 이 절에서는 이와 같이 순차적으로 투자의사결정이 이루어지는 복잡한 투자프로젝트를 평가하는 방법론에 관해서 설명할 것이다.

위에 기술한 신약품 R&D투자프로젝트에 관한 의사결정문제를 그림으로 표시하면 〈그림 8.13〉과 같다. 이 그림에서 사각형(ㅁ)으로 표시된 곳을 의사결정마디(decision node)라고 하고, 그리고 원(○)으로 표시된 곳을 임의마디(chance node)라고 한다. 그리고 마지막 임의마디에는 각 의사결정마디에서 선택된 대안들에 따라 결정된 청산값이 이 그림의 가장 오른쪽에 표시되고 각 임의마디에 이와 관련된 발생확률이 첨부되게 된다. 이를 구체적으로 기술하면, 각 의사결정마디는 투자프로젝트의 대안들로 구성되고, 임의마디는 의사결정마디의 대안들에 영향을 미치는 임의의 변수와 그 발생확률로 구성되고, 그리고 청산값은 세후 순현금흐름 혹은 현금흐름의 현재가치로 구성된다. 이와 같은 요소들로 구성된 〈그림 8.13〉과 같은 그림을 "의사결정나무(decision tree)"라고 하며 이를 기반으로 의사결정을 내리는 기법을 의사결정나무분석(decision tree analysis: $DTA$)이라고 한다. 이 *DTA*에서 대안 선택을 하기 위한 계산은 역추산 과정으로 이루어지고, 최대의 청산값를 갖는 대안이 최선의 대안으로 선정된다. 다음의 예를 통하여 *DTA*기법을 사용하여 투자대안을 선택하는 과정을 알아보기로 하자.

**예제 8.9** *DTA*를 이용한 투자프로젝트의 위험성분석

SS회사의 연구개발부서에서 근무하고 있는 R&D 투자프로젝트 관리자가 현재 실행 중인 투자프로젝트에 대한 투자의사결정을 다시 내리려고 한다. 이 관리자가 고려하고 있는 대안은 (1) 이 투자프로젝트를 지금 당장 포기하든지, (2) 현재 발생하고 있는 비용수준에서 현 투자프로젝트를 지속적으로 실행하든지, 마지막으로 (3) 현재 실행 중인 투자프로젝트의 성공확률을 높이기 위해 현재의 비용예산을 수준을 증가시키는 것이다.

투자프로젝트를 현재 포기하기 위해서는 2,000만 원의 처분비용이 필요하고, 현재 수행하고 있는 활동들을 현 수준으로 유지하기 위해서는 5,000만 원의 비용이 필요하다. 그리고 마지막으로 투자프로젝트의 성공확률을 현재 SS회사에서 노력하고 있는 수준의 두 배로 증가시키기 위해서 1억 원의 비용이 요구된다. 이 투자프로젝트의 성공여부는 앞으로 1년 후에 알 수가 있다. 만약 이 투자프로젝트가 실패하면 더 이상의 비용은 발생하지 않지만, 성공하면 이 투자프로젝트와 관련된 “know-how”를 사업화하여 3억 원의 수익을 달성할 수가 있을 것으로 추정된다. 만약 *SS*회사에서 현재 수준의 연구 활동을 한다면 성공과 실패 확률은 각각 40%와 60%이지만, 연구 활동을 현재 수준보다 두 배 이상으로 노력한다면 이 투자프로젝트의 성공 및 실패 확률은 80%와 20%가 된다. 이 투자프로젝트와 관련 정보들을 이용하여 위 세 대안 중 어느 대안을 선택하는 것이 경제적인 측면에서 가장 바람직한지를 결정하여라.

**조건**

3가지 대안, 현 수준 노력에 의한 투자프로젝트의 성공/실패 확률= 40%/60%, 현 수준의 노력보다 두 배의 노력을 할 경우 투자프로젝트의 성공/실패 확률= 80%/20%

**풀이**

*DTA*기법을 이용한 투자의사결정

위에 기술된 투자프로젝트 관련 정보를 이용하여 먼저 〈그림 8.14〉와 같은 의사결정나무를 그려보기로 한다.

〈그림 8.14〉에 있는 세 가지 투자프로젝트 대안들 중 어느 대안을 선택하는 것이 경

제적으로 가장 바람직한지를 결정하기 위해서는 각 대안의 평균수익을 아래와 같이 구해야 한다.

$$\text{포기대안} = -20,000 * 1.0 = -20,000 \ (\text{천 원})$$
$$\text{유지대안} = (250,000) * (0.4) + (-50,000) * (0.6) = 70,000 \ (\text{천 원})$$
$$\text{증가대안} = 200,000 * (0.8) + (-100,000) * (0.2) = 140,000 \ (\text{천 원})$$

세 대안들의 평균수익을 계산한 결과 증가대안의 평균수익이 1억 4,000만 원으로 가장 크기 때문에 증가대안을 최선의 대안으로 선택해야 한다.[27]

(단위: 천 원)

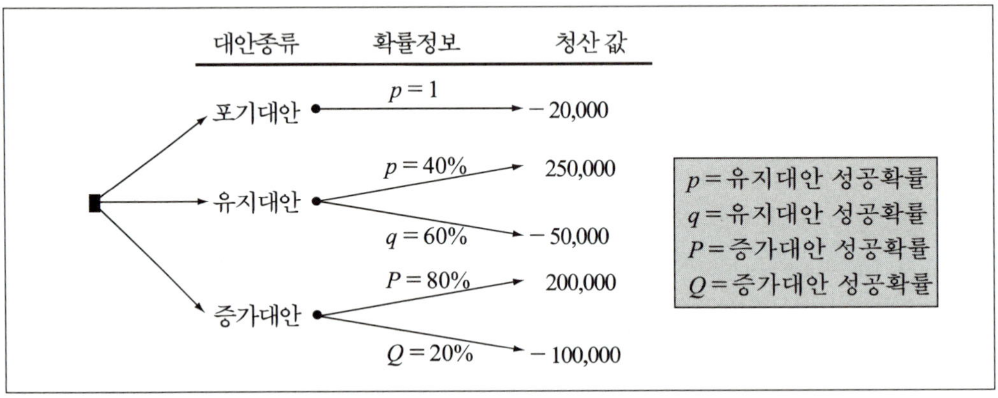


그림 8.14 예제 8.9의 투자프로젝트에 관한 의사결정나무(단위: 천 원)

## 8.12.2 추가정보의 가치

예를 들어 신제품을 시장에 진출하려는 회사는 신제품의 시장점유율에 관해서 자체적으로 여러 유용한 정보들을 수집해서 분석을 할 것이다. 그럼에도 불구하고 이 회사가 마케팅 컨설팅회사를 통해서 신제품 시장점유율에 관해 좀 더 정확한 정보를 얻기를 원한다면 이 회사는 마케팅 컨설팅회사에서 제공해 주는 정보의 가치가 얼마나 될 것이며 컨설팅비용으로는 최대한 얼마를 지불하는 것이 합당한 것인지 등에 관한 의사결정을 내려야 할 것이다. 또 다른 예로서 한 종류의 제품을 생산하기 위해 여러 개의 동일한 생산시스템을 구축하려는 회사에서는 이 생산시스템들을 한 번에 구축하지 않고 먼저 1차적으

27) Bayesian 의사결정론을 *DTA*기법에 적용하면 더욱 바람직한 투자의사결정을 내릴 수가 있다.

로 하나의 생산시스템만을 구축해서 이 시스템으로 발생되는 매출액, 생산비용 등에 관한 실질적인 정보를 추가적으로 수집해서 이 정보를 2차, 3차 등으로 이루어지는 생산시스템 구축에 관한 투자의사정보로 유익하게 사용할 수 있을 것이다.

위에서 기술한 추가정보들은 일반적으로 미래에 어떤 특정한 사건이 발생할지에 관해 확실한 정보를 제공해 주지는 않는다. 그러나 만약 불완전한 정보가 투자프로젝트에 내재된 불확실성을 감소시키고 투자프로젝트의 순 현재가치를 증가시켜서 추가 정보 없이 이루어진 투자의사결정을 번복시킨다면, 이 불완전 정보는 정보로서 가치를 지니게 된다. 여기에서 투자분석가는 불완전정보가 제공해 주는 정보를 고려해서 투자프로젝트의 가치를 평가해서 정보의 가치를 결정하고 이 정보를 추가적으로 얻기 위해서 지불한 비용을 결정해서 이를 추가 정보 수집 비용과 비교 분석해야 한다.

### 완전정보가치

완전정보란 투자프로젝트에 내재되어 있는 불확실성을 완벽하게 제거하는 정보이다. 물론 현실에서 불확실성을 완벽하게 제거시키는 완전정보가 존재할 가능성은 거의 희박하지만 완전정보는 추가적으로 얻는 불완전정보 가치의 상한선 역할을 한다. 완전정보가치를 구하기 위해서는 먼저 완전정보를 기반으로 해서 최적 대안들의 청산값을 결정하고, 그리고 이를 추가적인 정보가 없는 원래 상태에서 이루어진 최적 대안의 청산값과 비교해서 그 차이를 계산한다. 이 차이를 기회손실이라고 하고, 이 차이 값에 기회손실 발생확률을 곱해서 기대기회비용(expected opportunity loss: $EOL$)을 구하면 이 값이 완전정보기대가치(expected value of perfect information: $EVPI$)가 된다. 이는 만약 투자분석가가 투자프로젝트의 순현재가치를 계산하기 위해 사용한 모든 임의의 변수들에 관해 완전정보를 획득하면 기회손실이 전혀 발생하지 않도록 완벽하게 올바른 투자의사결정을 내릴 수 있음을 의미한다. 위에 기술한 완전정보가치를 계산하는 과정을 수식으로 요약하면 다음과 같다.

$$\begin{aligned} EVPI &= EOL \\ &= EPPI - EMV \end{aligned} \qquad \cdots (4)$$

단, $EPPI$=완전정보를 획득한 후의 투자프로젝트의 기대가치

$EMV$(expected monetary value)=완전정보를 획득하기 전 최적 투자프로젝트의 기대가치

**Ⅰ예제 8.10** 완전정보가치 결정

*A* 투자프로젝트는 10억 원의 초기투자자금을 필요로 하고, 40%의 확률로 매년 1.5억 원의 현금흐름과 60%의 확률로 매년 0.4억 원의 현금흐름을 무한대로 발생시키고 있다. *MARR*=10%를 사용해서 (1) 이 투자프로젝트의 의사결정나무를 그리고, 투자 실행 여부에 관한 의사결정을 내려라. 그리고 (2) 이 투자프로젝트의 완전정보가치를 결정하여라.

**조건**

초기투자자금=10억 원, 연간 현금흐름과 확률, *MARR*=10%, 평가기간=무한대

**풀이**

(1) 투자프로젝트의 의사결정나무와 투자의사결정

이 투자프로젝트의 의사결정나무를 그리기 위해서는 다음과 같이 각 임의사건이 발생할 경우의 투자프로젝트의 현재가치 혹은 순 현재가치를 계산해야 한다. 본 예제에서는 투자의사결정마디에 초기투자자금 10억 원이 발생하기 때문에 청산값은 현재가치로 계산하고, 그리고 이 투자프로젝트의 의사결정나무를 그리면 〈그림 8.15〉와 같다.

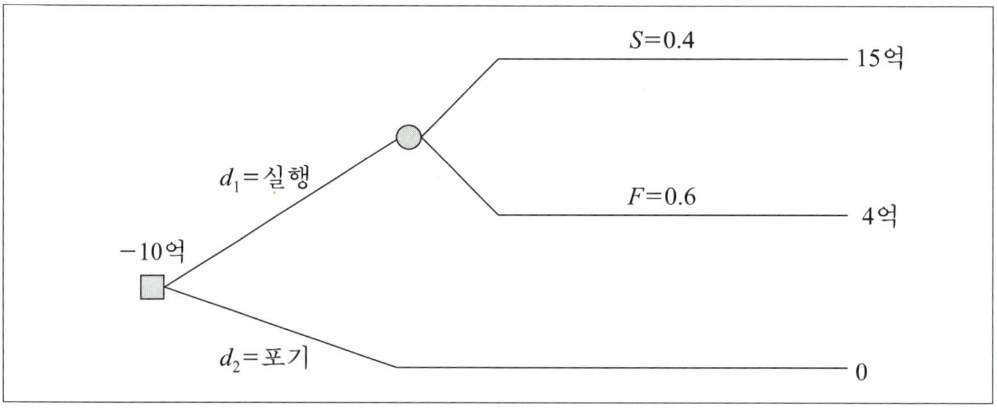


그림 8.15 투자프로젝트의 의사결정나무

$$PV(10\%)_S = \frac{1.5}{0.1} = 15\text{억}$$

$$PV(10\%)_F = \frac{0.4}{0.1} = 4\text{억}$$

이 투자프로젝트를 실행한다고 가정하고 그 기대 순현재가치를 계산하면 *E*(*NPV*) =−1.6억 원이므로 이 투자프로젝트는 기각하는 투자의사결정이 바람직하다. 즉, *EMV*

=0이 된다.

(2) 완전정보가치 결정

기회손실 계산으로 완전정보가치 결정

〈그림 8.15〉에서 만약 $S$ 사건이 발생한다는 사실이 확실하면, $d_1$을 선택되어 이 투자프로젝트의 순현재가치는 $NPV=5$억 원이 된다. $NPV>0$이기 때문에 이 투자프로젝트를 실행하는 것이 바람직하다. 그러나 만약 $F$ 사건이 발생한다는 사실이 확실하면, 대안 $d_2$을 선택되어 이 투자프로젝트의 순현재가치는 $NPV=-6$억이 된다. $NPV<0$이기 때문에 이 투자프로젝트를 포기하는 것이 바람직하다. 이를 의사결정나무로 표시하면 〈그림 8.16〉과 같다. 그리고 〈표 8.8〉은 위 의사결정 내용을 기회손실로 보여주고 있다. 이 표에서 계산된 기대기회비용 2억 원이 $EVPI=2$억 원이 된다.

‖ 표 8.8 ‖ 기회손실

| 임의사건 | 확률 | 완전정보와 최적대안 | 원래 최적대안 | 기회손실 |
|---|---|---|---|---|
| $S$ | 0.4 | d1=5억 | d2=0 | 5억 원 |
| $F$ | 0.6 | d2=0 | d2=0 | |
| 기대기회손실 | | | | 2억 원 |

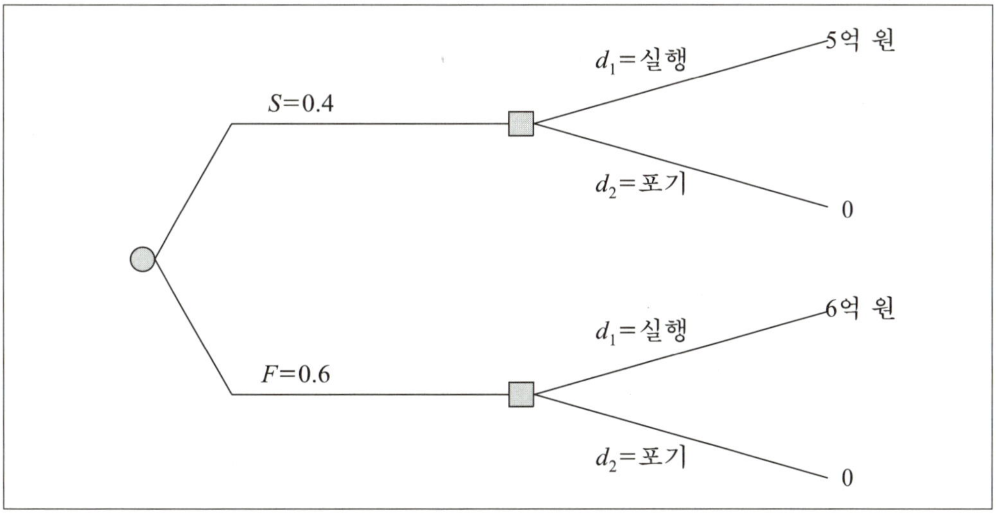


그림 8.16 투자프로젝트의 완전정보 의사결정나무

투자프로젝트 가치 계산으로 완전정보가치를 결정

이제 완전정보가 없을 경우 투자프로젝트의 기대가치와 완전정보가 있을 경우의 투자프로젝트의 기대가치를 이용해서 완전정보가치를 결정하는 방법에 관해서 간략하게 기술하기로 하겠다. 정보의 가치는 정보가 있을 경우와 없을 경우의 투자프로젝트의 기대가치 차이로 정의된다. 이를 수식으로 표현하면 다음과 같다. 그리고 기회손실을 이용해서 완전정보를 계산한 위에서 같이 정보의 가치는 항상 "0"과 같거나 크다. 식 (4)를 이용해서 *EVPI*를 계산하면

$$EPPI = (0.4)(5) + (0.6)(0) = 2\text{억 원}$$

$$EMV = 0$$

$$EVPI = EPPI - EMV = 2 - 0 = 2\text{억 원}$$

*EVPI*=2억 원은 만약 추가적인 정보가 없는 상태에서 이 회사가 *A* 투자프로젝트에 관해 투자의사결정을 내리면 이 투자의사결정으로 이 회사는 최대 2억 원의 손실을 보게 된다는 의미이다. 이를 달리 표현하면 추가적인 정보 획득을 위해 지출할 수 있는 최대 비용은 2억 원이다.

**해설**

만약 *A* 투자프로젝트와 동일한 투자프로젝트 11개(동일한 생산시스템 혹은 생산라인)를 고려하고 있는 회사가 있다고 가정해 보자. 위에서 살펴보았듯이 이 투자프로젝트는 *NPV*기법의 의사결정규칙에 의해서 기각이 되었다. 그러나 *S* 사건이 발생하면 11개 투자프로젝트의 순현재가치는 55억([11×(15−10)])원이 되고, 만약 *F* 사건이 발생하면 11개 투자프로젝트의 순현재가치는 −66억 원이 된다. 그러므로 이 투자프로젝트의 기대 순현재가치는 −17.6억 원이 되어 이 투자프로젝트는 당연히 기각되어야 한다.

그런데 만약 11개의 투자프로젝트를 실행하려는 회사가 불확실성을 테스트해 보기 위해서 먼저 1개의 투자프로젝트만을 실행하고 그 결과에 따라 10개의 투자프로젝트 실행에 관한 의사결정을 내리려고 한다고 가정해 보자. 1개의 투자프로젝트를 실행한 후 만약 *S* 사건이 발생하였다면 당연히 나머지 10개의 투자프로젝트를 실행해서 55억 원의 순현재가치를 얻는 것이 바람직할 것이고, 이 경우 기대 순현재가치는 22억 원이 된다. 그러나 만약 *F* 사건이 발생하였다면 이 투자프로젝트의 순현재가치가 −6억 원이 되어 더 이상의 투자는 포기될 것이고, 이 경우 기대 순현재가치는 −3.6억 원이 된다. *S* 사건의 기대 순현재가치 22억 원이 *F* 사건의 기대 순현재가치−3.6억 원보다 18.4억 원이 더 크므로 이 경우 먼저 1개의 투자프로젝트를 실행해 보고 그 후에 임의의 사건에 관한 정보를 획득하고 나머지 10개에 관한 투자의사결정을 내리는 것이 바람직하다.

이 예제에서와 같이 1개의 투자프로젝트를 먼저 샘플로 실행하면 회사는 손실 크기를 6억 원으로 한정시켜 놓고 순현재가치 55억 원을 얻을 수 있는 기회를 가질 수 있는 장점이 있다.

### 불완전정보가치

예제 8.10에서 추가 정보 없이 평가한 11개 투자프로젝트의 $NPV = -17.6$억 원으로 나왔기 때문에 1개 투자프로젝트 모두를 기각하기로 하였다. 그러나 만약 $S$ 사건이 발생하면 55억 원의 기대 순현재가치가 발생될 것으로 추정되기 때문에 이 회사에서 10억 원을 투자해서 4억 원의 현재가치를 발생시키는 1개의 투자프로젝트를 먼저 실행하고, 관측된 임의의 사건에 관한 결과가 $S$인지 $F$인지를 파악한 후 나머지 10개의 투자프로젝트에 관한 투자의사결정을 내리려고 한다고 가정해 보자. 이렇게 1개의 투자프로젝트를 실행한 후 얻은 추가적인 정보라고 해도 이 추가적인 정보가 제공해 주는 정보의 질은 항상 불완전할 수밖에 없다. 이러한 불완전한 정보는 〈표 8.9〉와 같이 조건부확률로 표시된다.

〈표 8.9〉에서 알 수 있듯이 1개의 투자프로젝트를 실행한 후 그 결과가 실질적으로 성공을 했어도 손실이 발생할 확률 0.2가 존재하고, 이와 반대로 그 결과가 실질적으로 실패했어도 이익이 발생할 확률 0.3이 존재하고 있다. 이와 같이 1개의 투자프로젝트를 실행한 후 〈표 8.9〉에 있는 조건부 확률과 예제 8.10에 주어진 확률 $S=0.4$와 $F=0.6$를 이용해서 1개의 투자프로젝트를 실행하는 것이 경제적으로 바람직한 것인지를 결정해야 한다. 전자의 조건부 확률을 실험확률정보(우도: likelihood)라고도 하고, 후자의 확률정보를 사전확률정보(prior probability information)라고 한다. 사전확률정보와 실험확률정보를 통합해서 얻는 새로운 확률정보를 사후확률정보(posterior probability information)라고 하는데, 이렇게 새로운 정보가 도착할 때마다 확률정보를 새롭게 도출해나가는 확률이론을 베이지안 이론(Bayesian theory)이라고 한다.

‖ 표 8.9 ‖ 조건부 확률

| 관측 사건 | 실질 사건 | |
|---|---|---|
| | $S$ | $F$ |
| 이익, $P$ | 0.85 | 0.3 |
| 손실, $L$ | 0.15 | 0.7 |

위와 같은 투자프로젝트의 의사결정나무를 그리려면 추가정보를 획득할 것인지에 관한 의사결정이 먼저 이루어져야 하고, 만약 추가정보를 획득하는 대안이 선정되면 이

대안에 영향을 미치는 임의사건($P$, $L$)이 수반되어야 하며, 그리고 이 임의사건 뒤에 바로 10개의 다른 투자프로젝트를 실행할 것인지에 관한 투자의사결정을 내릴 수 있는 의사결정마디가 따라와야 한다. 그리고 마지막으로 이 의사결정마디 뒤에 실질 사건($S$, $F$)이 따라오면 된다. 만약 추가정보를 획득하지 않기로 결정하면 이 대안에는 〈그림 8.15〉의 그림을 그대로 갖다 붙이면 된다. 〈그림 8.17〉은 불완전정보를 고려한 위 투자프로젝트의 의사결정나무를 보여주고 있다.

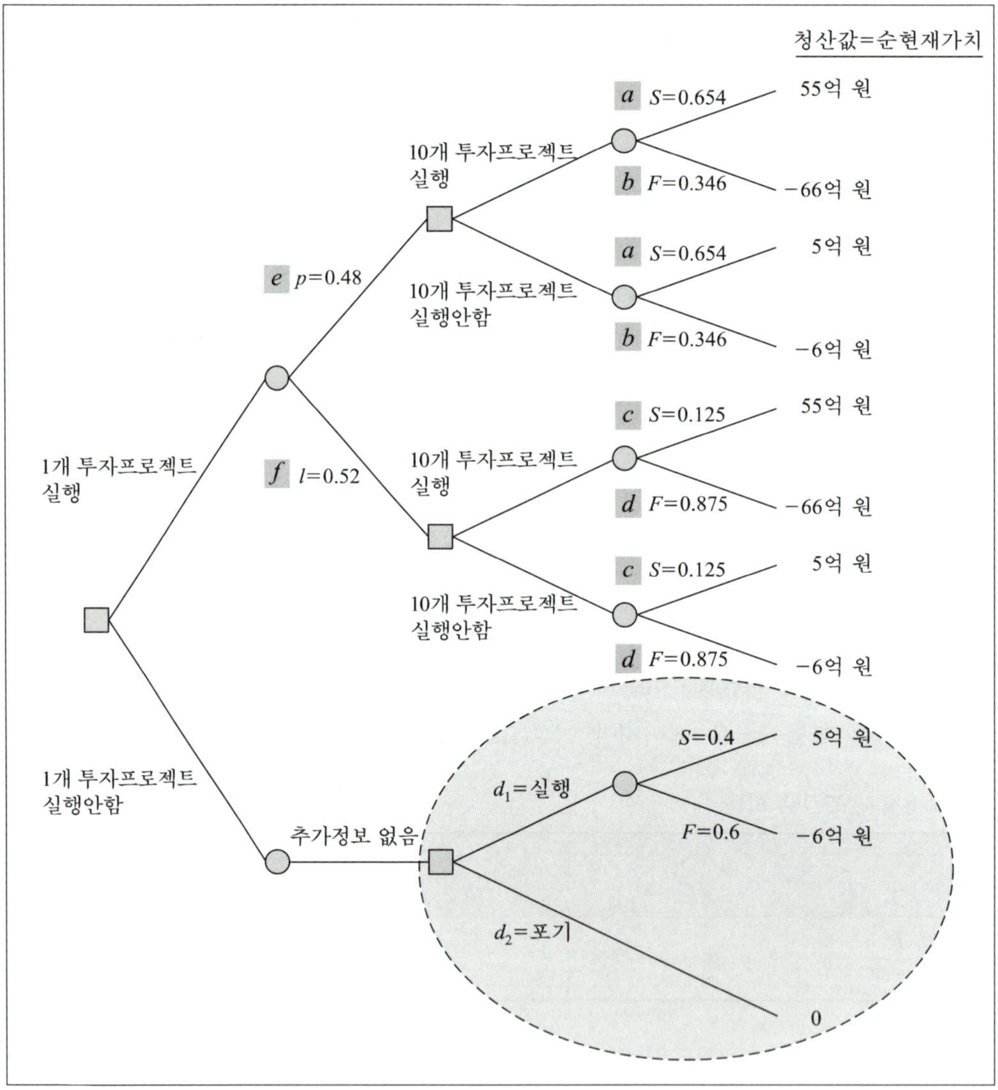


그림 8.17 불완전정보가치 계산을 위한 의사결정나무

### 사후확률, 주변확률, 결합확률 결정

사전정보, 실험정보(조건부 확률), 그리고 〈그림 8.17〉과 같은 의사결정나무가 준비되었으면 *a, b, c, d, e, f* 확률을 결정해야 한다. 확률 *a, b, c, d*는 사후확률정보이고, 확률 *e, f*는 주변확률정보이다. 먼저 사후확률 *a*는 1개의 투자프로젝트를 실행해서 이익이 나는 사건이 관측되었다는 조건하에 실질 사건 *S*가 발생할 확률이다. 즉, 이 확률은 $P(S/p)$로 표시되고 이 확률은 0.654가 된다

$$P(S/p)=\frac{P(p,\ S)}{P(p)}=\frac{P(p,\ S)}{P(S)P(p/S)+P(F)P(p/F)}$$
$$=\frac{P(S)P(p/S)}{P(S)P(p/S)+P(F)P(p/F)}=\frac{(0.4)(0.85)}{(0.4)(0.85)+(0.6)(0.3)}$$
$$=0.654$$

단, $P(p,\ S)$=사건 *p*와 *S*가 동시에 발생할 결합확률

$P(p)$=사건 *p*가 발생할 주변확률

그리고 $P(S/p)$를 구한 것처럼 사후확률 $b=P(F/p)$, $c=P(S/l)$, $d=P(F/l)$를 구하면 그 확률은 각각 0.346, 0.125, 그리고 0.875이 된다.

$$P(F/p)=\frac{P(p,\ F)}{P(p)}=\frac{P(p,\ F)}{P(S)P(p/S)+P(F)P(p/F)}$$
$$=\frac{P(F)P(p/F)}{P(S)P(p/S)+P(F)P(p/F)}=\frac{(0.6)(0.3)}{(0.4)(0.85)+(0.6)(0.3)}$$
$$=0.346$$

혹은 $P(F/p)=1-P(S/p)=1-0.654=0.346$이다.

$$P(S/l)=\frac{P(l,\ S)}{P(l)}=\frac{P(l,\ S)}{P(S)P(l/S)+P(F)P(l/F)}$$
$$=\frac{P(S)P(l/S)}{P(S)P(l/S)+P(F)P(l/F)}=\frac{(0.4)(0.15)}{(0.4)(0.15)+(0.6)(0.7)}$$
$$=0.125$$

단, $P(l)$=사건 *l*이 발생할 주변확률이다.

$$P(F/l)=\frac{P(l,\ F)}{P(l)}=\frac{P(l,\ F)}{P(S)P(l/S)+P(F)P(l/F)}$$
$$=\frac{P(F)P(l/F)}{P(S)P(l/S)+P(F)P(l/F)}=\frac{(0.6)(0.7)}{(0.4)(0.15)+(0.6)(0.7)}$$

$= 0.875$

혹은 $P(F/l) = 1 - P(S/l) = 1 - 0.125 = 0.875$이다.

위에서 계산한 확률들을 〈표 8.10〉과 같이 결합확률표로 간략하게 표시할 수도 있다. 베이지안 확률공식에 익숙해지면 이와 같은 결합확률표를 먼저 작성해서 사후확률 및 주변확률을 구하면 여러 측면에서 편리하고 유익하다.

‖ 표 8.10 ‖ 결합확률표

| 사건 | $S$ | $F$ | 주변확률 |
|---|---|---|---|
| $p$ | $P(p, S)=0.34$ | $P(p, F)=0.18$ | 0,52 |
| 1 | $P(l, S)=0.06$ | $P(l, F)=0.42$ | 0.48 |
| 주변확률 | 0.40 | 0.60 | 1.00 |

〈그림 8.17〉에서 요구하는 모든 확률정보 및 청산값이 결정되고 나면 이제 완전정보가치를 구한 것처럼 불완전정보가치(expected value of sample information: $EVSI$)를 구할 수가 있다. 즉, 불완전정보가치 $EVSI$는 불완전정보하에서 평가된 투자프로젝트의 기대가치(expected profit with sample information: $EPSI$)에서 정보가 없는 상태에서 평가된 투자프로젝트의 기대가치 $EMV$를 뺀 값이 된다. 이를 수식으로 표시하면 식 (5)와 같다.

$$EVSI = EPSI - EMV \quad \cdots (5)$$

**예제 8.11** 불완전정보가치 결정

〈그림 8.17〉을 토대로 추가적으로 획득한 불완전정보의 가치를 결정하고, 그리고 추가정보를 얻기 위해 1개의 투자프로젝트를 실행할지에 관한 의사결정을 내려라.

**조건**

조건 〈그림 8.17〉

**풀이**

불완전정보 $EVSI$를 구할 수 있도록 모든 필요한 정보들이 〈그림 8.17〉에 주어져 있기 때문에 이제 역추산으로 $EVSI$를 결정하면 된다. 〈그림 8.18〉은 〈그림 8.17〉의 의사결정마디에서 각 대안들의 기대가치를 계산하여 (○)안에 표시하였고, 그리고 이를 기반으로 채택된 대안(◎)과 기각된 대안(∥)을 표시하였다. 예를 들어, 1개의 투자프로젝트를 실행하고 이익($p$)이 발생하는 조건하에서 10개의 투자프로젝트에 투자하는 대안의 기대가치를 계산하면 그 값이 13.134억 원이 된다.

$$(0.654)(55)+(0.346)(-66)=13.134억\ 원$$

그리고 1개의 투자프로젝트를 실행하고 이익($p$)이 발생하는 조건하에서 10개의 투자프로젝트에 투자하지 않는 대안의 기대가치는 1.194억 원이다. 그러므로 10개의 투

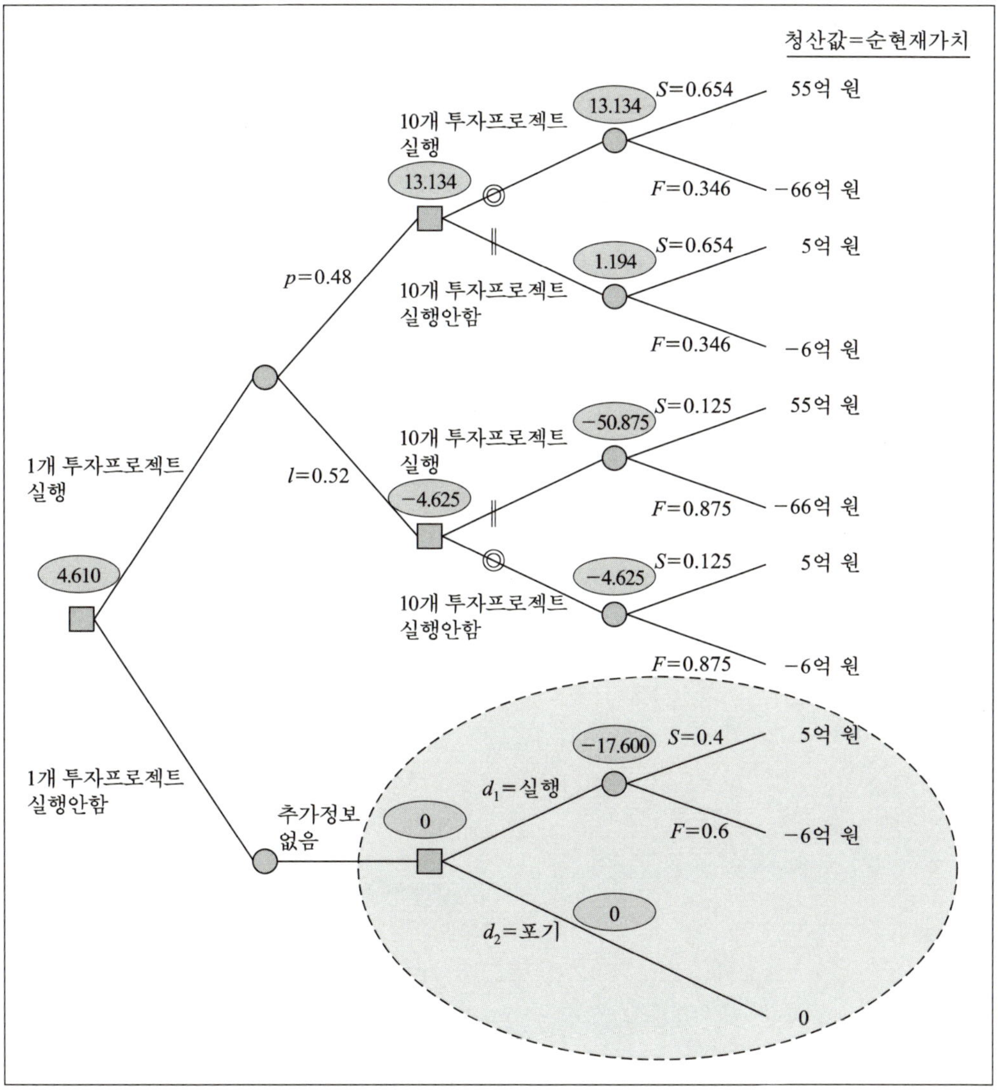


그림 8.18 불완전정보가치 *EVSI* 계산

자프로젝트에 투자를 하는 대안이 선정되어야 한다.

다른 한편 1개의 투자프로젝트를 실행하고 손실(1)이 발생하는 조건하에서 10개의 투자프로젝트에 투자하는 대안의 기대가치는 −50.875이고 10개의 투자프로젝트에 투자를 하지 않는 대안의 기대가치는 −4.625이기 때문에 이 경우 10개의 투자프로젝트에 투자를 하지 않는 대안이 선정되어야 한다.

이제 모든 대안 선정들이 이루어졌고 1개의 투자프로젝트를 실행해서 얻은 추가정보의 주변확률도 결정되었으므로 1개의 투자프로젝트를 실행하여 추가적으로 얻은 불완전정보를 이용하였을 때 투자프로젝트의 기대가치를 구할 수가 있게 되었다. 이 경우 $EPSI$와 $EVSI$는 4.610억 원이다.

$$EPSI = (0.52)(13.134) + (0.48)(-4.625) = 4.610\text{억 원}$$
$$EVSI = EPSI - EMV = 4.610 - 0 = 4.610\text{억 원}$$

추가정보가 없는 상태에서 11개 투자프로젝트의 기대가치가 “0”보다 작으므로 모든 투자프로젝트를 기각시켜야 했었지만, 1개의 투자프로젝트를 먼저 실행하고 이로부터 추가적으로 얻은 불완전정보를 이용하면 그 $EVSI$가 4.610억 원이 되어 1개의 투자프로젝트를 먼저 실행해서 추가정보를 얻는 대안을 선정해서 실행하는 것이 바람직하다.

# 연습문제

8.1 불확실성과 위험의 정의, 차이점, 그리고 상관관계에 관하여 구체적으로 논하여라.

8.2 투자프로젝트의 경제성 평가를 수행할 시에 위험이 중요한 이유를 간단한 수리적 예제를 들어서 간략하게 기술하여라.

8.3 판매가격($X$)과 단위당 변동원가($Y$)로 표시되는 순 현재가치를 다음과 같은 투자프로젝트를 통하여 고려해보기로 하자.

$$NPV(\%) = 23{,}513(2X - Y) - 11{,}835$$

이 투자프로젝트의 기본모형의 $X$와 $Y$값이 각각 45,000원과 22,500원이다. 만약 판매가격이 기본가격 대비 10%가 증가할 경우 이 투자프로젝트의 순 현재가치는 얼마나 변하는지를 결정하여라.

8.4 산업공학과를 올해 졸업하고 서울에 있는 대기업에 취업한 종호는 좀 더 넓은 오피스텔을 임대할 것인지 아니면 원룸(one room)으로 구성된 작은 아파트를 구입할 것인지를 현재 고민 중에 있다. 원룸 아파트를 매입하면 부동산중개인에게 50만 원을 지불해야 하고, 매도할 경우에는 부동산중개인에게 1차 년도에는 50만 원을 지불해야 하고 그 이후에는 매년 2%씩 증가된 비용을 지불해야 한다. 그리고 오피스텔과 아파트 월 지불액은 동일하다고 가정한다. 그리고 아파트를 매입하게 되면 생활의 편리함과 세금 혜택에 의한 가치가 연 540만 원이 발생할 것으로 추정되고 있다. 종호의 주거지 투자프로젝트는 $MARR = 8\%$이다. 종호가 아파트를 매입하여 거주하게 되면 몇 년을 이 아파트에서 거주해야 아파트 매입이 오피스텔의 임대보다 더 경제적으로 유리한가? (도움말: 아파트 매입 및 매도에 대한 민감도 분석을 실행)

**8.5** 서울 부동산회사에서 오피스텔을 건설하여 임대를 주려고 한다. 그러나 이 회사에서는 오피스텔을 완공한 후 5년 동안만 임대를 주고, 그 이후에는 오피스텔을 처분하려고 한다. 아래의 표는 오피스텔의 층수 대안과 관련된 연간 순 임대료와 건물의 잔존가치에 관한 자료를 보여주고 있다.

(단위: 천 원)

| | 오피스텔 층수 | | | |
|---|---|---|---|---|
| | 2층 | 3층 | 4층 | 5층 |
| 세후 순 초기 투자비용 | 2,250,000 | 3,375,000 | 5,625,000 | 9,000,000 |
| 임대수입 | 895,500 | 761,400 | 671,400 | 1,701,675 |
| 세후 순 잔존가치 | 2,700,000 | 4,050,000 | 9,000,000 | 13,500,000 |

(1) 서울 부동산회사는 오피스 투자프로젝트의 경제적 평가에 사용할 수익률이 8%와 16% 사이에 존재할 것으로 믿고 있다. 각 대안 층수의 경제성을 극대화할 수 있는 수익률 범위를 결정하여라.

(2) 서울 부동산회사는 오피스텔 투자프로젝트의 정확한 수익률을 12%로 믿고 있다. 오피스텔의 세후 잔존가치를 과대평가(실제 세 후 잔존가치는 추정치보다 10% 낮다)한 비용은 현재가치로 얼마인가?

**8.6** 한강대교를 건설하기 위해 두 대안을 서울시에서 고려 중이다. 첫 번째 대안은 아연으로 코팅된 철을 사용하는 것이고, 두 번째 대안은 페인트칠을 한 철을 사용하는 것이다. 아연으로 코팅된 철을 사용할 경우의 사용수명은 45년이고, 페인트칠을 한 철을 사용할 경우의 사용수명은 30년이다. 그리고 각 대안과 관련된 비용에 관한 자료는 다음과 같고 이 투자프로젝트의 할인율은 4%이다.

(단위: 천 원)

| 항목 | 초기비용 | 연간 운영비용 |
|---|---|---|
| 아연 철 | 12,750,000 | 2,250,000 |
| 페인트 철 | 9,000,000 | 3,150,000 |

그리고 각 변수에 관한 민감도 분석을 위한 범위는 아래 표에 있는 바와 같다.

| 항목 | 하한 값 | 상한 값 |
|---|---|---|
| 초기비용(아연 철) | 80% | 140% |
| 초기비용(페인트 철) | 80% | 150% |
| 연간 운영비용(아연 철) | 80% | 120% |
| 연간 운영비용(페인트 철) | 60% | 140% |
| 할인율 | 75% | 125% |

(1) 이 투자프로젝트의 민감도 분석을 실시하여라.

(2) (1)의 결과를 그래프로 그리고, 어느 변수가 이 투자프로젝트의 순 현재가치에 가장 크게 영향을 미치고 있는지를 결정하여라.

**8.7** 연습문제 8.6에 기술된 투자프로젝트에 관한 시나리오 분석(하한값, 기본값, 상한값으로 구성)을 실행하고, 그 결과를 분석하고 여러분의 의견을 기술하여라.

**8.8** SS전자회사에서는 세일즈맨이 본인의 자동차를 이용하여 제품판매활동을 할 경우에는 자동차 운행거리 km당 350원씩 지불하고 있다. 만약 이 회사에서 세일즈맨에게 회사에서 자동차를 직접 구입하여 사용하게 되면 이 투자프로젝트와 관련된 비용에 관한 자료는 다음과 같다.

| 항목 | 자료 |
|---|---|
| 자동차 구입가격 | 27,000(천 원) |
| 처분가격 | 7,875(천 원) |
| 월 자동차 주차비용 | 180(천 원) |
| 연료비, 타이어 소모비용 및 수리비용 | 210원/km |
| 감가상각법 | 내용연수 5년인 정률법 |
| 법인세율 | 20% |

위에 주어진 자료들을 이용하여 세일즈맨 본인의 자동차를 사용하는 경우와 회사에서 자동차를 세일즈맨에게 제공하는 경우 두 대안의 경제적 가치를 같게 해주는 운행거리를 구하여라. 단, 이 투자프로젝트의 $MARR = 15\%$ 이다.

**8.9** SS회사에서 현재 1억 2,000만 원을 투자하여 열 교환기를 구입하려고 한다. 열 교환기의 사용수명은 8년이고, 매년 3,000만 원씩 비용을 절감할 것으로 예측되고 있다. 이 투자프로젝트의 $MARR = 8\%$ 로 가정하고 있다.

(1) 열 교환기 투자프로젝트의 손익분기점 연간 사용시간을 구하여라.

(2) 만약 연간 비용절감액 3,000만 원에 대한 정보가 없다고 가정하고 대신에 연간 열 교환기 사용시간이 1,500시간이라면 이 투자프로젝트의 손익분기점 열 교환기 연간 사용시간을 구하여라.

**8.10** SS회사에서는 초기 투자자본이 2,250만 원인 기계를 구입하려고 한다. 이 기계를 구입하여 운영하면 연간 비용이 315만 원이 발생하고, 앞으로 6년 동안 매년 675만 원씩 현금유입이 발생할 것으로 추정되고 있다. $MARR = 8\%$에서 이 투자프로젝트의 손익분기점 연간 현금유입을 구하여라.

**8.11** 337억 5,000만 원을 투자하여 정부에서 경평 고속도로를 건설하려고 한다. 고속도로를 건설한 후 연간 보수 및 유지비용은 11억 2,500만 원일 것으로 추정되고 있다. 고속도로의 사용수명 기간은 25년이고, 수송시간의 절감으로 인한 연간 편익은 78억 7,500만 원이고, 고속도로 주변에 거주하고 있는 주민들에 대한 소음으로 인하여 발생하는 불편익은 22억 5,000만 원으로 추정되고 있다. 사회할인율 4%를 이용하여 이 투자프로젝트의 손익분기점 연간 수송시간 절감된 금액을 구하여라(연습문제 8.7 참조).

**8.12** 시뮬레이션분석을 이용한 투자프로젝트의 경제성 평가의 장점을 간략하게 기술하여라.

**8.13** 본문에 기술된 "어느 회사직원이 더 많은 월급을 받을까"에 관한 내용을 다시 읽고 그 내용을 간략하게 논하여라.

**8.14** 다음 두 그림들을 보고 각 그림의 문제점을 파악하여 그 내용을 간략하게 기술하여라.

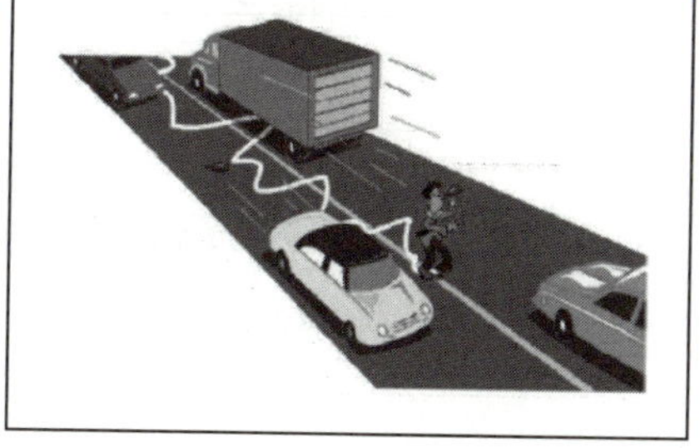

그림 1. 술주정뱅이의 생사

그림 2. 통계학자의 강 건너기 운명

8.15 제품 $X$의 내년도 판매량이 100,000개에서 160,000개로 예측되어, 그 평균인 130,000개를 생산할 수 있는 설비를 설치하였다고 가정하자. 이 경우 평균 판매량에 의거한 설비투자에 관하여 논하여라.

8.16 SKK정유사에서 정확하게 1,000만 배럴을 생산할 수 있는 매장 장소를 발굴하였다. 배럴당 생산비용은 21,375원이고, 예측된 시장 원유가격의 기대치는 배럴당 14만 6,250원으로 추정되고 있다.

(1) 위에 주어진 자료를 이용하여 이 투자프로젝트의 순 현금흐름을 구하여라.

(2) 만약 배럴당 시장 원유가격의 기대치가 14만 6,250원이고 표준편차가 11,250원인 정규확률분포함수를 따른다고 가정하고, 이 투자프로젝트의 순 현금흐름을 구하여라.

(3) (1)와 (2)의 결과를 비교분석하고 어느 결과가 더욱 현실적인 해답이 될 수 있는지에 관하여 간략하게 논하여라.

8.17 투자회수기간법을 이용하여 투자프로젝트의 위험성 및 불확실성을 추정할 경우의 장점 및 단점에 관하여 간략하게 논하여라.

8.18 270억 원을 투자하여 1차 년도에는 51억 7,500만 원의 순 수익을 올리고, 그 후 이 수익은 매년 6%씩 증가한다고 한다. 이 투자프로젝트의 투자회수기간을 구하여라. 그리고 만약 $MARR = 16\%$이면 이 투자프로젝트의 할인 투자회수기간은 얼마인지도 구하여라. 위 투자프로젝트의 채택여부를 결정하기 위한 정보를 위에서 구한 투자회수기간(할인 투자회수기간을 포함)에 정보로 충분한지를 논하여라.

8.19 투자프로젝트의 수익률과 위험성과의 관계성 및 위험보상에 관하여 간략하게 논하여라.

8.20 투자프로젝트 포트폴리오, 투자프로젝트의 종목 수에 관하여 간략하게 논하여라 (도움말 : 총 위험의 구성요소인 고유위험과 시장위험을 고려함).

8.21 *KOSPI* 연 평균 수익률$=9.5\%$이고, 연간 무위험 이자율$(r_f)=3.5\%$이다. 아래의 표는 각 회사의 주가와 $\beta$값을 보여주고 있다.

| 회사 | 현재 주가(2009/05/29) | $\beta$ |
|---|---|---|
| 삼성전자 | 550,000원 | 0.88 |
| 포스코 | 24,700원 | 1.43 |
| 한국전력 | 28,390원 | 0.95 |
| SK텔레콤 | 176,000원 | 0.21 |
| 현대자동차 | 69,300원 | 1.12 |
| 기아자동차 | 11,950원 | 1.26 |
| 대우자동차 | 12,000원 | 1.27 |

(1) 위에 주어진 자료를 토대로 각 회사의 연간 요구수익률 $r_i$을 구하고, 지금 당장 각 회사의 주식을 매입하여 1년 후에 매도한다면 1년 후에 각 회사의 주식가격은 얼마이어야 하는가? 단, 앞으로 1년 사이에는 배당금이 전혀 지급되지 않는다고 가정한다.

(2) 삼성전자에서 다음과 같은 투자프로젝트를 수행하려고 한다. 그리고 이 투자프로젝트의 모든 투자자본은 자기자본으로 구성되어 있다고 가정한다. 이 투자프로젝트의 순 현재가치와 내부수익률을 구하고 그 결과를 논하여라.

(단위: 천 원)

| 연도 | 0 | 1 | 2 | 3 | 4 | 5 |
|---|---|---|---|---|---|---|
| 현금흐름 | −2,000,000 | 500,000 | 800,000 | 800,000 | 700,000 | 700,000 |

8.22 다음 표는 어느 특정 투자프로젝트의 미래가치와 그에 상응하는 확률을 보여주고 있다.

(단위: 천 원)

| 확률 | 순 미래가치 |
|---|---|
| 0.1 | −27,000 |
| 0.2 | 9,000 |
| 0.4 | 27,000 |
| 0.2 | 45,000 |
| 0.1 | 67,500 |

(1) 이 투자프로젝트의 미래기대가치를 구하여라.

(2) 이 투자프로젝트의 미래가치에 대한 표준편차를 구하여라.

**8.23** 피닉스리조트회사에서는 관광객들의 오락을 위해 슬롯기계를 설치하려고 한다. 한 게임에 참여하기 위한 베팅 금액은 1,000원이다. 그리고 게임의 결과값은 다음과 같은 확률을 지니고 있다. 만약 100번 게임을 한다면 이 경우 기대 결과값은 얼마인가?

| 결과값 | 확률 |
|---|---|
| 37,500원 | 0.01 |
| 1,000원 | 0.50 |
| 0 | 0.49 |

**8.24** 투자프로젝트의 분석기간이 2년인 프로젝트의 현금흐름이 아래와 같다고 보자. 아래의 현금흐름은 모두 상호 간에 독립적이고 $MARR = 10\%$이라고 가정하고 이 투자프로젝트의 $E(NPV)$와 $V(NPV)$을 구하여라.

(단위: 천 원)

| 연도 | $E(CF_n)$ | $V(CF_n)$ |
|---|---|---|
| 0 | −4,500 | 0 |
| 1 | 2,250 | $300^2$ |
| 2 | 3,375 | $450^2$ |

**8.25** 어느 장비의 구입가격이 100억 원이다. 이 장비로부터 발생되는 현금흐름의 현재가치가 150억 원일 확률이 0.3이고 60억 원일 확률이 0.7이다. 이 장비를 구입하는 것이 바람직한지를 결정하여라.

**8.26** 만약 문제 8.25에 기술된 투자가 현재가치로 150억 원의 현금흐름을 발생시킨다는 사실이 확실하게 밝혀지면 동일한 장비를 5개 더 구입하려 한다고 가정하자. 그러면 이 회사가 5개의 장비를 더 구입하는 투자 계획에 관한 투자의사결정을 내리기 위해서 먼저 1개의 장비를 구입해야 하는지에 관해서 논하여라.

**8.27** 어느 자선단체에는 노인들의 의료시설을 설치하기 위해 지난 일 년 동안 바자회를 열어 필요한 자금을 모금해 오고 있다. 내일도 같은 이유로 바자회를 열려고 하는데 바자회 수입은 날씨와 깊은 관계를 가지고 있다. 즉, 바자회의 수입과 날씨와의 관계 그리고 각 경우가 발생할 확률들은 아래 표에 있는 바와 같다. 수입은 현재가치로 계산된 값이다.

| 내일 날씨 | 바자회 장소 | 수입(단위: 천 원) | 확률 |
|---|---|---|---|
| 맑음 | 야외 | 2,000 | 0.6 |
| | 반야외 | 1,500 | |
| | 실내 | 800 | |
| 비 | 야외 | 0 | 0.4 |
| | 반야외 | 400 | |
| | 실내 | 700 | |

(1) 이 문제에 관한 의사결정나무를 그려라.

(2) 기대수익을 토대로 어느 바자회 장소가 가장 수익을 발생하고 있는지를 결정하여라.

**8.28** SS반도체회사에서 반도체 생산을 위한 새로운 장비를 구입하기 위해 56억 2,500만 원을 투자하려고 한다. 장비 투자프로젝트의 결과는 반도체 수요량에 전적으로 의존되어 수요량에 따라 다음과 같이 세 가지 시나리오를 구성하였다.

- 다 수요량($G$): 12년 동안 매년 15억 7,500만 원의 수익이 발생하고, 사업수명 후 장비의 잔존가치는 전혀 없다.
- 중 수요량: 10년 동안 매년 11억 2,500만 원의 수익이 발생하고, 사업 수명 후 장비의 잔존가치는 2억 2,500만 원이다.
- 저 수요량($P$): 8년 동안 매년 9억 원의 수익이 발생하고, 사업수명 후 장비의 잔존가치는 6억 7,500만 원이다.

위 시나리오가 발생할 확률은 각각 0.25, 0.60, 0.15이고 $MARR = 20\%$이다.

(1) 위 문제를 의사결정나무로 그려 보아라.

(2) 이 투자프로젝트의 순 현재기대가치를 계산하고 이를 토대로 투자프로젝트의 채택여부를 결정하여라.

**8.29** SKKK정유사는 2015년에 동해부근에서 5,000만 배럴에서 2억 배럴의 유전을 발견하였다. 이 유전 투자프로젝트에 관하여 다음과 같은 가정들을 세워 보기로 하자. 1차 년도에는 원유 배럴당 수입이 13만 5,000원이고, 원유 산출량과 상관없이 배럴당 생산비 2만 7,000원에 대하여 원유 수입은 매년 3%씩 증가한다. 단 배럴당 생산비 2만 7,000원은 항상 일정하다고 한다. 유전 개발을 위해 9,000억 원을 투자한 후 일일 원유 생산량은 10,000배럴이 될 것이다. 일 년을 360일로 가정하게 되면 연간 총 원유 생산량은 360만 배럴이 될 것이다. 사실 원유 투자프로젝트의 사업수명은 유전에 매장된 실질적인 원유 매장량에 달려 있다. 이 유전은 초기 매장량 테스트 결과와 그 동안에 축적된 know-how에 의하여 다음과 같이 세 가지 종류의 시나리오가 가능하다고 판단하고 각 시나리오가 발생할 확률을 추정하였다. 아래의 표는 위 세 가지 시나리오에 관한 자료를 보여주고 있다.

| 매장량 표기 | 매장량(단위: 배럴) | 확률 |
|---|---|---|
| 저($L$) | 5,000만 | 0.20 |
| 중($M$) | 1억 2,500만 | 0.70 |
| 고($H$) | 2억 | 0.10 |

유전에 매장된 원유를 모두 채굴한 후에는 그 동안 훼손된 환경을 복구하기 위해 1,125억 원의 비용을 지출해야 한다. $MARR = 14\%$라고 가정하고 의사결정나무 분석법을 이용하여 순 현재기대가치를 계산하고, 이 결과를 토대로 유전 투자프로젝트의 채택여부를 결정하여라.

**8.30** 현재 미국에서 활동하고 있는 테러리스트들이 대략 3,000명 정도로 파악되고 있다. 이제 미국 FBI에서 테러리스트들의 위협에 대처하기 위해 미국인들의 전화 모두를 무제한으로 도청할 수 있는 신형 음성분석 소프트웨어를 설치하였다고 가정해 보자. 이 소프트웨어는 테러리스트로 의심되는 사람이 세 마디 내로 통화를 하는 즉시 이를 감지해서 자동으로 FBI에 알려주는 기능을 갖추고 있다. 이 시스

템의 신뢰도는 99%라고 한다. 만약 FBI가 이 시스템으로부터 보고를 받은 사람이 확실히 테러리스트일 확률이 얼마인지를 결정하여라.

**8.31** 어느 유전개발회사가 두 군데의 유전지역을 시추할 계획을 가지고 있으나 회사의 예산 제약으로 이 중에서 한 군데만을 시추해야만 한다. 시추지역 1은 원유매장량에 관한 불확실성이 매우 크고, 시추지역 2는 원유매장량은 적으나 이에 관한 불확실성은 매우 낮을 것으로 추정하고 있다. 아래의 표는 두 시추지역의 시추비용, 순현재가치, 그리고 확률 정보를 보여주고 있다.

| 시추지역 1: 탐사비용 1억 | | 시추지역 2: 탐사비용 2억 | | |
|---|---|---|---|---|
| 시추결과 | *NPV* | 시추결과 | *NPV* | 확률 |
| 원유매장량 전무: *D* | −100억 | 원유매장량 전무 | −200억 | 0.2 |
| 원유매장량 소량: *L* | 150억 | 원유매장량 소량 | 50억 | 0.8 |
| 원유매장량 대량: *H* | 500억 | | | |

시추지역 1은 원유매장 지역의 돔구조에 따라서 매장량이 크게 영향을 받고 있다. 만약 이 지역의 지질이 돔구조를 갖고 있으면 그렇지 않은 경우보다 원유매장량이 더 클 가능성이 높다고 한다. 이 지역의 지질이 돔구조일 확률이 0.6이고 그렇지 않을 확률이 0.4로 알려져 있다. 아래의 표는 돔구조에 따른 원유매장량과 관련된 조건부 확률을 보여주고 있다.

| 결과 | *Dome* | *No Dome* |
|---|---|---|
| *D* | 0.600 | 0.850 |
| *L* | 0.250 | 0.125 |
| *H* | 0.150 | 0.025 |

(1) 시추지역 1의 $P(D)$, $P(L)$, $P(H)$의 확률을 결정하여라.

(2) (1)에서 구한 확률정보를 포함해서 이 문제의 의사결정나무를 그려보고, 어느 시추지역을 선택해서 시추하는 것이 경제적으로 바람직한지를 결정하여라.

(3) 시추지역 1이 시추지역 2보다 불확실성이 크다는 사실을 증명하여라.

(4) 시추지역 1과 관련된 결합확률표를 구하여라.

(5) 시추지역 1을 시추한 결과 원유매장량이 대량($H$)로 판명되었다면 이 지역의 지질이 돔구조일 확률은 얼마인지를 밝혀라.

(6) 시추지역 1을 시추하기 위해 100억 원을 투자하는 것이 타당한지를 논하여라.

CHAPTER 09

# 실물옵션가치 이론을 이용한 투자프로젝트 평가

모든 투자프로젝트들은 정도의 차이는 있지만 어느 정도의 불확실성을 내재적으로 포함하고 있다. 9장에서 다루려고 하는 실물옵션가치(real options[1]) value: *ROV*) 기법은 8장에서 다룬 전통적인 불확실성 해결 기법들과는 개념적으로 그 궤를 완전히 달리하고 있다. 후자에 속한 기법들이 불확실성으로 인하여 초래되는 부정적인 효과를 최소화하려고 노력하는 반면 전자인 *ROV* 기법은 불확실성을 적극적으로 활용해서 투자프로젝트의 가치를 극대화할 수 있는 방법을 투자분석가에게 제공해 주고 있다. 예를 들어, 유전개발 투자프로젝트를 고려해 보도록 하자. 일반적으로 유전개발투자프로젝트는 지질 및 석유 탐사, 채굴, 정유, 그리고 운송 단계에 다양한 형태의 불확실성들이 내포되어 있는 복잡한 투자프로젝트이다.

8장에서 기술한 모든 기법들은 이와 같이 다단계로 구성된 복잡한 투자프로젝트를 한 묶음으로 간주하고 이로부터 발생되는 기대 현금흐름에 적절한 할인율로 할인해서 순 현재가치를 구하여 이를 토대로 투자프로젝트의 채택/기각 여부를 결정하는 것들이다. 그러나 이와 반대로 *ROV*기법은 다단계로 구성된 복잡한 투자프로젝트를 단계별로 투자프로젝트의 채택/기각, 연기 등의 의사결정을 내릴 수 있는 유연성을 투자분석가에게 제공해 주고 있다. 물론 유전개발투자프로젝트와 달리 한 단계로 구성된 투자프로젝트의 경우에도 전통적인 *NPV*기법과 달리 *ROV*를 적용하면 투자분석가는 투자분석을 실행하는 현 시점에 투자의사결정을 내리고 않고 미래의 특정 시점으로 이를 연기할 수가 있다.

9장에서는 *ROV*의 기본적인 원리와 이를 실물투자프로젝트에 적용하는 방법론을 수리적 예제를 통해서 알아보기로 하겠다.

## 9.1 금융옵션[2)]

*ROV*의 기본적인 원리는 금융옵션의 이론에 기인하고 있다. 이러한 관계성 때문에 본 절에서는 먼저 금융옵션의 특성과 이와 관련된 다소 공학도들에게는 생소한 전문용어들

1) real options value의 options가 단수가 아닌 복수가 사용된 이유는 실물투자프로젝트에서는 일반적으로 2개 이상의 옵션이 존재하고 있기 때문이다.

2) Park, Chan S. Contemporary Engineering Economics, $5^{th}$ Ed., Prentice Hall, New York, 2011.

을 살펴보기로 할 것이다.

먼저 옵션이 무엇인지를 그 정의를 살펴보면, 옵션이란 특정한 금융 투자자산(예: 주식, 채권 등등)을 특정한 시점에 특정한 가격으로 매입하거나 매도할 수 있는 권리를 말한다. 이렇게 매입할 수 있는 권리를 콜옵션(call option)이라 하고, 매도할 수 있는 권리를 풋옵션(put option)이라고 한다. 콜옵션과 풋옵션을 기본적인 옵션이라고 한다.

### 9.1.1 금융옵션 특성

✔계약 당사자: 옵션을 상대방에게 판 사람을 옵션매도자(option writer)라고 하고, 그리고 옵션을 구입한 사람을 옵션매입자라고 한다. 금융가에서는 옵션매도자를 숏 포지션(short position)에 있다고 하고, 그리고 옵션매입자를 롱 포지션(long position)에 있다고도 한다.

✔권리/의무: 콜옵션 매입자는 특정한 가격으로 금융투자자산을 매입할 수 있는 권리를 갖는 반면 콜옵션 매도자는 이 금융투자자산을 콜옵션 매입자에게 매도해야 할 의무를 갖게 된다. 풋옵션의 경우 풋옵션 매입자는 금융투자자산을 팔 수 있는 권리를 갖는 것이고 풋옵션 매도자는 이 금융투자자산을 매입할 의무를 지게 된다.

✔기초자산(S): 옵션가치는 옵션에 의해서 결정되지 못하고 옵션의 대상인 주식, 채권 등과 같은 금융투자자산의 가치에 의해서 결정이 된다. 이러한 금융투자자산을 옵션의 기초자산이라고 한다.

✔행사가격(K): 옵션계약에 의해서 결정된 기초자산의 매입가격(콜옵션의 경우) 혹은 매도가격(풋옵션의 경우)으로 기초자산이 매입/매도가 이루어지면 이를 옵션이 행사되었다고 하고, 그리고 이 때 사용된 기초자산 가격을 행사가격(exercise price/strike price)이라고 한다.

✔만기일(T): 기초자산을 매입하거나 팔 수 있는 특정한 시점이나 기간을 옵션만기일이라고 하다. 특정한 시점에만 행사되는 옵션을 유럽피언 옵션(European option)이라고 하고, 이와 달리 만기일이나 만기일 내에 행사되는 옵션을 아메리칸 옵션(American option)이라고 한다.

✔옵션프리미엄(C): 옵션프리미엄은 옵션투자자가 옵션을 매입하기 위해서 지불해야 하는 가격이다. 내재적 가치(intrinsic value)란 옵션을 매입하고 즉시 이를 행사하여

얻은 이익 금액으로, 콜옵션의 경우 내재적 가치는 (*S*-*K*)가 되고 풋옵션의 경우 내재적 가치는 (*K*-*S*)가 된다. 그리고 옵션프리미엄과 내재적 가치의 차이를 옵션의 시간적 가치(time value of option)라고 한다.

✔옵션보상: 옵션보상은 옵션 행사일의 기초자산 가격과 행사가격에 의하여 결정되고, 이는 등가격(at the money: *ATM*), 내가격(in the money: *M*), 그리고 외가격(out of the money: *OTM*)으로 구분된다.

- **등가격**: 옵션 행사 일에 기초자산 가격과 행사가격이 동등하면 이를 옵션의 등가격이라고 한다.
- **내가격**: 옵션 행사 일에 기초자산 가격이 행사가격보다 크면(콜옵션의 경우)/작으면(풋옵션의 경우) 이를 옵션의 내가격이라고 한다.
- **외가격**: 옵션 행사 일에 기초자산 가격이 행사가격보다 작으면(콜옵션의 경우)/크면(풋옵션의 경우) 이를 옵션의 외가격이라고 한다.

옵션행사는 옵션이 내가격일 때 행사하는 것이 경제적으로 바람직하다. 옵션을 행사하지 않으면 옵션은 자동적으로 소멸되고, 이 경우 옵션매입자는 단지 옵션프리미엄만만큼 손실을 보게 된다.

### 옵션포지션

기본 옵션 종류와 옵션포지션을 고려하면 옵션포지션을 (1) 콜옵션의 롱 포지션, (2) 콜옵션의 숏 포지션, (3) 풋옵션의 롱 포지션, (4) 풋옵션의 숏 포지션으로 구분할 수가 있다. 콜옵션과 풋옵션의 일반적인 특성은 다음과 같다.

- 행사가격과 기초자산의 가격의 차이가 커지면 옵션을 행사할 기회가 적어지기 때문에 옵션프리미엄은 적어지게 된다.
- 외가격을 갖은 옵션의 만기일이 다가올수록 옵션프리미엄은 적어지게 된다.
- 옵션만기일이 길면 길수록 기초자산 가격이 옵션 행사가격보다 커질 기회가 많아지기 때문에 옵션프리미엄은 더 커지게 된다.
- 기초자산 가격이 커지면 콜옵션과 풋옵션은 서로 반대 방향으로 움직이게 된다. 즉, 콜옵션은 행사될 가능성이 높아지는 반면 풋옵션은 행사될 가능성이 낮아지게 된다.

이제 위에서 기술한 콜옵션과 풋옵션의 특성들을 다음 절에 기술된 수리 예제를 통해서 알아보기로 하자. 이 예제를 통해서 우리는 옵션의 기초자산 가격이 오를 것이라고 믿고 있는 콜옵션 매입자와 이와 반대로 옵션의 기초자산 가격이 내려갈 것이라고 믿고 있는 풋옵션 매입자가 옵션의 투자로 얻게 되는 이익/손실을 이해할 수 있을 것이다.

## 9.1.2 옵션의 기초자산 가격이 상승할 경우 콜옵션 매입자의 이익/손실

투자자들은 그들이 투자를 하려고 관심을 갖고 있는 회사가 앞으로 지속적으로 성장할 가능성이 높다고 판단하면 그들은 이 회사의 주가가 특정한 기간(일반적으로 3개월, 6개월, 9개월) 내에 상승할 것이라고 믿고 이 주식을 기초자산으로 하는 주식 콜옵션을 매입할 것이다. 투자자들이 이 주식 콜옵션을 매입하기 위해서는 그들이 이 주식 콜옵션을 매도하려는 투자자들에게 콜옵션프리미엄을 지불해야 한다. 만약 콜옵션 매입자가 특정한 기간 내(특정한 시점)에 이 콜옵션을 행사하지 않으면 콜옵션 매도자에게 지불된 옵션프리미엄은 콜옵션 매입자에게 손실로 남게 된다.

**예제 9.1** 콜옵션 매입자의 이익/손실

여러분이 구글 주식 100주를 살 수 있는 콜옵션을 매입하려 한다고 가정해 보자. 이 콜옵션 거래와 관련된 정보들은 다음과 같다.

- 행사가격: 500,000원/주
- 만기일: 2016년 1월 21일
- 구글 주식의 현재 가격: 438,000원/주 (2015년 7월 9일)
- 콜옵션프리미엄/주: 49,000원/주
- 100주 매입을 위한 콜옵션의 총 투자금액: 100주×49,000원/주=490만 원

만약 콜옵션 만기일에 구글 주가가 56만 원/주이면, 여러분이 이 콜옵션을 행사해서 얻게 될 총 이익이 얼마인지를 결정하여라.

**조건**

위에 주어진 콜옵션 정보

**풀이**

옵션 만기일에 구글 주가가 56만 원/주이면 행사가격이 50만 원/주이기 때문에 여러

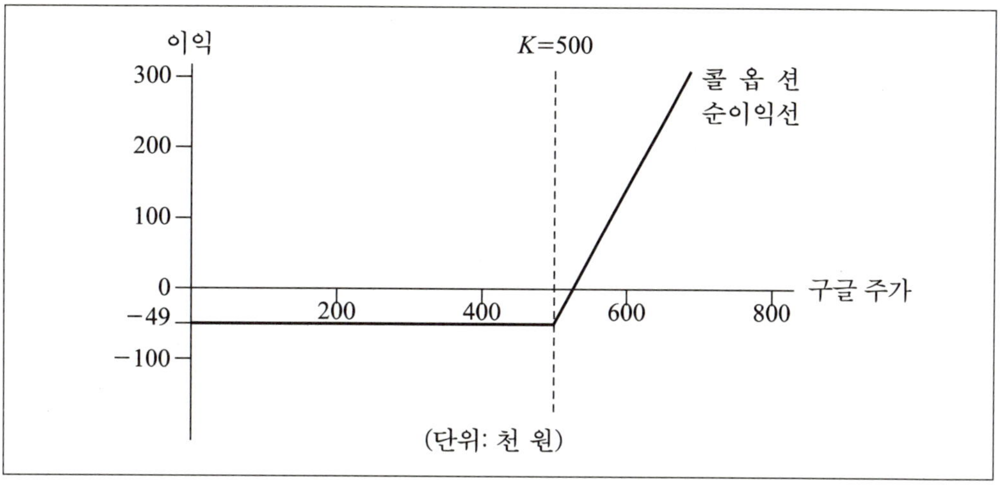


그림 9.1 구글 주식 1주당 콜옵션 매도자의 순이익선

분이 이 콜옵션을 행사해서 얻게 될 총 이익은 다음과 같이 계산된다(〈그림 9.1〉 참조).

총 이익=(560,000원/주 − 500,000원/주) × 100주 − 4,90만 원=1,100 (천 원)

물론 여러분은 콜옵션 만기일에 형성된 구글 주가가 행사가격보다 클 경우에 이 콜옵션을 행사하여 위와 같은 이익을 얻게 될 것이다. 여러분이 이 콜옵션을 행사하지 않으면 여러분은 이 콜옵션을 매입하기 위해서 콜옵션 매입자에게 지불한 옵션프리미엄의 총액인 490만 원만큼의 손실을 보게 된다. 〈그림 9.1〉에서 알 수 있듯이 콜옵션 만기일에 구글 주가가 54만 9,000(행사가격(500,000원/주)+콜옵션프리미엄(49,000원/주)) 원이면 콜옵션 매입자는 구글 1주당 순이익이 "0"이 된다. 이런 구글 주가를 손익분기점 주가라고 한다.

**토의**

콜옵션 매도자는 이 콜옵션 계약 당시에 콜옵션 매입자로부터 옵션프리미엄을 구글 주식 1주당 49,000원/주씩을 받고 콜옵션 매입자가 콜옵션 만기일에 이 콜옵션을 행사하면 구글 주식 100주를 이 콜옵션 매입자에게 매도해야 할 의무를 반드시 지켜야 한다. 콜옵션 매도자는 만약 콜옵션 매입자가 콜옵션을 행사하지 않으면 옵션프리미엄만큼의 이익을 얻게 되지만 그렇지 않으면 옵션 행사 당일의 구글 주가와 옵션 행사가격 차이만큼 손해를 보게 된다. 즉, 이 손해 결과는 콜옵션 매입자의 순이익선과 역관계가 된다(〈그림 9.2〉 참조).

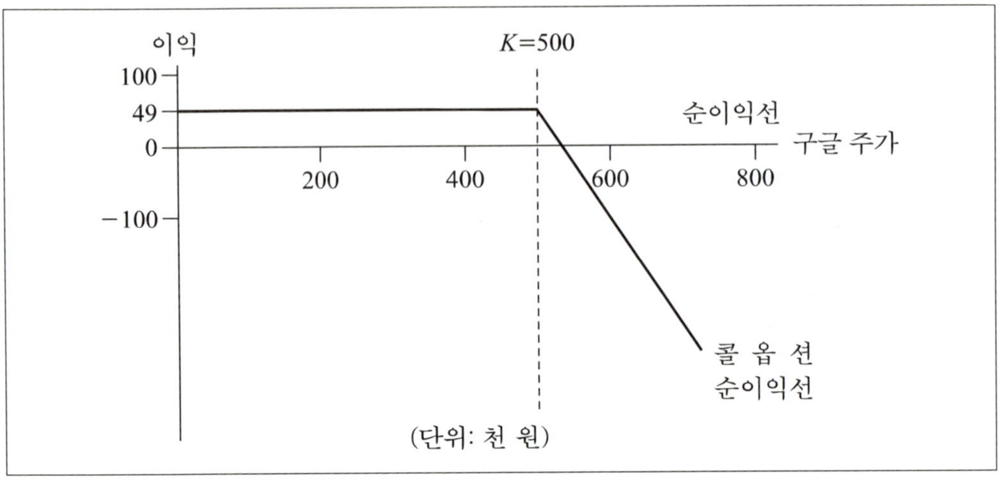


그림 9.2 구글 주식 1주당 콜옵션 매도자의 순이익선

### 9.1.3 옵션의 기초자산 가격이 상승할 경우 콜옵션 매입자의 이익/손실

주식의 가격이 떨어짐에 따라서 주식 소유자는 점점 더 많은 손실을 받게 된다. 풋옵션을 매입하면 이런 주가하락으로부터 야기되는 투자위험을 방지할 수가 있다. 즉, 풋옵션 매입자는 그가 투자한 주식의 가격이 앞으로 풋옵션 만기일 내(혹은 만기일)에 하락할 것이라고 믿고 풋옵션에 배팅을 하는 것이다. 만약 풋옵션 만기일에 주가가 풋옵션 행사가격보다 낮으면 풋옵션 매입자는 그의 풋옵션을 행사하여 이익을 얻을 것이고, 그렇지 않으면 풋옵션 매입자는 그의 풋옵션을 행사하지 않고 풋옵션프리미엄만큼의 손해를 감수할 것이다. 풋옵션 개념은 자동차 사고가 발생하였을 경우와 같은 사고 발생 경우를 대비해서 우리들이 매달 일정 보험료를 지불하는 자동차보험의 특성과 같다.

**❙ 예제 9.2** 풋옵션의 이익/손실

여러분이 구글 주식 100주를 살 수 있는 풋옵션을 매입하려 한다고 가정해 보자. 이 풋옵션 거래와 관련된 정보들은 다음과 같다.

- 행사가격: 440,000원/주
- 만기일: 2016년 1월 21일
- 구글 주식의 현재 가격: 438,000원/주 (2015년 7월 9일)

• 풋옵션프리미엄/주: 68,000원/주
• 100주 매입을 위한 총 콜옵션 투자금액: 100주×68,000원/주=680만 원

만약 콜옵션 만기일에 구글 주가가 35만 원/주이면, 여러분이 이 콜옵션을 행사해서 얻게 될 총 이익이 얼마인지를 결정하여라.

**조건**

위에 주어진 풋옵션 정보

**풀이**

옵션 만기일에 구글 주가가 35만 0원/주이면 행사가격이 44만 원/주이기 때문에 여러분이 이 풋옵션을 행사해서 얻게 될 총 이익은 다음과 같다(〈그림 9.3〉 참조).

총 이익=(440,000원/주−350,000원/주) × 100주−680만 원=2,200 (천 원)

물론 여러분은 풋옵션 만기일에 형성된 구글 주가가 행사가격보다 적을 경우에 이 풋옵션을 행사하여 위와 같은 이익을 얻게 된다. 그런데 만약 여러분이 이 풋옵션을 행사하지 않으면 여러분은 이 풋옵션을 매입하기 위해서 풋옵션 매입자에게 지불한 옵션프리미엄의 총액인 680만 원만큼의 손실을 보게 된다. 이 경우 구글 주식의 손익분기점 주가는 37만 2,000(풋옵션 행사가격(440,000원/주)−풋옵션프리미엄(68,000원/주))원이 된다.

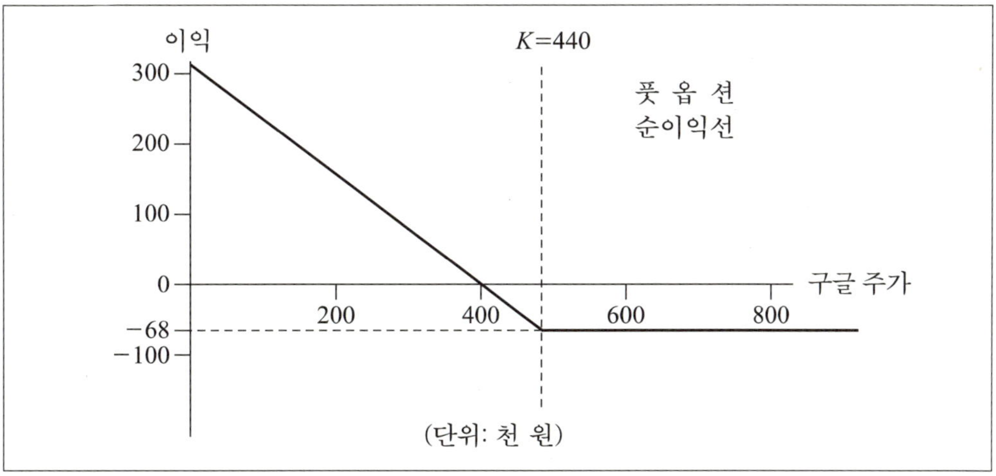


그림 9.3 구글 주식 1주당 풋옵션 매입자의 순이익선

토의

콜옵션 예제에서 보았듯이 콜옵션 매입자와 매도자의 순 이익선은 서로 역의 관계를 갖고 있다. 이와 만찬가지로, 〈그림 9.3〉과 〈그림 9.4〉에서 보듯이 풋옵션의 매입자와 매도자의 순 이익선도 서로 역관계를 갖고 있음을 알 수가 있다.

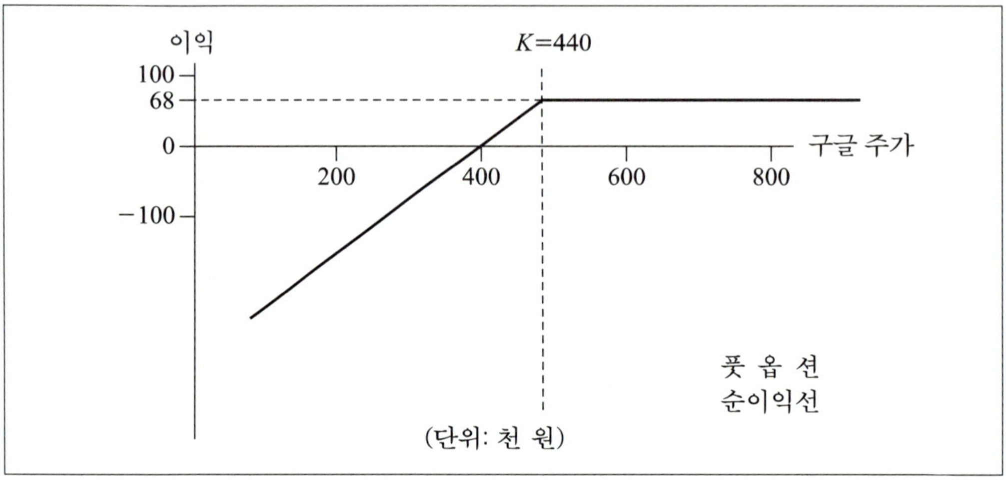


그림 9.4 구글 주식 1주당 풋옵션 매도자의 순이익선

## 9.2 옵션전략

9.1절에서 금융옵션의 기본적인 특성과 작동원리에 관해서 알아보았으니, 이 절에서는 옵션을 이용해서 금융투자에 내재되어 있는 위험을 헷지하는 전략에 관해서 알아보기로 하자. 첫 번째 전략은 콜옵션을 매입해서 투자위험을 감소시키는 것이고, 두 번째 전략은 풋옵션을 매입해서 시장위험을 헷지하는 것이다.

### 9.2.1 콜옵션을 매입해서 투자위험을 감소시키기 위한 전략

앞 절에서 기술하였듯이 콜옵션 매입자는 콜옵션을 매입하면 특정한 가격으로 만기일 내(혹은 만기일)에 특정한 금융투자자산을 매입할 수 있는 권리를 행사할 수가 있고, 그가 감수해야 할 손실은 콜옵션프리미엄과 수수료 정도이다. 콜옵션 가치는 기초자산의 가격이 상승하면 이에 따라서 상승하기 때문에 콜옵션 매입자의 이익은 기초자산 가격이 행사가격보다 큰 경우 기초자산 가격에 비례해서 증가하게 된다. 주식이나 채권과 같은 금융투자자산에 투자하기를 원하는 투자자는 (1) 직접 이 금융투자자산들을 매입해서 투자할 수 있고, 혹은 (2) 이 금융투자자산을 기초자산으로 하는 콜옵션을 매입해서 투자할 수가 있다.

만약 이 투자자 특정 주식에 투자하기로 결정하고 이 주식을 기초자산을 하는 콜옵션을 매입하면 그는 다음과 같은 3가지 의사결정 대안들 중 1가지를 선택할 수가 있다. (1) 콜옵션 만기일에 이 콜옵션을 행사하여 관심 주식을 매입하여 이익을 얻거나, (2) 콜옵션 만기일에 이 콜옵션을 매매해서 이익을 얻거나, 혹은 (3) 콜옵션 매입자가 그의 콜옵션을 행사하여도 전혀 이익을 얻을 수가 없다고 판단하면, 콜옵션 만기일까지 이 콜옵션을 행사하지 않고 콜옵션프리미엄과 수수료 손실을 감수하는 것이다. 예제 13.3은 손실 크기를 특정한 값으로 한정시켜 놓고(혹은 하향위험을 제한시켜 놓고) 옵션의 기초자산 가격이 상승함에 따라서 콜옵션의 가치가 상승할 때 콜옵션 매입자가 이익을 얻는 방법을 보여주고 있다.

**예제 9.3** 하향위험을 제한시켜 놓고 콜옵션 이익을 얻기 위해 콜옵션을 매입하는 방법

GS회사의 주식이 현재 44,000원/주에 거래되고 있다. 어떤 투자자가 이 주식을 직접 매입하지 않고 이 주식을 기초자산으로 한 만기가 6개월이고, 행사가격이 45,000원/주이고, 콜옵션프리미엄이 3,000원/주인 콜옵션을 매입하여 이 주식에 투자할 수가 있을 것이다. 이 투자자가 직접 GS 주식을 직접 매입하지 않고 콜옵션을 매입한 이유는 만기일에 이 주식 가격이 행사가격보다 클 것이라고 믿고 있기 때문일 것이다. 이 거래와 관련된 세금과 수수료를 무시하고 콜옵션을 사용해서 이 투자자가 GS 주식 500주를 매입할 경우 다음과 같은 3가지 시나리오에 내재되어 있는 위험에 관하여 논하여라.

콜옵션 만기일에 GS 주가가 48,000원/주이거나 이상인 경우

콜옵션 만기일에 GS 주가가 45,000원/주와 48,000원/주 사이인 경우

콜옵션 만기일에 GS 주가가 45,000원/주이거나 이하인 경우

**토의**

1개의 콜옵션은 주식 100주를 매입할 수 있는 권리를 포함하고 있다. 그러므로 GS 주식 500주를 매입하기 위해서 이 투자자는 5개의 콜옵션을 계약해야 하기 때문에 이 투자자가 콜옵션 매입을 위해 지불해야 총 콜옵션프리미엄은 150만(5개 콜옵션×100주/개×3,000원/주) 원이다. 만약 이 투자자가 지금 당자 GS 주식 500주를 직접 매입하려면 2,200만 원이 있어야 하지만, 5개의 콜옵션을 매입해서 GS 주식 500주를 매입하면 150만 원만 있으면 된다. 이 투자자는 그의 손실을 150만 원으로 제한시켜 놓은 상태에서 GS 주가가 행사가격 45,000원/주 이상으로 커지면 콜옵션을 행사해서 이론적으로 무한대의 이익을 실현시킬 수가 있다.

**조건**

행사가격이 45,000원/주이고, 만기일이 6개월이고, 그리고 콜옵션프리미엄이 3,000원/주인 5개의 GS 주식 콜옵션 대 1주당 44,000원/주씩 GS 주식 500주를 직접 매입

**풀이**

콜옵션 만기일에 위 3가지 시나리오의 이익/손실

(1) 콜옵션 만기일에 GS 주가 48,000원이거나 이상인 경우

콜옵션 만기일에 GS 주가가 51,000원/주이면, 이 콜옵션의 가치는 행사가격과 이 주가의 차이가 된다.

$$51{,}000원/주 - 45{,}000원/주 = 6{,}000원/주$$

위에서 구한 콜옵션 가치 6,000원/주에서 콜옵션프리미엄 3,000원/주을 제외하면 콜옵션의 순이익은 3,000원/주이 된다. 그러면 이 투자의 수익률은 100%(3,000/3,000)이다.

이 투자자는 2,200만 원을 투자해서 GS 주식 500주를 매입하였다. 만약 GS 주식의 주가가 51,000원/주이면 현재 이 투자의 가치는 2,550만 원이 되어 이 투자의 수익률은 15.9%가 된다. 이를 콜옵션을 사용해서 얻은 수익률 100%와 비교해 보면 84.1%의 차이가 난다. 〈표 9.1〉은 위 2가지 투자행위를 비교한 결과를 보여주고 있다.

‖ 표 9.1 ‖ 2가지 투자행위 결과

(단위: 000원)

| GS 주식을 직접 매입할 경우 | | | | |
|---|---|---|---|---|
| 주당 매입가 | 초기 500주 총 매입가 | 만기일 주당 가격 | 만기일 총 투자가치 | 총 투자가치 변화량 |
| 44 | 22,000 | 51 | 25,500 | 3,500 |
| 44 | 22,000 | 47 | 23,500 | 1,500 |
| 44 | 22,000 | 40 | 20,000 | −2,000 |
| **콜옵션을 이용해서 GS 주식을 매입할 경우** | | | | |
| 옵션 프리미엄 | 초기 총 옵션프리미엄 | 만기일 옵션프리미엄 | 만기일 총 옵션가치 | 옵션가치 변화량 |
| 3 | 1,500 | 6 | 3,000 | 1,500 |
| 3 | 1,500 | 2 | 1,000 | −500 |
| 3 | 1,500 | 0 | 0 | −1,500 |

(2) 콜옵션 만기일에 GS 주가가 ₩45,000원/주와 48,000원/주 사이인 경우

콜옵션 만기일에 GS 주가가 45,000원/주와 48,000원/주 사이이면 이 콜옵션은 행사할만한 가치가 있기는 하지만 아직 손익분기점에는 미치지 못하고 있다. 이런 경우 투자자가 콜옵션을 행사하면 순이익을 얻지는 못하지만 콜옵션프리미엄의 일정부분은 회복할 수는 있다. 예를 들어, 만기일에 GS 주가가 47,000원/주이면 콜옵션을 행사해서 GS 주식을 45,000원/주에 매입해서 47,000원/주에 매도해서 주당 2,000원/주의 이득을 얻어서 콜옵션프리미엄 3,000원 중 2,000원이 회복될 수 있다. 그러면 이 투자자는 초기 콜옵션프리미엄 150만 원 중에서 100만 원을 회복하여 50만 원의 손실만을 감수하면 된다.

만약 이 투자자가 2,200만 원을 투자해서 직접 GS 주식 500주를 매입하였다면 이 경우 그는 150만(2,350만−2,200만 원)원의 순 이익을 얻게 된다. 이는 콜옵션 투자자가 50만의 손실을 본 경우와 비교하면 그 차이가 크다고 할 수가 있다. 그러나 콜옵션 투자자가 주식 매입대금 2,200만 원과 콜옵션 매입대금 150만 원의 차액을 무위험 이자율을 받을 수 있는 곳에 투자하였다면 콜옵션 투자로 인하여 발생한 손해금액 50만 원 중 일부는 회복할 수가 있다.

(3) 콜옵션 만기일에 GS 주가가 45,000원/주이거나 이하인 경우

만기일에 GS 주가가 40,000원/주이면 콜옵션의 가치는 0원이 되어 투자자는 이 콜옵션을 행사하지 않을 것이기 때문에 이 투자자는 콜옵션프리미엄으로 지불한 금액

150만 원의 손실을 보게 된다. 이와 반대로 투자자가 GS 주식을 직접 매입하였으면 손실을 보는 입장에 처하게 되겠지만 만약 이 투자자가 앞으로 계속해서 이 주식을 보유하고 있으면 현재의 손실 포지션을 회복할 수 있는 기회를 가질 수가 있다. 콜옵션 투자자 입장으로 다시 돌아가 보면 그는 콜옵션을 매입하여 손실이 일정한 금액 이상으로 발생하지 않도록 방지하면서 직접 주식 매입금액과 콜옵션 매입금액의 차이만큼을 다른 곳에 투자해서 일정한 금액의 이자를 얻어서 이를 새로운 투자자본으로 다른 투자대안에 투자를 할 수가 있다.

만약 투자자가 GS 주식을 1주당 44,000원/주씩에 매입하였는데 주가가 초기 매입가격보다 상승하지 않고 하락하였으면 이 투자자는 다음과 같은 두 대안 중 한 대안을 선택할 수 있다. (1) 주식을 바로 매도하고 커미션을 지불한 후 일정 수준의 손실을 감수하거나, (2) 주식을 앞으로 계속 보유하면서 주가가 상승하기를 기대한다. 앞에 논한 내용들을 살펴보면 투자자가 직접 주식을 매입하면 수익률은 콜옵션보다 낮지만 이 경

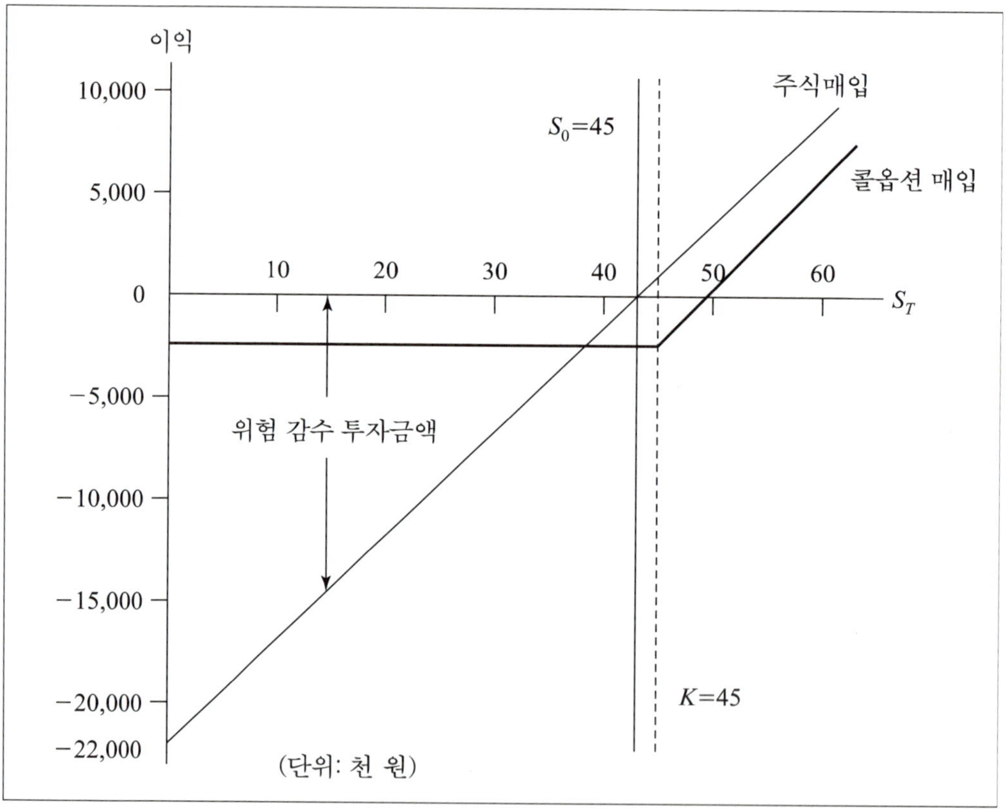


그림 9.5 만기일 주가에 따른 주식매입/콜옵션매입의 이익/손해

우 만기일이 존재하지 않고 있기 때문에 주가가 초기 주식 매입가보다 낮아도 손실을 회복하거나 이익을 볼 수 있는 기회를 가질 수 있지만, 콜옵션의 경우는 높은 투자수익률을 얻을 수 있는 반면에 제한적이기는 하지만 콜옵션 초기 투자금액(콜옵션프리미엄) 전부를 손해를 볼 수가 있다. 〈그림 9.5〉는 콜옵션 만기일에 형성된 GS 주가에 따른 직접 주식 매입과 콜옵션 매입의 경우 추정되는 이익/손실 금액을 보여주고 있다.

## 9.2.2 위험 헷지로서 풋옵션 전략

풋옵션을 사용하면 주식매입 포지션이 안전하게 된다. 주식 가격과 비교해서 비교적 저렴한 풋옵션프리미엄을 지불함으로써 주가 하락 정도와 상관없이 주식을 매입한 투자자는 만기일 내(만기일)에 풋옵션을 행사해서 그가 보유한 주식을 풋옵션 행사가격으로 매도할 수 있다. 현재 매입한 주가에 대하여 풋옵션을 매입하든지 혹은 풋옵션과 주식을 동시에 매입하면 투자자는 이런 투자전략으로 시장위험을 방지할 수 있는 안전장치를 마련했다고 한다. 풋옵션으로 모든 투자자들이 그들의 투자위험을 방지할 수 있다고 할 수는 없지만, 풋옵션은 하향위험을 제한시키면서 이익은 거의 무제한적으로 보장하기 때문에 투자자는 풋옵션을 통해서 주식 투자위험을 방지하게 된다.

한 개의 풋옵션 계약은 주식 100주를 포함하고 있다. 투자자가 이미 보유하고 있거나 매입하려는 주식에 대해서 풋옵션을 매입하는 투자행위는 보험에 가입한 것과 유사한 금융전략이다. 즉, 일정한 금액의 풋옵션프리미엄을 지불하고 풋옵션을 매입하면 주가 하락과 상관없이 풋옵션을 매입한 투자자는 만기일 내에 그의 주식을 풋옵션 행사가격으로 풋옵션 매도자에게 매도할 수가 있다. 그래서 이런 경우 풋옵션 매입자는 그가 원하는 수준(주식 매입가격과 풋옵션 행사가격 차이)에서 주가 하락의 위험을 안전하게 헷지했다 한다.

**예제 9.4** 주가 하락위험에 대한 보험으로 풋옵션을 사용하는 방법

여러분이 퀄컴회사의 주식에 투자한다고 가정해 보자. 이 주식은 현재 44,000원/주에 거래되고 있고, 풋옵션 만기는 6개월이고, 행사가격은 45,000원/주이고, 풋옵션프리미엄은 4,000원/주이다. 이 풋옵션의 기초자산인 퀄컴회사 주가의 등락에 따라서 풋옵션이 어떠한 하향위험 방지 역할을 하는지를 다음의 두 가지 시나리오를 비교해서 알아보기로 하자(단, 세금, 풋옵션 계약과 관련된 수수료 등은 무시하기로 한다).

- 시나리오 1: 풋옵션을 매입하지 않고 퀄컴회사의 주식을 44,000원/주에 매입한다.
- 시나리오 2: 행사가격이 45,000원/주인 풋옵션과 매입가격이 44,000원/주인 퀄컴회사의 주식을 동시에 매입한다.

### 조건

(1) 시나리오 1, (2) 시나리오 2

### 풀이

시나리오 1과 시나리오 2의 분석 비교해서 풋옵션의 역할을 살펴보면 다음과 같다.

(1) 시나리오 1: 퀄컴회사의 주식만을 44,000원/주에 매입한다.

투자자가 퀄컴회사 주식을 주당 44,000원/주에 매입하고 이 주가가 매입가격 이하로 떨어지면 투자자는 바로 손실을 보게 되어, 이 경우 주식 매입가격 44,000원/주가 위험에 완전히 노출되어 있다.

- **가격 상승**: 퀄컴회사 주가가 상승하면 투자자는 풋옵션프리미엄을 지불하지 않았기 때문에 주식으로부터 발생된 모든 이익을 순 이익으로 취하게 된다.
- **가격 하락**: 투자자가 퀄컴회사 주식만을 매입하였기 때문에 이 주식의 가격이 하락하면 이를 방지할 수 있는 방법이 전혀 없다.

(2) 시나리오 2: 퀄컴회사 주식을 44,000원/주에 매입하고 동시에 풋옵션을 45,000원/주에 매입한다.

옵션 행사가격이 45,000원/주인 풋옵션을 주당 4,000원/주에 매입하였으므로 매입가격 44,000원/주와 풋옵션 행사가격 45,000원/주의 차이인 1,000원/주가 풋옵션의 주된 역할인 보험에 대한 지불비용이라고 할 수 있다. 만약 퀄컴회사 주가가 풋옵션 행사가격 45,000원/주 이하로 떨어지는 순간부터 풋옵션은 보험역할을 담당하기 시작해서 풋옵션 행사가격 이하로 하락된 주가와 상관없이 퀄컴회사 주식은 풋옵션 행사가격인 45,000원/주에 매도가 된다. 이와 반대로 주가가 풋옵션 행사가격 45,000원/주 이상으로 상승하면 풋옵션의 가치는 전혀 존재하지 않아서 투자자는 이 풋옵션을 행사하지 않고 그가 지불한 풋옵션프리미엄 4,000원/주의 손해를 입게 된다.

투자자가 주식을 바로 매입하고 주가가 매입가격보다 상승하기 시작하면 이 투자자는 이익을 얻게 되지만 풋옵션을 매입하지 않았으므로 이 주가가 하락하면 이를 방지할만한 아무런 방법이 없다. 그러나 투자자가 퀄컴회사 주식과 함께 이를 기초자산으로 하는 풋옵션도 매입하면 앞에서 기술하였듯이 주가의 하향위험을 일정한 수준으로 방지하면서 무한대의 이익 발생 가능성 기회를 가질 수가 있다.

(단위: 천 원)

| 퀄컴주식만 매입 | 퀄컴 주식과 풋옵션 | 동시 매입 |
|---|---|---|
| 주가 | 44 | 44 |
| 풋옵션 | 0 | 4 |
| 총 비용 | 44 | 48 |
| 위험 크기 | 44 | 3(48 − 45) |

- **주가 상승**: 퀄컴회사의 주식 가격이 매입가격 이상으로 상승하면 이 시나리오는 투자자에게 주가 하향위험을 완벽하게 방어해 주면서 무한대의 이익 가능성을 보장해 준다. 시나리오 1과 비교해서 시나리오 2의 단점은 주가가 48,000원/주(주식 매입가격+풋옵션프리미엄) 이상이 되어야 투자자가 이익을 얻을 수가 있다는 것이다.
- **주가 하락**: 퀄컴회사 주가가 얼마나 하락하든지 상관없이 풋옵션을 매입한 투자자는 이 주식을 풋옵션 행사가격인 45,000원/주로 매도할 수 있는 권리가 있기 때문에 이 투자자가 부담해야 하는 최대 주가 하락위험은 3,000원/주로 제한되어 있다. 〈그림 9.6〉은 퀄컴회사 주식과 풋옵션을 동시에 매입하였을 경우 투자자가 얻게 되는 순 이

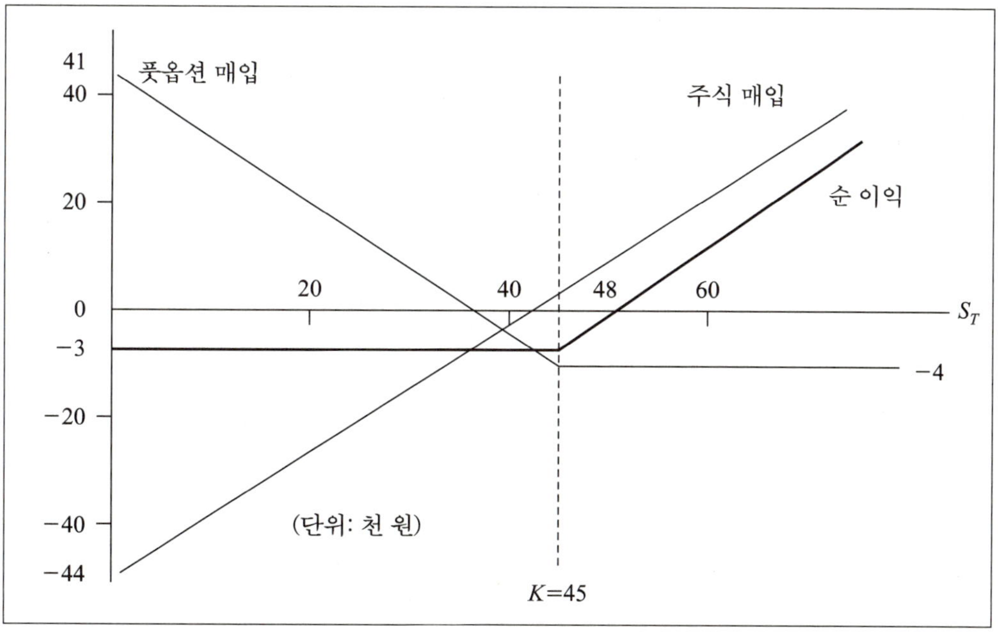


그림 9.6 풋옵션과 주식 매입을 동시에 했을 경우 만기일 주가에 따른 이익/손실

익을 보여주는 그래프이다.

**해설**

만약 투자자가 퀄컴회사 풋옵션을 행사가격이 45,000원/주가 아닌 44,000원/주에 매입하였으면 투자자가 이 경우에도 물론 주가 하향위험을 방지할 수 있는 권리를 갖지만 이는 보험 보상금액에 공제액을 부가해서 보험료를 낮추는 효과와 같다. 일반적으로 주식이나 채권과 같은 변동성이 큰 투자자산시장에서 투자자가 풋옵션과 증권을 함께 매입하면 이는 자동차보험이나 화재보험에 가입한 같은 역할을 해 주기 때문에 투자자는 편안한 마음을 갖게 된다. 그러나 이 시나리오 전략은 퀄컴회사 주식을 직접 매입하는 투자행위보다 보수적이다. 풋옵션을 보유하고 있는 한, 투자자는 투자위험을 제한시킬 수가 있고 동시에 그가 보유한 주식을 매도할 상대를 확실하게 알 수도 있다. 이 시나리오 전략의 유일한 단점은 퀄컴회사 주가가 주식 매입가격과 풋옵션프리미엄을 합한 값 이상으로 상승해야 투자자가 순 이익을 얻을 수 있고, 그리고 풋옵션의 만기일이 일정 기간으로 정해져 있다는 것이다. 그러나 일단 퀄컴회사 주가가 위에서 논한 합한 값보다 크기만 하면 투자자는 이론적으로 무한대의 순 이익을 얻을 수가 있다.

## 9.3 옵션가치 결정 방법론

1973년 피셔 블랙(Fisher Black)과 마이론 숄츠(Myron Scholes)[3]가 공동으로 그리고 로버트 머튼(Robert Merton)[4]은 독자적으로 옵션가치를 결정하는 방법론을 제안하였다. 이 절에서는 이들의 복잡한 모델에 관한 설명은 생략하고, 이들의 이론을 단순화시켜서 옵션가치를 결정하는 기본적 개념에 관해서 알아보기로 한다. 누구든지 옵션 만기일의 기초자산의 가격을 알면 옵션가치를 쉽게 알 수가 있다. 그러나 우리들이 원하는 것은 만

3) Black, Fischer; Scholes, Myron. "The Pricing of Options and Corporate Liabilities". Journal of Political Economy, Vol. 81, No. 3, 1973, pp. 637-654.

4) Merton, Robert. "Theory of Rational Option Pricing". Bell Journal of Economics and Management Science, Vol. 4, No. 1, 1973, pp. 141-183

기일의 옵션가치가 아니고 옵션을 계약하는 현재 시점에서의 옵션가치이다. 이러한 옵션의 현재가치를 알기 위해 본 절에서는 옵션의 기초자산 가격이 불연속적(이항격자모델)[5]으로 형성되고 배당금이 지불되지 않는 유럽피언 옵션이라고 가정할 것이다. 옵션가치를 결정하는 방법은 현재 다양하지만 본 절에서는 그중에서 다음과 같은 세 가지 방법론에 관해서만 알아보기로 할 것이다. (1) 주식과 옵션으로 구성된 복제포트폴리오 개념을 이용한 방법, (2) 주식과 채권으로 구성된 복제포트폴리오 개념을 이용한 방법, 그리고 (3) 위험중립 개념을 이용한 방법. 우리들이 이 세 가지 방법론 중에서 어느 방법론을 사용해서 옵션가치를 결정하든 그 결과는 항상 동일하다.

### 9.3.1 주식과 콜옵션으로 구성된 복제포트폴리오 방법론을 이용해서 콜옵션 가치 결정

XYZ회사의 현재 주가가 300,000원/주이고, 이 주가가 내일 5% 상승(315,000원/주)하거나 하락(285,000원/주)할 것이라고 가정하자. 그리고 이 주식의 콜옵션 만기는 하루이고 행사가격은 300,000원/주이라고 하면, 만기일 이 콜옵션가치는 〈그림 9.7〉에서 보는 것처럼 15,000원/주이거나 0원/주가 될 것이다.

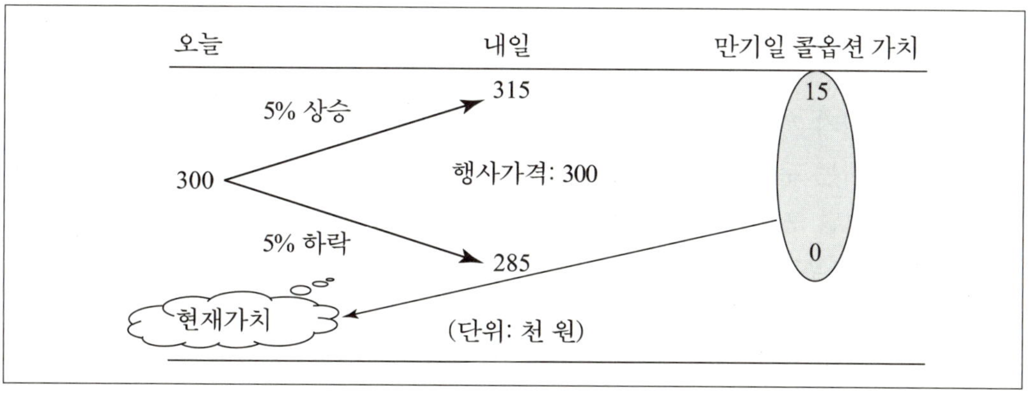


그림 9.7 하루 만기인 콜옵션의 현재가치?

5) 이항격자모델은 8장의 의사결정나무와 유사한 형태를 띠고 있고, 이 모델에서 시간단위를 작게 쪼개어서 의사결정마디를 무수히 많이 만들어 옵션가치를 결정하면 이 결과는 기초자산 가격이 연속적으로 움직인다고 가정한 결과와 동일하게 나타난다.

만약 투자자가 XYZ회사 주식의 콜옵션을 오늘 현재 계약을 맺기를 원한다면 그는 이 콜옵션의 현재가치에 관심을 가지게 될 것이다. 콜옵션의 현재가치를 결정하는 방법을 기술 전에 옵션가치를 결정하는 데 사용되는 다음과 같은 용어들의 정의에 관하여 먼저 알아보기로 하자.

$\Delta$ : 콜옵션의 기초자산 매입 개수

$b$ : 무위험으로 매입할 채권이나 대출할 현금

$R$ : $1+$무위험이자율 $=(1+r_f)$

$S_0$ : 기초자산의 현재 가격

$S_t$ : $t$시점에서의 기초자산가격

$u$ : 기초자산의 가격상승률 $=\dfrac{S_t}{S_{t-1}}$, 항상 1보다 큼

$d$ : 기초자산의 가격하락률 $=\dfrac{S_t}{S_{t-1}}$ 항상 1보다 작음

$K$ : 옵션행사가격

$C$ : 콜옵션의 현재가치

$C_u$ : 기초자산가격이 상승할 경우 콜옵션가치

$C_d$ : 기초자산가격이 하락할 경우 콜옵션가치

이와 같은 용어들을 사용해서 앞으로 옵션가치 방법론을 설명하기로 하겠다. 먼저 옵션가치를 결정하기 위해서는 확실한 수익이 보장되도록 $\Delta$개의 주식을 매입하고 1개의 콜옵션을 매도하는 두 위험 투자자산으로 구성된 무위험 복제포트폴리오를 구성해야 한다. 이렇게 구성된 포트폴리오는 두 위험 투자자산 중에서 한 투자자산으로부터 얻어지는 이익은 다른 투자자산에 의해서 발생된 손실을 정확하게 상쇄시키게 된다. 〈그림 9.8〉은 이와 같은 무위험 복제포트폴리오를 간략한 그림으로 보여주고 있다.

〈그림 9.7〉에서 알 수 있듯이, 만기일에 XYZ회사의 주가가 콜옵션 행사가격보다 크면 콜옵션 매입자는 콜옵션 매도자가 보게 되는 손해만큼 이익을 얻게 된다. 앞에서 기술한 예제로 돌아가 보면, 주가가 315,000원/주(1.05($u$)*300,000($S0$))로 상승하면 콜옵션 매입자는 만기일 현재 주가가 315,000원/주인 주식을 콜옵션 매도자로부터 콜옵션 행사가격 30만 원으로 매입할 수 있기 때문에 15,000원/주(315,000원/주 − 300,000원/주)의 이익을 얻고 콜옵션 매도자는 15,000원/주의 손해를 보게 된다. 만기일에 XYZ회사주가가 285,000원/주(0.95($d$)*300,000($S0$))가 되면 콜옵션 매입자는 그가 매입한 콜옵션을 행

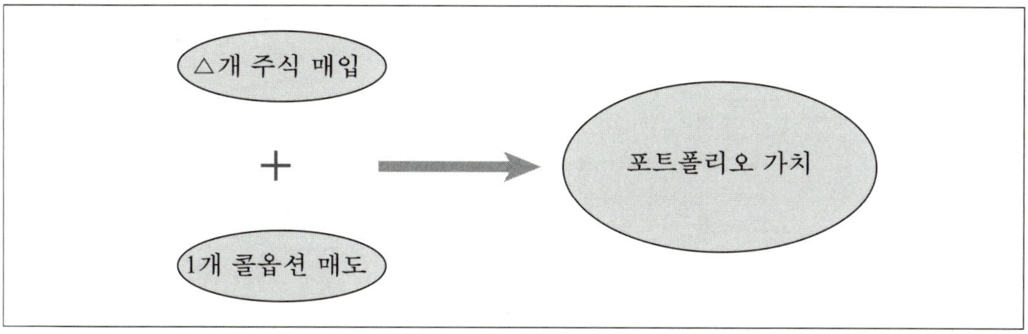


그림 9.8 무위험 복제포트폴리오 구성 요소

사하지 않기 때문에 이 경우 콜옵션프리미엄을 제외하면 콜옵션 매입자와 매도자가 콜옵션으로부터 얻는 이익은 모두 0원이 된다. 그러므로 콜옵션을 매입하여 XYZ회사의 주식을 매입하는 전략은 XYZ회사의 주가 변동에 의해서 야기되는 손실 가능성에 대하여 콜옵션 매입자가 보험에 가입한 것과 같다.[6)]

• 콜옵션 만기일인 내일 XYZ회사의 주가가 300,000원/주에서 315,000원/주로 상승하면 무위험 복제포트폴리오에 포함된 △개의 주식 가치는 315,000△원이 되고 콜옵션 가치는 15,000원/주가 되어, 이 포트폴리오의 총 가치는 315,000△원－15,000원이 된다. 이와 반대로 만약 XYZ회사의 주가가 300,000원/주에서 285,000원/주로 하락하면 무위험 복제포트폴리오에 포함된 △개의 주식 가치는 285,000△원이 되고 콜옵션 가치는 0원이 되어, 이 포트폴리오의 총 가치는 285,000△원이 된다. 이제 XYZ회사의 주식 콜옵션을 매입한 투자자가 해결해야 할 문제는 주가가 상승한 경우와 하락한 경우의 무위험 복제포트폴리오의 가치가 동일하도록 주식 매입 수 △를 결정하는 것이다. 이렇게 결정된 △를 옵션 용어로 헷지비율(hedge ratio)이라고 한다. 결국 XYZ회사의 주가가 상승하든지 하락하든지 상관없이 이 포트폴리오의 가치는 항상 동일하므로 이 포트폴리에는 위험이 전혀 존재하지 않게 된다. XYZ회사 주식의 콜옵션의 헷지비율 △는 다음과 같은 간단한 식으로 결정된다.

$$315{,}000\triangle - 15 = 285{,}000\triangle$$
$$\triangle = 0.50$$

6) $u=1.05 < R=1+r_f=1.00016 < d=0.95$와 같은 관계성으로 인하여 옵션거래에서 무위험 차익 거래가 발생되지 않는다.

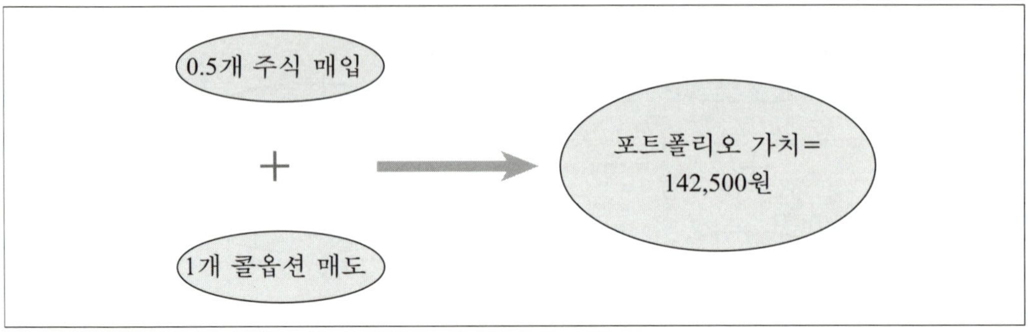


그림 9.9 무위험 복제포트폴리오 가치

△=0.50을 〈그림 9.8〉에 대입하여 무위험 복제포트폴리오의 총 가치를 그림으로 표시하면 〈그림 9.9〉에서 보는 것과 같다. 이 포트폴리오는 0.5개의 XYZ회사 주식에 대한 롱 포지션과 1개의 콜옵션 숏 포지션으로 구성되어 주가가 315,000원/주으로 상승하면 무위험 복제포트폴리오의 가치는 142,000원이다.

$$315{,}000\text{원/주} \times 0.5\text{개} - 15{,}000\text{원/주} = 142{,}500\text{원}$$

이와 반대로 주가가 285,000원/주로 하락하면 무위험 복제포트폴리오의 가치는 주가가 상승한 경우와 마찬가지로 142,000원이 된다.

$$285{,}000\text{원/주} \times 0.5\text{개} = 142{,}500\text{원}$$

위에서 살펴보았듯이 콜옵션 만기일에 XYZ회사 주식의 주가 변동에 상관없이 무위험 복제포트폴리오의 가치는 항상 142,500원으로 동일하다.

- 현재 시점에서 XYZ회사의 현재 주가가 300,000원/주로 알려져 있지만 콜옵션의 현재가치는 아직 알려져 있지 않다. 그러나 콜옵션 만기일 무위험 복제포트폴리오의 가치는 142,500원으로 알려져 있다. 이 포트폴리오의 만기일 가치와 현재 가치를 아래의 식과 같이 등식으로 놓고 $C$에 관해서 풀면 콜옵션의 현재가치를 결정할 수 있다.

  단, $r_f$는 하루에 상당한 무위험 이자율이다. 이 등식에 무위험 이자율을 사용한 이유는 주가의 변동과 상관없이 무위험 복제포트폴리오의 가치가 항상 동일하므로 이 포트폴리오에는 위험이 존재하지 않고 있기 때문이다.

$$(300{,}000\text{원/주} \times 0.5 - C) = 142{,}500\text{원}/(1+r_f)$$

명목 이자율은 연 단위로 인용되고 있으므로 만약 $r_f = 6\%$라고 가정하면, 하루에 상당한 $r_f$ 값은 0.016%(0.06/365)가 된다. 이 값을 위 식에 대입해서 $C$에 관해서 풀면 $C$=7,520원이 된다. 이 값은 XYZ회사 주식에 대한 콜옵션의 가치가 $C$=7,520원임을 의미이다.

$$(300,000\text{원/주} \times 0.5\text{개} - C) = 142,500\text{원}/(1+0.00016)$$

## 9.3.2 주식과 채권으로 구성된 복제포트폴리오를 이용해서 콜옵션 가치 결정

앞 절에서 주식과 콜옵션으로 무위험 복제포트폴리오를 구성해서 콜옵션 가치를 결정하는 방법론을 설명하였다. 이 절에서는 주식과 무위험 채권(국채)으로 무위험 복제포트폴리오를 구성해서 콜옵션 가치를 결정하는 방법론에 관해서 알아보기로 한다.

이 절에서도 앞 절에서 사용한 수리적 예제로 주식과 무위험 채권으로 구성된 복제포트폴리오 개념에 관해서 알아보도록 하자. 두 복제포트폴리오의 차이점은 첫 번째 방법에서 논한 콜옵션을 두 번째 방법에서는 이를 무위험 채권으로 대체한 것뿐이다. 그 외의 모든 다른 조건들은 두 방법론에서 동일하다. 그러나 옵션가치 이론을 설명하고 있는 대부분의 참고문헌들은 첫 번째보다 두 번째 방법론을 더 선호하고 있다.

복제포트폴리오를 구성하는 방법은 앞 절의 경우와 마찬가지로 $\triangle$개의 주식과 $r_f$의 수익률을 발생시키는 $B$원 가치의 무위험 채권으로 무위험 복제포트폴리오를 구성하는 것이다. 그러면 이 포트폴리오의 현재가치는 $\triangle S_0 + B$가 되고, 만기일 가치는 만약 주가가 상승하면 $\triangle uS_0 + B(1+r_f)$이 되고, 주가가 하락하면 $\triangle dS_0 + B(1+r_f)$이 된다. 단, $r_f$의 시간 단위는 1일이라고 가정한다. 〈그림 9.10〉은 주식과 무위험 채권으로 구성된 복제포트폴리오를 보여 주고 있다. 여기에서 $p$는 주가가 상승하는 객관적 확률로써 주식시장에서 직접 측정된 값이다.

〈그림 9.10〉에서 무위험 채권 가치는 주가의 변동과 무관하게 항상 동일하므로 만기일의 채권 가치가 모두 $B(1+r_f)$로 표시되었다. 주가가 상승할 경우의 복제포트폴리오 가치는 콜옵션가치 $C_u$와 같아야 하고, 주가가 하락할 경우의 복제포트폴리오 가치는 콜옵션 가치 $C_d$와 같아야 한다. 이를 수식으로 표현하면 다음과 같다.

$$\triangle uS_0 + B(1+r_f) C_u$$

$$\triangle dS_0 + B(1+r_f) C_d$$

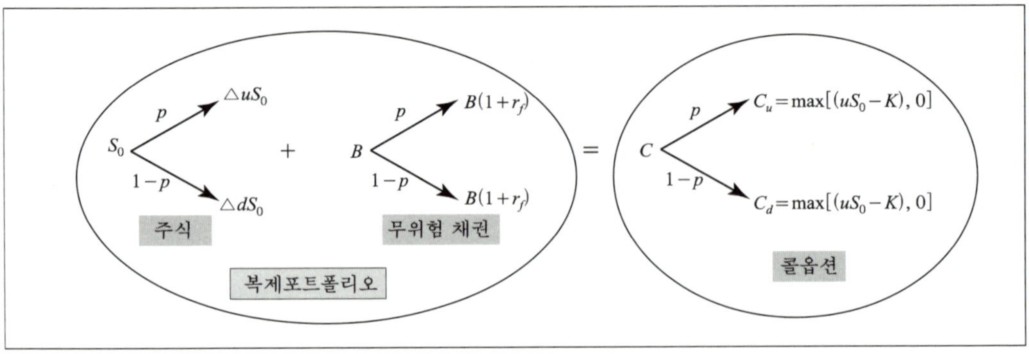


그림 9.10 주식과 무위험 채권으로 구성된 복제포트폴리오

위 식을 결정변수 $\triangle$와 $B$에 관해서 풀어 정리하면 다음과 같다.

$$\triangle = \frac{C_u - C_d}{S_0(u-d)} \quad \cdots (1)$$

$$B = \frac{C_u - \triangle u S_0}{(1+r_f)} = \frac{uC_d - dC_u}{(1+r_f)(u-d)} \quad \cdots (2)$$

$$C = \triangle S_0 + B \quad \cdots (3)$$

식 (1), (2), (3)을 위 예제에 적용하면 $\triangle=0.5$, $B=-142,478$원/주, 그리고 $C=7,522$원/주이다. 먼저 $\triangle=0.5$는 투자자가 XYZ회사 주식을 0.5개 매입함을 의미하고, $B=-142,478$원은 투자자가 주식 0.5개를 매입하기 위해서 필요한 투자자본 중 무위험 이자율 $r_f=6\%$로 142,478원을 차입한다는 의미이다. 즉, 투자자가 0.5개의 XYZ회사의 주식을 매입하기 위해서 그가 순수하게 투자한 금액은 7,522(0.5주*300,000원/주−142,478원) 원뿐이다. 투자자가 순수하게 투자한 금액 7,522원/주가 결국은 콜옵션프리미엄과 동일한 $C=7,522$원/주가 된다. 위 결과들을 앞 절의 결과와 비교해 보면 서로 동일함을 알 수가 있다.

$$\triangle = \frac{15,000-0}{300,000(1.05-0.95} = 0.5$$

$$B = \frac{(1.05)(0)-(0.95)(15,000)}{(1+0.00016)(1.05-0.95)} = -142,478\text{원}$$

$$C = (0.5)(300,000) - 142,478 = 7,522\text{원}$$

## 9.3.3 위험중립형 확률 개념을 이용해서 콜옵션 가치 결정

바로 앞 절에서 살펴보았듯이 주가변동과 무관하게 복제포트폴리오의 가치는 항상 동일하게 나타났다. 이러한 상황을 위험중립형 상황이라고 하고, 이러한 상황에서 콜옵션 가치를 결정하는 방법론을 위험중립형 확률개념을 이용한 콜옵션 가치 결정이라고 한다.

앞 절에서 $p$를 증권시장에서 직접 측정한 주가가 상승할 객관적 확률이라고 정의를 했었다. 그러면 이제 위험중립형 확률이 무엇인지에 관하여 살펴보기로 하자. 식 (1)과 (2)를 식 (3)에 대입하면 그 결과는 식 (4)와 같다. 단, 식 (4)에서 $R=(1+r_f)$이다.

$$C=\Delta S_0+B=\frac{C_u-C_d}{u-d}+\frac{uC_d-dC_u}{R(u-d)}=\frac{1}{R}\left(\frac{R-d}{u-d}C_u+\frac{u-R}{u-d}C_d\right) \qquad \cdots (4)$$

식 (4)의 가장 오른쪽에 있는 괄호 안의 $(R-d)/(u-d)$를 $q$라고 놓으면 $(u-R)/(u-d)=\{(u-d)-(R-d)\}/(u-d)$가 되어 식 (4)는 아래의 식 (5)와 같이 표현된다. 객관적 확률 $p$와 대비해서 $q$를 위험중립형 확률이라고 한다. 아래 식 (5)에서 괄호 안의 수식은 단순히 위험중립형 확률을 사용해서 만기일의 콜옵션 기대치를 계산한 것이고, 이 값을 무위험 이자율 $r_f$로 할인한 값이 콜옵션의 현재가치인 $C$가 된다. 이 식에서 흥미로운 점은 객관적 확률이 $C$값을 계산하는 데 전혀 사용되지 않았다는 사실이다. 만약 객관적 확률이 사용되었다면 위험 보정 할인율이 사용되어야 한다.

$$C=\Delta S_0+B=\frac{1}{R}[qC_u+(1-q)C_d] \qquad \cdots (5)$$

식 (5)는 불연속 할인율을 가정할 경우이고, 만약 연속 할인율을 가정하면 위험중립형 확률은 아래의 식 (6)과 같고 식 (5)는 식 (7)과 같이 표현된다.

$$q=\frac{(e^{r_f t}-d)}{u-d} \qquad \cdots (6)$$

$$C=\frac{1}{e^{rt}}[qC_u+(1-p)C_d]=e^{-r_f t}[qC_u+(1-p)C_d] \qquad \cdots (7)$$

단, $t$는 일반적으로 연 단위로 표시된다.

위험중립형 확률을 사용해서 앞의 예제에 기술된 콜옵션 가치를 계산하면 그 과정은 다음과 같이 단순하고 간단하다.

$$q = \frac{(1+r_f)-d}{u-d} = \frac{(1+0.00016)-0.95}{1.05-0.95} = 0.50160$$

$$= \frac{(e^{rt}-d)}{u-d} = \frac{(e^{(0.06)(0.00274)}-0.95)}{1.05-0.095} = 0.50164$$

$q=0.50160$를 사용해서 콜옵션의 현재가치 $C$를 계산하면 그 값이 7,522원/주가 되어 앞에서 기술한 두 방법론을 사용해서 계산한 $C$값과 동일함을 알 수가 있다. 사실 약간의 차이는 있지만 이는 거의 무시해도 상관이 없을 정도이다.

## 9.3.4 풋옵션 가치

풋옵션 가치를 계산하는 방법은 만기일의 풋옵션 가치가 콜옵션 가치와 다르다는 사실을 제외하면 콜옵션 가치를 계산하는 방법과 동일하다. 위험중립형 확률 개념을 토대로 풋옵션 가치의 수식을 표현하면 위험중립형 확률은 식 (6)과 같고 풋옵션 가치를 계산하는 식은 (8)과 같이 표현된다.

$$P = e^{-r_f t}[qP_u + (1-q)P_d] \qquad \cdots (8)$$

단, $P_u$는 만기일에 주가가 상승할 때의 풋옵션 가치이고 $P_d$는 주가가 하락할 때의 풋옵션 가치이다.

앞에서 기술한 예제의 풋옵션 가치를 계산하여 그 내용을 요약하면 〈그림 9.11〉과 같다. 식 (8)을 사용해서 이 예제의 풋옵션 가치를 계산하면 $P=7,474$원/주가 된다.

$$P = e^{-(0.06)(0.00274)}[(0.5016)(0) + (1-0.5016)(15,000)] = 7,474\text{원}$$

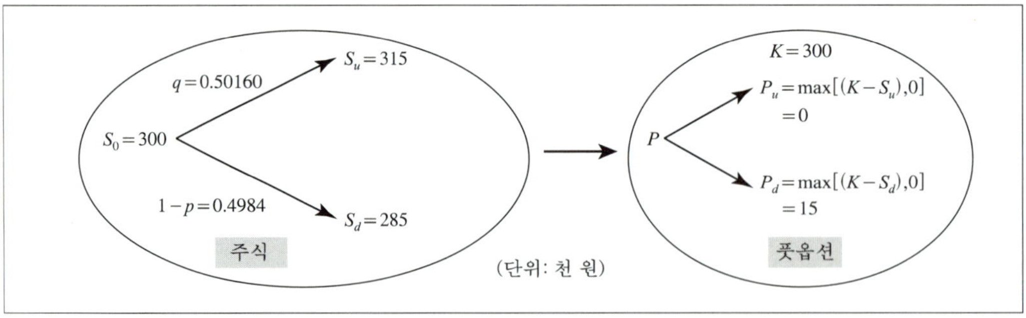


그림 9.11 위험중립형 확률을 사용한 풋옵션 가치 결정

풋-콜 동등성(put-call parity)이라는 아래의 식 (9)를 사용하면 위에서 계산한 콜옵션 가치와 풋옵션 가치가 올바른지를 검토해 볼 수가 있다. 식 (9)는 이 예제에서 보는 것처럼 콜옵션과 풋옵션의 조건이 동일할 때에만 그 타당성이 존재한다. 그리고 일단 콜옵션을 구한 후 식 (9)를 사용하면 풋옵션 가치를 계산할 수 있다.

$$P+S_0 = C+e^{-r_f t}K \qquad \cdots (9)$$

위에서 구한 콜옵션가치, 풋옵션가치, 현재주가, 그리고 행사가격을 식 (9)에 대입하면 식 (9)는 아래와 같고 이 식의 양변의 값은 모두 307,474원이 된다.

$$7,474+300,000 = 7,522+e^{-(0.06)(0.00274)}300,000 = 307,474\text{원}$$

### 9.3.5 두 단계 이항격자 옵션가치 결정 모델

앞 절에는 주가가 한 번만 변하는 경우에 콜옵션과 풋옵션 가치를 계산하는 방법론에 관해서 알아보았다. 이 절에는 이를 확대 적용해서 주가가 두 번 변하는 경우의 콜옵션과 풋옵션 가치를 결정하는 과정에 관해서 알아보기로 한다. 이와 같이 주가가 두 단계로 변화해도 주가 상승률 $u$와 주가 하락률 $d$는 항상 일정하다고 가정한다.

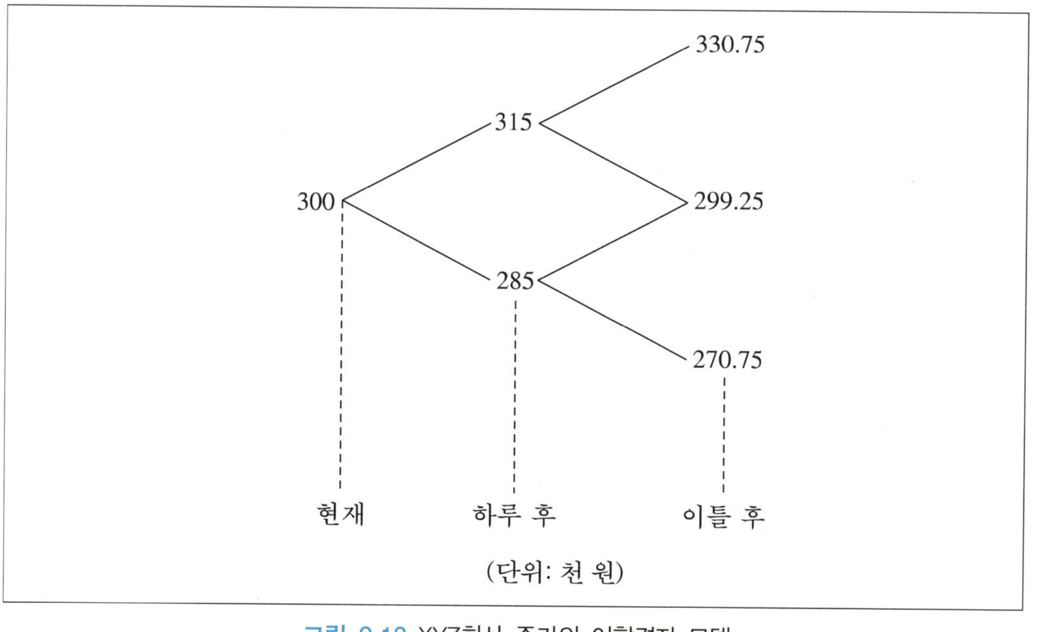


그림 9.12 XYZ회사 주가의 이항격자 모델

만기일이 이틀이라는 사실 외에 모든 조건이 앞의 예제와 동일하다고 가정하고 XYZ 회사의 주가를 두 단계 이항격자 모델로 표시하면 〈그림 9.12〉와 같다.

이항격자 모델에서 옵션가치 계산은 후진법(역추산법)으로 실행된다. 즉, 후진법이란 옵션의 가치를 가장 오른쪽 의사결정마디부터 결정해서 그 이전 단계로 이동하는 과정을 반복하면서 마지막 단계인 현재 시점에서 옵션의 가치를 결정하는 방법이다. 위험중립형 확률방법을 사용해서 본 예제의 콜옵션 가치를 결정하는 과정을 단계별로 살펴보면 다음과 같다.

- 이틀 후의 콜옵션 가치:

  $C_{uu}=max[(330.75-300),\ 0]=30.75$: 주가가 이틀 연속해서 상승할 경우

  $C_{ud}=max[(299.25-300),\ 0]=0$: 주가가 하루 상승하고 하루는 하락할 경우

  $C_{dd}=max[(270.75-300),\ 0]=0$: 주가가 이틀 연속해서 하락할 경우

- 하루 후의 콜옵션 가치: 먼저 위험중립형 확률을 계산하면 $q=0.5016$이다.

$$q=\frac{R-d}{u-d}=\frac{1.00016-0.95}{1.05-0.95}=0.5016$$

$$C_u=\frac{1}{1.00016}[(0.5016)(30.75)+(1-0.5016)(0)]=15.4217$$

$$C_d=\frac{1}{1.00016}[(0.5016)(0)+(1-0.5016)(0)]=0$$

- 현재의 콜옵션 가치:

$$C=\frac{1}{1.00016}[(0.5016)(15.4217)+(1-0.5016)(0)]=7.7343\text{원}$$

만기가 하루인 경우의 $C=7,522$원이 만기가 이틀인 경우 $C=7.7343$원으로 증가하였다. 이는 9.1.1에서 기술한 것처럼 만기일이 길어질수록 옵션가치가 커진다는 사실에 기인하고 있다.

〈그림 9.13〉은 위에서 계산한 단계별 콜옵션 가치를 요약해서 보여주고 있다.

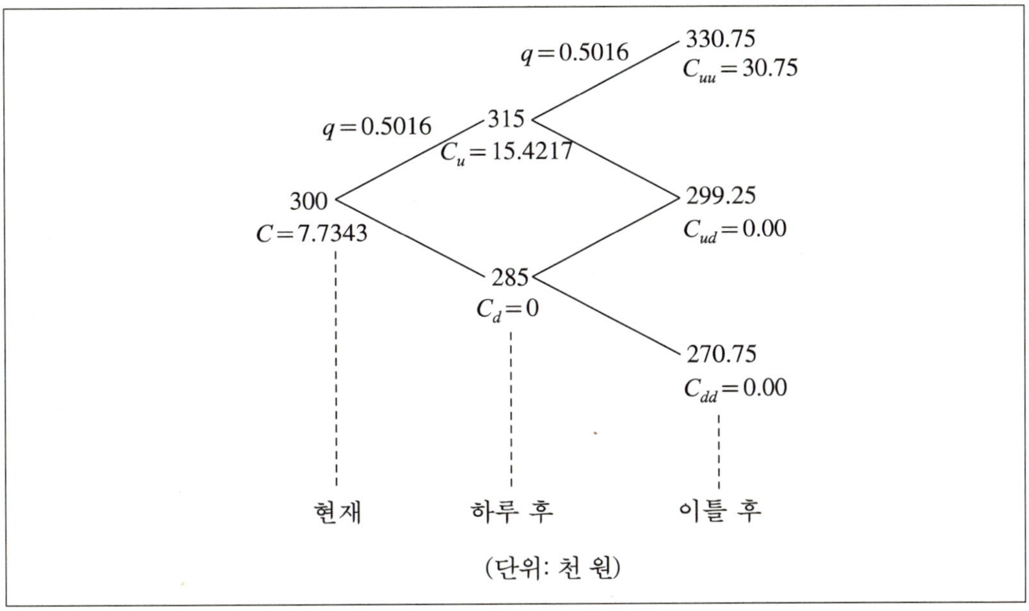


**그림 9.13** 단계별 콜옵션 가치

## 9.3.6 다단계 이항격자 옵션가치 결정 모델

두 단계 이항격자 모델을 사용해서 옵션가치를 결정하는 방법을 다단계 이항격자 모델로 확대 적용하면 우리들이 원하는 옵션가치를 구할 수 있다. $n$단계 이항격자 모델을 그림으로 표시하면 〈그림 9.14〉와 같다. 이 그림에서 보듯이 $n$값이 클수록 주가의 확률함수가 거칠어 보이기는 하지만 로그 정규확률분포함수로 수렴하고 있음을 알 수가 있다. 주가는 가장 왼쪽에서 움직이기 시작해서 오른쪽 방향으로 이동하여 가장 오른쪽에서 멈추게 된다. 여기에서 $p$는 앞에서 정의한 것처럼 주가가 상승할 객관적 확률이다. 〈그림 9.14〉의 (1)이나 (2)인 경우처럼 1년 단위를 2단계나 4단계로 구분해서 콜옵션 가치를 결정하는 것은 현실적으로 적합하지 않다. 일반적으로 이항격자 모델로 옵션가치를 결정하기 위해서는 옵션 만기를 30단계 정도로 구분하는 것이 현실적이다. 1년을 30단계로 구분하면 마지막 단계의 주가 형태는 대략 10억 7,300($2^{30}$)만 개의 의사결정마디가 형성되어 주가가 〈그림 9.14〉의 (3)의 경우처럼 매끄러운 로그 정규확률분포함수가 된다.

〈그림 9.14〉의 이항격자 모델은 곱셈법칙에 의해서 구성되었기 때문에 주가는 어느 경우에든 항상 0보다 크다. 주가가 로그 정규확률분포함수를 따른다는 가정은 이러한 이항격자 모델의 결과를 잘 반영해 주고 있는 것이다. 여기에서 주의할 점은 주가는 로그

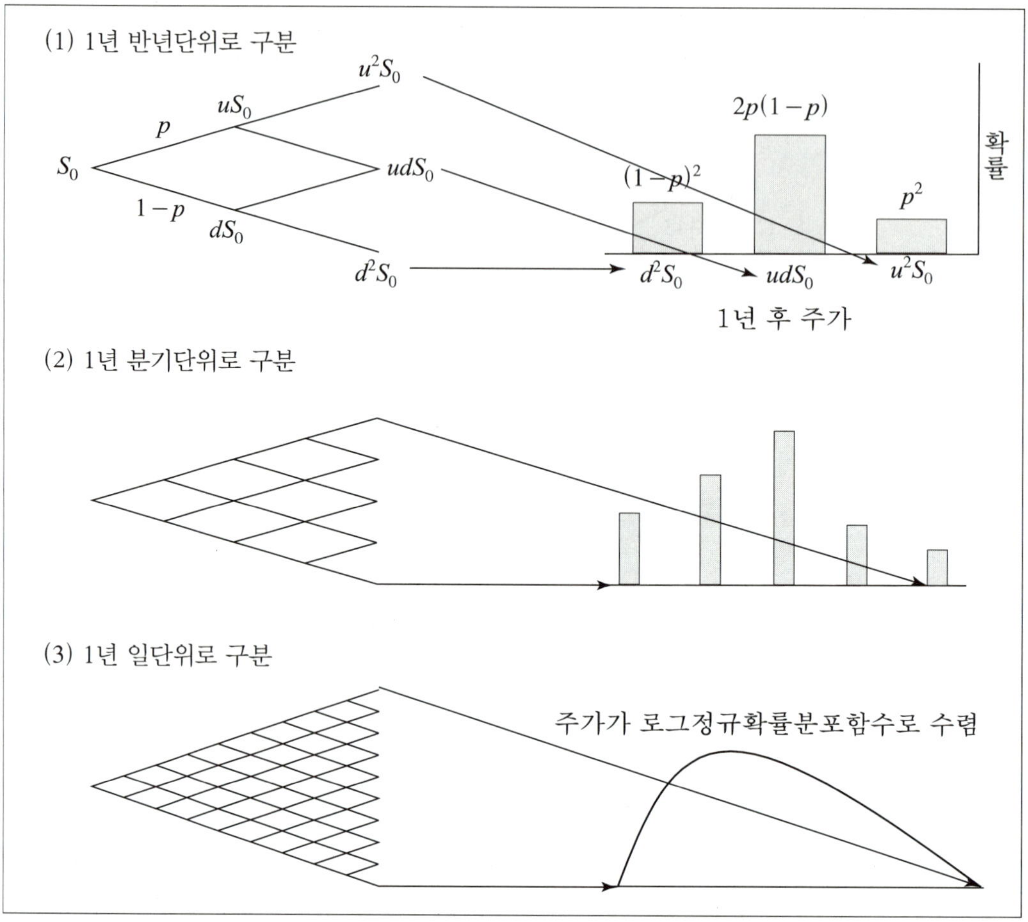


그림 9.14 주가의 1년을 다단계로 구분한 이항격자모델

정규확률분포를 따른다고 가정하지만, 주가 수익률은 정규확률분포를 따르고 있다고 가정하는 것이 일반적이다.

이항격자 모델을 구성하기 위해서는 $u$, $d$, 그리고 $p$ 값을 먼저 결정해야 한다. 이를 결정하기 위해서는 먼저 주가의 연간 기대수익률($\mu$)과 연간 변동성($\sigma$)을 파악해야 한다. 구간의 시간 단위를 $\triangle t$로 표시하면, 이 구간의 기대 수익률은 $\mu\Delta t$가 되고, 변동률은 $\sigma\sqrt{\Delta t}$가 된다. 그러면 $u$, $d$, 그리고 $p$는 다음과 같이 $\mu$, $\sigma$, 그리고 $\triangle t$의 함수로 표시가 된다.

$$p=\frac{1}{2}+\frac{1}{2}\left(\frac{\mu}{\sigma}\right)\sqrt{\Delta t} \qquad \cdots (10)$$

$$u = e^{\sigma\sqrt{\Delta t}}$$

$$d = e^{-\sigma\sqrt{\Delta t}}$$

$\triangle t$ 값이 0에 근접할수록 이항격자 모델이 주가의 현실적 동태를 더욱 더 잘 표현하게 된다. 요즘에는 이항격자 모델로 옵션가치를 계산할 수 있는 여러 상업용 소프트웨어들이 개발되어 $\triangle t$가 아무리 작아도 이로 인한 계산상의 어려움은 없다.

**| 예제 9.5** 이항격자 모델 구축

구글의 주식 가격이 현재 43만 원에 주식시장에서 거래되고, 이 주식의 과거 자료를 수집해서 분석해 본 결과 $\mu=25\%$이고 $\sigma=50\%$이라고 하자. 1년을 주 단위로 구분해서 4주 후의 주가의 행태를 이항격자 모델로 만들어 보아라.

**조건**

$$\mu=25\%,\ \sigma=50\%,\ 그리고\ \Delta t=1/52=0.01923$$

**풀이**

$p,\ u,\ d$와 4주간 이항격자 모델 구축

식 (10)을 사용해서 하면 $p,\ u,\ d$ 값을 구하면 다음과 같다.

$$p = \frac{1}{2} + \frac{1}{2}\left(\frac{0.25}{0.50}\right)\sqrt{1/52} = 0.53467$$

$$u = e^{(0.5)\sqrt{1/52}} = 1.071801$$

$$d = e^{-(0.5)\sqrt{1/52}} = 0.9330$$

위에 구한 $p,\ u,\ d$ 값을 사용해서 4주간에 걸친 구글 주가의 이항격자 모델을 만들어 보면 〈그림 9.15〉와 같고, 4주 후 각 의사결정마디의 결합확률은 다음과 같이 계산한다.

- 4주 후 주가 567.44 의사결정마디: $(0.53467)^4=0.0817$
- 4주 후 주가 493.96 의사결정마디: $(0.53467)^3(0.46533) \times 4=0.2845$
- 4주 후 주가 430.00 의사결정마디: $(0.53467)^2(0.46533)^2 \times 6=0.3714$
- 4주 후 주가 374.32 의사결정마디: $(0.53467)(0.46533)^3 \times 4=0.2155$
- 4주 후 주가 325.85 의사결정마디: $(0.46533)4=0.0469$

4주 후, 구글 주가는 평균$(\mu_4)$=442,540원과 분산$(\sigma^2)61.05^2$이다.

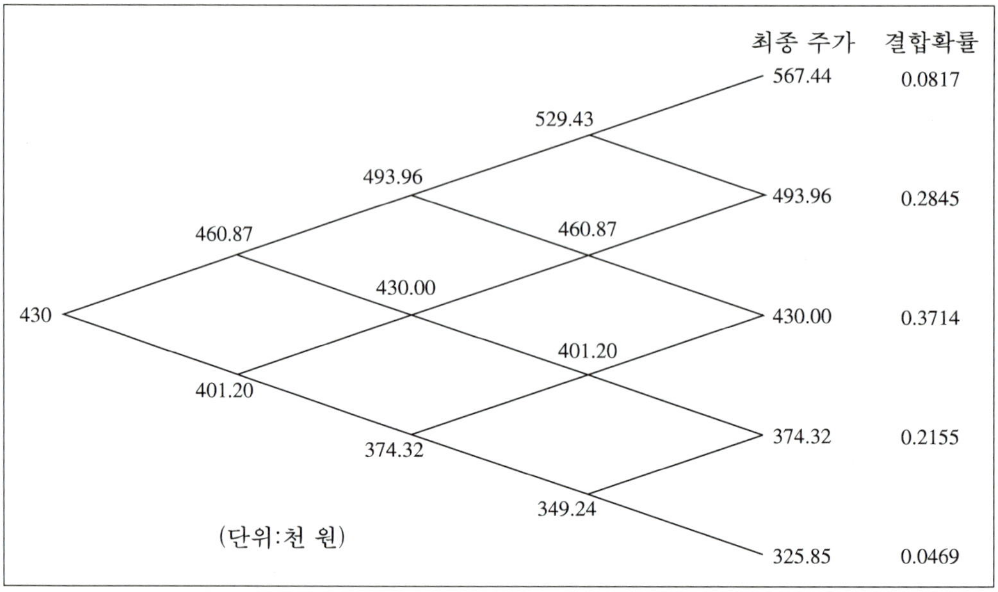


그림 9.15 구글 주가의 4주간 이항격자 모델

$$
\begin{aligned}
\text{평균}(\mu_4) &= 567.44 \times 0.0817 + 493.96 \times 0.2845 + \cdots + 325.85 \times 0.0469 \\
&= 442.54(\text{천원}) \\
\text{분산}(\sigma^2) &= (567.44 - 442.54)^2(0.0817) + \cdots + (325.85 - 442.54)^2(0.0469) \\
&= (61.05)^2
\end{aligned}
$$

## 9.3.7 블랙-숄츠 옵션가치 모델

피셔 블랙과 마이론 숄츠는 1973년 금융옵션의 가치를 결정하는 연구논문[7]을 발표하였고 동년에 시카고에 옵션시장이 개설되었다. 그리고 같은 해에 로버트 머튼[8]도 독자적으로 금융가치 결정 이론에 간한 연구논문을 발표하여 학자에 따라서는 옵션가치 모델을 블랙-숄츠-머튼 모델이라고도 부르고 있다. 숄츠와 머튼은 이 연구논문으로 1997년에 노벨경학상을 수상하였으나, 블랙은 불행하게도 1995년 암으로 사망하여 노벨경제학상을

7) F. Black and Scholes, M., "The Pricing of Options and Corporate Liabilities," Journal of Political Economy, Vol. 81, May/June 1973, pp. 637-659.

8) R. C. Merton, "Theory of Ratinal Option Pricing," Bell Journal of Economics and Management Science, Vol. 4, Spring 1973, pp. 141-183.

받지 못하였다.

블랙-숄즈 모델은 주가가 연속적으로 움직인다고 가정하고 주식옵션의 이익을 복제하고 무위험 수익률이 보장되도록 주식과 무위험 채권으로 구성된 복제포트폴리오를 토대로 하고 있다. 이 모델은 포트폴리오로부터 얻는 수익률을 무위험 수익률과 같게 하는 투자전략을 세울 수 있는 방법을 투자자들에게 제공해 주고 있다. 블랙과 숄츠는 주가가 연속 확률분포함수인 로그 정규확률분포함수를 따른다고 가정하고 그들의 모델을 개발하였기 때문에 이들의 모델은 연속적 모델이다.

### 유럽피언 콜옵션

블랙-숄츠 옵션가치 모델은 다음과 같이 7가지 가정들과 함께 개발되었다.9) 만약 현재 주가가 $S_0$이라면 블랙-숄츠 모델은 식 (9.11)과 같다.

- 가정 1: 단기 이자율은 알려져 있고 옵션 만기일까지 일정하다.
- 가정 2: 주가가 임의성과 연속성을 지니고 있고, 로그 정규확률분포함수를 따르고, 주가 수익률의 분산은 일정하다.
- 가정 3: 옵션 만기일까지 배당금은 지불되지 않는다.
- 가정 4: 연구 대상은 유럽피언 옵션이다.
- 가정 5: 주식과 옵션의 거래비용은 없다.
- 가정 6: 주식은 분할 가능하고 단기 이자율로 융자를 받을 수 있다.
- 가정 7: 공매도가 허용된다.

$$C = S_0 N(d_1) - Ke^{-r_f T} N(d_2) \qquad \cdots (11)$$

단,

$$d_1 = \frac{\ln(S_0/K) + (r_f + \sigma^2/2)T}{\sigma\sqrt{T}}$$

$$d_2 = \frac{\ln(S_0/K) + (r_f - \sigma^2/2)T}{\sigma\sqrt{T}} = d_1 - \sigma\sqrt{T}$$

$N(\quad)$: 표준 누적 정규분포함수

$T$: 옵션 만기일

---

9) F. Black and Scholes, M., "The Pricing of Options and Corporate Liabilities," Journal of Political Economy, Vol. 81, May/June 1973, pp. 637-659.

$r_f$: 무위험 이자율
$\sigma$: 주식 수익률의 변동성

식 (11)에서 알 수 있듯이 블랙-숄즈 모델은 주식 기대수익률과 투자자의 위험 선호도와는 무관하다. $S_0$, $K$, $T$, $r_f$, $\sigma^2$ 값들이 이 모델에 영향을 주는 중요한 요소들이다. 이 값들 중에서 $\sigma^2$ 값을 제외한 다른 모든 값들은 금융시장에서 직접 쉽게 얻을 수 있지만, 그러나 $\sigma^2$ 값은 주식시장에서 과거의 주가 기록을 수집해서 구해야 한다.

### 유럽피언 풋옵션

위에서 기술한 유럽피언 콜옵션을 계산하는 방법과 유사한 방법으로 유럽피언 풋옵션 가치도 계산할 수가 있다. 이를 수식으로 표현하면 식 (12)와 같다.

$$P = Ke^{-r_f T}N(-d_2) - S_0 N(-d_1) \quad \cdots (12)$$

단,

$$d_1 = \frac{\ln(S_0/K) + (r_f + \sigma^2/2)T}{\sigma\sqrt{T}}$$

$$d_2 = \frac{\ln(S_0/K) + (r_f - \sigma^2/2)T}{\sigma\sqrt{T}} = d_1 - \sigma\sqrt{T}$$

위에 기술한 블랙-숄즈 모델은 기본적으로 유럽피언 옵션을 토대로 개발된 것이다. 물론 이 모델을 사용해서 아메리칸 옵션의 가치를 계산할 수도 있으나, 이 경우 이항격자 모델을 사용할 수 있다면 블랙-숄즈 모델 대신 이항격자 모델 사용하면 더 효과적이다. 만약 옵션가치 결정에 관해서 더 구체적이고 자세한 내용을 알고 싶다면 여러 금융공학과 관련된 교과서들 중에서 존 헐(Joh Hulll)[10] 그리고 로버트 코소우스키(Robert Kosowski)와 살리 네프치 (Salih Neftci)[11]의 책을 참고해 보기 바란다.

### 예제 9.6 블랙-숄즈 모델에 의한 콜과 풋옵션가치 결정

ABC회사의 주식이 현재 40,000원에 거래되고 있다. 어느 투자자가 블랙-숄즈 모델

---

10) John C. Hull, Options, Futures, and Other Derivatives, 9th Edition, Prentice Hall, 2014.
11) Robert Kosowski and Salih N. Neftci, Principles of Financial Engineering, 3rd Edition, Academic Press Advanced Finance, 2014.

을 사용해서 만기가 2년이고 행사가격이 44,000원인 콜옵션과 풋옵션의 가치를 결정하려고 한다. 만약 이 주식의 변동률이 $\sigma=40\%$이고 무위험 이자율이 $r_f=6\%$이라면 이 두 옵션가치가 얼마인지를 계산해 보아라.

**조건**

$$S_0 = 40,000\text{원/주},\ K = 44,000\text{원/주},\ \sigma = 40\%,\ r_f = 6\%$$

**풀이**

콜옵션과 풋옵션 가치

- 콜옵션 가치 계산

콜옵션 가치를 계산하기 위해서는 먼저 $d_1$과$d_2$값을 구하고, 이를 토대로 표준 누적정규분포 확률인 $N(d_1)$과 $N(d_2)$를 구한 후 마지막으로 콜옵션가치를 계산해야 한다.

$$d_1 = \frac{\ln(40,000/44,000) + (0.06 + 0.4^2/2) \times 2}{(0.4)\sqrt{2}} = 0.3265$$

$$d_2 = \frac{\ln(40,000/44,000) + (0.06 - 0.4^2/2) \times 2}{(0.4)\sqrt{2}} = 0.3265 - (0.4)\sqrt{2} = -0.2392$$

$$N(d_1 = 0.3265) = 0.628$$

$$N(d_2 = -0.2392) = 0.405$$

$$C = 40,000(0.628) - 44,000e^{(-0.06)\times 2}(0.405) = 9,315\text{원}$$

- 풋옵션 가치 계산

풋옵션 가치는 콜옵션 가치를 계산하는 과정과 동일하게 먼저 $-d_1$과 $-d_2$를 구하고 이를 토대로 표준 누적 정규분포 확률인 $N(-d_1)$과 $N-(d_2)$를 구한 후 마지막으로 풋옵션가치를 계산해야 한다.

$$N(-d_1 = -0.3265) = 0.372$$

$$N(-d_2 = 0.2392) = 0.595$$

$$P = 44,000e^{-(0.06)\times 2}(0.595) - 40,000(0.3721) = 8,339\text{원}$$

- 풋-콜 동등성으로 콜옵션 가치와 풋옵션 가치 검토

식 (9)를 사용하면

$$P + S_0 = C + e^{-r_f t}K$$

$$8,339 + 40,000 = 9,315 + e^{-(0.06)\times 2}(44,000)$$
$$4,8339 = 48,339\text{원}$$

위 계산 결과 풋-콜 동등성으로 콜옵션 가치와 풋옵션 가치의 계산이 올바르다는 사실이 확인되었다. 그리고 ABC 회사의 콜옵션가치=9,315원/주가 풋옵션가치=8,339원/주보다 큰 이유는 이 회사의 주가가 하락할 위험보다 상승할 가능성이 더 높기 때문이다.

## 9.4 실물옵션 분석

지금까지 금융옵션가치를 결정하기 위해 필요한 기본적인 개념들에 관해서 알아보았다. 그러면 "이러한 금융옵션가치 결정이론을 실물투자자산가치를 결정하는 데도 이용할 수가 있는가?" 이 가능성을 검토하려면 기업의 투자의사결정에 관한 이해가 선행되어야 한다. 기업 경영자들은 실물투자자산에 투자를 할 것인지 아니면 현재 진행 중인 투자를 회수할 것인지에 관한 투자의사결정은 기업 경영자들의 의무가 아닌 권리로서 행사하고 있다. 즉, 기업의 투자의사결정은 기업 경영자들에게 부여된 하나의 옵션이다. 그러므로 옵션행사의 권리를 갖고 있는 기업 경영자들은 보다 더 유연하게 그들의 투자의사결정을 내릴 수가 있다. 그러므로 그들이 투자의사결정 문제를 분석할 때 이러한 투자의사결정의 유연성을 그들의 투자분석과정에 반드시 반영해야 할 것이다.

스튜어트 마이어(Stewart Myers)[12]가 1977년 최초로 금융옵션가치이론을 적용하여 실물투자자산의 가치를 평가하였고, 그는 이러한 투자분석을 실물옵션(real options)분석이라고 하였다. 이후 실물옵션가치 이론에 관한 연구가 주로 금융학자들에 의해서 이루어져 왔으나 1990년대 중·후반부터 경제성공학자들이 실물옵션가치 이론을 연구하기 시작하였다.

12) Stewart C. Myers, "Determinants of Corporate Borrowing, " Journal of Financial Economics, Vol. 5 1977, pp.147-175.

### ❙ 현재 투자분석 관행-새로운 투자분석 시도

대부분의 경우 막대한 손실이 발생되고 있는 인터넷 투자프로젝트에 관한 투자 의사결정문제를 고려해 보기로 하자. 기존의 대표적인 투자분석 방법인 $NPV$기법을 사용하고 있는 투자분석가들은 이러한 인터넷 투자프로젝트를 하나의 통합된 투자프로젝트로 간주하고 이 투자프로젝트의 기대 현금흐름을 추정해서 이를 현재가치로 전환한 후 이 가치를 기준으로 투자에 관한 최종 의사결정을 내린다. 이러한 투자의사결정은 투자시점을 현재 시점으로 고정시켜 놓고 이루어지고 있다. 그러나 실물옵션분석 기법을 사용하면 현재 시점과 미래 시점을 투자시점으로 고려하기 때문에 투자분석가가 투자시점의 유연성을 확보할 수가 있다. 투자시점의 유연성과 관련된 구체적인 내용은 예제 9.8에서 살펴보기로 하자. 그리고 $NPV$기법과 달리 실물옵션분석 기법을 사용하는 투자분석가들은 투자프로젝트를 여러 단계로 구분해서 단계별로 투자의사결정을 내리는 장점을 갖게 된다. 본 절에서는 인터넷 투자프로젝트를 통해서 실물옵션분석을 이용해서 투자프로젝트의 단계별 의사결정 방법이 작동되는 과정에 관해서 아래와 같이 살펴보기로 하자.

단계 1. 단계별로 투자프로젝트를 평가한다: 웹사이트를 구축하는 투자프로젝트의 첫 번째 단계인 웹사이트 구축단계의 순 현재가치가 $NPV=-500$억 원이라고 하자. 그리고 이 투자프로젝트의 두 번째 단계인 1년 후에 실행될 예정인 $e$-커머스 벤처사업의 순 현재가치는 $NPV=-3{,}000$억 원이라고 하자. 사실 첫 번째 단계 사업인 웹사이트 구축사업과 비교해서 두 번째 단계 사업인 $e$-커머스 사업의 $NPV$값을 추정작업은 상대적으로 어렵다고 할 수가 있다.

단계 2. 투자프로젝트에 내재된 옵션들을 파악한다: 첫 번째 단계의 웹사이트 구축사업은 두 번째 단계의 $e$-커머스 사업 기회를 확보하기 위한 기회를 제공해 주는 옵션이다. 웹사이트 구축사업을 시작한 1년 후에는 $e$-커머스 사업에 관한 투자의 가치를 결정하는 작업은 현재보다 더 확실하고 쉬울 것이다. 만약 이 투자기회가 가치가 없다고 판단되면 이러한 인터넷 사업을 계획하고 있는 회사에서 입게 될 손해는 단지 첫 번째 단계의 웹사이트 구축을 위해 투자한 자본뿐이 될 것이다. 두 번째 단계의 $e$-커머스 사업의 가치가 일반적으로 엄청 크다는 사실을 고려하면 첫 번째 단계의 투자금액 손실은 다음 사업을 위한 기회비용으로 이 인터넷 회사가 감수할만한 금액이 된다.

단계 3. 옵션 투자분석 사고방식으로 이 투자프로젝트의 경제적 가치를 재평가한다: 주식시장에서 블랙-숄츠 옵션가치 결정 모델을 사용하면 현재 주가가 80,000원/주인 IBM회사의 주식을 기초자산하고, 옵션 만기일이 2015년 7월 30일이고, 그리고 행사가격이 90,000원/주인 콜옵션가치를 계산할 수가 있다. 이 콜옵션을 매입해서 바로 행사를 하면 행사가격이 IBM의 현재 주가보다 크므로 이는 외가격 콜옵션이 된다. 이러한 콜옵션을 매입하는 것처럼 인터넷의 웹사이트를 구축하는 첫 번째 사업을 생각한다면 두 번째 사업을 위한 투자기회를 마련하기 위해서 투자된 첫 번째 단계 사업의 투자금액은 저렴하다고 할 수가 있다.

단계 4. 서로 반대되는 최종 투자의사결정: 첫 번째 단계의 웹사이트 구축사업이 인터넷 투자사업프로젝트의 손실을 첫 번째 투자사업의 투자금액으로 일정하게 제한해 놓고 있다. 이러한 상태에서 막대한 이익이 발생될 수 있고 불확실성이 큰 두 번째 사업인 *e*-커머스 사업을 실물옵션가치 기법을 적용해서 단계별로 이루어진 투자분석의 최종 순 현재가치가 *NPV*=700억 원으로 나왔다고 가정해 보자. 그러면 전통적인 *NPV*기법에 의해서는 이 투자프로젝트가 기각이 되었으나 실물옵션가치 기법을 적용한 결과 이 투자프로젝트는 채택되어야 할 것이다. 다음 절에서는 위에서 4단계로 구분하여 기술한 내용들이 인터넷 투자프로젝트와 같은 전략적 투자프로젝트의 위험관리와 가치향상을 위해 어떻게 활용되는지에 관해서 알아보기로 하겠다.

## 9.4.1 실물투자분석을 위한 실물옵션의 개념적 체계

실물투자자산에 투자할 수 있는 기회를 가지고 있는 투자의사결정자는 투자를 실행해야만 하는 의무가 아닌 투자를 할 수 있는 권리를 갖고 있는 것으로 간주되고 있다. 본 절에서는 이러한 투자의사결정자의 투자행사 권리와 관련된 투자유연성을 평가하기 위해 금융옵션이 어떻게 이용되고 있는지에 관하여 개념적으로 먼저 논하기로 하겠다. 투자자의사결정자가 갖고 있는 이와 같은 실물옵션의 특성은 주식을 기초자산으로 한 단순한 콜옵션의 특성과 일치하고 있다.

- 실물투자프로젝트의 현재가치($V$)는 실물콜옵션의 가치로 간주한다.
- 실물투자프로젝트의 투자금액($I$)은 실물콜옵션의 행사가격으로 간주한다.
- 실물콜옵션의 만기일은 투자의사결정을 내리는 시점이나 혹은 투자기회가 소멸되는 시점으로 간주한다.

| | | | |
|---|---|---|---|
| 현재주가 | $S_0$ | $V$ | 기대 현금흐름의 현재가치 |
| 행사가격 | $K$ | $I$ | 투자프로젝트의 투자금액 |
| 만기일 | $T$ | $T$ | 투자의사결정을 내리거나 투자기회가 소멸되는 시간 |
| 주가 변동성 | $\sigma$ | $\sigma$ | 현금흐름의 변동성으로 인한 프로젝트 가치의 불확실성 |
| 무위험 이자율 | $r_f$ | $r_f$ | 무위험 이자율 |

**그림 9.16** 실물콜옵션과 금융콜옵션의 유사점

〈그림 9.16〉은 주식의 콜옵션과 실물투자프로젝트의 콜옵션을 구성하고 있는 요소들의 관계성을 요약해서 보여주고 있다. 만기일 실물옵션의 가치는 실물투자자산의 가치에 따라서 결정되고 그리고 실물옵션의 실행에 관한 의사결정에 영향을 준다. 그리고 투자의사결정자는 실물옵션분석을 통해 경제적으로 바람직하다고 판단할 때에만 실물옵션을 행사할 수 있는 투자실행의 유연성을 가지게 된다. 물론 *NPV*기법도 경제적으로 바람직하다고 판단될 때에만 투자프로젝트를 실행하지만 일단 프로젝트를 실행하고 나면 투자의사결정자가 투자프로젝트의 실행 중간 단계에서 다시 이 투자의사결정을 내릴 수 있는 기회를 갖지를 못한다. 이 점이 기존의 전통적인 *NPV*기법과 비교해서 실물옵션의 큰 장점이라고 할 수 있다.

### 실물콜옵션 개념

실물투자프로젝트에 내재되어 있는 전략적 편익을 도출하기 위해 사용되는 옵션 개념으로부터 얻어진 투자프로젝트의 *NPV*을 전략적 *NPV*(strategic *NPV*: *SNPV*) 혹은 확장형 *NPV*(expanded *NPV*: *ENPV*)이라고 하고, 이 값은 이항격자 모델이나 블랙-숄츠 모델로 계산된다. 만약 $V > I$이면 투자프로젝트의 가치는 $V - I$이고 이와 반대로 $V < I$이면 투자프로젝트의 가치는 0이다. 이러한 사실로 인하여 *SNPV*는 전통적인 *NPV*보다 항상 같거나 크고, 그리고 *SNPV*와 *NPV*의 차이를 투자실행을 연기해서 얻을 수 있는 실물콜옵션가치와 투자유연성의 가치(value of flexibility) 혹은 실물옵션프리미엄(real options premium: *ROP*)이라고 한다. 식 (13)은 *SNPV, NPV,* 그리고 *ROP*의 수리적 관계식을 보여주고 있다.

$$SNPV = NPV + ROP \qquad \cdots (13)$$

### ❙ 실물풋옵션 개념

실물풋옵션은 전략적인 측면에서 중요한 옵션이다. 이 실물풋옵션은 이미 투자된 투자자산을 포기하는 것이 경제적으로 바람직할 때 그렇게 할 수 있는 권리를 투자의사결정자에게 부여해 주고 있다. 투자환경이 바람스럽지 않은 방향으로 진행될 때 금융풋옵션이 보험역할을 하는 것처럼 실물풋옵션도 진행 중인 투자프로젝트에 대한 보험/보장 역할을 하고 있다. 실물풋옵션의 대표적인 예로는 초기에 투자프로젝트를 포기하는 투자의사결정을 들 수가 있다. 실물풋옵션은 투자자산의 사용가치($V$)는 시장 재판매가격($I$)보다 적은 가격으로 떨어지지 않도록 보장해 주는 옵션이다. 만약 사용가치가 시장 재판매가격 아래로 떨어지면 투자의사결정자는 실물풋옵션을 행사하게 된다. 많은 경우 실물콜옵션과 달리 주식의 풋옵션과 실물풋옵션을 정확하게 비교하기는 어렵다.

투자의사결정자가 옵션을 보유하고 있으면 투자프로젝트의 현금흐름에 내재되어 있는 불확실성을 소멸시킬 수 있다는 가정하에 다음에 기술되어 있는 수리적 예제들을 통해서 실물옵션이 투자프로젝트의 경제성 평가에 어떻게 적용되는지에 관해서 알아보기로 하자.

**❙ 예제 9.7** 실물옵션을 이용한 투자의사결정체계

초기 투자금액이 2억 원이고 3년 동안 현금흐름이 아래 표와 같이 발생하는 투자프로젝트를 고려해 보기로 하자.

(단위: 원)

| 수요량 | 확률연간 현금흐름 | |
|---|---|---|
| 기대 이상 | 0.25 | 2억5,000만 |
| 보통 | 0.30 | 1억 |
| 기대 이하 | 0.45 | 3,500만 |

위험보정할인율은 10%이고 무위험 할인율은 6%라고 한다. 수요량이 기대 이상이거나 보통일 경우 이 투자프로젝트를 1년 연기해서 실행하는 것이 경제적으로 바람직한지를 실물옵션가치 결정이론을 사용해서 분석해 보아라.

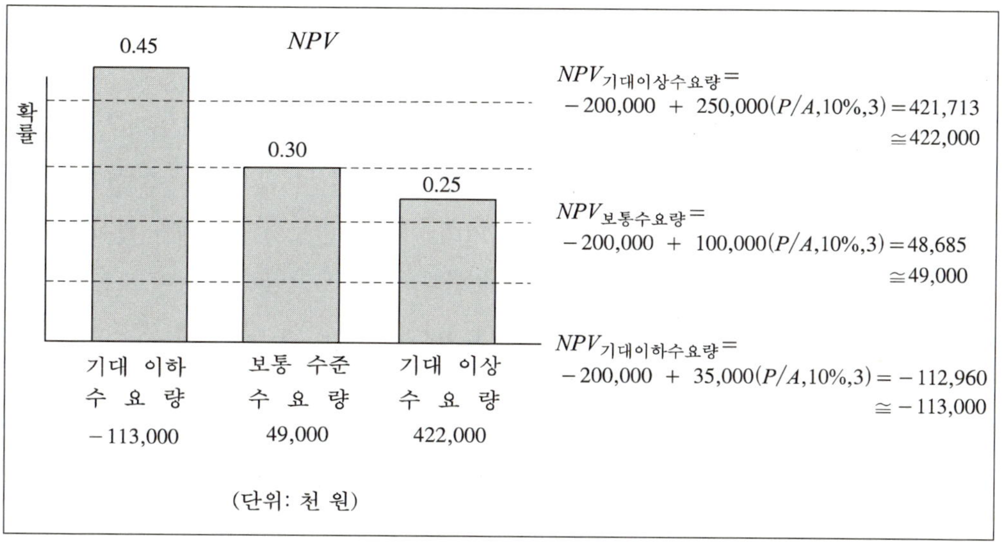


**그림 9.17** 수요량에 따른 투자프로젝트의 *NPV*

### 조건

3가지 수요량, 초기 투자금액=2억 원, 위험보정할인율=10%, 무위험할인율=6%, $T$=1년, 표에 있는 현금흐름

### 풀이

투자프로젝트를 1년 연기하였을 경우 실물콜옵션가치

전통적인 투자분석 접근법: $NPV$를 다음과 같이 구한 후 이를 토대로 투자프로젝트의 채택여부를 결정한다.

$$E[A_n] = 0.25(250,000) + 0.30(100,000) + 0.45(35,000) = 108,000\text{원}$$

$$E[PV(10\%)]_{현금흐름} = 108,250(P/A,\ 10\%,\ 3) = 269,200\text{원}$$

$$E[NPV(10\%)]_{현재} = 269,200 - 200,000 = 69,200 > 0$$

위 $NPV$ 계산에서 투자프로젝트의 현금흐름에 내재되어 있는 위험을 반영하기 위해 위험보정할인율을 사용하였다. 이 계산 결과 투자프로젝트의 $NPV > 0$이 나왔기 때문에 이 투자프로젝트를 즉시 채택해서 실행하면 $NPV$=6,920만 원이 발생하게 된다. 그러나 위 표에서 알 수 있듯이 이 투자프로젝트는 상당한 수준의 위험을 포함하고 있다. 만약 수요량이 기대 이상으로 발생하면 이 투자프로젝트의 $NPV$는 4억 2,172만 원이 되고, 보통이면 $NPV$는 4,869만 원이 되고, 그리고 기대 이하이면 $NPV$가 $-$1억 1,296

만이 된다. 즉, 이 투자프로젝트는 수요량이 기대 이하로 발생하면 45%의 확률로 1억 1,296만 원의 손실이 발생하게 되는 위험을 지니고 있는 것이다.

실물옵션 접근법

투자프로젝트를 1년 연기할 수 있으면 수요량에 관해 더 많은 정보를 얻을 수가 있을 것이다. 만약 이 정보에 따라 수요량이 기대 이하로 판정되면 손해가 확실히 발생할 것이기 때문에 이 투자프로젝트를 기각해야 한다. 그리고 만약 수요량이 보통이거나 기대 이상이면, 투자프로젝트의 *NPV*가 0보다 크기 때문에 이 경우에는 투자프로젝트를 채택하여 실행하면 된다. 투자프로젝트의 실행 여부에 관한 의사결정을 1년 연기할 경우 본 예제에서는 초기 투자자금과 현금흐름은 원래와 같다고 가정한다. 그러면 투자프로젝트를 1년 연기할 경우의 현금흐름표는 다음 표에서 보는 바와 같고 그리고 분석의 시작점은 "0"이 아닌 "1"이 된다.

(단위: 천 원)

| | 현금흐름 | | | | | | |
|---|---|---|---|---|---|---|---|
| 수요량 | 0 | 1 | 2 | 3 | 4 | NPV | 확률 |
| 기대이상 | – | −200,000 | 250,000 | 250,000 | 250,000 | 376,510 | 25% |
| 보통 | – | −200,000 | 100,000 | 100,000 | 100,000 | 37,400 | 30% |
| 기대이하 | – | 0 | 0 | 0 | 0 | 0.000 | 45% |

$$NPV_{기대이상수요량} = -200,000(P/F,\ 6\%,\ 1) + 250,000(P/A,\ 10\%,\ 3)(P/F,\ 10\%,\ 1)$$
$$= 376,510(천원)$$
$$NPV_{보통} = -200,000(P/F,\ 6\%,\ 1) + 100,000(P/A,\ 10\%,\ 3)(P/F,\ 10\%,\ 1)$$
$$= 37,400(천원)$$
$$NPV_{기대이하수요량} = 0(원)$$

위 *NPV* 계산에서 투자를 1년 연기해도 초기 투자자금 2억 원은 변하지 않는다고 가정을 했다. 그리고 1년 후의 초기 투자자금을 할인하기 위해서 무위험할인율 6%를 사용한 이유는 1년 후에 초기 투자자금 2억 원은 확실하기 때문이다. 반면 2년 후부터 발생하는 미래 현금흐름을 할인하기 위해서 위험보정할인율 10%를 사용한 이유는 이 현금흐름에 위험이 내재되어 있다고 판단하였기 때문이다.

일단 수요량에 다른 *NPV*가 계산되었으면 이제는 각 수요량의 발생확률을 고려해서 투자프로젝트의 기대 *NPV*를 계산해서 이를 토대로 투자프로젝트의 채택여부를 결정하면 된다.

$$E[NPV]_{1년연기} = 0.25(376,510) + 0.30(374,00) + 0.45(0) = 105,350(천원)$$

전통적인 *NPV* 경우와 같이 실물콜옵션 경우에서도 $E[NPV]_{1년연기}$=1억 535만 원>0이기 때문에 이 투자프로젝트는 채택하기로 한다. 여기서 $E[NPV]_{1년연기}$=1억 535만 원이 *SNPV*가 되고, 이 값을 전통적인 *NPV*=6,920만 원과 비교하면 $E[NPV]_{1년연기}$가 3,615만 원만큼 더 크다는 사실을 알 수가 있다. 이 두 값의 차이는 투자시점을 유연하게 고려해서 이를 투자시점의 유연성가치 혹은 *ROP*이라고 한다.

$$ROP = E[NPV]_{1년연기} - E[NPV]_{현재} = 105,350 - 69,200 = 36,150(천원)$$

이 예제를 통해 실물콜옵션 방법이 전통적인 *NPV* 기법에 대해서 가지는 장점을 요약하면, 첫째 투자시점을 1년 연기해서 *NPV*가 3,615만 원만큼 증가하였고, 두 번째 수요량이 기대이하로 발생하면 투자를 확실하게 포기할 수 있는 기회를 활용할 수가 있었기 때문에 투자프로젝트의 현금흐름의 불확실성이 상당히 감소되었다는 사실이다. 마지막으로 $E[NPV]_{1년연기}$를 계산하는 과정이나 개념이 8장에서 논한 *EVPI*와 같다는 사실을 염두에 둘 필요가 있다.

**해설**

투자프로젝트를 1년 연기해서 이 투자프로젝트의 현재가치가 초기 투자금액 2억 원보다 크면 2억 원을 투자해서 이 투자프로젝트를 매입한다는 점에서 투자시점을 연기하는 옵션은 금융콜옵션과 같다. 즉, 이러한 실물콜옵션은 만기가 1년이고 행사가격이 2억 원인 금융콜옵션이라고 할 수가 있다. 만약 블랙-숄즈 모델을 사용해서 이 예제의 실물콜옵션가치를 계산하려면 다음과 같은 입력 자료들이 필요하다.

- $K$(옵션 행상가격)=$I$(투자금액)=2억 원
- $r_f$=무위험 할인율=6%
- $T$=옵션 만기=1년
- $S_0$(현재 주가)=$V$(추정된 투자프로젝트의 현재가치)
- $\sigma^2$(주가 수익 변동률)=투자프로젝트의 현금흐름 분산

위 예제에서는 1년의 투자시점을 연기해서 불확실성을 해결했기 때문에 현금흐름의 분산을 추정할 필요는 없다. 그러나 이것은 현실적으로 매우 단순한 가정이고 실물옵션

가치 방법론을 이용해서 투자프로젝트의 경제성을 분석할 때는 일반적으로 투자프로젝트의 현재가치($V$)와 분산($\sigma^2$)을 추정해야 한다. 투자프로젝트의 현재가치는 주식의 현재가치와 같은 것으로 투자프로젝트의 미래 현금흐름들을 추정해서 이 현금흐름들을 위험보정할인율로 할인해서 구한 값이다. 투자프로젝트의 분산에 관한 계산 방법은 9.6절에서 자세하게 설명하기로 한다.

## 9.4.2 실물옵션 모델의 종류

실물옵션은 일반적으로 〈그림 9.18〉에서 보는 것처럼 크게 3가지로 분류된다. 각 종류의 특성에 관한 설명은 수리적 예제들을 통해서 알아보기로 하자.

| 실물옵션 종류 | 실물옵션 세부항목 | 특성 | 예제 |
|---|---|---|---|
| 투자/성장 | 확장옵션 | 시장이 커짐에 따라 건실한 기업은 비용 효과적인 투자를 연속적으로 실행한다. | 하이테크<br>R&D<br>전략적 합병 |
| | 전환확장옵션 | 입력물과 산출물의 가격과 수요량이 일정하게 주어진 상황하에서 제품과 공정을 공장에서 전환하는 유연성 옵션 | 소량제품 생산자<br>농업<br>공익사업 |
| | 범위확장옵션 | 어느 한 업종에 먼저 투자하고 이를 기반으로 타 업종에 진출하는 투자: 연관성 및 지렛대 효과 | 자물쇠 효과 기업<br>실질적 표준기업 |
| 투자연기/학습 | 조사/시작옵션 | 더 많은 유익한 정보와 기술을 획득할 때까지 투자를 연기 | 천연자원 개발<br>부동산 개발 |
| 투자중단/감소 | 축소옵션 | 새로운 정보로 기대이익이 감소하면 투자프로젝트를 전부 혹은 부분적으로 축소 혹은 중단한다. | 자본재 중심 산업<br>금융서비스업<br>신상품 소개<br>항공권 예매 취소 |
| | 전환감소옵션 | 새로운 정보에 따라서 비용 효과적이고 유연한 자산 활용으로 작업전환 | 소규모 제품 생산자<br>공익사업 |
| | 범위감소옵션 | 특정 산업에서 더 이상의 비즈니스 기회의 가능성이 존재하지 않을 때 관련 산업에서 철수/영업 범위를 축소한다. | 재벌기업 |

그림 9.18 실물옵션의 종류

### ❙ 투자 연기옵션

투자시점을 연기하려는 실물옵션은 금융콜옵션과 같은 특성을 지니고 있다. 예를 들어, 한국 시장에서 잘 팔리고 있는 신제품으로 중국 시장에 진출하려는 기업을 고려해 보자. 그러면 이 기업은 중국 시장에서 관련 신상품의 가격, 경쟁압력, 시장크기, 그리고 배송 등에 내재되어 있는 불확실성과 위험에 관한 신뢰할만한 정보를 얻기 위해서 중국에 소재한 마케팅 회사에 관련 조사를 부탁할 것이다. 마케팅 회사의 조사 결과에 따라서 이 기업은 바로 혹은 1~2년을 기다린 후에 중국 시장에 진출할 수도 있을 것이고, 아니면 중국 시장 진출을 포기할 수도 있을 것이다. 이와 같은 비즈니스 전략에서 이 기업이 부담해야 할 손실은 중국 마케팅 회사에 지불한 시장조사 비용 정도이다. 아메리칸 확장옵션은 기업이 마켓 리서치 단계에서 지출해야 하는 비용에 관한 정보를 기업에 제공해 주고 있다. 아래의 예를 통해서 아메리칸 확장옵션의 기능에 관해서 알아 보기로 하자.

#### ❙ 예제 9.8 투자 연기: 투자연기의 가치

SSE회사가 현재 새로운 모바일 폰을 제조해서 판매할 계획을 가지고 있다. 아래에 기술된 모바일 폰 상품에 관한 재무정보들을 고려해서 SSE회사의 제조-판매 계획에 관한 투자의사결정을 분석해 보기로 하자.

- 투자금액은 500억 원이고 앞으로 5년 동안에 발생할 최빈치 현금흐름은 연간 120억 원으로 추정되었다.
- 신상품인 모바일 폰의 큰 불확실성으로 인하여 연간 현금흐름의 변동성이 50%로 추정되었다.
- 모바일 폰의 투자의사결정 기간은 2년으로 가정한다.
- 투자시점을 연기하면 투자금액은 연간 10%씩 증가될 것으로 예측되었다.
- SSE회사의 위험보정할인율은 12%이고 무위험할인율은 6%이다.

위 정보를 토대로 다음과 같은 두 가지 상황에 대하여 답하여라. 첫 번째, SSE회사가 지금 당장 이 투자프로젝트를 실행하는 것이 바람직한지를 결정하여라. 두 번째, 만약 그렇지 않다면 투자시점을 2년 후로 연기할 경우 이 투자프로젝트의 투자연기 가치가 있는지를 판단하여라.

**조건**

추정된 투자프로젝트의 현금흐름, 투자금액=500억 원, 무위험할인율=6%, 위험보정할인율=12%, $\sigma=50\%$, 그리고 $T=2$년

**풀이**

투자시점을 2년 연기한 실물옵션가치

- 전통적인 방법(지금 당장 투자 실행): 전통적인 $NPV$ 기법을 사용해서 이 투자프로젝트를 분석하면 $NPV_{현재}=-67$억 4,000만 원이어서 이 투자프로젝트는 기각된다.

$$NPV(12\%)_{현재} =-500억 + 120억(P/A,\ 12\%,\ 5) =-67.4억 원$$

- 실물옵션 방법: 실물옵션 방법을 채택하면 SSE회사는 투자시점을 2년 연기할 수가 있고, 만약 2년 후에 투자프로젝트에 우호적인 상황이 발생하면 이 회사는 모바일 폰의 생산-판매하는 투자프로젝트를 채택하여 실행할 수가 있다. 〈그림 9.19〉에서 보는 것처럼 투자시점을 2년 연기할 수 있는 옵션은 실물콜옵션으로 간주된다. SSE회사는 투자프로젝트의 가치 $V$가 초기 투자금액 $I$보다 크면 이 모바일 폰 투자프로젝트를 채택하는 실물콜옵션을 행사할 것이고, 그렇지 않으면 포기할

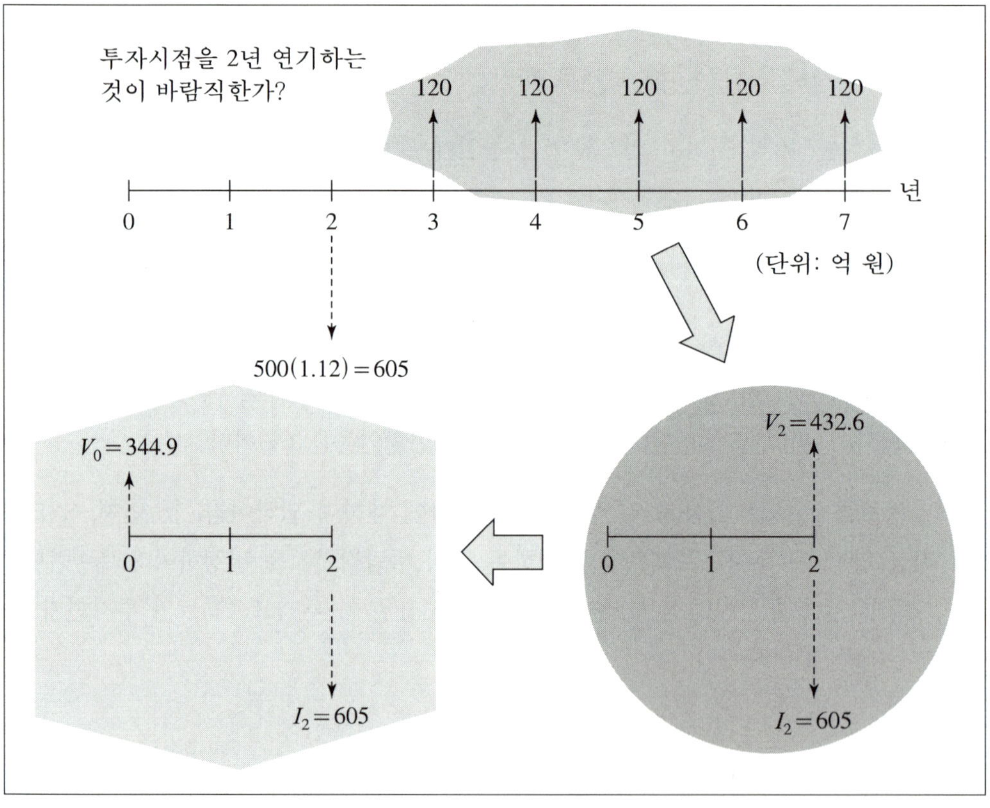


그림 9.19 실물옵션가치 계산을 위한 입력 자료 $V_0$와 $I_2$를 얻기 위해 현금흐름 자료를 변환하는 과정

것이다. 이를 수식으로 표현하면 다음과 같다.

$$2\text{년 연기 옵션가치} = \max[V_2 - I_2,\ 0]$$

단, $V_2$: 2년 후 모바일 폰 투자프로젝트의 가치

$I_2$: 2년 후 모바일 폰 투자프로젝트의 투자금액

블랙-숄즈 모델을 사용해서 이 투자프로젝트의 투자시점을 2년 연기한 실물콜옵션가치를 구한다면 이 실물콜옵션은 유럽피언 실물콜옵션이 된다. 먼저 투자시점을 2년 연기할 경우 이 투자프로젝트의 현재가치를 구하면 다음과 같이 344.9억 원이 되고, 2년 후 투자금액은 605억 원이 된다.

$$PV(12\%)_{2\text{년 연기}} = 120\text{억}(P/A,\ 12\%,\ 5)(P/F,\ 12\%,\ 2) = 344.9\text{억 원}$$

$$FV(10\%)_{2\text{년 연기}} = 500(P/F,\ 10\%,\ 2) = 605\text{억 원}$$

아래와 같은 블랙-숄즈 모델의 입력 변수들을 블랙-숄즈 모델에 대입하면 실물콜옵션가치($SNPV$)는 47억 6,000만 원이 되고, 실물콜옵션프리미엄($ROP$)는 115억 원이 된다.

$I(K) = 605$억 원

$V = 344.9$억 원

$T = 2$년

$r_f = 6\%$

$\sigma = 50\%$

$$C_{2\text{년 연기}} = SNPV = \ln(344.9/605.0)(0.3930) - 605e^{-(0.06)\times 2}(0.1639)$$
$$= 135.549 - 87.941 = 47.6\text{억 원}$$

$$d_1 = \frac{\ln(344.9/605) + (0.06 + 0.5^2/2)\times 2}{0.5\sqrt{2}} = -0.2715$$

$$d_2 = -0.2715 - (0.5)\sqrt{2} = -0.9786$$

$$N(-0.2715) = 0.3930$$

$$N(-0.9786) = 0.1639$$

$$ROP = 47.6 - (-67.4) = 115\text{억 원}$$

투자시점을 2년 연기해서 모바일 폰 투자프로젝트의 $NPV$가 $-67$억 4,000만 원에서 47억 6,000만 원으로 증가해서 $ROP$가 115억 원이 되었다. 그러므로 SSE회사는 현재 이 투자프로젝트를 완전히 포기할 것이 아니고 만약 2년 후 모바일 폰 수요량이

만족할만하면 이 투자프로젝트를 실행해서 $NPV=47$억 6,000만 원을 얻고, 그렇지 않으면 투자프로젝트 실행을 포기하면 된다. 그리고 SSE회사는 이 투자프로젝트의 실행시점을 2년을 연기하는 실물옵션을 보유하기 위해서 최대로 115억 원의 비용(마케팅 컨설팅 비용 등을 포함해서)을 기꺼이 감수할 수가 있을 것이다.

**해설**

SSE회사가 모바일 폰 투자프로젝트의 투자시점을 2년 연기해서 얻은 $SNPV=47.6$억 원이 과연 이 회사에 어떤 의미를 부여하는 것일까? 이 의미를 알아보기 위해 다음과 같은 시나리오를 가정해 보기로 하자. SSE회사가 모바일 폰 투자프로젝트를 포함해서 10개의 투자프로젝트로 구성된 투자포트폴리오를 현재 운영하고 있다. 그런데 전통적인$NPV$ 기법 측면에서 모바일 폰 투자프로젝트는 기각되었기 때문에 만약 나머지 9개의 투자프로젝트로 구성된 투자포트폴리오 가치가 1,000억 원이면 이 SSE회사의 가치는 1,000억 원이다. 그러나 SSE회사가 실물콜옵션 방법으로 모바일 폰 투자프로젝트의 경제성 분석을 하면 $SNPV=47.6$억 원이 되어 이 투자프로젝트가 채택되어 실행되어서 SSE회사 가치를 1,000억 원에서 1047.6억 원으로 증가시켜 주게 될 것이다. 이를 요약하면, $SNPV=47.6$억 원은 SSE회사가 실물콜옵션을 사용해서 부수적으로 얻은 이 회사의 가치이다.

## 특허/면허 가치분석

특허/면허는 기업이 일정 기간 내에 상품/토지를 개발할 의무가 아닌 권리를 부여해 주고 있다. 이러한 권리도 실물옵션가치 방법으로 그 가치가 평가될 수 있는 대상으로, 이 권리의 기대가치는 특허/면허의 현재가치($V$)와 개발비용($I$)의 관계로, $max[V-I, 0]$, 표시된다. 즉, $V>I$이면 특허나 면허 옵션이 행사되고 그렇지 않으면 포기된다.

### 예제 9.9 특허의 옵션가치 분석

현재 기술시장에는 모바일 폰을 한 단계 업그레이드할 수 있는 신기술과 관련된 특허가 있다. 이 특허를 매입하는 회사는 3년 동안 독점적으로 신기술을 개발할 수 있는 권리가 부여된다고 한다. 이 신기술로 출시된 모바일 폰으로부터 발생되는 7년 동안의 연간 순 매출액이 500억 원 그리고 생산비용은 2,000억 원으로 추정되었다. 그리고 $MARR=12\%$, $r_f=6\%$, 그리고 $\sigma=35\%$이다. 이와 같은 재무정보들을 토대로 신기술

특허의 가치를 실물옵션가치 방법을 사용해서 결정하여라.

**풀이**

이 특허는 이를 매입하는 회사에 매입 순간부터 시작해서 3년 동안 독점적 사용 권리를 부여해 주기 때문에 이는 실물콜옵션 분석 대상이 된다. 그러므로 아래와 같은 변수 값들을 블랙-숄츠 모델에 대입하면 이 특허의 가치는 $SNPV$=370.4억 원이 된다.

$$V_3 = 500\text{억}(P/A,\ 12\%,\ 7) = 2{,}281.9\text{억 원}$$

$$V_0 = 2{,}281.9(P/F,\ 12\%,\ 3) = 1{,}624.2\text{억 원}$$

$$I_3 = 2{,}000\text{억 원}$$

$$T = 3$$

$$r_f = 6\%$$

$$\sigma = 35\%$$

$$C = SNPV = 1{,}624.2(0.60159) - 2{,}000e^{-(0.06)\times 3}(0.36317) = 370.4\text{억 원}$$

$$d_1 = \frac{\ln(1{,}624.2/2{,}000) + (0.06 + 0.35^2/2)\times 3}{0.35\sqrt{3}} = 0.2567$$

$$d_2 = 0.2567 - (0.35)\sqrt{3} = -0.3495$$

$SNPV$ 370.4억 원이 이 기술 특허권의 최대 매입 가격이 된다. 이 금액 이상으로 특허권을 매입하면 어느 회사든지 손해를 보게 되므로 이 특허권을 매입하려는 회사는 이 금액 이하로 특허권을 보유한 회사와 협상을 하는 것이 바람직하다.

## 성장옵션

성장옵션은 단계적으로 비즈니스를 확장하려는 투자, 웹기반 기술 투자, 마케팅 포지셔닝 투자 등과 같은 후속 투자프로젝트들을 고려해서 투자되는 비즈니스 환경에서 흔히 접하게 된다. 성장옵션에서는 초기 투자를 실행한 후에 계획하였던 후속 투자를 포기한다고 해도 회사가 입게 되는 최대 손실은 초기 투자금액으로 제한적이다. 즉, 이 초기 투자금액이 성장옵션프리미엄이다. 회사에서 초기 투자를 실행하는 이유는 비즈니스 확장을 위해 후속 투자를 실행할 수 있는 옵션을 확보하기 위해서이다. 예를 들어, 소규모 투자프로젝트에 투자하려고 하는 회사가 있다고 가정해 보자. 만약 이 소규모 투자프로젝트의 결과가 바람직하게 나타나면, 이 회사는 이를 토대로 해서 대규모 투자프로젝트에 투자를 할 것이고, 그렇지 않다면 이미 투자한 소규모 투자프로젝트를 포함해서 더 이상의 투자를 포기해야 할 것이다. 성장옵션을 이용하면 위 예제에서 살펴보았듯이 투자환경이 우호적일 경우에 대규모 투자프로젝트에 투자할 수 있는 투자의 유연성 가치를 평가할 수가 있다.

**예제 9.10** 성장옵션가치의 분석

XYZ회사에서는 어느 한 제품을 소규모 지역시장에 먼저 진출해서 판매해 본 결과를 토대로 대규모 전국시장에 진출해서 이 제품을 판매하려는 계획을 수립해 놓고 있다. 만약 소규모 시장 진출을 위한 투자프로젝트의 결과가 바람직한 것으로 판명되면, XYZ회사는 이 제품을 전국시장에 진출해서 판매하는 투자프로젝트를 실행할 것이다. 〈그림 9.20〉은 소규모와 대규모 시장 진출 투자프로젝트와 관련된 현금흐름도표를 보여 주고 있다. $MARR = 12\%$, $r_f = 6\%$이라고 가정하고 이 성장옵션의 가치를 결정하여라.

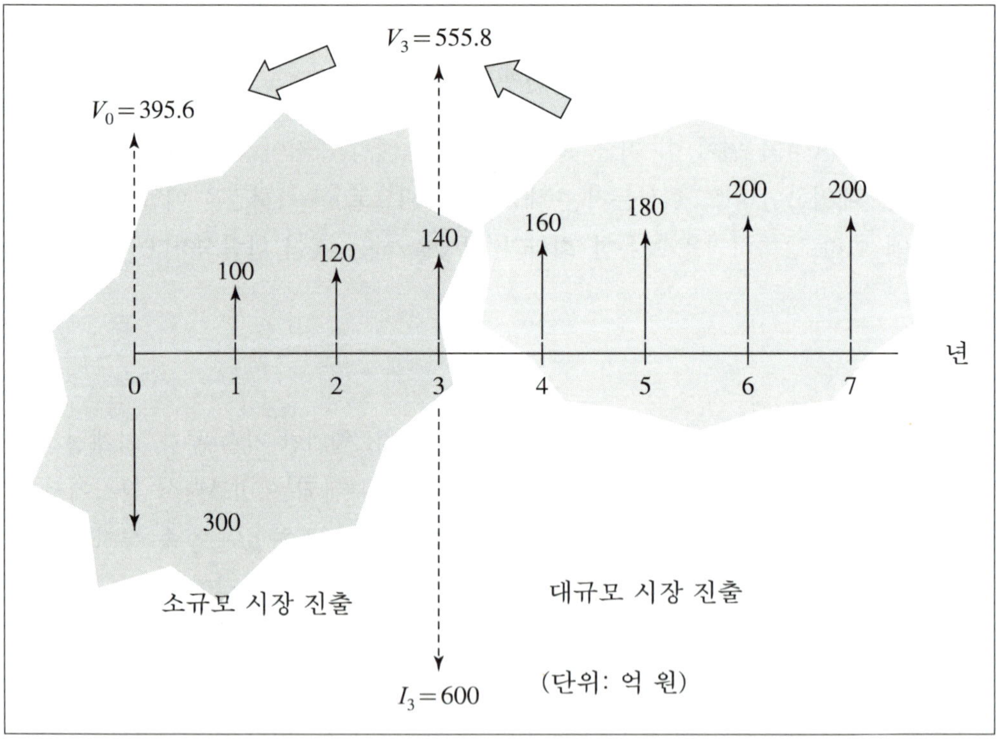


그림 9.20 소대규모 시장 진출 관련 현금흐름도표: 대규모 시장 진출은 소규모 시장 진출의 결과에 따른 조건부 투자프로젝트

**풀이**

소규모와 대규모 시장 진출 투자프로젝트의 $NPV$ 계산은 다음과 같다.

$$
\begin{aligned}
NPV(12\%)_{\text{소규모}} &= -300+100(P/F,\ 12\%,\ 1)+120(P/F,\ 12\%,\ 2)\\
&\quad +140(P/F,\ 12\%,\ 3)\\
&= -15.4\text{억 원 [시점: 현재]}\\
NPV(12\%)_{\text{대규모}} &= -600+160(P/F,\ 12\%,\ 1)+180(P/F,\ 12\%,\ 2)\\
&\quad +200(P/F,\ 12\%,\ 3)+200(P/F,\ 12\%,\ 4)\\
&= -44.2\text{억 원 [시점: 3년]}
\end{aligned}
$$

소규모와 대규모 시장 진출 투자프로젝트의 $NPV$를 합하면 $-46.8$억 원이기 때문에 전통적인 투자분석 방법론에 의하면 이 투자프로젝트는 기각되어야 한다.

$$NPV(12\%)_{\text{통합}} = -15.4-44.2(P/F,\ 12\%,\ 3) = -46.8\text{억 원}$$

그러나 소규모 시장 진출 투자프로젝트를 실행한 후에 대규모 시장 진출 투자프로젝트를 실행할 것인지 아닌지를 결정할 수 있는 옵션은 XYZ회사의 몫이다. 두 투자프로젝트에 이와 같이 옵션 방법론적 투자분석을 취하면 그 과정은 다음과 같이 두 단계로 구성된다.

단계 1. 확장옵션은 유럽피언 콜옵션으로 간주해서 다음과 같은 입력 변수들을 블랙-숄츠 모델에 대입해서 그 가치를 평가할 수 있다.

$$
\begin{aligned}
&V_{\text{대규모},\ 3} = 555.8\text{억 원}\\
&V_{\text{대규모},\ 0} = 555.8(P/F,\ 12\%,\ 3) = 395.6\text{억 원}\\
&I_3 = 600\text{억 원}\\
&T = 3\text{년}\\
&r_f = 6\%\\
&\sigma = 40\%\\
&C = 395.6(0.502) - 600e^{-(0.06)\times 3}(0.24579) = 75.4\text{억 원}\\
&d_1 = \frac{\ln(395.6/600)+(0.06+0.4^2/2)\times 3}{0.4\sqrt{3}} = 0.00501\\
&d_2 = 0.00501 - 0.4\sqrt{3} = -0.68781
\end{aligned}
$$

대규모 시장 진출 투자프로젝트의 $SNPV = 75.4$억 원이다.

단계 2. 소규모/대규모 시장 진출 투자프로젝트의 가치를 합한 값이 $ROP$가 되고, 이 값이 0보다 크면 XYZ회사는 이 제품 시장에 진출하려는 계획을 실행하는 것이 경제적으로 바람직하다. 이 경우 $ROP=60$억 원으로 결정되었다.

$$ROP=-15.4+75.4=60\text{억 원}$$

## 확장옵션

기업은 초기 투자가 바람직한 결과를 보여주면 언제든지 이 투자를 확장할 권리를 갖고 있다. 즉, 기업에서는 투자 대상인 제품의 매출액이 증가 일로에 있다고 판단하면 이 투자프로젝트에 투자를 더 할 수 있는 옵션을 갖고 있는 것이다. 이러한 측면에서 보면, 확장옵션과 성장옵션이 서로 동일하다고 할 수 있지만, 일반적으로 확장옵션가치는 이항격자 모델을 사용해서 평가된다. 예제 9.11를 통해서 이항격자 모델을 사용해서 확장옵션가치가 어떻게 평가되는지를 알아보기 하자.

### 예제 9.11 이항격자 모델을 사용해서 확장옵션가치 측정

XYZ회사는 차후에 제조/배송 시스템을 추가적으로 확장할 수 있는 옵션을 지니고 있는 투자프로젝트를 현재 실행하고 있는 중이다. 이 투자프로젝트의 가치는 $V_0=100$억 원으로 추정되었다. 앞으로 3년 이내에 XYZ회사는 이 투자프로젝트에 추가로 30억 원을 투자할 수가 있고, 만약 이 30억 원의 추가 투자가 이루어지면, 이 투자프로젝트의 현금흐름이 30% 증가될 것으로 추정된다. 증가된 30% 현금흐름은 이 투자프로젝트의 가치를 30% 증가시키는 것과 동일하다. 무위험할인율은 6%로, 그리고 변동성은 30%로 가정하고 이 확장옵션을 이항격자 모델로 평가하여라. 단, 이항격자 모델의 단계는 1년 단위로 구분하고 이 확장옵션은 아메리칸 옵션이다.

**풀이**

예제의 풀이는 다음과 같이 두 단계로 구성되어 있다. 첫 번째 단계에서는 투자프로젝트의 가치가 시간에 따라서 어떻게 변하는지를 결정할 것이고, 두 번째 단계에서 이항격자 모델을 사용해서 확장옵션가치를 평가할 것이다.

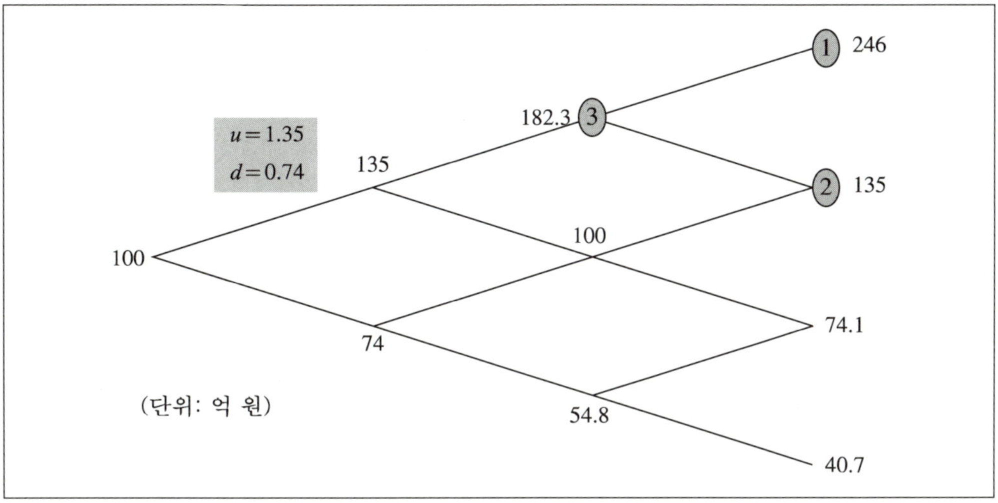


그림 9.21 이항격자 모델 내에서 시간에 따른 투자프로젝트 가치 변화

단계 1: 이항격자 모델: 투자프로젝트 자산 가치 변화

이 예제에 기술된 투자프로젝트 가치가 시간에 따라서 어떻게 변하는지 보여주고 있는 이항격자 모델을 구축하기 위해서는 먼저 다음과 같은 모수 값들을 결정해야 한다.

$$u = e^{0.30(1)} = 1.35$$

$$d = 1/u = 0.74$$

$$q = \frac{1.06 - 0.74}{1.35 - 0.74} = 0.5241$$

위 모수들을 사용하면 시간에 따른 확장 전 투자프로젝트의 가치는 〈그림 9.21〉과 같이 표시된다. 이항격자 모델에서 투자프로젝트의 가치 계산은 왼쪽부터 시작해서 오른쪽으로 이동해 가면서 진행된다.

단계 2: 이항격자 모델: 확장옵션 가치 결정

일단 〈그림 9.20〉와 같이 투자프로젝트의 가치가 결정되면, 확장옵션가치는 이항격자 모델의 가장 오른쪽부터 시작해서 왼쪽으로 진행하면서 결정된다. 〈그림 9.20〉에서 숫자로 표시된 1, 2, 3번의 의사결정마디를 토대로 계산된 확장옵션가치가 〈그림 9.21〉에 나타나 있다.

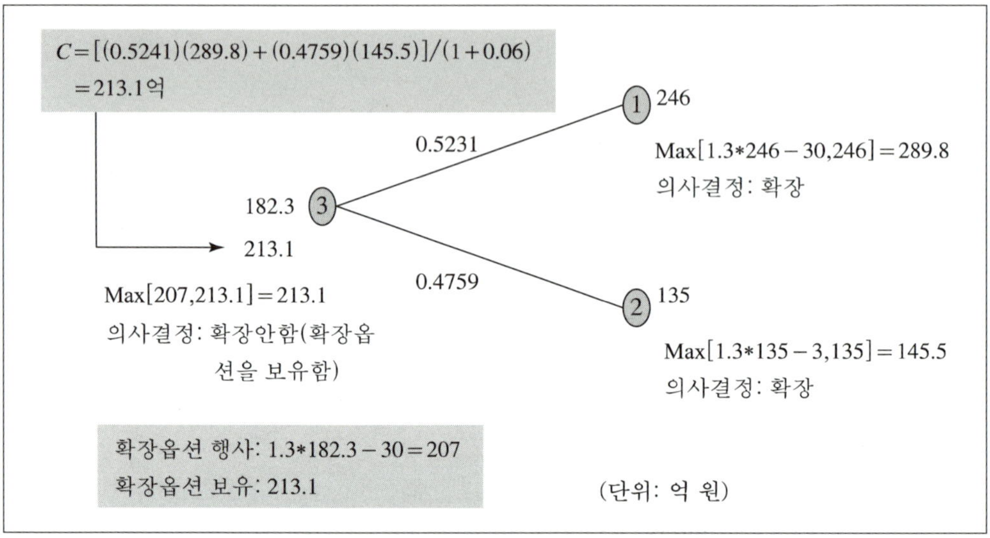


그림 9.22 각 의사결정마디에서 의사결정을 내리는 과정

- 의사결정마디 ❶에 있는 246억 원은 확장 투자프로젝트를 실행하기 이전 투자프로젝트의 가치이다. 투자비용 30억 원으로 확장옵션을 실행하면 246억 원은 투자프로젝트가 30% 증가해서 확장된 투자프로젝트의 가치는 1.3(246)−30=289.8억 원이 된다. 이 값이 확장 이전의 투자프로젝트의 가치 246억 원보다 크기 때문에 XYZ회사는 확장옵션을 행사하게 된다.
- 의사결정마디 ❶에서 의사결정을 내린 과정을 의사결정마디 ❷에 적용하면 이 의사결정마디에서도 XYZ회사는 확장옵션을 실행하는 의사결정을 내리게 된다. 이 경우 확장된 투자프로젝트의 가치는 145.5억 원이 된다.
- 의사결정마디 ❸은 위 두 의사결정마디의 경우와 달리 의사결정이 내려진다. 이 의사결정마디에서도 XYZ회사는 두 가지 다른 의사결정 옵션을 가지게 된다. 첫 번째 의사결정 옵션은 XYZ회사가 확장옵션 행사를 미래 시점으로 연기하지 않고 지금 바로 이 의사결정마디에서 행사하는 것이다. 두 번째 의사결정 옵션은 XYZ회사가 확장옵션을 이 의사결정마디에서 지금 바로 행사하는 것이 아니고 미래 시점으로 확장옵션 행사를 연기하는 것이다.

이러한 의사결정 옵션은 XYZ회사가 확장옵션을 보유했다고 한다. 이렇게 확장옵션을 보유한다는 것은 미래의 투자환경이 우호적으로 변하면 그 때에 확장옵션을 행사한다는 기대를 의미한다. 이를 수식으로 정리하면 다음과 같다.

의사결정마디 ❸에서 확장옵션 행사: $1.3(182.3) - 30 = 207$억 원

확장옵션 보유: $C = \dfrac{(0.5241)(289.8) + (0.4759)(145.5)}{(1 + 0.06)} = 213.1$억 원

위 두 경우의 투자프로젝트의 가치를 비교해 보면 확장옵션을 행사하는 경우의 투자프로젝트의 가치가 확장옵션을 보유하는 경우의 투자프로젝트의 가치보다 적기 때문에 XYZ회사는 확장옵션을 지금 당장 행사하지 않고 미래 시점으로 연기하도록 의사결정을 내리게 될 것이다.

위에 기술된 과정을 나머지 모든 의사결정마디에 적용해서 최초의 의사결정마디의 확장옵션가치를 계산하면 그 값이 112.3억 원이 된다. 그리고 확장옵션 자체 가치는 아래에서 보듯이 12.3억 원이다. 이 값은 XYZ회사가 확장옵션을 행사해서 투자프로젝트를 확장하면 그 가치가 12.3억 원이 된다는 사실을 의미한다.

$$C = \frac{(0.5241)(155.1) + (0.4759)(79.4)}{(1 + 0.06)} = 112.3\text{억 원}$$

확장옵션 가치 $= 112.3 - 100 = 12.3$억 원

〈그림 9.23〉는 위 과정을 이항격자 모델의 모든 의사결정마디에 적용한 결과를 보여주고 있다.

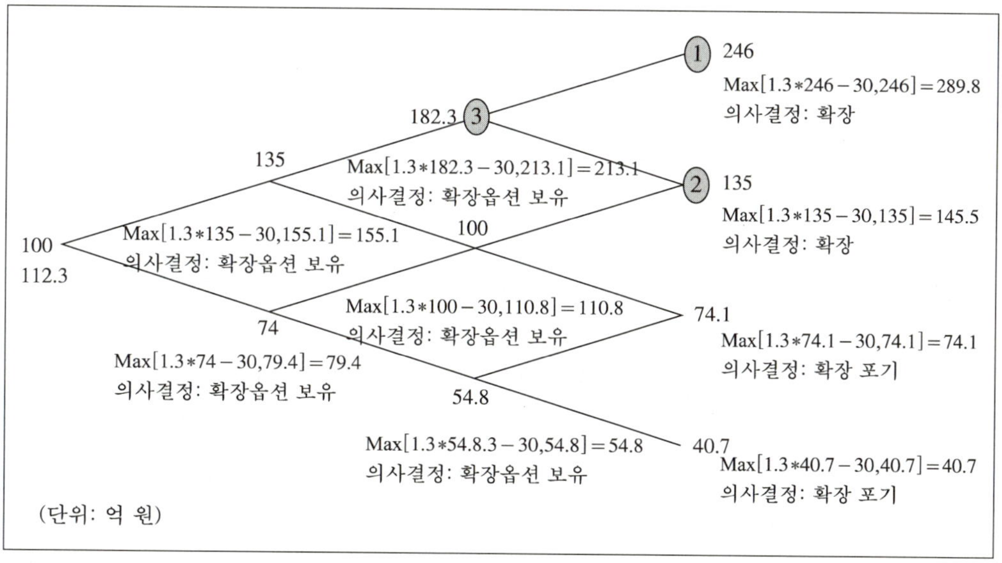


그림 9.23 확장옵션에 관한 이항격자 모델 내에서의 의사결정

## 9.5 복합옵션

복합옵션가치는 복합옵션 내에 함께 존재하는 다른 옵션가치에 의해서 결정된다. 복합옵션은 투자프로젝트가 다단계 투자로 구성되어 있고, 이전 단계 투자프로젝트의 성공여부에 따라서 후속 단계 투자프로젝트의 실행여부가 결정되는 투자상황의 분석을 위해 사용되는 유익한 옵션이다. 투자프로젝트들의 실행여부가 전후관계로 구성되어 있기 때문에 복합옵션가치 분석은 순차적(점증적)으로 진행되어야 한다. 구체적으로 복합옵션가치 분석을 구성하고 있는 단계들을 살펴보면 다음과 같다.

- 단계 1: 초기 투자프로젝트의 가치 상승률과 하락률을 추정해서 시간 변화에 따른 투자프로젝트의 가치 변화를 이항격자 모델로 표시한다.
- 단계 2: 복합옵션가치 평가에서는 앞에서 기술하였듯이 투자프로젝트들의 전후 관계를 토대로 옵션가치 평가가 순차적으로 이루지기 때문에 먼저 장기 투자프로젝트에 내재된 실물옵션가치를 측정하고 나중에 단기 투자프로젝트에 내재되어 있는 실물옵션가치를 평가하는 절차를 밟는다.
- 단계 3: 마지막으로 복합옵션에 포함된 모든 실물옵션가치들을 통합한다.

예제 9.12는 복합옵션 평가가 이루어지는 과정을 보여주고 있다.

**예제 9.12** 실물옵션 관리를 위한 현실적 방법론

XYZ회사는 공장 허가 및 신축 준비비로 600억 원을 필요로 하는 화학공장 새로이 건설할 계획을 수립해 놓은 상태이다. 1차 년도에 XYZ회사는 설계단계에서 4,000억 원을 투자하려고 하고, 그리고 설계단계 투자가 성공적으로 이루어지면 이 회사는 2년 동안 공장 건설을 위해 8,000억 원을 더 투자할 계획이다. 만약 이러한 화학공장이 지금 가동 중이라면, 이 공장의 가치는 1조 원으로 추정되고 있다. XYZ회사의 위험보정할인율은 10.83%이고, 공장 신축 투자프로젝트의 변동성은 18.23%이고, 무위험할인율은 8%로 알려져 있다. 위에 주어진 정보를 이용해서 화학공장 신축 투자프로젝트의 $NPV$, 각 투자 단계별 실물옵션가치, 그리고 이 투자프로젝트의 복합옵션가치를 결정하여라.

**전략**

이 예제의 복합 투자프로젝트는 (1) 공장 허가 및 신축 준비단계: 단계 0, (2) 설계단계: 단계 1, 그리고 (3) 공장 신축단계: 단계 2, 등 3단계 복합옵션으로 구성되어 있다. 단계 2의 투자의사결정은 단계 1 투자프로젝트의 성공여부에 달려 있고, 이러한 복합 투자프로젝트의 가치인 단계 1의 투자의사결정은 단계 0 투자프로젝트의 성공여부에 달려 있다. 이제 가장 먼저 해결해야 할 작업은 다음과 같은 모수값들을 이용해서 시간에 따른 복합 투자프로젝트의 가치 변화를 〈그림 9.24〉에서 보는 것처럼 이항격자 모델로 표시하는 것이다.

$$\Delta t = 1,\ \ \sigma = 0.1823$$
$$u = e^{\sigma\sqrt{\Delta t}} = e^{(0.1823)(\sqrt{1})} = 1.2$$
$$d = 1/u = 0.833$$

**풀이**

(1) 전통적인 방법: $NPV$ 기법을 사용해서 화학공장 신축 투자프로젝트의 순 가치를 구하면 $NPV = -85.6$억 원이 나오기 때문에 이 투자프로젝트는 기각되어야 한다.

$$NPV(10.83\%) = PV(10.83\%)_{\text{총투자금액}} + \text{화학공장 현재가치}$$
$$= -[600 + 4{,}000(P/F,\ 10.83\%, 1)$$

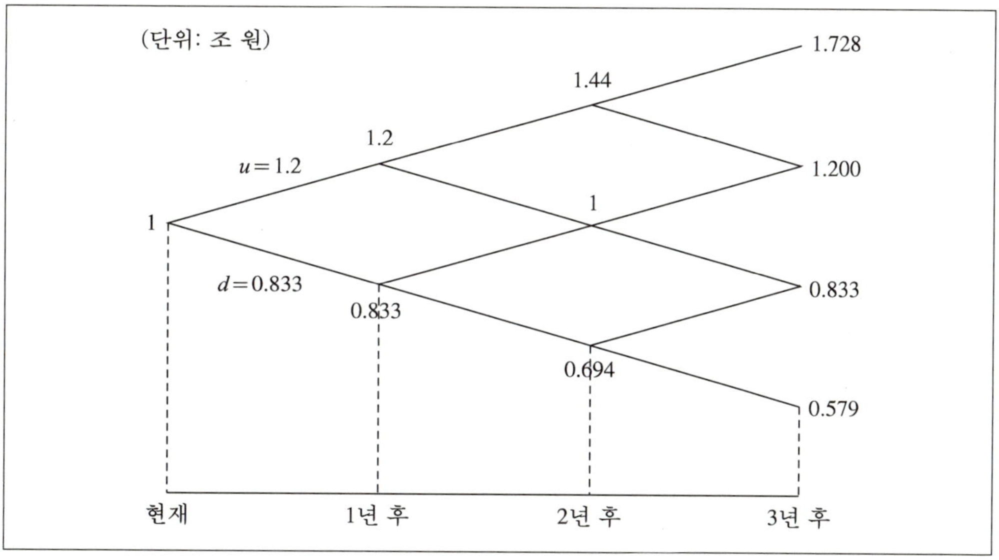


그림 9.24 이항격자 모델 내에서 시간에 따른 투자프로젝트 가치 변화

$$+8,000(P/F,\ 10.83\%,\ 3)] + 1\text{조}$$
$$= -10,085.6 + 1\text{조}$$
$$= -85.6\text{억 원}$$

위 $NPV$ 계산을 위해서 할인율 10.835%를 사용해서 기대 현금흐름을 할인하였는데, 이 할인율은 이미 알고 있는 바와 같이 위험보정할인율이다.

(2) 실물옵션 분석: 이항격자 모델에서는 역추산 방법을 사용해서 옵션가치를 계산하므로 본 예제에서는 3년 후의 의사결정 의사결정마디부터 시작해야 한다.

• 단계 1: 투자단계 2의 3년 후 옵션가치

〈그림 9.24〉에 있는 투자단계 2인 3년 후의 의사결정마디는 4개로 구성되어 있다. 이 4개의 의사결정마디 중 위로부터 3개의 투자프로젝트 가치는 투자단계 2의 투자금액 8,000억 원보다 크므로 화학공장을 신축하는 투자프로젝트는 실행되어야 하고, 마지막 의사결정마디의 투자프로젝트 가치는 8,000억 원보다 적으므로 화학공장 신축 투자프로젝트는 기각된다. 〈그림 9.25〉는 이러한 의사결정 결과를 보여주고 있다.

• 단계 2: 투자단계 2의 2년 후 옵션가치 결정

〈그림 9.24〉에 있는 투자단계 2인 2년 후의 의사결정마디는 3개로 구성되어 있다.

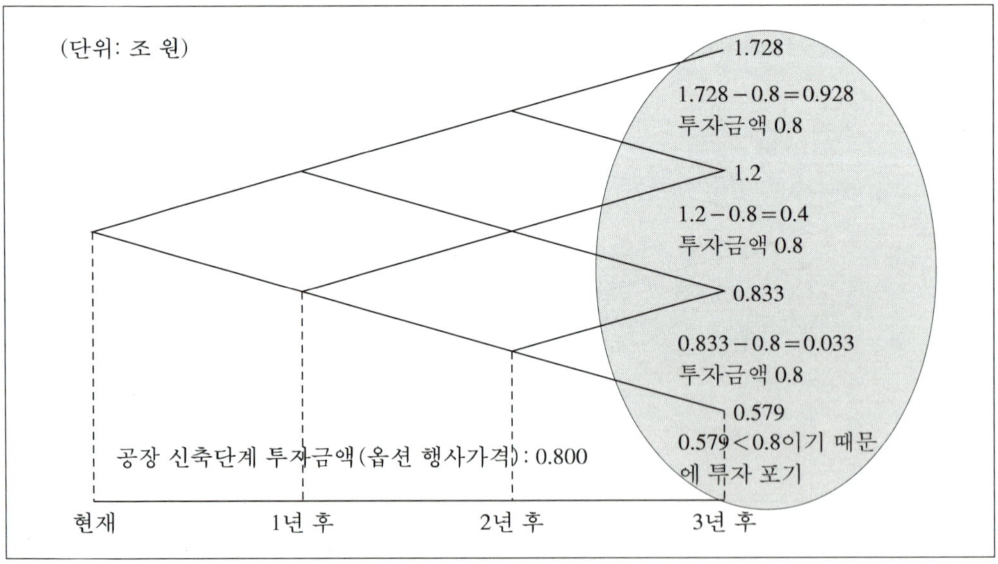


그림 9.25 투자단계 2의 3년 후 실물옵션 가치 및 의사결정

각 의사결정마디의 실물옵션가치를 계산하기 위해 이제 위험중립형 확률을 먼저 결정해 보도록 하자.

$$q = \frac{(1+r_f)-d}{u-d} = \frac{(1+0.08)-0.833}{1.2-0.833} = 0.673$$
$$1-q = 1-0.673 = 0.327$$

위험중립형 확률을 이용해서 의사결정마디 Ⓐ의 옵션가치를 계산하면 $C$=6,990억 원이 된다. 만약 이 옵션을 행사하면, 이 투자프로젝트의 가치는 6,400억(1조4,400억 −8,000억)원이 되어 이 가치는 옵션을 계속 보유하는 가치 6,990원보다 작으므로 의사결정마디 Ⓐ의 최선의 선택은 옵션을 보유하고 3년 후에 옵션 행사에 관한 의사결정을 내리도록 하는 것이다.

$$\text{옵션보유: } C = \frac{1}{(1+0.08)}[0.673(9,280)+0.327(4,000)] = 6,990\text{억 원}$$
$$\text{옵션행사: } 1\text{조}4,400-8,000 = 6,400\text{억 원}$$

나머지 2개의 의사결정마디에서도 이와 동일한 방법으로 의사결정을 내리면 그 결과는 투자단계 2인 2년 후의 옵션을 모두 행사하지 않고 보유하는 것으로 나타났다. 〈그림 9.26〉는 이 결과들을 보여주고 있다.

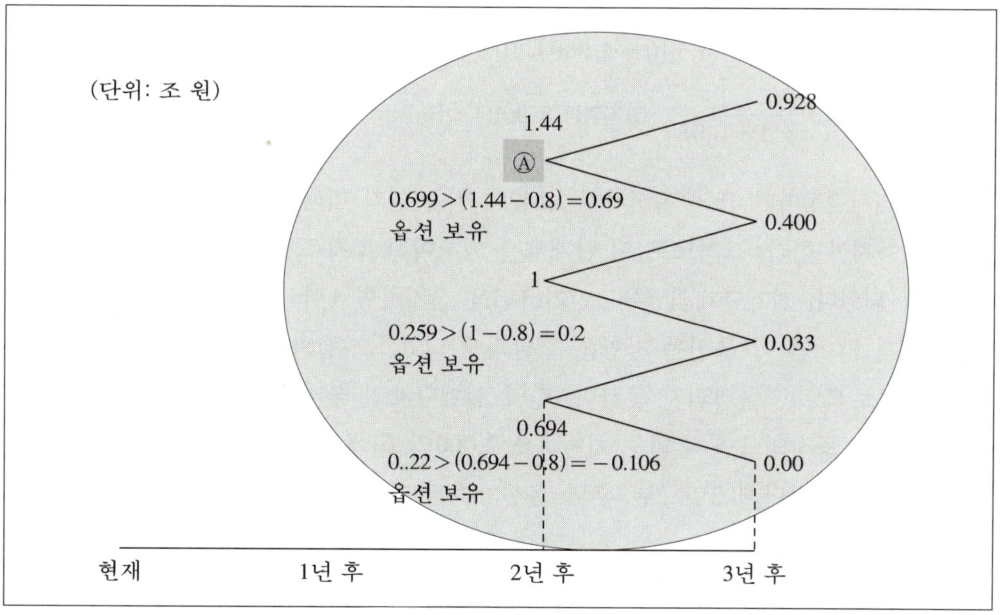


그림 9.26 투자단계 2의 2년 후 옵션가치 및 의사결정

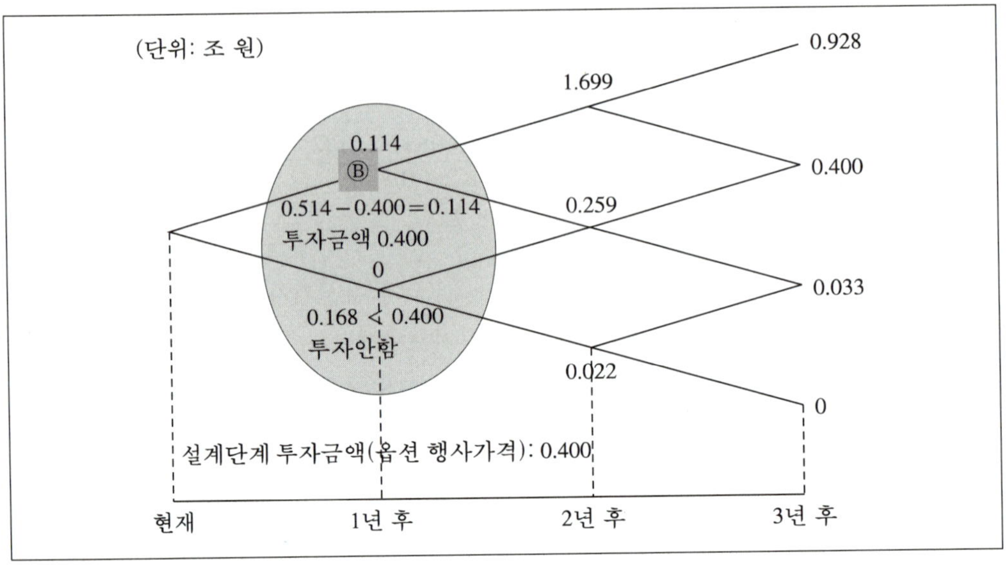


그림 9.27 투자단계 1의 옵션가치

• 단계 3: 투자단계 1인의 1년 후 옵션 가치

〈그림 9.27〉에서 보는 것처럼 투자단계 1인 1년 후 의사결정마디 Ⓑ의 1,140억 원은 옵션을 행사해서 얻은 투자프로젝트의 가치이다. 이 계산을 위해 사용된 5,140억 원은 투자단계 2인 2년 후의 옵션가치들로부터 구한 값이다.

$$Max[(5,140-4,000),\ 0] = 1,140억\ 원$$

$$\frac{1}{(1+0.08)}[(0.673)(6,990)+(0.327)(2,590)] = 5,140억\ 원$$

의사결정마디 Ⓑ의 옵션가치 5,140억 원을 얻기 위해서는 4,000억 원의 투자가 이루어져야 한다. 그러므로 이 단계에서 이루어진 투자프로젝트의 가치가 1,140억 원이 되었다. 설계단계의 투자 만기 1년을 상기하면 1년 말에 설계단계 투자를 실행하지 않으면 이 옵션은 자연히 소멸되게 되고, 그 결과 후속 투자인 공장 신축 투자프로젝트는 실행되지 못한다. 만약 설계단계의 투자옵션이 행사되면, 이 옵션의 가치는 공장의 1년 후의 가치인 1조 2,000억 원에 달려있는 것이 아니고, 그 후속 단계인 투자단계 2인 2년 후의 옵션가치에 달려 있는 것이다.

• 단계 4: 복합옵션의 총 가치

600억 원의 행사가격을 가지고 있는 투자단계 0인 공장 허가 및 준비 옵션을 계속

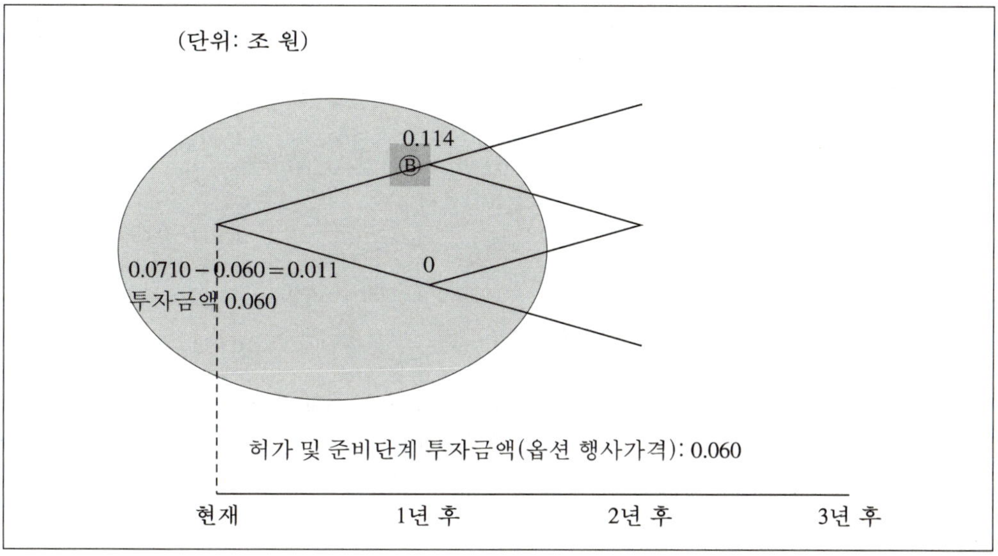


그림 9.28 투자단계 0의 복합옵션가치

해서 보유하느냐 아니면 당장 행사하는 문제를 염두해 두고 현재 시점에서 복합옵션의 가치를 계산하면, 그 값은 110억 원이 된다. 〈그림 9.28〉은 이러한 옵션가치를 결정하는 과정을 보여주고 있다.

$$C = \frac{1}{(1+0.08)}[(0.673)(1,140)+(0.327)(0)] = 710.39\text{억 원}$$

$$Max[(710-600),\ 0] = 110\text{억 원}$$

투자단계 0의 옵션가치 710.39억 원은 공장의 현재가치가 1조원이고, 변동성은 18.23%이고, 투자단계 0, 1, 2에서 각각 투자자금 600억 원, 4,000억 원, 그리고 8,000억 원으로부터 얻은 투자프로젝트 전체의 $NPV$이다. 이 옵션가치 710.39억 원은 만약 투자단계 0의 투자자금이 710.39억 원보다 크면 이 투자프로젝트 전체가 기각되어야 한다는 사실을 의미하고 있다. 〈그림 9.29〉는 각 의사결정마디에서 이루어진 투자의사결정을 요약해서 보여주고 있다.

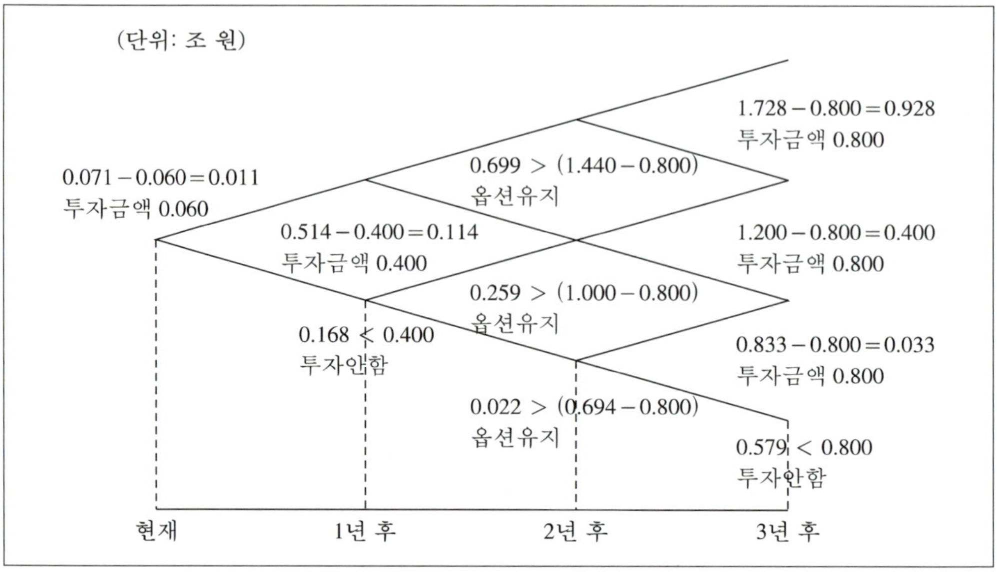


그림 9.29 통합된 복합옵션 가치 및 의사결정

**풀이**

이 투자프로젝트의 $SNPV$=710억 원이다. 이 값은 투자단계 0의 투자자금이 600억 원이기 때문에 투자단계 0의 투자옵션을 실행해서 후속 옵션들을 보유할만한 가치가 있음을 의미하는 것이다. 전체적으로, 이 복합옵션의 $ROP$는 796억 원이다.

$$ROP = 710.38 - (-85.6) = 796 > 600\text{억 원}$$

위 $ROP$ 계산에서 사용된 −85.6억 원은 전통적인 $NPV$ 기법으로 본 투자프로젝트의 가치를 평가해서 나온 값이다(풀이 1 참조).

## 9.6 투자프로젝트의 변동성 측정

지금까지 우리들은 투자프로젝트의 변동성이 알려져 있거나 혹은 쉽게 측정할 수 있다고 가정하고 실물옵션가치 문제를 해결해 왔다. 그러나 실물옵션가치를 결정하기 위해서 사용되는 투자프로젝트의 변동성 측정은 어려운 작업이다.

### 9.6.1 $\sigma$와 $\sigma_T$ 사이의 수리적 관계성

만기일 $T$에서 투자프로젝트의 가치 분포함수의 평균($\mu_T$)과 분산($\sigma^2{}_T$)은 식 (14)에서와 같이 투자프로젝트의 변동성($\sigma$), 현재가치($V_0$), 만기일($T$)으로 표시된다.

$$\mu_T = V_0 \cdot e^{r_f T}$$
$$\sigma_T^2 = V_0^2 \cdot e^{2r_f T} \cdot (e^{\sigma^{2T}} - 1) \qquad \cdots (14)$$

단, $\mu_T$: 만기일 T에서 투자프로젝트 가치 분포함수의 평균
$\sigma^2{}_T$: 만기일 $T$에서 투자프로젝트 가치 분포함수의 분산

식 (14)는 식 (15)와 같이 표시될 수가 있다.

$$\sigma = \sqrt{\frac{\ln\left[\left(\frac{\sigma_T}{\mu_T}\right)^2 + 1\right]}{T}} \qquad \cdots (15)$$

〈그림 9.30〉은 식 (15)에 있는 변수들의 수리적 관계성을 보여주고 있다. 만약 $V_T$ 분포함수를 얻을 수가 있으면 식 (15)을 이용해서 이항격자 모델에서 사용되는 투자프로젝트의 변동성을 측정할 수 있다.

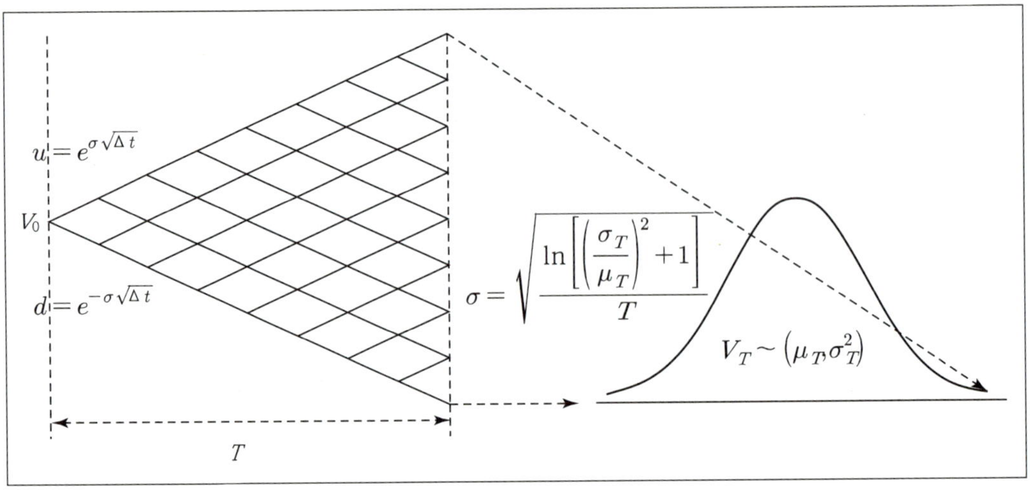


그림 9.30 $\sigma$와 $\sigma_T$ 사이의 관계성. $\Delta t$가 1보다 매우 작으면 $V_T$는 로그 정규확률분포함수를 따른다.

## 9.6.2 $V_T$분포함수 측정

몬테카를로 시뮬레이션 기법으로 투자프로젝트의 현금흐름을 추정하기 위해서 사용되는 다양한 변수들을 통합해서 옵션 만기일에 투자프로젝트의 가치를 추정할 수가 있다. 그렇게 하기 위해서는 일반적으로 다음과 같이 4단계를 밟아야 한다.

- 단계 1: 옵션만기 ($T$)에 투자프로젝트를 실행하기로 결정했으면 투자프로젝트의 주기($T+n$) 동안에 발생하는 투자프로젝트의 현금흐름을 추정한다. 현금흐름을 구성하고 있는 각 요소들의 값들은 최악의 경우, 최빈의 경우, 최선의 경우 등의 3점 견적법으로 추정한다.

- 단계 2: 각 기간에 해당하는 투자프로젝트의 현금흐름들을 통합해서 투자프로젝트 가치($V_T$)의 분포함수를 구해서 이를 무위험할인율로 할인한다. 이 단계에서 주의할 점은 기대 현금흐름과 달리 몬테카를로 시뮬레이션 기법으로 얻은 투자프로젝트의 현금흐름은 위험이 존재하지 않기 때문에 무위험할인율을 사용했다는 것이다.

- 단계 3: 투자프로젝트의 현금흐름의 평균과 분산이 알려져 있으면 식 (16), (17), (18)를 사용해서 투자프로젝트 가치 $V_T$ 분포함수의 평균($\mu_T$)과 분산($\sigma_T{}^2$)을 계산한다. 식 (17)은 기간별 현금흐름들이 서로 독립적일 경우의 분산을 계산하는 식이고, 식 (18)은 기간별 현금흐름들이 서로 종속적일 경우의 분산을 계산하는 식이다.

$$E[NPV(i)] = \sum_{n=0}^{N} \frac{E[CF_n]}{(1+i)^n} \qquad \cdots (16)$$

$$Var[NPV(i)] = \sum_{n=0}^{N} \frac{Var[CF_n]}{(1+i)^{2n}} \qquad \cdots (17)$$

$$Var[NPV(i)] = \sum_{n=0}^{N} \frac{Var[CF_n]}{(1+i)^{2n}} + 2\sum_{n=0}^{N-1} \sum_{s=n+1}^{N} \frac{\rho_{ns}\sigma_n\sigma_s}{(1+i)^{n+s}} \qquad \cdots (18)$$

현금흐름 추정치에 관한 확률분포함수가 주어지면 크리스탈 볼이나 @RISK 소프트웨어를 사용해서 $V_T$분포함수의 통계치를 구할 수가 있다.

- 단계 4: 식 (15)를 사용해서 $\sigma$를 구한다.

〈그림 9.31〉은 위 4단계의 내용을 요약해서 그림으로 보여주고 있고, 예제 9.13은 위에 기술한 4단계로 투자프로젝트의 변동성을 구하는 과정을 설명하고 있다.

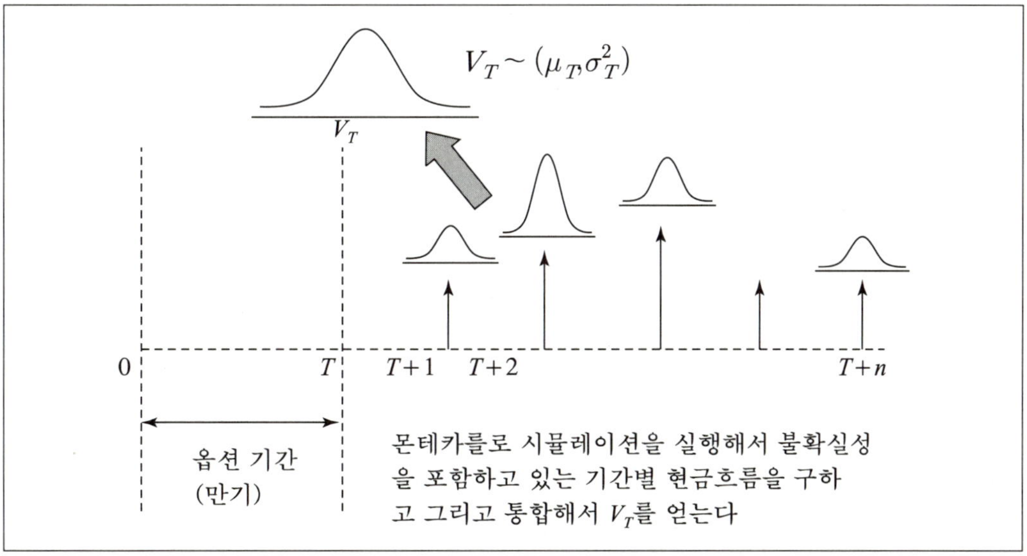


그림 9.31 기간별 임의성 현금흐름들을 통합해서 $V_T$분포함수를 얻는 과정: 크리스탈 볼과 @RISK를 사용해서 위험 시뮬레이션을 실행

### ❙ 예제 9.13 단순 연기옵션 투자프로젝트의 변동성 측정

XYZ회사가 350억 원의 투자자금을 필요로 하고 투자시점을 1년을 연기할 수 있는 투자프로젝트를 고려 중에 있다. 이 투자프로젝트의 3년 동안 현금흐름은 아래의 표에 있는 것과 같다.

(단위: 억 원)

| 기간 | $CF_n$ | | |
|---|---|---|---|
| | 최악의 추정치 | 최빈 추정치 | 최선의 추정치 |
| 0 | | | |
| 1 | 1년 연기 | | |
| 2 | 20 | 160 | 300 |
| 3 | 45 | 200 | 400 |
| 4 | 30 | 180 | 380 |

위험보정할인율이 10%이고, 무위험할인율은 6%이다. 옵션가치를 계산하기 위해 사용되는 투자프로젝트의 변동성을 추정하여라.

#### 전략

3점 견적법은 일반적으로 사용되는 추정 방법 중 하나이다. 3점 견적법으로 추정된 값들의 의미는 다음과 같다.

- 최선의 추정치($H$): 투자프로젝트와 관련된 모든 상황이 기대 이상으로 진행되고 있다.
- 최악의 추정치($L$): 투자프로젝트와 관련된 모든 상황이 기대 이하로 진행되고 있다.
- 최빈의 추정치($M_o$): 투자프로젝트와 관련된 모든 상황이 기대한 대로 진행되고 있다.

3점 견적법으로 결정된 추정치들은 현금흐름 확률분포함수의 상한치, 하한치, 그리고 최빈치로 사용되고, 이렇게 정의된 투자프로젝트의 기간별 현금흐름 확률분포함수는 아래와 같은 평균과 분산을 갖는 베타확률분포함수를 따른다고 가정한다.

$$E[CF_n] = \frac{L + 4M_o + H}{6} \quad \cdots (19)$$

$$Var[CF_n] = \left(\frac{H - L}{6}\right)^2 \quad \cdots (20)$$

투자프로젝트의 기간별 현금흐름 확률분포함수는 위에서 가정한 베타확률분포함수뿐 아니라 삼각확률분포함수 등 다른 확률분포함수를 따른다고 가정할 수도 있다.

**조건**

투자프로젝트의 기간별 현금흐름, 무위험할인율=6%, $T=1$.

**풀이**

$\mu_T$, $\sigma_T^2$, 투자프로젝트의 변동성($\sigma$), 옵션프리미엄

- **분석적 접근법**: $n=1$: 식 (19)와 (20)을 사용해서 2차 년도 현금흐름의 평균과 분산을 구하면 다음과 같다.

$$E[CF_2] = \frac{20+4(160)+300}{6} = 160\text{억 원}$$

$$Var[CF_2] = \left(\frac{300-20}{6}\right)^2 = (46.67)^2$$

이와 동일한 방법을 3, 4차년도의 현금흐름에도 적용하면 그 결과는 다음과 같다.

(단위: 억 원)

| 기간 | $CF_n$ | | | $E[CF_n]$ | $Var[CF_n]$ |
|---|---|---|---|---|---|
| | 최악의 추정치 | 최빈 추정치 | 최선의 추정치 | | |
| 0 | | | | | |
| 1 | 1년 연기 | | | | |
| 2 | 20 | 160 | 300 | 160.00 | $(46.67)^2$ |
| 3 | 45 | 200 | 400 | 207.50 | $(59.17)^2$ |
| 4 | 30 | 180 | 380 | 188.33 | $(58.33)^2$ |

기간별 현금흐름들이 서로 독립적이라고 가정하고 식 (16)과 (17)을 사용해서 무위험할인율 $r_f=6\%$로 1차 년도 투자프로젝트 가치 확률분포함수의 평균과 분산을 구하면 다음과 같다.

$$E[V_1] = \mu_1 = \frac{160}{(1+0.06)} + \frac{207.5}{(1+0.06)^2} + \frac{188.33}{(1+0.06)^3} = 493.74\text{억 원}$$

$$Var[V_1] = \sigma_1^2 = \frac{(46.47)^2}{(1+0.06)^2} + \frac{(59.17)^2}{(1+0.06)^4} + \frac{(58.33)^2}{(1+0.06)^6} = (84.32)^2$$

식 (18)을 사용하여 얻은 투자프로젝트의 변동성($\sigma$)은 다음과 같다.

$$\sigma = \sqrt{\frac{\ln\left[\left(\frac{\sigma_T}{\mu_T}\right)\right]^2 + 1}{T}} = \sqrt{\frac{\ln\left[\left(\frac{84.32}{493.74}\right)^2 + 1\right]}{1}} = 0.1696$$

이 $\sigma = 0.1696$을 사용해서 실물옵션가치를 계산한다.

- **시뮬레이션 접근법**: 기간별 현금흐름의 확률분포함수가 주어지면 크리스탈 볼이나 @RISK를 사용해서 $V_1$의 확률분포함수를 개발할 수가 있다. 시뮬레이션 기법으로 $E[V_1]$과 $Var[V_1]$를 구하고 식 (18)을 사용해서 투자프로젝트의 변동성($\sigma$)을 구하는 방법은 위의 경우와 같다.

- **실물옵션가치 계산**: 투자프로젝트의 변동성($\sigma$)을 구하면 이항격자 모델이나 블랙-숄즈 모델을 사용해서 실물옵션가치를 계산한다. 실물옵션가치를 계산하기 위해서는 먼저 위험보정할인율을 사용해서 투자프로젝트의 현재가치($V_0$)를 계산한다. 여기서 주의할 사항은 위에서 계산한 $E[V_1]$값은 무위험할인율을 사용해서 구한 값이기 때문에 이 값을 사용해서 $V_0$를 계산하는 것은 논리적으로 합당하지가 않다. 그리고 또 한 가지 주의할 사항은 분산값은 무시하고 3점 견적접에 의해서 추정된 값들을 사용해서 간접적으로 $V_0$를 구하는 것이기 때문에 이 값들을 위험보정할인율로 할인해서 $V_0$를 계산해야 한다.

$$V_0 = \left[\frac{160}{(1+0.1)} + \frac{207.50}{(1+0.1)^2} + \frac{188.33}{(1+0.1)^3}\right](P/F,\ 10\%,\ 1)$$
$$= 416.77\text{억 원}$$

이 투자프로젝트의 전통적인 $NPV$는 66.77억 원이다.

$$NPV(10\%) = V_0 - I = 416.77 - 350 = 66.77\text{억 원}$$

- **블랙-숄츠 모델을 토대로 실물옵션가치 계산**: 블랙-숄츠 모델의 식 (11)에 위에서 구한 투자프로젝트의 변동성을 포함해서 다음과 같이 추정된 모수들을 대입해서 실물옵션가치를 결정하면 다음과 같다.

$$V_0 = 416.77,\ K = 350,\ r_f = 0.06,\ T = 1,\ \sigma^2 = (0.1696)^2 = 0.02876$$
$$C = 416.77(0.92896) - 350e^{-0.06\times(1)}(0.90294) = 89.54\text{억 원}$$
$$d_1 = \frac{\ln(416.77/350) + (0.06 + 0.02876/2)(1)}{0.1696\sqrt{1}} = 1.4681$$

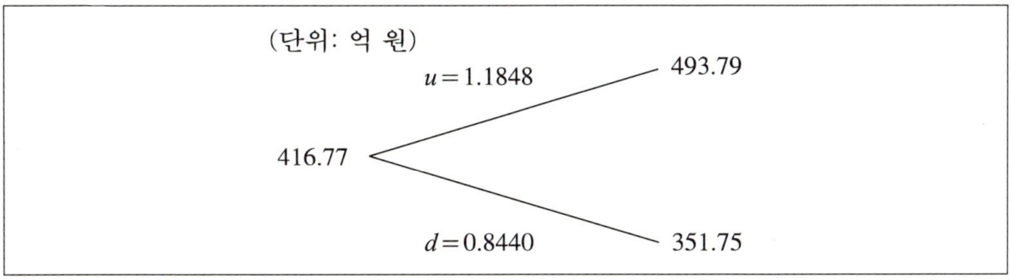


그림 9.32 투자프로젝트 가치에 관한 이항격자 모델

$$d_2 = 1.4681 - 0.1696\sqrt{1} = 1.29896$$

- **이항격자 모델을 토대로 실물옵션가치 계산:** 〈그림 9.32〉에서 보는 것처럼 $T=1$로 하는 투자프로젝트 가치를 이항격자 모델로 먼저 구축한 후에 실물옵션가치를 계산하는 것이 편리하다. 이항격자 모델을 구축하기 위해서는 식 (10)을 사용해서 주가 상승률과 하락률을 추정해야 한다.

$$u = e^{\sigma\sqrt{T}} = e^{0.1696\sqrt{1}} = 1.1848$$
$$d = e^{-\sigma\sqrt{T}} = \frac{1}{u} = \frac{1}{1.1848} = 0.8440$$

위험중립형 확률 개념을 토대로 투자시점을 1년 연기할 수 있는 실물옵션을 고려해서 투자프로젝트의 가치를 결정하도록 하자. 그러기 위해서는 위험중립형 확률을 먼저 결정하고 투자프로젝트의 가치를 구해야 한다. 이를 이항격자 모델로 표시하면 〈그림 9.33〉과 같다.

$$q = \frac{(1+0.06)-0.8440}{1.1848-0.8440} = 0.6338$$
$$1-q = 1-0.6338 = 0.3662$$
$$C = \frac{1}{(1+0.06)}[0.6338(143.79)+0.3662(1.75)] = 86.58\text{억 원}$$

이항격자 모델과 블랙-숄즈 모델로 구한 투자프로젝트의 가치가 각각 86.58억 원과 89.54억 원으로 그 차이가 2.96억 원이나 나고 있다. 이렇게 큰 차이가 발생한 이유는 1년 동안에 발생한 투자프로젝트의 가치가 불연속형과 연속형으로 가정했기 때문이다. 이 차이는 옵션 만기 1년을 한 번 만인 그 이상으로 이항격자 모델을 구축하면 줄어들

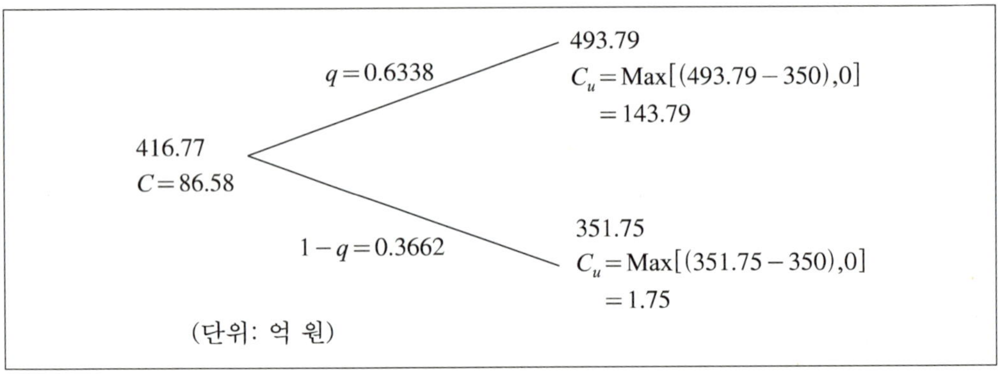


그림 9.33 이항격자 모델로 투자프로젝트의 가치 결정

게 된다. 투자프로젝트의 투자시점을 1년 연기해서 얻은 투자프로젝트의 $ROP$는 22억 7,700만 원이다.

$$ROP = 89.54 - 66.77 = 22.77\text{억 원}$$

혹은

$$= 86.58 - 66.77 = 19.81\text{억 원}$$

$ROP$가 19.81억 원 혹은 22.77억 원은 투자시점을 1년 연기해서 투자프로젝트 가치가 19.81억 원 혹은 22.77억 원 상승했다는 의미이므로 XYZ회사가 투자시점을 1년 연기하는 것이 바람직한 것으로 해석할 수 있다.

# 연습문제

**9.1** 배당금은 없고, 현재 주가가 80,380원이고, 만기일은 6개월인 콜옵션 행사가격이 90,000원이다. 만약 무위험할인율이 6%이고 주가 변동성이 80%이라면 이 주식의 유럽피언 콜옵션가치는 얼마인가?

**9.2** 배당금은 없고 현재 주가가 136,800원이고, 만기일은 2개월인 풋옵션 행사가격이 160,000원이다. 만약 무위험할인율이 5%이고 주가 변동성이 60%이라면 이 주식의 유럽피언 풋옵션가치는 얼마인가?

**9.3** $S_0=55{,}000$원, $K=45{,}000$원, 콜옵션프리미엄=10,000원이고, 풋옵션프리미엄=2,000원이다. 콜옵션 매입자와 매도자 그리고 풋옵션의 매입자와 매도자의 만기일 결과(가치)를 그래프로 그려보아라.

**9.4** 현재 콜옵션프리미엄이 4,000원이고, 행사가격이 52,000원이고, 만기는 9개월이고, 무위험할인율은 5%이며 주가 변동성은 60%인 주식이 있다고 가정하자. 위에 주어진 정보들을 토대로 이 주식의 현재주가를 구하여라.

**9.5** 다음과 같은 정보들을 2단계 이항격자 모델을 사용해서 유럽피언 콜옵션의 가치를 결정하여라.

(1) 현재주가: 60,000원　　(2) 행사가격: 60,000원
(3) 변동성: 30%　　(4) 무위험할인율: 5%
(5) 만기일: 18개월　　(6) 2단계 이항격자 모델

**9.6** 다음과 같은 정보들을 3단계 이항격자 모델을 사용해서 아메리칸 풋옵션의 가치를 결정하여라.

(1) 현재주가: 40,000원　　(2) 행사가격: 45,000원
(3) 변동성: 30%　　(4) 무위험할인율: 5%

(5) 만기일: 3년　　　　　　　　(6) 3단계 이항격자 모델

9.7 다음과 같은 애플사의 주식을 기초자산으로 하는 옵션들을 고려해 보기로 하자.

- 애플사의 현재주가: 90,000원
- 배당금: 0원
- 무위험할인율: 6%
- 만기가 1년이고 행사가격이 $K$원인 애플사 주식의 콜옵션프리미엄: 35,150원
- 만기가 1년이고 행사가격이 $K$원인 애플사 주식의 풋옵션프리미엄: 13,950원

위 정보들을 활용해서 $K$값을 결정하여라.

9.8 어느 투자자가 다음과 같은 투자자산들로 포트폴리오를 구성하려고 한다.

- 행사가격이 40,000원이고 콜옵션프리미엄이 3,000원인 콜옵션 매입
- 행사가격이 45,000원이고 풋옵션프리미엄이 4,000원인 풋옵션 매도
- 행사가격이 35,000원이고 콜옵션프리미엄이 5,000원인 2개의 콜옵션 매도
- 주가가 40,000원인 2개의 주식 공매

화폐의 시간가치를 무시하고 위에 기술한 계약의 만기일이 모두 동일하다고 가정하다. 만약 옵션 만기일의 주가($S_T$)가 60,000원이면 이 포트폴리오들의 순 이익은 얼마인가?

9.9 현재주가가 30,000원이고 만기일 6개월 후의 주가가 32,000원인 풋옵션프리미엄이 4,000원이다. 이 풋옵션의 내재적 가치와 시간적 가치를 결정하여라.

9.10 1,000만 원의 투자자금을 가지고 있는 어느 투자자가 현재 주가가 25,000원인 마이크로소프트사의 주식을 직접 매입하거나 아니면 행사가격이 27,000원이고 콜옵션프리미엄이 4,000원인 이 회사의 주식 콜옵션을 매입하려고 한다. 다음과 같이 만기일 주가가 각각 $S_T$=27,000원, $S_T$=30,000원, $S_T$=40,000원인 경우 이 콜옵션의 결과(가치)를 구하여라. 그리고 주식 매입과 콜옵션 매입 투자전략 중 어느 전략이 더 바람직한지를 설명하여라.

**9.11** $S_0=100,000$원, $r_f=5\%$, $\sigma=35\%$, 연속복리 할인율을 고려해서 아래의 질문들에 답하여라.

(1) 만기가 18개월이고, 행사가격이 105,000원으로 하는 유럽피언 콜옵션의 가치를 2단계 이항격자 모델을 사용해서 결정하여라. 무위험 헷지를 유지하기 위해서 현재 그리고 9개월 후 몇 주의 주식을 매입해야 하는가?

(2) 만기가 1년이고, 행사가격이 100,000원인 유럽피언 풋옵션의 가치를 4단계 이항격자 모델을 사용해서 결정하여라.

(3) (2)에 기술된 정보들을 사용해서 아메리칸 풋옵션의 가치를 결정하여라.

**9.12** 블랙-숄츠 모델을 사용해서 아래의 질문들에 답하여라.

(1) $S_0=40,000$원, $K=40,000$원, $r_f=6\%$, $T=14$개월, $\sigma=40\%$인 콜옵션가치를 결정하여라.

(2) $S_0=50,000$원, $K=55,000$원, $r_f=6\%$, $T=18$개월, $\sigma=20\%$인 풋옵션가치를 결정하여라.

(3) $S_0=38,000$원, $K=40,000$원, $r_f=6\%$, $T=3$개월, $\sigma=60\%$인 풋옵션가치를 결정하여라.

(4) $S_0=100,000$원, $K=95,000$원, $r_f=6\%$, $T=3$년, $\sigma=40\%$인 콜옵션가치를 결정하여라.

**9.13** XYZ회사에서는 신흥시장에 진출하기 위해서 기존의 제품을 한 단계 업그레이드하려고 20억 원의 투자계획을 수립해 놓은 상태이다. 이 제품으로 진출하려는 신흥시장의 상황이 매우 불확실하지만 XYZ회사는 이 제품을 업그레이드할 수 있는 만기가 1년인 특허기술을 현재 보유하고 있다. 업그레이드될 제품 시장의 수요의 불확실성을 효과적으로 관리하면 XYZ 회사는 큰 이익을 낼 수 있는 기회가 있을 것으로 판단하고 있다. XYZ회사가 이 투자프로젝트를 실행하면 현재가치로 19억 원의 투자가치가 발생될 것으로 추정된다. 무위험할인율이 8%이고, 투자프로젝트 가치의 표준편차가 연간 40%이라고 가정하고 투자시점을 1년 연기했을 경우 이 투자프로젝트를 기각하는 대신 1년을 연기했을 경우의 가치를 결정하여라.

9.14 어느 광산회사가 금광을 채굴할 수 있는 토지개발 허가권을 매입할 것을 고려 중에 있다. 이 투자사업과 관련된 아래와 같은 정보들을 고려해서 다음의 두 질문에 답하여라.

- 투자프로젝트의 투자자금은 400억 원이다.
- 1온스당 금광채굴 비용은 320,000원이다.
- 1온스당 현재 금가격은 340,000원이다.
- 토지개발 허가권의 만기일은 3년이다.
- 금가격의 변동성은 20%이다.
- 금 채굴량은 1,500,000온스로 추정되었다.
- 이 회사의 $MARR=12\%$이고 $r_f=6\%$이다.

이 광산회사가 금광채굴을 위해 매입하려는 토지 개발허가권에 최대로 얼마를 지불하는 것이 합당한가? 그리고 금광채굴의 현재가치는 얼마인가?

9.15 **성장옵션:** 여러분이 앞으로 2년 동안 크리스마스 장식나무 농장에 투자할 계획을 가지고 있다고 가정해 보자. 크리스마스 장식나무 묘목은 이미 1년 전에 식목되어 있는 상태이고, 이 크리스마스 장식나무들은 아래의 표에 있는 성장률로 매년 자라고 있다고 한다.

| 연도 | 1 | 2 |
|---|---|---|
| 성장률 | 1.6 | 1.5 |

크리스마스 장식나무들이 클수록 이 투자프로젝트의 가치는 이에 따라서 증가하지만, 장식나무가 너무 커지면 그 가치가 떨어져서 일반적으로 이와 같은 크리스마스 장식나무는 3년을 주기로 벌목되고 있다. 크리스마스 장식나무 가치는 $u=1.25$와 $d=0.80$인 이항격자 모델을 따르고, 무위험할인율은 6%이다. 그리고 크리스마스 장식나무를 키울 토지의 연간 임대료 4억 원은 매년 초에 지불된다. 1년 동안 성장한 크리스마스 장식나무의 현재가치는 10억 원이다. 여러분은 크리스마스 장식나무를 크리마스 시즌 초에 벌목해서 판매할 수가 있는데 일단 벌목을 한 후에는 토지 임대료를 지불하지 않는다. 연간 토지임대료 4억 원을 고려해서, 여러분이 언제 크리스마스 장식나무를 벌목하는 것이 가장 경제적으로 바람직한가? 그리고 여러분이 결정한 최선의 벌목 시점을 토대로 이 투자프로젝트의

가치를 결정하여라.

**9.16** **연기옵션**: 여러분이 현재 10개의 점포가 들어갈 수 있는 소형 쇼핑몰 혹은 30개의 점포가 들어갈 수 있는 대형 쇼핑몰을 여러분 소유의 토지에 지으려는 계획을 갖고 있다고 하자. 현재 점포 한 개의 시장가격이 6,000만 원이고 시장가격의 변동성은 20%이다. 소형 쇼핑몰에 점포 하나를 건축하는 데 소요되는 비용은 3,500만 원이고 대형 쇼핑몰의 경우는 5,500만 원이다. 여러분은 쇼핑몰 건축을 2년 연기할 수 있는 권리를 가지고 있다. 그러나 만약 그렇게 2년을 연기하면, 현재의 점포 건축비가 연간 5%씩 증가될 것으로 예측된다. 무위험할인율 6%가 연속복리라고 가정하고 쇼핑몰 건축을 2년 연기하였을 경우의 이 투자프로젝트의 가치를 결정하여라.

**9.17** **전환옵션**: XYZ회사가 *A* 투자프로젝트에 투자해서 일정한 금액의 이익을 얻고 있다. *A* 투자프로젝트의 현재가치가 40억 원이고, XYZ회사는 앞으로 5년 후에 현재 사용하고 있는 대부분의 장비로 *A* 투자프로젝트에서 *B* 투자프로젝트로 전환하려고 한다. 그런데 이렇게 전환하기 위해서는 20억 원의 투자자금이 요구되고 있으며, 전환 후 앞으로 10년 동안 *B* 투자프로젝트로부터 얻게 되는 현금흐름이 연간 10억 원이 될 것으로 기대되고 있다. $MARR = 12\%$, $r_f = 6\%$, $\sigma = 50\%$이라고 가정하고 이 투자프로젝트의 총 가치를 결정하여라.

**9.18** **R&D옵션**: 어느 제약회사가 신 비만치료약을 개발하기 위해 요구되는 R&D비용의 최대치를 추정해 보려고 한다. 이 회사는 신약을 개발하고 이를 시장 테스트하기 위해 3년 동안 R&D비용을 지출해야 하고, 4차 년도에는 신제품을 제조 및 생산하기 위해 또 다른 투자를 해야 한다. 이러한 투자들이 이루어지고 난 후에 이 제약회사는 앞으로 6년 동안 아래의 현금흐름도표에서 보는 것처럼 현금흐름을 얻을 것으로 기대하고 있다. $MARR = 12\%$, $\sigma = 50\%$, $r_f = 6\%$이라고 가정하고 이 투자프로젝트가 수행할만한 가치가 있는 투자프로젝트인지를 결정하여라.

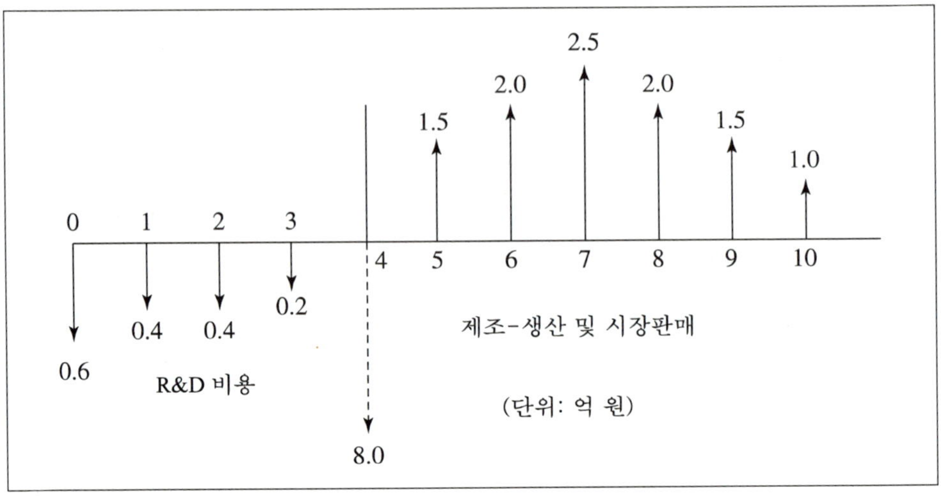


**9.19** 포기옵션: XYZ회사가 신제품을 생산하기 위해 특정한 장비를 매입하려고 한다. 이 장비의구입비용은 30억 원이고 기대되는 연간 현금흐름은 3.5억 원이 무한대로 발생될 것으로 예측되고 있다. 만약 신제품 수요량이 만족스럽지 못하면 앞으로 5년 후에 XYZ회사는 이 장비를 중고시장에서 22억 원에 판매할 수 있는 권리를 갖고 있다. $MARR=12\%$, $r_f=6\%$, 그리고 $\sigma=50\%$이라고 가정하고 이 포기옵션의 가치를 구하여라.

**9.20** 규모축소옵션: 특정한 투자프로젝트를 실행 중인 XYZ회사가 이 투자프로젝트의 장비 및 시설 일부를 매각하고 그리고 작업 일부를 하청을 줄 수 있는 권리를 갖고 있다. 이 투자프로젝트의 현재가치는 $V_0=100$억 원이다. 앞으로 3년 이내 어느 시점에서든지 XYZ회사는 투자프로젝트의 자원들을 40억 원에 매각할 수가 있지만 이럴 경우 투자프로젝트 가치가 20% 하락할 것으로 예측된다. $r_f=6\%$, $\sigma=6\%$이라고 가정하고 3단계 이항격자 모델을 사용해서 이 규모축소옵션의 가치를 결정하여라.

**9.21** 확장-축소옵션: ABC제조회사는 (1) 현재의 제조시스템을 확장, (2) 2년 이내 언제이든지 현재의 제조시스템을 축소, (3) 현재의 제조시스템 유지 전략들 중 하나를 선택해서 그들의 비즈니스 위험을 방지하려고 한다.
ABC회사는 현재 제조시스템의 가치를 1,000억 원으로 추정하고 있으며, 그리고 현금흐름의 변동성은 15%가 될 것으로 예측하고 있다. 이 회사는 앞으로 2년 이

내 언제든지 현재 제조시스템의 10%를 축소할 수 있는 옵션을 가지고 있다. 만약 이렇게 제조시스템을 축소하면 ABC회사는 250억 원의 비용 절감이 발생될 것으로 기대하고 있다. 만약 ABC회사가 제조시스템의 확대옵션을 행사하면 이 옵션은 200억 원의 투자자금을 필요로 하고 이로 인하여 현재 제조시스템은 30% 확대될 것으로 예측되고 있다. 무위험할인율은 5%이다.

(1) 이 투자프로젝트의 가치 변화를 2단계 이항격자 모델로 표시하여라.

(2) 확대옵션과 축소옵션을 동시에 고려해서 이 중 한 가지 옵션을 취할 수 있는 옵션 가치를 결정하여라.

**9.22** 복합옵션: ABC회사의 수익성은 R&D투자에 달려있다. 이 회사는 R&D투자프로젝트를 구성하고 있는 3단계 투자 중 1단계에서 필요로 하는 투자의 최대금액을 지금 결정해야 한다.

- **투자단계 I**: 연구(현재 투자금액이 $R_0$이다)
- **투자단계 II**: 개발(1년 후 투자금액이 $I_1$이다)
- **투자단계 III**: 상품화(3년 후 제조/생산설비, 인력 등을 위한 투자금액이 $I_2$이다)

이 투자프로젝트의 단계별 현금흐름은 아래에 있는 현금흐름도표와 같다.

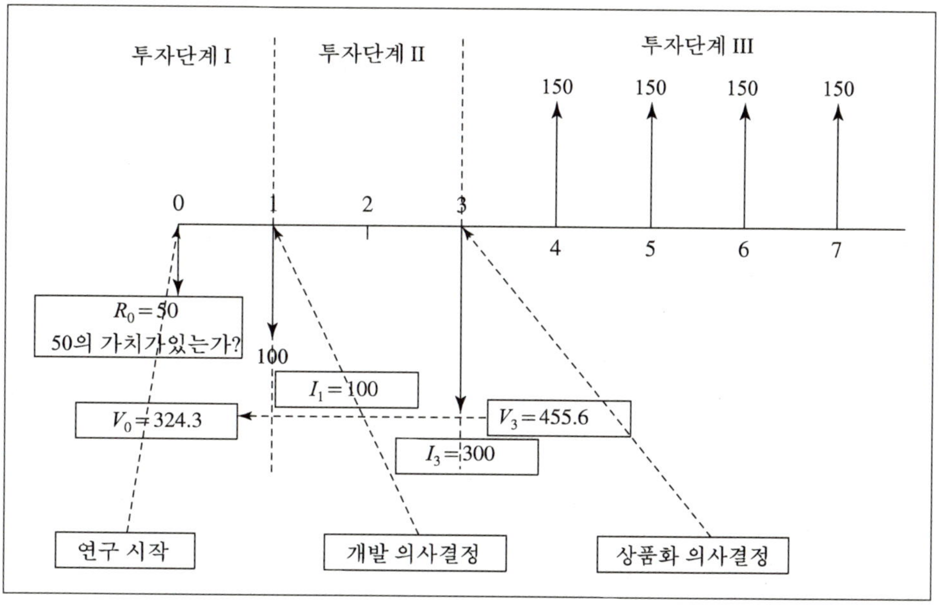

$MARR = 12\%$, $\sigma = 50\%$, $r_f = 6\%$를 사용해서 ABC회사에 최적의 투자전략을 결정하여라.

**9.23** HD건설회사에 현재 골프 리조트 콤플렉스를 건설하기 위한 투자프로젝트를 평가하고 있는 중이다. HD건설회사는 현재 시가가 30억 원에 상당한 토지를 만기가 1년인 콜옵션으로 매입할 수가 있다. 그리고 HD건설회사는 골프 리조트 콤플렉스를 건설해서 운영할 것인지에 관해 투자의사결정을 내릴 수 있는 기간이 지금으로부터 2년이 주어졌다. 콤플렉스 건설 및 초기 운영비용으로 120억이 필요하다. HD회사가 토지를 매입한 후에 골프 리조트 콤플렉스 투자프로젝트를 포기하면 이 토지의 매도 가격이 매입가격의 90%에 지나지 않을 것으로 추정되고 있다. 이 투자프로젝트를 평가하기 위해 필요한 기타 정보는 아래와 같다.

- 만약 골프 리조트 콤플렉스가 현재 건설되어서 운영 중이라면 이 콤플렉스의 현재가치는 195억 원이 될 것으로 추정된다.
- 이 투자프로젝트의 수익 변동성은 25%이다.
- 무위험할인율은 연속복리로 5%이다.

골프 리조트 콤플렉스를 실질적으로 건설하기 이전에 환경영향 평가 등의 사전 연구조사와 토지옵션의 가치를 합해서 HD회사가 얼마를 지불하는 것이 합당한가?

CHAPTER 10

# 공공 투자프로젝트의 경제성 평가[1]



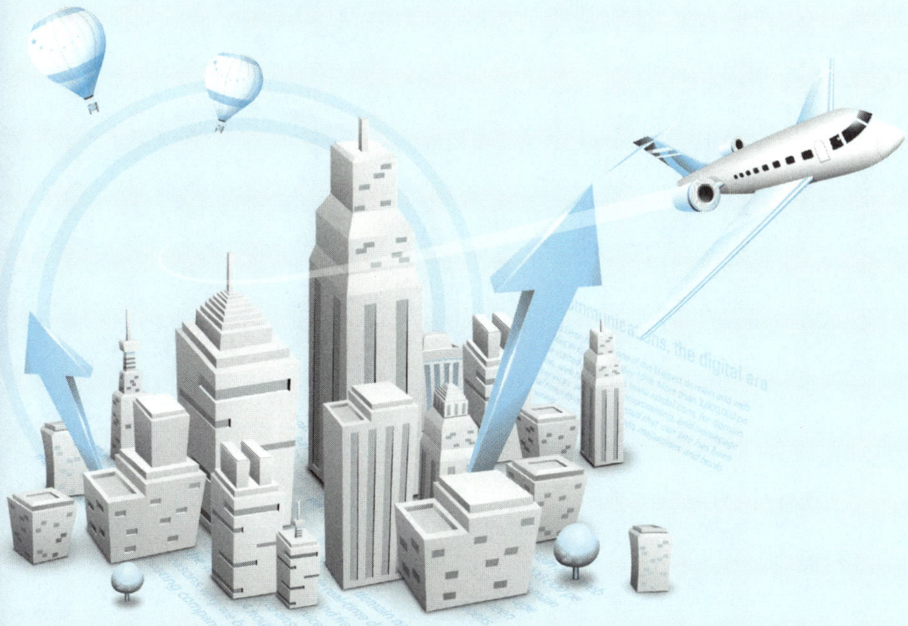

한반도 대운하사업은 한강, 낙동강, 금강, 영산강을 한 물길로 연결해서 수자원의 효율적 관리, 물류 혁신, 환경개선, 재해예방 그리고 지역경제 발전 등을 이룩하기 위해 정부에서 2008년도에 수립한 대규모 공공 투자프로젝트이다.

한편 정부에서는 경부, 호남, 충청 운하를 100% 민자 방식으로 건설할 계획이라고 한다. 이를 위해 현재 현대건설, 대우건설, 삼성물산, GS건설, 대림산업 등 5개 국내 대형 건설사들이 컨소시엄을 구성해 경부운하 투자프로젝트의 경제성 분석을 착수했다고 한다. 그런데 5개 건설사의 한 CEO는 “경부운하공사 공사비 14조 원은 적합할 것이라고 판단되지만 장기 투자에 따른 불확실한 수익성은 정부가 보장해 주어야 공사가 진행될 것이다.”라고 언급했다.

대규모 운하 투자프로젝트의 수익성을 판단할 기준으로는 공사비(투자자본)와 물동량으로 인한 수익이 된다고 보고되고 있다. 예를 들어, 경부운하건설을 찬성하는 측에서는 건설공사비로 토지 보상비와 환경비용을 합친다 할지라도 총 공사비는 16조원에 불과하다고 주장하는 반면, 반대 측에서는 취수원 이전, 주변 하천 제방 보강을 포함하게 되면 총 공사비는 40~50조 원이 발생될 것으로 추정하고 있다. 찬성 측에서 주장하는 총 공사비 16조 원 중 강바닥에서 채취한 모래와 자갈을 판매하게 되면 8조 원의 수익을 얻을 수 있기 때문에 실질적인 경부운하건설비는 8조 원에 지나지 않는다고 한다. 그러나 반대 측에서는 강바닥에서 채취한 골재의 가치가 찬성 측에서 주장하는 바와 같이 8조 원에 이르지는 않을 것이고, 설혹 찬성 측의 기대치와 같이 골재가 채취된다고 할지라도 골재 운반비용을 고려하면 실제 골재 판매 수입은 4조 원에 못 미칠 것이라고 반박하고 있다.

또한 운하건설 찬성 측은 2011년이면 경부운하 물동량이 2,526만 톤에 도달할 것으로 예측하고 있다. 이들은 운하를 이용하면 도로를 이용하는 경우보다 운송시간아 더 소요되기는 하겠지만 교통체증이 없기 때문에 화물을 적시에 운송할 수 있고, 운송비용이 저렴하게 발생하여 많은 물동량이 경부운하를 통하여 운송될 것으로 추측하고 있다. 이러한 주장에 대해 찬성 측의 한 학자는 경부운하 건설 사업이 16조 원의 운하건설비로 37조 원의 수익을 내는 경제성이 매우 훌륭한 투자 사업이라고 평가하고 있다. 그러나 37조 원의 수익이 정확한 수치라고 할지라도 이 37조 원의 수익은 대기 개선 효과 7조 원, 홍수 방지 효과로 인한 수익 1조 6,000억 원, 그리고 수송비 절감효과 3조 원 등을 포함하고 있다. 이러한 사회적 수익은 사기업의 수익과는 전혀 무관한 수익이어서 사기업의 투자프로젝트에 대한 선호도를 급감시키고 있다.

---

1) 박찬석, 김규태, 최성호, 경제성공학, 영지문화사. 2008.

‖ **표 10.1** ‖ 한반도 대 운하 찬반 양측 비용 / 편익 비용분석결과[2)]

| | | |
|---|---|---|
| 비용 | 찬성 | 16조 2,863억 원 |
| | 반대 | 14조 1,000억 원~20조원 |
| 편익 | 찬성 | 37조 4,999억 원 |
| | 반대 | 1조~3조 6,000억 원 |
| 비용/편익 비율 | 찬성 | 2.3 |
| | 반대 | 0.05~0.28 |

앞 장들에서 다룬 사기업 위주의 투자프로젝트들의 수익성 분석과 비교해볼 때 정부에서 발주한 대규모 공공 투자프로젝트의 수익성을 적합하게 산출하는 것은 매우 어려운 작업이라고 할 수 있다. 더욱이 1장에서 언급한 바와 같이 투자프로젝트의 수익성 분석을 객관적으로 실행하기 이전에 미리 투자프로젝트에 관해 편향된 관점으로 투자프로젝트의 경제성 분석을 시도하게 되면 양측의 평가 결과는 서로 상당한 차이를 보여 양측의 평가 결과를 신뢰할 수가 없게 된다(〈표 10.1〉 참조).

정부에서는 다양한 분야의 공공 투자프로젝트를 수행하고 있다. 예를 들면 운하건설, 고속도로건설, 도시외곽순환도로, 댐건설, 신행정도시건설, 교육 및 국방 관련 사업 등이 있다. 이와 같은 공공 투자프로젝트에 공공 투자프로젝트와 관련된 엔지니어들이 많이 참여하고 있는데, 공공 투자프로젝트에 참여한 엔지니어들이 공공 투자프로젝트의 편익을 추정해서 가능하다면 이 편익들을 화폐가치화해야 한다. 그러나 공공 투자프로젝트로 인하여 발생하는 편익을 특별히 "사회적 편익"이라 하는데, 그 범위가 거의 가늠할 수 없을 정도로 매우 광범위하여 모든 사회적 편익을 엔지니어들이 추정하고 화폐가치화하는 작업은 매우 도전적인 문제가 되고 있다. 반면 공공 투자프로젝트의 비용 추정과 화폐가

2) Yahoo.co.kr에 관련 기사 글 요약 모음.

치화 정도는 상대적으로 용이한 편이다. 공공 투자프로젝트의 사회적 편익 추정의 어려움이 사기업에서 실행하는 투자 프로젝트의 특성과 큰 차이점이고, 그리고 사기업의 경우와 달리 공공 투자프로젝트에는 세금이 부과되지 않는다는 점이 또 하나의 뚜렷한 차이점이다.

엔지니어들이 추정된 편익과 비용을 토대로 공공투자프로젝트의 경제성 분석을 시도하게 되는데, 이를 편익-비용분석(benefit-cost analysis : *BCA*) 혹은 비용-편익분석(cost-benefit analysis: *CBA*)이라고 한다. 물론 공공투자프로젝트로부터 얻게 되는 모든 편익을 고려하고, 그리고 이들 모두를 화폐가치로 변환할 수 있는 것은 아니다. 이와 관련된 구체적인 내용은 비용-효과분석(cost-effectiveness analysis: *CEA*)에서 자세하게 다루기로 하겠다.

구체적으로 편익-비용분석 문제는 편익의 화폐가치화 정도에 따라서 크게 두 그룹으로 분류할 수가 있다. 첫 번째, 만약 공공투자프로젝트의 모든 편익이 화폐가치로 변환될 수 있으면, 이런 경우에 적용되는 분석기법을 편익-비용분석이라고 한다. 두 번째, 만약 편익들 중 일부가 화폐가치로 변환되지 못하면, 이런 경우에 적용되는 분석기법을 비용-효과분석이라고 한다.

## 10.1 편익-비용분석기법에 대한 유래

편익-비용분석기법은 그 역사가 매우 오래되었으나 공식적으로는 19세기 프랑스의 경제학자인 듀퓨트(Jules Dupuit)가 1844년에 출간한 그의 저서에서 처음으로 편익-비용분석기법에 관한 내용을 기술하였다고 한다. 그 후 이탈리아의 사회학자인 파레토(Alfredo Pareto)가 사회적 발전상을 정의하는 개념으로 발전시켰으며, 파레토의 뒤를 이어 1940년에는 영국의 경제학자인 칼도(Nocholas Kaldor)와 힉스(John Hicks)가 이 개념을 더욱 발전시켰다. 경제학자들과 달리 토목 공학도인 아서 웰링톤(Arthur M. Wellington)이 1887년에 편익-비용분석 기법을 사용해서 실질적인 철도건설프로젝트의 경제성분석을 처음으로 시도하였다고 한다. 웰링톤의 이러한 업적으로 때문에 현재 미국 경제성공학회에서는 그의 이름으로 매년 경제성공학 발전에 기여한 연구자들을 선정하여 학술논문상을 수여하고 있다.

미국 정부기관에서는 1930년대 후반부터 공공 투자프로젝트의 경제성 평가를 위해 편익-비용분석기법을 채택하여 사용하였다. 그리고 1939년 미국에서는 홍수관리법을 제정하였는데 이 법에서 공공 투자프로젝트의 편익이 비용을 초과해야 한다는 기준을 마련하여 법조항에 삽입하였다. 그러나 이 법문에서는 어떻게 공공 투자프로젝트의 편익과 비용을 측정해야 하는지에 관한 구체적인 내용은 기술되어 있지 않았다. 또 다른 한편 미국 불황기 동안 루스벨트 대통령 시절 테네시 계곡 사업을 실행한 기관과 미국 농무성이 각 사업의 예산을 수립하기 위해 편익-비용기법을 사용하였었다.

1950년대 초에는 공식적으로 편익-비용분석기법이 정부에서 발주한 공공 투자프로젝트의 경제성을 평가하기 위해 미국에서 매우 활발하게 사용되었다. 미국 정부기관들이 사용한 서로 다른 투자프로젝트 경제성 분석기법들을 통일하기 위해 1950년에 발행된 일명 〈청서(*Green Book*)〉라고 불리는 수자원 중개위원 보고서에서는 단순한 경제적 분석을 비용-편익기법으로 대체하려고 시도하였고, 1952년이 되어서야 드디어 연방예산국(Budget Bureau)에서 강변개발 투자프로젝트의 평가기법으로 그들의 고유한 평가기준을 채택하기에 이르렀다. 비용-효과분석의 참고문헌으로 제일 먼저 공식적으로 인정받고 있는 논문은 포스터(Foster, R. B.)와 호버(Hoeber, F. P.)[3]가 1955년에 출간한 논문이라고 보고되고 있다[4].

편익-비용분석기법은 1960년대 중반에 존슨 대통령이 주창한 사회복지 정책인 위대한 사회(great society) 시대에 소수의 학자들만의 관심사에서 역동적인 정치적 관심사로 변하게 되었다. 이 시기에 베트남 전쟁비용, 그리고 의료, 교육, 인력 양성 등의 사회보장 프로그램의 실행으로 연간 연방정부 예산이 급격하게 증가하게 되었다. 이러한 모든 프로그램의 특징은 초기에는 적은 예산을 필요로 하고 있지만 시간이 경과함에 따라 필요 예산이 기하급수적으로 증가하는 현상들을 보여주고 있었다.

그러므로 이 시기에 예산수립, 각기 다른 프로그램들을 수행하기 위해 추정되는 비용과 편익들의 가중치 측정 및 우선순위 결정을 위해 새로운 경영과학 기법들이 요구되었다. 이러한 목적을 효과적으로 달성하기 위해 연방 예산국에서는 쉽게 사용 가능한 대안으로 1960년대 초에 케네디 정부의 당시 국방부 장관이었던 맥나라마(McNamara, R.)의

3) Foster, R. B. and Hoeber, F. P., “Cost-Effective Analysis for Strategic Decisions” Operations Research, Vol. 5, No. 4, 1955, pp. 482-493.

4) Quade, E. S, “A History of Cost-Effectiveness”, http://www.rand.org/content/dam/rand/pubs/papers/2006/P4557.pdf

주도로 개발된 연방 프로그램 예산시스템을 사용하기로 결정했었다.

계획된 프로그래밍 예산시스템(planning programming budget system: *PPBS*)이라고 차후에 명명된 것이기는 하지만, 1965년에 존슨 정부의 연방 예산국에서는 합리적인 연방 예산수립 및 집행을 위해 이 시스템을 사용하기 시작했다. 이 시스템은 다음과 같은 다섯 가지의 특징을 갖고 있다.

(1) 연방정부에서 수행하는 모든 프로그램에서 가장 중요한 역할을 담당하고 있는 영역과 관련된 목표를 매우 구체적으로 기술해야 한다.
(2) 모든 프로그램의 결과물인 편익을 가능한 정확하고도 세밀하게 분석하려고 시도해야 한다.
(3) 모든 프로그램을 계획된 방향으로 수행하기 위해 연 단위가 아닌 3~4년 단위로 미리 요구되는 모든 비용들을 추정해야 한다.
(4) 프로그램을 수행하기 위한 여러 대안들을 포괄적으로 나열하고 이 대안들을 비교 평가하도록 한다.
(5) 연방정부의 승인을 받은 공통 분석기법을 결정해서 사용하도록 해야 한다.

위와 같은 *PPBS*의 다섯 가지 특징들이 연방정부에서 사용하기로 한 편익-비용분석기법의 중요한 핵심이 되었다. 이 내용들을 요약하면 대안들은 상호 간에 서로 비교·분석되어야 하고, 현재 및 미래에 발생할 비용 및 편익들도 구체적으로 명시되어야 하고 적합하게 측정되어야 했다. 그리고 이러한 작업을 수행하기 위해 사용되는 접근 방법은 연방정부의 승인을 받은 공통 기법이어야 한다는 것이었다.

위와 같은 연방정부의 노력에도 불구하고 이 기법은 오래 동안 지속적으로 사용되지 못하였는데, 그 이유들로는 편익-비용분석기법에 내재되어 있는 내용의 제약성들 때문이었다. 한 예로, 연방정부에서 관여하고 있는 프로그램들과 관련된 모든 편익과 비용 등을 명확하게 정의하고 측정하는 내용들을 포함하여 현실적으로 가까운 미래에 편익-비용분석기법을 구체적으로 실행하기가 불가능할 것으로 믿어졌기 때문이었다.

또한 만약 정부에서 발주한 프로그램이 동일한 목적을 달성하려고 시도한다면 프로그램 대안들 간의 상호 우선순위를 결정하기 위해 편익-비용분석기법을 앞으로도 계속 사용할 것으로는 기대된다. 그러나 이와 달리 각 프로그램이 추구하는 목표가 다를 경우와 내재적으로 편익과 비용을 측정하기가 매우 어려울 경우에는 편익-비용분석기법의 사용이 거부되는 것은 당연하다고 할 수 있다.

그럼에도 불구하고 *PPBS*를 실행했던 경험 때문에 연방정부 부서들이 시간이 지남에 따라 점진적으로 예산 수립 및 분석을 위해 젊고 유능한 사회과학자들을 채용하기 위한 자리를 마련하였으며, 이들로 하여금 편익-비용분석과 관련된 질의서를 개발하도록 요청하였다. 이렇게 개발된 질의서들은 그 내용이 매우 다양하여 각 주정부 및 그 하위 단계의 지방정부들이 채용하여 사용하게 되었으며 궁극적으로 각 단위의 정부에서는 기존의 경우와 비교하여 좀 더 바람직한 의사결정 체제를 구축하게 되었다. 한편, 1960년대 초에 시작해서 1970년대 초에 종료된 프로그램 평가를 위한 필요성으로 인하여 정부에서 실행하려는 다양한 종류의 프로그램들을 평가하기 위해 일련의 편익-비용분석기법들이 제안되었다.

1969년에 들어선 닉슨 정부는 그 당시 증가 일로에 있는 인플레이션 문제와 더불어 커져가기만 하는 연방 예산 적자 때문에 *PPBS*를 실행하기 위해 전보다 강력한 정치적 합의체가 필요하게 되었다. 1969년부터 시작하여 1976년에 끝난 공화당 정부의 궁극적인 목표는 적절한 범위 내에 존재하도록 계속 증가해 가는 정부 예산액을 효율적으로 관리하는 것이었다. 이러한 작업을 위해 현장에서 사용된 편익-비용분석기법은 장점보다는 단점이 더 많이 노출되었다. 그럼에도 불구하고 예산 편성 및 집행에 있어서 자유주의적인 입장을 취한 민주당보다는 보수주의적인 입장을 취한 공화당에서 편익-비용분석기법에 의한 프로그램 예산 수립 및 집행에 더 큰 관심을 보였다. 이러한 정치적 편향에 대한 논리가 존재하기는 하지만 실재적인 논리가 반드시 필요한 것은 아니다. 진보주의자나 보수주의자 모두 열등한 프로그램보다는 수월한 프로그램을 더 선호하는 것은 당연하고, 그리고 편익-비용분석기법을 실행함에 있어서 수치화되지 않는 요소들과 수치화되는 요소들이 함께 존재한다는 사실에는 두 그룹 모두 전적으로 동의하고 있다. 측정 불가능한 요소들에 대한 주관적인 가중치와 평가치를 부여하는 점에 있어서 두 그룹 간에 상당한 차이가 있을 수는 있겠지만, 편익-비용분석기법의 적절한 실행으로 인하여 제공되는 사실들을 토대로 분석된 내용들이 사회 발전을 위해 유리하게 사용되도록 진보주의자나 보수의자 측 두 그룹은 상호 협력할 수 있는 체제를 구축해야 할 것이다. 지금까지 기술한 내용의 요체는 정부 부처에서 편익-비용분석기법을 의사결정기법으로 사용하였다기보다는 차라리 그 기법을 통하여 각 프로그램의 주요한 사항들을 쟁점화 시켜서 각 이해 관련자들로 하여금 신중한 평가를 수행하도록 하는 것이었다.

마지막으로 연방 예산국의 역사학자들에 의하면 *PPBS*가 실행된 12년 후인 1977년에 예산 관리사무국(office of management and budget: *OMB*)이라고 명명된 곳에서 편익-비용분석기법을 예산 편성 및 집행과 관련된 의사결정체계에 공식적으로 통합시켰다고 한다. 이 의사결정체계는 카터 정부 시절 그가 조지아 주지사 시절 채택한 사안을 따라 작성된 영점 기준 예산(zero-based budget: *ZBB*)이라는 의사결정체계로 바뀌었다. *ZBB* 시스템이 *PPBS*만큼 광범위한 자료들을 포함하고 있지는 않지만 두 시스템은 유사하게 작동되었다. 연방정부 기관들에서는 이제 중요한 프로그램의 달성 목표와 그 목표들을 달성하는 다양한 종류의 대안들을 자세하게 기술한 보고서를 반드시 작성해야 한다. 그리고 최종적으로 *OMB*에서는 각종 프로그램을 수행하기 위해 요구되는 활동들의 우선순위를 결정하고, 그 우선순위에서 가장 하위 단계에 있는 프로그램 활동들을 정리하고, 나머지 프로그램 활동들 중에서 최적의 대안이 선정되고 있다.

## 10.2 공공 투자프로젝트 평가 단계

각 정부에서는 다양한 종류의 공공 투자프로젝트들을 수행하고 있다. 예를 들면, 천연자원의 관리, 보존 및 보호 그리고 사회 구성원들에게 경제적 서비스를 제공하는 등 다양한 목적을 달성하기 위해 정부의 여러 기관들에서는 단기 혹은 장기의 공공 투자프로젝트들을 수행하고 있다. 이렇게 다양한 목적을 달성하기 위해 설계된 공공 투자프로젝트를 평가하기 위해서는, 먼저 모든 투자프로젝트의 편익과 비용을 동일한 측정단위를 사용해서 측정해야 한다. 다음은 공공 투자프로젝트들이 상호 간의 관계가 독립적일 경우에 투자분석을 하기 위해 일반적으로 사용되는 투자평가 기준이다.

(1) 연 단위 혹은 현재가치 기준으로 투자프로젝트의 편익-비용비율의 극대화
(2) 투자프로젝트의 편익이 고정되어 있을 경우에는 투자프로젝트의 공공 수혜자 및 설비 제공자의 통합된 총 연간비용의 최소화
(3) 만약 프로젝트가 실행되지 않을 경우에는 이로 인하여 달성하지 못한 현재가치의 최소화

이론적인 측면에서 편익-비용분석기법을 이해하는 과정은 매우 쉽다고 할 수 있다. 그러나 이론은 단순해보이지만 이 기법을 사용하여 공공 투자프로젝트의 경제적 가치를 측

정하고 평가하기는 매우 어려운 과정을 거쳐야 한다.

편익-비용분석을 수행하기 위한 과정은 다음과 같다.

(1) 공공 투자프로젝트를 수행하기 위해 필요한 비용과 이로부터 발생될 것으로 기대되는 편익을 추정해야 하는데, 많은 경우 관련된 신뢰할 수 있는 시장 자료를 구하기 매우 어렵다. 그리고 각기 다른 수혜자 개인이나 그룹별로 편익 발생률을 측정할 필요가 있을 때가 있다.
(2) 공공 투자프로젝트의 비용과 편익을 측정한 후에는 이 프로젝트를 채택/기각할 기준을 결정해야 한다.
(3) 공공 투자프로젝트의 비용과 편익을 경제적 동등 가치로 변환하기 위해 사용되는 적절한 사회적 이자율을 결정해야 한다.

## 10.3 사회적 할인율

사기업의 투자프로젝트 평가를 할 때 할인율이 투자평가에서 중요한 역할을 하였듯이 공공 투자프로젝트의 경제적 가치를 평가하기 위해서도 할인율이 중요한 역할을 하고 있다. 특별히 공공 투자프로젝트의 경제성 평가를 위해 사용되는 할인율을 사회적 할인율(social discount rate: *SDR*)이라고 한다. 공공 투자프로젝트의 경제적 가치를 평가하기 위해 사용되는 사회적 할인율은 다음과 같이 세 가지로 구분되어 사용되고 있다.

(1) 대출 할인율(borrowing rate)
(2) 정부 기회비용(government opportunity cost)
(3) 납세자 기회비용(taxpayer’s opportunity cost)

현재 고려 중인 투자프로젝트를 수행하기 위해 특별히 대출받았다는 사실이 분명하고, 이렇게 조달된 투자 자본으로 이 투자프로젝트를 수행하여도 경제적으로 충분한 가치가 유발되는 다른 투자프로젝트들을 수행하는 데 전혀 영향을 미치지 않을 경우에는 대출

할인율을 사용하여 공공 투자프로젝트의 경제적 가치를 평가해야 한다.

그리고 기회비용(opportunity cost)이란 여러 대안들 중에서 최선의 대안을 선택해서 포기된 대안들이 존재하게 되는데, 이들 포기된 대안들 중에서 가장 경제적으로 바람직한 대안의 수익률을 흔히 기회비용이라고 한다. 이렇게 결정된 기회비용을 사용해서 투자프로젝트의 경제성 평가를 수행해야 한다.

위에서 기술한 과정을 모든 공공 투자프로젝트에 적용하고 투자프로젝트의 투자자본을 정부로부터 조달을 받아 투자프로젝트가 수행되면, 이 경우의 기회비용을 정부 기회비용이라고 한다. 반면 납세자에게 경제적으로 가장 바람직한 투자기회이며 동시에 이 투자프로젝트의 수행을 위해 필요한 투자자본이 납세자의 세금에 의한 것이 아니라면 이 경우에 발생하는 기회비용을 납세자 기회비용이라고 한다.

이론적인 측면에서 공공 투자프로젝트의 경제성 평가를 위해 사용되어야 하는 기회비용은 위에서 논한 세 가지 종류의 기회비용들 중에서 가장 작은 기회비용이어야 한다. 일반적으로는 이들 세 가지 기회비용들 중에서 납세자 기회비용이 가장 크다고 할 수 있다. 1972년 미국 연방정부에서는 공공 투자프로젝트의 경제성 평가를 위해 10%의 사회적 할인율을 사용해야 한다고 명시하고 있었다. 이렇게 사회적 할인율을 10%로 결정한 이유는 납세자들이 그들의 세금으로 투자되는 공공 투자프로젝트에 대한 기대 수익률이 대략적으로 10%로 나타났기 때문이다. 더불어 이 시기에는 어떤 공공 투자프로젝트이든지 필요한 투자 자본을 외부로부터 조달을 받기 위해서는 최소한 6~8%의 이자를 지불해야만 했었다. 참고로 1950년대와 1960년대에 미국 연방정부에서 수행한 수자원 개발투자프로젝트의 사회적 할인율은 2.63%있는데, 이는 그 당시 장기국채의 수익률보다도 낮은 수익률이었다. 이렇게 낮은 할인율을 사용하는 것은 그 이유가 정치적 문제에 기인하고 있었다고 추측된다.

예제 10.1을 통하여 위에 기술한 내용을 이해하도록 하자. 단, 본 예제에서 사용한 의사결정기준은 편익-비용비율을 기준으로 하지 않고 앞 장에서 배운 순 현재가치를 사용하고 있다.

**예제 10.1** 순 현재가치를 이용한 공공 투자프로젝트의 경제성 평가

$K$라는 시에서 시민들을 위해 상수도 처리시스템을 구축하려고 한다. 이 시스템을 설치하면 환경개선에 의한 2차 편익과 직접 편익을 합하여 연간 10억 원의 편익이 20년 동안 발생할 것으로 추정되고 있다. 이 시스템을 설치하기 위한 초기 투자 자본은 90억 원이고, 그리고 시스템 운영 및 유지를 위해 20년 동안 매년 3억 원이 필요할 것

으로 예측되고 있다. 만약 이 투자프로젝트에 적용될 사회적 이자율이 6%라면, 이 공공 투자프로젝트를 채택할 수가 있겠는가? 또 만약 정부에서 투자자본으로 40억 원을 제공하는 경우에는 어떠한 경제적 평가 결과가 발생할까?

**조건**

초기투자자본 : 90억 원, 연간 시스템 운영 및 유지비용: 3억 원, 연간 편익: 10억 원, 투자프로젝트 사용 수명: 20년, 사회적 이자율: 6%, 정부 투자자본 보조금: 40억 원.

**풀이**

본 예제는 다음과 같이 먼저 정부의 투자 보조금이 없을 경우와 40억 원의 정부 보조금이 있을 경우로 나누어 풀이를 보여주려고 한다.

(1) 정부의 투자 보조금이 없을 경우

현재가치기법을 이용하여 상수도 처리시스템 투자프로젝트의 경제적 가치를 계산하면 다음과 같다.

$$NPV(6\%) = (1{,}000{,}000 - 300{,}000)(P/A,\ 6\%,\ 20) - 9{,}000{,}000$$
$$= -971{,}000 \text{ (천 원)} < 0$$

따라서 이 투자프로젝트는 기각하는 것이 바람직하다.

(2) 정부의 투자 보조금 40억 원이 있을 경우

$$NPV(6\%) = (1{,}000{,}000 - 300{,}000)(P/A,\ 6\%,\ 20) - (9{,}000{,}000 - 4{,}000{,}000)$$
$$= 3{,}029{,}000 \text{ (천 원)} > 0$$

따라서 이 투자프로젝트는 채택하는 것이 바람직하다.

**토의**

본 투자프로젝트는 총 투자 자본에 대해 순 현재가치로 9억 7,100만 원의 손실을 발생시키고 있다. 이러한 손실을 전혀 고려하지 않고, 정부의 보조금 40억 원을 받고 투자한 경우에 발생한 순 현재가치 30억 2,900만 원을 믿고 이 투자프로젝트를 실행하는 것이 경제적으로 바람직하다고 결론을 내리는 경우가 흔히 발생하고 있다. 투자의사결정자가 이러한 투자의사결정을 내리기 위해 그는 정부의 보조금은 전혀 경제적 가치가 없는 것으로 가정하고 있는 것이다. 이를 달리 표현하면, 정부의 보조금 40억 원을 $K$시가 수령하지 않으면 다른 시나 도의 다른 지방정부가 이 정부 보조금을 수령하여 사용할 것이 분명하므로 $K$시가 수령하여 사용하는 것이 당연시되기 때문에 이 보조금의 경제적 가치를 0으로 간주한 것이다. 그러나 원론적으로는 투자프로젝트의 초기 투자 자본의 출처를 무시하고 투자프로젝트의 경제적 타당성을 결정하기 위해서는 첫 번째 풀이에서와 같이 총 편익과 비용을 기준으로 공공 투자프로젝트의 경제적 가치를 평가해야 한다.

## 10.4 편익-비용분석

공공 투자프로젝트의 경제적 가치는 $B/C$비율(benefit-cost ratio: $BCR$)로 나타내는데, 이 $B/C$비율은 사용자의 편익($B$)과 제안자의 비용($C$)을 비교하는 것이다. 이 절에서는 $B/C$비율을 정의하고 전통적인 $NPV$기법과 $B/C$비율의 관계를 설명하기로 하겠다.

### 10.4.1 편익-비용비율의 정의

편익-비용분석에서 공공 투자프로젝트의 편익과 비용의 현재가치를 각각 $B$와 $C$로 나타내면 다음과 같은 수식으로 표시된다.

$$B=\sum_{t=0}^{N} b_t (1+i)^{-t} \quad \cdots (1)$$

$$C=\sum_{t=0}^{N} c_t (1+i)^{-t} \quad \cdots (2)$$

단, $b_t = t$ 기간 말의 편익, $b_t \geq 0$

$c_t = t$기간 말의 비용, $c_t \geq 0$

$N =$투자프로젝트 사용기간

$i =$제안자 이자율(할인율)

제안자의 비용($C$)은 투자비용($I$)과 운영비용($C'$)으로 구성된다(주의: 본 절은 비율분석이기 때문에 모든 편익과 비용의 현금흐름은 모두 양수로 표시된다). 처음 $K$ 기간에 초기투자가 연속적으로 발생되고, 그 후 매년 운영 및 유지비용이 발생한다고 가정하자. 그러면 각 비용요소의 현재가치는 다음과 같다.

$$I = \sum_{t=0}^{K} C_t (1+i)^{-t} \quad \cdots (3)$$

$$C' = \sum_{t=k+1}^{N} C_t (1+i)^{-t} \quad \cdots (4)$$

총비용의 현재가치는 $C = I + C'$. 현재가치 기준으로 편익-비용비율을 계산할 경우에는 총비용을 사용해도 전혀 문제될 것이 없지만, 만약 연 등가기준을 사용하여 편익-비용비율을 계산하려고 하면 반드시 총비용을 투자비용과 연간운영비용으로 나누어야 한다.

위 내용을 요약하여 $B/C$[5] 비율로 나타내면 다음과 같다.

$$B/C(i) = \frac{B}{C} = \frac{B}{I + C'},\ I + C' > 0 \quad \cdots (5)$$

공공 투자프로젝트를 수행하기 위해서는 투자프로젝트의 $BC(i)$값이 '1'보다 커야 한다. 이러한 의사결정을 내리기 위해서는 식 (5)에서 $B$와 $C$ 값이 양수라고 가정하고 있다는 사실을 주지할 필요가 있다. 그러므로 $BC(i)$의 의사결정 문제를 $B$와 $C$ 값에 따라서 세분화할 필요가 있다. 이를 정리하면 〈표 10.2〉에서 보는 바와 같다.

‖ 표 10.2 ‖ 편익-비용비율 값에 따른 의사결정

| 편익(B) | 비용(C) | 비율(B/C) | 의사결정 |
|---|---|---|---|
| 양 | 양 | >1<br><1 | 채택<br>기각 |
| 양 | 음 | 어느 경우이든 | 채택 |
| 음 | 양 | 어느 경우이든 | 기각 |
| 음 | 음 | >1<br><1 | 기각<br>채택 |

5) $B'/C$로 표시되는 순 $B/C$비율은 초기 투자 자본만을 유일한 현금흐름으로 간주하여 다음과 같이 달리 표현된다.

$B'/C(i) = \frac{B-C}{I},\ I > 0$ 단, 이 경우의 의사결정기준은 본문의 경우와 동일하다.

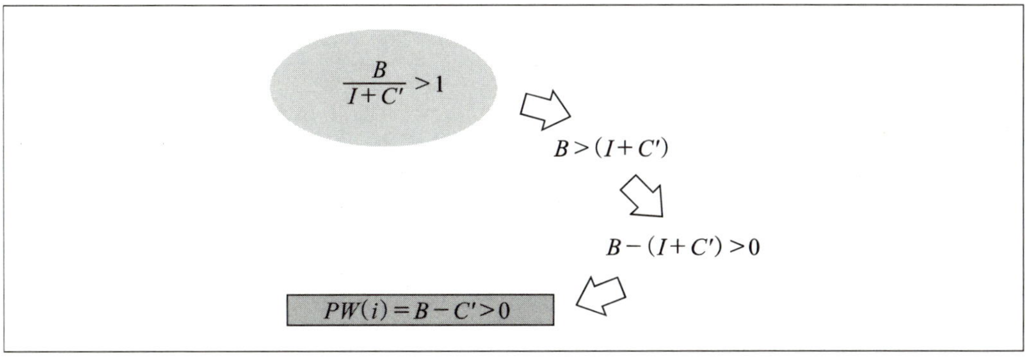


그림 10.1 $B/C$ 비율과 $NPV$ 기준과의 관계

〈그림 10.1〉은 $B/C$비율의 의사결정기준이 $NPV$의사결정 기준과 동일함을 보여주고 있다. 또한 이 값들을 연간 등가 혹은 미래가치로 표시하여 $B/C$비율을 구할 수도 있는데, 어느 경우든지 투자프로젝트에 관한 최종 의사결정은 동일하다.

**예제 10.2** 편익-비용 비율

다음과 같은 편익-비용에 관한 자료를 가지고 있는 지방정부의 공공 투자프로젝트를 고려하여 보기로 하자(〈그림 10.2〉 참조). $i = 10\%$, $N = 5$, $K = 1$이라 하고, $B$, $C$, $I$, $C'$, 그리고 $B/C(10\%)$을 구하여라.

(단위: 천 원)

| 연도 | $b$ | $c$ | $A$ |
|---|---|---|---|
| 0 | | 10 | −10 |
| 1 | | 10 | −10 |
| 2 | 20 | 5 | 15 |
| 3 | 30 | 5 | 25 |
| 4 | 30 | 8 | 22 |
| 5 | 20 | 8 | 12 |

주의: 위 표에서 $A$의 현금흐름은 편익($B$)에서 비용($C$)를 뺀 값으로 구성되어 있다.

**풀이**

다음과 같이 먼저 $B$와 $C$값을 계산한다.

$$B = 20(P/F,\ 10\%,\ 2) + 30(P/F,\ 10,\ 3) + 30(P/F,\ 10\%,\ 4) + 20(P/F,\ 10\%,\ 5)$$

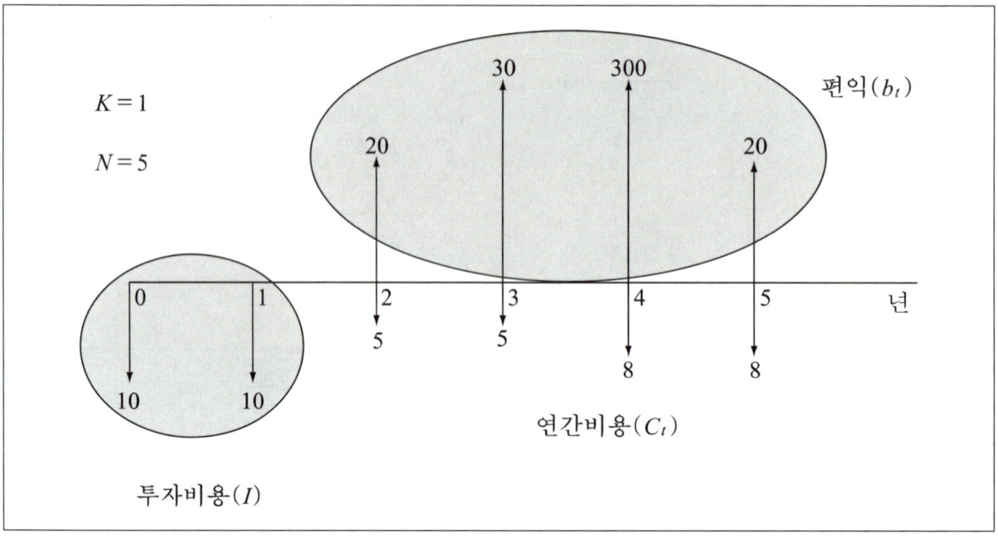


그림 10.2 공공 투자프로젝트의 현금흐름 요소를 편익과 비용으로 분류(단위: 천 원)

$$= 71.98 \text{ (천 원)}$$

$$C = 10 + 10(P/F,\ 10\%,\ 1) + 5(P/F,\ 10\%,\ 2) + 5(P/F,\ 10\%,\ 3)$$
$$+ 8(P/F,\ 10\%,\ 4) + 8(P/F,\ 10\%,\ 5)$$
$$= 37.41 \text{ (천 원)}$$

$$I = 10 + 10(P/F,\ 10\%,\ 1) = 19.09 \text{ (천 원)}$$

$$C' = C - I = 18.32 \text{ (천 원)}$$

식 (5)을 이용하여 이 투자프로젝트의 $B/C$비율을 계산하면 다음과 같다.

$$B/C(10\%) = \frac{71.98}{37.41} = 1.92 > 1$$

$B/C$비율이 1보다 크기 때문에 수혜자의 편익이 제안자의 비용을 초과한다고 할 수 있다.

### 해설

공공 투자프로젝트는 세금을 지불하지 않기 때문에 $B/C$분석에서 감가상각비와 소득세 계산이 중요한 문제가 되지 않는다.

## 10.4.2 증분 $B/C$비율 분석

상호배타적인 공공 투자프로젝트들 중 가장 바람직한 투자프로젝트를 선정하는 방법에 관하여 알아보기로 하자. $IRR$이나 $B/C$비율과 같이 상대적인 측정값을 이용하여 대안들을 비교할 때에는 7장에 기술된 것처럼 증분투자분석법을 사용해야 한다.

### ▍증분 $B/C$비율 분석

증분 $B/C$비율 분석을 실행하기 위해서는 먼저 7장에서 살펴본 바와 같이 각 요소 $(B,\ I,\ C')$에 관한 증분현금흐름을 파악하여 증분투자프로젝트를 구성하여 이에 관한 $B/C$비율을 계산해야 한다. 증분투자프로젝트에 $B/C$기법을 적용하기 위해서는 다음과 같은 절차를 밟아야 한다.

(1) 각 공공 투자프로젝트에 관한 $B/C$비율을 계산하여 이 값이 1보다 큰 투자프로젝트들은 남겨 두고, 1보다 작은 투자프로젝트들은 모두 고려 대상에서 제거한다.

(2) 남아있는 투자프로젝트들을 $(I+C')$값이 증가하는 크기에 따라 투자프로젝트 목록을 작성한다. 즉, 가장 작은 $(I+C')$값을 갖는 투자프로젝트를 맨 앞에 놓고 가장 큰 $(I+C')$값을 갖는 투자프로젝트를 맨 뒤에 놓는다.

(3) 투자프로젝트 목록에서 처음 두 투자프로젝트를 한 쌍으로 만들어 두 투자프로젝트 $(j,\ k)$의 각 요소$(B,\ I,\ C')$에 관한 증분현금흐름을 계산하여 증분투자프로젝트를 구성한다.

$$\Delta B = B_k - B_j$$
$$\Delta I = I_k - I_j$$
$$\Delta C' = C'_k - C'_j$$

(4) 증분투자프로젝트에 관한 $B/C(i)$를 계산한다.

$$BC(i)_{k-j} = \frac{\Delta B}{\Delta I + \Delta C'}$$

만약 $BC(i)_{k-j} > 1$이라면, 투자프로젝트 $k$를 선택하고, 그렇지 않으면 투자프로젝트 $j$를 선택한다.

(5) 앞의 단계 '4'에서 선정된 대안과 투자프로젝트 목록의 다음 순서에 있는 투자프로

젝트를 한 쌍으로 하여 $B/C$비율을 계산하여 비교한다. 이러한 과정을 마지막으로 한 투자프로젝트만 남아 있을 때까지 계속적으로 반복하고, 이 투자프로젝트를 가장 바람직한 투자프로젝트로 결정한다.

다음과 같은 상황에 직면하게 되면 의사결정 과정을 약간 수정할 필요가 있다.

① 만약 $\Delta I/\Delta C'=0$이면 이는 두 투자프로젝트가 동일한 초기 투자자본과 운영비용을 가지고 있다는 사실을 의미하므로 이 경우 $B/C$비율을 이용하여 두 투자프로젝트의 경제적 우선순위를 결정할 수 없다. 이러한 경우에는 가장 큰 편익을 갖고 있는 투자프로젝트를 선정해야 한다.

② 서로 다른 사용수명을 갖고 있는 공공 투자프로젝트(단, 고려 중인 모든 투자프로젝트가 반복적으로 사용된다고 가정함)를 비교 분석할 경우 $B$, $C'$, $I$에 관한 연간 등가를 계산하여 증분분석을 시도하면 현재가치를 이용하는 경우에 직면하게 되는 계산상의 복잡성과 어려움을 상당히 줄일 수가 있다.

또한 증분 편익-비용분석은 비용만 추정되고 편익은 전현 추정되지 않는 대안들을 평가할 경우에도 사용될 수 있다. 이 경우 만약 대안이 하나만 존재하면 증분 편익-비용분석을 사용할 수가 없다.

**❙ 예제 10.3** 현재가치기준으로 증분 편익-비용비율 분석

동일한 사용수명을 갖는 공공 투자프로젝트 $A_1$, $A_2$, $A_3$를 고려해보자. 이 세 투자프로젝트의 $B$, $I$, $C'$의 현재가치는 연 이자율 10%을 사용하여 계산한 것이다.

(단위: 천 원)

| | 공공 프로젝트 | | |
|---|---|---|---|
| | $A_1$ | $A_2$ | $A_3$ |
| $I$ | 5,000 | 20,000 | 14,000 |
| $B$ | 12,000 | 35,000 | 21,000 |
| $C'$ | 4,000 | 8,000 | 1,000 |
| $PW(i)$ | 3,000 | 7,000 | 6,000 |

(1) 공공 투자프로젝트가 각각 서로 독립적이라고 가정하고, $B/C(i)$를 이용하여 가장 바람직한 투자프로젝트를 선정하여라.

(2) 공공 투자프로젝트들이 상호배타적인 관계에 있다고 가정하고, 증분 $B/C$비율 분석을 사용하여 가장 바람직한 공공 투자프로젝트를 결정하고, 그 결과를 도출하는 전 과정을 보여라.

**풀이**

(1) 모든 공공 투자프로젝트의 $NPV(i)_1$, $NPV(i)_2$, $NPV(i)_3$ 이 0보다 크고 이 투자프로젝트들이 서로 독립적이기 때문에 모든 투자프로젝트들이 채택되어야 한다. 이를 $B/C$비율로 평가하면, 모든 투자프로젝트들의 순현재가치가 “0”보다 크기 때문에 모든 공공 투자프로젝트의 $B/C(i)$값이 1보다 크게 되어 $NPV$기준을 사용했을 경우의 결과와 동일하게 모든 투자프로젝트들이 채택될 것이다.

| | $A_1$ | $A_2$ | $A_3$ |
|---|---|---|---|
| $BC(10\%)$ | 1.33 | 1.25 | 1.40 |

(2) 만약 이러한 공공 투자프로젝트들이 상호배타적이라면 이 투자프로젝트들을 서로 비교·분석하기 위해서는 증분분석을 반드시 실시해야 한다. 각 공공 투자프로젝트의 $B/C$비율의 크기에 따라 투자프로젝트들의 우선순위를 결정하면 $NPV$기법을 적용하여 결정한 투자프로젝트들의 우선순위와 분명히 다른 결과가 나온다. 예를 들어, 각 공공 투자프로젝트의 $B/C(i)$비율을 사용하여 투자프로젝트들의 우선순위를 결정하면 투자프로젝트 $A_3$가 가장 바람직한 투자프로젝트이고, 투자프로젝트 $A_2$가 가장 바람직하지 않은 투자프로젝트이다. 이와 같이 상호배타적인 공공 투자프로젝트들을 $B/C$비율의 크기에 따라 우선순위를 결정하게 되면 왜곡된 결과가 나타나게 된다. 그러나 $NPV$기법을 적용하여 투자프로젝트들의 우선순위를 결정하면 그 결과는 $NPV(i)_2 > NPV(i)_3 > NPV(i)_1$이 되어, 투자프로젝트 $A_2$가 가장 바람직한 투자프로젝트가 된다. 두 기법에 의한 투자프로젝트의 우선순위 불일치는 증분 $B/C$분석으로 해결된다.

증분 $B/C(i)$비율을 적용하기 위해서는 먼저 공통분모 $(I+C')$에 크기에 따라 공공 투자프로젝트들을 다음과 같이 나열해야 한다.

(단위: 천 원)

| 순위 | $A_1$ | $A_3$ | $A_2$ |
|---|---|---|---|
| $I+C'$ | 9,000 | 15,000 | 28,000 |

① 투자프로젝트 $A_1$ 대 $A_3$: 무투자대안을 포함하여 '1'보다 작은 $B/C$비율 값을 갖는 모든 공공 투자프로젝트들을 고려대상에서 제외한다. 본 예제에서 고려 중인 공공 투자프로젝트들의 $B/C$비율은 모두 1보다 크기 때문에 첫 증분분석 대상은 투자프로젝트 $A_1$과 $A_3$가 된다.

$$BC(i)_{3-1} = \frac{21,000 - 12,000}{(14,000 - 5,000) + (1,000 - 4,000)} = 1.50$$

증분 $B/C$비율의 값이 '1'보다 크기 때문에 $A_3$가 $A_1$보다 바람직하다고 할 수 있다.

② 투자프로젝트 $A_3$ 대 $A_2$: 다음으로 투자프로젝트 $A_2$에 투자한 투자차액에 대한 경제적 타당성을 증가된 편익으로 결정해야 한다. 그러므로 투자프로젝트 $A_2$와 $A_3$를 비교할 필요가 있다.

$$BC(i)_{2-3} = \frac{35,000 - 21,000}{(20,000 - 14,000) + (8,000 - 1,000)} = 1.07$$

증분 $B/C$비율이 1보다 크므로 투자프로젝트 $A_2$가 $A_3$보다 바람직하다고 할 수 있다. 이제 더 이상 비교할 대안이 없기 때문에 투자프로젝트 $A_2$를 가장 바람직한 공공 투자프로젝트로 결정한다.

### 예제 10.4 연간등가 기준으로 증분 편익-비용비율 분석

연간등가 기준을 사용해서 예제 10.3의 문제를 풀어 보도록 하자. 이를 위해서 먼저 아래의 표에서 보는 것처럼 예제 10.3에 있는 현재가치를 연간등가로 변환해야 한다.

(단위: 천 원)

| | 공공 프로젝트 | | |
|---|---|---|---|
| | $A_1$ | $A_2$ | $A_3$ |
| $I$ | 1,318 | 5,276 | 3,693 |
| $B$ | 3,165 | 9,233 | 5,539 |
| $C'$ | 1,055 | 2,110 | 263 |
| $AW(i)$ | 792 | 1,847 | 1,583 |

(1) 공공 투자프로젝트가 각각 서로 독립적이라고 가정하고, $B/C(i)$를 이용하여 가

장 바람직한 투자프로젝트를 선정한다.

(2) 공공 투자프로젝트들이 상호배타적인 관계에 있다고 가정하고, $B/C(i)$비율을 이용하여 가장 바람직한 공공 투자프로젝트를 증분 $B/C$비율로 결정하고, 그 결과를 도출하는 전 과정을 보여라.

**풀이**

(1) 모든 공공 투자프로젝트의 $AW(i)_1$, $AW(i)_2$, $AW(i)_3$이 0보다 크고 이 투자프로젝트들이 서로 독립적이기 때문에, 모든 투자프로젝트들은 채택되어야 한다. 이를 $B/C$비율로 평가하면, 모든 투자프로젝트들의 연간등가 가치가 0보다 크기 때문에 모든 공공 투자프로젝트의 $B/C(i)$값이 '1'보다 크게 되어 연간등가 기준을 사용했을 경우의 결과와 동일하게 모든 투자프로젝트들이 채택될 것이다.

연간등가 기준으로 $BC(10\%)_1, BC(10\%)_2, BC(10\%)_3$를 계산하면 다음과 같다.

$$BC(10\%)_1 = \frac{3,165}{(1,318+1,055)} = 1.33$$

$$BC(10\%)_2 = \frac{9,233}{(5,276+2,110)} = 1.25$$

$$BC(10\%)_3 = \frac{5,539}{(3,693+263)} = 1.40$$

| | $A_1$ | $A_2$ | $A_3$ |
|---|---|---|---|
| $BC(10\%)$ | 1.33 | 1.25 | 1.40 |

**해설**

이 예제를 통해 연간등가 기준으로 구한 $BC(10\%)$의 값과 현재가치 기준으로 구한 $BC(10\%)$의 값이 서로 동일함을 알 수가 있다. 이와 같은 결과는 아래 (2)의 증분분석에서도 나타나게 된다.

(2) 증분 $B/C(i)$비율을 적용하기 위해서는 먼저 $(I+C')$에 크기에 따라 공공 투자프로젝트들을 다음과 같이 나열해야 한다.

(단위: 천 원)

| 순위 | $A_1$ | $A_2$ | $A_3$ |
|---|---|---|---|
| $I+C'$ | 2,373 | 3,956 | 7,386 |

① 투자프로젝트 $A_1$ 대 $A_3$: 무투자대안을 포함하여 1보다 작은 $B/C$비율 값을 갖는 모든 공공 투자프로젝트들을 고려대상에서 제외한다. 본 예제에서 고려 중인 공공 투자프로젝트들의 $B/C$비율은 모두 1보다 크기 때문에 첫 증분분석 대상은 투자프로젝트 $A_1$과 $A_3$가 된다.

$$BC(i)_{3-1} = \frac{5,539 - 3,165}{(3,693 - 263) - (1,3180 + 1,055)} = 1.50$$

증분 $B/C$비율의 값이 1보다 크기 때문에 $A_3$가 $A_1$보다 바람직하다고 할 수 있다.

② 투자프로젝트 $A_3$ 대 $A_2$: 다음으로 투자프로젝트 $A_2$에 투자한 투자차액에 대한 경제적 타당성을 증가된 편익으로 결정해야 한다. 그러므로 투자프로젝트 $A_2$와 $A_3$를 비교할 필요가 있다.

$$BC(i)_{2-3} = \frac{9,233 - 5,539}{(5,276 + 2,110) - (3,693 + 263)} = 1.07$$

증분 $B/C$비율이 1보다 크므로 투자프로젝트 $A_2$가 $A_3$보다 바람직하다고 할 수 있다. 더 이상 비교할 대안이 없기 때문에 투자프로젝트 $A_2$를 가장 바람직한 공공 투자프로젝트로 결정한다.

### 예제 10.5 연간등가 기준으로 증분 편익-비용비율 분석

공공시설투자프로젝트를 실행하기 위해서 현재 4개의 대안들이 고려 중이다. 4개 대안들의 사용 수명 기간은 동일하게 20년이고, 모든 대안들의 초기 투자 자본은 1억 원으로 추정되고 있다. 최소요구수익률을 5%이라고 가정하고 위에서 논한 편익-비율분석 기법과 그리고 연 투자비용 대비 연 순수편익(연 편익 − 연 운영비용)으로 구성된 수정 편익-비용분석 기법으로 각 대안들의 편익-비용비율을 구하고, 각 기법에서 도출된 결과를 비교 분석하여라.[6] 일반적으로 전자의 경우를 전통적 편익-비용분석이라고 하고, 후자의 경우를 스미스는 수정 편익-비용분석(modified benefit-cost analysis: *MBCA*) 기법이라고 부르고 있다.

---

6) 본 예제는 Smith, G. W., Engineering Economy: Analysis of Capital Expenditure, 3rd Ed., The Iowa State University Press, Ames, Iowa, U.S.A., 1979에 있는 11장 "Analysis of Projects Financed by Public Funds"에 소개된 예제이다.

| 대안 | 연간 편익 | 연간 운영비용 | 연간 순 편익<br>(연간 편익 − 연간 운영비용) |
|---|---|---|---|
| $A_1$ | 23,856 | 7,880 | 15,976 |
| $A_2$ | 15,904 | −72 | 15,976 |
| $A_3$ | 11,928 | −4,048 | 15,976 |
| $A_4$ | 8,836 | −7,140 | 15,976 |

주의: (−) 연간 운영비용은 이 프로젝트를 실행해서 절감되는 비용이다.

**풀이**

(1) 각 대안들의 편익-비용 비율을 계산하기 위해서는 먼저 초기 투자 자본 1억 원을 연간등가 가치로 변환시켜야 한다. 그러면, 그 값은 아래와 같이 8,024,000원이 된다.

$$AW(5\%) = 100,000(A/P,\ 5\%,\ 20) = 8,024 \ (\text{천 원})$$

(2) 위에서 논한 편익-비용분석 기법으로 각 대안의 비율을 구하면 그 값들은 다음과 같다.

$$BC(5\%)_1 = \frac{23,856}{(8,024 + 7,880)} = 1.50$$

$$BC(5\%)_2 = \frac{15,904}{(8,024 - 72)} = 2.00$$

$$BC(5\%)_3 = \frac{11,928}{(8,024 - 4,048)} = 3.00$$

$$BC(5\%)_4 = \frac{8,836}{(8,024 - 7,140)} = 10.00$$

각 대안들의 초기 투자자본과 분석기간이 동일하므로 증분분석을 실행하지 않아도 편익-비용분석에 의한 4개의 대안들의 우선순위는 $A_4$, $A_3$, $A_2$, $A_1$이 된다. 그러나 각 대안들의 순 연간등가는 모두 795.2만 원으로 동일하므로 각 대안들 간의 우선순위는 존재하지 않는다. 이를 다음 (3)에서 검토해 보기로 하자.

(3) 수정 편익-비용분석 기법을 사용하여 각 대안들의 비율을 구하면 그 값들은 다음과 같다.

$$MBC(5\%)_1 = \frac{(23,856 - 7,880)}{(8,024)} = 1.99$$

$$MBC(5\%)_2 = \frac{(15,904 + 72)}{(8,024)} = 1.99$$

$$MBC(5\%)_3 = \frac{(11,928 + 4,048)}{(8,024)} = 1.99$$

$$MBC(5\%)_4 = \frac{(8,836 + 7,140)}{(8,024)} = 1.99$$

수정 편익-비용분석 기준에 의한 비율값들이 모두 1.99로 동일하므로 각 대안들의 우선순위는 존재하지가 않는다. 이 결과는 순 연간등가 기준에 의한 결과와 동일하다.

**해설**

전통적 편익-비용분석 기법과 수정 편익-비용분석 기법이 4개의 대안들에 관한 상이한 우선순위를 보여주고 있다. 그러면 두 기법의 결과 중 어느 결과가 올바른 것인가? 이 판단을 위한 척도는 대안들의 절대값을 기준으로 대안들 상호 간의 우선순위를 결정하는 연간등가 기법에 의한 결과를 도입해야 한다. 그러면 수정 편익-비용분석 기법에 의한 우선순위 결과가 올바르고, 전통적인 편익-비용분석 기법에 의한 우선순위 결과는 왜곡되었다고 결론을 내릴 수가 있다. 그리고 4개 대안들의 내부수익률을 구하면 그 값들이 모두 15%이다. 마지막으로 전통적인 편익-비용분석 기법만을 지속적으로 사용해서 공공 투자프로젝트의 경제성을 분석하면 본 예제에서 관찰되듯이 최고의 수익률을 발생시키고 있는 대안들은 실행이 기각되거나 연기될 가능성이 매우 크다.

위에서 논한 편익-비용분석 기법들의 불일치성 결과를 고려해서 스미스는 대안들 간에 상호배타적 관계가 형성되어 있는 경우이든 아니든 상관없이 대안들 상호 간에 존재하는 우선순위 결정을 위해 전통적인 편익-비용분석 기법을 사용하지 말 것을 제안하고 있다. 그리고 그는 수정 편익-비용분석 기법이 투자자본 분배 의사결정 문제와 단순 대안의 채택/기각 의사결정 문제에 올바르게 적용된다면, 이 기법도 AE 혹은 IRR 기법과 같이 동일한 결과를 제공한다고 한다. 그러나 스미스의 주장에 의하면 간혹 수정 편익-비용분석 기법을 사용하기가 효율적이지 못한 경우가 있고, 기법이 자주 남용되고, 그리고 결과에 대한 해석도 자주 왜곡되고 있기 때문에 그는 수정 편익-비용분석 기법을 사용해서 공공 투자프로젝트를 분석한 최종 투자의사결정은 반드시 AE 혹은 IRR 기법으로 검증되어야 한다고 주장하고 있다.

# 10.5 비용-효과분석

## 10.5.1 비용-효과분석이란?

공공 투자프로젝트의 경제성 평가를 실행하다 보면 동일하거나 유사한 목표를 가지고 있는 여러 대안들의 효과들 중에서 화폐가치로 변환되지 않는 효과들이 존재하는 상황들이 자주 발생한다. 예를 들어, 공군 조종사들의 전투력을 향상시키기 위해 국내에 전투기 폭격 연습장을 결정하기 위해서 4 곳을 대안으로 고려하고 있는 공군 훈련프로그램을 가정해 보면, 이 경우 전투기 폭격 연습으로 인하여 광범위 인근 지역 주민들의 생활의 불안감과 육체적 고통(주로 소음과 오발 사격으로 인한 육체적 부상) 등의 효과들은 화폐가치로 환산하기가 거의 불가능할 것이다. 이러한 상황에서 사용하는 경제성 평가 기법을 비용-효과분석이라고 한다.

비용-효과분석은 투자 분석가가 투입된 비용과 공공 투자프로젝트에 의해서 발생되는 효과들을 추정하여 1) 주어진 특정한 목적을 달성하기 위해 달성된 효과 단위당 최소의 비용이 요구되는 대안을 채택하거나, 아니면 2) 주어진 한정된 비용으로 비용 단위당 최대의 효과를 갖는 대안을 결정하는 투자분석기법이다. 그러나 편익-비용분석이 비용과 편익을 화폐가치로 측정하는 반면, 비용-효과분석에서는 비용은 화폐단위로 측정하나 효과들은 화폐단위가 아닌 다른 정략적 단위로 측정된다. 이 점이 편익-비용분석과 비용-효과분석의 가장 두드러진 차이점이다. 그러므로 비용-효과분석 기법은 각 대안의 경제적 가치에 관한 정보를 제공해 주지 못하고 다만 어느 대안이 최소의 비용을 발생시키는지 또는 최대의 효과를 발생시키고 있는지에 관한 정보만을 제공해 주고 있다.

〈표 10-3〉은 편익-비용분석과 비용-효과분석의 차이점을 구체적으로 기술한 내용들을 보여 주고 있다.

‖ 표 10.3 ‖ 편익-비용분석 기법과 비용-효과분석 기법의 차이점

| | 비용편익분석 | 비용효과분석 |
|---|---|---|
| 사용성 목적 | 1. 복수의 대안들 중 어느 것이 가장 경제적인지를 선택하는 "대안분석"이 주목적으로 최선의 대안 실행에 관한 의사결정을 내리게 한다: 경제적 가치 정보 제공<br>2. 다른 목표를 갖는 대안들 상호 간의 비교·분석이 가능하다. | 1. 여러 대안들 중 비용 대비 효과가 가장 적은 대안을 선택하는 기법으로 특정 단일 사업의 경제적 가치를 제공하지 못한다: 대안들의 우선순위에 관한 정보 제공<br>2. 동일하거나 혹은 유사한 목표를 갖고 있는 대안들 상호 간의 비교·분석만이 가능하다. |
| 측정 범위 | 화폐단위와 측정되는 편익들만 고려한다. | 화폐단위뿐 아니라 그 외의 단위로 측정되는 유·무형 요소들의 효과들을 고려하고 있다. |
| 비교 가능성 | 비용과 편익이 모두 화폐단위로 측정되어 비용과 편익이 서로 직접 비교 가능하다. | 비용과 효과가 서로 다른 단위로 측정되어 비용과 효과를 직접 비교하거나 상쇄시킬 수 없다. |
| 측정 단위 표준화 및 가중치 | 모든 편익들이 화폐 단위로 통일되어 있기 때문에 표준화와 각 편익들에 가중치 부여가 필요하지 않다. | 측정 단위들이 서로 상이하여 이를 표준화해야 하고, 측정 단위들 사이의 가중치를 결정해야 한다. |

## 10.5.2 비용-효과분석 실행 절차

비용-효과분석 기법은 공공 투자프로젝트 사업을 정의하고, 달성 목표를 설정하고, 대안들을 식별하여 비교대상이 되는 대안들을 가능한 최대로 선정한 후, 각각의 대안에 대해 비용분석과 효과분석을 동시에 또는 순차적으로 수행하여 그 결과를 비교하는 일련의 과정이다. 즉, 비용 대 효과분석은 크게 비용분석과 효과분석의 두 축으로 이루어지며, 이 두 가지 범주의 분석결과를 비교하여 최적의 대안을 선택하는 과정이라고 말할 수 있다. 따라서 올바른 비용-효과분석을 수행하기 위해서는 무엇보다도 체계적·논리적·합리적 비용분석과 효과분석이 이루어져야 한다.

비용-효과분석 기법을 실행하는 절차는 다음과 같이 일반적으로 8단계로 구성되어 있다.

- 단계 1: 공공 투자프로젝트가 달성해야 하는 목표들을 설정한다.
- 단계 2: 공공 투자프로젝트의 목표들을 달성하는 데 고려해야 할 제약(예: 예산 및 물리적 조건)들을 파악한다.
- 단계 3: 공공 투자프로젝트의 목표들을 달성하기 위한 모든 가능한 대안들을 파악한다.

• 단계 4: 비용-효과분석에 사용할 사회적 할인율을 결정한다.

• 단계 5: 연구개발비용, 시험비용, 초기 투자비용, 연간 운영 및 유지비용, 잔존가치 등을 고려해서 각 대안의 연간등가를 결정한다.

• 단계 6: 비용-효과비율을 계산하기 위한 초안을 (1) 비용고정법과 (2) 효과고정법 중에서 선택을 한다. 비용고정법을 선택하면, 분석가는 주어진 비용으로부터 획득 가능한 효과를 추정해야 하고(효과의 최대화가 목적), 효과고정법을 선택하면, 분석가는 주어진 효과를 달성하기 위해 필요한 비용을 추정해야 한다(비용의 최소화가 목적).

• 단계 7: 단계 6에서 선택한 방법을 토대로 각 대안의 비용-효과비율을 계산한다.

• 단계 8: 가장 큰 비용-효과비율을 갖고 있는 대안을 최선의 대안으로 선택한다.

앞에서 논한 편익-비용분석 기법과 비용-효과분석 기법을 실행할 때에는 투자프로젝트들에 내재되어 있는 위험을 파악하여 유연하고 효과적인 의사결정을 내릴 필요가 있다. 이러한 위험을 파악하기 위해 다양한 기법들이 사용될 수 있지만 8장에서 다룬 전통적인 민감도분석, 시나리오분석, 몬테카를로 시뮬레이션 기법 등이 사용되고 있다.

### 10.5.3 비용-효과분석 사례연구[7)]

본 절에서는 앞 절에서 기술한 비용-효과분석의 절차를 설명하기 위해 미 육군이 전쟁터에서 필요한 전쟁물자와 인적자원들을 적시에 수송해 주는 비용-효과 프로그램을 선택하는 과정을 기술하고 있는 사례연구를 살펴보도록 하자.

#### ❙ 사례연구 내용

최근에 미 육군은 전통적으로 한 곳에서 치렀던 전쟁 작전을 이제는 연속적으로 신속한 작전을 요구하고 있는 다양한 형태의 전쟁 작전을 동시에 여러 곳에서 수행해야 하는 어려운 상황에 직면해 있다. 이러한 신개념의 작전을 성공적으로 수행하기 위해서 미 육군에서 작전 수행 지역에 인적·물적 자원을 적시에 공수해야 하는 필요성을 강하게 느끼고 있다. 그러나 전력이 여러 지역으로 분산되어 있기 때문에 지상의 병참선은 불안하여 이 문제를 해결하는 한 대안으로 미 육군에서는 공중 낙하로 전쟁 지역에 필요 자원들을 공급하는 방법을 고려하고 있다. 시급을 다투는 물적 전투자원들은 중간 병참 기지(ISB)에서 최전방 전투부대(BCT)로 직접 공수하는 것이 가장 바람직하다.

7) Park, Chan S., Contemporary Engineering Economics, $5^{th}$ Ed., Prentice Hall, New York, 2011, 16장

전형적인 군 수송네트워크는 고정익 항공기에 의한 장거리 수송과 헬리콥터와 트럭에 의한 단거리 보급으로 구성되어 있다. 장거리 수송은 보통 전투 지역에서 가장 근접한 군 비행장을 이용하지만 물자 수송이 필요한 때에 사용 가능한 군 수송 수단을 사용하여 단 한번만 수송이 이루어질 수밖에 없다. 장거리 수송이 가지고 있는 더 큰 문제는 트럭을 사용하면 많은 트럭들이 동원되어야 하고 수송 중에 적들의 공격에 쉽게 노출될 수가 있으며, 미 공군기는 항상 이용 가능할 수가 없거나 혹은 사용할 수 있다고 해도 적절하지 않을 수가 있고, 그리고 기존의 헬리콥터들은 전투 지역까지 물자 보급을 해 줄 수 있을 정도의 능력이 부재하다. 더욱이 시급을 다투는 우선순위의 군 물자는 수송량이 적기 때문에 미 공군의 중대형 수송기를 이용하는 것은 비효율적이다. 미 육군에서 이러한 장거리 수송 문제를 가장 효과적으로 해결하기 위해 (1) 미 공군의 C-130J기를 사용하는 방법, (2) 소형 민간화물수송기(FCA)를 구매하는 방법, 그리고 (3) CH-47 헬리콥터를 구입하는 방법 등을 고려 중에 있다.

### 프로그램 목표

최종적 문제 해결 방법은 투자에 대한 수송 능력이 가장 훌륭한 대안을 선정하는 것이다. 최종 대안 선정 과정은 다음과 같은 운영적인 측면을 포함하고 있어야 한다.

1. 미시적 조사: 수송 네트워크, 지원 조직과 장소가 마련되어 있는 특정 전투 지역에 대해서 시급한 특정 전력 물자를 공급해 주는 시간과 대안들의 상대적 수송비용이 의사결정 기준이다. 이러한 의사결정 기준은 적시에 군수 물자가 수송되어야 하는 요구사항을 가장 신속하면서 효율적으로 만족시켜 주는 수송시스템을 파악하기 위한 적합성 측정이다.
2. 거시적 조사: 오래 지속되고 있는 전투지역의 광범위한 지원 요구 사항이 결정되면 적시에 몇 퍼센트의 중요한 군수물품들이 공급될 수가 있으며 이러한 군수물자량이 공급되기 위해 고정익 항공기, 헬리콥터, 그리고 트럭 등으로 이루어지는 군 수송 네트워크 조합을 창출하기 위해 필요한 모든 수송 수단들의 구매가격은 얼마인가가 의사결정 기준이다. 이러한 의사결정 기준은 적시에 필요한 군수물자를 공급해 주기 위해 필요한 수송수단의 수를 결정하기 위한 예비타당성 측정이다.
3. 동일한 수송능력으로 다양한 수송이 가능한 유사한 고정익 항공기들에 대하여 위에서 제시한 세 가지 대안들과 관련된 15년 수명주기비용이 얼마인가가 의사결정 기준이다. 이러한 의사결정 기준은 모든 수명주기비용들이 정확하게 파악되고 이러한

수명주기비용들이 모두 미 육군 예산 범위 내에 존재한다고 확신하기 위한 예산 실행가능성 측정이다.

### ▎대안의 구체적 내용

• 대안 1: 미 공군 C-130J기를 사용하는 경우

미 공군의 C-130J 수송기는 군수물자 장거리 수송을 위한 대안으로 제안되었다. C-130J 수송기는 새롭게 구매하는 것이다. 구매할 C-130 수송기는 i) 전투지역에 직접 C-130J로 군수물자를 수송하도록 하는 방법과 ii) 미 공군에서 설정한 공군 군수물자 표준 수송망(STAR)을 이용해서 군수물자를 수송하는 방법으로 사용될 수가 있다. 현재는 C-130J 수송기는 거의 대부분 경우 STAR망을 이용해서 군수물자를 수송하고 있다. 그러나 앞으로는 군수물자 수송계획 방법과 전투지역 우선순위를 고려하여 구매할 C-130J 수송기는 STAR망뿐만 아니라 직접 전투지역에 군수물자를 수송할 수 있다고 가정하고 있다.

• 대안 2: 소형 민간화물수송기를 사용하는 경우

장거리 군수물자 운송 대안으로 적시에 효율적으로 필요한 군수물자를 운송해 줄 수 있는 두 가지 소형 민간화물수송기 중 하나를 선택하는 것이다.

• 대안 3: C-47 헬리콥터를 사용하는 경우

먼저 장거리 군수물자 운송을 살펴보면, 최근에 대부분의 군수물자 수송은 다른 수송수단과 함께 CH-47 헬리콥터나 C-130J 수송기로 이루어지고 있다. CH-47기는 현재 미 육군에서 가용할 수 있는 최고의 수송수단이기 때문에 CH-47기가 장거리 군수물자 수송 목적으로 사용되고 있다. 그러나 불행하게도 CH-47기를 운영하는 비용이 엄청나게 크고 운항거리가 짧아서 이와 같은 임무를 수행하기 위해서는 비효율적이다. 더욱이 중간 병참 기지와 최전방 전투 부대 사이 거리가 멀면 계획된 헬리콥터 서비스 수명 시간보다 더욱 급격하게 비행시간이 누적되어서 헬리콥터 유지비용이 상당히 많이 증가하게 된다.

〈표 10.4〉는 장거리 군수물자 수송 대안들에 관한 내용을 요약해서 보여주고 있다.

장거리 군수물자 수송 임무를 수행에서 발생하는 문제들에 더하여, 가설 활주로나 정상 활주로의 길이가 충분하지 않아서 고정익 수송기가 최전방 전투지역에 근접에 곳에 군수물자를 배송할 수가 없으면, 단거리 군수물자 배송은 최전방 전투지역까지 필요한 군수물자를 배송하기 위해서 육상 수송 수단이나 아니면 헬리콥터를 필요로 하고 있다.

‖ 표 10.4 ‖ 장거리 수송 네트워크 요구 사항을 만족하는 수송 대안에 관한 요약 내용

| 수송 대안 | 요약 내용 | 주의 사항 |
|---|---|---|
| 대안 1: C-130J | CJ-130J 수송기 구매를 증강하고 전투 지역 간 시급을 다투는 군수물자 및 인력 장거리 수송 사용 회수를 최대화하고 CH-47 수송기 사용 빈도수를 최소화한다. | C-130J 수송기는 STAR망과 직접 수송망을 이용할 수 있다. C-130J는 소형 민간화물수송기보다 더 긴 활주로를 필요로 한다. |
| 대안 2: 육군 FCA | CH-47 사용 회수를 최소화하면서 개조한 소형 민간화물수송기를 구입해서 이 수송기의 사용회수를 최대화하고 CH-47 사용 회소는 최소화한다. | 상황에 따라서 소형 민간화물수송기는 최전방 전투지역이나 근접한 지역에 착륙할 수 있다. 2A와 2B의 소형 민간화물수송기가 구입 대상이다. |
| 대안 3: CH-47증강 | CH-47 수송기를 증강한다. | 새롭게 구입되는 CH-47 수송기는 현재 사용되고 있는 CH-47 수송기를 위해 지원시스템을 수행할 수 있어야 한다. |

‖ 표 10.5 ‖ 수송 네트워크 옵션에 관한 내용

| 대안 | 네트워크 옵션 | 내용 |
|---|---|---|
| 대안 1 | $NO_1$ | • 대안 1: C-130으로 ISB에서 BCT 근방 비행장으로 직접 수송하고, 그 후에 트럭으로 BCT까지 수송한다. |
| | $NO_2$ | • 대안 1: C-130으로 ISB에서 BCT 근방 비행장으로 직접 수송하고, 그 후에 CH-47으로 BCT까지 수송한다. |
| | $NO_3$ | • 대안 1: STAR망을 이용해 C-130 ISB에서 BCT 근방 비행장으로 운송하고, 그 후에는 트럭으로 BCT까지 수송한다. |
| | $NO_4$ | • 대안 1: STAR망을 이용해 C-130 ISB에서 BCT 근방 비행장으로 운송하고, 그 후에 CH-47으로 BCT까지 수송한다. |
| | $NO_5$ | • 대안 2$A$: 2$A$로 ISB에서 BCT 근방 비행장으로 수송하고, 그 후에 트럭으로 BCT까지 수송한다. |
| | $NO_6$ | • 대안 2A: 2A로 ISB에서 BCT 근방 비행장으로 수송하고, 그 후에 CH-47으로 BCT까지 수송한다. |
| 대안 2 | $NO_7$ | • 대안 2A: 2$A$로 직접 ISB에서 BCT로 수송한다. |
| | $NO_8$ | • 대안 2B: 2$B$로 직접 BCT 근방 비행장으로 수송하고, 그 후에 트럭으로 BCT까지 수송한다. |
| | $NO_9$ | • 대안 2B: 2B로 직접 BCT 근방 비행장으로 수송하고, 그 후에 CH-47으로 BCT까지 수송한다. |
| | $NO_{10}$ | • 대안 2B: 2B로 직접 ISB에서 BCT까지 수송한다. |
| 대안 3 | $NO_{11}$ | • 대안 3: 비행 중간 서너 번 급유를 받으면서 CH-47으로 직접 ISB에서 BCT까지 수송한다. |

이러한 단거리 수송문제는 군수물자 배송 임무를 완수하기 위해 필요한 적합한 육상 수송 수단이나 헬리콥터가 적시에 항상 사용 가능해야 한다는 더 큰 부담을 수송 네트워크에 안겨주고 있다. 장거리 수송 대안들과 최전방 전투지역까지의 단거리 수송 시스템들을 조합하면 〈표 10.5〉에서 보는 바와 같이 여러 수송 네트워크 형태들이 있다.

### 미시적 분석

본 사례연구에 관해서 비용-효과분석을 시도하기 위해서 〈그림 10.3〉에서 보는 것처럼 *X*-축에 편도 수송비용을 표시하고 *Y*-축에 수송시간을 표시해서 대안들을 미시적으로 비교하였다. 수송비용과 수송시간이 작을수록 대안들의 선호도 커가는 방향이 결정되는데, 이 추세선이 동남향(즉, 왼쪽 모퉁이)을 향하고 있다. 각 수송시스템의 수송시간 당 수송비용은 C-130J=\$3,850, FCA 2A=\$2,800, FCA 2B=\$1,680, CH-47=\$4,882이다.

ISB에서 FCA로 군수물자를 직접 수송하는 대안 12B FCA를 포함하고 있는 옵션 10($NO_{10}$)과 대안 2A FCA를 포함하고 있는 옵션 7($NO_7$)이 주어진 수송 임무를 달성하기 위해 소요되는 수송시간이 가장 짧다. 그리고 이 옵션들의 수송비용 또한 가장 적게 발생하여 두 옵션들이 〈그림 10.3〉의 가장 왼쪽 모퉁이에 자리하고 있다.

수송시간이 두 번째로 가장 짧은 옵션 $NO_2$(장거리 수송은 C-130J로 그리고 CH-47으로 최전방 전투지역으로)이다. 이 옵션은 FCA 대안들과 비교해서 C-130J 수송기의 수송

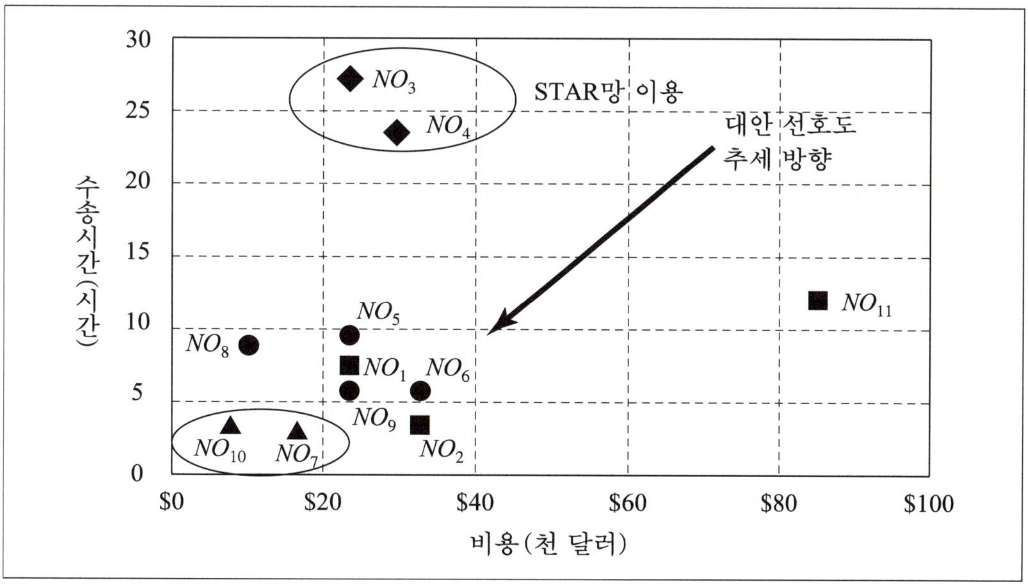


그림 10.3 미시적 비용–효과분석 결과

비용이 많이 발생하고 있고 그리고 CH-47 수송기가 $NO_{10}$보다 두 배나 더 많은 수송비용을 발생시키고 있다.

그리고 모든 옵션들 중에서 $NO_3$(STAR망을 이용하는 C-130J)의 수송비용이 비교적 적게 발생하지만 수송시간은 가장 길다. 대안 CH-47을 포함하고 있는 옵션 $NO_{11}$은 모든 옵션들 중에서 가장 많은 수송비용을 발생시키고 있다.

## 거시적 분석

거시적 분석은 30일 이내에 두 전투지역에 동시에 시급을 다투는 군수물자를 수송할 수 있는 능력을 기준으로 이루어졌다. 모든 대안들은 최소한 전투지역에 요구하는 수송물량의 80%는 성공적으로 전투지역에 수송해야 한다. 전투지역의 요구사항은 심각한 전투상황이 10일 동안 전개되고 나머지 20일 동안은 평온이 유지되는 전투지역과 30일 동안 간헐적으로 전투가 심각하게 발생하지 않는 전투지역에서 요구하는 군수물자에 의하여 결정된다. 거시적 분석을 위해서 현재 수송수단의 수송능력을 기본형으로 하도록 한다.

기본형 수송수단은 현재 28대의 CH-47 헬리콥터와 10대의 C-130J 수송기, 그리고 최전방 전투지역으로 군수물자를 수송하기 위해 미 육군이 보유하고 있는 다른 형태의 항공기들과 트럭으로 구성되어 있다. 이렇게 구성된 수송수단으로 수송물량을 전투지역에 적시에 수송해 주는 비율이 전체 요구 수량의 12%에 지나지 않고 있는 실정이다. 현재 적시 수송능력 10%와 요구 수송능력 80%의 차이가 앞으로 보강되는 수송수단이 충족시켜야할 수송수단의 능력 차이가 되겠다.

거시적 분석을 실행하기 위해 대안 1, 2A, 2B, 그리고 3은 순차적으로 증강되며, 이렇게 수송 대안들이 순차적으로 증가해감에 따라서 적시 수송률이 계산되었다. 추가로 구입되는 각 수송수단 대안들의 구입량은 다음과 같은 각 대안들의 구입가격을 토대로 결정되었다. 대안 1의 구입가격은 7,560만 달러, 대안 2*A*의 구입가격은 3,450만 달러, 대안 2*B*의 구입가격은 2,920만 달러, 대안 3의 구입가격은 2,610만 달러. 〈그림 10.4〉는 대안들의 구입가격 대비 적시 수송능력의 변화를 보여주고 있다.

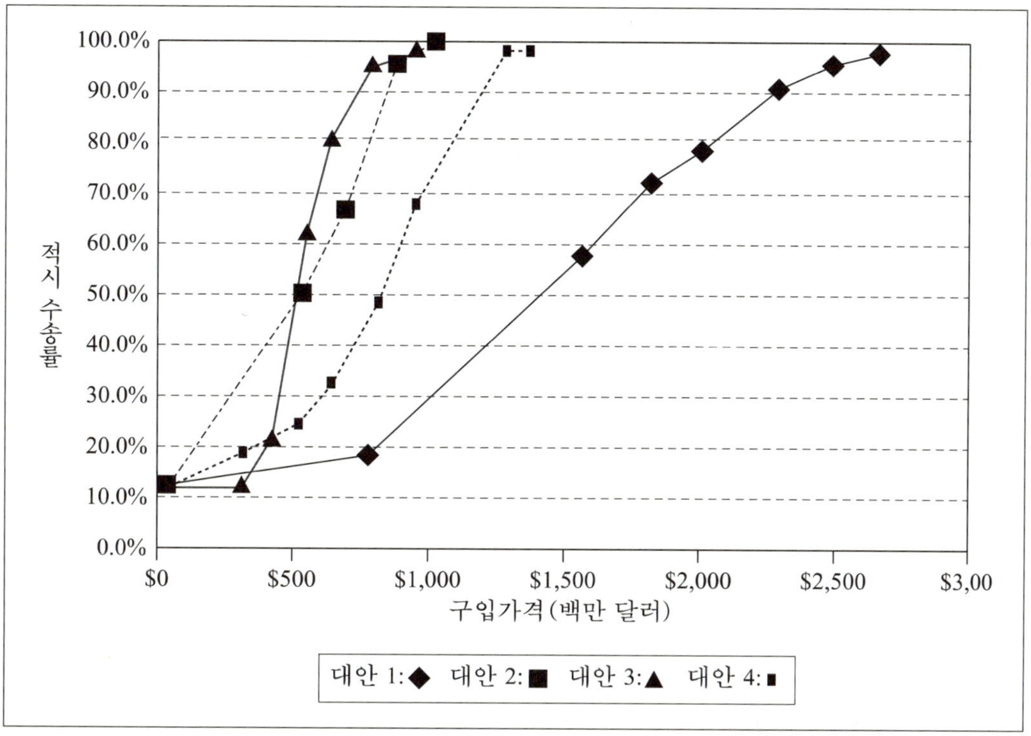


그림 10.4 거시적 분석 결과

### ▌대안의 수명주기 비용

이 절은 각 대안의 수명주기 비용에 관하여 기술하고, 〈표 10.6〉은 각 대안의 수명주기 비용을 결정하기 위해 고려한 비용항목들을 보여주고 있다. 미 국방성이 요구하고 있는 다른 여러 법률 및 가정들과 함께 이 표에 있는 비용항목들은 계획된 예산과 비용 범위 내에서 평가 각 대안을 평가하기 위해 적용되는 의사결정 요소들이다. 이 평가를 위해 먼저 3개의 대안들에 포함된 장거리 수송기들의 특정 구입 대수를 가정하고 그 대안의 수명주기 비용을 추정하도록 한다. 각 대안의 수송기 구입 대수는 모두 수송능력이 동일하도록 결정한다. 두 번째, 미 육군에서는 각 대안의 구입 대수를 결정하기 위해서 시급을 다투는 군수물자 적시 수송률이 80%가 되도록 동일한 효과 표준을 사용하고 있다.

- 대안 2*A*와 2*B*는 다른 부수적인 지원 요구사항들과 함께 거시적 분석에서 도출된 수송기 56대를 사용하고 있다.
- 대안 1은 40대의 미 공군 수송기 C-130J를 사용하고 있다. 다른 부수적인 지원 요구사항들은 미 공군의 프로그램에 포함되어 있다.

‖ 표 10.6 ‖ 수명주기 비용 변수에 관한 정의

| 수명주기 비용항목 | 비용 변수 | 내용 |
|---|---|---|
| 1 | RD & E | 연구 및 개발, 시험, 평가와 관련된 정부와 민간 계약자 비용 |
| 2 | 구입가격 | 생산 및 미 육군 재고 창고까지의 운반비용 |
| 3 | 건설 | 각 대안의 작전 수행에 필요한 모든 군 건설 관련 비용. FCA 대안에 관해서는 군의 부가적인 건설비용이 발생하지 않는다. |
| 4 | 투입인력 | 각 대안의 개발 및 운영에 관련된 군 투입 인력 비용 |
| 5 | O & M | 각 대안의 개발, 생산, 운반비용 등과 함께 20년 동안 지원하는 운영비용, |

- 대안 3은 부수적인 지원 요구사항 없이 92대의 CH-47F를 사용하고 있다. 새로 구입하게 될 92대의 CH-47F는 현재 작전활동을 펼치고 있는 400대의 CH-47에 보강되는 것이다.

각 대안에 관하여 비용이 추정되었는데, 이러한 비용 추정은 각 대안을 구입하고 운영하기 위해 발생하는 비용들을 추정하는 데 필요한 유익한 정보이다. 각 대안의 구입가격은 *RDT&E*와 〈표 10.6〉에 있는 수명주기 비용항목 (2)를 포함하고 있다. 각 대안의 운영비용은 O&M비용과 군 투입 인력 비용들을 포함하고 있다. 군에는 명목 군 건설 비용들이 있기는 하지만 모든 대안들과 관련된 군 건설비용은 동일하다고 가정한다.

이와 같은 비용 추정을 위해 각 대안을 구입해서 마지막 작전을 수행할 때까지의 사용수명을 15년을 가정한다. 〈표 10.7〉은 각 대안의 비용항목들과 관련된 추정 비용들을 보여주고 있다. 미 국방성에 구매하는 대부분의 구매활동에 대해서는 미래에 발생할 인플레이션 효과가 반드시 반영되어야 하는데, 이 사례연구에서는 인플레이션율 2%를 사용하였다. 그리고 각 대안의 수명주기 비용을 계산하기 위해서 인플레이션 효과를 반영하고 있는 수정 인플레이션 할인율 8%를 사용하였다. 〈표 10.7〉에 있는 대안 1의 수명주기 비용을 계산하면 다음과 같다.

$$PW(8\%)_{ATL_1} = (\$702.8 + \$25.0) + (\$796.5 + \$51.9)(P/F, \%, 1)$$
$$+ \cdots + \$10.6(P/F, 8\%, 15) = \$3{,}726.50$$

〈그림 10.5〉는 각 대안의 수명주기 비용을 구성하고 있는 비용항목들의 비율을 보여주고 있다. 이 그림에서 보듯이 56대의 소형 민간화물수송기를 포함하고 있는 대안 2A

‖ **표 10.7** ‖ 각 대안의 수명주기 비용 추정

| | A | B | C | D | E | F | G | H | I | J |
|---|---|---|---|---|---|---|---|---|---|---|
| 1 | | | | | | | | | | |
| 2 | | 대안 1 | | 대안 2A | | 대안 2B | | 대안 3 | | |
| 3 | 년 | 구매가격 | O&M | 구매가격 | O&M | 구매가격 | O&M | 구매가격 | O&M | |
| 4 | 0 | $702.80 | $25.00 | $257.50 | $4.80 | $221.10 | $3.30 | $620.20 | $10.80 | |
| 5 | 1 | $860.27 | $56.10 | $529.90 | $14.70 | $450.30 | $12.50 | $654.40 | $82.00 | |
| 6 | 2 | $877.47 | $88.40 | $800.80 | $43.00 | $687.20 | $35.00 | $451.40 | $163.20 | |
| 7 | 3 | $447.51 | $122.00 | $431.30 | $64.00 | $376.10 | $52.60 | $145.20 | $224.10 | |
| 8 | 4 | | $151.60 | $206.10 | $105.10 | $189.20 | $80.70 | $351.00 | $251.40 | |
| 9 | 5 | | $154.70 | | $114.30 | | $80.50 | $262.60 | $258.80 | |
| 10 | 6 | | $157.80 | | $120.60 | | $81.50 | | $262.30 | |
| 11 | 7 | | $160.90 | | $128.40 | | $86.80 | | $274.70 | |
| 12 | 8 | | $164.10 | | $132.20 | | $90.50 | | $287.50 | |
| 13 | 9 | | $167.40 | | $139.90 | | $95.60 | | $301.20 | |
| 14 | 10 | | $170.80 | | $141.40 | | $98.30 | | $315.50 | |
| 15 | 11 | | $174.20 | | $145.80 | | $102.50 | | $324.40 | |
| 16 | 12 | | $145.80 | | $129.60 | | $106.50 | | $362.10 | |
| 17 | 13 | | $110.00 | | $119.80 | | $89.60 | | $248.80 | |
| 18 | 14 | | $72.60 | | $106.20 | | $77.60 | | $86.70 | |
| 19 | 15 | | $33.60 | | $100.90 | | $74.20 | | $35.40 | |
| 20 | PW(8%) | $3,726.39 | | $2,773.53 | | $2,274.84 | | $4,123.38 | | |
| 21 | 단위: | 백만 달러 | | | | | | | | |

와 2B는 40대의 C-130J를 포함하고 있는 대안 1과 92대의 CH-47F 헬리콥터를 포함하고 있는 대안 3보다 구매가격과 운영 및 유지비용면에서 모두 우월성을 보이고 있다. 이미 예측되었듯이, 92대의 CH-47F 헬리콥터는 40대의 C-130J 수송기보다 구입가격은 저렴하게 발생하고 있지만 높은 운영비용으로 인하여 3개의 대안들 중에서 비용이 가장 많이 발생하는 대안으로 판명되고 있다. 이 그림에서는 또한 각 대안들의 운영비용이 전체 비용에서 차지하는 비중을 보여주고 있는데 고정익 수송기의 비용 추정은 1년에 600 비행시간을 토대로 이루어진 반면 헬리콥터의 경우는 1년 비행시간이 200시간 적은 시간을 토대로 이루어졌다. 그러나 헬리콥터의 비행속도와 운항거리가 고정익 수송기의 경우보다 짧기 때문에 고정익 수송기와 동일한 효과를 확보하기 위해서는 고정익 수송기 구입 대수보다 더 많이 구입해야 한다. C-130J를 포함하고 있는 대안 1은 대안 2A와 대안 2B보다 더 적은 대수의 수송기를 필요로 하고 있지만, C-130J 수송기 1대 당 구매가격이 2*A*와 2*B*의 구매가격보다 거의 2배 이상 비싸기 때문에 C-130J 수송기의 수명주기 비용이 더 많이 발생하였다. 위 분석을 토대로 본 사례연구에 관하여 결론을 내리면, 미 육군에서 요구하는 모든 사항들을 만족시키는 가장 바람직한 대안은 소형 민간화물수송기

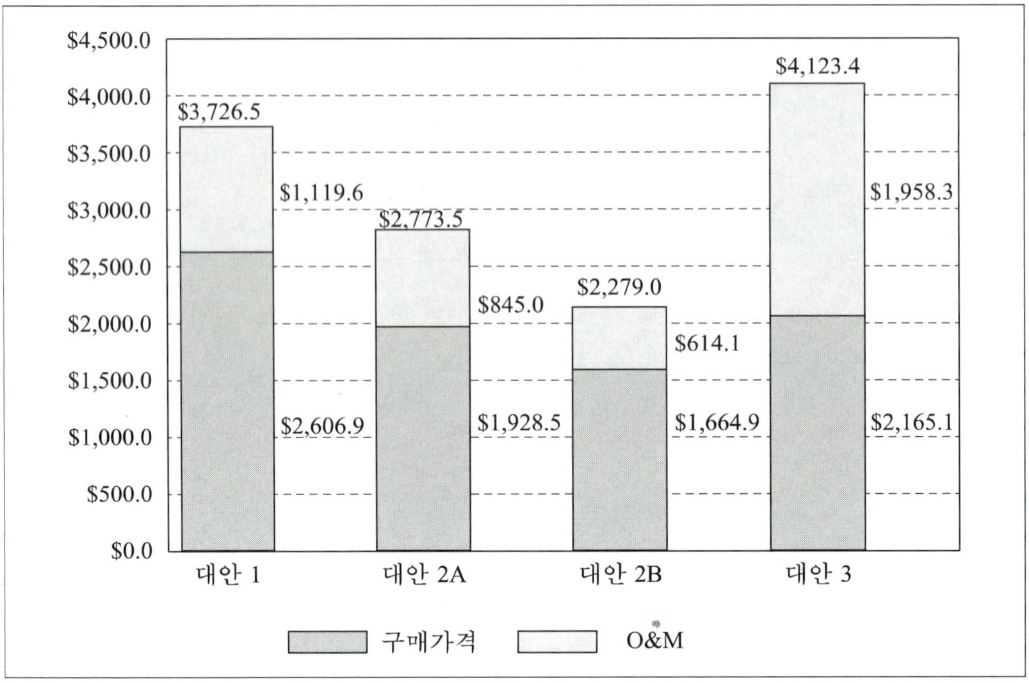


그림 10.5 각 대안의 구매가격 및 O & M 비용의 현재가치

인 대안 2B가 2A보다 약간 더 바람직하지만 전체적으로는 대안 2A와 2B이다.

## 10.6 사기업에 의한 공공 서비스 관련 투자프로젝트의 경제성 평가

미국 및 유럽의 선진 외국에서는 사기업들이 오래 전부터 가스, 전기, 철도, 수도, 통신망, 케이블 TV 등 다양한 산업분야의 공공 프로그램에 참여하고 있다. 국내에서도 최근에는 통신망, 철도, 케이블 TV, 가스공급망 분야 등에 사기업들이 많이 진출해 있고 그리고 최근에는 극소수이기는 하지만 태양열 등 신 에너지 산업 분야에서 투자자가 사용하고 남은 전기를 한국전력에 판매하고 있다. 그러나 공공 서비스 분야에 진출하는 사기업들은 정부에서 설정한 복잡한 규제를 효과적으로 수용해야 하는 부담이 매우 크다고 할 수 있다.

공공 서비스 투자프로젝트는 막대한 초기 투자자본과 각종 규제를 만족시켜야 하고, 단위당 사용량에 대한 낮은 요금체계 때문에 사기업이 공공 투자프로젝트에 참여하여 기대하는 수익률을 달성하기 위해서는 일정 수준 이상의 사용자 수와 사용량이 사전에 반드시 확보되어야 한다. 이러한 최소 기준이 만족되도록 정부에서는 참여 사기업이 실질적인 독점기업이 되도록 경쟁업체가 특정 분야의 공공 서비스 분야에 진출하기 어렵게 진입장벽을 사전에 마련하고 있다. 공공 서비스 분야에 진출한 사기업에 대한 독점권 부여는 공공 서비스 분야와 관련된 각종 복잡한 규제와 낮은 서비스 가격 체계에 대한 정부의 공적인 특혜라고 할 수 있다. 정부의 규제로 인한 실질적으로 바람직한 경제적 이점은 막대한 초기 투자 자본을 요구하고 있는 공공 투자프로젝트의 중복 투자를 회피하게 하는 것이고, 비경제적 이점으로는 사기업에 의해 현재 수행되고 있는 공공 투자프로젝트에 수혜자들의 부정적인 인식을 감소시킬 수 있다는 것이다.

공공 투자프로젝트에 참여한 사기업의 세후 투자수익률은 15%보다 클 수는 없다. 투자수익률에 대한 정부의 규제 때문에 최대 수익률 15% 또는 그 이하의 수익률이 절대로 보장되지는 않고 또한 원칙적으로 손실에 대한 정부의 보조금 제도도 전혀 존재하지 않는다. 우리나라의 경우에 있어서 사기업이 공공 투자프로젝트에 참여하게 되면 경우에 따라서 최소 요구수익률이 충족되도록 정부보조금이 지불되기도 한다(예: 경춘고속도로). 그러나 공공 서비스가 매우 효율적으로 작동되고 있다는 사실이 입증되면 차후의 투자를 위해 필요한 투자 자본을 축적하기 위해 규제된 최대 수익률 15%가 해제되는 경우도 있다.

공공 투자프로젝트의 수익은 사기업의 경우보다 더욱 안정적인 수익구조를 갖는 것이 일반적인 경향이다. 안정적인 수익모델과 막대한 초기 투자자본의 요구로 인하여 공공 서비스를 제공하는 사기업에서는 보통의 사기업보다 더 많은 부채로 투자 자본을 조달하고 있다. 일반적으로 사기업에서는 전체 투자자본 중 30% 이상의 부채를 사용하고 있지 않지만, 공공 서비스를 제공하는 기업은 초기 투자자본 중 50% 이상을 부채로 조달하는 것이 일반적인 현상이다.

# 연습문제

10.1 편익-비용 분석에 관한 잘못된 견해를 간략하게 기술하여라.

10.2 편익-비용분석기법에 관한 역사적 배경을 간략하게 기술하여라.

10.3 공공 투자프로젝트의 경제성 평가단계를 간략하게 기술하여라.

10.4 공공 투자프로젝트와 사기업 투자프로젝트의 가장 두드러진 차이점에 관하여 논하여라.

10.5 사회적 할인율이란 무엇인가?

10.6 아래의 내용 중 잘못 기술된 내용은 어느 것인가?

(1) 동일한 이자율을 사용할 경우 순 현재가치기법과 편익-비용기법의 결과는 같다.

(2) 편익-비용 기법을 이용하여 상호배타적인 투자대안들을 평가할 경우에는 증분분석을 반드시 실시해야 한다.

(3) 어떠한 공공 투자프로젝트의 경제성 평가를 할 경우에는 절대로 세금 계산을 할 필요가 없다.

(4) 병원이나 교회와 같은 비영리업체의 투자프로젝트의 경제성 평가를 실시하게 될 경우에는 반드시 세금 계산을 해야 한다.

10.7 다음과 같은 현금흐름을 갖고 있는 공공 투자프로젝트의 편익-비용비율을 구하고 프로젝트의 채택여부를 결정하여라. 단, 할인율은 6%이다.

(단위: 천 원)

| 연도 | 0 | 1 | 2 | 3 | 4 | 5 | 6 |
|---|---|---|---|---|---|---|---|
| 현금흐름 | −25,000 | 4,000 | 5,000 | 6,000 | 7,000 | 8,000 | 9,000 |

**10.8** 337억 5,000만 원을 투자하여 정부에서 경평고속도로를 건설하려고 한다. 고속도로를 건설한 후 연간 보수 및 유지비용은 11억 2,500만 원일 것으로 추정되고 있다. 고속도로의 사용수명 기간은 25년이고, 수송시간의 절감으로 인한 연간 편익은 78억 7,500만 원이고, 고속도로 주변에 거주하고 있는 주민들에 대한 소음으로 인하여 발생하는 불편익은 22억 5,000만 원으로 추정되고 있다. 사회적 할인율 4%를 이용하여 이 투자프로젝트의 편익-비용비율을 구하고 프로젝트의 채택 여부를 결정하여라.

**10.9** 어느 광역시에서 현재 사용 중인 쓰레기 처리장을 확장하려고 한다. 이 공공 투자프로젝트의 편익-비용계산을 하는데 필요한 자료는 아래와 같다. 이 투자프로젝트의 편익-비용비율을 계산하여라.

| 항목 | 자료 |
|---|---|
| 초기투자자본 | 2,700,000(천 원) |
| 사용수명 | 30년 |
| 증분현금흐름 | 562,500(천 원) |
| 잔존가액 | 112,500(천 원) |
| 할인율 | 4% |

**10.10** 서울시에서 현재 시민공원에 아마추어 조기 축구를 활성화하기 위해 천연 잔디 축구장을 건립하려고 한다. 시에서는 한강에 있는 여러 시민공원들 중에서 다음과 같이 축구장을 건립하기 위해 아래와 같은 두 장소를 후보지로 고려 중이다.

(단위: 천 원)

| 투자대안 | 좌석 수 | 연간 이익 | 연간 비용 | 초기 투자자본 |
|---|---|---|---|---|
| $A$ | 30,000 | 4,365,000 | 1,968,750 | 18,000,000 |
| $B$ | 40,000 | 5,040,000 | 2,362,500 | 22,500,000 |

축구장의 사용수명은 30년이고, 30년째 말 축구장의 잔존가액은 전혀 없다고 한다. 이 투자프로젝트의 경제성 평가를 위한 할인율은 8%로 결정되었다고 하자. 두 후보지에 관한 아래의 기술된 내용 중 옳지 않은 것은 어느 것인가?

(1) 대안 $A$의 편익-비용비율이 더 크기 때문에 대안 $A$를 선정해야 한다.
(2) 대안 $A$의 한 좌석당 이익이 더 크기 때문에 대안 $A$를 선정해야 한다.
(3) 대안 $A$의 순 현재가치가 더 크기 때문에 대안 $A$를 선정해야 한다.

(4) 대안 $B$로부터 창출된 증분 이익이 대안 $A$의 초기 투자자본보다 더 많은 45억 원의 투자 자본을 충분히 회복하지 못하기 때문에 대안 $A$를 선정해야 한다.

**10.11** 아래와 같은 공공 투자프로젝트를 고려하여 편익-비용기법을 토대로 다음의 질문에 답하여라.

(단위: 천 원)

| | 프로젝트 $A$ | 프로젝트 $B$ |
|---|---|---|
| 초기 투자자본 | 45,000 | 46,125 |
| 사업수명 | 10년 | 10년 |
| 잔존가액 | 2,250 | 3,375 |
| 연간 현금유입 | 10,665 | 10,800 |
| 할인율 | 6% | |
| 분석기간 | 10년 | |

(1) 프로젝트 $A$와 $B$는 서로 독립적인 관계를 갖고 있다고 가정하고, 두 프로젝트에 관한 채택여부를 결정하여라.

(2) 프로젝트 $A$와 $B$가 서로 상호배타적인 관계를 갖고 있다고 가정하고, 어느 프로젝트가 경제적으로 더 바람직한지를 결정하여라.

CHAPTER 11

# 이자율에 관한 개념 및 공식

본 장에서는 이자율에 관한 개념, 공식 및 응용 등에 관하여 알아보기로 한다. 11장의 내용은 전통적으로 공학경제 교재의 2~3장에 기술되는 내용이었는데, 본 서에서는 실무형 투자평가와 전체론적 학습사고[1])를 기준으로 공학경제 내용을 전개한 결과, 11장에 기술되게 되었다.

본 내용으로 들어가기 전에 먼저 다음과 같은 흥미로운 로또게임을 고려해보기로 하자. 현재의 로또게임과 유사한 게임이 조선시대에도 있었다고 한다. 미국의 경우에는 하버드대학교 등 미국 역사 초기에 설립된 대학교들이 기금마련을 위하여 로또게임에 참여하였고 제퍼슨 대통령의 경우는 나이 80세에 로또게임에 당첨되어 개인 채무를 변상하였다는 기록도 있다.[2]) 조선시대[3])에도 로또가 성행했다는 역사 속 사실이 밝혀져 화제다. 물론 지금처럼 최첨단 기계가 동원된 것은 아니지만, 조선 후기 학자인 김윤식의 일기 《속음청사(續陰晴史)》를 보면 친목도모를 위해 만든 계모임에서 로또추첨과 유사한 방법이 사용됐음을 알 수 있다.

〈표 11.1〉은 미국 로또 역사상 상금이 가장 컸었던 파워 볼[4])이라는 2016년 1월 13일[5])자 로또 당첨 결과를 보여주고 있다. 1등 당첨 상금은 15억 8,640만 달러였고 당첨자 수는 3명이었다. 참고로 1등 당첨 상금액은 로또 누적 판매금액에 따라서 결정되므로 미리 결정되지 않지만 2등 이하의 당첨금은 미리 결정된 금액이다. 미국의 경우 1등 당첨자는 수정된 당청금액을 바로 일시에 받거나 그 금액을 30년 동안 연 단위 분할로 받을 수가 있다. 이번 파워 볼의 경우 1등 당첨자들 각각은 일시금으로 3억 2,780만 달러를 받거나 아니면 5억 3,300만 달러를 30년 동안 연 단위 분할로 받는다고 한다. 이 당첨자들이 두 상금 수령 대안들 중에서 어느 대안을 선택해야 할지 지금 고민 중에 있다고 가정하자.

---

1) 전체론적 학습사고(holistic learning thinking)란 복합계 사고(complex systematic thinking)의 중심 사상으로 데카르트적이고 분석학적인 전통적인 학습사고에 대비하여 사물/사건의 핵심을 꿰뚫는 통찰력과 통섭(consilence)이 요구되는 생물학적 새로운 학습사고라고 할 수 있다.
다이아몬드 하버드 비즈니스 편집부 편집, 김웅철 옮김, 복잡계 경제학 I: 수확체증과 비즈니스의 신세계, 평범사, 1997.

2) Ziemba, R. E., and W. T. Ziemba, “Betting on Unpopular Lotto Numbers Using the Kelly Criterion” Scenarios for Risk Management and Global Investment strategies, John Wiley & Sons, 2007.

3) http://news.nate.com/view/20081128n21832.

4) http://www.powerball.com

5) 로또 판매 총 누적액: 26억 달러. 미국에서 로또 판매금액을 지불하는 비율이 주마다 다른데, 뉴욕 주의 경우 판매금액 중 60%는 상금, 30%는 교육, 6%는 판매점 커미션, 1.6%는 갬블링 계약자 수수료, 그리고 1.6%는 기타 운영비용으로 지출된다고 한다.

‖ 표 11.1 ‖ 파워 볼 로또게임 당첨결과(2016년 1월 13일)

| 순위 | 순위 별 총 당첨금액 | 당첨확률 |
|---|---|---|
| 1등 | $1,586,400,000 | 1/292, 201, 338.00 |
| 2등 | $1,000,000 | 1/11, 688, 053.52 |
| 3등 | $50,000 | 1/913, 129.18 |
| … | … | … |

사람들은 지금 받는 100원을 10년 후에 받을 100원보다 훨씬 더 선호한다. 그렇다면 어떻게 그 차이를 가시적으로 확인할 수 있을까? 로또게임의 예에서는 지금의 100원과 10년 후의 100원과 같은 두 종류의 일시금이 아닌 좀 더 복잡한 문제를 보여주고 있다. 세 명의 로또 당첨자들은 지금 3억 2,780만 달러를 받거나 아니면 5억 3,300만 달러를 30년 동안 연 단위 분할로 받는 두 대안에 대한 의사결정에 직면해 있다.

우선 투자에 익숙한 대부분의 사람들은 지금 3억 2,780만 달러를 받는 것이 5억 3,300만 달러를 30년 동안 동일하게 1,777만 달러로 나누어 받는 것보다 더 좋을 것 같다고 말을 할 수도 있을 것이다. 사실 이를 정확히 판단하려면 본 장에서 언급하게 될 원칙들에 근거하여 30년간 매년 1,777만 달러씩 받기로 한 약속에 대한 실제 금융시장에서의 현재가치를 구해야 3억 2,780만 달러를 일시금으로 받기로 한 대안과 경제적인 비교가 가능하다. 물론 여기에 인플레이션의 영향을 고려한다면 문제는 더 복잡해진다. 이러한 분석이 필요한 이유는 돈이 시간적 가치를 지니기 때문이다. 돈의 시간적 가치를 좀 더 구체적으로 표현하면, 돈은 시간이 지나면서 더 많은 수익을 창출시키거나 아니면 이자를 발생시키기 때문에 먼저 받은 돈의 가치는 나중에 받을 동일한 액수의 돈의 가치보다 더 크게 취급된다.

시간에 대한 모든 현금흐름의 가치는 이자의 영향을 고려해야 할 필요가 있기 때문에, 본 장에서 논의할 원칙들은 거의 모든 투자프로젝트 분석의 기초가 된다. 즉, 이 장에서 논의할 이자계산식을 이용하면, 각기 다른 시점에서 발생하는 투자프로젝트의 현금흐름을 특정한 한 시점의 화폐가치로 변환할 수가 있어서 투자프로젝트 상호 간의 비교·분석이 가능하게 된다. 그럼에도 불구하고 이자에 관한 개념을 11장에 기술한 이유는 앞 장에서 논하였듯이 공학경제의 핵심은 현금흐름표를 작성하여 이에 이자율을 적용하여 추가 프로젝트의 경제적 가치를 계산하는 것이기 때문이다. 그리고 이자에 관한 개념은 독자적으로 충분히 관련 지식을 쉽게 습득할 수 있기 때문에 굳이 이 내용을 앞 장에서 기술할 필요가 없다고 판단하였기 때문이다.

## 11.1 이자란 무엇인가?[6)]

임금이나 임대료 등은 특정한 재화의 사용에 대한 지불임이 분명하다. 생산근로자가 제공하는 서비스 혹은 임대자가 제공하는 건물에 대한 가치 등이 시장에서 적정하게 결정되는 관례에 대해서 우리는 너무도 잘 이해하고 있다. 그렇다면 "왜 이자(interest)는 지불되어야 하며, 과연 이자란 무엇인가?"라는 것에 대한 답은 무엇일까?

렌터카를 빌리고 렌트비를 지불하는 것처럼 이자를 단순히 돈의 사용에 대한 비용(cost for the use of money)이라고 해석하는 것은 완전히 오해에서 비롯된 것이다. 예를 들어, 대부분의 사람들은 그들이 근무하는 직장에 서비스를 제공하고 매달 월급을 받고, 그 월급으로 그 달의 의식주를 소비하기 위해 사용하고, 공과금도 지불하고, 그들이 원해서 제공받는 모든 제품이나 서비스를 받는다. 그리고 우리가 만약 2018년에 개최되는 평창 동계올림픽 게임을 관람하기 위해 50만 원짜리 지폐를 몇 년 동안 지갑에 가지고 다닌다고 해서 이러한 돈의 사용에 대한 비용이 발생하는가? 이렇게 돈을 사용한다고 해서 우리가 이자를 지불하는 것은 전혀 아니다. 다른 하나의 흥미로운 사례로 만약 우리가 렌터카회사에서 승용차 한 대를 렌트를 해서 수년 동안 차고에 주차를 해 놓았다면 이 경우는 과연 어떠한 현상이 발생할까?

분명히 우리는 우리가 차용(borrowing)한 돈에 대해 '이자'를 지불하고 있다. 차용이란 우리가 아직 실현시키지 못한 화폐의 구매력을 획득하는 문제와 연관이 있다. 차용인은 화폐 교환으로 인하여 발생하는 어떠한 가치가 있는 서비스를 아직 받지는 못하였지만 현재 그는 돈을 필요로 하고 있다. 이러한 목적으로 차용인은 미래의 어느 시점에 상환할 것을 약속하고, 그 내용을 서류로 작성하는 계약서를 대출자와 서로 주고받으며 대출자가 일정한 금액의 돈을 대출해 주도록 설득한다. 이러한 관점에서 우리는 이제 이자율에 관한 정의를 내릴 수가 있다. 즉, 이자율(interest rate)이란 현재 차용인이 대출자로부터 받은 총 대출금과 미래 특정 시점에서 차용인이 대출자에게 상환하는 총 지불액과의 차이로 표시되고, 그리고 이자란 화폐의 구매력이 실현될 때까지 기다리기보다는 현재 특정 자원을 획득하기 위해 사람들이 기꺼이 지불하려는 가격[7)], 수수료, 혹은 할증금이다.

---

6) P. Heyne, P. Boettke, and D. Prychitko, The Economic Way of Thinking, 11th Edition, Prentice-Hall, Upper Saddle River, NJ, 2006.

7) 가격(price)은 특정 자원의 가치가 시장에서 형성된 것을 말하며, 가치(value)란 특정 자원의 가치가 시장

1장에서 기술한 공학경제의 역사적 배경 및 2장의 이자율에 관한 절에서 이미 살펴보았듯이 이자는 결코 자본주의 경제의 고유한 산물이 아니다. 더욱이 이자는 금융자본가의 탐욕이나 권력의 산물일 수가 없을 뿐 아니라 화폐를 다량으로 발행한다고 해서 소멸되지 않는다. 화폐를 다량으로 발행한다는 것은 화폐의 구매력을 떨어지게 할 뿐이다. 그러므로 차용인이 원하는 것은 단순한 돈이 아니라 화폐가 지니고 있는 화폐의 구매력을 획득하는 것이다. 화폐란 사람들이 현재의 재화를 획득하기 위한 단순한 수단으로 사용되기 때문에 많은 사람들은 보통 이자율을 차용한 돈에 대한 비용으로 간주하고 이야기들을 하곤 한다. 그러나 이자란 앞에서 기술하였듯이 현재와 미래 재화의 가치 차이이기 때문에 이자는 돈이 아니더라도 작동되는 경제체제에서도 존재하였고 존재하게 될 것이다. 또한 사람들은 현재의 재화 가치를 더 크게 만드는 자본생산성만을 생각하지 않는다. 이와 더불어 사람들은 일반적으로 경제학자들이 일컫는 화폐의 긍정적 시간적 선호도(positive rate of time preference)를 화폐의 가치에 부여하고 있다. 즉, 사람들은 먼 미래에 얻게 되는 즐거움보다 현재 만끽할 수 있는 즐거움에 더 높은 가치를 두고 있다.

## 11.2 돈의 시간적 가치

돈의 시간적 가치(time value of money)는 어떻게 보면 추상적인 개념인 것 같지만, 사실 우리가 일상생활에서 매일 직면하는 문제이다. 구매행동에 대한 다음의 예를 통하여 돈의 시간적 가치에 관한 이해를 좀 더 구체화해 보도록 하자. 가령 여러분이 지금 30만 원의 돈이 있는데, 이 돈으로 기숙사에서 사용할 냉장고를 사고자 한다고 생각해보자. 지금 냉장고를 사면 여러분은 수중에 현금이 하나도 남지 않게 된다. 그러나 냉장고를 사지 않고 6%의 이자를 주는 은행에 이 30만 원을 저축하면, 일 년 후에 똑같은 냉장고와 함께 18,000원의 현금을 더 가질 수 있게 된다. 이는 냉장고 가격이 일 년 후에도 똑같다는 가정이 있을 때의 경우이다. 만일 인플레이션의 영향으로 냉장고 가격이 일 년 후 8% 오른다면 오히려 일 년 후에 냉장고를 사는 데 6,000원이 부족하게 될 것이다(〈그

이 아닌 특정한 이론에 의하여 결정된 값을 의미한다.

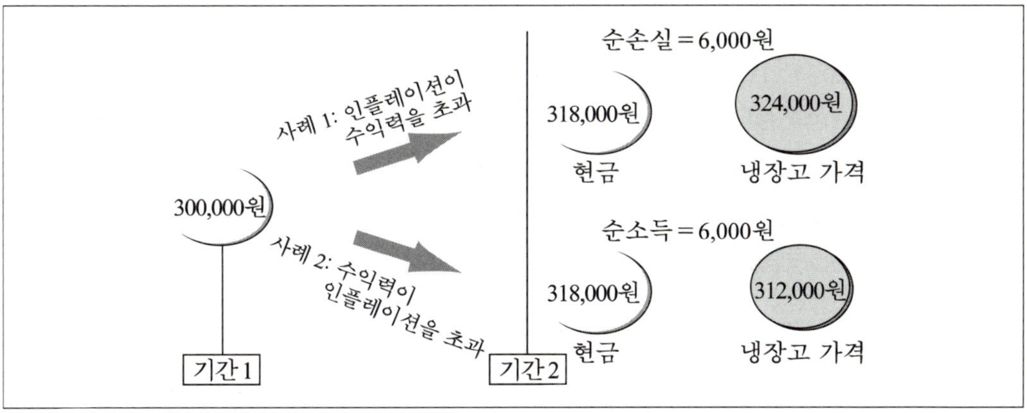


**그림 11.1** 재화 소비연기에 의한 소득과 손실

림 11.1〉의 사례 1 참조). 이런 경우라면 지금 냉장고를 구매하는 것이 더 효과적이라 할 수 있다.

또 인플레이션이 4%라고 하면, 이번에는 반대로 6,000원이 남을 것이다(〈그림 11.1〉의 사례 2 참조). 이 경우에 구매를 연기하는 것이 경제적으로 유리하려면 반드시 이자율(수익율)이 인플레이션율보다 높아야 한다. 좀 더 구체적으로 말하면, 인플레이션 상황에서는 구매를 연기할수록 구매력이 떨어지기 때문에 구매력 감소로 인한 손실을 보전하기 위해서는 구매 연기로 인한 수익력이 예상되는 인플레이션율보다 높아야 한다. 즉, 시간도 돈과 같이 유한한 자원 (24시간/일)이기 때문에 시간 역시 잘 배분되어 활용되어야 한다는 것이다.

위 예제를 통하여 우리는 돈의 수익력(earning power)과 구매력(purchasing power)을 시간의 개념과 연계해서 생각해 보았다.

이자를 계산하기 위해서는 돈이 갖고 있는 시간적 가치를 반드시 고려해야 한다. 이 때문에 이자는 시간에 영향을 받게 된다. 이자율이 일반적으로 1년이란 기간에 대한 백분율로 표시되는 것은 바로 이와 같은 이유 때문이다. 돈의 시간적 가치에 대한 원칙은 다음과 같이 설명될 수 있다. 돈의 경제적 가치는 그 돈을 받은 시점에 따라 다르다. 이는 돈은 시간이 지나면 소유자에게 더 많은 돈을 갖게 해주는 수익력을 지니고 있다는 의미이다. 그래서 오늘 받은 돈 100원이 나중에 받을 돈 100원보다 더 큰 가치를 갖게 되는 것은 이러한 이유 때문이다. 돈이 많으면 많을수록, 이자율이 높으면 높을수록, 그리고 이자 계산 기간이 길면 길수록 돈의 가치는 기하급수적으로 커지게 된다.

우리가 비교하여 선택해야 하는 대안들은 여러 시점에서 발생하는 서로 다른 현금흐름

(유입 혹은 유출)들로 구성된다. 이를 경제적인 측면에서 타당하게 평가하기 위해서는 돈의 시간적 가치를 고려한 이자계산이 필요하다. 일반적으로 시장에서 인용되는 대출 이자율(lending interest rates) 또는 차용 이자율(borrowing interest rates)은 인플레이션으로 인한 구매력 감소에 대한 보전뿐만 아니라 기대 이익도 포함하고 있다. 다음에 이자를 계산하는 과정에 관해서 알아보기로 하자.

이자를 계산하기 위해서는 다음과 같은 자료들이 필요하다.

(1) 원금($P$): 차용이나 투자와 같은 거래에서 계약 당시 발생하는 초기 금액
(2) 이자율($i$): 일정한 시간 당 백분율로 표시된 돈의 가치나 비용
(3) 이자계산기간($t$): 이자계산을 위한 일정 단위시간으로써 이자계산의 빈도수
(4) 이자계산 횟수($N$): 상환계획기한 내에 포함된 총 단위 당 이자계산기간의 수
(5) 상환금액($A_t$) 및 방법: 원금을 상환계획기한 내에 상환하는 방법
(6) 미래액($F$) : 이자계산기간 동안 누적된 미래 시점의 총 금액

다음 예제 11.1를 통하여 위에서 기술한 이자계산방식을 이해해 보도록 하자.

**예제 11.1** 이자계산

위에서 정의한 요소들이 실제 상황에서 어떻게 사용되는지 예제를 통하여 알아보자. 가령, 한 전자회사가 2,500만 원의 기계를 구입하기 위해 연 이자율 9%로 통일은행에서 2,000만 원을 빌렸다고 하자. 이 회사는 통일은행의 대부계약이 개시될 때, 20만 원을 수수료로 지불해야 한다. 통일은행에서는 두 가지 상환 방법을 이 전자회사에 제시하였다.
(1) 앞으로 5년 동안 매년 말 동일금액으로 상환
(2) 계약기간 말에 일시금액으로 상환

**조건**

대출금액=2,000만 원, 연 이자율=9%, 수수료=20만 원

**풀이**

이 예제의 구체적인 풀이는 생략하기로 하고 〈표 11.2〉의 내용에 대해서 이해하도록 하자.

‖ **표 11.2** ‖ 통일은행에서 제시한 두 가지 상환방법

(단위: 천 원)

| 년말 | 원금 | 상환액 | |
|---|---|---|---|
| | | 방법 1 | 방법 2 |
| 0 | 20,000,000 | 200.00 | 200.00 |
| 1 | | 5,141.85 | 0 |
| 2 | | 5,141.85 | 0 |
| 3 | | 5,141.85 | 0 |
| 4 | | 5,141.85 | 0 |
| 5 | | 5,141.85 | 30,772.48 |

$P$=20,000, $A$=5,141.85, $F$=30,772.48

상환방법 1에서 원금($P$)은 2,000만 원, 이자율($i$)은 9%, 그리고 이자계산기간은 1년이므로 계획기간 동안 이자계산 횟수는 5번이다($N=5$). 일반적으로 이자계산기간이 1년이지만, 이와 다르게 반년, 분기, 월, 일 등의 이자계산기간을 사용하기도 한다. 상환방법 1은 계약기간 동안 매년 말에 일정한 금액 $A$=514.185만 원을 지불하는 방법이다. 여기서 제시된 금액 514.185만 원을 일단 정확한 상환금액으로 받아들이기로 하자. 이와 관련된 계산방법은 나중에 설명하기로 한다. 상환방법 2는 대출 금액 $P$=2,000만 원과 5년 동안 누적된 이자를 합한 일시 금액 $F$=3,077.278만 원을 5년 후에 지불하는 것이다. 이 예제에서 우리들의 주 관심사는 두 방법들 중 어느 방법이 경제적으로 더 바람직한지를 판단하는 것이다. 이와 같은 판단 기준으로 여러 가지를 생각해볼 수 있지만, 여기에서는 두 방법들의 현금흐름의 현재가치를 계산해서 비교·분석해 보기로 한다.

- 현금흐름도(cash flow diagram): 우리는 이자율을 기술한 2장에서 현금흐름도에 관하여 간략하게 알아보았다. 여기에서는 이에 관해서 좀 더 구체적으로 알아보기로 하자. 돈의 시간적 가치가 포함된 문제들은 〈그림 11.2〉와 같은 현금흐름도를 사용하면 편리하다. 이 그림에서 $x$-축은 이자계산 기간을 표시하여 시간의 흐름을 나타낸다. 이 시간축의 특정한 시점에서 발생한 현금흐름은 화살표의 방향과 크기로 표시된다. 즉, 양의 현금흐름(수취)은 시간축 위로 향한 화살표로, 음의 현금흐름(지불)은 시간 축 아래로 향한 화살표로 표시한다. 만일 한 시점에서 지출과 수입이 동시에 발생하면 두 현금흐름을 더해서 하나의 화살표로 표시해야 한다. 양과 음의 현금흐름을 합한 현금흐름을 순 현금흐름(net cash flow)이라고 한다. 예를 들어, 특정한 한 시점

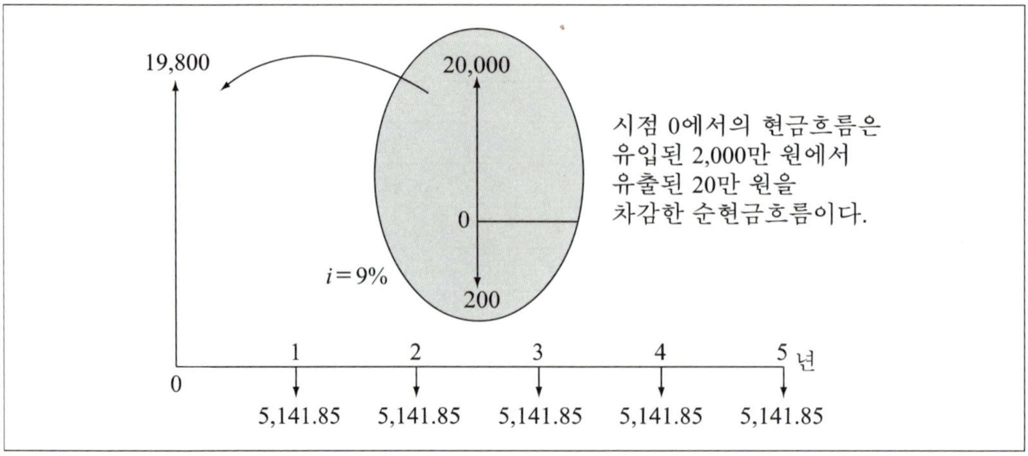


그림 11.2 방법 1의 대부상환에 대한 현금흐름도(단위: 천 원)

에서 2,000만 원을 받고 그리고 동시에 20만 원을 지불했다면, 이 두 현금흐름을 합한 양의 현금흐름 1,980만 원은 위로 향한 화살표로 표시된다. 현금흐름의 크기는 화살표의 상대적 크기로 표시된다.

엔지니어들이 특정한 문제와 관련된 중요한 변수들의 관계를 한 눈에 알아보기 위해 자주 사용하는 개념도나 회로도와 같이 이와 같은 목적으로 현금흐름도가 공학경제학 문제에서 자주 이용되고 있다. 그러므로 여러분들이 공학경제 문제들을 〈그림 11.2〉와 같은 현금흐름도로 표시하면 문제 풀이에 많은 유익한 도움을 얻게 될 것이다.

- 기간 말의 관례(convention of the end of a period): 사실 현금흐름은 이자계산기간의 시작이나 끝뿐만 아니라 기간 중 어느 때라도 발생할 수가 있다. 그러나 특별한 언급이 없으면 경제성 분석에서는 모든 현금흐름을 이자계산기간 말에 발생하는 것으로 가정한다. 물론 이는 이자계산기간 중에 발생하는 현실적 현금흐름의 효과를 무시하고 있음이 확실하다. 그러므로 일반적으로 복잡한 문제를 단순화하기 위해 여러 가정과 추정을 두는 경우와 마찬가지로 기간 말의 관례도 현실적인 측면에서 어느 정도 피할 수 없는 비현실성을 내포하고 있다.

  연 이자율이 2%이고 이자계산기간이 1년인 은행계좌에 그 해 첫 달에 1억 원을 입금했다면, 기간 말의 가정 때문에 이 저축금은 그 해 말에 입금된 것으로 처리되어 1억 원에 대한 이자소득의 손실이 발생하게 된다. 이러한 이자소득의 손실 발생은 기간 말의 관례로 인하여 1억 원이 11개월 먼저 예금된 것인데도 그 해 말에 예금된 것으로 간주되기 때문이다. 이러한 차이 때문에 비록 금융기관들이 연 이자율을 공식적으로 인용하면서도 이자계산기간은 1년보다 짧은 기간을 채택하는 것이다. 다음은 이자계산방법에 대하여 살펴보기로 하자.

## 11.3 이자계산법

돈을 빌리거나 갚을 때, 그 방법이 다양한 만큼 이자도 여러 가지 유형으로 발생한다. 일반적으로 이자는 매 이자계산기간 말에 미리 정한 이자율과 원금에 따라 계산되는데 이자계산방법은 이자를 계산하는 방법에 따라 단순이자(simple interest)와 복합이자(compound interest)로 나뉜다. 경제성 분석에서는 이자 계산을 할 때 복합이자계산 방법을 채택하고 있다.

- 단순이자(단리): 매 이자계산기간에 원금에 대해서만 이자가 발생되는 것이 단순이자 계산법이다. 단순이자계산법하에서 매 이자계산기간에 발생하는 이자를 찾아서 소비하지 않았다고 하더라도 다음 이자계산기간의 이자는 원금에 대해서만 이자가 계산된다. 일반적으로 원금 $P$원을 단순이자율 $i$로 $N$기간 동안 은행에 맡겼다면, 총 이자수입 $I$는 식 (1)과 같다.

$$I = (iP)N \qquad \cdots (1)$$

$N$기간 말의 미래 누적금액 $F$는 식 (2)와 같다.

$$F = P + I = P(1 + iN) \qquad \cdots (2)$$

단순이자는 선수이자대부 혹은 채권평가에 일반적으로 사용되고 있다.

- 복합이자(복리): 복합이자계산법에서는 매 이자계산기간의 이자 계산은 직전 기간 말의 누적 총액에 기초하여 계산된다. 이 누적 총액은 계약할 때의 원금과 이계산기간 바로 직전 기간까지 누적된 이자의 합계액이다. 복합이자계산방법에서 이자가 이자를 또 다시 발생시키고 있는 것이다. 이자율 $i$로 $P$원을 맡기면, 첫 번째 이자계산기

간 말에는 $P+iP=P(1+i)$원이 누적된다. 이 금액 전부를 동일한 이자율로 다시 한 기간 더 투자하면, 두 번째 기간 말에 누적된 총액은 다음과 같다.

$$P(1+i)+i[P(1+i)]=P(1+i)(1+i)=P(1+i)^2$$

위와 같은 이자 계산을 반복하면 세 번째 기간 말에 누적된 총액은 다음과 같다.

$$P(1+i)^2+i[P(1+i)^2]=P(1+i)^3$$

이를 계속 반복하여 $N$기간 말의 원금과 이자가 누적된 총 미래가치 ($F$)는 식 (3)과 같다.

$$F=P(1+i)^N \quad \cdots (3)$$

**❙ 예제 11.2** 단순이자와 복합이자의 비교

가령 연 8%의 이자율로 이자가 지불되는 은행의 예금계좌에 100만 원을 맡겨 놓고, 매년 말에 발생된 이자를 찾지 않고 계좌에 계속 적립한다고 가정해 보자.

(1) 단순이자를 가정하면, 3년 말에 얼마를 찾을 수 있겠는가?

(2) 복합이자를 가정한다면, 얼마를 찾을 수 있겠는가?

**조건**

$P=1{,}000$(천 원), $N=3$년, $i=$연 8%

**풀이**

단순이자와 복합이자계산

i ) 단순이자: $F=1{,}000[1+(0.08)\times 3]=1{,}240$ (천 원)

- $P$=원금
- $i$=이자율
- $N$=이자계산횟수
- 예제:
  $P$=1,000천 원
  $i$=8%
  $N$=3년

단순이자

(단위: 천 원)

| 기간 | 기간 초 금액 | 발생이자 | 기간 말 금액 |
|---|---|---|---|
| 0 | | | 1,000 |
| 1 | 1,000 | 80 | 1,080 |
| 2 | 1,080 | 80 | 1,160 |
| 3 | 1,160 | 80 | 1,240 |

ii) 복합이자: $N=3$년과 $i=8\%$를 식 (3)에 적용하면,

$$F=1,000(1+0.08)^3=1,259.71 \text{ (천 원)}$$

총 이자수입은 25.971만 원이고, 이것은 단순이자를 누적한 금액보다 1.971만 원이 더 많다. 이자의 누적 과정을 자세히 살펴보면 다음과 같다.

(단위: 천 원)

| 기간 | 이자계산기간 초의 금액 | 해당 기간에 발생한 이자 | 이자계산기간 말의 금액 |
|---|---|---|---|
| 1 | 1,000.00 | 80.00 | 1,080.00 |
| 2 | 1,080.00 | 86.40 | 1,166.40 |
| 3 | 1,166.40 | 93.31 | 1,259.71 |

**해설**

1년 말에는 원금 100만 원과 이자 8만 원을 합쳐서 108만 원을 받는다. 따라서 2년 초에는 예금액이 100만 원이 아니라 108만 원이 된다. 결국, 이듬해 말에는 이자수입이 (0.08)(1,080)=86.4천 원이 되어, 이 기간 말의 계좌잔액은 1,080+86.4=1,166.4천 원이 된다. 이 금액이 3년 초에 재투자되므로 이 기간 말에 발생하는 이자는 (0.08)(1,166.4)=93.31천 원이다. 따라서 마지막 기간 말의 미래 누적액은 원금 116.640만 원과 발생이자 9.331만 원을 합친 125.971만 원이 된다.

## 11.4 경제적 등가

돈이 시간적 가치를 갖는다는 사실은 우리에게 다음과 같은 몇 의문점을 갖게 한다. 만일 지금 받는 100원의 가치와 미래의 어느 시점에서 받게 되는 100원의 가치가 다르다면, 어떻게 다양한 현금흐름을 측정하고 비교할 수 있을까? 예를 들어, 지금의 2,000만 원, 10년 후의 5,000만 원, 그리고 앞으로 10년 동안 매년 800만 원씩을 받는 대안 중에서 경제적으로 가장 유리한 대안을 어떻게 선택할 수 있을까?(〈그림 11.3〉 참조). 본 절

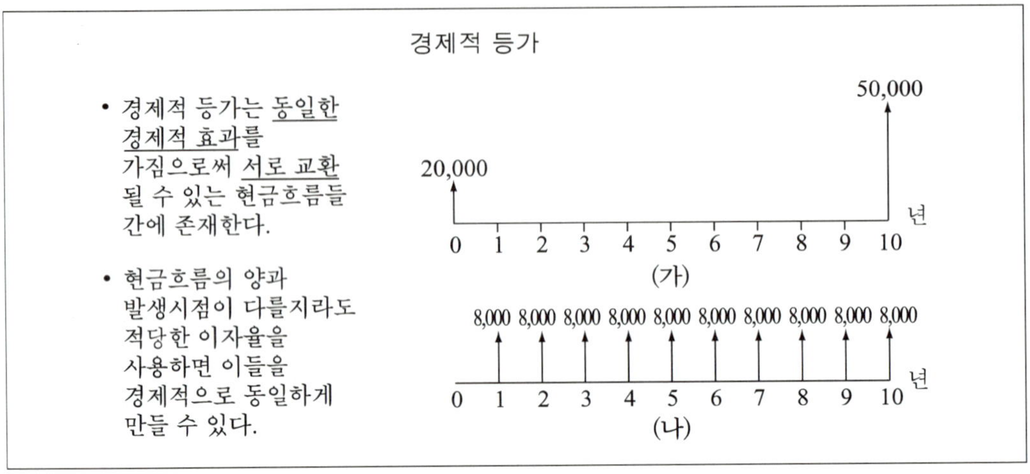


**그림 11.3** 경제적 등가(단위: 천 원)

에서는 이러한 현금흐름들을 서로 비교할 수 있는 기본적인 분석방법들을 소개하도록 하겠다. 그리고 5절에서는 이 분석방법들을 토대로 다양한 현금흐름의 이자를 계산하는 계산식들을 개발하기로 하겠다.

(가) 현재 2,000만 원과 10년 후 5,000만 원
(나) 10년간 매년 800만 원

## 11.4.1 경제적 등가의 개념

여러 대안 중에서 최선의 대안 하나를 선택하기 위해서는 각 대안들의 경제적 가치를 서로 비교할 수가 있어야 한다. 이때 만일 돈의 시간적 가치를 고려할 필요가 없다면 문제는 아주 간단하다. 투자프로젝트들의 양의 현금흐름인 수입과 음의 현금흐름인 지출을 단순히 합산해서 투자프로젝트들을 비교하면 된다. 그러나 실제로 대부분의 경우 돈이 시간적 가치를 가지고 있기 때문에 그 가치계산이 복잡하다. 이는 다양한 현금흐름의 경제적 효과를 계산하기 위해서는 반드시 경제적 등가의 개념이 기반이 되어야 한다는 것을 의미한다.

경제적 등가(economic equivalence)는 동일한 경제적 효과를 갖는 현금흐름들 사이에 존재하는 가치이다. 경제적 등가의 개념을 이용하면 특정한 한 시점의 현금흐름을 다른 시점에서 동일한 경제적 가치를 갖는 현금흐름으로 바꿀 수 있다. 예를 들어, 미래 현금흐름의 현재가치는 미래 현금흐름의 가치와 경제적으로 동일한 가치를 갖는 현재의 현금

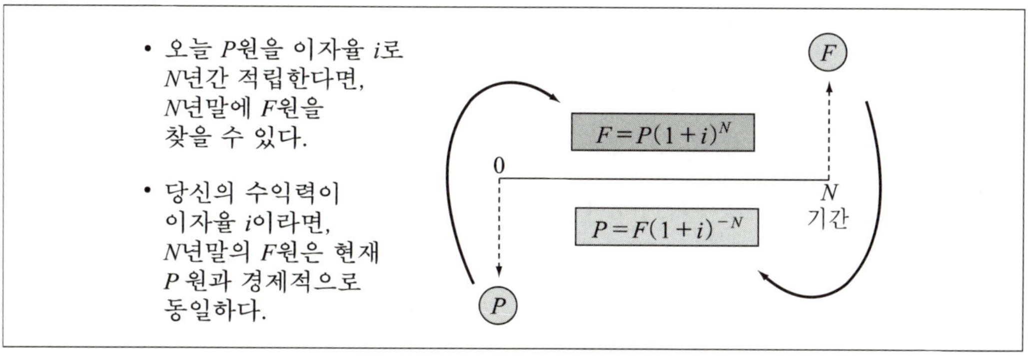


**그림 11.4** 복합이자에서 경제적 등가의 개념

흐름 가치이다. 이를 거꾸로 말하면, 지금 가지고 있는 현재의 현금흐름을 특정 이자율(할인율, discount rate이라고도 함)로 저축하면 위에서 언급한 미래의 현금흐름을 가질 수 있는 것이다.

특정한 형태의 현금흐름을 다른 형태의 현금흐름으로 변환시킬 수 있게 하는 등가의 개념을 확장하면, 여러 대안들의 경제적인 비교가 가능하다. 예를 들어, 동일한 시점에서 각기 다른 크기의 현금흐름을 갖고 있는 두 대안의 경제적 가치를 평가·비교하기 위해서는 이 두 대안의 현금흐름들을 특정한 한 시점의 등가로 결정해야 한다. 서로 다르게 보이는 현금흐름을 갖는 대안들이라도 이들이 동일한 화폐가치를 가진다면 이들 중에 어떤 대안을 선택해도 경제적 효과 측면에서 모두 동일하므로, 이 대안들 사이에는 경제적으로 무차별(economically indifferent)한 관계가 성립하게 된다.

금융기관이 고객에게 빌려준 돈을 다양한 방법으로 회수하는 것과 같은 실제적인 예는 경제적 등가와 무차별의 개념을 잘 보여주는 예라고 할 수 있다. 〈표 11.2〉는 2,000만 원을 5년간 9%의 이자율로 빌렸을 때 서로 다른 두 가지 상환방법에 따른 상환금액의 화폐가치를 보여주고 있다. 두 방법의 상환방식과 상환액수가 서로 다르지만, 돈의 시간적 가치를 고려하면 이 두 상환금액의 화폐가치는 서로 동일하다. 다시 말하면, 은행은 고객이 어떠한 상환방법을 선택하더라도 경제적으로 무차별한 것이다. 다음은 경제적 등가 관계를 성립시키는 방법에 관한 내용이다.

- 간단한 등가계산: 여기서 등가계산은 11.3절에서 기술한 복리이자계산 방식을 응용한 것이다. 가령 5년간 연 이자율 12%로 100만 원을 투자한다고 하자. $N$회의 이자계산기간과 이자율 $i$에서 현재 금액 $P$와 등가가 되는 미래금액 $F$와의 관계식은 $F = P(1+i)^N$으로 표현된다. 그러므로 투자기간 말인 5차 년도 말의 투자금액 100만 원

의 누적 총액은 아래와 같다.

$$1,000(1+0.12)^5 = 1,762.34 \ (\text{천 원})$$

따라서 이자율이 12%라면 지금 100만 원을 받는 것과 5년 후에 176.234만 원을 받는 것은 경제적으로 등가이다. 다시 말하면, 지금 100만 원을 받는 것은 5년 후에 176.234만 원을 받게 되는 약속과 교환이 가능한 것이다. 예제 11.3에서는 이런 기본적인 방법을 응용해 보기로 하자.

### 예제 11.3 경제적 등가

5년 후에 300만 원을 받거나 지금 $P$원을 받을 수 있는 두 가지 대안이 있다고 가정하자. 5년 후에 300만 원은 확실히(무위험) 받을 수 있다고 한다. 만일 돈을 지금 당장 사용해야 할 이유가 없다면, 8%의 연 이자율을 갖는 계좌에 $P$원을 적립할 수 있다. 5년 후에 받을 수 있는 300만 원과 동일한 현재 화폐가치 $P$는 얼마가 되어야 하는가?

#### 토의

이 문제에 답을 하기 위해서는 연간 8%의 투자수익이 예상된다면, 5년 후의 300만 원과 경제적으로 등가가 되는 현재금액을 구해야 한다. 이 문제는 당신이 지금 가진 돈을 적립해 둠으로써 발생되는 돈의 수익력을 사용하겠다는 의미이다. 여기서 무차별의 의미는 경제적으로 차이가 나지 않는다는 것이며, 이것은 8%의 이자율이 적용되는 시장에서 하나의 현금흐름이 다른 현금흐름과 교환될 수 있다는 것이다.

#### 조건

$F = 3,000$(천 원), $N = 5$년, $i =$ 연 8%

#### 풀이

이 문제를 풀기위해서 식 (3)을 고려해 보기로 하자.

$$F = P(1+i)^N$$

위 식을 $P$에 관하여 다시 정리하면 다음과 같다.

$$P = \frac{F}{(1+i)^N}$$

두 현금흐름의 등가계산

- 단계 1: 기준 시점을 결정한다.(5년말)
- 단계 2: 사용할 이자율을 정한다.
- 단계 3: 등가가치를 계산한다.

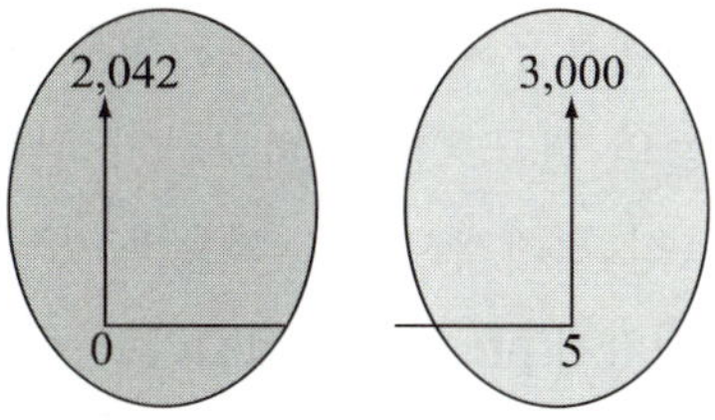


$i=6\%,\ P=3{,}000/(1+0.06)^5=2{,}242$

$i=8\%,\ P=3{,}000/(1+0.08)^5=2{,}042$

$i=10\%,\ P=3{,}000/(1+0.10)^5=1{,}863$

**그림 11.5** 여러 이자율하에서 경제적 등가계산(단위: 천 원)

여기에 위에 주어진 조건 값들을 위 식에 대입하면 $P$값은 다음과 같다.

$$P=\frac{3{,}000}{(1+0.08)^5}=2{,}042\ (\text{천 원})$$

이 문제 풀이를 요약하면 〈그림 11.5〉와 같다.

**해설**

이 예제에서 $P$가 204.2만 원보다 적으면, 여러분은 지금 $P$원보다 5년 후의 300만 원을 더 선호할 것이다. 이와 반대로 만약 $P$가 204.2만 원보다 크면 지금 $P$원을 선택하는 것이 바람직하다. 또, 이자율이 지금보다 낮으면, 미래의 일시 금액 300만 원과 등가가 되기 위해서는 현재의 $P$원은 더 커야 한다. 예를 들어, 이자율 $i$가 6%이면, $P$는 224.2만 원이어야 한다.

## 11.4.2 동일한 기준시간에 의한 등가비교

투자프로젝트 대안의 경제적 가치를 비교하기 위해서는 현금흐름에 관해 공통 기준시점을 미리 결정해야 한다. 이러한 기준을 정하는 방법들 중 하나는 대안의 등가계산을 위해 특정한 한 시점을 선택하는 것이다. 예제 11.4에서 각 현금흐름의 크기가 주어지고 그 현금흐름들이 경제적으로 등가인지를 알아보고자 할 때, 할인이자율을 이용하여 특정한 한 시점에서 각 현금흐름들의 경제적 등가가치를 구해야 한다. 여러분들도 알 수 있겠지만, 이 문제에서 $t=5$를 기준시점으로 정하면 등가계산을 한 번만 하면 되어서 문제를 간단히 해결할 수 있다. 예제 11.3에서 보면, $t=0$의 204.2만 원을 $t=5$의 등가가치로 변환시키거나, 반대로 $t=5$의 300만 원을 $t=0$의 등가가치로 환원하면 대안의 비교가 가능하다. 대안들의 현금흐름을 비교하기 위한 기준시점을 선택할 때 일반적으로 현재시점 또는 어떤 특정한 미래시점을 사용하고 있다. 이때 현재시점으로 등가 변환한 현금흐름의 가치를 현재가치(present worth)라고 하고, 특정한 미래시점으로 변환한 현금흐름의 가치를 미래가치(future worth)라고 한다. 물론 기준시점의 선정은 각 의사결정의 상황에 따라 달라질 수가 있지만, 그러나 대개 계산상의 편의를 위해 결정된다. 예를 들어, 세 가지 대안이 있는데 이 중 두 대안의 현재가치를 알고 있다고 하면, 나머지 한 대안의 가치를 현재가치로 구하면 쉽게 세 가지 대안들을 비교하는 것이 가능해진다. 예제 11.4를 통하여 이를 다시 한 번 살펴보기로 하자.

**예제 11.4** 경제적 등가계산

〈그림 11.6〉의 현금흐름을 생각해보자. 연 이자율이 10%일 때, $t=3$에서의 등가가치를 계산하라.

**조건**

〈그림 11.6〉의 현금흐름, 연 이자율 $i=10\%$

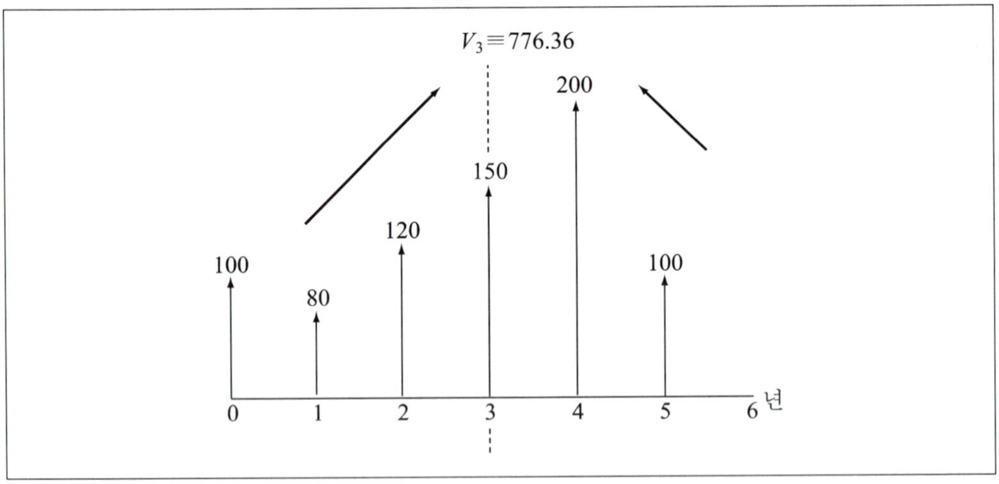


그림 11.6 $t=3$의 등가가치 계산(단위: 천 원)

**풀이**

먼저 단계 1에서 $t=3$ 이전에 발생한 모든 현금흐름에 대하여 $t=3$에서의 등가가치(미래가치)를 계산하고, 단계 2에서는 $t=3$ 이후에 발생한 모든 현금흐름에 대하여 $t=3$에서의 등가가치(현재가치)를 계산하도록 한다.

- 단계 1: $t=3$ 이전의 4개의 현금흐름들에 대한 $t=3$에서의 경제적 등가액($V_{3,1}$)을 구한다.

$$V_{3,1} = 100(1+0.10)^3 + 80(1+0.10)^2 + 120(1+0.10)^1 + 150 = 511.90 \text{ (천 원)}$$

- 단계 2: $t=3$ 이후의 나머지 두 개의 현금흐름에 대한 $t=3$에서의 경제적 등가액($V_{3,2}$)을 구한다.

$$V_{3,2} = 200(1+0.10)^{-1} + 100(1+0.10)^{-2} = 264.46 \text{ (천 원)}$$

- 단계 3: $t=3$애서 총 등가액($V_3$)을 구한다.

$$V_3 = V_{3,1} + V_{3,2} = 776.36 \text{ (천 원)}$$

〈그림 11.6〉에 있는 모든 현금흐름의 기준시점 $t=3$에서의 등가가치는 77.636만 원이다.

## 11.5 이자계산식

본 절에서는 이자계산식에 관하여 논하기로 한다. 이자계산식은 〈표 11.3〉에 있는 것과 같이 다섯 가지 종류의 현금흐름 형태로 나누어 이해하는 것이 일반적이다. 〈표 11.3〉에는 모든 이자계산식의 결과가 표시되어 있고, 각각의 경우에 해당하는 수리적 예제를 통하여 각 계산식을 이해하도록 하자.

단, 본 절에서 개발된 “이자계산식들은 이자계산기간(interest compounding period)과 지불기간(payment period)이 동일한 경우에만 적용이 가능하다."는 사실을 기억하기 바란다. 예를 들어, 현금흐름이 연말에만 발생(연간지불)하고 이자도 연간복리로 계산하는 경우가 이에 해당한다. 또한 〈표 11.3〉은 몇 가지 유용한 이자계산식의 관계도 포함하고 있다.

본 절에서 구하고자 하는 이자를 계산하는 방법은 매우 다양하다. 그들 중에서 다음과 같이 다섯 가지 방법에 관하여 차례대로 알아보기로 한다. (1) 이자 식을 이용하는 방법, (2) 부록에 있는 이자계수표를 이용하는 방법, (3) 엑셀의 재무기능을 이용하는 방법, (4) 재무용 계산기를 이용하는 방법. 이 외에도 여러 가지 방법이 있다.

‖ 표 11.3 ‖ 이자계산식 요약

단속적 지불과 단속적 복리에 대한 이자계산식 요약

| 현금흐름 유형 | 구분 (계수기호) | 이자계산식 | 엑셀 금융함수 | 현금흐름도 |
|---|---|---|---|---|
| 일시금 | 할증계수 $(F/P, i, N)$ | $F = P(1+i)^N$ | $= FV(i, N, P, 0)$ | 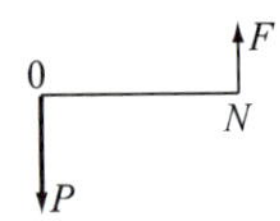 |
| | 할인계수 $(P/F, i, N)$ | $P = F(1+i)^{-N}$ | $= PV(i, N, F, 0)$ | |
| 동일 자금열 | 미래가치계수 $(F/A, i, N)$ | $F = A\left[\frac{(1+i)^N - 1}{i}\right]$ | $= FV(i, N, A, 0)$ | 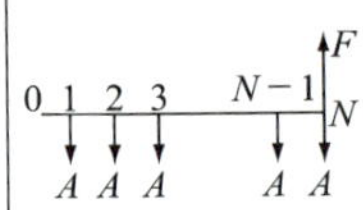 |
| | 감채기금계수 $(A/F, i, N)$ | $A = F\left[\frac{i}{(1+i)^N - 1}\right]$ | $= PMT(i, N, P, F, 0)$ | |
| | 현재가치계수 $(P/A, i, N)$ | $P = A\left[\frac{(1+i)^N - 1}{i(1+i)^N}\right]$ | $= PV(i, N, A, 0)$ | 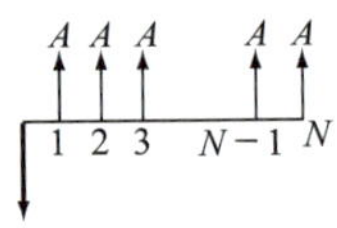 |
| | 자본회수계수 $(A/P, i, N)$ | $A = P\left[\frac{i(1+i)^N}{(1+i)^N - 1}\right]$ | $= PMT(i, N, P)$ | |
| 등차 자금열 | 현재가치계수 $(P/G, i, N)$ | $P = G\left[\frac{(1+i)^N - iN - 1}{i^2(1+i)^N}\right]$ | | 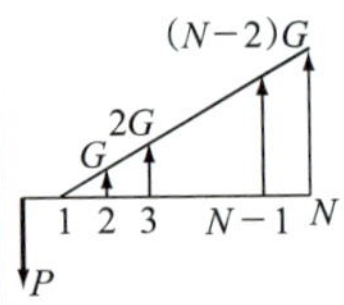 |
| | 변환계수 $(A/G, i, N)$ | $A = G\left[\frac{(1+i)^N - iN - 1}{i(1+i)^N - 1}\right]$ | | |
| 등비 자금열 | 할인계수 $(P/A_1, g, i, N)$ | $P = \begin{cases} A_1\left[\frac{1-(1+g)^N(1+i)^{-N}}{1-g}\right] \\ A_1\left(\frac{N}{1+i}\right)(i=g)\text{인 경우} \end{cases}$ | | 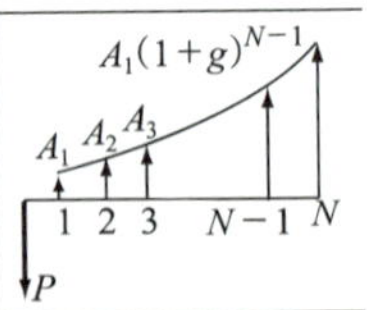 |

### 11.5.1 일시 자금열에서 미래가치 구하기

〈표 11.3〉에서 일시 자금열이란 일정 시점에서 현금유출이나 유입이 단 한 번만 발생한 후 특정 시점에서 현금유입이나 유출이 반대로 단 한 번만 발생하는 현금흐름을 말한다. 일시 자금열의 가장 대표적인 예는 은행에 연 이자율 6%가 적용되는 정기적금 은행계좌를 개설하고 그 계좌에 단 한번에 1억 원을 예금하고 5년 후에 계좌에 누적된 총 예금액을 차출하는 경우이다. 이 경우에 해당하는 이자 식은 식 (4)와 같다.

$$F = P(1+i)^N = P(F/P,\ i\%,\ N) \quad \cdots (4)$$

**예제 11.5** 일시자금열 정기예금의 누적 총 예금액 계산

어느 엔지니어가 대학을 졸업 한 후 SS회사에 입사하였다고 하자. 그리고 이 엔지니어가 3,000만 원을 연 이자율이 8%인 정기적금에 저축하고 있다면, 5년 후 이 정기적금 계좌에 누적된 예금 총액이 얼마인지를 계산하여라.

**조건**

현재 예금액$(P) = 3{,}000$만 원, 연 이자율$(i) = 8\%$,
이자계산 기간$(t) = 1$년, 예금 기간$(N) = 5$년

**풀이**

본 예제를 풀기 위한 방법은 위에서 기술한 것처럼 아래와 같이 다양하다.

(1) 이자 식을 이용하는 것
(2) 부록에 있는 이자계수표를 이용하는 것
(3) 엑셀의 재무 기능을 이용하는 것
(4) 재무용 계산기를 이용하는 것

이 외에도 여러 가지 방법이 있을 수 있다. 한 예로 각 금융기관의 홈페이지 경우 첫 번째 면에 있는 금융계산기를 이용하는 방법이 있다. 본 풀이에서는 위 네 가지 방법을 사용하는 것에 관하여 차례대로 알아보기 하자.

이와 같은 방법들을 이용하여 예금계좌에 누적된 총 예금액을 계산하기 전에 문제를 정확하게 이해하고 있는지를 파악하기 위해 먼저 〈그림 11.7〉과 같은 현금흐름도를 그려

보는 것이 바람직하다.

### (1) 이자 식을 이용하는 방법

$$F = 30,000(1+0.08)^5 = 44,079.8 \text{ (천 원)}$$

### (2) 부록에 있는 이자계수표를 이용하는 방법

〈표 11.4〉에 있는 이자계수표에서 ◯ 안에 있는 이자계수 값 1.4693을 아래의 식 $(F/P,\ 8\%,\ 5)$에 대입하면 $F$값을 구할 수가 있다.

$$\begin{aligned} F &= 30,000(F/P,\ 8\%,\ 5) \\ &= 30,000(1.4693) \\ &= 44,079 \text{ (천 원)} \end{aligned}$$

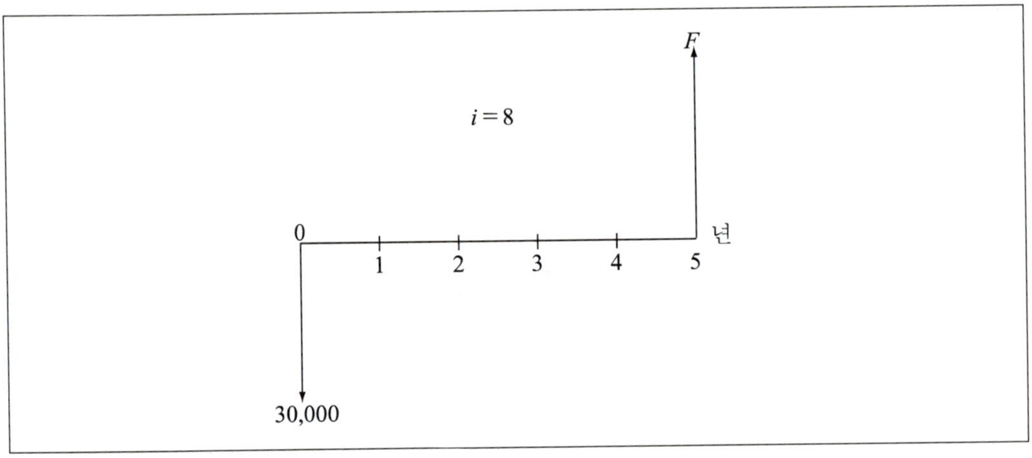


그림 11.7 예제 11.4 현금흐름도(단위: 천 원)

‖ **표 11.4** ‖ 8% 이자율에 관한 이자계수

| | Interest Table | : | 8.00 | % | | | | |
|---|---|---|---|---|---|---|---|---|
| | Single Payment | | | Equal Payment Series | | | Gradient Series | |
| | Compound Amount Factor | Present Worth Factor | Compound Amount Factor | Sinking Fund Factor | Present Worth Factor | Capital Recovery Factor | Gradient Uniform Series | Gradient Present Worth |
| N | (F/P,i,N) | (P/F,i,N) | (F/A,i,N) | (A/F,i,N) | (P/A,i,N) | (A/P,i,N) | (A/G,i,N) | (P/G.i.N) |
| 1 | 1.0800 | 0.9259 | 1.0000 | 1.0000 | 0.9259 | 1.0800 | 0.0000 | 0.0000 |
| 2 | 1.1664 | 0.8573 | 2.0800 | 0.4808 | 1.7833 | 0.5608 | 0.4808 | 0.8573 |
| 3 | 1.2597 | 0.7938 | 3.2464 | 0.3080 | 2.5771 | 0.3880 | 0.9487 | 2.4450 |
| 4 | 1.3605 | 0.7350 | 4.5061 | 0.2219 | 3.3121 | 0.3019 | 1.4040 | 4.6501 |
| 5 | 1.4693 | 0.6806 | 5.8666 | 0.1705 | 3.9927 | 0.2505 | 1.8465 | 7.3724 |
| 6 | 1.5869 | 0.6302 | 7.3359 | 0.1363 | 4.6229 | 0.2163 | 2.2763 | 10.5233 |
| 7 | 1.7138 | 0.5835 | 8.9228 | 0.1121 | 5.2064 | 0.1921 | 2.6937 | 14.0242 |
| 8 | 1.8509 | 0.5403 | 10.6366 | 0.0940 | 5.7466 | 0.1740 | 3.0985 | 17.8061 |
| 9 | 1.9990 | 0.5002 | 12.4876 | 0.0801 | 6.2469 | 0.1601 | 3.4910 | 21.8081 |
| 10 | 2.1589 | 0.4632 | 14.4866 | 0.0690 | 6.7101 | 0.1490 | 3.8713 | 25.9768 |

### (3) 엑셀의 재무 기능을 이용하는 방법

〈그림 11.8〉에서 보는 것처럼 먼저 엑셀을 연 후, 미래가치를 계산하기 위한 입력 자료들을 차례대로 엑셀 화면에 타이핑하고, 그리고 이 그림의 12번째 줄에 있는 명령어를 실행하면 원하는 $F$값을 찾을 수가 있다.

| | A | B | C | D | E | F | G |
|---|---|---|---|---|---|---|---|
| 1 | 입력자료 | | | | | | |
| 2 | P= | ₩30,000 | i= | 8% | | | |
| 3 | N= | 5 | F= | ? | | | |
| 4 | 결과 | | | | | | |
| 5 | 연도 | 기초누적금액 | 이자 | 기말누적금액 | | | |
| 6 | 0 | ₩30,000 | 0 | ₩30,000 | | | |
| 7 | 1 | ₩30,000 | ₩2,400 | ₩32,400 | | | |
| 8 | 2 | ₩32,400 | ₩2,592 | ₩34,992 | | | |
| 9 | 3 | ₩34,992 | ₩2,799 | ₩37,791 | | | |
| 10 | 4 | ₩37,791 | ₩3,023 | ₩40,815 | | | |
| 11 | 5 | ₩40,815 | ₩3,265 | ₩44,080 | "=FV(D2,B3,,B2)" | | |
| 12 | **FV(rate,nper,pmt,pv,type)** | | | | | | |
| 13 | **rate** 이자 지급 기간당 이율입니다. | | | | | | |
| 14 | **nper** 총 납입 횟수입니다. | | | | | | |
| 15 | **pmt** 정기적으로 적립하는 금액으로서 전 기간 동안 변경되지 않습니다. | | | | | | |
| 16 | **pv** 현재 가치, 즉 앞으로 지불할 일련의 납입금의 현재 가치를 나타내는 총액입니다. | | | | | | |
| 17 | **type** 지급 시점을 나타내는 숫자로서 0 또는 1입니다. 생략하면 0으로 간주됩니다. | | | | | | |

**그림 11.8** 예제 11.4에 관한 엑셀의 $FV$ 기능

### (4) 재무용 계산기를 이용하는 방법

현재는 다양한 재무용 계산기가 시중에서 판매되고 있다. 그중에서 본 서에서는 HP176을 사용하는 법에 관해서 설명하려고 한다.

이 재무용 계산기를 이용하기 위해서는 다음과 같이 계산기의 명령어를 넣어야 한다. 먼저 3,000만 원을 누르고 다음에 PV 을 누르면 현재 예금액 3,000만 원이 저장된다. 그리고 8를 누르고 $i$를 누르면 이자율이 저장되고, 5를 누른 후 $n$를 누르면 총 이자계산 기간이 저장된다. 마지막으로 FV 명령어를 누르면 원하는 미래가치가 계산기 화면에 떠오르게 된다. 이때 미래가치에 (−)부호를 보게 되는데 이를 (+)부호로 바꾸기 위해서는 'CHS '를 누르면 된다.

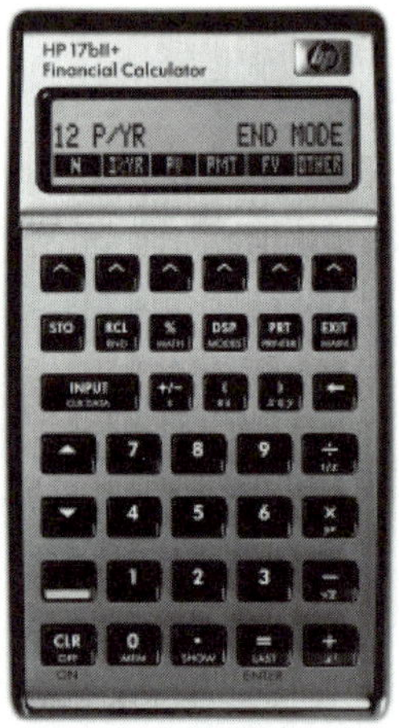

〈재무 계산기〉

## 11.5.2 일시 자금열에서 현재가치 구하기

본 절에서는 미래가치를 알고 있으면서 현재가치를 구하는 방법에 관하여 알아보기로 한다. 본 절부터는 구하고자 하는 값을 계산할 때 이자계수표와 엑셀 명령어를 이용하는 방법에 관해서만 설명하기로 한다. 이러한 자금열과 관계된 이자 식은 식 (5)와 같다. 식 (5)는 식 (4)의 역함수이다.

$$P = \frac{F}{(1+i)^N} = F(P/F,\ i\%,\ N) \qquad \cdots (5)$$

## ❙ 예제 11.6 일시 자금열에서 미래가치를 현재가치로 변환한 값 구하기

국내의 $C$대학교에서 학생들의 편의를 위해 11층짜리 기숙사를 현재 건설 중에 있다고 가정하자. 설계비 + 공사감리비 + 신축공사비 등 총 건축비는 206억 5,390만 원이고, 총 공사기간은 2년(2014.10.9~2016.10.08)이다. 기숙사 빌딩은 지하 2층과 지상 11층 그리고 옥탑으로 구성되어 있다. 이 기숙사의 지하 2층에는 기계실, 전기실, 그리고 물탱크실, 지하 1층은 주차장, 승강기실, 그리고 공조실 등, 지상 1층은 식당, 매점, 행정실, 독서실, *PC*실, 세탁실, *MDF*실, 방송실, 기타 부대시설 등, 그리고 지상 2~11층은 사생실 502실(1,000명 수용 – 장애인 4명 포함), 기타 층별 공용 편의시설(다목적실, 휴게실, 세탁실, 화장실 등)로 설계되어 있다. 그리고 옥탑층은 계단실, 승강기기계실, 팬룸, 고가수조실 등이 들어설 예정이다. 이 기숙사 연 면적은 20,117.65m2(6,08 5.59평)[8]이다. 현 시중은행의 730일 이상 1,095일 이하의 양도성 예금증서(certificate of deposit: CD)의 연 이자율은 3%이다. 이러한 조건하에서 2년 후의 총 건설비 206억 5,390만 원에 대한 현재가치를 구하여라.

### 조건

미래가치($F$) = 206억 5,390만 원, 이자율($i$) = 3%,

현재 이자계산 기간($t$) = 1년, 총 공사비 입금 기간($N$) = 2년

### 풀이

시중 CD금리 3%가 적용될 경우 2년 후 206억 5,390만 원의 현재가치를 구하기 위해서 예제 11.5에서와 같이 먼저 본 예제와 관련된 현금흐름도를 그리면 〈그림 11.9〉와 같다.

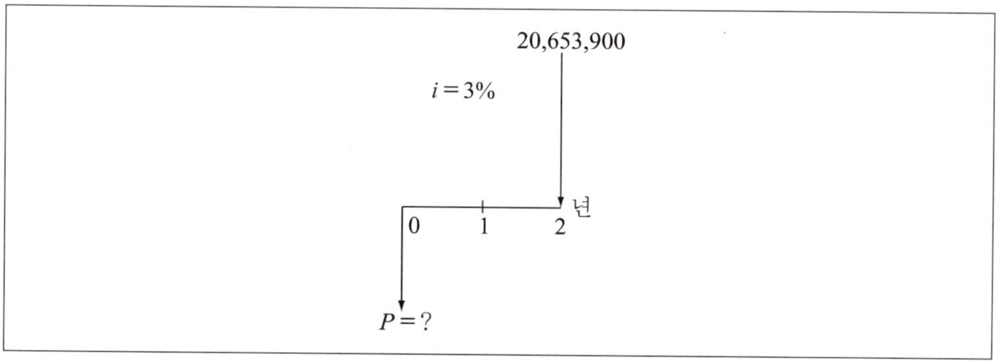


그림 11.9 예제 11.5의 현금흐름도(단위: 천 원)

---

8) 총 면적은 3,657$m^2$이고 1$m^2$당 시장가격은 386,000원이므로 총 토지에 대한 기회비용은 14억 1,190만 원이 된다. 이 토지비용이 총 건설비에 포함되어 있다고 가정한다.

위 현금흐름도에서 $P$값을 구해야 한다. 먼저 이자계수표를 이용하여 $P$값을 구하고, 다음에 엑셀을 이용하여 이 값을 구해 보도록 하자.

(1) 이자계수표를 이용한 $P$값 구하기

아래의 식에서 $(P/F,\ 3\%,\ 2)$에 해당하는 이자계수 값은 〈표 11.5〉에 있는 이자계수표의 ⬭ 안에 있는 수 0.9426이다. 이 값을 아래의 식 $(P/F,\ 3\%,\ 2)$에 대입하면 2년 후의 206억 5,390만 원의 현재가치가 194억 6,836만 6,000원이 된다.

$$
\begin{aligned}
P &= F(P/F,\ 3\%,\ 2) \\
&= 20{,}653{,}900(0.9426) \\
&= 19{,}468{,}366 \ (\text{천 원})
\end{aligned}
$$

‖ 표 11.5 ‖ 3% 이자율의 이자계수표 사용하기

| | | | Interest Table : | 3.00 % | | | | |
|---|---|---|---|---|---|---|---|---|
| | Single Payment | | | Equal Payment Series | | | Gradient Series | |
| | Compound Amount Factor | Present Worth Factor | Compound Amount Factor | Sinking Fund Factor | Present Worth Factor | Capital Recovery Factor | Gradient Uniform Series | Gradient Present Worth |
| N | (F/P, i, N) | (P/F, i, N) | (F/A, i, N) | (A/F, i, N) | (P/A, i, N) | (A/P, i, N) | (A/G, i, N) | (P/G. i. N) |
| 1 | 1.0300 | 0.9709 | 1.0000 | 1.0000 | 0.9709 | 1.0300 | 0.0000 | 0.0000 |
| 2 | 1.0609 | 0.9426 | 2.0300 | 0.4926 | 1.9135 | 0.5226 | 0.4926 | 0.9426 |
| 3 | 1.0927 | 0.9151 | 3.0909 | 0.3235 | 2.8286 | 0.3535 | 0.9803 | 2.7729 |
| 4 | 1.1255 | 0.8885 | 4.1836 | 0.2390 | 3.7171 | 0.2690 | 1.4631 | 5.4383 |
| 5 | 1.1593 | 0.8626 | 5.3091 | 0.1884 | 4.5797 | 0.2184 | 1.9409 | 8.8888 |

(2) 엑셀의 재무기능을 이용하여 '$P$'값 구하기

엑셀의 재무기능 중 $PV$(이자율, 이자계산횟수, 미래가치) 기능을 이용하여 $P$값을

| | A | B | C | D |
|---|---|---|---|---|
| 1 | 입력자료 | | | |
| 2 | F= | 20,653,900 | N= | 2 |
| 3 | i= | 3% | n= | 1 |
| 4 | 결과 | | | |
| 5 | 연도 | | | |
| 6 | 0 | ₩19,468,282 | "= PV(B3, 2,, B2)" | |
| 7 | 1 | 0 | | |
| 8 | 2 | ₩20,653,900 | | |

그림 11.10 예제 11.5에 대한 엑셀의 '$PV$' 기능

구하면 위 경우와 같이 194억 6,828만 2,000원을 얻을 수가 있다.

### 11.5.3 일시 자금열에서 기간 구하기

본 절에서는 현재 일정금액 $P$를 이자율 $i\%$가 적용되는 경우 이 예금액이 2배 혹은 4배가 되기 위해 필요한 기간을 결정하는 방법에 관하여 알아보기로 하자. 먼저 예제 11.7을 통하여 기간 구하기에 관한 이해를 하도록 하자.

**예제 11.7** 일정 예금액이 특정배수로 증가하기 위한 필요한 기간 구하기

김하늘이 연 이자율 6%가 적용되는 통일은행에 예금계좌를 개설하고 5,000만 원을 지금 예금하였다고 하자. 이 경우 초기 예금액 5,000만 원이 1억 원이 되기 위해 필요한 기간을 결정하여라.

**조건**

이자율$(i) = 6\%$, 초기 예금액$(P) = 5{,}000$만 원, 목표 누적 예금액$(F) = 1$억 원

**풀이**

본 예제는 여러 가지 방법으로 원하는 기간을 구할 수가 있다.

(1) 먼저 수리적인 방법을 사용하여 필요 기간을 구해보도록 하자. 본 예제의 내용을 정리하여 아래와 같은 수식을 수립하고, 이를 $N$에 관하여 풀면 $N$=11.9년이 된다. 즉, 초기 예금액 5,000만 원에 6%의 이자율이 적용되면 이 금액이 1억 원이 되기 위해서는 11.9년(대략 12년)이 지나야 한다.

$$F = P(1+i)^N$$

$$100{,}000 = 5{,}000(1+0.06)^N$$

$$2 = 1.06^N$$

양변에 log함수를 취하면

$$\ln 2 = N \ln(1.06)$$

$$N = \frac{\ln 2}{\ln(1.06)} = 11.9\text{년}$$

(2) 엑셀의 재무기능을 이용하여 필요 기간 구하기

엑셀의 *NPER*(이자율, 동일금액, 현재가치, {미래가치})기능을 아래와 같이 사용하면 초기 예금액 5,000만 원이 1억 원이 되기 위해 필요한 기간 $N=11.9$년(대략 12년)을 얻게 된다.

| | A | B | C | D |
|---|---|---|---|---|
| 1 | 입력자료 | | | |
| 2 | P= | ₩50,000 | i= | 6% |
| 3 | F= | ₩100,000 | | |
| 4 | 결과 | "=NPER(D2,−B2.B3)" | | |
| 5 | N= | 11.895661 | | |

그림 11.11 예제 11.7에 대한 엑셀의 '*NPER*' 기능

〈그림 11.12〉는 초기 예금액 5,000만 원이 1억 원이 되기 위한 필요기간을 이자율 변화에 따라 계산한 결과를 보여주고 있다. 이 그림에서 *B*열에 있는 필요기간은 엑셀의 *NPER* 기능을 사용하여 얻은 정확한 수치이다. 이제 *A*열에 있는 이자율과 *B*열에 있는 필요기간을 곱한 후, 이 값들의 평균값을 구하면 대략 73이 되고, 표준편차는 1.6

| | A | B | C |
|---|---|---|---|
| 1 | 입력자료 | | |
| 2 | P= | 50,000 | |
| 3 | F= | 100,000 | |
| 4 | 결과 | | |
| 5 | 이자율 | 필요기간(NPER기능 사용) | 72번째 법칙 |
| 6 | 5.00% | 14.21 | 14.40 |
| 7 | 6.00% | 11.90 | 12.00 |
| 8 | 7.00% | 10.24 | 10.29 |
| 9 | 8.00% | 9.01 | 9.00 |
| 10 | 9.00% | 8.04 | 8.00 |
| 11 | 10.00% | 7.27 | 7.20 |
| 12 | 12.00% | 6.12 | 6.00 |
| 13 | 14.00% | 5.29 | 5.14 |
| 14 | 16.00% | 4.67 | 4.50 |
| 15 | 18.00% | 4.19 | 4.00 |
| 16 | 20.00% | 3.80 | 3.60 |

그림 11.12 예제 11.7에 대한 엑셀의 '*NPER*' 기능

임을 알 수가 있다. 여러분들의 이해를 돕기 위해 위와 같은 통계적 이론을 도입하였으나, 공학경제에서는 이를 '72번째 법칙'이라고 한다. '72번째 법칙'의 사용법은 다음과 같다. 예를 들어, 이자율이 10%인 경우 '72'를 주어진 이자율 10로 나누어 얻은 값 7.2년이 현재 예금액이 두 배가 되기 위해 필요한 시간이다. 이 결과는 엑셀의 *NPER* 기능을 사용하여 구한 값과 거의 일치하고 있다.

### 11.5.4 동일 자금열의 현재가치와 미래가치 구하기

본 절에서는 〈그림 11.13〉에서와 같이 모든 현금흐름의 크기가 동일한 경우에 현재가치와 미래가치를 계산하는 이자공식에 관하여 알아보기로 한다. 이러한 동일 현금흐름이 발생하는 경우는 실생활에서 자주 접하게 되는데, 그중에서 가장 대표적인 예는 아파트 구입을 위해 특정 시점에서 필요한 자본을 마련하기 위해 매년 일정 금액씩 $N$년 동안 은행에 저축하는 것이다. 또 다른 실질적인 예는 자동차를 할부로 구입하고 일정 기간 동안 매월 동일한 금액으로 상환해나가는 것이다.

이와 같은 동일 자금열의 미래가치와 현재가치를 구하는 식은 다음과 같은 기초적인 수리 과정을 거쳐 식 (10)과 (11)처럼 정리된다. 〈그림 11.13〉에서 1차 년도 말에 현금유입액 $A$원을 이자율 $i\%$가 적용되는 예금계좌에 저축하였다면 이 금액은 $N$차 년도 말에 $A(1+i)^{N-1}$이 되고, 2차 년도 말의 $A$ 원은 $N$차 년도 말에 $A(1+i)^{N-2}$이 된다. 이와

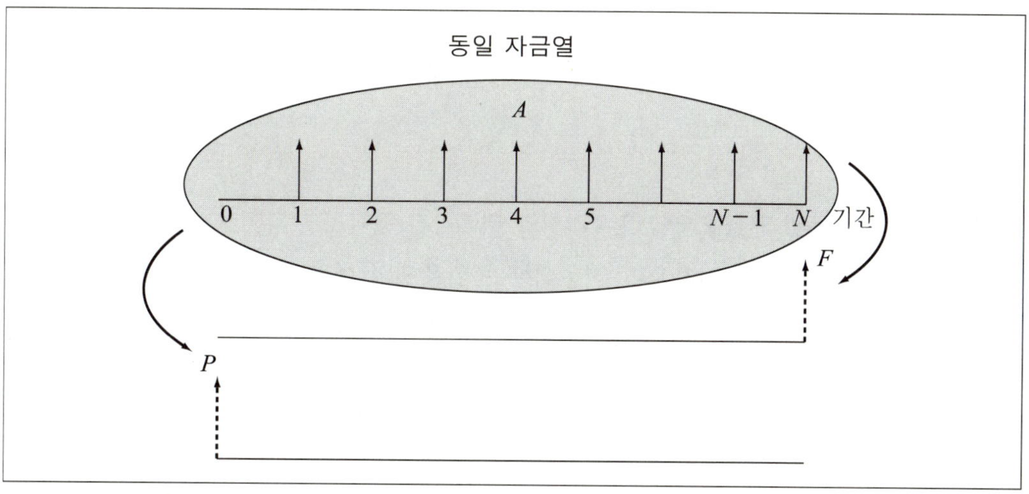


그림 11.13 동일 자금열: 경제적 등가의 '$P$' 혹은 '$F$'

같은 식으로 〈그림 11.13〉에 있는 모든 $A$를 $N$차 년도 말의 화폐가치로 변환한 후 이 값들을 모두 합하면 식 (6)과 같다.

$$F = A(1+i)^{N-1} + A(1+i)^{N-2} + \cdots + A(1+i) + A \qquad \cdots (6)$$

식 (6)을 달리 표현하면 식 (7)과 같다.

$$F = A + A(1+i) + \cdots + A(1+i)^{N-2} + A(1+i)^{N-1} \qquad \cdots (7)$$

식 (7)의 양변에 $(1+i)$를 곱하면 식 (8)과 같다.

$$F(1+i) = A(1+i) + A(1+i)^2 + \cdots + A(1+i)^{N-1} + A(1+i)^N \qquad \cdots (8)$$

식 (8)에서 식 (7)을 빼면 식 (9)와 같이 된다.

$$F(1+i) - F = -A + A(1+i)^N \qquad \cdots (9)$$

식 (9)를 $F$에 관하여 정리하면 식 (10)과 같다.

$$F = A\left[\frac{(1+i)^N - 1}{i}\right] = A(F/A,\ i\%,\ N) \qquad \cdots (10)$$

식 (10)에 $F = P(1+i)^N$를 대입하면 동일 자금열에 관한 현재가치 $P$를 구하는 식 (11)을 얻을 수 있다.

$$P = A\left[\frac{(1+i)^N - 1}{i(1+i)^N}\right] = A(P/A,\ i\%,\ N) \qquad \cdots (11)$$

다음 예제 11.8을 통하여 동일 현금흐름의 현재가치 및 미래가치를 계산해 보도록 하자.

### 예제 11.8 동일 현금흐름의 현재가치와 미래가치 구하기

어느 예금자가 4%의 이자율이 적용되는 통일은행의 예금계좌에 매년 2,500만 원씩 10년 동안 예금을 하였다고 가정하자. 10년 후 이 예금자가 통일은행으로부터 받아야 하는 누적된 총 예금액은 얼마인가? 그리고 현재가치로는 얼마인지를 계산하여라.

**조건**

동일 현금흐름$(A) = 2{,}500$만 원, 이자율$(i) = 4\%$, 예금기간$(N) = 10$년

### 풀이

본 예제에 관한 현금흐름도를 그리면 〈그림 11.14〉와 같다.

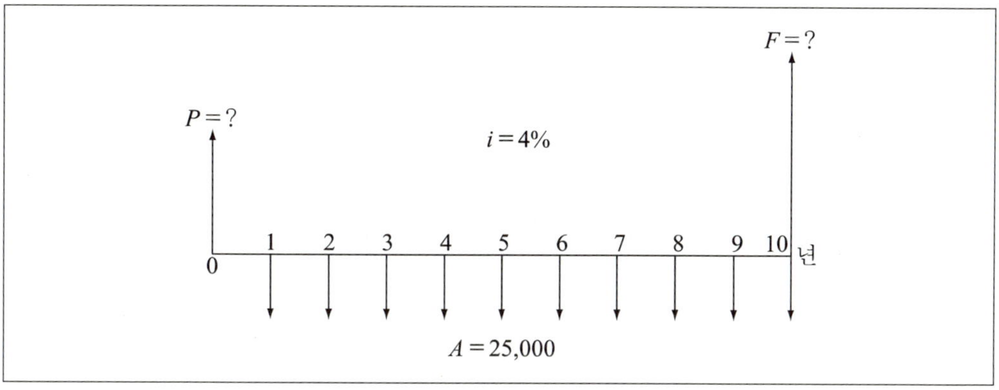


그림 11.14 예제 11.8의 현금흐름도(단위: 천 원)

(1) 이자계수표를 이용한 $F$값과 $P$값 구하기

$$F = A(F/A,\ i\%,\ N) = 25{,}000(F/A,\ 4\%,\ 10) = 25{,}000(12.0061)$$
$$= 300{,}153 \text{ (천 원)}$$
$$P = A(P/A,\ i\%,\ N) = 25{,}000(P/A,\ 4\%,\ 10) = 25{,}000(8.1109)$$
$$= 202{,}773 \text{ (천 원)}$$

(2) 엑셀을 이용한 $F$값과 $P$값 구하기

‖ 표 11.6 ‖ 4% 이자율에 관한 이자계수

| | | | Interest Table : | 4.00 % | | | | |
|---|---|---|---|---|---|---|---|---|
| | Single Payment | | | Equal Payment Series | | | Gradient Series | |
| | Compound Amount Factor | Present Worth Factor | Compound Amount Factor | Sinking Fund Factor | Present Worth Factor | Capital Recovery Factor | Gradient Uniform Series | Gradient Present Worth |
| N | (F/P, i, N) | (P/F, i, N) | (F/A, i, N) | (A/F, i, N) | (P/A, i, N) | (A/P, i, N) | (A/G, i, N) | (P/G. i. N) |
| 1 | 1.0400 | 0.9615 | 1.0000 | 1.0000 | 0.9615 | 1.0400 | 0.0000 | 0.0000 |
| 2 | 1.0816 | 0.9246 | 2.0400 | 0.4902 | 1.8861 | 0.5302 | 0.4902 | 0.9246 |
| 3 | 1.1249 | 0.8890 | 3.1216 | 0.3203 | 2.7751 | 0.3603 | 0.9739 | 2.7025 |
| 4 | 1.1699 | 0.8548 | 4.2465 | 0.2355 | 3.6299 | 0.2755 | 1.4510 | 5.2670 |
| 5 | 1.2167 | 0.8219 | 5.4163 | 0.1846 | 4.4518 | 0.2246 | 1.9216 | 8.5547 |
| 6 | 1.2653 | 0.7903 | 6.6330 | 0.1508 | 5.2421 | 0.1908 | 2.3857 | 12.5062 |
| 7 | 1.3159 | 0.7599 | 7.8983 | 0.1266 | 6.0021 | 0.1666 | 2.8433 | 17.0657 |
| 8 | 1.3686 | 0.7307 | 9.2142 | 0.1085 | 6.7327 | 0.1485 | 3.2944 | 22.1806 |
| 9 | 1.4233 | 0.7026 | 10.5828 | 0.0945 | 7.4353 | 0.1345 | 3.7391 | 27.8013 |
| 10 | 1.4802 | 0.6756 | 12.0061 | 0.0833 | 8.1109 | 0.1233 | 4.1773 | 33.8814 |
| 11 | 1.5395 | 0.6496 | 13.4864 | 0.0741 | 8.7605 | 0.1141 | 4.6090 | 40.3772 |
| 12 | 1.6010 | 0.6246 | 15.0258 | 0.0666 | 9.3851 | 0.1066 | 5.0343 | 47.2477 |
| 13 | 1.6651 | 0.6006 | 16.6268 | 0.0601 | 9.9856 | 0.1001 | 5.4533 | 54.4546 |
| 14 | 1.7317 | 0.5775 | 18.2919 | 0.0547 | 10.5631 | 0.0947 | 5.8659 | 61.9618 |
| 15 | 1.8009 | 0.5553 | 20.0236 | 0.0499 | 11.1184 | 0.0899 | 6.2721 | 69.7355 |

〈그림 11.15〉에서 보는 바와 같이 매년 2,500만 원씩 10년 동안 4%의 이자율이 적용되는 예금계좌에 저축을 하면 10년 후에 3억 15만 3,000원을 되돌려 받게 되고, 이 금액을 현재가치로 환산하면 2억 277만 3,000원이 된다.

| | A | B | C | D |
|---|---|---|---|---|
| 1 | 입력자료 | | | |
| 2 | I= | 4% | N= | 10 |
| 3 | A= | 25,000 | | |
| 4 | 결과 | | | |
| 5 | 0 | | | |
| 6 | 1 | 25,000 | | |
| 7 | 2 | 25,000 | | |
| 8 | 3 | 25,000 | | |
| 9 | 4 | 25,000 | | |
| 10 | 5 | 25,000 | | |
| 11 | 6 | 25,000 | | |
| 12 | 7 | 25,000 | | |
| 13 | 8 | 25,000 | | |
| 14 | 9 | 25,000 | | |
| 15 | 10 | 25,000 | | |
| 16 | F= | 300,153 | "= $FV(B2, 10, 25000)$" | |
| 17 | P= | 202,772 | "= $PV(B2, 10, 25000)$" | |

그림 11.15 예제 11.8에 대한 엑셀을 이용한 '$F$'값과 '$P$'값 구하기

## 11.5.5 동일 자금열에서 현금흐름이 기초에 발생하는 경우의 미래가치 및 현재가치

11.5.4절에서는 우리는 동일한 현금흐름이 기말에 발생한다고 가정하고 미래가치 및 현재가치를 구하였다. 그러나 본 절에서는 11.5.4에서처럼 동일한 현금흐름이 기말이 아닌 기초에 발생한다고 가정하고, 이 현금흐름들의 현재가치를 구하는 내용에 관하여 알아보기로 하자. 다음 예제 11.9를 통해 이와 같은 내용에 대한 이해를 하도록 하자.

**예제 11.9** 동일 현금흐름이 기초에 발생할 경우의 미래가치와 현재가치 구하기

예제 11.8에서는 동일한 금액 2,500만 원씩 10년 동안 매년 말에 저축한다고 하였다. 본 예제에서는 동일한 조건하에 저축을 연말이 아닌 연 초에 한다고 가정하고 이 현금흐름들의 미래가치와 현재가치를 구하여라.

**조건**

$A = 2{,}500$만 원, 저축 날－매년 초, $i = 4\%$, $N = 10$년

**풀이**

먼저 〈그림 11.16〉과 같이 본 예제에 관한 현금흐름도를 그려 보기로 하자. 0년 도가 1차 년도 초이기 때문에 첫 번째 저축금액 2,500만 원은 시점 0에 기록해야 한다. 그리고 우리가 구하고자 하는 값은 10차 년도 말의 값이기 때문에 다음과 같은 과정을 밟아 원하는 값을 구해야 한다.

이 문제를 해결하는 방법으로는 첫 번째 예제 11.8의 결과를 직접 이용하여 10차 년도 말의 미래가치를 계산하는 것이다. 즉,

$$\begin{aligned} F &= 300{,}153(F/P,\ 4\%,\ 1) \\ &= 312{,}159 \ (\text{천 원}) \end{aligned}$$

위와 같은 논리가 성립하는 근거는 다음과 같다. 〈그림 11.16〉에서 0년부터 9차 년도 말까지의 동일 현금흐름이 10번 발생하는 것을 정상적인 경우에 0차 년도를 현재시점으로 간주하고 예제 11.8의 문제를 해결한 것과 동일하게, 본 예제에서는 $-1$차 년도 초를 현재시점으로 놓고 10개의 동일한 현금흐름으로 관찰하면 시점 0부터 시작해서 9차 년도 말의 동일 현금흐름이 10번 발생하는 것으로 간주할 수가 있다. 그러므로 위 식에서 3억 15만 3,000원은 $-1$차 년도 초의 시점에서 관찰한 10개의 현금흐름에 대한 9차 년도 말의 미래 가치가 된다. 이 값을 $(F/P,\ 4\%,\ 1)$으로 1년을 더 할증하면 우리가 원하는 10차 년도 말의 미래가치를 얻게 된다.

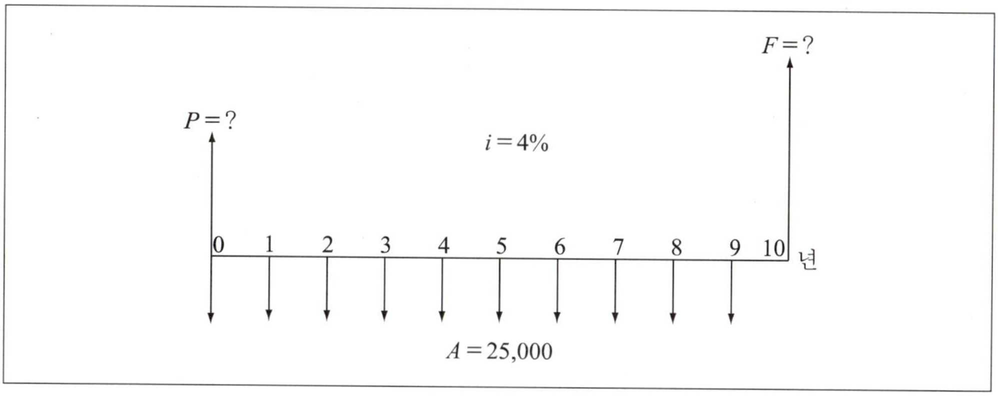


**그림 11.16** 예제 11.9의 현금흐름도(단위: 천 원)

위에 기술한 내용을 염두에 두고 10차 년도 말의 미래가치를 계산하면 다음과 같은 식으로 표현할 수가 있다.

$$F = 25{,}000(F/A,\ 4\%,\ 10)(F/P,\ 4\%,\ 1)$$
$$= 25{,}000(12.006)(1.04)$$
$$= 312{,}159\ (\text{천 원})$$

이 예제의 현재가치는 단순히 위에서 구한 $F$값을 4%의 이자율로 10년 동안 할인하면 된다. 즉,

$$P = 312{,}159(P/F,\ 4\%,\ 10)$$
$$= 312{,}159(0.6756)$$
$$= 210{,}883\ (\text{천 원})$$

다음으로는 동일 현금흐름을 아래와 같이 현재가치로 직접 변환하면 된다. 아래 식에서 $(P/A,\ 4\%,\ 10)$의 값은 $-1$차 년도 초의 화폐가치로 변환시키는 이자계수이다. 그러므로 동일금액에 이 이자계수를 곱하면 그 값은 $-1$차 년도 초의 화폐가치가 되기 때문에 0차 년도의 화폐가치로 변환하기 위해서는 이자계수 $(F/P,\ 4\%,\ 1)$를 $-1$차 년도 초의 화폐가치에 곱해야 한다. 이렇게 구한 값이 우리가 원하는 현재가치이다.

$$P = 25{,}000(P/A,\ 4\%,\ 10)(F/P,\ 4\%,\ 1)$$
$$= 25{,}000(8.1109)(1.04)$$
$$= 210{,}883\ (\text{천 원})$$

### I 예제 11.10 대학 학자금 마련

지금 어느 가정에서 딸의 대학 등록금을 마련하기 위하여 미리 학자금 저축계획을 세우고 있다고 가정하자. 딸은 지금 10살이고 18살이 되는 해에 대학에 입학할 예정이다. 대학 입학을 위해 적어도 1억 원의 돈이 필요할 것으로 추정된다. 연 이자율이 8%라면, 딸이 대학에 입학할 때 필요한 자금 1억 원을 마련하기 위해서 지금부터 매년 얼마씩 저축해야 하는가? 저축은 매년 말에 한다고 가정한다.

**조건**

〈그림 11.17〉의 현금흐름, $i =$ 연 8%, $N = 8$년

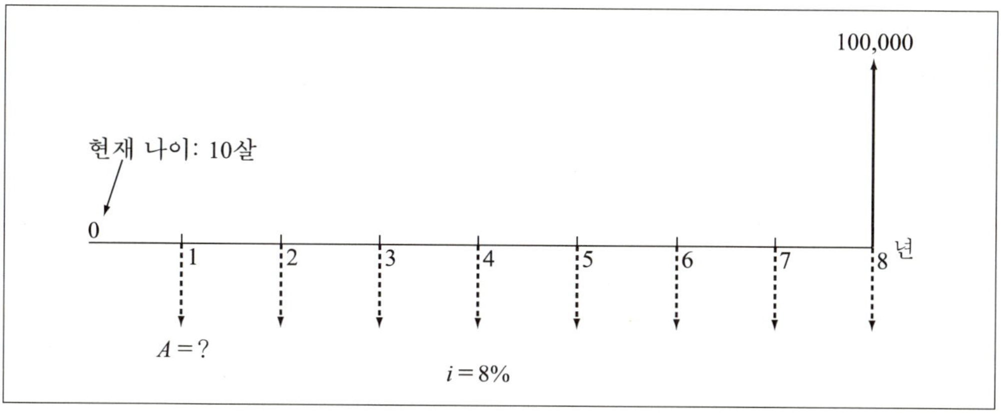


그림 11.17 예제 11.10의 현금흐름도(단위: 천 원)

**풀이**

$$A = 100{,}000(A/F,\ 8\%,\ 8) = 9{,}401.48\ (\text{천 원})$$

8년 후에 1억 원을 마련하기 위해서는 매년 940.1만 원을 저축하면 된다.

## 11.5.6 현재가치가 주어져 있을 경우 동일 현금흐름 계산하기

본 절에서는 현재가치가 주어져 있을 경우 이에 상당하는 연간 동일 현금흐름을 구하는 방법에 관하여 기술하기로 한다. 실질 생활에서 이와 같은 현금흐름이 발생하는 예는 대부분의 대출문제와 자동차 구입 시의 할부금 상환문제가 있다. 이 경우에 해당하는 이자 식은 식 (11)의 역수를 취한 식 (12)이다.

$$A = P\left[\frac{i(1+i)^N}{(1+i)^N - 1}\right] = P(A/P,\ i\%,\ N) \qquad \cdots (12)$$

식 (12)를 흔히 동일 자금열 자본회수계수(equal payment series capital recovery factor)라고 하며, 금융 분야에서는 이를 연금계수(annuity factor)라고 한다.

**예제 11.11** 대출금 상환계획

어떤 대학생이 마지막 4학년에 필요한 학자금을 충당하기 위하여 은행으로부터 2,106.182만 원을 빌렸다고 가정하자. 이 대부금은 연 6%의 이자율로 향후 5년간에 걸쳐서 매년 말에 동일액으로 상환하기로 했다. 학자금은 4학년 초에 빌렸고, 지금부터

1년 후에 첫 번째 상환을 해야 한다. 이 경우 연간 상환액 ($A$)을 계산하여라(〈그림 11.18〉).

**조건**

$P = 21,061.82$ (천 원), $i =$ 연 6%, $N = 5$년

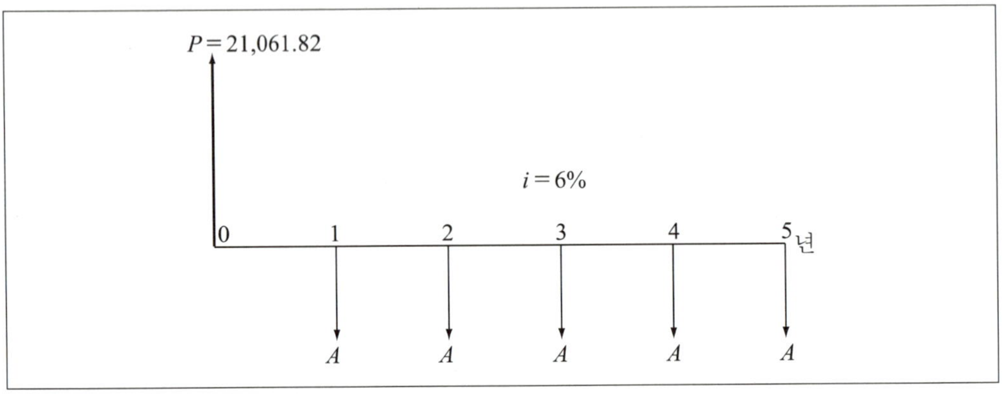


그림 11.18 예제 11.11에 대한 현금흐름도(단위: 천 원)

**풀이**

본 예제에 관한 현금흐름도는 〈그림 11.18〉과 같다. 이를 토대로 $A$값을 구하면 연간 500만 원씩 상환해야 한다.

$$A = 21,061.82(A/P,\ 6\%,\ 5)$$
$$= 21,061.82(0.2374) = 5,000 \text{ (천 원)}$$

다음 〈표 11.7〉을 보면, 매년 500만 원의 상환금으로 5년 동안 대부금이 어떻게 상환되는지를 알 수가 있다.

**해설**

일반적으로 대부상환계획은 다음과 같이 세 가지로 분류할 수 있다. 첫 번째 상환방법은 매년 이자만 지불하다가 상환 만기일에 원금을 한 번에 갚은 경우이다. 두 번째 상환방법은 원금을 동일하게 상환해가면서 그에 상응하는 이자를 상환해나가는 경우이다. 마지막 세 번째 상환방법은 일정부분 원금상환과 이자를 합하여 매년 동일한 금액으로 상환해가는 경우이다.

‖ **표 11.7** ‖ 대부상환금액의 구체적인 내역서

(단위: 천 원)

| | A | B | C | D | E | F | G |
|---|---|---|---|---|---|---|---|
| 1 | 입력자료 | | | | | | |
| 2 | P= | 21,061.82 | i= | 6% | | | |
| 3 | N= | 5 | 상환방법= | 원금과 이자 상환액을 합한 동일금액 | | | |
| 4 | 결과 | | | | | | |
| 5 | A= | ₩5,000 | | | | | |
| 6 | 연도 | 기초잔액 | 이자상환액 | 원금상환액 | 총 상환액 | 기말잔액 | |
| 7 | 0 | 21,061.82 | | | | 21,061.82 | |
| 8 | 1 | 21,061.82 | 1,263.71 | 3,736.29 | 5,000.00 | 17,325.53 | |
| 9 | 2 | 17,325.53 | 1,039.53 | 3,960.47 | 5,000.00 | 13,365.06 | |
| 10 | 3 | 13,365.06 | 801.90 | 4,198.10 | 5,000.00 | 9,166.96 | |
| 11 | 4 | 9,166.96 | 550.02 | 4,449.98 | 5,000.00 | 4,716.98 | |
| 12 | 5 | 4,716.98 | 283.02 | 4,716.98 | 5,000.00 | 0.00 | |
| 13 | | | | | | | |
| 14 | | | | | | | |
| 15 | | “=IPMT($D$2,A12,$B$3,$B$7” | | | “=PPMT($D$2,A12,$B$3,$B$7” | | |

## 11.5.7 동일 현금흐름이 주어져 있을 경우 현재가치 구하기

만약 통일은행 예금 계좌에서 매년 $A$원씩 $N$년 동안 인출하려고 한다면 현재 얼마를 일시금으로 통일은행에 저축해야 하는가? 이러한 질문에 대한 답을 얻기 위해서는 식 (11)을 사용하면 된다.

$$P = A\left[\frac{(1+i)^N - 1}{i(1+i)^N}\right] = A(P/F,\ i\%,\ N) \qquad \cdots (11)$$

**❙ 예제 11.12** **로또문제 지급 방법에 대한 해결방안**

본 장 처음의 로또 문제를 다시 생각해보자. 1등 당첨자는 30년 동안 매년 1,777만 달러를 받는 대안을 포기하고, 총 상금액 3억 2,780만 달러를 지금 당장 현금으로 한 번에 받는 대안을 선택하였다고 하자. 만일 이들이 연간 5%의 수익을 올릴 수 있는 곳에 이 돈을 투자할 수 있다면, 이들의 선택이 올바른 것일까?

**조건**

$i =$ 연 5%, $A =$ 1,777만 달러 7,304만 원, $N = 30$년

**풀이**

이 문제는 두 가지 방법으로 답을 할 수가 있다. 첫 번째 방법은 지금 당장 받은 상금 3억 2,780만 달러를 이자율 5%가 적용되는 은행의 예금계좌에 저축해 놓고 30년 말에 이 계좌의 잔고를 0으로 만들도록 30년 동안 매년 동일 금액을 인출하는 금액 $A$를 결정해서 연간 상금 수령액 1,777만 달러와 비교하는 것이다. 그러면 이 경우 $A$값이 2,132만 달러가 1,777만 달러보다 크므로 지금 당장 3억 2,780만 달러를 받는 것이 30년 동안 매년 1,777만 달러씩 받는 것보다 훨씬 바람직하다.

$$A = 32,780(A/P,\ 5\%,\ 30) = 2,132\text{만 달러}$$

두 번째 방법은 30년 동안 매년 1,777만 달러씩 받은 동일 상금액의 현재가치를 구해서이 값을 지금 당장 받은 상금 3억 2,780만 달러와 비교하는 것이다. 그러면 이 경우 $P$=2억 7,316만 달러가 지금 당장 받는 상금 3억 2,780만 달러보다 작으므로 지금 당장 상금 3억 2,780만 달러를 받는 것이 훨씬 바람직하다.

$$P = 1,777(P/A,\ 5\%,\ 30) = 2\text{억 } 7,316\text{만 달러}$$

**예제 11.13** 저축의 시작 시기: $(F/P, i, N)$와 $(F/A, i, N)$ 계수를 모두 요구하는 혼합 자금열

21세가 된 한 학생이 다음 두 가지 유형의 저축 계획을 고려하고 있다.

- 옵션 1: 10년 동안 매년 말 200만 원씩 적립한다. 그 후로부터는 더 이상의 적립은 없으나, 이때까지 적립된 금액을 65세에 이를 때까지 적립하여 둔다. 첫 적립은 22세 초에 이루어진다.
- 옵션 2: 처음 10년 동안은 적립하지 않고, 그 후부터 65세까지 매년 말 200만 원씩을 적립한다. 32세 초에 첫 적립을 시작한다. 계획 기간 동안 이자율은 연 8%이라고 하면, 65세가 되면 어떤 옵션의 계좌에 더 많은 돈이 적립되어 있겠는가?

**조건**

$i$ = 연 8%, 〈그림 11.19〉의 현금흐름

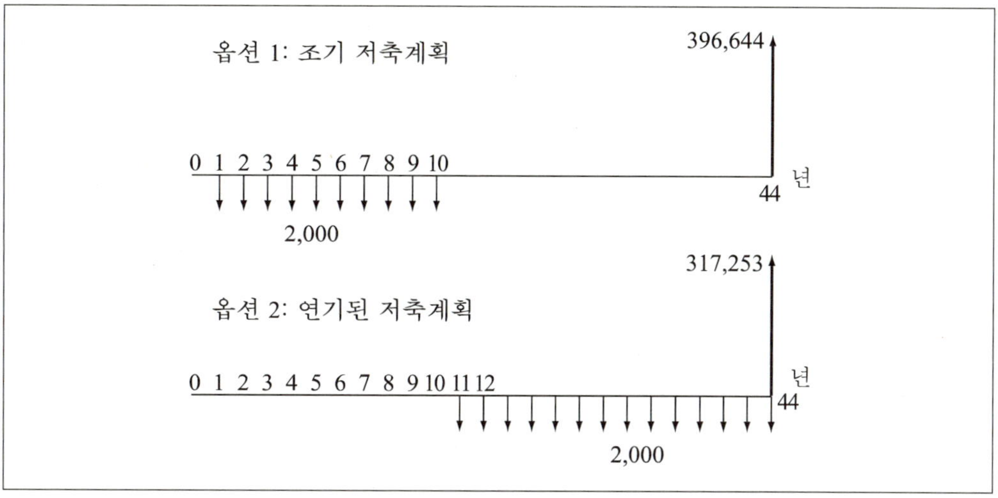


그림 11.19 두 가지 다른 저축계획의 현금흐름도(단위: 천 원)

### 풀이

- 옵션 1: 다음의 두 단계를 통해 최종 잔액을 계산할 수 있다: 우선 10년 말(31세의 해)의 누적잔액($F_{31}$)을 구한다. 그리고 이 잔액을 그 후 34년 동안 재투자한다.

$$F_{31} = 2{,}000(F/A,\ 8\%,\ 10) = 28{,}973\ (\text{천 원})$$
$$F_{65} = 28{,}973(F/P,\ 8\%,\ 34) = 396{,}644\ (\text{천 원})$$

- 옵션 2: 34년 동안의 투자만 존재하므로, 최종 누적잔액은 다음과 같다.

$$F_{65} = 2{,}000(F/A,\ 8\%,\ 34) = 317{,}253\ (\text{천 원})$$

### 결론

투자기간에 대한 투자자본의 복리효과로 인하여 31세부터 64세까지 34년 동안 동일한 금액 200만 원씩 저축한 옵션 2의 경우보다 단지 처음 10년 동안만 매년 200만 원씩 저축하고 그 후에는 저축금을 전혀 인출하지 않은 옵션 1의 경우가 65세에 받는 누적된 총 예금액에서 7,939만 원을 더 받게 된다.

‖ 표 11.8 ‖ 옵션 1과 2의 저축금액을 갖게 만들어 주는 '$i$'값 찾기

(단위: 천 원)

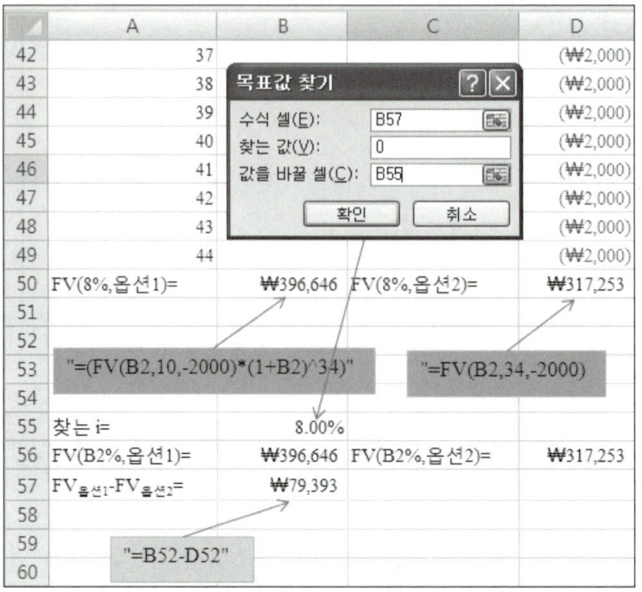


〈표 11.8〉은 엑셀의 '목표값 찾기(Goal Seek)' 기능을 사용하여 옵션 1과 2로부터 65세에 받게 되는 누적된 총 예금액을 동일하게 만들어 주는 이자율($i$) 값을 찾는 명령어를 보여주고 있다. '목표값 찾기' 기능에서 '수식셀($E$)'은 두 옵션의 차이가 '0'이 되게 하는 셀 '$B57$'을 지적하고 있고(수식으로 입력해야 함), '찾는 값($V$)'은 두 옵션의 차이가 '0'이 되어야 하므로 이 난에는 '0'을 기록하고(수식셀 값을 찾는 값을 비교함), 마지막으로 '값을 바꿀 셀($C$)'에는 두 옵션의 차이가 "0"이 되게 만들어 주는 이자율 셀 '$B55$'를 지적하고 있다. 이를 종합하면, '목표값 찾기' 명령어는 '수식셀' 값을 계산하기 위해서 '값을 바꿀 셀' 값을 사용하고, 그리고 이 값을 '목표값'과 비교해서 두 값이 같으면 계산 과정을 멈추고 우리가 찾고자 하는 값을 제공해 준다.

〈표 11.9〉는 '목표값 찾기' 명령어에 대한 결과값을 보여주고 있다. 〈표 11.11〉에서 주의할 사항은 엑셀의 실행면 전부를 본 서에 적절하게 옮기지 못하는 이유로 중간 과정을 생략하였기 때문에 〈표 11.8〉의 셀 번호와 일치하고 있지 못하다. 이 점을 고려하여 〈표 11.9〉의 결과를 분석하면 다음과 같다. 〈표 11.9〉의 하단을 보면 옵션 1과 2의 경제적 가치를 동일하게 만들어 주는 이자율은 6.54%이고, 6.54%의 이자율을 적용하여 나온 두 옵션의 경제적 가치는 2억 3,290만 2,000원임을 알 수가 있다.

그러나 엑셀의 '목표값 찾기' 기능을 이용할 경우 명심해야 할 사항은 〈표 11.9〉에

있는 '찾는 값 $i$'의 값에 임의의 숫자를 입력해야 되는데, 이 경우에 '−100%'보다 큰 '찾는 값 $i$'을 얻기 위해서는 여러 번의 시행착오를 거쳐야 한다. 예를 들어, 본 예제와 같은 경우 '찾는 값 $i$'의 값을 2% 이하로 입력할 경우에는 '−200%'의 값을 얻게 된다.

‖ **표 11.9** ‖ 엑셀의 '목표값 찾기' 결과

(단위: 천 원)

| | A | B | C | D |
|---|---|---|---|---|
| 1 | 입력자료 | | | |
| 2 | i= | 8% | | |
| 3 | 결과 | | | |
| 4 | 연도 | 옵션_1 | | 옵션_2 |
| 5 | 0 | (₩2,000) | | |
| 6 | 1 | (₩2,000) | | |
| 7 | 2 | | | |
| 8 | ⋯ | ⋯ | ⋯ | |
| 9 | ⋯ | (₩2,000) | ⋯ | |
| 10 | 9 | (₩2,000) | | |
| 11 | 10 | | | (₩2,000) |
| 12 | 11 | | | (₩2,000) |
| 13 | 12 | | | (₩2,000) |
| 14 | ⋯ | ⋯ | ⋯ | (₩2,000) |
| 15 | ⋯ | ⋯ | ⋯ | (₩2,000) |
| 16 | 43 | "=B52-D52" | | (₩2,000) |
| 17 | 44 | | | |
| 18 | FV(8%,옵션1)= | ₩396,646 | FV(8%,옵션2)= | ₩317,253 |
| 19 | | | | |
| 20 | "=(FV(B2,10,-2000)*(1+B2)^34)" | | "=FV(B2,34,-2000)" | |
| 21 | | | | |
| 22 | 찾는 i= | 6.54% | | |
| 23 | FV(B2%,옵션1)= | ₩232,902 | FV(B2%,옵션2)= | ₩232,902 |
| 24 | $FV_{옵션1}$-$FV_{옵션2}$= | ₩0 | | |

**| 예제 11.14** 저축연금에 내재된 이자율 찾기

국내 S금융그룹에서 다음과 같은 비과세 저축플러스연금보험을 판매한다고 한다. 제시된 이자율은 연 복리 3.95%라고 하고, 이에 관한 더 상세한 내용이 언급되어 있지 않기 때문에 이 예제에서는 이 이자율을 고정이자율로 간주하기로 한다.

| 월납입 금액 | 연간 납입원금 | 10년 총납 (이자수익) | +5년 후 (이자수익) | +5년후 (이자수익) | +5년후 (이자수익) | +5년후 (이자수익) | 80세 시점 (이자수익) |
|---|---|---|---|---|---|---|---|
| 20만 원 | 240만 원 | 26,053,349 (2,053,349) | 31,398,194 (7,398,194) | 37,885,373 (13,885,373) | 45,751,595 (21,751,595) | 55,299,020 (31,299,020) | 118,678,727 (94,678,727) |
| 30만 원 | 360만 원 | 39,172,933 (3,172,933) | 47,321,840 (11,321,840) | 57,212,397 (21,212,397) | 69,209,404 (33,209,404) | 83,770,492 (47,770,492) | 180,466,109 (144,466,109) |

(1) 월 납입액이 20만 원이 경우 구간별 이자율을 구하여라.

(2) 50년 동안 연간 평균 이자율이 a) 2%, b) 3.95%, c) 6%, d) 8%일 때 80세 시점에 수령하는 연금보험 총액의 현재가치를 결정하여라.

**조건**

위 표, 연금보험 시작 나이는 30세

**풀이**

(1) 구간별 이자율 찾기

(a) 10년 총납: 26,053,349원

매월 20만 원씩 1년 동안 납입하면 연간 총 납입액은 240만 원이 된다. 그러므로 연간 204만 원씩 10년 동안 동일한 금액으로 저축을 한다고 간주하고, 〈표 11.3〉 있는 이자 식 $(F/A,\ i,\ N)$을 사용해서 이 기간 동안 적용된 이자율을 찾으면 다음과 같다.

$$26,053,349 = 2,400,000\frac{(1+i)^{10}-1}{i}$$

$$10.85556 = \frac{(1+i)^{10}-1}{i}$$

$$i = 1.81096\%$$

〈표 11.10〉은 엑셀의 '목표값 찾기(Goal Seek)' 명령어를 이용해서 10년 동안 누적된 연금저축액에 내재된 연간 이자율을 찾는 내용을 보여주고 있다. 앞 절에서 설명하였듯이 셀 '*D*2'는 '*D*1'과 같은 수식을 삽입해야 된다. 이 수식은 셀 '*D*3'에 있는 이자율을 사용해서 10년 후 누적 연금저축액을 계산하여 '찾는 값(*E*)'와 비교해서 만약 두 값이 동일하면 '목표값 찾기' 과정은 멈추고 〈표 11.11〉의 셀 '*D*3'와 같이 내재된 이자율 1.81096%를 제공해 준다. 이 표에서 보듯이 우리가 찾는 이자율은 위에서 수식으로 찾은 값과 같이 1.81096%이다.

‖ 표 11.10 ‖ 엑셀의 '목표값 찾기' 명령어로 이자율 찾기

| | A | B | C | D |
|---|---|---|---|---|
| 1 | 10년후 누적금액 | 연간 납입금액 | 이자 계산 기간 수 | F=A[{(1+i)^N -1)}/i]' |
| 2 | 26053349 | 2400000 | 10 | 38249819.04 |
| 3 | | | 찾는 적용 이자율 | 0.1 |
| 4 | | | | |
| 5 | | | | |
| 6 | | | | |
| 7 | | | | |
| 8 | | | | |
| 9 | | | | |
| 10 | | | | |
| 11 | | | | |
| 12 | | | | |
| 13 | | | | |
| 14 | | | | |

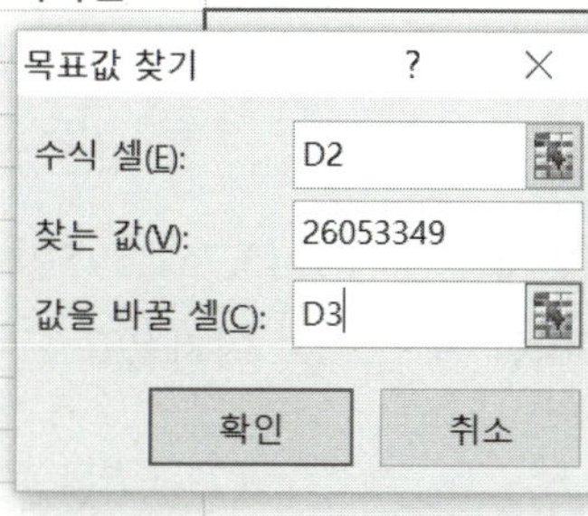


‖ 표 11.11 ‖ 엑셀의 '목표값 찾기'로 찾은 이자율

| | A | B | C | D |
|---|---|---|---|---|
| 1 | 10년후 누적금액 | 연간 납입금액 | 이자 계산 기간 수 | F=A[{(1+i)^N -1)}/i]' |
| 2 | 26053349 | 2400000 | 10 | 26053349 |
| 3 | | | 찾는 적용 이자율 | 0.018109609 |
| 4 | | | | |
| 5 | | | | |
| 6 | | | | |
| 7 | | | | |
| 8 | | | | |
| 9 | | | | |
| 10 | | | | |
| 11 | | | | |
| 12 | | | | |
| 13 | | | | |
| 14 | | | | |

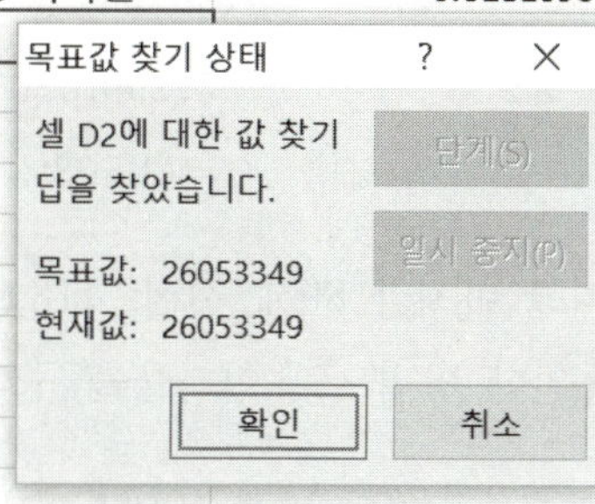


(b) 첫 번째 5년 후: 31,398,194원

첫 번째 5년 후 누적금액 31,398,194원은 10년 동안 납입한 누적금액 26,053,349원을 5년 동안 저축해 놓은 결과이다. 그러므로 이 경우 내재된 이자율은 미래가치를 구하는 이자 식을 사용해서 구하면 연 이자율이 3.803%이다.

$$F = P(1+i)^N$$

$$31{,}398{,}194 = 26{,}053{,}349(1+i)^5$$

$$i = 3.803\%$$

(c) 두 번째 5년 후: 37,885,373원

위와 동일한 방법으로 이자율을 구하면 이자율은 3.828%이다.

$$F = P(1+i)^N$$
$$37,885,373 = 31,398,194(1+i)^5$$
$$i = 3.828\%$$

(d) 세 번째 5년 후: 45,751,595원

위와 동일한 방법으로 이자율을 구하면 이자율은 3.845%이다.

$$F = P(1+i)^N$$
$$45,751,595 = 37,885,373(1+i)^5$$
$$i = 3.845\%$$

(e) 네 번째 5년 후: 55,299,020원

위와 동일한 방법으로 이자율을 구하면 이자율은 3.863%이다.

$$F = P(1+i)^N$$
$$55,299,020 = 45,751,595(1+i)^5$$
$$i = 3.863\%$$

(f) 그리고 마지막 80세 시점: 118,678,727원

위와 동일한 방법으로 이자율을 구하면 이자율은 3.892%이다.

$$F = P(1+i)^N$$
$$118,678,727 = 55,299,020(1+i)^{20}$$
$$i = 3.892\%$$

어느 구간에서도 S금융그룹에서 제시한 연 이자율 3.95%는 존재하지 않는다. 특히 첫 10년 납입기간 동안에 적용된 연 이자율은 1.81%밖에 되지를 않는다. 이는 이 금융그룹에서 제시한 연 이자율 3.95%의 45.8%에 불과하다. 나머지 차액은 S금융그룹의 연금보험 행정/운영 수수료로 차감해 간 것으로 추정된다.

(2) 80세 시점 누적금액의 현재가치: 118,678,727원

a) $i=2\%$일 때

$$P = F(1+i)^{-N}$$
$$P = 118{,}678{,}727(1+0.02)^{-50}$$
$$P = 44{,}092{,}456\text{원}$$

b) $i = 3.95\%$일 때

$$P = F(1+i)^{-N}$$
$$P = 118{,}678{,}727(1+0.0395)^{-50}$$
$$P = 17{,}105{,}989\text{원}$$

c) $i = 6\%$일 때

$$P = F(1+i)^{-N}$$
$$P = 118{,}678{,}727(1+0.06)^{-50}$$
$$P = 6{,}442{,}878\text{원}$$

d) $i = 8\%$일 때

$$P = F(1+i)^{-N}$$
$$P = 118{,}678{,}727(1+0.08)^{-50}$$
$$P = 2{,}530{,}376\text{원}$$

**해설**

과거의 자료들에 토대로 계산된 일반적인 평균 시중 이자율은 8%이다. 그러나 주식 연간 수익률이 9% 정도를 고려해 보면 상대적으로 시중 이자율은 8%는 높다고 할 수가 있다. 8% 평균 시장 이자율을 사용하면 50년 후 118,678,727원의 현재가치는 2,530,376원이 지나지 않는다. 대학 입학 자금 저축, 종신보험, 혹은 이와 같은 연금보험에 가입할 때에 많은 사람들이 50년 후의 1억 1,800만 원을 현재가치로 착각하고 이러한 보험에 가입하는 경우가 흔하다. 그리고 이 연금보험이 비과세라고는 하지만 사실 주식에 투자하여 얻은 이익도 아직까지는 세금이 부과되지 않고 있다. 이런 사실을 염두에 두면 장기간 투자 대안으로 KOSPI 인덱스펀드도 고려해 볼만한 가치가 있을 것이다. 참고로 현재 국내 이자에 부과되는 세율은 15.4%이거, 네덜란드는 60.0%, 독일은 53.8%, 스위스는 50.9%, 호주는 48.5%, 미국은 46.0%, 그리고 영국은 40.0%이다.

## 11.5.8 무한정 현금흐름의 현재가치

항구적으로 계속되는 동일한 현금흐름을 무한정 현금흐름이라고 한다. 이러한 현금흐름형태로 정해진 기간마다 (일반적으로 분기마다) 고정된 현금배당을 하는 만기가 없는 우선주가 이와 같은 형태의 현금흐름에 속하고 있다. 무한정 연금(perpetual annuity)은 현금흐름이 무한대로 계속되기 때문에 미래가치를 구할 수 없으나, 그 현재가치는 구할 수 있다.

그렇다면, 무한정 현금흐름의 현재가치는 얼마일까? 식 (11) 혹은 (11')을 응용하면, 무한대의 동일 자금열에 대한 현재가치를 계산할 수 있다. 이 식에서 $N \to \infty$의 극한치를 구하면, 식 (13)과 같은 정형화된 식을 얻게 된다.

$$P = \lim_{N \to \infty} A\left[\frac{(1+i)^N - 1}{i(1+i)^N}\right] = \lim_{N \to \infty} A\left[\frac{1 - \dfrac{1}{(1+i)^N}}{i}\right] = \frac{A}{i} \qquad \cdots (13)$$

〈그림 11.20〉에서 보는 바와 같이 매년 100만 원의 영구적인 현금흐름을 고려해보자. 이자율이 연 10%라고 하면, 이 자금열의 현재가치는 1,000만(=100만 원/0.1)원이다. 반대로 생각해서 가령 매년 100만 원씩 영구적으로 인출하기 위하여 연 10%의 이자율을 갖는 은행계좌에 지금 얼마의 돈을 적립해야 하는지를 생각해보자. 1,000만 원을 지금 입금한다면, 첫 해 말의 계좌에는 원금과 이자를 합쳐서 1,100만 원이 적립될 것이다. 이때 100만 원을 인출하면, 잔고는 다시 1,000만 원이 남게 된다. 이자율이 연 10%로 유지되기만 한다면, 원금 1,000만 원을 그대로 유지하면서, 영구적으로 매년 100만 원씩을 인출할 수 있을 것이다. 결과만을 고려해보면 이러한 이자계산은 단순이자계산과 동일하다고 할 수 있다.

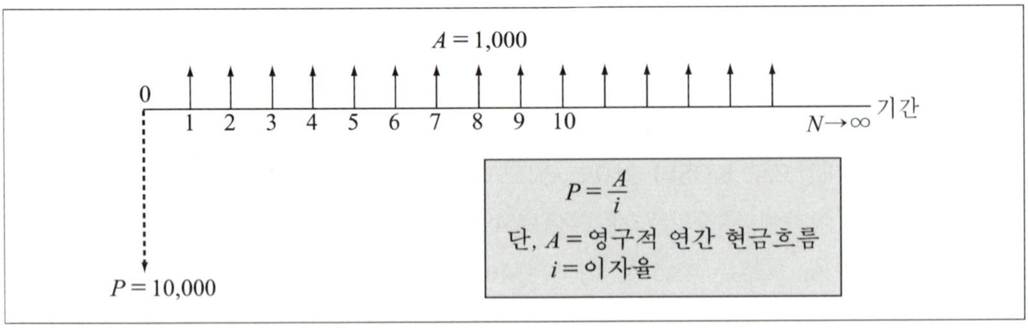


그림 11.20 무한정 동일 자금열의 현재가치(단위: 천 원)

### 11.5.9 현금흐름이 등차 및 등비자금열로 발생할 경우의 등가가치 계산

엔지니어들은 경제성 분석과정에서 한 기간의 현금흐름이 바로 직전의 현금흐름보다 일정한 금액($G$)만큼씩 오르거나 내리는 자금열의 형태를 가끔 경험하게 된다. 이러한 형태의 현금흐름에 대한 계산을 손쉽게 할 수 있는 이자계산식에 관해서 알아보기 하자. 엑셀과 같은 응용소프트웨어들도 이러한 유형의 현금흐름의 등가가치를 계산하는 실용적인 도구들을 제공하고 있으므로, 이들을 이용하면 좀 더 간편하게 원하는 값들을 얻을 수 있을 것이다.

#### 등차자금열의 계산

엔지니어들은 일반적인 현금흐름의 형태와 일치하지 않는 경우를 자주 접하게 된다. 그러나 이러한 현금흐름도 어떤 규칙적인 형태를 갖고 변하는 경우가 많은데 그중 한 가지가 자금열에서 각각의 현금흐름이 일정한 액수($G$)만큼 상승하거나 감소하는 형태이다. 이러한 특징을 이용하면 산술적 등차급수와 특정 현금흐름을 연관하여서 경제적 등가계산이 가능한 계수를 개발하여 사용할 수 있다.

〈그림 11.21〉은 기본 등차자금열, $A_n = (t-1)G$의 형태를 보여주고 있다. 등차자금열의 기본 형태는 첫 번째 기간 말에는 현금흐름이 '0'인 점에 주의해야 한다. 이때, 등차 $G$는 양수 혹은 음수가 될 수 있다. $G>0$이면 증가하는 등차자금열이고, $G<0$이면 감소하는 등차자금열이다.

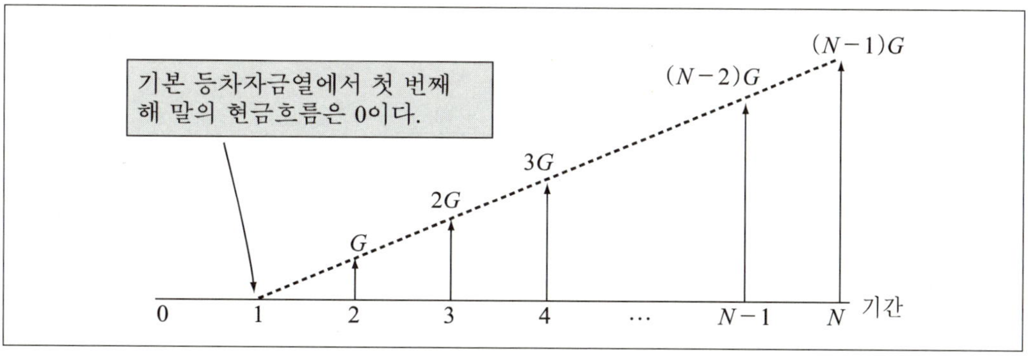


그림 11.21 등차자금열의 현금흐름(단위: 천 원)

## 복합적인 등차자금열

안타깝게도 현금흐름이 일정금액만큼씩 증가 혹은 감소하는 등차자금열의 순수한 형태는 대부분의 공학경제학 문제에서 나타나지 않는다. 등차자금열을 포함하는 전형적인 문제는 〈그림 11.22〉에서 보는 바와 같이, 첫 번째 기간에 초기 현금흐름이 존재하고, 그 후 몇 기간 동안 등차($G$)만큼의 증가가 일어난다. 이러한 복합적인 등차자금열은 첫 번째 기간에 현금흐름이 없고, 두 번째 기간에 초기 현금흐름이 발생하는 기본 등차자금열의 형태와 차이가 있다.

위와 같은 전형적인 문제를 등차자금열을 이용해서 풀려면, 〈그림 11.22〉에서와 같이 동일 자금열과 등차자금열로 구성된 복합 자금열(composite series)을 고려해야 한다. 이 두 종류의 자금열을 생각해 보면 각각의 자금열과 관련된 이자계산식으로 복합자금열의 다양한 가치를 쉽게 구할 수 있다.

첫 번째 자금열은 $N$ 기간 동안 매 기간 $A$만큼씩 현금흐름이 발생하는 동일 자금열이고, 두 번째 자금열은 등차가 $G$인 등차자금열이다. 이와 같이, 복합 자금열을 쉽게 해결하기 위해서는 복합 자금열에서 동일 자금열을 분리하여 현금흐름도를 분석하는 것이 매우 중요하다.

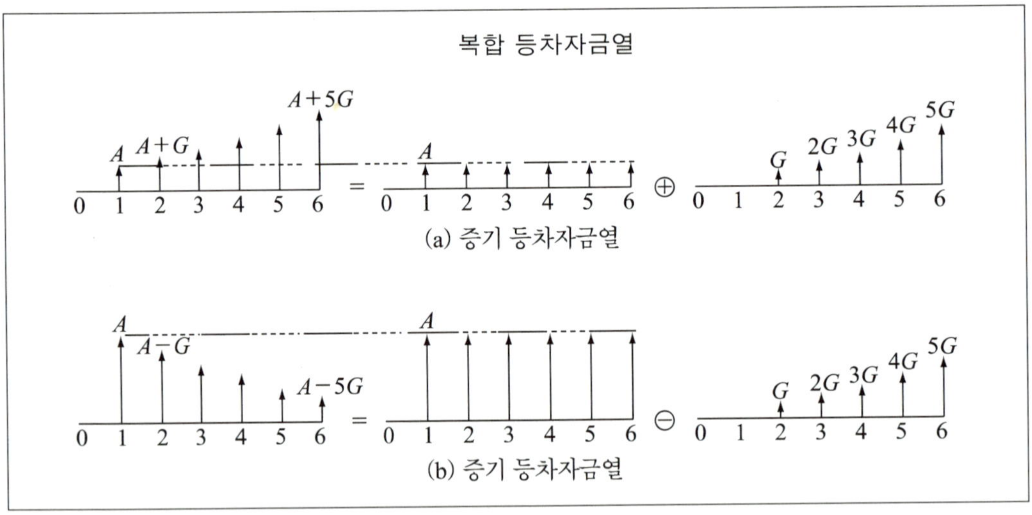


그림 11.22 복합 등차자금열의 두 유형: 동일 자금열과 등차자금열

### ❙ 현재가치계수-등차자금열: $G, N, i$을 알고, $P$를 구함

〈그림 11.23〉과 같이 등차로 증가하는 현금흐름을 인출하기 위해서는 지금 얼마를 적립해야 하겠는가? 이 자금열의 각각의 현금흐름에 대해 현재가치 계수를 적용하여 현재가치 $P$를 구하면 다음 식 (14)와 같다.

$$P = 0 + \frac{G}{(1+i)^2} + \frac{2G}{(1+i)^3} + \cdots + \frac{(N-2)G}{(1+i)^{N-1}} + \frac{(N-1)G}{(1+i)^N}$$
$$= \sum_{t=1}^{N} (t-1)G(1+i)^{-t} \quad \cdots (14)$$

식 (14)에서 $G = a$와 $x = 1/(1+i)$로 놓고 정리하면 식 (15)와 같다.

$$P = 0 + ax^2 + 2ax^3 + \cdots + (N-2)ax^{N-1} + (N-1)x^N$$
$$= ax[0 + x + 2x^2 + \cdots + (N-2)x^{N-2} + (N-1)x^{N-1}] \quad \cdots (15)$$

$\{0,\ x,\ 2x^2,\ 3x^3,\ \cdots,\ (N-2)x^{N-2},\ (N-1)x^{N-1}\}$ 등과 같은 산술-기하 순열의 합은 다음과 같이 정리된다.

$$0 + x + 2x^2 + 3x^3 + \cdots + (N-2)x^{N-2} + (N-1)x^{N-1}$$
$$= x\left[\frac{1 - Nx^{N-1} + (N-1)x^N}{(1-x)^2}\right] \quad \cdots (16)$$

식 (16)을 식 (15)에 대입하여 $P$에 관해 정리하면 식 (17)과 같이 요약된다.

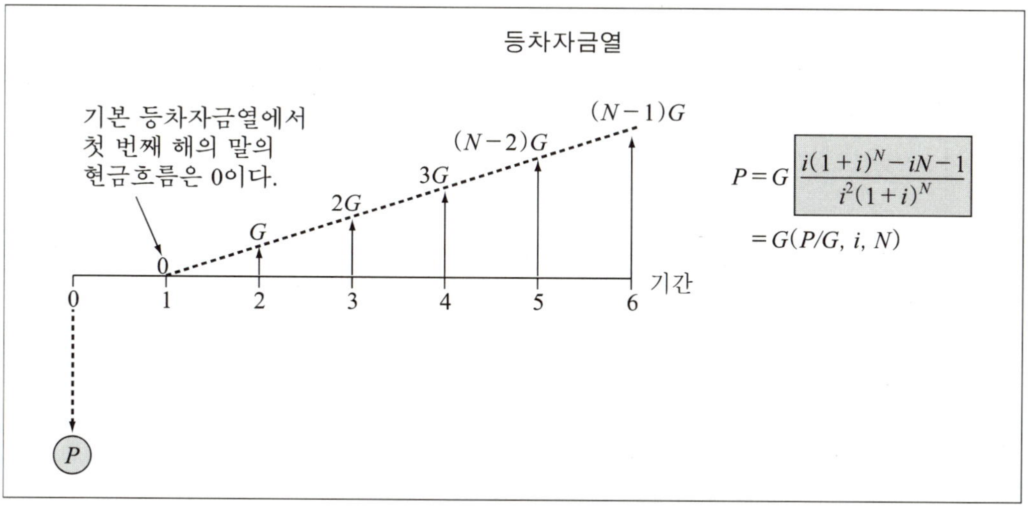


그림 11.23 등차자금열의 현금흐름도

$$P = ax^2\left[\frac{1 - Nx^{N-1} + (N-1)x^N}{(1-x)^2}\right] \quad \cdots (17)$$

식 (17)의 '$a$'와 '$x$'를 위의 대변 식으로 대체하면 식 (18)과 같은 최종적인 수식을 얻게 된다.

$$P = G\left[\frac{(1+i)^N - iN - 1}{i^2(1+i)^N}\right] = G(P/G,\ i\%,\ N) \quad \cdots (18)$$

위 식에서 괄호 안의 계수를 등차자금열의 현재가치계수(gradient series present worth factor)라고 하고, 기호로 $(P/G,\ i,\ N)$로 표현한다.

**❙ 예제 11.15** 엑셀을 이용한 등차자금열의 현재가치

이번에는 다른 로또 문제를 생각해보자. 당신이 로또의 6개 수자들을 모두 맞추는 행운을 잡았다고 가정하자. 그리고 당첨금을 수령하는 두 가지 방법 중에 한 가지를 선택할 것을 요구받았다고 하자. 이 중에서 첫 번째 방법은 당첨금을 26년 동안 매년 일정액으로 받는 것이고, 두 번째 방법은 당첨금을 모두 지금 한꺼번에 받는 것이다. 그러나 한꺼번에 받게 되면 발표된 당첨금보다 적게 받을 수밖에 없다(〈그림 11.24〉 참조). 이를 좀 더 구체적으로 설명하면 다음과 같다.

• **현금지급 옵션**: 현재가치로 할인된 당첨금이 지금 지급된다.

이 경우 당첨자에게는 당첨금의 49.14%인 34억 4,000만 원이 지급된다. 이 현재가

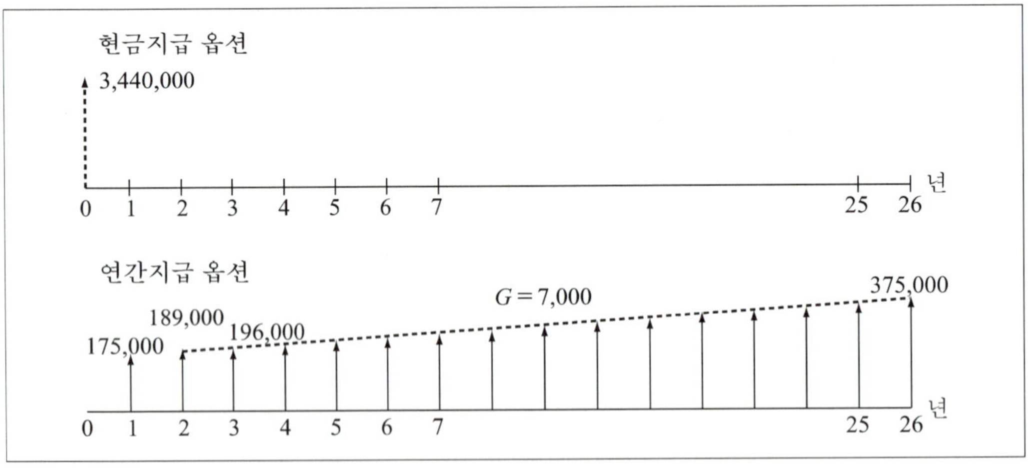


그림 11.24 로또문제의 현금흐름도(단위: 천 원)

치는 국채의 연 이자율 5.3383%를 기준으로 계산되었다.

• **연간지급 옵션**: 26년 동안 누진적으로 지급된다.

첫 해에 당첨금의 2.5%인 1억 7,500만 원이 지급되고, 두 번째 해에는 1억 8,900만 원이 지급되고, 그 후 남은 25년 동안 매년 700만 원씩 증가하여 마지막 해에는 3억 7,500만 원이 지급된다. 로또가 당첨되던 때에 국채 수익률이 5.338%에서 4.5%로 낮아졌다면, 이 로또 당첨금의 현재가치는 얼마가 되겠는가?

**조건**

$A_1$ = 1억 7,500만 원, $A_2$ = 1억 8,900만 원, $G$ = 700만 원(3년부터 26년까지),
$i$ = 연 4.5%, $N$ = 26년, 〈그림 11.24〉의 현금흐름

**풀이**

이 문제는 위 그림의 연간 현금흐름을 4.5%의 이자율을 이용하여 현재가치를 구하는 문제와 동일하다. 2년 말에 등차자금열이 시작되므로, 두 단계를 통하여 현재가치를 구할 수 있다. 이를 위해 우선 $t = 1$일 때의 가치를 구해서 이를 $t = 0$ 시점으로 할인하도록 한다.

$$\begin{aligned} P &= [175{,}000 + 189{,}000(P/A,\ 4.5\%,\ 25) \\ &\quad + 7{,}000(P/G,\ 4.5\%,\ 25)](P/F,\ 4.5\%,\ 1) \\ &= 3{,}818{,}363\ (\text{천 원}) \end{aligned}$$

엑셀을 사용하면 〈표 11.12〉와 같은 결과를 얻을 수 있다. 〈표 11.12〉의 '*C*10'부터는 매 연도의 현금흐름은 이전 연도의 현금흐름에 700만 원을 더하여 구해진다. 예를 들면, 셀 "*C*12"="*C*11"+$*B*$5"은 해당 셀에 입력하여 얻을 수 있고, 셀 "*C*13"="*C*12"+"$*B*$5"를 입력하여 구한다. 이러한 과정을 반복해서 '*C*'열을 얻을 수 있다.

위 자금열의 현재가치는 34억 4,000만 원에서 38억 8,000만 원으로 증가하였다. 이는 일시불 현금가로 제시된 34억 4,000만 원을 받는 것보다 26년 동안 매년 지급받는 대안을 선택하는 것이 더 경제적으로 유리하다는 의미이다. 이러한 결과가 발생한 이유는 기존에 고려된 이자율(5.338%)보다 시중 수익률이 4.5%로 낮아져서 미래금액의 현재가치가 상대적으로 높아졌기 때문이다.

‖ 표 11.12 ‖ 엑셀의 재무기능을 이용한 총액 계산하기

(단위: 천 원)

| | A | B | C | D | E |
|---|---|---|---|---|---|
| 1 | 입력자료 | | | | |
| 2 | 총당첨금= | ₩7,000,000 | | | |
| 3 | 이자율(%)= | 4.50% | | | |
| 4 | 초기금액 | ₩189,000 | | | |
| 5 | 등차금액 | ₩7,000 | | | |
| 6 | 결과 | | | | |
| 7 | 지급회수 | 지급계획 (총당첨금 %) | 세전 연간 지급액 | 할인율(4.5%) | 현재가치 |
| 8 | 1 | 2.50% | 175,000 | 0.957 | 167464.1148 |
| 9 | 2 | 2.70% | 189,000 | 0.916 | 173,073 |
| 10 | 3 | 2.80% | 196,000 | 0.876 | 171,754 |
| 11 | 4 | 2.90% | 203,000 | 0.839 | 170,228 |
| 12 | 5 | 3.00% | 210,000 | 0.802 | 168,515 |
| 13 | 6 | 3.10% | 217,000 | 0.768 | 166,633 |
| 14 | 7 | 3.20% | 224,000 | 0.735 | 164,602 |
| 15 | 8 | 3.30% | 231,000 | 0.703 | 162,436 |
| 16 | 9 | 3.40% | 238,000 | 0.673 | 160,151 |
| 17 | 10 | 3.50% | 245,000 | 0.644 | 157,762 |
| 18 | 11 | 3.60% | 252,000 | 0.616 | 155,282 |
| 19 | 12 | 3.70% | 259,000 | 0.590 | 152,723 |
| 20 | 13 | 3.80% | 266,000 | 0.564 | 150,096 |
| 21 | 14 | 3.90% | 273,000 | 0.540 | 147,413 |
| 22 | 15 | 4.00% | 280,000 | 0.517 | 144,682 |
| 23 | 16 | 4.10% | 287,000 | 0.494 | 141,913 |
| 24 | 17 | 4.20% | 294,000 | 0.473 | 139,114 |
| 25 | 18 | 4.30% | 301,000 | 0.453 | 136,293 |
| 26 | 19 | 4.40% | 308,000 | 0.433 | 133,457 |
| 27 | 20 | 4.50% | 315,000 | 0.415 | 130,613 |
| 28 | 21 | 4.60% | 322,000 | 0.397 | 127,766 |
| 29 | 22 | 4.70% | 329,000 | 0.380 | 124,922 |
| 30 | 23 | 4.80% | 336,000 | 0.363 | 122,086 |
| 31 | 24 | 4.90% | 343,000 | 0.348 | 119,262 |
| 32 | 25 | 5.00% | 350,000 | 0.333 | 116,456 |
| 33 | 26 | 5.10% | 357,000 | 0.318 | 113,670 |
| 34 | 합계 | 100.00% | 7,000,000 | | 3,818,363 |

### 등비자금열의 가치계산

또 다른 종류의 비례 자금열로는, 일정 액수로 정의되는 것이 아니라, 보통 백분율로 표시되는 일정 비율(%)로 정의되는 현금흐름열이 있다. 건설비용이나 유지비용 등과 관련된 비용들의 현금흐름은 시간이 지남에 따라 동일한 비율로 증가하거나 감소하는 형태를 보이게 된다. 또한, 인플레이션에 의한 가격변화도 등비자금열의 좋은 예가 되겠다.

매년 $g$의 비율로 현금흐름이 증가할 때, $n$년 말의 현금흐름 $A_n$을 1년 말 현금흐름 $A_1$으로 표현하면 식 (19)와 같다.

$$A_t = A_1(1+g)^{t-1},\ t=1,\ 2,\ \cdots,\ N \qquad \cdots\ (19)$$

여기서 $g$는 현금흐름의 형태에 따라 양수 혹은 음수 값을 갖는다. $g>0$이면 증가하는

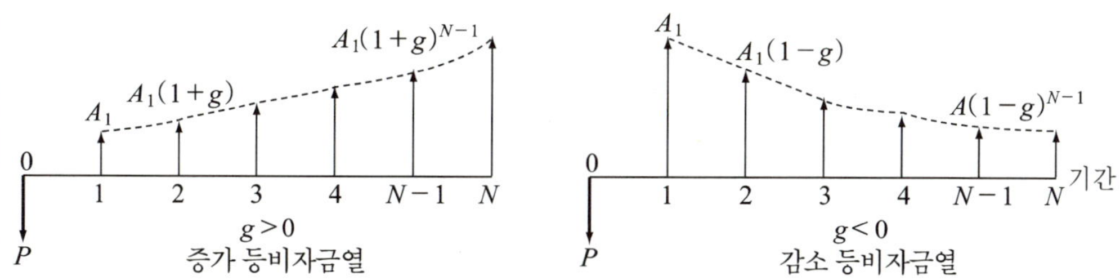


$$P = \begin{cases} A_1 \boxed{\dfrac{1-(1+g)^N(1+i)^{-N}}{i-g}}, & i \neq g\text{인 경우} \\ A_1 \dfrac{N}{(1+i)} & i = g\text{인 경우} \end{cases}$$

그림 11.25 증가 혹은 감소하는 등비자금열

자금열, $g < 0$이면 감소하는 자금열이 된다. 〈그림 11.25〉의 현금흐름도는 일반적인 등비자금열의 형태를 보여주고 있다.

〈그림 11.25〉에 있는 등비자금열($g > 0$ 경우)의 현재가치를 구하기 위해서는 각 기간별로 발생하는 등비자금열의 현재가치를 구하여 합하면 된다. 각 기간별 등비자금열의 현재가치 식 (20)과 같다.

$$P_t = A_t(1+i)^{-t} = A_1(1+g)^{t-1}(1+i)^{-t} \qquad \cdots (20)$$

식 (20)을 사용하여 각 기간별로 발생한 등비자금열의 현재가치를 구하고 이 모든 등비자금열의 합을 구하면 식 (21)과 같다.

$$P = \sum_{t=1}^{N} A_1(1+g)^{t-1}(1+i)^{-t} \qquad \cdots (21)$$

식 (21)에서 상수인 $A_1(1+g)^{-1}$을 합산 앞으로 가져오면 식 (22)와 같이 정리된다.

$$P = \frac{A_1}{(1+g)} \sum_{t=1}^{N} \left[\frac{1+g}{1+i}\right]^t \qquad \cdots (22)$$

$a = \dfrac{A_1}{1+g}$와 $x = \dfrac{1+g}{1+i}$로 놓고 식 (22)를 다시 정리하면 식 (23)과 같다.

$$P = a(x + x^2 + x^3 + \cdots + x^{N-1} + x^N) \qquad \cdots (23)$$

위 식의 양변에 '$x$' 곱하면 식 (24)와 같다.

$$xP = a(x^2 + x^3 + x^4 + \cdots + x^N + x^{N+1}) \quad \cdots (24)$$

식 (23)에서 (24)를 빼면 식 (25)가 된다.

$$P - xP = a(x - x^{N+1})$$
$$P(1-x) = a(x - x^{N+1})$$
$$P = \frac{a(x - x^{N+1})}{1-x},\ (x \neq 1) \quad \cdots (25)$$

식 (25)에 '$a$'와 '$x$'를 대입하면 식 (26)과 같은 최종적인 등비자금열에 관한 식을 얻게 된다.

$$P = \begin{cases} A_1\left[\dfrac{1-(1+g)^N(1+i)^{-N}}{i-g}\right], & \text{만약 } i \neq g \\ \dfrac{NA_1}{(1+i)}, & \text{만약 } i = g \end{cases} \quad \cdots (26)$$

식 (26)에서 대괄호 안의 계수를 등비자금열의 현재가치계수(geometric-gradient-series present worth factor)라고 하고, 기호로 $(P/A_1,\ g,\ i\%,\ N)$으로 표현한다. 등비자금열의 현재 가치계수를 구하는 다른 방법은 다음과 같다. 식 (22)는 다음과 같이 다시 정리할 수가 있다.

$$P = \frac{A_1}{(1+g)}\sum_{t=1}^{N}\left[\frac{1+g}{1+i}\right]^t = \frac{A_1}{(1+g)}\sum_{t=1}^{N}\frac{1}{\left[1+\dfrac{i-g}{1+g}\right]^t} \quad \cdots (27)$$

'$g$'를 다음과 같이 정의하면

$$g' = \frac{i-g}{1+g} \quad \cdots (28)$$

식 (28)을 식 (27)에 치환하면 '$P$'를 다음 식 (29)와 같이 정리할 수 있다.

$$P = \frac{A_1}{(1+g)}\sum_{t=1}^{N}\frac{1}{\left[1+\dfrac{i-g}{1+g}\right]^t}$$

$$= \frac{A_1}{(1+g)} \sum_{t=1}^{N} (1+g')^{-t}$$

$$= \frac{A_1}{(1+g)} (P/A,\ g',\ N) \qquad \cdots (29)$$

동일 자금열의 현재가치계수$(P/A,\ g',\ N)$를 사용하여 등비자금열의 현재가치계수(geometric-gradient-series present worth factor)를 구할 수 있으므로 복리계수표에 따로 이자계수표를 만들 필요는 없다. $i=g$인 특별한 경우는, $g'=0$이므로 식 (24) $P=[A_1/(1+i)^N]$을 이용하면 된다. 이자계수표에는 등비자금열과 관련된 내용이 없다.

**예제 11.16** 은퇴 후 생활비 충당을 위해 필요한 자금

가령 당신이 은퇴한 첫 해의 연금이 5,000만 원이라고 하고, 이 금액은 첫 해의 생활비용과 동일한 액수라고 하자. 그러나 은퇴 후 생활비용은 인플레이션의 영향으로 매년 5%씩 증가할 것으로 기대된다. 만일 은퇴연금만으로 생활비가 부족하다면, 은퇴연금 외에 저축계좌에서 충당하여야 한다. 당신의 저축계좌가 연 7%의 수익률을 가진다면, 은퇴 후 25년 동안 생활비용의 증가를 충당하기 위해 얼마를 적립해두어야 하는가?

**조건**

$A_1 = 50{,}000$(천 원), $g=5\%$, $i=7\%$, $N=25$년, 〈그림 11.26〉의 현금흐름 참조

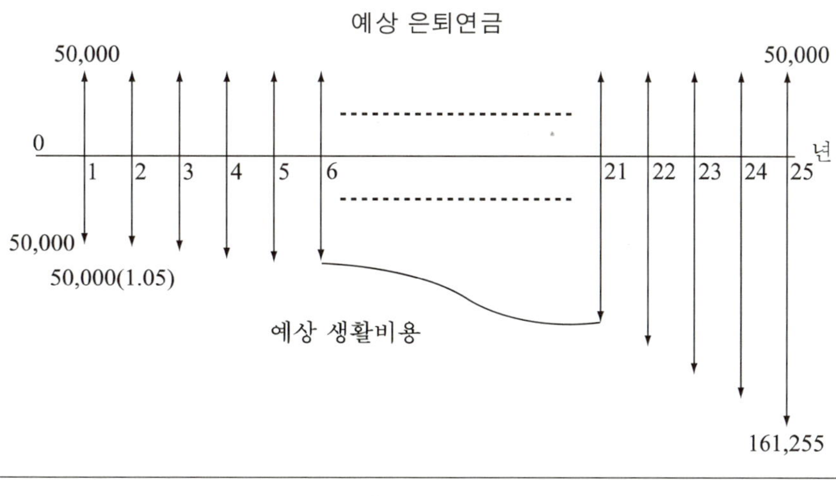


그림 11.26 예제 11.15의 현금흐름도(단위: 천 원)

**풀이**

25년 동안 총 수익의 현재가치

$$P = 50{,}000(P/A,\ 7\%,\ 25) = 582{,}679 \text{ (천 원)}$$

인플레이션을 고려한 총 생활비용의 현재가치: 식 (26)을 사용하여, '$g'$' 값을 구한다.

$$g' = \frac{0.07 - 0.05}{1 + 0.05} = 0.019 \text{ 또는 } 1.9\%$$

식 (29)를 이용하여 $P$를 구한다.

$$P = \frac{50{,}000}{(1 + 0.05)}(P/A,\ 1.9\%,\ 25) = 940{,}696 \text{ (천 원)}$$

증가하는 미래의 생활비용을 충당하기 위하여 필요한 저축금액($\Delta P$)은 다음과 같다.

$$\Delta P = 940{,}696 - 582{,}679 = 358{,}017 \text{ (천 원)}$$

---

본 장에서는 이자 발생기간을 1년으로 가정하고 현금흐름 형태와 관련된 이자 공식에 대한 이해와 사용 방법에 관하여 알아보았다. 다음 12장에서는 이자계산기간을 다양하게 변화시킬 경우에 각 기간별 이자계산방법과 인플레이션이 이자율에 미치는 영향 그리고 투자프로젝트의 경제성 평가를 위하여 사용될 자본비용을 어떻게 구하고 사용하는지에 대해 알아보기로 한다.

# 연습문제

**11.1** 이자율은 6%이고 복리가 적용되는 예금계좌에 오늘 5,000만 원을 투자하면 5년 후에 얼마를 찾을 수 있는가?

**11.2** 1,000만 원에 대하여 10년 동안 연 8% 단리로 얻은 이자와 같은 금액에 대하여 10년 동안 연 8%의 복리로 얻은 이자를 비교하여 보아라.

**11.3** 6%의 복리로 200만 원을 5년 동안 투자할지 7%의 단리로 5년 동안 투자할지를 고려 중이다. 어느 쪽이 경제적으로 더 유리한지를 구하여라.

**11.4** 10년 후에 5,000만 원을 받거나 지금 $P$원을 받을 수 있는 두 가지 대안이 있다고 가정하자. 지금 당장 사용해야 할 이유가 없다면, 10%의 연 이자율을 갖는 계좌에 $P$원을 적립할 수 있다. 10년 후에 5,000만 원을 받을 수 있는 약속과 지금 $P$원이 무차별하게 되는 $P$는 얼마여야 하는가?

**11.5** 현재 3,000만 원의 여유자금을 가지고 있는 투자자가 12%의 연 이자율을 갖는 저축계좌에 저축하였다고 하자. 7년 후에 이 저축계좌에 누적된 예금총액이 얼마인지를 구하여라.

**11.6** 유학자금을 위하여 앞으로 5년 후에 갚기로 하고 8,000만 원을 6%의 연 이자율이 적용되는 은행에서 차용하였다고 하자. 5년 후에 은행에 갚아야 할 금액이 얼마인지 구하여라.

**11.7** 10년 후에 4,500만 원을 인출하기 위해서는 12%의 연 이자율이 적용되는 저축계좌에 현재 얼마를 적립해야 하는지 구하여라.

11.8 한 은행의 저축계좌에 다음과 같은 조건으로 저축하였을 경우, 저축계좌의 미래액을 구하여라.

(1) 5% 복리, 300만 원의 2년 후의 가치

(2) 7% 복리, 450만 원의 5년 후의 가치

(3) 6% 복리, 1,500만 원의 15년 후의 가치

(4) 12% 복리, 4,000만 원의 12년 후의 가치

11.9 다음과 같은 조건이 주어진 저축계좌가 있다고 하자. 조건을 만족시키기 위하여 현재 저축해야 할 금액을 구하여라.

(1) 4% 복리, 5년 후 6,000만 원

(2) 9% 복리, 3년 후 3,200만 원

(3) 13% 복리, 16년 후 10,000만 원

(4) 5% 복리, 8년 후 8,000만 원

11.10 9%의 복리를 적용하여 다음 문제에 답을 구하여라.

(1) 5년 후에 700만 원을 갚는다면 지금 얼마를 빌릴 수 있는지 구하여라.

(2) 지금 2,000만 원을 빌린다면, 3년 후에 얼마를 갚아야 하는지 구하여라.

11.11 연 이자율 8%가 적용되는 저축계좌에 4,500만 원을 저축하였다. 이 계좌에 잔고가 두 배가 되려면 최소한 몇 년이 걸리는가? '72번째 법칙'을 이용하여 계산하여 위 결과에 비교하여 보아라.

11.12 5% 복리가 적용되는 저축계좌가 있다고 하자. 지금 현재 투자한 금액이 5배가 되려면 몇 년이 걸리겠는지 구하여라.

11.13 신기술개발이 성공함에 따라 매년 성장해가고 있는 벤처기업의 주식을 1주당 2,500원을 주고 200주를 샀다. 이 기업의 주가가 매년 7%씩 증가할 것으로 예상된다면, 투자금액이 2배가 되려면 이 주식을 적어도 몇 년 동안 보유하고 있어야 하는지 구하여라.

**11.14** 은행에서 10%의 이자율로 3,500만 원을 빌렸다고 하자. 첫해 말부터 5년에 걸쳐 매년 동일한 금액을 상환하기로 하였다면, 매년 상환해야 할 금액과 3년 말에 지급한 이자는 얼마인지를 구하여라.

**11.15** 혜성전자에서는 고객들의 서비스에 대한 불만이 점차 늘어남에 따라 기존의 고객서비스시스템을 새것으로 교체하기로 결정하고, 1억 2,500만 원을 투자하여 새로운 고객서비스시스템을 구입하기로 하였다. 이를 위하여 투자금액 중 6,250만 원을 앞으로 5년 동안 매년 동일한 금액으로 갚기로 약속하고 은행에서 대출 받았다. 이때 적용되는 연 이자율이 8%라고 한다면, 매년 갚아야 하는 금액은 얼마인지 구하여라.

**11.16** 다음과 같은 자금열에 현재가치를 구하여라.

(1) 8% 복리, 7년 간 매년 말 300만 원씩 적립
(2) 4% 복리, 14년간 매년 말 550만 원씩 적립
(3) 17% 복리, 6년간 매년 말 700만 원씩 적립
(4) 13% 복리, 9년간 매년 말 200만 원씩 적립

**11.17** 다음과 같이 적립되는 저축계좌에 미래액을 구하여라.

(1) 6% 복리, 5년간 매년 말 200만 원씩 적립
(2) 10% 복리, 10년간 매년 말 120만 원씩 적립
(3) 9% 복리, 6년간 매년 말 350만 원씩 적립
(4) 14% 복리, 9년간 매년 말 400만 원씩 적립

**11.18** 위 문제에서 매년 말이 아닌 매년 초에 적립된다고 한다면, 각 미래액을 구하여라.

**11.19** 현재 중학교 1학년인 자녀를 둔 김하늘씨는 6년 후 대학등록금 부담을 덜고자 지금부터 6년 동안 매년 동일한 금액을 적립하고자 한다. 6년 후 대학 입학을 위해서는 적어도 5,000만 원이 필요할 것으로 예상된다. 연 이자율이 6%라고 한다면, 6년 동안 매년 얼마씩을 적립해야 하는지 구하여라.

**11.20** 매년 200만 원씩 항구적으로 돈을 인출하기 위해서는 13%의 연 이자율이 적용되는 저축계좌에 현재 얼마를 적립해야 하는지 구하여라.

**11.21** 정부는 50억 원을 투자하여 한영시와 수리시를 연결하는 교량을 건설하였다. 이 교량의 연간 보수비용으로 매년 3억 원씩 소요될 것으로 예상되며, 이 자금은 두 도시의 주민들을 대상으로 한 기금마련운동을 통하여 충당하려고 한다. 국가에서 연 7%의 투자신탁을 운영할 수 있다고 가정한다면, 매년 3억 원의 보수비용을 항구적으로 충당하기 위해서는 적어도 현재 얼마의 기금을 조성해야 하는가?

**11.22** 명성전자에 올해 입사한 신입사원이 앞으로 10년 동안 첫 해 500만 원으로 시작하여 매년 200만 원씩 증가하는 상여금을 받기로 회사와 계약했다고 하자. 이 신입사원은 노후를 위하여 상여금을 7%의 이자율이 적용되는 저축계좌에 매년 적립하였다면, 10년 후에 이 저축계좌에는 얼마가 적립되어 있겠는지 구하여라.

**11.23** 현금흐름과 현금유출이 경제적으로 등가가 되도록 $C$를 구하여라.

(단위: 천 원)

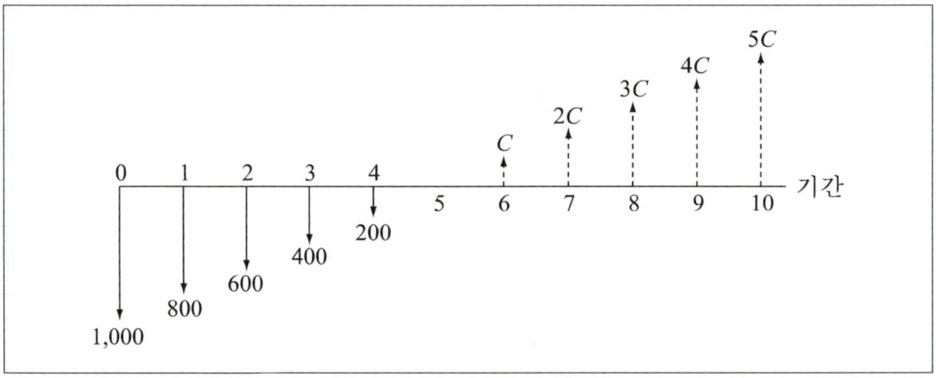


**11.24** 6%의 연 이자율이 적용되는 저축계좌에 첫해 말에 2,000만 원으로 시작하여 8년간 매년 120만 원씩 감소하는 금액을 적립하는 자금열과 등가가 되는 8년간의 동일 자금열을 구하여라.

**11.25** 한 과수원에서 매년 200만개의 사과를 수확하고 있다고 하자. 현재 사과 1개의 가격은 1,000원이며, 앞으로 인플레이션의 영향으로 사과의 가격이 매년 5%씩

인상될 것으로 기대된다. 사과 수익금을 연 9%가 적용되는 저축계좌에 모두 적립한다고 한다면, 앞으로 5년간의 사과 수익의 현재가치를 구하여라.

**11.26** 올해 35세가 된 김정민씨는 은퇴 후 생활자금을 마련하기 위하여 앞으로 25년 동안 매년 동일 금액을 저축하고, 60세부터 10년 동안 첫 해에 200만 원을 인출하고, 이후 매년 전년도보다 4%씩 증가시켜 인출하고자 한다. 이 저축계좌에 7%의 이자율이 적용된다고 할 때 앞으로 25년간 매년 적립해야 하는 동일 금액을 구하여라.

**11.27** 예제 11.14를 다시 고려해 보기로 하자. 국내 S금융그룹에서 다음과 같은 비과세 저축플러스연금보험을 판매한다고 한다. 제시된 이자율은 연 복리 3.95%라고 하고, 이에 관한 더 상세한 내용이 언급되어 있지 않기 때문에 이 예제에서는 이 이자율을 고정이자율로 간주하기로 한다.

| 월납입 금액 | 연간 납입원금 | 10년 총납 (이자수익) | +5년 후 (이자수익) | +5년후 (이자수익) | +5년후 (이자수익) | +5년후 (이자수익) | 80세 시점 (이자수익) |
|---|---|---|---|---|---|---|---|
| 20만 원 | 240만 원 | 26,053,349 (2,053,349) | 31,398,194 (7,398,194) | 37,885,373 (13,885,373) | 45,751,595 (21,751,595) | 55,299,020 (31,299,020) | 118,678,727 (94,678,727) |
| 30만 원 | 360만 원 | 39,172,933 (3,172,933) | 47,321,840 (11,321,840) | 57,212,397 (21,212,397) | 69,209,404 (33,209,404) | 83,770,492 (47,770,492) | 180,466,109 (144,466,109) |

(1) 월 납입액이 30만 원이 경우 구간별 이자율을 구하여라.

(2) 50년 동안 연간 평균 이자율이 a) 2%, b) 3.95%, c) 6%, d) 8%일 때 80세 시점에 수령하는 연금보험 총액의 현재가치를 결정하여라.

**11.28** 현재 30살이 사람이 앞으로 35년 후에 정년퇴임을 하고 퇴임 후 20년을 더 산다고 하자. 인플레이션 효과를 제외한 기준 화폐가치(실질화폐가치)로 현재 이 사람의 연 수입은 8,500만 원이고 이제부터 정년퇴임 후를 위해 저축을 하려고 한다. 즉, 이 사람은 30살부터 65살까지 연 수입 8,500만 원으로 고정되어 있는 것이다. 만약 인플레이션률 제외한 무인플레이션 이자율이 2.5%이라고 가정하고 아래의 질문에 답하여라.

(1) 만약 이 사람이 정년퇴임 후 20년 동안에 그의 연소득 8,500만 원의 70% 수준으로 생활하기를 원한다면 35년 동안 얼마씩 저축을 해야 하는가?

(2) 만약 이 사람이 정년퇴임 후 20년 동안 지출하는 소비액의 70% 수준으로 생활하기를 원한다면 35년 동안 얼마씩 지출해야 하고 저축을 해야 하는가?

(3) 만약 이 사람이 정년퇴임 전과 후 55년 동안 동일한 수준으로 소비를 하려고 하면 첫 35년 동안 얼마씩 저축을 해야 하는가?

**11.29** 다음 현금흐름도를 보고, $i = 6\%$에서 현금수입의 현재등가를 구하여라.

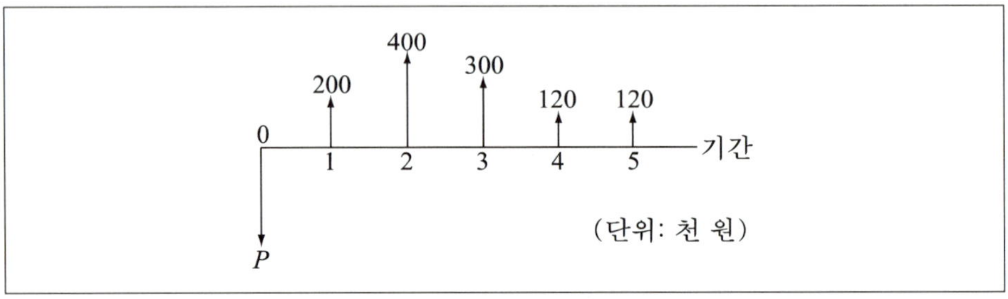


**11.30** 다음 현금흐름도를 보고, $i = 12\%$에서 현금수입의 현재등가를 구하여라.

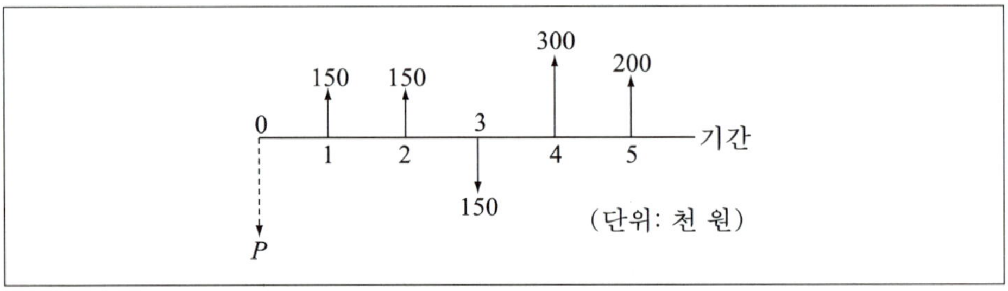


**11.31** 10% 복리가 적용될 때, 두 현금흐름을 등가로 하는 $A$를 구하여라.

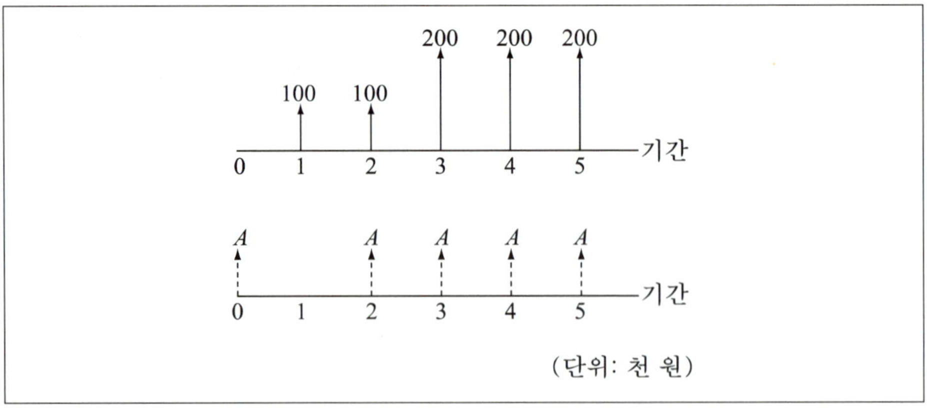

**11.32** 8% 복리가 적용될 때, 다음 현금흐름도의 현금유출과 현금유입이 경제적으로 등가가 되도록 $C$를 구하여라.

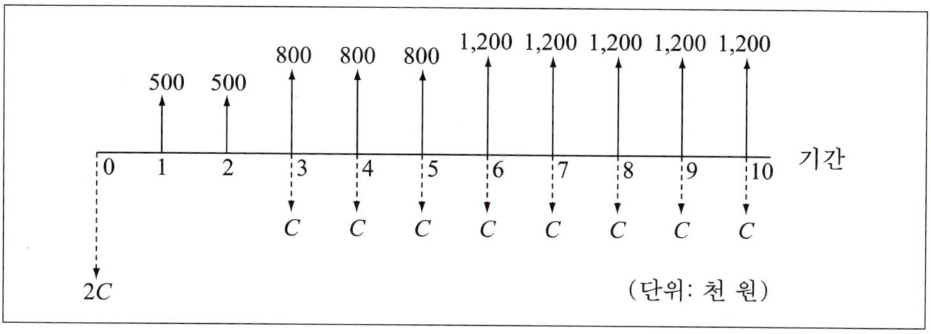


**11.33** 7% 복리가 적용될 때, 다음 두 현금흐름도가 등가가 되도록 $X$를 구하여라.

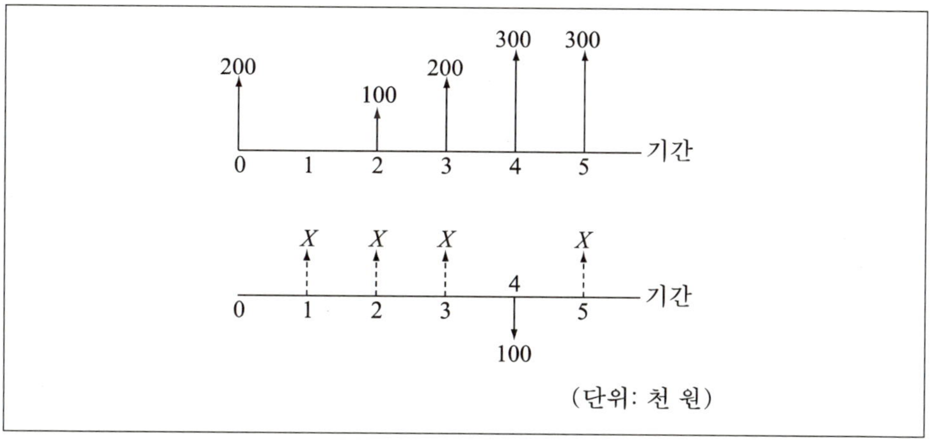

CHAPTER 12

# 기간별 이자, 인플레이션률 및 자본비용 계산

Engineering Economics

# 12.1 명목이자율과 실질이자율

사람들은 언제나 안전하고 높은 수익률을 보장하는 투자대상을 찾고자 노력한다. 그러나 가장 안전하고 현명한 신용카드 이용방법은 잘 모르고 있는 것 같다. 요즘 많은 대학생들은 학자금 조달을 위하여 신용카드를 하나 혹은 두 개씩 가지고 있다. 여기서 신용카드 잔액에 대한 최소 지불금에 대해 살펴보자. 예를 들어, 연 이자율 18.38%인 신용카드의 잔액 270.5만 원에 대하여 매달 최소 지불금으로 잔액의 2%를 상환하고 있다고 하자. 이와 같은 상환방법으로 신용카드 잔액을 모두 상환하기 위해서는 무려 27년 이상 걸리게 된다.

2% → 27.2년

270.5만 원

그렇다면, 은행에서 제시하는 연이율(annual percentage rate, *APR*) 18.38%는 어떤 의미를 가지고 있을까? 또, 어떻게 은행은 이 이자율을 결정할까?

본 장에서는 자금 관리를 위한 몇 가지 중요한 개념을 생각해보기로 한다. 앞 장에서 우리는 이미 돈의 시간적 가치와 이를 측정하기 위한 이자계산식을 유도하였다. 이러한 기본 이자계산식을 이용하여, 많은 금융계약에서 사용되는 다양하고 복잡한 이자율의 개념을 명확히 하기 위하여 본 장에서 등가의 개념을 확장하고자 한다.

예를 들면 많은 대부거래들은 일 년에 한 번 이상(반년, 월, 분기, 일 …) 이자가 복리로 계산된다. 이와 같이 이자가 일 년 동안 여러 번 복리로 계산되는 경우의 효과를 고려하려면, 우선 명목이자율(nominal interest)과 실질이자율(effective interest)의 개념을 이해해야 한다.

11장에서 간단히 언급한 바와 같이, 시장이자율은 은행이나 금융기관 등과 같은 금융시장에 의해 고지되는 이자율로 정의된다. 이 이자율은 실제 경제에서 화폐의 구매력이나 수익력에 직접적으로 영향을 미치게 된다. 본 절에서는 시장이자율에 대하여 좀 더 자세히 알아보겠다.

### 12.1.1 명목이자율

신용카드 청구서나 혹은 새 차 구입 때 작성된 대출 계약서를 한 번 살펴보자. 이 계약서에는 미납대금에 대해 부과된 이자율이 표시되어 있다. 이때 특이한 사실은 금융 기관이 실제 이자계산을 할 때 월이나 분기와 같이 연 단위가 아닌 다른 이자계산기간을 사용한다고 하더라도, 청구서류에 표시된 이자율은 연 단위로 명기된다는 사실이다. 실제로 많은 금융기관들은 신용카드나 대부서비스에 대하여 다음과 같은 방법으로 이자율을 표시한다.

| "18% 월 복리" |
|---|

이것은 은행이 당신의 미납대금에 대해 매월 1.5%의 이자율을 적용하여 월 이자를 부과하겠다는 의미이다. 여기서 우리는 명시된 이자율 18%를 명목이자율 혹은 연이율 (annual percentage rate, $APR$)이라 한다. 그리고 이자계산기간은 월 단위로 일 년에 12회 복리계산하게 된다. 복리기간 당 이자율을 구하면 18%를 12로 나눈 월 1.5%가 된다.

금융기관들이 통상적으로 연이율($APR$)을 고지하고 있고, 고객들이 이러한 연이율에 익숙하다고 하더라도, 이자계산이 일 년에 한 번 이상으로 빈번하게 이루어진다면 실질 이자율과 상당한 차이가 있으므로 연이율은 실질적으로 발생하는 연간 이자를 정확하게 설명해주지 못한다. 복리계산 빈도수가 연간 총 이자에 미치는 실질적인 영향을 알아보기 위해서 실질이자율의 개념을 이해하도록 하자.

### 12.1.2 연간 실질이자율

연간 실질이자율(annual effective yield)이란 일 년 동안 실제로 발생한 이자율을 말한다. 앞의 예에서와 같이, 은행은 미납대부 잔액에 대하여 매월 말에 1.5%의 이자율을 적용하게 된다. 그러므로 이자율 1.5%는 월간 실질이자율이라고 말할 수 있다. 연 단위의 실질이자율을 찾고자 한다면, 1.5%의 월간 실질이자율이 12번 누적되어 복리로 계산된 누적 이자율을 구해야 한다. 이 누적 이자율은 미납대부 잔액에 대한 연간 실질이자를 계산할 수 있게 해준다. 식 $F = P(1+i)^N$을 이용하여 대부금 100만 원에 대한 총 연간이자를 아래와 같이 계산할 수 있다. $P = 100$만 원, $i = 1.5\%$, $N = 12$이므로, 연말에 지불해야 할 이자를 구하면 19만 5,620만 원이 된다.

$$F = P(1+i)^N = 1{,}000(1+0.015)^{12}$$
$$= 1{,}195.62 \text{ (천 원)}$$

실제로 은행은 당신의 대부금에 대해 일 년에 18%에 대한 이자 18만 원보다 더 많은 이자수익 19.5618만 원을 얻게 되는 것이다. 즉, 당신은 연 18%의 이자율이 아닌 연 19.5618%(195.618/1,000)의 이자율로 대부를 받았다는 사실을 알 수 있을 것이다. 원금에 대한 백분율로 연간 실질이자율($i_E$)은 연말에 지불되는 총 이자금액을 원금으로 나누어 아래와 같이 얻게 된다.

$$i_E = 195.62/1{,}000 = 0.19562 \text{ 또는 } 19.562\%$$

이는 매월 1.5%의 이자율로 12번 이자를 지불하는 것과 연말에 19.56%로 한 번 이자를 지불하는 것은 동일하다는 의미이다.

〈표 12.1〉은 명목이자율 4%와 12% 사이의 이자율에 대해 각각 다른 이자계산 기간을 적용하여 계산된 연간 실질이자율을 보여주고 있다. 이 표를 살펴보면, 복리계산의 빈도수에 따라 실질이자율과 명목이자율의 사이에 상당한 차이가 있음을 알 수 있다. 그러므로 금융기관들은 고객에게 대부를 하거나 예금을 받을 때에는 반드시 명목이자율과 이자계산 기간, 다시 말하면 연간 실질이자율에 관한 정보를 알려 주어야 한다.

분명한 사실은 명목이자율이 같다고 하더라도 더 자주 복리계산을 하게 되면 실질적으로 지불되는 이자액은 증가한다는 것이다. 명목이자율($r$)과 연간 복리계산 횟수($M$)를

‖ 표 12.1 ‖ 이자계산 기간에 따른 연간 실질이자율

| | 연간 실질이자율<br>복리이자계산, 빈도수 | | | | |
|---|---|---|---|---|---|
| 명목이자율 | 연간 | 반년 | 분기 | 월간 | 일간 |
| 4% | 4.00% | 4.04% | 4.06% | 4.07% | 4.08% |
| 5% | 5.00% | 5.06% | 5.09% | 5.12% | 5.13% |
| 6% | 6.00% | 6.09% | 6.14% | 6.17% | 6.18% |
| 7% | 7.00% | 7.12% | 7.19% | 7.23% | 7.25% |
| 8% | 8.00% | 8.16% | 8.24% | 8.30% | 8.33% |
| 9% | 9.00% | 9.20% | 9.31% | 9.38% | 9.42% |
| 10% | 10.00% | 10.25% | 10.38% | 10.47% | 10.52% |
| 11% | 11.00% | 11.30% | 11.46% | 11.57% | 11.63% |
| 12% | 12.00% | 12.36% | 12.55% | 12.68% | 12.75% |

알면, 연간 실질이자율은 아래와 같은 식을 이용하여 쉽게 계산할 수 있다.

$$i_E = \left(1 + \frac{r}{M}\right)^M - 1 \qquad \cdots (1)$$

$M = 1$인 특수한 경우에는 식 (1)이 $i_E = r$로 간단해진다. 이러한 경우는 일 년에 이자가 오직 한 번만 계산되는 경우로써 실질이자율과 명목이자율이 같아지게 된다. 그러므로 앞 장의 예제에서 적용된 모든 이자율들은 정의에 의하면 연간 실질이자율이다.

### ❙ 예제 12.1 복리계산기간의 결정

한 신문에 게재된 아래와 같은 은행 광고를 생각해보자. "지금 자유은행에 예금증서(certificate of deposit: *CD*)를 개설하십시오. 최소 50만 원 적립하시면 아래의 수익률을 보장합니다. 이는 당신의 자금을 관리하는 최선의 방법일 것입니다."

(단위: 천 원)

| CD 종류 | 명목수익률 | 실질수익률 | 최소적립액 |
|---|---|---|---|
| 1년 | 2.23% | 2.25% | 500 |
| 2년 | 3.06% | 3.10% | 500 |
| 3년 | 3.35% | 3.40% | 500 |
| 4년 | 3.45% | 3.50% | 500 |
| 5년에서 10년 | 4.41% | 4.50% | 500 |

이 광고에는 이자계산기간, 즉 연간 복리계산 횟수가 명시되어 있지 않다. 각 *CD*의 연간 복리계산 횟수를 결정하여라.

**조건**

$r =$ 연 2.23%, 연간 실질수익률 $i_E$

**풀이**

1년짜리 *CD*를 먼저 생각해보자. 명목수익률은 2.23%, 연간 실질수익률은 2.25%이다. 식 (1)을 사용하면, 다음과 같이 나타낼 수 있다.

$$0.0225 = \left(1 + \frac{0.0223}{M}\right)^M - 1$$

또는

$$1.0225 = \left(1 + \frac{0.0223}{M}\right)^{M}$$

시행착오를 통하여 $M = 365$일, 즉 이는 연간 복리계산 횟수가 '일 복리'라는 것을 알 수 있다. 따라서 1년짜리 $CD$는 명목수익률 2.23%로 매일 복리계산이 된다는 것을 의미한다. 이와 같은 방법으로 다른 종류의 $CD$들도 모두 '일 복리'의 이자계산기간을 갖는 것을 알아낼 수 있다.

## 12.1.3 실질이자율

식 (1)을 일반화하면, 어떠한 이자계산기간이라도 이에 관한 실질이자율(effective interest rate)을 계산할 수 있다. 다음에 논의하겠지만, 실질이자율은 지불기간을 기준으로 계산된다. 여기서 지불기간이라 함은 현금흐름이 발생하는 시간간격을 말한다. 아래에서는 (1) 단속적 복리계산과 (2) 연속적 복리계산 상황을 살펴보겠다.

### (1) 단속적 복리계산

예를 들어 현금흐름이 분기마다 발생하지만 이자계산은 월 단위로 이루어진다면, 현금흐름이 발생하는 기간인 분기 단위로 실질이자율(effective interest rates per payment period)을 계산해야 한다. 식 (1)을 다시 정리하면 다음과 같다.

$$i_E = \left(1 + \frac{r}{M}\right)^{C} - 1 = \left(1 + \frac{r}{CK}\right)^{C} - 1 \qquad \cdots (2)$$

단, $M$ = 연간 이자계산 횟수

$C$ = 지불기간당 이자계산 횟수

$K$ = 연간 지불기간 횟수

식 (2)에서 $M = CK$임을 알 수가 있다.

**예제 12.2** 지불기간당 실질이자율

가령, 한 저축계좌에 연 8%의 월 복리로 분기마다 적립을 하고 있다고 가정하자. 분기당 실질이자율을 계산하여라.

**조건**

$r = 8\%$, $C = 3$(분기당 3회 이자계산), $K = 4$(연간 4번의 적립),
$M = 12$(연간 12번 이자계산)

**풀이**

식 (2)를 사용하여, 분기당 실질이자율을 다음과 같이 계산할 수 있다.

$$i_E = \left(1 + \frac{0.08}{3 * 4}\right)^3 - 1 = 2.013\%$$

**해설**

연간 실질이자율을 구하면 $i_E = (1 + 0.02013)^4 - 1 = 8.3\%$이다. 연 1회 복리계산과 연 1회 현금흐름이 발생하는 특수한 경우에는 $C = M$, $K = 1$이 되므로, $i = i_E$가 된다. 〈그림 12.1〉는 명목이자율과 지불기간당 실질이자율의 관계를 보여주고 있다.

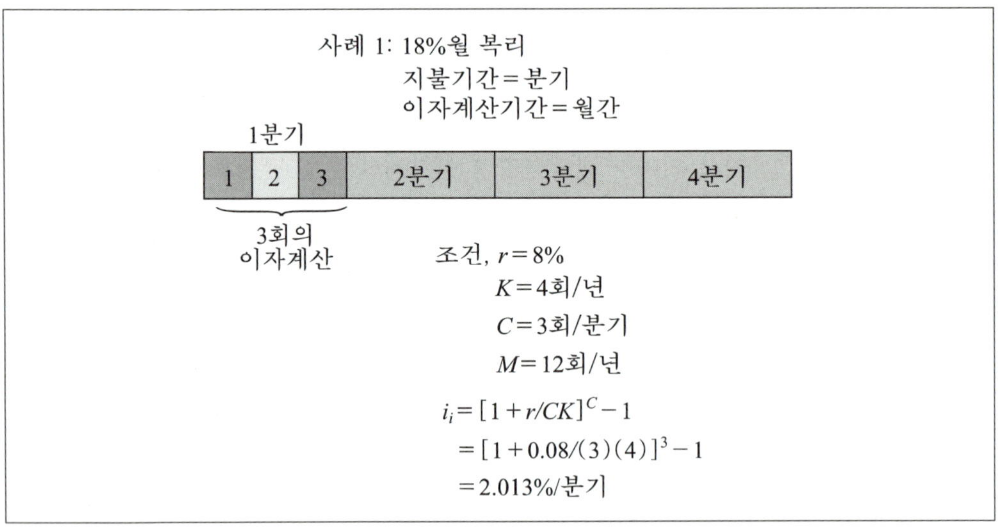


그림 12.1 분기당 실질이자율 계산

### (2) 연속복리

많은 고객을 유치하고 금융시장에서 경쟁력을 확보하기 위하여, 금융기관들은 매우 빈번하게 복리계산을 하기도 한다. 복리계산 횟수($M$)가 커질수록 이자계산기간당 이자율($r/M$)은 점점 작아지게 된다. 만일 복리계산 횟수 $M$을 무한대로 늘리면 $\frac{r}{M}$은 '0'에 근접하게 되는데, 이러한 복리계산 방식을 연속복리(continuous compounding)라고 한다.

식 (2)의 양변에 극한값을 취하여 지불기간당 실질이자율을 구하면 다음과 같다.

$$i_E = \lim_{CK \to \infty} [(1 + r/CK)^C]$$

$A = \dfrac{CK}{r}$로 놓으면

$$i_E = \lim_{A \to \infty} \left[ \left\{ \left( 1 + \frac{1}{A} \right)^A \right\}^{r/K} - 1 \right] = (e^{r/k}) - 1 \qquad \cdots (3)$$

위 식에서 $\lim_{A \to \infty} \left( 1 + \dfrac{1}{A} \right)^A = e$를 취하기 때문에 식 (3)은 식 (4)와 같이 단순화된다.

$$i_E = e^{r/K} - 1 \qquad \cdots (4)$$

연속복리 계산에서 연간 실질이자율을 계산하기 위해 $K$를 1로 놓으면, 그 결과는 아래와 같다

$$i_E = e^r - 1 \qquad \cdots (5)$$

예를 들어, 연이자율 12%가 연속복리일 경우, 연간 실질이자율을 구하면 다음과 같다.

$$i_E = e^{0.12} - 1 = 12.7497\%$$

### ▌예제 12.3 실질이자율의 계산

명목이자율이 8%이고 복리계산기간이 (가) 주간, (나) 일간, (다) 연속인 경우, 실질이자율을 구해보자.

**조건**

$r = 8\%$, $K = 4$회/년

**풀이**

(가) 주 복리 : $r = 8\%$, $M = 52$, $C = 13$회/분기

$$i_E = \left( 1 + \frac{0.08}{52} \right)^{13} - 1 = 2.0186\%/\text{분기}$$

(나) 일 복리 : $r = 8\%$, $M = 365$, $C = 91.25$ 일/분기

$$i_E = \left(1 + \frac{0.08}{365}\right)^{91.25} - 1 = 2.0199\% / \text{분기}$$

(다) 연속 복리 : $r = 8\%$, $M \to \infty$, $C \to \infty$, $K = 4$; 식 (3) 이용

$$i_E = e^{0.08/4} - 1 = 2.0201\% / \text{분기}$$

**해설**

일 복리와 연속복리에 대한 계산결과의 차이는 무시할 수 있을 정도로 작다. 금융기관들이 많은 고객을 유치하기 위해 연속복리 이자계산법을 사용하기는 하지만, 이 계산방식의 혜택은 생각보다는 크지 않다. 〈그림 12.3〉은 다양한 이자계산 빈도에 따른 지불기간당 실질이자율의 변화를 요약하고 있다.

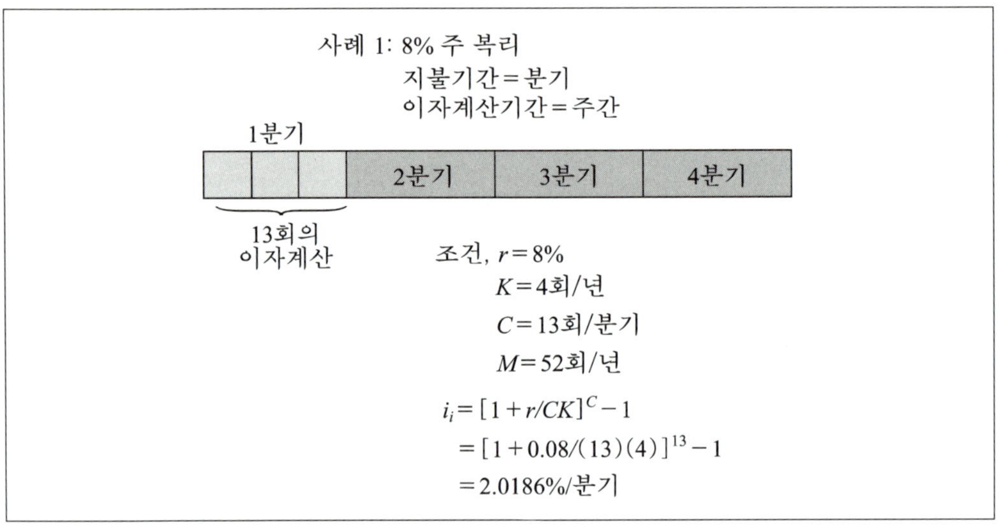


그림 12.2 지불기간당 실질이자율: 주 복리와 분기별 지불기간

분기별 실질이자율

| 사례 0 | 사례 1 | 사례 2 | 사례 3 | 사례 4 |
|---|---|---|---|---|
| 8% 분기복리 | 8% 월복리 | 8% 주복리 | 8% 일복리 | 8% 연속복리 |
| 지불기간 분기 | 지불기간 분기 | 지불기간 분기 | 지불기간 분기 | 지불기간 분기 |
| 2.000%/분기 | 2.0134%/분기 | 2.0186%/분기 | 2.0199%/분기 | 2.0201%/분기 |

그림 12.3 지불기간당 실질이자율

## 12.1.4 실질이자율에 의한 등가계산

이제 독자들은 경제적 등가를 계산하고자 할 때, 지불기간과 이자계산기간을 명확히 해야 한다는 사실을 알았을 것이다. 만일 현금흐름이 발생하는 시간 간격(이를 지불기 간이라 함)과 복리계산이 되는 시간간격이 다르게 되면, 등가계산을 위해서 지불기간에 상응하는 실질이자율을 구해야 할 필요가 있다. 다음에서 몇 가지 예를 들어 이에 관한 내용을 알아보기로 하자.

### (1) 지불기간과 이자계산기간이 동일할 때

앞 절의 모든 예제들은 지불기간과 이자계산기간이 연 단위로 동일하다고 가정한 것이다. 이자계산기간과 지불기간이 연 단위 또는 다른 시간 단위라고 하더라도 두 기간이 일치하는 경우($M=K$)에는 다음과 같은 방법으로 경제적 등가를 계산한다.

- 1단계: 연간 복리계산(혹은 현금흐름) 횟수($M$)를 확인한다.
- 2단계: 지불기간당 실질이자율을 계산한다. 즉,

$$i_E = \left(\frac{r}{M}\right)$$

- 3단계: 총 현금흐름 발생횟수(즉, 지불기간 수)를 결정한다.

$$N = M * (\text{연수})$$

**예제 12.4** 자동차 할부금의 계산

가령 당신이 신형 K카를 한 대 구입하기 위하여 자동차 가격에 대한 정보를 찾던 중

- 연이자율 7%!
- 36개월 할부판매
- 모든 차종 즉시 인도 가능!
- 판매가 3,600만 원
- 부가세와 판매비의 1%에 해당하는 운송비만 추가로 부담하면 차량등록과 면허세 등 모든 비용을 당사에서 지불함.
- 10% 부가세=360만 원
- 2% 운송비=72만 원
- 총 구입비용=4,032만 원

**그림 12.4** 자동차 판매광고(단위: 천 원)

에 어느 일간지에 게재된 다음과 같은 자동차 판매광고를 보았다고 가정하자.

초기 인도금으로 1,032만 원만 지불하면, 나머지 금액 3,000만 원에 대해서는 융자를 받을 수 있다고 한다.

(가) 이 경우 자동차 월 할부금은 얼마나 되겠는가?

(나) 15번째 월 할부금을 지불한 후, 나머지 잔금을 한 번에 지불하고 싶다면 얼마를 지불해야 하는가?

**조건**

$P = 30{,}000$(천 원), $r = 7\%/$년, $K = 12$회/년, $N = 36$개월, $M = 12$회/년

**풀이**

(가) 위 광고에서는 이자계산기간이 명시되어 있지 않다. 그러나 자동차 할부의 경우 이자계산기간과 지불기간은 일반적으로 월 단위이기 때문에 여기서도 그렇게 가정하기로 하자. 그러므로 연 이자율 7%는 이자가 월 복리로 계산된다는 것을 의미한다.

식 (1)을 사용하면, 손쉽게 월 할부금을 계산할 수 있다.

$$i = \frac{7\%}{12} = 0.5833\%/\text{월}$$
$$N = (12)(4) = 36\text{개월}$$

지불기간=이자계산기간

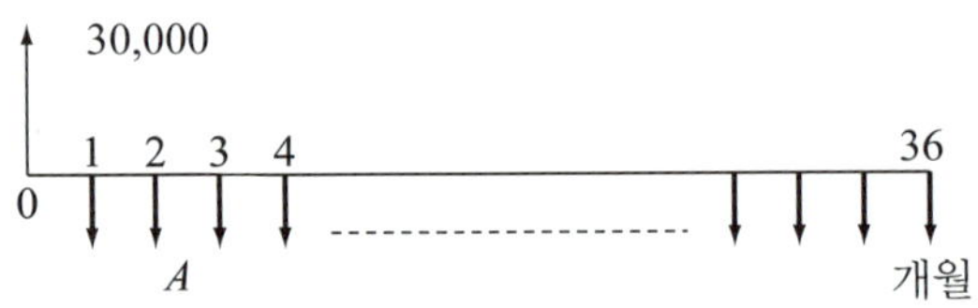


조건, $P$=30,000 ·=7%년

$K$=12회/년

$N$=36회(개월)

탐색 $A$

단계 1: $M$=12

단계 2: $i=r/M$=8.7%/12=0.5833/월

단계 3: $N$=(12)(3) = 36개월

단계 4: $A$=30,000($A/P$, 0.5833%, 36) = 926.31

그림 12.5 현금흐름도(단위: 천 원)

15번째 할부금 지불 후, 바로 대부금 잔액을 모두 상환하려 한다. 이 잔액은 얼마이겠는가?

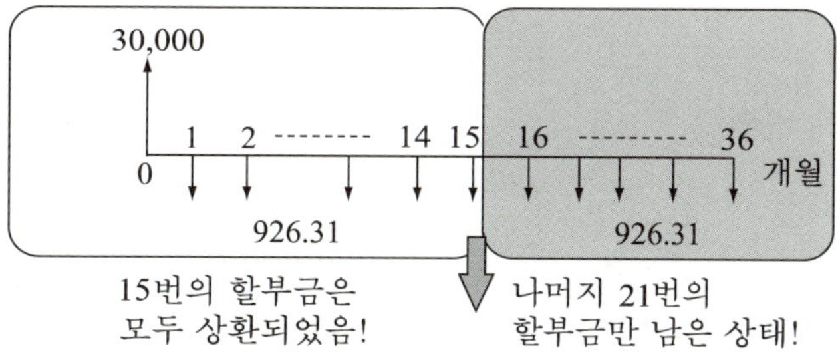


$$P = 926.31(P/A,\ 0.5833\%,\ 21)$$
$$= 18{,}258.3$$

그림 12.6 자동차 할부금 잔액의 계산과정(단위: 천 원)

$$A = 30{,}000(A/P,\ 0.5833\%,\ 36) = 926.31\ (\text{천 원})$$

〈그림 12.5〉는 이 현금흐름도를 보여주고 있다.

(나) 25번째 할부금 지불 후 잔액: 15번째 할부금 지불 후의 남은 대부금 잔액을 계산하려면, 15개월 이후 남은 21개월의 할부금에 대한 15개월 말의 등가가치를 계산함으로써 얻을 수 있다(〈그림 12.6〉 참조).

**조건**

$$A = 926.31\ (\text{천 원}),\ i = 0.5833\%/\text{월},\ N = 21\text{개월},$$
$$P = 926.31(P/A,\ 0.5833\%,\ 21) = 18{,}258.3\ (\text{천 원})$$

〈그림 12.6〉에 있는 질문에 대한 풀이를 참고하면 15번째 지불 후 바로 나머지 대부금 잔액을 전부 상환하고자 한다면 15개월 말에 1,825.83만 원을 지불해야 한다.

### (2) 지불횟수보다 이자계산횟수가 많을 때

지불기간과 이자계산기간에 대한 계산과정은 다음과 같다.

1단계: 연간 이자계산횟수($M$), 연간 현금흐름횟수(지불횟수, $K$) 그리고 지불 기간당 복리계산횟수($C$)를 확인한다.

2단계: 지불기간당 실질이자율을 구한다.

- 불연속복리의 경우,

$$i_E = \left(1 + \frac{r}{M}\right)^C - 1$$

- 연속복리의 경우,

$$i_E = e^{r/K} - 1$$

3단계: 총 지불횟수를 구한다.

$$N = K * (\text{연수})$$

4단계: 〈표 11.3〉에서 적당한 이자계산식을 찾아 $i$와 $N$값을 대입한다.

### ▎예제 12.5 지불횟수보다 많은 이자계산횟수

연 이자율 12%가 월 복리로 계산되는 은행 저축계좌에 분기마다 100만 원씩을 적립한다고 가정해보자. 3년 후에 계좌잔액은 얼마나 되는지 구하여라.

**조건**

$A = 100$만 원/분기, $r = 12\%/$년, $M = 12$회/년, $N = 12$분기, 〈그림 12.7〉의 현금흐름도 참조.

**풀이**

위에서 논의한 지불기간과 이자계산기간이 일치하지 않는 경우의 계산과정을 따라가 보기로 하자.

1단계: $M$, $K$, $C$의 값을 확인한다.

$M = 12$, 연간 12회의 복리계산횟수

$K = 4$, 연간 4회의 지불횟수

$C = 3$, 지불기간당 3회의 이자계산

2단계: 식 (2)를 사용하여 분기 실질이자율($i_E$)을 구한다.

$$i_E = (1 + 0.12/12)^3 - 1 = 3.030\%/\text{분기}$$

3단계: 총 지불기간 횟수(지불횟수) $N$을 구한다.

$$N = K(\text{연수}) = (4)(3) = 12\text{분기}$$

4 단계: 적당한 이자계산식을 선택하여 $i$값과 $N$값을 대입한다.

$$F = 1{,}000(F/A,\ 3.030\%,\ 12) = 14{,}216.24\ (\text{천 원})$$

**해설**

3.030%는 부록의 복리계산표에 계산되어 있지 않지만, $F = 1{,}000(A/F,\ 1\%,\ 3)(F/A,\ 1\%,\ 36)$의 식을 사용하면 복리계산표를 활용할 수 있다. 이 식의 첫 번째 복리계수는 분기당 적립액 100만 원의 월간 등가지불액을 찾기 위한 것이고, 두 번째 복리계수는 월간 등가지불액을 미래의 등가가치로 바꾸기 위한 것이다. 연속복리를 가정한다면, 누적 미래가치는 1,422.873만 원이 된다. 이 액수는 월 복리로 계산한 미래가치보다 약 1.2만 원 정도 많은 것이다.

불연속 복리 사례: 분기적립과 월복리의 경우

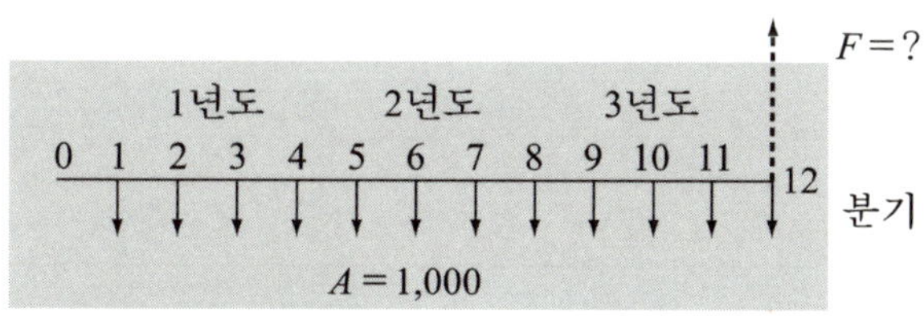


단계 1: $M = 12$회/년
$K = 4$회/년
$C = 3$회/분기

단계 2: $i = [1 + 0.12/(3)(4)]^3 - 1$
$= 3.030\%$

단계 3: $N = 4(3) = 12$

단계 4: $F = 1{,}000(F/A,\ 3.030\%,\ 12)$
$= 14{,}216.24$

그림 12.7 현금흐름도(단위: 천 원)

연속 복리 사례: 분기적립과 연속 복리의 경우

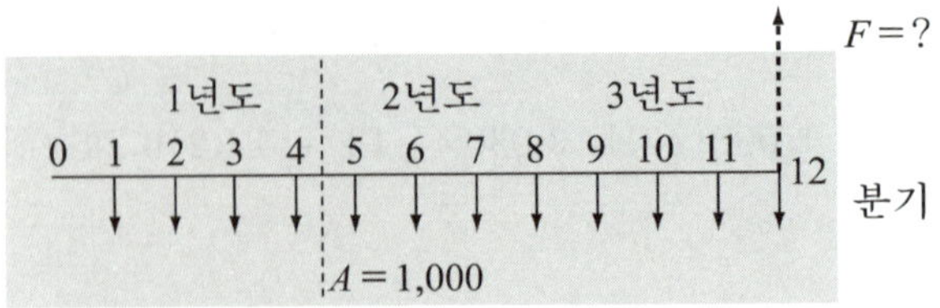


단계 1: $M = 4$회/년
$C = \infty$회/분기

단계 2: $i_q = e^{0.12/4} - 1$
$= 3.045\%$/분기

단계 3: $N = 4(3) = 12$

단계 4: $F = 1,000(F/A,\ 3.045\%,\ 12)$
$= 14,228.73$

그림 12.8 연속복리의 등가계산(단위: 천 원)

## 12.2 인플레이션율 측정

2장에서 우리는 이미 명목현금흐름, 기준현금흐름, 시장이자율, 무인플레이션 이자율 등에 관한 개념을 배웠다. 그리고 화폐가치의 종류에 따라 적용해야 하는 이자율의 종류에 관해서도 배웠다. 그러므로 본 절에서는 인플레이션율을 측정하는 방법론과 2장에서 다룬 시장이자율, 무인플레이션 이자율 그리고 인플레이션율과의 관계성을 현재가치개념으로 설명하기로 한다.

역사적으로 살펴보면, 일반적으로 인플레이션으로 말미암아 경제는 심한 변동을 겪어왔다. 인플레이션(inflation)이란 시간이 지남에 따라 화폐의 구매력이 감소하는 현상을 의미한다. 즉, 인플레이션은 시간이 지남에 따라 제품을 구매하는 데 소요되는 비용이 증가하거나, 또는 동일한 화폐량으로 구입할 수 있는 제품의 양이 감소하는 현상을 일컫는다.

반면 디플레이션(deflation)이란 인플레이션의 반대되는 개념으로 제품의 가격이 시간이 지남에 따라 감소하여 화폐구매력이 증가하는 현상을 말한다. 현실적으로는 디플레이션보다는 인플레이션이 더 일반적으로 발생하기 때문에 본 장에서는 경제성 분석에서 인플레이션의 역할만을 주로 생각해보기로 한다.

### 12.2.1 소비자 물가지수

인플레이션의 개념을 등가계산에 도입하기 전에, 먼저 인플레이션의 효과를 분리하고 측정하는 방법에 관하여 살펴볼 필요가 있다. 소비자들은 화폐구매력의 감소 정도를 정확히는 감지하지 못하더라도, 매년 식료품, 의류, 교통, 주택 등에 비용을 소비하면 서 상대적인 물가변동을 경험적으로 느낄 수 있다. 경제학자들은 일반(평균) 소비자가 필요로 하는 제품과 서비스를 포함하고 있는 시장바구니(market basket)라는 개념을 가지고 소비자 물가지수(consumer price index: *CPI*)를 측정하는 방법을 고안하였다.

이 시장바구니는 일반적으로 일상생활에 중요한 8가지 주요 품목들, 즉 (1) 식료품과 주류, (2) 주거비, (3) 의류, (4) 교통, (5) 의료, (6) 오락, (7) 개인 일용품 그리고 (8) 그 외 다른 제품과 서비스.로 구성된다.

### 12.2.2 인플레이션의 의미와 측정 방법

*CPI*는 당월의 제품 혹은 서비스의 가격을 한 달, 일 년, 혹은 10년 전의 가격과 비교하여 계산된 지수이다. 현재가격과 비교되는 과거의 시점을 기준시점이라 하고, 이때 기준시점의 지수를 100으로 정한다. 우리나라에서는 1936년에 소비자 물가지수를 최초로 지수화 하였고, 1945년부터 한국은행에서 소비자 물가지수를 공식 발표하고 있다. 현지수의 기준시점은 2016년으로 하고 있다.

예를 들면, 2000년에 가격이 100원인 시장바구니를 2015년에 구입하려면 293.7원을 지불해야 한다고 가정하자. 여기서 2015년의 *CPI*는 기준시점의 가격에 대한 현재 가격의 비율에 100을 곱하여 계산한다. 즉, 물가지수는 $\left(\frac{293.7}{100}\right)100 = 293.7\%$ 이다.

이것은 2015년도 시장바구니의 가격이 기준시점의 가격보다 293.7% 증가하였다는 의미이다.

### 12.2.3 평균 인플레이션율

여러 해 동안에 걸쳐 변화하는 연간 인플레이션율의 효과를 설명하기 위해서 연 평균 인플레이션율을 계산할 필요가 있다. 인플레이션율은 전년도 인플레이션율을 기준으로 계산되기 때문에, 각 연도별 인플레이션율은 복리효과를 갖게 된다. 예를 들어, 2년에 걸친 인플레이션율의 평균 인플레이션율을 계산한다고 하자. 기준가격은 100원, 1차 년도 인플레이션율은 4%, 2차 년도 인플레이션율은 8%이다.

1단계: 복리 계산과정을 통하여 2차 년도 말의 가격을 구한다.

$$\underbrace{\overbrace{100(1+0.04)}^{\text{첫 해}}(1+0.08)}_{\text{둘째 해}} = 112.32 \text{ (원)}$$

2단계: 평균 인플레이션율($f$)을 구하기 위하여 다음과 같은 등식을 사용한다.

$$100(1+f)^2 = 112.32\text{원 또는 } 100(F/P,\ f,\ 2) = 112.32\text{원}$$

이를 $f$에 대하여 풀면 다음과 같다.

$$f = 5.98\%$$

위의 결과로부터 지난 2년 동안의 연평균 물가상승률은 5.98%였다는 사실을 알 수 있다. 이러한 평균이 여러 해에 걸친 기하평균(산술평균이 아님)임을 기억하기 바란다. 매년도마다 다른 인플레이션율을 사용하지 않고, 이러한 단일 평균 인플레이션율을 사용함으로써 분석과정을 매우 단순화할 수 있다.

**예제 12.6** 평균인플레이션

아래 표에 열거된 9가지 품목에 대한 33년 동안의 가격 변동을 고려해보자. 이 표를 이용하여 평균 인플레이션율이 어떻게 계산되는지를 설명하고, 각 품목들에 대해 33년 동안의 평균 인플레이션율을 구하여라.

**조건**

월간 주택유지비용을 기준으로 함.

$$P = 114.31(\text{천 원}),\ F = 943.97(\text{천 원}),\ N = 2009 - 1967 = 42\text{년}$$

(단위: 천 원)

| 품목 | 1967 가격 | 2009 가격 | 평균 인플레이션율 |
|---|---|---|---|
| 소비자 물가지수(*CPI*) | 100 | 512.90 | 3.97% |
| 월 주택 유지비용 | 114.31 | 943.97 | 5.16% |
| 월 자동차 유지비용 | 82.69 | 471.38 | 4.23% |
| 빵 | 0.22 | 1.84 | 5.19% |
| 햄버거 | 0.39 | 2.98 | 4.96% |
| 커피 | 0.59 | 4.10 | 4.72% |
| 사탕 | 0.10 | 0.90 | 5.37% |
| 남성용 셔츠 | 5.00 | 39.00 | 5.01% |
| 속달 우편 | 0.05 | 0.33 | 4.60% |
| 연간 대학 등록금 | 294.00 | 3,960.00 | 6.39% |

**풀이**

첫 번째 품목인 월 주택유지비용의 평균 인플레이션율을 구해보자. 1967년과 2015년의 물가를 알고 있기 때문에 적당한 등가계산식(복리할증계수)을 이용하여 구할 수 있다.

식: $F = P(1+f)^N$

$$943.97 = 114.31(1+f)^{49}$$
$$f = \sqrt[49]{8.2580} - 1 = 5.15\%$$

같은 방법으로 나머지 품목들의 평균 인플레이션율을 구하면 위의 표에서 보는 바와 같다. 품목들 가운데 대학 등록금이 가장 많이 인상되었음을 알 수 있다.

## 12.2.4 일반 인플레이션율($\bar{f}$)과 특정 인플레이션율($f_j$)

*CPI*를 사용하여 구한 평균 인플레이션율이 일반 인플레이션율이다. 특정한 품목에 대한 평균 인플레이션율과 일반 인플레이션율을 혼동하지 않도록 조심하여야 한다.

(1) 일반 인플레이션율(general inflation rate: $\bar{f}$): 시장바구니를 기준으로 한 *CPI*를 토대로 계산되는 평균 인플레이션율이다. 시장이자율(market interest rate)은 일반

인플레이션율을 반영한다.

(2) 특정 인플레이션율(specific inflation rate: $f_j$): 이 비율은 특정한 경제분야($j$)의 $CPI$나 다른 지수를 이용하여 계산된다. 예를 들면, 노동, 자재, 주택, 연료 등과 같은 특정 품목에 대한 미래 비용을 예측할 필요가 있을 때 사용된다. 한 품목에 대한 평균 인플레이션율만을 구하는 경우, 편의를 위하여 첨자($j$)를 생략하기도 한다.

$CPI$를 이용하여 아래와 같이 일반 인플레이션율을 정의한다.

$$CPI_t = CPI_0(1+f)^t \qquad \cdots (6)$$

혹은,

$$\bar{f} = \left[\frac{CPI_t}{CPI_0}\right]^{1/t} - 1 \qquad \cdots (7)$$

단, $\bar{f}$ = 일반 인플레이션율
$CPI_t$ = $t$기간 말의 소비자 물가지수
$CPI_0$ = 기준년도 소비자 물가지수

2년 동안의 $CPI$값을 알면, 일반 인플레이션율은 다음과 같이 계산할 수 있다.

$$\bar{f} = \frac{CPI_t - CPI_{t-1}}{CPI_{t-1}} \qquad \cdots (8)$$

단, $\overline{f_t}$ = $N$년도 일반 인플레이션율

예를 들면, $CPI_{2014} = 530.4$이고 $CPI_{2015} = 538.8$일 경우, 2015년도 일반 인플레이션율을 계산하면 다음과 같다.

$$\frac{538.8 - 530.4}{530.4} = 0.0158 = 1.58\%$$

**❙ 예제 12.7　연간 인플레이션율과 평균 인플레이션율**

다음 표는 신 주택단지 개발사업장에 일정량의 전기를 공급하는 회사의 비용에 대한 자료를 담고 있다. 다음 지표들은 이 회사가 속한 전기사업 분야에만 국한된 물가지수이다. 기준시점은 '0'으로 가정한다.

각 연도의 연간 인플레이션율과 3년 동안의 평균 인플레이션율을 구하여라.

(단위: 천 원)

| 연도 | 비용 |
|---|---|
| 0 | 504,000 |
| 1 | 538,400 |
| 2 | 577,000 |
| 3 | 629,500 |

**조건**

비용 자료

**풀이**

(1) 1차 년도의 인플레이션율($f_1$):

$$\frac{(538,400-504,000)}{504,000}=6.83\%$$

(2) 2차 년도의 인플레이션율($f_2$):

$$\frac{(577,000-538,400)}{538,400}=7.17\%$$

(3) 3차 년도의 인플레이션율($f_3$):

$$\frac{(629,500-577,000)}{577,000}=9.10\%$$

• 3년 간의 평균 인플레이션율($f$):

$$f=\left(\frac{629,500}{504,000}\right)^{1/3}-1=0.0769=7.69\%$$

3년 간의 평균 인플레이션율이 7.69%라고 하여도 어느 연간 인플레이션율도 이 평균 인플레이션율과 같지 않다는 점에 유의하기 바란다. 또한, 여기서 구한 평균 인플레이션율은 공익사업체(전기, 전화, 수도 등)에 국한된 비용을 기준으로 계산된 것이기 때문에 일반 인플레이션율과는 다르다. 인플레이션 효과를 고려하여 투자프로젝트의 경제성 분석을 실행하기 위해 먼저 인플레이션에 관련된 용어들의 정의를 알아보자. 여기에서 명목 또는 기준 화폐가치는 2장에서 기술한 명목 또는 기준 현금흐름과 같다.

• 명목 화폐가치($A_t$): 인플레이션이나 디플레이션 효과로 인하여 예상되는 화폐가치의 변화량을 고려한 $t$년도 현금흐름 추정치를 명목 화폐가치라고 한다. 일반적으로 이 변화량은 인플레이션을 기준년도의 화폐가치 추정값에 적용함으로써 결정된다.

• 기준 화폐가치($A_t'$) : 기준 화폐가치는 시간 경과와는 상관없이 일정한 구매력을 나타낸다. 인플레이션이나 디플레이션 효과들을 가정하고 현금흐름이 추정되었다면, 이러한 추정치에서 일반 인플레이션율이나 디플레이션율을 제거하여 기준년도의 화폐가치인 기준 화폐가치로 전환할 수 있다. 특별한 기준년도가 없다면 기준년도는 '0' 시점으로 한다.

## 12.2.5 기준 화폐가치를 명목 화폐가치로 변환

기준 화폐가치는 기준년도의 구매력으로 표시되는 화폐가치의 양을 나타내므로, 일반 인플레이션율($f$)을 기준 화폐가치에 적용하여 $t$년도의 명목 화폐가치를 구할 수 있다.

$$A_t = A_t'(1+f)^t = A_t'(F/P,\ f,\ t) \qquad \cdots (9)$$

단, $A_t'$ =기준 화폐가치로 표현된 $t$년 말 현금흐름

$A_t$ = 명목 화폐가치로 표현된 $t$년 말 현금흐름

만일 특정한 현금흐름 요소($j$)의 미래가치가 일반 인플레이션율을 따르지 않는다면, 일반 인플레이션율($\bar{f}$) 대신에 이 현금흐름 요소에 적용되는 적당한 특정 인플레이션율($f_j$)을 사용하여야 한다.

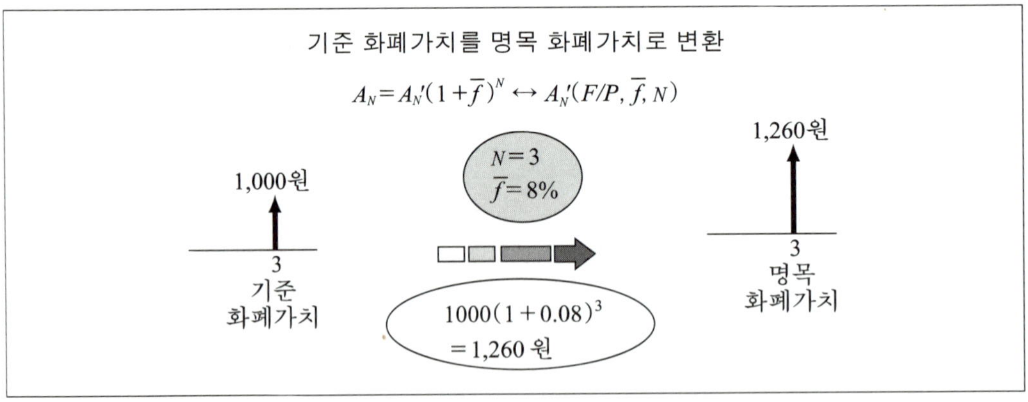


그림 12.9 기준 화폐가치의 명목 화폐가치로의 변환

**▌예제 12.8** 기준 화폐가치를 명목 화폐가치로 변환

㈜트랜스코는 서울시 전 지역에서 사용될 컴퓨터로 조정되는 교통신호 변환기를 제조하여 공급할 계획을 가지고 있다. 이 회사는 기존 변환기의 노후로 인한 대체 필요성과 새로운 도로 건설에 관한 자료를 분석함으로써 새 변환기의 시장성을 조사하였다. 이 회사에서 제조한 새 변환기의 제품 당 현재가격은 55만 원이고 납세 전 제조원가는 45만 원이다. 초기 투자비용은 2억 5,000만 원이고, 기준 화폐가치로 예측된 판매량과 세전 현금흐름은 다음과 같다.

(단위: 천 원)

| 연도 | 판매량 | 기준 화폐가치로 측정된 현금흐름 |
|---|---|---|
| 0 | | −250,000 |
| 1 | 1,000개 | 100,000 |
| 2 | 1,100개 | 110,000 |
| 3 | 1,200개 | 120,000 |
| 4 | 1,300개 | 130,000 |
| 5 | 1,200개 | 120,000 |

제품 판매가와 제조단가는 연 5%로 추정된 일반 인플레이션율에 따른다고 가정하자. 이 투자프로젝트의 세전 현금흐름을 등가의 명목 화폐가치로 변환하여라.

**조건**

표의 기준 화폐가치로 측정된 현금흐름, $\bar{f} = 5\%$

(단위: 천 원)

| 기간 | 현금흐름 기준 화폐가치 | 전환계수 | 현금흐름 명목 화폐가치 |
|---|---|---|---|
| 0 | −250,000 | $(1+0.05)^0$ | −250,000 |
| 1 | 100,000 | $(1+0.05)^1$ | 105,000 |
| 2 | 110,000 | $(1+0.05)^2$ | 121,275 |
| 3 | 120,000 | $(1+0.05)^3$ | 138,915 |
| 4 | 130,000 | $(1+0.05)^4$ | 158,016 |
| 5 | 120,000 | $(1+0.05)^5$ | 153,154 |

그림 12.10 기준화폐가치를 명목화폐가치로 계산

**풀이**

먼저 기준 화폐가치를 명목 화폐가치의 현금흐름으로 변환한다. 식 (9)를 이용하여 다음과 같이 값을 구할 수 있다. 시점 0의 현금흐름은 인플레이션의 영향이 없다.

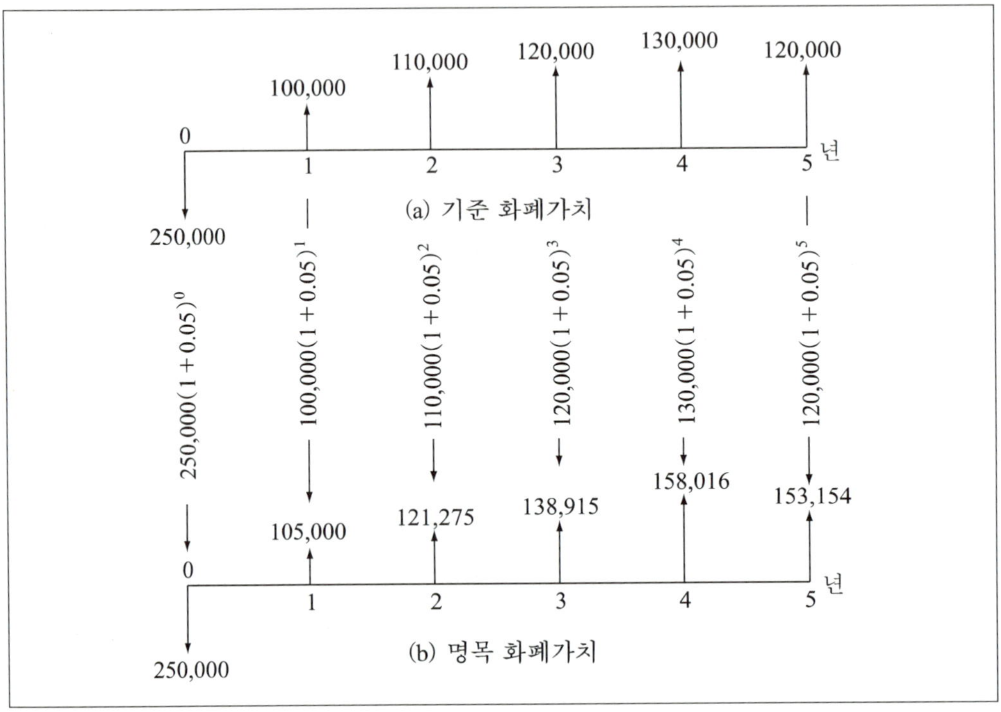


그림 12.11 기준 및 명목 화폐가치로 표현된 투자프로젝트의 현금흐름(단위: 천 원)

## 12.2.6 명목 화폐가치를 기준 화폐가치로 변환

이 과정은 기준 화폐가치를 명목 화폐가치로 변환하는 과정과 정반대이다. 여기서는 복리할증계수를 사용하지 않고 복리할인계수를 사용한다.

$$A_t' = A_t(P/F,\ f,\ t) \qquad \cdots (10)$$

만일 미래가치가 일반 인플레이션율을 따르지 않는다면, $f$ 대신에 특정 인플레이션율 $(f_j)$을 사용해야 한다.

**예제 12.9** 명목 화폐가치를 기준 화폐가치로 변환

㈜재규어양식업자는 어류 양식을 위하여 5,000m$^2$의 부지를 5년 동안 사용하기 위하여 부지 소유자와 협의 중이다. 계약 조건에 명시된 비용은 2,000만 원인데, 이는 5년 동안 매년 초에 지불해야 한다. 일반 인플레이션율($\bar{f}$)이 5%라고 가정하고 매 년도의 기준 화폐가치 등가비용을 구하여라.

**토론**

연간 비용이 2,000만 원으로 일정하다고 해도, 이 비용들은 기준 화폐가치가 아니다. 인플레이션과 관련된 문구가 계약서에 언급되지 않았다면, 여기에 명시된 현금흐름들은 모두 명목 화폐가치로 간주해야 한다.

**풀이**

식 (10)을 사용하여 아래와 같은 명목 화폐가치를 기준 화폐가치로 변환시킬 수 있다.

(단위: 천 원)

| 연말 | 현금흐름 (명목 화폐가치) | 변환계수 | 현금흐름 (기준 화폐가치) | 구매력 손실 |
|---|---|---|---|---|
| 0 | 20,000 | $(1+0.05)^{0}$ | 20,000 | 0% |
| 1 | 20,000 | $(1+0.05)^{-1}$ | 19,048 | 4.76% |
| 2 | 20,000 | $(1+0.05)^{-2}$ | 18,141 | 9.30% |
| 3 | 20,000 | $(1+0.05)^{-3}$ | 17,277 | 13.62% |
| 4 | 20,000 | $(1+0.05)^{-4}$ | 16,454 | 17.73% |

## 12.2.7 인플레이션하에서의 등가계산

앞 절에서는 경제적 등가분석을 할 때, 화폐 수익력(earning power: 이자의 효과)에 의한 변화만을 고려했었다. 그러나 화폐 구매력(purchasing power)의 변화, 즉 인플레이션을 함께 고려할 경우에는 (1) 기준 화폐가치 분석법이나 (2) 명목 화폐가치 분석법을 사용하여야 한다. 두 가지 방법 중 어느 방법을 사용하든지 결과는 동일하나, 각각의 방법에 적당한 이자율과 그 계산과정을 따라야 한다. 이자와 그 계산과정을 통합하기 위한 절차를 알아보기 전에 각각의 경우에 사용되는 이자율에 관하여 정확한 정의를 내리는 것

이 중요하다.

### (1) 시장이자율과 무인플레이션 이자율

경제적 등가계산에는 다음 두 가지의 이자율이 사용된다. (1) 시장이자율과 (2) 무인플레이션 이자율. 그러므로 올바른 등가계산을 하기 위해서는 현금흐름을 추정하기 위하여 설정된 가정들을 검토하여 두 가지 이자율 가운데 합당한 것을 선택하여 사용하여야 한다.

- 시장이자율($i$): 이 이자율은 화폐의 수익력과 예상되는 인플레이션 혹은 디플레이션(화폐의 구매력)이 결합된 효과를 고려하여 계산된 값이다. 금융기관들이 예금계좌나 대출금에 명시하는 모든 이자율들은 시장이자율이다. 또한, 대부분의 기업들은 시장이자율(또는 인플레이션이 고려된 MARR)을 사용하여 투자프로젝트를 평가한다.
- 무인플레이션 이자율($i'$): 이 이자율은 인플레이션 효과가 제거된 실질적인 화폐수익력만을 반영한 이자율이다. 이 이자율을 일반적으로 실질 이자율(real interest rate)이라 하고, 인플레이션율과 시장이자율이 주어지면 쉽게 계산할 수 있다. 지금까지 언급된 이자율들은 모두 무인플레이션 이자율이다. 인플레이션이 존재하지 않는 경우에는 시장이자율과 무인플레이션 이자율은 동일하게 된다.

현금흐름의 등가계산을 하기에 앞서, 현금흐름의 특성을 알아볼 필요가 있다. 현금흐름의 특성은 다음과 같은 3종류로 분류할 수 있다.

- 경우 1: 모든 현금흐름이 기준 화폐가치로 추정됨
- 경우 2: 모든 현금흐름이 명목 화폐가치로 추정됨
- 경우 3: 현금흐름이 부분적으로 명목 화폐가치와 기준 화폐가치로 나누어 추정됨

경우 3의 현금흐름을 분석할 때에는 모든 현금흐름 요소들을 기준 화폐가치나 명목 화폐가치로 변환하여야 한다. 변환 후에 기준 화폐가치 분석(경우 1)이나 명목 화폐가치 분석(경우 2)을 하면 된다. 따라서 다음 절에서는 경우 1과 경우 2의 계산 절차에 관해서만 설명하기로 한다.

### (2) 기준 화폐가치 분석

모든 현금흐름 요소들이 이미 기준 화폐가치로 주어졌고, 평가자가 $L$년도에 발생한 기준 화폐가치($A_L{}'$)의 현재가치를 계산하려고 한다고 가정하자. 인플레이션의 효과가 없기 때문에, 평가자는 현재가치 계산을 위해 화폐 수익력만을 반영하는 무인플레이션 이자율($i'$)을 사용해야 한다. 이 이자율($i'$)을 사용하여 기준 화폐가치의 현재가치를 구하려면 다음과 같은 식을 사용한다.

$$P_t = \frac{A_t{}'}{(1+i')^t} \quad \cdots (11)$$

기준 화폐가치 분석은 장기간 공공 프로젝트의 분석에 일반적으로 사용된다. 이는 정부가 주체가 되므로 소득세를 고려할 필요가 없기 때문이다. 통상적으로 소득세는 명목 화폐가치를 기준으로 계산되는 과세대상소득에 의해 부과된다.

**❙ 예제 12.10** 기준 화폐가치로 추정된 현금흐름의 등가계산

예제 12.8에서 이번에는 주어진 현금흐름이 기준 화폐가치로 추정되었다고 생각해보자. ㈜ 트랜스코사의 관리자들이 세금 전 12%의 무인플레이션 수익률($i'$)을 얻기를 원한다면, 이 투자프로젝트의 현재가치가 얼마나 되어야 하겠는가?

**풀이**

모든 현금흐름이 기준 화폐가치로 표시되었기 때문에, 무인플레이션 이자율을 사용할 수 있다. 무인플레이션 이자율 12%로 현금흐름을 할인하면 다음과 같다.

$$\begin{aligned} P &= -250{,}000 + 100{,}000(P/A,\ 12\%,\ 5) \\ &\quad + 10{,}000(P/G,\ 12\%,\ 4) - 20{,}000(P/F,\ 12\%,\ 5) \\ &= 163{,}099 \ (\text{천 원}) \end{aligned}$$

유입되는 현금흐름의 현재가치가 투자금액을 상회하므로, 이 투자프로젝트의 세전 수익성은 경제적 타당성을 가진다고 할 수 있다.

### (3) 명목 화폐가치 분석

이제 모든 현금흐름들이 명목 화폐가치로 추정되었다고 가정한다. $t$년도 명목 화폐가치($A_t$)의 현재가치를 구하기 위하여, 평가자는 디플레이션 방법이나 수정할인 방법을 사

용할 수 있다.

- 디플레이션 방법(deflation method): 디플레이션 방법으로 명목 화폐가치의 현금흐름을 현재가치로 전환하기 위해서는 두 단계를 거쳐야 한다. 첫 번째 단계는 인플레이션 효과를 제거하는 단계이다. 즉, 일반 인플레이션율로 현금흐름을 할인하여 명목 화폐가치를 기준 화폐가치로 변환한다. 두 번째 단계는 무인플레이션 이자율($i'$)을 사용하여 현재가치를 구한다.

**예제 12.11** 명목 화폐가치로 추정된 현금흐름의 경제적 등가계산: 디플레이션 방법

전자제품을 주문 생산하는 작은 제조업체인 ㈜맥스은 건조 과일을 생산하는 회사로부터 감지기와 제어시스템을 주문을 받아 이에 대한 생산을 고려하고 있다. 이 투자프로젝트는 5년 후에 종료되는 독점계약이며, 생산하려면 약간의 추가적인 투자가 필요하다. 추정된 현금흐름은 명목 화폐가치로 표에서 보이는 바와 같다.

(단위: 천 원)

| 연도 | 현금흐름 (명목 화폐가치) |
|---|---|
| 0 | −75,000 |
| 1 | 32,000 |
| 2 | 35,700 |
| 3 | 32,800 |
| 4 | 29,000 |
| 5 | 58,000 |

(가) 연간 인플레이션율($\bar{f}$)이 5%라면, 0년도의 화폐가치(기준 화폐가치)는 얼마인가?
(나) 인플레이션 이자율 $i' = 10\%$ 일 때, 이 현금흐름의 현재가치를 계산하여라.

**풀이**

(가) 명목 화폐가치로 주어진 현금흐름을 연간 디플레이션 계수 5%로 할인하여 기준 화폐가치로 변환한다. 아래 표와 같이 명목 화폐가치를 기준 화폐가치로 변환한다.

단계 1: 명목 화폐가치를 기준 화폐가치로 변환

(단위: 천 원)

| 연도 | 명목 화폐가치의 현금흐름 | 디플레이션 계수 | 기준 화폐가치의 현금흐름 |
|---|---|---|---|
| 0 | −75,000 | 1 | −75,000 |
| 1 | 32,000 | $(1+0.05)^{-1}$ | 30,476 |
| 2 | 35,700 | $(1+0.05)^{-2}$ | 32,381 |
| 3 | 32,800 | $(1+0.05)^{-3}$ | 28,334 |
| 4 | 29,000 | $(1+0.05)^{-4}$ | 23,858 |
| 5 | 58,000 | $(1+0.05)^{-5}$ | 45,445 |

(나) $i'=10\%$에서 기준 화폐가치의 현재가치 계산은 아래와 같다. 기준 화폐가치로 변환된 현금흐름에 무인플레이션 이자율($i'$)을 적용하여 현재가치를 구한다. 〈그림 12.12〉는 디플레이션 방법의 적용과정을 그림으로 보여주고 있다.

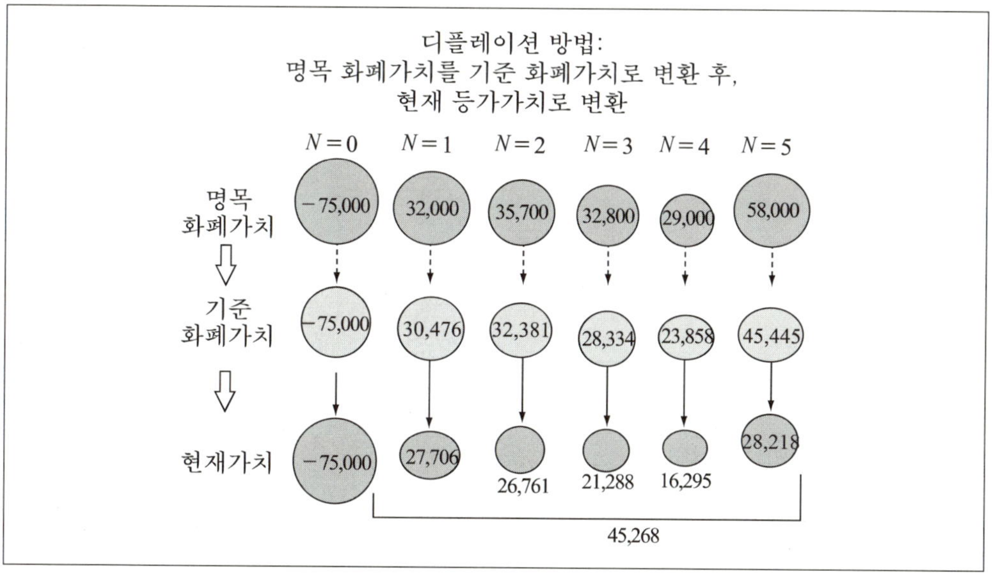


그림 12.12 디플레이션 방법(단위: 천 원)

• 수정할인 방법(adjusted-discount method): 수정할인 방법은 디플레이션과 현금흐름할인을 한 단계로 묶어서 처리하기 때문에, 예제 12.11에서의 두 단계 방법을 간소화한 방법이라 볼 수 있다. 수학적으로 디플레이션 방법의 두 단계를 다음과 같이 하나로 통합할 수 있다.

단계 2: 기준 화폐가치의 현재가치

| 연도 | 명목 화폐가치의 현금흐름 | 할인계수 | 현재 등가가치 |
|---|---|---|---|
| 0 | −75,000 | 1 | −75,000 |
| 1 | 30,476 | $(1+0.1)^{-1}$ | 27,706 |
| 2 | 32,381 | $(1+0.1)^{-2}$ | 26,761 |
| 3 | 28,334 | $(1+0.1)^{-3}$ | 21,288 |
| 4 | 23,858 | $(1+0.1)^{-4}$ | 16,295 |
| 5 | 45,445 | $(1+0.1)^{-5}$ | 28,218 |
| | | 현재가치 | 45,267 |

$$P_t = \frac{\dfrac{A_t}{(1+\bar{f})^t}}{(1+i')^t} = \frac{A_t}{(1+\bar{f})^t\,(1+i')^t} = \frac{A_t}{[(1+\bar{f})(1+i')]^t} \qquad \cdots (12)$$

시장이자율($i$)은 수익력과 구매력을 동시에 반영하기 때문에, 아래와 같은 관계식이 성립된다.

$$P_t = \frac{A_t}{(1+i)^t} \qquad \cdots (13)$$

식 (12)와 (13)의 가치는 시점 '0'에서 동일해야 한다. 그러므로

$$\frac{A_t}{(1+i)^t} = \frac{A_t}{[(1+\bar{f})(1+i')]^t}$$

위 식으로부터 인플레이션율($\bar{f}$), 무인플레이션 이자율($i'$) 그리고 시장이자율($i$)의 관계식을 유도하면 다음과 같다.

$$(1+i) = (1+\bar{f})(1+i')$$

이 식을 정리하면 다음과 같다.

$$i = i' + f + i'\bar{f} \qquad \cdots (14)$$

위 식으로부터 시장이자율($i$)은 무인플레이션 이자율($i'$)과 인플레이션율($\bar{f}$)의 함수라는 사실을 알 수 있다. 식 (14)와 동일한 관계식을 우리는 2장에서 피셔의 방정식을 이용하여 도출하였다.

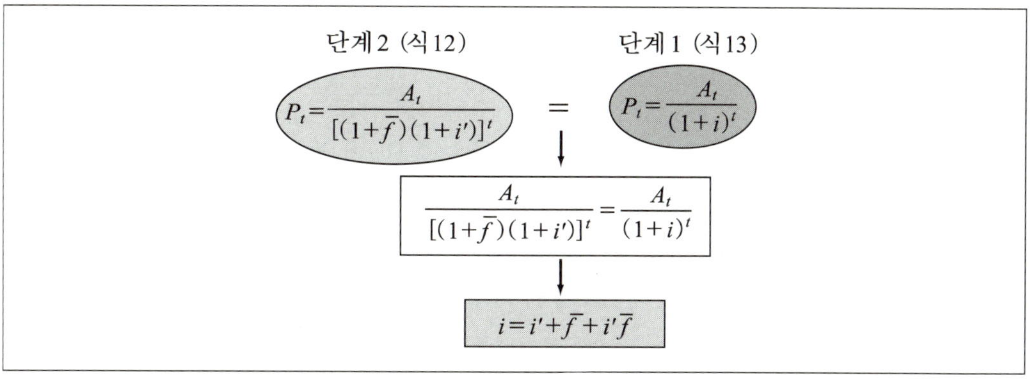


그림 12.13 수정할인 방법

시장이자율, 평균 인플레이션율, 무인플레이션 이자율의 관계 : 만일 인플레이션 효과가 없다면, 시장이자율($i$)과 무인플레이션 이자율($i'$)은 동일하게 되고 ($\bar{f} = 0 \rightarrow i = i'$), $i'$나 $\bar{f}$가 증가하면 $i$도 역시 증가한다는 사실을 알 수 있다. 예를 들면, 인플레이션으로 물가가 상승할 경우 채권 이자율도 오르는 것을 볼 수 있는데, 그 이유는 채권이나 은행 예금증서(CD)에 투자하는 투자자들이 자신들의 자산에 대한 화폐가치가 인플레이션으로 인하여 잠식되는 것을 방지하기 위하여 더 높은 이자율을 요구하기 때문이다. 인플레이션이 연 3%의 비율로 지속된다면, 채권 투자자는 표면이자율이 7%인 채권에 투자하여 만족할 수도 있다. 이는 채권 수익률이 인플레이션율보다 훨씬 높기 때문이다.

그러나 인플레이션율이 10%로 높아지면, 아무도 표면이자율 7%의 채권을 구입하지는 않을 것이다. 오히려 이보다 훨씬 높은 14%의 수익률을 요구할지도 모른다. 반대로, 가격이 하락하는 경우라면(혹은 최소한 일정하게 유지되고 있다면), 투자자들은 그들이 투자한 금액에 대한 구매력 감소를 염려할 필요가 없게 된다. 이 때문에 투자자들은 더 낮은 이자율에 대한 투자로도 만족할 수 있다. 현장에서 간혹 식 (14)에서 ($i'\bar{f}$)항을 무시하고, 단순히 인플레이션율($\bar{f}$)과 무인플레이션 이자율($i'$)을 더해서 시장이자율($i$)을 근사적으로 구하기도 한다.

### 예제 12.12 명목 화폐가치 현금흐름의 등가계산: 수정할인 방법

예제 12.12의 현금흐름은 명목 화폐가치로 표현된 것이다. 수정할인 방법을 이용하여 현금흐름의 현재가치를 계산하여라.

**풀이**

먼저, $\bar{f}=5\%$와 $i'=10\%$을 이용하여 시장이자율($i$)을 구한다.

$$i=i'+\bar{f}+i'\bar{f}=0.10+0.05+(0.10)(0.05)=15.5\%$$

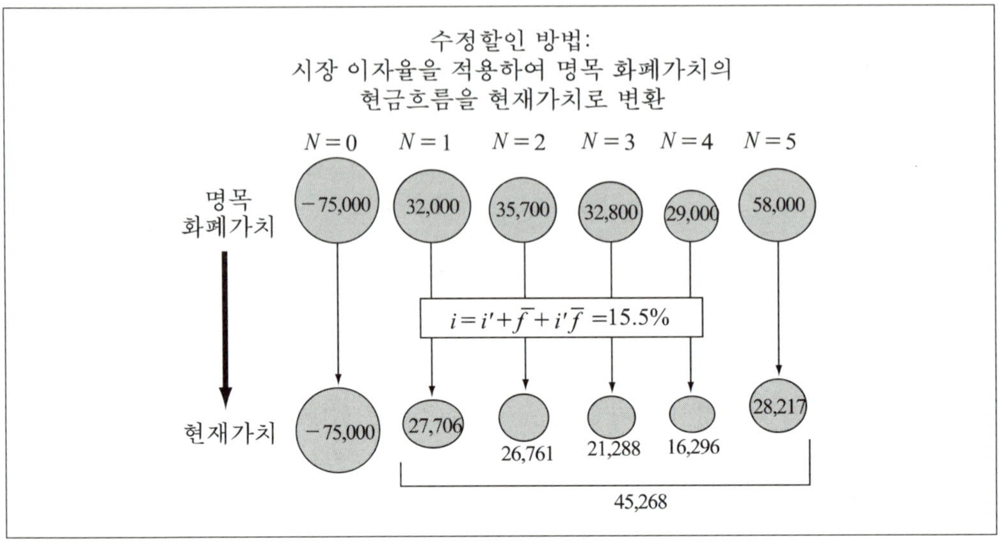


그림 12.14 명목 화폐가치의 변환과정: 수정할인 방법(단위: 천 원)

〈그림 12.14〉 수정할인 방법($i=15.5\%$)을 사용하여 구한 현재가치가 예제 12.12의 결과와 동일함을 알 수 있다.

수정할인 방법

$$i=i'+\bar{f}+i'\bar{f}=0.10+0.05+(0.10)(0.05)=15.5\%$$

(단위: 천 원)

| 연도 | 실제 화폐가치의 현금흐름 | 할인계수 | 현재 등가가치 |
|---|---|---|---|
| 0 | −75,000 | 1 | −75,000 |
| 1 | 32,000 | $(1+0.155)^{-1}$ | 27,706 |
| 2 | 35,700 | $(1+0.155)^{-2}$ | 26,761 |
| 3 | 32,800 | $(1+0.155)^{-3}$ | 21,288 |
| 4 | 29,000 | $(1+0.155)^{-4}$ | 16,296 |
| 5 | 58,000 | $(1+0.155)^{-5}$ | 28,217 |
| | | 현재가치 | 45,267 |

## 12.2.8 경제학적 측면에서 관찰한 인플레이션에 대한 이해[1)]

위에서 살펴보았듯이 인플레이션은 투자프로젝트의 경제성 평가를 위해 사용되는 이자율에 매우 큰 영향을 미치고 있다. 일반적인 견지에서 기술하자면, 미래에 발생할 인플레이션율을 효과적으로 잘 추측하게 되면 그에 상응하는 이자율 또한 정확하게 예측할 수가 있다. 인플레이션율을 효과적으로 추정하기 위해서 먼저 인플레이션을 구성하고 있는 중요한 요소들에 관하여 간략하게 알아보도록 하자.

- 인플레이션율 결정 요소: 인플레이션에 관한 구체적이면서 특정한 문제에 대해서는 약간의 견해 차이가 있을 수는 있지만 일반적으로 다음과 같은 인플레이션율 결정 요소에 관해서는 학자들 사이에 공통된 의견을 보이고 있다. 식 (15)는 인플레이션에 영향을 미치는 결정 요소들 사이의 수리적 관계를 보여주고 있다.

$$P = \frac{MV}{Y} \qquad \cdots (15)$$

단, $P$ = 물가 수준
$M$ = 화폐 공급량
$V$ = 통화 유속도
$Y$ = 명목 화폐가치로 계상된 재화 출력량

통화 유속도란 경제활동을 위해 이미 공급된 화폐량이 얼마나 빈번히 통용되고 있는지를 측정한 값이고, 이를 달리 표현하면 공급된 화폐 단위 당 거래량에 의하여 창출되는 화폐량을 말한다. 예를 들어 만약 1만 원짜리 지폐가 발행된 후 거래에 의하여 3만 원의 화폐량을 창출하였다면, 이 경우의 통화 유속도는 3이 된다. 식 (15)에서 화폐 공급량은 다양하게 정의될 수 있지만, 통화 유속도에 관한 정의는 유일하게 정의되고 있다. 식 (15)에 대한 변화량을 표시하면 식 (16)과 같이 표현된다.

$$dP = \frac{(dM)(dV)}{dY} \qquad \cdots (16)$$

식 (16)의 왼쪽 항은 인플레이션율이 되고, 오른쪽 항은 다음에 기술된 인플레이션 율에 영향을 미치는 결정 요소들의 변화량을 말하고 있다.

---

1) A. Damodaran, Investment Valuation: Tools and Techniques for Determining the Value of Any Asset, Wiley Frontiers in Finance, NY, 1996.

- 화폐 공급 변화량: 재화 출력량과 통화 유속도가 현재와 같이 변화되지 않은 상태에서 화폐공급량이 증가하게 되면 인플레이션율은 증가하게 된다.

- 통화 유속도 변화량: 화폐 공급량과 재화 출력량이 현재와 같이 변화되지 않은 상태에서 통화 유속도가 증가하게 되면 인플레이션율은 증가하게 된다. 화폐 유속도가 시간에 따라 변한다는 이유에 대해 많은 경제학자들이 오랫동안 연구해오고 있다. 통화 유속도에 영향을 가장 크게 미치는 결정적인 요소로는 기술의 발달이라고 할 수 있다. 예를 들어, 요즘 많은 예금자들이 은행의 예금계좌를 이용하기보다 투자금융회사에서 제공하는 *CMS*로 계좌를 이체하는 경향은 발달된 컴퓨터 능력과 IT에 기인하고 있다고 할 수 있다. 또한 통화 유속도에 영향을 미치는 요소로는 개인, 기업 그리고 정부 등 경제활동의 세 주체들의 예전에 행하던 현금거래 대신에 신용거래를 더 자주 사용하는 소비 지불 행태의 변화가 있다.

- 재화 출력 변화량: 화폐 공급량 변화량과 통화 유속도의 변화량이 현재와 같이 변하지 않는 상황에서 재화 출력량이 증가하면 인플레이션율은 감소하게 된다. 케인즈 학파에 의하면 경제 불황기에 긴축 화폐 정책을 사용하지 않으면 화폐 공급량이 증가하게 되고 이로 인하여 과도한 재화 창출능력이 발생하여 재화 출력량이 증가해서 결국은 인플레이션 현상이 존재하지 못한다고 말하고 있다.

이 절에서 간략하게 인플레이션에 영향을 미치는 요소들에 관하여 살펴 보았다. 다음 절에서는 투자프로젝트의 경제성 평가를 위한 자본비용의 구성 요소들에 관하여 알아 보기로 한다.

## 12.3 자본비용

우리는 이미 2장에서 자본비용을 계산하는 개념 및 그 과정에 대해서 살펴보았다. 본 절에서는 *WACC*의 구성요소에 대하여 다시 살펴보기로 하고, 수리적 예제를 통하여 *MARR*을 결정하는 경우에 대하여 이해해 보도록 하자.

자기자본과 부채에 대한 자본비용을 알게 되면 총 투자자본에 대한 세후 가중평균자본비용($WACC$)을 계산할 수가 있으며, 이를 프로젝트의 경제성 평가를 위한 한계투자자본비용으로 정의할 수가 있다.

## 12.3.1 가중평균자본비용

어느 회사가 일정한 자본구조를 유지하며 특정한 프로젝트를 수행하기 위하여 자기자본과 부채로 투자자본을 조달할 경우 이 회사의 세후 가중평균자본비용(weighted-average cost of capital: $WACC$: 간단히 자본비용)이 어떻게 계산되는지를 다음에서 살펴보기로 하자. 식 (17)에서처럼 가중평균자본비용은 여러 자본조달처에 대한 자본비용들이 동시에 반영된 복합적 지수로 표현된다. 식 (17)은 가중평균자본비용을 계산하는 일반적인 식이다.

$$k = \frac{i_d c_d}{V} + \frac{i_e c_e}{V} \qquad \cdots (17)$$

단, $c_d$ =총 부채

$c_e$ =총 자기자본

$V = c_d + c_e$

$i_e$ =기간별 평균 자기자본비용

$i_d$ =기간별 세후 부채자본비용

$k$ =세후 가중평균자본비용

보통주나 우선주에 대한 수익은 소득세가 지불된 후에 투자자들에게 지불되기 때문 에 자기자본비용은 세후 비용으로 이미 계산된 값이다.

## 12.3.2 한계자본비용

앞에서 가중평균자본비용을 계산하는 방법에 관하여 살펴보았으나, 문제는 필요한 자본을 무한대로 동일한 자본비용으로 조달할 수가 있을까? 하는 것이다. 현실적으로 회사에서 자본을 더 조달하려고 하면 할수록 자본비용은 점점 더 커지게 되고, 이에 따라 가중평균자본비용도 역시 증가하게 된다. 따라서 한계자본비용은 새로 조달된 자본 한 단위당 발생하는 자본비용으로 정의되며, 더 많은 투자자본이 조달되면 될수록 한계자본비용(marginal cost of capital)은 증가하게 된다. 프로젝트의 경제성 평가를 수행하기 위해서는 한계자본 비용을 사용해야 한다. 한계자본비용을 찾기 위한 계산식은 식 (17)과 같다.

그러나 식 (17)에 있는 부채와 자기자본비용은 이미 차입한 부채나 자기자본에 대한 자본비용이 아닌 특정한 프로젝트를 수행하기 위하여 차입할 새로운 부채와 자기자본에 대한 이자율이어야 한다. 이것이 한계자본비용의 구성요소가 되는 것이다. 예제 12.13은 자본비용($k$)을 계산하는 과정을 보여주고 있다.

**예제 12.13** 한계자본비용

알파회사는 공장을 현대화하기 위해 100억 원을 필요로 하고 있다. 이 회사의 자본구조는 부채비율이 40%이며 자기자본비율이 60%이다. 즉, 이는 공장 현대화를 위한 프로젝트의 투자자본 100억 중에서 부채로 40억 원 그리고 자기자본으로 60억 원으로 투자 자본 100억 원을 조달한다는 의미이다.

- 알파회사는 금융시장에서 60억 원을 조달해야 한다.
- 알파회사의 베타값이 1.8이기 때문에 이 회사의 주가수익은 평균 시장수익보다 더 위험하다고 인식되고 있다.
- 무위험이자율은 6%이고 평균 시장수익률은 13%이다.

알파회사는 40억 원을 조달하기 위해 기간대부로 부채비용 12%로 13.3억 원을 조달하고, 그리고 만기가 20년이며 액면가가 100만 원이고 표면이자율이 10%인 채권을 발행 26.7억 원을 조달하려고 한다. 알파회사의 한계세율은 25%이고 이 세율은 변하지 않는다. 본 투자 자본을 위와 같이 조달하여도 알파회사의 자본구조는 변하지 않는다고 가정하고, 100억 원을 조달하기 위한 자본비용($k$)을 결정하여라.

**조건**

$c_b = 13.3$억 원, $c_b = 26.7$억 원, $c_e = 60$억 원, $V = 100$억 원

**풀이**

한계자본비용을 계산하면 다음과 같다.

먼저 부채비용을 구하면 다음과 같다.

$$i_d = \left(\frac{c_s}{c_d}\right)k_s(1-t_m) + \left(\frac{c_b}{c_d}\right)k_b(1-t_m)$$

$$= \left(\frac{13.3}{40}\right)(0.12)(1-0.25) + \left(\frac{26.7}{40}\right)(0.1074)(1-0.25)$$

$$= 0.08369$$

$$k = \frac{(0.0837)(4)}{10} + \frac{(0.1860)(6)}{10}$$

$$= 14.5\%$$

가중평균자본비용 14.5%는 투자자본 100억 원을 조달하기 위해 알파회사가 지불해야 하는 자본비용이고, 알파회사는 새로운 프로젝트의 경제성 평가를 수행하기 위하여 이 가중평균자본 비용을 사용해야 한다.

### 12.3.3 세후 현금흐름 분석을 위한 최소요구수익률의 선택

지금까지는 특정한 프로젝트의 최소요구수익률($MARR$)에 관해서는 언급을 하지 않았다. 투자프로젝트에 적합한 최소요구수익률을 결정하는 문제가 쉽지는 않다. 본 절에서는 투자프로젝트의 경제성 평가를 위한 $MARR$값의 선정에 관하여 논하기로 한다.

#### (1) 투자프로젝트의 자본조달방법이 알려졌을 때 $MARR$ 선정

프로젝트의 자본조달방법이 알려져 있을 경우에는 프로젝트와 관련된 이자, 세금, 부채 원금상환 등이 현금흐름 계산과정에 명확하게 반영되었으므로 남아 있는 현금흐름은 순자기자본흐름(net equity cash flow)이 된다.

일반적으로 회사의 목표는 주주의 부를 최대화하는 것이기 때문에 회사는 모든 자본투자자들이 아닌 자기자본투자자의 세후 현금흐름에 관심을 가져야 한다. 이와 같이 프로젝트의 자본조달방법이 알려져 있는 경우에는 자기자본비용만을 이용하여 프로젝트의 경제적 평가를 수행해야 한다. 사실 앞 장의 세후 현금흐름 문제들은 부채와 관련된 현금흐름이 명확하게 현금흐름 계산과정에서 고려되었기 때문에 이 문제들의 현금흐름은 순자기자본흐름이 된다. 그러므로 이러한 프로젝트의 경제성 평가를 위해서는 자기자본비용($i_e$)을 $MARR$로 결정해야 한다. 예제 12.14를 통하여 투자프로젝트의 자본 조달방법이 알려졌을 때 $MARR$을 결정하는지에 관하여 이해하도록 하자.

**예제 12.14** 투자프로젝트의 자본조달방법이 알려졌을 때 $MARR$ 선정

예제 12.13에 기술된 자본구조를 가지고 있는 알파회사가 현재 새로운 작업 공구설비를 설치하려고 한다. 이 설비를 설치하게 되면 알파회사는 앞으로 5년 동안 매년 매출액의 증가가 발생될 것으로 예측하고 있다. 작업 공구 설비를 설치하려면 초기 투자자본으로 1억 5,000만 원이 요구되고 있다. 초기 투자자본 중 60%는 자기자본으로 조달하고, 나머지 40%는 부채로 조달하려고 한다. 알파회사의 자기자본비용은 19.96%이고, 부채자본비용은 12%로 결정되었다. 총 초기 투자자본 1억 5,000만 원 중 대출금액 6,000만 원은 이자와 원금 상환을 합하여 매년 5년 동안 동일한 금액으로 상환하기로 계약을 맺었다. 이 설비는 정액법에 의하여 감가상각이 되며 내용연수는 5년이고, 5년 후의 설비 잔존가치는 "0"이 될 것으로 추정하고 있다. 다음 표는 이 설비와 관련된 증가된 매출액과 운영비용을 보여주고 있다. 알파회사의 한계 법인세율은 25%이다. '$i_e = 19.96\%$'를 사용하여 이 투자프로젝트의 경제성 평가를 수행하여라.

(단위:천 원)

| 연도 | 매출액 | 운영비용 |
|---|---|---|
| 1 | 68,000 | 20,500 |
| 2 | 73,000 | 20,000 |
| 3 | 79,000 | 20,500 |
| 4 | 84,000 | 20,000 |
| 5 | 90,000 | 20,500 |

**풀이**

투자프로젝트의 경제성 평가를 실시하기 전에 반드시 〈표 12.2〉에서 보는 바와 같이 정확한 입력자료를 파악하여 본 예제와 같이 감가상각비를 계산하고, 대출금에 대한 각 연도별 이자상환금액과 원금상환금액을 계산해야 한다. 〈표 12.2〉는 엑셀을 이용하여 공구설비 투자프로젝트와의 경제성 평가를 수행하기 위해 필요한 입력자료와 분석결과를 보여주고 있다.

〈표 12.3〉은 〈표 12.2〉에 있는 분석결과와 입력자료를 이용하여 구한 작업 공구설비 투자프로젝트의 순 현금흐름과 경제성 평가 결과를 보여주고 있다. 이 평가 결과에 의하면 공구설비 투자프로젝트의 $NPV=$1,336만 1,950원이고 $IRR=26\%$이다. $NPV=$1,336만 1,950원$>0$이고 동시에 $IRR=26\%>i_e=19.96\%$이므로 공구설비 투자프로젝트는 실행하는 것이 경제적인 측면에서 바람직하다고 할 수 있다.

‖ **표 12.2** ‖ 작업 공구설비 투자프로젝트의 입력자료 및 분석결과

| | A | B | C | D | E | F | G | H |
|---|---|---|---|---|---|---|---|---|
| 17 | 결과 | | | | | | | |
| 18 | 손익계산서: | | | | | | | |
| 19 | 연도 | 0 | 1 | 2 | 3 | 4 | 5 | |
| 20 | 매출액 | | 68,000 | 73,000 | 79,000 | 84,000 | 90,000 | |
| 21 | 비용: | | | | | | | |
| 22 | 운영비용 | | 20,500 | 20,000 | 20,500 | 20,000 | 20,500 | |
| 23 | 이자상환금액 | | 7,200 | 6,067 | 4,797 | 3,376 | 1,783 | |
| 24 | 감가상각비 | | 30,000 | 30,000 | 30,000 | 30,000 | 30,000 | |
| 25 | 과세금액 | | 10,300 | 16,933 | 23,703 | 30,624 | 37,717 | |
| 26 | 법인세(25%) | | 2,575 | 4,233 | 5,926 | 7,656 | 9,429 | |
| 27 | 당기 순 이익 | | 7,725 | 12,700 | 17,777 | 22,968 | 28,288 | |
| 28 | 현금흐름표: | | | | | | | |
| 29 | 영업활동: | | | | | | | |
| 30 | 당기 순 이익 | | 7,725 | 12,700 | 17,777 | 22,968 | 28,288 | |
| 31 | 감가상각비 | | 30,000 | 30,000 | 30,000 | 30,000 | 30,000 | |
| 32 | 투자활동: | | | | | | | |
| 33 | 초기 투자자본 | | | | | | | |
| 34 | 잔존가치 | | | | | | 0 | |
| 35 | 고정자산처분세 | | | | | | 0 | |
| 36 | 재무활동: | | | | | | | |
| 37 | 융자금액 | 60,000 | | | | | | |
| 38 | 원금상환금액 | | | | | | | |
| 39 | 순 현금흐름 | | 28,280 | 32,122 | 35,930 | 39,699 | 43,427 | |
| 40 | NPV= | 13,361.95 | | | | | | |
| 41 | IRR= | 26% | | | | | | |

‖ **표 12.3** ‖ 작업 공구설비 투자프로젝트의 경제성 평가 결과: 구체적인 재무계획이 알려져 있는 경우

(단위: 천 원)

| | A | B | C | D | E | F | G | H |
|---|---|---|---|---|---|---|---|---|
| 1 | 입력자료 | | | | | | | |
| 2 | $i_e$= | 19.96% | 법인세율= | 25% | 감가상각방법= | 정액법 | | |
| 3 | 내용연수= | 5년 | 잔존가치= | 0 | 부채상환방법= | 이자와 원금상환을 합한 동일금액 | | |
| 4 | 초기 투자자본= | 150,000 | 대출금액= | 60,000 | | | | |
| 5 | 부채이자율= | 12% | 상환기간= | 5년 | | | | |
| 6 | 분석 | | | "=-IPMT($B$5,A12,5,$D$4)" | | "=-PPMT($B$5,A12,$D$4)" | | |
| 7 | 감가상각비= | 30,000 | | | | | | |
| 8 | 동일부채상환금액= | 16,645 | "-PMT(B5,5,60000)" | | | | | |
| 9 | 상환금액 계획표 | | | | | | | |
| 10 | 연도 | 기초원금잔액 | 이자상환금액 | 원금상환금액 | 동일 총 상환금액 | 기말원금잔액 | | |
| 11 | 0 | 60000 | | | | 60000 | | |
| 12 | 1 | 60000 | 7,200 | 9,445 | 16,645 | 50,555 | | |
| 13 | 2 | 50555.41608 | 6,067 | 10,578 | 16,645 | 39,977 | | |
| 14 | 3 | 39977.4821 | 4,797 | 11,847 | 16,645 | 28,130 | | |
| 15 | 4 | 28130.19603 | 3,376 | 13,269 | 16,645 | 14,861 | | |
| 16 | 5 | 14861.23564 | 1,783 | 14,861 | 16,645 | 0 | | |

**해설**

본 예제에서 알파회사는 19.96%로 자기자본을 조달할 수 있다고 가정하였기 때문에 이 수익률이 한계자본비용 및 *MARR*이 된다고 할 수 있다.

### (2) 투자프로젝트의 자본조달방법이 알려지지 않았을 때 $MARR$ 선정

프로젝트의 자본조달방법이 명확하게 알려져 있지 않은 경우에는 프로젝트의 부채이자나 원금상환과 관련된 현금흐름이 파악되지 않기 때문에 가중평균자본비용($k$)을 사용하여 프로젝트의 경제성을 평가해야 한다. 현실적으로 프로젝트의 자본조달 출처가 명백하지 않은 경우가 일반적이다.

회사가 프로젝트의 자본을 조달하기로 결정하였다면, 목표 자본구조를 고려하여 프로젝트의 자본을 구성하도록 노력해야 한다. 이러한 경우 회사는 실질적 세후 부채자본비용을 도입하여 프로젝트의 경제성 평가를 위해 사용할 할인율에 대한 세금 조정을 해야 한다. 이 방법은 회사가 여러 투자프로젝트를 수행하여 개별적 프로젝트에 조달되는 부채를 명백히 파악하지 못할 경우에 적합하다.

**| 예제 12.15** 투자프로젝트의 자본조달방법이 알려져 있지 않을 때 $MARR$ 선정

예제 12.14를 다시 본 예제에서 고려해 보기로 한다. 다만 본 예제에서는 알파회사가 작업 설비공구 투자프로젝트를 수행하기 위해 필요한 초기 투자자본 1억 5,000만원에 대한 구체적인 자본조달 계획에 대해서는 알고 있지 못하다고 가정한다. 그러나 이 경우에 투자평가자는 알파회사의 자본구조가 부채비율 40%로 확정되어야 한다고 믿고 있다. $k = 14.5\%$를 이용하여 본 투자프로젝트의 경제성 평가를 수행하여라.

**풀이**

작업 공구설비 투자프로젝트의 초기 투자자본에 대한 구체적인 자금조달 방법에 관한 사항들을 고려하지 않고서 〈표 12.4〉에 있는 내용과 같이 세후 순 현금흐름을 구하였다. 즉, 재무활동과 관련된 현금흐름을 무시한 채로 이 투자프로젝트의 경제성 평가를 수행하였기 때문에 과세금액과 당기순이익이 과도하게 측정되었다. 이렇게 과도하게 측정된 값들을 상쇄-보완하기 위해서 $i_e = 19.96\%$보다 작은 할인율을 사용해야 한다. 이와 같은 상황은 정상적인 경우보다 과도하게 계상된 세금 차이는 부채자본비용 '$i_d$'에 의해서 발생할 수 있는 이자상환액에 대한 세제 혜택 금액과 같다는 묵시적인 가정이 내재되어 있다고 할 수 있다.

〈표 12.4〉에서 보는 바와 같이 이 투자프로젝트의 $NPV$=2,051만 6,000원이고 $IRR = 20\% > k = 14.5\%$으로 이 투자프로젝트는 알파회사에서 수행하는 것이 경제적인 측면에서 바람직하다고 결론을 내릴 수 있다.

‖ 표 12.4 ‖ 작업 공구설비 투자프로젝트의 경제성 평가 결과: 구체적인 재무계획이 알려져 있지 않은 경우

(단위: 천 원)

| | A | B | C | D | E | F | G | H |
|---|---|---|---|---|---|---|---|---|
| 1 | 입력자료 | | | | | | | |
| 2 | $k$= | 14.50% | 법인세율= | 25% | 감가상각방법= | 정액법 | | |
| 3 | 내용연수= | 5년 | 잔존가치= | 0 | 초기 투자자본= | ₩150,000 | | |
| 4 | 결과 | | | | | | | |
| 5 | **손익계산서:** | | | | | | | |
| 6 | 연도 | 0 | 1 | 2 | 3 | 4 | 5 | |
| 7 | 매출액 | | 68,000 | 73,000 | 79,000 | 84,000 | 90,000 | |
| 8 | 비용: | | | | | | | |
| 9 | 운영비용 | | 20,500 | 20,000 | 20,500 | 20,000 | 20,500 | |
| 10 | 감가상각비 | | 30,000 | 30,000 | 30,000 | 30,000 | 30,000 | |
| 11 | 과세금액 | | 17,500 | 23,000 | 28,500 | 34,000 | 39,500 | |
| 12 | 법인세(25%) | | 4,375 | 5,750 | 7,125 | 8,500 | 9,875 | |
| 13 | 당기 순 이익 | | 13,125 | 17,250 | 21,375 | 25,500 | 29,625 | |
| 14 | **현금흐름표:** | | | | | | | |
| 15 | 영업활동: | | | | | | | |
| 16 | 당기 순 이익 | | 13,125 | 17,250 | 21,375 | 25,500 | 29,625 | |
| 17 | 감가상각비 | | 30,000 | 30,000 | 30,000 | 30,000 | 30,000 | |
| 18 | 투자활동: | | | | | | | |
| 19 | 초기 투자자본(150,000) | | | | | | | |
| 20 | 잔존가치 | | | | | | 0 | |
| 21 | 고정자산처분세 | | | | | | 0 | |
| 22 | 재무활동: | | | | | | | |
| 23 | 순 현금흐름(150,000) | | 43,125 | 47,250 | 51,375 | 55,500 | 59,625 | |
| 24 | NPV= | 20,515.94 | | | | | | |
| 25 | IRR= | 20% | | | | | | |

결론적으로 요약해서 말하자면, 투자프로젝트와 관련된 재무활동이 명확하게 규명이 되어 대출금액 상환계획에 따라 이자와 원금을 상환해가는 경우에는 투자프로젝트의 경제성 평가를 위해 자기자본비용을 $MARR$로 사용하면 된다. 그렇지 않고 예제 12.15와 같은 경우라면 $WACC = k$값을 투자평가를 위한 $MARR$로 사용해야 한다.

# 연습문제

**12.1** 은행에서 고객에게 월 이자율 0.75%의 월 복리로 이자가 적용되는 신용카드를 발급해주고 있다. 이 신용카드의 명목이자율과 연간 실질이자율이 얼마인지 구하여라.

**12.2** 당신이 친구에게 한 달 후에 55만 원을 갚기로 하고, 50만 원을 빌렸다고 하자.
(1) 명목이자율은 얼마인지 구하여라.
(2) 연간 실질 이자율은 얼마인지 구하여라.

**12.3** 신성은행에서는 새로운 대출상품을 다음과 같이 신문광고를 통하여 홍보하고 있다.

"이자율 4.55% − 실질이자율 4.655%"

신문광고에는 이자기간에 대하여 언급되어 있지 않다. 이 은행에서 사용하고 있는 복리기간을 구하여라.

**12.4** 한마음 신용협동조합에서 대학생을 위하여 현재 500만 원을 대출받고 24개월에 걸쳐 매달 35.3만 원씩 상환하는 조건의 상품을 홍보하고 있다. 이때 이 대출 상품에 월간 실질이자율을 구하여라. 또, 명목이자율과 연간 실질이자율은 얼마인지 구하여라.

**12.5** 어떤 사람이 자동차 중고시장에서 매달 말 38.12만 원씩을 36개월 동안 상환하기로 하고 1,200만 원을 주고 중고자동차를 구매하였다. 이 자동차 거래의 지불기간에 대한 실질이자율을 구하여라.

**12.6** 6%의 월 복리가 적용된다고 할 때, 다음 지불기간에 대한 실질 이자율을 구하여라.
(1) 월　　　　(2) 분기

(3) 반년 (4) 연

12.7 9%의 연속복리가 적용된다고 한다면, 월간 실질 이자율을 구하여라.

12.8 다음과 같은 조건으로 저축하였을 경우, 예금 총액을 구하여라.
(1) 연 13%의 반년복리, 3,000만 원에 10년 후의 예금총액
(2) 연 9%의 분기복리, 4,500만 원에 7년 후의 예금총액
(3) 연 6%의 월 복리, 1,500만 원에 12년 후의 예금총액

12.9 다음과 같은 금액을 인출하기 위하여 현재 적립해야 하는 금액이 얼마인지 구하여라.
(1) 연 9%의 반년복리, 8년 후의 400만 원
(2) 연 15%의 분기복리, 10년 후의 5,000만 원
(3) 연 8%의 월 복리, 3년 후의 550만 원

12.10 연 10%의 연속복리로 매 분기마다 200만 원씩 지불하는 자금열이 있다. 이 자금열의 현재가치는 얼마인지 구하여라.

12.11 은행의 저축계좌에 다음과 같은 조건으로 저축하였을 경우, 저축계좌의 미래 가치를 구하여라.
(1) 연 5%의 반년복리, 7년 동안 6개월별로 50만 원씩 적립
(2) 연 9% 분기복리, 10년 동안 분기별로 100만 원씩 적립
(3) 연 7% 월 복리, 15년 동안 월별로 250만 원씩 적립

12.12 올해에 대학에 입학한 신입생이 앞으로 4년 후의 유학자금을 마련하고자 매달 동일한 금액을 저축하려고 한다. 유학자금으로 6,000만 원 정도가 필요할 것으로 예상되며, 연 10%의 월 복리가 적용되는 저축계좌에 4년 동안 매월 얼마를 적립해야 하는지 구하여라.

12.13 한성전자는 늘어나는 고객수요를 충당하기 위하여 10억 원을 투자하여 새로운 공장을 건립하기로 하였다. 투자금액 10억 원 중 4억 원은 은행에서 융자를 받았

다고 하자. 연 16%의 월 복리가 적용될 경우, 앞으로 10년 동안 매월 얼마씩을 상환해야 하는지 구하여라.

12.14 매 분기마다 150만 원씩을 5년 동안 저축하였다고 하자. 연 16%의 월 복리가 적용될 경우, 이 저축금액의 미래가치는 얼마인지를 구하여라.

12.15 연 8%의 월 복리가 적용되는 저축계좌에 12년 동안 매 분기마다 300만 원씩을 적립한다고 하자. 12년 후의 이 저축계좌에 누적된 예금총액을 구하여라.

12.16 얼마 전에 결혼한 신혼부부가 앞으로 5년 후에 아파트를 마련하기 위하여 매달 월급의 일정부분을 저축하려고 한다. 1억 5,000만 원인 아파트를 구입하기 위하여 연 7%의 분기복리가 적용되는 저축계좌에 매월 얼마씩을 적립해야 하는지 구하여라.

12.17 앞으로 30년 후에 정년퇴임하는 김한울씨는 정년퇴임 후 10년 동안 매년 2,500만 원씩을 인출하여 사용하고자 한다. 연 16%의 반년복리가 적용되는 저축 계좌에 앞으로 매 분기마다 적립해야 하는 금액은 얼마인지 구하여라.

12.18 윤성빈 씨는 퇴직금으로 받은 2억 원 중 생활자금을 제외한 나머지 1억 원에 대하여 연 10%의 월 복리가 적용되는 저축계좌에 적립하기로 하였다. 앞으로 6년 후, 저축계좌에 누적된 예금총액을 구하여라.

12.19 이제 초등학교 1학년이 된 자녀를 둔 부모가 앞으로의 대학 등록금을 마련하기 위하여 앞으로 매월마다 50만 원씩을 적립하기로 하였다. 이 저축계좌에 연 9%의 분기복리가 적용된다고 할 때, 자녀가 대학에 입학하게 될 12년 후의 이 저축계좌에 적립된 예금총액을 구하여라.

12.20 2009년도 서울지역의 택시기본요금이 2,500원이라고 하자. 기준년도(가격지수=100)를 2000년으로 하고, 그 당시 택시기본요금이 1,800원이었다면, 2009년도 택시기본요금의 가격지수는 얼마인지 구하여라.

**12.21** 1차 년도에는 4%, 2차 년도에는 6%, 3차 년도에는 7%의 비율로 가격이 인상되었을 경우, 3년 동안에 걸친 평균 일반 인플레이션율($\bar{f}$)을 구하여라.

**12.22** 일반적인 가격 인플레이션으로 인하여 화폐가치의 구매력은 시간이 경과함에 따라 감소하게 된다. 앞으로 평균 일반 인플레이션율($\bar{f}$)이 5%로 예상된다면 현재 화폐가치의 구매력이 반으로 감소되기까지는 몇 년이 걸리겠는가?

**12.23** 한 회사가 고객서비스를 향상시키기 위하여 매년 고객관리시스템을 업그레이드를 시키려고 한다. 현재 화폐가치로 매년 말에 지불되는 업그레이드 비용은 3년 동안 각각 1,500만 원, 2,000만 원, 2,800만 원이 될 것이라고 예상된다. 일반 인플레이션율($\bar{f}$)은 연 7%로 추정되고, 3년 동안 이 회사는 고객관리를 통하여 매년 16%의 수익을 올릴 수 있다고 한다. 이 회사가 시스템 업그레이드 비용을 3년 동안 매년 말 동일액으로 지불(기준 화폐가치)하고자 할 때의 등가지불액을 구하여라.

**12.24** 다음과 같이 시점 0을 기준년도로 하여 명목 화폐가치로 표시된 현금흐름을 기준화폐가치의 현금흐름으로 구하여라. 시장이자율은 연 14%이고 일반 인플레이션율($\bar{f}$)은 연 3%로 가정한다.

(단위: 천 원)

| 연도 | 현금흐름(명목 화폐가치) |
|---|---|
| 0 | −4,500 |
| 1 | 1,500 |
| 2 | 2,000 |
| 3 | 3,500 |

**12.25** 다음 그림은 일반 인플레이션율($\bar{f}$) = 3.2%, 시장이자율 = 8%을 가정하고 기준화폐가치인 현금흐름(나)을 명목 화폐가치인 현금흐름(가)로 전환한 것이다. 명목 화폐가치인 $A'$ = 1,500원과 동일한 기준 화폐가치 등가액 $A$를 구하여라.

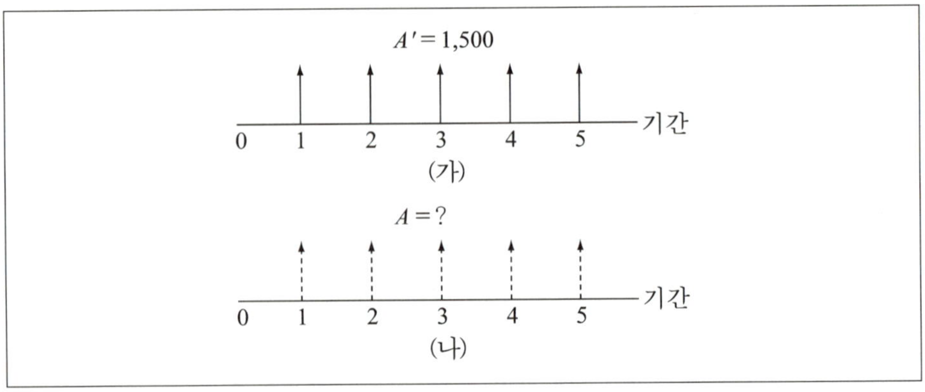


**12.26** 은행에서 연 6%(시장이자율)의 월 복리로 3,500만 원을 3년 동안 빌린다고 하자. 명목 화폐가치로 월 지불액은 45.63만 원이 된다. 월평균 인플레이션율이 0.2%로 예상된다면, 기준 화폐가치로 표시되는 월 등가상환액을 구하여라.

**12.27** 인플레이션율을 고려하지 않은 상태에서 공작기계를 가동하는 데 들어가는 연간 운영비용이 5,500만 원이라고 예상된다. 연간 무인플레이션 이자율($i'$)은 4%, 일반 인플레이션율은 7%가 될 것이라고 한다. 이 기계수명이 8년일 경우의 공작기계의 운영비용에 대한 현재가치를 구하여라.

**12.28** 김경제 씨는 중고차를 구입하기 위하여 900만 원을 은행으로부터 연 10%의 월 복리로 2년 동안 대출하였다. 은행은 매월 41.53만 원씩 상환할 것을 요구하였다. 2년 동안 일반 인플레이션율($\bar{f}$)이 월 0.4%일 경우, 다음 질문에 답하여라.

(1) 이 은행의 연간 무인플레이션 이자율($i'$)을 구하여라.

(2) 대부기간 동안의 명목 화폐가치로 표시된 월 등가 상환액과 기준 화폐가치로 표시된 월 등가 상환액을 구하여라.

**12.29** 올해에 대학에 입학한 한미영 씨는 4년 후의 유학자금을 마련하기 위하여 지금부터 저축을 시작하려고 한다. 유학기간 2년 동안 연간 등록금을 포함한 생활자금은 기준 화폐가치로 600만 원으로 예상된다. 앞으로 일반 인플레이션율($f$)은 연 3%이고, 저축계좌의 이자율은 연 8%일 때, 다음 질문에 답하여라.

(1) 명목 화폐가치로 유학 첫 해의 생활자금은 얼마인지 구하여라.

(2) 2년 동안 들어가는 총 유학자금의 현재가치는 얼마인지 구하여라.

(3) 유학자금을 마련하기 위하여 매 분기 동일한 금액으로 저축을 한다면, 명목 화폐가치로 연간 등가 저축액은 얼마인지 구하여라.

**12.30** 다음 표는 프로젝트기간에 발생한 세후 현금흐름과 일반 인플레이션율($\bar{f}$)의 추정치를 보여주고 있다.

(단위: 천 원)

| 연도 | 현금흐름(명목 화폐가치) | 일반 인플레이션율 |
|---|---|---|
| 0 | −4,500 | |
| 1 | 1,500 | 5.5% |
| 2 | 2,000 | 6.2% |
| 3 | 3,500 | 7.5% |

(1) 프로젝트 기간 동안의 평균 일반 인플레이션율을 구하여라.

(2) 명목 화폐가치로 표현된 현금흐름을 0년도를 기준년도로 하는 기준 화폐가치의 현금흐름으로 구하여라.

(3) 무인플레이션 이자율이 6%라고 할 때, 이 자금열의 현재가치를 구하여라.

**12.31** 한명회사는 새로운 공장을 건립하기 위하여 50억 원의 투자자금이 필요하다. 이 회사의 자본구조는 부채비율이 30%이며 자기자본비율이 70%이다. 즉, 새로운 공장을 건립하기 위한 투자자금 50억 원 중 15억 원은 자기자본이고 35억 원은 부채이다. 이 회사의 한계 법인세율은 20%이고, 자기자본비용은 10%이며, 부채자본비용은 6%로 알려져 있다. 한명회사의 가중평균자본비용(*WACC*)을 구하여라.

**12.32** 이 문제는 연습문제 4.10과 4.12를 통합한 내용이다. 공작기계를 생산하는 한반도 중공업에서 1억 원에 상당하는 장비를 구입하였다. 이 장비는 내용연수가 6년이고 정액법에 의하여 감가상각 되고 있다. 6년 후 이 장비의 잔존가치는 없다. 이 장비의 투자로 인하여 한반도 중공업의 연간 매출 증가액은 3억 원, 연간 인건비 증가액은 1억 원 그리고 연간 재료비 증가액은 5,000만 원이 발생할 것으로 추정되고 있다. 한반도 중공업의 법인세는 20%이라고 한다.

초기 투자자본 1억 원 중 4,000만 원을 통일은행으로부터 연 이자율 6%로 융자받아 조달하였다고 가정하자. 그리고 4,000만 원에 대한 융자 상환방법으로 상환기간은 6년으로 계약하였다고 한다.

(1) 만약 한반도 중공업의 자기자본비용이 연 10%으로 가정하고, 이 회사의 가중평균자본비용(*WACC*)을 구하여라.

(2) (1)에서 구한 가중평균자본비용을 사용하여 이 투자프로젝트의 순 현재가치를 구하고 프로젝트의 채택여부를 결정하여라.

(3) 만약 초기 투자자본 1억 원 모두를 한반도회사의 보유잉여금으로 조달하였다고 가정하고 순 현재가치를 기준으로 이 투자프로젝트의 채택여부를 결정하여라.

# 부 록

1. 혼합프로젝트의 내부수익률 구하기
2. 평균에 대한 오류
3 엑셀의 재무관련 명령어

Engineering Economics

# 1. 혼합프로젝트의 내부수익률 구하기

투자프로젝트의 대안들이 $NPV(i^*) = \sum_{t=0}^{N} \frac{CF^t}{(1+i^*)^t} = 0$ 식을 만족시키는 두 개 이상의 근이 존재하게 되면 이 근들 중 어느 것도 대안의 $IRR$이 되지 못한다고 하였다. 이 경우에 취할 수 방법은 확실하게 $IRR$기법을 포기하고 $NPV$기법을 사용하는 것과[1] Teichroew 등이 제안한 제3의 수익률인 $RIC$(return on invested capital)로 $IRR$을 대체하는 방법을 선택하여 투자프로젝트 대안의 수익률을 결정하는 것이다.

본 부록서는 $RIC$를 계산하여 이를 투자프로젝트 대안의 $IRR$으로 대체하는 과정에 대하여 설명하기로 한다. $RIC$개념을 정확하게 이해하기 위해서는 본 문에서 기술한 프로젝트 잔액(project balance: $PB$)개념 그리고 투자프로젝트 대안들을 순 투자프로젝트(pure investment project: $PIP$)와 혼합투자프로젝트(mixed investment project: $MIP$)로 구분하는 개념 그리고 '$i^*_{\min}$' 개념에 대한 이해가 선행되어야 한다. 먼저 $PB$개념에 관해서는 7장에서 이미 설명하였으니, 여기에서는 투자프로젝트 대안들을 $PIP$와 $MIP$로 구분하는 방법에 관하여 알아보기로 한다.

투자프로젝트의 사업수명이 '$N$'이라고 가정하고 $PIP$와 $MIP$에 관한 정의를 내리면 다음과 같다. $PIP$란 $PB$값이 '0'년도부터 '$N-1$'년까지는 '0'보다 작은 값을 갖고 '$N$'년도의 $PB$값이 '0'이 되는 투자프로젝트를 말한다. 만약 현재 고려 중인 투자프로젝트가 $PIP$로 결정되면 그 투자프로젝트는 반드시 유일한 하나의 '$i^*$'을 갖게 되고 그 '$i^*$'가 바로 투자프로젝트의 $IRR$이 된다. $PIP$의 정의를 수식으로 나타내면 다음과 같은 식 (1)과 같다.

---

1) D.Teichroe, A. A. Robichek, and M. Montalbrano, "Mathematical Analysis of Rates of Return under Certainty", Management Science, 11(3), 1965, pp. 395-403.
D. Teichroew, A. A. Robichek, and M. Montalbrano "An Analysi of Criteria for Investment anFinancing Decision under Certainty," Management Science, 12(3), 1965, pp. 151-179.
L. E. Bussey, The Economic Analysis of Industrial Projects, Prentice-Hall, INC., Englewood Cliffs, NJ, 1978.
C. S. Park and G. P. Sharp_Bette, Advanced Engineering Economics, John Wiley & Sons, INC, NY, 1990.

$$
\begin{aligned}
&PB_0 = CF_0 \\
&PB_t < 0 \ \text{for} \ t = 0,\ 1,\ 2,\ \cdots,\ N-1 \\
&PB_N = 0
\end{aligned}
\qquad \cdots (1)
$$

$PB_t(t = 0,\ 1,\ 2,\ \cdots,\ N-1)$값이 '0'보다 작다는 경제적 의미는 초기 투자한 자본과 이에 적용된 이자가 100% 완벽하게 회수되지 않았다는 것이며, 마침내 $PB_N = 0$가 되어서야 투자프로젝트는 '$N$'도 말에 모든 투자와 이자 비용을 100% 회수하게 된다는 것이다.

$MIP$란 $PB$값이 '0'년도부터 '$N-1$'년까지는 '0'보다 작거나 혹은 큰 값을 갖고 '$N$'년도의 $PB$값이 '0'이 되는 투자프로젝트를 말한다. 만약 현재 고려중인 투자프로젝트가 $MIP$로 결정되면 그 투자프로젝트는 반드시 두 개 이상의 '$i^*$'을 갖게 되고 그 '$i^*$'들 중 어느 것도 투자프로젝트의 $IRR$이 되지 못한다. 만약 현재 고려중인 투자프로젝트가 $MIP$로 결정되면, 위에서 논한 테이흐루 등이 제안한 제3의 수익률인 $RIC$(return on invested capital)을 결정하여 그 값을 투자프로젝트의 $IRR$로 대체하면 된다. $MIP$의 정의를 수식으로 나타내면 다음과 같은 식 (2)와 같다.

$$
\begin{aligned}
&PB_0 = CF_0 \\
&PB_t \gtrless 0 \ \text{for} \ t = 1,\ 2,\ \cdots,\ N-1 \\
&PB_N = 0
\end{aligned}
\qquad \cdots (2)
$$

$MIP$의 $PB_t$값은 '0'보다 작거나 크다고 하였는데, 작은 값에 대한 경제적 의미는 $PIP$부분에서 충분히 설명을 하였고, '0'보다 큰 경우에 관한 경제적 의미를 다음과 같이 설명하기로 하자. 7장의 $NPV$개념을 $PB$관점에서 논할 때, 우리는 기업이 투자 풀에 현금 또는 이에 상당한 현금동등자산을 보유하게 되면 현금유출액과 발생시점을 고려하여 대개는 금융기관 또는 현금화가 용이한 금융자산에 투자하여 최소한 $MARR$수익을 올린다고 설명하였다.

이와 같은 선상에서 특정 투자프로젝트의 $PB$값이 '0'보다는 크다는 것의 경제적 의미는 투자자본과 이에 적용된 이자를 100% 회수하고도 잉여 현금흐름으로 양수의 $PB$만큼의 현금이 회사의 투자풀로 되돌아가서, 그 현금은 $MARR$이 보장되는 투자처에 투자를 한다는 것이다. 즉, 양수의 $PB$값의 수익률은 투자프로젝트의 내부수익률이 되지 못하고 이 경우의 투자프로젝트의 수익률은 $MARR$값이 된다.

다음은 세 번째 개념인 $i^*_{\min}$에 관하여 알아보기로 하자. $i^*_{\min}$는 $PB(i)_t\,(t=1, 2, 3, \cdots, N-1)$값을 '0'보다 작게 만드는 최소의 이자율로 정의된다. $i^*_{\min}$을 구하면 *MIP*의 *RIC*값을 수리적으로 구하기가 쉬워지고, 또한 $PB(i_{\min})_N$값을 토대로 투자프로젝트를 *PIP* 또는 *MIP*로 구분할 수도 있다. 만약 $PB(i_{\min})_N > 0$면 현재 고려 중인 투자프로젝트는 *PIP*가 되고, 반대로 $PB(i_{\min})_N < 0$면 투자프로젝트는 *MIP*가 된다.

이제 $i^*_{\min}$을 어떻게 구하는지에 관하여 먼저 알아보기로 하자. 이 값을 찾기 위해서는 다음과 같이 4단계를 거쳐야 한다.

- 단계 1: $$\begin{aligned} PB(i^*)_N &= CF_0(1+i^*)^N + CF_1(1+i^*)^{N-1} + CF_2(1+i^*)^{N-2} \\ &\quad + \cdots + CF_{N-1}(1+i^*)^1 + CF_N(1+i^*)^0 \\ &= 0 \end{aligned} \qquad \cdots (3)$$

  식 (3)을 $i^*$에 관하여 푼다. $PB(i)_N$값이 투자프로젝트의 미래가치가 된다고 7장에서 기술한 내용을 기준으로 이해하면 될 것이다.
- 단계 2: $PB(i^*)_t$값을 구한다.
- 단계 3: $PB(i^*)_t$값이 가장 큰 양수이거나 혹은 가장 작은 음수가 되게 하는 시점과 동일한 시점이든지 아니면 이 시점보다 빠른 시점을 발생하는 $CF_t$가 포함되도록 현금흐름을 잘라낸다.
- 단계 4: 3단계에서 새로이 구성된 $CF_t'$에 대하여 $PB(i)_N' = 0$의 해를 구하여 이 값을 $i^*_{\min}$으로 결정한다.

다음은 *RIC*값을 찾는 과정을 살펴보기로 하자. *RIC*를 찾기 위해서는 아래와 같이 5단계를 밟아야 한다.

로리와 새비지의 펌프 투자프로젝트를 다시 고려해보기로 하자. 다음 표는 7장에서 논한 펌프 투자프로젝트의 두 대안에 관한 현금흐름이다. $MARR = 30\%$라고 가정하고 아래 표 중에서 증분현금흐름에 관한 *IRR*를 구하여라.

(단위: 천 원)

| 연도 | 기존펌프의 현금흐름 | 새 펌프의 현금흐름 | 증분현금흐름 |
|---|---|---|---|
| 0 | 0 | −1,600 | −1,600 |
| 1 | 10,000 | 20,000 | 10,000 |
| 2 | 10,000 | 0 | −10,000 |
| *IRR* | ∞ | 1,150% | |

• 단계 1: 주어진 현금흐름들에 관한 $i^*$값을 찾기 위해 Mathematica의 'Solve' 명령어를 사용한다. 그리고 Mathematica의 'Plot' 명령어를 사용하여 몇 개의 $i^*$가 존재하는지를 파악한다.

**풀이**

Solve$[-1600+10000/(1+i)-10000/(1+i)^2==0,\ i]$

$\{\{i\to 1/4\},\ \{i\to 4\}\}$

Plot$[-1600+10000/(1+i)-10000/(1+i)^2,\ \{i,\ -1,\ 10\},$

PlotRang$\to\{-2000,\ 1100\}]$

$\{\{i\to 1/4\},\ \{i\to 4\}\}$

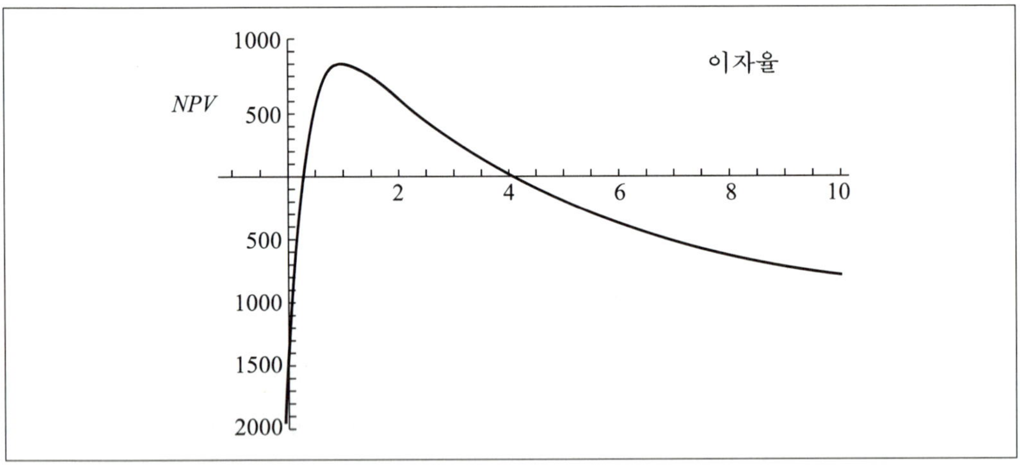


그림 1

• 단계 2: 단계 1에서 투자프로젝트가 두 개 이상의 $i^*$를 갖고 있다고 판단되면, 현재 고려중인 투자프로젝트를 *MIP*로 규정한다. 또는 단계 1에서 구한 $i^*$값을

이용하여 $PB(i^*)_t$을 구하고, $PB(i^*)_t$값이 "0"보다 크거나 작으면 그 투자프로젝트는 $MIP$가 된다.

**풀이**

단계 1의 그림을 보면 $NPV(i^*)=0$을 만족시키는 실근 두 개가 존재하고 있다는 사실을 알아냈다. 그리고 $i^*=\{25\%, 400\%\}$. 그러므로 펌프 투자프로젝트는 $MIP$이라고 판명된다.

• 단계 3: $MIP$로 판명된 투자프로젝트에 관하여 위의 4단계를 밟아 $i^*_{\min}$을 구한다.

**풀이**

$$PB_0(25\%)=-1,600$$

$$PB_1(25\%)=-1,600(1+0.25)+10,000=8,000$$

$$PB_2(25\%)=8,000(1+0.25)-10,000=0$$

단계 1에서 구한 $i^*=25\%$와 $400\%$ 중 어느 하나의 $i^*$을 이용해도 결과는 동일하다. 위에서 구한 $PB_t(i^*)$값을 보면 2차 년도의 $PB_2(25\%)$이 가장 큰 양수이기 때문에 $CF_0$와 $CF_1$으로 새로이 현금흐름을 구성하고 이 두 현금흐름에 대한 $i^*$값을 Mathematica를 사용하여 구하도록 한다.

그 결과 $i_{\min}=5.25$만이 유일하게 $NPV(i^*)=0$을 만족시키고 있다.

```
Solve[-1600+10000/(1+i)0, i]
Plot[-1600+10000/(1+i), {i, -1, 10},
PlotRang→{-2000, 11000}]
     {{i→21/4}}
```

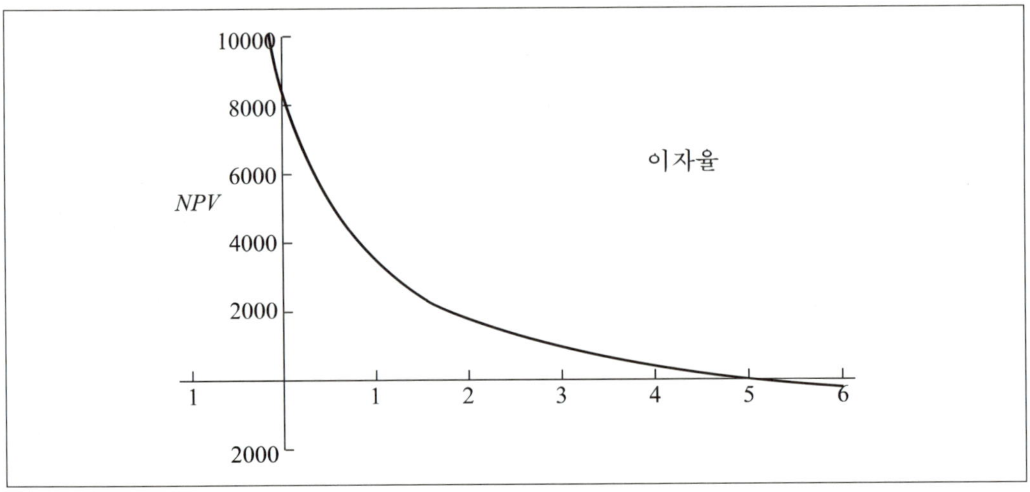


그림 2

- 단계 4: 아래와 같은 법칙에 따라 $PB(MARR,\ RIC)$값을 반복적으로 구한다.

$$PB_0(MARR,\ RIC) = CF_0$$

$$PB_1(MARR,\ RIC) = \begin{cases} PB_0(1+RIC) & \text{만약 } PB_0 < 0 \\ PB_0(1+MARR) & \text{만약 } PB_0 > 0 \end{cases}$$

$$PB_2(MARR,\ RIC) = \begin{cases} PB_1(1+RIC) & \text{만약 } PB_1 < 0 \\ PB_1(1+MARR) & \text{만약 } PB_1 > 0 \end{cases}$$

$$\cdots \qquad \cdots (4)$$

$$PB_n(MARR,\ RIC) = \begin{cases} PB_{t-1}(1+RIC) & \text{만약 } PB_{t-1} < 0 \\ PB_{t-1}(1+MARR) & \text{만약 } PB_{t-1} > 0 \end{cases}$$

$$\cdots$$

$$PB_N(MARR,\ RIC) = \begin{cases} PB_{N-1}(1+RIC) & \text{만약 } PB_{N-1} < 0 \\ PB_{N-1}(1+MARR) & \text{만약 } PB_{N-1} > 0 \end{cases}$$

**풀이**

$PB_0(MARR,\ RIC) = -1{,}600$

$PB_1(MARR,\ RIC) = -1{,}600(1+RIC) + 10{,}000 = 8{,}400 - 1{,}600RIC$

$\because\ PB_0(MARR,\ RIC) < 0$

(이 투자프로젝트는 $MIP$이기 때문에 $RIC$가 결코 $i_{\min} = 525\%$보다 클 수는 없다. 그러므로 $1{,}600RIC < 8{,}400$의 관계는 항상 성립한다.)

$PB_2(MARR,\ RIC) = (8{,}400 - 1{,}600RIC)(1 + MARR) - 10{,}000 = 0$

$\because\ PB_1(MARR,\ RIC) > 0$

• 단계 5: 식 (5)를 $RIC$에 관하여 푼다.

$$PB_N(MARR,\ RIC) = 0 \qquad \cdots (5)$$

**풀이**

위 식을 $RIC$에 관하여 정리하면 다음 식과 같다.

$$RIC = 5.25 - \frac{6.25}{MARR} \qquad \cdots (6)$$

식 (6)을 그래프로 그리면 다음 그림과 같다. '$X$'축은 $MARR$값을 나타내고, '$Y$'축은 $RIC$값을 나타낸다.

식 (6)을 관찰해보면 투자프로젝트의 $RIC$값은 외부수익률인 $MARR$에 의하여 결정되는 종속변수가 되고, 또한 $RIC$와 $MARR$은 서로 역함수 관계를 가지고 있음을 알 수가 있다. 즉, 투자프로젝트가 $MIP$로 결정되면 $MIP$의 $IRR$을 대체하고 있는 $RIC$값을 기준으로 투자프로젝트의 채택/기각에 관한 최종 의사결정은 전적으로 $MARR$값에 따라

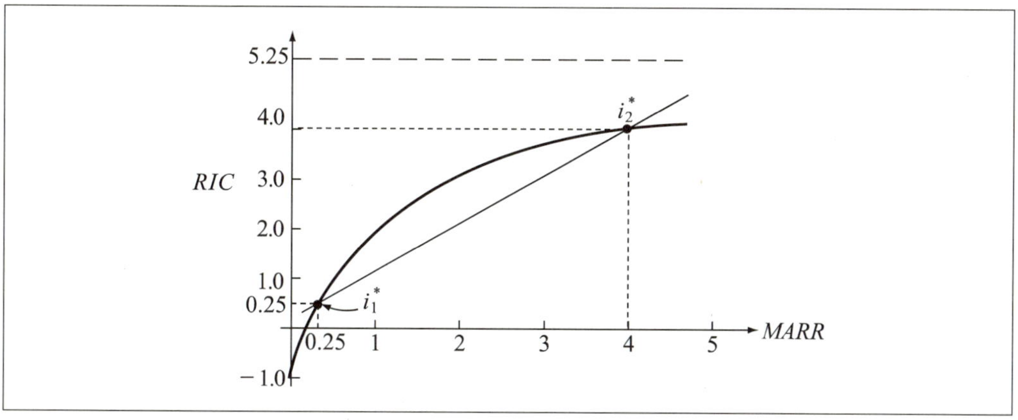


그림 3

결정되고 있다는 사실이다.

위 식을 좀더 구체적으로 기술하면, 첫 번째는 $RIC$가 $MARR$을 독립변수로 하는 점증적 증가함수가 된다. $RIC$와 $MARR$관계에 대한 경제적 의미는 회사에서 잉여 투자자본을 다른 외부에 투자할 때 더 높은 외부 수익률을 올리게 되면, 내부적으로 투자프로젝트에 투자되는 투자자본에 대해 더 높은 내부수익률을 요구하는 자연스러운 경제활동이라고 할 수 있다. 두 번째는 $RIC = MARR$인 경우 $i^*$값은 투자프로젝트의 $RIC$가 된다. 즉, $MIP$의 $i^*$가 $IRR$이라고 주장하는 경우에는 묵시적으로 $RIC = MARR$관계를 가정하고 있다고 해석하면 된다.

세 번째는 만약 $RIC \geq MARR$이면 투자프로젝트를 채택하고, $RIC < MARR$이면 투자프로젝트를 기각한다. 로리와 새비지의 펌프 투자프로젝트의 경우 $25\% \leq MARR \leq 400\%$ 사이에 존재하게 되면 펌프 투자프로젝트는 채택되어야 한다. 본 예제에서 펌프 투자프로젝트의 $MARR = 30\%$로 가정하였으므로 이 값은 펌프 투자프로젝트의 채택 구간에 존재하므로 펌프 투자프로젝트를 채택하게 된다. 즉, 이 경우 $RIC$값을 식 (6)에 대입하면 $RIC = 44.23\%$를 얻게 된다. $IRR > MARR$보다 크면 투자프로젝트를 채택하듯이 $RIC = 44,23\%$가 $MARR = 30\%$보다 크므로 이 펌프 투자프로젝트는 채택되게 된다.

$RIC(MARR)$은 점증적으로 $i_{mim} = 5.25$로 수렴하는 것을 위 그림에서 관찰할 수가 있다. 이를 수리적으로 접근하면

$$\lim_{MARR \to \infty} RIC(MARR) = 5.25 - \frac{6.25}{(1 + MARR)} = 5.25$$

로 $i_{mim} = 5.25$ 수렴하고 있음을 알 수가 있다. 이와 같이 복잡하게 $MIP$의 $RIC$을 구하였지만 $RIC$를 기준으로 투자프로젝트의 채택/기각에 관한 최종 의사결정은 $NPV$로 내린 최종 의사결정과 동일하다.

## 2. 평균에 대한 오류

임의적 사건에 대한 의사결정을 내리는 경우 이 임의의 변수에 대한 자료들을 가능한 많이 수집하고 이렇게 수집된 자료들에 관한 평균, 분산 등의 통계치를 계산한다. 그리고 많은 경우 평균을 토대로 최종적인 의사결정을 내리고 있다. 그러나 평균을 토대로 내린 의사결정은 다음과 같은 평균의 오류성 때문에 의사결정이 왜곡되고 있음을 주지할 필요가 있다. 각각의 평균의 오류성에 관하여 간략하게 살펴보기로 하자.

■ 존재성의 오류(The Fallacy of The Existence of Averages)

임의의 변수에 대한 평균을 구하면 평균 그 자체가 실질적으로 절대 존재하지 않는다. 예를 들어, 만약 주유소에서 아르바이트를 하는 대학생들의 시간당 임금에 관한 자료를 다음과 같이 2,000원, 2,500원 그리고 4,000원을 얻었다고 가정하자. 그러면 주유소에서 아르바이트를 하는 대학의 시간당 평균 임금 2,833원이 된다. 그러나 어느 주유소에서 아르바이트를 하든지 시간당 평균 임금 2,833원을 받을 수는 결코 없다. 이러한 평균이 실제로는 존재하지 않는 것을 평균 존재성의 오류라고 부른다.[2)]

■ 구조적 형태의 오류(The Fallacy of The Structural Form)

평균의 구조적 행태의 오류란 평균을 구하기 위한 임의의 사건을 발생시키는 물리적 대상의 형태를 말한다. 이러한 물리적 행태의 변화에 따라 전통적인 방법을 사용해서 평균값을 계산하게 되면 실제로 발생하는 평균값이 될 수가 없다. 예를 들어 아래 〈그림 4〉에서 보는 바와 같이 다트게임(dart game board)을 고려해보기로 하자. 만약 첫 번째 시도에서 359°선에 다트가 찍혔으며, 두 번째 시도에서는 1°선에 찍혔다면 두 번 시도의 평균값은 얼마인가? 통상적인 방법으로 평균값을 계산하면 180°라고 하겠지만 다트의 형틀을 고려하게 되면 이 경우의 평균값은 '0°' 혹은 '380°'가 되어야 한다.

2) 본 부록에서 평균 오류성에 관하여 사용한 용어는 일반적으로 사용되는 용어가 아니고 다만 본 저서의 저자가 스스로 명칭을 독자적으로 부친 것이다.

**그림 4** 다트게임 판

■ 평균 계산 방식의 오류(The Fallacy of The Average Calculation Methods)

평균 계산 방식의 오류는 주로 임의의 사건에 대한 평균값을 구할 때 부적합한 계산방식을 사용하므로 발생되는 오류이다. 예를 들어, 1997년 우리나라가 외환위기에 처해있을 때 1998년 초부터 상당히 많은 수의 직장인들이 해고를 당하거나 아니면 외환위기 이전에 받았던 월급의 50%정도 밖에 못 받게 되었다. 그 후 2년 정도가 경과된 후에 주요 TV방송국의 프라임타임 뉴스 시간에 한 앵커우먼이 말하기를 외환위기 때 삭감을 당한 월급이 다시 50% 상승하여 이제는 직장인들이 외환위기 이전의 월급을 받게 되었다고 보도하였다. 그러면 앵커우먼의 보도대로 그 당시 직장인들의 월급이 과연 외환위기 이전의 수준으로 되돌아 간 것이 사실일까? 이 질문에 대한 정확한 답을 하기 위해서는 산술평균 계산방식과 기하평균 계산방식에 대한 이해가 필요하다. 만약 산술평균 계산방식을 토대로 이 질문에 대하여 답을 앵커우먼의 보도가 옳다고 할 수가 있다. 그러나 산술평균 계산방식이 아닌 기하평균 계산방식을 토대로 이 질문에 대하여 답을 한다면 외환위기 이후 2년이 지난 시점에서 직장인들의 월급은 외환위기 이전월급의 75%에 지나지 않는다.

■ 젠센의 부등방정식에 대한 오류(The Fallacy Derived from Jensen's Inequality)

젠센의 부등방정식을 설명하기 위해 다음과 같은 함수를 고려해보기로 하자. 함수 '$y=f(x)$'는 임의의 변수 '$x$'을 독립변수로 취하고, 이 변수의 평균값이 '$\overline{x}$'라고 하면 아래 식과 같이 표현되는 젠센의 부등방정식이 성립된다.

$$f\,[E(x)] \le E\,[f(x)]$$

단, 여기서 $f(x)$는 오목형(convexity) 함수이어야 한다.

젠센의 부등방정식을 이해하고 기업 경영에 응용될 수 있는 다음과 같은 감가상각 대상의 고정자산을 가정해보도록 하자. 만약 이 고정자산의 실질적 수명이 변동성이 있는 임의의 변수로써 1년~10년 사이의 값을 취한다면 다음과 같이 연 평균 감가상각률(정액법)을 구할 수가 있다. 젠센의 왼쪽 항 값에 해당하는

$$E(x) = \frac{1+2+3+\cdots+8+9+10}{10} = 5.5(\text{년})$$

이 된다. 그러므로 연 평균 감가상각률은

$$f[E(x)] = \frac{1}{N} = \frac{1}{5.5} = 18.2\%$$

가 된다.

다음에는 젠센의 오른쪽 항 값을 구하면 아래의 표에 있는 바와 같다. 즉, $E[f(x)] = 29.3\%$가 되어 $f[E(x)] = 18.2\%$보다 큰 수임을 알 수가 있다. 이 두 값의 상관관계는 젠센의 부등방정식을 만족시키고 음을 알 수가 있다. 이 두 값 중에서 어느 값이 더 현실적으로 진정한 평균값이겠는가? 새비지[3]에 의하면 $E[f(x)] = 29.3\%$이 현실

‖ 표 1 ‖ 평균 감가상각 비율에 대한 젠센의 부등방정식

| | 연도 | $E[f(x)]$ |
|---|---|---|
| | 1 | 100.0% |
| | 2 | 50.0% |
| | 3 | 33.3% |
| | 4 | 25.0% |
| | 5 | 20.0% |
| | 6 | 16.7% |
| | 7 | 14.3% |
| | 8 | 12.5% |
| | 9 | 11.1% |
| | 10 | 10.0% |
| 평균 | 5.5 | 29.3% |

3) S. Savage and M. V. Allen, "Accounting for Uncertainty," Journal of Portfolio Management, Fall 2002, pp. 31-39 Nov. 2002, pp. 20-21.
S. Savage, "Idea : The Flaws of Averages: Decisions Based on Average Numbers Are Wrong on Average", Harvard Business Review.
J. L. W. V. Jensen, "Sur Les Fonctions Convexes Et Les Ingegalites Entre Les Valeurs Moyennes," Act Mathematica, 80, 1905, pp. 175-193(Wikipedia).

적인 평균값이고 이러한 평균값을 토대로 의사결정을 내려야 왜곡되지 않는 의사결정을 내릴 수 있다고 주장하고 있다.

젠센의 부등방정식에 관한 경영학적 또 다른 사례를 알아보도록 하자. 만약 'SS'회사에서 반도체 생산을 위한 $SMT$(surface mounting technology)를 구매하려고 한다. 앞으로 5년 동안 반도체 판매량을 예측한 결과 연간 판매량이 100만 개에서 200만 개 사이로 판매량에 변동성이 존재하고 있다고 가정하자.

그런데 이 투자프로젝트의 최종 의사결정자는 예측 판매량의 기대치인 150만 개만을 고려하여 $SMT$설비를 구매하였다면 과연 이러한 의사결정이 올바른 의사결정인지를 판단해 보기로 하자. 만약 현재 반도체 한 개의 판매가격이 4,000원씩이고 단위 당 이익은 판매가격의 절반인 2,000원이라고 하면 예측 판매량의 기대치인 150만 개를 생산 판매하게 되면 연간 이익은 최대 30억이 될 뿐이다. 그러므로 이러한 경우의 기대 총 이익은 30억 원 보다 작을 것이 분명하다.

다음의 〈그림 5〉, 〈그림 6〉, 〈그림 7〉, 〈그림 8〉와 〈표 2〉와 〈표 3〉은 크리스탈 볼에 내장된 몬테카를로 시뮬레이션을 실행하기 위한 입력자료와 결과값을 보여주고 있다.

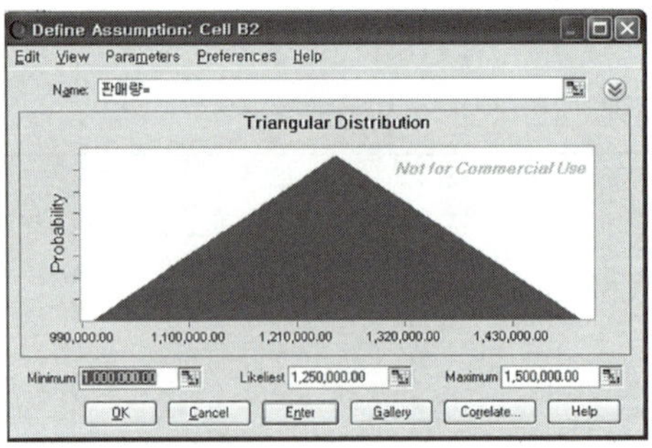


그림 5 판매량 기대치 150만 개를 토대로 의사결정을 내릴 경우의 판매량에 관한 삼각분포함수

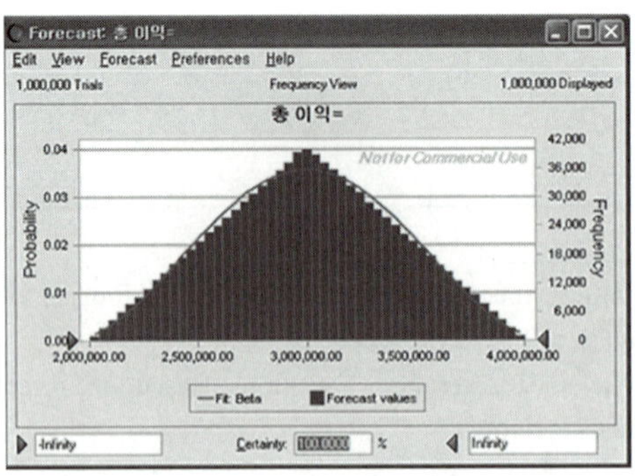


그림 6 판매량 기대치 150만 개를 토대로 의사결정을 내릴 경우의 총 이익에 관한 베타분포함수

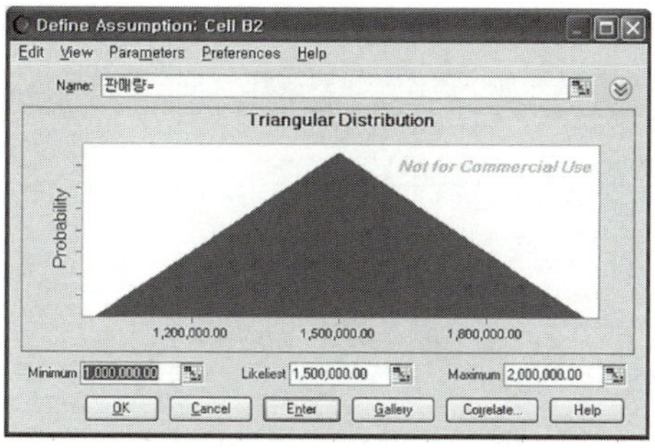


그림 7 판매량 100만–200만 개를 토대로 의사결정을 내릴 경우의 판매량에 관한 삼각분포함수(단위: 천 원)

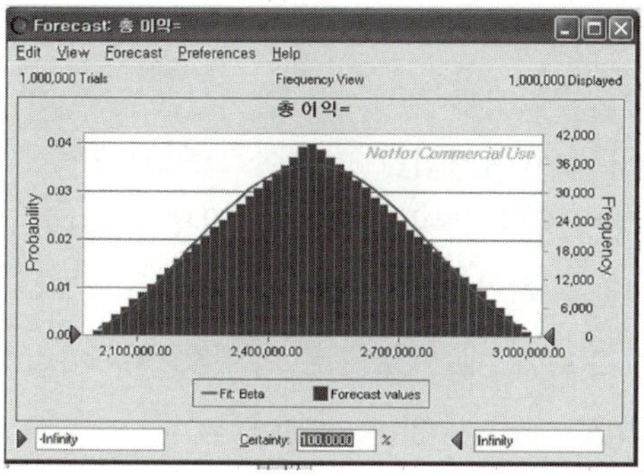


그림 8 판매량 100만–200만 개를 토대로 의사결정을 내릴 경우의 총 이익에 관한 베타분포함수(단위:천 원)

‖ 표 2 ‖ 판매량 기대치 150만 개를 토대로 의사결정을 내릴 경우의 총 이익에 관한 통계치(단위: 천 원)

Forecast: 총 이익=

Edit View Forecast Preferences Help

1,000,000 Trials — Statistics View — Sheet1!B4

| Statistic | Fit: Beta | Forecast values |
|---|---|---|
| Trials | --- | 1,000,000 |
| Mean | 2,499,706.00 | 2,499,706.00 |
| Median | 2,499,659.53 | 2,499,657.21 |
| Mode | 2,499,520.43 | --- |
| Standard Deviation | 204,243.81 | 204,243.91 |
| Variance | 41,715,534,893.44 | 41,715,576,609.01 |
| Skewness | 0.0010 | 0.0010 |
| Kurtosis | 2.40 | 2.40 |
| Coeff. of Variability | 0.0817 | 0.0817 |
| Minimum | 1,924,188.40 | 2,000,630.61 |
| Maximum | 3,076,142.67 | 2,998,574.71 |
| Mean Std. Error | --- | 204.24 |

〈표 2〉에서 보듯이 판매량 기대치 150만 개를 토대로 의사결정을 내리게 되면 연간 평균 이익이 25억 원으로 기대 이익인 30억 원보다 5억 원이 적다는 사실을 알게 된다. 이와 반대로 판매량 100만-200만 개를 토대로 의사결정을 하게 되면 〈표 3〉에서 보는 바

|| **표 3** || 판매량 100만-200만 개를 토대로 의사결정을 내릴 경우의 총 이익에 관한 통계치(단위: 천 원)

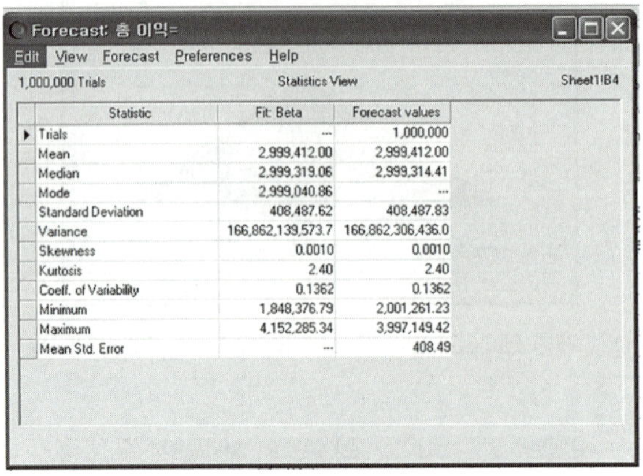
Forecast: 총 이익=

Edit View Forecast Preferences Help

1,000,000 Trials — Statistics View — Sheet1!B4

| Statistic | Fit: Beta | Forecast values |
|---|---|---|
| Trials | --- | 1,000,000 |
| Mean | 2,999,412.00 | 2,999,412.00 |
| Median | 2,999,319.06 | 2,999,314.41 |
| Mode | 2,999,040.86 | --- |
| Standard Deviation | 408,487.62 | 408,487.83 |
| Variance | 166,862,139,573.7 | 166,862,306,436.0 |
| Skewness | 0.0010 | 0.0010 |
| Kurtosis | 2.40 | 2.40 |
| Coeff. of Variability | 0.1362 | 0.1362 |
| Minimum | 1,848,376.79 | 2,001,261.23 |
| Maximum | 4,152,285.34 | 3,997,149.42 |
| Mean Std. Error | --- | 408.49 |

와 같이 연간 평균 이익이 시뮬레이션을 수행하기 이전에 추정한 30억 원을 얻게 됨을 알 수가 있다. 젠센의 부등방정식에 위에 기술한 내용들을 대입하면 판매량 기대치를 토대로 의사결정을 내린 경우의 연간 평균 이익은 젠센의 부등식 왼쪽 항($f[E(x)]=25$억 원)이 되고, 판매량 100만-200만 개를 토대로 의사결정을 내린 경우의 연간 평균 이익은 젠센의 부등식 오른쪽 항($E[f(x)]=30$억 원)이 된다.

## 3. 엑셀의 재무관련 명령어

■ *CUMIPMT* 함수

- 주어진 기간(start_period와 end_period 사이) 중에 납입하는 대출금 이자의 누계액을 반환합니다.

- 구문

*CUMIPMT*(rate, nper, pv, start_period, end_period, type)

- rate: 이율입니다.
- nper: 총 지급 기간 수입니다.
- pv : 현재가치입니다.

• start_period : 계산의 첫 기간입니다. 지급 기간은 1부터 번호가 매겨집니다.
• end_period : 계산의 마지막 기간입니다.
• type: 지급 시점을 나타내는 숫자로서 0(기간 말) 또는 1(기간 초)입니다. 생략하면 0으로 간주됩니다.

참고

이자율을 12로 나누면 월 이자율이 구해지고 금액이 지불되는 연수에 12를 곱하면 지급 횟수가 구해집니다.

**예제 1**

| | A | B |
|---|---|---|
| 1 | 데이터 | 설명 |
| 2 | 9% | 연간 이자율입니다. |
| 3 | 30 | 대출 연수입니다. |
| 4 | 125,000 | 현재 가치입니다. |
| | 수식 | 설명(결과) |
| | = *CUMIPMT* (A2/12, A3*12, A4, 13, 24, 0) | 두 번째 불입 연도의 13-24 회차 중 불입한 총 이자(−11135.23) |
| | = *CUMIPMT* (A2/12, A3*12, A4, 1, 1, 0) | 첫 달 한 번의 불입으로 납입된 이자 (−937.50) |

■ *CUMPRINC* 함수

- 주어진 기간(start_period와 end_period 사이) 중에 납입하는 대출금 원금의 누계액을 반환합니다.

- 구문

*CUMPRINC*(rate, nper, pv, start_period, end_period, type)

• rate: 이자율입니다.
• nper: 총 지급 기간 수입니다.
• pv: 현재가치입니다.
• start_period: 계산의 첫 기간입니다. 지급 기간은 1부터 번호가 매겨집니다.
• end_period: 계산의 마지막 기간입니다.
• type: 지급 시점을 나타내는 숫자로서 0(기간 말) 또는 1(기간 초)입니다. 생략하

면 0으로 간주됩니다.

**예제 2**

| | A | B |
|---|---|---|
| 1 | 데이터 | 설명 |
| 2 | 9.00% | 연간 이자율입니다. |
| 3 | 30 | 대출 연수입니다. |
| 4 | 125,000 | 현재 가치입니다. |
| | 수식 | 설명(결과) |
| | = *CUMIPMT* (A2/12, A3*12, A4, 13, 24, 0) | 두 번째 불입 연도의 13-24 회차 중 불입한 총 이자(−934.1071) |
| | = *CUMIPMT* (A2/12, A3*12, A4, 1, 1, 0) | 첫 달 한 번의 불입으로 납입된 원금 (−68.27827) |

**참고**

이자율을 12로 나누면 월 이자율이 구해지고 금액이 지불되는 연수에 12를 곱하면 지급 횟수가 구해집니다.

■ *FV* 함수

- 일정 금액을 정기적으로 불입하고 일정한 이자율을 적용하는 투자의 미래 가치를 계산합니다.

- 구문

*FV*(rate, nper, pmt, pv, type)

- rate: 이자 지급 기간당 이자율입니다.
- nper: 총 납입 횟수입니다.
- pmt: 정기적으로 적립하는 금액으로서 전 기간 동안 변경되지 않습니다. 일반적으로 pmt에는 기타비용과 세금을 제외한 원금과 이자가 포함됩니다. pmt를 생략하면 pv인수를 반드시 포함해야 합니다.
- pv: 현재 가치, 즉 앞으로 지불할 일련의 납입금의 현재 가치를 나타내는 총액입니다. pv을 생략하면 0으로 간주되며 이 경우 pmt 인수를 반드시 포함해야 합니다.
- type: 지급 시점을 나타내는 숫자로서 0(기간 말) 또는 1(기간 초)입니다. 생략하면 0으로 간주됩니다.

**예제 3**

| | A | B |
|---|---|---|
| 1 | 데이터 | 설명 |
| 2 | 12% | 연간 이자율입니다. |
| 3 | 12 | 납입 횟수입니다. |
| 4 | −1,000 | 납입 금액입니다. |
| | 수식 | 설명(결과) |
| | = *FV* (A2/12, A3, A4) | 위와 같은 조건의 투자에 대한 미래 가치(12,682.50) |

**참고**

월 복리이므로 연간 이자율을 12로 나눕니다.

■ *IPMT* 함수

- 일정 금액을 정기적으로 납입하고 일정한 이율이 적용되는 투자에 대해 주어진 기간 동안의 이자를 계산합니다.

- 구문

*IPMT*(rate, per, nper, pv, fv, type)

- rate: 이자 지급 기간당 이자율입니다.
- per: 이자를 계산할 기간입니다. 1과 nper 사이여야 합니다.
- nper: 총 납입 횟수입니다.
- pv: 현재가치, 즉 앞으로 지급할 일련의 납입금의 현재 가치를 나타내는 총액입니다.
- fv: 미래가치, 즉 최종 지급 후의 현금 잔고입니다. 생략하면 0으로 간주됩니다. 예를 들면 대출금의 미래가치는 0입니다.
- type: 지급 시점을 나타내는 숫자로서 0(기간 말) 또는 1(기간 초)입니다. 생략하면 0으로 간주됩니다.

**I 예제 4**

| | A | B |
|---|---|---|
| 1 | 데이터 | 설명 |
| 2 | 10% | 연이율입니다. |
| 3 | 1 | 이율을 계산할 기간입니다. |
| 4 | 3 | 대출 연수입니다. |
| 5 | 8000 | 대출금의 현재 가치입니다. |
| | 수식 | 설명(결과) |
| | = *IPMT*(A2/12, A3*3, A4, A5) | 조건이 위와 같은 대출금의 첫째 달의 만기 이율(−22.41) |
| | = *IPMT*(A2, 3, A4, A5) | 위의 조건으로 매년 상환하는 대출금의 마지막 해의 만기 이율(−292.45) |

**참고**

매월 이자율을 계산하려면 이율을 12로 나눕니다. 납입 횟수를 계산하려면 상환이 끝나는 연수에 12를 곱합니다.

■ *IRR* 함수

- 숫자로 표시되는 일련의 주기적인 현금흐름에 대한 내부 수익률을 반환합니다. 이 현금흐름은 연금과 같이 일정할 필요는 없습니다. 내부 수익률은 주기적으로 발생하는 납입액(음수)과 수익액(양수)으로 구성되는 투자 이율입니다.

- 구문

*IRR*(values, guess)

- values: 내부 수익률을 계산할 도수가 들어 있는 셀에 대한 참조 또는 배열입니다.
  - ⇨ 내부 수익률을 계산하려면 values에 양수 값과 음수 값이 각각 한 개 이상씩 포함되어야 합니다.
  - ⇨ *IRR*은 values의 순서를 사용하여 현금흐름의 순서를 해석합니다. 지급액과 수익액을 원하는 순서대로 입력해야 합니다.
  - ⇨ 배열이나 참조 인수에 포함된 텍스트, 논리값 또는 빈 셀은 무시됩니다.
- guess: *IRR* 결과의 근사값으로 추정하는 수입니다.
  - ⇨ 반복 기법을 사용하여 *IRR*을 계산합니다. guess에서 시작하여 결과가

0.00001% 이내의 오차 범위에 들어올 때까지 반복합니다. 20번 이상 반복한 후에도 결과 값을 찾지 못하는 경우 #NUM! 오류 값을 반환합니다.

⇨ 대부분의 경우 *IRR*을 계산할 때 guess를 생략합니다. guess를 생략하면 0.1(10%)로 간주됩니다.

⇨ *IRR* 함수 값이 #NUM! 오류 값이거나 기대 값에 미치지 못하면 guess 값을 바꿔서 다시 시도합니다.

**❙ 예제 5**

| | A | B |
|---|---|---|
| 1 | 데이터 | 설명 |
| 2 | −70,000 | 사업의 취득가입니다. |
| 3 | 12,000 | 첫 해의 순이익입니다. |
| 4 | 15,000 | 둘째 연도의 순이익입니다. |
| 5 | 18,000 | 셋째 연도의 순이익입니다. |
| 6 | 21,000 | 넷째 연도의 순이익입니다. |
| 7 | 26,000 | 다섯째 연도의 순이익입니다. |
| | 수식 | 설명(결과) |
| | = *IRR*(A2:A6) | 4년 후의 내부 수익률(−2%) |
| | = *IRR*(A2:A7) | 5년 후의 내부 수익률(9%) |
| | = *IRR*(A2:A4, −10%) | 2년 후의 내부 수익률을 계산하려면 guess를 지정해야 합니다(−44%). |

■ *NPER* 함수

- 정기적으로 일정 금액을 불입하고 일정한 이율을 적용하는 투자에 대한 투자기간 수를 반환합니다.

- 구문

*NPER*(rate, pmt, pv, fv, type)

- rate: 이자 지급 기간당 이자율입니다.
- pmt: 각 기간의 납입액으로서 전 기간 동안 일정합니다. 일반적으로 pmt에는 기타 비용과 세금을 제외한 원금과 이자가 포함됩니다.
- pv: 현재 가치, 즉 앞으로 지급할 일련의 납입금의 현재 가치를 나타내는 총액입니다.

- fv: 미래 가치, 즉 최종 지급 후의 현금 잔고입니다. 생략하면 0으로 간주됩니다. 예를 들면 대출금의 미래가치는 0입니다.
- type: 지급 시점을 나타내는 숫자로서 0(기간 말) 또는 1(기간 초)입니다. 생략하면 0으로 간주됩니다.

**▌예제 6**

| | A | B |
|---|---|---|
| 1 | 데이터 | 설명 |
| 2 | 12% | 연간 이자율입니다. |
| 3 | −100 | 각 기간의 납입액입니다. |
| 4 | −1000 | 현재 가치입니다. |
| 5 | 10000 | 미래 가치입니다. |
| 6 | 1 | 해당 기간의 초에 납입합니다. 위 내용을 참고하십시오. |
| | 수식 | 설명(결과) |
| | = *NPER*(A2/12, A3, A4, A5, 1) | 위 조건에 따른 투자 기간(60) |
| | = *NPER*(A2/12, A3, A4, A5) | 해당 기간 초의 납입을 제외한 위 조건에 따른 투자 기간(60) |
| | = *NPER*(A2/12, A3, A4) | 0의 미래 가치를 제외한 위 조건에 따른 투자 기간(−9.578) |

■ *NPV* 함수

- 할인율, 앞으로의 지급액(음수 값) 및 수입(양수 값)을 사용하여 투자의 현재가치를 계산합니다.

- 구문

*NPV*(rate, value1, value2, ⋯)

- rate: 일정 기간 동안의 할인율입니다.
- value1, value2, ⋯: 지급액과 수입을 표시하는 인수로, 1개에서 254개까지 사용할 수 있습니다.
  ⇨ value1, value2, ⋯는 시간 간격이 같아야 하며 각 기간 말에 발생해야 합니다.
  ⇨ *NPV*는 value1, value2, ⋯의 순서를 사용하여 현금흐름의 순서를 해석합니다. 지급액과 수입의 순서를 바르게 입력해야 합니다.
  ⇨ 숫자, 빈 셀, 논리값, 텍스트로 나타낸 숫자 등으로 지정된 인수는 계산에 포함

되고 오류 값 또는 숫자로 변환할 수 없는 텍스트로 지정된 인수는 무시됩니다.

⇨ 인수가 배열 또는 참조이면 해당 배열이나 참조의 숫자만 사용되고 배열 또는 참조의 빈 셀, 논리값, 텍스트 등은 무시됩니다.

**▌예제 7**

| | A | B |
|---|---|---|
| 1 | 데이터 | 설명 |
| 2 | 10% | 연간 할인율입니다. |
| 3 | −10,000 | 현재로부터 초기 1년의 투자 비용입니다. |
| 4 | 3,000 | 첫째 연도의 회수금입니다. |
| 5 | 4,200 | 둘째 연도의 회수금입니다. |
| 6 | 6,800 | 셋째 연도의 회수금입니다. |
| | 수식 | 설명(결과) |
| | = *NPV*(A2, A3, A4, A5, A6) | 이 투자의 순 현재 가치(1,188.44) |

**참고**

위 예제에서는 첫째 기간의 말에 지불이 이루어졌기 때문에 초기 투자액 \10,000이 값의 하나로 포함됩니다.

### ■ *PMT* 함수

- 정기적으로 지불하고 일정한 이율이 적용되는 대출금의 상환액을 계산합니다.
- 구문

*PMT*(rate, nper, pv, fv, type)

- rate: 대출 이자율입니다.
- nper: 대출금 총 상환 횟수입니다.
- pv: 현재가치, 즉 앞으로 지불할 일련의 상환금이 현재 가지고 있는 가치의 총합(원금)입니다.
- fv: 미래가치, 즉 최종 지급 후의 현금 잔고입니다. 생략하면 0으로 간주됩니다. 즉, 대출금의 미래가치는 0입니다.
- type: 지급 시점을 나타내는 숫자로서 0(기간 말) 또는 1(기간 초)입니다. 생략하

면 0으로 간주됩니다.

**예제 8**

| | A | B |
|---|---|---|
| 1 | 데이터 | 설명 |
| 2 | 8% | 연간 이자율입니다. |
| 3 | 10 | 지불 횟수(개월 수)입니다. |
| 4 | 10,000 | 대출금입니다. |
| | 수식 | 설명(결과) |
| | =*PMT*(A2/12, A3, A4) | 위와 같은 조건의 대출에 대한 월 납입액(−1,037.03) |
| | =*PMT*(A2/12, A3, A4, 0, 1) | 기초 납입을 제외하고 위와 같은 조건의 대출에 대한 월 납입액(−1,030.16) |

■ *PPMT* 함수

- 정기적으로 일정 금액을 지불하고 일정 이율이 적용되는 투자액에 대해 주어진 기간 동안의 원금 상환액을 반환합니다.

- 구문

*PPMT*(rate, per, nper, pv, fv, type)

- rate: 이자 지급 기간당 이자율입니다.
- per: 기간을 1에서 nper 사이의 범위로 지정합니다.
- nper: 총 납입 횟수입니다.
- pv: 현재가치 또는 앞으로 지급할 일련의 납입금의 현재 가치를 나타내는 총액입니다.
- fv: 미래가치, 즉 최종 지급 후의 현금 잔고입니다. 생략하면 0으로 간주됩니다. 즉, 대출금의 미래가치는 0입니다.
- type: 지급 시점을 나타내는 숫자로서 0(기간 말) 또는 1(기간 초)입니다. 생략하면 0으로 간주됩니다.

**예제 9**

| | A | B |
|---|---|---|
| 1 | 데이터 | 설명 |
| 2 | 10% | 연간 이자율입니다. |
| 3 | 2 | 대출 연수입니다. |
| 4 | 2000 | 대출금입니다. |
| | 수식 | 설명(결과) |
| | = *PPMT*(A2/12, 1, A3*12, A4) | 대출 첫 달의 원금 상환액(−\6) |

**참고**

이자율을 12로 나누어 월 이자율을 구하고 금액이 지불되는 연수를 12로 나누어 납입 횟수를 구합니다.

■ *PV* 함수

- 투자액의 현재 가치를 반환합니다. 현재 가치는 앞으로 지불할 일련의 납입금의 현재 가치의 총합입니다. 예를 들어 돈을 빌릴 때 대출금은 대출자에게 현재 가치가 됩니다.

- 구문

*PV*(rate, nper, pmt, fv, type)

- rate: 이자 지급 기간당 이율입니다. 예를 들어 연이율 10%의 자동차 구입 대출금을 매달 상환한다면 월 이자율은 10%/12, 즉 0.83%입니다. 수식에 이율을 10%/12, 0.83% 또는 0.0083으로 입력합니다.
- nper: 총 납입 횟수입니다. 예를 들어 4년 만기 차량 구입 대출금을 매월 상환한다면 기간 수는 4*12(즉 48)입니다. 수식에 nper 값으로 48을 입력합니다.
- pmt: 각 기간의 납입액으로서 전 기간 동안 일정합니다. 일반적으로 pmt에는 기타 비용이나 세금은 포함되지 않고 원금과 이자만 포함됩니다. 예를 들어 12% 이율의 4년 만기 차량 구입 대출금 \1,000,000에 대한 월 상환액이 \26,300이면 수식의 pmt에 대해 -26300을 입력합니다. pmt를 생략할 경우 fv 인수는 반드시 지정해야 합니다.
- fv: 미래가치, 즉 최종 상환 후의 현금 잔고입니다. fv를 생략하면 0으로 간주됩니다. 예를 들어 대출금의 미래 가치는 0이 됩니다. 특별한 계획을 위해 18년 동안 \5,000,000을 저축하려 한다면 \5,000,000이 미래 가치입니다. 이자율을 추정하여

매달 얼마를 저축해야 하는지 결정할 수 있습니다. fv를 생략할 경우 pmt 인수는 반드시 지정해야 합니다.

- type: 지급 시점을 나타내는 숫자로서 0(기간 말) 또는 1(기간 초)입니다. 생략하면 0으로 간주됩니다.

**예제 10**

| | A | B |
|---|---|---|
| 1 | 데이터 | 설명 |
| 2 | 500 | 매 월말 보험 불입금으로 지불되는 금액입니다. |
| 3 | 8% | 지불된 금액에 대한 이자율입니다. |
| 4 | 20 | 금액이 지불될 연수입니다. |
| | 수식 | 설명(결과) |
| | = *PV*(A3/12, 12*A4, A2, , 0) | 위와 같은 조건의 불입금의 현재 가치 (−\59,777) |

결과는 지불할 금액, 즉 나갈 현금흐름을 나타내므로 음수입니다. 연금으로 (60,000)을 지불해야 한다면 연금의 현재 가치(59,777.15)가 지불해야 하는 것보다 작으므로 좋은 투자가 아니라고 판단하게 됩니다.

**참고**

이자율을 12로 나누면 월 이자율이 구해지고 금액이 지불되는 연수에 12를 곱하면 지급 횟수가 구해집니다.

### ■ *RATE* 함수

- 이자 지급 기간 당 이율을 계산합니다. *RATE*는 반복해서 계산되고 0 이상의 해를 가질 수 있습니다. *RATE*의 연속되는 결과값이 20회 반복 후 0.0000001의 범위 내에 수렴되지 않으면 #NUM! 오류 값이 반환됩니다.

- 구문

*RATE*(nper, pmt, pv, fv, type, guess)

- nper: 총 납입 횟수입니다.
- pmt: 각 기간의 납입액으로 전 기간 동안 일정합니다. 일반적으로 pmt에는 기타

비용이나 세금은 포함되지 않고 원금과 이자만 포함됩니다. pmt를 생략할 경우 fv 인수를 반드시 지정해야 합니다.

- pv: 현재가치 또는 앞으로 지급할 일련의 납입금의 현재 가치를 나타내는 총액입니다.
- fv: 미래가치, 즉 최종 지급 후의 현금 잔고입니다. 생략하면 0으로 간주됩니다. 예를 들면 대출금의 미래가치는 0입니다.
- type: 지급 시점을 나타내는 숫자로서 0(기간 말) 또는 1(기간 초)입니다. 생략하면 0으로 간주됩니다.
- guess: 이자율의 추정 값입니다.

⇨ guess을 생략하면 10%로 간주됩니다.

⇨ *RATE*가 수렴되지 않으면 guess를 다른 값으로 바꿔 봅니다. *RATE*는 보통 guess가 0과 1 사이일 때 수렴됩니다.

**예제 11**

| | A | B |
|---|---|---|
| 1 | 데이터 | 설명 |
| 2 | 4 | 대출 연수입니다. |
| 3 | −200 | 매월 상환액입니다. |
| 4 | 8000 | 대출금입니다. |
| | 수식 | 설명(결과) |
| | = *RATE*(A2*12, A3, A4) | 위 조건에서의 대출 월리(1%) |
| | = *RATE*(A2*12, A3, A4)*12 | 위 조건에서의 대출 연리(0.09241767 또는 9.24%) |

**참고**

개월 수를 계산하려면 대출 연수에 12를 곱합니다.

# 복리계수표

Engineering Economics

## 복리계수표(0.25%)

| | 일시불 | | 동일 자금열 | | | | 등차자금열 | | |
|---|---|---|---|---|---|---|---|---|---|
| | 복리할증 계수 | 현재가치 계수 | 복리할증 계수 | 감채기금 계수 | 현재가치 계수 | 자본회수 계수 | 동일자금 계수 | 현재가치 계수 | |
| N | (F/P,i,N) | (P/F,i,N) | (F/A,i,N) | (A/F,i,N) | (P/A,i,N) | (A/P,i,N) | (A/G,i,N) | (P/G,i,N) | N |
| 1 | 1.0025 | 0.9975 | 1.0000 | 1.0000 | 0.9975 | 1.0025 | 0.0000 | 0.0000 | 1 |
| 2 | 1.0050 | 0.9950 | 2.0025 | 0.4994 | 1.9925 | 0.5019 | 0.4994 | 0.9950 | 2 |
| 3 | 1.0075 | 0.9925 | 3.0075 | 0.3325 | 2.9851 | 0.3350 | 0.9983 | 2.9801 | 3 |
| 4 | 1.0100 | 0.9901 | 4.0150 | 0.2491 | 3.9751 | 0.2516 | 1.4969 | 5.9503 | 4 |
| 5 | 1.0126 | 0.9876 | 5.0251 | 0.1990 | 4.9627 | 0.2015 | 1.9950 | 9.9007 | 5 |
| 6 | 1.0151 | 0.9851 | 6.0376 | 0.1656 | 5.9478 | 0.1681 | 2.4927 | 14.8263 | 6 |
| 7 | 1.0176 | 0.9827 | 7.0527 | 0.1418 | 6.9305 | 0.1443 | 2.9900 | 20.7223 | 7 |
| 8 | 1.0202 | 0.9802 | 8.0704 | 0.1239 | 7.9107 | 0.1264 | 3.4869 | 27.5839 | 8 |
| 9 | 1.0227 | 0.9778 | 9.0905 | 0.1100 | 8.8885 | 0.1125 | 3.9834 | 35.4061 | 9 |
| 10 | 1.0253 | 0.9753 | 10.1133 | 0.0989 | 9.8639 | 0.1014 | 4.4794 | 44.1842 | 10 |
| 11 | 1.0278 | 0.9729 | 11.1385 | 0.0898 | 10.8368 | 0.0923 | 4.9750 | 53.9133 | 11 |
| 12 | 1.0304 | 0.9705 | 12.1664 | 0.0822 | 11.8073 | 0.0847 | 5.4702 | 64.5886 | 12 |
| 13 | 1.0330 | 0.9681 | 13.1968 | 0.0758 | 12.7753 | 0.0783 | 5.9650 | 76.2053 | 13 |
| 14 | 1.0356 | 0.9656 | 14.2298 | 0.0703 | 13.7410 | 0.0728 | 6.4594 | 88.7587 | 14 |
| 15 | 1.0382 | 0.9632 | 15.2654 | 0.0655 | 14.7042 | 0.0680 | 6.9534 | 102.2441 | 15 |
| 16 | 1.0408 | 0.9608 | 16.3035 | 0.0613 | 15.6650 | 0.0638 | 7.4469 | 116.6567 | 16 |
| 17 | 1.0434 | 0.9584 | 17.3443 | 0.0577 | 16.6235 | 0.0602 | 7.9401 | 131.9917 | 17 |
| 18 | 1.0460 | 0.9561 | 18.3876 | 0.0544 | 17.5795 | 0.0569 | 8.4328 | 148.2446 | 18 |
| 19 | 1.0486 | 0.9537 | 19.4336 | 0.0515 | 18.5332 | 0.0540 | 8.9251 | 165.4106 | 19 |
| 20 | 1.0512 | 0.9513 | 20.4822 | 0.0488 | 19.4845 | 0.0513 | 9.4170 | 183.4851 | 20 |
| 21 | 1.0538 | 0.9489 | 21.5334 | 0.0464 | 20.4334 | 0.0489 | 9.9085 | 202.4634 | 21 |
| 22 | 1.0565 | 0.9466 | 22.5872 | 0.0443 | 21.3800 | 0.0468 | 10.3995 | 222.3410 | 22 |
| 23 | 1.0591 | 0.9442 | 23.6437 | 0.0423 | 22.3241 | 0.0448 | 10.8901 | 243.1131 | 23 |
| 24 | 1.0618 | 0.9418 | 24.7028 | 0.0405 | 23.2660 | 0.0430 | 11.3804 | 264.7753 | 24 |
| 25 | 1.0644 | 0.9395 | 25.7646 | 0.0388 | 24.2055 | 0.0413 | 11.8702 | 287.3230 | 25 |
| 26 | 1.0671 | 0.9371 | 26.8290 | 0.0373 | 25.1426 | 0.0398 | 12.3596 | 310.7516 | 26 |
| 27 | 1.0697 | 0.9348 | 27.8961 | 0.0358 | 26.0774 | 0.0383 | 12.8485 | 335.0566 | 27 |
| 28 | 1.0724 | 0.9325 | 28.9658 | 0.0345 | 27.0099 | 0.0370 | 13.3371 | 360.2334 | 28 |
| 29 | 1.0751 | 0.9301 | 30.0382 | 0.0333 | 27.9400 | 0.0358 | 13.8252 | 386.2776 | 29 |
| 30 | 1.0778 | 0.9278 | 31.1133 | 0.0321 | 28.8679 | 0.0346 | 14.3130 | 413.1847 | 30 |
| 31 | 1.0805 | 0.9255 | 32.1911 | 0.0311 | 29.7934 | 0.0336 | 14.8003 | 440.9502 | 31 |
| 32 | 1.0832 | 0.9232 | 33.2716 | 0.0301 | 30.7166 | 0.0326 | 15.2872 | 469.5696 | 32 |
| 33 | 1.0859 | 0.9209 | 34.3547 | 0.0291 | 31.6375 | 0.0316 | 15.7736 | 499.0386 | 33 |
| 34 | 1.0886 | 0.9186 | 35.4406 | 0.0282 | 32.5561 | 0.0307 | 16.2597 | 529.3528 | 34 |
| 35 | 1.0913 | 0.9163 | 36.5292 | 0.0274 | 33.4724 | 0.0299 | 16.7454 | 560.5076 | 35 |
| 36 | 1.0941 | 0.9140 | 37.6206 | 0.0266 | 34.3865 | 0.0291 | 17.2306 | 592.4988 | 36 |
| 40 | 1.1050 | 0.9050 | 42.0132 | 0.0238 | 38.0199 | 0.0263 | 19.1673 | 728.7399 | 40 |
| 48 | 1.1273 | 0.8871 | 50.9312 | 0.0196 | 45.1787 | 0.0221 | 23.0209 | 1040.0552 | 48 |
| 50 | 1.1330 | 0.8826 | 53.1887 | 0.0188 | 46.9462 | 0.0213 | 23.9802 | 1125.7767 | 50 |
| 60 | 1.1616 | 0.8609 | 64.6467 | 0.0155 | 55.6524 | 0.0180 | 28.7514 | 1600.0845 | 60 |
| 72 | 1.1969 | 0.8355 | 78.7794 | 0.0127 | 65.8169 | 0.0152 | 34.4221 | 2265.5569 | 72 |
| 80 | 1.2211 | 0.8189 | 88.4392 | 0.0113 | 72.4260 | 0.0138 | 38.1694 | 2764.4568 | 80 |
| 84 | 1.2334 | 0.8108 | 93.3419 | 0.0107 | 75.6813 | 0.0132 | 40.0331 | 3029.7592 | 84 |
| 90 | 1.2520 | 0.7987 | 100.7885 | 0.0099 | 80.5038 | 0.0124 | 42.8162 | 3446.8700 | 90 |
| 96 | 1.2709 | 0.7869 | 108.3474 | 0.0092 | 85.2546 | 0.0117 | 45.5844 | 3886.2832 | 96 |
| 100 | 1.2836 | 0.7790 | 113.4500 | 0.0088 | 88.3825 | 0.0113 | 47.4216 | 4191.2417 | 100 |
| 108 | 1.3095 | 0.7636 | 123.8093 | 0.0081 | 94.5453 | 0.0106 | 51.0762 | 4829.0125 | 108 |
| 120 | 1.3494 | 0.7411 | 139.7414 | 0.0072 | 103.5618 | 0.0097 | 56.5084 | 5852.1116 | 120 |
| 240 | 1.8208 | 0.5492 | 328.3020 | 0.0030 | 180.3109 | 0.0055 | 107.5863 | 19398.9852 | 240 |
| 360 | 2.4568 | 0.4070 | 582.7369 | 0.0017 | 237.1894 | 0.0042 | 152.8902 | 36263.9299 | 360 |

## 복리계수표(0.50%)

| | 일시불 | | 동일 자금열 | | | | 등차자금열 | | |
|---|---|---|---|---|---|---|---|---|---|
| | 복리할증 계수 | 현재가치 계수 | 복리할증 계수 | 감채기금 계수 | 현재가치 계수 | 자본회수 계수 | 동일자금 계수 | 현재가치 계수 | |
| N | (F/P,i,N) | (P/F,i,N) | (F/A,i,N) | (A/F,i,N) | (P/A,i,N) | (A/P,i,N) | (A/G,i,N) | (P/G,i,N) | N |
| 1 | 1.0050 | 0.9950 | 1.0000 | 1.0000 | 0.9950 | 1.0050 | 0.0000 | 0.0000 | 1 |
| 2 | 1.0100 | 0.9901 | 2.0050 | 0.4988 | 1.9851 | 0.5038 | 0.4988 | 0.9901 | 2 |
| 3 | 1.0151 | 0.9851 | 3.0150 | 0.3317 | 2.9702 | 0.3367 | 0.9967 | 2.9604 | 3 |
| 4 | 1.0202 | 0.9802 | 4.0301 | 0.2481 | 3.9505 | 0.2531 | 1.4938 | 5.9011 | 4 |
| 5 | 1.0253 | 0.9754 | 5.0503 | 0.1980 | 4.9259 | 0.2030 | 1.9900 | 9.8026 | 5 |
| 6 | 1.0304 | 0.9705 | 6.0755 | 0.1646 | 5.8964 | 0.1696 | 2.4855 | 14.6552 | 6 |
| 7 | 1.0355 | 0.9657 | 7.1059 | 0.1407 | 6.8621 | 0.1457 | 2.9801 | 20.4493 | 7 |
| 8 | 1.0407 | 0.9609 | 8.1414 | 0.1228 | 7.8230 | 0.1278 | 3.4738 | 27.1755 | 8 |
| 9 | 1.0459 | 0.9561 | 9.1821 | 0.1089 | 8.7791 | 0.1139 | 3.9668 | 34.8244 | 9 |
| 10 | 1.0511 | 0.9513 | 10.2280 | 0.0978 | 9.7304 | 0.1028 | 4.4589 | 43.3865 | 10 |
| 11 | 1.0564 | 0.9466 | 11.2792 | 0.0887 | 10.6770 | 0.0937 | 4.9501 | 52.8526 | 11 |
| 12 | 1.0617 | 0.9419 | 12.3356 | 0.0811 | 11.6189 | 0.0861 | 5.4406 | 63.2136 | 12 |
| 13 | 1.0670 | 0.9372 | 13.3972 | 0.0746 | 12.5562 | 0.0796 | 5.9302 | 74.4602 | 13 |
| 14 | 1.0723 | 0.9326 | 14.4642 | 0.0691 | 13.4887 | 0.0741 | 6.4190 | 86.5835 | 14 |
| 15 | 1.0777 | 0.9279 | 15.5365 | 0.0644 | 14.4166 | 0.0694 | 6.9069 | 99.5743 | 15 |
| 16 | 1.0831 | 0.9233 | 16.6142 | 0.0602 | 15.3399 | 0.0652 | 7.3940 | 113.4238 | 16 |
| 17 | 1.0885 | 0.9187 | 17.6973 | 0.0565 | 16.2586 | 0.0615 | 7.8803 | 128.1231 | 17 |
| 18 | 1.0939 | 0.9141 | 18.7858 | 0.0532 | 17.1728 | 0.0582 | 8.3658 | 143.6634 | 18 |
| 19 | 1.0994 | 0.9096 | 19.8797 | 0.0503 | 18.0824 | 0.0553 | 8.8504 | 160.0360 | 19 |
| 20 | 1.1049 | 0.9051 | 20.9791 | 0.0477 | 18.9874 | 0.0527 | 9.3342 | 177.2322 | 20 |
| 21 | 1.1104 | 0.9006 | 22.0840 | 0.0453 | 19.8880 | 0.0503 | 9.8172 | 195.2434 | 21 |
| 22 | 1.1160 | 0.8961 | 23.1944 | 0.0431 | 20.7841 | 0.0481 | 10.2993 | 214.0611 | 22 |
| 23 | 1.1216 | 0.8916 | 24.3104 | 0.0411 | 21.6757 | 0.0461 | 10.7806 | 233.6768 | 23 |
| 24 | 1.1272 | 0.8872 | 25.4320 | 0.0393 | 22.5629 | 0.0443 | 11.2611 | 254.0820 | 24 |
| 25 | 1.1328 | 0.8828 | 26.5591 | 0.0377 | 23.4456 | 0.0427 | 11.7407 | 275.2686 | 25 |
| 26 | 1.1385 | 0.8784 | 27.6919 | 0.0361 | 24.3240 | 0.0411 | 12.2195 | 297.2281 | 26 |
| 27 | 1.1442 | 0.8740 | 28.8304 | 0.0347 | 25.1980 | 0.0397 | 12.6975 | 319.9523 | 27 |
| 28 | 1.1499 | 0.8697 | 29.9745 | 0.0334 | 26.0677 | 0.0384 | 13.1747 | 343.4332 | 28 |
| 29 | 1.1556 | 0.8653 | 31.1244 | 0.0321 | 26.9330 | 0.0371 | 13.6510 | 367.6625 | 29 |
| 30 | 1.1614 | 0.8610 | 32.2800 | 0.0310 | 27.7941 | 0.0360 | 14.1265 | 392.6324 | 30 |
| 31 | 1.1672 | 0.8567 | 33.4414 | 0.0299 | 28.6508 | 0.0349 | 14.6012 | 418.3348 | 31 |
| 32 | 1.1730 | 0.8525 | 34.6086 | 0.0289 | 29.5033 | 0.0339 | 15.0750 | 444.7618 | 32 |
| 33 | 1.1789 | 0.8482 | 35.7817 | 0.0279 | 30.3515 | 0.0329 | 15.5480 | 471.9055 | 33 |
| 34 | 1.1848 | 0.8440 | 36.9606 | 0.0271 | 31.1955 | 0.0321 | 16.0202 | 499.7583 | 34 |
| 35 | 1.1907 | 0.8398 | 38.1454 | 0.0262 | 32.0354 | 0.0312 | 16.4915 | 528.3123 | 35 |
| 36 | 1.1967 | 0.8356 | 39.3361 | 0.0254 | 32.8710 | 0.0304 | 16.9621 | 557.5598 | 36 |
| 40 | 1.2208 | 0.8191 | 44.1588 | 0.0226 | 36.1722 | 0.0276 | 18.8359 | 681.3347 | 40 |
| 48 | 1.2705 | 0.7871 | 54.0978 | 0.0185 | 42.5803 | 0.0235 | 22.5437 | 959.9188 | 48 |
| 50 | 1.2832 | 0.7793 | 56.6452 | 0.0177 | 44.1428 | 0.0227 | 23.4624 | 1035.6966 | 50 |
| 60 | 1.3489 | 0.7414 | 69.7700 | 0.0143 | 51.7256 | 0.0193 | 28.0064 | 1448.6458 | 60 |
| 72 | 1.4320 | 0.6983 | 86.4089 | 0.0116 | 60.3395 | 0.0166 | 33.3504 | 2012.3478 | 72 |
| 80 | 1.4903 | 0.6710 | 98.0677 | 0.0102 | 65.8023 | 0.0152 | 36.8474 | 2424.6455 | 80 |
| 84 | 1.5204 | 0.6577 | 104.0739 | 0.0096 | 68.4530 | 0.0146 | 38.5763 | 2640.6641 | 84 |
| 90 | 1.5666 | 0.6383 | 113.3109 | 0.0088 | 72.3313 | 0.0138 | 41.1451 | 2976.0769 | 90 |
| 96 | 1.6141 | 0.6195 | 122.8285 | 0.0081 | 76.0952 | 0.0131 | 43.6845 | 3324.1846 | 96 |
| 100 | 1.6467 | 0.6073 | 129.3337 | 0.0077 | 78.5426 | 0.0127 | 45.3613 | 3562.7934 | 100 |
| 108 | 1.7137 | 0.5835 | 142.7399 | 0.0070 | 83.2934 | 0.0120 | 48.6758 | 4054.3747 | 108 |
| 120 | 1.8194 | 0.5496 | 163.8793 | 0.0061 | 90.0735 | 0.0111 | 53.5508 | 4823.5051 | 120 |
| 240 | 3.3102 | 0.3021 | 462.0409 | 0.0022 | 139.5808 | 0.0072 | 96.1131 | 13415.5395 | 240 |
| 360 | 6.0226 | 0.1660 | 1004.5150 | 0.0010 | 166.7916 | 0.0060 | 128.3236 | 21403.3041 | 360 |

## 복리계수표(0.75%)

| | 일시불 | | 동일 자금열 | | | | 등차자금열 | | |
|---|---|---|---|---|---|---|---|---|---|
| | 복리할증 계수 | 현재가치 계수 | 복리할증 계수 | 감채기금 계수 | 현재가치 계수 | 자본회수 계수 | 동일자금 계수 | 현재가치 계수 | |
| N | (F/P,i,N) | (P/F,i,N) | (F/A,i,N) | (A/F,i,N) | (P/A,i,N) | (A/P,i,N) | (A/G,i,N) | (P/G,i,N) | N |
| 1 | 1.0075 | 0.9926 | 1.0000 | 1.0000 | 0.9926 | 1.0075 | 0.0000 | 0.0000 | 1 |
| 2 | 1.0151 | 0.9852 | 2.0075 | 0.4981 | 1.9777 | 0.5056 | 0.4981 | 0.9852 | 2 |
| 3 | 1.0227 | 0.9778 | 3.0226 | 0.3308 | 2.9556 | 0.3383 | 0.9950 | 2.9408 | 3 |
| 4 | 1.0303 | 0.9706 | 4.0452 | 0.2472 | 3.9261 | 0.2547 | 1.4907 | 5.8525 | 4 |
| 5 | 1.0381 | 0.9633 | 5.0756 | 0.1970 | 4.8894 | 0.2045 | 1.9851 | 9.7058 | 5 |
| 6 | 1.0459 | 0.9562 | 6.1136 | 0.1636 | 5.8456 | 0.1711 | 2.4782 | 14.4866 | 6 |
| 7 | 1.0537 | 0.9490 | 7.1595 | 0.1397 | 6.7946 | 0.1472 | 2.9701 | 20.1808 | 7 |
| 8 | 1.0616 | 0.9420 | 8.2132 | 0.1218 | 7.7366 | 0.1293 | 3.4608 | 26.7747 | 8 |
| 9 | 1.0696 | 0.9350 | 9.2748 | 0.1078 | 8.6716 | 0.1153 | 3.9502 | 34.2544 | 9 |
| 10 | 1.0776 | 0.9280 | 10.3443 | 0.0967 | 9.5996 | 0.1042 | 4.4384 | 42.6064 | 10 |
| 11 | 1.0857 | 0.9211 | 11.4219 | 0.0876 | 10.5207 | 0.0951 | 4.9253 | 51.8174 | 11 |
| 12 | 1.0938 | 0.9142 | 12.5076 | 0.0800 | 11.4349 | 0.0875 | 5.4110 | 61.8740 | 12 |
| 13 | 1.1020 | 0.9074 | 13.6014 | 0.0735 | 12.3423 | 0.0810 | 5.8954 | 72.7632 | 13 |
| 14 | 1.1103 | 0.9007 | 14.7034 | 0.0680 | 13.2430 | 0.0755 | 6.3786 | 84.4720 | 14 |
| 15 | 1.1186 | 0.8940 | 15.8137 | 0.0632 | 14.1370 | 0.0707 | 6.8606 | 96.9876 | 15 |
| 16 | 1.1270 | 0.8873 | 16.9323 | 0.0591 | 15.0243 | 0.0666 | 7.3413 | 110.2973 | 16 |
| 17 | 1.1354 | 0.8807 | 18.0593 | 0.0554 | 15.9050 | 0.0629 | 7.8207 | 124.3887 | 17 |
| 18 | 1.1440 | 0.8742 | 19.1947 | 0.0521 | 16.7792 | 0.0596 | 8.2989 | 139.2494 | 18 |
| 19 | 1.1525 | 0.8676 | 20.3387 | 0.0492 | 17.6468 | 0.0567 | 8.7759 | 154.8671 | 19 |
| 20 | 1.1612 | 0.8612 | 21.4912 | 0.0465 | 18.5080 | 0.0540 | 9.2516 | 171.2297 | 20 |
| 21 | 1.1699 | 0.8548 | 22.6524 | 0.0441 | 19.3628 | 0.0516 | 9.7261 | 188.3253 | 21 |
| 22 | 1.1787 | 0.8484 | 23.8223 | 0.0420 | 20.2112 | 0.0495 | 10.1994 | 206.1420 | 22 |
| 23 | 1.1875 | 0.8421 | 25.0010 | 0.0400 | 21.0533 | 0.0475 | 10.6714 | 224.6682 | 23 |
| 24 | 1.1964 | 0.8358 | 26.1885 | 0.0382 | 21.8891 | 0.0457 | 11.1422 | 243.8923 | 24 |
| 25 | 1.2054 | 0.8296 | 27.3849 | 0.0365 | 22.7188 | 0.0440 | 11.6117 | 263.8029 | 25 |
| 26 | 1.2144 | 0.8234 | 28.5903 | 0.0350 | 23.5422 | 0.0425 | 12.0800 | 284.3888 | 26 |
| 27 | 1.2235 | 0.8173 | 29.8047 | 0.0336 | 24.3595 | 0.0411 | 12.5470 | 305.6387 | 27 |
| 28 | 1.2327 | 0.8112 | 31.0282 | 0.0322 | 25.1707 | 0.0397 | 13.0128 | 327.5416 | 28 |
| 29 | 1.2420 | 0.8052 | 32.2609 | 0.0310 | 25.9759 | 0.0385 | 13.4774 | 350.0867 | 29 |
| 30 | 1.2513 | 0.7992 | 33.5029 | 0.0298 | 26.7751 | 0.0373 | 13.9407 | 373.2631 | 30 |
| 31 | 1.2607 | 0.7932 | 34.7542 | 0.0288 | 27.5683 | 0.0363 | 14.4028 | 397.0602 | 31 |
| 32 | 1.2701 | 0.7873 | 36.0148 | 0.0278 | 28.3557 | 0.0353 | 14.8636 | 421.4675 | 32 |
| 33 | 1.2796 | 0.7815 | 37.2849 | 0.0268 | 29.1371 | 0.0343 | 15.3232 | 446.4746 | 33 |
| 34 | 1.2892 | 0.7757 | 38.5646 | 0.0259 | 29.9128 | 0.0334 | 15.7816 | 472.0712 | 34 |
| 35 | 1.2989 | 0.7699 | 39.8538 | 0.0251 | 30.6827 | 0.0326 | 16.2387 | 498.2471 | 35 |
| 36 | 1.3086 | 0.7641 | 41.1527 | 0.0243 | 31.4468 | 0.0318 | 16.6946 | 524.9924 | 36 |
| 40 | 1.3483 | 0.7416 | 46.4465 | 0.0215 | 34.4469 | 0.0290 | 18.5058 | 637.4693 | 40 |
| 48 | 1.4314 | 0.6986 | 57.5207 | 0.0174 | 40.1848 | 0.0249 | 22.0691 | 886.8404 | 48 |
| 50 | 1.4530 | 0.6883 | 60.3943 | 0.0166 | 41.5664 | 0.0241 | 22.9476 | 953.8486 | 50 |
| 60 | 1.5657 | 0.6387 | 75.4241 | 0.0133 | 48.1734 | 0.0208 | 27.2665 | 1313.5189 | 60 |
| 72 | 1.7126 | 0.5839 | 95.0070 | 0.0105 | 55.4768 | 0.0180 | 32.2882 | 1791.2463 | 72 |
| 80 | 1.8180 | 0.5500 | 109.0725 | 0.0092 | 59.9944 | 0.0167 | 35.5391 | 2132.1472 | 80 |
| 84 | 1.8732 | 0.5338 | 116.4269 | 0.0086 | 62.1540 | 0.0161 | 37.1357 | 2308.1283 | 84 |
| 90 | 1.9591 | 0.5104 | 127.8790 | 0.0078 | 65.2746 | 0.0153 | 39.4946 | 2577.9961 | 90 |
| 96 | 2.0489 | 0.4881 | 139.8562 | 0.0072 | 68.2584 | 0.0147 | 41.8107 | 2853.9352 | 96 |
| 100 | 2.1111 | 0.4737 | 148.1445 | 0.0068 | 70.1746 | 0.0143 | 43.3311 | 3040.7453 | 100 |
| 108 | 2.2411 | 0.4462 | 165.4832 | 0.0060 | 73.8394 | 0.0135 | 46.3154 | 3419.9041 | 108 |
| 120 | 2.4514 | 0.4079 | 193.5143 | 0.0052 | 78.9417 | 0.0127 | 50.6521 | 3998.5621 | 120 |
| 240 | 6.0092 | 0.1664 | 667.8869 | 0.0015 | 111.1450 | 0.0090 | 85.4210 | 9494.1162 | 240 |
| 360 | 14.7306 | 0.0679 | 1830.7435 | 0.0005 | 124.2819 | 0.0080 | 107.1145 | 13312.3871 | 360 |

## 복리계수표(1.0%)

| | 일시불 | | 동일 자금열 | | | | 등차자금열 | | |
|---|---|---|---|---|---|---|---|---|---|
| | 복리할증 계수 | 현재가치 계수 | 복리할증 계수 | 감채기금 계수 | 현재가치 계수 | 자본회수 계수 | 동일자금 계수 | 현재가치 계수 | |
| N | (F/P,i,N) | (P/F,i,N) | (F/A,i,N) | (A/F,i,N) | (P/A,i,N) | (A/P,i,N) | (A/G,i,N) | (P/G,i,N) | N |
| 1 | 1.0100 | 0.9901 | 1.0000 | 1.0000 | 0.9901 | 1.0100 | 0.0000 | 0.0000 | 1 |
| 2 | 1.0201 | 0.9803 | 2.0100 | 0.4975 | 1.9704 | 0.5075 | 0.4975 | 0.9803 | 2 |
| 3 | 1.0303 | 0.9706 | 3.0301 | 0.3300 | 2.9410 | 0.3400 | 0.9934 | 2.9215 | 3 |
| 4 | 1.0406 | 0.9610 | 4.0604 | 0.2463 | 3.9020 | 0.2563 | 1.4876 | 5.8044 | 4 |
| 5 | 1.0510 | 0.9515 | 5.1010 | 0.1960 | 4.8534 | 0.2060 | 1.9801 | 9.6103 | 5 |
| 6 | 1.0615 | 0.9420 | 6.1520 | 0.1625 | 5.7955 | 0.1725 | 2.4710 | 14.3205 | 6 |
| 7 | 1.0721 | 0.9327 | 7.2135 | 0.1386 | 6.7282 | 0.1486 | 2.9602 | 19.9168 | 7 |
| 8 | 1.0829 | 0.9235 | 8.2857 | 0.1207 | 7.6517 | 0.1307 | 3.4478 | 26.3812 | 8 |
| 9 | 1.0937 | 0.9143 | 9.3685 | 0.1067 | 8.5660 | 0.1167 | 3.9337 | 33.6959 | 9 |
| 10 | 1.1046 | 0.9053 | 10.4622 | 0.0956 | 9.4713 | 0.1056 | 4.4179 | 41.8435 | 10 |
| 11 | 1.1157 | 0.8963 | 11.5668 | 0.0865 | 10.3676 | 0.0965 | 4.9005 | 50.8067 | 11 |
| 12 | 1.1268 | 0.8874 | 12.6825 | 0.0788 | 11.2551 | 0.0888 | 5.3815 | 60.5687 | 12 |
| 13 | 1.1381 | 0.8787 | 13.8093 | 0.0724 | 12.1337 | 0.0824 | 5.8607 | 71.1126 | 13 |
| 14 | 1.1495 | 0.8700 | 14.9474 | 0.0669 | 13.0037 | 0.0769 | 6.3384 | 82.4221 | 14 |
| 15 | 1.1610 | 0.8613 | 16.0969 | 0.0621 | 13.8651 | 0.0721 | 6.8143 | 94.4810 | 15 |
| 16 | 1.1726 | 0.8528 | 17.2579 | 0.0579 | 14.7179 | 0.0679 | 7.2886 | 107.2734 | 16 |
| 17 | 1.1843 | 0.8444 | 18.4304 | 0.0543 | 15.5623 | 0.0643 | 7.7613 | 120.7834 | 17 |
| 18 | 1.1961 | 0.8360 | 19.6147 | 0.0510 | 16.3983 | 0.0610 | 8.2323 | 134.9957 | 18 |
| 19 | 1.2081 | 0.8277 | 20.8109 | 0.0481 | 17.2260 | 0.0581 | 8.7017 | 149.8950 | 19 |
| 20 | 1.2202 | 0.8195 | 22.0190 | 0.0454 | 18.0456 | 0.0554 | 9.1694 | 165.4664 | 20 |
| 21 | 1.2324 | 0.8114 | 23.2392 | 0.0430 | 18.8570 | 0.0530 | 9.6354 | 181.6950 | 21 |
| 22 | 1.2447 | 0.8034 | 24.4716 | 0.0409 | 19.6604 | 0.0509 | 10.0998 | 198.5663 | 22 |
| 23 | 1.2572 | 0.7954 | 25.7163 | 0.0389 | 20.4558 | 0.0489 | 10.5626 | 216.0660 | 23 |
| 24 | 1.2697 | 0.7876 | 26.9735 | 0.0371 | 21.2434 | 0.0471 | 11.0237 | 234.1800 | 24 |
| 25 | 1.2824 | 0.7798 | 28.2432 | 0.0354 | 22.0232 | 0.0454 | 11.4831 | 252.8945 | 25 |
| 26 | 1.2953 | 0.7720 | 29.5256 | 0.0339 | 22.7952 | 0.0439 | 11.9409 | 272.1957 | 26 |
| 27 | 1.3082 | 0.7644 | 30.8209 | 0.0324 | 23.5596 | 0.0424 | 12.3971 | 292.0702 | 27 |
| 28 | 1.3213 | 0.7568 | 32.1291 | 0.0311 | 24.3164 | 0.0411 | 12.8516 | 312.5047 | 28 |
| 29 | 1.3345 | 0.7493 | 33.4504 | 0.0299 | 25.0658 | 0.0399 | 13.3044 | 333.4863 | 29 |
| 30 | 1.3478 | 0.7419 | 34.7849 | 0.0287 | 25.8077 | 0.0387 | 13.7557 | 355.0021 | 30 |
| 31 | 1.3613 | 0.7346 | 36.1327 | 0.0277 | 26.5423 | 0.0377 | 14.2052 | 377.0394 | 31 |
| 32 | 1.3749 | 0.7273 | 37.4941 | 0.0267 | 27.2696 | 0.0367 | 14.6532 | 399.5858 | 32 |
| 33 | 1.3887 | 0.7201 | 38.8690 | 0.0257 | 27.9897 | 0.0357 | 15.0995 | 422.6291 | 33 |
| 34 | 1.4026 | 0.7130 | 40.2577 | 0.0248 | 28.7027 | 0.0348 | 15.5441 | 446.1572 | 34 |
| 35 | 1.4166 | 0.7059 | 41.6603 | 0.0240 | 29.4086 | 0.0340 | 15.9871 | 470.1583 | 35 |
| 36 | 1.4308 | 0.6989 | 43.0769 | 0.0232 | 30.1075 | 0.0332 | 16.4285 | 494.6207 | 36 |
| 40 | 1.4889 | 0.6717 | 48.8864 | 0.0205 | 32.8347 | 0.0305 | 18.1776 | 596.8561 | 40 |
| 48 | 1.6122 | 0.6203 | 61.2226 | 0.0163 | 37.9740 | 0.0263 | 21.5976 | 820.1460 | 48 |
| 50 | 1.6446 | 0.6080 | 64.4632 | 0.0155 | 39.1961 | 0.0255 | 22.4363 | 879.4176 | 50 |
| 60 | 1.8167 | 0.5504 | 81.6697 | 0.0122 | 44.9550 | 0.0222 | 26.5333 | 1192.8061 | 60 |
| 72 | 2.0471 | 0.4885 | 104.7099 | 0.0096 | 51.1504 | 0.0196 | 31.2386 | 1597.8673 | 72 |
| 80 | 2.2167 | 0.4511 | 121.6715 | 0.0082 | 54.8882 | 0.0182 | 34.2492 | 1879.8771 | 80 |
| 84 | 2.3067 | 0.4335 | 130.6723 | 0.0077 | 56.6485 | 0.0177 | 35.7170 | 2023.3153 | 84 |
| 90 | 2.4486 | 0.4084 | 144.8633 | 0.0069 | 59.1609 | 0.0169 | 37.8724 | 2240.5675 | 90 |
| 96 | 2.5993 | 0.3847 | 159.9273 | 0.0063 | 61.5277 | 0.0163 | 39.9727 | 2459.4298 | 96 |
| 100 | 2.7048 | 0.3697 | 170.4814 | 0.0059 | 63.0289 | 0.0159 | 41.3426 | 2605.7758 | 100 |
| 108 | 2.9289 | 0.3414 | 192.8926 | 0.0052 | 65.8578 | 0.0152 | 44.0103 | 2898.4203 | 108 |
| 120 | 3.3004 | 0.3030 | 230.0387 | 0.0043 | 69.7005 | 0.0143 | 47.8349 | 3334.1148 | 120 |
| 240 | 10.8926 | 0.0918 | 989.2554 | 0.0010 | 90.8194 | 0.0110 | 75.7393 | 6878.6016 | 240 |
| 360 | 35.9496 | 0.0278 | 3494.9641 | 0.0003 | 97.2183 | 0.0103 | 89.6995 | 8720.4323 | 360 |

## 복리계수표(1.25%)

| | 일시불 | | 동일 자금열 | | | | 등차자금열 | | |
|---|---|---|---|---|---|---|---|---|---|
| | 복리할증 계수 | 현재가치 계수 | 복리할증 계수 | 감채기금 계수 | 현재가치 계수 | 자본회수 계수 | 동일자금 계수 | 현재가치 계수 | |
| N | (F/P,i,N) | (P/F,i,N) | (F/A,i,N) | (A/F,i,N) | (P/A,i,N) | (A/P,i,N) | (A/G,i,N) | (P/G,i,N) | N |
| 1 | 1.0125 | 0.9877 | 1.0000 | 1.0000 | 0.9877 | 1.0125 | 0.0000 | 0.0000 | 1 |
| 2 | 1.0252 | 0.9755 | 2.0125 | 0.4969 | 1.9631 | 0.5094 | 0.4969 | 0.9755 | 2 |
| 3 | 1.0380 | 0.9634 | 3.0377 | 0.3292 | 2.9265 | 0.3417 | 0.9917 | 2.9023 | 3 |
| 4 | 1.0509 | 0.9515 | 4.0756 | 0.2454 | 3.8781 | 0.2579 | 1.4845 | 5.7569 | 4 |
| 5 | 1.0641 | 0.9398 | 5.1266 | 0.1951 | 4.8178 | 0.2076 | 1.9752 | 9.5160 | 5 |
| 6 | 1.0774 | 0.9282 | 6.1907 | 0.1615 | 5.7460 | 0.1740 | 2.4638 | 14.1569 | 6 |
| 7 | 1.0909 | 0.9167 | 7.2680 | 0.1376 | 6.6627 | 0.1501 | 2.9503 | 19.6571 | 7 |
| 8 | 1.1045 | 0.9054 | 8.3589 | 0.1196 | 7.5681 | 0.1321 | 3.4348 | 25.9949 | 8 |
| 9 | 1.1183 | 0.8942 | 9.4634 | 0.1057 | 8.4623 | 0.1182 | 3.9172 | 33.1487 | 9 |
| 10 | 1.1323 | 0.8832 | 10.5817 | 0.0945 | 9.3455 | 0.1070 | 4.3975 | 41.0973 | 10 |
| 11 | 1.1464 | 0.8723 | 11.7139 | 0.0854 | 10.2178 | 0.0979 | 4.8758 | 49.8201 | 11 |
| 12 | 1.1608 | 0.8615 | 12.8604 | 0.0778 | 11.0793 | 0.0903 | 5.3520 | 59.2967 | 12 |
| 13 | 1.1753 | 0.8509 | 14.0211 | 0.0713 | 11.9302 | 0.0838 | 5.8262 | 69.5072 | 13 |
| 14 | 1.1900 | 0.8404 | 15.1964 | 0.0658 | 12.7706 | 0.0783 | 6.2982 | 80.4320 | 14 |
| 15 | 1.2048 | 0.8300 | 16.3863 | 0.0610 | 13.6005 | 0.0735 | 6.7682 | 92.0519 | 15 |
| 16 | 1.2199 | 0.8197 | 17.5912 | 0.0568 | 14.4203 | 0.0693 | 7.2362 | 104.3481 | 16 |
| 17 | 1.2351 | 0.8096 | 18.8111 | 0.0532 | 15.2299 | 0.0657 | 7.7021 | 117.3021 | 17 |
| 18 | 1.2506 | 0.7996 | 20.0462 | 0.0499 | 16.0295 | 0.0624 | 8.1659 | 130.8958 | 18 |
| 19 | 1.2662 | 0.7898 | 21.2968 | 0.0470 | 16.8193 | 0.0595 | 8.6277 | 145.1115 | 19 |
| 20 | 1.2820 | 0.7800 | 22.5630 | 0.0443 | 17.5993 | 0.0568 | 9.0874 | 159.9316 | 20 |
| 21 | 1.2981 | 0.7704 | 23.8450 | 0.0419 | 18.3697 | 0.0544 | 9.5450 | 175.3392 | 21 |
| 22 | 1.3143 | 0.7609 | 25.1431 | 0.0398 | 19.1306 | 0.0523 | 10.0006 | 191.3174 | 22 |
| 23 | 1.3307 | 0.7515 | 26.4574 | 0.0378 | 19.8820 | 0.0503 | 10.4542 | 207.8499 | 23 |
| 24 | 1.3474 | 0.7422 | 27.7881 | 0.0360 | 20.6242 | 0.0485 | 10.9056 | 224.9204 | 24 |
| 25 | 1.3642 | 0.7330 | 29.1354 | 0.0343 | 21.3573 | 0.0468 | 11.3551 | 242.5132 | 25 |
| 26 | 1.3812 | 0.7240 | 30.4996 | 0.0328 | 22.0813 | 0.0453 | 11.8024 | 260.6128 | 26 |
| 27 | 1.3985 | 0.7150 | 31.8809 | 0.0314 | 22.7963 | 0.0439 | 12.2478 | 279.2040 | 27 |
| 28 | 1.4160 | 0.7062 | 33.2794 | 0.0300 | 23.5025 | 0.0425 | 12.6911 | 298.2719 | 28 |
| 29 | 1.4337 | 0.6975 | 34.6954 | 0.0288 | 24.2000 | 0.0413 | 13.1323 | 317.8019 | 29 |
| 30 | 1.4516 | 0.6889 | 36.1291 | 0.0277 | 24.8889 | 0.0402 | 13.5715 | 337.7797 | 30 |
| 31 | 1.4698 | 0.6804 | 37.5807 | 0.0266 | 25.5693 | 0.0391 | 14.0086 | 358.1912 | 31 |
| 32 | 1.4881 | 0.6720 | 39.0504 | 0.0256 | 26.2413 | 0.0381 | 14.4438 | 379.0227 | 32 |
| 33 | 1.5067 | 0.6637 | 40.5386 | 0.0247 | 26.9050 | 0.0372 | 14.8768 | 400.2607 | 33 |
| 34 | 1.5256 | 0.6555 | 42.0453 | 0.0238 | 27.5605 | 0.0363 | 15.3079 | 421.8920 | 34 |
| 35 | 1.5446 | 0.6474 | 43.5709 | 0.0230 | 28.2079 | 0.0355 | 15.7369 | 443.9037 | 35 |
| 36 | 1.5639 | 0.6394 | 45.1155 | 0.0222 | 28.8473 | 0.0347 | 16.1639 | 466.2830 | 36 |
| 40 | 1.6436 | 0.6084 | 51.4896 | 0.0194 | 31.3269 | 0.0319 | 17.8515 | 559.2320 | 40 |
| 48 | 1.8154 | 0.5509 | 65.2284 | 0.0153 | 35.9315 | 0.0278 | 21.1299 | 759.2296 | 48 |
| 50 | 1.8610 | 0.5373 | 68.8818 | 0.0145 | 37.0129 | 0.0270 | 21.9295 | 811.6738 | 50 |
| 60 | 2.1072 | 0.4746 | 88.5745 | 0.0113 | 42.0346 | 0.0238 | 25.8083 | 1084.8429 | 60 |
| 72 | 2.4459 | 0.4088 | 115.6736 | 0.0086 | 47.2925 | 0.0211 | 30.2047 | 1428.4561 | 72 |
| 80 | 2.7015 | 0.3702 | 136.1188 | 0.0073 | 50.3867 | 0.0198 | 32.9822 | 1661.8651 | 80 |
| 84 | 2.8391 | 0.3522 | 147.1290 | 0.0068 | 51.8222 | 0.0193 | 34.3258 | 1778.8384 | 84 |
| 90 | 3.0588 | 0.3269 | 164.7050 | 0.0061 | 53.8461 | 0.0186 | 36.2855 | 1953.8303 | 90 |
| 96 | 3.2955 | 0.3034 | 183.6411 | 0.0054 | 55.7246 | 0.0179 | 38.1793 | 2127.5244 | 96 |
| 100 | 3.4634 | 0.2887 | 197.0723 | 0.0051 | 56.9013 | 0.0176 | 39.4058 | 2242.2411 | 100 |
| 108 | 3.8253 | 0.2614 | 226.0226 | 0.0044 | 59.0865 | 0.0169 | 41.7737 | 2468.2636 | 108 |
| 120 | 4.4402 | 0.2252 | 275.2171 | 0.0036 | 61.9828 | 0.0161 | 45.1184 | 2796.5694 | 120 |
| 240 | 19.7155 | 0.0507 | 1497.2395 | 0.0007 | 75.9423 | 0.0132 | 67.1764 | 5101.5288 | 240 |
| 360 | 87.5410 | 0.0114 | 6923.2796 | 0.0001 | 79.0861 | 0.0126 | 75.8401 | 5997.9027 | 360 |

## 복리계수표(1.50%)

| | 일시불 | | 동일 자금열 | | | | 등차자금열 | | |
|---|---|---|---|---|---|---|---|---|---|
| | 복리할증 계수 | 현재가치 계수 | 복리할증 계수 | 감채기금 계수 | 현재가치 계수 | 자본회수 계수 | 동일자금 계수 | 현재가치 계수 | |
| N | (F/P,i,N) | (P/F,i,N) | (F/A,i,N) | (A/F,i,N) | (P/A,i,N) | (A/P,i,N) | (A/G,i,N) | (P/G,i,N) | N |
| 1 | 1.0150 | 0.9852 | 1.0000 | 1.0000 | 0.9852 | 1.0150 | 0.0000 | 0.0000 | 1 |
| 2 | 1.0302 | 0.9707 | 2.0150 | 0.4963 | 1.9559 | 0.5113 | 0.4963 | 0.9707 | 2 |
| 3 | 1.0457 | 0.9563 | 3.0452 | 0.3284 | 2.9122 | 0.3434 | 0.9901 | 2.8833 | 3 |
| 4 | 1.0614 | 0.9422 | 4.0909 | 0.2444 | 3.8544 | 0.2594 | 1.4814 | 5.7098 | 4 |
| 5 | 1.0773 | 0.9283 | 5.1523 | 0.1941 | 4.7826 | 0.2091 | 1.9702 | 9.4229 | 5 |
| 6 | 1.0934 | 0.9145 | 6.2296 | 0.1605 | 5.6972 | 0.1755 | 2.4566 | 13.9956 | 6 |
| 7 | 1.1098 | 0.9010 | 7.3230 | 0.1366 | 6.5982 | 0.1516 | 2.9405 | 19.4018 | 7 |
| 8 | 1.1265 | 0.8877 | 8.4328 | 0.1186 | 7.4859 | 0.1336 | 3.4219 | 25.6157 | 8 |
| 9 | 1.1434 | 0.8746 | 9.5593 | 0.1046 | 8.3605 | 0.1196 | 3.9008 | 32.6125 | 9 |
| 10 | 1.1605 | 0.8617 | 10.7027 | 0.0934 | 9.2222 | 0.1084 | 4.3772 | 40.3675 | 10 |
| 11 | 1.1779 | 0.8489 | 11.8633 | 0.0843 | 10.0711 | 0.0993 | 4.8512 | 48.8568 | 11 |
| 12 | 1.1956 | 0.8364 | 13.0412 | 0.0767 | 10.9075 | 0.0917 | 5.3227 | 58.0571 | 12 |
| 13 | 1.2136 | 0.8240 | 14.2368 | 0.0702 | 11.7315 | 0.0852 | 5.7917 | 67.9454 | 13 |
| 14 | 1.2318 | 0.8118 | 15.4504 | 0.0647 | 12.5434 | 0.0797 | 6.2582 | 78.4994 | 14 |
| 15 | 1.2502 | 0.7999 | 16.6821 | 0.0599 | 13.3432 | 0.0749 | 6.7223 | 89.6974 | 15 |
| 16 | 1.2690 | 0.7880 | 17.9324 | 0.0558 | 14.1313 | 0.0708 | 7.1839 | 101.5178 | 16 |
| 17 | 1.2880 | 0.7764 | 19.2014 | 0.0521 | 14.9076 | 0.0671 | 7.6431 | 113.9400 | 17 |
| 18 | 1.3073 | 0.7649 | 20.4894 | 0.0488 | 15.6726 | 0.0638 | 8.0997 | 126.9435 | 18 |
| 19 | 1.3270 | 0.7536 | 21.7967 | 0.0459 | 16.4262 | 0.0609 | 8.5539 | 140.5084 | 19 |
| 20 | 1.3469 | 0.7425 | 23.1237 | 0.0432 | 17.1686 | 0.0582 | 9.0057 | 154.6154 | 20 |
| 21 | 1.3671 | 0.7315 | 24.4705 | 0.0409 | 17.9001 | 0.0559 | 9.4550 | 169.2453 | 21 |
| 22 | 1.3876 | 0.7207 | 25.8376 | 0.0387 | 18.6208 | 0.0537 | 9.9018 | 184.3798 | 22 |
| 23 | 1.4084 | 0.7100 | 27.2251 | 0.0367 | 19.3309 | 0.0517 | 10.3462 | 200.0006 | 23 |
| 24 | 1.4295 | 0.6995 | 28.6335 | 0.0349 | 20.0304 | 0.0499 | 10.7881 | 216.0901 | 24 |
| 25 | 1.4509 | 0.6892 | 30.0630 | 0.0333 | 20.7196 | 0.0483 | 11.2276 | 232.6310 | 25 |
| 26 | 1.4727 | 0.6790 | 31.5140 | 0.0317 | 21.3986 | 0.0467 | 11.6646 | 249.6065 | 26 |
| 27 | 1.4948 | 0.6690 | 32.9867 | 0.0303 | 22.0676 | 0.0453 | 12.0992 | 267.0002 | 27 |
| 28 | 1.5172 | 0.6591 | 34.4815 | 0.0290 | 22.7267 | 0.0440 | 12.5313 | 284.7958 | 28 |
| 29 | 1.5400 | 0.6494 | 35.9987 | 0.0278 | 23.3761 | 0.0428 | 12.9610 | 302.9779 | 29 |
| 30 | 1.5631 | 0.6398 | 37.5387 | 0.0266 | 24.0158 | 0.0416 | 13.3883 | 321.5310 | 30 |
| 31 | 1.5865 | 0.6303 | 39.1018 | 0.0256 | 24.6461 | 0.0406 | 13.8131 | 340.4402 | 31 |
| 32 | 1.6103 | 0.6210 | 40.6883 | 0.0246 | 25.2671 | 0.0396 | 14.2355 | 359.6910 | 32 |
| 33 | 1.6345 | 0.6118 | 42.2986 | 0.0236 | 25.8790 | 0.0386 | 14.6555 | 379.2691 | 33 |
| 34 | 1.6590 | 0.6028 | 43.9331 | 0.0228 | 26.4817 | 0.0378 | 15.0731 | 399.1607 | 34 |
| 35 | 1.6839 | 0.5939 | 45.5921 | 0.0219 | 27.0756 | 0.0369 | 15.4882 | 419.3521 | 35 |
| 36 | 1.7091 | 0.5851 | 47.2760 | 0.0212 | 27.6607 | 0.0362 | 15.9009 | 439.8303 | 36 |
| 40 | 1.8140 | 0.5513 | 54.2679 | 0.0184 | 29.9158 | 0.0334 | 17.5277 | 524.3568 | 40 |
| 48 | 2.0435 | 0.4894 | 69.5652 | 0.0144 | 34.0426 | 0.0294 | 20.6667 | 703.5462 | 48 |
| 50 | 2.1052 | 0.4750 | 73.6828 | 0.0136 | 34.9997 | 0.0286 | 21.4277 | 749.9636 | 50 |
| 60 | 2.4432 | 0.4093 | 96.2147 | 0.0104 | 39.3803 | 0.0254 | 25.0930 | 988.1674 | 60 |
| 72 | 2.9212 | 0.3423 | 128.0772 | 0.0078 | 43.8447 | 0.0228 | 29.1893 | 1279.7938 | 72 |
| 80 | 3.2907 | 0.3039 | 152.7109 | 0.0065 | 46.4073 | 0.0215 | 31.7423 | 1473.0741 | 80 |
| 84 | 3.4926 | 0.2863 | 166.1726 | 0.0060 | 47.5786 | 0.0210 | 32.9668 | 1568.5140 | 84 |
| 90 | 3.8189 | 0.2619 | 187.9299 | 0.0053 | 49.2099 | 0.0203 | 34.7399 | 1709.5439 | 90 |
| 96 | 4.1758 | 0.2395 | 211.7202 | 0.0047 | 50.7017 | 0.0197 | 36.4381 | 1847.4725 | 96 |
| 100 | 4.4320 | 0.2256 | 228.8030 | 0.0044 | 51.6247 | 0.0194 | 37.5295 | 1937.4506 | 100 |
| 108 | 4.9927 | 0.2003 | 266.1778 | 0.0038 | 53.3137 | 0.0188 | 39.6171 | 2112.1348 | 108 |
| 120 | 5.9693 | 0.1675 | 331.2882 | 0.0030 | 55.4985 | 0.0180 | 42.5185 | 2359.7114 | 120 |
| 240 | 35.6328 | 0.0281 | 2308.8544 | 0.0004 | 64.7957 | 0.0154 | 59.7368 | 3870.6912 | 240 |
| 360 | 212.7038 | 0.0047 | 14113.5854 | 0.0001 | 66.3532 | 0.0151 | 64.9662 | 4310.7165 | 360 |

## 복리계수표(1.75%)

| | 일시불 | | 동일 자금열 | | | | 등차자금열 | | |
|---|---|---|---|---|---|---|---|---|---|
| | 복리할증 계수 | 현재가치 계수 | 복리할증 계수 | 감채기금 계수 | 현재가치 계수 | 자본회수 계수 | 동일자금 계수 | 현재가치 계수 | |
| N | (F/P,i,N) | (P/F,i,N) | (F/A,i,N) | (A/F,i,N) | (P/A,i,N) | (A/P,i,N) | (A/G,i,N) | (P/G,i,N) | N |
| 1 | 1.0175 | 0.9828 | 1.0000 | 1.0000 | 0.9828 | 1.0175 | 0.0000 | 0.0000 | 1 |
| 2 | 1.0353 | 0.9659 | 2.0175 | 0.4957 | 1.9487 | 0.5132 | 0.4957 | 0.9659 | 2 |
| 3 | 1.0534 | 0.9493 | 3.0528 | 0.3276 | 2.8980 | 0.3451 | 0.9884 | 2.8645 | 3 |
| 4 | 1.0719 | 0.9330 | 4.1062 | 0.2435 | 3.8309 | 0.2610 | 1.4783 | 5.6633 | 4 |
| 5 | 1.0906 | 0.9169 | 5.1781 | 0.1931 | 4.7479 | 0.2106 | 1.9653 | 9.3310 | 5 |
| 6 | 1.1097 | 0.9011 | 6.2687 | 0.1595 | 5.6490 | 0.1770 | 2.4494 | 13.8367 | 6 |
| 7 | 1.1291 | 0.8856 | 7.3784 | 0.1355 | 6.5346 | 0.1530 | 2.9306 | 19.1506 | 7 |
| 8 | 1.1489 | 0.8704 | 8.5075 | 0.1175 | 7.4051 | 0.1350 | 3.4089 | 25.2435 | 8 |
| 9 | 1.1690 | 0.8554 | 9.6564 | 0.1036 | 8.2605 | 0.1211 | 3.8844 | 32.0870 | 9 |
| 10 | 1.1894 | 0.8407 | 10.8254 | 0.0924 | 9.1012 | 0.1099 | 4.3569 | 39.6535 | 10 |
| 11 | 1.2103 | 0.8263 | 12.0148 | 0.0832 | 9.9275 | 0.1007 | 4.8266 | 47.9162 | 11 |
| 12 | 1.2314 | 0.8121 | 13.2251 | 0.0756 | 10.7395 | 0.0931 | 5.2934 | 56.8489 | 12 |
| 13 | 1.2530 | 0.7981 | 14.4565 | 0.0692 | 11.5376 | 0.0867 | 5.7573 | 66.4260 | 13 |
| 14 | 1.2749 | 0.7844 | 15.7095 | 0.0637 | 12.3220 | 0.0812 | 6.2184 | 76.6227 | 14 |
| 15 | 1.2972 | 0.7709 | 16.9844 | 0.0589 | 13.0929 | 0.0764 | 6.6765 | 87.4149 | 15 |
| 16 | 1.3199 | 0.7576 | 18.2817 | 0.0547 | 13.8505 | 0.0722 | 7.1318 | 98.7792 | 16 |
| 17 | 1.3430 | 0.7446 | 19.6016 | 0.0510 | 14.5951 | 0.0685 | 7.5842 | 110.6926 | 17 |
| 18 | 1.3665 | 0.7318 | 20.9446 | 0.0477 | 15.3269 | 0.0652 | 8.0338 | 123.1328 | 18 |
| 19 | 1.3904 | 0.7192 | 22.3112 | 0.0448 | 16.0461 | 0.0623 | 8.4805 | 136.0783 | 19 |
| 20 | 1.4148 | 0.7068 | 23.7016 | 0.0422 | 16.7529 | 0.0597 | 8.9243 | 149.5080 | 20 |
| 21 | 1.4395 | 0.6947 | 25.1164 | 0.0398 | 17.4475 | 0.0573 | 9.3653 | 163.4013 | 21 |
| 22 | 1.4647 | 0.6827 | 26.5559 | 0.0377 | 18.1303 | 0.0552 | 9.8034 | 177.7385 | 22 |
| 23 | 1.4904 | 0.6710 | 28.0207 | 0.0357 | 18.8012 | 0.0532 | 10.2387 | 192.5000 | 23 |
| 24 | 1.5164 | 0.6594 | 29.5110 | 0.0339 | 19.4607 | 0.0514 | 10.6711 | 207.6671 | 24 |
| 25 | 1.5430 | 0.6481 | 31.0275 | 0.0322 | 20.1088 | 0.0497 | 11.1007 | 223.2214 | 25 |
| 26 | 1.5700 | 0.6369 | 32.5704 | 0.0307 | 20.7457 | 0.0482 | 11.5274 | 239.1451 | 26 |
| 27 | 1.5975 | 0.6260 | 34.1404 | 0.0293 | 21.3717 | 0.0468 | 11.9513 | 255.4210 | 27 |
| 28 | 1.6254 | 0.6152 | 35.7379 | 0.0280 | 21.9870 | 0.0455 | 12.3724 | 272.0321 | 28 |
| 29 | 1.6539 | 0.6046 | 37.3633 | 0.0268 | 22.5916 | 0.0443 | 12.7907 | 288.9623 | 29 |
| 30 | 1.6828 | 0.5942 | 39.0172 | 0.0256 | 23.1858 | 0.0431 | 13.2061 | 306.1954 | 30 |
| 31 | 1.7122 | 0.5840 | 40.7000 | 0.0246 | 23.7699 | 0.0421 | 13.6188 | 323.7163 | 31 |
| 32 | 1.7422 | 0.5740 | 42.4122 | 0.0236 | 24.3439 | 0.0411 | 14.0286 | 341.5097 | 32 |
| 33 | 1.7727 | 0.5641 | 44.1544 | 0.0226 | 24.9080 | 0.0401 | 14.4356 | 359.5613 | 33 |
| 34 | 1.8037 | 0.5544 | 45.9271 | 0.0218 | 25.4624 | 0.0393 | 14.8398 | 377.8567 | 34 |
| 35 | 1.8353 | 0.5449 | 47.7308 | 0.0210 | 26.0073 | 0.0385 | 15.2412 | 396.3824 | 35 |
| 36 | 1.8674 | 0.5355 | 49.5661 | 0.0202 | 26.5428 | 0.0377 | 15.6399 | 415.1250 | 36 |
| 40 | 2.0016 | 0.4996 | 57.2341 | 0.0175 | 28.5942 | 0.0350 | 17.2066 | 492.0109 | 40 |
| 48 | 2.2996 | 0.4349 | 74.2628 | 0.0135 | 32.2938 | 0.0310 | 20.2084 | 652.6054 | 48 |
| 50 | 2.3808 | 0.4200 | 78.9022 | 0.0127 | 33.1412 | 0.0302 | 20.9317 | 693.7010 | 50 |
| 60 | 2.8318 | 0.3531 | 104.6752 | 0.0096 | 36.9640 | 0.0271 | 24.3885 | 901.4954 | 60 |
| 72 | 3.4872 | 0.2868 | 142.1263 | 0.0070 | 40.7564 | 0.0245 | 28.1948 | 1149.1181 | 72 |
| 80 | 4.0064 | 0.2496 | 171.7938 | 0.0058 | 42.8799 | 0.0233 | 30.5329 | 1309.2482 | 80 |
| 84 | 4.2943 | 0.2329 | 188.2450 | 0.0053 | 43.8361 | 0.0228 | 31.6442 | 1387.1584 | 84 |
| 90 | 4.7654 | 0.2098 | 215.1646 | 0.0046 | 45.1516 | 0.0221 | 33.2409 | 1500.8798 | 90 |
| 96 | 5.2882 | 0.1891 | 245.0374 | 0.0041 | 46.3370 | 0.0216 | 34.7556 | 1610.4716 | 96 |
| 100 | 5.6682 | 0.1764 | 266.7518 | 0.0037 | 47.0615 | 0.0212 | 35.7211 | 1681.0886 | 100 |
| 108 | 6.5120 | 0.1536 | 314.9738 | 0.0032 | 48.3679 | 0.0207 | 37.5494 | 1816.1852 | 108 |
| 120 | 8.0192 | 0.1247 | 401.0962 | 0.0025 | 50.0171 | 0.0200 | 40.0469 | 2003.0269 | 120 |
| 240 | 64.3073 | 0.0156 | 3617.5602 | 0.0003 | 56.2543 | 0.0178 | 53.3518 | 3001.2678 | 240 |
| 360 | 515.6921 | 0.0019 | 29410.9747 | 0.0000 | 57.0320 | 0.0175 | 56.4434 | 3219.0833 | 360 |

# 복리계수표(2.0%)

| | 일시불 | | 동일 자금열 | | | | 등차자금열 | | |
|---|---|---|---|---|---|---|---|---|---|
| | 복리할증 계수 | 현재가치 계수 | 복리할증 계수 | 감채기금 계수 | 현재가치 계수 | 자본회수 계수 | 동일자금 계수 | 현재가치 계수 | |
| N | (F/P,i,N) | (P/F,i,N) | (F/A,i,N) | (A/F,i,N) | (P/A,i,N) | (A/P,i,N) | (A/G,i,N) | (P/G,i,N) | N |
| 1 | 1.0200 | 0.9804 | 1.0000 | 1.0000 | 0.9804 | 1.0200 | 0.0000 | 0.0000 | 1 |
| 2 | 1.0404 | 0.9612 | 2.0200 | 0.4950 | 1.9416 | 0.5150 | 0.4950 | 0.9612 | 2 |
| 3 | 1.0612 | 0.9423 | 3.0604 | 0.3268 | 2.8839 | 0.3468 | 0.9868 | 2.8458 | 3 |
| 4 | 1.0824 | 0.9238 | 4.1216 | 0.2426 | 3.8077 | 0.2626 | 1.4752 | 5.6173 | 4 |
| 5 | 1.1041 | 0.9057 | 5.2040 | 0.1922 | 4.7135 | 0.2122 | 1.9604 | 9.2403 | 5 |
| 6 | 1.1262 | 0.8880 | 6.3081 | 0.1585 | 5.6014 | 0.1785 | 2.4423 | 13.6801 | 6 |
| 7 | 1.1487 | 0.8706 | 7.4343 | 0.1345 | 6.4720 | 0.1545 | 2.9208 | 18.9035 | 7 |
| 8 | 1.1717 | 0.8535 | 8.5830 | 0.1165 | 7.3255 | 0.1365 | 3.3961 | 24.8779 | 8 |
| 9 | 1.1951 | 0.8368 | 9.7546 | 0.1025 | 8.1622 | 0.1225 | 3.8681 | 31.5720 | 9 |
| 10 | 1.2190 | 0.8203 | 10.9497 | 0.0913 | 8.9826 | 0.1113 | 4.3367 | 38.9551 | 10 |
| 11 | 1.2434 | 0.8043 | 12.1687 | 0.0822 | 9.7868 | 0.1022 | 4.8021 | 46.9977 | 11 |
| 12 | 1.2682 | 0.7885 | 13.4121 | 0.0746 | 10.5753 | 0.0946 | 5.2642 | 55.6712 | 12 |
| 13 | 1.2936 | 0.7730 | 14.6803 | 0.0681 | 11.3484 | 0.0881 | 5.7231 | 64.9475 | 13 |
| 14 | 1.3195 | 0.7579 | 15.9739 | 0.0626 | 12.1062 | 0.0826 | 6.1786 | 74.7999 | 14 |
| 15 | 1.3459 | 0.7430 | 17.2934 | 0.0578 | 12.8493 | 0.0778 | 6.6309 | 85.2021 | 15 |
| 16 | 1.3728 | 0.7284 | 18.6393 | 0.0537 | 13.5777 | 0.0737 | 7.0799 | 96.1288 | 16 |
| 17 | 1.4002 | 0.7142 | 20.0121 | 0.0500 | 14.2919 | 0.0700 | 7.5256 | 107.5554 | 17 |
| 18 | 1.4282 | 0.7002 | 21.4123 | 0.0467 | 14.9920 | 0.0667 | 7.9681 | 119.4581 | 18 |
| 19 | 1.4568 | 0.6864 | 22.8406 | 0.0438 | 15.6785 | 0.0638 | 8.4073 | 131.8139 | 19 |
| 20 | 1.4859 | 0.6730 | 24.2974 | 0.0412 | 16.3514 | 0.0612 | 8.8433 | 144.6003 | 20 |
| 21 | 1.5157 | 0.6598 | 25.7833 | 0.0388 | 17.0112 | 0.0588 | 9.2760 | 157.7959 | 21 |
| 22 | 1.5460 | 0.6468 | 27.2990 | 0.0366 | 17.6580 | 0.0566 | 9.7055 | 171.3795 | 22 |
| 23 | 1.5769 | 0.6342 | 28.8450 | 0.0347 | 18.2922 | 0.0547 | 10.1317 | 185.3309 | 23 |
| 24 | 1.6084 | 0.6217 | 30.4219 | 0.0329 | 18.9139 | 0.0529 | 10.5547 | 199.6305 | 24 |
| 25 | 1.6406 | 0.6095 | 32.0303 | 0.0312 | 19.5235 | 0.0512 | 10.9745 | 214.2592 | 25 |
| 26 | 1.6734 | 0.5976 | 33.6709 | 0.0297 | 20.1210 | 0.0497 | 11.3910 | 229.1987 | 26 |
| 27 | 1.7069 | 0.5859 | 35.3443 | 0.0283 | 20.7069 | 0.0483 | 11.8043 | 244.4311 | 27 |
| 28 | 1.7410 | 0.5744 | 37.0512 | 0.0270 | 21.2813 | 0.0470 | 12.2145 | 259.9392 | 28 |
| 29 | 1.7758 | 0.5631 | 38.7922 | 0.0258 | 21.8444 | 0.0458 | 12.6214 | 275.7064 | 29 |
| 30 | 1.8114 | 0.5521 | 40.5681 | 0.0246 | 22.3965 | 0.0446 | 13.0251 | 291.7164 | 30 |
| 31 | 1.8476 | 0.5412 | 42.3794 | 0.0236 | 22.9377 | 0.0436 | 13.4257 | 307.9538 | 31 |
| 32 | 1.8845 | 0.5306 | 44.2270 | 0.0226 | 23.4683 | 0.0426 | 13.8230 | 324.4035 | 32 |
| 33 | 1.9222 | 0.5202 | 46.1116 | 0.0217 | 23.9886 | 0.0417 | 14.2172 | 341.0508 | 33 |
| 34 | 1.9607 | 0.5100 | 48.0338 | 0.0208 | 24.4986 | 0.0408 | 14.6083 | 357.8817 | 34 |
| 35 | 1.9999 | 0.5000 | 49.9945 | 0.0200 | 24.9986 | 0.0400 | 14.9961 | 374.8826 | 35 |
| 36 | 2.0399 | 0.4902 | 51.9944 | 0.0192 | 25.4888 | 0.0392 | 15.3809 | 392.0405 | 36 |
| 40 | 2.2080 | 0.4529 | 60.4020 | 0.0166 | 27.3555 | 0.0366 | 16.8885 | 461.9931 | 40 |
| 48 | 2.5871 | 0.3865 | 79.3535 | 0.0126 | 30.6731 | 0.0326 | 19.7556 | 605.9657 | 48 |
| 50 | 2.6916 | 0.3715 | 84.5794 | 0.0118 | 31.4236 | 0.0318 | 20.4420 | 642.3606 | 50 |
| 60 | 3.2810 | 0.3048 | 114.0515 | 0.0088 | 34.7609 | 0.0288 | 23.6961 | 823.6975 | 60 |
| 72 | 4.1611 | 0.2403 | 158.0570 | 0.0063 | 37.9841 | 0.0263 | 27.2234 | 1034.0557 | 72 |
| 80 | 4.8754 | 0.2051 | 193.7720 | 0.0052 | 39.7445 | 0.0252 | 29.3572 | 1166.7868 | 80 |
| 84 | 5.2773 | 0.1895 | 213.8666 | 0.0047 | 40.5255 | 0.0247 | 30.3616 | 1230.4191 | 84 |
| 90 | 5.9431 | 0.1683 | 247.1567 | 0.0040 | 41.5869 | 0.0240 | 31.7929 | 1322.1701 | 90 |
| 96 | 6.6929 | 0.1494 | 284.6467 | 0.0035 | 42.5294 | 0.0235 | 33.1370 | 1409.2973 | 96 |
| 100 | 7.2446 | 0.1380 | 312.2323 | 0.0032 | 43.0984 | 0.0232 | 33.9863 | 1464.7527 | 100 |
| 108 | 8.4883 | 0.1178 | 374.4129 | 0.0027 | 44.1095 | 0.0227 | 35.5774 | 1569.3025 | 108 |
| 120 | 10.7652 | 0.0929 | 488.2582 | 0.0020 | 45.3554 | 0.0220 | 37.7114 | 1710.4160 | 120 |
| 240 | 115.8887 | 0.0086 | 5744.4368 | 0.0002 | 49.5686 | 0.0202 | 47.9110 | 2374.8800 | 240 |
| 360 | 1247.5611 | 0.0008 | 62328.0564 | 0.0000 | 49.9599 | 0.0200 | 49.7112 | 2483.5679 | 360 |

## 복리계수표(3.0%)

| | 일시불 | | 동일 자금열 | | | | 등차자금열 | | |
|---|---|---|---|---|---|---|---|---|---|
| | 복리할증 계수 | 현재가치 계수 | 복리할증 계수 | 감채기금 계수 | 현재가치 계수 | 자본회수 계수 | 동일자금 계수 | 현재가치 계수 | |
| N | (F/P,i,N) | (P/F,i,N) | (F/A,i,N) | (A/F,i,N) | (P/A,i,N) | (A/P,i,N) | (A/G,i,N) | (P/G,i,N) | N |
| 1 | 1.0300 | 0.9709 | 1.0000 | 1.0000 | 0.9709 | 1.0300 | 0.0000 | 0.0000 | 1 |
| 2 | 1.0609 | 0.9426 | 2.0300 | 0.4926 | 1.9135 | 0.5226 | 0.4926 | 0.9426 | 2 |
| 3 | 1.0927 | 0.9151 | 3.0909 | 0.3235 | 2.8286 | 0.3535 | 0.9803 | 2.7729 | 3 |
| 4 | 1.1255 | 0.8885 | 4.1836 | 0.2390 | 3.7171 | 0.2690 | 1.4631 | 5.4383 | 4 |
| 5 | 1.1593 | 0.8626 | 5.3091 | 0.1884 | 4.5797 | 0.2184 | 1.9409 | 8.8888 | 5 |
| 6 | 1.1941 | 0.8375 | 6.4684 | 0.1546 | 5.4172 | 0.1846 | 2.4138 | 13.0762 | 6 |
| 7 | 1.2299 | 0.8131 | 7.6625 | 0.1305 | 6.2303 | 0.1605 | 2.8819 | 17.9547 | 7 |
| 8 | 1.2668 | 0.7894 | 8.8923 | 0.1125 | 7.0197 | 0.1425 | 3.3450 | 23.4806 | 8 |
| 9 | 1.3048 | 0.7664 | 10.1591 | 0.0984 | 7.7861 | 0.1284 | 3.8032 | 29.6119 | 9 |
| 10 | 1.3439 | 0.7441 | 11.4639 | 0.0872 | 8.5302 | 0.1172 | 4.2565 | 36.3088 | 10 |
| 11 | 1.3842 | 0.7224 | 12.8078 | 0.0781 | 9.2526 | 0.1081 | 4.7049 | 43.5330 | 11 |
| 12 | 1.4258 | 0.7014 | 14.1920 | 0.0705 | 9.9540 | 0.1005 | 5.1485 | 51.2482 | 12 |
| 13 | 1.4685 | 0.6810 | 15.6178 | 0.0640 | 10.6350 | 0.0940 | 5.5872 | 59.4196 | 13 |
| 14 | 1.5126 | 0.6611 | 17.0863 | 0.0585 | 11.2961 | 0.0885 | 6.0210 | 68.0141 | 14 |
| 15 | 1.5580 | 0.6419 | 18.5989 | 0.0538 | 11.9379 | 0.0838 | 6.4500 | 77.0002 | 15 |
| 16 | 1.6047 | 0.6232 | 20.1569 | 0.0496 | 12.5611 | 0.0796 | 6.8742 | 86.3477 | 16 |
| 17 | 1.6528 | 0.6050 | 21.7616 | 0.0460 | 13.1661 | 0.0760 | 7.2936 | 96.0280 | 17 |
| 18 | 1.7024 | 0.5874 | 23.4144 | 0.0427 | 13.7535 | 0.0727 | 7.7081 | 106.0137 | 18 |
| 19 | 1.7535 | 0.5703 | 25.1169 | 0.0398 | 14.3238 | 0.0698 | 8.1179 | 116.2788 | 19 |
| 20 | 1.8061 | 0.5537 | 26.8704 | 0.0372 | 14.8775 | 0.0672 | 8.5229 | 126.7987 | 20 |
| 21 | 1.8603 | 0.5375 | 28.6765 | 0.0349 | 15.4150 | 0.0649 | 8.9231 | 137.5496 | 21 |
| 22 | 1.9161 | 0.5219 | 30.5368 | 0.0327 | 15.9369 | 0.0627 | 9.3186 | 148.5094 | 22 |
| 23 | 1.9736 | 0.5067 | 32.4529 | 0.0308 | 16.4436 | 0.0608 | 9.7093 | 159.6566 | 23 |
| 24 | 2.0328 | 0.4919 | 34.4265 | 0.0290 | 16.9355 | 0.0590 | 10.0954 | 170.9711 | 24 |
| 25 | 2.0938 | 0.4776 | 36.4593 | 0.0274 | 17.4131 | 0.0574 | 10.4768 | 182.4336 | 25 |
| 26 | 2.1566 | 0.4637 | 38.5530 | 0.0259 | 17.8768 | 0.0559 | 10.8535 | 194.0260 | 26 |
| 27 | 2.2213 | 0.4502 | 40.7096 | 0.0246 | 18.3270 | 0.0546 | 11.2255 | 205.7309 | 27 |
| 28 | 2.2879 | 0.4371 | 42.9309 | 0.0233 | 18.7641 | 0.0533 | 11.5930 | 217.5320 | 28 |
| 29 | 2.3566 | 0.4243 | 45.2189 | 0.0221 | 19.1885 | 0.0521 | 11.9558 | 229.4137 | 29 |
| 30 | 2.4273 | 0.4120 | 47.5754 | 0.0210 | 19.6004 | 0.0510 | 12.3141 | 241.3613 | 30 |
| 31 | 2.5001 | 0.4000 | 50.0027 | 0.0200 | 20.0004 | 0.0500 | 12.6678 | 253.3609 | 31 |
| 32 | 2.5751 | 0.3883 | 52.5028 | 0.0190 | 20.3888 | 0.0490 | 13.0169 | 265.3993 | 32 |
| 33 | 2.6523 | 0.3770 | 55.0778 | 0.0182 | 20.7658 | 0.0482 | 13.3616 | 277.4642 | 33 |
| 34 | 2.7319 | 0.3660 | 57.7302 | 0.0173 | 21.1318 | 0.0473 | 13.7018 | 289.5437 | 34 |
| 35 | 2.8139 | 0.3554 | 60.4621 | 0.0165 | 21.4872 | 0.0465 | 14.0375 | 301.6267 | 35 |
| 40 | 3.2620 | 0.3066 | 75.4013 | 0.0133 | 23.1148 | 0.0433 | 15.6502 | 361.7499 | 40 |
| 45 | 3.7816 | 0.2644 | 92.7199 | 0.0108 | 24.5187 | 0.0408 | 17.1556 | 420.6325 | 45 |
| 50 | 4.3839 | 0.2281 | 112.7969 | 0.0089 | 25.7298 | 0.0389 | 18.5575 | 477.4803 | 50 |
| 55 | 5.0821 | 0.1968 | 136.0716 | 0.0073 | 26.7744 | 0.0373 | 19.8600 | 531.7411 | 55 |
| 60 | 5.8916 | 0.1697 | 163.0534 | 0.0061 | 27.6756 | 0.0361 | 21.0674 | 583.0526 | 60 |
| 65 | 6.8300 | 0.1464 | 194.3328 | 0.0051 | 28.4529 | 0.0351 | 22.1841 | 631.2010 | 65 |
| 70 | 7.9178 | 0.1263 | 230.5941 | 0.0043 | 29.1234 | 0.0343 | 23.2145 | 676.0869 | 70 |
| 75 | 9.1789 | 0.1089 | 272.6309 | 0.0037 | 29.7018 | 0.0337 | 24.1634 | 717.6978 | 75 |
| 80 | 10.6409 | 0.0940 | 321.3630 | 0.0031 | 30.2008 | 0.0331 | 25.0353 | 756.0865 | 80 |
| 85 | 12.3357 | 0.0811 | 377.8570 | 0.0026 | 30.6312 | 0.0326 | 25.8349 | 791.3529 | 85 |
| 90 | 14.3005 | 0.0699 | 443.3489 | 0.0023 | 31.0024 | 0.0323 | 26.5667 | 823.6302 | 90 |
| 95 | 16.5782 | 0.0603 | 519.2720 | 0.0019 | 31.3227 | 0.0319 | 27.2351 | 853.0742 | 95 |
| 100 | 19.2186 | 0.0520 | 607.2877 | 0.0016 | 31.5989 | 0.0316 | 27.8444 | 879.8540 | 100 |

# 복리계수표(4.0%)

| | 일시불 | | 동일 자금열 | | | | 등차자금열 | | |
|---|---|---|---|---|---|---|---|---|---|
| | 복리할증 계수 | 현재가치 계수 | 복리할증 계수 | 감채기금 계수 | 현재가치 계수 | 자본회수 계수 | 동일자금 계수 | 현재가치 계수 | |
| N | (F/P,i,N) | (P/F,i,N) | (F/A,i,N) | (A/F,i,N) | (P/A,i,N) | (A/P,i,N) | (A/G,i,N) | (P/G,i,N) | N |
| 1 | 1.0400 | 0.9615 | 1.0000 | 1.0000 | 0.9615 | 1.0400 | 0.0000 | 0.0000 | 1 |
| 2 | 1.0816 | 0.9246 | 2.0400 | 0.4902 | 1.8861 | 0.5302 | 0.4902 | 0.9246 | 2 |
| 3 | 1.1249 | 0.8890 | 3.1216 | 0.3203 | 2.7751 | 0.3603 | 0.9739 | 2.7025 | 3 |
| 4 | 1.1699 | 0.8548 | 4.2465 | 0.2355 | 3.6299 | 0.2755 | 1.4510 | 5.2670 | 4 |
| 5 | 1.2167 | 0.8219 | 5.4163 | 0.1846 | 4.4518 | 0.2246 | 1.9216 | 8.5547 | 5 |
| 6 | 1.2653 | 0.7903 | 6.6330 | 0.1508 | 5.2421 | 0.1908 | 2.3857 | 12.5062 | 6 |
| 7 | 1.3159 | 0.7599 | 7.8983 | 0.1266 | 6.0021 | 0.1666 | 2.8433 | 17.0657 | 7 |
| 8 | 1.3686 | 0.7307 | 9.2142 | 0.1085 | 6.7327 | 0.1485 | 3.2944 | 22.1806 | 8 |
| 9 | 1.4233 | 0.7026 | 10.5828 | 0.0945 | 7.4353 | 0.1345 | 3.7391 | 27.8013 | 9 |
| 10 | 1.4802 | 0.6756 | 12.0061 | 0.0833 | 8.1109 | 0.1233 | 4.1773 | 33.8814 | 10 |
| 11 | 1.5395 | 0.6496 | 13.4864 | 0.0741 | 8.7605 | 0.1141 | 4.6090 | 40.3772 | 11 |
| 12 | 1.6010 | 0.6246 | 15.0258 | 0.0666 | 9.3851 | 0.1066 | 5.0343 | 47.2477 | 12 |
| 13 | 1.6651 | 0.6006 | 16.6268 | 0.0601 | 9.9856 | 0.1001 | 5.4533 | 54.4546 | 13 |
| 14 | 1.7317 | 0.5775 | 18.2919 | 0.0547 | 10.5631 | 0.0947 | 5.8659 | 61.9618 | 14 |
| 15 | 1.8009 | 0.5553 | 20.0236 | 0.0499 | 11.1184 | 0.0899 | 6.2721 | 69.7355 | 15 |
| 16 | 1.8730 | 0.5339 | 21.8245 | 0.0458 | 11.6523 | 0.0858 | 6.6720 | 77.7441 | 16 |
| 17 | 1.9479 | 0.5134 | 23.6975 | 0.0422 | 12.1657 | 0.0822 | 7.0656 | 85.9581 | 17 |
| 18 | 2.0258 | 0.4936 | 25.6454 | 0.0390 | 12.6593 | 0.0790 | 7.4530 | 94.3498 | 18 |
| 19 | 2.1068 | 0.4746 | 27.6712 | 0.0361 | 13.1339 | 0.0761 | 7.8342 | 102.8933 | 19 |
| 20 | 2.1911 | 0.4564 | 29.7781 | 0.0336 | 13.5903 | 0.0736 | 8.2091 | 111.5647 | 20 |
| 21 | 2.2788 | 0.4388 | 31.9692 | 0.0313 | 14.0292 | 0.0713 | 8.5779 | 120.3414 | 21 |
| 22 | 2.3699 | 0.4220 | 34.2480 | 0.0292 | 14.4511 | 0.0692 | 8.9407 | 129.2024 | 22 |
| 23 | 2.4647 | 0.4057 | 36.6179 | 0.0273 | 14.8568 | 0.0673 | 9.2973 | 138.1284 | 23 |
| 24 | 2.5633 | 0.3901 | 39.0826 | 0.0256 | 15.2470 | 0.0656 | 9.6479 | 147.1012 | 24 |
| 25 | 2.6658 | 0.3751 | 41.6459 | 0.0240 | 15.6221 | 0.0640 | 9.9925 | 156.1040 | 25 |
| 26 | 2.7725 | 0.3607 | 44.3117 | 0.0226 | 15.9828 | 0.0626 | 10.3312 | 165.1212 | 26 |
| 27 | 2.8834 | 0.3468 | 47.0842 | 0.0212 | 16.3296 | 0.0612 | 10.6640 | 174.1385 | 27 |
| 28 | 2.9987 | 0.3335 | 49.9676 | 0.0200 | 16.6631 | 0.0600 | 10.9909 | 183.1424 | 28 |
| 29 | 3.1187 | 0.3207 | 52.9663 | 0.0189 | 16.9837 | 0.0589 | 11.3120 | 192.1206 | 29 |
| 30 | 3.2434 | 0.3083 | 56.0849 | 0.0178 | 17.2920 | 0.0578 | 11.6274 | 201.0618 | 30 |
| 31 | 3.3731 | 0.2965 | 59.3283 | 0.0169 | 17.5885 | 0.0569 | 11.9371 | 209.9556 | 31 |
| 32 | 3.5081 | 0.2851 | 62.7015 | 0.0159 | 17.8736 | 0.0559 | 12.2411 | 218.7924 | 32 |
| 33 | 3.6484 | 0.2741 | 66.2095 | 0.0151 | 18.1476 | 0.0551 | 12.5396 | 227.5634 | 33 |
| 34 | 3.7943 | 0.2636 | 69.8579 | 0.0143 | 18.4112 | 0.0543 | 12.8324 | 236.2607 | 34 |
| 35 | 3.9461 | 0.2534 | 73.6522 | 0.0136 | 18.6646 | 0.0536 | 13.1198 | 244.8768 | 35 |
| 40 | 4.8010 | 0.2083 | 95.0255 | 0.0105 | 19.7928 | 0.0505 | 14.4765 | 286.5303 | 40 |
| 45 | 5.8412 | 0.1712 | 121.0294 | 0.0083 | 20.7200 | 0.0483 | 15.7047 | 325.4028 | 45 |
| 50 | 7.1067 | 0.1407 | 152.6671 | 0.0066 | 21.4822 | 0.0466 | 16.8122 | 361.1638 | 50 |
| 55 | 8.6464 | 0.1157 | 191.1592 | 0.0052 | 22.1086 | 0.0452 | 17.8070 | 393.6890 | 55 |
| 60 | 10.5196 | 0.0951 | 237.9907 | 0.0042 | 22.6235 | 0.0442 | 18.6972 | 422.9966 | 60 |
| 65 | 12.7987 | 0.0781 | 294.9684 | 0.0034 | 23.0467 | 0.0434 | 19.4909 | 449.2014 | 65 |
| 70 | 15.5716 | 0.0642 | 364.2905 | 0.0027 | 23.3945 | 0.0427 | 20.1961 | 472.4789 | 70 |
| 75 | 18.9453 | 0.0528 | 448.6314 | 0.0022 | 23.6804 | 0.0422 | 20.8206 | 493.0408 | 75 |
| 80 | 23.0498 | 0.0434 | 551.2450 | 0.0018 | 23.9154 | 0.0418 | 21.3718 | 511.1161 | 80 |
| 85 | 28.0436 | 0.0357 | 676.0901 | 0.0015 | 24.1085 | 0.0415 | 21.8569 | 526.9384 | 85 |
| 90 | 34.1193 | 0.0293 | 827.9833 | 0.0012 | 24.2673 | 0.0412 | 22.2826 | 540.7369 | 90 |
| 95 | 41.5114 | 0.0241 | 1012.7846 | 0.0010 | 24.3978 | 0.0410 | 22.6550 | 552.7307 | 95 |
| 100 | 50.5049 | 0.0198 | 1237.6237 | 0.0008 | 24.5050 | 0.0408 | 22.9800 | 563.1249 | 100 |

## 복리계수표(5.0%)

| | 일시불 | | 동일 자금열 | | | | 등차자금열 | | |
|---|---|---|---|---|---|---|---|---|---|
| | 복리할증 계수 | 현재가치 계수 | 복리할증 계수 | 감채기금 계수 | 현재가치 계수 | 자본회수 계수 | 동일자금 계수 | 현재가치 계수 | |
| N | (F/P,i,N) | (P/F,i,N) | (F/A,i,N) | (A/F,i,N) | (P/A,i,N) | (A/P,i,N) | (A/G,i,N) | (P/G,i,N) | N |
| 1 | 1.0500 | 0.9524 | 1.0000 | 1.0000 | 0.9524 | 1.0500 | 0.0000 | 0.0000 | 1 |
| 2 | 1.1025 | 0.9070 | 2.0500 | 0.4878 | 1.8594 | 0.5378 | 0.4878 | 0.9070 | 2 |
| 3 | 1.1576 | 0.8638 | 3.1525 | 0.3172 | 2.7232 | 0.3672 | 0.9675 | 2.6347 | 3 |
| 4 | 1.2155 | 0.8227 | 4.3101 | 0.2320 | 3.5460 | 0.2820 | 1.4391 | 5.1028 | 4 |
| 5 | 1.2763 | 0.7835 | 5.5256 | 0.1810 | 4.3295 | 0.2310 | 1.9025 | 8.2369 | 5 |
| 6 | 1.3401 | 0.7462 | 6.8019 | 0.1470 | 5.0757 | 0.1970 | 2.3579 | 11.9680 | 6 |
| 7 | 1.4071 | 0.7107 | 8.1420 | 0.1228 | 5.7864 | 0.1728 | 2.8052 | 16.2321 | 7 |
| 8 | 1.4775 | 0.6768 | 9.5491 | 0.1047 | 6.4632 | 0.1547 | 3.2445 | 20.9700 | 8 |
| 9 | 1.5513 | 0.6446 | 11.0266 | 0.0907 | 7.1078 | 0.1407 | 3.6758 | 26.1268 | 9 |
| 10 | 1.6289 | 0.6139 | 12.5779 | 0.0795 | 7.7217 | 0.1295 | 4.0991 | 31.6520 | 10 |
| 11 | 1.7103 | 0.5847 | 14.2068 | 0.0704 | 8.3064 | 0.1204 | 4.5144 | 37.4988 | 11 |
| 12 | 1.7959 | 0.5568 | 15.9171 | 0.0628 | 8.8633 | 0.1128 | 4.9219 | 43.6241 | 12 |
| 13 | 1.8856 | 0.5303 | 17.7130 | 0.0565 | 9.3936 | 0.1065 | 5.3215 | 49.9879 | 13 |
| 14 | 1.9799 | 0.5051 | 19.5986 | 0.0510 | 9.8986 | 0.1010 | 5.7133 | 56.5538 | 14 |
| 15 | 2.0789 | 0.4810 | 21.5786 | 0.0463 | 10.3797 | 0.0963 | 6.0973 | 63.2880 | 15 |
| 16 | 2.1829 | 0.4581 | 23.6575 | 0.0423 | 10.8378 | 0.0923 | 6.4736 | 70.1597 | 16 |
| 17 | 2.2920 | 0.4363 | 25.8404 | 0.0387 | 11.2741 | 0.0887 | 6.8423 | 77.1405 | 17 |
| 18 | 2.4066 | 0.4155 | 28.1324 | 0.0355 | 11.6896 | 0.0855 | 7.2034 | 84.2043 | 18 |
| 19 | 2.5270 | 0.3957 | 30.5390 | 0.0327 | 12.0853 | 0.0827 | 7.5569 | 91.3275 | 19 |
| 20 | 2.6533 | 0.3769 | 33.0660 | 0.0302 | 12.4622 | 0.0802 | 7.9030 | 98.4884 | 20 |
| 21 | 2.7860 | 0.3589 | 35.7193 | 0.0280 | 12.8212 | 0.0780 | 8.2416 | 105.6673 | 21 |
| 22 | 2.9253 | 0.3418 | 38.5052 | 0.0260 | 13.1630 | 0.0760 | 8.5730 | 112.8461 | 22 |
| 23 | 3.0715 | 0.3256 | 41.4305 | 0.0241 | 13.4886 | 0.0741 | 8.8971 | 120.0087 | 23 |
| 24 | 3.2251 | 0.3101 | 44.5020 | 0.0225 | 13.7986 | 0.0725 | 9.2140 | 127.1402 | 24 |
| 25 | 3.3864 | 0.2953 | 47.7271 | 0.0210 | 14.0939 | 0.0710 | 9.5238 | 134.2275 | 25 |
| 26 | 3.5557 | 0.2812 | 51.1135 | 0.0196 | 14.3752 | 0.0696 | 9.8266 | 141.2585 | 26 |
| 27 | 3.7335 | 0.2678 | 54.6691 | 0.0183 | 14.6430 | 0.0683 | 10.1224 | 148.2226 | 27 |
| 28 | 3.9201 | 0.2551 | 58.4026 | 0.0171 | 14.8981 | 0.0671 | 10.4114 | 155.1101 | 28 |
| 29 | 4.1161 | 0.2429 | 62.3227 | 0.0160 | 15.1411 | 0.0660 | 10.6936 | 161.9126 | 29 |
| 30 | 4.3219 | 0.2314 | 66.4388 | 0.0151 | 15.3725 | 0.0651 | 10.9691 | 168.6226 | 30 |
| 31 | 4.5380 | 0.2204 | 70.7608 | 0.0141 | 15.5928 | 0.0641 | 11.2381 | 175.2333 | 31 |
| 32 | 4.7649 | 0.2099 | 75.2988 | 0.0133 | 15.8027 | 0.0633 | 11.5005 | 181.7392 | 32 |
| 33 | 5.0032 | 0.1999 | 80.0638 | 0.0125 | 16.0025 | 0.0625 | 11.7566 | 188.1351 | 33 |
| 34 | 5.2533 | 0.1904 | 85.0670 | 0.0118 | 16.1929 | 0.0618 | 12.0063 | 194.4168 | 34 |
| 35 | 5.5160 | 0.1813 | 90.3203 | 0.0111 | 16.3742 | 0.0611 | 12.2498 | 200.5807 | 35 |
| 40 | 7.0400 | 0.1420 | 120.7998 | 0.0083 | 17.1591 | 0.0583 | 13.3775 | 229.5452 | 40 |
| 45 | 8.9850 | 0.1113 | 159.7002 | 0.0063 | 17.7741 | 0.0563 | 14.3644 | 255.3145 | 45 |
| 50 | 11.4674 | 0.0872 | 209.3480 | 0.0048 | 18.2559 | 0.0548 | 15.2233 | 277.9148 | 50 |
| 55 | 14.6356 | 0.0683 | 272.7126 | 0.0037 | 18.6335 | 0.0537 | 15.9664 | 297.5104 | 55 |
| 60 | 18.6792 | 0.0535 | 353.5837 | 0.0028 | 18.9293 | 0.0528 | 16.6062 | 314.3432 | 60 |
| 65 | 23.8399 | 0.0419 | 456.7980 | 0.0022 | 19.1611 | 0.0522 | 17.1541 | 328.6910 | 65 |
| 70 | 30.4264 | 0.0329 | 588.5285 | 0.0017 | 19.3427 | 0.0517 | 17.6212 | 340.8409 | 70 |
| 75 | 38.8327 | 0.0258 | 756.6537 | 0.0013 | 19.4850 | 0.0513 | 18.0176 | 351.0721 | 75 |
| 80 | 49.5614 | 0.0202 | 971.2288 | 0.0010 | 19.5965 | 0.0510 | 18.3526 | 359.6460 | 80 |
| 85 | 63.2544 | 0.0158 | 1245.0871 | 0.0008 | 19.6838 | 0.0508 | 18.6346 | 366.8007 | 85 |
| 90 | 80.7304 | 0.0124 | 1594.6073 | 0.0006 | 19.7523 | 0.0506 | 18.8712 | 372.7488 | 90 |
| 95 | 103.0347 | 0.0097 | 2040.6935 | 0.0005 | 19.8059 | 0.0505 | 19.0689 | 377.6774 | 95 |
| 100 | 131.5013 | 0.0076 | 2610.0252 | 0.0004 | 19.8479 | 0.0504 | 19.2337 | 381.7492 | 100 |

## 복리계수표(6.0%)

| | 일시불 | | 동일 자금열 | | | | 등차자금열 | | |
|---|---|---|---|---|---|---|---|---|---|
| | 복리할증 계수 | 현재가치 계수 | 복리할증 계수 | 감채기금 계수 | 현재가치 계수 | 자본회수 계수 | 동일자금 계수 | 현재가치 계수 | |
| N | (F/P,i,N) | (P/F,i,N) | (F/A,i,N) | (A/F,i,N) | (P/A,i,N) | (A/P,i,N) | (A/G,i,N) | (P/G,i,N) | N |
| 1 | 1.0600 | 0.9434 | 1.0000 | 1.0000 | 0.9434 | 1.0600 | 0.0000 | 0.0000 | 1 |
| 2 | 1.1236 | 0.8900 | 2.0600 | 0.4854 | 1.8334 | 0.5454 | 0.4854 | 0.8900 | 2 |
| 3 | 1.1910 | 0.8396 | 3.1836 | 0.3141 | 2.6730 | 0.3741 | 0.9612 | 2.5692 | 3 |
| 4 | 1.2625 | 0.7921 | 4.3746 | 0.2286 | 3.4651 | 0.2886 | 1.4272 | 4.9455 | 4 |
| 5 | 1.3382 | 0.7473 | 5.6371 | 0.1774 | 4.2124 | 0.2374 | 1.8836 | 7.9345 | 5 |
| 6 | 1.4185 | 0.7050 | 6.9753 | 0.1434 | 4.9173 | 0.2034 | 2.3304 | 11.4594 | 6 |
| 7 | 1.5036 | 0.6651 | 8.3938 | 0.1191 | 5.5824 | 0.1791 | 2.7676 | 15.4497 | 7 |
| 8 | 1.5938 | 0.6274 | 9.8975 | 0.1010 | 6.2098 | 0.1610 | 3.1952 | 19.8416 | 8 |
| 9 | 1.6895 | 0.5919 | 11.4913 | 0.0870 | 6.8017 | 0.1470 | 3.6133 | 24.5768 | 9 |
| 10 | 1.7908 | 0.5584 | 13.1808 | 0.0759 | 7.3601 | 0.1359 | 4.0220 | 29.6023 | 10 |
| 11 | 1.8983 | 0.5268 | 14.9716 | 0.0668 | 7.8869 | 0.1268 | 4.4213 | 34.8702 | 11 |
| 12 | 2.0122 | 0.4970 | 16.8699 | 0.0593 | 8.3838 | 0.1193 | 4.8113 | 40.3369 | 12 |
| 13 | 2.1329 | 0.4688 | 18.8821 | 0.0530 | 8.8527 | 0.1130 | 5.1920 | 45.9629 | 13 |
| 14 | 2.2609 | 0.4423 | 21.0151 | 0.0476 | 9.2950 | 0.1076 | 5.5635 | 51.7128 | 14 |
| 15 | 2.3966 | 0.4173 | 23.2760 | 0.0430 | 9.7122 | 0.1030 | 5.9260 | 57.5546 | 15 |
| 16 | 2.5404 | 0.3936 | 25.6725 | 0.0390 | 10.1059 | 0.0990 | 6.2794 | 63.4592 | 16 |
| 17 | 2.6928 | 0.3714 | 28.2129 | 0.0354 | 10.4773 | 0.0954 | 6.6240 | 69.4011 | 17 |
| 18 | 2.8543 | 0.3503 | 30.9057 | 0.0324 | 10.8276 | 0.0924 | 6.9597 | 75.3569 | 18 |
| 19 | 3.0256 | 0.3305 | 33.7600 | 0.0296 | 11.1581 | 0.0896 | 7.2867 | 81.3062 | 19 |
| 20 | 3.2071 | 0.3118 | 36.7856 | 0.0272 | 11.4699 | 0.0872 | 7.6051 | 87.2304 | 20 |
| 21 | 3.3996 | 0.2942 | 39.9927 | 0.0250 | 11.7641 | 0.0850 | 7.9151 | 93.1136 | 21 |
| 22 | 3.6035 | 0.2775 | 43.3923 | 0.0230 | 12.0416 | 0.0830 | 8.2166 | 98.9412 | 22 |
| 23 | 3.8197 | 0.2618 | 46.9958 | 0.0213 | 12.3034 | 0.0813 | 8.5099 | 104.7007 | 23 |
| 24 | 4.0489 | 0.2470 | 50.8156 | 0.0197 | 12.5504 | 0.0797 | 8.7951 | 110.3812 | 24 |
| 25 | 4.2919 | 0.2330 | 54.8645 | 0.0182 | 12.7834 | 0.0782 | 9.0722 | 115.9732 | 25 |
| 26 | 4.5494 | 0.2198 | 59.1564 | 0.0169 | 13.0032 | 0.0769 | 9.3414 | 121.4684 | 26 |
| 27 | 4.8223 | 0.2074 | 63.7058 | 0.0157 | 13.2105 | 0.0757 | 9.6029 | 126.8600 | 27 |
| 28 | 5.1117 | 0.1956 | 68.5281 | 0.0146 | 13.4062 | 0.0746 | 9.8568 | 132.1420 | 28 |
| 29 | 5.4184 | 0.1846 | 73.6398 | 0.0136 | 13.5907 | 0.0736 | 10.1032 | 137.3096 | 29 |
| 30 | 5.7435 | 0.1741 | 79.0582 | 0.0126 | 13.7648 | 0.0726 | 10.3422 | 142.3588 | 30 |
| 31 | 6.0881 | 0.1643 | 84.8017 | 0.0118 | 13.9291 | 0.0718 | 10.5740 | 147.2864 | 31 |
| 32 | 6.4534 | 0.1550 | 90.8898 | 0.0110 | 14.0840 | 0.0710 | 10.7988 | 152.0901 | 32 |
| 33 | 6.8406 | 0.1462 | 97.3432 | 0.0103 | 14.2302 | 0.0703 | 11.0166 | 156.7681 | 33 |
| 34 | 7.2510 | 0.1379 | 104.1838 | 0.0096 | 14.3681 | 0.0696 | 11.2276 | 161.3192 | 34 |
| 35 | 7.6861 | 0.1301 | 111.4348 | 0.0090 | 14.4982 | 0.0690 | 11.4319 | 165.7427 | 35 |
| 40 | 10.2857 | 0.0972 | 154.7620 | 0.0065 | 15.0463 | 0.0665 | 12.3590 | 185.9568 | 40 |
| 45 | 13.7646 | 0.0727 | 212.7435 | 0.0047 | 15.4558 | 0.0647 | 13.1413 | 203.1096 | 45 |
| 50 | 18.4202 | 0.0543 | 290.3359 | 0.0034 | 15.7619 | 0.0634 | 13.7964 | 217.4574 | 50 |
| 55 | 24.6503 | 0.0406 | 394.1720 | 0.0025 | 15.9905 | 0.0625 | 14.3411 | 229.3222 | 55 |
| 60 | 32.9877 | 0.0303 | 533.1282 | 0.0019 | 16.1614 | 0.0619 | 14.7909 | 239.0428 | 60 |
| 65 | 44.1450 | 0.0227 | 719.0829 | 0.0014 | 16.2891 | 0.0614 | 15.1601 | 246.9450 | 65 |
| 70 | 59.0759 | 0.0169 | 967.9322 | 0.0010 | 16.3845 | 0.0610 | 15.4613 | 253.3271 | 70 |
| 75 | 79.0569 | 0.0126 | 1300.9487 | 0.0008 | 16.4558 | 0.0608 | 15.7058 | 258.4527 | 75 |
| 80 | 105.7960 | 0.0095 | 1746.5999 | 0.0006 | 16.5091 | 0.0606 | 15.9033 | 262.5493 | 80 |
| 85 | 141.5789 | 0.0071 | 2342.9817 | 0.0004 | 16.5489 | 0.0604 | 16.0620 | 265.8096 | 85 |
| 90 | 189.4645 | 0.0053 | 3141.0752 | 0.0003 | 16.5787 | 0.0603 | 16.1891 | 268.3946 | 90 |
| 95 | 253.5463 | 0.0039 | 4209.1042 | 0.0002 | 16.6009 | 0.0602 | 16.2905 | 270.4375 | 95 |
| 100 | 339.3021 | 0.0029 | 5638.3681 | 0.0002 | 16.6175 | 0.0602 | 16.3711 | 272.0471 | 100 |

## 복리계수표(7.0%)

| | 일시불 | | 동일 자금열 | | | | 등차자금열 | | |
|---|---|---|---|---|---|---|---|---|---|
| | 복리할증 계수 | 현재가치 계수 | 복리할증 계수 | 감채기금 계수 | 현재가치 계수 | 자본회수 계수 | 동일자금 계수 | 현재가치 계수 | |
| N | (F/P,i,N) | (P/F,i,N) | (F/A,i,N) | (A/F,i,N) | (P/A,i,N) | (A/P,i,N) | (A/G,i,N) | (P/G,i,N) | N |
| 1 | 1.0700 | 0.9346 | 1.0000 | 1.0000 | 0.9346 | 1.0700 | 0.0000 | 0.0000 | 1 |
| 2 | 1.1449 | 0.8734 | 2.0700 | 0.4831 | 1.8080 | 0.5531 | 0.4831 | 0.8734 | 2 |
| 3 | 1.2250 | 0.8163 | 3.2149 | 0.3111 | 2.6243 | 0.3811 | 0.9549 | 2.5060 | 3 |
| 4 | 1.3108 | 0.7629 | 4.4399 | 0.2252 | 3.3872 | 0.2952 | 1.4155 | 4.7947 | 4 |
| 5 | 1.4026 | 0.7130 | 5.7507 | 0.1739 | 4.1002 | 0.2439 | 1.8650 | 7.6467 | 5 |
| 6 | 1.5007 | 0.6663 | 7.1533 | 0.1398 | 4.7665 | 0.2098 | 2.3032 | 10.9784 | 6 |
| 7 | 1.6058 | 0.6227 | 8.6540 | 0.1156 | 5.3893 | 0.1856 | 2.7304 | 14.7149 | 7 |
| 8 | 1.7182 | 0.5820 | 10.2598 | 0.0975 | 5.9713 | 0.1675 | 3.1465 | 18.7889 | 8 |
| 9 | 1.8385 | 0.5439 | 11.9780 | 0.0835 | 6.5152 | 0.1535 | 3.5517 | 23.1404 | 9 |
| 10 | 1.9672 | 0.5083 | 13.8164 | 0.0724 | 7.0236 | 0.1424 | 3.9461 | 27.7156 | 10 |
| 11 | 2.1049 | 0.4751 | 15.7836 | 0.0634 | 7.4987 | 0.1334 | 4.3296 | 32.4665 | 11 |
| 12 | 2.2522 | 0.4440 | 17.8885 | 0.0559 | 7.9427 | 0.1259 | 4.7025 | 37.3506 | 12 |
| 13 | 2.4098 | 0.4150 | 20.1406 | 0.0497 | 8.3577 | 0.1197 | 5.0648 | 42.3302 | 13 |
| 14 | 2.5785 | 0.3878 | 22.5505 | 0.0443 | 8.7455 | 0.1143 | 5.4167 | 47.3718 | 14 |
| 15 | 2.7590 | 0.3624 | 25.1290 | 0.0398 | 9.1079 | 0.1098 | 5.7583 | 52.4461 | 15 |
| 16 | 2.9522 | 0.3387 | 27.8881 | 0.0359 | 9.4466 | 0.1059 | 6.0897 | 57.5271 | 16 |
| 17 | 3.1588 | 0.3166 | 30.8402 | 0.0324 | 9.7632 | 0.1024 | 6.4110 | 62.5923 | 17 |
| 18 | 3.3799 | 0.2959 | 33.9990 | 0.0294 | 10.0591 | 0.0994 | 6.7225 | 67.6219 | 18 |
| 19 | 3.6165 | 0.2765 | 37.3790 | 0.0268 | 10.3356 | 0.0968 | 7.0242 | 72.5991 | 19 |
| 20 | 3.8697 | 0.2584 | 40.9955 | 0.0244 | 10.5940 | 0.0944 | 7.3163 | 77.5091 | 20 |
| 21 | 4.1406 | 0.2415 | 44.8652 | 0.0223 | 10.8355 | 0.0923 | 7.5990 | 82.3393 | 21 |
| 22 | 4.4304 | 0.2257 | 49.0057 | 0.0204 | 11.0612 | 0.0904 | 7.8725 | 87.0793 | 22 |
| 23 | 4.7405 | 0.2109 | 53.4361 | 0.0187 | 11.2722 | 0.0887 | 8.1369 | 91.7201 | 23 |
| 24 | 5.0724 | 0.1971 | 58.1767 | 0.0172 | 11.4693 | 0.0872 | 8.3923 | 96.2545 | 24 |
| 25 | 5.4274 | 0.1842 | 63.2490 | 0.0158 | 11.6536 | 0.0858 | 8.6391 | 100.6765 | 25 |
| 26 | 5.8074 | 0.1722 | 68.6765 | 0.0146 | 11.8258 | 0.0846 | 8.8773 | 104.9814 | 26 |
| 27 | 6.2139 | 0.1609 | 74.4838 | 0.0134 | 11.9867 | 0.0834 | 9.1072 | 109.1656 | 27 |
| 28 | 6.6488 | 0.1504 | 80.6977 | 0.0124 | 12.1371 | 0.0824 | 9.3289 | 113.2264 | 28 |
| 29 | 7.1143 | 0.1406 | 87.3465 | 0.0114 | 12.2777 | 0.0814 | 9.5427 | 117.1622 | 29 |
| 30 | 7.6123 | 0.1314 | 94.4608 | 0.0106 | 12.4090 | 0.0806 | 9.7487 | 120.9718 | 30 |
| 31 | 8.1451 | 0.1228 | 102.0730 | 0.0098 | 12.5318 | 0.0798 | 9.9471 | 124.6550 | 31 |
| 32 | 8.7153 | 0.1147 | 110.2182 | 0.0091 | 12.6466 | 0.0791 | 10.1381 | 128.2120 | 32 |
| 33 | 9.3253 | 0.1072 | 118.9334 | 0.0084 | 12.7538 | 0.0784 | 10.3219 | 131.6435 | 33 |
| 34 | 9.9781 | 0.1002 | 128.2588 | 0.0078 | 12.8540 | 0.0778 | 10.4987 | 134.9507 | 34 |
| 35 | 10.6766 | 0.0937 | 138.2369 | 0.0072 | 12.9477 | 0.0772 | 10.6687 | 138.1353 | 35 |
| 40 | 14.9745 | 0.0668 | 199.6351 | 0.0050 | 13.3317 | 0.0750 | 11.4233 | 152.2928 | 40 |
| 45 | 21.0025 | 0.0476 | 285.7493 | 0.0035 | 13.6055 | 0.0735 | 12.0360 | 163.7559 | 45 |
| 50 | 29.4570 | 0.0339 | 406.5289 | 0.0025 | 13.8007 | 0.0725 | 12.5287 | 172.9051 | 50 |
| 55 | 41.3150 | 0.0242 | 575.9286 | 0.0017 | 13.9399 | 0.0717 | 12.9215 | 180.1243 | 55 |
| 60 | 57.9464 | 0.0173 | 813.5204 | 0.0012 | 14.0392 | 0.0712 | 13.2321 | 185.7677 | 60 |
| 65 | 81.2729 | 0.0123 | 1146.7552 | 0.0009 | 14.1099 | 0.0709 | 13.4760 | 190.1452 | 65 |
| 70 | 113.9894 | 0.0088 | 1614.1342 | 0.0006 | 14.1604 | 0.0706 | 13.6662 | 193.5185 | 70 |
| 75 | 159.8760 | 0.0063 | 2269.6574 | 0.0004 | 14.1964 | 0.0704 | 13.8136 | 196.1035 | 75 |
| 80 | 224.2344 | 0.0045 | 3189.0627 | 0.0003 | 14.2220 | 0.0703 | 13.9273 | 198.0748 | 80 |
| 85 | 314.5003 | 0.0032 | 4478.5761 | 0.0002 | 14.2403 | 0.0702 | 14.0146 | 199.5717 | 85 |
| 90 | 441.1030 | 0.0023 | 6287.1854 | 0.0002 | 14.2533 | 0.0702 | 14.0812 | 200.7042 | 90 |
| 95 | 618.6697 | 0.0016 | 8823.8535 | 0.0001 | 14.2626 | 0.0701 | 14.1319 | 201.5581 | 95 |
| 100 | 867.7163 | 0.0012 | 12381.6618 | 0.0001 | 14.2693 | 0.0701 | 14.1703 | 202.2001 | 100 |

## 복리계수표(8.0%)

| | 일시불 | | 동일 자금열 | | | | 등차자금열 | | |
|---|---|---|---|---|---|---|---|---|---|
| | 복리할증 계수 | 현재가치 계수 | 복리할증 계수 | 감채기금 계수 | 현재가치 계수 | 자본회수 계수 | 동일자금 계수 | 현재가치 계수 | |
| N | (F/P,i,N) | (P/F,i,N) | (F/A,i,N) | (A/F,i,N) | (P/A,i,N) | (A/P,i,N) | (A/G,i,N) | (P/G,i,N) | N |
| 1 | 1.0800 | 0.9259 | 1.0000 | 1.0000 | 0.9259 | 1.0800 | 0.0000 | 0.0000 | 1 |
| 2 | 1.1664 | 0.8573 | 2.0800 | 0.4808 | 1.7833 | 0.5608 | 0.4808 | 0.8573 | 2 |
| 3 | 1.2597 | 0.7938 | 3.2464 | 0.3080 | 2.5771 | 0.3880 | 0.9487 | 2.4450 | 3 |
| 4 | 1.3605 | 0.7350 | 4.5061 | 0.2219 | 3.3121 | 0.3019 | 1.4040 | 4.6501 | 4 |
| 5 | 1.4693 | 0.6806 | 5.8666 | 0.1705 | 3.9927 | 0.2505 | 1.8465 | 7.3724 | 5 |
| 6 | 1.5869 | 0.6302 | 7.3359 | 0.1363 | 4.6229 | 0.2163 | 2.2763 | 10.5233 | 6 |
| 7 | 1.7138 | 0.5835 | 8.9228 | 0.1121 | 5.2064 | 0.1921 | 2.6937 | 14.0242 | 7 |
| 8 | 1.8509 | 0.5403 | 10.6366 | 0.0940 | 5.7466 | 0.1740 | 3.0985 | 17.8061 | 8 |
| 9 | 1.9990 | 0.5002 | 12.4876 | 0.0801 | 6.2469 | 0.1601 | 3.4910 | 21.8081 | 9 |
| 10 | 2.1589 | 0.4632 | 14.4866 | 0.0690 | 6.7101 | 0.1490 | 3.8713 | 25.9768 | 10 |
| 11 | 2.3316 | 0.4289 | 16.6455 | 0.0601 | 7.1390 | 0.1401 | 4.2395 | 30.2657 | 11 |
| 12 | 2.5182 | 0.3971 | 18.9771 | 0.0527 | 7.5361 | 0.1327 | 4.5957 | 34.6339 | 12 |
| 13 | 2.7196 | 0.3677 | 21.4953 | 0.0465 | 7.9038 | 0.1265 | 4.9402 | 39.0463 | 13 |
| 14 | 2.9372 | 0.3405 | 24.2149 | 0.0413 | 8.2442 | 0.1213 | 5.2731 | 43.4723 | 14 |
| 15 | 3.1722 | 0.3152 | 27.1521 | 0.0368 | 8.5595 | 0.1168 | 5.5945 | 47.8857 | 15 |
| 16 | 3.4259 | 0.2919 | 30.3243 | 0.0330 | 8.8514 | 0.1130 | 5.9046 | 52.2640 | 16 |
| 17 | 3.7000 | 0.2703 | 33.7502 | 0.0296 | 9.1216 | 0.1096 | 6.2037 | 56.5883 | 17 |
| 18 | 3.9960 | 0.2502 | 37.4502 | 0.0267 | 9.3719 | 0.1067 | 6.4920 | 60.8426 | 18 |
| 19 | 4.3157 | 0.2317 | 41.4463 | 0.0241 | 9.6036 | 0.1041 | 6.7697 | 65.0134 | 19 |
| 20 | 4.6610 | 0.2145 | 45.7620 | 0.0219 | 9.8181 | 0.1019 | 7.0369 | 69.0898 | 20 |
| 21 | 5.0338 | 0.1987 | 50.4229 | 0.0198 | 10.0168 | 0.0998 | 7.2940 | 73.0629 | 21 |
| 22 | 5.4365 | 0.1839 | 55.4568 | 0.0180 | 10.2007 | 0.0980 | 7.5412 | 76.9257 | 22 |
| 23 | 5.8715 | 0.1703 | 60.8933 | 0.0164 | 10.3711 | 0.0964 | 7.7786 | 80.6726 | 23 |
| 24 | 6.3412 | 0.1577 | 66.7648 | 0.0150 | 10.5288 | 0.0950 | 8.0066 | 84.2997 | 24 |
| 25 | 6.8485 | 0.1460 | 73.1059 | 0.0137 | 10.6748 | 0.0937 | 8.2254 | 87.8041 | 25 |
| 26 | 7.3964 | 0.1352 | 79.9544 | 0.0125 | 10.8100 | 0.0925 | 8.4352 | 91.1842 | 26 |
| 27 | 7.9881 | 0.1252 | 87.3508 | 0.0114 | 10.9352 | 0.0914 | 8.6363 | 94.4390 | 27 |
| 28 | 8.6271 | 0.1159 | 95.3388 | 0.0105 | 11.0511 | 0.0905 | 8.8289 | 97.5687 | 28 |
| 29 | 9.3173 | 0.1073 | 103.9659 | 0.0096 | 11.1584 | 0.0896 | 9.0133 | 100.5738 | 29 |
| 30 | 10.0627 | 0.0994 | 113.2832 | 0.0088 | 11.2578 | 0.0888 | 9.1897 | 103.4558 | 30 |
| 31 | 10.8677 | 0.0920 | 123.3459 | 0.0081 | 11.3498 | 0.0881 | 9.3584 | 106.2163 | 31 |
| 32 | 11.7371 | 0.0852 | 134.2135 | 0.0075 | 11.4350 | 0.0875 | 9.5197 | 108.8575 | 32 |
| 33 | 12.6760 | 0.0789 | 145.9506 | 0.0069 | 11.5139 | 0.0869 | 9.6737 | 111.3819 | 33 |
| 34 | 13.6901 | 0.0730 | 158.6267 | 0.0063 | 11.5869 | 0.0863 | 9.8208 | 113.7924 | 34 |
| 35 | 14.7853 | 0.0676 | 172.3168 | 0.0058 | 11.6546 | 0.0858 | 9.9611 | 116.0920 | 35 |
| 40 | 21.7245 | 0.0460 | 259.0565 | 0.0039 | 11.9246 | 0.0839 | 10.5699 | 126.0422 | 40 |
| 45 | 31.9204 | 0.0313 | 386.5056 | 0.0026 | 12.1084 | 0.0826 | 11.0447 | 133.7331 | 45 |
| 50 | 46.9016 | 0.0213 | 573.7702 | 0.0017 | 12.2335 | 0.0817 | 11.4107 | 139.5928 | 50 |
| 55 | 68.9139 | 0.0145 | 848.9232 | 0.0012 | 12.3186 | 0.0812 | 11.6902 | 144.0065 | 55 |
| 60 | 101.2571 | 0.0099 | 1253.2133 | 0.0008 | 12.3766 | 0.0808 | 11.9015 | 147.3000 | 60 |
| 65 | 148.7798 | 0.0067 | 1847.2481 | 0.0005 | 12.4160 | 0.0805 | 12.0602 | 149.7387 | 65 |
| 70 | 218.6064 | 0.0046 | 2720.0801 | 0.0004 | 12.4428 | 0.0804 | 12.1783 | 151.5326 | 70 |
| 75 | 321.2045 | 0.0031 | 4002.5566 | 0.0002 | 12.4611 | 0.0802 | 12.2658 | 152.8448 | 75 |
| 80 | 471.9548 | 0.0021 | 5886.9354 | 0.0002 | 12.4735 | 0.0802 | 12.3301 | 153.8001 | 80 |
| 85 | 693.4565 | 0.0014 | 8655.7061 | 0.0001 | 12.4820 | 0.0801 | 12.3772 | 154.4925 | 85 |
| 90 | 1018.9151 | 0.0010 | 12723.9386 | 0.0001 | 12.4877 | 0.0801 | 12.4116 | 154.9925 | 90 |
| 95 | 1497.1205 | 0.0007 | 18701.5069 | 0.0001 | 12.4917 | 0.0801 | 12.4365 | 155.3524 | 95 |
| 100 | 2199.7613 | 0.0005 | 27484.5157 | 0.0000 | 12.4943 | 0.0800 | 12.4545 | 155.6107 | 100 |

## 복리계수표(9.0%)

| | 일시불 | | 동일 자금열 | | | | 등차자금열 | | |
|---|---|---|---|---|---|---|---|---|---|
| | 복리할증 계수 | 현재가치 계수 | 복리할증 계수 | 감채기금 계수 | 현재가치 계수 | 자본회수 계수 | 동일자금 계수 | 현재가치 계수 | |
| N | (F/P,i,N) | (P/F,i,N) | (F/A,i,N) | (A/F,i,N) | (P/A,i,N) | (A/P,i,N) | (A/G,i,N) | (P/G,i,N) | N |
| 1 | 1.0900 | 0.9174 | 1.0000 | 1.0000 | 0.9174 | 1.0900 | 0.0000 | 0.0000 | 1 |
| 2 | 1.1881 | 0.8417 | 2.0900 | 0.4785 | 1.7591 | 0.5685 | 0.4785 | 0.8417 | 2 |
| 3 | 1.2950 | 0.7722 | 3.2781 | 0.3051 | 2.5313 | 0.3951 | 0.9426 | 2.3860 | 3 |
| 4 | 1.4116 | 0.7084 | 4.5731 | 0.2187 | 3.2397 | 0.3087 | 1.3925 | 4.5113 | 4 |
| 5 | 1.5386 | 0.6499 | 5.9847 | 0.1671 | 3.8897 | 0.2571 | 1.8282 | 7.1110 | 5 |
| 6 | 1.6771 | 0.5963 | 7.5233 | 0.1329 | 4.4859 | 0.2229 | 2.2498 | 10.0924 | 6 |
| 7 | 1.8280 | 0.5470 | 9.2004 | 0.1087 | 5.0330 | 0.1987 | 2.6574 | 13.3746 | 7 |
| 8 | 1.9926 | 0.5019 | 11.0285 | 0.0907 | 5.5348 | 0.1807 | 3.0512 | 16.8877 | 8 |
| 9 | 2.1719 | 0.4604 | 13.0210 | 0.0768 | 5.9952 | 0.1668 | 3.4312 | 20.5711 | 9 |
| 10 | 2.3674 | 0.4224 | 15.1929 | 0.0658 | 6.4177 | 0.1558 | 3.7978 | 24.3728 | 10 |
| 11 | 2.5804 | 0.3875 | 17.5603 | 0.0569 | 6.8052 | 0.1469 | 4.1510 | 28.2481 | 11 |
| 12 | 2.8127 | 0.3555 | 20.1407 | 0.0497 | 7.1607 | 0.1397 | 4.4910 | 32.1590 | 12 |
| 13 | 3.0658 | 0.3262 | 22.9534 | 0.0436 | 7.4869 | 0.1336 | 4.8182 | 36.0731 | 13 |
| 14 | 3.3417 | 0.2992 | 26.0192 | 0.0384 | 7.7862 | 0.1284 | 5.1326 | 39.9633 | 14 |
| 15 | 3.6425 | 0.2745 | 29.3609 | 0.0341 | 8.0607 | 0.1241 | 5.4346 | 43.8069 | 15 |
| 16 | 3.9703 | 0.2519 | 33.0034 | 0.0303 | 8.3126 | 0.1203 | 5.7245 | 47.5849 | 16 |
| 17 | 4.3276 | 0.2311 | 36.9737 | 0.0270 | 8.5436 | 0.1170 | 6.0024 | 51.2821 | 17 |
| 18 | 4.7171 | 0.2120 | 41.3013 | 0.0242 | 8.7556 | 0.1142 | 6.2687 | 54.8860 | 18 |
| 19 | 5.1417 | 0.1945 | 46.0185 | 0.0217 | 8.9501 | 0.1117 | 6.5236 | 58.3868 | 19 |
| 20 | 5.6044 | 0.1784 | 51.1601 | 0.0195 | 9.1285 | 0.1095 | 6.7674 | 61.7770 | 20 |
| 21 | 6.1088 | 0.1637 | 56.7645 | 0.0176 | 9.2922 | 0.1076 | 7.0006 | 65.0509 | 21 |
| 22 | 6.6586 | 0.1502 | 62.8733 | 0.0159 | 9.4424 | 0.1059 | 7.2232 | 68.2048 | 22 |
| 23 | 7.2579 | 0.1378 | 69.5319 | 0.0144 | 9.5802 | 0.1044 | 7.4357 | 71.2359 | 23 |
| 24 | 7.9111 | 0.1264 | 76.7898 | 0.0130 | 9.7066 | 0.1030 | 7.6384 | 74.1433 | 24 |
| 25 | 8.6231 | 0.1160 | 84.7009 | 0.0118 | 9.8226 | 0.1018 | 7.8316 | 76.9265 | 25 |
| 26 | 9.3992 | 0.1064 | 93.3240 | 0.0107 | 9.9290 | 0.1007 | 8.0156 | 79.5863 | 26 |
| 27 | 10.2451 | 0.0976 | 102.7231 | 0.0097 | 10.0266 | 0.0997 | 8.1906 | 82.1241 | 27 |
| 28 | 11.1671 | 0.0895 | 112.9682 | 0.0089 | 10.1161 | 0.0989 | 8.3571 | 84.5419 | 28 |
| 29 | 12.1722 | 0.0822 | 124.1354 | 0.0081 | 10.1983 | 0.0981 | 8.5154 | 86.8422 | 29 |
| 30 | 13.2677 | 0.0754 | 136.3075 | 0.0073 | 10.2737 | 0.0973 | 8.6657 | 89.0280 | 30 |
| 31 | 14.4618 | 0.0691 | 149.5752 | 0.0067 | 10.3428 | 0.0967 | 8.8083 | 91.1024 | 31 |
| 32 | 15.7633 | 0.0634 | 164.0370 | 0.0061 | 10.4062 | 0.0961 | 8.9436 | 93.0690 | 32 |
| 33 | 17.1820 | 0.0582 | 179.8003 | 0.0056 | 10.4644 | 0.0956 | 9.0718 | 94.9314 | 33 |
| 34 | 18.7284 | 0.0534 | 196.9823 | 0.0051 | 10.5178 | 0.0951 | 9.1933 | 96.6935 | 34 |
| 35 | 20.4140 | 0.0490 | 215.7108 | 0.0046 | 10.5668 | 0.0946 | 9.3083 | 98.3590 | 35 |
| 40 | 31.4094 | 0.0318 | 337.8824 | 0.0030 | 10.7574 | 0.0930 | 9.7957 | 105.3762 | 40 |
| 45 | 48.3273 | 0.0207 | 525.8587 | 0.0019 | 10.8812 | 0.0919 | 10.1603 | 110.5561 | 45 |
| 50 | 74.3575 | 0.0134 | 815.0836 | 0.0012 | 10.9617 | 0.0912 | 10.4295 | 114.3251 | 50 |
| 55 | 114.4083 | 0.0087 | 1260.0918 | 0.0008 | 11.0140 | 0.0908 | 10.6261 | 117.0362 | 55 |
| 60 | 176.0313 | 0.0057 | 1944.7921 | 0.0005 | 11.0480 | 0.0905 | 10.7683 | 118.9683 | 60 |
| 65 | 270.8460 | 0.0037 | 2998.2885 | 0.0003 | 11.0701 | 0.0903 | 10.8702 | 120.3344 | 65 |
| 70 | 416.7301 | 0.0024 | 4619.2232 | 0.0002 | 11.0844 | 0.0902 | 10.9427 | 121.2942 | 70 |
| 75 | 641.1909 | 0.0016 | 7113.2321 | 0.0001 | 11.0938 | 0.0901 | 10.9940 | 121.9646 | 75 |
| 80 | 986.5517 | 0.0010 | 10950.5741 | 0.0001 | 11.0998 | 0.0901 | 11.0299 | 122.4306 | 80 |
| 85 | 1517.9320 | 0.0007 | 16854.8003 | 0.0001 | 11.1038 | 0.0901 | 11.0551 | 122.7533 | 85 |
| 90 | 2335.5266 | 0.0004 | 25939.1842 | 0.0000 | 11.1064 | 0.0900 | 11.0726 | 122.9758 | 90 |
| 95 | 3593.4971 | 0.0003 | 39916.6350 | 0.0000 | 11.1080 | 0.0900 | 11.0847 | 123.1287 | 95 |
| 100 | 5529.0408 | 0.0002 | 61422.6755 | 0.0000 | 11.1091 | 0.0900 | 11.0930 | 123.2335 | 100 |

## 복리계수표(10.0%)

| | 일시불 | | 동일 자금열 | | | | 등차자금열 | | |
|---|---|---|---|---|---|---|---|---|---|
| | 복리할증 계수 | 현재가치 계수 | 복리할증 계수 | 감채기금 계수 | 현재가치 계수 | 자본회수 계수 | 동일자금 계수 | 현재가치 계수 | |
| N | (F/P,i,N) | (P/F,i,N) | (F/A,i,N) | (A/F,i,N) | (P/A,i,N) | (A/P,i,N) | (A/G,i,N) | (P/G,i,N) | N |
| 1 | 1.1000 | 0.9091 | 1.0000 | 1.0000 | 0.9091 | 1.1000 | 0.0000 | 0.0000 | 1 |
| 2 | 1.2100 | 0.8264 | 2.1000 | 0.4762 | 1.7355 | 0.5762 | 0.4762 | 0.8264 | 2 |
| 3 | 1.3310 | 0.7513 | 3.3100 | 0.3021 | 2.4869 | 0.4021 | 0.9366 | 2.3291 | 3 |
| 4 | 1.4641 | 0.6830 | 4.6410 | 0.2155 | 3.1699 | 0.3155 | 1.3812 | 4.3781 | 4 |
| 5 | 1.6105 | 0.6209 | 6.1051 | 0.1638 | 3.7908 | 0.2638 | 1.8101 | 6.8618 | 5 |
| 6 | 1.7716 | 0.5645 | 7.7156 | 0.1296 | 4.3553 | 0.2296 | 2.2236 | 9.6842 | 6 |
| 7 | 1.9487 | 0.5132 | 9.4872 | 0.1054 | 4.8684 | 0.2054 | 2.6216 | 12.7631 | 7 |
| 8 | 2.1436 | 0.4665 | 11.4359 | 0.0874 | 5.3349 | 0.1874 | 3.0045 | 16.0287 | 8 |
| 9 | 2.3579 | 0.4241 | 13.5795 | 0.0736 | 5.7590 | 0.1736 | 3.3724 | 19.4215 | 9 |
| 10 | 2.5937 | 0.3855 | 15.9374 | 0.0627 | 6.1446 | 0.1627 | 3.7255 | 22.8913 | 10 |
| 11 | 2.8531 | 0.3505 | 18.5312 | 0.0540 | 6.4951 | 0.1540 | 4.0641 | 26.3963 | 11 |
| 12 | 3.1384 | 0.3186 | 21.3843 | 0.0468 | 6.8137 | 0.1468 | 4.3884 | 29.9012 | 12 |
| 13 | 3.4523 | 0.2897 | 24.5227 | 0.0408 | 7.1034 | 0.1408 | 4.6988 | 33.3772 | 13 |
| 14 | 3.7975 | 0.2633 | 27.9750 | 0.0357 | 7.3667 | 0.1357 | 4.9955 | 36.8005 | 14 |
| 15 | 4.1772 | 0.2394 | 31.7725 | 0.0315 | 7.6061 | 0.1315 | 5.2789 | 40.1520 | 15 |
| 16 | 4.5950 | 0.2176 | 35.9497 | 0.0278 | 7.8237 | 0.1278 | 5.5493 | 43.4164 | 16 |
| 17 | 5.0545 | 0.1978 | 40.5447 | 0.0247 | 8.0216 | 0.1247 | 5.8071 | 46.5819 | 17 |
| 18 | 5.5599 | 0.1799 | 45.5992 | 0.0219 | 8.2014 | 0.1219 | 6.0526 | 49.6395 | 18 |
| 19 | 6.1159 | 0.1635 | 51.1591 | 0.0195 | 8.3649 | 0.1195 | 6.2861 | 52.5827 | 19 |
| 20 | 6.7275 | 0.1486 | 57.2750 | 0.0175 | 8.5136 | 0.1175 | 6.5081 | 55.4069 | 20 |
| 21 | 7.4002 | 0.1351 | 64.0025 | 0.0156 | 8.6487 | 0.1156 | 6.7189 | 58.1095 | 21 |
| 22 | 8.1403 | 0.1228 | 71.4027 | 0.0140 | 8.7715 | 0.1140 | 6.9189 | 60.6893 | 22 |
| 23 | 8.9543 | 0.1117 | 79.5430 | 0.0126 | 8.8832 | 0.1126 | 7.1085 | 63.1462 | 23 |
| 24 | 9.8497 | 0.1015 | 88.4973 | 0.0113 | 8.9847 | 0.1113 | 7.2881 | 65.4813 | 24 |
| 25 | 10.8347 | 0.0923 | 98.3471 | 0.0102 | 9.0770 | 0.1102 | 7.4580 | 67.6964 | 25 |
| 26 | 11.9182 | 0.0839 | 109.1818 | 0.0092 | 9.1609 | 0.1092 | 7.6186 | 69.7940 | 26 |
| 27 | 13.1100 | 0.0763 | 121.0999 | 0.0083 | 9.2372 | 0.1083 | 7.7704 | 71.7773 | 27 |
| 28 | 14.4210 | 0.0693 | 134.2099 | 0.0075 | 9.3066 | 0.1075 | 7.9137 | 73.6495 | 28 |
| 29 | 15.8631 | 0.0630 | 148.6309 | 0.0067 | 9.3696 | 0.1067 | 8.0489 | 75.4146 | 29 |
| 30 | 17.4494 | 0.0573 | 164.4940 | 0.0061 | 9.4269 | 0.1061 | 8.1762 | 77.0766 | 30 |
| 31 | 19.1943 | 0.0521 | 181.9434 | 0.0055 | 9.4790 | 0.1055 | 8.2962 | 78.6395 | 31 |
| 32 | 21.1138 | 0.0474 | 201.1378 | 0.0050 | 9.5264 | 0.1050 | 8.4091 | 80.1078 | 32 |
| 33 | 23.2252 | 0.0431 | 222.2515 | 0.0045 | 9.5694 | 0.1045 | 8.5152 | 81.4856 | 33 |
| 34 | 25.5477 | 0.0391 | 245.4767 | 0.0041 | 9.6086 | 0.1041 | 8.6149 | 82.7773 | 34 |
| 35 | 28.1024 | 0.0356 | 271.0244 | 0.0037 | 9.6442 | 0.1037 | 8.7086 | 83.9872 | 35 |
| 40 | 45.2593 | 0.0221 | 442.5926 | 0.0023 | 9.7791 | 0.1023 | 9.0962 | 88.9525 | 40 |
| 45 | 72.8905 | 0.0137 | 718.9048 | 0.0014 | 9.8628 | 0.1014 | 9.3740 | 92.4544 | 45 |
| 50 | 117.3909 | 0.0085 | 1163.9085 | 0.0009 | 9.9148 | 0.1009 | 9.5704 | 94.8889 | 50 |
| 55 | 189.0591 | 0.0053 | 1880.5914 | 0.0005 | 9.9471 | 0.1005 | 9.7075 | 96.5619 | 55 |
| 60 | 304.4816 | 0.0033 | 3034.8164 | 0.0003 | 9.9672 | 0.1003 | 9.8023 | 97.7010 | 60 |
| 65 | 490.3707 | 0.0020 | 4893.7073 | 0.0002 | 9.9796 | 0.1002 | 9.8672 | 98.4705 | 65 |
| 70 | 789.7470 | 0.0013 | 7887.4696 | 0.0001 | 9.9873 | 0.1001 | 9.9113 | 98.9870 | 70 |
| 75 | 1271.8954 | 0.0008 | 12708.9537 | 0.0001 | 9.9921 | 0.1001 | 9.9410 | 99.3317 | 75 |
| 80 | 2048.4002 | 0.0005 | 20474.0021 | 0.0000 | 9.9951 | 0.1000 | 9.9609 | 99.5606 | 80 |
| 85 | 3298.9690 | 0.0003 | 32979.6903 | 0.0000 | 9.9970 | 0.1000 | 9.9742 | 99.7120 | 85 |
| 90 | 5313.0226 | 0.0002 | 53120.2261 | 0.0000 | 9.9981 | 0.1000 | 9.9831 | 99.8118 | 90 |
| 95 | 8556.6760 | 0.0001 | 85556.7605 | 0.0000 | 9.9988 | 0.1000 | 9.9889 | 99.8773 | 95 |
| 100 | 13780.6123 | 0.0001 | 137796.1234 | 0.0000 | 9.9993 | 0.1000 | 9.9927 | 99.9202 | 100 |

## 복리계수표(11.0%)

| | 일시불 | | 동일 자금열 | | | | 등차자금열 | | |
|---|---|---|---|---|---|---|---|---|---|
| | 복리할증 계수 | 현재가치 계수 | 복리할증 계수 | 감채기금 계수 | 현재가치 계수 | 자본회수 계수 | 동일자금 계수 | 현재가치 계수 | |
| N | (F/P,i,N) | (P/F,i,N) | (F/A,i,N) | (A/F,i,N) | (P/A,i,N) | (A/P,i,N) | (A/G,i,N) | (P/G,i,N) | N |
| 1 | 1.1100 | 0.9009 | 1.0000 | 1.0000 | 0.9009 | 1.1100 | 0.0000 | 0.0000 | 1 |
| 2 | 1.2321 | 0.8116 | 2.1100 | 0.4739 | 1.7125 | 0.5839 | 0.4739 | 0.8116 | 2 |
| 3 | 1.3676 | 0.7312 | 3.3421 | 0.2992 | 2.4437 | 0.4092 | 0.9306 | 2.2740 | 3 |
| 4 | 1.5181 | 0.6587 | 4.7097 | 0.2123 | 3.1024 | 0.3223 | 1.3700 | 4.2502 | 4 |
| 5 | 1.6851 | 0.5935 | 6.2278 | 0.1606 | 3.6959 | 0.2706 | 1.7923 | 6.6240 | 5 |
| 6 | 1.8704 | 0.5346 | 7.9129 | 0.1264 | 4.2305 | 0.2364 | 2.1976 | 9.2972 | 6 |
| 7 | 2.0762 | 0.4817 | 9.7833 | 0.1022 | 4.7122 | 0.2122 | 2.5863 | 12.1872 | 7 |
| 8 | 2.3045 | 0.4339 | 11.8594 | 0.0843 | 5.1461 | 0.1943 | 2.9585 | 15.2246 | 8 |
| 9 | 2.5580 | 0.3909 | 14.1640 | 0.0706 | 5.5370 | 0.1806 | 3.3144 | 18.3520 | 9 |
| 10 | 2.8394 | 0.3522 | 16.7220 | 0.0598 | 5.8892 | 0.1698 | 3.6544 | 21.5217 | 10 |
| 11 | 3.1518 | 0.3173 | 19.5614 | 0.0511 | 6.2065 | 0.1611 | 3.9788 | 24.6945 | 11 |
| 12 | 3.4985 | 0.2858 | 22.7132 | 0.0440 | 6.4924 | 0.1540 | 4.2879 | 27.8388 | 12 |
| 13 | 3.8833 | 0.2575 | 26.2116 | 0.0382 | 6.7499 | 0.1482 | 4.5822 | 30.9290 | 13 |
| 14 | 4.3104 | 0.2320 | 30.0949 | 0.0332 | 6.9819 | 0.1432 | 4.8619 | 33.9449 | 14 |
| 15 | 4.7846 | 0.2090 | 34.4054 | 0.0291 | 7.1909 | 0.1391 | 5.1275 | 36.8709 | 15 |
| 16 | 5.3109 | 0.1883 | 39.1899 | 0.0255 | 7.3792 | 0.1355 | 5.3794 | 39.6953 | 16 |
| 17 | 5.8951 | 0.1696 | 44.5008 | 0.0225 | 7.5488 | 0.1325 | 5.6180 | 42.4095 | 17 |
| 18 | 6.5436 | 0.1528 | 50.3959 | 0.0198 | 7.7016 | 0.1298 | 5.8439 | 45.0074 | 18 |
| 19 | 7.2633 | 0.1377 | 56.9395 | 0.0176 | 7.8393 | 0.1276 | 6.0574 | 47.4856 | 19 |
| 20 | 8.0623 | 0.1240 | 64.2028 | 0.0156 | 7.9633 | 0.1256 | 6.2590 | 49.8423 | 20 |
| 21 | 8.9492 | 0.1117 | 72.2651 | 0.0138 | 8.0751 | 0.1238 | 6.4491 | 52.0771 | 21 |
| 22 | 9.9336 | 0.1007 | 81.2143 | 0.0123 | 8.1757 | 0.1223 | 6.6283 | 54.1912 | 22 |
| 23 | 11.0263 | 0.0907 | 91.1479 | 0.0110 | 8.2664 | 0.1210 | 6.7969 | 56.1864 | 23 |
| 24 | 12.2392 | 0.0817 | 102.1742 | 0.0098 | 8.3481 | 0.1198 | 6.9555 | 58.0656 | 24 |
| 25 | 13.5855 | 0.0736 | 114.4133 | 0.0087 | 8.4217 | 0.1187 | 7.1045 | 59.8322 | 25 |
| 26 | 15.0799 | 0.0663 | 127.9988 | 0.0078 | 8.4881 | 0.1178 | 7.2443 | 61.4900 | 26 |
| 27 | 16.7386 | 0.0597 | 143.0786 | 0.0070 | 8.5478 | 0.1170 | 7.3754 | 63.0433 | 27 |
| 28 | 18.5799 | 0.0538 | 159.8173 | 0.0063 | 8.6016 | 0.1163 | 7.4982 | 64.4965 | 28 |
| 29 | 20.6237 | 0.0485 | 178.3972 | 0.0056 | 8.6501 | 0.1156 | 7.6131 | 65.8542 | 29 |
| 30 | 22.8923 | 0.0437 | 199.0209 | 0.0050 | 8.6938 | 0.1150 | 7.7206 | 67.1210 | 30 |
| 31 | 25.4104 | 0.0394 | 221.9132 | 0.0045 | 8.7331 | 0.1145 | 7.8210 | 68.3016 | 31 |
| 32 | 28.2056 | 0.0355 | 247.3236 | 0.0040 | 8.7686 | 0.1140 | 7.9147 | 69.4007 | 32 |
| 33 | 31.3082 | 0.0319 | 275.5292 | 0.0036 | 8.8005 | 0.1136 | 8.0021 | 70.4228 | 33 |
| 34 | 34.7521 | 0.0288 | 306.8374 | 0.0033 | 8.8293 | 0.1133 | 8.0836 | 71.3724 | 34 |
| 35 | 38.5749 | 0.0259 | 341.5896 | 0.0029 | 8.8552 | 0.1129 | 8.1594 | 72.2538 | 35 |
| 40 | 65.0009 | 0.0154 | 581.8261 | 0.0017 | 8.9511 | 0.1117 | 8.4659 | 75.7789 | 40 |
| 45 | 109.5302 | 0.0091 | 986.6386 | 0.0010 | 9.0079 | 0.1110 | 8.6763 | 78.1551 | 45 |
| 50 | 184.5648 | 0.0054 | 1668.7712 | 0.0006 | 9.0417 | 0.1106 | 8.8185 | 79.7341 | 50 |
| 55 | 311.0025 | 0.0032 | 2818.2042 | 0.0004 | 9.0617 | 0.1104 | 8.9135 | 80.7712 | 55 |
| 60 | 524.0572 | 0.0019 | 4755.0658 | 0.0002 | 9.0736 | 0.1102 | 8.9762 | 81.4461 | 60 |
| 65 | 883.0669 | 0.0011 | 8018.7903 | 0.0001 | 9.0806 | 0.1101 | 9.0172 | 81.8819 | 65 |
| 70 | 1488.0191 | 0.0007 | 13518.3557 | 0.0001 | 9.0848 | 0.1101 | 9.0438 | 82.1614 | 70 |
| 75 | 2507.3988 | 0.0004 | 22785.4434 | 0.0000 | 9.0873 | 0.1100 | 9.0610 | 82.3397 | 75 |
| 80 | 4225.1128 | 0.0002 | 38401.0250 | 0.0000 | 9.0888 | 0.1100 | 9.0720 | 82.4529 | 80 |
| 85 | 7119.5607 | 0.0001 | 64714.1881 | 0.0000 | 9.0896 | 0.1100 | 9.0790 | 82.5245 | 85 |
| 90 | 11996.8738 | 0.0001 | 109053.3983 | 0.0000 | 9.0902 | 0.1100 | 9.0834 | 82.5695 | 90 |
| 95 | 20215.4301 | 0.0000 | 183767.5459 | 0.0000 | 9.0905 | 0.1100 | 9.0862 | 82.5978 | 95 |
| 100 | 34064.1753 | 0.0000 | 309665.2297 | 0.0000 | 9.0906 | 0.1100 | 9.0880 | 82.6155 | 100 |

## 복리계수표(12.0%)

| | 일시불 | | 동일 자금열 | | | | 등차자금열 | | |
|---|---|---|---|---|---|---|---|---|---|
| | 복리할증 계수 | 현재가치 계수 | 복리할증 계수 | 감채기금 계수 | 현재가치 계수 | 자본회수 계수 | 동일자금 계수 | 현재가치 계수 | |
| N | (F/P,i,N) | (P/F,i,N) | (F/A,i,N) | (A/F,i,N) | (P/A,i,N) | (A/P,i,N) | (A/G,i,N) | (P/G,i,N) | N |
| 1 | 1.1200 | 0.8929 | 1.0000 | 1.0000 | 0.8929 | 1.1200 | 0.0000 | 0.0000 | 1 |
| 2 | 1.2544 | 0.7972 | 2.1200 | 0.4717 | 1.6901 | 0.5917 | 0.4717 | 0.7972 | 2 |
| 3 | 1.4049 | 0.7118 | 3.3744 | 0.2963 | 2.4018 | 0.4163 | 0.9246 | 2.2208 | 3 |
| 4 | 1.5735 | 0.6355 | 4.7793 | 0.2092 | 3.0373 | 0.3292 | 1.3589 | 4.1273 | 4 |
| 5 | 1.7623 | 0.5674 | 6.3528 | 0.1574 | 3.6048 | 0.2774 | 1.7746 | 6.3970 | 5 |
| 6 | 1.9738 | 0.5066 | 8.1152 | 0.1232 | 4.1114 | 0.2432 | 2.1720 | 8.9302 | 6 |
| 7 | 2.2107 | 0.4523 | 10.0890 | 0.0991 | 4.5638 | 0.2191 | 2.5515 | 11.6443 | 7 |
| 8 | 2.4760 | 0.4039 | 12.2997 | 0.0813 | 4.9676 | 0.2013 | 2.9131 | 14.4714 | 8 |
| 9 | 2.7731 | 0.3606 | 14.7757 | 0.0677 | 5.3282 | 0.1877 | 3.2574 | 17.3563 | 9 |
| 10 | 3.1058 | 0.3220 | 17.5487 | 0.0570 | 5.6502 | 0.1770 | 3.5847 | 20.2541 | 10 |
| 11 | 3.4785 | 0.2875 | 20.6546 | 0.0484 | 5.9377 | 0.1684 | 3.8953 | 23.1288 | 11 |
| 12 | 3.8960 | 0.2567 | 24.1331 | 0.0414 | 6.1944 | 0.1614 | 4.1897 | 25.9523 | 12 |
| 13 | 4.3635 | 0.2292 | 28.0291 | 0.0357 | 6.4235 | 0.1557 | 4.4683 | 28.7024 | 13 |
| 14 | 4.8871 | 0.2046 | 32.3926 | 0.0309 | 6.6282 | 0.1509 | 4.7317 | 31.3624 | 14 |
| 15 | 5.4736 | 0.1827 | 37.2797 | 0.0268 | 6.8109 | 0.1468 | 4.9803 | 33.9202 | 15 |
| 16 | 6.1304 | 0.1631 | 42.7533 | 0.0234 | 6.9740 | 0.1434 | 5.2147 | 36.3670 | 16 |
| 17 | 6.8660 | 0.1456 | 48.8837 | 0.0205 | 7.1196 | 0.1405 | 5.4353 | 38.6973 | 17 |
| 18 | 7.6900 | 0.1300 | 55.7497 | 0.0179 | 7.2497 | 0.1379 | 5.6427 | 40.9080 | 18 |
| 19 | 8.6128 | 0.1161 | 63.4397 | 0.0158 | 7.3658 | 0.1358 | 5.8375 | 42.9979 | 19 |
| 20 | 9.6463 | 0.1037 | 72.0524 | 0.0139 | 7.4694 | 0.1339 | 6.0202 | 44.9676 | 20 |
| 21 | 10.8038 | 0.0926 | 81.6987 | 0.0122 | 7.5620 | 0.1322 | 6.1913 | 46.8188 | 21 |
| 22 | 12.1003 | 0.0826 | 92.5026 | 0.0108 | 7.6446 | 0.1308 | 6.3514 | 48.5543 | 22 |
| 23 | 13.5523 | 0.0738 | 104.6029 | 0.0096 | 7.7184 | 0.1296 | 6.5010 | 50.1776 | 23 |
| 24 | 15.1786 | 0.0659 | 118.1552 | 0.0085 | 7.7843 | 0.1285 | 6.6406 | 51.6929 | 24 |
| 25 | 17.0001 | 0.0588 | 133.3339 | 0.0075 | 7.8431 | 0.1275 | 6.7708 | 53.1046 | 25 |
| 26 | 19.0401 | 0.0525 | 150.3339 | 0.0067 | 7.8957 | 0.1267 | 6.8921 | 54.4177 | 26 |
| 27 | 21.3249 | 0.0469 | 169.3740 | 0.0059 | 7.9426 | 0.1259 | 7.0049 | 55.6369 | 27 |
| 28 | 23.8839 | 0.0419 | 190.6989 | 0.0052 | 7.9844 | 0.1252 | 7.1098 | 56.7674 | 28 |
| 29 | 26.7499 | 0.0374 | 214.5828 | 0.0047 | 8.0218 | 0.1247 | 7.2071 | 57.8141 | 29 |
| 30 | 29.9599 | 0.0334 | 241.3327 | 0.0041 | 8.0552 | 0.1241 | 7.2974 | 58.7821 | 30 |
| 31 | 33.5551 | 0.0298 | 271.2926 | 0.0037 | 8.0850 | 0.1237 | 7.3811 | 59.6761 | 31 |
| 32 | 37.5817 | 0.0266 | 304.8477 | 0.0033 | 8.1116 | 0.1233 | 7.4586 | 60.5010 | 32 |
| 33 | 42.0915 | 0.0238 | 342.4294 | 0.0029 | 8.1354 | 0.1229 | 7.5302 | 61.2612 | 33 |
| 34 | 47.1425 | 0.0212 | 384.5210 | 0.0026 | 8.1566 | 0.1226 | 7.5965 | 61.9612 | 34 |
| 35 | 52.7996 | 0.0189 | 431.6635 | 0.0023 | 8.1755 | 0.1223 | 7.6577 | 62.6052 | 35 |
| 40 | 93.0510 | 0.0107 | 767.0914 | 0.0013 | 8.2438 | 0.1213 | 7.8988 | 65.1159 | 40 |
| 45 | 163.9876 | 0.0061 | 1358.2300 | 0.0007 | 8.2825 | 0.1207 | 8.0572 | 66.7342 | 45 |
| 50 | 289.0022 | 0.0035 | 2400.0182 | 0.0004 | 8.3045 | 0.1204 | 8.1597 | 67.7624 | 50 |
| 55 | 509.3206 | 0.0020 | 4236.0050 | 0.0002 | 8.3170 | 0.1202 | 8.2251 | 68.4082 | 55 |
| 60 | 897.5969 | 0.0011 | 7471.6411 | 0.0001 | 8.3240 | 0.1201 | 8.2664 | 68.8100 | 60 |
| 65 | 1581.8725 | 0.0006 | 13173.9374 | 0.0001 | 8.3281 | 0.1201 | 8.2922 | 69.0581 | 65 |
| 70 | 2787.7998 | 0.0004 | 23223.3319 | 0.0000 | 8.3303 | 0.1200 | 8.3082 | 69.2103 | 70 |
| 75 | 4913.0558 | 0.0002 | 40933.7987 | 0.0000 | 8.3316 | 0.1200 | 8.3181 | 69.3031 | 75 |
| 80 | 8658.4831 | 0.0001 | 72145.6925 | 0.0000 | 8.3324 | 0.1200 | 8.3241 | 69.3594 | 80 |
| 85 | 15259.2057 | 0.0001 | 127151.7140 | 0.0000 | 8.3328 | 0.1200 | 8.3278 | 69.3935 | 85 |
| 90 | 26891.9342 | 0.0000 | 224091.1185 | 0.0000 | 8.3330 | 0.1200 | 8.3300 | 69.4140 | 90 |
| 95 | 47392.7766 | 0.0000 | 394931.4719 | 0.0000 | 8.3332 | 0.1200 | 8.3313 | 69.4263 | 95 |
| 100 | 83522.2657 | 0.0000 | 696010.5477 | 0.0000 | 8.3332 | 0.1200 | 8.3321 | 69.4336 | 100 |

## 복리계수표(13.0%)

| | 일시불 | | 동일 자금열 | | | | 등차자금열 | | |
|---|---|---|---|---|---|---|---|---|---|
| | 복리할증 계수 | 현재가치 계수 | 복리할증 계수 | 감채기금 계수 | 현재가치 계수 | 자본회수 계수 | 동일자금 계수 | 현재가치 계수 | |
| N | (F/P,i,N) | (P/F,i,N) | (F/A,i,N) | (A/F,i,N) | (P/A,i,N) | (A/P,i,N) | (A/G,i,N) | (P/G,i,N) | N |
| 1 | 1.1300 | 0.8850 | 1.0000 | 1.0000 | 0.8850 | 1.1300 | 0.0000 | 0.0000 | 1 |
| 2 | 1.2769 | 0.7831 | 2.1300 | 0.4695 | 1.6681 | 0.5995 | 0.4695 | 0.7831 | 2 |
| 3 | 1.4429 | 0.6931 | 3.4069 | 0.2935 | 2.3612 | 0.4235 | 0.9187 | 2.1692 | 3 |
| 4 | 1.6305 | 0.6133 | 4.8498 | 0.2062 | 2.9745 | 0.3362 | 1.3479 | 4.0092 | 4 |
| 5 | 1.8424 | 0.5428 | 6.4803 | 0.1543 | 3.5172 | 0.2843 | 1.7571 | 6.1802 | 5 |
| 6 | 2.0820 | 0.4803 | 8.3227 | 0.1202 | 3.9975 | 0.2502 | 2.1468 | 8.5818 | 6 |
| 7 | 2.3526 | 0.4251 | 10.4047 | 0.0961 | 4.4226 | 0.2261 | 2.5171 | 11.1322 | 7 |
| 8 | 2.6584 | 0.3762 | 12.7573 | 0.0784 | 4.7988 | 0.2084 | 2.8685 | 13.7653 | 8 |
| 9 | 3.0040 | 0.3329 | 15.4157 | 0.0649 | 5.1317 | 0.1949 | 3.2014 | 16.4284 | 9 |
| 10 | 3.3946 | 0.2946 | 18.4197 | 0.0543 | 5.4262 | 0.1843 | 3.5162 | 19.0797 | 10 |
| 11 | 3.8359 | 0.2607 | 21.8143 | 0.0458 | 5.6869 | 0.1758 | 3.8134 | 21.6867 | 11 |
| 12 | 4.3345 | 0.2307 | 25.6502 | 0.0390 | 5.9176 | 0.1690 | 4.0936 | 24.2244 | 12 |
| 13 | 4.8980 | 0.2042 | 29.9847 | 0.0334 | 6.1218 | 0.1634 | 4.3573 | 26.6744 | 13 |
| 14 | 5.5348 | 0.1807 | 34.8827 | 0.0287 | 6.3025 | 0.1587 | 4.6050 | 29.0232 | 14 |
| 15 | 6.2543 | 0.1599 | 40.4175 | 0.0247 | 6.4624 | 0.1547 | 4.8375 | 31.2617 | 15 |
| 16 | 7.0673 | 0.1415 | 46.6717 | 0.0214 | 6.6039 | 0.1514 | 5.0552 | 33.3841 | 16 |
| 17 | 7.9861 | 0.1252 | 53.7391 | 0.0186 | 6.7291 | 0.1486 | 5.2589 | 35.3876 | 17 |
| 18 | 9.0243 | 0.1108 | 61.7251 | 0.0162 | 6.8399 | 0.1462 | 5.4491 | 37.2714 | 18 |
| 19 | 10.1974 | 0.0981 | 70.7494 | 0.0141 | 6.9380 | 0.1441 | 5.6265 | 39.0366 | 19 |
| 20 | 11.5231 | 0.0868 | 80.9468 | 0.0124 | 7.0248 | 0.1424 | 5.7917 | 40.6854 | 20 |
| 21 | 13.0211 | 0.0768 | 92.4699 | 0.0108 | 7.1016 | 0.1408 | 5.9454 | 42.2214 | 21 |
| 22 | 14.7138 | 0.0680 | 105.4910 | 0.0095 | 7.1695 | 0.1395 | 6.0881 | 43.6486 | 22 |
| 23 | 16.6266 | 0.0601 | 120.2048 | 0.0083 | 7.2297 | 0.1383 | 6.2205 | 44.9718 | 23 |
| 24 | 18.7881 | 0.0532 | 136.8315 | 0.0073 | 7.2829 | 0.1373 | 6.3431 | 46.1960 | 24 |
| 25 | 21.2305 | 0.0471 | 155.6196 | 0.0064 | 7.3300 | 0.1364 | 6.4566 | 47.3264 | 25 |
| 26 | 23.9905 | 0.0417 | 176.8501 | 0.0057 | 7.3717 | 0.1357 | 6.5614 | 48.3685 | 26 |
| 27 | 27.1093 | 0.0369 | 200.8406 | 0.0050 | 7.4086 | 0.1350 | 6.6582 | 49.3276 | 27 |
| 28 | 30.6335 | 0.0326 | 227.9499 | 0.0044 | 7.4412 | 0.1344 | 6.7474 | 50.2090 | 28 |
| 29 | 34.6158 | 0.0289 | 258.5834 | 0.0039 | 7.4701 | 0.1339 | 6.8296 | 51.0179 | 29 |
| 30 | 39.1159 | 0.0256 | 293.1992 | 0.0034 | 7.4957 | 0.1334 | 6.9052 | 51.7592 | 30 |
| 31 | 44.2010 | 0.0226 | 332.3151 | 0.0030 | 7.5183 | 0.1330 | 6.9747 | 52.4380 | 31 |
| 32 | 49.9471 | 0.0200 | 376.5161 | 0.0027 | 7.5383 | 0.1327 | 7.0385 | 53.0586 | 32 |
| 33 | 56.4402 | 0.0177 | 426.4632 | 0.0023 | 7.5560 | 0.1323 | 7.0971 | 53.6256 | 33 |
| 34 | 63.7774 | 0.0157 | 482.9034 | 0.0021 | 7.5717 | 0.1321 | 7.1507 | 54.1430 | 34 |
| 35 | 72.0685 | 0.0139 | 546.6808 | 0.0018 | 7.5856 | 0.1318 | 7.1998 | 54.6148 | 35 |
| 40 | 132.7816 | 0.0075 | 1013.7042 | 0.0010 | 7.6344 | 0.1310 | 7.3888 | 56.4087 | 40 |
| 45 | 244.6414 | 0.0041 | 1874.1646 | 0.0005 | 7.6609 | 0.1305 | 7.5076 | 57.5148 | 45 |
| 50 | 450.7359 | 0.0022 | 3459.5071 | 0.0003 | 7.6752 | 0.1303 | 7.5811 | 58.1870 | 50 |
| 55 | 830.4517 | 0.0012 | 6380.3979 | 0.0002 | 7.6830 | 0.1302 | 7.6260 | 58.5909 | 55 |
| 60 | 1530.0535 | 0.0007 | 11761.9498 | 0.0001 | 7.6873 | 0.1301 | 7.6531 | 58.8313 | 60 |
| 65 | 2819.0243 | 0.0004 | 21677.1103 | 0.0000 | 7.6896 | 0.1300 | 7.6692 | 58.9732 | 65 |
| 70 | 5193.8696 | 0.0002 | 39945.1510 | 0.0000 | 7.6908 | 0.1300 | 7.6788 | 59.0565 | 70 |
| 75 | 9569.3681 | 0.0001 | 73602.8316 | 0.0000 | 7.6915 | 0.1300 | 7.6845 | 59.1051 | 75 |
| 80 | 17630.9405 | 0.0001 | 135614.9266 | 0.0000 | 7.6919 | 0.1300 | 7.6878 | 59.1333 | 80 |
| 85 | 32483.8649 | 0.0000 | 249868.1918 | 0.0000 | 7.6921 | 0.1300 | 7.6897 | 59.1496 | 85 |
| 90 | 59849.4155 | 0.0000 | 460372.4271 | 0.0000 | 7.6922 | 0.1300 | 7.6908 | 59.1590 | 90 |
| 95 | 110268.6686 | 0.0000 | 848212.8355 | 0.0000 | 7.6922 | 0.1300 | 7.6914 | 59.1644 | 95 |
| 100 | 203162.8742 | 0.0000 | 1562783.6479 | 0.0000 | 7.6923 | 0.1300 | 7.6918 | 59.1675 | 100 |

## 복리계수표(14.0%)

| | 일시불 | | 동일 자금열 | | | | 등차자금열 | | |
|---|---|---|---|---|---|---|---|---|---|
| | 복리할증 계수 | 현재가치 계수 | 복리할증 계수 | 감채기금 계수 | 현재가치 계수 | 자본회수 계수 | 동일자금 계수 | 현재가치 계수 | |
| N | (F/P,i,N) | (P/F,i,N) | (F/A,i,N) | (A/F,i,N) | (P/A,i,N) | (A/P,i,N) | (A/G,i,N) | (P/G,i,N) | N |
| 1 | 1.1400 | 0.8772 | 1.0000 | 1.0000 | 0.8772 | 1.1400 | 0.0000 | 0.0000 | 1 |
| 2 | 1.2996 | 0.7695 | 2.1400 | 0.4673 | 1.6467 | 0.6073 | 0.4673 | 0.7695 | 2 |
| 3 | 1.4815 | 0.6750 | 3.4396 | 0.2907 | 2.3216 | 0.4307 | 0.9129 | 2.1194 | 3 |
| 4 | 1.6890 | 0.5921 | 4.9211 | 0.2032 | 2.9137 | 0.3432 | 1.3370 | 3.8957 | 4 |
| 5 | 1.9254 | 0.5194 | 6.6101 | 0.1513 | 3.4331 | 0.2913 | 1.7399 | 5.9731 | 5 |
| 6 | 2.1950 | 0.4556 | 8.5355 | 0.1172 | 3.8887 | 0.2572 | 2.1218 | 8.2511 | 6 |
| 7 | 2.5023 | 0.3996 | 10.7305 | 0.0932 | 4.2883 | 0.2332 | 2.4832 | 10.6489 | 7 |
| 8 | 2.8526 | 0.3506 | 13.2328 | 0.0756 | 4.6389 | 0.2156 | 2.8246 | 13.1028 | 8 |
| 9 | 3.2519 | 0.3075 | 16.0853 | 0.0622 | 4.9464 | 0.2022 | 3.1463 | 15.5629 | 9 |
| 10 | 3.7072 | 0.2697 | 19.3373 | 0.0517 | 5.2161 | 0.1917 | 3.4490 | 17.9906 | 10 |
| 11 | 4.2262 | 0.2366 | 23.0445 | 0.0434 | 5.4527 | 0.1834 | 3.7333 | 20.3567 | 11 |
| 12 | 4.8179 | 0.2076 | 27.2707 | 0.0367 | 5.6603 | 0.1767 | 3.9998 | 22.6399 | 12 |
| 13 | 5.4924 | 0.1821 | 32.0887 | 0.0312 | 5.8424 | 0.1712 | 4.2491 | 24.8247 | 13 |
| 14 | 6.2613 | 0.1597 | 37.5811 | 0.0266 | 6.0021 | 0.1666 | 4.4819 | 26.9009 | 14 |
| 15 | 7.1379 | 0.1401 | 43.8424 | 0.0228 | 6.1422 | 0.1628 | 4.6990 | 28.8623 | 15 |
| 16 | 8.1372 | 0.1229 | 50.9804 | 0.0196 | 6.2651 | 0.1596 | 4.9011 | 30.7057 | 16 |
| 17 | 9.2765 | 0.1078 | 59.1176 | 0.0169 | 6.3729 | 0.1569 | 5.0888 | 32.4305 | 17 |
| 18 | 10.5752 | 0.0946 | 68.3941 | 0.0146 | 6.4674 | 0.1546 | 5.2630 | 34.0380 | 18 |
| 19 | 12.0557 | 0.0829 | 78.9692 | 0.0127 | 6.5504 | 0.1527 | 5.4243 | 35.5311 | 19 |
| 20 | 13.7435 | 0.0728 | 91.0249 | 0.0110 | 6.6231 | 0.1510 | 5.5734 | 36.9135 | 20 |
| 21 | 15.6676 | 0.0638 | 104.7684 | 0.0095 | 6.6870 | 0.1495 | 5.7111 | 38.1901 | 21 |
| 22 | 17.8610 | 0.0560 | 120.4360 | 0.0083 | 6.7429 | 0.1483 | 5.8381 | 39.3658 | 22 |
| 23 | 20.3616 | 0.0491 | 138.2970 | 0.0072 | 6.7921 | 0.1472 | 5.9549 | 40.4463 | 23 |
| 24 | 23.2122 | 0.0431 | 158.6586 | 0.0063 | 6.8351 | 0.1463 | 6.0624 | 41.4371 | 24 |
| 25 | 26.4619 | 0.0378 | 181.8708 | 0.0055 | 6.8729 | 0.1455 | 6.1610 | 42.3441 | 25 |
| 26 | 30.1666 | 0.0331 | 208.3327 | 0.0048 | 6.9061 | 0.1448 | 6.2514 | 43.1728 | 26 |
| 27 | 34.3899 | 0.0291 | 238.4993 | 0.0042 | 6.9352 | 0.1442 | 6.3342 | 43.9289 | 27 |
| 28 | 39.2045 | 0.0255 | 272.8892 | 0.0037 | 6.9607 | 0.1437 | 6.4100 | 44.6176 | 28 |
| 29 | 44.6931 | 0.0224 | 312.0937 | 0.0032 | 6.9830 | 0.1432 | 6.4791 | 45.2441 | 29 |
| 30 | 50.9502 | 0.0196 | 356.7868 | 0.0028 | 7.0027 | 0.1428 | 6.5423 | 45.8132 | 30 |
| 31 | 58.0832 | 0.0172 | 407.7370 | 0.0025 | 7.0199 | 0.1425 | 6.5998 | 46.3297 | 31 |
| 32 | 66.2148 | 0.0151 | 465.8202 | 0.0021 | 7.0350 | 0.1421 | 6.6522 | 46.7979 | 32 |
| 33 | 75.4849 | 0.0132 | 532.0350 | 0.0019 | 7.0482 | 0.1419 | 6.6998 | 47.2218 | 33 |
| 34 | 86.0528 | 0.0116 | 607.5199 | 0.0016 | 7.0599 | 0.1416 | 6.7431 | 47.6053 | 34 |
| 35 | 98.1002 | 0.0102 | 693.5727 | 0.0014 | 7.0700 | 0.1414 | 6.7824 | 47.9519 | 35 |
| 40 | 188.8835 | 0.0053 | 1342.0251 | 0.0007 | 7.1050 | 0.1407 | 6.9300 | 49.2376 | 40 |
| 45 | 363.6791 | 0.0027 | 2590.5648 | 0.0004 | 7.1232 | 0.1404 | 7.0188 | 49.9963 | 45 |
| 50 | 700.2330 | 0.0014 | 4994.5213 | 0.0002 | 7.1327 | 0.1402 | 7.0714 | 50.4375 | 50 |
| 55 | 1348.2388 | 0.0007 | 9623.1343 | 0.0001 | 7.1376 | 0.1401 | 7.1020 | 50.6912 | 55 |
| 60 | 2595.9187 | 0.0004 | 18535.1333 | 0.0001 | 7.1401 | 0.1401 | 7.1197 | 50.8357 | 60 |
| 65 | 4998.2196 | 0.0002 | 35694.4260 | 0.0000 | 7.1414 | 0.1400 | 7.1298 | 50.9173 | 65 |
| 70 | 9623.6450 | 0.0001 | 68733.1785 | 0.0000 | 7.1421 | 0.1400 | 7.1356 | 50.9632 | 70 |
| 75 | 18529.5064 | 0.0001 | 132346.4742 | 0.0000 | 7.1425 | 0.1400 | 7.1388 | 50.9887 | 75 |
| 80 | 35676.9818 | 0.0000 | 254828.4415 | 0.0000 | 7.1427 | 0.1400 | 7.1406 | 51.0030 | 80 |
| 85 | 68692.9810 | 0.0000 | 490657.0073 | 0.0000 | 7.1428 | 0.1400 | 7.1416 | 51.0108 | 85 |
| 90 | 132262.4674 | 0.0000 | 944724.7670 | 0.0000 | 7.1428 | 0.1400 | 7.1422 | 51.0152 | 90 |
| 95 | 254660.0834 | 0.0000 | 1818993.4528 | 0.0000 | 7.1428 | 0.1400 | 7.1425 | 51.0175 | 95 |
| 100 | 490326.2381 | 0.0000 | 3502323.1295 | 0.0000 | 7.1428 | 0.1400 | 7.1427 | 51.0188 | 100 |

## 복리계수표(15.0%)

| | 일시불 | | 동일 자금열 | | | | 등차자금열 | | |
|---|---|---|---|---|---|---|---|---|---|
| | 복리할증 계수 | 현재가치 계수 | 복리할증 계수 | 감채기금 계수 | 현재가치 계수 | 자본회수 계수 | 동일자금 계수 | 현재가치 계수 | |
| N | (F/P,i,N) | (P/F,i,N) | (F/A,i,N) | (A/F,i,N) | (P/A,i,N) | (A/P,i,N) | (A/G,i,N) | (P/G,i,N) | N |
| 1 | 1.1500 | 0.8696 | 1.0000 | 1.0000 | 0.8696 | 1.1500 | 0.0000 | 0.0000 | 1 |
| 2 | 1.3225 | 0.7561 | 2.1500 | 0.4651 | 1.6257 | 0.6151 | 0.4651 | 0.7561 | 2 |
| 3 | 1.5209 | 0.6575 | 3.4725 | 0.2880 | 2.2832 | 0.4380 | 0.9071 | 2.0712 | 3 |
| 4 | 1.7490 | 0.5718 | 4.9934 | 0.2003 | 2.8550 | 0.3503 | 1.3263 | 3.7864 | 4 |
| 5 | 2.0114 | 0.4972 | 6.7424 | 0.1483 | 3.3522 | 0.2983 | 1.7228 | 5.7751 | 5 |
| 6 | 2.3131 | 0.4323 | 8.7537 | 0.1142 | 3.7845 | 0.2642 | 2.0972 | 7.9368 | 6 |
| 7 | 2.6600 | 0.3759 | 11.0668 | 0.0904 | 4.1604 | 0.2404 | 2.4498 | 10.1924 | 7 |
| 8 | 3.0590 | 0.3269 | 13.7268 | 0.0729 | 4.4873 | 0.2229 | 2.7813 | 12.4807 | 8 |
| 9 | 3.5179 | 0.2843 | 16.7858 | 0.0596 | 4.7716 | 0.2096 | 3.0922 | 14.7548 | 9 |
| 10 | 4.0456 | 0.2472 | 20.3037 | 0.0493 | 5.0188 | 0.1993 | 3.3832 | 16.9795 | 10 |
| 11 | 4.6524 | 0.2149 | 24.3493 | 0.0411 | 5.2337 | 0.1911 | 3.6549 | 19.1289 | 11 |
| 12 | 5.3503 | 0.1869 | 29.0017 | 0.0345 | 5.4206 | 0.1845 | 3.9082 | 21.1849 | 12 |
| 13 | 6.1528 | 0.1625 | 34.3519 | 0.0291 | 5.5831 | 0.1791 | 4.1438 | 23.1352 | 13 |
| 14 | 7.0757 | 0.1413 | 40.5047 | 0.0247 | 5.7245 | 0.1747 | 4.3624 | 24.9725 | 14 |
| 15 | 8.1371 | 0.1229 | 47.5804 | 0.0210 | 5.8474 | 0.1710 | 4.5650 | 26.6930 | 15 |
| 16 | 9.3576 | 0.1069 | 55.7175 | 0.0179 | 5.9542 | 0.1679 | 4.7522 | 28.2960 | 16 |
| 17 | 10.7613 | 0.0929 | 65.0751 | 0.0154 | 6.0472 | 0.1654 | 4.9251 | 29.7828 | 17 |
| 18 | 12.3755 | 0.0808 | 75.8364 | 0.0132 | 6.1280 | 0.1632 | 5.0843 | 31.1565 | 18 |
| 19 | 14.2318 | 0.0703 | 88.2118 | 0.0113 | 6.1982 | 0.1613 | 5.2307 | 32.4213 | 19 |
| 20 | 16.3665 | 0.0611 | 102.4436 | 0.0098 | 6.2593 | 0.1598 | 5.3651 | 33.5822 | 20 |
| 21 | 18.8215 | 0.0531 | 118.8101 | 0.0084 | 6.3125 | 0.1584 | 5.4883 | 34.6448 | 21 |
| 22 | 21.6447 | 0.0462 | 137.6316 | 0.0073 | 6.3587 | 0.1573 | 5.6010 | 35.6150 | 22 |
| 23 | 24.8915 | 0.0402 | 159.2764 | 0.0063 | 6.3988 | 0.1563 | 5.7040 | 36.4988 | 23 |
| 24 | 28.6252 | 0.0349 | 184.1678 | 0.0054 | 6.4338 | 0.1554 | 5.7979 | 37.3023 | 24 |
| 25 | 32.9190 | 0.0304 | 212.7930 | 0.0047 | 6.4641 | 0.1547 | 5.8834 | 38.0314 | 25 |
| 26 | 37.8568 | 0.0264 | 245.7120 | 0.0041 | 6.4906 | 0.1541 | 5.9612 | 38.6918 | 26 |
| 27 | 43.5353 | 0.0230 | 283.5688 | 0.0035 | 6.5135 | 0.1535 | 6.0319 | 39.2890 | 27 |
| 28 | 50.0656 | 0.0200 | 327.1041 | 0.0031 | 6.5335 | 0.1531 | 6.0960 | 39.8283 | 28 |
| 29 | 57.5755 | 0.0174 | 377.1697 | 0.0027 | 6.5509 | 0.1527 | 6.1541 | 40.3146 | 29 |
| 30 | 66.2118 | 0.0151 | 434.7451 | 0.0023 | 6.5660 | 0.1523 | 6.2066 | 40.7526 | 30 |
| 31 | 76.1435 | 0.0131 | 500.9569 | 0.0020 | 6.5791 | 0.1520 | 6.2541 | 41.1466 | 31 |
| 32 | 87.5651 | 0.0114 | 577.1005 | 0.0017 | 6.5905 | 0.1517 | 6.2970 | 41.5006 | 32 |
| 33 | 100.6998 | 0.0099 | 664.6655 | 0.0015 | 6.6005 | 0.1515 | 6.3357 | 41.8184 | 33 |
| 34 | 115.8048 | 0.0086 | 765.3654 | 0.0013 | 6.6091 | 0.1513 | 6.3705 | 42.1033 | 34 |
| 35 | 133.1755 | 0.0075 | 881.1702 | 0.0011 | 6.6166 | 0.1511 | 6.4019 | 42.3586 | 35 |
| 40 | 267.8635 | 0.0037 | 1779.0903 | 0.0006 | 6.6418 | 0.1506 | 6.5168 | 43.2830 | 40 |
| 45 | 538.7693 | 0.0019 | 3585.1285 | 0.0003 | 6.6543 | 0.1503 | 6.5830 | 43.8051 | 45 |
| 50 | 1083.6574 | 0.0009 | 7217.7163 | 0.0001 | 6.6605 | 0.1501 | 6.6205 | 44.0958 | 50 |
| 55 | 2179.6222 | 0.0005 | 14524.1479 | 0.0001 | 6.6636 | 0.1501 | 6.6414 | 44.2558 | 55 |
| 60 | 4383.9987 | 0.0002 | 29219.9916 | 0.0000 | 6.6651 | 0.1500 | 6.6530 | 44.3431 | 60 |

## 복리계수표(16.0%)

| | 일시불 | | 동일 자금열 | | | | 등차자금열 | | |
|---|---|---|---|---|---|---|---|---|---|
| | 복리할증 계수 | 현재가치 계수 | 복리할증 계수 | 감채기금 계수 | 현재가치 계수 | 자본회수 계수 | 동일자금 계수 | 현재가치 계수 | |
| N | (F/P,i,N) | (P/F,i,N) | (F/A,i,N) | (A/F,i,N) | (P/A,i,N) | (A/P,i,N) | (A/G,i,N) | (P/G,i,N) | N |
| 1 | 1.1600 | 0.8621 | 1.0000 | 1.0000 | 0.8621 | 1.1600 | 0.0000 | 0.0000 | 1 |
| 2 | 1.3456 | 0.7432 | 2.1600 | 0.4630 | 1.6052 | 0.6230 | 0.4630 | 0.7432 | 2 |
| 3 | 1.5609 | 0.6407 | 3.5056 | 0.2853 | 2.2459 | 0.4453 | 0.9014 | 2.0245 | 3 |
| 4 | 1.8106 | 0.5523 | 5.0665 | 0.1974 | 2.7982 | 0.3574 | 1.3156 | 3.6814 | 4 |
| 5 | 2.1003 | 0.4761 | 6.8771 | 0.1454 | 3.2743 | 0.3054 | 1.7060 | 5.5858 | 5 |
| 6 | 2.4364 | 0.4104 | 8.9775 | 0.1114 | 3.6847 | 0.2714 | 2.0729 | 7.6380 | 6 |
| 7 | 2.8262 | 0.3538 | 11.4139 | 0.0876 | 4.0386 | 0.2476 | 2.4169 | 9.7610 | 7 |
| 8 | 3.2784 | 0.3050 | 14.2401 | 0.0702 | 4.3436 | 0.2302 | 2.7388 | 11.8962 | 8 |
| 9 | 3.8030 | 0.2630 | 17.5185 | 0.0571 | 4.6065 | 0.2171 | 3.0391 | 13.9998 | 9 |
| 10 | 4.4114 | 0.2267 | 21.3215 | 0.0469 | 4.8332 | 0.2069 | 3.3187 | 16.0399 | 10 |
| 11 | 5.1173 | 0.1954 | 25.7329 | 0.0389 | 5.0286 | 0.1989 | 3.5783 | 17.9941 | 11 |
| 12 | 5.9360 | 0.1685 | 30.8502 | 0.0324 | 5.1971 | 0.1924 | 3.8189 | 19.8472 | 12 |
| 13 | 6.8858 | 0.1452 | 36.7862 | 0.0272 | 5.3423 | 0.1872 | 4.0413 | 21.5899 | 13 |
| 14 | 7.9875 | 0.1252 | 43.6720 | 0.0229 | 5.4675 | 0.1829 | 4.2464 | 23.2175 | 14 |
| 15 | 9.2655 | 0.1079 | 51.6595 | 0.0194 | 5.5755 | 0.1794 | 4.4352 | 24.7284 | 15 |
| 16 | 10.7480 | 0.0930 | 60.9250 | 0.0164 | 5.6685 | 0.1764 | 4.6086 | 26.1241 | 16 |
| 17 | 12.4677 | 0.0802 | 71.6730 | 0.0140 | 5.7487 | 0.1740 | 4.7676 | 27.4074 | 17 |
| 18 | 14.4625 | 0.0691 | 84.1407 | 0.0119 | 5.8178 | 0.1719 | 4.9130 | 28.5828 | 18 |
| 19 | 16.7765 | 0.0596 | 98.6032 | 0.0101 | 5.8775 | 0.1701 | 5.0457 | 29.6557 | 19 |
| 20 | 19.4608 | 0.0514 | 115.3797 | 0.0087 | 5.9288 | 0.1687 | 5.1666 | 30.6321 | 20 |
| 21 | 22.5745 | 0.0443 | 134.8405 | 0.0074 | 5.9731 | 0.1674 | 5.2766 | 31.5180 | 21 |
| 22 | 26.1864 | 0.0382 | 157.4150 | 0.0064 | 6.0113 | 0.1664 | 5.3765 | 32.3200 | 22 |
| 23 | 30.3762 | 0.0329 | 183.6014 | 0.0054 | 6.0442 | 0.1654 | 5.4671 | 33.0442 | 23 |
| 24 | 35.2364 | 0.0284 | 213.9776 | 0.0047 | 6.0726 | 0.1647 | 5.5490 | 33.6970 | 24 |
| 25 | 40.8742 | 0.0245 | 249.2140 | 0.0040 | 6.0971 | 0.1640 | 5.6230 | 34.2841 | 25 |
| 26 | 47.4141 | 0.0211 | 290.0883 | 0.0034 | 6.1182 | 0.1634 | 5.6898 | 34.8114 | 26 |
| 27 | 55.0004 | 0.0182 | 337.5024 | 0.0030 | 6.1364 | 0.1630 | 5.7500 | 35.2841 | 27 |
| 28 | 63.8004 | 0.0157 | 392.5028 | 0.0025 | 6.1520 | 0.1625 | 5.8041 | 35.7073 | 28 |
| 29 | 74.0085 | 0.0135 | 456.3032 | 0.0022 | 6.1656 | 0.1622 | 5.8528 | 36.0856 | 29 |
| 30 | 85.8499 | 0.0116 | 530.3117 | 0.0019 | 6.1772 | 0.1619 | 5.8964 | 36.4234 | 30 |
| 31 | 99.5859 | 0.0100 | 616.1616 | 0.0016 | 6.1872 | 0.1616 | 5.9356 | 36.7247 | 31 |
| 32 | 115.5196 | 0.0087 | 715.7475 | 0.0014 | 6.1959 | 0.1614 | 5.9706 | 36.9930 | 32 |
| 33 | 134.0027 | 0.0075 | 831.2671 | 0.0012 | 6.2034 | 0.1612 | 6.0019 | 37.2318 | 33 |
| 34 | 155.4432 | 0.0064 | 965.2698 | 0.0010 | 6.2098 | 0.1610 | 6.0299 | 37.4441 | 34 |
| 35 | 180.3141 | 0.0055 | 1120.7130 | 0.0009 | 6.2153 | 0.1609 | 6.0548 | 37.6327 | 35 |
| 40 | 378.7212 | 0.0026 | 2360.7572 | 0.0004 | 6.2335 | 0.1604 | 6.1441 | 38.2992 | 40 |
| 45 | 795.4438 | 0.0013 | 4965.2739 | 0.0002 | 6.2421 | 0.1602 | 6.1934 | 38.6598 | 45 |
| 50 | 1670.7038 | 0.0006 | 10435.6488 | 0.0001 | 6.2463 | 0.1601 | 6.2201 | 38.8521 | 50 |
| 55 | 3509.0488 | 0.0003 | 21925.3050 | 0.0000 | 6.2482 | 0.1600 | 6.2343 | 38.9534 | 55 |
| 60 | 7370.2014 | 0.0001 | 46057.5085 | 0.0000 | 6.2492 | 0.1600 | 6.2419 | 39.0063 | 60 |

## 복리계수표(17.0%)

| | 일시불 | | 동일 자금열 | | | | 등차자금열 | | |
|---|---|---|---|---|---|---|---|---|---|
| | 복리할증 계수 | 현재가치 계수 | 복리할증 계수 | 감채기금 계수 | 현재가치 계수 | 자본회수 계수 | 동일자금 계수 | 현재가치 계수 | |
| N | (F/P,i,N) | (P/F,i,N) | (F/A,i,N) | (A/F,i,N) | (P/A,i,N) | (A/P,i,N) | (A/G,i,N) | (P/G,i,N) | N |
| 1 | 1.1700 | 0.8547 | 1.0000 | 1.0000 | 0.8547 | 1.1700 | 0.0000 | 0.0000 | 1 |
| 2 | 1.3689 | 0.7305 | 2.1700 | 0.4608 | 1.5852 | 0.6308 | 0.4608 | 0.7305 | 2 |
| 3 | 1.6016 | 0.6244 | 3.5389 | 0.2826 | 2.2096 | 0.4526 | 0.8958 | 1.9793 | 3 |
| 4 | 1.8739 | 0.5337 | 5.1405 | 0.1945 | 2.7432 | 0.3645 | 1.3051 | 3.5802 | 4 |
| 5 | 2.1924 | 0.4561 | 7.0144 | 0.1426 | 3.1993 | 0.3126 | 1.6893 | 5.4046 | 5 |
| 6 | 2.5652 | 0.3898 | 9.2068 | 0.1086 | 3.5892 | 0.2786 | 2.0489 | 7.3538 | 6 |
| 7 | 3.0012 | 0.3332 | 11.7720 | 0.0849 | 3.9224 | 0.2549 | 2.3845 | 9.3530 | 7 |
| 8 | 3.5115 | 0.2848 | 14.7733 | 0.0677 | 4.2072 | 0.2377 | 2.6969 | 11.3465 | 8 |
| 9 | 4.1084 | 0.2434 | 18.2847 | 0.0547 | 4.4506 | 0.2247 | 2.9870 | 13.2937 | 9 |
| 10 | 4.8068 | 0.2080 | 22.3931 | 0.0447 | 4.6586 | 0.2147 | 3.2555 | 15.1661 | 10 |
| 11 | 5.6240 | 0.1778 | 27.1999 | 0.0368 | 4.8364 | 0.2068 | 3.5035 | 16.9442 | 11 |
| 12 | 6.5801 | 0.1520 | 32.8239 | 0.0305 | 4.9884 | 0.2005 | 3.7318 | 18.6159 | 12 |
| 13 | 7.6987 | 0.1299 | 39.4040 | 0.0254 | 5.1183 | 0.1954 | 3.9417 | 20.1746 | 13 |
| 14 | 9.0075 | 0.1110 | 47.1027 | 0.0212 | 5.2293 | 0.1912 | 4.1340 | 21.6178 | 14 |
| 15 | 10.5387 | 0.0949 | 56.1101 | 0.0178 | 5.3242 | 0.1878 | 4.3098 | 22.9463 | 15 |
| 16 | 12.3303 | 0.0811 | 66.6488 | 0.0150 | 5.4053 | 0.1850 | 4.4702 | 24.1628 | 16 |
| 17 | 14.4265 | 0.0693 | 78.9792 | 0.0127 | 5.4746 | 0.1827 | 4.6162 | 25.2719 | 17 |
| 18 | 16.8790 | 0.0592 | 93.4056 | 0.0107 | 5.5339 | 0.1807 | 4.7488 | 26.2790 | 18 |
| 19 | 19.7484 | 0.0506 | 110.2846 | 0.0091 | 5.5845 | 0.1791 | 4.8689 | 27.1905 | 19 |
| 20 | 23.1056 | 0.0433 | 130.0329 | 0.0077 | 5.6278 | 0.1777 | 4.9776 | 28.0128 | 20 |
| 21 | 27.0336 | 0.0370 | 153.1385 | 0.0065 | 5.6648 | 0.1765 | 5.0757 | 28.7526 | 21 |
| 22 | 31.6293 | 0.0316 | 180.1721 | 0.0056 | 5.6964 | 0.1756 | 5.1641 | 29.4166 | 22 |
| 23 | 37.0062 | 0.0270 | 211.8013 | 0.0047 | 5.7234 | 0.1747 | 5.2436 | 30.0111 | 23 |
| 24 | 43.2973 | 0.0231 | 248.8076 | 0.0040 | 5.7465 | 0.1740 | 5.3149 | 30.5423 | 24 |
| 25 | 50.6578 | 0.0197 | 292.1049 | 0.0034 | 5.7662 | 0.1734 | 5.3789 | 31.0160 | 25 |
| 26 | 59.2697 | 0.0169 | 342.7627 | 0.0029 | 5.7831 | 0.1729 | 5.4362 | 31.4378 | 26 |
| 27 | 69.3455 | 0.0144 | 402.0323 | 0.0025 | 5.7975 | 0.1725 | 5.4873 | 31.8128 | 27 |
| 28 | 81.1342 | 0.0123 | 471.3778 | 0.0021 | 5.8099 | 0.1721 | 5.5329 | 32.1456 | 28 |
| 29 | 94.9271 | 0.0105 | 552.5121 | 0.0018 | 5.8204 | 0.1718 | 5.5736 | 32.4405 | 29 |
| 30 | 111.0647 | 0.0090 | 647.4391 | 0.0015 | 5.8294 | 0.1715 | 5.6098 | 32.7016 | 30 |
| 31 | 129.9456 | 0.0077 | 758.5038 | 0.0013 | 5.8371 | 0.1713 | 5.6419 | 32.9325 | 31 |
| 32 | 152.0364 | 0.0066 | 888.4494 | 0.0011 | 5.8437 | 0.1711 | 5.6705 | 33.1364 | 32 |
| 33 | 177.8826 | 0.0056 | 1040.4858 | 0.0010 | 5.8493 | 0.1710 | 5.6958 | 33.3163 | 33 |
| 34 | 208.1226 | 0.0048 | 1218.3684 | 0.0008 | 5.8541 | 0.1708 | 5.7182 | 33.4748 | 34 |
| 35 | 243.5035 | 0.0041 | 1426.4910 | 0.0007 | 5.8582 | 0.1707 | 5.7380 | 33.6145 | 35 |
| 40 | 533.8687 | 0.0019 | 3134.5218 | 0.0003 | 5.8713 | 0.1703 | 5.8073 | 34.0965 | 40 |
| 45 | 1170.4794 | 0.0009 | 6879.2907 | 0.0001 | 5.8773 | 0.1701 | 5.8439 | 34.3464 | 45 |
| 50 | 2566.2153 | 0.0004 | 15089.5017 | 0.0001 | 5.8801 | 0.1701 | 5.8629 | 34.4740 | 50 |

## 복리계수표(18.0%)

| | 일시불 | | 동일 자금열 | | | | 등차자금열 | | |
|---|---|---|---|---|---|---|---|---|---|
| | 복리할증 계수 | 현재가치 계수 | 복리할증 계수 | 감채기금 계수 | 현재가치 계수 | 자본회수 계수 | 동일자금 계수 | 현재가치 계수 | |
| N | (F/P,i,N) | (P/F,i,N) | (F/A,i,N) | (A/F,i,N) | (P/A,i,N) | (A/P,i,N) | (A/G,i,N) | (P/G,i,N) | N |
| 1 | 1.1800 | 0.8475 | 1.0000 | 1.0000 | 0.8475 | 1.1800 | 0.0000 | 0.0000 | 1 |
| 2 | 1.3924 | 0.7182 | 2.1800 | 0.4587 | 1.5656 | 0.6387 | 0.4587 | 0.7182 | 2 |
| 3 | 1.6430 | 0.6086 | 3.5724 | 0.2799 | 2.1743 | 0.4599 | 0.8902 | 1.9354 | 3 |
| 4 | 1.9388 | 0.5158 | 5.2154 | 0.1917 | 2.6901 | 0.3717 | 1.2947 | 3.4828 | 4 |
| 5 | 2.2878 | 0.4371 | 7.1542 | 0.1398 | 3.1272 | 0.3198 | 1.6728 | 5.2312 | 5 |
| 6 | 2.6996 | 0.3704 | 9.4420 | 0.1059 | 3.4976 | 0.2859 | 2.0252 | 7.0834 | 6 |
| 7 | 3.1855 | 0.3139 | 12.1415 | 0.0824 | 3.8115 | 0.2624 | 2.3526 | 8.9670 | 7 |
| 8 | 3.7589 | 0.2660 | 15.3270 | 0.0652 | 4.0776 | 0.2452 | 2.6558 | 10.8292 | 8 |
| 9 | 4.4355 | 0.2255 | 19.0859 | 0.0524 | 4.3030 | 0.2324 | 2.9358 | 12.6329 | 9 |
| 10 | 5.2338 | 0.1911 | 23.5213 | 0.0425 | 4.4941 | 0.2225 | 3.1936 | 14.3525 | 10 |
| 11 | 6.1759 | 0.1619 | 28.7551 | 0.0348 | 4.6560 | 0.2148 | 3.4303 | 15.9716 | 11 |
| 12 | 7.2876 | 0.1372 | 34.9311 | 0.0286 | 4.7932 | 0.2086 | 3.6470 | 17.4811 | 12 |
| 13 | 8.5994 | 0.1163 | 42.2187 | 0.0237 | 4.9095 | 0.2037 | 3.8449 | 18.8765 | 13 |
| 14 | 10.1472 | 0.0985 | 50.8180 | 0.0197 | 5.0081 | 0.1997 | 4.0250 | 20.1576 | 14 |
| 15 | 11.9737 | 0.0835 | 60.9653 | 0.0164 | 5.0916 | 0.1964 | 4.1887 | 21.3269 | 15 |
| 16 | 14.1290 | 0.0708 | 72.9390 | 0.0137 | 5.1624 | 0.1937 | 4.3369 | 22.3885 | 16 |
| 17 | 16.6722 | 0.0600 | 87.0680 | 0.0115 | 5.2223 | 0.1915 | 4.4708 | 23.3482 | 17 |
| 18 | 19.6733 | 0.0508 | 103.7403 | 0.0096 | 5.2732 | 0.1896 | 4.5916 | 24.2123 | 18 |
| 19 | 23.2144 | 0.0431 | 123.4135 | 0.0081 | 5.3162 | 0.1881 | 4.7003 | 24.9877 | 19 |
| 20 | 27.3930 | 0.0365 | 146.6280 | 0.0068 | 5.3527 | 0.1868 | 4.7978 | 25.6813 | 20 |
| 21 | 32.3238 | 0.0309 | 174.0210 | 0.0057 | 5.3837 | 0.1857 | 4.8851 | 26.3000 | 21 |
| 22 | 38.1421 | 0.0262 | 206.3448 | 0.0048 | 5.4099 | 0.1848 | 4.9632 | 26.8506 | 22 |
| 23 | 45.0076 | 0.0222 | 244.4868 | 0.0041 | 5.4321 | 0.1841 | 5.0329 | 27.3394 | 23 |
| 24 | 53.1090 | 0.0188 | 289.4945 | 0.0035 | 5.4509 | 0.1835 | 5.0950 | 27.7725 | 24 |
| 25 | 62.6686 | 0.0160 | 342.6035 | 0.0029 | 5.4669 | 0.1829 | 5.1502 | 28.1555 | 25 |
| 26 | 73.9490 | 0.0135 | 405.2721 | 0.0025 | 5.4804 | 0.1825 | 5.1991 | 28.4935 | 26 |
| 27 | 87.2598 | 0.0115 | 479.2211 | 0.0021 | 5.4919 | 0.1821 | 5.2425 | 28.7915 | 27 |
| 28 | 102.9666 | 0.0097 | 566.4809 | 0.0018 | 5.5016 | 0.1818 | 5.2810 | 29.0537 | 28 |
| 29 | 121.5005 | 0.0082 | 669.4475 | 0.0015 | 5.5098 | 0.1815 | 5.3149 | 29.2842 | 29 |
| 30 | 143.3706 | 0.0070 | 790.9480 | 0.0013 | 5.5168 | 0.1813 | 5.3448 | 29.4864 | 30 |
| 31 | 169.1774 | 0.0059 | 934.3186 | 0.0011 | 5.5227 | 0.1811 | 5.3712 | 29.6638 | 31 |
| 32 | 199.6293 | 0.0050 | 1103.4960 | 0.0009 | 5.5277 | 0.1809 | 5.3945 | 29.8191 | 32 |
| 33 | 235.5625 | 0.0042 | 1303.1253 | 0.0008 | 5.5320 | 0.1808 | 5.4149 | 29.9549 | 33 |
| 34 | 277.9638 | 0.0036 | 1538.6878 | 0.0006 | 5.5356 | 0.1806 | 5.4328 | 30.0736 | 34 |
| 35 | 327.9973 | 0.0030 | 1816.6516 | 0.0006 | 5.5386 | 0.1806 | 5.4485 | 30.1773 | 35 |
| 40 | 750.3783 | 0.0013 | 4163.2130 | 0.0002 | 5.5482 | 0.1802 | 5.5022 | 30.5269 | 40 |
| 45 | 1716.6839 | 0.0006 | 9531.5771 | 0.0001 | 5.5523 | 0.1801 | 5.5293 | 30.7006 | 45 |
| 50 | 3927.3569 | 0.0003 | 21813.0937 | 0.0000 | 5.5541 | 0.1800 | 5.5428 | 30.7856 | 50 |

## 복리계수표(19.0%)

| | 일시불 | | 동일 자금열 | | | | 등차자금열 | | |
|---|---|---|---|---|---|---|---|---|---|
| | 복리할증 계수 | 현재가치 계수 | 복리할증 계수 | 감채기금 계수 | 현재가치 계수 | 자본회수 계수 | 동일자금 계수 | 현재가치 계수 | |
| N | (F/P,i,N) | (P/F,i,N) | (F/A,i,N) | (A/F,i,N) | (P/A,i,N) | (A/P,i,N) | (A/G,i,N) | (P/G,i,N) | N |
| 1 | 1.1900 | 0.8403 | 1.0000 | 1.0000 | 0.8403 | 1.1900 | 0.0000 | 0.0000 | 1 |
| 2 | 1.4161 | 0.7062 | 2.1900 | 0.4566 | 1.5465 | 0.6466 | 0.4566 | 0.7062 | 2 |
| 3 | 1.6852 | 0.5934 | 3.6061 | 0.2773 | 2.1399 | 0.4673 | 0.8846 | 1.8930 | 3 |
| 4 | 2.0053 | 0.4987 | 5.2913 | 0.1890 | 2.6386 | 0.3790 | 1.2844 | 3.3890 | 4 |
| 5 | 2.3864 | 0.4190 | 7.2966 | 0.1371 | 3.0576 | 0.3271 | 1.6566 | 5.0652 | 5 |
| 6 | 2.8398 | 0.3521 | 9.6830 | 0.1033 | 3.4098 | 0.2933 | 2.0019 | 6.8259 | 6 |
| 7 | 3.3793 | 0.2959 | 12.5227 | 0.0799 | 3.7057 | 0.2699 | 2.3211 | 8.6014 | 7 |
| 8 | 4.0214 | 0.2487 | 15.9020 | 0.0629 | 3.9544 | 0.2529 | 2.6154 | 10.3421 | 8 |
| 9 | 4.7854 | 0.2090 | 19.9234 | 0.0502 | 4.1633 | 0.2402 | 2.8856 | 12.0138 | 9 |
| 10 | 5.6947 | 0.1756 | 24.7089 | 0.0405 | 4.3389 | 0.2305 | 3.1331 | 13.5943 | 10 |
| 11 | 6.7767 | 0.1476 | 30.4035 | 0.0329 | 4.4865 | 0.2229 | 3.3589 | 15.0699 | 11 |
| 12 | 8.0642 | 0.1240 | 37.1802 | 0.0269 | 4.6105 | 0.2169 | 3.5645 | 16.4340 | 12 |
| 13 | 9.5964 | 0.1042 | 45.2445 | 0.0221 | 4.7147 | 0.2121 | 3.7509 | 17.6844 | 13 |
| 14 | 11.4198 | 0.0876 | 54.8409 | 0.0182 | 4.8023 | 0.2082 | 3.9196 | 18.8228 | 14 |
| 15 | 13.5895 | 0.0736 | 66.2607 | 0.0151 | 4.8759 | 0.2051 | 4.0717 | 19.8530 | 15 |
| 16 | 16.1715 | 0.0618 | 79.8502 | 0.0125 | 4.9377 | 0.2025 | 4.2086 | 20.7806 | 16 |
| 17 | 19.2441 | 0.0520 | 96.0218 | 0.0104 | 4.9897 | 0.2004 | 4.3314 | 21.6120 | 17 |
| 18 | 22.9005 | 0.0437 | 115.2659 | 0.0087 | 5.0333 | 0.1987 | 4.4413 | 22.3543 | 18 |
| 19 | 27.2516 | 0.0367 | 138.1664 | 0.0072 | 5.0700 | 0.1972 | 4.5394 | 23.0148 | 19 |
| 20 | 32.4294 | 0.0308 | 165.4180 | 0.0060 | 5.1009 | 0.1960 | 4.6268 | 23.6007 | 20 |
| 21 | 38.5910 | 0.0259 | 197.8474 | 0.0051 | 5.1268 | 0.1951 | 4.7045 | 24.1190 | 21 |
| 22 | 45.9233 | 0.0218 | 236.4385 | 0.0042 | 5.1486 | 0.1942 | 4.7734 | 24.5763 | 22 |
| 23 | 54.6487 | 0.0183 | 282.3618 | 0.0035 | 5.1668 | 0.1935 | 4.8344 | 24.9788 | 23 |
| 24 | 65.0320 | 0.0154 | 337.0105 | 0.0030 | 5.1822 | 0.1930 | 4.8883 | 25.3325 | 24 |
| 25 | 77.3881 | 0.0129 | 402.0425 | 0.0025 | 5.1951 | 0.1925 | 4.9359 | 25.6426 | 25 |
| 26 | 92.0918 | 0.0109 | 479.4306 | 0.0021 | 5.2060 | 0.1921 | 4.9777 | 25.9141 | 26 |
| 27 | 109.5893 | 0.0091 | 571.5224 | 0.0017 | 5.2151 | 0.1917 | 5.0145 | 26.1514 | 27 |
| 28 | 130.4112 | 0.0077 | 681.1116 | 0.0015 | 5.2228 | 0.1915 | 5.0468 | 26.3584 | 28 |
| 29 | 155.1893 | 0.0064 | 811.5228 | 0.0012 | 5.2292 | 0.1912 | 5.0751 | 26.5388 | 29 |
| 30 | 184.6753 | 0.0054 | 966.7122 | 0.0010 | 5.2347 | 0.1910 | 5.0998 | 26.6958 | 30 |
| 31 | 219.7636 | 0.0046 | 1151.3875 | 0.0009 | 5.2392 | 0.1909 | 5.1215 | 26.8324 | 31 |
| 32 | 261.5187 | 0.0038 | 1371.1511 | 0.0007 | 5.2430 | 0.1907 | 5.1403 | 26.9509 | 32 |
| 33 | 311.2073 | 0.0032 | 1632.6698 | 0.0006 | 5.2462 | 0.1906 | 5.1568 | 27.0537 | 33 |
| 34 | 370.3366 | 0.0027 | 1943.8771 | 0.0005 | 5.2489 | 0.1905 | 5.1711 | 27.1428 | 34 |
| 35 | 440.7006 | 0.0023 | 2314.2137 | 0.0004 | 5.2512 | 0.1904 | 5.1836 | 27.2200 | 35 |
| 40 | 1051.6675 | 0.0010 | 5529.8290 | 0.0002 | 5.2582 | 0.1902 | 5.2251 | 27.4743 | 40 |
| 45 | 2509.6506 | 0.0004 | 13203.4242 | 0.0001 | 5.2611 | 0.1901 | 5.2452 | 27.5954 | 45 |
| 50 | 5988.9139 | 0.0002 | 31515.3363 | 0.0000 | 5.2623 | 0.1900 | 5.2548 | 27.6523 | 50 |

## 복리계수표(20.0%)

| | 일시불 | | 동일 자금열 | | | | 등차자금열 | | |
|---|---|---|---|---|---|---|---|---|---|
| | 복리할증 계수 | 현재가치 계수 | 복리할증 계수 | 감채기금 계수 | 현재가치 계수 | 자본회수 계수 | 동일자금 계수 | 현재가치 계수 | |
| N | (F/P,i,N) | (P/F,i,N) | (F/A,i,N) | (A/F,i,N) | (P/A,i,N) | (A/P,i,N) | (A/G,i,N) | (P/G,i,N) | N |
| 1 | 1.2000 | 0.8333 | 1.0000 | 1.0000 | 0.8333 | 1.2000 | 0.0000 | 0.0000 | 1 |
| 2 | 1.4400 | 0.6944 | 2.2000 | 0.4545 | 1.5278 | 0.6545 | 0.4545 | 0.6944 | 2 |
| 3 | 1.7280 | 0.5787 | 3.6400 | 0.2747 | 2.1065 | 0.4747 | 0.8791 | 1.8519 | 3 |
| 4 | 2.0736 | 0.4823 | 5.3680 | 0.1863 | 2.5887 | 0.3863 | 1.2742 | 3.2986 | 4 |
| 5 | 2.4883 | 0.4019 | 7.4416 | 0.1344 | 2.9906 | 0.3344 | 1.6405 | 4.9061 | 5 |
| 6 | 2.9860 | 0.3349 | 9.9299 | 0.1007 | 3.3255 | 0.3007 | 1.9788 | 6.5806 | 6 |
| 7 | 3.5832 | 0.2791 | 12.9159 | 0.0774 | 3.6046 | 0.2774 | 2.2902 | 8.2551 | 7 |
| 8 | 4.2998 | 0.2326 | 16.4991 | 0.0606 | 3.8372 | 0.2606 | 2.5756 | 9.8831 | 8 |
| 9 | 5.1598 | 0.1938 | 20.7989 | 0.0481 | 4.0310 | 0.2481 | 2.8364 | 11.4335 | 9 |
| 10 | 6.1917 | 0.1615 | 25.9587 | 0.0385 | 4.1925 | 0.2385 | 3.0739 | 12.8871 | 10 |
| 11 | 7.4301 | 0.1346 | 32.1504 | 0.0311 | 4.3271 | 0.2311 | 3.2893 | 14.2330 | 11 |
| 12 | 8.9161 | 0.1122 | 39.5805 | 0.0253 | 4.4392 | 0.2253 | 3.4841 | 15.4667 | 12 |
| 13 | 10.6993 | 0.0935 | 48.4966 | 0.0206 | 4.5327 | 0.2206 | 3.6597 | 16.5883 | 13 |
| 14 | 12.8392 | 0.0779 | 59.1959 | 0.0169 | 4.6106 | 0.2169 | 3.8175 | 17.6008 | 14 |
| 15 | 15.4070 | 0.0649 | 72.0351 | 0.0139 | 4.6755 | 0.2139 | 3.9588 | 18.5095 | 15 |
| 16 | 18.4884 | 0.0541 | 87.4421 | 0.0114 | 4.7296 | 0.2114 | 4.0851 | 19.3208 | 16 |
| 17 | 22.1861 | 0.0451 | 105.9306 | 0.0094 | 4.7746 | 0.2094 | 4.1976 | 20.0419 | 17 |
| 18 | 26.6233 | 0.0376 | 128.1167 | 0.0078 | 4.8122 | 0.2078 | 4.2975 | 20.6805 | 18 |
| 19 | 31.9480 | 0.0313 | 154.7400 | 0.0065 | 4.8435 | 0.2065 | 4.3861 | 21.2439 | 19 |
| 20 | 38.3376 | 0.0261 | 186.6880 | 0.0054 | 4.8696 | 0.2054 | 4.4643 | 21.7395 | 20 |
| 21 | 46.0051 | 0.0217 | 225.0256 | 0.0044 | 4.8913 | 0.2044 | 4.5334 | 22.1742 | 21 |
| 22 | 55.2061 | 0.0181 | 271.0307 | 0.0037 | 4.9094 | 0.2037 | 4.5941 | 22.5546 | 22 |
| 23 | 66.2474 | 0.0151 | 326.2369 | 0.0031 | 4.9245 | 0.2031 | 4.6475 | 22.8867 | 23 |
| 24 | 79.4968 | 0.0126 | 392.4842 | 0.0025 | 4.9371 | 0.2025 | 4.6943 | 23.1760 | 24 |
| 25 | 95.3962 | 0.0105 | 471.9811 | 0.0021 | 4.9476 | 0.2021 | 4.7352 | 23.4276 | 25 |
| 26 | 114.4755 | 0.0087 | 567.3773 | 0.0018 | 4.9563 | 0.2018 | 4.7709 | 23.6460 | 26 |
| 27 | 137.3706 | 0.0073 | 681.8528 | 0.0015 | 4.9636 | 0.2015 | 4.8020 | 23.8353 | 27 |
| 28 | 164.8447 | 0.0061 | 819.2233 | 0.0012 | 4.9697 | 0.2012 | 4.8291 | 23.9991 | 28 |
| 29 | 197.8136 | 0.0051 | 984.0680 | 0.0010 | 4.9747 | 0.2010 | 4.8527 | 24.1406 | 29 |
| 30 | 237.3763 | 0.0042 | 1181.8816 | 0.0008 | 4.9789 | 0.2008 | 4.8731 | 24.2628 | 30 |
| 31 | 284.8516 | 0.0035 | 1419.2579 | 0.0007 | 4.9824 | 0.2007 | 4.8908 | 24.3681 | 31 |
| 32 | 341.8219 | 0.0029 | 1704.1095 | 0.0006 | 4.9854 | 0.2006 | 4.9061 | 24.4588 | 32 |
| 33 | 410.1863 | 0.0024 | 2045.9314 | 0.0005 | 4.9878 | 0.2005 | 4.9194 | 24.5368 | 33 |
| 34 | 492.2235 | 0.0020 | 2456.1176 | 0.0004 | 4.9898 | 0.2004 | 4.9308 | 24.6038 | 34 |
| 35 | 590.6682 | 0.0017 | 2948.3411 | 0.0003 | 4.9915 | 0.2003 | 4.9406 | 24.6614 | 35 |
| 40 | 1469.7716 | 0.0007 | 7343.8578 | 0.0001 | 4.9966 | 0.2001 | 4.9728 | 24.8469 | 40 |
| 45 | 3657.2620 | 0.0003 | 18281.3099 | 0.0001 | 4.9986 | 0.2001 | 4.9877 | 24.9316 | 45 |

## 복리계수표(25.0%)

| | 일시불 | | 동일 자금열 | | | | 등차자금열 | | |
|---|---|---|---|---|---|---|---|---|---|
| | 복리할증 계수 | 현재가치 계수 | 복리할증 계수 | 감채기금 계수 | 현재가치 계수 | 자본회수 계수 | 동일자금 계수 | 현재가치 계수 | |
| N | (F/P,i,N) | (P/F,i,N) | (F/A,i,N) | (A/F,i,N) | (P/A,i,N) | (A/P,i,N) | (A/G,i,N) | (P/G,i,N) | N |
| 1 | 1.2500 | 0.8000 | 1.0000 | 1.0000 | 0.8000 | 1.2500 | 0.0000 | 0.0000 | 1 |
| 2 | 1.5625 | 0.6400 | 2.2500 | 0.4444 | 1.4400 | 0.6944 | 0.4444 | 0.6400 | 2 |
| 3 | 1.9531 | 0.5120 | 3.8125 | 0.2623 | 1.9520 | 0.5123 | 0.8525 | 1.6640 | 3 |
| 4 | 2.4414 | 0.4096 | 5.7656 | 0.1734 | 2.3616 | 0.4234 | 1.2249 | 2.8928 | 4 |
| 5 | 3.0518 | 0.3277 | 8.2070 | 0.1218 | 2.6893 | 0.3718 | 1.5631 | 4.2035 | 5 |
| 6 | 3.8147 | 0.2621 | 11.2588 | 0.0888 | 2.9514 | 0.3388 | 1.8683 | 5.5142 | 6 |
| 7 | 4.7684 | 0.2097 | 15.0735 | 0.0663 | 3.1611 | 0.3163 | 2.1424 | 6.7725 | 7 |
| 8 | 5.9605 | 0.1678 | 19.8419 | 0.0504 | 3.3289 | 0.3004 | 2.3872 | 7.9469 | 8 |
| 9 | 7.4506 | 0.1342 | 25.8023 | 0.0388 | 3.4631 | 0.2888 | 2.6048 | 9.0207 | 9 |
| 10 | 9.3132 | 0.1074 | 33.2529 | 0.0301 | 3.5705 | 0.2801 | 2.7971 | 9.9870 | 10 |
| 11 | 11.6415 | 0.0859 | 42.5661 | 0.0235 | 3.6564 | 0.2735 | 2.9663 | 10.8460 | 11 |
| 12 | 14.5519 | 0.0687 | 54.2077 | 0.0184 | 3.7251 | 0.2684 | 3.1145 | 11.6020 | 12 |
| 13 | 18.1899 | 0.0550 | 68.7596 | 0.0145 | 3.7801 | 0.2645 | 3.2437 | 12.2617 | 13 |
| 14 | 22.7374 | 0.0440 | 86.9495 | 0.0115 | 3.8241 | 0.2615 | 3.3559 | 12.8334 | 14 |
| 15 | 28.4217 | 0.0352 | 109.6868 | 0.0091 | 3.8593 | 0.2591 | 3.4530 | 13.3260 | 15 |
| 16 | 35.5271 | 0.0281 | 138.1085 | 0.0072 | 3.8874 | 0.2572 | 3.5366 | 13.7482 | 16 |
| 17 | 44.4089 | 0.0225 | 173.6357 | 0.0058 | 3.9099 | 0.2558 | 3.6084 | 14.1085 | 17 |
| 18 | 55.5112 | 0.0180 | 218.0446 | 0.0046 | 3.9279 | 0.2546 | 3.6698 | 14.4147 | 18 |
| 19 | 69.3889 | 0.0144 | 273.5558 | 0.0037 | 3.9424 | 0.2537 | 3.7222 | 14.6741 | 19 |
| 20 | 86.7362 | 0.0115 | 342.9447 | 0.0029 | 3.9539 | 0.2529 | 3.7667 | 14.8932 | 20 |
| 21 | 108.4202 | 0.0092 | 429.6809 | 0.0023 | 3.9631 | 0.2523 | 3.8045 | 15.0777 | 21 |
| 22 | 135.5253 | 0.0074 | 538.1011 | 0.0019 | 3.9705 | 0.2519 | 3.8365 | 15.2326 | 22 |
| 23 | 169.4066 | 0.0059 | 673.6264 | 0.0015 | 3.9764 | 0.2515 | 3.8634 | 15.3625 | 23 |
| 24 | 211.7582 | 0.0047 | 843.0329 | 0.0012 | 3.9811 | 0.2512 | 3.8861 | 15.4711 | 24 |
| 25 | 264.6978 | 0.0038 | 1054.7912 | 0.0009 | 3.9849 | 0.2509 | 3.9052 | 15.5618 | 25 |
| 26 | 330.8722 | 0.0030 | 1319.4890 | 0.0008 | 3.9879 | 0.2508 | 3.9212 | 15.6373 | 26 |
| 27 | 413.5903 | 0.0024 | 1650.3612 | 0.0006 | 3.9903 | 0.2506 | 3.9346 | 15.7002 | 27 |
| 28 | 516.9879 | 0.0019 | 2063.9515 | 0.0005 | 3.9923 | 0.2505 | 3.9457 | 15.7524 | 28 |
| 29 | 646.2349 | 0.0015 | 2580.9394 | 0.0004 | 3.9938 | 0.2504 | 3.9551 | 15.7957 | 29 |
| 30 | 807.7936 | 0.0012 | 3227.1743 | 0.0003 | 3.9950 | 0.2503 | 3.9628 | 15.8316 | 30 |
| 31 | 1009.7420 | 0.0010 | 4034.9678 | 0.0002 | 3.9960 | 0.2502 | 3.9693 | 15.8614 | 31 |
| 32 | 1262.1774 | 0.0008 | 5044.7098 | 0.0002 | 3.9968 | 0.2502 | 3.9746 | 15.8859 | 32 |
| 33 | 1577.7218 | 0.0006 | 6306.8872 | 0.0002 | 3.9975 | 0.2502 | 3.9791 | 15.9062 | 33 |
| 34 | 1972.1523 | 0.0005 | 7884.6091 | 0.0001 | 3.9980 | 0.2501 | 3.9828 | 15.9229 | 34 |
| 35 | 2465.1903 | 0.0004 | 9856.7613 | 0.0001 | 3.9984 | 0.2501 | 3.9858 | 15.9367 | 35 |
| 40 | 7523.1638 | 0.0001 | 30088.6554 | 0.0000 | 3.9995 | 0.2500 | 3.9947 | 15.9766 | 40 |

## 복리계수표(30.0%)

| | 일시불 | | 동일 자금열 | | | | 등차자금열 | | |
|---|---|---|---|---|---|---|---|---|---|
| | 복리할증 계수 | 현재가치 계수 | 복리할증 계수 | 감채기금 계수 | 현재가치 계수 | 자본회수 계수 | 동일자금 계수 | 현재가치 계수 | |
| N | (F/P,i,N) | (P/F,i,N) | (F/A,i,N) | (A/F,i,N) | (P/A,i,N) | (A/P,i,N) | (A/G,i,N) | (P/G,i,N) | N |
| 1 | 1.3000 | 0.7692 | 1.0000 | 1.0000 | 0.7692 | 1.3000 | 0.0000 | 0.0000 | 1 |
| 2 | 1.6900 | 0.5917 | 2.3000 | 0.4348 | 1.3609 | 0.7348 | 0.4348 | 0.5917 | 2 |
| 3 | 2.1970 | 0.4552 | 3.9900 | 0.2506 | 1.8161 | 0.5506 | 0.8271 | 1.5020 | 3 |
| 4 | 2.8561 | 0.3501 | 6.1870 | 0.1616 | 2.1662 | 0.4616 | 1.1783 | 2.5524 | 4 |
| 5 | 3.7129 | 0.2693 | 9.0431 | 0.1106 | 2.4356 | 0.4106 | 1.4903 | 3.6297 | 5 |
| 6 | 4.8268 | 0.2072 | 12.7560 | 0.0784 | 2.6427 | 0.3784 | 1.7654 | 4.6656 | 6 |
| 7 | 6.2749 | 0.1594 | 17.5828 | 0.0569 | 2.8021 | 0.3569 | 2.0063 | 5.6218 | 7 |
| 8 | 8.1573 | 0.1226 | 23.8577 | 0.0419 | 2.9247 | 0.3419 | 2.2156 | 6.4800 | 8 |
| 9 | 10.6045 | 0.0943 | 32.0150 | 0.0312 | 3.0190 | 0.3312 | 2.3963 | 7.2343 | 9 |
| 10 | 13.7858 | 0.0725 | 42.6195 | 0.0235 | 3.0915 | 0.3235 | 2.5512 | 7.8872 | 10 |
| 11 | 17.9216 | 0.0558 | 56.4053 | 0.0177 | 3.1473 | 0.3177 | 2.6833 | 8.4452 | 11 |
| 12 | 23.2981 | 0.0429 | 74.3270 | 0.0135 | 3.1903 | 0.3135 | 2.7952 | 8.9173 | 12 |
| 13 | 30.2875 | 0.0330 | 97.6250 | 0.0102 | 3.2233 | 0.3102 | 2.8895 | 9.3135 | 13 |
| 14 | 39.3738 | 0.0254 | 127.9125 | 0.0078 | 3.2487 | 0.3078 | 2.9685 | 9.6437 | 14 |
| 15 | 51.1859 | 0.0195 | 167.2863 | 0.0060 | 3.2682 | 0.3060 | 3.0344 | 9.9172 | 15 |
| 16 | 66.5417 | 0.0150 | 218.4722 | 0.0046 | 3.2832 | 0.3046 | 3.0892 | 10.1426 | 16 |
| 17 | 86.5042 | 0.0116 | 285.0139 | 0.0035 | 3.2948 | 0.3035 | 3.1345 | 10.3276 | 17 |
| 18 | 112.4554 | 0.0089 | 371.5180 | 0.0027 | 3.3037 | 0.3027 | 3.1718 | 10.4788 | 18 |
| 19 | 146.1920 | 0.0068 | 483.9734 | 0.0021 | 3.3105 | 0.3021 | 3.2025 | 10.6019 | 19 |
| 20 | 190.0496 | 0.0053 | 630.1655 | 0.0016 | 3.3158 | 0.3016 | 3.2275 | 10.7019 | 20 |
| 21 | 247.0645 | 0.0040 | 820.2151 | 0.0012 | 3.3198 | 0.3012 | 3.2480 | 10.7828 | 21 |
| 22 | 321.1839 | 0.0031 | 1067.2796 | 0.0009 | 3.3230 | 0.3009 | 3.2646 | 10.8482 | 22 |
| 23 | 417.5391 | 0.0024 | 1388.4635 | 0.0007 | 3.3254 | 0.3007 | 3.2781 | 10.9009 | 23 |
| 24 | 542.8008 | 0.0018 | 1806.0026 | 0.0006 | 3.3272 | 0.3006 | 3.2890 | 10.9433 | 24 |
| 25 | 705.6410 | 0.0014 | 2348.8033 | 0.0004 | 3.3286 | 0.3004 | 3.2979 | 10.9773 | 25 |
| 26 | 917.3333 | 0.0011 | 3054.4443 | 0.0003 | 3.3297 | 0.3003 | 3.3050 | 11.0045 | 26 |
| 27 | 1192.5333 | 0.0008 | 3971.7776 | 0.0003 | 3.3305 | 0.3003 | 3.3107 | 11.0263 | 27 |
| 28 | 1550.2933 | 0.0006 | 5164.3109 | 0.0002 | 3.3312 | 0.3002 | 3.3153 | 11.0437 | 28 |
| 29 | 2015.3813 | 0.0005 | 6714.6042 | 0.0001 | 3.3317 | 0.3001 | 3.3189 | 11.0576 | 29 |
| 30 | 2619.9956 | 0.0004 | 8729.9855 | 0.0001 | 3.3321 | 0.3001 | 3.3219 | 11.0687 | 30 |
| 31 | 3405.9943 | 0.0003 | 11349.9811 | 0.0001 | 3.3324 | 0.3001 | 3.3242 | 11.0775 | 31 |
| 32 | 4427.7926 | 0.0002 | 14755.9755 | 0.0001 | 3.3326 | 0.3001 | 3.3261 | 11.0845 | 32 |
| 33 | 5756.1304 | 0.0002 | 19183.7681 | 0.0001 | 3.3328 | 0.3001 | 3.3276 | 11.0901 | 33 |
| 34 | 7482.9696 | 0.0001 | 24939.8985 | 0.0000 | 3.3329 | 0.3000 | 3.3288 | 11.0945 | 34 |
| 35 | 9727.8604 | 0.0001 | 32422.8681 | 0.0000 | 3.3330 | 0.3000 | 3.3297 | 11.0980 | 35 |

## 복리계수표(35.0%)

| | 일시불 | | 동일 자금열 | | | | 등차자금열 | | |
|---|---|---|---|---|---|---|---|---|---|
| | 복리할증 계수 | 현재가치 계수 | 복리할증 계수 | 감채기금 계수 | 현재가치 계수 | 자본회수 계수 | 동일자금 계수 | 현재가치 계수 | |
| N | (F/P,i,N) | (P/F,i,N) | (F/A,i,N) | (A/F,i,N) | (P/A,i,N) | (A/P,i,N) | (A/G,i,N) | (P/G,i,N) | N |
| 1 | 1.3500 | 0.7407 | 1.0000 | 1.0000 | 0.7407 | 1.3500 | 0.0000 | 0.0000 | 1 |
| 2 | 1.8225 | 0.5487 | 2.3500 | 0.4255 | 1.2894 | 0.7755 | 0.4255 | 0.5487 | 2 |
| 3 | 2.4604 | 0.4064 | 4.1725 | 0.2397 | 1.6959 | 0.5897 | 0.8029 | 1.3616 | 3 |
| 4 | 3.3215 | 0.3011 | 6.6329 | 0.1508 | 1.9969 | 0.5008 | 1.1341 | 2.2648 | 4 |
| 5 | 4.4840 | 0.2230 | 9.9544 | 0.1005 | 2.2200 | 0.4505 | 1.4220 | 3.1568 | 5 |
| 6 | 6.0534 | 0.1652 | 14.4384 | 0.0693 | 2.3852 | 0.4193 | 1.6698 | 3.9828 | 6 |
| 7 | 8.1722 | 0.1224 | 20.4919 | 0.0488 | 2.5075 | 0.3988 | 1.8811 | 4.7170 | 7 |
| 8 | 11.0324 | 0.0906 | 28.6640 | 0.0349 | 2.5982 | 0.3849 | 2.0597 | 5.3515 | 8 |
| 9 | 14.8937 | 0.0671 | 39.6964 | 0.0252 | 2.6653 | 0.3752 | 2.2094 | 5.8886 | 9 |
| 10 | 20.1066 | 0.0497 | 54.5902 | 0.0183 | 2.7150 | 0.3683 | 2.3338 | 6.3363 | 10 |
| 11 | 27.1439 | 0.0368 | 74.6967 | 0.0134 | 2.7519 | 0.3634 | 2.4364 | 6.7047 | 11 |
| 12 | 36.6442 | 0.0273 | 101.8406 | 0.0098 | 2.7792 | 0.3598 | 2.5205 | 7.0049 | 12 |
| 13 | 49.4697 | 0.0202 | 138.4848 | 0.0072 | 2.7994 | 0.3572 | 2.5889 | 7.2474 | 13 |
| 14 | 66.7841 | 0.0150 | 187.9544 | 0.0053 | 2.8144 | 0.3553 | 2.6443 | 7.4421 | 14 |
| 15 | 90.1585 | 0.0111 | 254.7385 | 0.0039 | 2.8255 | 0.3539 | 2.6889 | 7.5974 | 15 |
| 16 | 121.7139 | 0.0082 | 344.8970 | 0.0029 | 2.8337 | 0.3529 | 2.7246 | 7.7206 | 16 |
| 17 | 164.3138 | 0.0061 | 466.6109 | 0.0021 | 2.8398 | 0.3521 | 2.7530 | 7.8180 | 17 |
| 18 | 221.8236 | 0.0045 | 630.9247 | 0.0016 | 2.8443 | 0.3516 | 2.7756 | 7.8946 | 18 |
| 19 | 299.4619 | 0.0033 | 852.7483 | 0.0012 | 2.8476 | 0.3512 | 2.7935 | 7.9547 | 19 |
| 20 | 404.2736 | 0.0025 | 1152.2103 | 0.0009 | 2.8501 | 0.3509 | 2.8075 | 8.0017 | 20 |
| 21 | 545.7693 | 0.0018 | 1556.4838 | 0.0006 | 2.8519 | 0.3506 | 2.8186 | 8.0384 | 21 |
| 22 | 736.7886 | 0.0014 | 2102.2532 | 0.0005 | 2.8533 | 0.3505 | 2.8272 | 8.0669 | 22 |
| 23 | 994.6646 | 0.0010 | 2839.0418 | 0.0004 | 2.8543 | 0.3504 | 2.8340 | 8.0890 | 23 |
| 24 | 1342.7973 | 0.0007 | 3833.7064 | 0.0003 | 2.8550 | 0.3503 | 2.8393 | 8.1061 | 24 |
| 25 | 1812.7763 | 0.0006 | 5176.5037 | 0.0002 | 2.8556 | 0.3502 | 2.8433 | 8.1194 | 25 |
| 26 | 2447.2480 | 0.0004 | 6989.2800 | 0.0001 | 2.8560 | 0.3501 | 2.8465 | 8.1296 | 26 |
| 27 | 3303.7848 | 0.0003 | 9436.5280 | 0.0001 | 2.8563 | 0.3501 | 2.8490 | 8.1374 | 27 |
| 28 | 4460.1095 | 0.0002 | 12740.3128 | 0.0001 | 2.8565 | 0.3501 | 2.8509 | 8.1435 | 28 |
| 29 | 6021.1478 | 0.0002 | 17200.4222 | 0.0001 | 2.8567 | 0.3501 | 2.8523 | 8.1481 | 29 |
| 30 | 8128.5495 | 0.0001 | 23221.5700 | 0.0000 | 2.8568 | 0.3500 | 2.8535 | 8.1517 | 30 |

# 찾아보기

ㅂ



ㅅ

ㅇ

ㅈ

ㅊ



ㅋ



ㅌ



ㅍ

# 공학경제 제2판

지은이 김규태
펴낸이 조경희
펴낸곳 경문사
펴낸날 2010년 3월 5일 1판 1쇄
2016년 3월 5일 2판 1쇄
등 록 1979년 11월 9일 제313-1979-23호
주 소 121-818, 서울특별시 마포구 와우산로 174
전 화 (02)332-2004 팩스 (02)336-5193
이메일 kyungmoon@kyungmoon.com

값 38,000원

ISBN 978-89-6105-849-0